D1670924

V&R

Orte und Landschaften der Bibel

Band IV, 1

Vandenhoeck & Ruprecht

Othmar Keel

Die Geschichte Jerusalems und die Entstehung des Monotheismus

Teil 1

Vandenhoeck & Ruprecht

Für Jan Assmann,
der in den letzten Jahren den Monotheismus
wie kein anderer ins Gespräch gebracht hat.

Mit 725 Abbildungen

Bibliografische Information der Deutschen Nationalbibliothek

Die Deutsche Nationalbibliothek verzeichnet diese Publikation in der
Deutschen Nationalbibliografie; detaillierte bibliografische Daten sind
im Internet über http://dnb.d-nb.de abrufbar.
ISBN 978-3-525-50177-1

© 2007 Vandenhoeck & Ruprecht GmbH & Co. KG, Göttingen/www.v-r.de
Alle Rechte vorbehalten. Das Werk und seine Teile sind urheberrechtlich geschützt.
Jede Verwertung in anderen als den gesetzlich zugelassenen Fällen bedarf der
vorherigen schriftlichen Einwilligung des Verlages. Hinweis zu § 52a UrhG:
Weder das Werk noch seine Teile dürfen ohne vorherige schriftliche Einwilligung
des Verlages öffentlich zugänglich gemacht werden. Dies gilt auch bei einer
entsprechenden Nutzung für Lehr- und Unterrichtszwecke.
Printed in Germany.
Satz: Dörlemann, Lemförde
Druck und Bindung: ⊕ Hubert & Co, Göttingen

Gedruckt auf alterungsbeständigem Papier

INHALT

(Das ausführliche Inhaltsverzeichnis findet sich am Schluss des Werkes)

VORWORT – RECHTFERTIGUNG UND DANK

Es sind 38 Jahre her als Max Küchler und ich, er noch als Student, ich als junger Dozent, 1969 anläßlich einer Studienreise nach Palästina/Israel den Entschluss fassten einen bibl.-archäolog. Studienreiseführer zu schreiben. Wir lebten damals der Illusion das Werk bis 1975 abschließen zu können. Ein erster Band erschien dann 1982, Bd. II: Der Süden. Jeder Ort wurde nach dem Schema »Lage, Name, Geschichte und Besichtigung« beschrieben. 1984 erschien als Bd. I der Einleitungsband zur geographisch-geschichtlichen Landeskunde. Im Hinblick auf den als nächsten in Angriff genommenen Band, den zu Jerusalem, beschlossen Max Küchler und ich, dass angesichts der vielen Monumente aus hellenist.-röm.-byzantinischer Zeit und der zahlreichen Kirchen, die christliche Ereignisse kommemorieren, er als Neutestamentler in erster Linie für die »Besichtigung« zuständig sein sollte, während ich »Lage, Name, Geschichte« übernehmen würde. So machten wir es dann auch und die verschiedenen Aufgaben führten uns in sehr weite und sehr unterschiedliche Felder. Aus dem Jerusalem-Band wurden schließlich zwei Bände. Der von Max Küchler ist im Herbst 2006 (mit dem Impressum 2007) als höchst eindrückliches Werk unter dem Titel »Jerusalem. Ein Handbuch und Studienreiseführer« (OLB IV/2) erschienen. Der andere nun vorliegende Teil beschäftigt sich mit »Lage, Name, Geschichte« (OLB IV/1).

Dieser zweite Teil ist über 22 Jahre hin entstanden. In Vorlesungen, Seminarien und Einzelstudien (siehe S. 1316) habe ich mich immer wieder mit der Geschichte Jerusalems und der Entstehung des Monotheismus beschäftigt und am vorliegenden Text gearbeitet. Die Spuren der langen Entstehungszeit haben sich in der Endredaktion nicht vollständig tilgen lassen. Auch die Beschäftigung mit der Zeit entkommt der Zeit nicht.

Eine Geschichte Jerusalems der vorröm. Zeit zu schreiben ist fast unmöglich. Geschichte basiert auf Quellen. Die Quellen sind über weite Strecken extrem dürftig. Will man sie nicht durch beliebige Annahmen und Hypothesen ersetzen muss man die wenigen vorhandenen sorgfältig interpretieren. Das ist hier versucht worden und es macht die Lektüre manchmal etwas mühsam.

Das Resultat der langjährigen Bemühungen scheint unförmig dick geworden zu sein. Es ist aber heute üblich Monographien über einige bibl. Verse, z.B. Maleachi 3,13–21, über einen Begriff, z.B. Aschera, oder ein Ereignis, z.B. den Angriff Sanheribs auf Juda, zu schreiben, die mehrere hundert Seiten umfassen. Würde man zu jedem der 1844 Paragraphen dieses Werkes eine solche Monographie mit einem mittleren Umfang von 350 Seiten schreiben, wären das Resultat 645050 Seiten. Auf schönes dünnes Papier gedruckt ergäben das 510 Bände vom Umfang des Companionvolumes von Max Küchler (1266 Seiten). Die 510 Bände würden 28 Laufmeter Büchergestell benötigen. Damit verglichen ist das vorliegende Werk schmal und handlich.

Die eben angestellte Milchmädchenrechnung ist natürlich problematisch. Manche Paragraphen behandeln für die Geschichte Jerusalems und die Entstehung des Monotheismus zentrale Texte und Themen sehr gründlich. Andere, die mehr die Literatur- oder Theologiegeschichte Israels betreffen, sind recht summarisch.

Der vorliegende Band steht ja nicht isoliert. Er will, wie die Abschnitte »Hinführungen und Weichenstellungen« und »Statt eines Epilogs« zeigen, ganz bestimmte Regionen einer viel größeren Forschungslandschaft neu oder genauer kartographieren. Er kann und will nicht alles aufnehmen und wiederholen, was schon gesagt worden ist. Bei literaturgeschichtlichen Fragen wird immer wieder auf die äußerst nützliche »Einleitung« von Erich Zenger mit ihren reichen Literaturangaben verwiesen, die er auf weite Strecken selbst geschrieben und für den Rest kraftvoll redigiert hat. Für die Theologiegeschichte ist das großartige Werk von Rainer Albertz »Religionsgeschichte Israels in alttestamentlicher Zeit« (GAT 8/1–2) nach wie vor unverzichtbar. Für die Profangeschichte waren die drei Bände »Collected Essays« von Nadav Na'aman und für die nachexil. Zeit die Arbeiten von Lester L. Grabbe unentbehrlich. Ziony Zevits »The Religions of Ancient Israel. A Synthesis of Parallactic Approaches« enthält zwar eine riesige Fülle von Material, weist aber mit einer Religions- und Theologiegeschichte Jerusalems nur beschränkte Berührungspunkte auf. Was das Verhältnis zw. Religions- und Theologiegeschichte betrifft, möchte ich ausdrücklich auf meinen Aufsatz »Religionsgeschichte Israels oder Theologie des Alten Testaments?« hinweisen (in: F.-L. Hossfeld, Hg., Wieviel Systematik erlaubt die Schrift?. Auf der Suche nach einer gesamtbiblischen Theologie, Freiburg i. Br. 2001, 88–109). Neuere Theologien des AT, wie die von W. Brueggemann (1997) und von E. Gerstenberger (2002) betonen den Pluralismus der Positionen, der sich innerhalb der biblischen Schriften findet. Brueggemann hat den Untertitel »Testimony, Dispute, Advocacy« und betont damit den Prozesscharakter atl. Denkens über Gott. Gerstenberger redet nicht mehr wie W. Eichrodt oder G. von Rad von »Theologie«, sondern von »Theologien« des AT. Sie liegen so ganz auf der Linie der Relativierung der Grenze zw. Theologie und Religionsgeschichte, zw. Innenansicht und Blick von außen (vgl. dazu OTEs 19/3, 2006, 1032–1051, Wessels), die auch das vorliegende Werk bestimmt (grundsätzlich dazu vgl. JBTh 22, 2007, Keel, im Druck).

Man muss sich fragen, ob es angesichts der Wissensflut, auf der wir heute treiben (surfen), noch angebracht ist, dass ein Einzelner einen so riesigen Stoff behandelt. Zusätzlich zum immer unübersichtlicher werdenden Nebeneinander von Detailwissen und divergierenden Meinungen hat der Einzelverfasser nach wie vor den Vorteil, dass er das riesige Material von einem Punkt aus zu ordnen, zu koordinieren, zu vergleichen und im Vergleich zu werten gezwungen ist. Es ist der Versuch, statt im Fluss mit Kollegen um die Wette zu schwimmen, von einem Standpunkt mit Übersicht den Verlauf des Flusses in den Blick zu bekommen. Er mag zwar manche Details übersehen oder falsch sehen. Als Ersatz zeigen sich ihm Zusammenhänge und Unterschiede, die erst im Überblick und im Vergleich zutage treten, etwa die signifikanten Unterschiede in der Metaphorik Jeremias und Ezechiels, die ein Autor, der sich nur mit Jeremia beschäftigt, leicht übersieht und dann nicht nur Ezechiel, sondern auch Jeremia nicht gerecht wird. Wahrscheinlich ist es ein Irrtum zu glauben man könne das Ganze im Fragment haben. Beide, Surveys und Grabungen, sind unverzichtbar und ergänzen sich.

Wenn der Autor für das Endresultat auch allein verantwortlich ist, durfte er im Verlauf der Arbeit doch die spezifische Fachkompetenz vieler Kollegen und Kolleginnen in Anspruch nehmen und das nicht nur mittels der Lektüre ihrer Publikationen. So wurden einzelne oder mehrere Kapitel kritisch begutachtet von Georg Braulik, Walter Dietrich, Lester L. Grabbe, Max Küchler, Joachim Lauer, Christl Maier, Nadav Na'aman, Hans Ulrich Steymans und Hermann-Josef Stipp. Das ganze Manuskript von A bis Z haben Melanie Jaggi, Hildi Keel-Leu, Bernd Schipper, Patrick Schnetzer und Helen Schüngel-Straumann gelesen. Es ist schwer zu ermessen welch gewaltige Hilfe das bedeutet hat, wie viele Fehler durch die selbstlose Arbeit ausgemerzt und wie viele wichtige Aspekte dadurch nicht vergessen gingen. Nebst der kritischen Lektüre haben mir zahlreiche Gespräche mit Fachkollegen und -kolleginnen, mit Vorlesungs- und Seminarteilnehmern und -teilnehmerinnen weiter geholfen. Stellvertretend für sehr viele Namen sollen hier die von Adrian Schenker, der mit seinen Septuaginta-Studien wesentliche Impulse geliefert hat, von Christoph Uehlinger mit seiner unglaublichen Belesenheit und seinem wachen kritischen Sinn, und der meiner Frau, Hildi Keel-Leu, mit ihrer unermüdlichen intellektuellen Neugierde stehen. Bei allen Versuchen mich zu informieren bleibt mir aber bewusst, dass ich bei vielen Kollegen und Kolleginnen Abbitte dafür leisten muss, weil ich ihre Beiträge übersehen habe oder nicht berücksichtigen konnte.

Nebst den kritisch gesichteten bibl. Texten wurden bei der Darstellung der Religions- und Theologiegeschichte Jerusalems konsequent außerbibl. Zeugnisse und die Epigraphik beigezogen. Für die außerbibl. Zeugnisse war für die ao Zeit die von Otto Kaiser, Bernd Janowski und Gernot Wilhelm herausgegebene Sammlung »Texte aus der Umwelt des Alten Testaments« mit ihren 19 Faszikeln und zwei Bänden »Neue Folge« eine unschätzbare Hilfe. Für die griech.-röm. Zeit leisteten die drei Bände von Menaham Stern »Greek and Latin Authors on Jews and Judaism« den gleichen Dienst. Für die Epigraphik waren das dreibändige Werk von Johannes Renz und Wolfgang Röllig »Handbuch der althebräischen Epigraphik« und das »Corpus of West Semitic Stamp Seals« von Nahman Avigad und Benjamin Sass äußerst hilfreich.

Am vorliegenden Werk neu ist, dass nebst der Siedlungsarchäologie als ernsthafte Quelle konsequent der ikonographische Befund ins Gesamtbild integriert wurde. Hier konnte von den Vorarbeiten der »Freiburger-Schule« profitiert werden (AOBPs, GGG, IPIAO, Iconography of Deities and Demons in the Biblical World, zahlreiche Bände der Reihe OBO und OBO.A). An Namen derer, die das verstreute Material gesammelt, gesichtet und kritisch aufbereitet haben, seien die von Izak Cornelius, Jürg Eggler, Christian Herrmann, Silvia Schroer, Thomas Staubli, Christoph Uehlinger und Urs Winter dankbar genannt. Von sehr großem Vorteil waren auch die engen Beziehungen, die durch das 1981 initiierte Projekt, alle in kontrollierten Ausgrabungen in Palästina/Israel und in Jordanien gefundenen Stempelsiegel-Amulette in einem Corpus zu publizieren, zur palästinischen und besonders zur israelischen Archäologie aufgebaut werden konnten. Ihnen verdanke ich u.a. das Privileg unveröffentlichtes Material aus den noch laufenden Grabungen von Ronny Reich und Elie Shukron beim Gihon und von Eilat Mazar in der Davidstadt verwenden zu dürfen. Die Zeichnungen wurden in einer frühen Phase von Hildi Keel-Leu, dann von Inés Haselbach, in großer Zahl aber vor allem von Ulrike Zurkinden-Kolberg angefertigt. Siegfried Ostermann hat eine Anzahl Pläne am Computer bearbeitet. Sieben Abbildungen sind aus OLB IV/2 übernommen, um die Benutzung des Bandes zu erleichtern. Die insgesamt 725 Abbildungen hat Leonardo Pajarola auf ihre Qualität hin kontrolliert und gescannt. Lektoren und Lektorinnen, Archäologen und Archäologinnen, den Zeichnerinnen, dem Zeichner und dem »Scanner« gilt mein herzlicher Dank.

Das ikonographische Material ist nicht für alle Aspekte der Religions- und Theologiegeschichte Jerusalems von Bedeutung. An einigen Stellen aber liefert es bisher vollständig fehlende Teile des hist. Puzzles, so im Hinblick auf die solaren Aspekte JHWHs im 8. Jh.a. Es waren vor allem letztere, die mir eine radikale Abgrenzung des israelitisch-jüdischen vom kanaanäischen (jebusitischen) Symbolsystem auf weite Strecken künstlich und polemisch erscheinen ließen. In der Tat weisen beide Religionen mehr Gemeinsamkeiten auf und es besteht mehr Kontinuität als gemeinhin wahrgenommen wird. Die enge Verbundenheit von Judentum und Christentum hat nach der Schoa zu dämmern begonnenen. Die zw. Judentum und Islam ist noch größer, wenn auch auf weite Strecken noch nicht ins Bewußtsein gedrungen. Wahrnehmungen dieser Art haben sich mir zum Programm einer »vertikalen Ökumene« verdichtet.

Die Freude an der Arbeit wurde zeitweise durch die neueste Geschichte Jerusalems beeinträchtigt mit ihren massiven Verstößen gegen das Völkerrecht, dem daraus resultierenden Terror, der Anlass und Rechtfertigung für neue Verstöße gegen das Recht lieferte. Die Wut über Ungerechtigkeiten gab aber immer wieder auch Energie dafür dem Lauf der Geschichte nachzuspüren, bei dem sich wiederholt zeigte, wie selbstgerechte Abgrenzung und vorschnelle Identifizierung der eigenen Sache mit der Gottes in die Katastrophe führten, während das Ernstnehmen der Sorgen und Befürchtungen der Kontrahenten, während Kooperation statt Konfrontation friedliche Zeiten begünstigten. Vergleiche geschichtlicher Abläufe mit solchen der Gegenwart sind der Schnaps des Historikers. Bern Schipper hat mir dringend empfohlen ganz auf ihn zu verzichten. Meine Frau hingegen riet mir gelegentlich einen Schluck davon zu nehmen. Es mache die lange Reise erträglicher. Ich bin bald ihm, bald ihr gefolgt. Wer daran Anstoß nimmt, kann die einschlägigen Abschnitte überlesen. Sie sind nicht häufig und klein gedruckt.

Dem Verlag Vandenhoeck & Ruprecht danke ich für die kompetente Sorgfalt, die er dem Band angedeihen ließ.

14. Februar 2007   Othmar Keel

HINFÜHRUNG UND WEICHENSTELLUNGEN

1. EINIGE SÄTZE ZUR GESCHICHTSSCHREIBUNG HEUTE

§ 1   Heutige Geschichtsschreibung steht in einer – oft unbewussten – Spannung. Einerseits wissen wir seit der kantianischen Wende, dass die Subjektivität immer mit von der Partie ist und dass intellektuelle Redlichkeit verlangt, diese Subjektivität zu reflektieren, sie zu thematisieren und die Interessen zu deklarieren, die unsere Arbeit leiten. Geschichtsschreibung dient nie nur der Darstellung der Vergangenheit, sondern enthält immer auch eine Botschaft des Autors für die Gegenwart (vgl. z.B. H. White, Auch Klio dichtet oder die Fiktion des Faktischen. Studien zur Tropologie des historischen Diskurses, Stuttgart 1991). Andererseits traut sich die Postmoderne mit ihrem Sinn für Multikulturalität zu, bei der Schilderung vergangener Ereignisse und fremder Personen das eigene Urteil vollständig zurückstellen zu können und fühlt sich dazu verpflichtet, jene allein von ihren eigenen Voraussetzungen her zu verstehen und darzustellen.

Bob Beckings Meinung steht für viele, wenn er etwa zur Mischehenproblematik in Esra-Nehemia sagt: »Diese rigiden Maßnahmen sind im Hinblick auf all das, was die Gesetze Israels über den Schutz der Armen und Bedürftigen sagen, schwer zu verstehen. Manche Leser fühlen sich bei diesen Maßnahmen unbehaglich … Es ist meine Überzeugung, dass wir diese Maßnahmen im Hinblick auf ihren historischen und sozialen Hintergrund interpretieren sollten« (STAR 5, 2003, 29f, Albertz/ Becking).

Ist es möglich, Zeugnisse der Vergangenheit, z.B. die Nehemia-Memoiren, *ausschließlich* von ihren eigenen historischen und sozialen Voraussetzungen her darzustellen? Oder können und sollen wir, wenn wir Nehemias Memoiren als Quellen einer Beschreibung der nachexil. Zeit verwenden, uns auch von unseren Vorstellungen vom Zusammenleben der Menschen und von »all dem, was die Gesetze Israels über den Schutz der Armen und Bedürftigen sagen«, leiten lassen? Sollten z.B. die Positionen Nehemias mit denen der Frauen, die von ihm an den Haaren gezerrt wurden, konfrontiert werden? Können wir das, da sie im Gegensatz zu Nehemia keine Memoiren hinterlassen haben oder diese jedenfalls nicht erhalten sind? Darf man und soll man und ist es sinnvoll, nach den Motiven jener zu fragen, die im Gegensatz zu Nehemia mit Samaria nicht die Konfrontation, sondern die Kooperation suchten, die sie u.a. durch Eheschließungen festigten? Ähnliche Fragen wie an die Nehemia-Memoiren können z.B. an die Kanaanäerfeindlichkeit des Dtn oder die Polemik der Makkabäerbücher gegen die »Hellenisten«, kurzum an alle jene Texte gestellt werden, die dezidiert gegen eine oder mehrere andere Gruppen gerichtet sind. Könnte so nicht, wenn schon keine Objektivität möglich ist, doch wenigstens eine Art Intersubjektivität hergestellt werden? Welchen Interessen dient es, Nehemia, das Dtn oder Makkabäerbücher nur von ihren eigenen Voraussetzungen her darzustellen? *Kann* man diese vorkantianische Position überhaupt einnehmen? Ist es wünschenswert sie einzunehmen? Dient sie vielleicht einer Apologie der eigenen Position, der stillschweigenden Verabsolutierung des eigenen Kanons während man vom Islam gleichzeitig nachdrücklich fordert, seine eigene Heilige Schrift, den Koran, kritisch zu lesen?

Was meint »kritisch«? Ich verstehe darunter den Versuch, *erstens* die Spannung in der Welt, die einen bestimmten Text produziert hat (z. B. die Spannung zw. Traditionalisten und Hellenisten), und *zweitens* die Spannung zw. der Subjektivität des Geschichtsschreibers mit seinen heute und hier geltenden Normen der Menschlichkeit und der Welt des Textes zu thematisieren. Der ersten Art von Spannung wird eine intersubjektive Geschichtsschreibung dadurch gerecht, dass sie das, was dargestellt wird, soweit wie möglich aufgrund *aller verfügbaren Quellen* (Archäologie, Ikonographie, biblische und außerbiblische Texte) darstellt und sich nicht einseitig auf *einen* Zeugen (z. B. Nehemia) verlässt und so unbesehen das oft polemische Urteil des Kanonisierungsprozesses übernimmt und apologetisch perpetuiert. Der zweiten Art von Spannung tut eine intersubjektive Geschichtsschreibung Genüge, indem sie ihre subjektive Sicht nicht permanent, aber doch an geeigneten Stellen deklariert und rechtfertigt. Diese Rechtfertigung sollte nicht rein subjektiv sein, sondern kann z. B. in Hinweisen auf die Folgen bestehen, die bestimmte Positionen wie z. B. eine konsequente Abgrenzung von den Nachbarn, ein dezidierter Nationalismus oder Wundergläubigkeit hatten. Reinhard Koselleck, Spezialist für Theorie der Geschichtsschreibung, kommt jedenfalls zum Schluss: »Das moralische Urteil … ist (bei der Geschichtsschreibung) so nötig wie die Tatsachenerhebung«. Allerdings müssen moralische und völkerrechtliche Urteile auf alle, die an einem geschichtlichen Vorgang beteiligt sind, gleichermaßen angewendet werden (NZZ 14./15. Mai 2005, 67).

Wert oder Unwert einer Historiographie scheint mir generell im Umfang und in der Art zu liegen, mit der sie die verfügbaren Quellen benützt oder nicht benützt hat, und in der Deklaration und dem Erfolg des Versuchs, den notwendig subjektiven (moralischen) Standpunkt, von dem aus die Dinge betrachtet werden, einsichtig zu machen und sinnvoll erscheinen zu lassen.

»Da ›Tatsachen‹ auch historiographisch nur in Sinn begründenden Zusammenhängen dargestellt werden können, die weder selbst tatsachenhaft sind, noch im Sinne einer physikalischen Kausalverkettung begriffen werden können, sondern schon durch die Wahl der Zusammenhangelemente eine immer auch willkürbehaftete Interpretation voraussetzen, ist sogar die wissenschaftliche Geschichtsschreibung mit Elementen mythenähnlicher Dichtung versetzt« (Hans-Peter Müller, Religion als Teil der Natur des Menschen, in: ARG 5/1, 2003, 233). Eine heute akzeptable Form dessen, was Müller als »mythenähnliche Dichtung« bezeichnet, sind soziologische und psychologische Modelle, die oft sehr hilfreich sein können, deren poetischer (gemachter) Charakter aber nicht übersehen werden sollte. Federico Fellini hat seinen einzigen historischen Film, Satyricon, einmal als *science fiction* bezeichnet (vgl. G. Stevens, Hg., Conversations with the great Moviemakers of Hollywoods Golden Age, New York 2006, 632f). Diese Bezeichnung ist drastisch, aber sie macht deutlich, dass unsere Blicke in die Vergangenheit ähnlich denen, die wir in die Zukunft (und sogar auf die Gegenwart) werfen, stark von Extrapolationen und Projektionen bestimmt sind. Immerhin liegt die Vergangenheit, wenn auch nur in Form dürftiger Puzzleteile, *vor* uns, wie das Hebräische realistisch sieht, wenn sie die Vergangenheit *vor* uns sein lässt, während sie sagt, dass das Künftige *hinter* uns liegt und wir so mit dem Rücken voran auf dieses zuschreiten (vgl. weiter § 87f).

Umrisse und Anliegen der hier gefährlich kurz präsentierten grundsätzlichen Überlegungen dürften im Folgenden bei ihrer Anwendung auf die Geschichte Jerusalems klarer werden. Keine andere Stadt war im Laufe der Zeit und ist bis heute immer wieder politisch und religiös so heftig umkämpft wie gerade Jerusalem (vgl. z. B. B. Wasserstein, Jerusalem. Der Kampf um die Heilige Stadt, München 2001). Die Verschränkung von Geschichtsschreibung und aktuellen politischen Positionen zeigt sich hier besonders deutlich. Eine intersubjektiv akzeptable Darstellung ist bei diesem Thema deshalb eine ganz besondere Herausforderung und muss ein Desiderat aller sein, die Jerusalem Frieden wünschen (Ps 122,7f).

2. JERUSALEM – GEBURTSORT DES JÜDISCH-CHRISTLICHEN MONOTHEISMUS

§ 2   Wie vielfältig, aspektreich und widersprüchlich die (religiöse) Wahrnehmung Jerusalems ist, können zwei Schlaglichter auf das heutige Jerusalem zeigen. Wenn man heutzutage Jerusalem als Tourist oder Touristin besucht, kann besonders die Altstadt als ein ästhetisch ungemein ansprechendes Freilichtmuseum erlebt werden, das vielfältige Zeugnisse einer dramatischen Geschichte birgt. Ihre Wirkungen zuckten zeitweise über den ganzen Globus. Das »Museum« ist auf angenehme Weise mit Elementen orientalischer Gastfreundschaft und eines orientalischen Basars durchsetzt. Die aschkenasischen Juden, angetan mit Mänteln und pelzgeschmückten Hüten ihrer osteuropäischen Vergangenheit, beten in der Sommerhitze an der Klagemauer, konkurriert von emanzipierten Jüdinnen aus dem Westen. Die Christen und Christinnen, die unter klagenden Gesängen ein Kreuz durch die Via Dolorosa tragen, und die Muslime, die sich auf dem Tempelplatz in langen Reihen Richtung Mekka niederwerfen, haben für die »Museums«-Besucher und Besucherinnen einen religionsphänomenologischen oder auch nur folkloristischen Reiz. Für die aktiv Religiösen des Judentums, des Christentums und des Islam hingegen spielte und spielt Jerusalem als Heilige Stadt in der Vorstellungswelt und häufig auch in der Praxis eine hervorragende, wenn auch für jede dieser drei Religionen anders geartete Rolle. Für das Judentum ist es der Ort des 1. und 2. Tempels, für das Christentum der des Todes und der Auferstehung Jesu Christi, für den Islam der der Himmelfahrt Mohammeds (Werblowsky, Meaning). Das Judentum als Ganzes hat die Bedeutung des konkreten Jerusalem nie unterschätzt. Eher fanden sich Bewegungen, die trotz der Warnungen einzelner Propheten (Micha, Jeremia, Jesus) die Präsenz Gottes in Jerusalem als Garantie für die Unverletzlichkeit der Stadt interpretierten. Das führte wiederholt zur Zerstörung der Stadt.
Das Christentum hat das irdische Jerusalem gegenüber dem himmlischen zuerst massiv abgewertet. Schon bald nach Konstantin setzte aber eine anhaltend steigende Wertschätzung ein, die im Willen der Kreuzfahrer gipfelte, die Oberhoheit über das irdische Jerusalem für die Christenheit zurück zu gewinnen.
Für den Islam spielten ganz zu Beginn nicht Mekka und Medina die Hauptrolle, sondern man betete Richtung Jerusalem. Das hat Mohammed noch zu Lebzeiten geändert (vgl. § 1124). Mit dem Bau des »Felsendoms« (Küchler, Jer 146–149.236–254) wurde Jerusalem dann aber doch zum drittwichtigsten Heiligtum des Islam (zur Bedeutung von Jerusalem für die drei monotheistischen Religionen vgl. weiter Centrality 1996; Centrality 1999; ASBF 52, 2001, Niccacci Hg.).

§ 3   Jerusalem ist für Judentum, Christentum und Islam bis heute eine Art »Sakrament«, das sie in unmittelbaren Kontakt mit den Gestalten ihrer religiösen Sehnsucht bringt. Ein Besuch bewirkt in der Regel Erhebung und Erbauung, wie sie die Erfüllung lang gehegter Sehnsucht gewährt. Das Religiöse bleibt für einmal nicht nur Geist und Wort, sondern »nimmt Fleisch an«. Wie alles Intensive kann auch diese Erfahrung krankhafte Formen annehmen. Im Herbst 1991 ging eine Meldung durch die Weltpresse, deren Inhalt nicht auf den genannten Zeitpunkt beschränkt ist:

»Überwältigt von der besonderen Atmosphäre des Heiligen Landes erkranken jährlich rund 200 amerikanische und europäische Touristen am sog. ›Jerusalem-Syndrom‹ – sie haben messianische Visionen und Erscheinungen oder halten sich selbst für Gott. Dies geht aus einer in der israelischen Hauptstadt vorgestellten Studie einer Gruppe von Psychiatern hervor. ›Die Betroffenen identifizieren sich mit Gott, dem Messias oder dem Satan‹, heißt es in dem Papier. Derzeit befänden sich etwa 250 Touristen, 60 Prozent von ihnen Juden und 40 Prozent Christen, im Kfar-Schaul-Hospital zur psychiatrischen Behandlung, sagte der Direktor der psychiatrischen Abteilung, Carlos Bar El, vor Journalisten. Zwei von drei Erkrankten seien praktizierende Gläubige, und das ›Jerusalem-Syndrom‹ trete in den ersten zwei Wochen des Aufenthaltes in der Heiligen Stadt auf, sagte Bar El weiter. Meist würden die Touristen wegen ›Störung der öffentlichen Ordnung‹ von der örtlichen Polizei in Gewahrsam genommen, eine Woche im Hospital behandelt und dann ihren jeweiligen Konsulaten übergeben. ›Für die Christen ist es die zweite Ankunft Christi auf Erden, wo er sein Königreich errichten wird, und für die Juden ist es die Ankunft des Messias, gefolgt vom Wiederaufbau des Tempels, die eine zentrale Rolle beim ‹Jerusalem-Syndrom› spielen‹, betonte Bar El« (Süddeutsche Zeitung vom 4. Sept. 1991, 52).

Bestimmte Daten und Jubiläen können die Lage dramatisieren, so der Jahrtausendwechsel am Ende des Jahres 1999. Der israelische Schriftsteller Meïr Schalev formuliert es breiter und auf seine Weise: Das Problem liegt darin, dass Jerusalem Menschen mit Viren infizieren kann, »gegen die kein Kraut gewachsen ist. Menschen, die normalerweise Liberalität, Vernunft, Offenheit und Modernität an den Tag legen, verlieren alle diese guten Eigenschaften, wenn es um Jerusalem geht. Das gilt besonders für Juden, Christen und Muslime. Sie alle haben einen genetischen Defekt, der ihren IQ um fünfzig Punkte sinken und ihren Blutdruck hochschnellen lässt, sobald in ihrem Umkreis das Wort ›Jerusalem‹ fällt.« Er meint dann, Jerusalem sollte von einem internationalen Gremium unter Leitung des Dalai Lama verwaltet werden. »Bei ihm als Buddhisten weckt Jerusalem keine besonders fanatischen Leidenschaften« (Die Weltwoche, 14. Sept. 2000, 2; zum Jerusalem Syndrom vgl. auch Robert Rosenberg, Im Namen des Herrn. Ein Kriminalroman aus Jerusalem, Düsseldorf 1995).

§ 4   Wie ist es dazu gekommen, dass die Stadt solch intensive Wirkung ausübt? Erklärt sich das aus ihrer *Lage*? Ist sie von der Geographie her zu ihrem späteren Status seit je prädestiniert gewesen? Oder sind es Seher, Denker, Dichter und Politiker gewesen, die durch ihre Visionen und Sprachschöpfungen, durch die *Namen* und Titel, die sie der Stadt verliehen, durch Institutionen, die sie schufen, der Stadt ihren Nimbus gegeben haben und sie als eine ganz andere, eine heilige Stadt sehen lehrten? Haben ihr bestimmte *geschichtliche* Personen wie David, Salomo, Jeremia oder Jesus, geschichtliche Ereignisse wie der Tempelbau, die Zerstörung der Stadt durch Nebukadnezzar oder die Kreuzigung Jesu einen unauslöschlichen Charakter eingeprägt? Ist es ihre Architektur, sind es ihre gewaltigen, kunstvollen Bauten, die z. T. noch heute täglich von zahlreichen Menschen als Denkmäler entscheidender Geschehnisse besucht und *besichtigt* werden, die ihre unverwechselbare Physiognomie ausmachen?

In der vorliegenden Darstellung wird zuerst die *Lage* Jerusalems diskutiert. Ihre verschiedenen *Namen* fassen Monumenten ähnlich zusammen, was sie im Lauf der Zeit ihren Bewohnern und Verehrerinnen bedeutet hat. Im Hauptteil »Geschichte« soll nicht nur das Wachsen und Schrumpfen der Stadt und ihrer Mauern und ihre wechselnde politische Position beschrieben werden, sondern die Aufmerksamkeit soll vor allem ihrer Religionsgeschichte gelten. Jerusalem hat nicht wie Tyrus oder Karthago hervorragende ökonomische Leistungen erbracht, noch durch Wissenschaft, Philosophie und Kunst Weltbedeutung erlangt wie Athen, noch durch geniale Politik und technisches Knowhow ein Riesenreich errichtet und mit relativ geringen militärischen Kräften über Jahrhunderte aufrecht erhalten wie Rom. Jerusalem hat nur dank der in ihr begründeten religiösen Praktiken (z.B. Siebentage-Woche) und der daselbst entwickelten Theologie schon in der vorchristlichen Antike weltgeschichtliche Bedeutung erreicht. Aufgrund der an diesem Ort gepflegten theologischen Traditionen wurde Jerusalem zur Geburtsstätte des Monotheismus oder genauer: *eines* Monotheismus. Es war nicht der erste.

Der erste bekannte Monotheismus soll der des Apophis, eines der letzten und wichtigsten Herrscher der 15., der sogn. Hyksos-Dynastie (1574–1534a; Schneider, Lexikon der Pharaonen 118–120) gewesen sein. Er ist allerdings nur schwach bezeugt. In einer fragmentarisch erhaltenen, zur Zeit Merenptahs (1213–1204a) aufgeschriebenen Erzählung, die unter dem Titel »Die Auseinandersetzung zwischen Apophis und Seqenenre'« bekannt ist (vgl. ANET 231f; Goedicke, Quarrel; LÄ I 353f, Brunner), wird gesagt: »Dann (plötzlich) nahm König Apophis, Leben, Gelingen und Gesundheit werden ihm zuteil, Seth zu seinem Herrn und er weigerte sich, einer anderen Gottheit im ganzen Land zu dienen außer Seth (*wpwt Stḫ*).« Apophis soll ihm neben seinem Palast einen Tempel gebaut und ihn täglich in der Art und Weise verehrt haben, wie man sonst den Sonnengott Re' verehrte. Wie O. Goldwasser richtig gesehen hat, ist es nicht die Verehrung Baal-Seths, die ihm vorgeworfen wird. Der Vorwurf trifft die Ausschließlichkeit der Verehrung und den Umstand, dass Seth nach Art des Sonnengotts verehrt wird. Die Verehrung Seths als solcher war bis zur 19. Dynastie, als dieser Text aufgezeichnet wurde, und noch in der 20. Dynastie kein Problem. Zwei Pharaonen der 19. Dynastie (Seti I und II.) waren nach diesem Gott benannt. J. Assmann vermutet, die Erzählung kombiniere auf unhist. Weise das Hyksos-Trauma mit dem Amarna-Trauma. »So wurde der Hyksoskrieg in der Rückschau zu einem religiösen Konflikt umgedeutet« (Moses der Ägypter, München 1998, 53). O. Goldwasser findet in der Erzählung keinen Anhalt für diese Deutung. Sie hält die Überlieferung für historisch, da die Erzählung sich durch genaue Kenntnis der Zeitumstände (Personen, Ortsnamen) auszeichne und die Sethverehrung des Apophis auch archäologisch-epigraphisch bezeugt sei. Die Polemik gegen Echnaton bediene sich einer anderen Terminologie als der in dieser Geschichte verwendeten (in: FS Bietak II 129–133). Der Monotheismus des Apophis scheint mir dennoch unwahrscheinlich. In zeitgenössischen Monumenten steht Apophis nicht nur mit Seth, sondern auch mit anderen Gottheiten in Verbindung. So wird er z.B. auf einem Schreibzeug Apophis als lebendes »Abbild des Re'« und als »von Thot selbst unterrichtet« bezeichnet (I. Hein, Hg., Pharaonen und fremde Dynastien im Dunkel, Wien 1994, Katalognr. 127; den Hinweis verdanke ich S. Bickel). Möglicherweise hat die polemische Erzählung zur Auseinandersetzung zw. dem Herrscher der Fremdländer, Apophis, und dem thebanischen Herrscher Seqenenre' die enge Beziehung des Apophis zum asiatischen Gott Seth-Baal zu einer ausschließlichen Verehrung radikalisiert. Sie sagt schließlich auch: »Als der Fürst der (südlichen) Stadt (von der Drohbotschaft des Apophis) hörte, ängstigte er sich nicht. Er wusste, dass Amun-Re' als sein Beschützer tätig würde. Er vertraute im ganzen Lande keinem anderen Gott als Amun-Re', dem König der Götter«. O. Goldwasser liest aus dem Epithet »König der Götter«, dass Seqenenre' im Gegensatz zu Apophis den Polytheismus beibehalte. Vor dem Hintergrund der Korrespondenz zw. Ramses II. und Chattuschili III. scheint mir die Polemik dahin zu zielen, dass Apophis als König Ägyptens einen asiatischen Gott verehrt, während Seqenenre', wie es sich für einen Herrscher Ägyptens gehört, DEM ägyptischen Gott dient (vgl. weiter § 141). Diese Polemik ist allerdings besser vor dem Hintergrund der 18. als vor der der 19. Zu verstehen. Aus der frühen 18. Dynastie dürfte der Text denn auch stammen. Weder bei Apophis noch bei Seqenenre' dürfte es sich hist. betrachtet um Monotheismus gehandelt haben.

Viel besser bezeugt und bekannter als der wahrscheinlich nur vermeintliche Monotheismus des Apophis ist der des ägypt. Pharao Echnaton (1353–1336a). E. Hornung zählt in seinem ebenso knappen wie meisterhaften Exkurs zum »Ansatz Echnatons« in seinem Klassiker »Der Eine und die Vielen« 259–266) zuerst eine Reihe traditioneller ägypt. Sonnenkult-Elemente im System Echnatons auf (vgl. dazu auch OBO 51, 1983, Assmann). *Neu* an Echnatons Ansatz war nach Hornung, dass er »konsequent nach einer einzigen Ursache für alle Phänomene sucht und sie im Licht zu finden glaubt, das nun zum alleinigen göttlichen Prinzip und damit zur Grundlage eines Monotheismus und einer ersten Religionsstiftung wird … Nun ist, zum ersten Mal in der Geschichte, Göttliches Eines geworden, ohne die Komplementarität der Vielen; Henotheismus ist in Monotheismus umgeschlagen. Die Fülle der Gestalten ist auf die eine Erscheinungsform des Strahlenaton verkürzt (vgl. AOBPs Abb. 288 f. 384. 410), der zur einzig verbindlichen Darstellung des Gottes wird, und aus der Fülle der Götternamen bleibt nur ein doppelter übrig: Re, der sich als Aton offenbart (›gekommen ist‹). Aus einem Gott ›ohne seinesgleichen‹ ist, in feiner Abstufung, ein Gott ›ohne einen anderen außer ihm‹ geworden. Dem entspricht die Einzigartigkeit seines Propheten, denn auch Echnaton ist jetzt ›einzig wie der Aton; es gibt keinen anderen Großen außer ihm‹ … Was zum Wesen des Aton nicht passt, ist nicht länger göttlich und wird durch Verschweigen geleugnet. Die Hymnik Echnatons, die den Aton mit vertrauten Wendungen preist, unterscheidet sich von der älteren Hymnik wesentlich durch das, was sie fortläßt«. Das Göttliche wird auf das Licht Atons reduziert. Es ist ein Monotheismus exklusiver Art. Außer Aton wird alles ausgeschlossen. Wie J. Assmann bemerkt, handelte es sich fast eher um eine Position, wie wir sie 700 Jahre später in der vorsokratischen Philosophie finden, als um eine Religionsstiftung. Alles wird exklusiv auf ein einziges (empirisches) Prinzip zurückgeführt (vgl. z. B. Ägypten. Eine Sinngeschichte, München 1996, 247; vgl. weiter: H. A. Schlögl, Echnaton – Tutanchamun. Daten, Fakten, Literatur, Wiesbaden ⁴1993; J.-L. Bovot, J.-L. Chappaz, M. Gabolde, R. Krauss, éds., Akhénaton et l'époque amarnienne, Bibliothèque d'Egypte Afrique & Orient, Avignon 2005; BJSt 346, 2006, 319–325, Allen; ebd. 325 »What Akhenaten introduced to the world is rather (than the underlying oneness of god) the first recorded instance of univalent logic – the notion that one and only one explanation of reality can be true«). Alle Spuren von Echnatons Monotheismus wurden nach seinem Tod getilgt. Sein kühner Ansatz wurde erst im Rahmen der wissenschaftlichen Erforschung Ägyptens im 19. Jh.p wieder entdeckt (E. Hornung, Echnaton. Die Religion des Lichts, Zürich 1995, 9–27). Die durch Sigmund Freud populär gewordene These, dass Mose den Israeliten die Religion Echnatons vermittelte (Der Mann Moses und die monotheistische Religion, Bücher des Wissens Fischer, Frankfurt 1975, 39–44), ist historisch nicht vertretbar. Die Religion Echnatons war im 12. Jh.a nicht mehr bekannt. Mose war nicht der Stifter des israelit.-jüd. Monotheismus.

Dieser ist erst, wie ausführlich zu zeigen sein wird, im 8.–6. Jh.a entstanden. Ferner war der israelitische Monotheismus anderer Art als der des Echnaton. Im Gegensatz zu Echnatons reduktivem Monotheismus depotenzierte der Jerusalemer Monotheismus zwar auch verschiedenste Götter und Göttinnen, übertrug jedoch in großem Umfang Attribute verschiedenster Gottheiten und Erzählungen über sie auf JHWH und kann so als inklusiv-integrativ bezeichnet werden (vgl. z. B. Dietrich, in:

FS Smend 379–381). Während in Ägypten und in Mesopotamien in der Regel eine männliche und eine weibliche Gottheit an der Erschaffung des Menschen beteiligt sind, übernimmt in Gen 2 JHWH allein beide Rollen (Keel/Schroer, Schöpfung 121–123.136–145). Noch deutlicher ist das in der Sintflutgeschichte, wo JHWH die Rollen Enlils, Enki-Eas und Nintu-Ischtars übernimmt (ebd. 192–194). In der Sodomerzählung erscheint JHWH als richtender Sonnengott (§ 336). Monotheismus ist ein neuzeitlicher Begriff und damit eine Projektion in die Geschichte (F. Stolz, Einführung in den biblischen Monotheismus, Darmstadt 1996, 1–22). Nachdem die sog. dialektische Theologie den Begriff als religionsgeschichtlich und damit für die Theologie Israels als irrelevant eingestuft hatte, ist die Diskussion 1980 wieder in Gang gekommen (BiBe 14, 1980, Keel Hg.; B. Lang, Hg., Der einzige Gott. Die Geburt des biblischen Monotheismus, München 1981). Der Begriff hat seither seinen großen heuristischen Wert bewiesen und zu einer fast nicht mehr überblickbaren Produktion geführt (zur Geschichte der neueren Monotheismus-Diskussion vgl. z.b. Theologische Frauenforschung in Europa 14, 2004, 139–155, Wacker; zum Thema selbst vgl. z.B. B.N. Porter, Hg., One God or Many. Concepts of Divinity in the Ancient World, Casco Bay Assyriological Institute 2000; AThANT 82, 2003, Oeming/Schmid). Der integrativ-kumulative Monotheismus ist vom Frühjudentum, vom Christentum und vom Islam je verschieden interpretiert worden (zur Problematik eines einheitlichen Verständnisses der verschiedenen Polytheismen vgl. OTE 9/1, 2006, 9–25, Baumann bzw. der verschiedenen Monotheismen vgl. G. Ahn, in: AThANT 82, 2003, 1–10, Oeming/Schmid). Durch die Arbeiten von J. Assmann (zuletzt Die mosaische Unterscheidung oder der Preis des Monotheismus, München 2003; Ders., Of God and Gods. Egypt, Israel and the Rise of Monotheism, erscheint 2007) ist der seit D. Hume und A. Schopenhauer immer wieder erhobene Vorwurf, die monotheistischen Religionen seien aggressiver und gewaltbereiter als die polytheistischen erneut zum Thema geworden (vgl. z.B. J. Manemann, Hg., Monotheismus, Jahrbuch Politische Theologie 4, Münster 2002).

Im Folgenden soll im Rahmen der Geschichte Jerusalems beschrieben werden, aufgrund welcher Voraussetzungen der Monotheismus entstanden ist und mit welchen Mitteln er Gestalt gewonnen und Ausdruck gefunden hat und schließlich zum Fundament der drei monotheistischen Religionen mit ihren zahlreichen Varianten geworden ist. Dieses Interesse soll die Erkenntnisfindung in diesem Band leiten. Natürlich kann man Geschichte Jerusalems auch ohne Berücksichtigung religionsgeschichtlicher und religionswissenschaftlicher Fragestellungen schreiben. So skizzieren I. Finkelstein und D. Silberman in ihrem Buch »David und Salomo« (München 2006) die beiden Jerusalemer Gründergestalten unter politischen Aspekten, bes. dem Aspekt welche Art von Herrschaft sie über welches Territorium ausübten, ohne überhaupt die Frage zu stellen, was ihr Wirken für die Entstehung des Monotheismus bedeutet haben könnte. Einzig die Nachgeschichte der Davidsgestalt mit der messianischen Hoffnung auf einen David redivivus wird thematisiert.

3. WAS IST EINE STADT?

§ 5   Ehe wir uns Jerusalem, seiner spezifischen Lage, seinen Namen und seiner Geschichte zuwenden, sei kurz die Frage gestellt, ob das bibl. Hebräisch ähnlich wie unsere Sprachen zw. Stadt und Dorf unterscheidet und wenn ja, was es unter »Stadt« versteht.

Regelmäßig mit »Stadt« übersetzt wird das hebr. Wort *'ir*, das im AT 1092mal vorkommt (Statistik in THAT II 269, Hulst), je über 100mal in den Büchern Jos und Jer. In der zeitgenössischen Literatur zum Phänomen »Stadt« und ihrer Geschichte findet sich keine griffige einfache Definition, und nicht selten wird die Meinung vertreten, »Stadt« könne nur epochen- und kulturbezogen definiert werden. So sei z.B. eine mittelalterliche Stadt mit ihren Befestigungen und ihrem Stadtrecht etwas ganz anderes als eine moderne Industriemetropole. Trotz solcher Schwierigkeiten zählt Frank Kolb in seinem Werk »Die Stadt im Altertum« (Düsseldorf 2005, 15) sechs Merkmale auf, von denen zu allen Zeiten mindestens vier oder fünf verwirklicht sein müssten, um von einer »Stadt« sprechen zu können:

1. topographische und administrative Geschlossenheit der Siedlung
2. Bevölkerungszahl von mehreren tausend Einwohnern (Orte um 1000 Einwohner werden als Grenzfälle betrachtet) als Voraussetzung für
3. ausgeprägte Arbeitsteilung und soziale Differenzierung
4. Mannigfaltigkeit der Bausubstanz
5. urbanen Lebensstil
6. Funktion der Siedlung als Zentralort für ein Umland

(vgl. die ähnlichen Kriterien bei Fritz, Die Stadt 15f; Huot/Thalmann/Valbelle, Naissance 9–42; zur Stadt in Israel vgl. weiter C.H.J. de Geus, De Israëlitische Stad, Kampen 1984; BiKi 47, 1992, 2–9, Winter; Z. Herzog, Archaeology of the City. Urban Planning in Ancient Israel and its Social Implications, Tel Aviv 1997, 1–16; vgl. weiter § 7).

Das hebr., meist mit »Stadt« übersetzte *'ir* kann hingegen jede »permanente Siedlung ohne Rücksicht auf deren Größe und Rang« bezeichnen (HAL III 776). Siedlungen des offenen Landes ohne nennenswerte Befestigung wie z.B. die *'are ha-perazj*, die *'are ha-perazot* oder einfach *perazot* in Dtn 3,5, Est 9,19 und Sach 2,4f (ZAH 4, 1991, 72–75, Na'aman = Na'aman, CE II 280–284) dürften aber in der Regel eher als *haṣerim* »Gehöfte« bezeichnet worden sein, die ein Dornenzaun oder ähnliches vor wilden Tieren schützte oder als *kafar* oder *kofær* »Dorf« (HAL I 331f; II 470). Auf diese Wurzel gehen Begriffe wie »Kaff« und »Kaffer« zurück. Lev 25,31 definiert »Gehöfte« als Siedlungen ohne Mauer. »Städte« im Sinne befestigter Siedlungen meinen Ausdrücke wie *'ir homah* »Siedlung mit Mauer, ummauerte Stadt«, *'arim beṣurot homah* »mit einer Mauer befestigte Siedlungen«, *'ir mibṣar* »Stadt-Festung« oder *'ir delatajim uberiah* »eine Siedlung mit Torflügeln und Riegel« (HAL III 776f). E. Otto meint, der Begriff *'ir* konnotiere von sich aus stets »Befestigung« (ThWAT VI 61; vgl. auch NTOA 6, 1987, 171f, Uehlinger zu Ez 4f). Die eben angeführten zusammengesetzten Begriffe unterstützen diese Auffassung nicht, es sei denn man verstehe die *'ir* beigefügten Begriffe als eine Art Pleonasmen. »Tore« stehen jedenfalls häufig als *partes pro toto* für Siedlungen, so etwa vom dtn. »in deinen Toren« (Dtn 5,14; 12,17f.21; 14,21 u.o.) bis zu Mt 16,18, den »Toren der Totenstadt«. Ps 147,13 fordert Jerusalem zum Lobe Gottes auf, weil er seine Riegel fest gemacht hat.

In der Siedlungsbezeichnungen *qir* II, *qirjah*, *qærœt* dürfte das Element der Befestigung im Namen enthalten sein, denn diese sind von *qir* I »Wand, Mauer« wohl nicht zu trennen (HAL III 1027f.1065f.1072). Das phön.-punische Wort *qrt* findet sich in Melkart aus *mel(k) qart* »König der Stadt« und Karthago aus *qart ḥᵃdæšœt* »Neustadt«. Das Wort *qirjah* kommt in den hebr. Teilen des AT etwa 30mal vor. Zur schwierig zu rekonstruierenden Geschichte des Stadtbegriffs im AT vgl. ThWAT VI 62–74, Otto; zu den technischen und hist. Aspekten der Mauern Jerusalems »Mauern und Tore« bei Küchler, Jer 92–124).

Interessant ist, dass *ʿir* als Element von Ortsnamen keine Rolle spielt und nur in Beinamen wie »Ort der Palmen« (Dtn 34,3), »Ort Davids« (2Sam 5,7), »Ort des Königtums« (2Sam 12,26), »Ort des Sonnengottes« (Jos 19,41) vorkommt, während *qirjah* einen integralen Bestandteil von Ortsnamen wie Kirjat-Arba, Kirjat Jearim und Kirjat-Sefer bildet. Das Element *bet* in vielen Stadtnamen wie Bet-El, Bet-Horon, Bet-Schemesch meint wohl einen Tempel, der den Kern der späteren Stadt gebildet haben dürfte.

§ 6   Einen weiteren Unterschied zw. befestigten und unbefestigten Siedlungen thematisiert Lev 25,29–31: »Wenn jemand ein Wohnhaus in einer ummauerten Stadt (*ʿir ḥomah*) verkauft, so besteht sein Rückkaufsrecht bis zum Ende des Jahres, in dem er verkauft hat; sein Rückkaufsrecht ist zeitlich beschränkt. Wenn er es nicht bis zum Ablauf des vollen Jahrs zurückkauft, so gehört das Haus in der ummauerten Stadt für immer dem Käufer, auch für seine Nachkommen; im Jobeljahr wird es nicht frei. Die Häuser in Dörfern (*ḥᵃṣerim*), die nicht von Mauern umgeben sind, werden zum Feld des Landes gerechnet; für es (d.h. ein solches Haus) besteht ein Rückkaufsrecht, und im Jobeljahr wird es frei«.
Die unterschiedliche Regelung des Verkaufsrechts innerhalb und außerhalb der Stadt ist wohl ein Hinweis auf ein unterschiedliches Verhältnis zum Boden (G. H. Wittenberg, in: The Earth Bible 4, 2001, 129–142, Habel). Ist es hist. begründet? Wie Dtn 6,10f drastisch und wohl etwas simplifizierend sagt, sind die Städte nicht von den protoisraelit. Kleinviehzüchtern und Dörflern gegründet und gebaut worden. Sie haben sie, wie z.B. Jerusalem, übernommen. Gilt in den Städten weiterhin das von der Stadtkultur geprägte sbz »kanaanäische« Bodenrecht, während außerhalb der befestigten Städte das ländlich geprägte »israelitische« gilt? Oder haben die verschiedenen Regelungen nichts mit verschiedenen Traditionen zu tun, sondern sind ganz einfach von den verschiedenen ökonomischen Strukturen der Stadt bzw. des offenen Landes geprägt? Die Mobilität des Stadtlebens zwingt auch den Immobilien Warencharakter auf, während auf dem Land der Anspruch der natürlichen Voraussetzungen – man kann z.B. den Boden nicht in beliebig kleine Einheiten aufteilen – konservative Besitzverhältnisse erzwingt (KK, Leviticus, 168f, Kornfeld). Oder hatte Stadtbesitz, da er nicht Lebensgrundlage und somit eine Art Luxus war, einen sozial niedrigeren Status und blieb so veräußerlich (NSK.AT 3, 187, Staubli; vgl. die Bedeutung der Landbesitzer, des *ʿam ha-ʾareṣ*, in der Königszeit, z.B. in 2Kön 11,20; 21,24)?

§ 7   Macht für das bibl. Hebräisch die Befestigung, die »Mauer« und die damit verbundenen Vorteile (s. nächster Abschnitt) die Stadt aus, sieht die moderne, soziologisch informierte Geschichtsschreibung das etwas anders. Wichtiger als die Mauern sind für sie die in § 5 genannten Kriterien. Sie dürften für Jerusalem mindestens während der meisten Phasen seiner Geschichte zutreffen. Die topographische und administrative Geschlossenheit wurde schon durch die → LAGE und meistens auch durch Mauern und Türme und das Personal des Hofes und des Tempels realisiert. Die Bevölkerungszahl lag wohl durchwegs über 1000. Arbeitsteilung und soziale Differenzierung waren durch Hof und Tempel (Schreiber, Soldaten, spezialisiertes Handwerk) gegeben. Die Mannigfaltigkeit der Bausubstanz kam im Vorhandensein öffentlicher und privater Bauten zum Ausdruck, wobei die öffentlichen sakrale und profane umfassten. Der urbane Lebensstil wird u. a. durch geplant angelegte Strassen, Wasserzu- und Wasserabfuhr, durch das Vorhandensein von Import- und Luxusgütern dokumentiert. Die Funktion als Zentralort für ein größeres Umland ist schon dadurch garantiert, dass sich keine vergleichbar großen Orte in der Nähe Jerusalems befanden. Die Menschen, die zerstreut und ungeschützt die Peripherie der Stadt bewohnten, brachten ihre Produkte dorthin zum Verkauf, deckten sich dort mit speziellen Gütern ein, suchten dort Recht und in Kriegszeiten Schutz (vgl. Huot/Thalmann/Valbelle, Naissance 9–42, bes. 26; Fritz, Stadt 15f).

4. ZENTRUM VERSUS PERIPHERIE

§ 8   Zwar waren die judäischen und israelit. Städte, auch die Residenzstädte (zu diesem Begriff anstelle des üblichen »Hauptstädte« vgl. FAT 6, 1993, 21f, Niemann), im Vergleich zu modernen Großstädten klein. Jede hatte Ackerland, Weinberge und Obstgärten in ihrer unmittelbaren Nähe, die von ihnen aus bewirtschaftet wurden (zum Charakter vorindustrieller Städte vgl. Nefzger, in: JSOT.S 330, 2001, 159–171, Grabbe/Haak). Ähnlich dürfte es mit ihren Herden gewesen sein. Die Landverbundenheit der israelit. Städte war erheblich größer als die der hell.-röm. oder gar der modernen. Trotzdem sollte der Unterschied zw. Zentren und Peripherie nicht übersehen oder gar negiert werden. Nicht nur Bodenrecht (vgl. § 6) und Familienstruktur (TA 26, 1999, 233–252, Faust) waren verschieden. Die Stadt schützte und befreite nach innen und herrschte und unterdrückte nach außen (vgl. ÄAT 30, 1995, 188–197, bes. 188, Otto). Die Intensität und der Reichtum des Stadtlebens führten nicht selten zu einer von Überheblichkeit verzerrten Wahrnehmung der Peripherie, besonders der nomadischen, wie wir sie aus ao Texten kennen. So behauptet ein sum. Text von den Zeltbewohnern, sie würden rohes Fleisch essen und ihre Toten nicht bestatten (TUAT III/3, 505f, Römer), und ein altbabyl., sie hätten keine Gottesstätten, würden keine Opfer darbringen, sich an keinen Eid halten und sich wie die Tiere paaren (NAWG Phil.-hist. Kl., 1991 Nr. 2, 80, Borger), kurzum, sie lassen alles, was ein urbanes Leben ausmacht, vermissen. Man siedelte sie näher bei den Tieren als bei den Menschen an. Eine Konsequenz davon war, dass man sie, wie neuassyr. Reliefs zeigen, im Krieg eher wie wilde Tiere als wie Menschen behandelte. Während man die Stadtfrauen schonte, eliminierte man die Nomadinnen wie Ungeziefer (OBO 107, 67–99, bes. 74f.97, Staubli). Der Wechsel von der Peripherie, z. B. aus einem Kleinviehnomadenlager oder einem Dorf im S Judäas in die Altstadt von Jerusalem kann noch heute trotz der sehr veränderten Situation einen Schock bedeuten. Es ist der Schock des Übergangs aus einer äußerst bescheidenen, wenn nicht einer Armut- und Mangelexistenz in eine Welt konzentrierten Besitzes und aufgehäufter Reichtümer, die durch eindrückliche Mauern geschützt sind.

§ 9   Im Gegensatz zu den schriftlichen Denkmälern der benachbarten Hochkulturen Mesopotamien und Ägypten, in denen sich fast ausschließlich die Zentren zu Wort melden, finden sich in den bibl. Schriften eine Anzahl von Zeugnissen der Peripherie. Die Anfänge Israels lagen um 1200a, in einer Zeit des tiefen Niedergangs der bronzezeitlichen Stadtkultur und einem gleichzeitigen fulminanten Aufschwung der Dorfkultur. Auf dem Gebirge Efraïm zw. Sichem und Bet-El z.B. wurden in der frühen Eisenzeit sechs bronzezeitliche Ortschaften mit Stadtcharakter durch 115 Siedlungen dörflicher Natur abgelöst (BZAW 245/I, 2004, 160–162, van Oorschot; OBO 180, 1991, Zwingenberger; W.G. Dever, Who Were the Early Israelites and Where Did They Come From?, Grand Rapids 2003; JBL 122, 2003, 401–425, Bloch-Smith). Die Sicht der Dinge aus dem Blickwinkel von Kleinstädtern, Dörflern und selbst von Kleinviehnomaden kommt in den bibl. Schriften immer wieder einmal zu Wort, von Gruppen also, die im AO sonst eher stumm bleiben (vgl. für Ägypten allerdings den die Probleme eher verharmlosenden Text »Der beredte Oasenbewohner«; AnOr 5, 1933, Suys; H. Brunner, Altägyptische Weisheit 358–367) bzw. eher als Tiere denn als Menschen wahrgenommen und behandelt werden (vgl. § 8). Kleinstädter, Dörfler und Nomaden standen ihrerseits in vielfältigen Interaktionen (OBO 107, 1991, 238–244, Staubli). Gemeinsam aber fühlten sie sich immer wieder vom reichen Zentrum und seiner vielfältigen Habgier übergangen, ausgebeutet und verraten. Die bibl. Überlieferung ist alles andere als kritiklos stadtfreundlich (Wilson, in: Hawkins, Civitas 3–6; BiKi 47, 1992, 10–17, Staubli). Analog zum Verhältnis der Städte zu den Dörfern und zum offenen Land war das Verhältnis der Residenzorte zu den kleineren Städten (BN 89, 1997, 22–26, Rösel).

§ 10   Die Mauern der Stadt geben Sicherheit und erlauben es, Reichtümer anzuhäufen. Diese haben in den Städten, besonders den großen, einen höheren Stellenwert als auf dem offenen Lande. Der großstädtische Kodex Hammurabi (→ I 486) schätzt Besitz im Vergleich zum menschlichen Leben durchwegs höher ein als das noch stärker von den Wertvorstellungen der Peripherie geprägte Bundesbuch (Ex 21,1–23,33).

So soll etwa der Besitzer eines Rindes, das diesem nachweislich als lebensgefährlich bekannt war und das dieser dennoch frei laufen ließ, nach dem Bundesbuch mit dem Tode bestraft werden (Ex 21,29). Nach dem Kodex Hammurabi kommt er mit 480 gr Silber Busse davon (TUAT I/1, 72 § 251, Borger). Umgekehrt muss ein gestohlenes Tier nach dem Bundesbuch nur vier- bis fünffach ersetzt werden. Wenn der Dieb zahlungsunfähig ist, wird er in die Schuldsklaverei verkauft (Ex 21,37; 22,2b–3). Nach dem Kodex Hammurabi muss das Tier, je nachdem ob es Eigentum eines einfachen Bürgers oder des Palastes war, zehn- bis dreißigfach ersetzt werden. Wenn der Dieb zahlungsunfähig ist, wird er getötet (TUAT I/1, 45 § 8, Borger).

Mit dem Anfang der Menschheitsgeschichte verbindet die *Erzählung von Kain und Abel* einen kritischen Vorbehalt gegen die Stadt, insofern sie von ihrem Ursprung her mit Eifersucht, Gewalt und Mord einher geht. Der Ackerbauer Kain missgönnt dem Kleinviehhirten die unbegründete Bevorzugung durch Gott. Worin diese Bevorzugung, die Annahme von Abels Opfer, durch Gott sichtbar wurde, sagt die Geschichte nicht. Jedenfalls wird Kain gegen den Kleinviehnomaden gewalttätig (Gen 4,1–16). Dieser Kain oder sein Sohn Henoch, die Überlieferung ist da nicht eindeutig, gründet die erste Stadt (Gen 4,17).

§ 11   Westermann hat mit dem Hinweis auf Dtn 6,10, wo von großen und schönen Städten die Rede ist, die Israel nicht gebaut hat, aber doch in Besitz nehmen wird, beweisen wollen, dass Israel auch in Gen 4,17 die Städtegründung und die städtische Kultur nicht etwa von vornherein als etwas

Negatives gesehen habe. »Sie wird vielmehr als ein Kulturfortschritt der Menschheitsgeschichte völlig positiv gesehen« (BK I/1, 1974, 444). Aber erstens kann man Gen 4,17 nicht von Dtn 6,10 her interpretieren. Zweitens wird in Gen 4,17 das Faktum des Stadtbaus schlicht mitgeteilt und nicht explizit gewertet, weder positiv noch negativ. Drittens aber ist doch mit den »alten Auslegern« der unmittelbare Kontext dieser Mitteilung zu beachten. Der Stadtgründer ist ein Brudermörder oder der Sohn eines Brudermörders. Der prominenteste Nachkomme der beiden ist der gewalttätige Lamech, von dem es heißt: »Wird Kain siebenfach gerächt, dann Lamech siebenundsiebzigfach« (Gen 4,24). Die Zentralgewalt hat das Leben ihrer Mitglieder zu allen Zeiten höher eingeschätzt als das der Bewohner und Bewohnerinnen der Peripherie (zur Frage, ob die verschiedenen »Zünfte«, deren Ahnherren die Söhne Lamechs sind, als städtische Gilden oder als Wüstenzigeuner verstanden werden müssen, vgl. ZAW 78, 1966, 133–141, Wallis). Durch die Genealogie sind sie jedenfalls mit den »Städtern« Kain und Henoch verbunden.

§ 12   Zu den stadtkritischen Traditionen, die gut aus der Sicht von Kleinviehnomaden verstanden werden können, gehört die mehrfach überlieferte Geschichte von der Gefährdung der Clanmutter Sara bzw. Rebekka (Gen 12,10–20; 20,1–18; 26,1–14). Angesichts der Stadt →II Gerar überkommt den Kleinviehnomaden, der durch eine Hungersnot gezwungen ist in deren Machtbereich eine Überlebensmöglichkeit zu suchen, die Angst. Die Kommentatoren erkennen darin die Angst vor der sexuellen Gier der Stadtbewohner, die nicht davor zurückschrecken, den Patriarchen (Abraham, Isaak) zu töten, um seiner Frau (Sara, Rebekka) habhaft zu werden.

De Pury weist darauf hin, dass es in allen drei Fällen der König ist, der Repräsentant der Macht, der nicht die Frau des Clanältesten, weder die des lebenden noch die des toten, sondern eine nahe Verwandte von ihm, seine Schwester, für seinen Harem haben will. De Pury sieht darin den Ausdruck des Bestrebens der Zentralgewalt, die Clanältesten und damit den Clan an den Hof zu binden und sie dem Hof zu verpflichten und so lenkbarer und kontrollierbarer zu machen. De Pury sieht auch in Gen 34, in der Geschichte des Sohnes des Stadtfürsten von Sichem, der die Jakobstochter Dina vergewaltigt, diese Tendenz am Werk. Der Jakobs- bzw. Israelclan soll so gleichsam zum Konnubium gezwungen und an Sichem gebunden werden (Cahiers du CEPOA 1, 1983, 219–226). Das mag in solchen Fällen durchaus die Absicht der Zentralgewalt gewesen sein. Sie wurde von den Kleinviehnomaden, die diese Geschichten überlieferten, offensichtlich nicht so verstanden, wie wäre sonst die Angst des Clanältesten zu verstehen, seiner Frau wegen getötet zu werden. Und der Ausgang der Geschichte von Gen 34 zeigt deutlich, dass die Vergewaltigung kein geeigneter Weg zum Konnubium war, das die Stadtfürstenfamilie wenigstens nachträglich anstrebte. Die Jakob- bzw. Israelsöhne empfanden das Vorgehen als Schandtat (Gen 34,7; vgl. Ri 20,6).

Zügellose sexuelle Gier verbunden mit fehlender Gastfreundschaft, die im dörflichen und bes. im nomadischen Bereich einen sehr hohen Stellenwert besaß, kritisiert die Sodomgeschichte an den Städtern (Gen 19; vgl. Ri 19). Noch im 8. bzw. im 6. Jh.a, als Jerusalem als Residenzstadt längst etabliert war, werden sich ein Jesaja (1,10; 3,9) bzw. ein Ezechiel (16,46–56) nicht scheuen, Jerusalem mit Sodom in eine Linie zu stellen.

§ 13   Neben den eben genannten stadtkritischen Motiven in den zeitlich schwer zu fixierenden Gesetzestexten, Mythen und Sagen, kommt diese explizite oder implizite Kritik an städtischer Lebensweise, bes. an den Residenzstädten, an Samaria und ganz bes. an Jerusalem im Laufe seiner →Geschichte immer wieder zum Zug. An den entsprechenden Stellen wird darauf eingegangen werden, so im Zusammenhang mit Salomo, dem Patron städtisch-dynastischen Lebens, und dem Streit um den Frondienst unter seinem Sohn Rehabeam am Ende des 10. Jh., bei der Residenzstadt-, Sozial- und Luxuskritik der randständigen Propheten Amos (→ II Tekoa) mit seinem Einfluss auf den frühen Jesaja und bei Micha (→ II Moreschet Gat) am Ende des 8. Jh., der die Stadt Jerusalem geradezu als Ursünde Judas bezeichnet (Mi 1,5). Die Kritik am Luxus der Residenzstadt findet sich auch bei Jeremia (22,13–19), der aus einem Dorf, aus Anatot stammt, und dessen ländliche Metaphorik sich drastisch von der städtischen Ezechiels abhebt (zu Jeremia vgl. § 890–895; zu Ezechiel § 901–906). Jeremia kritisiert am Ende des 7. Jh. auch das städtisch-kommerzielle Vertrauen auf die Käuflichkeit Gottes durch einen aufwendigen Kult.

Mit der assyr. und babyl. Okkupation Judäas und Jerusalems wird die Kritik an den Reichshauptstädten Ninive und Babylon laut (BZAW 345/I, 2004, 177–179, van Oorschot; FAT 2. Reihe 6, 2004, Sals).

Im 2. Jh.a werden die randständigen Hasmonäer aus → III Modeïn die hellenisierte Oberschicht Jerusalems bekämpfen. Ihrerseits verstädtert und hellenisiert, werden sie von den hauptsächlich aus Galiläa stammenden Zeloten angegriffen. Im 1. Jh.p wird auch der Prophet Jesus aus Galiläa der prophetenmordenden Stadt den Untergang ansagen (»Dominus flevit«; vgl. Mt 23,37; Lk 13,34; Küchler Jer 831–844).

§ 14   Angesichts dieser Vorbehalte überrascht die Liste der hymnischen Bezeichnungen (§ 74–86), die Jerusalem im Laufe der Geschichte zuteil wurden. Bei allen Projektionen auf die Wüste und die Fiktion einer ungestörten Liebe zw. Israel und JHWH in der Wüste hat der JHWH-Monotheismus in Wirklichkeit eben doch in einer Stadt Gestalt angenommen. Der Glanz, den die Zionspsalmen (Ps 46, 48, 76, 132) und viele andere Texte wie z.B. Deuterojesaja, das Chronistische Geschichtswerk, der Aristeasbrief, das lukanische Doppelwerk auf Jerusalem werfen, ist so nicht erstaunlich. Das vorliegende Werk wird auf diese und vergleichbare Texte an geeigneter Stelle eingehen.

Bei aller Verklärung, bei der Jerusalem zu einem Symbol paradiesischer Gemeinschaft mit Gott wird (vgl. Wilson, in: Hawkins, Civitas 10–13; ErIs 26, 1999, 183*–194*, Stager), ist die bibl. Überlieferung dem realen Jerusalem jedoch auch immer wieder mit kritischen Vorbehalten begegnet. Immer wieder hat sie die billige Identifizierung des Symbolisierten mit dem Symbol zerbrochen, das, statt bescheiden auf das Gemeinte hinzuweisen, sich selbst zum Götzen macht.

5.   MONOTHEISMUS – EIN PRODUKT DER STADT, NICHT DER WÜSTE

§ 15   Ps 107 fordert vier Gruppen von Menschen, die in großer Not waren, auf, ihre Gelübde einzulösen. Die erste Notsituation, vor Gefängnis, Krankheit und Seenot, die genannt wird, ist die, sich in der Wüste verirrt zu haben und vor Hunger und Durst fast gestorben zu sein (V. 4–9). Die Steppen-Wüste (*midbar*), die Einöde (*jᵉšimon*) wird in diesem Psalm der bewohnten, wohnlichen Stadt (*ʿir mošab*) gegenübergestellt. Die Wüste ist im Gegensatz zur Stadt das Nicht-Land, das Todesland.

In der bibl. Tradition begegnet Mose JHWH, als er seine Kleinviehherde über die Steppen-Wüste (*midbar*) hinaus zum Berge Horeb führt (Ex 3,1). Der von Isebel verfolgte Prophet Elija wandert von → II Beerscheba im Negev in die Wüste (*midbar*) hinaus und von dort 40 Tage und Nächte bis er zum Gottesberg Horeb kommt

(1Kön 19,1–18). Vielleicht ist Horeb, d.h. »Wüstenort«, nur ein Deckname für den älteren Namen Sinai, »der unter der Herrschaft des Sin-Verehrers Nabonid (556–539a) volksetymologisch anrüchig geworden war« (NBL III 607, Knauf). Auch der Sinai liegt in der Wüste (Ex 16,1). Nach Ex 19,1 kam das Volk im dritten Monat nach dem Auszug aus Ägypten in der Wüste Sinai an. Das sind etwas mehr als die drei Tagereisen, von denen Mose dem Pharao sagt, er wolle das Volk in die Wüste führen, damit es dort seinen Gott verehren könne (Ex 3,18; 5,1; 7,16; 8,27f). Die Verehrung JHWHs dürfte aus Regionen, die heute den äußersten S Jordaniens bzw. den äußersten NW Saudiarabiens bilden, nach Palästina gebracht worden sein (vgl. § 235–240).

Nun war der hist. JHWH zwar kein monotheistischer Gott, wenn einzelne spätere Stränge der bibl. Überlieferung auch einen solchen aus ihm gemacht haben. Die Überlieferung von seinem fernen, unerreichbaren Wüstenberg als ursprünglichem Wohnsitz haben ihm aber eine Aura des Fremden, Unzugänglichen, Unfassbaren verliehen, das eine Art Transzendenz vorstellbar, ja fast physisch fühlbar werden ließ.

Die Romantik mit ihrer Liebe und ihrem Sinn für die Eigenart von Landschaften hat die Wüste den Monotheismus sozusagen aus sich heraus generieren lassen. Besonders einfluss- und folgenreich hat das Werk von Ernest Renan »Histoire générale et système comparé des langues sémitiques« (Paris 1855, ⁴1864) diese Sicht vertreten. Für den Islam findet sie sich z.B. bei W. Gebel »Der Islam in seinen geographischen Beziehungen (Beihefte zu den Jahresberichten der schlesischen Gesellschaft für vaterländische Kultur, Breslau 1922)«, häufig zitiert unter dem Titel: »Der Islam – die Religion der Wüste«.

Mehr als 100 Jahre nach Renans Werk schreibt F. Dürrenmatt im Zusammenhang eines Flugs über den Negev: »Hinunterstarrend auf diese tote Welt wird mir klar, dass der Gott, den die Wüste hervorbrachte (sic!), dieser unsichtbare Gott, der Gott Abrahams, welcher der Gott der Juden, Christen und Mohammedaner wurde, eine Erfahrung der Wüste ist, nicht ein Schluss der Philosophie oder eine Konzeption, und dass, fehlt diese Erfahrung, uns die Sprache fehlt, von ihm zu reden, über ihn lässt sich nur schweigen« (Zusammenhänge. Essay über Israel; Werkausgabe Band 29, Zürich 1980, 127). Eine ähnlich romantische Sicht des Zusammenhangs zw. Monotheismus und Wüste findet sich bei O. Kallscheuer und anderen (in: J. Manemann, Monotheismus, Jahrbuch Politische Theologie 4, 2002, 8–10). Monotheismusgegner haben den Topos polemisch eingesetzt. Ein Gott, dessen Herkunft die Wüste sei, könne die Welt nur in eine Wüste verwandeln. Das Klischee scheint unausrottbar geworden zu sein: »Die drei großen monotheistischen Religionen sind Wüstenprodukte ... Die karge Umwelt ist die ideale Kulisse für die Hinwendung zu einem fernen, unsichtbaren Gott, der Askese verlangt – psychische Selbstverwüstung« (M. Schreiber, im: Spiegel vom 15. April 2006, S. 164).

Historisch gesehen hat sich das Konzept des Monotheismus in Städten entwickelt und durchgesetzt. Für den Städter, der aus dem Flugzeug auf die Wüste hinunter schaut, ist sie tot. Für den Wüstenbewohner lebt sie. Der Monotheismus ist als Vorspiel in Theben und Amarna, als weltgeschichtliches Phänomen in Jerusalem und Babylon entstanden, wie das vorliegende Werk zu zeigen versuchen wird, in Mekka und Medina, wie die islamische Tradition weiß. Alle diese Städte lagen aber von Steppen und Wüsten mit den entsprechenden Erfahrungen von Stadtmenschen nicht allzu fern. Diese Erfahrungen wurden auch thematisiert, wie die bibl. Traditionen von der Wüstenwanderung und vom Gottesberg in der Wüste zeigen. Als Element einer für jeden Monotheismus wichtigen Theologia negativa kann das Wüstenmotiv, das in der Nacht bzw. Wüste Gottes der Mystiker vielfach variiert wurde, ein Gegengift gegen allzu simple Gottesbilder sein.

Die bloß relative Wichtigkeit dieser Wüstenerfahrungen demonstriert aber die Tatsache, dass für keine der monotheistischen Religionen ein Wüstenberg zum heiligsten Ort geworden ist. Die heiligsten Orte der monotheistischen Religionen sind durchwegs Städte: Rom, Konstantinopel, Mekka, Medina, vor allem aber Jerusalem, die als einzige Stadt für alle drei monotheistischen Weltreligionen von Bedeutung ist. Darin manifestiert sich, die der kanaanäisch-jüdisch-christlich-islamischen Tradition grundlegend innewohnende Schöpfungs- und Kosmosfreudigkeit. Das bedeutendste Symbol des Kosmos, das Heiligtum, steht im Zentrum der Stadt.

LAGE JERUSALEMS

§ 16   Jerusalem liegt 35° 14' ö Länge und 31° 46' n Breite, d.h. auf der Höhe des n Afrika und des äußersten S der USA, des s Japan und des n Indien, am s Rand der gemäßigten Zone. Der älteste Teil Jerusalems liegt sehr nahe an der Wüste Juda mit ihrem ariden Klima. Die Regenzeit setzt Ende Oktober, anfangs November ein und dauert bis Ende April, anfangs Mai. Die Regenmenge schwankt zw. 200 und 1100mm mit einem jährlichen Durchschnitt von 556,4mm (zum Klima →I 38–53; speziell ZDPV 14, 1891, 93–112, Chaplin; Cahill, in: Vaughn/Killebrew, Jerusalem 2003, 16f).

Großräumig gesehen hat Jerusalem an den Eigenheiten teil, die die Lage Palästina/Israels als Ganzes charakterisieren, die Lage im Zentrum der alten Welt, im Schnittpunkt dreier Erdteile und zweier Meere (→I **99**), in der Nähe großer Verbindungsstrassen und doch wieder etwas abseits von ihnen, die Lage eines weltgeschichtlichen Beobachtungspostens, wie er in →I 182–194 etwas genauer beschrieben und auf die Formel gebracht worden ist: »Inmitten der Völker – für sich allein« (vgl. auch Oriens 15, 1962, 115–129, Rathjens).

1.   IN BEZUG AUF DIE INTERNATIONALEN VERKEHRSVERBINDUNGEN – FERNER BEOBACHTUNGSPOSTEN IN EINER SENSIBLEN ZONE

§ 17   Im Hinblick auf die Kurzformel »Inmitten der Völker – für sich allein« für die Lage Palästinas im Allgemeinen scheint für Jerusalem im besonderen der zweite Teil stärker zuzutreffen als der erste. Die Hauptverkehrswege, die Palästina durchliefen, berührten Jerusalem nicht (→I **100**). Die Küstenstrasse verläuft etwa 50km Luftlinie w von Jerusalem (Aharoni, Land 41–49). Zwischen der Stadt und der Str. liegen die Küstenebene, die 200–300m hohen von N nach S sich hinziehenden Hügelzüge der →II Schefela und die steilen Abhänge des →II Gebirges Juda. Um von der Küstenebene nach Jerusalem zu gelangen, muss man eine Höhendifferenz von 700–800m überwinden (**1**).

Noch größer ist die Distanz zum internationalen Weg im O, zur sog. Königsstrasse (Aharoni, Land 49–52). 60–70km liegen zw. ihr und Jerusalem. Dabei müssen die Reisenden von der transjordanischen Hochebene, die rund 1000m ü.M. liegt, auf etwa 300–350m unter Meer ins untere →II Jordantal absteigen, um dann w des Jordan wieder die 750m ü.M. zu gewinnen, auf denen Jerusalem liegt, also eine Höhendifferenz von ca. 2450m überwinden (vgl. →I **128**). Es ist wohl, von kulttheologischen Faktoren (vgl. AOBPs 100–105; THAT II 275, Wehmeier) abgesehen, vor allem auf diese Zugänge von O und W her zurückzuführen, dass im bibl. Hebräisch konsequent nach Jerusalem bzw. zum Zion hinaufgestiegen wird (*'alah*; ἀναβαίνειν; Ps 122,4; vgl. aber auch **6–7**).

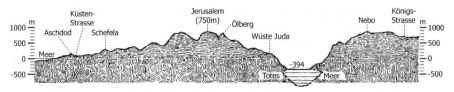

1 Um von der Küstenstrasse im W und der Königstrasse im O nach Jerusalem zu gelangen, mussten beträchtliche Höhendifferenzen überwunden werden

2. IN BEZUG AUF PALÄSTINA – IM ZENTRUM DES LANDES

§ 18 Albrecht Alt hat in seinem einflussreichen Aufsatz über »Jerusalems Aufstieg« unter David die wenig günstige verkehrsgeographische Lage der Stadt dramatisch betont (ZDMG 79, 1925, 1–19 = KS III 243–257; dagegen WUB 16, 2000, 6–14, Keel). Das Gedankengut des Aufsatzes von Alt hat einen wichtigen Teil der ideologischen Grundlagen des 1995/1996 von der israel. Stadtverwaltung inszenierten Jubiläums »3000 Jahre (israelisches) Jerusalem« geliefert (§ 89.179–181). Am 9. Dez. 1917 haben die Engländer Jerusalem nach 400 jähriger osmanischer Herrschaft kampflos erobert. 1918, nach der Eroberung ganz Palästinas, machten sie Jerusalem wie selbstverständlich zur Hauptstadt. Ein Blick auf die Karte zeigt (2), dass 1918, als Transjordanien noch zu Palästina gehörte (es wurde erst 1923 abgetrennt), Jerusalem, von

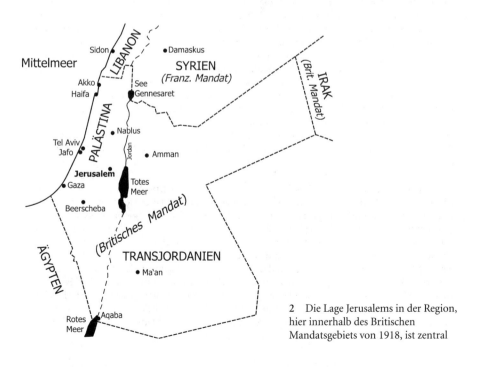

2 Die Lage Jerusalems in der Region, hier innerhalb des Britischen Mandatsgebiets von 1918, ist zentral

seinem hist. Gewicht abgesehen, eine nahe liegende Wahl war, denn Jerusalem lag im
Herzen dieses Landes. Jede andere Stadt hätte in Bezug auf einen größeren Teil exzentrisch gelegen (→ I 128). Alt, der seinen Aufsatz nur wenige Jahre nach diesen Ereignissen schrieb, unterstrich, wie wenig selbstverständlich das eigentlich war. Selten
sei Jerusalem im Lauf seiner fast 4000 jährigen Geschichte Hauptstadt des Landes gewesen. Ohne den kühnen Willensakt Davids, für seine beiden Herrschaftsbereiche
Juda und Israel ein Zentrum zu schaffen, wäre nach Alt Jerusalem überhaupt nie zu
irgendwelcher Bedeutung gekommen. »Nicht der Natur verdankt Jerusalem seinen
Vorrang …, die Geschichte hat es der Natur abgetrotzt« (KS III 247). Dieses Urteil ist
seither unzählige Male übernommen worden (§ 179–181).

§ 19   Alt setzt also bei der Tatsache ein, dass Jerusalem im Laufe der letzten 3000 Jahre relativ
selten Hauptstadt Palästinas war. Das ist richtig, aber so eindrücklich das klingt, es heißt nicht viel.
Erstens, weil Palästina im Laufe seiner Geschichte selten eine Hauptstadt hatte. Es erstaunt, dass Alt
dies als glänzender Kenner Palästinas nicht gesehen hat. Palästina ist ähnlich wie Syrien und Libanon
ein reich gegliederter Raum und im Gegensatz zu den großen Flusstälern des Nil und des Euphrat
ohne einigendes Band. Solche Räume sind zentralistischen politischen Strukturen nicht förderlich.
Während im 3. und 2. Jt.a am Nil und am Euphrat große Reiche entstanden, kam man in der Levante
nie über Stadtstaaten hinaus (vgl. § 114). Zweitens wurde Palästina, wenn es politisch geeint wurde,
meistens von außen geeint, so von Rom, von Byzanz, von Damaskus oder von Kairo aus. Es ist leicht
verständlich, dass man von diesen Metropolen aus gesehen Orte wie Cäsarea am Meer oder Lydda
bzw. Ramle in der Küstenebene, die für den Fernverkehr günstiger lagen, Jerusalem vorzog. Für die
Lage Jerusalems innerhalb Palästinas besagt das nichts.
Alt scheint das geahnt zu haben, wenn er sich von den geschichtlichen Entwicklungen ab- und der
natürlichen geographischen Lage zuwendet und unter diesem Gesichtspunkt → III Sichem zur un-
gekrönten Königin Palästinas erhebt. Die Stadt liege genau zw. → II Beerscheba und → III Dan. Bei
Sichem stellt sich aber die Frage, warum diese Stadt immer nur die ungekrönte Königin blieb. Sie
blieb ungekrönt, weil sie keine Königin war. Alt hat sie nur auf dem Reißbrett dazu gemacht. Dabei
hat er übersehen, dass Galiläa – durch die Jesreël-Ebene vom palästinischen Bergland getrennt – in
seinen n Teilen enger mit dem libanesisch-syr. Gebirge, mit Phönizien und Aram verbunden war als
mit dem zentralpalästin. Bergland. »Von Dan bis Beerscheba« bezeichnet ein weitgehend fiktives
Großisrael. Fassen wir das eigentliche palästin. Bergland von Bet-Schean oder besser Dschenin
(Jibleam) bis Beerscheba ins Auge, liegt Jerusalem erheblich zentraler als Sichem. Beachtet man
weiter die Brückenfunktion Palästinas zw. dem syr.-mesopotamischen und dem ägypt. Raum, liegt
Judäa zwar nicht unmittelbar an der Strasse, aber es liegt erheblich näher als Sichem an der neuralgischen Zone der Brücke, an der s Küstenebene, dem Philisterland. Gleichzeitig war es weniger
exponiert als dieses. Es stellte in diesem strategisch hoch empfindlichen Raum eine Art neutralen
Beobachtungsposten dar. Wie zentral Jerusalem im Hinblick auf die Stadtstaaten an der Mittelmeerküste und die Territorialherrschaften ö des großen Grabens lag, zeigt z.B. die Führungsrolle, die
Jerusalem im Kampf gegen die assyr. Bedrohung unter Hiskija (GAT 4/2, 354, Donner) oder gegen
die babyl. Oberherrschaft unter Zidkija (Jer 27,3; Ez 5,5; 26,2; Esr 4,19–22) zeitweilig eingenommen
hat. Das lag nicht, mindestens nicht nur, an einzelnen Führergestalten, sondern an der zentralen
Lage Jerusalems im Binnenbereich und an der gleichzeitigen Nähe zum Tor nach Ägypten bzw. von
Ägypten nach Vorderasien. Deshalb war Jerusalem auch unter den Perserkönigen (Otto, Jerusalem
100, GAT 4/2, 451, Donner) und den Seleukiden für die ganze Region von Bedeutung. Südpalästina
wurde von wechselnden Großmächten immer wieder energisch beansprucht (→ I 184–194). So war
eine Lage etwas abseits der bequemen und großen Heerstr. ein Element, das Jerusalem nicht nur in
der Assyrerkrise am Ausgang des 8. Jh.a, sondern auch sonst Bedeutung verschafft hat. Fast immer,
wenn eine Fremdherrschaft drohte oder in Palästina nach einer Fremdherrschaft ein Machtvakuum
entstand, war die Stunde Jerusalems gekommen (vgl. weiter M. Weinfeld, Jerusalem – a Political and
Spiritual Capital, in: J. Goodnick-Westenholz, Hg., Capital Cities. Urban Planning and Spiritual Di-
mensions, Jerusalem 1998, 15–40; vgl. weiter § 179–181).

Von Jerusalem aus waren die wichtigen internationalen Verbindungswege sowohl im W wie im transjordanischen O (Ammon und Moab) schneller zu erreichen als von Alts ungekrönter Königin, von Sichem aus. Das zeigt ein Blick auf die großen Verkehrsverbindungen (→ I **100.128.134**).

§ 20 Jerusalem beherrschte die wichtige *O-W-Verbindungsstrasse* zw. den beiden internationalen Verkehrswegen, der Küstenstr. und der Königsstr. Der Negev war weitgehend unbewohnt. Ein Karawanenvolk wie die Nabatäer* brachte zwar die Güter der Weihrauchstr. durch den Negev direkt ans Mittelmeer, z. B. nach → II Gaza, aber das war eine temporäre Erscheinung. Ungefähr dort, wo auf dem jud. Bergrücken das dichter besiedelte Gebiet endet, beginnt in der großen Senke das → II Tote Meer. Sein meist sehr steil abfallendes O-Ufer und die von Schluchten durchzogene Wüste Juda machten eine O-W-Verbindung auf seiner ganzen Länge praktisch unmöglich. Jerusalem liegt ungefähr gleich weit n wie das N-Ende des Toten Meeres, also dort, wo eine O-W-Verbindung zw. den beiden internationalen Verkehrswegen erstmals möglich ist (BAR International 628, 1996, 6, Fischer/Isaac/Roll). Dazu kommt, dass die höchsten Erhebungen des jud.-samarischen Berglandes im S am N-Rand von Hebron 1020m ü.M. erreichen, im N bei der Erhebung von Baal Hazor ca. 10km nö von Ramalla 1016m. Das Gelände von Jerusalem erreicht nirgends 900m. Die Gegend bildet so einen Sattel, der den W-O-Verkehr auch von der relativ geringen Höhe her erleichtert. Nur → III Sichem nahm diesbezüglich eine noch günstigere verkehrspolitische Position ein. Aber während Jerusalem zw. dem s jud. und dem mittelpalästin. Bergland lag, lag Sichem mitten im mittelpalästinischen. Die bequemste O-W-Verbindung lief natürlich stets durch die Zwischenebene von → III Jesreël, aber sie liegt im Hinblick auf das Ganze des Landes nun bereits wieder zu weit n und so peripher.

§ 21 Aber nicht nur im Hinblick auf die beiden internationalen Verkehrswege liegt Jerusalem binnenpalästin. betrachtet günstig. Es liegt auch an der wichtigsten *N-S-Verbindung*, wenn wir von der binnenpalästin. betrachtet exzentrischen Küsten- und der ebenso exzentrischen Königsstr. absehen. Jerusalem liegt an der Wasserscheide zw. dem Mittelmeer und dem Jordangraben. Ihr entlang läuft der bequemste Weg, der die Städte des s jud. Berglandes (Hebron, Betlehem) mit denen des mittelpalästin. (Schilo, Sichem, Samaria) verbindet. Diese Lage erklärt die überragende religiöse Bedeutung nicht, die Jerusalem im Lauf der Jahrtausende bekommen hat, aber sie macht die Position verständlich, die die Stadt im davidisch-salomonischen Herrschaftsbereich einnahm, dem ersten von Palästina aus kontrollierten größeren territorialen Herrschaftsbereich, von dem wir Kunde haben. Der Herrscher Lab'aju kontrollierte während der Amarnazeit, im 14. Jh.a, von → III Sichem aus einen erheblich geringeren Bereich, wie gering man auch immer den Einflussbereich Davids einschätzt. Wenn G. A. Smith in Anlehnung an Strabo (㉑; XVI 2,36; Stern, Authors I 300) von Jerusalem behauptete: »Das ganze Plateau steht allein, ohne Wasser, an der Strasse zu Nirgends. Da gibt es keine der natürlichen Bedingungen einer großen Stadt« (Geography 215; vgl. Ders., Jerusalem II 36f), so hat Dalman mit Recht bemerkt, dass diese apodiktische Aussage der Wirklichkeit keineswegs gerecht wird (Jerusalem 263f).

3.   WEGVERBINDUNGEN VON UND NACH JERUSALEM

§ 22   Im Folgenden seien kurz die Wegverbindungen von und nach Jerusalem skizziert, zuerst jene, die zu den internationalen Verbindungen im W und im O führten und dann jene über den Gebirgsrücken nach N und S (vgl. dazu Dalman, Jerusalem 226–264; für die hell. Zeit ErIs 25, 1996, 107*f, Roll; für die röm. Zeit BAR International 628, 1996, Fischer/Isaac/Roll).

Die internationalen Verkehrswege, ganz besonders aber die Wege im Inneren Palästinas waren im Altertum nicht gebaute Strassen. Solche wurden systematisch erst von den Römern angelegt. Es waren je nach den auf ihnen hauptsächlich benutzten Verkehrsmitteln Fußpfade, Trampel- (Esel, Maultiere, Kamele) oder Karrenwege, denn Haupttransportmittel für Menschen und Waren waren nebst menschlichen Füssen und Rücken Esel (→I 122–125, **56–57**) und von Rindern gezogene Karren (**3**; 1Sam 6,7f; →I 22). Im besten Falle schlug man ein paar Stufen in den Fels, um abschüssige Stellen zu überwinden. Auch Brücken haben, von einzelnen Ausnahmen (Ugarit) abgesehen, erst die Römer im Nahen Osten eingeführt. Angesichts der Unmöglichkeit, Strassen mit Hilfe von Kunstbauten durch unwegsames Gelände zu führen, kam den natürlichen Gegebenheiten – wie bei der Lage der Städte auf Anhöhen – auch in diesem Bereich hervorragende Bedeutung zu. Da die Schluchten aufgrund der winterlichen Sturzwasser, wilder Tiere und Räuber gefährlich waren, führte man die Strassen noch in röm. Zeit lieber über die Höhenzüge als durch die Täler. Um unnötige Steigungen zu vermeiden, folgte man im Gebirge am liebsten den Wasserscheiden, in der →II Schefela hingegen den breiten Tälern (zum Ganzen vgl. Dorsey, Roads, Roads 1–51; ErIs 26, 1999, 94*–105*, King).

3   Ein von Rindern gezogener Karren mit Scheibenrädern, wie ihn die Philister benutzten; Relief am Totentempel Ramses' III. (1187–1156a) in Medinet Habu

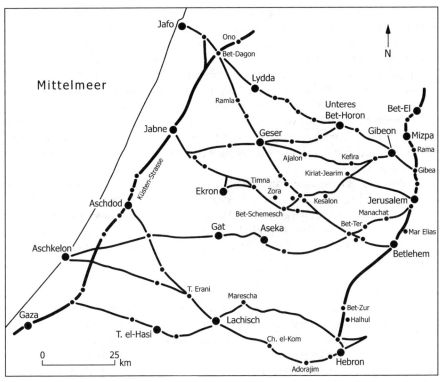

4 Die wichtigsten Wege, die Jerusalem nach W mit der Schefela und der Küstenebene verbanden

WESTWEGE

§ 23   Das Ziel der Wege nach W (4) sind die n →II Schefela, vor allem aber die →II Küstenebene und die für Judäa wichtigen Küstenstädte →II Jafo, →II Aschdod, →II Aschkelon und →II Gaza samt der Küstenstr., die diese untereinander und mit Ägypten und Syrien verbindet. Die Strassen nach W waren die wichtigsten. Diejenigen »von Jafo nach Jerusalem wurden im Lauf der Jahrhunderte wahrscheinlich häufiger beschrieben als irgendeine andere Strasse« (BAR International 628, 1996, 6, Fischer/Isaac/ Roll). Dennoch ist für die vorröm. Zeit nicht immer klar, wie diese Straßen genau verliefen.

§ 24   Heute ist der Hauptverkehrsweg von Jerusalem zur Küste die Autobahn, die auf direktestem Weg, Hänge runter und Hügel rauf, durch eine enge Schlucht die Küstenebene erreicht. Romema, der W-Teil von Jerusalem, von dem die Str. ausgeht, liegt etwa 820m ü.M., »das Tor des Tales« (arab. *bab el-wad*, hebr. *šaʿar ha-gaʾj*), wo die Strasse aus dem Gebirge ziemlich unvermittelt in die hier sehr flachen Hügel der Schefela und die Küstenebene hinaustritt, liegt ca. 275m ü.M., die Höhendifferenz macht also 545m aus. In Wirklichkeit überwindet die möglichst direkt geführte Autobahn, die zuerst steil ins Sorektal bei →II Moza auf 600m hinunter und dann wieder in die Gegend von → II Kirjat Jearim auf gut 700m hinaufführt, eine Höhendifferenz von über 1100m. Die alten Wege, die im Gebirge wenn möglich den Wasserscheiden folgten, vermieden ein solches Auf und Ab. Die erste Str., die ungefähr dem heutigen Trassee folgte, ist erst 1867–1869 erbaut und 1979 erneuert worden. Im Gegensatz zur heutigen Autobahn, die Abu Gosch und → II Kirjat Jearim n umfährt, lief sie durch diese Orte. Dieser Str. der 2. Hälfte des 19. und des 20. Jh. ging die Str. von Ramle nach Jerusalem voraus, die Abd el Malik um 700 erbaut hatte (RB 12, 1903, 271–274; Vincent).

Die Überführung der Lade von → II Bet-Schemesch (über Kesalon) nach → II Kirjat Jearim und von da nach Jerusalem (2Sam 6) setzt eine Verbindung zw. diesen Orten voraus (4), doch scheint sie nur von geringer Bedeutung gewesen zu sein, da sie sonst nie erwähnt wird.

Eine röm.-byz. Strasse kam von → III Nikopolis-Emmaus her und stieß bei Kirjat Jearim auf die heutige Strasse. Bei → II Abu Gosh lag ein Militärposten; bei → II Qalonie (Colonia) eine Militärkolonie (BAR International 628, 1996, 87–98, Fischer/Isaac/Roll). Diese Str. scheint 66p, als der 1. jüd. Krieg gegen Rom begann, noch nicht bestanden zu haben. Sie dürfte aber unmittelbar danach ausgebaut worden sein (PJ 24, 1928, 123, Kuhl).

§ 25   Eine zweite moderne Verbindung von Jerusalem nach W, die allerdings viel weniger wichtig ist als die Autobahn, bildet die Eisenbahn, die 1892 gebaut worden ist und sich durch das Sorektal schlängelt. Dieses verlässt etwas ö von → II Bet-Schemesch das Gebirge, wird breiter und läuft dann in die Küstenebene hinaus.

Das Sorektal, das im Oberlauf eng und schluchtartig ist, war im Altertum infolge der Abneigung gegen die unsicheren Talwege keine begangene Str. (PJ 12, 1916, 40f, Dalman; PJ 24, 1928, 133, Kuhl). Noch die zur Zeit Hadrians erbaute Römerstr. hat das Tal bereits bei → II Bet-Ter verlassen. Sie ging dann von da s vom Tal nach W (Abel, Géographie II 226). Die Römerstr. scheint hier dem Trassee einer alten Str. gefolgt zu sein (Dorsey, Roads 189), die vom Gebirge nach → II Bet-Schemesch, → II dem n Timna, nach → II Ekron und → II Jabne führte. Auf dieser Route dürften die Philister nach der Vorstellung von 2Sam 5,18 angerückt sein. Das Baal Perazim von 2Sam 5,20 (= Jes 28,21) wäre dann etwa bei → II Mar Eljas oder alternativ am SW-Ausgang der Ebene zu suchen (vgl. 2Sam 23,13–17).

§ 26   Von Bet-Ter aus führte wahrscheinlich auch der direkteste Weg von Jerusalem ins → II Terebinthental (1Sam 17; David und Goliat). Sein genauer Verlauf ist allerdings nicht klar (Dorsey, Roads 189–191). Bequem konnte man von Jerusalem aus die Orte im SW erreichen, wenn man zuerst der Wasserscheide entlang nach S und dann über das sw von → II Bethlehem gelegene → II El-Chader und die Gegend des arab. Dorfes *chusan* und dann, ohne ein tieferes Tal überqueren zu müssen, den heute *har sansan* genannten Grat erreichte, der zw. dem *wadi 'amir* (hebr. *naḥal sansan*) genannten Tal im N und dem arab. im Oberlauf *wadi el-maṣarr*, im Unterlauf *wadi edsch-dschindi* genannten Tal (hebr. *naḥal 'eṣijona*) im S liegt. Auf dem unteren Teil dieser Hügelkette ist wahrscheinlich das → II judäische Timna von Gen 38,12ff und Jos 15,57 zu suchen, von dem man leicht ins Terebinthental und von da an → II Aseka vorbei nach → II Gat und → II Aschdod oder über das philistäische → II Timna nach → II Ekron und → II Jabne gelangen konnte.

Reisende, die noch weiter s liegende Ziele anstrebten, blieben wohl noch länger auf der Wasserscheide (vgl. Apg 8,26; →II 715). Ein wichtiger Weg aus der sw Küstenebene nach Jerusalem muss über →II Lachisch geführt haben. Bei der Belagerung Jerusalems durch Sanherib schickt dieser seine Unterhändler von Lachisch aus nach Jerusalem (2Kön 18,17; vgl. 2Kön 18,14). Wahrscheinlich haben diese den Weg nach →II Hebron und über die Wasserscheide nach Jerusalem genommen.

§ 27   Die wichtigste Verbindung von Jerualem nach W, jedenfalls nach NW, stellte in der Antike die Str. über →III Bet-Horon dar (**4**). Sie ist die einzige, deren althebr. Name uns erhalten ist. Sie heisst einmal »Weg von Bet-Horon« (*derek bet-ḥoron*; 1Sam 13,18), einmal »Steige von Bet-Horon« (*maʿaleh bet ḥoron*, Jos 10,10) und einmal »Abstieg von Bet-Horon« (*morad bet ḥoron*; Jos 10,11). Man ging von Jerusalem zuerst 5,5km nach N, wobei man keinerlei bedeutende Höhe und kein Tal überschreiten musste, und bog dann am O-Rand des Kessels von Gibeon (*el-ǧib*) nach W ab. Von *el-ǧib* führte ein Nebenweg über →II Kefira nach →III Ajalon und →III Geser. Die Hauptverbindung aber führte über Bet-Horon auf einem Höhenweg zw. Tälern ebenfalls nach Geser oder durch das Hügelland in die Küstenebene nach →III Lydda und →II Jafo (PJ 14, 1918, 73–89, Oelgarte; PJ 24, 1928, 121.127, Kuhl; BAR International 628, 1996, 70–83, Fischer/Isaac/Roll). Josua soll über sie die Kanaanäer verfolgt haben (Jos 10,10f), Saul und David die Philister (1Sam 13,18; 2Sam 5,25). Salomo wird ihre Befestigung zugeschrieben (1Kön 9,17; 2Chr 8,5). Bet-Horon erscheint in der Liste Scheschonqs I. (**⑤**; Simons, Egyptian Topographical Lists XXXIV Nr. 24). Vielleicht hat er die Strasse von Bet-Horon benützt, um den Tribut Jerusalems abtransportieren zu lassen (Zion 63, 1998, 263, Naʾaman; FAT 2. Reihe 9, 2005, 109, Wilson; vgl. § 390f). Sie spielte in hell. Zeit in den Kämpfen der Hasmonäer gegen die Seleukiden eine ebenso große Rolle (1Makk 3,16.24; 7,39; ErIs 25, 1996, 107*f, Roll) wie im 1. jüd. Krieg (Bell II 228.516.521.546ff). Hieronymus (**㊹** 8,30) lässt Paula das durch mancherlei Kriege zerstörte Untere und Obere Bet-Horon besuchen (Donner, Pilgerfahrt 152).

OSTWEGE

§ 28   Die heutige Schnellstr. von Jerusalem ins Jordantal geht auf eine erstmals 1890 angelegte Fahrstr. zurück, deren Trassee zuletzt 1962/63 in einem jordanisch-amerikanischen Projekt wesentlich modifiziert worden ist (→II **335**). Die Modifikation bestand hauptsächlich darin, dass die Str. vom *Chan ṣaliba* nach O nicht mehr auf der Höhe s des *Wadi el-qelṭ* verläuft, sondern in einem Bogen nach S, Richtung *Nebi Musa* (→II 477f) ausschwingt. Das Hauptziel der neuen Linienführung von 1962/63 war, eine schnelle und bequeme Verbindung zw. Jerusalem und Amman zu schaffen. Die alten Wege verliefen s und n der modernen Strasse (**5**). Im Gegensatz zu den N- und S-Verbindungen Jerusalems suggerierte das Gelände keine bestimmte Linie. Ebenso wenig taten das die von Jerusalem aus zu erreichenden ö Ziele: das →II Tote Meer mit seinen Salz- und Asphalt-Vorkommen, die →II Jordanfurten, die eine Fortsetzung des Weges ins Ostjordanland und zur Königsstr. gestatteten, die große Oase →II Jericho mit ihren Pflanzungen und den mindestens im Winter bequemen Verbindungen Jordantal aufwärts nach N in die Jesreëlebene,

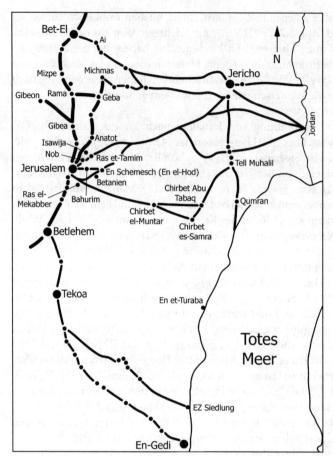

5 Die wichtigsten Wege, die Jerusalem nach O mit dem Jordangraben und dem Toten Meer verbanden

nach Galiläa und Damaskus; jedes der genannten ö Ziele suggerierte eine andere Wegführung als ideal. So nimmt denn in Dalmans berühmtem Buch über »Jerusalem und sein Gelände« kein Abschnitt im Kapitel »Wege« so viel Platz ein wie der über »Die Ostwege« (249–265).

§ 29   »Einen Weg zur ö Wüste bot am Ostende des Hinnomtales das *Wadi en-nar* mit seinem ebenen Boden dar. Sein Knie, etwa 7 km s von Jerusalem, war die Veranlassung, dass der Weg gewiss einst wie heute bald das Tal verließ und hier die Möglichkeit fand, als reiner Höhenweg auf der Wasserscheide zw. *Wadi en-nar* und *Wadi debr* entlang zu gehen und über die Schulter des *Ǧebel munṭar* (→ II 587f) mit der *Chirbet el-munṭar* in die *Buqeʻa*-Ebene (→ II 593f) zu gelangen, welcher ein Ausgang nach der Jordanebene nicht fehlte. Dieser Weg wird die Fluchtlinie Zidkijas nach der ʻAraba aus dem von Chaldäern bedrängten Jerusalem gewesen sein (2Kön 25,4)« (Dalman, Jerusalem 247f; vgl. § 1021).

§ 30   Im O Jerusalems sind es zunächst die Dörfer *el ʿAzarije*-Betanien und *Abu dis*, welche Verbindung mit Jerusalem benötigen. Man konnte sie direkt über den Ölberg erreichen oder indem man, wie heute, die Fahrstr. der S-Flanke des Ölbergs entlang ging. Von Betanien (Küchler, Jer 820–832) konnte man zum »Apostelbrunnen«, hebr. *ʿEn schemesch*, arab. *ʿEn el-ḥod*, absteigen, um dann durch das enge Tal des *Wadi el-ḥod* und seine Fortsetzung in die Ebene w vom → II Chan Ḥathrur zu gelangen und von dort auf dem Höhenzug s des *Wadi el-qelṭ* nach Jericho hinunterzusteigen. Man konnte von Betanien aus aber auch, wenn man das enge Tal von *El-ḥod* vermeiden wollte, nnö ins *Wadi el-leḥḥam* absteigen, wo wahrscheinlich das alte Bahurim zu suchen ist (vgl. dazu die alte informative Fliegeraufnahme mit der Durchzeichnung in BHH II, zw. Sp. 840 und 841, Kosmala), das man früher meist weiter n bei *Ras eṭ-ṭamim* n der Römerstr. gesucht hat (zu letzterer vgl. Küchler, Jer 910). Diese überquerte im Sattel (791 m ü.M.) zw. dem Gipfel des Ölbergs (ca. 810 m) und der Kuppe mit dem Augusta-Viktoria-Spital (815 m) den Höhenzug ö von Jerusalem. W. Zwickel hat aber mit Recht darauf hingewiesen, dass dieser Weg erst in röm. Zeit sinnvoll war, als Jerusalem weit nach N reichte (BN 61, 1992, 84–93; zur Römerstr. vgl. weiter RB 64, 1957, 72–100, Beauvery). Der Weg, den David aus dem ez Jerusalem auf seiner Flucht vor Abschalom wählte, führte offensichtlich über den Gipfel des Ölbergs (2Sam 15,23 und 32) und weiter genau nach O nach Bahurim (2Sam 16,5). Diese s Lage von Bahurim im *Wadi el-leḥḥam* verlangt auch die in 2Sam 17,17–21 erzählte Geschichte. Ob der Weg dann durch das *Wadi el-leḥḥam* oder auf dem Höhenzug zw. diesem und dem *Wadi el-ḥod* weiterlief, ist nicht eindeutig zu sagen.

NORDWEGE

§ 31   Der Weg nach N zu den Zentren der mittelpalästin. Stämme wie → III Schilo, → III Sichem und seiner 72p gegründeten Nachfolgesiedlung Nablus (Flavia Neapolis), der alten Hauptstadt des Nordreiches → III Samaria, und der zw. 27 und 25a von Herodes gegründeten Nachfolgesiedlung Sebaste sowie weiter in die Jesreëlebene und nach Galiläa ist durch die geographischen Gegebenheiten vorgezeichnet. Er hält sich soweit wie möglich und sinnvoll an die Wasserscheide zw. dem Mittelmeer und dem Jordantal.

Ca. 2 km außerhalb der Altstadt erreicht die Nordstr. beim hist. Skopus die Wasserscheide dort, wo diese aus einer SW-NO-Orientierung in einen SO-NW-Verlauf umbiegt. Nach ca. 3,5 km zweigt die Str. nach Bet-Horon ab (§ 27). Weitere 10 km, etwa 5 km über Ramallah hinaus, folgt sie der Wasserscheide, so dass kein Tal überschritten werden muss. Etwa 20 km n von Jerusalem bei *Dschifna* zweigt parallel zur Bet-Horon-Str. die Str. nach Afek-Antipatris ab (vgl. Apg 23,31ff). Von Sichem aus führte eine wichtige Verbindung ins Jordantal.

Parallel zur Hauptstr., der vor allem während der Zeit der zwei getrennten Reiche Israel und Juda große Bedeutung zukam (→ Geschichte), gab es streckenweise Parallelwege, die aber nur von lokaler Bedeutung waren. Zu diesen gehört etwa die Verbindung zw. → III Anatot, → III Geba und → III Michmas. Es ist der Weg, den nach Jes 10,28ff die Assyrer als Schleichweg für einen Überraschungsangriff auf Jerusalem wählten. Er läuft der O-Abdachung entlang und überschreitet den Oberlauf von vier Zuflüssen des → II *Wadi el-qelṭ*.

SÜDWEGE

§ 32   Ziele im S sind die Städte →II Betlehem und →II Hebron und weiter der n →II Negev. Bei den Wegen nach S oder eigentlich beim Weg nach S verhält es sich ähnlich wie bei dem nach N: Er folgt der Wasserscheide, in diesem Falle zw. dem Mittelmeer und dem Toten Meer. Dabei konnte er einmal etwas mehr w, einmal etwas mehr ö der Wasserscheide verlaufen. Im großen und ganzen war der Verlauf durch die natürlichen Gegebenheiten bestimmt. Auch die Römerstr. folgte dieser Linie (PJ 24, 1928, 22–24, Alt). Von dieser Hauptverkehrsader zweigten zahlreiche Nebenstr. in die →II Schefela (vgl. 4) und zum →II Toten Meer hin ab (5). Die wichtigsten nach W waren die ins →II Terebinthental, die nach →II Marescha und die nach →II Lachisch und von da weiter nach →II Gaza. Die wichtigsten nach O waren die nach →II En-Gedi und in herodianischer Zeit die nach →II Masada.

4.   ZUR LAGE JERUSALEMS IM GELÄNDE

DER HORIZONT DER ANTIKEN STADT

§ 33   Das antike Jerusalem lag am sö Ende eines nach SO geneigten Plateaus, das nach allen Seiten von Höhenzügen begrenzt wird (6). Der höchste Punkt des bz und ez Jerusalem, die Stelle, wo heute der Felsendom steht, erreicht 743m ü.M. Ausser gegen SO wird dieser Punkt auf allen Seiten in relativ geringer Entfernung von Höhenzügen umgeben, die ihn deutlich überragen: die höchste Erhebung der Ölbergkette um gut 60m, die der Skopuskette zw. 80 und 90m, die Linie der Wasserscheide im NW und SW um gut 90m. Für das bz und ez Jerusalem, das sich noch nicht auf die Westhöhe erstreckte, verlief der Westhorizont der heutigen Altstadtmauer entlang vom Neuen Tor über die Zitadelle mit dem Jafo-Tor zum Christlichen Sion (ca. 40–25m höher als der Tempelplatz). Einzig gegen S und SO reichte der Blick etwas weiter, ca. 2,5km, zum *Ras el-mekabber*, der den Tempelplatz um ca. 50m überragt.

Das Wallfahrtslied Psalm 125 hat diesen Sachverhalt auf die knappe und treffende Formel gebracht:

> »Jerusalem, Berge sind rings um es her, und JHWH ist rings um sein Volk« (V. 2).

Nicht vom bz und ez Jerusalem, aber von den höher gelegenen Teilen der heutigen Altstadt aus kann man bei guter Sicht gegen SO über die →II Wüste Juda hinweg Teile des →II Toten Meeres und den Rand des Plateaus von Moab sehen. Die Stadt war also, was ihren Horizont anbelangt, stets stärker gegen SO und O als gegen N und W orientiert.

Der eindrücklichste und informativste Blick, den man auf das nach O bzw. SO geneigte Gebiet des antiken Jerusalem werfen kann, ist dementsprechend der Blick von O, vom Ölberg bzw. vom Berg des Ärgernisses (s. § 36) aus.

In der entgegengesetzten Richtung, gegen NW, erhebt sich in einer Distanz von ca. 8km einzig die Anhöhe von *En-nebi samwil*, dem *Mons gaudii* der Kreuzfahrer (885m), über den Höhenzug der nahe gelegenen Wasserscheide. Von dort konnte man die Stadt, wenn man von W her kam, zum ersten Mal sehen oder besser ahnen.

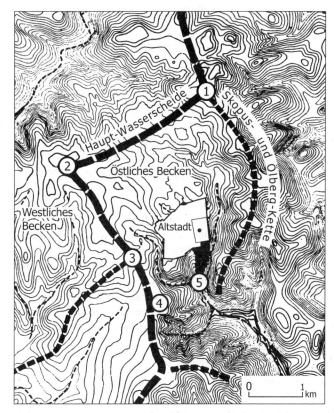

6 Die Lage Jerusalems im Verhältnis zur Wasserscheide zw. dem Mittelmeer und dem Jordangraben (→ II 380) und zu den Höhenzügen, die es umgeben: 1 = Giv'at Schapira (French Hill, Skopus, Har-ha-Şofim), 2 = Romema, 3 = YMCA, 4 = Giv'at Chanina, 5 = Zusammenfluß von Gehinnom-, Kedron- und Stadttal

Der nordwestliche und südwestliche Horizont

§ 34 Die Höhen, von *En-nebi samwil* abgesehen, die das Gelände von Jerusalem gegen NW und SW begrenzen, bilden die Wasserscheide zw. dem Mittelmeer und dem Toten Meer (6,1–3). Die nw Grenze liegt in der Mulde zw. der Giv'at Schapira (834m ü.M.; 6,1) und Romema, von Dalman »Nordwesthöhe« genannt (ca. 830m ü.M.; 6,2). Die heute Giv'at Schapira genannte Erhebung liegt ö der Hauptstr. nach Ramalla und wird fast im Kreis von der Bar-Kochba-Str. umfahren. Die Anhöhe hiess vor 1967 French Hill, weil die Franzosen dort ihr Lager hatten, als die Stadt am 9. Dez. 1917 den Alliierten in die Hände fiel. Arab. wurde er *Ras abu chalawe* genannt. Der ihr sw vorgelagerte Sporn hiess arab. *Ras el-mescharif* bzw. *Ras al-muscharif* »Späherhügel bzw. -kopf«. Heute ist es der sw von der Ezel-, nö von der Ha-Haganah-Str. begrenzte s Teil der Giv'at Schapira. Er wurde bis zur Mandatszeit mit guten Gründen mit dem Skopus des Josephus ㉕f identifiziert (Bell II 527f.542; V,67.106.108; Ant XI 329; PEQ 6, 1874, 111–114, Conder). Erst in der Mandatszeit wurde der Name – ganz zu Unrecht – nach SSO verlagert und – hist. falsch – mit dem Gelände verbunden, wo die Hebr. Universität steht (Dalman, Jerusalem 31f.299.363). Heute wird die ganze Kette zw. der Giv'at Schapira und dem Ölberg → Skopus-Kette genannt (vgl. dazu Küchler, Jer 910–913).

Vom Skopus läuft die Wasserscheide über ca. 3,5km ungefähr der breiten Str. entlang, die im NO den Namen Levi Eschkol und dort, wo sie im SW, in Romema, auf die Hauptstrasse nach Tel Aviv trifft, den Namen Jirmejahu trägt. Hier befindet sich die zentrale Busstation (*ha-taḥanah ha-merkazit*; **6**,2).

An dieser Stelle verlässt die Wasserscheide die NO-SW-Richtung und biegt nach SO ab. Sie verläuft über 2,8km s der Jafostr. zum Hechal Schlomo, dem Sitz des aschkenasischen und sephardischen Oberrabbiners an der King-George-Avenue, und von dort zum YMCA (Young Men's Christian Association)-Hotel mit seinem 40m hohen Turm (**6**,3), das gegenüber dem King David Hotel liegt (Kroyanker, Architektur 142f). Vom Hechal Schlomo und dem Turm des YMCA geniesst man informative Blicke auf das Gelände von Jerusalem. Vom YMCA verläuft die Wasserscheide ca. 1,2km lang ssö zur Givʿat Chananja (775m; **6**,4), arab. *Ǧebel der abu tor* oder einfach *Ǧebel abu tor* genannt. Ein älterer Name der Anhöhe ist *Der mar qibus* nach einem Prokopius-Kloster, das in der Kreuzfahrerzeit hier stand. Bei den Christen heißt die Höhe »Berg des bösen Rates«, weil hier der Palast des Hohenpriesters Kajaphas gestanden haben und dieser hier den Rat gegeben haben soll, Jesus zu töten, weil es besser sei, einen statt das ganze Volk dem Tod zu überantworten (Mt 26,3ff; Joh 11,47ff). Die namenreiche Höhe senkt sich gegen O zum Zusammenfluß des Kidron- und Gehinnomtals (**6**,5). Von der Givʿat Chananja verläuft die Wasserscheide ssw über →II Ramat Rahel (819m ü.M.) nach →II Mar Eljas zum ökumenischen Institut von Tantur (803m ü.M.). Damit sind wir aber bereits weit weg vom alten Jerusalem.

Der südliche Horizont

§ 35   Der s Horizont wird vorerst durch die Fortsetzung der Givʿat Chananja (**6**,4) nach O bestimmt, die den arab. Namen *Abu tor* behalten hat. Hier war einer der wenigen Punkte, von denen man vor 1967 von israel. Seite aus einen Blick auf den Tempelplatz werfen konnte. Dieser Höhenzug sinkt ziemlich steil zum Kidrontal (*Wadi en-nar*) ab und gibt so – vom Tempelplatz her gesehen – den Blick nach S zum *Ras el-mekabber* oder *Ǧebel el-mekabber* (797m ü.M.) frei. Dieser erhebt sich ca. 2,5km s vom Tempelplatz. Wenn man umgekehrt auf der alten Fahrstr., die vor 1967 Bethlehem mit dem arab. Jerusalem verband, von S nach Jerusalem fuhr, fiel von hier erstmals der Blick auf die vergoldete Kuppel des Felsendoms, die zw. den sanft abfallenden Hängen der Ölbergkette im O und denen des christl. Sion im W sichtbar wurde wie ein goldenes Ei in seinem Nest (vgl. weiter Dalman, Jerusalem 150f.342–347). Etwas w von diesem Punkt der Strasse Bethlehem-Jerusalem liegt in einem Baumbestand das Hauptquartier der in Palästina/Israel stationierten UNO-Beobachter. Die Gebäudegruppe war während der Mandatszeit der Sitz des britischen Hochkommissars. Der israel. Witz, der inzwischen von vielen als seriöse Information missverstanden wird, hat die Bezeichnung »Berg des Bösen Rates« (Mount of Evil Council) vom *Ǧebel abu tor* (**6**,4) auf diese Erhebung übertragen.

Der östliche Horizont

§ 36   Der *ö Horizont* des antiken Jerusalem wird durch die Skopus- (Küchler, Jer 910–913) und die Ölbergkette (Küchler, Jer 790–942) begrenzt (**6**). Sie beginnt ö der Str. nach Ramalla beim antiken Skopus (**6**,1) und läuft dann ca. 1,75km nach SSO zum Gelände der Hebr. Universität, dessen höchster Punkt heute *Har ha-ṣofim* »Berg der Späher« heißt, arab. aber *Ras abu charrub* hiess (826m). Vom S-Ende des Universitätsgeländes läuft die Kammstr. gut 400m weiter in ssö Richtung, dann biegt sie nach SSW ab. W dieser Stelle liegt die kleine Kuppe *Ez-za'weqa* (817m). Nach SO läuft von diesem Punkt eine Str. ins Gelände des Augusta-Viktoria-Spitals, dessen mittelalterlichen Türmen nachempfundener 65m hoher Turm von weitem zu sehen ist. Die jetzt nach SSW laufende Kammstr. erreicht nach ca. 300m den Sattel, wo die Fahrstr. aus dem Kidrontal die Höhe erreicht. Der Sattel bildet die Grenze zw. der Skopus- und der Ölbergkette.

Ca. 600m ssw vom Sattel erhebt sich der höchste Punkt des Ölbergs, hebr. *Har ha-zeitim*, arab. *Ǧebel eṭ-ṭur* (ca. 810m ü.M.). Er wird durch den 45m hohen Russenturm weithin sichtbar gemacht. Der s an die höchste Erhebung anschließende Ausläufer mit dem Intercontinental Hotel heißt arab. *El-qa'de*, »der (Marien-)Sitz«. Er ist mit ca. 795m nur wenig niedriger als die höchste Erhebung des Ölbergs.

Von *El-qa'de* folgt ein ziemlich steiler Abfall zu dem nur noch gut 720m hohen Sattel von *Medaqq eṭ-ṭabl* »Schlag des Tamburins«, über welchen die Fahrstr. nach Jericho läuft (Dalman, Jerusalem 48). Von da steigt das Gelände wieder etwas an zu der arab. (*Ǧebel*) *baṭen el-haua* »(Berg des) Bauch(s) der Winde« genannten Anhöhe (ca. 740m). Die offizielle Stadtkarte von Jerusalem bezeichnet ihn heute als *Har ha-maschḥit* »Berg des Verderbens« bzw. »Berg des Ärgernisses«, obwohl das nach 2Kön 23,13 bzw. 1Kön 11,7 kaum richtig sein kann (Küchler, Jer 791). Von hier fällt der Höhenzug steil zum Kidrontal (*Wadi en-nar*) hin ab, dessen Grund hier auf ungefähr 600m ü.M. liegt. Das Kidrontal, das bis zu diesem Punkt fast genau s verläuft, wendet sich hier nach SO, so dass auch da kein Blick in die Weite möglich ist.

DAS PLATEAU UND DIE TÄLER, DIE ES BEGRENZEN

§ 37   Das Plateau, das durch die eben beschriebenen Höhen begrenzt wird, verläuft von NW nach SO (6). Es bildet ungefähr ein Trapez, das im NW etwa 3,5km breit ist, sich leicht nach SO neigt und auf ca. 1km verengt. An seinem sw und seinem nö Rand wird es durch ziemlich steil abfallende Täler von jenen Höhenzügen getrennt, die seinen Horizont bilden (7). Am W- und S-Rand ist es das Hinnomtal (*Wadi er-rababe*, vgl. Küchler, Jer 753–789). Es beginnt im unteren Ende des *Gan-ha-'aṣma'ut* (Independence Park) bei der Mamillastr. (ca. 770m), läuft dann parallel zur Westmauer der Altstadt nach SSO und dreht schliesslich unterhalb des christl. Sion (zu diesem vgl. Küchler, Jer 602–669) nach O ab. Auf ca. 640m ü. M. trifft das fast ganz aufgefüllte Stadttal (früher: Tyropoion) auf das Hinnomtal. Dieses erreicht wenig später auf ca. 600m das Kidrontal.

Das Kidrontal (Küchler, Jer 670–753) beginnt ö der Str. nach Ramalla unterhalb des Viertels *Schech dscharach* oder *Schech dschare* auf ca. 760m und verläuft zuerst in osö Richtung. Arab. heißt es hier *Wadi edsch-dschoz*. Es biegt unterhalb der Hebr. Universität nach S ab. Arab. heisst es von da an *Wadi sittna-mirjam* oder *Sitt mirjam*, vom Mariengrab bis zum Abschalom-Grab (Küchler, Jer 708–711) *Wadi ṭanṭur far'un*, von da an *Wadi silwan* und von der Vereinigung mit dem Hinnomtal an *Wadi en-nar* »Tal des Feuers«. Dieser Name wird manchmal dem ganzen Tal aufwärts bis zur Biegung nach W gegeben. Im modernen Hebr. heißt das ganze Tal Kidrontal.

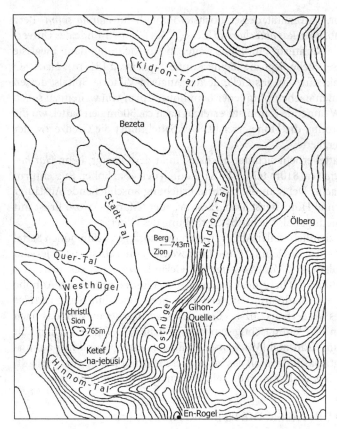

Kidron-Tal

Bezeta

Stadt-Tal

Ölberg

Quer-Tal

Berg
Zion 743m

Kidron-Tal

Westhügel

christl.
Sion 765m

Osthügel

Gihon-
Quelle

Ketef
ha-jebusi

Hinnom-Tal

En-Rogel

7   Die Topographie des
antiken Stadtgeländes

Die beiden Haupttäler, Hinnom- und Kidrontal, haben zusätzlich zu den Höhenzügen, die das Stadtgelände wie mit einem Wall umgeben, eine Art Festungsgraben
gebildet. Dieser bestand aber nur auf der O-, W- und S-Seite. Gegen N, genauer NW,
gab es keinen. So versuchte man denn zu allen Zeiten das Stadtgebiet besonders auf
dieser Seite durch Festungsbauten zu schützen (→ Geschichte).

§ 38   Etwas außerhalb des Damaskustores beginnt das Stadttal (Bell V 140;
arab. *El-wad*), das innerhalb der Altstadtmauern das Stadtgelände in zwei
Teile trennt, die W- und die O-Hügel. Es setzt sich der W-Mauer des Harams entlang fort und läuft außerhalb der Stadtmauern dem W-Fuss des SO-Hügels entlang
(7).
Der Stadtteil w des Stadttals wird durch ein wenig tiefes Quertal (7), das beim Jafator
beginnt und sich der Davidstr. entlang fortsetzt, in zwei Teile geteilt. Der n Teil, der
NW-Hügel, wird durch den Hügel gebildet, auf dem der Russian Compound liegt
und der sich beim Neuen Tor an die W-Ecke der Altstadt ins christl. Viertel hinein
fortsetzt. Dieser Teil senkt sich von fast 790m an der NW-Ecke der Altstadtmauer auf
765m beim Jafator.

S vom Quertal liegt der SW-Hügel mit der Zitadelle (773m; Küchler, Jer 491–512), die den einen Punkt schützte, wo das w Stadtgelände mit dem Plateau gegen NW verbunden war. Gegen S schließt sich – außerhalb der heutigen Altstadtmauern – der Ausläufer des christl. Sion an (765m; Küchler, Jer 602–669).

DIE LAGE DES ÄLTESTEN JERUSALEM UND SEINE QUELLE

§ 39   Der Stadtteil ö des Stadttals wird von N nach S zuerst durch den Antonia-(knapp 780m; Küchler, Jer 349–361) und den Bezetahügel (762m; Küchler, Jer 350) gebildet. An dieser Stelle verunmöglichte die Baris bzw. Antonia einen leichten Zugang vom Plateau her auf die O-Hügel. Die Kette setzt sich im NO-Hügel, dem Tempelberg (Zion; § 63–68; Küchler, Jer 125–277) mit dem Felsendom (arab. *Qubbet eṣ-ṣachra*), im Ofel (Küchler, Jer 278–310) und im SO-Hügel, der Davidstadt, fort (Küchler, Jer 1–91). Der Sporn erreicht bei ca. 625m ü.M. den Talgrund. Der so weit nachweisbar am frühesten bewohnte Teil Jerusalems lag s vom Haram und dem Ofel auf dem SO-Hügel. Der Sporn ist da ungefähr 220m breit und erstreckt sich etwa 630m bis zur S-Spitze. Er bedeckte ein spitzes Dreieck mit einer Fläche von ca. 20000m². Dazu kamen etwa 4500m² am O-Abhang (vgl. weiter § 95). Der O-Abhang spielte wegen seiner Nähe zur Gihon-Quelle (Küchler, Jer 46–64) eine besondere Rolle. Er war während der ersten 1000 Jahre der Stadtgeschichte kontinuierlich besiedelt. Die Oberfläche besteht im unteren Teil aus hartem, rötlichem Dolomit, der lokal *mizzi ahmar* (arab.) heißt, im oberen Teil aus porösem weichem Kalkstein, lokal *meleke*. Der natürliche Fels weist eine Neigung von 25–30 Prozent auf. Die auf ihm abgelagerten Schuttmassen verursachen, dass heute an einzelnen Stellen ein Neigungswinkel von 45–55 Grad gemessen werden kann. Der Hauptgrund für die Besiedlung dieses steilen Abhangs war, wie gesagt, die Gihon-Quelle am Fuße des ö Abhangs der Davidstadt.

Die Gihon-Quelle ist die einzige Quelle im Stadtbereich von Jerusalem und »einer der Hinweise auf das Vorherrschen karstischer Züge in den (geologischen) Schichten unterhalb der Davidstadt« (Qedem 35, 1996, 17, Gill). Die Quelle entspringt in einer Höhle, die ungefähr 10m unter dem heutigen Bodenniveau auf 635m ü. M. liegt. Sie ist hydrologisch nie genau untersucht worden. Sie scheint aber eine für karstische, d.h. durch Wasserauslaugungen charakterisierte, Formationen typische, aufgrund von Saugwirkungen funktionierende Quelle zu sein (engl. syphon-type karstic spring), denn ihr Wasser fließt pulsierend und nicht kontinuierlich. Darauf scheint schon der hebr. Name hinzudeuten, der vom Verb *giaḥ* abgeleitet werden kann, das »hervorbrechen, hervorsprudeln« bedeutet. Die Wassermenge der Quelle ist nie über längere Zeit systematisch untersucht worden. Man vermutet, dass sie zw. 200 und 1100m³ pro Tag liefert, je nach Jahreszeit und jährlicher Niederschlagsmenge. Einzelne Messungen, die zw. 1978 und 1985 gemacht worden sind, lieferten ein Minimum von 700m³ im September 1979 und ein Maximum von 4750m³ im Februar 1983 (Cahill, Jerusalem 16; vgl. Qedem 35, 1996, 17, Gill).

Nebst ihren praktischen Funktionen war sie in Verbindung mit kultmythischen Traditionen der Ursprung zahlreicher ur- (Gen 2,13) und endzeitlicher Vorstellungen (Ez 47,1–12; Sach 14,8; Joël 4,18; Offb 22,1).

Die Höhen (Ölberg, Skopus, Wasserscheide) rings um Jerusalem schauen zwar auf den Zion nieder, vom alten Stadtgebiet der Davidstadt auf dem SO-Hügel mit seinen

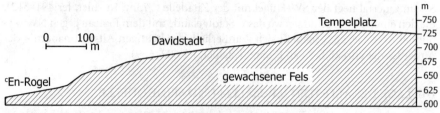

8   Das N-S-Profil von Tempelberg (NO-Hügel) und Davidstadt (SO-Hügel)

steilen Abhängen aber stieg man zum Zion hinauf. Man musste dabei eine Höhendifferenz zw. 125 und 25m überwinden (8).

§ 40   E.A. Knauf hat die These vertreten, das älteste Jerusalem habe nicht oberhalb der Gihon-Quelle im Bereich der Davidstadt, sondern am höchsten Punkt des Sporns, auf dem Tempelberg, dem Gelände des Felsendoms, der *Qubbet eṣ-ṣachra* und der el-Aqsa-Moschee gelegen (TA 27, 2000, 75–90). Zu diesem überraschenden Vorschlag fühlt sich Knauf durch die Feststellung gedrängt, dass das sbz Jerusalem in den Amarnabriefen ⑦ (vgl. § 113–121) und das ez Jerusalem Davids auf dem SO-Hügel in alten bibl. Texten gut bezeugt ist, auf dem SO-Hügel aber kaum archäolog. Funde aus diesen Zeitperioden gemacht worden seien. Aufgrund der literarischen Zeugnisse wäre es absurd, schlicht auf die Inexistenz Jerusalems während dieser Perioden zu schließen. Geht man davon aus, dass auf dem SO-Hügel kaum Siedlungsspuren aus dieser Zeit gefunden wurden, kann Jerusalem damals nicht auf dem SO-Hügel, aber auch nicht weit davon entfernt existiert haben. Als nächstliegender Bereich bietet sich nach Knauf der Tempelberg an. Jerusalem hätte sich so nicht vom Bereich der späteren Davidstadt nach N ausgedehnt, sondern zu Zeiten besonderer Blüte wie während der MB IIB und der EZ IIB vom Tempelberg aus nach S auf den Sporn des SO-Hügels. Die Konstruktionen an dessen O-Hang würden so die südöstlichste Ausdehnung der Stadt markieren und nicht ihre N-Grenze (vgl. 9,1–2).

Diese Annahme machen nach Knauf erstens strategische Gründe wahrscheinlich. Die Verteidigung der N-Mauern der Stadt war immer ein Problem. Wäre die Grenze des ältesten Jerusalem dort verlaufen, wo man sie heute normalerweise vermutet (vgl. 9,1.23.139), wäre sie nicht zu verteidigen gewesen. Denn n der oft postulierten N-Mauer steigt das Terrain bis zur el-Aqsa-Moschee über die kurze Strecke von 150m ca. 40m an (vgl. 8). Eine Truppe von 100 guten Bogenschützen hätte von dieser Position aus die Verteidiger der Mauer ausschalten können. Man kann diesem Argument noch hinzufügen, dass im Palästina der vorhell. Zeit Städte in der Regel auf Hügelkuppen lagen (→I 290). Wasser für den Belagerungsfall verschaffte man sich mit Hilfe von Wasserreservoirs aller Art. Bedeutende mbz Städte wie Hazor oder Megiddo hatten keinen direkten Zugang zu Quellen.

Zweitens ist nach Knauf der einzige Grund für die Annahme, Jerusalem habe sich von S nach N ausgedehnt, von der Festung über dem Gihon zum späteren Tempelberg, der Text von 1Kön 6–8. Er erzählt Salomo habe den Jerusalemer Tempel von

Grund auf neu gebaut. Das aber ist nach Knauf unwahrscheinlich (vgl. 2Sam 12,20; § 273.318–322, bes. § 320).

Schließlich weist Knauf darauf hin, dass Kenyons Grabungsfeld H (vgl. 20a) zu klein sei, um zu beweisen, dass sich hier einmal die N-Mauer der Stadt erhoben habe. Die Abwesenheit von Architektur- und Keramikresten der EZ I und IIA zw. dem Grabungsfeld H und dem S-Ende des Haram erklärt Knauf damit, dass dieser Bereich in der SBZ und EZ IIA nicht bewohnt gewesen sei.

Finkelstein lehnt die These Knaufs mit dem Hinweis darauf ab, dass s und w vom Tempelberg keine sbz Spuren gefunden worden seien (Levant 33, 2001, 112 Anm. 7). Es sind im ausgegrabenen Bereich genau genommen keine Besiedlungsspuren bis ins 9., eventuell gar bis ins 8. Jh.a gefunden worden (Qedem 29, 1989, 3–48, Mazar/ Mazar), und Finkelsteins Argumentation stellt auch jede andere feste Besiedlung des Tempelbergs (David, Salomon) vor dem 9./8. Jh. in Frage (vgl. § 87f). Was man zusätzlich zu den fehlenden archäolog. Belegen gegen Knaufs Theorie anführen kann, ist die weite Distanz zur einzigartigen Wasserversorgung in Form der Gihonquelle. Vor allem aber trifft es nicht zu, dass auf dem SO-Hügel keine Besiedlungsspuren von der SB bis zur EZ IIA gefunden worden seien (vgl. § 134.163f).

Als wilde Spekulation sei hier die These E.L. Martins referiert, der meint, der ganze heutige Tempelberg sei in der Antike von der Antonia eingenommen worden und der 1. und 2. Tempel hätten auf dem SO-Hügel über der Gihon-Quelle gestanden (OTA 24/2, 2001, No. 1495). Die These ist bes. im Hinblick auf den herodianischen Tempel und die entsprechenden Funde absurd.

§ 41   Während der ersten 1000 Jahre ihres Bestehens hat sich die Stadt jedenfalls auf den SO-Hügel und/oder den NO-Hügel, den Tempelberg beschränkt (9,1–2). Erst am Ende des 8. Jh.a, also ca. 1000 Jahre nach ihrer Gründung, hat sie sich auf den W-Hügel auszudehnen begonnen (9,3). In der Perserzeit war sie wieder auf den Tempelberg und den SO-Hügel reduziert (9,4). Erst von der Hasmonäerzeit an hat sich der Schwerpunkt eindeutig nach SW verlagert (9,5). In herodianischer Zeit dehnte sich die Stadt zusätzlich nach N aus (9,6). Im 1. Jh.p erreichte sie ihre größte Ausdehnung, indem das Siedlungsgebiet stark nach N erweitert wurde (9,7). In byz. Zeit nahm sie zusätzlich zum Raum der heutigen Altstadt, die von den Mauern Suleimans des Prächtigen aus dem 16. Jh. umgrenzt wird, den ganzen Bereich s davon ein (9,8). Vom 16.–19. Jh. beschränkte sich die Stadt im Wesentlichen auf den Bereich innerhalb der osmanischen Mauern des 16. Jh. Erst am Ende des 19. Jh. begann sie sich erneut nach N und W hin auszudehnen. Diese »Neustadt« ist heute viel größer und wichtiger als die Altstadt innerhalb der osmanischen Mauern. Seit 1967 umgibt die israel. Verwaltung die Stadt mit einem weiträumigen Gürtel von ausgedehnten Vorstädten und isoliert die arab. Altstadt systematisch von ihrem Hinterland (vgl. Bieberstein/Bloedhorn I 17–21). Zum entsprechenden Wachsen und Schrumpfen s. »Die Mauern und Tore der Stadt« bei Küchler, Jer 92–124.

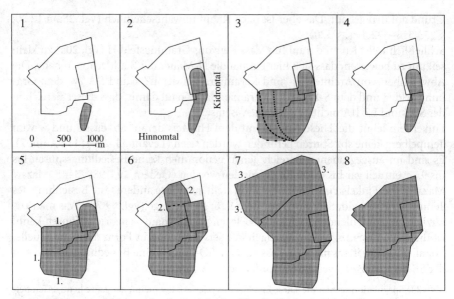

9 Das Wachsen und Schrumpfen der Stadt im Lauf der Geschichte in Relation zur Stadtmauer aus dem 16. Jh.p: 1 Kanaanäische Zeit (ca. 1700–980a); 2 Königreich Juda (ca. 980–ca700a); 3 Königreich Juda (ca. 700–587a); 4 Persische Zeit (ca. 480–330a); 5 Hasmonäische Zeit (ca. 160–50a); 6 Zeit des Herodes (37–4a); 7 Frühe röm. Zeit bis 70p; 8 Byzantinische Zeit (ca. 330–650p)

DIE NAMEN DER STADT

§ 42   Die Stadt hat im Laufe der Zeit eine Reihe von Namen getragen. In ihnen hat sich das geschichtliche Schicksal der Stadt jeweils kristallisiert. In Namen schlagen sich bestimmte, von einer bestimmten Gruppe als wichtig empfundene Erfahrungen nieder, nicht das Wesen, wie oft gesagt wird. Wenn ein Kind eine Kuh aufgrund ihres eindrücklichen Lauts als »Muh« bezeichnet, ist damit ein eindrückliches Phänomen aber nicht das »Wesen« der Kuh benannt. Ein Überblick über die Namen ist so gleichsam eine Kurzgeschichte der Stadt im Spiegel der Erfahrungen, die mit ihr gemacht worden sind. Noch überraschender als die Vielzahl der sich ablösenden Namen ist die starke Kontinuität. Der am frühesten bezeugte Name, Jerusalem, ist auch heute noch – mindestens im jüd.-christl. Bereich – der gebräuchlichste.
Bei den Namen kann man drei Typen unterscheiden: 1. Topographisch-hist.-politische Namen, 2. poetisch-symbolische Namen, die ursprünglich meist nur in einem einzigen Text auftreten, und 3. appellativische Namen, bei denen eine Gattungsbezeichnung wie »Heiligtum« zum Eigennamen wird.

1. TOPOGRAPHISCH-HISTORISCH-POLITISCHE NAMEN

JERUSALEM

Etymologie

§ 43   Die Etymologie des Namens Jerusalem ist nicht eindeutig zu klären. Unbestritten ist nur, dass er aus zwei Elementen (*Jeru* und *salem*) zusammengesetzt ist. An der Zweiteiligkeit halten auch die wenig wahrscheinlichen Deutungen fest wie die als *ʾur(u) schalem* »Licht Schalems« (vgl. Memnon 6, 1913, 105f, Vincent), *ʿir selaʿim* »Felsenstadt« (BZ 5, 1961, 83f, Fraenkel), *jeru* (von *jrh III*) *schalem* »Orakel Schalems« (BZAW 118, 1970, 182, Stolz).

§ 44   Das zweite Element ist leichter zu deuten als das erste. »Die Wurzel *šlm* ist im ganzen semitischen Sprachgebiet schon seit ältester Zeit fest verwurzelt und kräftig entwickelt« (THAT II 919, Gerleman; vgl. ThWAT VIII 11–46, Stendebach; BZAW 113, 1969, Eisenbeis). Ihre berühmteste Ableitung im bibl. Hebr. ist das Substantiv *schalom* »Genügen, Ganzheit, Heil, Friede usw.«. Aber diese Ableitung kann für das Element *schalem* in Jeruschalem nicht in Betracht gezogen werden, da die ältesten vokalisierten Belege des Namens (akk., griech.) *schalim* bzw. *schalem* und nicht *schalom* voraussetzen.
Die beliebte volkstümliche Deutung »Stadt des Friedens« ist demnach etymologisch-philologisch nicht gerechtfertigt. Allerdings ist denkbar, dass schon eine ganze Reihe bibl. Texte auf ein solches Verständnis anspielen. Die von Jeremia und Ezechiel bekämpften Propheten scheinen aus dem Namen *Jeruschalem* bedingungslosen *schalom*

für die Stadt abzuleiten (Jer 4,10f; 14,13; 15,5; Ez 13,16). Jer 29,10f verkündet den Verbannten, Gott werde sie nach Ablauf von 70 Jahren nach *Jeruschalem* zurückbringen und so seine *schalom*-Gedanken verwirklichen (vgl. § 872). Ähnlich verbinden manche Psalmen (122,6–8; 147,12–14) und eschatologisch gefärbte Texte mit *Jeruschalem schalom* (Jes 32,17f; Hag 2,9; vgl. weiter TGUOS 10, 1940/41, 1–7, Porteous; BiTod 40, 2002, 12–1832–37, Nowell/Patella). In Hebr 7,2 wird βασιλεὺς Σαλήμ »König von Salem« als βασιλεὺς εἰρήνης »König des Friedens« interpretiert.
Das Verbaladjektiv *schalem* bedeutet aber nicht wie *schalom* »Heil, Frieden usw.«, sondern »bezahlt, vergolten, ganz, vollständig, vergnügt usw. werden oder sein«. Mit diesem Verbaladjektiv hängt wohl auch der Gottesname Schalem oder Schalim zusammen, der in der Verbindung Schachar und Schalim die zwei Götter bezeichnet, die sich u.a. in der Morgen- und Abendröte bzw. im Morgen- und Abendstern manifestieren (§ 137–140; zu den einzig in Personennamen, hauptsächlich aus mittelassyr. Zeit, als theophores Element bezeugten Gottesnamen »Schalman« und »Schulman« s. DDD² 757f, Becking; 774f, Cogan; vgl. schon JBL 59, 1940, 519–522, Lewy). Das zweite Element des Namens Jeru-schalem meint also mit sehr großer Wahrscheinlichkeit den Gott Schalem.

§ 45   Schwieriger als die Deutung des zweiten ist die des ersten Elements *jeru* (*jrw*) schon deshalb, weil hier die früheste Überlieferung weniger eindeutig und einheitlich ist als beim zweiten Element. Vom Hebr. her ist *jrw* am ehesten von *jrh* (ugaritisch *jrw*) »werfen, (ein Fundament) legen« (vgl. Gen 31,51; Ijob 38,6) als »Gründung«, und Jeruschalem somit als »Gründung Schalems« zu verstehen (vgl. ThWNT VII 294–297, Fohrer; BZAW 118, 1970, 181f, Stolz; NEAEHL II 698, B. Mazar). Es handelt sich um eine Bildung analog zu *jeru'el* »Gründung Els« (2Chr 20,16) und evtl. auch Ιερμουθ »Gründung Mots« (→ II 820; vgl. auch Amarna ⑦ EA 68,27 u.ö.).
In den akk. Texten heißt das erste Element des Namens Jerusalem aber nicht *jrw*, sondern *uru*. »In der keilschriftlichen Transliteration werden schwache Vokale in der Regel an den folgenden starken Vokal angeglichen, z.B. *'adōm = udumu, pᵉqōd = puqudu*, so dass *jeru* oder *iru* zu *uru* werden konnte« (BHH II 82, Kosmala). Da das sum. Logogramm, d.h. das Schriftzeichen für eine bedeutungstragende Einheit eines Wortes, im vorliegenden Falle URU im Akkadischen *alu(m)* gelesen wurde (AHw III 1434f), ist es unwahrscheinlich, dass akk. Ohren *urusalimu* als »Stadt Salims« verstanden haben (diese Deutung z.B. in BHH II 821, Kosmala; BZAW 118, 1970, 181f, Stolz; Bieberstein/Bloedhorn I 22; zu anderen, noch unwahrscheinlicheren Deutungen s. Memnon 6, 1913, 97–106, Vincent). Sie haben URU innerhalb eines Namens als URU gelesen, als einen für sie fremden, unverständlichen Namen.

Die ältesten Belege für den Namen Jerusalem

§ 46   In Ebla ① ist der Name entgegen anderslautenden Behauptungen (BA 39, 1976, 46, Pettinato) nicht bezeugt (vgl. Studi Eblaiti 2/1, 1980, 5–10, Archi; BArR 9/6, 1983, 74f, Muhly).
Als älteste Erwähnung Jerusalems gilt nach wie vor, wahrscheinlich zu Recht, das *ꜣwšꜣmm* (10) in ägypt. Ächtungs- oder Verfluchungstexten ③ aus der Zeit des Mittleren Reiches (zu diesen vgl. SAOC 54, ²1995, 140–142, Ritner).

ꜣwšꜣmm

<u>rušlm(m)

«Jerusalem»

Mit dem Determinativ «Fremdland, Bergland»

10   Der als »Jerusalem« gelesene Name
ꜣwšꜣmm in den ägypt. Ächtungstexten
(ca. 1820–1760a) mit dem Klassifizierungs-
zeichen »Bergland«, »Fremdland«: Oben
hieratisch geschrieben, so wie er auf den Originalen erscheint; unten in hieroglyphischer
Umschrift (von links nach rechts zu lesen)

In den beiden ältesten Gruppen, den Kairener Alabaster Figuren aus der Zeit Sesostris' I. (1919–1875/74) und der Gruppe aus Mirgissa in Nubien aus der Zeit Amenemhets II. und Sesostris' II. (1877/76–1837a), taucht der Name nicht auf (Syria 43,
1966, 284–287, Posener) und das trotz gegenteiliger Behauptungen (vgl. etwa FS Kenyon 189 Anm. 1, Tushingham).

§ 47   Anders ist das mit den etwas jüngeren, der dritten Gruppe von Ächtungstexten. Diese, in die Zeit Amenemhets III. (1818–1772a) datierte Gruppe (BZAW
133, 1974, 106–113, Thompson), besteht aus 298 beschriebenen Gefäßscherben, die
Sethe 1926 publiziert hat. Sie erwähnt zweimal »einen Fürsten (*ḥqꜣ*) von *ꜣwšꜣmm* mit
allen seinen Vertrauten (*mḥnkw*)« und einmal »alle Asiaten (*ꜥꜣmw*) von *ꜣwšꜣmm*«
(Sethe, Ächtungstexte 53 Nr. 3e27, e28 und 58 Nr. f18; Taf. 18 und 21). Der Name
ist mit dem Zeichen für Berg- bzw. Fremdland klassifiziert (determiniert). Diese
Klassifizierung wird in dieser Textgruppe aber auch sonst Städtenamen zuteil, so z.B.
»Aschkelon« (Sethe, Ächtungstexte 52, Nr. 3e23). Von den 14 in dieser Gruppe genannten geographischen Bezeichnungen, die »Kanaan« betreffen, sind nur vier bis
fünf sicher identifizierbar: drei an der libanesischen Küste, u.a. Byblos, und zwei in
Palästina (Aschkelon und Jerusalem; UF 24, 1992, 278, Naʾaman = Naʾaman CE II
178f).

Auch die vierte Gruppe vom Ende der 12. Dyn. (ca. 1770–1760a) oder noch später
aus Saqqara, bei der die Namen auf grob modellierte Gefangenenfiguren geschrieben
wurden (→I 388 **145**), nennt *ꜣwšꜣmm* (Posener, Princes et pays 86 Nr. E 45). Diese
vierte Gruppe führt erheblich mehr palästin. Orte auf als die anderen. Sie liegen alle
in der Ebene oder der Schefela. Nur →III Sichem und Jerusalem liegen im Bergland
(UF 24, 1992, 278, Naʾaman = Naʾaman CE II 178f).

§ 48   Nach N. Naʾaman ist die Erwähnung Jerusalems in diesen Texten problematisch und zwar
nicht nur, weil in der dritten im Gegensatz zur vierten Gruppe der einzige Ort im Bergland ist,
sondern auch aus philologischen, vor allem aber aus archäolog. Gründen. Sethe und Helck haben
die zwei Aleph (ꜣ) als *r* bzw. *l* und das Ganze als *rwšlmm* bzw. (*j* oder *u*)*ruschalimum* gelesen (Helck,
Beziehungen 85). Das zweite *m* haben sie als Mimation (Bezeichnung der Indetermination) gedeutet. Der anlautende Konsonant oder Vokal fehlt und muss, wenn der Name Jerusalem gemeint sein
soll, ergänzt werden. Naʾaman macht darauf aufmerksam, dass ein anlautendes *j* oder *u* sonst
nie fehlt und der Name, wie er tatsächlich dasteht, auch als *roꜣš* bzw. *raꜣšramem* oder ähnlich gelesen
und als »Hoher Kopf«, »Hoher Hügel« oder ähnlich verstanden werden kann. Dagegen macht
Th. Schneider (Basel, mündlich) geltend, dass das zweite Zeichen, das doppelt geschriebene *w*(ꜣw

und *w*) eine Lesung *ro'š* verlangen würde, diese aber erst im 1. Jt. zu erwarten sei. Das Zeichen »Lotusteich«, das Schin (*š*) und Aleph (*3* = *r*) bezeichnet, würde dann teils zum ersten, teils zum zweiten Element des Namens *ro'š* bzw. *ra'šramem* gehören, was unmöglich sei. Keilschrifttafel-Funde der MB (s. § 99) suggerieren, dass die ägypt. Schreiber den Namen nicht direkt einer kanaanäischen, sondern einer akk. Liste entnommen haben. Dort dürfte wie in den sbz Amarna-Tafeln ⑦ *(u)ruschalim(um)* gestanden haben. Der Verlust des anlautenden *u* sei kein Problem. Die Deutung auf »Jerusalem« sei so unumgänglich.

Archäologisch spricht nach Na'aman gegen die Deutung auf Jerusalem, dass im Stadtbereich von Jerusalem keinerlei Keramikreste der MB IIA gefunden worden sind, die Stadt also nicht vor 1700a existiert haben kann und folglich eine Erwähnung in Dokumenten, die mindestens 50 Jahre älter sind, nicht in Frage kommt. Zusätzlich hält er fest, dass die ägypt. Listen eroberter palästin. Städte ⑤ der 18., 19., 20. (1539–1075) und 22. (945–713) Dyn. Jerusalem nie erwähnen, ja außer Sichem überhaupt keine Stadt im Gebirge nennen (UF 24, 1992, 279, Na'aman = Na'aman CE II 179). Das lässt sich aber damit erklären, dass Jerusalem in der SBZ und frühen EZ nie mehr die Bedeutung hatte, die es in der MBZ besaß. Dass es in der MB IIB eine mächtige Stadt war, bezeugt die Archäologie (§ 91–94). Die Frage bleibt, ob sie vielleicht doch in die MB IIA zurückreicht (§ 91) oder ob die Texte zu früh datiert sind. Wie in der SBZ und in der EZ I haben wir auch in der MB II anscheinend einen Konflikt zw. Archäologie und Text, den man aber nicht vorschnell zugunsten der einen Partei entscheiden sollte (s. § 87f). Vielleicht löst der Vorschlag von A. Ben-Tor das Problem. Er sieht in den Ächtungstexten des Mittleren Reiches Kopien von Listen aus dem Alten Reich, im Hinblick auf Palästina gesprochen der FBZ. Alle in den Ächtungstexten des Mittleren Reiches genannten palästinischen Städte seien in der FBZ besiedelt gewesen (in: FS Na'aman 63–87, bes. 81f). Die Präsenz hieroglyphenkundiger Ägypter in Palästina in der ersten Hälfte der FBZ ist vielfach bezeugt (ZDPV 120, 2004, 1–12, Morenz). Tatsächlich scheint Jerusalem in der FBZ eine nicht ganz unbedeutende Besiedlung gekannt zu haben (§ 90). Der Vorschlag, die Städtelisten des Mittleren würden auf solche des Alten Reiches zurückgehen, ist aber insofern nicht ganz unproblematisch als Jerusalem in den bekannten Ächtungstexten des Alten und den beiden frühen des Mittleren Reiches (Kairo, Mirgissa; vgl. § 46) nicht erscheint. Die von einer königlichen Zentrale redigierten Listen potenzieller Feinde scheinen regelmäßig auf den neuesten Stand gebracht worden zu sein (SAOC 54, ²1995, 141, Ritner). Es ist vielleicht doch kein Zufall, dass Jerusalem erst in der zweiten Hälfte des Mittleren Reiches auftaucht.

§ 49   Unter den Amarnatafeln ⑦ (um 1360a) finden sich sechs, evtl. sieben Briefe Abdi-Chebas, des Fürsten von Jerusalem (EA 285–290 und evtl. 291; UF 24, 1992, 276–278, Na'aman = Na'aman CE II 174–177). In ihnen ist zweimal von »Jerusalem« (URU*ú-ru-sa-lim*KI; EA 289,14.29 = 11,1), dreimal vom »Land (von) Jerusalem« (*māt*URU*ú-ru-sa-lim*KI; EA 287,25[= 11,2 bei 287,25 ist das KI nicht erhalten bzw. beschädigt].46.61), einmal von einer »Stadt des Landes Jerusalem« (URU KUR *ú-ru-sa-lim*KI; 290,15) und einmal sogar von den »Ländern (von) Jerusalem« die Rede (*mātāt* URU *ú-ru-sa-lim*KI; EA 287,63 = 11,3; zum Plural vgl. aber Moran, Syrian Scribe 162 n. 46). Einmal ist das Logogramm für »Stadt« (sum. URU, akk. *ālu*) vorangestellt, zweimal das Logogramm für »Land, Ort« (sum. KI, akk. *ašru*) nachgestellt, viermal finden sich gleichzeitig beide. Jerusalem erscheint deutlich als Haupt eines Stadtstaats.

§ 50   Die nächsten Belege sind die bibl. (s. § 52), die das vorisraelit. (Jos 10,1.3.5; Ri 1,7.21) und das von David eroberte Jerusalem erwähnen (2Sam 5,6; 8,7). Aber das betrifft die erzählte Zeit. Welches im Hinblick auf die Erzählzeit der älteste bibl. Text ist, in dem Jerusalem genannt wird, ist umstritten (§ 165–178); vielleicht 2Sam 15,8; 20,2f; 1Kön 2,36 (oder eine andere Stelle aus der Thronfolgeerzählung) oder 1Kön 14,21.25 (Annalennotizen aus der Zeit Rehabeams oder eines späteren Königs).

EA 289,29

URU *ú-ru-sa-lim* KI

«(Stadt) Jerusalem (Ort)»

Das Sumerogramm URU bedeutet „Stadt" und könnte akkad. *ālu*
«Stadt» gelesen worden sein; es wurde aber wahrscheinlich nicht
mitgelesen; das Sumerogramm KI «Erde, Ort» fungiert als
Determinativ nach Länder- und Ortsnamen und wurde nicht gelesen.

EA 287,25

māt (KUR) URU*ú-ru-sa-lim*

«Land von (oder: der Stadt) Jerusalem»

Das Sumerogramm KUR «Land» wurde wahrscheinlich akkad. *mātu*
gelesen (es könnte alternativ als reines Determinativ vor Ländernamen
fungieren). Jerusalem wurde also als Stadtstaat mit Territorium
verstanden.

EA 287,63

mātāt (KUR.ḪI.A) URU*ú-ru-sa-lim*KI

«Länder bzw. Land von (oder: der Stadt) Jerusalem (Ort)»

Obwohl der Schreiber das Sumerogramm KUR eigens in den Plural
gesetzt hat, scheint es als Singular und nicht als Plural, akkad. *mātātu*
gelesen worden zu sein (§ 49).

11,1–3 Verschiedene Weisen der Schreibung des Namens Jerusalem in den Amarna-Briefen (um
1360a)

§ 51   In außerbibl. Quellen erscheint Jerusalem erst wieder in den Annalen Sanheribs ⑭ in Zusammenhang mit der Belagerung von 701a (§ 538–557) als *ur-sa-li-
im-mu* (ANET 288, Oppenheim; TUAT I/4, 388–391, Borger; **12**). Das hat nichts mit
seiner Bedeutung oder Nichtbedeutung in der 1. Hälfte des 1. Jt.a zu tun. Juda lag noch
für Sargon II. weit weg. Er bezeichnet sich in der Nimrud-Inschrift selbst als Sieger über
»Juda, das weit weg liegt« (*Ia-ú-du šá a- šar- šú ru-ú-qu*; H. Winckler, Die Keilschrifttexte Sargons, Leipzig 1889, 168–173; vgl. Younger, in: Vaughn/Killebrew, Jerusalem
2003, 237). Erst unter Sanherib trat Jerusalem ins assyr. Gesichtsfeld (§ 538–547).
Ungefähr gleichzeitig, jedenfalls aus der 1. Hälfte des 7. Jh.a, ist Jerusalem zum ersten
Mal inschriftlich in Palästina bezeugt: in einem hebr. Graffito in Chirbet Bet-Lej, 8km
ö von → II Lachisch, in der Form *jršlm* (ohne *w*) (→ II 585; Renz/Röllig, Handbuch I
245f; III Taf. 25,3; **13**). Albrights Lesung »Jerusalem« (vgl. Torczyner, Lachish I 104)
vom Anfang des 6. Jh.a im Lachisch-Ostrakon ⑮ Nr. 6 Z. 10 ist unsicher, da nur *šlm*
erhalten ist (Renz/Röllig, Handbuch I 427; III Taf. 52,1).

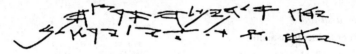

URU *ur-sa-li-im-mu*

«(Stadt) Jerusalem»

Varianten haben als letzte Silbe ma; ma ist formal Akkusativ, evtl. aber als «Absolutivkasus» (= Zitationskasus) zu verstehen; so J. Tropper

12   Der Name Jerusalem wie er im Prisma mit Annalen des Assyrer-Königs Sanherib (705/704–681a) erscheint, das am Oriental Institute in Chicago aufbewahrt wird: Keilschrift, Umschrift und Übersetzung

יהוה אלהי כל הארץ ה/רי יהודה לאלהי ירשלם

jhwh ʾlhj kl h ʾrṣ h/rj jhwdh l ʾlhj jršlm

«JHWH ist der Gott der ganzen Erde. Die Berge Judas (gehören) dem Gott von Jerusalem»

13   Die älteste (zw. 700 und 650a) epigraphische Bezeugung des Namens Jerusalem aus Palästina (→ II Chirbet Bet-Lej); die Inschrift lautet: »JHWH ist der Gott der ganzen Erde (des ganzen Landes); die Berge Judas gehören dem Gott von Jerusalem«. Die zweizeilige Inschrift ist von rechts nach links zu lesen. »Jerusalem« ist das letzte Wort unten links

Die gleiche Form ohne *w* wie beim Bet-Lej-Graffito findet sich rund 500 Jahre später auf über 50 Stempelabdrücken aus Jerusalem, Betanien, Tell en-Naṣbe, Tell el-Ful, Geser, Aseka und → II Jarmut (→ II **529**) aus dem 3. und beginnenden 2. Jh.a., also aus der Zeit der Ptolemäer. Die fünf Buchstaben sind den Zwischenräumen eines fünfzackigen Sterns eingeschrieben (§ 1606; **14.668**: vgl. weiter Stern, Material Culture 209).

14   Stempelabdruck aus Ramat Rahel (3. Jh.a) mit einem fünfzackigen Stern, dessen Zwickeln im Uhrzeigersinn die Konsonanten von *jᵉrušalem* einbeschrieben sind (*j* oben; vgl. 668)

Jerusalem in den hebräischen biblischen Schriften

§ 52   In den hebr., genauer in den hebr.-aram. bibl. Schriften findet sich *jrwšlm* 667mal. Es dürfte in den hebr. Teilen (641mal) *jeruschalem* gelesen worden sein, in den aram. (26mal) *jerusch^elæm*. In der LXX lautet sie Ἰερουσαλήμ. Auf sie ist das dt. Jerusalem zurückzuführen. Der Name ist auf die verschiedenen bibl. Bücher sehr ungleich verteilt. Im Pentateuch kommt er – von dem wahrscheinlich als Kurzform zu verstehenden *schalem* in Gen 14,18 abgesehen – nicht vor (zu andern Namen und Hinweisen im Pentateuch, die man auf Jerusalem beziehen kann, vgl. ErIs 3, 1954, 15–17, Cassuto; Baltzer, in: FS Rendtorff 3–13; DBAT.B 12, 1991, 291–296, Amsler). Hingegen findet er sich häufig in 2Sam (30mal) und 1–2Kön (90 mal) und noch häufiger in den Paralleltexten dazu, in 1–2Chr (151 mal). Für diese verstärkte Bedeutung in nachexil. Zeit spricht auch das überaus häufige Vorkommen in Esr (48 mal) und Neh (38 mal). Bei den Prophetenbüchern stehen absolut Jer (102 mal) und relativ (zum geringen Umfang des Buches) Sach (39 mal) an der Spitze. In Ez kommt Jerusalem 26 mal vor, in Dan 10 mal. In Jes konkurriert Jerusalem (49 mal) mit Zion (47 mal), und in den Pss ist Zion (38 mal) sogar viel häufiger als Jerusalem (17 mal).

§ 53   Siebenmal erscheint Jerusalem durch den Zusatz »Tochter« (*bat*) personifiziert. An sechs Stellen steht »Tochter Jerusalem« parallel zu »Tochter Zion« (Klgl 2,13; 2Kön 19,21 = Jes 37,22; Mich 4,8; Zef 3,14; Sach 9,9). Nur an einer einzigen Stelle steht »Tochter Jerusalem« allein (Klgl 2,15). Der Kosename »Tochter Jerusalem« ist offensichtlich in Analogie zu dem viel häufigeren »Tochter Zion« entstanden (zur Statistik vgl. weiter die Konkordanzen und BZAW 115, 1969, bes. 195.198, Eisenbeis; zu »Tochter Jerusalem« bzw. »Tochter Zion« vgl. weiter § 64.816f.1048.1171–1180).

Ἰερουσαλήμ und Ἱεροσόλυμα

§ 54   Ans Ende des 4. Jh.a datiert der älteste Beleg für die griech. Schreibung des Namens Jerusalem. Klearch von Soloi auf Zypern (geb. 342a) zitiert Aristoteles, der von den Judäern gesagt haben soll, dass ihre (Haupt)Stadt einen ganz merkwürdigen Namen habe: Jerusalem (τὸ δὲ τῆς πόλεως αὐτῶν ὄνομα πάνυ σκολιόν ἐστιν Ἰερουσαλήμην γὰρ αὐτὴν καλοῦσιν; zitiert bei Josephus ㉗, Ap I 179; Stern, Authors I 47–52). Offensichtlich ist das den griech. Ohren unvertraute *jeru* durch das griech. Wort ἱερός (hieros) »heilig« ersetzt worden. Das hebr. *sch* wurde, wie bei der Transkription vom Hebr. ins Griech. üblich, durch *s* ersetzt. Am Schluss kam die griech. Endung η dazu. Trotz dieser Veränderungen ist immer noch klar erkennbar, dass hinter dieser ältesten griech. Form das hebr. »Jerusalem« steht. In der LXX (vgl. § 1594–1599) findet sich über 600 mal Ἰερουσαλήμ.

§ 55   Wahrscheinlich hat der Eindruck, es handle sich um einen merkwürdigen oder gar verdrehten Namen, dazu geführt, dass griechischsprachige Juden in frühhell. Zeit eine gräzisierte Version von Jerusalem schufen, die griech. Ohren vertraut klingen konnte: Ἱεροσόλυμα (vgl. dazu ausführlich Hengel, KS II 118–121). Diese Form des Namens ist zum ersten Mal um 300a bei Hekataios von Abdera bezeugt. (Diodor Siculus 40,3; Stern, Authors I 26), der heute allerdings oft als Pseudohekataios eingestuft und um 100a datiert wird (Colloquium Rauricum 7, 2001, 250 Anm. 22, Keel).

Sicher bezeugt ist der Name in zwei Zenonpapyri (⑱ Nr. 2a und 2b; § 1585) aus dem Jahre 259a. Jerusalem wurde damals als Tempelstadt verstanden und der Name in Analogie zu syr. und kleinasiatischen Tempelstädten gebildet, die sich Hierapolis »Heilige Stadt« u. ä. nannten (Hengel, KS II 119). Philo nennt Jerusalem oft ganz einfach ἱερόπολις (Legatio ad Gaium 225.281; Contra Flaccum 46).

§ 56   Weniger eindeutig ist das zweite Element des Namens Ἱεροσόλυμα. Wahrscheinlich hat man das griech. Ohren befremdlich klingende σαλήμ an den Namen des berühmten Berges Solyma angeglichen. Dieser liegt in einem der s Vorgebirge des Taurus, 30km landeinwärts von Antalya (Attalia) im sw Kleinasien. Er heißt heute Güllük Dadschi. An seinem SW-Fuss lag die antike Stadt Termessos. Schon in der Ilias wird ein Volk der Solymoi genannt, die der korinthisch-lykische Held Bellerophon bekämpft (VI 184) und dessen Name vom Berg Solyma kaum zu trennen ist. Ursprünglich sollte die Wiedergabe von *schalem* mit *solyma* den Namen der Stadt ganz einfach griech. Ohren akzeptabler machen. Josephus hat dann das »solymische Gebirge« bei einem griech. Historiker des 5. Jh.a, Choërilus von Samos, der wohl das kleinasiatische Solyma meint, auf das Gebirge Juda bezogen und Juda und die Judäer so ehrenvoll in der Odyssee (V 283) und in der Ilias (I 184.204) erwähnt sehen wollen (Ap 1,172f; vgl. weiter Stern, Authors III 5–7; PRE IIIA 1,988–990, Ruge). Später hat man daraus eine Beziehung der Juden mit den Solymoi konstruiert. Tacitus (44–115p) referiert in seinen Historien die Meinung: »Wieder andere erkennen den Juden einen rühmlichen Ursprung zu: Die Solymier, ein in Homers Gedichten gefeierter Stamm, hätten die von ihnen gegründete Hauptstadt nach ihrem eigenen Namen als Hierosolyma bezeichnet« (V 2.3; Stern, Authors II 18.24f). Der jüd. Historiker Eupolemos hingegen hat 158a Hierosolyma als ἱερὸν Σολομῶνος »Heiligtum Salomos« erklärt (Fragment 2,34,13; JSHRZ 1/2, 105, Walter).

§ 57   Jüd. Schriftsteller, die für den innerjüd. Gebrauch aber griech. schreiben oder die hebr. Heilige Schrift ins Griech. übersetzen, benützen die durch die alte griech. Übersetzung kanonisierte Form Ἱερουσαλήμ (Jdt, Pss Sal, Bar, Aquila, Symmachus, Theodotion), solche aber, die sich an ein nichtjüd. Publikum wenden, benützen Ἱεροσόλυμα, so Flavius Josephus 574mal (Schalit, Namenswörterbuch 59f).

§ 58   Im NT finden sich beide Namensformen (ZNW 11, 1910, 169–187, Schütz; ThWNT VII 318.326f, Fohrer/Lohse): 76 mal Ἱερουσαλήμ, 63mal Ἱεροσόλυμα. Ist Jerusalem primär als traditionelle, theologische oder eschatologische Grösse (z. B. Offb) ins Auge gefasst, wird Ἱερουσαλήμ verwendet, wendet man sich in erzählenden Zusammenhängen an eine nichtjüd. Leserschaft Ἱεροσόλυμα. Der Gebrauch der einen oder anderen Form ist, besonders im lukanischen Doppelwerk, aber nicht durchwegs verständlich (ZNW 65, 1974, 273–276, Jeremias; vgl. dazu ZNW 74, 1983, 207–221, Sylva, der im lukanischen Sprachgebrauch ein literarisches Mittel sieht, mit Hilfe von Ἱεροσόλυμα »heiliges Salem« als Etymologie von Jerusalem zu suggerieren).

Das Lateinische hat die Form Hierosolyma bevorzugt.

Schalem und Jeruschalajim

Schalem

§ 59   Die ugarit. Texte kennen zwei Orte, die *šalma* bzw. *šalmija* heissen, aber beide liegen anscheinend an der Küste (UF 28, 1996, 687, van Soldt). D.M. Rohl hat 1983 mit großem Tamtam einmal mehr das »Schalem« in einer Liste Ramses' II. ⑤ im

Ramesseum »entdeckt« (Pharaohs and Kings. A Biblical Quest, New York 1995, 2–5; vgl. bereits Simons 1937, Handbook 148 XIX,15 und die dort genannten älteren Quellen). Die Art wie *šr/lm* dort geschrieben und determiniert ist, erfordert eine Lesung *šalom*, und die mit diesem Ort zusammen genannten Orte liegen weit n von Jerusalem (vgl. BN 85, 1996, 5–7, Görg). Als Hinweis auf einen Ort Schalem bei Sichem kann Gen 33,18 verstanden werden. Noch weiter n ist das Σαλίμ von Joh 3,23 zu suchen.

§ 60   Als Bezeichnung Jerusalems ist Schalem wohl als Kurzform von *jeruschalem* zu verstehen. Es kommt in den hebr. bibl. Schriften nur zweimal vor: bei der Begegnung Abrahams mit Melchisedek in Gen 14,18 (vgl. das Zitat in Hebr 7,1f) und in Ps 76,3. In Gen 14,18 wird Melchisedek »König von Schalem« genannt. Er erscheint auch im archaischen Jerusalemer Königspsalm 110 (vgl. V. 2 und 4). Die Identifizierung von Schalem und Jeruschalem ist schon früh explizit festgestellt worden (Gen Apocryphon 22,13; Bell VI 438; Ant I 180; Targum Onkelos und Neophyti I zur St.). Sie ist aber doch nicht so eindeutig, dass sie nicht immer wieder einmal bestritten worden wäre. Hieronymus identifiziert in seiner Übersetzung des Onom (→I [42]) das Salem von Gen 14 zuerst mit Sichem, sagt dann aber, es gäbe bis auf seine Zeit ö von Aelia-Jerusalem einen Ort dieses Namens und vermerkt schließlich die Existenz eines Dorfes Salumias acht Meilen vor Skythopolis/Bet-Schean, um mit dem Verweis auf Josephus abzuschließen, der Salem mit Jerusalem identifiziere (153,4–9).
In Gen 14,18 soll Schalem wohl auf Jerusalem hinweisen, ohne dieses zu nennen (Amit, Hidden Polemics 150–158; vgl. weiter FS Rendtorff 5–8, Baltzer; VT.S 41, 1990, 45–71, Emerton), in Ps 76,3 steht es parallel zu Zion, und der Bezug zu Jerusalem wird somit deutlich. Ps 76 ist schwer zu datieren (vgl. aber § 982); Gen 14 ist sehr wahrscheinlich nachexil. (vgl. § 1443–1450). Die Kurzform Schalem wäre, solange man das erste Element des Namens noch verstanden hat, kaum möglich gewesen. Sie dürfte die Interpretation des Elements *schalem* von *schalom* »Ganzheit, Heil, Friede« her vorausgesetzt und dann gefördert haben (s. § 44).

Jeruschalajim

§ 61   Die im nachbibl. Judentum und im heutigen Israel übliche Form *jeruschalajim*, die im Konsonantenbestand durch ein zusätzliches *jod* zw. *l* und *m* zum Ausdruck gebracht wird, findet sich in den hebr. bibl. Schriften nur an fünf Stellen (Jer 26,18; 1Chr 3,5; 2Chr 25,1; 32,9 [mit *h* locale]; Est 2,6). Da in den Parallelstellen zu den ersten drei Belegen, nämlich in Mi 3,12; 2Sam 5,14 und 2Kön 14,2 das *Jod* fehlt, dürfte es sich dabei um ein Versehen der Schreiber oder, wie das beim Beleg im Buch Ester wahrscheinlich der Fall ist, um einen Niederschlag dieser im Frühjudentum aufkommenden Lesart handeln. Die masoretische Vokalisation hat sie sonst als Q*e*re perpetuum in die hebr. bibl. Schriften eingeführt, d.h. der Konsonantenbestand, das Geschriebene (*Ketib*), zeigt *Jeruschalem*, die später dazugesetzte Vokalisierung (Q*e*re) suggeriert durchwegs *Jeruschalajim* zu lesen.
In den Qumrantexten steht in den bibl. Texten die übliche Form *jeruschalem*, in den Kommentaren dazu aber häufig *jeruschalajim* (1QM 1,3; 3,11 usw.; vgl. FS Kenyon 191 Anm. 22, Tushingham).

15 Silberschekel aus dem Jahr 2 (67/68p) des
1. jüd. Kriegs (66–70p) gegen Rom mit drei Granat-
apfelblüten und den Konsonanten von *jᵉrušalajim
ha-qᵉdošah* »Jerusalem, die heilige (Stadt)«

16 Silbertetradrachme aus dem 2. jüd. Krieg gegen Rom, dem Bar Kochba-Aufstand (132–135p),
mit Tempelfront, Schaubrottisch und einem Stern
(*kokba*) darüber und der Aufschrift *jᵉrušalem*

Im 1. jüd. Krieg gegen Rom haben alle Münzen des 2.–5. Jahres das *Jod* (15), aber
nicht alle des 1. Jahres. Bei den Bar-Kochba-Münzen fehlt das Jod stets (16). Das bedeutet: Zwischen 100a und 70p konnte der Name als Jeruschalajim ausgesprochen
werden. Konsequent so ausgesprochen wurde er offensichtlich erst später. Es waren
wahrscheinlich konservative und archaisierende Tendenzen, die beim 2. Jüd. Krieg
der Schreibweise ohne Jod den Vorzug gaben.

§ 62   Wie ist die Form »Jeruschalajim« zu verstehen? Gegen Gesenius-Kautzsch
(§ 88c) kann die Endung nicht als nachträgliche Zerdehnung und Diphtongierung
einer Endung *ām* – wie etwa bei ʿEnam (Jos 15,34) und ʿEnajim (Gen 38,21) –
verstanden werden, da der letzte Vokal in »Jerusalem« nie lang war (zum Problem vgl.
UF 3, 1971, 33–40, bes. 40, Fontinoy). Es ist aber auch kaum ein echter Dual. Dieser
müsste *Jeruschᵉlemajim* oder ähnlich heissen. J.J. Schmitt meint, die neue Aussprache
sollte den (heidnischen) Gottesnamen vergessen machen (Pre-Israelite Jerusalem
108). Aber war man sich, als die neue Aussprache aufkam, noch bewusst, dass Schalem ursprünglich der Name einer Gottheit war? Vincent und Tushingham denken,
die Form sei – trotz ihrer morphologisch inkorrekten Bildung – in Anlehnung an
echte Dualformen wie *miṣrajim, qirjatajim, ramatajim* und ähnliche gebildet und
verstanden worden. Am Ende des 2., zu Beginn des 1. Jh.a, als die Form aufkam, hat
Jerusalem ja auch aus zwei je vollständig ummauerten Teilen, der Unter- und der
Oberstadt, bestanden (Memnon 6, 1913, 95f, Vincent; ThWNT VII 295, Fohrer; FS
Kenyon 185–189, Tushingham). Josephus nimmt schon für die vorisraelit. Zeit eine
Unter- und eine Oberstadt an (Ant V 124; VII 61–64). Später, z.B. bei Bahja ben
Ascher (um 1320p) in seinem Kommentar zu Num (19,13), wurde die Form als Dual
verstanden und auf das irdische und das himmlische Jerusalem gedeutet.
Endlich könnte auf die vollere Namensform auch die gräzisierte, zu Beginn des 3. Jh.
geschaffene Form Ἱεροσόλυμα eingewirkt haben, neben der das klassische »Jerusa-
lem« eher bescheiden wirkte. Man wollte im Hebr. eine ebenso feierliche volle Form

wie die geläufige griech. nicht missen. Eine der griech. Fassung nachgebildete Namensform würde auch erklären, warum konservative Bewegungen, wie die Bar-Kochba-Revolte, sie abgelehnt haben.

ZION EIN STADTTEIL UND EINE BEZEICHNUNG FÜR DAS RELIGIÖSE UND SPIRITUELLE JERUSALEM

Etymologie

§ 63 Die Etymologie von »Zion« ist schwierig und nicht eindeutig zu klären (BZAW 115, 1969, 196, Fohrer; ThWAT VI 1005, Otto). An Vorschlägen, den Namen vom Sumerischen, Elamitischen, Hurritischen und anderen Sprachen herzuleiten, die in der Gegend von Jerusalem um 1000a doch eher exotisch waren, mangelt es nicht (ThWNT VII 293, Fohrer). Am wenigsten unwahrscheinlich ist die Ableitung aus dem Hurritischen, da wir in Jerusalem auch sonst von der Amarnazeit bis ins 10. Jh.a Elemente des Hurritischen finden (§ 115.119.129f.260). »Zion« würde vom Hurritischen abgeleitet »Wasser« bedeuten und *meṣudat ṣijon* »Wasserfestung« (vgl. 2Sam 12,27; JNES 7,1948, 40f, Yeivin). In der Regel denkt man aber – und das wohl zu Recht – an eine hebr. Wurzel. Es kommen vor allem drei in Betracht: das mindestens dreimal belegte Nomen ṣijjun (HAL III 958) oder zwei andere Nomina, die allerdings den Nachteil haben, dass sie aus Wurzeln abzuleiten sind, für die es im Althebr. keine Belege gibt, sondern erst erschlossen werden müssen: *ṣwn/ṣjn oder *ṣjj.

Der Vorteil der Ableitung von ṣijjun ist die Identität der Konsonanten (ṣjwn). Nur die Vokalisation ist – vielleicht bewusst und künstlich unterscheidend – verschieden. Die Grundbedeutung »Steinmal« (Ez 39,15) könnte je nach Funktionen in »Wegmarke« (Jer 31,21), »Grabmal« (2Kön 23,17) und wahrscheinlich nach weiteren, ähnlichen Einrichtungen differenziert werden (vgl. zum Wort und zur Wurzel im Mittelhebr. Levy, Wörterbuch IV 184f). Als Ortsname könnte man es neben *migdal* »Turm«, *šaʿarajim* »Doppeltor« (Jos 15,36) und weitere Namen stellen, die Eigentümlichkeiten einer Siedlung benennen. »Steinmal« könnte eine Bezeichnung für die Substruktion über der Gihon-Quelle (§ 134f) gewesen sein, die einer Stufenpyramide ähnlich sah. Die Schwäche dieser Deutung ist die Notwendigkeit eines metaphorischen Elements, da man diese Substruktionen doch nur im übertragenen Sinne als »Steinmal« bezeichnen kann; ob es am oberen Ende des ältesten Jerusalem irgendein Steinmal gegeben hat, auf das der Name zurückgehen könnte, wissen wir nicht. Möglich wäre es, da das älteste oder eines der ältesten Jerusalemer Heiligtümer vielleicht ein Freilichttheiligtum (§ 262–267) im Bereich des Heiligen Felsens war.
Meist wird der Name heute von einer für das Althebr. zu rekonstruierenden Wurzel *ṣwn/ṣjn oder *ṣjj abgeleitet. Die Wurzel ṣwn erschliesst man aus dem arab. ṣana »bewahren, schützen, verteidigen« und dem äthiopischen (Geʿez) ṣawwana »schützen, verteidigen« und dem davon abgeleiteten Nomen ṣawwan »geschützter Ort, Festung« (ThWAT VI 1005f, Fohrer). Zion wäre dann geradezu ein Synonym von *meṣuda(t)* »Festung«. Das Problem mit dieser Deutung ist, dass die Wurzel ṣwn im Nordwestsemitischen anscheinend nicht bezeugt ist.
Erheblich besser steht es mit der Wurzel *ṣjj. Sie ist für das Mittelhebr. in den Formen ṣwʾ und ṣwj »verdorren, vertrocknen« (Levy, Wörterbuch IV 176) und im Althebr. mindestens durch drei Bildungen belegt, die von ihr abgeleitet sein müssen: das 18mal zu findende Adjektiv bzw. Nomen ṣijjah, das »ausgedörrt, trockene Gegend, Trockenheit« bedeutet (HAL III 957f), das nur zweimal belegte ṣajon »trockenes Land« (Jes 25,5; 32,2) und das sicher 5 mal bezeugte ṣijjim, das anscheinend tierische Bewohner des Trockenlandes meint (Jes 13,21; 23,13; 34,14; Jer 50,39; Ps 72,9). Bei der Ableitung von Zion aus dieser, im Althebr. gut bezeugten Wurzel ist die Silbe -on nicht als Teil der Wurzel, sondern als Endung zu interpretieren, wie wir sie in palästin. Ortsnamen oft finden, so in Ajalon, Aschkelon, Gibeon usw. (vgl. Borée, Ortsnamen 56–62). Die Bedeutung »Trockenplatz«

oder ähnlich hat nichts Auffallendes, da hebr. Ortsnamen sehr oft die Eigenart des Geländes bezeichnen (Borée, Ortsnamen 106f), so etwa *jabeš* (Ri 21,8–14; 1Sam 11,1–10 u.o.), das ebenfalls »trocken« bedeutet. Auch so verstanden würde der Name für den Bereich des wohl schon immer kahlen heiligen Felsens passen.

Zion in den hebräischen biblischen Schriften und in solchen, die in dieser Tradition stehen

§ 64   Hebr. *ṣijon*, griech. Σιων, lat. Sion scheint bis in die griech.-röm. Zeit ausserhalb der hebr. bibl. Schriften nicht belegt zu sein. Es wurde schon vermutet, der im oberen Retschenu (ägypt. Bezeichnung für Syrien/Palästina; →I 215–220) situierte Ort *dᴣiwnj*, der auf einem Block der frühen 18. Dyn. aus dem 3. Pylon in Karnak genannt wird (JAOS 99, 1979, 270–287, Redford), könnte »Zion« meinen (M. Gilula, in: S.I. Groll, Pharaonic Egypt. The Bible and Christianity, Jerusalem 1985, 48f). In den bibl. Schriften kommt Zion viel seltener vor (154 mal) als Jerusalem (667 mal). Etwa 40 mal steht er in engster Verbindung mit oder parallel zu Jerusalem (Jes 10,12; Ps 51,20; Klgl 1,17; BZAW 115, 1969, 196, Fohrer). Noch stärker als »Jerusalem« ist »Zion« auf bestimmte Bücher und Textgattungen beschränkt. Der Name fehlt nicht nur (wie Jerusalem) im Pentateuch, sondern auch in Jos, Ri und 1Sam. Die älteste Belegstelle dürfte 2Sam 5,7 sein. Sonst ist er in der erzählenden Literatur sehr selten (insgesamt 6 mal; nebst 2Sam 5,7 = 1Chr 11,5; 1Kön 8,1 = 2Chr 5,2; 2Kön 19,21.31) und fehlt so auch im DtrG. Auch in Esr und Neh ist er nicht zu finden. Und von den zwei eben genannten Zitaten abgesehen, ist er auch 1–2Chr erstaunlicherweise fremd. Häufig ist er in Hymnen und Gebeten (Pss: 37mal; Klgl: 15mal), von denen eine Gruppe als Zions-Lieder *schir ṣijon* bezeichnet wurde (Ps 137,3). Wahrscheinlich sind die Pss 46, 48, 76, 84, 87, 122 und evtl. 132 zu dieser Gruppe zu rechnen. Am häufigsten ist der Name in prophetischen Texten, aber auch da wieder sehr ungleich verteilt. In Jes ist er in allen Schichten insgesamt 46 mal zu finden. In Jer ist er relativ selten (17 mal; Jerusalem 102 mal). Das Ezechielbuch meidet ihn konsequent, wahrscheinlich weil es das vorexil. Königtum ablehnt und Zion ebenso eng mit diesem (vgl. Ps 2,6) wie mit dem Tempel verbunden ist. In Dan fehlt er ebenfalls. In den weniger umfangreichen Prophetenbüchern ist er im Vergleich zum geringen Umfang der Schriften am häufigsten bei Mi (9 mal), Sach (8 mal) und Joel (7 mal). In der Weisheitsliteratur fehlt er, von einem einzigen Vorkommen abgesehen (Hld 3,11), ganz. Das Vorkommen des Begriffs ist somit weitgehend auf die Poesie und innerhalb derselben auf Hymnen, Volksklagen und einige prophetische Bücher, hauptsächlich Jes und die drei genannten kleinen Prophetenbücher, beschränkt.

Viel häufiger als Jerusalem erscheint Zion hingegen in ehren- und liebevollen Verbindungen. 18 mal ist majestätisch vom »Berg Zion« (*har ṣijon*) die Rede, einmal sogar von den »Bergen Zion(s)« (Ps 133,3). In Ps 9,12 wird JHWH als »Thronender auf dem Zion«, in Jes 8,18 als »auf dem Berg Zion Wohnender« vorgestellt. 24 mal wird Zion liebevoll als »Tochter Zion« personifiziert. In 2Kön 19,21 = Jes 37,22 und Klgl 2,13 ist dieser Ausdruck zu »Jungfrau Tochter Zion« gesteigert (vgl. weiter § 53 816f.1048f.1053–1055.1071–1080). In manchen bibl. Texten wird von Zion, wie von einer Mutter gesprochen (vgl. § 817.1428–1430; H. Schüngel-Straumann, Mutter Zion im Alten Testament, in: FS Gössmann, 19–30; der Titel »Mutter Zion« ist in den bibl. Schriften aber nicht belegt. Der Gebrauch von »Zion« in den Texten von Qumran ist stark von bibl. Zitaten bestimmt und legt solche aus (ThWAT VI 1027f, Otto).

Die Aufstands-Münzen des 1. Jüd. Krieges gegen Rom (66–70p) tragen im 1. und 2. Jahr »Jerusalem ist heilig« oder »Jerusalem die heilige (Stadt)« (Meshorer, Treasury 240–242). Mit der zunehmenden Dramatik des Aufstands wird »Jerusalem« durch »Zion« ersetzt. Die Münzen des zweiten und dritten Jahres des Aufstands tragen die Aufschrift *lᵉherut ṣijon* »für die Freiheit des Zion« (17). Man glaubte noch an die Befreiung durch Waffengewalt (Meshorere, Treasury 122.123f.241f), im vierten Jahr des Aufstands, als nur noch Jerusalem von den Aufständischen gehalten wurde, setzte man die ganze Hoffnung auf eine göttliche Intervention, wie die Inschrift *ligᵉ'ulat ṣijon* »für die Erlösung des Zion« (18) andeutet (Meshorer, Treasury 127f.242f).

Im NT erscheint Zion hauptsächlich in Zitaten (Mt 21,5; Joh 12,15; Röm 9,33). Wo das nicht der Fall ist, ist es einer der vielen Namen für das himmlische Jerusalem, so in Hebr 12,22, wo den Adressaten

17   Silberschekel aus dem 2. Jahr des 1. jüd. Kriegs gegen Rom (66–70p) mit einem Weinblatt und der Aufschrift *ḥerut ṣijon* »Freiheit des Zion«

18   Silberschekel aus dem 4. Jahr des 1. jüd. Kriegs gegen Rom (66–70p) mit dem »Becher des Heils« (Ps 116,13) und der Aufschrift *ligᵉʾulat ṣijon* »Für die Erlösung des Zion«

gesagt wird, dass sie nicht zum Sinai hingetreten sind: »Ihr seid vielmehr zum Berg Zion hingetreten, zur Stadt des lebendigen Gottes, dem himmlischen Jerusalem, zu Tausenden von Engeln, zu einer festlichen Versammlung« (vgl. Offb 14,1 das Lamm auf dem Berge Zion).

Was bezeichnete der Name Zion topographisch?

§ 65   Das Verhältnis zw. Zion und Jerusalem ist auf den ersten Blick nicht eindeutig. Wie gesagt steht Zion häufig parallel zu Jerusalem, zur Stadt JHWHs (Jes 60,14), zur Stadt unseres Gottes (Ps 48,2f) und scheint so ein Synonym von Jerusalem zu sein. Andere Stellen aber legen nahe, Zion als Bezeichnung nur eines Stadt*teils* zu verstehen, so, wenn Zion parallel zum Heiligtum steht (Ps 20,3) oder wenn in 2Sam 5,7 von der *meṣudat ṣijon*, »der Festung Zion« die Rede ist. Diese Festung kann am Ort der grossen treppenartigen Substruktionen am oberen Rand des Hangs über der Gihon-Quelle gesucht werden (§ 138; Küchler, Jer 25–29). Eine andere Möglichkeit ist, die Konstruktusverbindung *meṣudat ṣijon* nicht im Sinne von »Bergfestung, die der Zion ist« zu verstehen, sondern im Sinne von »Bergfestung von Zion« oder »beim Zion«, so wie man die *meṣadot ʿen-gᵉdi* nicht als »die Bergfestungen, die En-Gedi sind«, sondern die »Bergfestungen von/bei En-Gedi« versteht (1Sam 24,1; vgl. auch 1Sam 22,1; 2Sam 23,13). Der Zion wäre in diesem Fall von Anfang an der höchste Punkt des NO-Hügels gewesen, der wahrscheinlich schon in vorisraelit. Zeit Ort eines (Freilicht-)Heiligtums war (vgl. § 224–228.323–330.332.338).

§ 66   In der Regel nimmt man allerdings an, der Name »Zion« sei erst mit der Verlegung der Residenz Davids bzw. Salomos aus dem Bereich über dem Gihon (vgl. 2Sam 5,7.11; § 134f) in den des heutigen Haram an den Punkt gelangt, an dem er dann 1000 Jahre lang haftete (1Kön 6f; Busink, Tempel I 618f). Lage und Funktion hätten nun dem Zion das Attribut »Berg« zuwachsen lassen (Jes 8,18; 31,4). Der Tempel als Wohnstatt JHWHs verlieh ihm, wie z.B. in Ps 2,6, zusätzlich die Qualifikation

»heilig« (vgl. auch den Königspsalm Ps 20,3). Auf dem Zion thront jetzt der König rechts (südlich) von JHWH. Von hier lässt JHWH das Szepter seiner Macht ausgehen (Ps 110,1f; vgl. AOBPs 240f.247).

§ 67   Mit dem Untergang des davidischen Königtums bekommt in nachexil. Zeit für »Zion« die Konnotation »Tempel«, »Ort des Namens JHWHs der Heere« (Jes 18,7) mehr Gewicht. Gleichzeitig gehen die politischen Prärogativen des Königtums auf die Stadt über. »Im Horizont der in Ps 48,3 sich überlagernden Aspekte von Zion, Gottesberg und Stadt des Königsgottes bewegen sich die Parallelisierungen von *(har) ṣijjôn* mit Jerusalem (2Kön 19,31; Ps 51,20; 102,22; Jes 2,3; 4,3; 10,12; 24,23; 30,19; 31,9)« (ThWAT VI 1010, Otto). »Zion« bringt nun die religiösen und religiös bestimmten politischen Aspekte Jerusalems zum Ausdruck, besonders soweit sie mit dem messianisch verstandenen davidischen Königtum verbunden sind (wahrscheinlich einer der Gründe, warum Ez ihn meidet). Dabei geht das Bewusstsein, dass Zion einen eigenen Stadtteil bezeichnet, nicht verloren. Nur so ist die folgende Entwicklung verständlich.

§ 68   Zu Beginn der hasmon. Zeit ist der Zion noch auf dem n Ende des SO-Hügels identifiziert worden (1Makk 4,60; 7,33). Als sich im ausgehenden 2. Jh.a die Stadt wieder auf den SW-Hügel ausdehnte (9,5; Kenyon, Digging 192f; Qedem 19, 1984, 29f, Shiloh), wie dies schon am Ende der vorexil. Zeit gewesen war (9,3), begann man im 1. Jh.p die Stadt Davids nicht mehr auf dem SO-, sondern auf dem höheren SW-Hügel zu suchen (Bell V 137). Zum Verhältnis zw. Davidstadt und Zion äußert sich Josephus nicht, da er den Begriff »Zion« vermeidet, wahrscheinlich weil dieser ein Reizwort der Zeloten des 1. jüd. Krieges gegen Rom gewesen war (vgl. 17–18). Der Pilger von Bordeaux ㉟ steigt 334p »außerhalb von Jerusalem« nach W zum Zion hinauf und sieht dort nebst christl. Gedenkstätten »innerhalb der Sionsmauer (*murus Sion)* die Stätte, wo David seinen Palast hatte« (CChr 175, 16; Donner, Pilgerfahrt 54–56). Diese Identifikation war nur möglich, weil schon Josephus stillschweigend die Dissoziierung von Zion und Tempel vorgenommen hatte und Zion mit Davidstadt gleichsetzte. Denn der Tempel wurde – von Außenseitern abgesehen – nie auf dem SW-Hügel gesucht (vgl. etwa den Pilger von Bordeaux: CChr 175, 14ff; Donner, Pilgerfahrt 57ff). In der Folgezeit blieb der Name Zion bis zur Wiederentdeckung des SO-Hügels durch die Forscher und Archäologen des 19. und 20. Jh. fest mit dem SW-Hügel verbunden. Noch in der Mitte des 19. Jh. (1841 und 1856) hat der berühmte Forscher Edward Robinson ⑩④ den Zion auf dem SW-Hügel lokalisiert (I 258, 277ff; III 203ff). Erst die Grabungen von Ch. Warren auf dem SO-Hügel in den Jahren 1867–1870, die Entdeckung der Schiloach-Inschrift im Jahre 1880 (Küchler, Jer 13f) und ein dadurch provoziertes erneutes sorgfältiges Studium der schriftlichen Quellen haben der Einsicht immer mehr Anhänger verschafft, der bibl. Zion habe im n Bereich des SO-Hügels gelegen (vgl. Simons, Handbook 59–67; ThWAT VI 1008, Otto). Diese Auffassung ist heute unbestritten. Der Name Zion hat sich für den SW-Hügel nur noch in der Form »christl. Sion« erhalten (Küchler, Jer 602–669).
Zion hat als geographische Bezeichnung immer nur einen Stadtteil bezeichnet. Wenn es als Synonym für Jerusalem, für Juda (Jer 14,19; Ps 78,68) oder Israel erscheint (Jes 46,13; Zef 3,14f; Ps 149,2), dann im Sinne eines Teils, der für das Ganze steht, den

religiösen Charakter des Ganzen betont, in vorexil. Zeit hauptsächlich im Sinne der Königsideologie, in nachexil. im Sinne des Tempels als religiös-messianischem Zentrum (vgl. dazu Zion in den Pss; dazu die Monographie FAT 48, 2006, Körting; weiter § 81f und 975–984).

DAVIDSTADT – DIE RESIDENZ DAVIDS AUF DEM SÜDOSTHÜGEL

§ 69   »Davidstadt« (*'ir dawid*) soll David die von ihm eroberte »Burg (beim) Zion« (*meṣudat ṣijon*) genannt haben (2Sam 5,7.9 = 1Chr 11,5.7; vgl. 15,1). Das scheint eine alte Tradition zu sein (Floss, David und Jerusalem 47–50). Der Name, der in den hebr. bibl. Schriften 44mal erscheint, bleibt im DtrG und in Jes 22,9 am ältesten, wahrscheinlich vordavidischen Bollwerk hoch über der Gihon-Quelle haften und geht zur Zeit Salomos nicht auf die neue, weiter n gelegene Residenz mit dem Tempel über. David überführt die Lade von → II Kirjat-Jearim laut 2Sam 6,10.12 nicht nach Jerusalem, sondern ganz gezielt in die Davidstadt, wo Michal als Frau Davids wohnt (2Sam 6,16). Salomo bringt die legendäre Pharaonentochter in der alten Residenz unter, bis die neue fertiggestellt ist (1Kön 3,1). Nach Fertigstellung der neuen Residenz auf dem NO-Hügel werden Lade und Pharaonentochter dorthin überführt (1Kön 8,1; 9,24). David und Salomo werden in der alten Residenz in der Davidstadt begraben (1Kön 2,10; 11,43). Das Gleiche wird im DtrG von einem knappen Dutzend weiterer jud. Könige von Rehabeam bis Ahas gesagt. Die Chronik lässt diese Ehrung nur würdigen Königen zuteil werden (ABD 2,52f, Tarler/Cahill; BEAT 46, 1999, 230–233, Dennerlein). Nach Jes 22,9 ist die Davidstadt zur Zeit Hiskijas (um 700a) in einem schlechten Zustand und voller Risse (BK X/2, 1978, 812f, Wildberger). Erst die Chronik scheint den Namen auf das ganze vordavidisch-davidische Jerusalem, d.h. auf den SO-Hügel, auszudehnen, nicht aber auf den Tempelplatz (2Chr 32,5.30; 33,14; BBB 90, 1993, 413–437, Floss). Neh 12,37 situiert die Davidstadt allerdings immer noch in der Nähe des Quelltors, das wahrscheinlich beim Gihon zu suchen ist. In 1Makk (um 100a) wird die Davidstadt mit der s des Tempelplatzes gelegenen Akra gleichgesetzt (1,33; 2,31; 7,32; 14,36). Der Name bezeichnet im AT also nie die ganze Stadt inklusive Tempelplatz, auch nicht als Pars pro Toto (gegen HAL III 777). Nach 1Makk lebt der Name nur noch in der Rezeption der atl. Texte weiter, wobei bereits Josephus (vgl. z.B. Ant VII 65–67) den Namen auf die ganze Stadt bezieht und die Davidstadt im engeren Sinne wie den Zion auf den höheren SW-Hügel verlegt. In Lk 2,4 wird jedoch → II Betlehem im Sinne einer Herkunftsbestimmung als »Stadt Davids« bezeichnet.

JEBUS – EIN CLAN UND EINE ARCHAISIERENDE BEZEICHNUNG FÜR DIE STADT

§ 70   Jebus ist die undurchsichtigste Bezeichnung für Jerusalem. Etymologisch kann es vom amoritischen *jabusum*, akk. *jabuschum*, hebr. *jabesch*, arab. *jabisa* und äth. *jabsa* her als »trocken, ausgetrocknet« gedeutet und problemlos als Ortsname »Trockenort« verstanden werden. *Jebus* hätte bei dieser Ableitung ungefähr die gleiche Bedeutung wie Zion (§ 63; vgl. ZDPV 91, 1975, 19, Priebatsch). *Jebusi* dürfte ursprünglich einen Bewohner bzw. als Kollektiv die Bewohner dieses Ortes bezeichnet haben. Im Hebr. kommt der Ausdruck ausschliesslich im Sg. vor und – außer in

2Sam 5,8 = 1Chr 11,6 und Sach 9,7 – immer mit Artikel und als Kollektivbezeichnung. David zieht nach 2Sam 5,6 »gegen den Jebusiter, der die Gegend bewohnt« (*'æl ha-jebusi joscheb ha-'aræṣ*). Die Jebusiter beschränken sich also nicht auf Jerusalem. Ri 1,21 macht die merkwürdige Aussage, die Benjaminiter hätten mit »dem Jebusiter« zusammen (das vordavidische) Jerusalem bewohnt (§ 147 und 154–157).
Herkunft und Bedeutung der Begriffe Jebus und Jebusiter sind umstritten. J.M. Miller meint, »Jebus« sei ursprünglich der Name eines benjaminitischen Dorfes nahe der Wasserscheide gewesen (Jos 18,28 LXX Ιεβους; Ri 19,10). Manche Motive und Formulierungen in der Erzählung von Ri 19 sind relativ jung. Sie enthält aber auch altes Material (vgl. OBO 5, 1974, 13–21, Keel). Das Jebus von Jos 18,28 hat vielleicht etwa dort gelegen, wo heute knapp 4km n vom Tempelplatz w in der Str. nach Ramalla *schaf'aṭ* liegt (ZDPV 90, 1974, 115–127, Miller). Aus diesem Dorf, meint Miller, habe irgendein sagenhafter Held gestammt, nach dem der S-Abhang des SW-Hügels von Jerusalem (→ 7) »Schulter des Jebusiters« (hebr. *kætæf ha-jebusi*) hiess (vgl. HAL II 481; Dalman, Jerusalem 82f; zur Bedeutung von *kætæf* vgl. N. Na'aman, Borders & Districts in Biblical Historiography, Jerusalem 1986, 109 n. 51.149; 7). Die »Schulter des Jebusiters« bildete einen Fixpunkt der Grenze zw. Juda und Benjamin (Jos 15,8; 18,16; → II 389a). Da die »Schulter des Jebusiters« nahe beim alten, auf den SO-Hügel beschränkten Jerusalem lag, werden die Bewohner oder ein Teil der Bewohner der Gegend von Jerusalem in 2Sam 5,6 als »Jebusiter« bezeichnet.
N. Na'aman macht darauf aufmerksam, dass Jebus eher ein ethno- als ein topographischer Begriff sei. Ob er ursprünglich etwas mit den aus Mari bekannten amoritischen Jabasa/u, einem Clan der Ḥananäer (OBO 108, 1991, 80, Anbar; N.A.B.U. 1992/1, 25f No. 29, Abrahami; BArR 32/2, 2006, 17, Lipiński), oder mit dem amoritischen Eigennamen Jabusum zu tun habe, sei nicht klar. Die Jebusiter seien aber aus dem Bereich des Hetiterreiches aus Nordsyrien gekommen und hätten sich im kanaanäischen Jerusalem etabliert (Finkelstein/Na'aman, From Nomadism to Monarchy 240 n. 82; vgl. § 156).
U. Hübner erwägt, ob Jebus nicht ein fiktiver Name für Jerusalem und seine vorisraelit. Bewohner sei. Es könnte sich um einen sprechenden Namen handeln, z. B. im Sinne von »Er (scl. JHWH) zertritt« von der Wurzel *bus* »zertreten« (HAL I 111). Was immer die Herkunft der Bezeichnung sei, sie habe in der hebr. Bibel einzig die Aufgabe im Sinne der dtn./dtr. Geschichtsschau (vgl. § 729), das vorisraelit. Jerusalem und seine Bewohner vom israelit. abzugrenzen (in: OBO 186, 2002, 32–44, Hübner/Knauf).

§ 71   Die sog. *Thronfolgeerzählung* (2Sam 9–1Kön 2) schildert sehr detailliert die Intrigen und Kämpfe der Söhne Davids um dessen Nachfolge und lässt dabei auch alteingesessene Stadtjerusalemer wie den Priester Zadok, den Propheten Natan, den »Hetiter« Urija und seine Frau Batseba entscheidende Rollen spielen (vgl. § 165–178). Keiner von diesen Protagonisten wird als »Jebusiter« bzw. »Jebusiterin« bezeichnet. Es scheint, als ob *diese* Überlieferung von »Jebusitern« in Jerusalem nichts wüsste (Ref. 45, 1996, 260, Uehlinger). Der einzige namentlich genannte Jebusiter ist »Arauna« in 2Sam 24 (§ 261–267). Die Jebusiter waren wahrscheinlich kein Volk, bestenfalls ein Clan, von dem einzelne Familien um und in Jerusalem wohnten (vgl. Floss, Jerusalem und David 51–53).
In den Vorstufen zu den dtr. Völkerlisten (§ 729) in Num 13,29 und Jos 11,3 bilden dann aber die Jebusiter zusammen mit Hetitern und Amoritern die Bewohner des Gebirges. In den dtr. Listen von sieben (Dtn 7,1 usw.), sechs (Ex 3,8.17; Dtn 20,17 usw.) oder fünf (Ex 13,5 usw.) Völkern, die vor den Israeliten im Lande wohnten, stehen die Jebusiter im Gegensatz zu den andern Völkern stets an der gleichen, nämlich an der letzten Stelle. Der Grund liegt wohl darin, dass die Jebusiter auch hier

noch Jerusalem vertreten und die Einnahme Jerusalems und des Zion gleichsam den Abschluss der Landnahme bildet (vgl. dazu Ex 15; Ps 78). Auch in der ungewöhnlichen zehngliederigen Liste von Gen 15,19–21 nehmen die Jebusiter den letzten Platz ein (SBS 28, 1967, 65–78, Lohfink). Einzig in den nachexil. Listen von Esr 9 und Neh 9 ist das nicht mehr der Fall. Da erscheinen die Jebusiter in Esr 9,1 als viertes von acht Völkern, in Neh 9,8 als fünftes von sechs. Hier besitzt die Bezeichnung »Jebusiter« keine Spezifizität mehr, sondern ist einfach einer der beliebig austauschbaren Namen, mit denen die weitgehend fiktive, als Kontrastfolie dienende vorisraelit. Bevölkerung Palästinas bezeichnet wird.

Jerusalem und Jebus werden wahrscheinlich erst in spätvorexil. Zeit in eins gesetzt (Jos 18,28 LXX; Ri 19,10–12; 1Chr 11,4–5a).

»DIE STADT VON JUDA« – JERUSALEM AUS DER SICHT EINER GROßMACHT

§ 72   Die enge Zuordnung von Juda zu Jerusalem, die sich auch in atl. Texten findet (vgl. z.B. Jes 1,1; 2,1; 3,8), hat nicht in atl. aber in spätbabylon. Texten aus der Zeit Nebukadnezzars (ca. 604–562a) dazu geführt, Jerusalem als »(die) Stadt von Juda« (*URU* bzw. *āl Ia-a-ḫu-di/du/da*) zu bezeichnen (TUAT I/4, 403f, Borger). »Die Bezeichnung Jerusalems als ›Stadt Juda‹ bzw. ›Stadt Judas‹ … muss nicht unbedingt eine nachlässige Generalisierung aus der Großmachtperspektive gewesen sein, sondern kann damit zusammenhängen, dass Juda in dieser Zeit weitgehend aus der Hauptstadt und ihrem Umland bestand« (Enz Bibl VII 71 Anm. 109, Albertz). Wenn man allerdings sieht, dass die spätbabylon. Chroniken im Gegensatz zu den assyr. auch die Eigennamen der Könige von Juda ignorieren (§ 789), wird bewusst wie stark diese Kultur auf ihre Hauptstadt Babylon konzentriert war und wie wenig sie andere Kulturen interessierten.

Eine um 500a bezeugte »Stadt von Juda« in Babylonien scheint eine Art »Neu-Juda« gewesen zu sein (Transeuphratène 17, 1999, 17–34, bes. 24f, Joannès/Lemaire; zum Phänomen im allgemeinen vgl. Or 47, 1978, 74–90, Eph'al).

AELIA CAPITOLINA – JERUSALEM ALS RÖMISCHE STADT

§ 73   Die durch die röm. Okkupation beeinträchtigte Heiligkeit des Zion bzw. der Heiligen Stadt war wahrscheinlich der Hauptgrund für den Ersten und dann auch den 2. jüd. Krieg gegen Rom. Als nach dem Bar-Kochba Aufstand die Römer die Stadt wieder aufbauten, nannten sie diese nach dem Kaiser Publius Aelius Hadrianus und nach dem römischen Staatsgott Iuppiter Capitolinus *Colonia Aelia Capitolina* oder kurz *Aelia.* »Dies blieb ihr offizieller Name in den folgenden Jahrhunderten (Canones des Konzils von Nicaea, Akten der Jerusalemer Synode von 536) und war auch die übliche geographische Bezeichnung (Eusebius: Ailia; Hieronymus: Aelia; so auch noch Adamnanus ⑥⑨, De locis sanctis 1,21), selbst bei den arab. Geographen (Jaqūt IV 592, als *Ilija'*). Der zweite Teil des Namens erscheint als Kapitolias bei Ptolemäus« (BHH II 823, Kosmala).

2. POETISCH-SYMBOLISCHE NAMEN

§ 74   Nebst den topographisch-politischen Bezeichnungen für Jerusalem sind auch eine Reihe von Namen überliefert, die mehr poetisch-symbolischen Charakter haben. Sie sind meistens in einem einzigen Text beheimatet. Es können hier nur einige wenige der zahlreichen Beispiele vorgestellt werden (zu weiteren vgl. § 79).

Morija – Ort der Bindung Isaaks

§ 75   Morija kommt in den hebr. bibl. Schriften nur zweimal vor. Mit dem Ausdruck *ʾæræṣ ha-morijah* »Land von Morijah« (LXX εἰς τὴν γῆν τὴν ὑψηλὴν »in das hohe Land«) in Gen 22,2 wird die Gegend beschrieben, wohin Abraham sich aufmachen soll, um seinen Sohn zu opfern. Die zweite Stelle ist 2Chr 3,1.

Etymologie und Semantik sind bei Morija besonders schwierig. D. Bahat schlägt vor, das Wort als Substantiv der Wurzel *jrh* I »werfen, gründen« zu verstehen. Es hätte also die gleiche Bedeutung wie das erste Element von Jerusalem, *jeru* »Gründung« (FS Borowski 20f). F. Stolz deutet Morija als femininens Partizip Hifil (Kausativform) von *jrh* III »unterweisen, lehren« (Gen 12,6; Dtn 11,30; Ri 7,1). Die Bedeutung wäre »Orakelstätte« (BZAW 118, 1970, 208 Anm. 150). Man würde dann aber in beiden Fällen eher die Form *morah* erwarten. Morija ist wohl eher als verkürzte Form von *moræh* mit verbindendem Jod und dem theophoren Element *ja* als sprechender Name mit der Bedeutung »Orakel JHWHs« zu verstehen. Der Vers gehört nach Davila zur Bearbeitung, die den ursprünglich von *ʾælohim* sprechenden Text von Gen 22 auf JHWH umgedeutet hat (vgl. JBL 110, 1991, 577–582). Das Orakel JHWHs wäre der grundlegende Bescheid, dass Abraham seinen Sohn nicht opfern muss, sondern ihn durch einen Widder substituieren soll. Bei diesem Verständnis wäre *ha-morijah* im Ausdruck *ʾæræṣ ha-morijah* in Gen 22,2 allerdings doppelt determiniert. Das gilt auch, wenn man Morija mit »mein Lehrer« bzw. »der mir Weisung (Tora) erteilt, ist JHWH« versteht. H. Schult schlägt deshalb vor, *ʾæræṣ ha-morija* als »Land der Toragebung« zu verstehen (ZAW 111, 1999, 87f). So oder so, das Wort scheint schon früh nicht mehr verstanden worden zu sein (s. die alte griech. Übersetzung). Die Erzählung selbst scheint es – etymologisch-philologisch wenig einsichtig – von der Wurzel *ra'ah* »sehen« her zu deuten. Jedenfalls spielt an entscheidenden Punkten der Geschichte das »Sehen« immer wieder eine zentrale Rolle (vgl. Gen 22,4.8.13 und bes. 14 »JHWH sieht«; vgl. HThR 83, 1990, 349, Kalimi).

§ 76   Der ältere Tempelbaubericht in 1Kön 5,15–9,25 sagt – ao Tradition entsprechend – nichts über den Ort, wo der Tempel gebaut wurde (HThR 83, 1990, 354f, Kalimi). Der Chronist, der Salomo den Tempel an einem möglichst bedeutungsschweren Ort erbauen lassen will (§ 1399.1494–1554), empfindet das als Mangel und bezeichnet den Ort genau: »In Jerusalem, auf dem Berg Morija (*bᵉhar ha-morijah*)«. So wird aus dem *Lande* ein *Berg* Morija. Diese Änderung macht unwahrscheinlich, dass Morija in Gen 22,2 aus 2Chr 3,1 übernommen ist, denn dann wäre die Änderung in »Land Morija« unbegreiflich, da Isaak auf einem Berg geopfert werden soll. Schon in Gen 22,14 scheint sich die Interpretation als Berg anzubahnen.

Ein weiterer Beleg für Morija, den man in Chirbet Bet-Lej gefunden zu haben glaubte (Otto, Jerusalem 60), hat sich als unhaltbar herausgestellt (vgl. TUAT II/4, 559f, Conrad). Josephus verwendet die Bezeichnung *Berg* Morija rückwirkend schon in seinem Bericht über die Bindung Isaaks (Ant I 224). Wir haben in »Morija« wahrscheinlich keinen alten Namen Jerusalems bzw. des Tempelberges vor uns, sondern eine späte Reflexion, die das Land Morija einer alten Überlieferung entnimmt und mit dem

Tempelberg identifiziert und diesen so als Stätte der im Judentum so wichtig gewordenen »Bindung Isaaks« hinstellt. Der Text in Gen 22 suggeriert diese Identifikation nicht (Amit, Hidden Polemics 142–150; vgl. weiter FS Rendtorff 8–12, Baltzer).

Ariel – Jerusalem als Altarherd

§ 77   Ariel, hebr. *ʾariʾel*, findet sich fünfmal in Jes 29: in den V. 1, 2 und 7. Das Gedicht 29,1–8 ist nach Wildberger eine jener ambivalenten Aussagen Jesajas, bei denen nicht deutlich wird, ob Gericht oder Rettung im Vordergrund stehen (BK X/3, 1102f). Werlitz lehnt sowohl die Einheitlichkeit des Gedichts wie eine Autorschaft Jesajas wegen einer fehlenden Begründung für die Untergangsdrohung ab (BZAW 204, 1992, 251–320). Unbestritten bleibt, dass der mit Ariel bezeichnete Adressat Jerusalem ist. Das geht schon aus den einleitenden Versen hervor:

> »Wehe Ariel, Ariel, Stadt, wo David lagerte.«

Jerusalem wäre dann in dieser Drohrede, wenn die Bedeutung »Altarherd« stimmt (§ 78), unter seinem kultisch religiösen Aspekt angesprochen. Dabei wird ihm »angedroht, dass es selbst zu einem solchen (Brandherd) werden wird. Entweder ist hier ein Schriftsteller zu postulieren, der im Anblick der (Brand-)Katastrophe von 587 v. Chr. ein *vaticinium ex eventu* verfasst und so Jesaja das Gericht voraussagen lässt, oder wir haben einen Verfasser anzunehmen, der nach 587 v. Chr. ein neuerliches Gottesgericht in der Endzeit erwartet« (BZAW 204, 1992, 317f, Werlitz).

§ 78   In den zwanziger Jahren hat man Ariel von akk. *arallu* ableiten wollen, das man als Götterberg und Unterwelt deutete, was der angenommenen Ambivalenz des Textes sehr entgegenkam (JBL 39, 1920, 131–137, Feigin). Aber *arallu* heisst nur Unterwelt (AHw I 64). Manche verstehen das erste Element *ʾari* als »Löwe« und das zweite, *ʾel*, theophor als »Gott« und interpretieren »Löwe Gottes« (vgl. den Personennamen in 2Sam 23,20). N. Naʾaman denkt an mit Löwen dekorierte Kultständer wie die zwei in Taanach gefundenen (IEJ 47, 1997, 88 Anm. 19 = Naʾaman, CE III 192; GGG 177–179 Abb. 182a und 184; vgl. Beck, Imagery 399f). Da die erste Jesajarolle aus Qumran (1QJesᵃ) nicht *ʾariʾel* sondern *ʾuruʾel* liest (BASOR 123, 1951, 29, Beegle), wollten manche den Namen vom Akk. her als »Stadt Gottes« deuten (vgl. zuletzt BEAT 13, 1988, 349–351, Wodecki). Das ist unhaltbar (s. § 45). Hingegen ist zu erwägen, ob die erste Silbe nicht von dem im Ugaritischen und Hebräischen belegten *ʾ(w)r* »hell sein, Licht, Feuer« her (Gordon, Textbook 353 Nr. 114; HAL I 23ff) verstanden werden kann. Die Interpretation »Gotteslicht, Gottesfeuer« kann den »Altarherd« meinen, da das dort brennende Feuer das wichtigste Element des Altarherds ist (vgl. Lev 9,24). Die Bedeutung »Altarherd« scheint so die plausibelste. In diese Richtung weist auch das arab. *irjatun* »Feuerstelle« (Wurzel *ʾrj*). In einem Spruch, der auf Jesaja zurückgehen dürfte, stehen Gottesfeuer und Gottesofen als Synonyme nebeneinander. »Spruch JHWHs, der auf dem Zion ein Feuer (*ʾur*) hat und einen Ofen (*tannur*) in Jerusalem« (Jes 31,9). Dass in »Ariel« das *waw* (= u) fehlt, hat nichts zu bedeuten, da das im Ugaritischen und bei *ʾrʾl* in der Mescha-Inschrift aus dem Moab des 9. Jh.a (KAI Nr. 181, Z. 12) sowie bei *ʾrjhw* »mein Licht ist Jah(we)« in der Inschrift von →II Chirbet el-Kom (Renz/Röllig, Handbuch I 202ff) ebenfalls so ist. *ʾrʾl* meint auch in der Mescha-Inschrift am ehesten einen Altar (KAI II 175). »In Ez 43,15f bezeichnet es eindeutig den obern Teil des Brandopferaltars, den eigentlichen Altarherd im Tempel zu Jerusalem. Das wird in etwa die ursprüngliche Bedeutung von *ʾariʾel* sein« (BK X/3, 1104, Wildberger; vorsichtiger ist DDD² 88f, Münger, der die Bedeutung offen lassen will). S. Mittmann hat in diesem Zusammenhang auf Herde aus Bronze und Eisen hingewiesen, die vornehmlich für Opfer verwendet wurden. Fahrbare mit Rädern versehene Herde aus dem 9.–7. Jh.a sind in verschiedenen südostanatolischen und nordsyr. Palästen wie z.B. dem vom Tell Halaf (**19**) und dem von Sindschirli gefunden worden (ZDPV 118, 2002, 53–56). Sie vermitteln einen guten Eindruck von dem, was man sich unter einem Altarherd vorzustellen hat.

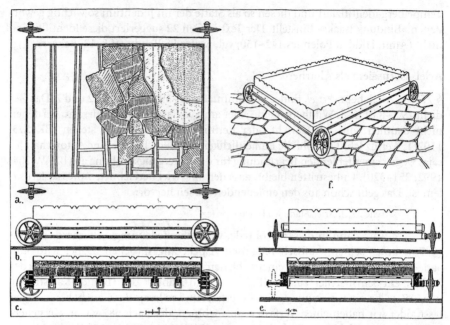

19 Bewegliche Feuerstelle vom Tell Halaf (um 800a), die aus einem Eisengestell, einer Bronze-
umrandung, Bronzerädern und einem Belag aus Steinplatten bestand. Der ca. 1,2 mal 1,4 m grosse
Gegenstand konnte zum Erwärmen eines Raumes oder zur Darbringung von Opfern verwendet
werden. Er dürfte im letzteren Fall auf Hebräisch Arel oder Ariel geheißen haben.

Oholiba – Jerusalem als JHWHs Zelt

§ 79   Wie Ariel ist auch der Name Oholibah auf einen einzigen Text beschränkt: auf
die Bildrede Ez 23 (§ 950–963), in der der Name sechsmal vorkommt (V. 4.11.22.36
und 44). Der Text redet von zwei Schwestern, von denen die ältere Oholah, die jüngere Oholibah heißt. Schon in V. 4 wird in einer Glosse Oholah mit Samaria, Oholibah mit Jerusalem identifiziert. Die naheliegende Deutung von Oholibah lautet:
»Mein Zelt ist in ihr« (vgl. ZAW 63, 1951, 90, Kuschke, und den Namen Hefzi-Bah in
2Kön 21,1), während Ohola als »Ihr Zelt« gedeutet werden kann (vgl. 1Kön 12,16).
Bei Oholiba mag an das »Zelt JHWHs« oder das »Begegnungszelt« gedacht sein. Von
beiden wird gesagt, dass sie sich in Jerusalem befunden haben (1Kön 2,28–30; 8,4).

Auffällig ist bei dieser Deutung das Fehlen des *Mappiq* in den beiden Schluß-He. (*Mappiq* ist ein
Punkt im He, der andeutet, dass es als Konsonant und nicht als Vokal zu lesen ist). Das macht die Lesung »ihr« bzw. »in ihr« problematisch. Zimmerli zieht unter dem Hinweis auf zahlreiche semitische
Namen mit dem Element »Zelt« (*'ohæl*) eine andere Erklärung vor: »Die beiden Frauennamen dürften bei Ez ganz einfach den leicht archaischen Klang beduinischer Namengebung wachrufen und sagen wollen, dass die beiden Mädchen mit den gleichklingenden Namen … in Ägypten nicht zu den
eingeborenen, sondern zu den von der Wüste herkommenden, in Zelten wohnenden, Herden wei-
denden (Gen 4,20) Leuten gehörten. Ganz so wie bei der Erwähnung der kanaanäisch-amoritisch-
hetitischen Herkunft Jerusalems … stoßen wir dann auch hier auf ein Element guter geschichtlicher

Tradition« (BK XIII/1, 542). Aber selbst bei dieser Interpretation mag Zimmerli die Bedeutung »mein Zelt ist in ihr« im Sinne eines Spielelements nicht ganz ausschließen (ebd.).

Diese Deutung scheint auch Ez 48,35b vorauszusetzen, wenn vom visionär geschauten Jerusalem gesagt wird: »Und der Name der Stadt ist von jetzt an: ›JHWH ist dort‹ (*jhwh šammah*)«.

Viele weitere positiv und negativ konnotierte Namen (bis zu siebzig!) finden sich in rabbinischen Listen (Centrality 1999, 120–129, Shinan), zahlreiche positive in der arab. Gattung *Fada'il al-Quds* (zu dieser Gattung vgl. EI[F] II 747, Sellheim).

3. APPELLATIVISCHE NAMEN

§ 80   Eine dritte Gruppe von Namen wird durch Appellative charakterisiert: Ein Appellativum (»Heiligtum«) oder eine Verbindung von Appellativen (»Berg des Heiligtums«, »Gottesstadt«) oder die Verbindung eines Appellativs mit einem Eigennamen (»Berg JHWHs«) konstituieren diese Bezeichnungen. Sie setzen, um eindeutig sein zu können, einen großen Bekanntheitsgrad voraus. Ein halb appellativischer Name ist auch die schon diskutierte Bezeichnung »die Stadt von Juda« (§ 72).

»Der Ort, den JHWH, dein/euer Gott erwählen wird bzw. erwählt hat (um dort seinen Namen wohnen zu lassen)«

§ 81   Die Umschreibung ist in einer kurzen, z.B. *ha-maqom 'ašær jibḥar jhwh bᵉ 'aḥad šᵉbaṭæka* »der Ort, den JHWH unter einem deiner Stämme erwählen wird« (Dtn 12,14.18.26; 14,25; 15,20; 16,7.15f; 17,8.10; 18,6; 31,11) und einer langen Version überliefert. Diese erscheint ihrerseits in zwei Varianten: Die eine lautet *lᵉ šakken šᵉmo šam*, z.B. *ha-maqom 'ašær jibḥar jhwh 'ælohekæm bo lᵉšakken šᵉmo šam* »der Ort, den JHWH erwählen wird, um dort seinen Namen wohnen zu lassen« (Dtn 12,5.11.21; 14,23f; 16,2.6.11; 26,2). Die andere Variante ist mit *lasum šᵉmo šam* gebildet, z.B. *ha-maqom 'ašær jibḥar jhwh'æloheka lasum šᵉmo šam* »der Ort, den JHWH erwählen wird, um seinen Namen dorthin zu legen« (Dtn 12,21). Beide Versionen sind typisch für das Dtn bzw. das DtrG (zur Formel vgl. weiter BBB 105, 1996, 5–22, Keller; FRLANT 196, 2002, 82–84, Maier). Die Bedeutung der Formel meint wahrscheinlich nicht primär eine Spiritualisierung der Gegenwart JHWHs (vgl. § 736), sondern ganz konkret die Anbringung eines Namens in schriftlicher Form an einem bestimmten Ort, wie das die akk. Formel *šakkanu šuma* meint. Die Anbringung des Namens bedeutet Besitzanspruch, Suveränität und Ruhm (zu einer differenzierten Begründung dieser Position vgl. BZAW 318, 2002, bes. 207–217, Richter; vgl. weiter § 111.133).

Im Gegensatz zum Dtn identifiziert das DtrG die erwählte Stadt implizit (z.B. durch die Erwähnung Davids oder des Tempels und das z.T. im Zitat in erster Person; 1Kön 8,16.44.48; vgl. 2Chr 6,6) oder explizit unter Nennung des Namens Jerusalem (1Kön 11,13.32.36; 14,21; 2Kön 21,7; 23,27). Das Verschweigen des Namens der auserwählten Stadt im Dtn und generell im Pentateuch hat immer wieder befremdet und ist wiederholt diskutiert worden (ErIs 3, 1954, 15–17, Cassuto; DBAT.B 12, 1991, 293f, Amsler). Früher hat man häufig die Meinung vertreten, die Formel sei älter als das Dtn und der gemeinte Ort sei der jeweilige Ruheort der Lade, Gibeon oder Bet-El gewesen (vgl. die Angaben StANT 7, 1963, 51, Schreiner). Y. Amit ordnet die heute gängigen Reaktionen in drei Gruppen: 1. Man beschreibt und akzeptiert das Phänomen, ohne es erklären zu wollen; 2. man versteht es als historiographische Rafinesse, Jerusalem vor der Eroberung durch David nicht zu erwähnen und so Anachronismen zu vermeiden; 3. man unterstreicht die Anspielungen (Schalem, Morija) und ignoriert die explizite Nennung Jerusalems mehr oder weniger. Amit findet diese Reaktionen unbefriedigend (Hidden Polemics 133–140). Sie glaubt, dass nur Gen 14 (Schalem; § 59f) und die enigmatische Aussage in Dtn 33,12, dass Benjamin zw. seinen Schultern wohne, Anspielungen auf Jerusalem seien, also Stellen am Anfang und am Ende der Volkswerdung (ebd. 150–158.162–164). Sie glaubt, dass die Herausgeber des Dtn davor zurückschreckten, sich explizit und eindeutig auf Jerusalem festzulegen, weil zur Zeit der Entstehung des Dtn das politische und ökonomische Schicksal Jerusalems ungewiss gewesen sei. Alles in allem hätten sie der Konzentration des Kults an *einem* Ort mehr Bedeutung beigemessen als der Fokussierung auf Jerusalem (ebd. 158–162.164–168). Gerade umgekehrt sieht das L.J. Hoppe. Er meint die Zentralisation an einem Ort sei der dtn.-dtr. Bewegung nicht sehr wichtig gewesen (vgl. z.B. den Altar Elijas auf dem Karmel in 1Kön 18,30). Nach der Zerstörung aller Heiligtümer im Land habe nach 587a einzig Jerusalem mit seinen Traditionen sich noch kultische Dignität bewahrt (Jer 41,5) und sei mehr als Stadt denn als Heiligtum zum Orientierungspunkt der Diaspora geworden (in: BEThL 68, 1985, 107–110, Lohfink).

Überzeugender als die Ungewissheit des Schicksals Jerusalems ist eine weitere Vermutung Y. Amits nach der zwar nicht die historiographische Sorge um Anachronismen aber die Praxis der *vaticinia ex eventu* eine Rolle gespielt habe. In diesen nachträglich zu den Ereignissen formulierten »Prophezeiungen« werden künftige Schauplätze, Personen und Ereignisse in der Regel nicht explizit genannt. Sie werden geheimnisvoll umschrieben, um ihnen die Würde von Ereignissen zu geben, die Gott lange bevor sie eingetreten sind, geplant und vorbereitet hat. Jerusalem wird im Pentateuch, bes. im Dtn zwar nicht ausdrücklich genannt, gleichzeitig aber durch die enigmatische Formulierung als »auserwählte Stadt« schlechthin hervorgehoben. Immerhin ist aber auch zu bedenken, dass das DtrG weiß, dass der Garizim ein Ort des Segens war (Dtn 11,29; 27,12; Jos 8,33), bevor David Jerusalem zu seiner Residenz machte und dass er Salomos Kult auf der Höhe von Gibeon entschuldigt, weil es damals noch keinen JHWH-Tempel in Jerusalem gab (1Kön 3,1–5). Historiographische Rücksichten können nebst den genannten bei der offenen Formulierung »Ort, den JHWH erwählen wird« also durchaus auch eine Rolle gespielt haben (WUNT 129, 2000, 99–118, Norin). A. Schenker (mündlich) glaubt nachweisen zu können, dass die älteste Texttradition – nicht nur die des samaritanischen Pentateuch – *baḥar* hatte und also vom Ort gesprochen hat, den JHWH erwält *hat* und, dass das »den er erwählen wird« (*jibḥar*) sekundär ist. Die Formel habe sich so ursprünglich auf den Garizim bezogen.

Heiliger Berg, Berg des Heiligtums, Berg JHWHs, Berg des Hauses JHWHs

§ 82   Die Bezeichnung *har ha-qodæš* kann sowohl »der heilige Berg« wie »der Berg des Heiligtums« und *har-qodši* kann sowohl »*mein* heiliger Berg« wie »der Berg meines Heiligtums« bedeuten, denn der hebr. Sprachgebrauch dürfte vom phön., punischen und jüd.-aram. nicht so verschieden sein, wie häufig angenommen wird. Alle Bezeichnungen mit Berg meinen eigentlich den Berg Zion (*har ṣijon*; Ps 48,3; 74,2) als Tempelberg und nur im Sinne eines Pars pro Toto ganz Jerusalem (vgl. § 65–68). In Ps 48,3 wird dieser Berg mit dem »Zafon« (Norden, Nordberg), dem Götterberg von Ugarit, gleichgesetzt (vgl. HAL III 979f). Einige wenige Stellen, in denen Gott von »meinem heiligen Berg« bzw. »dem Berg meines Heiligtums« (Ps 2,6) und der Beter von »seinem heiligen Berg« bzw. »dem Berg seines Heiligtums« (Ps 3,5) spricht, können vorexil. sein. Einige sind vielleicht exil., die allermeisten nachexil. (Jes 27,13; 56,7; 57,13; 65,11.25; 66,20; Jer 31,23; Ez 20,40; Joël 2,1; 4,17; Obd 16; Zef 3,11; Sach 8,3; Dan 9,16.20; Ps 15,1; 43,3; 87,1). Eine spezielle Variante stellt Dan 11,45 dar, wo nicht nur vom »Berg der Heiligkeit bzw. des Heiligtums«, sondern vom »Berg der heiligen Zierde (*har- ṣ ᵉbi-qodæš*)« die Rede ist.

Har JHWH »der Berg JHWHs« (Jes 30,29; Ps 24,3) als Bezeichnung für den Zion kann als verkürzte Form von *har bet JHWH* »der Berg des Hauses JHWHs« (Jes 2,2; Mich 4,1) verstanden werden.

Y.Z. Eliav vertritt die Meinung, der Tempelberg habe seine Bedeutung als Berg erst gewonnen, nachdem der Tempel zerstört war (God's Mountain. The Temple Mount in Time, Place, and Memory, Baltimore 2005, bes. 2–8.237–242). Stellen wie Jer 26,18, Mich 3,12 und 1Makk 4,46, die vom »Tempelberg« (*har ha-bajit*) reden, bagatellisiert er entsprechend.

Har ʾælohim »Berg Gottes« bezeichnet verschiedene heilige Berge, vor allem den Sinai (vgl. etwa Ex 4,27; 1Kön 19,8; Ez 28,16; Ps 68,16), aber *nie* den Zion (zum Sinai vgl. weiter § 15).

Sinai und Zion sind im AT und der atl. Wissenschaft immer wieder als Symbole für die Grundpfeiler atl. Theologie verwendet worden. J.D. Levenson interpretiert in seinem Werk »Sinai and Zion. An Entry into the Jewish Bible« (Minneapolis etc. 1985) die beiden Berge als Repräsentanten von Bund und Tempel. H. Gese gab einer Sammlung seiner Schriften den Titel »Vom Sinai zum Zion« (BEvTh 64, ²1984). Er sollte den »Weg des Alten Testaments« von der Offenbarung auf dem Sinai über die kultische Präsenz Gottes auf dem Zion und zu seiner eschatologischen Offenbarung daselbst bezeichnen (ebd. 7; vgl. Bib. 73, 1992, 18, Spieckermann).

JHWH blieb ein Gott, der aus der Peripherie ins städtische Zentrum gekommen war (§ 15). JHWH blieb ein Gott der Berge und Berggipfel (1Kön 20,23.28). Diese Charakterisierung wird auch dort aufrechterhalten, wo JHWH in den Pss als Zuflucht metaphorisch als »Fels« oder »Bergfeste« u.ä. beschrieben wird. *De facto* suchte man in Palästina viel häufiger in Höhlen und Felsspalten Schutz (Ri 6,2; 1Sam 13,6; Jes 2,19; 2Makk 6,11; 10,6 u.ö.), wie die berühmten Funde aus der Wüste Juda zeigen (→ II 403–414.445–449 u.o.). Vorstellungsmäßig aber fand man in der Höhe Schutz, denn JHWH war ein stark uranisch geprägter Gott, dem man auf Bergen und Berggipfeln am nächsten war (EHS.T XXIII/4, 1972, Eichhorn; AOBPs 100–105.158–162).

Mit der Tiefe der Erde als Mutterschoss oder als Ort der Toten hatte JHWH von Haus aus nichts zu tun, wenn ihm diese Bereiche auch nicht entzogen waren (Ps 139). Erst im Christentum mit seinen Affinitäten zu den Mysterienreligionen spielen Höhlen als sakrale Orte eine positive Rolle (→ II 621–626).

Stadt JHWHs, Stadt Gottes, Stadt des Heiligtums, Heilige Stadt

§ 83   In den Städten der mediterranen Welt, deren kontinuierliche Geschichte nicht über das 4. Jt.a zurückreichen dürfte (Uruk), bildete in der Regel ein Heiligtum das Zentrum. Das hat sich erst in der Moderne geändert (Bib. 73, 1992, 1f, Spieckermann). JHWH, der von Haus aus ein Berggott aus der Peripherie gewesen sein dürfte (§ 15.82.235–240), wurde erst zögerlich und spät dezidiert und unzweideutig mit einer Stadt in Beziehung gesetzt. In dem wahrscheinlich noch vorexil. Ps 101 (V. 8) wird Jerusalem anscheinend zum ersten Mal als Stadt JHWHs (ʿir JHWH; vgl. Jes 60,14), in dem wahrscheinlich ebenfalls vorexil. Zionslied Ps 48 (der Ps wird in Klgl 2,15 zitiert; vgl. weiter § 976–979) als »Stadt unseres Gottes« bezeichnet (V. 2.9). In den eher nachexil. Zionspss (vgl. § 981) finden wir die Bezeichnungen »Stadt Gottes« (Ps 46,5; 87,3). Die Stadt gehört zwar Gott, aber Gott gehört seinerseits nicht zur Stadt, wie andere Stadtgottheiten zu ihren Städten gehören (vgl. § 86). JHWH wird nur im Graffito von Bet-Lej (vgl. **13**; Renz/Röllig, Handbuch I 245f; III Taf. 25,3) und in 2Chr 32,19 »der Gott von Jerusalem« (ʾælohe jᵉrušalem) genannt. In 2Chr 32,19 ist es nicht ganz klar, wer ihn so nennt: der Erzähler oder die Gesandten Sanheribs. Es wird erzählt, die Abgesandten Sanheribs hätten vom »Gott Jerusalems« wie von den Göttern der anderen Völker geredet, »die nur ein Werk von Menschenhand sind«. Eine ähnliche Wendung gebrauchen Perserkönige in Esr 1,3 und 7,17.

§ 84   In den enthusiastischen, aus Distanz zur realen, 587/586a samt ihrem Heiligtum zerstörten Stadt gesprochenen Reden Deuterojesajas wird Jerusalem zum ersten Mal als ʿir ha-qodæš, als »Stadt des Heiligtums«, »Stadt der Heiligkeit« oder »heilige Stadt« angesprochen (Jes 48,2; 52,1). Die griech. Übersetzung des AT (LXX) gibt den Ausdruck regelmäßig mit ἡ ἁγία πόλις »die heilige Stadt« wieder. Jes 52,1 verheißt der Stadt eine glänzende Zukunft, wenn der Text anhebt:

> »Erwache, erwache, kleide dich mit deiner Kraft, Zion,
> kleide dich mit deinen herrlichen Gewändern, Jerusalem, heilige Stadt!«

Neh 11,1 benutzt die feierliche Bezeichnung »heilige Stadt« und die damit verbundene Propagandawirkung, um die Rückkehrer aus dem Exil zur Niederlassung in Jerusalem zu bewegen, das nach der Darstellung von Esra-Nehemia (im Gegensatz zu Hag 1,2–4 und Esdras α) immer noch in Trümmern liegt (vgl. Neh 7,4). In Neh 11,18 wird Jerusalem als Wohnort der Leviten als »heilige Stadt« bezeichnet (vgl. dazu OTA 23/1, 2000, No. 340, Smit). Dass der Begriff dann in die apokalyptische Literatur mit ihrem visionären Charakter Eingang hält, verwundert nicht (Dan 9,24). Einige Münzen des 1. jüd. Krieges tragen die Inschrift: jᵉrušalem (ha)qᵉdošah »Jerusalem die Heilige« (vgl. **15**; Meshorer AJC II pl. 17ff). Hier ist es eindeutig die Stadt, die die Qualifikation »heilig« erhält.

Mt spricht zweimal von »der heiligen Stadt« (ἡ ἀγία πόλις; 4,5; 27,53), lat. *civitas sancta*. In den Qumrantexten scheint ʿ*ir ha-miqdaš* nicht ganz Jerusalem, sondern nur das Areal des Tempelbergs zu bezeichnen (OTA 22/2, 1999, No. 1135, Schiffmann).

§ 85 Das Element »Heiligkeit«, »Heiligtum« hat dann vor allem in die arab. Bezeichnungen Jerusalems Eingang gefunden. In der ersten Zeit des Islam war der vollständige Name Jerusalems *Ilija' madinat bajt al-maqdis* »Aelia, die Stadt des Heiligtums«. *bajt al-maqdis* geht auf das aram. *bet maqdᵉša'* »Heiligtum« zurück. Der vollständige Name wurde im Alltag zu *Ilija'* oder *bajt al-maqdis* verkürzt. Letzteres konnte durch das arab. *al-ḥaram* »Heiliger Bezirk« ersetzt werden. Eine Variante von *bajt al-maqdis* ist *bajt al-muqaddas*. Erst im 10. Jh.p taucht der bis heute im Arab. und im Islam beliebteste Name für Jerusalem auf: *al-Quds*. Er geht auf das aram. *qudša'* bzw. das hebr. *qodæš* zurück und meint nicht so sehr »Heiligkeit« als »Heiligtum« (EI[F] V 322, Goitein). Zum Begriff des »Heiligen Landes« vgl. § 1372.

§ 86 H. Spieckermann hat in einem dichten und interessanten Aufsatz das Verhältnis der Götterwelt zur Stadt in Ägypten und Mesopotamien herausgearbeitet (Bib. 73, 1992, 1–31). Für Ägypten war es bes. in der deutschen Forschung seit R. Lepsius (vgl. APAW 1851, Nr. 4, 17) üblich, der Ortsgebundenheit der Götter große Bedeutung beizumessen (bes. ausführlich H. Kees, Der Götterglaube im alten Ägypten, Leipzig 1941, 187–377). Demgegenüber hat E. Hornung betont: »Neben ausgesprochenen Ortsgöttern … steht seit den ältesten Inschriften … ein Kreis von Göttern, die neben ihren Kultorten, die vielleicht schon über das ganze Land verteilt sind, auch am Königshof Geltung besitzen« (Hornung, Der Eine 69). Ob der politisch-kosmische oder der kommunal-lokale Aspekt zuerst war, lässt sich nicht mehr mit Sicherheit eruieren. Kosmisch bedeutsame Götter wie Amun, Ptah oder Re waren jedenfalls spätestens im Neuen Reich gleichzeitig fest einer bestimmten Stadt zugeordnet. So formuliert ein berühmter ramessidischer Hymnus:

> »Drei sind alle Götter:
> AMUN, RE, PTAH, denen keiner gleichkommt.
> Der seinen Namen verbirgt als Amun,
> er ist Re im Angesicht,
> sein Leib ist Ptah.
> Ihre Städte auf Erden
> stehen fest auf immerdar:
> Theben, Heliopolis, und Memphis allezeit«
> (Assmann, ÄHG 333 Nr. 139).

Ein berühmtes Gebet persönlicher Frömmigkeit klagt darüber, dass sich das Herz, d.h. das Denken und Wollen des Beters (OBO 80, 1988, 3–41, Brunner), nach Memphis davongemacht habe. Der Beter ist handlungsunfähig und kann nur noch flehen:

> »Komm zu mir O PTAH, und hole du mich nach Memphis.
> Lass mich dich sehen nach Belieben«
> (Assmann, ÄHG 415 Nr. 184).

Das erinnert an Psalm 27,4 mit der Bitte:

> »Nur eines erbitte ich von JHWH, danach verlangt es mich:
> Im Hause JHWHs zu wohnen alle Tage meines Lebens,
> die Freundlichkeit JHWHs zu schauen und nachzusinnen in seinem Tempel.«

Dass einmal von der Stadt Memphis, einmal nur vom Tempel die Rede ist, kann man oder kann man nicht als bedeutsam ansehen. Im städtereichen Ägypten war es wichtig, die Stadt zu nennen. In Juda, wo bes. in nachexil. Zeit Jerusalem mit seinem Tempel die einzige Stadt von Bedeutung war, erübrigte sich das. Dennoch gibt es Texte, die den Tempel *und* die Stadt Jerusalem explizit nennen:

> »Ich freute mich, als man mir sagte: ›Wir machen uns auf zum Hause JHWHs.‹
> Schon stehen wir in deinen Toren, Jerusalem,
> Jerusalem, du starke Stadt, dicht gebaut und fest gefügt« (Ps 122,1–3).

Der Psalm beginnt in V. 1 mit dem Haus JHWHs, nennt dann dreimal Jerusalem und endet in V. 9 mit der Aussage:

> »Um des Hauses JHWHs, unseres Gottes, willen suche ich dein (Jerusalems) Bestes.«

»Haus JHWHs«, »Stadt«, »Jerusalem« verhalten sich zueinander wie Kern und Schale. Sie sind eine Sache.

Während in Ps 122,4 die Stämme nach Jerusalem ziehen, sind es in Ägypten die beiden Länder, Ober- und Unterägypten, die nach Memphis segeln und rudern (Assmann, ÄHG 485 Nr. 214 Z. 89–93). Stadt, Tempel, Gott sind in Ägypten und in Juda eng korrelierte Größen. Die »Beheimatung«, die Ägypter und Judäer in der Stadt mit dem Tempel ihres Gottes – in Juda spätestens seit der Kultzentralisation (§ 703–705) – erfahren, findet in Juda ihren schönsten Ausdruck in der Metapher vom »Nest« an den Altären, um das der Beter die Vögel beneidet (vgl. § 698).

Auch in Mesopotamien sind verschiedene Gottheiten eng mit verschiedenen Städten verbunden (Bib. 73, 1992, 9–17, Spieckermann; Groneberg, in: Atm. 11, 2003, 149–156, Fischer/Schmid/Williamson), so An und Inanna mit Uruk, Marduk mit Babylon und Assur mit Assur. Während die Städte Ägyptens erst seit dem Assyrereinfall im 7. Jh.a regelmäßig feindlichen Angriffen ausgesetzt waren, kannten die Städte und Tempel Mesopotamiens zerstörerische, kriegerische Angriffe während der ganzen Zeit ihrer Geschichte. Entsprechend stellen Schutz und Zerstörung der Stadt und der Tempel zentrale Topoi dar. Die Stadtgöttinnen, die über die Zerstörung ihrer Städte und Tempel klagen, sind schon als Vorbilder der Tochter Zion namhaft gemacht worden. Aber die »Tochter Zion« ist keine Göttin (§ 1048).

JHWH war von Haus aus kein Stadtgott (§ 15.82.235–240). Er ist erst mit David nach Jerusalem gekommen. Erst von da an konnte man seine Anwesenheit in einem Tempel und in einer Stadt erfahren. Aber wie so vieles andere hat er da auch gelernt, ein Stadtgott zu sein (vgl. § 976–979). Die Abhängigkeit der Stadt von ihm blieb aber stets viel stärker als seine Abhängigkeit von der Stadt, von der er sich, wenn sie seinen Anforderungen nicht entsprach, souverän entfernte, um seinen über die ganze Welt verstreuten Verehrern vom Himmel her nahe zu sein (§ 927–933).

Ob Jerusalem als heiliger Berg oder heilige Stadt bezeichnet wurde, in beiden Fällen hatte die Heiligkeit ihren Grund im Heiligtum, das da stand.

DIE GESCHICHTE JERUSALEMS

1. EINE STARKE KANAANÄISCHE STADT DER MITTELBRONZEZEIT IIB (ca. 1700–1540a)

Eine Geschichte Jerusalems von den Anfängen bis 2005p in Stichworten findet sich in Küchler, Jer 1096–1139.

1.1 1. WARNTAFEL: VORSICHT BEI DER ARCHÄOLOGIE JERUSALEMS!

§ 87   Systematische wissenschaftliche Ausgrabungen haben in Jerusalem früh angefangen, waren stets zahlreich und von Umfang, Methode und Zweck her sehr verschieden. Ihre Geschichte soll und kann hier nicht umfassend dargestellt werden (vgl. dazu **20–20b** und die einschlägigen Abschnitte in Küchler Jer, bes. 13–20 und weiter Bieberstein/Bloedhorn I 25–44; Jerusalem Revealed 1975, 131–135; Ancient Jerusalem Revealed 2000, 1–28.359–364, Geva; Blok/Steiner, Jerusalem 19–33). Dennoch hat die Archäologie in Jerusalem erst ungefähr 100 Jahre nach dem Beginn systematischer Grabungen eine frühe, mit schweren Befestigungswerken ausgestattete Stadt nachgewiesen. Diese Tatsache ist Anlass, gleich zu Beginn der »Geschichte« eine 1. Warntafel aufzustellen, aus (vorläufig) negativen Befunden, aus fehlenden Straten und fehlendem archäolog. Material (bzw. fehlenden Texten) weit reichende Schlüsse zu ziehen. *Argumenta e silentio* sind im Hinblick auf alte Geschichte *generell* dürftige Argumente. Zu leicht übersieht man, dass nur sehr wenige Teile des Puzzles erhalten und unzählige epigraphische und andere archäolog. Teile zerstört oder (noch) nicht zugänglich sind. Um so wichtiger ist es, die kleinsten tatsächlich vorhandenen Puzzleteile (z.B. Skarabäen) ernst zu nehmen und sie nicht vorschnell durch vollmundige soziologische und andere Theorien zu ersetzen. Eine »Geschichte« alter Kulturen bleibt auch bei der sorgfältigsten Beachtung aller verfügbaren Quellen auf weite Strecken fragmentarisch. Aufgrund der Quellenlage sind manche Fragen nicht oder mindestens nicht eindeutig zu beantworten. Wenn bei der Lektüre gelegentlich der Eindruck entsteht, es würde keine klare Position bezogen, so geschieht das nicht aus dem Unvermögen, klar Stellung zu beziehen, sondern in Respekt vor der Quellenlage, die zur Zeit keine klare Aussage erlaubt. Mehr als Fragmente kann eine Geschichtsschreibung bei so dürftiger Quellenlage nicht liefern. Der Wert dieser rekonstruierten Geschichtsfragmente misst sich nicht daran, mit wieviel Verwegenheit und Eloquenz unbegründbare Thesen vorgetragen werden, sondern daran, wie angemessen die gestellten Fragen und wie vollständig die erreichbaren Puzzleteile erfasst sind und wie adäquat diese im Lichte zeitgenössischer Mythen und Auffassungen unter gleichzeitiger Bewusstmachung und Eindämmung der Mythen und Theorien des betrachtenden Subjekts interpretiert werden (vgl. § 1).

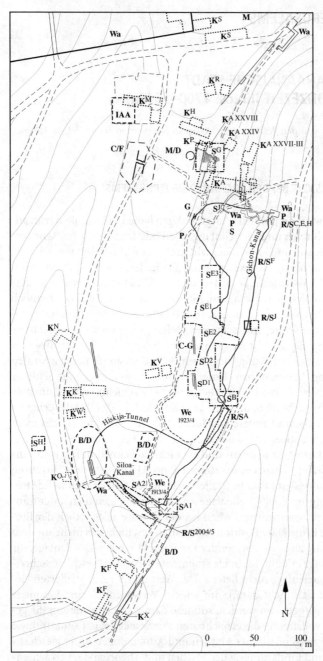

20 SO-Hügel, alle Ausgrabungsareale 1867–2006: B/D = Bliss/Dickie (1894–1897); C/F = Crowfoot/Fitzgerald (1927–28); C-G = Clermont-Ganneau (1883); G = Guthe (1881); K = Kenyon (1961–1967; vgl. **20a**); M = Mazar (1968–82); M/D = Macalister/Duncan (1923–25); P = Parker (1909–11); R/S = Reich/Shukron (1995–2006); S = Shiloh (1978–1985); Wa = Warren (1867); We = Weill (1813–14 und 1823–24)

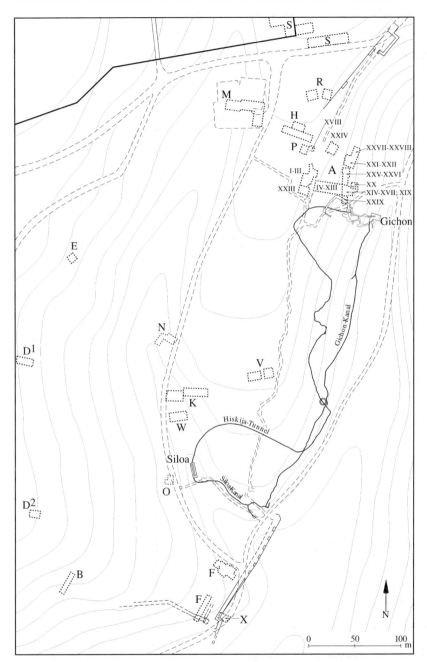

20a SO-Hügel, Ausgrabungsareale von K. Kenyon (1961–1967): A = grosser Schacht I, Stadt-mauern der BZ und der EZ, Wohnquartiere *extra muros*; P, H, M = Bereiche der bz/ez Burgfeste/hell. Mauer; R, S = Bereich der N-Ausweitung der Stadt, sog. Ofel (Areal S liegt jetzt innerhalb des archäol. Parks; → IV/1 Kap. 4); E, D, B, F, X = auf der Suche nach der vermeintlichen W-Mauer der Stadt am O-Abhang des SW-Hügels; N, K, W, O = im Grund des Stadttals; V = auf dem Hügelrücken.

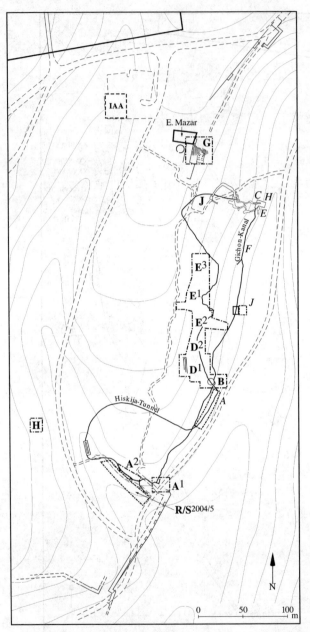

20b SO-Hügel, Ausgrabungsareale von Y. Shiloh (1978–1985) und von R. Reich und E. Shukron (1995–2002): Shiloh-Areale: A¹⁺² = Wasseranlagen und Gebäude am S-Rand des Felssporns; B-E = ez Wohnquartiere, hell. Terrassierungen am O-Abhang (B und D¹ auf dem Areal Weill 1934–14); G = ez Wohnquartier, gestufter Steinmantel; H = Notgrabung am O-Abhang des SW-Hügels mit Spuren von hasmon. bis byzantinischer Zeit; J = Warren-Tunnel-System und Hiskija-Tunnel-System; Gihon-Kanal. Reich/Shukron-Areale (kursiv): *C, E, H* = Gihon-Quelle mit bz und ez Wasseranlagen und Befestigungsbauten; *F* = erschlossener Teil des Gihon-Kanals; *J, A* = untere ez O-Mauer

§ 88   Was für alte Geschichte generell gilt, gilt in Bezug auf das alte Jerusalem ganz speziell. Immer wieder muss man sich hier die Formel »Absence of evidence is no evidence of absence« in Erinnerung rufen. *Erstens* sind große Teile des alten Stadtgebiets überbaut. Dazu gehören der Bereich unter der el-Aqsa-Moschee, wo wahrscheinlich die ez Akropolis lag, und weitere große Teile im Bereich des NO-Hügels und der W-Hügel. Sie sind archäolog. Forschung nicht zugänglich. *Zweitens* gibt es auf dem SO-Hügel keinen Schutthügel im Sinne eines Tells (→ I 350–353). Es wurde in Jerusalem wie im Gebirge generell viel häufiger mit Steinen als mit Lehmziegeln gebaut. Man versuchte die Steinmauern direkt auf den Fels zu setzen, und wenn die Gebäude zerstört wurden, baute man nicht einfach – wie bei der Lehmziegelarchitektur – die nächste Siedlung auf die Reste der vorhergehenden, sondern man benutzte die Steine wieder, so dass keine klare Stratigraphie entstehen konnte (Cahill, in: Vaughn/Killebrew, Jerusalem 2003, 18). H. Geva stellt für das Jüdische Viertel auf dem SW-Hügel fest, dass die Siedlungstätigkeit späterer Zeiten fast alle Siedlungsspuren der frühesten Epoche habe verschwinden lassen (in: Vaughn/Killebrew, Jerusalem 2003, 188f). *Drittens* haben zusätzlich zu dieser Art des Bauens topographische Eigenheiten zum Verschwinden von Siedlungsspuren beigetragen. Z.B. lagen große Teile der ältesten Siedlung am sehr steilen O-Hang gleich über der Quelle (§ 39). Sie rutschten bei den verschiedenen Zerstörungen den Hang hinunter und hinterließen keine interpretierbaren Spuren wie Häusergrundrisse u.ä. *Viertens* sind sowohl auf dem SO- wie auf dem SW-Hügel die Siedlungsspuren später an manchen Stellen bis auf den gewachsenen Felsen weggeräumt worden, etwa im Bereich des Tempelplatzes oder in den Bereichen röm. und byzant. Steinbruchtätigkeiten. So wurden nicht nur alle Reste beseitigt, sondern sogar die Oberflächenstruktur des Felsens zerstört (Geva, in: Vaughn/Killebrew, Jerusalem 2003, 188f). Aus diesen Gründen sind zwei, wahrscheinlich sogar drei schriftlich einwandfrei bezeugte Phasen Jerusalems, nämlich die des Nehemia (Neh 3,1–22; 5./4. Jh.a), die der Amarnazeit (§ 113–121) und vielleicht auch die frühe mbz Phase, wo Jerusalem in den Ächtungstexten erwähnt wird (§ 47f), archäolog. – bis jetzt – nicht sichtbar und greifbar geworden. Ohne *zufällig* erhaltene, *zufällig* und nicht in einer regulären Grabung im fernen Amarna zu Tage gekommene, klägliche sechs bzw. sieben Keilschrift-Täfelchen (§ 113–121) wüssten wir nichts vom Jerusalem des 14. Jh.a. Seine bloße Existenz könnte bestritten werden. *Fünftens* ist zu beachten, dass selbst in Jerusalem, wo seit langem und immer wieder Ausgrabungen durchgeführt worden sind (vgl. den Anfang von § 87), jeder Tag neue wichtige Funde bringen kann, wie die noch laufenden Ausgrabungen von Ronny Reich und Elie Shukron im Bereich der Gihon-Quelle und die von Elat Mazar in der Davidstadt zeigen.

Aussagen über archäolog. Befunde sind in Jerusalem mit größter Vorsicht zu machen und aufzunehmen. Noch größere Vorsicht muss bei den Schlüssen walten, die daraus für die Geschichte Jerusalems gezogen werden (vgl. zur Problematik BASOR 304, 1996, 18f, Na'aman = Na'aman, CE III 3f; BArR 26/5, 2000, 34–37, Shanks).

1.2 BESIEDLUNGSSPUREN AUS DEM CHALKOLITHIKUM UND DER FRÜHBRONZEZEIT

§ 89   Die kontinuierliche Geschichte der *Stadt* Jerusalem beginnt spätestens um 1700a, vielleicht aber schon früher. Sie ist also nicht, wie das Jubiläum »3000 Jahre Jerusalem« von 1995/1996 suggerierte, 3000, sondern mindestens 3700–3800, und wenn man die fbz und chalkolithischen Siedlungen vor der Gründung der ummauerten Stadt dazu nimmt, sogar gut 6000 Jahre alt. Leider beginnt auch der einflussreiche von Hillel Geva edierte Band »Ancient Jerusalem Revealed« (2000) erst mit der »First Temple Period«. Mindestens die 700 Jahre, die zw. der Gründung der mbz Stadt und der Zeit Davids liegen und die das Jubiläum und der einflussreiche Band amputiert haben, sind nicht einfach »prehistory«, »Vorgeschichte«, wie vor allem israel. Gelehrte gern betonen (Werblowsky, Meaning 15; Jewish Art 23/24, 1997/98, 1, Talmon). Die durch schriftliche Zeugnisse dokumentierte Geschichte (recorded history) Jerusalems beginnt im 18. Jh.a mit den Ächtungstexten ③, die vielleicht auf Traditionen des 3. Jt.a beruhen (§ 46–48), setzt sich mit den Amarnabriefen ⑦ fort (§ 49) und fängt nicht erst mit den schwer zu datierenden und in ihrem Alter sehr umstrittenen bibl. Texten an. Die archäolog. Zeugnisse aus diesen 700 Jahren werden sowohl im Hinblick auf den Umfang des Materials wie im Hinblick auf die Möglichkeiten der Interpretation immer bedeutender (vgl. z.B. § 93).

§ 90   Der seltene Vorteil einer ständig fließenden Quelle (§ 39) hat schon früh Menschengruppen veranlasst, sich nahe beim Gihon, auf dem SO-Hügel niederzulassen. Für das Chalkolithikum (4500–3300), die FB I (3300–3000) und die erste Hälfte der FB II (3000–2850) lassen sich dort Besiedlungsspuren nachweisen. Wir wissen nicht genau, welcher Art diese Siedlungen waren. Aus dem Chalkolithikum fanden sich nur Keramikreste in natürlichen Felstaschen (karstic sinkholes; Maeir, Jerusalem 2000, 34) und in den Felsen gehauene Napflöcher (E. Mazar, Hafirot 20f).

Aus der FB I–II kamen zusätzlich zur Keramik in Felstaschen und Füllungen auch Bestattungen (Vincent, Jérusalem sous terre 28 tombe 3, 30–32, pl. 6–11; Weill, Cité de David I 131–134 tombes 6–7; PEFA 4, 1926, 22–25, Macalister/Duncan) und Architekturreste zutage (Cahill, in: Vaughn/Killebrew, Jerusalem 2003, 19f Anm. 31). Als Shiloh einen Teil der mbz Stadtmauer abtragen ließ, kamen darunter die Grundmauern zweier für die frühe FBZ typischer Breitraumhäuser ans Licht (**21**; Qedem 19, 1984, 11f und Fig. 14, Shiloh; Maeir, Jerusalem 2000, 35–38), wie sie ähnlich z.B. in Arad gefunden worden sind (→ II 221–224, **175** und **177**). Etwas später ist die Abrollung eines fbz Rollsiegels, das in der Davidstadt gefunden wurde, anzusetzen (**21a**). Auch die neuesten Grabungen der Israel Antiquities Authority brachten in einer Höhle unmittelbar neben der Gihon-Quelle wieder eine bedeutende Menge von Keramik der FB zutage (BArR 25, 1999, 32, Reich/Shukron; Jerusalem Revealed 2000, 327–339, Reich/Shukron). Vielleicht war dieses Jerusalem schon den Ägyptern bekannt (vgl. § 48). Wahrscheinlich hat die fbz Siedlung auf dem SO-Hügel schon mit Terrassen gearbeitet. Das Kidrontal war – wie die anderen Täler des Jerusalemer »Sattels« – ursprünglich V-förmig und für landwirtschaftliche Nutzung ungeeignet. Seitdem man bei Sataf an den Hängen des Sorektals w von Jerusalem und bei der Quelle von ʿEn-Farʿa, 10km nö von Jerusalem landwirtschaftliche Terrassen aus der

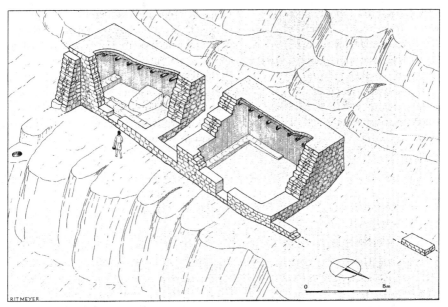

21 Zwei rekonstruierte fbz Breitraumhäuser (ca. 3300–2700a), deren Grundmauern Shiloh unter der mbz Stadtmauer entdeckte

FBZ gefunden hat, kann man annehmen, dass die fbz Siedlung auf dem SO-Hügel auch mit solchen gearbeitet hat (Cahill, in: Vaughn/Killebrew, Jerusalem 2003, 20f mit Anm. 35).

In den späteren Phasen der FB und während der Übergangszeit von der FB zur MB war der SO-Hügel nach heutigen Erkenntnissen, die schon morgen überholt sein können, über rund 1000 Jahre höchstens schwach besiedelt. Vielleicht hat ein Klimawandel während dieser Zeit die Quelle zum Rinnsal verkommen oder ganz vertrocknen lassen. Einzelne Scherben sind allerdings gefunden worden, können aber zufällig dorthin gelangt sein (Bieberstein/Bloedhorn I 53). Auch Gräber aus der Übergangszeit von der FB zur MB, die in → Silwan (IEJ 10, 1960, 213, Amiran) und sö des Ölbergs (ADAJ 8–9, 1964, 77–80, Saʿad; PEQ 98, 1966, 74f, Kenyon) und in der Refaïmebene (ʿAtiqot 48, 2004, 51–62, Milevski) gefunden worden sind, sind kein Beweis für eine kontinuierliche Besiedlung des SO-Hügels, da sie zu kleinen Siedlungen im Um-

21a Antike Abrollung eines fbz Rollsiegels (Grabung von Macalister/Duncan; 20): Mann mit Stock und nicht eindeutig interpretierbare Elemente (1. Hälfte des 3. Jt.a)

kreis Jerusalems gehört haben oder von nomadisierenden Gruppen benützt worden sein können (zum Ganzen vgl. Qedem 19, 1984, 25, Shiloh; H. Weippert, Palästina 452f; Bieberstein/Bloedhorn I 51–54; Blok/Steiner, Jerusalem 35f; Maeir, Jerusalem 2000, 39–41). R. Gonen hat vermutet, dass die Höhle unter dem heiligen Felsen, über dem sich der »Felsendom« wölbt, wie verschiedene andere Höhlen auf dem Tempelplatz, die später als Zisternen benutzt wurden, einmal Teil einer Nekropole der Übergangszeit von der FB zur MB, der MB I, war. Vergleichbare Nekropolen seien in der Umgebung Jerusalems und über das ganze jud. Gebirge von 'En-Samija über Efrat bis Hebron, Chirbet el-Kirmil s und Dschebel Qa'aqir w von Hebron gefunden worden (BArR 11/3, 1985, 44–55).

1.3 DIE ANFÄNGE DER STADT IN DER MITTELBRONZEZEIT IIB

DIE BEFESTIGUNGSWERKE

§ 91   Die Geschichte Jerusalems als Stadt (zur Definition vgl. § 5–7) setzt mit der MB IIB ein, die im Bergland nach heutigen Erkenntnissen um 1700a beginnt (OBO.A 27, 2007, 184–192, D. Ben-Tor). Erst nach ungefähr 100 Jahren Ausgrabungstätigkeit wurden die Befestigungswerke dieser Stadt entdeckt. Ch.W. Warren fand bei den ersten Grabungen zw. 1867 und 1870 eine Mauer, die von der SO-Ecke des Haram oben dem Hügelrand entlang bis fast auf die Höhe des Gihon verlief (s. »Ophel wall«; 9,8 und 20aW). Er hielt sie für sehr alt. Heute wird sie in byz. Zeit datiert. Bereits 1867 fand er auch einen Tunnel und einen Schacht, den sog. Warren's Shaft, der vom O-Hang des SO-Hügels Zugang zu den Wassern des Gihon zu verschaffen schien (Wilson/Warren, Recovery 248–255, bes. 249, Abb.; vgl. Vincent, Jérusalem sous terre; Qedem 35, 1996, 1–28, Gill; BArR 25, 1999, 22–33.72, Reich/Shukron; HA/ESI 109, 1999, 77*f, Reich/Shukron; HA/ESI 114, 2002, 77*f, Reich/Shukron; Küchler, Jer 51–55). Das Problem war, dass der Eingang zu Warren's Shaft ausserhalb seiner »Ofel-Mauer« lag und so bei Belagerungen unzugänglich war. Knapp 100 Jahre nach Warrens Grabungen stieß K.M. Kenyon 1961 in der ersten Kampagne in mittlerer Hanghöhe, ca. 50m oberhalb der heutigen Talsohle, auf eine Mauer (Küchler, Jer 39f), der sie das Siglum NB gab und die sie aufgrund der Keramik im Gründungsgraben (foundation trench) an den Übergang von der MB IIA zur MB IIB, nach ihrer Chronologie in die Zeit um 1800a datierte. M. Steiner hat in der endgültigen Publikation diese Datierung aufrecht erhalten (Excavations in Jerusalem III 10–12). Die Mehrheit der Archäologen datieren sie heute rund 100 Jahre später. Die Mauer, die Kenyon über eine Strecke von ca. 16m freilegen konnte, war ca. 2,5m dick (Kenyon, Digging 77f.81–96). Y. Shiloh hat in seinen Grabungen von 1978–1982 gut 100m s von Kenyons Trench 1 in seinem Areal E1 (20a und b) unter einer ez Mauer des 8. Jh.a die mbz Mauer zusätzlich auf einer Länge von ca. 25m nachgewiesen. Sie hatte hier eine Dicke von ca. 3m. Shiloh datierte die Mauer etwas weniger präzis ins 18. Jh.a (Qedem 19, 1984, 3.12.26, Fig. 3.14; vgl. weiter § 94; Bieberstein/Bloedhorn III 122–125.130.137f).

§ 92   Kenyon erklärte die nicht ganz bequeme Lage der Mauer am O-Abhang des SO-Hügels mit dem Hinweis, dass sie so nahe wie möglich an die Quelle herangezogen und soweit wie nötig den Hang hinaufgelegt wurde. Hätte man sie in die Talsohle hinunter gebaut, wäre sie von der gegenüberliegenden Kidronseite (Ölbergseite) sehr leicht zu beschiessen gewesen. Hätte man sie weiter hangaufwärts gebaut, wäre der Zugang zur Quelle schwierig geworden (Digging 89; Otto, Jerusalem 25). G.J. Wightman konnte 1993 noch schreiben:»Die Quelle selbst war durch kein spezielles Verteidigungs-Vorwerk geschützt« (Walls 20; ebenso Blok/Steiner, Jerusalem 37).

§ 93   Das hat sich seither drastisch verändert und macht einmal mehr deutlich, wie berechtigt die in § 87f aufgestellte Warntafel ist. Die Ausgrabungen von R. Reich und E. Shukron, die 1995 begannen, haben ergeben, dass die älteste mbz Stadt einen durch einen Tunnel und massive Festungswerke gesicherten Zugang zum Wasser der Gihon-Quelle besaß (**22**). Durch einen Kanal (Channel II), von dem nach ca. 5m ein knapp 3m langer Tunnel abzweigte, floss das Wasser des Gihon in ein 10 × 15m großes und mindestens auf der N-Seite 14m tiefes Auffangbecken. Der V-förmige Kanal ist durch schwere von oben hineingeworfene Blöcke gedeckt, die kaum mehr zu entfernen waren. Der W-Rand des Auffangbeckens war mit dem Inneren der mbz Stadt durch einen U-förmigen Tunnel verbunden, dessen oberen Teil Warren schon 1867 entdeckt hatte. Dieser Tunnel verlief ganz durch den relativ weichen *meleke*-Kalkstein (→I 34). Man hat ihn rund 1000 Jahre später, im 8. Jh.a, durch den harten *mizzi ahmar*-Kalkstein, der unter dem weichen *meleke*-Kalkstein liegt, direkt zur Quelle absenken wollen und war dabei auf den fast senkrechten, ca. 11m hohen natürlichen Schacht gestoßen, der nach seinem Entdecker »Warren's Shaft« heißt. Der Versuch wurde – wahrscheinlich weil man dann die effizientere Lösung des -Hiskija-Tunnels realisierte – nie zu Ende geführt, und Warrens Schacht hat nie zu etwas gedient. Zw. der MBZ und der EZ IIB scheint der Tunnel zw. dem Pool der MBZ und dem oberen Teil des Warren-Schacht Systems verstopft und nicht im Gebrauch gewesen zu sein (vgl. § 196f). Jedenfalls wurden im Tunnelbereich keine Scherben aus dieser Zeit gefunden (Killebrew, in: Vaughn/Killebrew, Jerusalem 2003, 335 Anm. 14). Das mbz Auffangbecken war auf der N-Seite durch einen ca. 11,5 × 5,5m großen Turm mit 3–3,5m dicken Mauern geschützt (Pool Tower). Ein gleicher Turm dürfte auf der S-Seite des Auffangbeckens gestanden haben. Direkt über der Quelle selbst erhob sich ein 14 × 17m großer Turm (Spring Tower). Seine Mauern waren ca. 4m dick. Einige seiner nur schwach behauenen Blöcke waren ca. 1,8m lang und ungefähr 90cm breit und ebenso tief. Solche riesigen Blöcke sind in Jerusalem bis in die Zeit des Herodes nie mehr verbaut worden. Sie zeugen eindrücklich von der Bedeutung der mbz Stadt (BArR 25, 1999, 22–33.72, Reich/Shukron; HA/ESI 109, 1999, 77*f, Reich/Shukron; HA/ESI 115, 2003, 51*–53*, Reich/Shukron).

§ 94   Der Verlauf der N- und der W-Mauer der ältesten Stadt lässt sich nicht direkt nachweisen. Er bleibt weitgehend hypothetisch (**23**). Die Stadtmauer (vgl. § 91) biegt in Kenyons Areal A (**23**,3) wahrscheinlich nicht gegen W ab (gegen Otto, Jerusalem 23 Abb. 2 und 26), sie macht nur einen leichten Knick, scheint dann aber nach N weitergelaufen zu sein. M. Steiner sieht in zwei aus ungewöhnlich großen Blöcken direkt auf den gewachsenen Fels gebauten Mauersegmenten in Kenyons Arealen H/II–III und P (**23**,2) am N-Ende der Davidstadt weitere Reste der mbz Stadtmauer (EKJ III 12–14.16, Mauern 50 und 51). Weitere Indizien wie mbz überbaute und

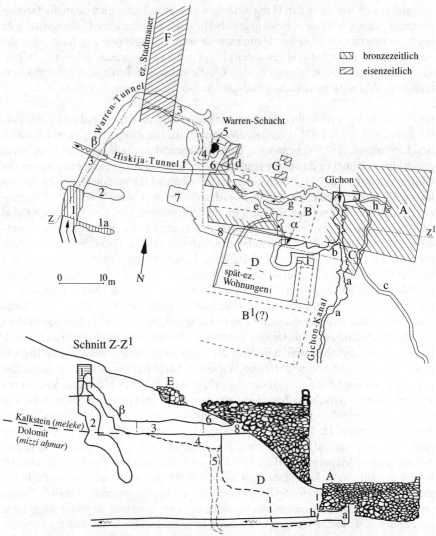

■■ bronzezeitlich
▨ eisenzeitlich

22 Die Wassernutzungsysteme in der MBZ IIB (17. Jh.a), Ansicht und Schnitt Z-Z1:
Warren-Tunnel: 1 = Eingang; 2 = Versuchsstollen/Blindgang; 3 = fast waagrechter Tunnel im Kalkstein (*meleke*); 6 = Ausgang (ehemals Wohnhöhle); 7 = Versuchsstollen/Blindgang; 8 = Ausgang
(ehemals Wohnhöhle) über dem Speicherbecken D; b = Treffpunkt der Bohrtrupps.
Befestigungs- und Wasseranlagen: A = Quellturm über der Gihon-Quelle; B = Beckenturm (B1 =
evtl. s Beckenturm), C = Teil einer ö Abschlussmauer; D = großes Speicherbecken; E = mbz Stadtmauer (= Kenyon: NB); a = mbz Gihon-Kanal; b = Tunnel zum Speicherbecken; c = Bewässerungs-
kanal; h = karstiger Blindschacht.

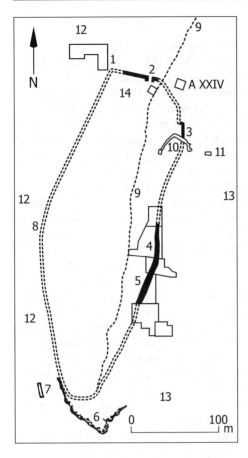

23　Der Verlauf der Mauern des mbz Jerusalem, ca. 1700–1600a; 1 = Vermutliche NW-Ecke der Stadtmauer; 2 = Haupttor; 3 = Mauer NB in Kenyons Planquadrat A XXIV ((20a); 4–5 = Teile der mbz Stadtmauer in Shilohs Planquadrat E1, E2, D2 (20b), 6 = Felsböschung am s Ende des Hügels; 7 = Ort des späteren Schiloach-Teiches; 8 = hypothetischer Verlauf der Stadtmauer im W; 9 = Oberes Ende des O-Abhangs; 10 = Warrens Schacht und Tunnel; 11 = Gihon (Gichon); 12 = Stadttal; 13 = Kidrontal; 14 = Verengung am n Ende des Hügels

nicht überbaute Bereiche im N (Kenyon, Digging 90 Fig. 18) und topographische Überlegungen lassen den Umfang dieser ältesten Stadt Jerusalem aber doch mit einiger Wahrscheinlichkeit festlegen (23). K. Kenyon und Y. Shiloh haben vermutet, die mbz Mauer sei bis zum Neubau der Mauer im 8. Jh.a in Gebrauch geblieben. Diese Meinung vertritt auch Jane M. Cahill. Ein Beweis dafür seien z.B. ez Häuser, die an das mbz Mauerwerk angelehnt gebaut worden seien und das sowohl an die Stadtmauer wie an einen der Türme am Gihon (in: Vaughn/Killebrew, Jerusalem 2003, 22f mit Anm. 41–42; BArR 30/6, 2004, 31.62). Anne E. Killebrew hingegen vertritt die Ansicht, es würden keinerlei archäolog. Beweise für diese Annahme vorliegen und Jerusalem sei von der SBZ bis ins 8. Jh.a nicht von einer Mauer umgeben gewesen (Killebrew, in: Vaughn/Killebrew, Jerusalem 2003, 333f; vgl. § 108). Angesichts der Langlebigkeit monumentaler Mauern in Jerusalem wie denen des Tempelplatzes, der Grabeskirche oder der el-Aqsa scheint das J.M. Cahill zu Recht unwahrscheinlich (BArR 30/6, 2004, 62).

IHRE GRÖSSE UND EINWOHNERZAHL

§ 95   Die MB IIB sah in Palästina zahlreiche Stadtgründungen. Während die Städte im N und in der Küstenebene oft eine beträchtliche Größe aufwiesen (Hazor 80ha, Aschkelon 55ha) und wie → III Afek oder → II Aschkelon schon in der MB IIA (2000–1750a) ihre Blütezeiten hatten, waren sie in der → II Schefela und auf dem Bergland erheblich kleiner und wurden erst zu Beginn der MB IIB (um 1700a) oder gar erst gegen Ende der MB IIB gegründet (→ II Bet Mirsim; → II Hebron; → II Jericho). Das mbz Jerusalem dürfte etwa 4,5ha (45000m^2) umfasst haben. Die Unsicherheit rührt daher, dass der Verlauf der Mauern nur über begrenzte Strecken gesichert ist. Jerusalem war also etwa gleich groß wie → III Sichem mit seinen ca. 4ha und lag so zw. bedeutenderen Städten wie → II Lachisch (7ha) und den kleinsten, wie z.B. → III Schilo (1,7ha; zum Ganzen vgl. Reich, Topography 2000, 116; Weippert, Palästina 217f; vgl. weiter § 468). Geht man in Analogie zu heutigen vergleichbaren zivilisatorischen Gegebenheiten von 30–50 Einwohnern und Einwohnerinnen pro 1000m^2 aus, kommt man für das mbz Jerusalem auf eine Bevölkerung von ca. 1800 Personen (RB 82, 1975, 5–14, bes. 8, Broshi). Solche Berechnungen bleiben immer problematisch (vgl. § 468.1265). Korrekturen nach oben oder unten sind nicht auszuschließen. Eine Bevölkerung von 1500 und 2000 Personen konnte die Gihon-Quelle mühelos mit Wasser versorgen (vgl. § 39; PEQ 106, 1974, 46ff, Wilkinson). Derartige Quellen sind im Gebirge so nahe an der Wasserscheide äußerst selten. Eine Bevölkerung von ca. 1500–2000 Menschen mag uns klein erscheinen. Zusammen mit jener der Außenposten (vgl. z.B. § 110.145) mögen es sogar mehr als 2000 Menschen gewesen sein. Da es in einem weiten Umkreis nur Siedlungen mit 50 bis allerhöchstens 500 Leuten gab, waren rund 2000 Menschen ein großes Potenzial, und was Zivilisation und Kultur betrifft, so haben diese nicht ausschließlich mit Mengen zu tun. Kleine Städte können ein Biotop für kulturelle Spitzenleistungen sein. Das Weimar Goethes und Schillers zählte gerade 6000 Einwohner und Einwohnerinnen. Wir mögen zur Annahme neigen, die mbz Bevölkerung Jerusalems sei zu nichts anderem als einer agrarischen Subsistenzwirtschaft fähig gewesen. Die monumentalen erstmals 1961 von K. Kenyon und die zusätzlichen 1995–2006 von R. Reich und E. Shukron entdeckten mbz Befestigungswerke demonstrieren, dass die Bevölkerung wohl organisiert und zu beachtlichen Leistungen über die bloße Subsistenzwirtschaft hinaus fähig war. Die Befestigungswerke bei der Quelle scheinen aus der letzten Phase der MB, aus der MB IIB, zw. 1700 und 1550a zu stammen.

Es ist nicht ganz unwahrscheinlich, dass die Stadtgeschichte mit weniger massiven Bauten einsetzte. So ist, wenn die MB IIA in Jerusalem archäolog. zur Zeit auch nicht belegt ist, das Zeugnis der Ächtungstexte (s. § 46f) ernst zu nehmen und damit zu rechnen, dass die Anfänge des mbz Jerusalem weiter zurückreichen als bis in die erste Phase der MB IIB. Möglich ist aber auch, dass sich die Ächtungstexte ursprünglich auf eine Stadt der FB I–II bezogen haben (vgl. § 48).

DIE POLITISCHE ORGANISATION DER MITTELBRONZEZEITLICHEN STADT

§ 96   An der Spitze des mbz Jerusalem stand ein Stadtfürst oder -könig (ägypt. ḥqꜣ; s. § 47f). Dieser Typ von Herrscher ist uns von mbz Roll- und Stempelsiegeln her bekannt (**24–32**). Er trägt einen Mantel, den stark hervorgehobene Säume (pelzbe-

24–29 Kanaanäische Stadt-
könige der MB IIB (1700–1600a)
auf Skarabäen aus Palästina. Sie
tragen ein Kleid das eine Schulter
freilässt und mit breiten Säumen
(Wulstsaummantel) geschmückt
ist. Sie sind von ägypt. Hieroglyphen als Schutz- und Glückszeichen umgeben; der von 28 thront,
der von 29 steht zusammen mit
einem Verehrer auf einem Podest

30 Ein Siegelabdruck aus der
Davidstadt (ca. 1700–1600a)
zeigt zwei Männer, die sich die
Hand reichen als Zeichen eines
Bündnisses (vgl. **405**)

31 Altsyrisches Rollsiegel
(ca. 1800–1700a) zeigt zwei
Fürsten am stilisierten Weltenbaum, wahrscheinlich bei
einem Vertragsabschluss

32 Das gleiche Motiv wie auf **31**
aber aus Platzmangel (?) mit nur
einem Fürsten

setzt, bestickt oder mit Fransen versehen) charakterisieren und der deshalb als »Wulstsaummantel« bezeichnet wird. Auf den Rollsiegeln trägt er in der Regel eine hohe, ovale Kopfbedeckung (**46.48**). Auf den palästin. Skarabäen fehlt diese meistens (vgl. aber **24**). Wie die zahlreichen Darstellungen in der Groß- (Stelen von Beit-Mirsim und Sichem) und in der Kleinkunst zeigen, genossen diese Stadtfürsten hohes Ansehen (**29**; GGG 48–50; OBO.A 10, 1995, § 568–570, Keel; Cathedra, April 1998, 7–36, Beck = Beck, Imagery 58–93). Auf stark hierarchische Strukturen verweisen auch die offenen Siedlungen der MB mit ihren sehr unterschiedlich großen Gebäuden (Levant 37, 2005, 105–125, Faust). Ein Siegelabdruck vom SO-Hügel, wahrscheinlich von einem Skarabäus, zeigt zwei Fürsten, die sich durch Händedruck zu verbünden scheinen (**30**; vgl. OBO.A 10, 1995, 223 § 606, Keel; VT 51, 2001, 466–480, Heintz). Wie später in der Amarnazeit (§ 119f) haben einzelne dieser Herrscher anscheinend versucht, ihre Position durch Bündnisse zu stärken. Auf Rollsiegeln und sehr selten auf Skarabäen werden zwei Fürsten beiderseits eines stilisierten Baumes dargestellt (**31**). Die zwei Fürsten, die den Baum flankieren, sind auf **32** (aus Platzmangel?) auf *einen* reduziert. Kanaan erlebte in dieser Periode eine Blütezeit. Aus den Reihen dieser Stadtherrscher sind die Könige hervorgegangen, die als »Herrscher der Fremdländer« (*ḥqꜣw ḫꜣst* = Hyksos) die 15. ägypt. Dynastie bildeten und als solche im 17. und 16. Jh.a große Teile von Ägypten regierten, etwas, das vorher und nachher nie mehr vorgekommen ist (zum berühmten Manetho Zitat bei Josephus Ap I 75–79 s. Redford, in: Oren, Hyksos 19f). Die Bewunderung der palästin. Herrscher für Ägypten demonstrieren die hieroglyphischen Pseudoinschriften (*anra*), Glückszeichen (*nfr* »vollkommen, schön«, *ꜥnḫ* »Leben«) und die schützende Kobra mit der Roten Krone von Unterägypten, die ihr Bild auf den Skarabäen häufig begleiten (**24–30.32**). Die ägypt. Ächtungstexte ③ (§ 47f) bezeugen die Namen zweier solcher Stadtfürsten von Jerusalem. Der eine heißt *jqr-ꜥmw*, akk. *jaqir-ḫammu*, hebr. *jaqar-ꜥam* (Helck, Beziehungen 52). *ꜥam* ist wie in *ꜥamminadab* oder *ꜥammiꜥel* als theophores Element zu verstehen (HAL III 792). Der Name bedeutet wahrscheinlich »der Onkel bzw. der Schützer ist ehrenhaft«. Der andere in den Ächtungstexten belegte Name eines Stadtkönigs von Jerusalem ist *szꜥnw* »der Kluge« (vgl. hebr. *śsꜥ* »spalten«).

ELEMENTE DER MATERIELLEN KULTUR

§ 97   Innerhalb der Festungswerke des mbz Jerusalem ist nur wenig Material gefunden worden, das Aufschluss über das Leben der Bewohner und Bewohnerinnen gibt, so eher kümmerliche Gebäude- und Keramikreste in Kenyons Areal A, u.a. Vorratskrüge (Digging 94; Bieberstein/Bloedhorn I 55) und in Shilos Areal E1 (Qedem 19, 1984, 11f), u.a. ein ca. 80cm hoher, vierhenkliger Vorratskrug (**33**), der eindrücklich an die Möglichkeit der Städter erinnert, im Schutze der Mauern große Vorräte anzulegen (§ 8). Riesige Mengen solcher Krüge wurden in der Residenz der Hyksos in Tell el-Dabꜥa, im ö Nildelta, gefunden. Man spricht von 2 Millionen (Oren, The Hyksos 273; P.E McGovern, The Foreign Relation of the »Hyksos«. A Neutron Activation Study of Middle Bronze Age Pottery from the Eastern Mediterranean. BAR International Series 888, Oxford 2000). Ca. 6km sw vom SO-Hügel in der Refaïmebene (→ II 596.678.806) wurde eine Siedlung aus der MB IIB ausgegraben mit vollständigeren Resten von Häusern, als sie in Jerusalem bis jetzt ans Licht gekom-

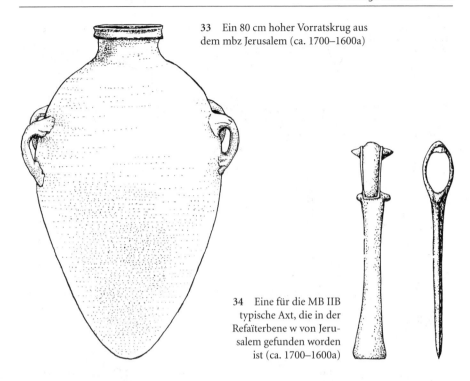

33 Ein 80 cm hoher Vorratskrug aus dem mbz Jerusalem (ca. 1700–1600a)

34 Eine für die MB IIB typische Axt, die in der Refaïterbene w von Jerusalem gefunden worden ist (ca. 1700–1600a)

men sind, mit Keramik, einer Bulle mit dem Abdruck eines Skarabäus und mit weiteren Stein- und Metallgegenständen, u.a. einer für diese Zeit typischen Axt (34; Qad. 26, 1993, 82–95. Eisenberg; vgl. IAA Reports 3, 1998, bes. 131f, Edelstein/Milevski/Aurant).

§ 98   Neben Gebäuderesten kam auf dem SO-Hügel weniger als 100m nw des Gihon eine Grabanlage aus der Gründungszeit Jerusalems, also der Zeit um 1700a, zutage (PEQ 123, 1991, 129–132, Prag). Weitere Grabanlagen aus dem 17. und 16. Jh.a fanden sich außerhalb der Mauern (vgl. z.B. ADAJ 15, 1970, 17–20, Smith). Die berühmteste ist die von »Dominus flevit« am W-Abhang des Ölbergs. Sie wurde 1954 entdeckt und 1964 von S.J. Saller unter dem Titel »The Jebusite Burial Place« veröffentlicht (PSBF.Ma 13/2). Die Grabanlage war ein nierenförmiges Zweikammergrab, ein Typ, der auch in → II Lachisch, beim → II Tell el-Fara-S und auf dem → II Tell el-Adschul für Gräber der MB IIB (→ I 659f) belegt ist. Den Hauptteil der ca. 2000 Objekte, die aus der Grabanlage geborgen wurden, bilden die etwa 1250 Stück Keramik, hauptsächlich Schalen, Lampen und Krüge (s. Küchler, Jer 833–835).

§ 99   Interessant ist, dass einige Töpfermarken protokanaanitischen (protosinaitischen) Schriftzeichen gleichen, die ja schon für das Ende der MB IIB belegt sind (ÄAT 13, 1988, 159f und Table 5, Sass; vgl. jetzt aber: De Kêmi à Birīt Nāri. Revue Internationale de l'Orient Ancien 2, 2004–2005, 147–166, Sass; er postuliert jetzt eine Entstehung des Alphabets erst ins 14./13. Jh.a; die Verbindung eines typisch mbz

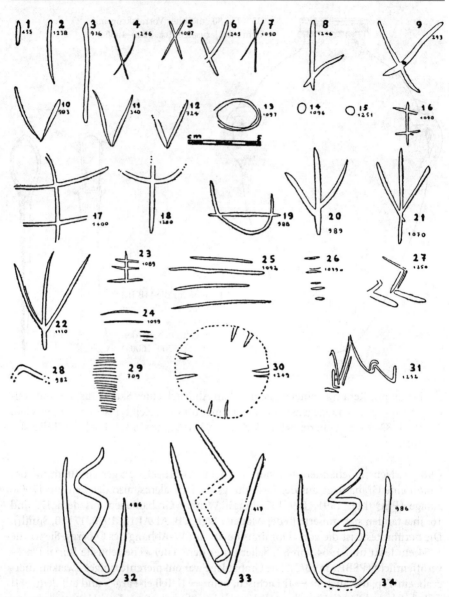

35 Töpfermarkierungen auf Keramik aus einem mbz-frühsbz Grab am W-Hang des Ölbergs (ca. 1650–1450a)

Motivs wie dem Wulstsaummantel-Fürsten auf einem Plattenfragment aus Sichem, GGG Abb. 38, u. ä. sind dann aber schwer erklärbar; Sass hält die Inschrift für sekundär). Von den verschiedenen Zeichen auf der Keramik aus dem »Dominus flevit«-Grab ähneln z. B. die Nr. 20–22 einem ṣ und die Nr. 32–34 einem *m* (**35**). Mindestens ein Teil der Töpfermarken könnte so einen Hinweis auf Schriftkenntnis im mbz Jerusalem geben.

Neben dem »protosinaitisch«-alphabetischen Schriftsystem war ebenfalls bereits in der MB IIB in Palästina die Keilschrift bekannt, wie Keilschrifttexte aus Hazor, Hebron, Sichem u. a. beweisen (ErIs 26, 1999, 154*f, Rainey; Horowitz/Oshima, Cuneiform in Canaan 10–15; vgl. oben § 48). Die Annahme liegt nahe, es habe auch in Jerusalem Schreiber gegeben, die jedenfalls das einfache protokanaanitische, vielleicht aber auch das schwierige keilschriftliche System meisterten.

§ 100   Das Material der Grabanlage bei »Dominus flevit« stammt aus einer etwas späteren Zeit als der der Stadtgründung um 1700a. Die Grabanlage war über ungefähr 300 Jahre von ca. 1650–1350 in Gebrauch (vgl. PSBF.Ma 13/2, 1964, 3 und 197, Saller). Sie kann als Hinweis auf eine fortgesetzte Besiedlung des SO-Hügels über das 17. Jh. hinaus dienen. Im Gegensatz zu den von Kenyon freigelegten Gräbern aus der Übergangszeit von der FB zur MB auf der SO-Seite des Ölbergs (§ 90) befindet sich das große und reiche Grab von »Dominus flevit« nicht weit vom SO-Hügel. Während es in der Übergangszeit von der FB zur MB um 2000a befestigte Siedlungen im Bergland wie gesagt generell nicht gab, waren sie in der MB IIB ausgesprochen häufig. Keramik und Kleinfunde aus dem Stadtgebiet aus dieser Zeit fehlen nicht ganz (Bieberstein/Bloedhorn I 55). Einzelne sind typisch für die späte MB IIB. Während sich für zahlreiche mbz Städte – meistens vom Schluss dieser Periode – deutliche Zerstörungsspuren finden, sind in Jerusalem bis jetzt keine solchen aufgetaucht (Cahill, in: Vaughn/Killebrew, Jerusalem 2003, 26).

§ 101   Nebst der Nennung Jerusalems in den ägypt. Ächtungstexten (§ 47f) zeugen 18 typisch ägypt., für die MB IIB charakteristische Alabastergefässe, die in der Grabanlage von »Dominus flevit« gefunden worden sind, von Kontakten der mbz Stadt mit Ägypten (PSBF.Ma 13/2, 1964, 163–166, bes. Fig. 60, Saller). Einen Hinweis auf Kontakte zu Ägypten gibt vielleicht auch ein Skarabäus (**36**; OBO.A 10, 1995, § 636 und § 710–719, Keel). Er hatte einem ägypt. Beamten namens *Snb* gehört, der den Titel *ntj m sr(w)t* »der dem Magistrat angehört« getragen hatte. Das Epithet *wḥm ʿnḫ* »der das Leben wiederholt« legt allerdings nahe, dass der Skarabäus aus dem *Grab* des Seneb stammt und wahrscheinlich im Rahmen einer Art »Antikenhandel« in der Hyksos- (ca. 1650–1550a) oder gar in der SBZ (ca. 1525–1200a) nach Jerusalem gekommen sein dürfte. Im gleichen Rahmen kam vielleicht auch der Kopf der Basaltstatue eines ägypt. Prinzen des Alten Reiches, der auf dem Gelände von St. Peter in Gallicantu (Küchler, Jer 651–666) gefunden wurde, in die Stadt (Rowe, Catalogue Pl. 37; GöMisz 110, 1989, 35–40, Maeir). Weniger wahrscheinlich ist, dass das Gefäßfragment mit dem Abdruck eines Skarabäus (**37**) aus dem späten Mittleren Reich (ca. 1750–1650a) im Rahmen eines Antikenhandels nach Jerusalem gekommen ist. Eher weist er auf Handelskontakte, die außer mit →II Aschkelon, wie neue Funde zeigen, von geringem Umfang war. Die Faszination, die die ägypt. Kultur auf das mbz

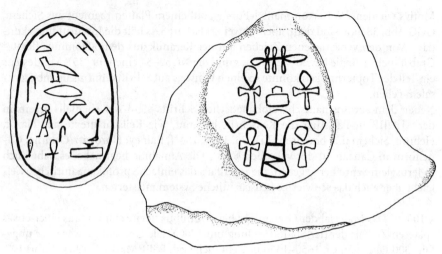

36–37   Skarabäus eines ägypt. Beamten und Abdruck eines typisch ägypt. Skarabäus, beide aus der späten 13. Dyanstie (ca. 1700–1630a)

Jerusalem ausübte, bezeugen nebst ägypt. Importen auch lokal produzierte Imitationen (IEJ 47, 1997, 162–189, D. Ben-Tor), so z.B. zwei Skarabäen aus der Grabanlage von »Dominus flevit« (**38–39**), ein Skarabäus und ein antiker Skarabäenabdruck aus der Davidstadt (**40.41a**) und einer aus der Mamilla-Nekropole (**41**), alle mit ägypt. Hieroglyphen (geflügelte Sonnenscheibe, Udschatauge, Rote Krone, Falke, Skarabäus als Symbol der aufsteigenden Sonne u.ä.).

ELEMENTE GEMEINKANAANÄISCHER RELIGION

§ 102   Nicht nur die Siegelamulett-Form des Skarabäus als solche ist ein Hinweis auf die Verehrung der sich ständig erneuernden, ständig wiederkehrenden Sonne (OBO.A 13, 1997, 779–781, Keel), sondern auch die Basisdekoration der Skarabäen enthält, wie **38–39** zeigen, viele Elemente des Sonnenkults. Siegel und Abdrücke zeigen, dass solche ägypt. oder ägyptisierenden Produkte auch im Jerusalemer Alltag verwendet wurden. Auch die Angleichung des Pharao an den Sonnengott scheint in der Levante schon früh bekannt gewesen zu sein, was für die spätere Entwicklung von Bedeutung ist (vgl. § 131f.233). Auf einem Rollsiegel aus Byblos wird Pepi II. als Sonne der Länder, die Ägypten umgeben, bezeichnet (VDI 237, 2001, 79–88, Demidchik). Der Brief des Sinuhe nennt den Pharao »Ebenbild des Re« (TUAT III/5 904 § 30,5, Blumenthal).

§ 103   Neben ägyptischen und ägyptisierenden finden sich auf Stempelsiegelamuletten der MB IIB aus Jerusalem auch autochthone Motive. Letztere sollen als Zeugnisse der Religion des mbz Jerusalem relativ ausführlich dargestellt werden. Diese charakterisierte ein starkes Interesse am Naturjahr. Es lag fast allen Festen zugrunde, die man bis zum Untergang des Tempels im Jahre 70p jährlich in Jerusalem feierte. Es waren im Wesentlichen Erntedankfeste. Knapp und eindringlich schildern folgende Zeilen die Bedeutung der Ernte:

> Die, die säen, (tun es) mit Tränen, mit Jauchzen erntet man.
> Es geht und weint, wer den Samensack trägt.
> Mit Jauchzen kommen die mit den Garben.
> (Ps 126,5f; vgl. § 264–266.1411f.1423–1425; NBL I 666–668, Michel).

Nach der Zerstörung des 1. Tempels im Jahre 587a war ein Hauptgrund für seinen Wiederaufbau die Fruchtbarkeit, die dem Land ohne Tempel versagt blieb (§ 1340–1344; Hag 1,2–11; 2,15–19). Noch auf den Münzen des 2. jüd. Aufstands gegen Rom (132–135p), der vor allem den Wiederaufbau des Tempels zum Ziel hatte, erscheinen auf der einen Seite regelmäßig Motive des Tempels (Tempelfassade, Instrumente der Tempelmusik) und auf der anderen Motive der Fruchtbarkeit (Weintraube, Feststrauss; vgl. Meshorer, Treasury Pl. 64–72; **642.648**).

Ein Wetter- und Fruchtbarkeitsgott wurde unter verschiedensten Namen und bei verschiedensten Schreibungen des gleichen Namens (Ischkur, Adad, Hadda, Hadad, Teschub, Baal) vom 3. bis ins 1. Jt.a in ganz Vorderasien verehrt (D. Schwemer, Die Wettergottgestalten Mesopotamiens und Nordsyriens im Zeitalter der Keilschriftkulturen. Materialien und Studien nach den schriftlichen Quellen, Wiesbaden 2001; zur

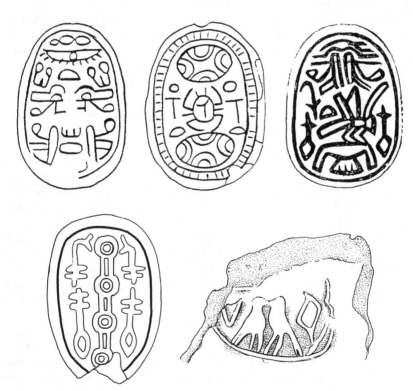

38–41a Typische lokal produzierte Skarabäen aus Jerusalem und seiner unmittelbaren Umgebung (1650–1550a)

42   Ovale Platte vom »Jebusite
Burial Place« am Ölberg mit
dem triumphierenden Wettergott
(1700–1600a)

42a   Skarabäus vom Ölberg mit
dem Kopf der Hathor mit Kuhhörnern und -ohren flankiert von
Uräusschlangen (1700–1600a)

Ikonographie vgl. CRB 3, 1965, Vanel; vgl. weiter § 141). JHWH war von Haus aus
zwar ein Sturm- aber kein Wettergott (§ 236–240). Er hat im Lauf seiner Geschichte
wie die anderer Gottheiten, z.B. solche des Sonnengottes (§ 333–341), auch Funktionen des Wettergottes als seine eigenen übernommen (Ps 29; Ps 65,10–14; vgl. UF 22,
1990, 285–301, Schroer). Dabei kam es auch zu Krisen, bes. im Nordreich, wie die
Elija- und Jehu-Überlieferungen mit ihrer Abgrenzung gegenüber Baal (ThZ 57,
2001, 115–134, Dietrich) und bes. Hosea bezeugen (§ 730–736, bes. 732). Trotz solcher Krisen und sekundärer Abgrenzungen verdankt die israelit.-jüd. Religion der älteren sog. kanaanäischen Religion, deren Hauptgott der Wettergott war, sehr viel (vgl.
weiter § 151.239–243.264–267.376.391–393).

§ 104   Auf einer ovalen Platte aus der Grabanlage in »Dominus flevit« zeigt die
Basisdekoration nebst dem ägypt. inspirierten unheilabwehrenden Uräus den kanaanäischen Wettergott (42). Uräen sind auf mbz Siegelamuletten beliebt (26; OBO.A
10, 1995, § 522–530). Sie werden in Jerusalem bis in die Zeit Jesajas ein beliebtes
Symbol der Unverletzlichkeit und des numinosen Schutzes bleiben (vgl. 65;
§ 441 f.487–495). Die Blüte in der Linken des Wettergottes und der Zweig zw. seinen
Beinen verbinden ihn mit der Vegetation (BiKi 60, 2005, 16–22, Staubli). Die Rechte
hält er triumphierend erhoben. Sie ist wohl als Ausdruck seines Sieges über die Sommerdürre (Mot) und die Sterilität des Meeres (Jam) zu deuten. Aber im Vordergrund
steht in dieser Zeit seine Verbundenheit mit der Vegetation (vgl. Keel, in: OBO 88,
1989, 259–266, Keel/Keel-Leu/Schroer). Seine Partnerin ist die Zweiggöttin. Sie hat
auf den Skarabäen aus Palästina eine Vorläuferin im original ägypt. (42a) und im
akkulturierten Hathorkopf. Ein Skarabäus aus einem Grab auf dem Ölberg zeigt diesen (43; vgl. OBO.A 10. 1995, § 577–579, Keel). Die für Ägypten typischen Kuhhörner sind durch die für Palästina charakteristischen Palmblätter (?) ersetzt. Genuin
kanaanäisch wird die Zweiggöttin als nackte, von Zweigen flankierte Frau dargestellt.
Im Gegensatz zum Wulstsaummantel-Fürsten wird sie nicht mit ägypt. oder ägypti-

43 Skarabäus aus Jerusalem mit der kanaanäischen Variante des Göttinnenkopfs, Pseudohieroglyphen und einer Verehrerin (1700–1600)

44 Mbz Skarabäus mit nackter Göttin und Zweig aus einem spätez Grab an der Mamillastr. in Jerusalem

45 Mbz Skarabäus auf dem der Göttinnenkopf mit der Zweiggöttin kombiniert ist

sierenden Elementen kombiniert. Das ist auch bei dem Stück aus dem Mamilla Grab Nr. 5 der Fall (**44**; vgl. Schroer, in: OBO 88, 1989, 96–101, Keel/Keel-Leu/Schroer; OBO.A 10, 1995, § 574–576, Keel). Das Grab, aus dem der Skarabäus **44** stammt, war spätez belegt (ESI 10, 1991, 24f, Reich/Shukrun). Der Skarabäus dürfte in der Antike in einem lokalen mbz Grab gefunden worden sein, bevor er in der spätez Bestattung seinen Platz fand. Gelegentlich sind der kanaanaisierte Göttinnenkopf und die Gestalt der Zweiggöttin kombiniert und so identifiziert (**45**; Keel/Schroer, Eva 126f Nr. 90).

§ 105   Während der Wettergott und die nackte Göttin aufgrund des sehr beschränkten Platzes auf den Skarabäen getrennt erscheinen, sind sie auf Rollsiegeln aus der Zeit um 1750a häufig zusammen und in Interaktion dargestellt, so auf einem altsyr. Siegel in der Pierpont Morgan Library in New York (**46**). Die Taube, die von der Göttin zum Gott fliegt, signalisiert die Liebesbereitschaft der Göttin, die ihr Kleid zur Seite schiebt. Die Bedeutung der weißen Taube als Liebesbotin war in der MB IIB fest etabliert (OBO 122, 1992, 143–168, Keel; vgl. noch Mk 1,10). Die Knocheneinlagen in Form von Tauben bei Holzkästchen für Schmuck und Kosmetika, die in Jeru-

46   Ein altsyr. Rollsiegel aus der Zeit um 1750a zeigt den Wettergott, der über die Berge schreitet; die Göttin der Vegetation bietet sich ihm an, indem sie ihr Kleid zur Seite schiebt; die Taube, die von ihr zu ihm fliegt signalisiert ihre Liebesbereitschaft; der Götterhochzeit assistiert links der Stadtfürst, rechts feiern weitere Verehrer mit

47   Die mbz Knocheneinlage von einem Schmuckkästchen aus Jerusalem zeigt eine Taube, die in diesem Kontext die erotische Bedeutung von Schmuck andeuten dürfte

48   Mbz Rollsiegelfragment aus Hazor, das eine ähnliche Szene wie **46** zeigt nur dass die Göttin ihr Kleid hebt statt es zur Seite zu schieben; als Nebenmotiv rechts eine säugende Ziege; im Dtn werden säugende Ziegen und Schafe als »Astarten des Kleinviehs« bezeichnet (vgl. **356–357**)

salem in Shilos Stratum 17 auf dem SO-Hügel gefunden worden sind (**47**), dürften ihre Beliebtheit der Verbindung mit der Liebesgöttin verdanken. Die Konstellation von **46** findet sich auch auf dem Bruchstück eines Rollsiegels aus →III Hazor (**48**) und auf einem Rollsiegel aus →III Megiddo (**49**). Hier wie dort entblößt sich die Göttin vor dem Wettergott, um ihn zur Liebe einzuladen. Ein Stier oder Stierköpfe, eine säugende Ziege und ein Affe repräsentieren die Sphäre der Erotik und Fruchtbarkeit, in der die Begegnung stattfindet. Die Bedeutung des Wettergottes für das mbz Palästina wird auch durch die zeitgenössische Namengebung bestätigt. In den Ächtungstexten ③ ist bei den Personen, deren Herkunft mit einiger Sicherheit Palästina ist, kein theophores Element so häufig wie Hadad (4x). Gleich häufig sind nur

49 Auf dem mbz Rollsiegel aus Megiddo flankieren zwei Fürsten (rechts ein Wulstsaummantel-Fürst) die Göttin, die sich dem Wettergott anbietet, der von seinem Stier begleitet ist

Namen mit den Elementen *ab* »Vater« (4x) und *am* »Onkel, Verwandter« (2x), in denen meistens zum Ausdruck kommt, dass der Namensträger ein verstorbenes Familienmitglied neu verkörpert (sog. Ersatznamen; vgl. OBO 30, 1980, 59–79, Stamm). Andere Gottheiten als Hadad, darunter auch El, sind nur je einmal belegt (Zwickel, Religionsgeschichte 31 Anm. 64).

§ 106   Auf allen drei Rollsiegeln, die das mythische Geschehen der Begegnung des Gottes mit der Göttin zeigen (**46.48–49**), ist der kanaanäische Stadtkönig, der sog. »Wulstsaummantel-Fürst« zu sehen (vgl. **24–32**). Hier ist eine seiner kultischen Funktionen zu fassen. Als Priesterkönig assistiert er dem mythischen Vorgang, der Fruchtbarkeit und Segen für das Land garantiert. Gelegentlich wird er gezeigt, wie er selbst daran beteiligt ist (→ I 68) und das mythische Geschehen auf ritueller Ebene vergegenwärtigt. Hos 2,4–14 ist ohne den Hintergrund dieser Art von mythisch vorgestellter und rituell zelebrierter »Heiliger Hochzeit« nicht verständlich (JSOT.S 261, 1998, 50–53, Keel).
Während die Rollsiegel die höfische Variante des zentralen Mysteriums der mbz Religion zeigen, lassen sich die Gravuren zahlreicher palästin. Stempelsiegel-Amulette aus der MB IIB als Elemente des volkstümlichen Herbstfestes deuten, das die Wiederkunft des Wettergottes feierte. Eine ovale Platte, die in Jerusalem gekauft worden ist, zeigt auf der einen Seite den Wettergott (**50**), wie wir ihn von **42** her kennen. Die andere Seite zeigt drei seiner Verehrer. Einer trägt wie er eine Blüte. Die anderen beiden begrüßen ihn enthusiastisch mit hochgeworfenen Armen (**50** Rückseite). Dieser Typ findet sich auch isoliert auf Skarabäen (**51–52**). Gelegentlich scheinen die erhobenen Arme die Ausgangsposition (**53**) für einen Überschlag zu bilden, wie ihn ein Rollsiegel aus Ras Ibn Hani bei Ugarit zeigt (**54**). Tänzerische Positionen sind auf Skarabäen dieser Zeit nicht selten (**55–56**). Das Mittragen eines Zweigs scheint Prozessionsteilnehmer und -teilnehmerinnen zu charakterisieren (**57–58**; vgl. Ps 118,27). Die ge-

50 Mbz ovale Platte, die wie 42 auf
der einen Seite den Wettergott zeigt;
auf der Rückseite feiern Verehrer
seine Rückkehr mit enthusiastischen
Tänzen

51–53 und 55–56 Fünf mbz Skarabäen aus Israel/Palästina mit Tänzern; das Rollsiegel 54 zeigt,
dass sich der von 53 wahrscheinlich zu einem Überschlag anschickt

57–58 Zwei mbz Skarabäen mit einem Mann und einer Frau, die einen Zweig tragen und dadurch als Teilnehmer bzw. Teilnehmerin am Kult des Wettergottes charakterisiert werden (vgl. **480–483**); der Brauch lebte im jüd. Festtrauss für das Laubhüttenfest, dem Lulav, weiter (**642.688**)

59–61 Drei mbz Skarabäen aus Israel/Palästina zeigen gespielte Kopulationen, die den Wettergott animieren sollten, die Erde zu befruchten; der Phallus auf **61** scheint eine nachträgliche Verdeutlichung zu sein

spielte Kopulation sollte wohl den Wettergott animieren, die Erde zu befruchten (**59–61**; der Phallus auf **61** scheint sekundär eingeritzt zu sein, um das Geschehen zu verdeutlichen, auf das die ursprüngliche Gravur nur anspielte; BiKi 51, 1996, 11–14, Keel). Wir haben es hier mit einer weniger höfischen, rustikaleren Form des Vegetationsgöttin- und Wettergottkultes zu tun, als ihn die Rollsiegel **46** und **48–49** zeigen. Nicht nur der Wettergott, sondern auch der zu ihm gehörige erotisch konnotierte Kult hat im AT Spuren hinterlassen und das nicht nur in Hos 2,4–14 (§ 105). Die akrobatisch-erotischen Tänze Davids in 2Sam 6 (vgl. die Reaktion Michals) und das Scherzen der Weisheit in Spr 8,27–31 muten wie ferne Echos des mbz Kults in einem neuen Umfeld an (OBO 53, ²1987, 516–523, Winter).

§ 107   In den folgenden Phasen sind neue Themen und Symbole in den Vordergrund gerückt, aber die alten sind deswegen nicht einfach verschwunden.
Bei den Hinweisen auf den »Wulstsaummantel-Fürsten«, die Verehrung des Wettergottes und der »Zweiggöttin« und bei den Elementen, die eine starke Bewunderung für die Errungenschaften der ägypt. Hochkultur verraten, vor allem auch für ihren Sonnenkult, haben wir es mit gemeinkanaanäischen Phänomenen der palästin. MB IIB zu tun. Der Name *jeruschalem* mit dem Gottesnamen »Schalem« dürfte zudem

auf einen Kult hindeuten, der weniger weit verbreitet war als jener der Vegetations-
göttin und des Wettergottes und als spezifisch jerusalemisch gelten kann. Da der Kult
des Gottes Schalem aber erst in Texten der SB deutlichere Konturen gewinnt, möchte
ich auf diesen Aspekt erst im folgenden Abschnitt näher eingehen (vgl. § 125–128).
Eine Zusammenfassung der Geschichte Jerusalems in der MBZ findet sich unter
§ 162.

2. UNTER ÄGYPTISCHER OBERHOHEIT – JERUSALEM IN DER SPÄTBRONZEZEIT (ca. 1540–1070a)

2.1 DIE FRÜHE 18. DYNASTIE (ca. 1540–1400a) – DER ANFANG DER ÄGYPTISCHEN OBERHERRSCHAFT

§ 108   Bei den verschiedenen Grabungen auf dem SO-Hügel ist bisher kaum Material aus der frühen 18. Dyn. zutage gefördert worden. Die mbz Stadtmauer scheint in der SBZ nicht weiter unterhalten worden zu sein (vgl. § 94). Sbz Siedlungen scheinen in Palästina generell unbefestigt gewesen zu sein (Killebrew, in: Vaughn/Killebrew, Jerusalem 2003, 339). Wenn H.J. Franken und L.M. Steiner aber behaupten, vom SO-Hügel und der Umgebung Jerualems gebe es zw. dem 17. und 13. Jh.a keine Siedlungsspuren (ZAW 104, 1992, 110f), so ist das übertrieben (vgl. Bieberstein/Bloedhorn I 57f), von den unzulässigen Schlüssen, die sie daraus ziehen, ganz zu schweigen (BASOR 304, 1996, 17–27, Naʾaman = Naʾaman, CE III 1–17). Würde man die Geschichte der Stadt in dieser Zeit ausschließlich auf die Archäologie des SO-Hügels basieren, soweit sie heute bekannt ist, müsste man auf eine entscheidende Diskontinuität schließen (vgl. aber § 87f). Die mbz/sbz Grabanlage von »Dominus flevit« (vgl. § 98) legt aber nahe, dass der Übergang von der MBZ zur SBZ für Jerusalem ohne größere Erschütterung verlief. Eine wahrscheinlich bedeutende Jerusalemer Sippe hat über diese Zäsur hinweg für ungefähr ein Dutzend Generationen diesen Begräbnisplatz kontinuierlich benützt. K. Kenyon und Y. Shiloh vertraten beide die Ansicht, dass die mbz Stadtbefestigung kontinuierlich bis zu ihrer Zerstörung durch die Babylonier 587a benutzt und mehrmals repariert und ergänzt worden sei (vgl. dazu § 94).

§ 109   Die Hauptstoßrichtung des ägypt. Gegenangriffs nach Vertreibung der Hyksos (→ I 659f; oben § 96f) aus Ägypten lief der Küste entlang nach N. Im Gegensatz zu anderen kanaanäischen, in der MBZ gegründeten Städten gibt es in Jerusalem keine Zerstörungsschicht vom Ende dieser Periode (vgl. § 100). Nach dem Sieg Thutmosis' III. 1457a über eine Koalition kanaanäischer Fürsten bei → III Megiddo (Culture and History of the Ancient Near East 16, 2003, 206–209, Redford) scheint der ägypt. Einfluss aber auch in Jerusalem spürbar geworden zu sein. Wie stets bei Fremdherrschaften werden Widerstand, Sabotage, Unterwerfung, Bezeugungen der Loyalität, Kollaboration und bewunderndes Nacheifern gleichzeitig existiert haben. Als Zeugnis einer der zuletzt genannten Haltungen fand sich in der eben erwähnten Grabanlage von »Dominus flevit« ein zeitgenössischer Skarabäus Thutmosis' III. (1479–1426a) mit seinem Thronnamen *Mn-ḫpr-rˁ* »Die Gestalt/Werdekraft des Sonnengottes bleibt« und dem Epitheton »Herrscher von Theben« (*ḥqꜣ wꜣst*; **62**). Der Thronname dieses Herrschers wurde noch Jahrhunderte nach seinem Tod auf Siegelamuletten verwendet (OBO.A 2, 1982, Jaeger). Ein anderer zeitgenössischer Skarabäus Thutmosis' III. ist 10km nnw vom SO-Hügel Jerusalems in → III el-Dschib aufgetaucht (**63**). Die Basis zeigt neben seinem Thronnamen den König als schreitenden Sphinx und darüber die Beischrift »Vollkommener Gott, Herr der beiden Länder«,

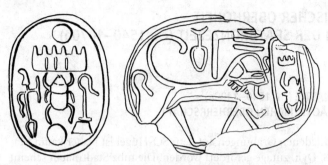

62–63 Zwei zeitgenössischer Skarabäen mit dem Thronnamen Thutmosis' III. (1479–1426a), einer vom »Jebusite Burial Place« am Ölberg, der andere von el-Ġib nw von Jerusalem; auf **62** trägt er den Beinamen »Herrscher von Theben«, auf dem anderen »Vollkommener Gott, Herr der beiden Länder«; der Sphinx veranschaulicht die Löwenkraft des Herrschers

hinter dem Sphinx den Titel »Herrscher«. Zeitgenössische Skarabäen Thutmosis' III. sind im Bergland ausschließlich in der Gegend von Jerusalem gefunden worden. Ein Skarabäus Thutmosis' III. aus Geser preist ihn als den, der wie die Sonne jedem Fremdland erscheint (Macalister, Gezer III pl. 207,15; vgl. Tufnell, Lachish IV pl. 39,324), und ein anderer vom gleichen Ort als Herrscher, der vom Sonnengott er- wählt ist (Macalister, Gezer III pl. 203a,13 = Rowe, Catalogue No. 881).

In el-Dschib fand sich auch ein Skarabäus mit dem Thronnamen Amenophis' II. (1426–1400a) ʿ3-ḫprw-rʿ »Groß sind die Gestalten/Werdekräfte des Sonnengottes« (**64**). Die Kartusche mit dem Thronnamen wird von zwei Horusfalken mit schützend ausgebreiteten Flügeln flankiert.

64 Skarabäus mit dem Thronnamen Amenophis' II. (1426–1400a), der von zwei Horusfalken beschützt wird; unter dem Namen die Hieroglyphe »Gold«, die den numinosen Charakter des Namens unterstreicht

2.2 DIE SPÄTE 18. DYNASTIE (1400–1292a) – DIE ZEIT DER AMARNABRIEFE

ARCHÄOLOGISCH-IKONOGRAPHISCHE FUNDE

§ 110   In Manachat wurde ein Skarabäus mit dem Thronnamen Amenophis' III. (1390–1353a) *Nb-mȝ'ꜥt-rꜥ* »Herr der Maat (der rechten Ordnung) ist der Sonnengott« gefunden (**65**; IAA Reports 3, 1998, 94–96, Milevski). Manachat, 5,5km wsw vom SO-Hügel Jerusalems, war ein sbz Gehöft in der → II Refaïmebene am SW-Rand des modernen Jerusalem (s. **4**). Administrativ war es wahrscheinlich Jerusalem unterstellt. Auch die sbz Zisterne beim Government-Haus, 5km ö von Manachat (QDAP 4, 1935, 165–167, Baramki), wurde wahrscheinlich von Jerusalem aus benutzt (UF 25, 1993, 477, Zwickel). Auf dem Skarabäus von Manachat ist der Thronname Amenophis' III. schützend von vier Uräen und vier Sonnenscheiben umgeben (zu den Uräen vgl. § 104). Skarabäen mit dem Thronnamen Amenophis' III. sind auch in → II Jericho gefunden worden (Rowe, Catalogue Nr. 550). Einer von ihnen (AAA 20, 1933, Pl. 26 Tomb 4 No. 9, Garstang), einer vom → II Tell Bet-Mirsim (Rowe, Catalogue No. 552) und einer aus → II Ekron (**66**) zeigen im Zentrum den Namen des Pharao, rechts davon die Epitheta »Vollkommener Gott, Herr der beiden Länder«, links davon »Der (wie die Sonne) jedem Fremdland erscheint«. Auf einer ovalen Platte aus → II Aschkelon (OBO.A 13, 1997, Aschkelon Nr. 57, Keel), auf einem Skarabäus vom → II Tell el-Farꜥa-Süd (Petrie, Beth Pelet I, pl. 12,169) und einem aus → II Lachisch (**67**) steht neben dem Thronnamen »Bild des Sonnengottes« (*tjt rꜥ*). Die enge Verbindung des Königs mit der Sonne wird in Jerusalem auch in der jud. Monarchie noch anzutreffen sein (§ 233).

§ 111   Mit der 18. Dyn. begannen die Pharaonen Stempelsiegel-Amulette systematisch als Propagandamittel einzusetzen. Rechnet man die in kontrollierten Grabungen zutage gekommenen Stücke mal zehn, denn es ist ein Erfahrungswert, dass zehnmal so viel Objekte aus illegalen Grabungen stammen wie aus legalen (OBO.A 10, 1995, § 4, Keel), kommen wir auf rund 1000 zeitgenössische Skarabäen von Thutmosis III. und über 1300 von Amenophis III. Wieviele noch im Boden ruhen, weiß nie-

65–67 Zeitgenössische Skarabäen mit dem Thronnamen Amenophis' III. (1390–1353a) aus Manachat bei Jerusalem, aus Ekron und aus Lachisch. Auf dem aus Manachat ist der Name von vier Uräen und vier Sonnenscheiben umgeben; auf dem von Ekron trägt der Pharao den Beinamen: »Vollkommener Gott, Herr der beiden Länder« (rechts) und »Der in jedem Fremdland (wie die Sonne) aufgeht« (links); auf dem aus Lachisch steht neben dem Namen das Epithet »Bild der Sonne«

mand. Fast jährlich werden neue gefunden. Ob Ägypter (Beamte, Soldaten) oder Einheimische, die von Ägypten fasziniert waren, diese Siegelamulette trugen, sie zeugen so oder so von breit gestreuter ägypt. Präsenz, die sich nach Ausweis der Funde auch auf die Gegend von Jerusalem erstreckte. Die auf Sonnengott und König fokussierte Vorstellungswelt dieser Denkmäler blieb nicht ohne Wirkung auf Palästina. Das zeigen u. a. die Amarnabriefe.

Von keinem anderen Pharao sind, wie gesagt, in Palästina mehr Miniaturobjekte mit seinem Thronnamen erhalten geblieben als von Amenophis III., dem großen Propagandisten und Meisterdiplomaten. Die Skarabäen mit seinem Namen dürften (nebst Stelen und Statuen, von denen nichts erhalten ist) eines der Mittel gewesen sein, den Namen des Königs im Lande Urusalim festzusetzen (*šakkanu šuma*) und so den Anspruch des Pharao auf die Stadt bzw. das Land zum Ausdruck zu bringen, wie das einer der Jerusalemer Amarnabriefe sagt (EA Nr. 287,60f; vgl. 288,5–7; vgl. BN 44, 1988, 55.59, Ockinga). Sandra L. Richter hat ein reiches akkad. Material zusammengetragen, das eindeutig zeigt, dass die Formel *šakkanu šuma* »einen/den Namen (inschriftlich auf ein Monument) zu setzen« bedeutet (BZAW 318, 2002, 127–205). Sie möchte diese Praxis für den Jerusalemer JHWHismus mit Verweis auf Ex 15,17 lange vor dem Dtn in Anspruch nehmen (ebd. 54–58.73.96.101f.211). Aber Ex 15,17 ist nicht alt (vgl. § 983f) und enthält überdies keines der beiden Elemente der Formel (JNWSL 30, 2004, 1–18, van Seters). Gewicht erhält ihre Position einzig aufgrund der akkad. Parallelen (vgl. § 81.133.736).

§ 112   Aus der Zeit Amenophis III. (1379–1340a), dessen diplomatisches Geschick den internationalen Güteraustausch stark angeregt hat, sind in der Umgebung Jerusalems eine Anzahl für diese Zeit typischer Keramikdeposita aufgetaucht. Stark vertreten ist zyprische Importkeramik in der Grabanlage von »Dominus flevit« (PSBF.Ma 13/2, 1964, 128–137, Saller) und in einer Grabhöhle in Nachalat ʾAchim zw. Bezalel- und Ussischkin-Str., wo 25 lokale Produkte einem mykenischen (**68**) und 26 zyprischen (**69–70**) gegenüberstehen (ErIs 6, 1960, 25–37 und 27*, Amiran; vgl. auch QDAP 4, 1935, 165–167, Baramki). Das Gefäß für Trankopfer in Stiergestalt (**70**) mag besonders für Libationen an den Wettergott benützt worden sein, dessen Attribut der Stier war (vgl. **49**). Ein solches, allerdings lokal produziertes Gefäss ist auch aus der Grabanlage bei »Dominus flevit« geborgen worden (**70a**).

Im Bereich der Davidstadt selbst wurden an mindestens sechs Stellen Architekturfragmente und Keramik aus der SBZ IIA gefunden, so in Kenyons Areal A und P und in Trench I und in Shilohs Arealen D, E und G (**20**; Cahill, in: Vaughn/Killebrew, Jerusalem 2003, 27–33; zum Ganzen vgl. auch Maeir, Jerusalem 2000, 50–61). Aus Shilohs Areal E4 stammt ein kleiner, fast vollständig erhaltener Krater, dessen oberer Teil mit Capriden in gestrecktem Galopp bemalt ist (**71**). Auch E. Mazar hat nw der »stepped structure« das Fragment eines bemalten Gefäßes mit Capriden gefunden (**71a**). Ziegen waren der Astarte heilig, wie die Ikonographie (vgl. Lectio divina. Commentaires 6, 1997, 64–71.109, Keel) und der Ausdruck »Astarten des Kleinviehs« (Dtn 7,13; 28,4.18.51; GGG 166–168) zeigen. Der Vers Hld 4,1 feiert das Haar der Geliebten mit dem Vergleich: »Dein Haar ist wie eine Ziegenherde, die vom Gebirge Gilead herabstürmt«. Er erinnert an das Motiv von **71** und **71a**.

68–70 Eine aus dem mykenischen Raum importierte Schale und ein Krug und ein Libationsgefäß in Stierform aus Zypern, die in Jerusalem in einer Grabanlage aus der Zeit um 1400a gefunden worden sind

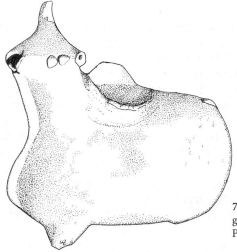

70a Ein lokal produziertes Libationsgefäß in Stierform vom »Jebusite Burial Place« am Ölberg (um 1400a)

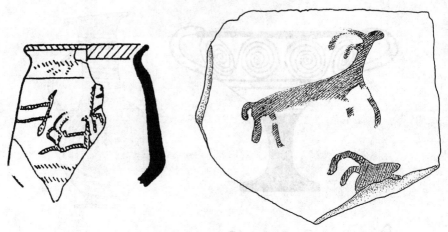

71–71a Fragmente typisch sbz bemalter Gefäße mit Capriden aus Shilohs Areal E4 (**20b**) und aus E. Mazars Grabung nnw von der »stepped structure« (1400–1300a oder etwas später)

DIE AMARNABRIEFE: JERUSALEM UND SEIN STADTFÜRST

§ 113   Weiteren Aufschluss über Handel, Politik und Ideologien dieser Zeit erhalten wir aus den – bereits in § 49 genannten – Amarnabriefen ⑦, besonders aus denen, die der Stadtfürst Abdi-Cheba von Jerusalem und die Fürsten der umliegenden Stadtstaaten an einen Pharao der 18. Dyn., wahrscheinlich an Amenophis III. und seinen Nachfolger Amenophis IV. geschrieben haben. Die Amarnabriefe wie die rund 50 in Palästina selbst (Afek, Hazor, Taanach etc.) gefundenen Keilschriftdokumente machen mit ihren vielen Kanaanismen deutlich, dass Palästina in der SBZ eine eigene Variante der Keilschriftkultur entwickelt hatte. Das dürfte nicht nur für die in diesen Dokumenten verwendete Sprache (vgl. Horowitz/Oshima, Cuneiform in Canaan 15–19), sondern auch für die Inhalte gelten (vgl. § 10).

Im Hinblick auf die politische Situation lassen die Amarnabriefe erkennen, dass die Ägypter in Palästina nur einige wenige Stützpunkte mit eigenen Leuten bemannten. Die wichtigsten in Südpalästina waren → II Jafo und Gaza. Aber selbst diese Städte wurden unter Aufsicht des ägypt. Gouverneurs von einem Einheimischen verwaltet (EA Nr. 296), der vielleicht nicht den Status eines Stadtfürsten, sondern eines ägypt. Beamten hatte (Alt, KS I 223f). Aus ägypt. Sicht waren alle kanaanäischen Fürsten Stadtgouverneure von Ägyptens Gnaden (akk. ḫazannu; ägypt. ḥaȝtj-ʿa). Untereinander betrachteten sie sich als Könige (akk. šarru; vgl. (UF 20, 1988, 182f n. 18, Naʾaman = Naʾaman, CE II 85 note 7; BASOR 304, 1996, 20, Naʾaman = Naʾaman, CE III 7). Manche von ihnen waren in Ägypten erzogen und so wohl stark ägyptisiert worden (vgl. z.B. EA Nr. 296, 23–29). Die Stadtfürsten wurden vom Pharao in ihre Regentschaft eingesetzt oder mindestens von ihm darin bestätigt (§ 133). Die Stadtfürsten hatten als ägypt. Vasallen die Oberhoheit des Pharao über das Land aufrechtzuerhalten, vor allem die Truppen des Pharao zu verpflegen und dem Pharao Geschenke zu senden, die gelegentlich durch Gegengeschenke vergolten wurden (vgl. Moran,

Syrian Scribe 34–56; GöMisz 66, 1983, 81–93, Müller-Wollermann; OBO 151, 1997, 141f und passim, Warburton; Beer-Sheva 13, 1999, Cochavi-Rainey/Lilyquist; grundsätzlich zur Praxis vgl. M. Mauss, Die Gabe. Form und Funktion des Austauschs in archaischen Gesellschaften, Frankfurt 1990; M. Godelier, Das Rätsel der Gabe, München 1999). Wie weit man von regelmäßigen Abgaben im Sinne von Steuern sprechen kann, ist nicht klar. Die *bilat šarri* »Last des Königs« in EA Nr. 288,12 und an ähnlichen Stellen kann auch metaphorisch ganz allgemein das bedeuten, was für den König zu tun ist (vgl. weiter § 206.210).

§ 114   Wenn A. Alt (§ 18f) in seinem berühmten Aufsatz »Jerusalems Aufstieg« das Jerusalem der Amarnazeit mit der Behauptung bagatellisiert, es sei »einer von den Hunderten dieser palästinischen Stadtstaaten« gewesen (KS III 251), ist das eine für einen so bedeutenden Gelehrten unbegreifliche Behauptung. Alt muss an die große Liste Thutmosis III. ⑤ mit ihren 350 Eintragungen gedacht haben, die aber alle möglichen topographischen Bezeichnungen und nicht nur die Namen von Stadtstaaten enthält (Simons, Handbook 27–38.111–113). Helck kommt auf 21 Stadtstaaten (Beziehungen 188 = →I 395 **149**), Finkelstein sogar nur auf 14 (**72**). Naʾaman kritisiert, Finkelsteins System sei zu stark von einem soziologischen Modell und zu wenig von den Quellen bestimmt. Er rechnet mit mindestens 25, wahrscheinlich mehr Stadtstaaten (UF 29, 1997, 599–626, bes. 619 = CE II 145–172, bes. 167). Für das palästin. Gebirge unbestritten sind nur Sichem und Jerusalem. Naʾaman nimmt noch zwei weitere an, Bet-El und Debir (**73**). Finkelstein glaubt nicht, dass im s Gebirge ein unabhängiges Zentrum bestanden habe (in: Vaughn/Killebrew, Jerusalem 2003, 89f Anm. 47). Ägypten versuchte offensichtlich keinen dieser Stadtstaaten zu mächtig werden zu lassen. Die ägypt. Oberherrschaft wäre sonst bedroht gewesen. Die starken Zentren hielten sich gegenseitig in Schach und kontrollierten nur die kleineren Städte ihres Territoriums (vgl. dazu M. Jasmin, in: FS Mazar 161–191).

§ 115   Von den 378 heute bekannten Amarnabriefen stammen sicher sechs, wahrscheinlich sieben von Abdi-Cheba von Jerusalem (EA Nr. 285–290 und 291). Ferner wird er in drei Briefen des Schuwardata, wahrscheinlich Stadtfürst von →II Gat, erwähnt (EA Nr. 279,34; 280,17; 366,20).

In den Briefen aus Jerusalem finden sich gewisse Eigenheiten, die die Annahme suggerieren, der Schreiber habe seine Ausbildung im n Syrien erhalten, irgendwo im Bereich der Grenze zw. »Reichsakkadisch« und »Kanaanäisch-Akkadisch« (Moran, Syrian Scribe 156). Ob der Schreiber der Jerusalemer Briefe in N-Syrien seine Ausbildung erhalten hat, ob *er* von dort kam oder gar er *und* sein Arbeitgeber, der Stadtfürst von Jerusalem, lässt sich diesem Faktum nicht entnehmen (Schmitt, Pre-Israelite Jerusalem 106f). Eindeutig belegt die Eigenart der Sprache der Jerusalemer Briefe Beziehungen nach N-Syrien. Die Sprache ist kein Grund, auf ein Urusalimmu in der Nähe etwa von Tyrus zu schließen (gegen ZAW 104, 1992, 111, Franken/Steiner). Das verbietet u.a. die Erwähnung von Jerusalem in den Schuwardata-Briefen aus dem s Palästina. Jüngst haben petrographische Analysen gezeigt, dass der Ton der Jerusalemer Tafeln EA Nr. 286–290 typisch ist für die Gegend um Jerusalem. Einzig EA Nr. 285 benützt Ton aus dem mittleren Jordangraben und ist wahrscheinlich in Bet-Schean geschrieben worden, wo Abdi-Cheba sich bei einem ägypt. Beamten beschwert haben dürfte, dass ein anderer ägypt. Beamter sein Haus besetzt und dort eine ägypt. Garnison untergebracht habe. EA Nr. 291 ist aufgrund der Tonanalyse von Geser aus abgeschickt worden (Y. Goren/I. Finkelstein/N. Naʾaman, Inscribed in Clay. Provenance Study of the Amarna Letters, Tel Aviv 2004, 265–269).

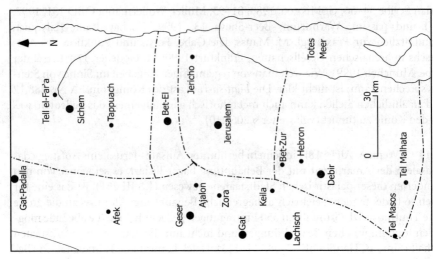

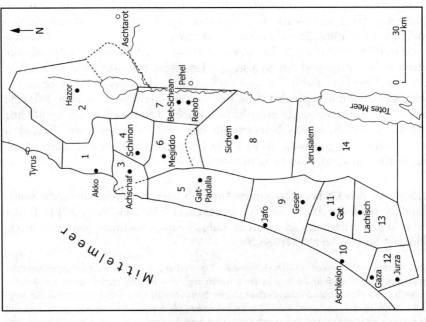

72–73   Die Stadtstaaten des efraimitisch-judäischen Berglandes im 14./13. Jh.a nach I. Finkelstein bzw. N. Naʾaman

Abdi-Cheba dürfte aufgrund seines Namens (§ 129) wie seine Kollegen mit den indoarischen Namen Schuwardata (Hess, Personal Names 151), Intaruta (ebd. 89f), Surata (EA Nr. 366) u. a. (vgl. Hess, Personal Names 198; UF 21, 1989, 209, Hess) der hurritisch-mitannischen Herrenschicht angehört haben. Ihre Herkunft erklärt zusätzlich zur mbz Schreibertradition (vgl. § 99) den Gebrauch des Provinzbabylon. als Kanzleisprache. Ihre Verwendung wurde wohl zusätzlich durch die Tendenz der Ägypter gefördert, Elemente ihrer Kultur wie Schrift und Sprache dem Gebrauch durch Barbaren zu entziehen.

§ 116   Abdi-Cheba betont wiederholt, er sei kein Fürst (Regent), sondern ein Soldat des Pharao (EA Nr. 285,5f; 288,9f; vgl. 287,69). Die Aussage mag nur bedeuten, dass er ganz in Gehorsam und unermüdlich im Dienst des Pharao steht, und kann so eine bloße Variante der gängigen Selbstbezeichnung »Diener« sein. Aber vielleicht spielt sie doch auf die Herkunft Abdi-Chebas aus einer Kriegerkaste an. Einmal nennt er sich »Vertrauter, Freund des Pharao« (288,11; UF 6, 1974, 308, Rainey). Er betont wiederholt, wie gern er den König sehen möchte (286,39–47; 288,30f), ja am liebsten würde er von Truppen des Pharao nach Ägypten geholt, um dort mitsamt seiner Verwandtschaft beim Pharao zu sterben (286,44ff; 288,57ff.61), denn seine Lage in Jerusalem sei verzweifelt. Aber er muss in Jerusalem bleiben, um die Länder des Königs zu verteidigen. Abdi-Cheba insistiert immer wieder, dass der Pharao Truppen sende, um seine Besitzungen zu verteidigen. Aber statt neu und vermehrt Truppen zu senden, werden diese abgezogen. So hat der Offizier Addaja mit seinen Truppen Jerusalem verlassen (285,24; 287,46–52; 289,30–36). Die Truppen, die (als Ersatz?) neu von Ägypten geschickt werden, behält Janchamu, der Oberbefehlshaber von → II Gaza, bei sich zurück (286,25f).

§ 117   Während Abdi-Cheba so auf nahezu verlorenem Posten für die Besitzungen des Pharao kämpft und sein Leben riskiert (287,71ff), wird er von anderen Stadtfürsten beim Pharao verleumdet, er sei von ihm abgefallen (286,6f). Der Grund dieser Verleumdungen sei sein kompromissloser Einsatz für die Besitzungen und die Rechte des Pharao (286,16ff.22ff.47ff). Seine (wirklich oder angeblich) kritische Lage unterstreicht eine Eigenheit der Jerusalemer Briefe, die sich anderweitig sonst nicht findet. Der Absender bittet den Beamten, der die Korrespondenz entgegennimmt, dem Pharao das Anliegen doch eindringlich ans Herz zu legen (286,61–64; 287,64–68; 288,62–66; 289,47–51). Von seiner Anhänglichkeit und seinem Pflichtbewusstsein gegenüber dem Pharao zeugen auch die Geschenke, die er regelmäßig schickt (288,12.18–22), nur verhindern seine Feinde, dass diese auch in Ägypten ankommen (s. § 120). Die Politik Abdi-Chebas, sich gegen seine Umgebung an die momentane Großmacht zu halten, war wiederholt die Politik Jerusalems, so z. B. unter Rehabeam (§ 396), Ahas (§ 430), Nehemia und Herodes. Das war nur möglich, weil Jerusalem ein beachtliches eigenes Potenzial besaß, denn sonst wären die Großmächte an einem Handel kaum interessiert gewesen.

§ 118   Es lohnt sich, das Jerusalem der Amarnazeit etwas genauer unter die Lupe zu nehmen, denn die Verhältnisse des Stadtstaates Jerusalem in dieser Zeit, von der bis heute in Jerusalem nur minimale archäolog. Reste aufgetaucht sind (§ 110–112), dürften bis zur Zeit, da David dort seine Residenz einrichtete, in vielem ähnlich geblieben sein. Ja noch über diese Phase hinaus hat die Stadtstaatstruktur Jerusalems bzw. Judas weiter gewirkt und die Geschicke der Stadt mitbestimmt.

Bei aller Demutshaltung Abdi-Chebas wird aus den Jerusalemer Amarnabriefen deutlich, dass das sbz Jerusalem einen mit allem Nötigen ausgestatteten »Hof« besaß. Der Gouverneur bzw. König wohnte in einem Palast (*bitu*; EA 287,33–37.73–75). Er verfügte über Beamte, u.a. über einen Schreiber, der die Korrespondenz mit dem ägypt. Hof führte. Er verfügte über eine eigene Truppe, zu der zeitweilig eine Einheit von 50 ägypt. Soldaten gehörte (BASOR 304, 1996, 25, Na'aman = CE III 6). Der von Jerusalem im 14. Jh.a kontrollierte Bereich reichte bis nahe an →III Ajalon und an →II Keïla heran. Wie weit sein Einfluss nach S reichte, ist umstritten (vgl. **72** mit **73**; Levant 33, 2001, 106f, Finkelstein). Jerusalem war ein regionales Zentrum wie Hazor in Galiläa oder Sichem auf dem n Gebirgsrücken. Es beherrschte die Wege, die s und n von Jerusalem die Küsten- mit der Königstr. verbanden (**4**). Wenn sich Abdi-Cheba von Jerusalem durch seine aggressive Politik auch in eine schwierige Situation hineinmanövriert haben mag, so dürften die Folgen dieser Politik vor allem ihn, kaum aber die Stadt und diese jedenfalls nicht auf dauerhafte Weise beeinträchtigt haben.

§ 119   Wenn man einmal von der dem Pharao schmeichelnden Selbstdarstellung absieht, scheinen folgende Ereignisse zu der von Abdi-Cheba beschriebenen dramatischen Situation geführt zu haben (vgl. PJ 20, 1924, 28f, Alt; Helck, Beziehungen 188f; Otto, Jerusalem 34–36; UF 24, 1992, 286–288, Na'aman = CE II 188–190). Dem Stadtfürsten von Sichem, Lab'aju, gelang es zur Zeit Amenophis' III. mit Hilfe der Hapiru (→I 656) ein Territorium unter seine Kontrolle zu bringen, das von der →III Jesreëlebene im N bis zum Territorium von →III Geser und von Jerusalem im S reichte (→I 395 **149**). Das Wort Hapiru wird nur in den Jerusalemer Briefen phonetisch-syllabisch *ḫa-bi-ru* geschrieben (286,19.56; 287,31; 288,38 u.o., vgl. EA II 1336). In den andern Briefen meint das Logogramm ŠA-GAZ wahrscheinlich die gleichen Leute und ist als *ḫa-bi-ru* zu lesen (EA II 1146ff). Sie plündern alle Länder des Königs (290,12f). Das Land ist zu ihnen abgefallen (288,32ff). Alle Stadtfürsten außer Abdi-Cheba selbst unterstützen sie (287,14–16). Brief 254,20–29 berichtet von Schwierigkeiten zw. Lab'aju und Milkilu bzw. Ilimilku von Geser. Das Bündnis Abdi-Chebas von Jerusalem und Schuwardatas von →II Gat im S und Suratas von →III Akko und Intarutas von →III Akschaf im N gegen die Hapiru scheint sich in erster Linie gegen Lab'aju gerichtet zu haben (EA Nr 366; vgl. Alt, KS III 161–164). Interessant ist, dass die in diesem Bündnis zusammengeschlossenen Fürsten alle indoarische bzw. hurritisch-mitannische Namen tragen.

§ 120   Nach dem Tode Lab'ajus veränderte sich die Situation. Die Söhne Lab'ajus und Milkilu, der Stadtfürst von Geser, verbünden sich miteinander (250,53–56; 287,29). Milkilu gelingt es auch, seinen Schwiegervater Tagi, der ein Gebiet s vom Karmel beherrscht und in Ginti-kirmil residiert (heute Jatt = Tel Gat, knapp 10km n von Tulkarm; TA 29, 2002, 232–234, Goren/Finklstein/Na'aman), in dieses Bündnis hineinzuziehen (249,8; 289,11; EA II 1322). Einer der Hauptverbindungswege von Jerusalem über →III Bet-Horon in die Küstenebene und nach N, nach Akko, wird so unterbrochen. Eine große Karawane Abdi-Chebas wird nach dem Verlassen des Gebiets des Stadtstaats von Jerusalem bei →III Ajalon (**4**) überfallen und ausgeplündert (287,54–59). Das könnte der Grund für den Versuch Abdi-Chebas gewesen sein, als Ersatz die s Route von Jerusalem in die Küstenebene stärker unter seine Gewalt zu bringen (**4**; § 23–27). Und das wiederum war wohl der Anlass dafür, dass ein Streit zw. Abdi-Cheba und seinem früheren Verbündeten Schuwardata von Gat um die Stadt Kelti ausbrach (279,12; 280,11.17; 287,11; 289,28; 290,10.18). Kelti oder Kilti wird in der Regel mit dem atl. →II Keïla identifiziert, obwohl es keine positiven Hinweise darauf gibt, dass die Ortslage in der SBZ so bedeutend war. Es geht aus den Briefen ziemlich deutlich hervor, dass die Stadt Schuwardata gehört hatte und von Abdi-Cheba zu Unrecht für sich beansprucht wurde (ZDPV 91, 1975, 23 Anm. 17, Priebatsch). Jedenfalls schreibt Schuwardata an den Pharao: »Lab'aju, der unsere Städte genommen hat, ist tot; aber siehe, ein anderer Lab'aju ist Abdi-Cheba, und es kümmere sich der König um seine Diener wegen dieser Sache« (EA Nr. 280,30–37). Die neue Front im S ist umso schlimmer, als sich die alte Bedrohung von N her, die schon zur Zeit Lab'ajus bestand, noch verstärkt hat. Jerusalem ist so von S, W und N her eingekreist. Das von ihm kontrollierte Gebiet verkleinert sich dramatisch.

§ 121   Besondere Aufmerksamkeit hat in diesem Zusammenhang eine Passage in Brief 290 gefunden:

»Abgefallen ist das Land des Königs zu den Hapiru, und jetzt ist noch dazu eine Stadt des Landes Urusalim, deren Name Bet-NINURTA ($^{uru/alu}bît$ $^{dingir\,/\,ilu}NINURTA$) ist, eine Stadt des Königs, abgezogen dorthin, wo die Leute von Kilti sind« (290,12–18).

Wie so oft, scheint »Hapiru« eine Art Schimpfwort zu sein, denn Kilti ist nicht an die Hapiru, sondern in den Herrschaftsbereich Schuwardatas übergegangen. Bet-NINURTA scheint sich auch diesem großen Bündnis angeschlossen zu haben. Die Bedrohungen und Kämpfe sind solche unter den Stadtstaaten, die dabei ihr Territorium zu vergrößern suchten.
Die Identität der Stadt Bet-NINURTA (früher Bet-NINIB gelesen) ist intensiv diskutiert worden. Klar ist, dass es sich um einen Stadtnamen handelt, der aus Bet »Haus, Tempel« und einem Gottesnamen zusammengesetzt ist. Die Frage ist, wie das Logogramm NINURTA zu lesen ist, denn man kann davon ausgehen, dass da ein kanaanäischer Gottesname gestanden hat. U. a. wurden die Lesungen Bet-Schemesch (ZDPV 13, 1890, 142 Anm. 3, Zimmern; VT 23, 1973, 444, Lipiński), Bethlehem (OLZ 18, 1915, 295f, Schroeder; → II 613f), Bet-Schalem (JBL 59, 1940, 519–522, Lewy), Bet-Horon (ErIs 9, 1969, 138–147 und 138*, Kallai/Tadmor), Bet-Anat (RB 18, 1908, 517f, Dhorme; UF 22, 1990, 252–254, Na'aman = CE II 246–249) und → II Bet-Zur (Singer, in: Biblical Archaeology Today 1990, Jerusalem 1993, 136) vorgeschlagen. Finkelstein favorisiert aus archäolog. Gründen Bet-Horon oder Bet-Zur (UF 28, 1996, 235).

VORISRAELITISCHE JERUSALEMER KULTTRADITIONEN: DAS PROBLEM

§ 122   Seit den Fünfziger Jahren begegnen in der atl. Wissenschaft Begriffe wie die »Kulttraditionen von Jerusalem« (ZAW 67, 1955, 168–197, Schmid), die »Jerusalemer Kulttraditionen«, »Zionstraditionen« u.ä. (vgl. z.B. BK XV/1, 197–205, Kraus; zu Vorläufern vgl. BZAW 118, 1970, 3 Anm. 6, Stolz; zur Forschungsgeschichte JSOT.S 41, 1987, 15–19, Ollenburger; WMANT 75, 1997, 3–11, Hartenstein). Gemeint sind damit mythische Vorstellungen wie die der Identität des Zion mit dem Götterberg Zafon und dem Quellort der Paradiesesflüsse, die Vorstellung vom Königtum eines höchsten Gottes, der von seinem Thronrat umgeben dort residiert, das Chaos und feindliche Völker bekämpft und Stabilität und Schalom garantiert. Diese und ähnliche Vorstellungen und ihre kultische Vergegenwärtigung sollen die Israeliten in Jerusalem von den Kanaanäern übernommen und als wichtigen Bestandteil atl. Glaubens tradiert haben. Einen Höhepunkt der Versuche, die Jerusalemer Kulttraditionen zu rekonstruieren, bildet das Werk von F. Stolz »Strukturen und Figuren im Kult von Jerusalem. Studien zur altorientalischen, vor- und frühisraelitischen Religion« (BZAW 118, 1970). Stolz benützt für seine Rekonstruktion Material aus sehr verschiedenen Quellen, sum., akkad., hetit., vor allem ugarit., aber auch ägypt. usw., in der z.T. begründeten Überzeugung, dass sich immer wieder ähnliche Grundstrukturen finden. Seine Kritiker haben ihm vorgeworfen, dass er Stücke aus verschiedenen Puzzles zusammengesetzt habe in der falschen Annahme, sie gehörten alle zum gleichen Spiel (JSOT.S 13, 76, Clements). O.H. Steck hat in seiner 1972 erschienenen Schrift von »Friedensvorstellungen im alten Jerusalem. Psalmen, Jesaja, Deuterojesaja« (ThSt 111) eine Rekonstruktion der Jerusalemer Kulttradition bzw. -theologie vorgelegt, die hauptsächlich auf traditionsgeschichtlich-synthetisch ausgewerteten Beobachtungen an den im Titel genannten bibl. Texten basiert und nicht versucht, wie Stolz außerbiblische Texte einzubeziehen (Ebd. 10f Anm. 9). Zw. 1973 und 2003 hat J.J.M. Roberts immer wieder die These vertreten, dass die Zionstheologie im Wesentlichen in der Zeit Davids und Salomos entstanden sei (JBL 92, 1973, 329–344; in: Vaughn/Killebrew, Jerusalem 2003, 163–170). Ihre hauptsächlichsten Inhalte seien die folgenden gewesen:
1. Das Bekenntnis zu JHWH als höchstem Gott, der nicht nur über Israel, sondern über alle Völker

und Götter herrscht. 2. Die Erwählung Davids und seiner Dynastie auf alle Zeiten. 3. Die Erwählung Zions als Wohnstatt JHWHs. Roberts versteht unter Ziontraditionen im Gegensatz zu Schmid, Hayes, Stolz u.a. nicht allgemeine, mit Heiligtümern auf Bergen verbundene Traditionen, sondern spezifische JHWH-Traditionen, deren Entstehung vor David und Salomo nicht möglich ist. Besonders der 2. und 3. Punkt sind eng mit Davids Residenznahme in Jerusalem verbunden. Bei der Ausgestaltung dieser Theologumena sind allerhand außer- und vorisraelit. Traditionen mit David bzw. JHWH verbunden worden. Unwahrscheinlich ist Roberts erster Punkt, dass JHWH von Anfang an als höchster Gott prädiziert worden sei. Die Belege, die Roberts anführt, dürften mehrheitlich aus dem 8. Jh.a stammen oder noch jünger sein. Roberts sieht das, meint aber, dass die jüngeren Texte ältere Vorstellungen aufgreifen würden. Der hist. Kern der Auffassung von Roberts dürfte sein, dass JHWH in Juda und Israel (wie Kemosch in Moab), wenn nicht von Anfang an, so doch sehr früh als einzige für das Land bedeutsame Gottheit verehrt wurde (zur Frage der Zionstraditionen im Sinne Roberts vgl. § 223–268).

§ 123   H. Niehr hat die Vorstellung von Jerusalemer Kulttraditionen rundweg abgelehnt. *Erstens* sei die Abraham-Melchisedek-Tradition in Gen 14,18–20, ein Text, der von vielen Vertretern der Jerusalemer Kulttraditionen als Schlüsseltext angesehen wurde, nachexilisch. Der in diesem Text genannte »höchste Gott« (*'el 'æljon*), der Schöpfer des Himmels und der Erde, sei erst im 1. Jt.a belegt. *Zweitens* setze die Rede von den »Jerusalemer Kulttraditionen« ein Israel voraus, das mit einer bereits ausgebildeten israelit. Religion den kanaanäischen Jerusalemer Kulttraditionen begegne, was dann zu einem Synkretismus führe. Diese Vorstellung sei aber insofern falsch, als die Religion Israels um 1000a, als Jerusalem Residenzstadt Davids wurde, noch schlicht eine bzw. die kanaanäische Religion gewesen sei, die genauso die *matrix* der israelit. wie der phön. oder moabitischen Religion gebildet habe. Diese Religionen, die so von einer Mutter abstammen würden, hätten erst im Laufe des 1. Jt.a ihre Spezifizität gewonnen (BZAW 190, 1990, 177–197).

§ 124   Aber mit dieser ungeduldigen Zurückweisung der Frage nach den Jerusalemer Kulttraditionen ist diese nicht erledigt. Es scheint mir zwar auch unbestreitbar, dass Gen 14 ein sehr junger Text ist und bei der Rekonstruktion von vorisraelit. Jerusalemer Kulttraditionen keine tragende Rolle spielen kann (§ 60.1443–1450). Aber das Zögern, ob Israel um 1000a *die* oder *eine* kanaanäische Religion praktiziert habe, lässt die Frage nach den Jerusalemer Kulttraditionen und ihrer Rolle bei der Ausgestaltung der israelit. Religion weiterhin offen. Clements beanstandet zu Recht, dass Stolz Teile verschiedenster Herkunft zu einem Puzzle zusammenfüge, für das diese Teile nicht geschaffen seien (§ 122). Genauso ist aber die Vorstellung zu beanstanden, dass in Palästina um 1000a ein einziges Puzzle in Form einer einheitlichen kanaanäischen Religion existiert habe, wie Niehr u.a. das anzunehmen scheinen. Wer soll eine einheitliche »Lehre« formuliert und wer sie durchgesetzt haben? Angesichts der Tatsache, dass noch im 9./8. Jh.a eine Nord- und eine Südreichtheologie unterschieden werden können, obwohl beide Bereiche unter Saul, David und Salomo eine Zeit lang in einem Herrschaftsgebilde zusammengefasst waren, ist anzunehmen, dass im 2. Jt.a keine einheitliche kanaanäische Religion existierte, sondern vielmehr eine Vielzahl von Gottheiten, Vorstellungen und Kulten nebeneinander bestanden, von denen die einen, wie etwa der Kult des Wettergottes, gemeinkanaanäische Bedeutung hatten (vgl. schon oben § 103–106), während andere Elemente auf gewisse Regionen und Orte beschränkt waren. Die Sonnengottheit hat in der s Levante unter ägypt. Einfluss eine andere und viel bedeutendere Rolle gespielt als im weit n gelegenen Ugarit. Die beliebte Praxis, die kanaanäische Religion aufgrund der speziellen Quellenlage mit der von Ugarit zu identifizieren, ist nicht gerechtfertigt (vgl. ThZ 57, 2001, 245–261, Keel). Das heißt selbstverständlich nicht, dass die reichen ugaritischen Quellen nicht ausgeschöpft werden sollen, wenn sich in der lokalen Überlieferung, im vorliegenden Falle Jerusalems, wie z.B. für Schalem lokale Anknüpfungspunkte dafür finden. In Jerusalem gab es nicht nur Einflüsse aus dem sw gelegenen Ägypten, sondern auch aus dem S und SO. Eine Gestalt wie JHWH, die im kanaanäischen Kernbereich unbekannt war, hat im S Palästinas, im s Edom und in Midian offensichtlich schon im ausgehenden 2. Jt.a einen dominierenden Platz eingenommen (§ 235–245). Sie sollte später *der* Gott von Jerusalem werden. Jede Region, jede Stadt und jede Gruppe hatte ihr eigenes Puzzle, das manche Motive mit anderen Puzzles gemeinsam, aber auch seine ganz spezifischen Motive hatte. Damit ist aber die Frage der Jerusalemer Kulttraditionen wieder auf dem Tisch und bleibt es, zumal auch die Behauptung, »dass nicht ein einziges erhebliches Zeugnis vorisraelit. kanaanäischer Religion archäolog. aus Jerusalem bekannt geworden« sei (TRE XVI 600, Welten), ungerechtfertigt ist. Viel ist es nicht, was bis heute ans Licht gebracht wurde. Über seine Erheblichkeit lässt sich diskutieren. Sorgfältig ausgewertet kann es doch etwas Licht in das Dunkel der vorisraelit. Jerusalemer Vorstellungswelt bringen. Ein erster Versuch wurde oben für die MB IIB vorgelegt (§ 102–107).

ELEMENTE DER JERUSALEMER KULTTRADITION DER SPÄTBRONZZEIT IIA

Der Gott Schalem und die Göttin Cheba bzw. Aschirat

§ 125   Neben dem ägypt. Einfluss, der schon in der MBZ (§ 102) vor allem den Hof betraf (vgl. die ägypt. Motive in Verbindung mit dem Wulstsaummantel-Fürsten, die bei der Zweiggöttin weitgehend fehlen: OBO.A 10, 1995, vgl. § 568–570 mit § 574–576, Keel) und der sich dort aufgrund der institutionellen Kontakte in der SBZ noch verstärkte (§ 109–111.131–133), dürften in der Bevölkerung nach wie vor die einheimischen Traditionen im Vordergrund gestanden haben. Von ihnen sind in den Quellen nur ein paar Enden von Fäden zu finden. Ziehen wir daran, haben wir keineswegs die Gewissheit, Vorstellungskonstellationen ans Licht zu holen, die tatsächlich mit dem greifbaren Fadenende verbunden waren. Denn wir verbinden diese Fäden mit Geweben ähnlicher Farbe und Struktur, die wir aber anderweitig behändigen müssen. Ein solcher Faden ist das theophore Element im Namen Jerusalem (§ 43–45). Es ist wahrscheinlich, dass es den Hinweis auf den Kult des Gottes *Schalem* oder *Schalim* »(Gottheit der) Abenddämmerung« in Jerusalem enthält. Der Kult dieses Gottes war wie der seines Pendants *Schachar* »(Gottheit der) Morgendämmerung« im Gegensatz zu dem der Zweiggöttin und des Wettergottes weniger allgemein verbreitet. Wie der Name von Schalem taucht auch der von Schachar kaum in Ortsnamen auf (vgl. aber *ṣæræt ha-šaḥar* in Jos 13,19, in der Gegend von Madeba, HAL III 991; BN 110, 2001, 37f, Knauf). Es dürfte mit Schalem ein Spezifikum des Jerusalemer Kults greifbar werden. »Skepsis gegenüber der Möglichkeit, aus Namen hist. und religionsgeschichtliche Schlüsse ziehen zu können«, ist angebracht (BZAW 144, 1976, 12 Anm. 22, Rupprecht). Wenn wir uns aber vergegenwärtigen, wieviele Überlieferungen und Vorstellungen mit Namen wie Florenz oder St. Gallen auch Jahrhunderte nach der Gründung noch verbunden waren und sind, wird man solcher Skepsis gegenüber skeptisch. Sie kann zu sterilem Misstrauen degenerieren, wenn man die Aussagekraft des oder der Namen auch dann ignoriert, wenn sie durch weitere Indizien gestützt wird.

§ 126   Wir werden immer wieder Hinweise auf einen oder gar verschiedene Sonnenkulte in Jerusalem finden. Wenn wir aber wissen wollen, was sich mit dem Namen *Schalem* verbunden haben kann, müssen wir Informationen benützen, die nicht aus Jerusalem stammen. Aus der MB sind von den Gottheiten Schalem und Schachar nur die Namen bekannt, z. T. aus theophoren Personennamen (Posener, Princes et pays 74 Nr. E 18; Syria 21, 1940, 173, Dussaud; DDD[2] 755–757, Huffmon). In Texten aus Ugarit ⑧ (ca. 1400–1200a) erscheint Schalem regelmäßig in Verbindung mit Schachar (*šḥr*). In dieser Verbindung bezeichnet Schalem wohl den »vollendeten« Tag, die Abenddämmerung, weniger den Abendstern (vgl. zu beiden HAL

IV 1360–1362.1419f; SS 44, 1973, Xella; Rummel, Parallels III 416–424; JEOL 31, 1989/90, 77–94, Hettema; DDD² 754f, Parker; ebd. 755–757, Huffmon; UF 30, 1998, 289–334, Gulde). Im Text, der gewöhnlich »Schachar und Schalim« genannt wird, werden die beiden gepriesen als »die lieblichen und schönen Götter« (*ilm n'mm wysmm*; KTU 1.23,1) bzw. »die lieblichen Götter, die Ebenbilder und Söhne des Meeresgottes« oder »die das Meer spalten, die Söhne des Meergottes« (*ilm n'mm agzrym bn ym*; KTU 1.23,58f; zum Text vgl. TUAT II/3, 350–357, Dietrich/Loretz). Dieses Epitethon überrascht insofern, als im Text ihre Zeugung durch El geschildert wird (nach UF 30, 1998, 318–320, Gulde, sind die *ilm n'mm* und Schachar und Schalem nicht identisch; erstere seien »Ernteschädlinge«; die Interpretation leuchtet nicht ein). Das *bn ym* bedeutet wahrscheinlich nur, dass sie wie das Meer unendlich weit und an den Rändern der Erde beheimatet sind. Die Eltern des Zwillingpaares sind die Häupter des ugaritischen Pantheons El und seine Gemahlin Aschirat (Aschera). Sie wird in diesem Text vor allem unter dem Aspekt des Mutterschosses (*rḥmj*) gesehen. Zeugung und Geburt werden drastisch geschildert. Nach der Geburt der Zwillinge wird der Sonne und den Sternen ein Opfer dargebracht (KTU 1.23,54). Die kosmische Dimension der Zwillinge zeigt sich auch darin, dass sie mit einer Lippe an den Himmel, mit der anderen an die Erde rühren (KTU 1.23,61–63; vgl. auch Ps 139,9f). Nach sieben Jahren in der Steppe erhalten sie vom Hüter des Kulturlandes Brot und Wein (*lḥm* und *jn*; vgl. Gen 14,18; zum Problem der sieben Jahre vgl. AOAT 250, 1998 = FS Loretz, 265–287, Dijkstra).

§ 127   Der Mythos wird im Rahmen einer Beschwörung in Anwesenheit des Königspaares rezitiert (KTU 1.23,7). Die als bedrohlich empfundenen Mächte der Übergangszeiten Morgen- und Abenddämmerung sollen zum Wohl des Königshauses, genauer seiner kosmischen Absicherung, dienen. Im Königspsalm Ps 110 spielt Schachar bei der Geburt bzw. ewigen(?) Jugend des Königs eine Rolle (V. 3). Der uranisch-himmlische Charakter der »Fürstensöhne« verleiht den Dynastieerwartungen die Stabilität uranischer Vorgänge (vgl. Ps 72,5.7.17; 89,37f) und kosmische Dimension (Ps 72,8). Der uranische Charakter der beiden Götter bezeugt auch KTU 1.100, eine Bannung von Schlangengift. In Z. 51f sagt das beschwörende Subjekt: »Meine Mutter Sonne bringt die Bitte zu Schachar und Schalim an den Himmel« (*'m šḥr w šlm šmmh*; TUAT II/3, 349, Dietrich/Loretz; vgl. TUAT III/6, 1203, Dietrich/ Loretz). Eine ganze Reihe von Hinweisen auf einen alten, vorisraelit. Sonnenkult sind in bibl. Texten zu finden, die man mit guten Gründen für alt halten kann (vgl. § 102.151–153.323–330.332–343). Ein alter, autochthoner Sonnenkult in Jerusalem konnte als Kristallisationspunkt für die in Ägypten so wichtige Verbindung von König und Sonne dienen (vgl. § 233).

§ 128   Vorerst sei aber noch kurz auf einen Aspekt von Schalim (und Schachar) hingewiesen, der eine Beziehung zu einem zweiten in Jerusalemer Quellen greifbaren Faden herstellen kann. Das Epitheton der Zwillingsgötter Schachar und Schalim, von denen es im gleichnamigen Text heißt, dass sie »an den Zitzen der Brüste Aschirats saugten« (KTU 1.23,24), erinnert an eine Elfenbeinschnitzerei aus Ugarit (74), die ein königliches Bettgestell zierte. Sie zeigt eine durch Kuhhörner als Muttergottheit charakterisierte Matrone, die zwei Jünglinge säugt. Die anatolische Sonnenscheibe

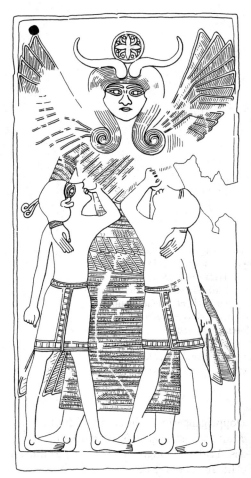

74 Eine geflügelte, mit Kuhhörnern
und der Sonnenscheibe geschmückte
Göttin, vielleicht Aschirat, die zwei
Prinzen oder zwei Götter, vielleicht
Schachar und Schalim, säugt; Elfen-
beinschnitzerei aus Ugarit (um 1380a)

zw. den Hörnern und die vier Flügel verleihen ihr uranische und Züge einer Sonnengöttin. Diese Attribute und der Sitz im Leben in einem königlichen Schlafgemach
(vgl. die Anwesenheit von König und Königin bei der Rezitation des Mythos »Schachar und Schalim«) machen die Deutung auf die höchste der ugaritischen Göttinnen,
auf Aschirat, die eigentlich die Macht in Ugarit verkörperte (JSOT.S 232, 1997,
51.82.90–93, Binger), mindestens ebenso wahrscheinlich wie die übliche Deutung
auf Anat (vgl. OBO 53, ²1987, 397–403, Winter; HO I/15, 1994, 474, Haas; UF 30,
1998, 317, Gulde; OBO 204, 2004, 99f, Cornelius). Die beiden »Säuglinge« wären
dann Schachar und Schalim. Sie sind auf **74** zwar nicht als Götter charakterisiert, aber
das muss bei »Säuglingen« nicht sein.
Aus Afek, aus Revadim und vom Tel Harasim bei Kefar Menachem (→ II 835) w von
Jerusalem in der Schefela sind drei sehr wahrscheinlich aus dem gleichen Model ge-
presste sbz Terrakotten bekannt, die eine Gottheit zeigen, die ebenfalls an jeder Brust
ein Kind hat (**75**). Am Hals scheint sie einen Sichelmond-Anhänger zu tragen. Der

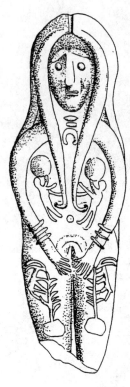

75 Aus einem Model hergestellte Terrakottafigur von der fragmentarische Belege in Afek, in
Revadim und auf Tel Harasim (letzterer in der
Schefela w von Jerusalem) gefunden worden sind
(um 1300a); sie zeigt wie 74 ebenfalls eine Göttin,
die zwei Kinder säugt; das einzige uranische
Element ist ein Mondanhänger; dafür wird durch
die weit geöffnete Scham und die Bäumchen
mit den Capriden, die sie flankieren, die Fruchtbarkeit stark betont

stark betonte Schoß erinnert an die Doppelgängerin Aschirats in »Schachar und
Schalim« mit dem Namen Rachamaj (»Mutterschoss«; vgl. Ri 5,30), die Bäume rechts
und links der Scham mit Capriden an das »Feld der Götter« im gleichen Text und an
die Baumgestalt der bibl. Aschera (JSOT.S 261, 1998, 34f, Keel). Wie schon in der
MBZ (vgl. **46–49** mit **60–62**) haben wir auch hier in S-Palästina die rustikalere Form
eines Motivs, das wir gleichzeitig in N-Syrien in einer stärker höfischen Ausprägung
finden.

§ 129   Der anfangs von § 128 genannte zweite Faden ist der Name des Stadtfürsten
von Jerusalem (§ 115), wie er in den Amarnabriefen erscheint. Der Name wird heute
meist ʿabdi-ḫeba gelesen (zu weiteren Belegen für diesen Namen s. Hess, Personal
Names 177). Das Logogramm ÌR, das das erste Namenselement bildet, kann statt kanaanäisch ʿabdi auch hurritisch *purame* gelesen werden. Die Bedeutung ist so oder so
»Diener, Knecht der Cheba(t)« (EA 2,1333f; Hess, Personal Names 176f; DDD² 391f,
van der Toorn). Cheba(t) ist eine syr. Göttin, deren Name schon im dritten Jt.a in
Ebla belegt ist (vgl. dazu und zum Folgenden HO 1/15, 1994, 383–392, Haas). Wahrscheinlich ist der bibl. Name Eva (hebr. ḥawwa) auf Cheba(t) zurückzuführen. In
Gen 3,20 wird Eva »Mutter alles Lebendigen«, d.h. nicht nur der Menschen, genannt.
Das Epitheton kommt eher einer Göttin als einer Menschenmutter zu. Im hurritisch-
hetit. Pantheon nahm Cheba(t) die Position einer obersten Göttin und Mutter aller

Gottheiten ein wie Aschirat in Ugarit. In dieser Eigenschaft ist Cheba(t) von den Hetitern übernommen worden. Im großen Felsheiligtum von Yazilikaya (1275–1220a),
nicht weit von der hetit. Hauptstadt Chattuscha (Boğazköy), stehen Cheba(t) und
der hurritische Wettergott Teschub im Zentrum (76). Der Wettergott steht auf zwei
Berggöttern. Ihm steht die Göttin gegenüber, die einen hohen Polos und ein langes
gefälteltes Gewand trägt. Sie steht auf einem Panther, der seinerseits über Berge
schreitet (vgl. Hld 4,8; ZBK XVIII, 144–148, Keel). Die hieroglyphen-luwische Beischrift nennt sie: »Göttin ḫe-pa-tu«. Hinter ihr steht ihr Sohn, Scharruma. In seinen
hurritischen Namen hat man schon in hetit. Zeit das akkad. *šarru* »König« hineinge-
lesen (WM I 191f, von Schuler). Ab Chattuschili III. (um 1275a) wird sie mit der Sonnengöttin von Arinna identifiziert oder wenigstens eng verbunden (HO 1/15, 1994,
386, Haas). Chebat wurde besonders im SO Anatoliens und in Aleppo verehrt.

§ 130   Die hurritisch-hetit.-nordsyr. Beziehungen Jerusalems, die der Name Abdi-
Cheba und die eigenartige Sprache seines Schreibers (§ 115) suggerieren, werden
durch weitere Indizien erhärtet, so z.B. durch die Namen Eli-Cheba (2Sam 23,32;
DDD² 391f, van der Toorn) und Arauna (§ 260). Ein Wissen um die nordsyr.-hetit.
Beziehungen des vorisraelit. Jerusalem ist vielleicht noch beim gelehrten Ezechiel zu
finden, wenn er Jerusalem vorwirft, ihre Mutter sei eine Hetiterin gewesen (16,3).
Dabei kann sich die hetit. Mutter auf religiöser Ebene auf Chebat-Aschirat beziehen,
während auf politischer die Herkunft einzelner Bevölkerungsteile aus diesem Kulturraum gemeint sein könnte (vgl. 2Sam 11,3.6). N. Naʾaman schließt aus solchen Stel-

76   Das hurritisch-hetit. Götterpaar Teschub (Wettergott)
und Cheba(t) gehen über Berge
schreitend aufeinander zu; hinter Cheba(t) der Göttersohn
Scharruma; Felsrelief in Yazilikaya in der Nähe von Boğazköy
(ca. 1250a)

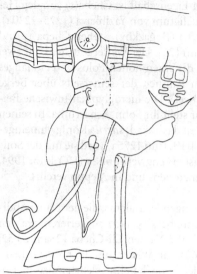

77   Der Sonnengott in der Tracht des hetit.
Großkönigs; Felsrelief in Yazilikaya in der Nähe
von Boğazköy (ca. 1250a)

len auf eine Einwanderung aus den Gebieten des früheren hetit. Reiches nach Kanaan
bzw. Jerusalem in der EZ I (Finkelstein/Na'aman, From Nomadism to Monarchy 237f
= Na'aman, CE II 337–340). Nach J.J. Schmitt benützt Ezechiel »Hetiterin« einfach als
Schimpfwort (Schmitt, Pre-Israelite Jerusalem 116 Anm. 42). Damit ist die Semantik
zur Zeit Ezechiels benannt, aber nicht wie es zu diesem Schimpfwort gekommen ist.

Sonnengottheit, König und die Bedeutung seines Namens

§ 131   Ein wichtiges Element haben am Hof von Jerusalem Motive des ägypt. Son-
nen- und Königskults dargestellt. Schon in der MBZ wurde Jerusalem durch ägypt.
Skarabäen und lokale Skarabäen-Imitationen mit Elementen des ägypt. Sonnenkults
vertraut (§ 102). Dieser Einfluss verstärkte sich im Neuen Reich bzw. der SBZ
(§ 109–111). Er konnte da wahrscheinlich an autochthone Sonnenkulte anknüpfen
(§ 125–130). Wenn der Pharao in den Amarnabriefen ⑦ als »Sonne der Länder«
(EA 84,30f) oder »ewige Sonne« (EA 155,6.47; 146,6) angesprochen wird (vgl. dazu
OBO 135, 1994, 119, Keel), klang das ägypt. (und levantinischen) Ohren nicht fremd.
»Wie Re (der Sonnengott) ewig«, »Re jedes Landes«, »Re aller Länder« waren gängige
ägypt. Bezeichnungen für den Pharao (N.-Ch. Grimal, Les termes de la propagande
royale égyptienne, Paris 1986, 361.371). Wenn Abdi-Cheba den Pharao wie andere
Stadtfürsten aber mit »meine Sonne« anredet ($^{ilu}ša[m\check{s}]i[ia]$; EA Nr. 288,1; vgl.
EA 74,7; 76,6; 78,6; 151,1), ist das nicht ägyptisch. Der *hetit*. König bezeichnete sich
selbst schlicht als »Sonne« oder mit einer ursprünglich aus dem Munde der Untertanen stammenden Majestätsbezeichnung als »meine Sonne« (Or. NS 26, 1957,
97–126, Bossert; UF 11, 1979, 227–263, Fauth). Der *hetit*. Sonnengott wird seinerseits als König abgebildet. Ein Felsrelief in Yazilikaya (77) zeigt den Sonnengott. Über
seiner Hand sind von oben nach unten die hieroglyphen-luwischen Zeichen für

78 Hetit. König; über seiner Hand eine Komposition, die seine Titel »Meine Sonne, Großkönig, Labarna« und seinen Namen »Tudchalja« darstellt; Felsrelief in Yazilikaya in der Nähe von Boğazköy (ca. 1250a)

»Gott«, »Sonne« und »Mond« zu sehen. Abbildung 78, ebenfalls aus Yazilikaya, zeigt den hetit. König. Über seiner Hand eine Komposition, die seine Titel »Meine Sonne«, »Großkönig«, »Labarna« und seinen Namen »Tudchalja« bedeutet.

§ 132   Der Sonnengott ist auch auf einem Elfenbein aus → III Megiddo zu sehen (79).

Über kämpfenden Stieren im Zentrum von drei Reihen stützender Gottheiten steht die nackte Schauschga/Scha(w)oschka, die zum Kreis der Chebat gehört oder sogar als ihre Hypostase verstanden werden kann (JNES 50, 1991, 161–182, Alexander; HO 1/15, 1994, 389, Haas). Über diesen drei Reihen findet sich von weiteren stützenden Gottheiten flankiert zweimal der Sonnengott mit dem hieroglyphen-luwischen Zeichen für »Sonne« in der Hand. Der Sonnengott ist bis in alle Einzelheiten wie der hetit. König dargestellt. Nur das Zeichen in der Hand interpretiert die Figur als Sonnengott. Die geflügelte Scheibe über ihm wird von je zwei doppellöwenköpfigen Dämonen gestützt. In Yazilikaya finden sich die heiligen Stiere Scherisch und Churrisch, die auf der Erde stehen und den Himmel stützen (80). Der Eingang zur Kammer B wird dort von zwei löwenköpfigen, geflügelten Dämonen bewacht (81). Die doppellöwenköpfigen Dämonen auf 79 sind eine Kombination aus den *tragenden* Stieren und den unheilabwehrenden *Wächter*-Dämonen. Die Verdoppelung des Kopfes potenziert ihre wachsame Omnipräsenz. Die doppelte Darstellung der Sonne, die Bossert als »Sonne des Himmels« und »Sonne der Erde (Unterwelt)« deutet (Or. NS 26, 1957, 101), erinnert an die Schachar-und-Schalim-Thematik (vgl. weiter Beyer, Sceau-cylindre). Himmelsträger von der Art, wie sie auf 79–81 zu sehen sind, tauchen im 10. Jh. in Aleppo auf (J. Gonnella/W. Khayyata/K. Kohlmeyer, Die Zitadelle von Aleppo und der Tempel des Wettergottes, Münster 2005, 10 Abb. 4.91f Abb. 121–123, 105 Abb. 146: Stiermensch, 100 Abb. 140 = 459: Geiermensch, 101 Abb. 142, 108 Abb. 151: Löwenmensch) und werden in der großen Vision in Ezechiel 1 erneut erscheinen, in der JHWH als eine Art Sonnengott über der Himmelsfeste thront (§ 927–931).

§ 133   Wie B. Ockinga bemerkte, wird in den Amarnabriefen immer wieder gesagt, dass das Land von Jerusalem in besonderer Weise dem Pharao gehöre (EA 286,22 f.34.49.56).

79   Unten über Bergen kämpfende Stiere; darüber drei Reihen von stützenden Gottheiten mit der nackten Göttin Schauschga (Cheba) im Zentrum; darüber zweimal der Sonnengott in der Tracht des hetit. Königs mit der geflügelten Sonnenscheibe über dem Kopf; die Flügel werden von doppelköpfigen Wächterdämonen getragen; Täfelchen aus Elfenbein aus Megiddo (ca. 1350–1250a)

> Siehe, der König hat gesetzt seinen Namen (*ša-ka-an šum-šu*)
> im Lande von Urusalim auf ewig.
> So kann er nicht im Stich lassen
> die Länder von Urusalim (EA 287,60–63).

Ockinga hat daraus auf eine frühe Tradition von der Unverletzlichkeit Jerusalems geschlossen, wie sie dann viel später z.B. in Ps 2 zum Ausdruck komme. »Seinen Namen irgendwohin setzen« heißt, auf diesen Ort Anspruch erheben (vgl. § 81.111.736). Weil der Pharao bzw. JHWH sich die Stadt erwählt haben, dürfen weder der Pharao noch JHWH sie im Stiche lassen. Wie der Pharao Abdi-Cheba mit starker Hand als seinen Vasall in Jerusalem eingesetzt habe (EA 286,9–13), so habe später JHWH die Davididen als seine Vasallen auf dem Zion eingesetzt (Ps 2,6; BN 44, 1988, 54–60). Schon J. Hayes hat die Tradition der Uneinnehmbarkeit und Unverletzlichkeit des Zion in vorisraelit. Zeit zurückführen wollen (JBL 82, 1963, 419–426). Wenn es sie gegeben hat, war sie nicht von allzu grosser Bedeutung (vgl. weiter § 340 und 556). Jerusalem besaß in der Amarnazeit nicht nur eine – zwar bescheidene – königliche Administration mit allem, was dazu gehört. Es besaß auch eine entsprechende Ideo-

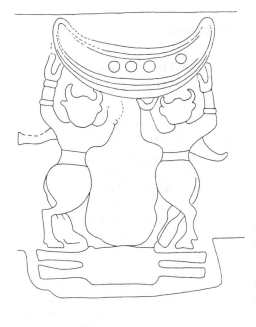

80 Die göttlichen Stiere Scherisch und Churrisch (vgl. **153.188–189.469–470.472**), die auf der Hieroglyphe »Erde« stehen und die Hieroglyphe »Himmel« stützen; Felsrelief in Yazilikaya in der Nähe von Boğazköy (ca. 1250a)

81 Ein löwenköpfiger, geflügelter Dämon, der den Eingang zu einer heiligen Felskammer schützt; Felsrelief in Yazilikaya in der Nähe von Boğazköy (ca. 1250a)

logie. Beide sind in der Folgezeit kaum verschwunden, sondern aller Wahrscheinlichkeit nach erhalten geblieben, bis David die Stadt übernommen hat. Zu diesen Elementen gehörten eine große Göttin vom Typ der Cheba-Aschirat und verschiedene Elemente eines oder mehrerer Sonnenkulte und des Königs bzw. der Dynastie als Repräsentanten der Sonne.

2.3 DIE 19.–20. DYNASTIE (1292–1070a) – EINE ZEIT INTENSIVIERTER ÄGYPTISCHER PRÄSENZ

STÜTZMAUERN UND RAMPE AM OST-ABHANG DER DAVIDSTADT – EIN UMSTRITTENER ARCHÄOLOGISCHER BEFUND

§ 134   Das Jerusalem der ausgehenden 19. Dyn. (ca. 1250–1190a) hat erstmals seit der MB IIB (1700–1550a) wieder bedeutende archäolog. Informationen zur städtebaulichen Entwicklung geliefert, wenn man jenen Fachleuten folgt, die mindestens einen Teil der »Jebusiterrampe«, der »stepped structure«, nämlich die »Terrassenmauern« zw. 673 und 693 m Höhe ü. M. am O-Hang der Davidstadt in diese Zeit datieren. Die Struktur, die zuerst Macalister und Duncan (1923–1925) am oberen Rand des Hangs über dem Gihon entdeckt und als »Jebusiterrampe« bezeichnet haben (PEFA 4, 1926, 51–55.57–61, Plan gegenüber von p. 49, pl. 2, 5 und 24), ist von Kenyon weiter untersucht worden (Digging 95–97.100–103, pl. 31–34). Sie hat die ersten Stützmauern freigelegt. Weitere sind etwas n davon von Shiloh entdeckt worden (**82** und **82a**; Qedem 19, 1984, 16.26.54–58; Areal G, Stratum 16; zu einem Versuch die Funktion dieser Mauern zu erklären s. Steiner, EKJ III 39f). Über dieses Stützmauersystem wurde eine getreppte Rampe (stepped structure) gelegt, die jetzt 27 m hoch und am oberen Ende mindestens 40 m breit ist, also um die 1000m^2 bedeckt (**83**,2). Das monumentale Ganze diente wohl als Substruktion für die oberhalb gelegenen Teile der Akropolis (Zitadelle, als Zentrum einer Stadt) bzw. Festung (ohne Stadt). Sie dürfte eine Plattform von ungefähr 200m^2 geschaffen haben, die hoch über der Gihonquelle thronte und nach S und O eng getreppt steil abfiel (**84**). Im Bereich dieser Plattform bzw. n daran anschließend laufen die von Eilat Mazar geleiteten Grabungen (§ 163). D. Tarler und J.M. Cahill u.a. wollen Stützmauern und Rampe als Einheit verstanden wissen und der ausgehenden SB IIB, eventuell der beginnenden EZ I zuweisen (ABD II 55, Tarler/Cahill; BASOR 304, 1996, 18f, Na'aman = CE III 3f; BArR 24/4, 1998, 34–41.63, Cahill; bes. ausführlich Cahill, in: Vaughn/Killebrew, Jerusalem 2003, 33–54 mit Veröffentlichung der zugehörigen Keramik; BArR 30/6, 2004, 25, Cahill). Das Problem ist, dass die EZ I in den ländlichen Gebieten des Berg-

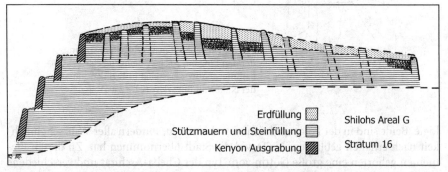

82   Das System von Stützmauern aus dem Übergang von der SBZ zur frühen EZ, das hoch über dem Gihon eine eindrückliche Plattform trug (vgl. **84**)

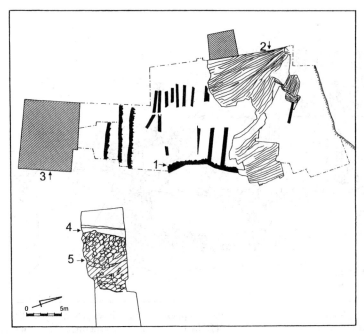

82a Fünf Komponenten der »stepped structure« nach A. Mazar: 1 die Stützmauern; 2 die Rampe aus großen Blöcken über den Stützmauern; 3 ein Steinstruktur ebenfalls aus großen Blöcken in Kenyons Square AXXIII (vgl. 20a), die von Kenyon trotz der unterschiedlichen Bauweise als Teil der stepped structure betrachtet wurde; 4 drei Mauern etwa 10m weiter unten am Hang als Struktur 3; 5 eine massive Steinmauer von 6,5m Breite und 4,5m Höhe ö von und anschließend an die Mauern von 4; 4 und 5 wurden schon als ö Abschluß der Rampe betrachtet; bis jetzt sind aber keine klaren stratigraphischen Zusammenhänge zw. den Elementen 1–3 und 4–5 erkennbar geworden

landes erheblich früher beginnt als in den s Küstenstädten (GGG 16). Die Folge davon ist, dass das Ende der SBZ IIB mit der für diese Periode typischen Keramik in absoluter Chronologie ein Datum zw. 1250 und 1150a oder noch etwas später bedeuten kann. Für manche ist selbst 1150a noch zu früh. Vor allem aber sehen manche, wie z. B. K. Kenyon (Digging 95.103), Y. Shiloh (Qedem 19, 1984, 16f.26f), E. Noort (FS Borger 205), I. Finkelstein (Levant 33, 2001, 106) und im Besonderen M. Steiner im abschließenden Bericht über die Ausgrabungen Kenyons (EKJ III 42–53) die Infrastruktur (die Stützmauern) und die Suprastruktur (die Rampe) als verschiedene architektonische Elemente und datieren die Infrastruktur in die ausgehende SB IIB oder die EZ I (IEJ 44, 1994, 13–20, Steiner) und die Suprastruktur ins 10. bzw. 9. Jh.a (Finkelstein) oder die beginnende EZ II (Steiner, in: Vaughn/Killebrew, Jerusalem 2003, 347–363, bes. 358f; zur Problematik vgl. OBO 180, 2001, 130–133, Zwingenberger). Ein Problem bleibt trotz der Erklärungen von M. Steiner (Excavations in Jerusalem III 39f) aber die genaue Funktion der Stützmauern ohne Rampe. Diese laufen ja nicht quer zum Hang von N nach S wie Terrassen, die das Abrutschen der Erde verhindern, sondern von W nach O wie der Hang. Als Terrassenmauern sind sie

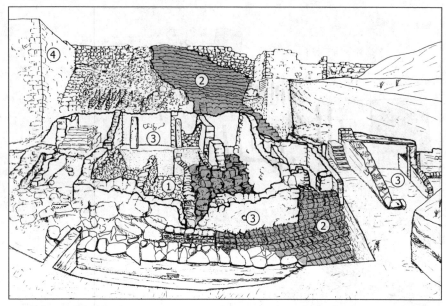

83 Rekonstruktion des Stützmauersystems und der »Treppenstruktur«, die es getragen hat. Blick nach W: 1 = Substrukturen (13./12. oder 12./11. Jh.a); 2 = Treppenstruktur (12./11. oder 11./10. Jh.a); 3 = Häuser aus der EZ II (10.–7./6. Jh.a); 4 = Hellenist.-hasmonäisch bis frühröm.

auch zu schwach. Die Bezeichnung »Terrassen« ist deshalb irreführend. Die Mäuerchen sind nur als Teil der Rampenkonstruktion sinnvoll. Auch von der Keramik her steht der Interpretation als Einheit nichts im Wege (Mazar, in: FS Na'aman 259f). Was die Datierung der als Einheit verstandenen »stepped structure« betrifft, so ist zu beachten, dass die Häuser, die im unteren Teil der Rampe in der nö Ecke des Areals G in diese hineingebaut wurden (vgl. **501**,4), in den untersten Schichten Keramik enthielten, die für Shilohs Straten 13 und 14 typisch sind (Cahill, in: Vaughn/Killebrew,

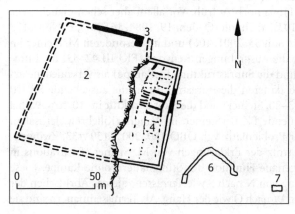

84 Die durch das Stützmauersystem von 82 geschaffene Plattform: 1 = Felsböschung am oberen Rand des Abhangs; 2 = Ort der »Zionsfeste«; 3 = wahrscheinliche Lage des Haupteingangs; 4 = Stützmauern und Füllungen ö der Böschung (Millo); 5 = Stützmauer; 6 = Warrens Tunnel und Schacht; 7 = Gihon

Jerusalem 2003, 57–65, figs. 1,13–1.14) und ins 10./9. Jh.a datiert werden müssen (Mazar, in: FS Naʾaman 261f). Sie bilden den Terminus *ante quem* für den Bau der »stepped structure«. Diese muss spätestens am Anfang des 10. Jh.a, frühestens in der Übergangszeit von der SB IIB zur EZ IA entstanden sein, wahrscheinlich im Lauf der EZ I (vgl. weiter § 163).

Für eine neue, intensivere, mindestens regionale Zentrumsfunktion Jerusalems in der EZ I spricht auch eine starke zeitgleiche Zunahme von Kleinsiedlungen in der Umgebung Jerusalems (vgl. Ofer, in: Finkelstein/Naʾaman, From Nomadism to Monarchy 92–121).

§ 135 Die Verschiedenheit der Meinungen ist in der Spärlichkeit der Keramik begründet, die zudem nur teilweise veröffentlicht ist. Ob man diese monumentale Konstruktion als Einheit oder als Zweiphasen-Bauwerk versteht und ob man sie etwas früher oder später datiert, in allen Fällen stimmt es nicht, wenn I. Finkelstein sagt, es gäbe in der Baugeschichte Jerusalems der Bronze- und Eisenzeit nur zwei Phasen mit bedeutender Bautätigkeit, die MB IIB (1700–1550a) und die späte EZ II (8.–7. Jh.a; Levant 33, 2001, 105).

Versucht man die archäolog. Gegebenheiten mit bibl. Überlieferungen zu korrelieren, bietet sich für das mächtige Bauwerk, das nur als Stützmauer und Sicherung für eine darüber liegende Festung sinnvoll ist, am ehesten die in 2Sam 5,7 erwähnten *meṣudat ṣijon* »Zionsfeste« an (JNES 41, 1982, 112f, Stager; Bieberstein/Bloedhorn III 130f.136–138; Mazar, in: FS Naʾaman 265.269f; vgl. weiter § 163).

Archäologisch bedeutsam ist, dass Jerusalem wie schon am Ende der MBZ auch am Ende der SBZ keine gewaltsame Zerstörung erfahren zu haben scheint, was ein weiteres Mal als Zeichen einer beachtlichen Kontinuität gedeutet werden kann (Cahill, in: Vaughn/Killebrew, Jerusalem 2003, 33).

ELEMENTE DER JERUSALEMER KULTTRADITION DER SPÄTBRONZEZEIT IIB

§ 136 Wie immer man die in den § 134f genannten Stützmauern und die Treppenstruktur datiert, die Hand einer Bronzefigur, die Teil der Füllung war, gehört in die Tradition der SBZ. Die Figur, zu der sie gehörte, muss ca. 38cm hoch gewesen sein (**85**). Shiloh hat sie wahrscheinlich mit Recht als Hand einer »schlagenden Gottheit« vom Typ Baal-Seth rekonstruiert. Theoretisch könnte es sich aber auch um die Hand eines triumphierenden Pharao gehandelt haben. Der Wettergott der MB IIB (**42**; **46–48**; **50**) hat sich in der SB unter dem Einfluss der Identifizierung mit dem ägypt. Seth und der politischen Verhältnisse zu einem Gott gewandelt, der stärker durch seine Kampfkraft als durch das Bringen der Vegetation charakterisiert wurde (vgl. **125–131**; OBO 100, 1990, 304–321, Keel). Seine stark gestiegene Bedeutung und die Verlagerung des Symbolsystems aus dem Bereich der Erotik und Fruchtbarkeit in den des Krieges und der Herrschaft illustriert die Tatsache, dass die kostbaren Metallfiguren nicht mehr die nackte Göttin (wie in der MB IIB und noch ganz am Anfang der SB) darstellen, sondern den triumphierenden männlichen Gott (vgl. dazu GGG 108f).

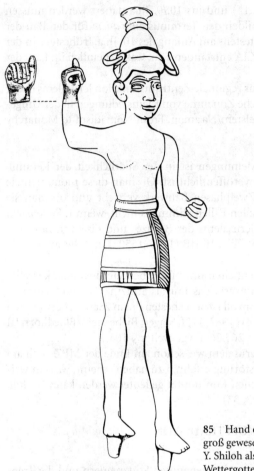

85 │ Hand einer Bronzefigur, die fast 40 cm groß gewesen sein muss und vom Ausgräber Y. Shiloh als Hand eines triumphierenden Wettergottes rekonstruiert wurde (13. Jh.a)

§ 137   Mit der 19. Dyn. intensiviert sich das Interesse Ägyptens an Vorderasien. 102 Jahre dauerte die 19. Dyn. (1292–1190a); 66 Jahre davon regierte Ramses II. (1279–1213a; zu Ramses II. und seinen Beziehungen zu Palästina/Israel vgl. H.A. Schlögl, Ramses II., rowohlts monographien 425, Reinbek 1993 mit Lit.; Ramsès II. Pharaon de l'Exode? Le Monde de la Bible. Hors Série, Paris 2006). Gleich zu Beginn seiner Regierung sah sich Ramses II. mit dem Anspruch der Hetiter auf die vorderasiatische Machtsphäre Ägyptens konfrontiert. 1274a kam es bei Qadesch in Syrien zu einer Schlacht, in der der sehr junge Ramses II. gerade noch mit dem Leben davonkam. Sechzehn Jahre später, 1258a, schloss Ramses II. mit Chattuschili III. einen »ewigen Frieden« zw. Ägypten und dem Hetiterreich. Hauptgaranten des Vertrags sind der Sonnengott von Ägypten und der Wettergott des Hetiterlandes (TUAT I/2, 137f § 2.5, von Schuler; vgl. weiter § 141.342f). Die Auseinandersetzungen mit den Hetitern haben dem bei Ägypten verbleibenden Rest von Vorderasien neue Bedeutung gegeben (vgl. § 343).

86–87 Typisch ramessidische Skarabäen aus Manachat und →II Bet-Schemesch, die im Zentrum ein liegendes Mischwesen zeigen, einmal einen menschen-, einmal einen widderköpfigen Sphinx, d.h. einmal den König und einmal Amun-Re. Vor dem König hockt der falkenköpfige Sonnengott, vor Amun die Maʿat. Beide Mischwesen werden von einem geflügelten Uräus beschützt (13. Jh. a)

§ 138   Das schon genannte Gehöft von →Manachat (**4**; § 110) muss trotz der Wirren der Amarnazeit weiter bestanden haben; u.a. ist hier ein Skarabäus mit einer typisch ramessidischen Dekoration gefunden worden: Ein falkenköpfiger Sonnengott mit einem Lebenszeichen auf den Knien (Variante: Maʿat) hockt vor einem liegenden Königssphinx mit einer Krone aus Straussenfedern und Uräen (Variante: keine oder Doppelkrone). Ein Uräus schwebt mit schützend ausgebreiteten Flügeln hinter ihm (**86**; IAA Reports 3, 1998, bes. 94–96, Milevski; vgl. ein Stück aus Bet-Schemesch: Rowe, Catalogue Nr. 560). Geflügelte Uräen (Serafim) werden uns bei Jesaja wieder begegnen (14,29; 30,6), vor allem in der Vision, in der er JHWH als König thronen sieht (6,2; § 441f). Eine Variante der Komposition von **86** zeigt statt des Königs- den Widdersphinx des Reichsgottes Amun (**87**; vgl. Tufnell, Lachish IV pl. 39/40,343). Der Parallelismus suggeriert, in Amun den obersten König und im König ein Bild Amuns zu sehen.

§ 139   Eine Anzahl ägypt. Objekte (zwei Alabastergefäße und das Fragment einer Totenstele, **88**) oder angeblich ägypt. Objekte (eine byz. Marmorplatte und zwei byz. Kapitelle), die n vom Damaskustor zutage gekommen sind (die meisten beim Bau der Stephansbasilika, vgl. Küchler, Jer 968 mit 554), und eine kleine, erst 1975 neben dieser Basilika entdeckte fragmentarische Serpentinstatuette (**89**) hat G. Barkay als Relikte eines ägypt. Tempels der SB interpretiert (ErIs 21, 1990, 94–106 und 104*; IEJ 46, 1996, 23–43). Vier der genannten Objekte sind sicher ägypt., und das Fragment der

88   Fragment einer ägypt. Totenstele
aus der 19. Dyn., das im Bereich der
Stephansbasilika n des Damaskustores
gefunden worden ist (1292–1190a)

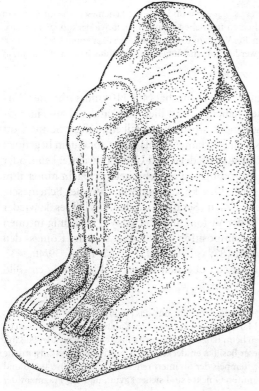

89   Fragment einer ägypt. Statuette,
die neben der Stephansbasilika gefunden worden ist (13. Jha?)

Totenstele (James, Beth Shan Fig. 98,3 und 99,2) dürfte eindeutig aus ramessidischer Zeit stammen. Als Hinweis auf einen ägypt. Tempel sind sie nicht zu interpretieren (FS Lichtheim 2, 1073, Wimmer; Bieberstein/Bloedhorn II 221f; ÄAT; Wimmer, in: ÄAT 40, 1998, 90–94, Shirun-Grumach). Hingegen kann man sie, soweit sie eindeutig ramessidisch sind, als Hinweis darauf deuten, dass der ägypt. Einfluss trotz der Befürchtungen Abdi-Chebas am Ende des 14. Jh.a auch im 13. unvermindert anhielt.

Wenn der Ortsname *mej neptoaḥ* (Jos 15,9; 18,15) tatsächlich als »Quelle (Wasser) des (Pharao) Merneptah« zu deuten (HAL III 674) und 4 km nw von Jerusalem bei *'en lifta* zu lokalisieren ist, dann heißt das, dass noch Merneptah/Merenptah (1213–1204a) einen Zugang nach Jerusalem offen gehalten hat (vgl. dazu ZDPV 91, 1975, 18–24, Priebatsch) und zwar eine Route, die weder über das Terebinthental im S noch über Bet-Horon im N geführt hat (vgl. 4; zu Mernepthas Präsenz in Palästina und seine Kämpfe gegen die Schasu vgl. IEJ 51, 2001, 57–75, Rainey).

§ 140 Archäolog. ist die SBZ in Jerusalem nur schwach dokumentiert. Es sollte aber nicht übersehen werden, dass die Stadt, wenn die in § 134f diskutierten Stützmauern und die Treppenkonstruktion in diese Zeit gehören, noch in der spätesten Phase dieser Epoche die Kraft besaß, auf eindrückliche Weise baulich tätig zu sein. Kontakte nach Ägypten und nach Nordsyrien haben die Stadt an das Handelsnetz und Symbolsystem der sbz Levante angeschlossen. Die Amarnabriefe zeigen deutlich, dass der Herrscher von Jerusalem über einen Hof mit allen wichtigen zivilen und militärischen Einrichtungen verfügte (§ 118). Das dominierende Symbolsystem, bes. im s Palästina, war das ägypt. Königtum mit seinen institutionalisierten Verbindungen zum Sonnenkult (vgl. das Element Re' »Sonnengott« in den Thronnamen der Pharaonen). Dieses System wurde durch nordsyr.-hetit. Elemente angereichert (vgl. § 131; die Bezeichnung »meine Sonne« für den Pharao in den Amarnabriefen). Daneben scheint auch der Kult des Wettergottes weiter gegangen zu sein und zwar in der für die SBZ typischen Form (85).

DIE BEIDEN GROSSEN RELIGIÖSEN SYMBOLSYSTEME IM NAHEN OSTEN AM ENDE DER SPÄTBRONZEZEIT II BZW. DES NEUEN REICHES

Das vorderasiatische Wettergott- und das ägyptische Sonnengott-System

§ 141 Um die religionsgeschichtliche Bedeutung dieser in Jerusalem nur schwachen Spuren richtig einschätzen zu können, ist ein Blick auf das weitere Umfeld unerlässlich. Dabei zeigt sich nämlich, dass Jerusalem am Ende der Bronze- und zu Beginn der Eisenzeit gleichzeitig intensiv Teil an *beiden* großen religiösen Symbolsystemen des Nahen Ostens hatte, wenn in der Stadt Jerusalem auch, wenigstens am Hof, das ägypt. dominiert haben dürfte (vgl. § 148–153). Die beiden großen Symbolsysteme sind in der SBZ immer wieder auf den Sonnen- und den Wettergott zentriert worden. Schon im 14. Jh.a hat Abimilki aus Tyrus, an der Schnittstelle der beiden Systeme, den Pharao mehrmals gleichzeitig mit dem Sonnen- und dem Wettergott verglichen:

> O König, mein Herr, wie die Sonne, wie Adad am Himmel bist du«
> (*šarru be-li-ia ki-i-ma* ^ilu *šamaš ki-ma addi i-na sa-me at-ta*; EA 149,6f; vgl. 147,5–14).

In einer berühmten Passage in einem anderen Brief des Abimilki von Tyrus (EA Nr. 147,5–15) wird der Pharao ebenfalls gleichzeitig als Sonne verstanden und mit dem Wettergott verglichen:

»... Mein Herr
6 ist die Sonne, die aufgeht über
die Länder Tag für Tag
nach der Bestimmung der Sonne, seines gnädigen Vaters.
Er ist es, der belebt durch seinen milden Hauch
10 und es vermindert, wenn er verborgen ist (OBO 51, 1983, 142 Anm. 199a, Assmann),
bzw. und zurückkehrt mit seinem Nordwind (Or. 51, 1982, 161f, Grave).
11 Der versetzt das ganze Land in Ruhe durch die Macht der Hand,
der seinen Schall gibt im Himmel
wie Adad (Baal) so dass erzittert das ganze
15 Land von seinem Schall.«

Bereits W.F. Albright (JEA 23, 1937, 198f) und dann mit Nachdruck J. Assmann (OBO 51, 1983, 142f) haben auf Ähnlichkeiten dieser Stelle mit Ps 104 hingewiesen. Ob man die unklare Zeile 10 als missing link zw. dem Monotheismus Echnatons und dem judäischen Monotheismus des 7. Jh.a sehen kann, wie J. Assmann und E. Hornung nahelegen (vgl. Hornung, in: K. Rahner, Hg., Der eine Gott und der dreieine Gott. Das Gottesverständnis bei Christen, Juden und Muslimen, München-Zürich 1983, 63f) scheint mir fraglich. Auch wenn ein Berührungspunkt mit dem Sonnenverständnis von Amarna da ist, ist in EA Nr. 147 Monotheismus kein Thema.

Die beiden Symbolsysteme des Wetter- und des Sonnengottes wurden im ersten internationalen Friedensvertrag, dem Staatsvertrag zw. dem König von Ägypten, Ramses II., und dem Hetiterkönig, Chattuschili III., aus dem Jahr 1258a (vgl. § 137) eindeutig geographisch zugeordnet, das Sonnengottsystem Ägypten, das Wettergottsystem Vorderasien. Das neu gefundene Verhältnis wird gefeiert als

> Das, das der Sonnengott geschaffen hat, und das der Wettergott geschaffen hat,
> für das Land Ägypten und das Land Chatti.
> Akkad. heisst das ša ᵈUTU īpušu u ša ᵈIM īpušu
> ana māt Miṣrī qadu māt Ḫatti,
> ägypt. heisst das: *jrrw pꜣ-Rᶜ jrrw Sutḫ*
> *n pꜣ-tꜣ n Kmt jrm pꜣ-tꜣ n Ḫt*
> (WVDOG 95, 1997, 22–25, Edel; vgl. ebd. 68f).

In der umfangreichen Korrespondenz zw. beiden Höfen, die diesen Vertrag begleitete, ist die Folge »Sonnengott und Wettergott« stereotyp. Dabei identifizieren die Ägypter den Sonnengott mit Reᶜ und den Wettergott mit Seth oder Sutech, dem ägypt. Gott der Fremde. Die im Akkad. verwendeten Sumerogramme ᵈUTU für den Sonnengott und ᵈIM oder ᵈIŠKUR für den Wettergott lassen offen, welcher Sonnen- bzw. Wettergott genau gemeint ist. Klar ist, dass der Sonnengott Ägypten und der Wettergott Vorderasien zugeordnet sind (vgl. dazu auch die Erzählung »Apophis und Seqenenre« aus der 19. Dyn., die behauptet, die Hyksos hätten nur Seth verehrt und den Kommentar dazu in § 4 Abschnitt 4 auf S. 19). So schreibt auch der ägypt. Wesir Paschijara auf Akkad. an Chattuschili: »Der Sonnengott und die Götter des Landes Ägypten und der Wettergott und die Götter des Landes Chatti werden den Frieden gedeihen lassen ...« (Abhandlungen der Rheinisch-Westfälischen Akademie der Wissenschaften 77/1, 1994, 32f, Edel; vgl. auch 40f, 106f, 118f). Klar ist auch, dass die beiden Gottheiten die 1000 Gottheiten des Landes Ägypten und die 1000 Gottheiten des Landes Chatti repräsentieren (WVDOG 95, 1997, 80f, Edel). Die politische Theologie, die in diesem ersten dokumentierten Ringen um Weltfrieden zum Zuge kommt, weist den beiden kosmischen Gottheiten je einen bestimmten geographischen Bereich zu (Levine, in: AThANT 82, 2003, 85f, Oeming/Schmid). Ähnlich weit reichende theologische Versuche werden erst in Zusammenhang mit der Expansion des assyr. Reiches wieder begegnen (vgl. § 417–423.437–463.510–537).

Monotheisierende Tendenzen

§ 142 Der schwach bezeugte, kaum hist. Seth-Baal-Monotheismus des Hyksos Apophis und der des Echnaton wurden bereits diskutiert (vgl. § 4). Sowohl in Vorderasien wie in Ägypten kann der je zuständige Gott gelegentlich hymnisch nicht als *Einziger* aber als *der Eine* gefeiert werden (vgl. Loretz, Des Gottes Einzigkeit 1997, 39–48141–152). Im ugarit. Baalsepos erklärt Baal nach dem Sieg über seine Gegner:

> Ich allein bin es, der herrscht als König über die Götter (49b *aḫdy.d ym* 50 *lk.* '*l. ilm.l*),
> der fett macht Götter und Menschen (*ymru* 51 *i*lm. wnšm*),
> der sättigt die Mengen der Erde (*d yšb* 52a < ' > *hmlt. arṣ*).
> (KTU 1.4 VII 49b–52a; TUAT III/6, 1170, Dietrich/Loretz; vgl. weiter BEThL 91, ²1997, 106–110, De Moor; Loretz, Des Gottes Einzigkeit 1997, 49–60; s. weiter § 745–751).

In den großen Hymnen auf Amun-Re als Schöpfer und Weltgott wird dieser schon vor Amarna, dann aber vor allem in der Ramessidenzeit gefeiert als

> »Ein Gott, der sich selbst zu Millionen machte« (*nṯr w ' jrjw sw m ḥḥw*).
> »Der Eine allein, dessen Körper Millionen sind« (*w ' w ' w ḏt.f ḥḥw*).
> »Ein Gott, der Millionen hervorbrachte … der das Entstehen begann. Es gibt keinen außer ihm« (*nṯr w ' jrjw ḥḥw … šꜣ ' ḫpr nn wp ḥr.f*).
> »Fern in Bezug auf das Angesicht, aber nahe in bezug auf das Ohr (d.h. bereit zu hören), als Einer und Millionen (Einer der Millionen, Einer für Millionen), dessen Natur (Wesen) niemand kennt« (*wꜣw m ḥrw tkn m msḏr m w ' ḥḥw nn rḫjnm.f*)
> (J. Assmann, Egyptian Solar Religion in the New Kingdom. Re, Amun and the Crisis of Polytheism, London 1995, 68–70.150–155 Belege Nr. 3.8.19.24; weitere Belege bei J. Zandee, De Hymnen aan Amon van Papyrus Leiden I 350, Leiden 1948, 17f und Pl. X–XI; Assmann, ÄHG 47f Anm. 64.238).

E. Hornung meint allerdings: Außerhalb der kurzen Episode von Amarna »dürfen wir ›einzig‹ nur dort wörtlich nehmen, wo der im Anfang einzige Schöpfergott gemeint ist, ›der sich (durch seine Schöpfung) zu Millionen macht‹« (Der Eine und die Vielen, Darmstadt ²1973, 180f; ⁶2005, 197f). J. Assmann hat gezeigt, dass diese Auffassung zu eng sein dürfte und statuiert: »Die Einzigkeit Amuns, in der, um es noch einmal zu sagen, die Existenz der anderen Götter in keiner Weise geleugnet wird, beruht darauf, dass er 1. der Urgott ist, der vor aller Welt war, 2. der Schöpfer, der die Welt aus dem Urzustand in den Kosmos verwandelt hat, 3. der Lebensgott, der die Welt in Gestalt der drei lebenspendenden Elemente belebt, beseelt und erhält, 4. der Sonnengott, der seinen Lauf allein vollbringt und mit seinem Blick die Welt erleuchtet und bewacht, 5. der Herrschergott, der die Herrschaft über seine Schöpfung ausübt und von den irdischen Königen repräsentiert wird, 6. die ethische Instanz, die über Recht und Unrecht wacht, der ›Wesir der Armen‹, der Herr über Zeit, ›Gunst‹ und Schicksal, 7. der verborgene Gott, dessen Symbole, Abbilder, Namen, die vielen Götter sind« (OBO 51, 1983, 194f; vgl. auch Assmann, ÄHG 1999, 46–52; zu Amun vgl. weiter BEThL 91, ²1997, 103–105, De Moor).

Etwas Ähnliches wie diese Art von Einzigkeit meint die Unvergleichlichkeit, die in polytheistischen Systemen ohne Problem von einer Gottheit ausgesagt werden kann (C.J. Labuschange, The Incomparabilty of Yahweh in the Old Testament, Leiden 1966, 31–63).
Wenn wir es hier auch nicht mit Monotheismus im Sinne der ausschließlichen Existenz nur eines Gottes zu tun haben und auch nicht mit Monolatrismus im Sinne der ausschließlichen Verehrung eines Gottes, so doch mit der Konzentration und massiven Überlegenheit einer Gottheit über alle anderen Gottheiten im Sinne eines gött-

lichen Königtums. Dieses Modell findet sich ähnlich wieder in den erheblich kleineren Panthea der in der EZ II entstehenden Territorialstaaten (vgl. § 240.441).

Wie das Folgende zeigen wird, wurde in Jerusalem im 10. Jh.a ein Gott verehrt, der einerseits als Sturmgott dem ägypt. Seth/Sutech/Baal verwandt war, der in Jerusalem aber auch Attribute und Erzählungen einer alten Sonnengottheit übernahm. Im Ps 104 hat JHWH sowohl Wetter- wie Sonnengott-Funktionen inne. Beide stehen nicht unverbunden nebeneinander, sondern durchdringen sich gegenseitig, und es ergibt sich so ein neues und reiches, viele Aspekte des Kosmos bestimmendes Gottesbild (ZAW 103, 1991, 43–71, Dion; zur Verbindung von Wetter- und Himmelsgott in Ps 18, 21, 46, 65 etc. vgl. OBO 169, 1999, Klingbeil). Ein so aspektreicher und so wichtige Phänomene transzendierender Gott hatte gute Chancen zum einen und einzigen Gott aufzusteigen.

Interessant ist, dass vom ägypt. Sonnengott als eine Art Übergott nicht nur Einzigkeit, sondern auch Bildlosigkeit ausgesagt wird:

> »Gerüsteter, Gerüsteter, dessen Wesen man nicht kennt
> und von dem es keine Bilder (jrw) der Künstler gibt«
> (Assmann, ÄHG 242; vgl. dazu auch Hornung, Der Eine 132–140).

Eine Zusammenfassung der Geschichte Jerusalems in der SBZ findet sich unter § 162.

3. JERUSALEM UND DIE ISRAELITISCHEN STÄMME – DIE EISENZEIT I (ca. 1150–980a)

§ 143   Die sbz Stadtkultur erlebte zw. dem Ende des 13. und dem frühen 11. Jh. einen Niedergang, der hauptsächlich durch das Eindringen der Seevölker aus dem Raum der Ägäis in den Nahen Osten verursacht wurde. Städte wie Ugarit und Hazor fanden ein plötzliches Ende. Das eigentliche Ziel der Seevölkerbewegung war Ägypten. Aber Ramses III. (1187–1156a) gelang es, diese Bewegung zu Lande und zu Wasser zu stoppen. So ließen sich diese Gruppen an der Levanteküste nieder, ganz im S die Philister (ägypt. *plšt*), die in der Bibel der ganzen Bewegung und schließlich auch dem Land den Namen, Palästina, gegeben haben (Palaestina antiqua 8, 1994, 179–185, Noort; vgl. weiter. T. Dothan, The Philistines and their Material Culture, Jerusalem 1982; T. und M. Dothan, People of the Sea. The Search for the Philistines, New York 1992; NBL III 141–143, Görg; E.D. Oren, Hg., The Sea Peoples and their World: A Reassessment, University Museum Monograph 108, Philadelphia 2000; S. Gitin, The Philistines, in: D.R. Clark/V.H. Matthews, Hg., 100 Years of American Archaeology in the Middle East, Boston 2004, 57–85; BASOR 333, 2004, 1–54, Dothan/Zukerman). Die Philister haben im 12. oder vielleicht erst im 11. Jh.a in der s Küstenebene Fuß gefasst (TA 22, 1995, 213–239, Finkelstein; vgl. aber BASOR 322, 2001, 1–10, Bunimovitz/Faust). Etwas früher begannen Stammesverbände (vgl. Ri 5,13–22.24–30), die sich zu Israel zusammen schlossen und die zuvor in den gleichen Gebieten eine nomadische Existenz geführt hatten (Finkelstein, Archaeology) oder Elemente, die von der Küstenebene her eingewandert waren (N.K. Gottwald, The tribes of Jahwe, New York 1979; UF 25, 1993, 484–486, Zwickel), im Bergland zu siedeln (Killebrew, in: FS Mazar 555–572). Die expansive Politik der Philister zwang die segmentäre Gesellschaft der dörflichen Siedlungen im Bergland sich zusammenzuschließen (JBL 122, 2003, 421, Bloch-Smith; weitere Lit. In § 9). Die Ägypter vermochten mindestens noch während der Regierungszeit Ramses III. (1187–1156a; vgl. P. Grandet, Ramsès III. Histoire d'un règne, Paris 1993) Orte wie →II Lachisch und Gaza zu halten. Während Städte wie Sichem und Lachisch nach der Zerstörung für lange Zeit nicht wieder besiedelt wurden, war das bei anderen wie z.B. bei Bet-Schemesch, Geser oder Megiddo nicht der Fall. Einzelne scheinen überhaupt nicht zerstört worden zu sein, wie z.B. Bet-Schean. Zu diesen Städten, die nicht zerstört wurden, hat sehr wahrscheinlich auch Jerusalem gehört (zu einem Gesamtüberblick über die Periode s. NBL II 584–588, Fritz; BA = NEA 62/2, 1999, 62–92.101–127, Bloch-Smith/Alpert Nakhai).

3.1 ARCHÄOLOGISCHES

§ 144   Jerusalem hat archäolog. nur ganz geringe Siedlungsspuren aus dem 12. und 11. Jh. (Stratum 15) geliefert. Eine Mauer scheint es auch in dieser Zeit nicht besessen zu haben (vgl. § 94). Allerdings stammt, folgt man der Datierung von Finkelstein (Levant 33, 2001, 106), das monumentale Stützsystem oben am Ostabhang der

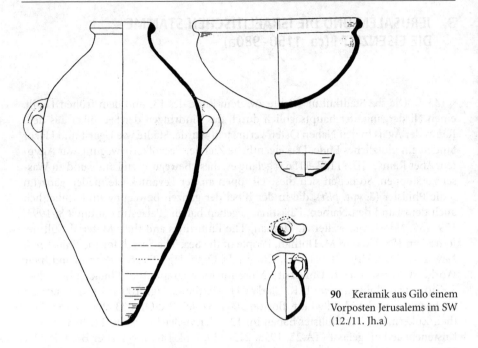

90 Keramik aus Gilo einem Vorposten Jerusalems im SW (12./11. Jh.a)

Davidstadt (**82–83**) aus dieser Zeit oder aus dem frühen 10. Jh.a (vgl. § 134f). I. Finkelstein hat von der EZ I bis in die EZ IIB die archäolog. Schichten 50–100 Jahre jünger datiert, und so das, was einmal ins 12. Jh.a gehörte, ins 11. Jh. versetzt und das, was 10. Jh.a (Salomo) war, jetzt ins 9. Jh.a (omridisch) fällt. Weitere Reste sind spärlich. In Areal E1 wurden einige Architekturreste, in Areal D1 Schichten mit Keramik aus dieser Zeit gefunden (Qedem 19, 1984, 26f, Shiloh; **20**). Nach der *Low Chronology* gehören diese dann allerdings der beginnenden EZ II (9. Jh.a) an. Es ist zu beachten, dass die in der Folgezeit (EZ IIB) – vor allem am Ende des 8. Jh.a zur Zeit Hiskijas – sehr rege Bautätigkeit Reste aus der unmittelbar vorhergehenden Zeit weitgehend beseitigt haben kann (vgl. § 87f; zur Problematik der *Low Chronology* vgl. Ortiz, in: FS Mazar 587–611).

§ 145 Analog zu Manachat in der SBZ (**4**; § 110.138) dürfte das ca. 6km sw vom SO-Hügel gelegene Gilo (Baal-Perazim?) der EZ I von Jerusalem aus errichtet worden sein. Der Bau des dort gefundenen Turms mit einem Grundriss von 11,2 × 11,2m verlangte nach A. Mazar nebst Geschick eine reife Bautradition und ökonomische Ressourcen. Die Bauweise erinnert Mazar an die der getreppten Struktur am Ostabhang des SO-Hügels (§ 134f; **84–85**). Die Keramik ist eine Weiterentwicklung sbz Formen (**90**). Das gilt auch von dem in Gilo gefundenen Dolch mit einem Zweig (**91**; Mazar, Jerusalem 70–91, bes. 83.86; OBO 180, 2001, 138–141.516–519, Zwingenberger). Die Lage auf einem strategisch wichtigen, für Subsistenzwirtschaft aber denkbar ungeeigneten Hügel macht die Anlage als Außenposten Jerusalems in unruhiger Zeit sinnvoll, nicht aber als Niederlassung sesshaft werdender Nomaden (IEJ 34, 1984, 172,

91 Dolch aus Gilo, der mit einem Zweig geschmückt ist (12./11. Jh.a)

Ahlström). Die flüchtig gebauten Häuser und Hürden in der Umgebung des Turms dienten der Besatzung, die sich bei Angriffen in den Turm flüchten konnte. Vielleicht muss auch das frühez →II Bet-Ter, ca. 10km sw der Davidstadt (4), noch als Außenposten Jerusalems gesehen werden (UF 25, 1993, 479, Zwickel).

Auffällig ist das weitgehende Fehlen frühez Siedlungen im S Jerusalems und deren Dichte im N, in der ö Hälfte des Stammesgebiets von Benjamin (Mazar, Jerusalem 75 Fig. 1; I. Finkelstein/Y. Magen, Archaeological Survey of the Hill Country of Benjamin, Jerusalem 1993). Diese Dörfer weisen mit ihren Terrassenfeldern, Silos und Zisternen bemerkenswerte technologische Neuerungen auf, scheinen aber aufgrund ihrer Keramik, des Wohnungsbaus und der Begräbnissitten einen bewusst konservativen, die Egalität betonenden Lebensstil gepflegt zu haben (TA 32, 2005, 204–219, Faust; zu einer sehr detaillierten Analyse der frühez Dorfkultur des mittelpalästinischen Berglandes s. OBO 180, 2001, Zwingenberger; vgl. auch Killebrew, in: FS Mazar 555–572). Interessant ist, dass selbst diese einfache Dorfkultur nicht völlig illiterat gewesen ist (vgl. § 167).

3.2 JERUSALEM UND ISRAELITISCHE GRUPPEN UND STÄMME

QUELLEN

§ 146   Auf die Übergangszeit zw. dem kanaanäischen Stadtstaat unter ägypt. Oberhoheit und der Inbesitznahme der Stadt durch David beziehen sich eine Anzahl Texte
der hebr. bibl. Schriften. Im Pentateuch wird Jerusalem mit seinem vollen und klaren
Namen nie erwähnt. Umschreibende Formeln wie »der Ort, den JHWH erwählen
wird, um dort seinen Namen wohnen zu lassen« sind dtr. archaisierende und mysti-
fizierende Umschreibungen (§ 81). Weitere Anspielungen finden sich in noch späteren Texten (Gen 14,18 Schalem; § 59f) oder Glossen (Gen 22,2 Morijah; § 75).
In der Anordnung der bibl. Bücher wird Jerusalem zuerst in Jos (8mal: 10,1.3.5.23;
12,10; 15,8.63; 18,28), in Ri (3mal: 1,7.21; 19,10) und in 1Sam (einmal: 17,54) erwähnt.

§ 147   Bei diesen Texten handelt es sich um Erzählungen, die weitgehend konstruiert wirken, und bei denen ältere Überlieferungen nur mühsam aus jüngeren Überarbeitungen erhoben werden können. Oder es handelt sich um kurze Notizen und
um Erwähnungen in Listen, deren Alter umstritten ist. Manche werden bezweifeln,
ob sich aus diesem heterogenen Material überhaupt hist. brauchbare Informationen
für eine so frühe Zeit gewinnen lassen. Inhaltlich geht es um Kämpfe von Gruppen
und Stämmen, die sich später zu Israel zusammenschlossen, mit dem noch nicht
israelit. Stadtstaat Jerusalem, um Grenzziehungen und die Frage, ob Jerusalem (theoretisch) zum Territorium Judas oder Benjamins gehöre. Einige archaische Fragmente
(Zitate aus dem »Buch des Wackeren«) und die strikte Anwendung des Kriteriums
»milieugerecht« ermöglichen bei genügender Sorgfalt und Zurückhaltung ein paar
Aussagen, die zwar nicht im strengen Sinne nachweisbar sind, aber doch eine gewisse
Wahrscheinlichkeit für sich haben (vgl. zu dieser Problematik die ausführlichen Erwägungen in den § 166–178).

EIN KAMPF ADONI-ZEDEKS VON JERUSALEM UM GIBEON UND DIE STEIGE VON BET-HORON?

§ 148   Der im Rahmen der bibl. Reihenfolge *erste* Text, der Jerusalem erwähnt, ist
Jos 10. Der Text hat deutlich drei Themen, die in drei Abschnitten behandelt werden:
10,1–15 Kampf auf der Steige von Bet-Horon; 16–27 Hinrichtung bei → II Makkeda;
28–42 Eroberung von sechs Städten im S.
Literarkritische Analysen isolieren im ersten Abschnitt Jos 10,1–11.15 meist eine
JHWH-Krieg-Geschichte. Sie erzählt recht schematisch, wie fünf (?) Amoriterkönige
vom Bündnis der Stadt Gibeon mit den neu zugewanderten Israeliten (vgl. Jos 9)
hören und diese deshalb angreifen. Josua bzw. JHWH sei dem verbündeten und nun
bedrohten Gibeon zu Hilfe geeilt, hätte die Amoriter geschlagen und die Steige von
Bet-Horon (4) hinuntergejagt (vgl. z.B. Briend, Sources 358f.370f). Kern der Überlieferung könnte ein lokaler Konflikt zw. Gibeon und einer Gruppe von Benjaminiten
oder Efraïmiten einerseits und dem König von Jerusalem andererseits gewesen sein.
Vielleicht wurden auch Verbündete des letzteren genannt, z.B. das sonst wenig bekannte → II Jarmut (vgl. dazu VT 26, 1976, 506f, Rösel). In die Gegend von Jarmut
verweist außerdem → II Aseka, das als primärer Fluchtpunkt der bei Gibeon geschla-

92–94 Drei Siegel-Amulette aus Grab 3 in Gibeon (ed-Dschib): 92 = Skarabäus mit Stier, Eidechse mit der Bedeutung: »viel, reich an«, auch Regenerationssymbol), vier Zweigen und Sonne (ca. 1250–1150a); 93 = Konoid mit anthropomorphem Gott auf einem Stier (ca. 1100–900a); 94 = Skaraboid mit drei schematisierten Tanzenden; vgl. 50 (ca. 1100–900a)

genen Könige genannt wird (V. 10). Der imperiale »Josua« dürfte sekundär einen weniger bekannten efraïmitischen oder benjaminitischen Anführer ersetzt haben, wie David in der Goliatgeschichte den sonst unbekannten Elhanan aus Bethlehem ersetzt (2Sam 21,19; s. § 161).

§ 149   Die Überlieferung von Jerusalem als Gegner einer gibeonitisch-benjaminitischen Koalition erhält Plausibilität durch die rege archäolog. nachgewiesene Siedlungstätigkeit n von Jerusalem in der EZ I (§ 145 Abschnitt 2) und eine eindrückliche Bautätigkeit in Jerusalem, die vielleicht in diese Zeit fällt (§ 134f). Von der Archäologie her gesehen ist ein Konflikt zw. dem Zentrum des alten Stadtstaats und den neuen Siedlungen plausibel. Die sbz und frühez Besiedlung von → III el-Dschib, das traditionell mit Gibeon identifiziert wird, ist bisher allerdings nur durch Keramik- und Siegelamulett-Funde aus Gräbern nachgewiesen (NEAEHL II 512f, Pritchard). Sbz ist ein ägypt. Skarabäus mit einem Stier (92), frühez ein Konoid mit dem Wettergott auf dem Stier (93) und ein Skaraboid mit drei tanzenden(?) anthropomorphen Gestalten (94). Der Stier auf dem Konoid erinnert an die bekannte Stierbronze (95) von

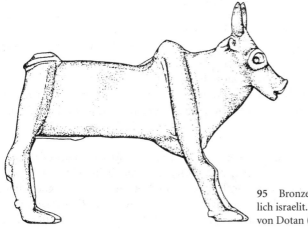

95   Bronzestier von einem wahrscheinlich israelit. Freilichtheiligtum 15 km ö von Dotan (11. Jh.a)

einem Freilichtheiligtum n von Samaria, bei dem es sich sehr wahrscheinlich um einen protoisraelit. Kultplatz gehandelt hat (PEQ 131, 1999, 144–148, Mazar; TA 33, 2006, 121–133, Ben-Ami). Im Gegensatz zu den mbz Stierbronzen, die den Stier friedlich schreitend zeigen, steht dieser Stier zum Angriff bereit (GGG 134f.478f.499 Abb. 384; OBO 122, 1992, 169–193, Keel).

§ 150   Der Konflikt zw. Gibeon und den Protoisraeliten einer- und dem Stadtstaat von Jerusalem andererseits erinnert in seiner Struktur stark an die Konflikte der Amarnazeit, so z.B. an den Abfall von Bet-Ninurta zu Hapiru (§ 121) oder an den zw. Laba'ju von Sichem und einzelnen Stadtstaaten (§ 119). S.D. Waterhouse versucht, die Hapiru/Chabiru des 14. Jh.a mit den Hebräern des 11. Jh. zu identifizieren (Journal of the Adventist Theological Society 12, 2001, 31–42), was eine ethnische Bedeutung der beiden Begriffe voraussetzt, die unwahrscheinlich ist.

N. Na'aman weist umgekehrt darauf hin, dass *chabiru*-ähnliche Banden auch noch in neuassyr. Zeit zu finden waren und manche Darstellungen der Richter- und frühen Königszeit von Zuständen im späten 8. und 7. Jh.a beeinflusst sein könnten (JAOS 120, 2000, 621–624 = CE I 298–304). Na'aman bringt drei Belege für den entsprechenden Begriff (^{LU}*urbī*). Einer steht in Zusammenhang mit einem Feldzug Sanheribs gegen die Chaldäer, einer mit einem Assurbanipals gegen Elam und einer mit dem Feldzug Sanheribs gegen Juda (§ 542). Abgesehen davon, dass der Begriff alles andere als eindeutig ist, ergeben die drei Belege eine schmale Basis für Na'amans Vermutungen.

Der Konflikt von Jos 10 erinnert an eine Konstellation, wie sie auf einer berühmten Elfenbeinritzung aus Megiddo aus dem späten 13. oder 12. Jh.a zu sehen ist (111). Ein Stadtkönig oder eine kleine Koalition von Stadtkönigen (Jerusalem, →II Jarmut, evtl. →II Aseka) fühlt sich durch den Abfall einer Stadt (→III Gibeon) von unstabilen →I Chabiru/Hapiru- oder Schasu ähnlichen Gruppen bedroht und versucht unter Führung des Jerusalemer Königs Adoni-Zedek (zum Namen vgl. CBQ 58, 1996, 207f, Hess) diese Stadt zurückzugewinnen (vgl. WBC 7, 1983, 115, Butler; Buried History 35, 1999, 26–33, Hess; zu Schasu-Elementen vgl. IEJ 51, 2001, 57–75, Rainey). Adoni-Zedek ist die einzige Person in allen hebr. bibl. Schriften, die den Titel »König von Jerusalem« trägt (»der König von Salem« in Gen 14,18 ist archaisierend, vgl. § 60; vgl. aber Ps 110,4). Auch das erinnert an die Amarnazeit. Damals wurden, wie gesagt, die Herrscher von Stadtstaaten wie Jerusalem »König« (*šarru*) genannt (§ 113). Der Stadtstaat von Jerusalem kontrolliert in Jos 10 immer noch ungefähr das Gebiet, das er in der Amarnazeit beherrscht hatte (72–73). Wieder einmal war der wichtige Weg über die Steige von Bet-Horon bedroht (4; § 27.120; vgl. EA 287,54–59). Jarmut und besonders Aseka sind Orte, die den s Zugang kontrollierten. Sie werden aufgeboten, um den n zu verteidigen. Mit dem Verlust der Schlacht bei Gibeon geht nicht nur der Zugang über Bet-Horon, sondern auch der s über Aseka verloren. Jerusalem erscheint so nach dem Ausgang des Kampfes von der Küstenebene abgeschnitten.

§ 151   Auch religionsgeschichtlich betrachtet erinnert die Auseinandersetzung an sbz Konstellationen. Auf dem eben genannten Megiddo Elfenbein (111; vgl. § 228) schwebt über dem Stadtkönig die Flügelsonne. Seine Gegner sind ohne göttlichen Schutz. Die in el-Dschib gefundenen Siegelamulette aus dieser Zeit (92–94) suggerieren jedoch, dass die von diesen Dörflern primär verehrte Gottheit ein Wetter- und

Kampfgott war, der auch in Stiergestalt verehrt wurde (95; vgl. 1Kön 12,26–33; Num 23,22; Dtn 33,17). Die Auseinandersetzung wird als JHWH-Kampf geschildert, bei dem das »Volk JHWHs« JHWH nur als eine Art Hilfstruppe in den Kampf begleitete (Ri 5,23). Eigentlicher Haupt- und Vorkämpfer ist JHWH (NBL II 553–555, Ruffing). Sein Eingreifen wird als das eines Sturmgottes geschildert (Jos 10,11 »Hagelsteine«; vgl. Jes 28,21). Vor dem Hintergrund Astralgottheiten auf Seiten der Städter, Sturm- und Kampfgott auf Seiten der Dörfler erhalten zwei enigmatische Zeilen einen Sinn, die in Jos 10 aus dem »Buch des Wackeren« zitiert werden.

§ 152   Das in Jos 10,13 »Buch des Wackeren« (*sefær ha-jašar*) genannte Werk wird noch in 2Sam 1,18 als Quelle für die Totenklage Davids um Saul und Jonatan erwähnt. Es dürfte auch mit dem βιβλίον τῆς ᾠδῆς, dem »Buch des Liedes« identisch sein, aus dem in 1Kön 8,53 LXX ein paar archaische Verse zitiert werden, die bei der Tempelweihe in Jerusalem gesprochen worden sein sollen (§ 325–330). Der Lesung »Buch des Liedes« dürfte eine Umstellung (Metathese) von *jšr* zu *šjr* zu Grunde liegen. Hätte im Titel ursprünglich *šjr* gestanden, wäre es defektiv *šr*, d.h. ohne *j* geschrieben worden, und eine Entwicklung zu *jašar* wäre so nicht vorstellbar. Es dürfte sich bei diesem »Buch des Wackeren« um eine sehr alte Sammlung von Liedern gehandelt haben (vgl. zur Gattung »Lieder« weiter § 171). Nach dem Zitat in 1Kön 8,53a LXX lässt der Sonnengott von Jerusalem JHWH in seinem Heiligtum wohnen. In zweien der drei Zitate aus dem »Buch des Wackeren« erscheint also die Sonne bzw. der Sonnengott, und zwar in einem ausdrücklichen (1Kön 8,53 LXX) bzw. erschlossenen (Jos 10,12b–13a) Zusammenhang mit Jerusalem. Wir haben schon beim Element »Schalem« im Namen »Jeruschalem« gesehen (§ 44.125–128) und werden noch weiter feststellen, dass Astralgottheiten, vor allem der Sonnengott, im vordavidischen Jerusalem eine besondere Rolle gespielt haben dürften (vgl. § 332–343).

§ 153   Das Zitat aus dem »Buch des Wackeren« in Jos 10 lautet:

> »›Sonne erstarre (*dom*) bei Gibeon und Mond im Tale von Ajalon!‹
> Und die Sonne erstarrte (*wa-jiddom*) und auch der Mond (stand),
> bis das Volk sich an seinen Feinden gerächt hatte« (V. 12b–13a).

Dom heißt »vor Schreck erstarren, inaktiv bleiben« (ThWAT II 277–283, Baumann). »Gibeon« und »Ajalon« sind Anfangs- und Endpunkt der »Steige von Bet-Horon« (4; § 27.120). Der beschwörende V. in Jos 10,12b–13a sollte ursprünglich Sonnen- und Mondgottheiten inaktiv machen, von denen angenommen wird, sie hätten als Schutzgottheiten Jerusalems auf dessen Seite gestanden (vgl. HAT 1/7, 1994, 111f, Fritz; Hab 3,11 »Sonne und Mond bleiben in ihrer Wohnung; sie vergehen im grellen Licht deiner Pfeile, im Glanze deiner blitzenden Lanze«). Die rahmenden Verse 12a und 13b–14 legen die Beschwörung der Sonne und des Mondes, die die Schutzgottheiten Jerusalems schwächen sollte, Josua in den Mund und lassen ihn diese Beschwörung – von der Form her wenig sinnvoll – als eine Art Gebet an JHWH richten. JHWH erhört das Gebet. Ob das *'amad* in Jos 10,13a ursprünglich ist, und wenn ja, was es dann bedeutet, ist nicht ganz klar, wahrscheinlich wie *dom* »nicht aktiv werden, stehen bleiben, sich nicht bewegen« (Hab 3,11!; Gen 19,17; 1Sam 20,38; 2Sam 20,12). Die Inaktivität der Sonnen- und Mondgottheit wird schon in Jos 10,13b als ein Stillestehen (*'amad*) gedeutet, das eine Verzögerung des Sonnenuntergangs um einen Tag zur Folge hatte. Dahinter steht die Vorstellung von JHWH, der als Schöpfergott den Gestirnen befehlen kann (Jes 40,26). In der Neuzeit versuchte man, dieses aus einem Missverständnis entstandene »Wunder« rational zu erklären (Sonnen- und Mondfinsternis u.ä.; JNWSL 26, 2000, 137–152, Kruger). Es ist richtig, dass im Zitat aus dem »Buch des Wackeren« der Sturmgott nicht genannt wird und man kann fragen, »ob die These von der wettergöttlichen Einschüchterung von Sonne und Mond wirklich zutrifft« (Zitat von M. Albani, in: QD 209, 2004, 31 Anm. 52, Irsigler). Zweifeln kann man immer. Die Frage bleibt: Wie ist der Text angemessener zu verstehen? Klar widersprechen muss ich dem Vorwurf, den ältesten JHWH auf einen Wettergott reduziert zu haben (vgl. § 235–240).

ZU WELCHEM STAMMESGEBIET WURDE JERUSALEM GERECHNET UND WIE WAR DAS VERHÄLTNIS DIESES STAMMES ZU JERUSALEM?

§ 154   Jerusalem lag zw. den Stammesgebieten von Benjamin und Juda. Oberflächenuntersuchungen und Probegrabungen haben gezeigt, dass im Bereich des Stammes Benjamin für die EZ I bei 12 bekannten Siedlungen insgesamt mit einer sesshaften Bevölkerung von ca. 2200 Personen zu rechnen ist, während für das weit größere Territorium des Berglandes von Juda nur 10 Siedlungen mit einer geschätzten Zahl von 1250 Personen bekannt sind (Finkelstein, Archaeology 332; Mazar, Jerusalem 75; I. Finkelstein/Y. Magen, Archaeological Survey of the Hill Country of Benjamin, Jerusalem 1993, 73, vgl. weiter § 145). Das Stammesgebiet von Benjamin war in der EZ I also erheblich dichter besiedelt als das von Juda. Das begünstigt einen ursprünglich benjaminitischen Anspruch auf Jerusalem.

§ 155   Dass Jerusalem ursprünglich dem Territorium des Stammes Benjamin zugerechnet wurde, bestätigt eine wahrscheinlich alte und detaillierte Beschreibung der N-Grenze des Stammesgebietes von Juda in Jos 15,5–11. Von der Steige von →II Adummim an sind die Fixpunkte ihres Verlaufs mit Sicherheit zu bestimmen (Jos 15,7f; **96**; →II 597 **389a**). Ausdrücklich wird gesagt, dass Jerusalem jenseits der N-Grenze Judas und d.h. in dem Territorium liegt, das Benjamin zugesprochen worden ist. Die Grenze führt allerdings sehr nahe an den SO-Hügel des alten Jerusalem heran. Der Bergrücken w des Hinnom-Tals ist die Wasserscheide im Bereich des heutigen YMCA und King David-Hotels (§ 34). Die →II Refaïmebene (*'emæq rᵉfa'im*), wahrscheinlich seit alters ein wichtiges Landwirtschaftsgebiet des Stadtstaates von Jerusalem, wird Juda zugerechnet. Wann und wie weit dies Wirklichkeit oder Theorie war, lässt sich allerdings nicht sagen. Interessant ist, dass Jerusalem Benjamin zugeschlagen wird, während später Jerusalem und Juda ein fixes Paar bilden (Jes 3,8; 5,3; § 72).

§ 156   In Jos 18,28 erscheint Jerusalem denn auch als Stadt im Bereich des Stammes Benjamin. Die Liste wird häufig als jung qualifiziert (HAT 1/7, 1994, 178f, Fritz). Aber Schilo als Ausgangsort (Jos 18,1.8–10), das Insistieren auf dem schriftlichen Festhalten (Jos 18,4.6.8f) und manche andere Züge, besonders die Zuweisung Jerusalems an Benjamin, könnten darauf hinweisen, dass bei der Redaktion von Jos 18–19 alte Vorlagen benutzt worden sind (WBC 7, 1983, 200–203, Butler). Zwar befand sich nach der Zerstörung Jerusalems im Jahre 587a die Verwaltung für kurze Zeit in →III Mizpa (2Kön 25,23; Jer 40,8) im Stammesgebiet Benjamins (Jos 18,26: § 1033–1037); von daraus abgeleiteten Ansprüchen Benjamins auf Jerusalem hören wir aber – trotz einiger zaghafter und eher ungeschickter Versuche Mizpa aufzuwerten (vgl. § 1036) – nichts, es sei denn man wolle Jos 18,28 so deuten.

§ 157   Ein dritter Text, der bezeugt, dass Jerusalem ursprünglich Benjamin zugerechnet wurde, ist die Notiz in Ri 1,21:
»Und den Jebusiter, der Jerusalem bewohnt, vertrieben die Benjaminiter nicht (*lo' horišu*). Der Jebusiter wohnt mit den Benjaminitern in Jerusalem bis auf diesen Tag«.
Die fast genau gleiche Aussage wird in Jos 15,63 von Juda gemacht. Die Formulierung in Ri 1,21 »Die Benjaminiter vertrieben nicht« ist knapper und sachlicher als das »Die Judäer konnten nicht vertreiben« in Jos 15,63, das etwas apologetisch wirkt.
Die Feststellung des Zusammenwohnens scheint eine Art Kohabitation – nach verschiedenen Zusammenstößen (Jos 10,1–15) und vergeblichen benjaminitischen Übernahmeversuchen – zu be-

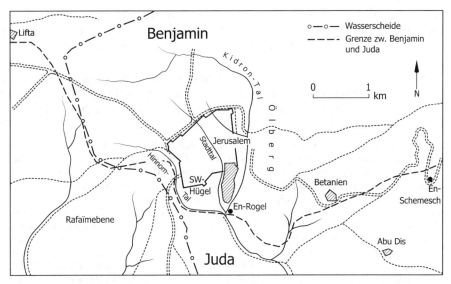

96   Die in Jos 15,5–9 beschriebene N-Grenze Judas in der Gegend von Jerusalem

deuten (so Floss, David und Jerusalem 51–53). Diese Ansicht vertritt auch Ri 19. Die israelit. Reisenden dieser Erzählung können sich vorstellen (V. 10–12), im nichtisraelit. Jerusalem zu übernachten, selbst wenn der Levit – die Leviten hatten den Ruf von Eiferern (vgl. z. B. Dtn 33,8–11) – gewisse Hemmungen hat.
Die Notiz von Ri 1,21 suggeriert auch, dass die Jebusiter von Haus aus keine Benjaminiter waren, wie J.M. Miller meint, sondern Angehörige eines nordsyr. Clans (§ 70).

EINE ANGEBLICHE EROBERUNG JERUSALEMS DURCH DIE JUDÄER

§ 158   Wurde nach Jos 10 das ganze Land s von Gibeon von Josua erobert, setzt Ri 1,1–9 überraschend in V. 1 mit der Frage ein, welcher von den Stämmen damit beginnen soll, das Land bzw. *sein* Land im Kampf zu erobern. Die Entscheidung JHWHs in Ri 1,2, dass Juda mit dem Kampf beginnen soll (vgl. Jos 14,6; Ri 20,18) und Juda in der Folge Jerusalem erobert und zerstört (V. 8), gibt Juda eine Vorzugstellung unter den Stämmen und legt nahe, in diesem Text judafreundliche Kräfte am Werk zu sehen. Auf den ersten Blick macht Ri 1 zwar einen altertümlicheren Eindruck als Jos, wenn statt Josua die Stämme als Träger der Aktion auftreten und auf der Nicht-Eroberung großer Gebiete insistiert wird. Soweit das Kapitel sein Material aber mit dem Buche Josua gemeinsam hat, hängt Ri 1 vom Josuabuch ab (VT 25, 1975, 261–285, Auld; BZAW 192, 1990, 22f, Becker; Finkelstein/Na'aman, From Nomadism to Monarchy 260–274). Ri 1 besitzt so kaum einen hist. Quellenwert (vgl. dagegen RestQ 44, 2002, 43–54, Stevenson). Wir haben eine sekundäre Version vor uns, die zur benjaminitisch-efraïmitischen von Jos 10 in Konkurrenz steht, indem sie behauptet, nicht der efraïmitische Held Josua (Jos 24,30), sondern der Stamm Juda hätte den König von Jerusalem entscheidend geschlagen. Im Hinblick auf die Tradition vom Einzug Davids und seiner Leibgarde in Jerusalem (2Sam 5,6–12) versteckt sich in der Darstellung von Ri 1,1–9 vielleicht ein landjudäischer, gegen das Königtum in Jerusalem gerichteter Anspruch (BN 95, 1998, 12–17, Guillaume). Ri 1,1–9 reflektiert spätere Gegebenheiten, als Juda die dominierende Macht in S-Palästina war.

§ 159   In Ri 1,1–9 ist einzig die Adoni-Besek Geschichte Sondergut (1,5a.6–7a), und nur in ihr dürfte älteres Material greifbar werden (vgl. ATD 9, 149f, Hertzberg; BZAW 192, 1990, 35–38, Becker; Finkelstein/Na'aman, From Nomadism to Monarchy 260–263).

Diese V. erzählen, »sie« (die Judäer oder sie und die Simeoniter) hätten bei Besek Adoni-Besek besiegt, ihm die Daumen und großen Zehen abgeschnitten und ihn nach Jerusalem gebracht. Die Frage nach der Herkunft dieser merkwürdigen Überlieferung lässt sich natürlich nur sehr hypothetisch beantworten. Der Ortsname Besek wird im AT sonst nur noch in 1Sam 11,8 erwähnt. Saul mustert dort seine Leute, um Jabesch in Gilead zu entsetzen. Dieses Besek ist mit Chirbet Ibziq zu identifizieren (HAL I 113f), das w vom Jordan ziemlich genau Jabesch in Gilead gegenüber liegt (Herders Großer Bibel Atlas 74). Ein Kampf bei Besek ist vorstellbar, wenn die Protagonisten ursprünglich nicht die Judäer, sondern die Simeoniter waren. Sie hielten sich zuerst in Mittelpalästina, in der Gegend von Sichem auf, machten sich in jener Gegend durch ihr aggressives und grausames Verhalten verhasst und mussten sich in den äußersten S zurückziehen (Gen 34,25.30; 49,5–7; vgl. RB 76, 1969, 5–49, de Pury), ein Gebiet, das sie vielleicht schon aufgrund des Weidewechsels kannten. Dort gingen sie im Stamm Juda auf. Angesichts dieses Sachverhalts ist es fraglich, ob V. 3, der vom Zusammengehen der Judäer und Simeoniter berichtet, sekundär ist, wie Becker u.a. es wollen. Denn der Kampf bei Besek ist nur als simeonitische, nicht als jud. Tradition verständlich. Zu einer simeonitischen Überlieferung passt das grausame und konkrete Detail, »sie«, die Simeoniter bzw. die Judäer, hätten dem besiegten »Herrn von Besek« (ʾadonj bezeq) die Daumen und die grossen Zehen abgeschnitten, um ihm fortan das Tragen von Waffen und ein ungehindertes Gehen zu verunmöglichen. Die grausame Praxis wird mit einem Ausspruch Adoni-Bezeks, er hätte seinerseits 70 Könige mit abgehauenen Daumen und grossen Zehen unter seinem Tisch Brosamen auflesen lassen, gerechtfertigt (vgl. zu solchen Praktiken Gaster, Myth 416f.528).

N. Na'aman sieht in der Geschichte von Adoni-Besek eine Landnahmeüberlieferung des Hauses Josef, die vom grausamen König Adoni-Besek von Sichem erzählte, der zuletzt ebenso grausam und demütigend behandelt wurde, wie er die von ihm Besiegten behandelt hatte. Die Ähnlichkeit der Namen hätte zur Identifikation von Adoni-Besek mit Adoni-Zedek von Jos 10 geführt. Diese habe erlaubt, das in Jos 10 nicht erzählte Ende von Adoni-Zedek nachzutragen (BN 45, 1988, 42–47, Na'aman; Finkelstein/Na'aman, From Nomadism to Monarchy 260–263).

§ 160   Warum lässt der jud. Kompilator den verstümmelten Adoni-Besek, den Herrn des weit n gelegenen Besek, nach Jerusalem hineinbringen und dort sterben? Sehr wahrscheinlich hat er den Namen als Eigennamen verstanden, aber der Name »Herr der Scherbe« (Levy, Wörterbuch I 208) macht wenig Sinn. Der Name spielt deutlich auf Adoni-Zedek »Herr der Gerechtigkeit« oder »der Herr ist Gerechtigkeit« in Jos 10,1–15 an. Die griech. Übersetzer haben Adoni-Zedek dort durch Adoni-Besek ersetzt. Vielleicht liegt in der Anspielung und in der Ersetzung nichts anderes als eine Verhöhnung Adoni-Zedeks vor (CAT 5B, 1987, 25, Soggin), der anscheinend als Prototyp des negativ konnotierten vordavidischen Königs von Jerusalem fungierte, wie Malki-Zedek (Melchisedek) als Prototyp des positiven.

GOLIATS KOPF IN JERUSALEM

§ 161   Wenn in 1 Sam 17,54 erzählt wird, David hätte den Kopf des Philisters Goliat nach Jerusalem gebracht, braucht das kein Anachronismus zu sein. Die Erzählung ist eine Sage. In ihrer vorliegenden Form dürfte sie erst am Ende des 7., zu Beginn des 6. Jh.a entstanden sein (§ 1010–1014). Nach 2 Sam 21,19 hat ein Elhanan aus →II Betlehem und nicht David den Goliat erschlagen. 1 Chr 20,5 lässt Elhanan harmonisierend den Bruder Goliats töten. Der unbekannte Elhanan wurde gegen den berühmten David ausgetauscht (ZAW 108, 1996, 172–191, Dietrich). A. Maeir hat auf dem Tell eṣ-Ṣafi, dem bibl. →II Gat eine Scherbe aus dem 10./9. Jh.a ausgegraben, auf der zwei Namen, *alwt* und *wlt*, zu lesen sind. Es handelt sich um nicht-semitische Namen, die mit »Goliat« verwandt sind (WUB 11/2, 2006, 70, Wimmer). Das ist mindestens ein Beweis für die Lokalkolorit-Treue, wenn auch nicht für die Historizität der Überlieferung. Den Topos, dass David Teile der Kriegsbeute irgendwelchen Nachbarn zukommen liess, konnte die Sage 1 Sam 30,26–31 entnehmen. Er braucht an und für sich keine Besiedlung Jerusalems durch Israeliten vorauszusetzen, sondern nur, dass die vorisraelit. Bewohner Jerusalems die Philister auf ähnliche Weise als Bedrohung empfanden wie die Judäer und Protoisraeliten. Mit der Beute konnte man dann gleichzeitig die eigene Überlegenheit im Kampf gegen den gemeinsamen Feind und einen entsprechenden Führungsanspruch demonstrieren (vgl. § 159). Im Zusammenhang der bibl. Schriften bereitet das Motiv die Annexion Jerusalems bzw. des Zion durch David vor. Ursprünglich dürfte sie die zionstheologische Vorstellung illustriert haben, dass alle Tyrannen im Gott von Jerusalem ihren Meister finden (§ 980–982.1002).

3.3 DAS VORDAVIDISCHE JERUSALEM – ZUSAMMENFASSUNG

§ 162   Die weltgeschichtliche Bedeutung Jerusalems liegt nicht in ökonomischen, künstlerischen, wissenschaftlichen oder politischen Leistungen, sondern in religiösen, vor allem in seiner Eigenschaft als Geburtsstätte des Monotheismus und seiner bedeutenden, wenn auch je verschiedenen Rolle in den Symbolsystemen der drei großen monotheistischen Religionen.

Palästina liegt im Schnittpunkt dreier Erdteile und damit im Zentrum der alten Welt. Die von A. Alt behauptete ungünstige *Lage* Jerusalems innerhalb Palästinas gilt nur, wenn man das Land von Rom oder Konstantinopel, von Damaskus oder Kairo aus betrachtet. Von Rom aus lag Cäsarea günstiger, von Damaskus aus Lydda bzw. Ramle. Innerpalästinisch gesehen aber lag Jerusalem zentral. Die Lage war charakterisiert durch das gesunde Klima des Gebirges, durch eine immer fließende Quelle und die Funktion als Knotenpunkt wichtiger Verkehrswege von W nach O und von N nach S. Jerusalem besaß Abstand zu den Großmächten, die abwechslungsweise die Küstenstrasse und -ebene beherrschten, und im Gebirge gelegen ein ziemlich hohes Abwehrpotenzial gegen Angriffe. Es lag aber doch nahe genug an der neuralgischen Berührungszone zw. Ägypten und den vorderasiatischen Großreichen, um das internationale Geschehen zu beobachten, sich gelegentlich bedeutsam einzumischen oder hineingezogen zu werden.

Der *Name* Jerusalem ist vielleicht seit dem 3. Jt.a, sicher aber seit der ersten Hälfte des 2. Jt.a bekannt. Seine wahrscheinlichste Bedeutung ist »Gründung des (Gottes) Schalem bzw. Schalim«. Volksetymologisch ist der Name wahrscheinlich schon seit dem 7. Jh.a als »Stadt des Friedens« (*schalom*) gedeutet worden. Für griechische Ohren wurde die Stadt in Hierosolyma »Heilige (Stadt) der Solymier« umbenannt. Nebst den nur in einzelnen Schriften verwendeten Symbolnamen besaß sie eine Reihe appellativischer Namen. Ob diese wie z.B. »Berg des Heiligtums« oder »Stadt des Heiligtums« mit »Berg« oder »Stadt« zusammengesetzt waren, das entscheidende Element blieb immer das Heiligtum, das Heiligtum JHWHs. Dieses hat der Stadt ihre Bedeutung gegeben. In der arab. Welt heißt sie heute meist auch schlicht *el-quds* »das Heiligtum«. JHWH seinerseits heißt aber nur einige wenige Male, in einer Inschrift und im Mund von Fremden »der Gott von Jerusalem«. JHWH gab ihr ihre Bedeutung, nicht die Stadt ihm. Das ist wohl der tiefere Grund, warum sie in den fünf Büchern Mose nicht explizit genannt wird.

Die *Geschichte* der Siedlung als Stadt beginnt nicht ca. 1000a mit David, wie das das 1995/1996 von der israelischen Stadtverwaltung inszenierte Jubiläum »3000 Jahre (israelisches) Jerusalem« suggeriert, das den nach internationalem Recht inakzeptablen Anspruch Israels auf Großjerusalem legitimieren sollte. Die Geschichte Jerusalems als Stadt begann spätestens zu Beginn der *Mittleren Bronzezeit IIB* um 1700a. Aus dieser Zeit sind Reste mächtiger Befestigungsanlagen erhalten, die bei Belagerungen den Zugang zur Quelle sicherten. Die Stadt dürfte damals eine Bevölkerung von ca. 2000 Personen gehabt haben. Das ist nicht viel, aber in einer Zone mit Siedlungen, die durchschnittlich zehn Mal kleiner waren, stellte sie – gut organisiert – einen bedeutenden Machtfaktor dar. Die gute Organisation garantierte ein Stadtfürst. Jerusalem hatte damals Teil an der eindrücklichen kanaanäischen Zivilisation Palästinas. Diese erlaubte palästinischen Kräften zum einzigen Mal in der Geschichte dieser Region an der Berrschung großer Teile Ägyptens mitzuwirken und das von ca. 1650–1550a. Ob die berühmten »Herrscher der Fremdländer« (Hyksos) hauptsächlich aus Byblos und Umgebung gekommen waren und sekundär in der Zusammenarbeit mit kanaanäischen Fürsten Rückhalt suchten oder ob von Anfang an solche am Aufbau der Hyksosherrschaft beteiligt waren, wurde hier nicht diskutiert. So oder so war mit dieser Phase kanaanäischer Kultur eine große Bewunderung für die ägypt. Kultur verbunden, die sich u.a. in zahlreichen Siegelamuletten, den sog. Hyksosskarabäen dokumentiert, die auch in Jerusalem gefunden worden sind. Sie bezeugen zudem, dass Jerusalem am gemeinkanaanäischen Kult des Wettergottes und der Zweiggöttin teil hatte. Daneben dürfte Jerusalem mit dem durch seinen Namen verbürgten Kult des Schalim/Schalem von Anfang an eine spezielle Tradition gepflegt haben, die als Element eines Sonnenkults zu verstehen ist.

Um 1550a begann von Oberägypten her die Vertreibung der Hyksos aus Ägypten und die anschließende, sukzessive Eroberung Palästinas durch die Pharaonen der 18. ägypt. Dynastie. Besiegelt wurde diese Eroberung durch den Sieg Thutmosis' III. 1457a über eine Koalition kanaanäischer Fürsten bei → III Megiddo. Archäologisch wird diese Zeit der ägypt. Besatzung als *Spätbronzezeit* bezeichnet. In Jerusalem scheint der Übergang ohne größere Erschütterung stattgefunden zu haben, wie u.a. die kontinuierliche Belegung des großen Grabes bei »Dominus flevit« am Ölberg zeigt. Skarabäen mit den Thronnamen der Pharaonen der 18. Dyn. mit ihrer ägypt.

Sonnengott-König-Theologie tauchen in der Umgebung von Jerusalem auf. Aus Jerusalem selbst gibt es aus der Spätbronzezeit nur geringe archäolog. Spuren. Die Briefe des Jerusalemer Stadtfürsten Abdi-Cheba, die im ägypt. Amarna gefunden worden sind, zeigen aber, dass Jerusalem ein Stadtkönigtum war, das einen Hof, eine Verwaltung mit einem Schreiber und militärische Einheiten besaß. Es beherrschte ein Territorium, das im SW bis Keïla und im NW bis Ajjalon reichte. Es stand in ständigem Kontakt mit der ägypt. Oberherrschaft. Daneben lassen sich, z.B. im Namen der Göttin Cheba oder im Dialekt, den der Schreiber benutzt, Beziehungen nach Nordsyrien und SO-Anatolien feststellen. In den Jerusalemer Amarnabriefen finden sich Elemente ägypt. und hetit. Königsideologie. Wie jede kanaanäische Stadt muss auch Jerusalem eines oder mehrere Heiligtümer besessen haben. Nachrichten aus früher bibl. Zeit legen wie schon der Name Jerusalem nahe, dass dazu ein Heiligtum für den Kult einer Sonnengottheit gehörte. Der autochthone Sonnenkult konnte als Kristallisationspunkt ägypt. und hetit. Sonnenkulte dienen. Daneben scheint der Kult des Wettergottes weiter bestanden zu haben. Jerusalem hatte so seiner Lage entsprechend Anteil an den beiden in den Dokumenten zum ewigen Frieden, den Ramses II. und Chattuschili III. 1258a schlossen (§ 137), immer wieder genannten Hauptkulten des damaligen Nahen Ostens, dem vorderasiatischen Wettergott- und dem ägyptischen Sonnengottkult. Beide Kulte hatten in ihrem jeweiligen Geltungsbereich die Tendenz, ihren Gott nicht nur als höchsten, sondern als einzigen zu preisen.

Der Niedergang der spätbronzezeitlichen Stadtkultur zw. 1250 und 1150a scheint Jerusalem weitgehend unbeschadet überstanden zu haben. Ans Ende der Spätbronzezeit oder an den Anfang der *Eisenzeit I* sind vielleicht die eindrücklichen Substruktionsbauten am O-Abhang des SO-Hügels über der Gihon-Quelle zu datieren. Mit den in der EZ I hauptsächlich n und in geringerem Mass s von Jerusalem entstandenen, meist winzigen Siedlungen scheint die Stadt trotz gelegentlicher Zusammenstöße in einem einvernehmlichen Verhältnis gelebt zu haben. Wie Ri 1,21 sagt, handelte es sich, in Übereinstimmung mit dem archäologischen Befund, hauptsächlich um Benjaminiter. Das Arrangement der Benjaminiter mit Jerusalem könnte auch einer der Gründe dafür sein, warum zur Zeit der Herrschaft des Benjaminiters Saul das Verhältnis zu Jerusalem kein Problem dargestellt zu haben scheint. Es ist hist. kaum zutreffend, wenn z.B. als selbstverständlich angenommen wird, »der kanaanäische Stadtstaat Jerusalem« hätte den Handelsweg zw. Benjaminitern und Judäern blockiert (z.B. UF 25, 1993, 483, Zwickel). Weder konnte die Stadt den neu entstandenen Siedlungen ihre Herrschaft aufzwingen, noch konnten die Siedlungen des Stammesgebietes von Benjamin diese erobern. Überlieferungen wie die von Ri 1,1–9, die Jerusalem von Juda erobert werden lassen und es diesem zuschlagen, spiegeln spätere Verhältnisse wider, wie sie durch David geschaffen wurden. Sie versuchen, die immer weniger plausibel gewordene Frühgeschichte wieder plausibler zu machen, indem sie sie späteren Entwicklungen, nämlich der Dominanz Judas anpassen. Spuren einer Auseinandersetzung zw. benjaminitischen Clans und Jerusalem dürften in Jos 10,1–15 zu finden sein. Das hier angeführte Zitat aus dem »Buch des Wackeren« ist wahrscheinlich einer der vielen Belege für einen Jerusalemer Sonnenkult.

Der beste Beweis für die hervorragende Stellung der Stadt Jerusalem im Bereich des mittelpalästinischen Berglandes am Ende der EZ I ist die Tatsache, dass David, nachdem er die Herrschaft über Juda erlangt hat, sie zu seiner Residenz macht. Um die neu gewonnene Macht zu stabilisieren, braucht er ein funktionierendes Zentrum und eine Verwaltung. Die Potenz der Jerusalemer zeigt weiter die Tatsache, dass bei der harten Auseinandersetzung um Davids Nachfolge sich die Jerusalemer Partei mit ihrem Spitzenkandidaten Salomo durchsetzt, während die Judäer – obwohl ihr Kandidat Adonija der Erstgeborene Davids war – unterlagen. Damit sind wir aber bereits bei den Themen der beiden nächsten Kapitel. Sie zeigen wie die drei ersten Kapitel, dass die Geschichte Jerusalems nicht mit David und Salomo beginnt, sondern sich um neue Elemente bereichert als Geschichte einer kanaanäisch-jud. Stadt fortsetzt.

4. JERUSALEM WIRD RESIDENZ DAVIDS – UND JHWHS (UM 980a)

4.1 ARCHÄOLOGISCHE FUNDE VOM ENDE DES 11. UND AUS DEM 10. JH.a

§ 163   Auch wenn hier die archäolog. Funde einmal mehr an den Anfang gestellt werden, heißt das nicht, dass wir uns hier auf sicherem Boden bewegen. Die gegenseitige Zuordnung der Funde und ihre absolute Chronologie werden beide heftig und kontrovers diskutiert.

FUNDE AUS DEM STADTGEBIET VON JERUSALEM

Die Stützmauern und die Treppenstruktur am O-Hang des SO-Hügels in Areal G (**82–84**) werden, wie gesagt, als architektonische Einheit gesehen oder zwei Phasen zugewiesen und die absolute Datierung reicht vom Ende des 13. bis zum 10. Jh.a oder sogar noch weiter hinunter (§ 134f; Küchler, Jer 25–29). Es scheint aber wie gesagt festzustehen, dass die älteste Phase der Häuser, wie etwa des Hauses Ahiels und des verbrannten Hauses (**83**,3), die in die getreppte Struktur hinein gebaut wurden, aus dem 10. Jh.a (Shilohs Straten 13 und 14) stammt. Das beweist eine Menge einheimischer Keramik, die für →II Arad Stratum XII typisch ist, das heute generell ins 10. Jh.a datiert wird (BArR 30/6, 2004, 26, Cahill; Mazar, in: FS Na'aman 261–263 mit Lit.). Eine Reihe weiterer Architektur- und Keramikreste in den Arealen D1, E1, H und P (**20**) lassen keinen Zweifel an einer Besiedlung Jerusalems im 11./10. Jh. (Qedem 19, 1984, 4.7.12.26, Shiloh; PEQ 95, 1963, 17, Kenyon; Kenyon, Digging 92; zusammenfassend BArR 23/4, 1997, 43–47.67, Na'aman; BArR 24/4, 1998, 24–44, Steiner/Cahill/Na'aman; Levant 33, 2001, 107f, Finkelstein; Halpern, David 427–478). Jerusalem war im 10. Jh.a archäolog. gesehen ein administratives Zentrum von mindestens regionaler Bedeutung (JSOT.S 331, 2001, 280–288, Steiner; Stager, in: Symbiosis, Symbolism and the Power of the Past 2003, 63–74, bes. 66 Anm. 4, Dever/ Gitin). E. Mazar glaubt sogar, den Palast Davids gefunden zu haben und seine Form archäolog. rekonstruieren zu können (BArR 23/1, 1997, 50–57.74) und inzwischen Teile davon auch ausgegraben zu haben (BArR 32/2, 2006, 16–27.70). A. Mazar hat jedoch mit guten Gründen dafür plädiert, dass die von E. Mazar untersuchte Struktur, nicht der Palast Davids, sondern die von ihm in Besitz genommene Zionsfestung oder mindestens ein Teil von ihr war. Wichtigstes Argument ist die Ähnlichkeit der Bauweise dieser Anlage mit der »stepped structure« (in: FS Na'aman 269f; vgl. weiter § 134f). Die Keramik der EZ IIA (**97**), wie z. B. ein zypro-phöniz. Krug der Black-on-Red Gruppe (**97**,6), die in unmittelbarer Nähe der Mauern festgestellt wurde, weist A. Mazar einer Reparatur- und Erweiterungsphase (unter David?) zu. Dieser sind wahrscheinlich auch die Mauerstücke zuzurechnen, die K. Kenyon in Areal H (**20a**) n der Grabung von E. Mazar gefunden hat. Kenyon datierte diese Mauern ins 10. Jh.a (Kenyon, Digging 91f und Photo 37). Die Bedeutung dieser Erweiterung dokumentiert die Elfenbein-Einlage eines Schwertgriffs (**97a**), die E. Mazar zusammen mit der Keramik von **97** gefunden hat Das protoäolische Kapitell (**255**), das E. Mazar diesem Palast schon 1997 zuweisen wollte (**20**,19 Areal P), gehört aber, wie sie selbst als Möglichkeit einräumt, wahrscheinlich dem 9. Jh. an (vgl. § 404).

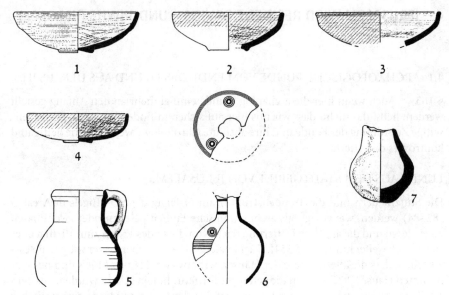

97 Für das 10. Jh.a typische Keramik von Locus 47 der Grabung E. Mazars in der Davidstadt, u. a. ein zypro-phöniz. black-on-red Krug; Reparatur- und Erweiterungsphase der Zionsfeste (10. Jh.a)

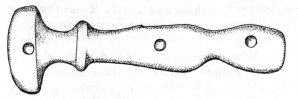

97a Elfenbein-Einlage für einen Schwertgriff, die zusammen mit der Keramik von 97 gefunden wurde (10. Jh.a)

Wie problematisch es ist, das Jerusalem des 10. Jh.a herunterzuspielen, wird auch die Diskussion der Scheschonq-Expedition zeigen, deren Bezug auf Jerusalem allerdings nicht ganz einfach zu interpretieren ist (vgl. dazu § 390f) Zu einer gänzlich negativen Wertung der Archäologie Jerusalems im 10. Jh.a kommt – kaum zu Recht – D. Ussishkin (in: Vaughn/Killebrew, Jerusalem 2003, 103–115).

§ 164 Ein auffälliger Fund aus dem Bereich von Shilohs Areal G (20,9) aus dem 10. Jh.a sind die Fragmente eines mit Relieffiguren geschmückten Kultständers (98). Im Gegensatz zur Bronzefaust (85) sind diese Fragmente auf der Oberfläche des unteren Teils der Treppenstruktur gefunden worden. Sie gehören also in eine etwas jüngere Zeit. Reliefierte Kultständer auf eckigem Grundriss sind typisch für das 11. und 10. Jh.a (AOAT 229, 1991, Abb. 40f.46–49.52f.74.79, Bretschneider; Miroschedji, in: Muller, Maquettes 51–66). Das Fragment ist nicht eindeutig zu interpretieren. P. Beck wollte es als Teil der bekannten Szene verstehen, in der Gilgamesch und Enkidu den Hüter des Zedernwaldes, Humbaba, überwinden (Beck, Imagery 423–427; vgl. OBO 100, 1990, 226–229 Fig. 48–52, Keel/Shuval/Uehlinger). Es kann sich aber

98 Fragment eines Kultständers von der frühez Treppenstruktur (**83**,2), das einen Mann mit Schasu-Frisur zeigt (10. Jh. a)

auch um einen Opferträger handeln (GGG 182–184 Abb. 187). Eindeutig erinnert die Haartracht der Figur an die der Schasu-Nomaden, die im s Jordanien und nw Arabien beheimatet waren, in der Region, in der JHWH wahrscheinlich ursprünglich verehrt wurde (vgl. zum Ganzen § 235). Schasu sind öfter auf ägypt. Reliefs dargestellt (R. Giveon, Les Bédouins Shosou des documents égyptiens, Leiden 1971). So zeigt ein glasierter Ziegel aus Medinet Habu aus der Zeit Ramses III. (1187–1156a) einen Schasu mit der typischen Haartracht (**99**). Ein Stirnband bindet die langen Haare hoch, die oft in zwei Strähnen zur Seite fallen. Wahrscheinlich sind auch auf dem berühmten Elfenbein von Megiddo aus dem späten 13. oder 12. Jh.a Schasu zu sehen. Die Elfenbeinritzung stellt einen Sieg des Stadtfürsten von Megiddo über sie dar (**111**). Das Fragment aus Jerusalem könnte ein weiterer Hinweis (vgl. § 150) darauf sein, dass im 10. Jh.a Gruppen, die den nomadischen Schasu verwandt und im 11./10. Jh.a in Südjudäa zu finden waren, in Jerusalem Fuß gefasst haben; vielleicht als Söldner Davids. In Shilohs Areal E-1 (**20**,8) ist ein weiteres Fragment eines Kultständers, diesmal ohne Dekoration, gefunden worden. Ganz in seiner Nähe kamen zwei Kelche zutage (**100**), wie sie im 10. Jh.a im Kult Verwendung fanden (→II Lachisch, **616**).

Die für das 10. Jh.a gelegentlich bestrittenen direkten Beziehungen zw. Palästina/ Israel und Ägypten werden durch eine klar definierte Gruppe von Siegel-Amuletten belegt, deren Produktion spätestens im 10. Jh.a einsetzt (s. u. Münger, der sie mit Siamun, 978–959a, einsetzen läßt), wahrscheinlich aber schon im 11. Jh.a, mit der 21. Dyn. anfängt (GGG 535). Ein Produktionszentrum der Gruppe könnte Tanis mit seinen Tempeln des Amun und des Horus gewesen sein. Auf den Skarabäen dieses

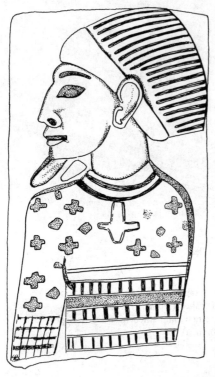

99   Farbig glasiertes Ziegelbruch-
stück aus Medinet Habu in Oberägypten mit einem Schasu-Nomaden
(Ramses III., 1187–1156a)

Typs sind von den ägypt. Göttern nur Amun und Horus zu finden. In ramessidischer
Zeit auf Skarabäen sehr beliebte Gottheiten wie Ptah oder Hathor fehlen ganz. Belege
für die sog. Massenware finden sich primär entlang der internationalen Verbindungswege, haben aber auch Eingang in den Bereich des Königreiches Juda gefunden
(**118–120.136–138**; OBO 100, 1990, 337–354, Keel; GGG 483f.534f; TA 30, 2003,
66–82, Münger; Münger, in: Th.E. Levy/Th. Higham, Hg., The Bible and Radio Car-
bon Dating, London 2005, 381–404).

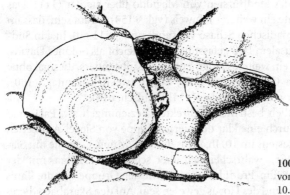

100   Zwei Opferständer in Form
von Kelchen, die in Hauskulten des
10. Jh.a Verwendung fanden

FUNDE AUS DEM EINFLUSSBEREICH DAVIDS UND SALOMOS UND IHRE BEDEUTUNG

§ 165 Sehr umstritten ist auch, ob wir aus dem 10. Jh.a – außer der bereits in § 134f diskutierten »stepped structure« in Jerusalem und den in § 163 genannten Funden – in Palästina Spuren von Monumentalarchitektur besitzen, die auf ein »Reich Davids bzw. Salomos« schließen lassen könnten. Y. Yadin hat in einem berühmten Aufsatz die Ähnlichkeit der Stadttore von Geser VIII, Megiddo VA/IVB und Hazor X hervorgehoben und sie mit der Notiz 1Kön 9,15 von der Befestigung dieser Städte durch Salomo in Beziehung gesetzt (IEJ 8, 1958, 80–86; vgl. auch Y. Yadin, Hazor. The Schweich Lectures 1970, London 1972, 147–164; AOBPs 107 Abb. 159–161).

Die Sicht Yadins wird nach wie vor mehr oder weniger unverändert von vielen sehr namhaften Archäologen vertreten (J.S. Holladay, in: T.E. Levy, Hg., The Archaeology of Society in the Holy Land, London 1995, 368–398; Dever, in: SHCANE 11, 1997, 217–251, Handy; Levant 29, 1997, 157–167, Mazar; BArR 25/2, 1999, 26–37.60, Ben-Tor; Halpern, in: VT.S 80, 2000, 79–121, Lemaire/Sæbø; W.G. Dever, What did the Biblical writers know and when did they know it?, Grand Rapids/Cambridge 2001, 131–138). I. Finkelsteins *Low Chronology* datiert die entsprechenden Schichten knapp ein Jahrhundert später ins 9. Jh.a, d.h. in die Zeit der Omriden (vgl. Levant 28, 1996, 177–187, Finkelstein; TA 29, 2002, 282–287, Finkelstein; vgl. auch TA 27, 2000, 61–74, Niemann; kritisch dazu u.a. Ortiz, in: FS Mazar 587–611). R. Kletter relativiert die Fragestellung und hält eine Entscheidung zur Zeit für unmöglich, da es keine eindeutigen Befunde gebe, die zur Annahme der *High* oder der *Low Chronology* zwingen würden (ZDPV 120, 2004, 13–54).

Für →II Bet-Schemesch vertreten S. Bunimovitz und Z. Lederman die Meinung, dass diese Stadt schon im 10. Jh.a monumentale Architektur aufwies, die nur im Rahmen eines jud. Staates verständlich sei (NEAEHL I 252; IEJ 51, 2001, 121–147; Dies., in: FS Mazar 407–427; zur Archäologie des 10. Jh.a vgl. weiter BiblEnz 3, 1997, 112–133, Dietrich; Halpern, David 427–478; vgl. weiter unten § 405).

Die Frage nach dem Vorhandensein oder Nichtvorhandensein eines »Reiches« ist eine legitime und wichtige hist. Frage. Sie besitzt zudem Brisanz im Hinblick auf den aktuellen Streit um Großisrael oder ein Israel innerhalb der Grenzen von 1967 (zum ideologischen Aspekt der Debatte um das »Reich« Davids und Salomos vgl. Silberman, in: Vaughn/Killebrew, Jerusalem 2003, 395–405). Emotionale Wogen wirft sie auch in fundamentalistischen Kreisen, für die die Wahrheit der Bibel in der Richtigkeit ihrer hist. Aussagen besteht (vgl. den Bestseller »Die Bibel hat doch Recht«). In Bezug auf das, was Jerusalem weltgeschichtlich bedeutsam gemacht hat (§ 4.162), nämlich auf die daselbst entstandene Art des Gottesglaubens, ist die Frage von untergeordneter Bedeutung. Selbst wenn Davids und Salomos Einflussgebiet große Teile Palästinas umfasst hat, scheinen in dieser Zeit keine bedeutsamen religiösen Traditionen von Norden nach Jerusalem gelangt zu sein (vgl. § 243 und 483–486).

4.2 TEXTE AUS DER ZEIT DAVIDS UND SALOMOS ODER DER ZEIT KURZ DANACH?

§ 166   Mit der Eisenzeit II beginnen für Jerusalem die sog. Sekundärquellen zu fließen. Diese sind bei allen Problemen, die die hist.-kritische Methode mit sich bringt, hist.-kritisch auszuwerten. Die mehr oder weniger forcierte Zeitlosigkeit synchroner Auslegung, die ihren Gegenstand als Poesie oder als ebenso zeitloses Zeugnis religiösen Glaubens betrachtet, kann im Rahmen einer »Geschichte« nicht genügen (zur hist.-kritischen Methode vgl. Becking, in: VT.S 80, 2000, 125–141, Lemaire/ Sæbø; Blum, in: SBS 200, 2005, 11–40, Janowski).

Die Unterscheidung von Primär- und Sekundärquellen geht auf den Historiker Leopold von Ranke (1795–1886) zurück (G.G. Iggers, Historiography in the Twentieth Century: From Scientific Objectivity to the Postmodern Challenge, Middletown CT 1997, 24). *Primärquellen* sind solche, die der aktuelle Geschichtsprozess produziert hat wie z.B. Bauten oder schriftliche zeitgenössische Dokumente (z.B. die Amarna-Tafeln ⑦; § 49.113–121) und die ihrerseits diesen Prozess beeinflusst haben. *Sekundärquellen* sind solche, die aus einem gewissen Abstand den Geschichtsverlauf beschreiben. Die Grenze zw. beiden ist allerdings fließend (vgl. zu diesem Punkt die Kritik an der Hierarchisierung der Quellen durch J. Schaper, in: ZAW 118, 2006, 1–21 und 181–196). Je nachdem ob man die Wenamun-Geschichte (§ 168.170) als amtlichen Bericht oder als literarisches Werk betrachtet, handelt es sich um eine Primär- oder eine Sekundärquelle. Das Gleiche gilt für manche bibl. Texte. Sie können ein Produkt des unmittelbar ablaufenden Geschichtsprozesses gewesen sein und diesen ihrerseits beeinflusst haben. Weiter können Sekundärquellen von sehr unterschiedlichem hist. Wert sein, je nachdem, was dieser Literatur an Primärquellen oder an Literatur, die ihrerseits Zugang zu Primärquellen hatte, zur Verfügung stand. Endlich ist darauf hinzuweisen, dass auch sog. Sekundärquellen zur Zeit ihrer Entstehung den Geschichtsprozess mitbeeinflusst haben können und so in gewissem Sinne Primärquellen für ihre Entstehungszeit sind. Dennoch haben die Begriffe Primär- und Sekundärquellen einen gewissen Wert, wenn man sie mit der nötigen Vorsicht und Kritik gebraucht. Der Bedeutung der archäolog. Primärquellen (vgl. ThZ 57, 2001, 263–268, Knauf) soll bei dieser Darstellung insofern Rechnung getragen werden, als wo immer möglich ein neuer Abschnitt mit der Darstellung des einschlägigen archäolog. Befundes beginnt (vgl. schon § 89–107.110–112.144f).

Die für die Geschichte Jerusalems für das Ende des 11. und das 10. Jh.a wichtigsten Sekundärquellen sind die »Ladegeschichte« (1Sam 4–6 und 2Sam 6); die sog. »Aufstiegsgeschichte Davids« (1Sam 15 oder 16 bis 2Sam 5 oder 8), deren Einheitlichkeit und hohes Alter allerdings sehr umstritten sind; die Erzählung vom »Altar auf der Tenne des Arauna« (2Sam 24); vor allem aber die sog. »Thronfolgeerzählung« (2Sam 9–20 und 1Kön 1–2; vgl. zu dieser JSOT.S 221, 1996, Keys, der 2Sam 10–20 und 1Kön 1–2 als je eigenständige Erzählungen versteht; und Kreuzer, in: FS Schmidt 187–205, der seinerseits Aufstiegsgeschichte Davids und Thronfolge als *eine* Erzählung wahrnimmt). Manche sehen 2Sam 5,4–8,18 (ohne 2Sam 7) nicht als Teil der Aufstiegsgeschichte, sondern als ein Verbindungsstück zw. der Erzählung vom Aufstieg Davids (1Sam 16,14–2Sam 5,3) und der »Thronfolgeerzählung«, das vom DtrG aus unterschiedlichsten, zum Teil alten Materialien zusammengesetzt worden sei. Die »Thronfolgeerzählung« ist eine relativ geschlossene Erzählung (s. OBO 176, 2000, de

Pury/Römer; dazu die Rezension in: BiOr 63, 2006, 350–353, Hentschel; zur Historiographie dieser Periode im allgemeinen s. EdF 287, 1995, Dietrich/Naumann; speziell zur Thronfolgeerzählung ebd, 169–227; JSOT.S 228, 1996, Fritz/Davies; BiblEnz 3, 1997, 202–273, Dietrich; OTA 21/2, 1998, Nr. 683, Cogan; G. Hentschel, in: Zenger, Einleitung ⁵2004, 230–238).

Da Adrian Schenker und seine Forschungsequipe seit einigen Jahren zunehmend deutlich gezeigt haben (vgl. CRB 48, 2000, Schenker; OBO 199, 2004, Schenker; OBO 217, 2006, Hugo), dass der LXX der Königs- und wohl auch der Samuelbücher (vgl. OBO 199, 2004, 187f, Schenker) sehr wahrscheinlich ältere als die uns vorliegenden massoretischen Versionen zugrunde gelegen haben, müssen bei einem Versuch, Zustände und Ereignisse der darin erzählten Zeit zu rekonstruieren, die LXX viel stärker bzw. überhaupt herangezogen werden. Darstellungen der Geschichte und Religionsgeschichte Israels haben sich bis anhin in der Regel überhaupt nicht um die LXX gekümmert. Im Folgenden soll das mindestens an einigen wichtigen Punkten versucht werden (vgl. z.B. § 323–330.352).

4.3 2. WARNTAFEL:
WAS IM HINBLICK AUF DIE LITERARISCHEN QUELLEN ZU BEDENKEN IST

WERT UND GRENZEN DER »EXTERNAL EVIDENCE« BEI DER DATIERUNG VON TEXTEN

§ 167   Diese 2. Warntafel ist lang (zur Ersten vgl. § 87f). Der Grund ist: In jüngster Zeit wurden die Existenz schriftlicher Hinterlassenschaften aus dem Jerusalem des 10./9. Jh.a bzw. der hist. Wert der bibl. Überlieferungen zu David (und Salomo) massiv in Frage gestellt. Hier soll mit einer Zweiten Warntafel ebenso sehr vor naiv misstrauischen wie vor apologetisch-positivistischen Haltungen gewarnt werden, beides Haltungen, die sich gern als bes. kritisch präsentieren. Dabei spielen vorerst einmal Vorurteile eine große Rolle, denn was die Annahme der Existenz literarischer Quellen und deren hist. Gehalt betrifft, hängt sehr viel davon ab, wie man das archäolog. Material bzw. seine Abwesenheit gewichtet, welche soziologischen Modelle man für die Rekonstruktion verwendet und welches Alter man *a priori* meint dem Material zugestehen zu können (vgl. JBL 116, 1997, 19–44, Knoppers; Knoppers, in: D.W. Baker/T. Arnold, Hg., The Face of the Old Testament Studies: A Survey of Contemporary Approaches, Grand Rapids 1999, 207–235; J.-L. Ska, Les énigmes du passé: Histoire d'Israël et récit biblique, Bruxelles 2001; I.W. Provan, in: V.Ph. Long/D.W. Baker/G. J. Wenham, Hg., Windows into Old Testament History. Evidence, Argument, and the Crisis of »Biblical Israel«, Grand Rapids MI/ Cambridge UK 2002, 161–197 und die Rezension des ganzen Buches in: ThLZ 129, 2004, 785–787, Dietrich). Hist. Forschung und ihre Resultate, die Geschichtsschreibung, haben viel mit der Arbeit eines Gerichtshofs gemeinsam, wobei der Historiker letztlich auch der Richter ist. Es bleibt immer ein Stück weit seinem Ermessen überlassen wie viel Glauben er einem Zeugen schenkt oder nicht schenkt. Das Problem stellt sich in anderen Kulturen, etwa der griech. nicht anders als bei der jud., soweit keine archäolog. und anderen Primärquellen vorhanden sind (Museum Helveticum 46, 1989, 65–100, Puelma), etwa bei Herodot (OBO 221, 2006, 8–52, Stark).

Ein extremes Beispiel naiv misstrauischer Haltung ist N.P. Lemche. Er beansprucht, seine Datierung der bibl. Texte ausschließlich auf »external evidence« zu basieren. »Was ohne ›external‹ evidence vorgestellt wird«, so Lemche, »ist nur Mutmaßung und intellektueller Zeitvertreib. Darum datieren wir das Alte Testament spät – obwohl wir wissen, dass unsere Datierungen, sieht man auf das Alter des Quellenmaterials, immer noch ein bisschen früh sind. Das Alte Testament dürfte daher ein Buch aus der hellenistisch-römischen Zeit sein« (JBTh 10, 1995, 83f). Mit »external evidence« und »Quellenmaterial« meint Lemche »Handschriften«.

Nach diesem Verständnis von »external evidence« hätte man bis 1947 oder etwas später die Meinung vertreten müssen, die Hebräische Bibel stamme aus dem 9. oder 10. Jh.p, und man müsste heute noch annehmen, die Ilias oder die Dramen des Sophokles stammten aus dem 10. Jh.p. Sowohl die älteste Ilias-Handschrift, der Codex Venetus 454 (A), wie die älteste Handschrift der Dramen des Sophokles, der Codex Laurentianus XXXII-9 in Florenz, stammen aus dem 10. Jh.p. Wenige Papyrusfragmente mit einzelnen Teilen der Ilias reichen bis ins 3. vorchristl. Jh. zurück, solche mit Teilen der Sophoklesdramen bis ins 1. Jh.p. Aber das wäre nach Lemches Verständnis von »external evidence« noch kein Grund anzunehmen, dass die ganze Ilias oder die ganzen Sophoklesdramen schon damals existiert haben. Die klassische Philologie datiert die Ilias nach wie vor unbekümmert um »external evidence« ins 8., spätestens 7. Jh.a, und Sophokles ins 5. Jh.a. Den Vorschlag, diese Texte in die Zeit der ältesten Handschriften zu datieren, verstanden die Kollegen und Kolleginnen aus der klassischen Philologie, die ich konsultiert habe, weder als ernst gemeinten Vorschlag noch als Witz. Sie verstanden ihn einfach nicht.

Bei Literaturwerken »external evidence« auf diese mechanische Art anzuwenden und innere Kriterien völlig außer Acht zu lassen, ist methodischer Nonsens. Sprachgestalt, die Verschiedenheit und Zeitgebundenheit von literarischen Formen, von Metaphern und Themen, etwa bei Fluchformularen und Liebesliedern, die Erwähnung bestimmter Realien (Antiquaria) und Ideen (Mentalitätsgeschichte) – alle diese Kriterien können nicht ignoriert werden, wenn der hist. Arbeit nicht jede Achtung abhanden kommen soll (Keel, in: F.L. Hossfeld, Hg., Wieviel Systematik erlaubt die Schrift?, Freiburg i. Br. 2001, 89f). Schon die Sprachgestalt etwa der David- und Salomoüberlieferungen in 1–2Sam und 1Kön verlangt, diese im Gegensatz zu denen des Chronisten in die vorexil. Zeit zu datieren (Frieman, in: Vaughn/Killebrew, Jerusalem 2003, 171–180; vgl. weiter Halpern in § 175).

Wenn für Lemche und seine Gruppe fast alles, was im AT erzählt wird, fiktiv ist und weitgehend in der hell.-röm. Zeit ausgedacht wurde, ist für K.A. Kitchen und ähnlich gelagerte Geister ungefähr alles historisch (s. sein Werk: On the Reliability of the Old Testament, Grand Rapids 2003; dazu die sehr wohlwollende Kritik in RB 112/2, 2005, 267–285, Levine; vgl. auch Kitchens Beitrag und mehrer andere Beiträge in dem eben erwähnten Sammelband von Long/Baker/Wenham). Auch die Autoren mit fundamentalistischen Tendenzen geben sich sehr kritisch. Beide Positionen, die misstrauische und optimistisch-fundamentalistische basieren weitestgehend auf Vorurteilen, die eine andere Herkunft und andere Ursachen haben als die sorgfältige Prüfung der möglichst vollständig erfassten vorhandenen Quellen und deren gegenseitiges, sich verifizierendes oder falsifizierendes Verhältnis.

Zum Teil wurde gegen den hist. Wert sämtlicher Überlieferungen aus der davidisch-salomonischen Zeit archäolog. argumentiert und auf das Fehlen bedeutender oder überhaupt von Resten aus dieser Zeit hingewiesen (SJOT 8, 1994, 184f, Lemche; vgl. aber § 163). Zu diesem in Jerusalem besonders dürftigen *argumentum e silentio* vgl. die »Erste Warntafel« (§ 87f).

SOZIOLOGISCHE MODELLE UND SCHRIFTKENNTNIS

§ 168   D.W. Jamieson-Drake hat 1991 nach modernen soziologischen Kriterien zw. Scheichtum (»chiefdom«) und Staat unterschieden (JSOT.S 109). Der Begriff »chiefdom« ist allerdings weder der Staats- noch der Religionsform angemessen, insofern die Staatsgründung Davids auf einer Jahrhunderte alten bronzezeitlichen Stadtkultur aufbauen konnte (vgl. BZAW 345/I, 2004, 162, van Oorschot). Den »Staat« charakterisieren nach Jamieson-Drake ähnliche Kriterien wie die Stadt (vgl. § 5–7): Ein Minimum an Bevölkerung (im Falle des Staates ca. 100 000), eine stratifizierte und spezialisierte Gesellschaft (Arbeitsteilung) mit einer Oberklasse, die es sich leisten kann, Luxusgüter zu importieren, eine gewisse Zentralisation und eine Bürokratie, die der Schreibkunst mächtig und in der Lage ist, monumentale Bauten aufzuführen. D.M. Master hat die beiden Modelle durch ein adäquateres ergänzt, das von Max Weber »Patrimonialkönigtum« genannte Organisationsmodell. Es basiert auf der Einsicht, dass Beziehungs- und Autoritätsstrukturen im alten und weitgehend auch noch im heutigen Orient die gleichen waren und sind, ob wir es mit einer Gesellschaft von Stämmen, einem Stadt- oder einem Territorialkönigtum zu tun haben (JNES 60, 2001, 117–131). L.E. Stager hat dieses Modell auf das Königtum Salomos bezogen (in: Symbiosis, Symbolism, and the Power of the Past 63–74). Die Art der Herrschaft richtig zu verstehen, ist wichtig für die Einschätzung, welche Art von Schriftlichkeit möglich war und welche nicht.

§ 169   Auch im Hinblick auf die Schriftkenntnis sollte man die möglichen Modelle nicht in einer der Sache unangemessenen Weise einschränken und z.B. einer gänzlich fehlenden Schriftkultur eine Bürokratie mit entsprechend weit verbreiteter Schriftkenntnis gegenüberstellen. Abdi-Cheba hatte im 14. Jh.a einen Schreiber an seinem Hof (§ 110–133, bes. § 115). Weder Schriftlosigkeit noch Bürokratie waren angesagt. Wie für die MBZ (§ 99) und die SBZ haben wir auch für die EZ I und die beginnende EZ II Spuren von Schriftkenntnis aus der Gegend von Jerusalem. So ist in → III Chirbet Raddana, gut 15km nnw von Jerusalem, ein Krughenkel aus der EZ I mit dem Namen Ahilud gefunden worden (**110**; NEAEHL IV 1253f, Callaway). Bei El-Chader, 10km sw von Jerusalem, sind eine Reihe von frühez Pfeil- oder Lanzenspitzen mit den Namen ihrer Besitzer aufgetaucht (BASOR 134, 1954, 5–15, Milik/Cross; GGG 144–146; ErIs 26, 1999, 123*–128*, McCarter; **101**; zur Gattung vgl. Deutsch/Heltzer, New Epigraphic Evidence 11–38). Wenn man selbst in den Kleinsiedlungen n und s von Jerusalem nicht ganz illiterat war, dann geschweige in Jerusalem. O. Goldwasser hat gezeigt, dass hieratische Zahlzeichen in epigraphischen Dokumenten des 8. und 7. Jh.a aus Juda und Israel im 10. Jh.a Eingang in dieses Schriftsystem gefunden haben müssen (TA 18, 1991, 248–253). Spätestens am Ende des 11. Jh.a (Naveh, History 53–64), vielleicht etwas später (B. Sass, The Alphabet at the Turn of the Millennium.

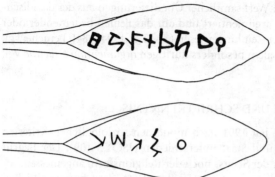

101 Pfeilspitze aus El Chader sw von Jerusalem mit der von links nach rechts (!) geschriebenen Inschrift »Pfeil (ḥṣ) des Jatarzedeq« auf der einen und »des Mannes von Ummia« auf der anderen Seite

The West Semitic Alphabet ca. 1150–850 BCE, Tel Aviv 2005), existierte eine voll entwickelte phön. Alphabetschrift, wahrscheinlich auch eine hebr., wie der Fund eines kompletten, wahrscheinlich hebr. Alphabets zeigt, das auf dem Tel Zajit, ca. 7km nnw von →II Lachisch in einer Schicht des 10. Jh.a von Ron E. Tappy vom Pittsburgh Theological Seminary im Sommer 2005 gefunden worden ist (Internet). Im 9. Jh.a besaß auch Moab eine entwickelte Schreibkultur (ebd. 65f). Wenn man im abgelegenen Moab wenige Jahrzehnte nach David (und Salomo) in der Lage war, eine Prunkinschrift anzufertigen (Mescha-Stele: KAI Nr. 181; TUAT I/6, 646–650, Müller), ist die Annahme einer Schriftkultur für Jerusalem, das zw. dem weltläufigen Phönizien und dem peripheren Moab lag, nahe liegend (vgl. § 182; Naʾaman, in: SHCANE 11, 1997, 57–61, Handy = Naʾaman, CE III 79–82). Eine Inschrift in Stein wurde kaum im Kopf formuliert und unverzüglich in Stein gemeißelt. Ihr müssen Entwürfe auf Ostraka, Leder, Papyrus oder was immer vorausgegangen sein. Ein angemessenes Verständnis der Situation verlangt, klar zu unterscheiden zw. einer mit weit verbreiteten Schreibkenntnissen ausgestatteten Verwaltung, wie sie wohl erst im 8. Jh.a entstanden ist, und einer Hofkanzlei, wie sie bereits für die archäolog. fast inexistente Amarnazeit belegt ist. Eine Kanzlei ist auch für das vordavidische und das davidische Jerusalem anzunehmen. Der *sofer* »Staatsschreiber« an Davids Jerusalemer Hof ist kein Anachronismus (2Sam 8,17; 20,25). Daneben mehren sich die Zeugnisse dafür, dass mindestens bescheidene Schreibkenntnisse – wie schon in der EZ I – auch im 10. und 9. Jh.a über den engen Zirkel des Hofes hinaus im ganzen Land zu finden waren (A. Mazar, in: AOAT 302 [FS Fritz], 2003, 171–184, den Hertog/Hübner/Münger).

LITERARISCHE GATTUNGEN IM 10.–8. JH.a

Annalen, Inschriften, Listen

§ 170   Assyr. und neubabyl. Annalen und Chroniken (TUAT I/4, 358–404, Borger) hatten im W auch außerhalb der hebr. bibl. Schriften Entsprechungen, die sich bis ins 10. Jh.a zurück verfolgen lassen (Tagebücher der Könige von Byblos, vgl. Wenamun II 8; TUAT III/5, 917, Moers; OBO 209, 2005, 192f, Schipper; zu Annalen von Tyrus vgl. Ant VIII 144–146.324; IX 283–287; Ap I 116–125.155–158; Van Seters, Search 195–199; vgl. aber auch ders. CBQ 59, 1997, 45–57; generell ErIs 26, 1999, 78–83, Cogan; JSOT 82, 1999, 3–17, Na'aman = CE III 198–210). Spätestens ab dem Ende des 10. Jh.a (Rehabeam) sind annalistische Aufzeichnungen für Jerusalem bezeugt. Ohne solche wäre die Erinnerung an den ephemeren Einfall des Pharao Scheschonq (bibl. Schischak) im 10. Jh.a (→ I **147**;1Kön 14,25–28; § 390f) und an die Regierungsjahre der jud. Könige verloren gegangen. Die Leugnung jeder alten schriftlichen Überlieferung erfordert ziemlich abenteuerliche, wenig wahrscheinliche Annahmen, diese und ähnliche Tatsachen zu erklären (vgl. etwa ZDPV 118, 2002, 111–113, Finkelstein). N. Na'aman hat plausibel gemacht, dass auch die Listen der »Chefbeamten« Davids und Salomos (2Sam 8,16–18; 20,23–26; 1Kön 4,2–19) am überzeugendsten als Niederschlag alter schriftlicher Überlieferung zu verstehen sind (Na'aman, in: SHCANE 11, 1997, 57–80, Handy = Na'aman, CE III 79–101). E.A. Knauf schreibt die ganze Liste 2Sam 23,18–39 dem 10. Jh. zu (BN 109, 2001, 16f). Na'aman hält auch die Überlieferung von der Tempelgründung durch Salomo für hist., weil solche Akte häufig in Bauinschriften festgehalten wurden (vgl. dazu § 182 und 317). Diese Fakten und fast unumgänglichen Konklusionen geben den bibl. Aussagen Gewicht, dass a) David ein Patrimonialkönig mit einem großen, durch persönliche Beziehungen aufgebauten Einflussbereich war, dass er b) Jerusalem zu seiner Residenzstadt machte, er c) in Jerusalem eine Dynastie gründete, d) dass Salomo einen Tempel erbaute und dass e) in der neuen Residenzstadt ein »Hof« existierte, unter dessen Beamten es auch Schreiber gab (BASOR 304, 1996, 23, Na'aman = CE III 7; vgl. jetzt aber kritischer Ders., VT 48, 1998, 334 = CE III 211f). Das alles kann gelten, wenn David auch nicht mehr als ein neuer Abdi-Cheba gewesen wäre (Levant 33, 2001, 108, Finkelstein). Dass es möglich ist, ohne ausgewachsene Bürokratie einen weitläufigen Einflussbereich aufzubauen, zeigt das Beispiel des palästin. Scheichs Zahir el-ʿUmar, der im 18. Jh. weite Teile Palästinas unter seiner Kontrolle hatte (Cohen, Palestine 7–19.30–53; Lehmann, in: Vaughn/Killebrew, Jerusalem 2003, 160f). Eine sorgfältige und vorsichtige Einschätzung aller Daten kommt zum Schluss, dass Jerusalem unter David und Salomo einen großen Einflussbereich besaß, ohne diesen im Sinne eines Beamtenstaates zu beherrschen (vgl. Vaughn, in: Vaughn/Killebrew, Jerusalem 2003, 417–422).

Lieder, Geschichten, Erzählungen

§ 171 Was für die Fähigkeit gilt, Annalen zu führen, ist auch im Hinblick auf weniger karge *Textgattungen* zu bedenken. Selbst in illiteraten Gesellschaften ist mit einem über längere Zeit mündlich überlieferten Gut an Regeln, Sprüchen, Aitiologien und Liedern zu rechnen (Millard, in: FS Heltzer 237–241). Totenklagen, Kampf- und Kultgesänge, die zum Teil in vordavidische Zeit zurückreichten, scheinen schon früh in einer »Buchrolle des Wackeren« gesammelt worden zu sein (§ 152). Das oft bestrittene hohe Alter des »Deboralieds« wird – zu Recht – auch immer wieder verteidigt (BThSt 49, 2002, Neef; Knauf, in: AOAT 317, 2005, 167–182, Burtea/Tropper/Younansardaroud).

Generell müssen wir uns bewusst bleiben, dass das 10./9. Jh.a vom Alten Orient her gesehen Spätzeit darstellt, und wenn Jerusalem und Juda damals auch eine Art Peripherie und Entwicklungsgebiet gewesen sein mögen, so weiß man, dass doch neue und neueste Errungenschaften ihren Weg oft sehr schnell in solche Gebiete, mindestens in deren Zentren, gefunden haben und finden, zumal Jerusalem nie ganz von der großen Welt abgekoppelt war (§ 99, 113–121, 144). Von daher kann nicht *a priori* ausgeschlossen werden, dass auch narrative Gattungen bekannt waren, so etwa die Gattung der realistischen Erzählung. Die ägypt. »Reiseerzählung des Wenamun« ⑫, die in einer für Ägypten ehrenrührigen Art die sinkende Macht Amuns in Vorderasien darstellt, wird von den einen als »Bericht«, von anderen mehr als literarisches Werk betrachtet. Dass es die nach der 19. Dyn. herrschenden Verhältnisse recht realistisch zur Sprache bringt, bezweifelt niemand (TUAT III/5, 912–921, Moers; OBO 209, 2005, Schipper; dazu die ausführlichen Rezensionen von H.-W. Fischer-Elfert, in: WO 36, 2006, 219–226; und H. Simon, in BiOr 64/1–2, 2007). Die einzige erhaltene Handschrift der Reiseerzählung wird paläographisch in die Zeit der 21. oder 22. Dyn. datiert (1075–713). Der Text selbst datiert sich in das 5. Jahr der *wḥm msw.t*-Ära, »welches mit dem 19. Jahr Ramses' IX. zusammenfällt und dem Jahr 1076 v. Chr. entspricht« (TUAT III/5, 913, Moers). Das kann jedoch erzählte Zeit sein. Die Erzählzeit dürfte spätestens in die Zeit Scheschonqs I. fallen (945–924a). Die Erzählung wollte wohl die Bemühungen Scheschonqs, die ägypt. Vorherrschaft in Vorderasien wieder aufzurichten, mit der Botschaft unterstützen, dass ohne irdische Macht über Vorderasien Amun nicht richtig zu dienen sei (vgl. Ägypten und Levante 12, 2002, 247–255, Sass). B.U. Schipper vertritt die Meinung, der Papyrus stamme aus el-Hibe, ca. 130km s von Kairo. El-Hibe markierte die Grenze zw. Unter- und Oberägypten (LÄ II 1180f). Die Stadt ist von Scheschonq I. mit einem Amun-Tempel ausgestattet worden. Die Erzählung habe dazu gedient, eine neue Asienpolitik Scheschonqs I. zu etablieren und zugleich das rivalisierende Machtzentrum Theben unter Kontrolle zu bringen (OBO 209, 2005, 315–324). Im Gegensatz zu Sass blickt für Schipper die Erzählung »nicht auf den Feldzug (Scheschonqs) zurück, sondern bahnt diesen vielmehr an« (ebd. 318).

»Thronfolgeerzählung«, »Wenamun« und Archive

§ 172   Manche David-Überlieferungen und vor allem die »Thronfolgeerzählung« (vgl. § 166) stehen dem Realismus des »Wenamun« gattungsmässig viel näher als etwa Herodots Geschichten mit ihren zahlreichen phantastischen Elementen. Dass solche kritischen Texte keine weite Verbreitung fanden, ist klar. Sie mögen über längere Zeit innerhalb der betroffenen Kreise tradiert worden sein, ehe sie, wenn überhaupt, den Weg in eine breitere Öffentlichkeit fanden. Formal zeichnen sich »Thronfolgeerzählung« wie »Wenamun« durch zahlreiche direkte Reden aus. Mit Recht ist in letzter Zeit wieder vermehrt für ein hohes Alter der Thronfolgeerzählung plädiert worden (Lemaire, in: FS Emerton 108; BZAW 267, 1998, bes. 314–326, Seiler; Blum, in: OBO 176, 2000, 4–37, de Pury/Römer), wenn wahrscheinlich auch zw. einer älteren Grundschicht, die vielleicht nur 2Sam 11f und 1Kön 1f umfasste und unangenehme Fakten nicht verschweigen konnte, weil sie zu gut in Erinnerung und zu bekannt waren, und einer prosalomonisch-prodynastischen sekundären Bearbeitung zu rechnen ist (vgl. Dietrich, in: OBO 176, 2000, 38–69, de Pury/Römer). S. Kreuzer hat die Parallelen zu westsemit. Königsinschriften vom Anfang des 1. Jt.a herausgearbeitet (FS Schmidt 186–205). Die Thronfolgeerzählung ist im Vergleich mit den ruhmredigen ao Königsdarstellungen allerdings erstaunlich ambivalent (BWANT 156, 2002, 9–31, Dietrich; zur Ambivalenz vgl.

§ 173; zu hist. Kurzerzählungen aus der Zeit Davids vgl. auch Stipp, in: EThSt 90, 2006, 127–164, Gillmayr-Bucher et al.).

§ 173   Neben königlichen Archiven ist immer auch mit Privatarchiven und privaten Schriftensammlungen zu rechnen, wie sie in Ugarit für die ausgehende SBZ bezeugt sind, so das des Rap'anu (Briefe; TUAT I/5, 508–511, Dietrich/Loretz), des Ilumilku (Mythen, Epen; UF 20, 1988, 313–321, van Soldt), des Urtenu (Geschäftsurkunden; NEA 63, 2000, 210–213, Calvet) und anderer (vgl. zum Ganzen Hardmeier, in: FS Welten 125 Anm. 14).»Es ist daher denkbar, dass Quellen und Vorstufen mancher unserer heutigen bibl. Texte lange Zeit nur in einem einzigen Exemplar existiert haben« (SBAB 20, 1995, 94, Lohfink; vgl. ebenda 91–104»Was waren eigentlich ›Bücher‹ in biblischer Zeit?«) wie die Wenamun-Erzählung. Ein Privatarchiv setzt die Vermutung von S. Bietenhard voraus, eine frühe Form der Thronfolgeerzählung stamme aus der Familie oder der Gefolgschaft Joabs. Erst einige nachträgliche Einfügungen hätten sie etwas salomofreundlicher gemacht (OBO 163, 1998, Bietenhard). Das Gleiche gilt für die Vermutung von J. Vermeylen (BEThL 154, 2000, 544f), die Kapitel 1Kön 1–2* seien in ihrem Grundbestand von Abjatar verfaßt worden. Texte können in einem Privatarchiv sehr lange überleben. Es ist zu bedenken, dass Jerusalem seit der Zeit Davids bis zur Zerstörung durch die Babylonier im Jahre 587a nie, weder von Scheschonq I. noch von Sanherib, die in Palästina zahlreiche Städte zerstört haben, zerstört worden ist. Privatarchive hatten in Jerusalem – ähnlich wie in der Schweiz – gute Chancen für eine lange Lebensdauer. In einem Privatarchiv in Murten (Schweiz) befindet sich u.a. eine 1434 von Kaiser Sigismund ausgestellte Urkunde, die im Jahre 2004 570 Jahre alt geworden ist (Freiburger Nachrichten vom 30. 8. 1996, 4). Eine andere interessante Hypothese, die im Gegensatz zu den diversen Privatarchiv-Vorschlägen einer fehlenden verbreiteten Schriftkundigkeit, die für die Privatarchiv-Hypothesen allerdings nicht notwendig ist, Rechnung trägt, stammt von A. Knauf. Er nimmt an, die Königsmütter Batseba, Maacha und Atalja hätten mündliche Versionen der Dynastiegeschichte in Umlauf gesetzt und darüber gewacht, dass ihre Version die einzige blieb und so eine Art kanonischen Status erlangte. Er weist den verschiedenen Königinnen ganz präzise Textabschnitte zu: Batseba 2Sam 11f und 1Kön 1–2, Maacha 2Sam 13–20, 1Kön 3 und 1Kön 11f, Atalja 1Sam 9–11.13–14 etc. (Internet-Zeitschrift Lectio difficilior: http:/www.lectio. unibe.ch/02_2/axel.htm).

STIMMIGKEIT DER MILIEUBESCHREIBUNG UND SCHWIERIGKEIT BEI HISTORISCHEN FIKTIONEN, ANACHRONISMEN ZU VERMEIDEN

§ 174   Wie immer die Überlieferung funktioniert hat, manche Anliegen der Davidsüberlieferungen lassen sich jedenfalls am besten aus einer Zeit verstehen, die der erzählten Zeit noch recht nahe stand.»Das Bild der Siedlungen und der Demographie, das im Geschichtenzyklus über die Umtriebe Davids und seiner Bande im Süden sichtbar wird, enthält, so scheint es, wertvolle Informationen. Die Erzählungen reflektieren sicher die Verhältnisse in einer Randregion im s Juda vor dem 8. Jh.a« (Finkelstein, in: Vaughn/Killebrew, Jerusalem 2003, 89; ähnlich G. Lehmann, Ebd. 129f, der die Verhältnisse mit denen in Sizilien am Anfang des 20. Jh.p vergleicht; Fin-

kelstein/Silberman, David und Salomo 33–39: die Siedlungsmuster sind typisch für
die Zeit Davids vor Jerusalem, d. h. für das 10. Jh.a). Bes. ausführlich dokumentiert
B. Halpern den Aspekt der Milieuechtheit (David 57–72). Er reicht von der in 2Sam
besonders häufigen Defektivschreibung über das Gut an Ortsnamen (manche später
nicht mehr erwähnt), die regionale Geographie (Zentralnegev dicht, Schefela fast un-
besiedelt) bis zur Eigenart der Personennamen und des Kults (viele Opferstätten).
David wird in diesen Texten nicht resp. in einer Art idealisiert, die späteren Zeiten
fremd ist. Er hat offensichtlich aktiv auf die Übernahme des Erbes Sauls hingearbeitet
(RB 103, 1996, 517–545, Malul). Die apologetische Haltung vieler Überlieferungen
legt nahe, dass David beim Tode Sauls und aller Personen aus seiner Umgebung, die
seinem Machtanspruch gefährlich werden konnten, die Hand mit im Spiel hatte.
Davids Verhalten Saul und seiner Familie gegenüber bedurfte der Rechtfertigung
(St.L. McKenzie, in: W. Dietrich/H. Herkommer, Hg., König David – biblische
Schlüsselfigur und europäische Leitgestalt, Freiburg/Schweiz-Stuttgart 2003, 33–49).
Diese konnte nur überzeugen, wenn sie Vorgängen, die allgemein bekannt waren,
Rechnung trug. Dies dürfte der tiefste Grund dafür sein, warum z. B. in der Thron-
folgeerzählung in manchen Passagen nicht klar ist, wem die Sympathien der Erzäh-
lung gehören. Nach dem Verschwinden der Parteigänger Sauls bestand kein Anlass
mehr zu solchen Rechtfertigungsversuchen (Vermeylen, in: LeDiv 177, 1999, 35–74,
Derousseaux/Vermeylen; Roberts, in: Vaughn/Killebrew, Jerusalem 2003, 169f; zum
Verständnis der »Thronfolgeerzählung« vgl. weiter § 166), wenn das Verhältnis zw.
dem Süd- und dem Nordreich nach Untergang des letzteren und den Versuchen Joschijas, das Erbe zu übernehmen, auch neue Brisanz gewann. Diese neue Aktualität
mittels alter Namen zu thematisieren, war aber nur sinnvoll, wenn diese Namen
schon Teil einer alten Überlieferung waren. Die Spannungen zw. Saul und David,
Benjaminiten und Judäern scheint selbst in perserzeitl. Texten noch eine gwisse Re-
sonanz gefunden zu haben, allerdings eine sehr dürftige (Blenkinsopp/Amit, in: JJPP
629–661).

§ 175   J. Van Seters findet es dagegen unmöglich, dass ein so kritisches Davidbild
wie das der »Thronfolgeerzählung« vom DtrG übernommen worden sein könnte
(Search 277–291; van Seters, in: OBO 176, 2000, 70–93, de Pury/Römer; vgl. ebd.
123–135, McKenzie). Er versteht nicht, warum das DtrG nicht wie der Chronist die
negativen Seiten Davids konsequent ausgemerzt haben soll. Er datiert die Thronfolgeerzählung deshalb nachdtr. Er übersieht dabei *erstens*, dass der Chronist schon
stark der binären Logik hell. Denkens verhaftet ist, während das DtrG noch von der
ao Tradition geprägt ist, übernommenes, auch widersprüchliches Material stehen zu
lassen (vgl. zur »multiplicity of approaches« H. und H.A. Frankfort, Before Philoso-
phy. The Intellectual Adventure of Ancient Man, Harmondsworth 1964, 25) und
es nur durch leichte Retuschen und kleine Ergänzungen in seiner Färbung und
Aussagerichtung zu verändern. *Zweitens* ist seine Annahme, fiktive Diffamierungs-
geschichten hätten nach der »Heiligsprechung« Davids spätestens durch das DtrG
(wahrscheinlich schon viel früher) noch eine Chance gehabt, in den Kanon aufgenommen zu werden, mehr als unwahrscheinlich. Einzig eine durch das relativ hohe
Alter erlangte, *vorgängige* quasi-kanonische Position der Erzählung von 2Sam 11–12
als Element der Thronfolgeerzählung (Th. Naumann datiert – als Außenseiter –

2Sam 11–12 aufgrund prophetischen Einflusses ins 8. Jh.; in: OBO 176, 2000, 29–51, de Pury/Römer) erklärt ihre Aufnahme ins DtrG und die apologetischen Ergänzungen und Umformulierungen, die die unangenehmen Fakten zu erklären und zu mildern versuchen. Die quasi-kanonische Position dürfte die alte Erzählung erlangt haben, als man unter Hiskija oder spätestens Joschija Dokumente und Literatur zur eigenen Geschichte sammelte (Spr 25,1). Jedenfalls hat die von Zusätzen befreite »Thronfolgegeschichte« einen angemesseneren Sitz im Leben in den Auseinandersetzungen zw. Landjudäern und dem Jerusalemer Establishment während der Zeit der entstehenden jud. Monarchie als im stark ideologisierten nachexil. Juda (JNWSL 23, 1997, 138, Deist; zum nachexil. Juda vgl. Kap. XI).

Diese ganzen Überlegungen schließen nicht aus, dass erst im 7./6. Jh.a eine ausgewachsene Geschichtsschreibung wie die des DtrG möglich war und und es eine solche gegeben hat (zum DtrG vgl. § 756–768). Die Thronfolgeerzählung ist nicht Geschichtsschreibung, sondern Literatur realistischen Stils von der Art »Wenamuns«.

§ 176   Manche Historiker, die sich für sehr kritisch halten, hegen ein Zutrauen zu den Möglichkeiten hist. Fiktion, das man angesichts des von ihnen postulierten Fehlens schriftlicher Quellen nur als naiv bezeichnen kann. Die sog. Primärquellen (Archäologie, Epigraphik) demonstrieren etwa, dass im 11. Jh.a die Seevölker, bes. die Philister, einen wesentlichen Faktor der Geschichte Israels darstellten, dass es im 10. Jh.a eine Intervention Ägyptens gegeben hat (Scheschonq; bibl. Schischak), dass im 9. und 8. Jh.a die Assyrer eine wesentliche Bedrohung wurden, dass sie die ersten Dreiviertel des 7. Jh.a das Land beherrschten etc. Biblische Texte reflektieren diese Prozesse mit erstaunlicher Genauigkeit. Die Möglichkeit späterer Jahrhunderte, solche Sachverhalte ohne hinreichende schriftliche Quellen plausibel rekonstruieren zu können, tendiert gegen Null. Die Annahme, die Autoren rein fiktiver Literatur hätten einfach so gewusst, in welcher Reihenfolge und in welchem Ausmaß Mächte wie die Philister, Ägypter, Assyrer, Babylonier, Perser, Ptolemäer, Seleukiden in Palästina Einfluss ausgeübt haben, ist unbedacht.

Die Bandbreite fiktiver Innovation können wir nahezu empirisch am Vergleich von Werken hist. Traditionsliteratur wie der chronistischen Bearbeitung der Königsbücher und der Bearbeitung beider durch Flavius Josephus in seinen Antiquitates ablesen (vgl. das viel zu wenig beachtete Buch von J.H. Tigay, Hg. »Empirical Models for Biblical Criticism«, Philadelphia 1985; vgl. auch Hengel, KS II 1–71).

Es muss generell zw. dem Alter des tradierten Stoffes und dem Alter des Literaturwerks unterschieden werden, das die Stoffe tradiert. Wenn in Zusammenhang mit einem bestimmten Thema z.B. bald vom 10., bald vom 8. Jh.a die Rede ist, steht einmal der Stoff, das andere Mal das Literaturwerk, das ihn überliefert, zur Diskussion. Ein Literaturwerk kann vom Ende des 8. Jh.a datieren (Hiskija) oder vom Ende des 7. Jh. (Joschija), jedoch Stoffe und Zitate enthalten, die viel älter sind. Beide Datierungen, die der Stoffe, der Zitate und der Literaturwerke, die sie zitieren, sind häufig auf weite Strecken Ermessenssache. Zu einigermaßen überzeugenden Resultaten können häufig nur außerbibl. Quellen archäolog., ikonographischer, epigraphischer oder textlicher Art führen. Die traditionsgebundene Art der Quellen und die Schwierigkeit anachronismusfreier Fiktionen sollte nicht unterschätzt werden.

§ 177   Wie es in tatsächlich fingierten Texten aussieht, ist leicht zu zeigen. In einem der wenigen, aus durchsichtigen dogmatischen Gründen einfach erfundenen Abschnitte im Chronikbuch wird Manasse vom König von Assur (ohne Namen) nicht nach Ninive oder Assur, sondern nach Babel gebracht (2Chr 33,11; vgl. dazu § 567.1383). Die hist. falsche Nennung von Jojakim statt Jojachin in Dan 1,1f beruht auf einer irrtümlichen Kombination von 2Kön 24,1f mit der ebenfalls unzutreffenden Angabe in 2Chr 36,5–8. Das Büchlein Judit, dessen Fiktionalität niemand anzweifelt, setzt mit dem Satz ein: »Im 12. Regierungsjahr Nebukadnezzars, der König über die Assyrer in Ninive, der großen Stadt, war, in den Tagen Arphaxads, der König über die Meder in Ekbatana war …« (vgl. auch Jdt 4,3; 5,19). Es scheint mir eine zu wohlwollende Interpretation zu sein, wenn man diesen Salat aus Assyrern, Babyloniern und einem nicht identifizierbaren Mederkönig als gewollt hinstellt, weil exemplarisch das Wirken *jeder* Großmacht geschildert werden soll (vgl. JSHRZ 1/6, 1981, 449, Zenger; vgl. zu diesem und ähnlichen Problemen B. Otzen, Tobit und Judit, Guides to Apocrypha and Pseudepigrapha, Sheffield 2002, 81–93). Ein Grund, dieser wohlwollenden Interpretation zu misstrauen, ist auch die Deutlichkeit mit der Texte, die bewusst nicht Geschichte referieren, sondern interpretieren, dies auch sagen, so z.B. der V. Offenbarung des Johannes 11,8: »Ihre Leichen (die der Märtyrer-Zeugen) bleiben auf der Strasse der großen Stadt liegen. Diese Stadt heißt, geistlich (πνευματικῶς) verstanden: Sodom und Ägypten; dort wurde auch ihr Herr gekreuzigt«.

Zeitgenossen, die sich im Vergleich zu antiken Menschen im Hinblick auf hist. Sachverhalte sehr leicht informieren können, richten oft ein unglaubliches Durcheinander an, wenn sie versuchen, vergangene Perioden zu skizzieren, ohne sich die Mühe zu nehmen, in einem Lexikon nachzuschlagen.

IDEOLOGISCH-THEOLOGISCHES GUT

§ 178   Nicht nur im Bereich der Schreibtechnik, der möglichen Textgattungen und der tatsächlich vorhandenen schriftlichen Überlieferungen dürfen wir das Jerusalem des 10. und 9. Jh.a nicht unterschätzen. Einmal mehr muss daran erinnert werden, dass wir uns – ao gesehen – in der Spätzeit befinden. N. Na'aman sagt: »Schnell entstand eine Ideologie der göttlichen Führung des Königs und seiner Dynastie, und die neuen Herrscher brauchten Propaganda, um ihren Thron und neuen Status zu festigen« (BASOR 304, 1996, 23 = CE III 11). Wir können weiter annehmen, dass die Herrscher von Jerusalem sich wie schon in der Amarnazeit selbst als Könige sahen und auch von den Bewohnern ihres Herrschaftsgebiets und von ihren Nachbarn als solche gesehen wurden. Die Ideologie der göttlichen Führung der Dynastie brauchte – gegen Na'aman – nicht erst zu entstehen. Sie ist schon in den Amaranabriefen bezeugt, wenn es dort auch der Pharao ist, der die Gottheit vertritt (§ 113–121). Wir finden sie weiter im 9. Jh.a auf der Mescha-Stele, wenn Mescha seine schwer zu rechtfertigenden Angriffsunternehmen gegen Nebo und Horonaim mit den Worten einleitet: »Und Kamosch sprach zu mir …« (KAI Nr. 181, 14 und 32). W. Dietrich hat überzeugend gezeigt, wie die Darstellung Davids im DtrG ao Vorstellungen vom idealen Herrscher tradiert: »überdurchschnittliche persönliche Fähigkeiten, klare Legitimation zur Herrschaft, außergewöhnliche Erfolge im Innern wie nach Außen und unmittelbare Nähe zur göttlichen Welt«. In allen diesen Punkten wird aber auch von Ungenügen und Versagen berichtet, ein Phänomen, das in ao Königsüberlieferungen extrem selten und ohne zäh nachwirkende hist. Erinnerungen nur unzureichend zu erklären ist (W. Dietrich/H. Herkommer, Hg., König David – biblische Schlüsselfigur und europäische Leitgestalt, Freiburg/Schweiz-Stuttgart 2003, 3–31).

Das Fazit dieser *Zweiten Warntafel* ist: In Jerusalem ist im 10. Jh.a mit einem Patrimonialkönigtum zu rechnen, das keiner großen Bürokratie bedurfte, dem aber Schreiber zur Verfügung standen, die in der Lage waren, nebst Briefen auch Annalen, Inschriften, Listen zu verfassen oder Lieder, Geschichten und Erzählungen aufzuzeichnen. Neben einem Palast- und einem Tempel-Archiv sind auch private Archive vorstellbar. Es ist – gegen Lemche – unsinnig, das Alter von Texten einzig auf Grund des erhaltenen Bestandes an Manuskripten datieren zu wollen. Sprache, literarische Gattung, Echtheit der Milieubeschreibung, Fehlen von Anachronismen realienkundlicher oder ideologischer Art sind wichtigere Kriterien. Es ist heute noch sehr schwer und war früher unmöglich, fiktive hist. Erzählungen ohne gravierende Anachronismen zu formulieren.

4.4 DIE ERHEBUNG JERUSALEMS ZUR RESIDENZ DURCH DAVID

DER ZUSTAND JERUSALEMS, BEVOR ES DAVIDS RESIDENZ WURDE

§ 179   Von der bibl. Überlieferungen zu Jerusalem, ehe es Davids Residenz wurde, hat das Kapitel III gehandelt. Hier soll etwas ausführlicher auf die schon in § 18f erwähnte Position A. Alts eingegangen werden, die er in seinem intensiv rezipierten Aufsatz »Jerusalems Aufstieg« von 1925 (KS III 243–257; § 18–21) vorgetragen hat und die am Anfang einer seither weltweit gepflegten Tradition steht, das vorisraelit. Jerusalem abzuwerten. Diese Tradition ist in manchen Punkten stark ideologisch (WUB 16, 2000, 6–14, Keel). Jerusalem war – wie schon gesagt (§ 114) – bereits in der Amarnazeit nicht »einer von den Hunderten dieser palästinischen Stadtstaaten«, wie Alt behauptet hat (KS III 251). Jerusalem war am Ende der EZ I nicht die »überlebte Größe«, die nur noch eine »Winkelexistenz« führte, der »verkümmernde Stadtstaat, der längst für den Gnadenstoß reif war« (ebd. 252f). Die auffällige Häufung massiv negativer Qualifikationen versucht Alt mit der Behauptung zu begründen, dass weder die Judäer noch die Benjaminiter sich um Jerusalem bemüht hätten (ebd. 252f). Die oben in Kapitel III diskutierten Texte, die Spuren alter Überlieferungen aus dieser Zeit enthalten dürften, suggerieren ein anderes Bild (§ 146–160). Ernsthafter als Alts Argumentation ist die von E. Otto, der zu zeigen versucht, dass zu der Zeit, als David seine Residenz nach Jerusalem verlegte, das ganze, für die Stadt lebenswichtige Territorium bereits an Benjamin bzw. Juda bzw. den Städtebund von Gibeon (Jos 9,17) übergegangen war (Jerusalem 36f). Dass das Territorium des Stadtstaats beträchtlich verkleinert worden war, ist möglich, sogar wahrscheinlich. Ob die später benjaminit. bzw. jud. Orte und Grenzen schon vordavidisch so waren, ist fraglich. Der Schlag Sauls gegen Gibeon (2Sam 21,1–14) und der Streit, ob Jerusalem zu Benjamin oder zu Juda gehöre, zeigen, dass diese Ansprüche theoretisch waren und weder bezüglich der Stadt noch ihres Territoriums faktische Gegebenheiten widerspiegeln.

§ 180   Die ganze von Alt abhängige Beschreibung Jerusalems in der SB und EZ I als äußerst desolater Angelegenheit (Otto, Jerusalem 37: »unbedeutende Stadt«; Donner, GAT 4/1, 223: »ephämeres Jebusiternest«; Werblowsky, Meaning 15: »prähistorisches (sic!) Jerusalem«; vgl. auch BAR International 628, 1996, 7, Fischer/ Isaac/Roll; Jewish Art 23/24, 1997/98, 1–7, Talmon; ABD III 753f, King) dient einzig der Schaffung einer negativen Folie, von der sich ihre Erhebung zur Hauptstadt durch David als »das große Wunder in der Geschichte der Stadt« (Alt, KS III 253) umso strahlender abhebt. Das große, von Alt inszenierte Wunder entspricht der romantischen Geschichtsauffassung, in welcher der geniale Einzelne die Hauptrolle spielt. Nicht irgendwelche geographischen Faktoren oder Jahrhunderte überdauernde politische Konstellationen (Stadtstaatcharakter), sondern das Genie Davids hat Jerusalem zu dem gemacht, was es ist. Die einseitige Personalisierung geschichtlichen Geschehens entspricht übrigens auch den Ansprüchen des heute grassierenden Infotainment. Alts These kommt aber auch dem protestantischen, bes. lutherischen, *sola gratia* Prinzip entgegen, nach dem die Natur verderbt und zu nichts Gutem tauglich ist, sondern alles Gute und Große allein durch Gnade, in diesem Falle die Erwählung Jerusalems durch JHWH, geschieht. Endlich schmeichelt sie dem israelischen Chauvinismus, wie er sich in der Ignorierung der vordavidischen Geschichte Jerusalems manifestierte und manifestiert (§ 18.89). Es ist verständlich, dass sich der Glaube an das »Wunder« so lange gehalten hat und immer noch hält. Alts Sicht entspricht vielen emotionalen, religiösen und politischen Bedürfnissen, nur nicht den Tatsachen.

§ 181   Die Siedlungen im efraïmitischen Bergland n von Jerusalem bedeckten in der EZ I im Mittel nur etwa 4000m² (Finkelstein, Archaeology 141–177); Jerusalem dürfte, wie klein es damals im Vergleich zu später auch war, dennoch eine erheblich größere Fläche eingenommen haben (§ 95). Die Ortschaften auf dem Gebirge zählten in der EZ I im Durchschnitt 200 Einwohner und Einwohnerinnen, manche nur ein paar Dutzend. Mit einer Einwohnerschaft von minimal 1000–2000 Menschen musste das »Jebusiternest« im Rahmen seiner Umwelt immer noch eine eindrückliche Erscheinung dargestellt haben (VT 30, 1980, 319, Otto; G. Lehmann, in: Vaughn/Killebrew, Jerusalem 2003, 135f, schätzt sie noch etwas geringer ein). Allerdings ist diese »Stadt« archäolog. nicht so recht zu fassen. E. Noort redet denn auch ganz entschieden von einer bloßen, wenn auch starken Festung (ohne Stadt). Die Besonderheit Jerusalems in dieser Zeit hätte nicht in einer bedeutenderen Einwohnerzahl, sondern darin gelegen, dass es im Gegensatz zu den dörflichen unbefestigten Siedlungen, befestigt war (FS Borger 203–206).

Das Jerusalem-Schweigen zur Zeit Sauls deutet auf eine vielleicht nur widerwillig akzeptierte, aber friedliche Koexistenz mit dem immer noch starken Platz hin (Jos 15,63; Ri 1,21). Sauls Machtbasis umfasste nicht mehr als das Gebiet der Stämme Efraim und Benjamin (105; § 183; 2Sam 2,8f; BN 109, 2001, 15–17, Knauf; zum Umfang seines Einflussgebiets vgl. auch I. Finkelsteins »The Last Labayu: King Saul and the Expansion of the First North Israelite Territorial Entity, in: FS Naʾman 171–187; zu den Saul-Traditionen vgl. FAT 47, 2006, Ehrlich Hg.). Übernimmt man die Position Alts, stellt sich die Frage, warum David so viel Wert darauf legte, gerade hier zu residieren. Alt verweist auf die Lage *zw.* Juda und Israel und den neutralen Status der

Stadt. Das heißt aber bereits, dass ihre Lage nicht so ungünstig war, wie Alt weismachen wollte. Neutral zu sein und seine Neutralität durchzusetzen, erfordert keine geringe eigene Kraft. Und endlich wird der Fortgang der Geschichte beim Tode Davids zeigen, dass die Jerusalemer stärker oder jedenfalls listiger waren als die Mannschaft, die David nach Jerusalem gebracht hatte.

ÄLTESTE AUßERBIBLISCHE EPIGRAPHISCHE BELEGE FÜR »DAVID«

§ 182   Es gibt heute keine ernst zu nehmenden Historiker, die daran zweifeln, dass David existiert hat. Eine in → III Dan gefundene aram. Sieges-Stele aus dem 9. Jh. bezeugt David als Dynastiegründer, wie der Ausdruck *bet-dawid* (*bjtdwd*) auf Fragment A Zeile 9 zeigt (**102**; IEJ 45, 1995, 1–18, Biran/Naveh; BN 79, 1995, 17–24, Na'aman = CE III 166–172; ThZ 53, 1997, 17–32, Dietrich = BWANT 156, 2002, 79f, Dietrich; IEJ 50, 2000, 92–104, Na'aman = CE III 173–186; JSOT.S 325, 2001, 72–98, Couturier; JSOT.S 360, 2003, bes. 298–309, Athas). Athas will *bjtdwd* als Ortsnamen und Synonym von '*ir dawid* verstehen. Das ist wenig wahrscheinlich. Selbst N.P. Lemche ist bereit, mindestens zuzugeben, dass es keine stichhaltigen Gründe gibt, die Inschrift als Fälschung und das *dwd* nicht auf den bibl. David zu beziehen (in: JSOT.S 381, 2003, 46–67, Thompson). Eventuell findet sich »David« auch auf der 1868 in Dibon (Moab) entdeckten und seit 1875 im Louvre ausgestellten Meschastele (**103**). Am linken Ende von Zeile 31 liest A. Lemaire »Und das Haus David wohnte in Horo-

5

10

102   Fragmente einer aramäischen Stele des 9. Jh.a aus Dan, die das *bjtdwd* »Haus Davids« erwähnt (9. Zeile, 2.–7. Buchstabe von rechts).

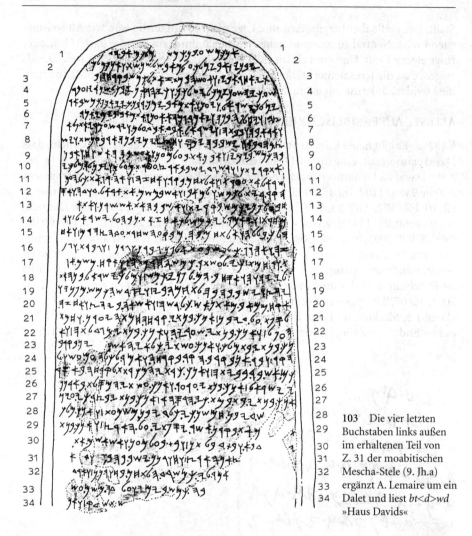

103   Die vier letzten Buchstaben links außen im erhaltenen Teil von Z. 31 der moabitischen Mescha-Stele (9. Jh.a) ergänzt A. Lemaire um ein Dalet und liest *bt<d>wd* »Haus Davids«

nen« (BArR 20/3, 1994, 31–37; dagegen IEJ 47, 1997, 89, Na'aman = CE III 192; BWANT 156, 2002, 77–79, Dietrich). Es sind nur die Buchstaben *b*, evtl. ein Teil eines *t*, *w* und evtl. ein *d* erhalten.

Kitchen will den Namen in einem Ortsnamen »Höhen Davids« der Scheschonq-Liste ⑤ (vgl. § 390) gefunden haben (**104**; BArR 25/1, 1999, 34f, Shanks; vgl. aber TUAT.NF II 269 Nr. 105–106, Moers).

Einige bibl. Texte legen nahe, dass David selbst Stelen errichten ließ, die ähnlich ausgesehen haben können wie jene, die Mescha von Moab wenige Jahrzehnte später in Auftrag gegeben hat (vgl. § 169). B. Halpern meint, das »Jad« 2Sam 8,3 und das »Schem« in der Liste von Davids Kriegserfolgen 2Sam 8,13 (vgl. Jes 56,5) könnten als Hinweise auf Sieges- bzw. Gedenkstelen interpretiert werden (David 195–198). Das Errichten solcher Stelen wird schon von Saul (1Sam 15,12) und von Abschalom

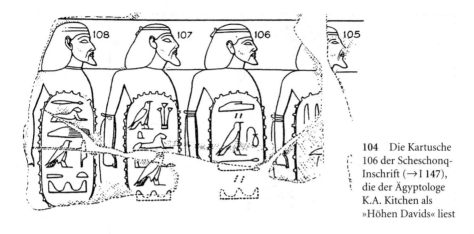

104 Die Kartusche 106 der Scheschonq-Inschrift (→ I 147), die der Ägyptologe K.A. Kitchen als »Höhen Davids« liest

(2Sam 18,18) überliefert (OBO 74, 1987, 368–373, Schroer; skeptisch VT 48, 1998, 333–336, Na'aman = CE III 211–214; VT 50, 2000, 361, Parker). Die Argumente gegen die Historizität sind *argumenta e silentio* mit der dieser Art von Argumenten eigenen Schwäche (vgl. § 87f; epigraphisch-archäolog. Hinweise auf Königsinschriften finden sich in Renz/Röllig, Handbuch II/1 3).

Davids Laufbahn bis zu seinem Residenzbezug in Jerusalem

§ 183 Diese Laufbahn ist aus den in § 166–178 diskutierten Geschichten erhoben. Es handelt sich bei ihnen nicht um Historiographie. Auf Grund ihrer Milieuechtheit, des weitgehenden Fehlens von Anachronismen und der nach späteren Vorstellungen problematischen Seiten Davids (etwa sein Verhältnis zu den Philistern) und der Schwierigkeit eine Erzählzeit zu finden, die dem Erzählten besser entspricht als das 10./9. Jh.a, lässt sich annehmen, dass sie die Verhältnisse in großen Zügen korrekt wiedergeben. David war ein Judäer aus → II Betlehem. Sein Name wird meistens als »Liebling« gedeutet (ThZ 53, 1997, 17–20, Dietrich; vgl. aber Halpern, David 266–269.312). B. Halpern vermutet aufgrund des Namens seines Vaters, Isai/Ischai, und seines eigenen, aufgrund von 2Sam 23,13–16 (Philister in Betlehem) und Davids späteren Beziehungen zu den Philistern, er könnte philistäischer Abstammung gewesen sein (David 266–276.302–306). Die Philister (vgl. § 143.161) spielten in seinem Leben jedenfalls eine entscheidende Rolle. Früh in die Gefolgschaft Sauls aufgenommen kämpfte er in dessen Auftrag gegen die Philister, die ins mittelpalästin. Bergland vorzudringen versuchten (1Sam 18,13–16; zu Saul vgl. FAT 47, 2006, Ehrlich Hg.). Nach dem Zerwürfnis mit Saul wurde er zum Anführer einer Bande von outlaws, die sich zuerst in der Schefela, in → II Adullam und → II Keïla, im wilden W Judas aufhielt (1Sam 22,1–23,13; vgl. RB 91, 1984, 51–87, Veijola). Als der Druck dort zu groß wurde, wich er mit seinen Männern in die äußersten SO Judas, in die Gegend von → II Sif aus, wo er u.a. durch die Heirat mit Abigail von → II Karmel und Ahinoam aus Jesreel Eingang in die führenden Sippen zu finden suchte (1Sam 23,14–26,25). Dennoch konnte er sich dort anscheinend nicht festsetzen. Die Überlieferung stellt es so dar, dass die Nachstellungen Sauls ihn schlussendlich gezwungen hätten, sich an die Philister zu verdingen. Das Gebiet, das später Juda wurde, gehörte aber wahrscheinlich nicht zum Einflussgebiet Sauls (2Sam 2,8f; BN 109, 2001, 15–18, Knauf; 105). Das schließt gelegentliche Militäraktionen nicht ganz aus. Wahrscheinlicher ist doch, dass die ortsansässigen Notabeln wie Nabal seine Dienste nicht akzeptierten und David nahe legten oder zwangen, ihr Territorium zu verlassen.

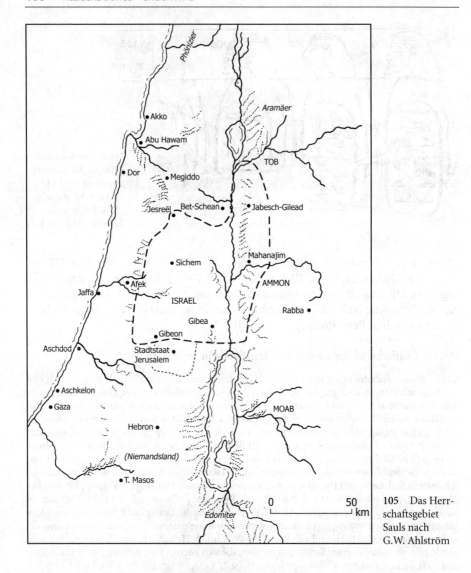

105 Das Herrschaftsgebiet Sauls nach G.W. Ahlström

§ 184   Seine Dienste den Philistern anzubieten, war für einen Judäer, falls er nicht überhaupt philistäischer Abstammung war, wie Halpern vermutet, weniger schlimm als für einen Israeliten. Die Judäer standen wahrscheinlich aufgrund des lukrativen Handels mit Asphalt und Salz aus dem Toten Meer, den sie mit den Philistern trieben, mit diesen in einem viel positiveren Verhältnis als die Israeliten, die die Philister nur als Feinde kannten (UF 25, 1993, 482.487, Zwickel). Die Philister sahen denn auch kein Problem darin, David mit einer Stadt im gefährdeten sö Grenzbereich ihres Gebiets zu belehnen, mit → II Ziklag (1Sam 27). Zäh und geduldig verfolgte er von dort aus sein Ziel weiter, in Juda Fuß zu fassen. So ließ er z.B. einen Teil der Beute, die er den im n Sinai nomadisierenden Amalekitern abnahm, statt seinen Lehensherren, den Philistern, jud. Ältesten zukommen (1Sam 29–30).

§ 185   Nachdem Saul und der designierte Nachfolger Jonatan im Kampf gegen die Philister gefallen waren, beklagte David ihren Tod in einem gekonnt komponierten Leichenlied, das im »Buch des Wackeren« (vgl. § 152) überliefert wurde (2Sam 1,18; vgl. § 151–153), und zog dann mit seiner Truppe unverzüglich nach →II Hebron. In dem dünn besiedelten Juda konnte sich ein entschlossener Anführer, der über ein paar Dutzend oder wenige hundert erfahrene, ihm loyal ergebene Krieger verfügte, bei dem Machtvakuum, wie es durch den Tod Sauls eingetreten war, leicht durchsetzen. Den Männern Judas blieb – von der Vorbereitungsarbeit Davids abgesehen – wohl gar keine andere Wahl, als ihn zum König von Juda zu wählen bzw. ihn als solchen anzuerkennen (1Sam 31–2Sam 2,4a). Den Philistern konnte nur recht sein, dass ihr Vasall die Herrschaft über diese unwirtliche Gegend übernahm. Kaum hatte David das erreicht, warb er auch ganz unverhohlen um die Anerkennung durch die Nordstämme (2Sam 2,4b–7). Vorerst aber machte ihm Abner, der Feldherr Sauls, einen Strich durch die Rechnung, indem er den Saulssohn Ischbaal als König einsetzte. Die Nordstämme anerkannten diesen problemlos als ihren Herrn (2Sam 2,8–11; zu dem von Ischbaal beherrschten Bereich vgl. BN 54, 1990, 33–37, Na'aman = CE III 18–22; 105).

§ 186   Sofort begann ein Kleinkrieg, der von Joab, dem Feldherrn Davids, und von Ischbaals Feldherr, Abner, geführt wurde. Interessant ist, dass das erste Geplänkel bei Gibeon stattfand (2Sam 2,12–32; vgl. Jos 10,1–14; vgl. § 148–153). Das deutet darauf hin, dass der Angriff von Juda ausging. Joab hatte offensichtlich sofort das wahrscheinlich neutrale Gebiet Jerusalems durchquert und war an der S-Grenze Israels aufmarschiert. Israel hatte gegenüber dem aggressiven Juda einen schweren Stand. Nach seinem Zerwürfnis mit Ischbaal bot Abner David das Königtum über die Nordstämme an, aber Joab, der Feldherr Davids, ermordete ihn, da er in Abner einen gefährlichen Konkurrenten sah. David dichtete auch auf Abner ein Leichenlied, beklagte Joabs Gewalttätigkeit und seine eigene Ohnmacht und ließ die Männer, die den hilflosen Ischbaal ermordet hatten, demonstrativ hinrichten. Den führerlos gewordenen N-Stämmen blieb nichts anderes, als mit David ihrerseits einen Vertrag zu schließen und ihn zum König zu salben (2Sam 3,6–5,3). Damit war David allerdings zum Anführer dieser mit den Philistern verfeindeten Entität geworden. Das Verhältnis zw. ihm und den Philistern musste neu definiert werden.

HAT DAVID JERUSALEM EROBERT UND WENN JA, WANN UND WARUM, UND WARUM HAT ER DORT RESIDENZ GENOMMEN?

§ 187   Wann David nach Jerusalem gekommen ist, wissen wir nicht. Die Zahlen in 2Sam 5,4f (vgl. 1Kön 2,11), nach denen er mit 30 König geworden sei und 40 Jahre regiert habe, 7 Jahre und sechs Monate in Hebron und 33 Jahre in Jerusalem, sind wahrscheinlich trotz der zusätzlichen sechs Monate in Hebron ebenso schematisch wie die 40jährige Regierungszeit Salomos (1Kön 11,42). Jeder regierte eine Generation lang (§ 317). K.A. Kitchen glaubt, die Herrschaft Salomos in die Zeit zw. 970 und 930a datieren zu können (BArR 27/5, 2001, 32–37.58). Das ist zu optimistisch. Es fehlen ganz einfach die Quellen. Annalistische Angaben über die Regierungszeiten der Könige von Juda und Israel, die auf schriftliche Quellen zurückgehen müssen, setzen erst mit den Nachfolgern Salomos, mit Rehabeam und Jerobeam um ca. 930a ein (1Kön 14,21; 15,1 etc.). Von den 20 Königen Judas hat nur einer mehr als 40 Jahre lang regiert (Manasse) und einer ca. 40 Jahre lang (Asa). So ist es statistisch wenig wahrscheinlich, dass gleich zwei Könige hintereinander je 40 Jahre lang regiert haben. Es ist realistischer David nicht schon um 1000a nach Jerusalem kommen zu lassen. Seine Ankunft um 980a anzusetzen, ist aber nicht mehr als eine Vermutung. Das einzige einigermaßen fixe Datum ist der in 1Kön 14,25f erwähnte Feldzug des Pharao Scheschonq (vgl. § 390f). Ebenso wenig ist mit Gewissheit zu sagen, wie und warum David in Jerusalem Residenz bezog.

Der Text von 2Sam 5,6–10 (=1Chr 11,4–9), der uns auf diese Fragen Antwort geben könnte, scheint in Unordnung zu sein und ist schwer verständlich. Schon lange hat man bemerkt, dass 2Sam 5,17, »Als die Philister hörten, dass man David zum König von Israel gesalbt hatte, zogen sie alle herauf …«, an 5,3 anschließt: »Alle Ältesten Israels … salbten David zum König von Israel«. Alles, was jetzt zw. 5,3 und 5,17 steht, wirkt eingeschoben (ATD X 223f, Hertzberg). In 5,4–16 »werden bewusst typische Merkmale eines großen Königs in geradezu plakativer Dichte zusammengestellt« (ZAW 106, 1994, 408, Oeming). Neben der langen Regierungszeit und der gesicherten Dynastiefolge sind dies Eroberung und Ausbau einer bedeutenden Stadt bzw. Festung, Anerkennung durch den angesehensten Nachbarkönig und Erwählung durch Gott. Vers 4f blickt auf Davids Regierungszeit in Hebron zurück und auf diejenige in Jerusalem voraus. Die V. 6–10 über die Residenznahme in Jerusalem und dessen Ausbau sind durch das Stichwort »und 33 Jahre in Jerusalem« in V. 5 veranlasst. Daran knüpfen in den V. 11–12 die Anerkennung durch Hiram von Tyrus und der Bau des Palastes an. Endlich folgt in 5,13–16 die Liste der in Hebron geborenen Söhne Davids und jener, die ihm noch in Jerusalem geboren wurden. Damit wird der Fortbestand der Dynastie angedeutet.

Von der folgenden Mitteilung über einen Kampf Davids mit den Philistern (2Sam 5,17–25) nimmt man mit guten Gründen an, sie habe nicht nur literarisch ursprünglich vor der »Eroberungsnotiz« gestanden, sondern der Beginn der darin geschilderten Kampfhandlungen habe vor der Einnahme Jerusalems durch David stattgefunden (Noth, Geschichte 172ff; GAT IV/1, 221, Donner).

§ 188   Nicht nur das Eingreifen der Philister (5,17a) reagiert auf die Vorkommnisse in Hebron, auch die nächste Mitteilung (5,17b), David sei, als er davon hörte, in die *mᵉṣuda*, in die »Bergfeste«, *hinab* gezogen (*waj-jered*), scheint vorauszusetzen, dass er sich noch in Hebron aufgehalten und sich von dort entweder in eine der Bergfesten der Wüste Juda (1Sam 22,5; 23,14.19) oder, was taktisch und strategisch sinnvoller gewesen wäre, in jene in der → II Schefela begeben habe, wo er seinerzeit Zuflucht gesucht hatte (1Sam 22,1). Es ist aber auch nicht ganz auszuschließen, dass *mᵉṣuda* in 2Sam 5,17b ursprünglich die »Bergfeste Zion« meinte, und der Bericht von der Einnahme des Zion in 2Sam 5,6–9 einmal hier anschloss (ZBK IX 211, Stolz). Dann hätte David sich in der Festung auf dem Zion niedergelassen, bevor er sich auf die Kämpfe mit den Philistern einließ. Unwahrscheinlich ist die Deutung von E. Mazar, das »Hinabsteigen« beziehe sich auf einen Umzug von dem n an die Stadt angebauten neuen Palast Davids in die alte innerhalb der Stadtmauern gelegene »Bergfeste Zion« (BArR 32/2, 2006, 19; vgl. oben § 163). Das würde voraussetzen, dass die Kämpfe Davids mit den Philistern lange nach seiner Niederlassung in Jerusalem und über den Palastbau hinaus angedauert haben. Davon weiß die Überlieferung aber nichts. Das seltene in 2Sam 5,18 und 22 verwendete Verb *naṭaš* (im Nif. »sich ausbreiten«) signalisiert eine gezielte Menschenjagd (vgl. Ri 15,9), die die Philister unmittelbar nach der Erhebung Davids zum König auch über die Nordstämme eingeleitet, die David geahnt und vor der er sich in Jerusalem in Sicherheit gebracht habe (FS Borger 211f, Noort).

§ 189   Solange David in Hebron König nur über Juda war, konnten die Philister das als Machtzuwachs für ihren Vasallen und damit für sich selbst betrachten. Davids Übernahme des Königtums über Israel, den Erzfeind der Philister, zerstörte diese Illusion (GAT IV/1, 220f, Donner). Die Philister als dominierende Macht in der s Levante (BN 109, 2001, 15–18, Knauf) sahen sich zum Handeln veranlasst. Sie besetzten die → II Refaïmebene, die in der Beschreibung des Grenzverlaufs zw. Juda und Benjamin genannt wird (**96**; Jos 15,8; vgl. 18,16; vgl. auch 2Sam 23,13–17). David schlug sie bei Baal-Perazim bei → II Mar Elijas oder am sw Ausgang der Ebene (2Sam 5,20). In 2Sam 5,25 wird überraschend hinzugefügt, dass er die Philister von Geba oder Gibeon (1Chr 14,16) bis Geser geschlagen und so einen der wichtigsten Zugangswege nach Jerusalem, jenen über die Steige von Bet-Horon (§ 27.150), in seine Gewalt gebracht habe. Die letzte Aussage legt nahe, dass neben den Kämpfen bei Baal-Perazim noch andere stattgefunden haben (vgl. 2Sam 8,1). Wahrscheinlich haben die Philister die s und n Zugangswege nach Jerusalem und vielleicht dieses selbst zu besetzen und so einen Riegel zw. Juda und Israel zu legen und David daran zu hindern versucht, sein ganzes Herrschaftsgebiet tatsächlich in Besitz zu nehmen (zu 2Sam 5,17–25 vgl. VT.S 81, 2000, 150–164, Garsiel). Der erste und dringendste Grund für die Inbesitznahme Jerusalems durch David dürfte demnach die Notwendigkeit gewesen sein, die Philister dauernd und wirksam daran zu hindern, sein Einflussgebiet zu spalten. Es war also kaum der staatsmännische Weitblick, der ihn die Notwendigkeit einer neutralen Residenzstadt zw. Juda und Israel erkennen ließ und ihn dazu veranlasste, Jerusalem als solche zu wählen (so Alt, KS III 253f), sondern ganz einfach eine Reaktion auf den Vorstoß der Philister. Der Vorteil, den eine Stadt bzw. eine bedeutende Festung als Verwaltungszentrum bot, wird ihm schnell klar geworden sein, nachdem Hebron nicht einmal Platz geboten hatte, die Männer seiner persönlichen Truppe unterzubringen (2Sam 2,3). Ebenso einsichtig war der Vorteil der zentralen Lage zw. beiden Einflussgebieten, nachdem die Philister durch ihren Angriff die Aufmerksamkeit auf die Schlüsselposition Jerusalems gelenkt hatten.

§ 190   Die Eroberung Jerusalems durch David und seine Inbesitznahme wird in 2Sam 5,6–10 und in der Parallele 1Chr 11,4–9 dargestellt. Da der Text so zentral für das Verhältnis Davids zu Jerusalem geworden und so häufig (fehl)interpretiert worden ist, soll er hier in beiden Versionen geboten werden, wobei die Eigenheiten der beiden Versionen kursiv gesetzt sind.

Angesichts der Bedeutung der LXX (vgl. § 167 letzter Abschnitt) müsste neben die Version von 2Sam 5 und 1Chr 11 auch die LXX Version eigens daneben gestellt werden. In der vorliegenden Textpassage sind aber nur im schwierigen V. 8 und im V. 9 bedeutsame Abweichungen festzustellen. Sie werden in Zusammenhang mit diesen Stellen diskutiert werden (vgl. den letzten Abschnitt von § 197).

2Sam 5,6–10	1Chr 11,4–9
6 *Der König* zog mit *seinen Männern* nach Jerusalem	4 *David* zog mit *ganz Israel* nach Jerusalem *das ist Jebus*
gegen den Jebusiter, *den* Bewohner der Gegend (*ha-ʾaræṣ*) *Er* sagte zu David *folgendermassen:* ›Du kommst hier nicht herein, *denn die Blinden und die Lahmen vertreiben dich!‹ das heißt: David wird hier nicht hereinkommen.*	*und dort* (war) der Jebusiter (coll.) *die* Bewohner der Gegend. 5 *Die Bewohner von Jebus* sagten zu David: Du kommst hier nicht herein!
7 (Aber) David nahm die Bergfeste Zion ein, das ist die Davidstadt. 8 David sagte *an jenem Tag:* Jeder, der einen Jebusiter erschlägt … *und er berührt (oder: schlägt) die »Röhre« und die Blinden und die Lahmen, die Davids innerstem Streben verhasst sind. Deswegen sagen sie: Ein Blinder und ein Lahmer soll nicht in den Tempel hineinkommen.*	(Aber) David nahm die Bergfeste Zion ein, das ist die Davidstadt. 6 David sagte: Jeder, der einen Jebusiter erschlägt

	zuerst, wird zum Haupt und zum Anführer. Joab,
	der Sohn der Zeruja stieg zuerst hinauf, und er
	wurde zum Haupt.
9 David saß in der Bergfeste.	7 David saß in der Bergfeste.
Er nannte sie Stadt Davids.	*Deshalb* nannten *sie* sie Stadt Davids.
David baute ringsum	8 *Er* baute *die Stadt von* ringsum
vom Millo her	vom Millo her
nach innen	*und bis zur Umgebung*
	und Joab ließ den Rest der Stadt aufleben.
10 David wurde immer mächtiger,	9 David wurde immer mächtiger,
und JHWH, *der Gott* der Heere,	und JHWH der Heere
war mit ihm.«	war mit ihm.«

§ 191   Die ältere Version in 2Sam enthält eine Reihe von Schwierigkeiten, die wahrscheinlich bereits für den Chronisten so gravierend waren, dass er die entsprechenden Passagen wegließ oder freihändig zu einer verständlichen Aussage ergänzte (vgl. Floß, David und Jerusalem 9–18). Ähnlich haben sich die alte griech. Übersetzung (LXX) und Josephus verhalten (Ant VII 61–64). Eine eigenständige Quelle des Chronisten ist nicht anzunehmen. Es geht deshalb nicht an, den Samuel-Text von der Chronik her zu ergänzen (ZDPV 73, 1957, 83, Stoebe; Otto, Jerusalem 43f), im Glauben, auf diese Weise einen angemessenen Zugang zur ältesten greifbaren Quelle und indirekt zur hist. Wirklichkeit zu gewinnen.

§ 192   Eine Reihe kleiner Unterschiede zw. 2Sam und 1Chr sind von den Eigenheiten des Chronisten her zu verstehen, etwa die Eroberung unmittelbar auf seine Anerkennung als König in Hebron folgen zu lassen und die Eroberung nicht schlicht durch »seine Männer«, wahrscheinlich die ihm persönlich verpflichtete Truppe (vgl. BZAW 156, 1983, 387, Schäfer-Lichtenberger), sondern durch »ganz Israel« vornehmen zu lassen. Beide Eigenheiten unterstreichen die zentrale Bedeutung des Ereignisses (VT 52, 2002, 66–79, Kalimi). Ebenso typisch chronistisch ist die gelehrte Bemerkung, Jerusalem sei mit Jebus identisch. Zu den dunklen Aussagen, mit denen der Chronist nichts anfangen konnte, gehören:
1) Die Bemerkung von den Blinden und Lahmen, die David fernhalten sollen (V. 6b) und die David deshalb hasst und die deshalb keinen Zugang zum Tempel haben (V. 8b)
2) Die fragmentarische Aussage »jeder, der einen Jebusiter erschlägt« und seine Ergänzung (V. 8a):
3) Das Rühren oder Schlagen an den ṣinnor, die »Röhre« (V. 8a)
Die *erste* Schwierigkeit löst der Chronist, indem er die Blinden und Lahmen weglässt und die Aussage vereinfacht. In 2Sam 5,6 folgt auf die Mitteilung, dass David mit seinen Männern gegen den Jebusiter zog, die Bemerkung: »Er sagte zu David: ›Du kommst hier nicht herein, denn die Blinden und die Lahmen vertreiben dich!‹ das heißt: David wird hier nicht hereinkommen.« Die hyperbolische Redensart, die die Stärke der Festung Zion unterstreicht, die so groß sei, dass (selbst) Blinde und Lahme David fernhalten könnten, wird schon in der älteren Version als dunkel empfunden und deshalb gedeutet, und zwar – wohl zu Recht – so, dass die Stadt damit als für David uneinnehmbar hingestellt werde. 1Chr 11,5 lässt die Hyperbel weg und legt den Jebusitern nur deren Deutung in den Mund: »Du (David) wirst nicht hierher kommen!« 2Sam 5,8b (fehlt beim Chronisten) versteht die Rolle der Blinden und Lahmen bei der Eroberung nicht als hypothetische Hyperbel, sondern real und verbindet damit den Hass, den David gegen Blinde und Lahme empfunden haben soll. Dieser sei der Grund dafür, dass keine Blinden und Lahmen ins Haus, d.h. den Tempel (vgl. Mich 3,12 »der Berg des Hauses«) bzw. unter das Kultpersonal kommen sollen (Lev 21,18.23). »Der Versteil zeigt ganz deutlich ein anderes Interesse als von der Eroberung zu berichten« (ZAW 106, 1994, 414, Oeming). Er will eine Regel ätiologisch begründen, die mit der Einnahme des Zion durch David oder einer anderen geschichtlichen Episode nichts zu tun hat, sondern den Erfordernissen kultischer

Reinheit entspricht (vgl. die Bestimmungen über Opfertiere: Lev 22,22; Mal 1,8.13; CBQ 60, 1998, 218–227, Olyan; ZAW 111, 1999, 609–615, Frolov/Orel).

§ 193   Die *zweite* Schwierigkeit ist das Fragment »Jeder, der einen Jebusiter erschlägt …«. Der Chronist ergänzt es durch die Verheißung Davids »… soll Hauptmann und Anführer werden« und die Erfüllungsnotiz »Da stieg Joab, der Sohn der Zeruja, als erster hinauf und wurde Hauptmann«. Diese Ergänzung ist unglücklich platziert und inhaltlich unwahrscheinlich. Sie stellt eine Belohnung für besondere Verdienste bei der Eroberung in Aussicht, nachdem die Eroberung im vorausgehenden V. 7 bzw. 5 (Chr) bereits berichtet worden ist. Inhaltlich ist die Bemerkung unsinnig, da Joab längst vor der Einnahme Jerusalems Davids Feldhauptmann war (vgl. 2Sam 2,13; 3,22). Die Bautätigkeit Joabs im Bereich der Stadt (1Chr 14,8) parallel zur Bautätigkeit Davids im Bereich des Millo ist wohl nur ein Schluss, den der Chronist aus der besonderen Rolle zieht, die er Joab bei der Einnahme des Zion spielen lässt.

§ 194   Die Fortsetzung des Satzfragments »David sagte an jenem Tage: Wer einen Jebusiter (er)schlägt …« lautete ursprünglich wohl anders als jetzt beim Chronisten, aber auch anders als das jetzt in 2Sam 5,8 stehende *wejigga baṣinnor* »und er wird an die Röhre rühren«. Denn der Zusammenhang dieser Bemerkung mit dem vorausgehenden Satzteil ist syntaktisch und semantisch nicht klar. Ohne sich viel um die Syntax zu kümmern, hat man die beiden Satzteile jedoch immer wieder aufeinander bezogen. W. Groß hat versucht, hier eine Pendenskonstruktion zu sehen (ATSAT 27, 1987, 107–110). Die einzige genaue Parallele, die er beibringen kann, ist Spr 23,24b: »Wer einen Weisen zeugt, der wird sich an ihm freuen«. Hier ist durch das »an ihm« der Zusammenhang zw. beiden Satzteilen deutlich hergestellt. Das ist in 2Sam 5,8 nicht der Fall. *wejigga baṣinnor* hat wahrscheinlich ein früheres *mot jumat* »der muss unbedingt getötet werden« oder etwas Ähnliches verdrängt. Bildungen wie »Wer einen Mann schlägt, so dass er stirbt, der muss unbedingt getötet werden« oder »Wer seinen Vater und wer seine Mutter schlägt, der muss unbedingt getötet werden« (Ex 21,12.15) legen eine solche Ergänzung nahe (Floß, David und Jerusalem 35f). Mit dieser Ergänzung stünde der Satz an der richtigen Stelle, indem er den Bewohnern der eroberten Zionsfeste das Leben sichern soll (so schon Budde in KHC VIII 221f). Oeming findet diese Ergänzung allerdings unwahrscheinlich. Nach der Verspottung Davids »Er werde da nicht hineinkommen« liege Rache näher als Schonung (ZAW 106, 1994, 413f). Aber wie Oeming (ebd. 415) im Gefolge von Gelander (JBS 5, 1991, 120–125) selbst sieht, dient der Satz von der Uneinnehmbarkeit des Zion nicht der Verspottung, sondern der Verherrlichung Davids (»uneinnehmbare Stadt eingenommen«). Die hypothetische Ergänzung im Sinne eines Schutzes der »Jebusiter« ergänzt nicht nur das Fragment in syntaktisch akzeptabler Weise, sondern dürfte auch den tatsächlichen Geschehnissen entsprochen haben. Das Folgende wird zeigen, dass es eine ganze Reihe von Indizien dafür gibt, dass David die Bewohner Jerusalems nicht nur am Leben ließ, sondern wenigstens teilweise in seinen Dienst nahm. Sie brachten weit bessere Voraussetzungen für die Verwaltung eines komplexen Herrschaftsgebildes mit als seine Männer, die sich hauptsächlich in Raub- und Beutezügen hervorgetan hatten. Mit Salomo kamen die Alt-Jerusalemer dann sogar an die Macht. Die Erzählung in 1Kön 1f zeigt auch, wie prekär die Existenz der Alt-Jerusalemer ohne Davids Schutz war. Die spätere Verstümmelung bzw. ungeschickte Ergänzung des Satzes 2Sam 5,8 erklärt sich aus der Forderung der dtn./dtr. Schule, die vorisraelit. Bewohner von den Kanaanäern bis zu den Jebusitern auszurotten (Dtn 7,1f; 20,17). Für Vertreter dieser Ideologie musste ein Rechtssatz, der das Leben der Jebusiter so massiv schützte, Anstoß erregen. Der Chronist hat den Satz, wenn ihn Floß richtig rekonstruiert hat, in sein Gegenteil verkehrt, indem er David demjenigen Belohnung versprechen lässt, der als erster einen Jebusiter erschlägt.

§ 195   Die *dritte* Schwierigkeit »und er rührt(e) an die Röhre« hat der Chronist beseitigt, indem er die zwei Wörter *wejigga baṣinnor* weglässt. Auch Josephus, der weitgehend die chr Version benützt, glättet und anschaulich ausgestaltet, hat sie ignoriert (Ant VII 61–64). Unter Vernachlässigung des syntaktischen Problems ist viel exegetische Energie auf die semantische Deutung der zwei Wörter verwendet worden. Das Substantiv *ṣinnor* ist im bibl. Hebräisch nur zweimal belegt. Es kommt außer in 2Sam 5,8 nur noch in Ps 42,8 vor, wo der Ausdruck *ṣinnorim* zw. *tehom*, *mišbarim* und *gallim* d.h. zw. »Wassertiefe, Brandungswogen und Wellen« genannt und von den Versionen als

»Wasserfluten, Wasserstürze, Sturzbäche« u.ä. gedeutet wird. Das Wort, das auch im Ugaritischen belegt ist, muss »das Mundstück einer Quelle oder einen Wasser führenden Kanal« bezeichnen (HAL III 971f). Das verwandte Wort ṣanterot in Sach 4,12 bedeutet ziemlich eindeutig Röhren. Im Mittelhebr. hat ṣinnor die Bedeutungen »Kanal, Rinne, Röhre, Aquädukt, Wasserstrahl, aber auch Höhlung, Loch der unteren Schwelle, in welcher sich die Angel dreht, weibliche Scham« (Levy, Wörterbuch IV 206; Dalman, Aramäisch-neuhebräisches Handwörterbuch 365). Von diesem Befund her sind die älteren Deutungen von ṣinnor als Bezeichnung für einen menschlichen Körperteil, meist für »Gurgel« oder »Phallus«, unwahrscheinlich. Als Übersetzung wurde vorgeschlagen: »Jeder der einen Jebusiter (er)schlägt, soll ihn am Hals bzw. am Phallus treffen« (vgl. Wellhausen, Bücher Samuelis 163f; PJ 11, 1915, 39–44, Dalman; ZAW 106, 1994, 412–414, Oeming). Oeming verweist auf die brutale ao Kriegspraxis, gefangenen oder getöteten Feinden den Phallus abzuschneiden (vgl. 1Sam 18,25.27; 2Sam 3,14). Man bezog den Begriff aber auch auf den Schlagenden selbst, so etwa Budde: »Jeder, der einen Jebusiter schlägt, rührt an seinen (eigenen) Hals« d.h. bringt sich in Gefahr (KHC VIII 221f, Budde; weitere Varianten auf dieser Linie in ZDPV 73, 1957, 73–77, Stoebe). Das Problem all dieser Deutungen ist, abgesehen von der Syntax, dass die alten Belege das Verständnis von ṣinnor als Körperteil in keiner Weise rechtfertigen. Harn-»Röhre« ist eine deutsche Assoziation. An dieser Hürde scheitert auch die Deutung Ch. Schäfer-Lichtenbergers, David würde das Verbot, einen Jebusiter zu töten, mit einem Schwurgestus bekräftigen: »Und er rührte an die (Harn-) Röhre« (ErIs 24, 1993, 204*f). Der Deutung auf einen Körperteil ist zusätzlich die Verbindung von ṣinnor mit naga' nicht günstig. Das Abhauen von Körperteilen wird im Hebr. mit karat (1Sam 31,9f) oder qaṣaṣ (Dtn 25,12) ausgedrückt, das Berühren des Geschlechts zwecks Schwur mit sim (Gen 24,2).

§ 196   So haben Vorschläge, die die Bedeutung ṣinnor = Wasserkanal o.ä. ernst nehmen, zu Recht mehr Zustimmung gefunden, und das seit der Entdeckung des Warren-Schachts bis heute (vgl. z.B. ZBK IX 208, Stolz; NSK.AT VII 147f, Schroer; zum Warren-Schacht vgl. Küchler, Jer 51–55). Wenige Jahre nach der Entdeckung vertrat W.F. Birch die Überzeugung, der ṣinnor in 2Sam 5,8 beziehe sich auf den Schacht. Joab habe den 13m hohen vertikalen Teil des Schachts mit Hilfe eines bestochenen Jebusiters, wahrscheinlich des in 2Sam 24 genannten Arauna, bezwungen, sei so unbemerkt in die Stadt eingedrungen und habe sie eingenommen (Qedem 19, 1984, 68 Fig. 31, Shiloh; Bahat, Illustrated Atlas ²1990, 26). »Die einfachste Erklärung eines hebr. Wortes in Verbindung mit einer von Captain Warrens bemerkenswerten Entdeckungen hat uns in Stand gesetzt, die dunkelste Stelle im AT zu verstehen und nach 3000 Jahren den tatsächlichen Weg nachzuzeichnen, durch den der abenteuerliche Joab Zugang zum Zion gewann. Wer will sagen, dass der Palestine Exploration Fund nicht gute Arbeit geleistet hat? Wer will in Frage stellen, dass die Bibel das genaueste und wahrhaftigste aller Bücher ist?« (PEQ 10, 1878, 184f, Birch; 17, 1885, 62, Birch). H. Vincent, der berühmte Exeget und Archäologe der Ecole Biblique, untermauerte diese These mit dem ganzen notwendigen wissenschaftlichen Apparat (Jérusalem sous terre 33–53; ders., Recherches 146–161; RB 33, 1924, 357–370).

§ 197   Selbst die vermeintliche Entdeckung der Jebusitermauer durch R.A.S. Macalister und J.G. Duncan während der Ausgrabungen von 1923–25 versetzte der These nicht den Todesstoß, obwohl aufgrund des Mauerverlaufs der obere Schachteingang außerhalb der Mauer zu liegen kam, man also über diesen Schacht nicht in das Stadtinnere gelangen konnte. Man behalf sich mit der Erklärung, der Schachteingang sei von Davids Leuten besetzt und die Stadt so vom Wasser abgeschnitten worden (z.B. Simons, Jerusalem 170ff). Die Entdeckung der Jebusitermauer unterhalb des oberen Schachtendes im Jahre 1961, womit das obere Ende des Schachtes doch wieder im Stadtinnern lag, gab den verschiedenen Hypothesen einer Eroberung der Stadt durch den Schacht hindurch erneut starken Auftrieb (Kenyon, Digging 98ff; Otto, Jerusalem 44). H.J. Stoebe hat diese These dahin modifiziert, dass er David und seine Männer nicht den obern Ausgang besetzen, sondern die Wasser des Gihon vom untern Ende des vertikalen Schachts ableiten lässt. Naga' baṣinnor versteht er entsprechend als »Treffen des (Zufluss)Kanals« (ZDPV 73, 1957, 73–99; vgl. auch VT.S 50, 1993, 48). Shiloh meinte, dass die ganze Anlage typisch für die EZ II sei (Qedem 19, 1984, 23f.27.34 Anm. 111) und deshalb bei der Einnahme Jerusalems durch David keine wie immer geartete Rolle gespielt haben könne (ZAW 106, 1994, 411, Oeming). Die neuesten Grabungen von R. Reich und E. Shukron

(22; § 93) zeigen jedoch, dass der alte Gang zu einem mbz Vorwerk unmittelbar neben dem Gihon führte. Der natürliche vertikale Schacht ist erst in der EZ entdeckt worden, als man den alten Gang direkt zur Quelle absenken wollte. Ob der mbz Gang im 10. Jh.a noch offen war und einen Zugang ins Stadtinnere ermöglichte, ist unklar. Die Ausgrabungen um die Gihon-Quelle von R. Reich und E. Shukron lieferten keine Scherben aus der Zeit zw. der MB IIB und der EZ II (9.–7. Jh.a; Mazar, in: FS Na'aman 266f). Der schnelle H. Shanks hat sofort die Möglichkeit wahrgenommen, die wahrscheinlich nur in den Text hineingelesene »bibl. Überlieferung« von Joabs Aufstieg durch den Schacht doch Recht haben zu lassen (BArR 25/1, 1999, 6, 70–72). Unklar bleibt aber nicht nur, ob der Gang noch offen war, unklar bleibt vor allem das syntaktische Problem des Anschlusses von *wejigga' baṣinnor* und die Semantik dieses Ausdrucks. Der Chronist hat ihn offensichtlich nicht verstanden und weggelassen. Das Klügste ist wohl, ihm in diesem Punkt zu folgen. Denn auch die alte griech. Übersetzung, die LXX, ist, was die eben diskutierte Passage anbelangt, nicht sehr erhellend, und ob ihr ein älterer hebr. Text und welcher vorgelegen haben könnte, ist schwer zu sagen (§ 190), denn es besteht ja durchaus die Möglichkeit, dass auch sie den ihr vorliegenden Text korrigiert und bearbeitet hat. In 2Sam 5,6 LXX werden die Lahmen und die Blinden nicht als Hyperbel verstanden (vgl. § 192), die besagt, dass die Stadt so gut befestigt sei, dass Lahme und Blinde als Besatzung genügen würden, um sie zu halten. Es wird als Tatsache ausgesagt, die Blinden und die Lahmen hätten David widerstanden. V. 8 lautet dann in der LXX: »David sagte an jenem Tag: Jeder, der den Jebusiter schlägt, lasst ihn mit dem Dolch (ἐν παραξιφίδι) sowohl die Lahmen wie die Blinden angreifen und die die das Leben Davids hassen«. Der Rest des V. geht wieder mit dem uns bekannten hebr. Text konform. Der überraschende »Dolch« kann, aber muss nicht, eine Interpretation von ṣinnor sein. So oder so hilft uns auch diese Version nicht weiter.

§ 198   2Sam 5,6–8 sagt in keiner Version etwas Eindeutiges über die Art und Weise, wie Jerusalem durch David in Besitz genommen wurde. Es lässt sich ihr besten Falls eindeutig die Aussage abgewinnen, dass Jerusalem als sprichwörtlich starke Festung gesehen wurde. J.P. Floß schließt aus Jos 15,63 und Ri 1,21 (§ 146–160, bes. 154–156), Jerusalem sei als Stadt zur Zeit Davids bereits von Israeliten (Benjaminiten) und Alt-Jerusalemern gemeinsam bewohnt gewesen (David und Jerusalem 51–53). David habe nur die Akropolis, die Bergfeste Zion erobern müssen, in die sich die alten Stadtherren zurückgezogen hätten (vgl. Ri 9,46–49.50–53). Die Zionsfeste habe somit eine ähnliche Rolle gespielt wie gut 800 Jahre später zur Zeit der Seleukiden und Hasmonäer die ungefähr an der gleichen Stelle gelegene ἄκρα (vgl. § 1626). Das ist möglich, wenn auch nicht mit Jos 15,63 und Ri 1,21 zu beweisen. Vielleicht konnte David angesichts der friedlichen Koexistenz ähnlich wie in Hebron ohne Kampfhandlungen überraschend einmarschieren oder hat aufgrund eines Vertrages mit den alteingesessenen Bewohnern in Jerusalem Residenz genommen, unter Schonung der eingesessenen Bevölkerung.

4.5 VERSCHIEDENE AKTIVITÄTEN DAVIDS IN JERUSALEM

BAUTEN UND TRANSPORTMITTEL

§ 199   Zuerst wird etwas über Davids Bautätigkeit im neu in Besitz genommenen Jerusalem mitgeteilt (2Sam 5,9–12). Meistens nimmt man an, David habe in der alten Festung über dem Gihon residiert (2Sam 5,9a) und sie neu »Davidstadt« genannt (§ 69). Die starke Festung scheint also nicht, jedenfalls nicht in beträchtlichem Umfang, zerstört gewesen zu sein. Mit dem in V. 9b genannten Millo, von dem aus David

»nach innen« baut, identifiziert man heute gern die Steinkonstruktion der ausgehenden SB oder frühen EZ im oberen Teil des Ostabhangs des SO-Hügels (**82–83**; § 135f; vgl. dazu weiter Küchler, Jer 28f). Den Palast Davids glaubt E. Mazar endgültig bei ihren noch laufenden Grabungen auf dem SO-Hügel gefunden zu haben (vgl. § 163). Die ganze Anlage könnte natürlich auch weiter n im Bereich der el-Aqsa-Moschee gelegen haben, wenn die Hypothese von E.A. Knauf stimmen würde (§ 40).

Der Zweck des Ausbaus wird weniger eine Vergrößerung des Luxus als der gewesen sein, Platz für Davids Leute zu schaffen, die in Hebron in der Umgebung der Stadt wohnen mussten (2Sam 2,3). Die Unterstadt mit ihrer alteingesessenen Bevölkerung scheint David nicht angetastet zu haben. Das Haus des »Hetiters« Urija befand sich nach 2Sam 11,2 nicht weit von Davids Residenz.

§ 200   Als Nächstes wird der Bau eines mit Zedernholz gedeckten Palastes berichtet (2Sam 5,11). Es ist dies das erste Mal, dass im AT Zedern erwähnt werden (**106**; vgl. dazu BZ 11, 1967, 53–66, Mayer). Archäolog. ist Zedernholz für Palästina schon früher nachgewiesen (IEJ 41, 1991, 167–175, Liphshitz/Biger). Wie in Ägypten und Mesopotamien fehlte auch in Palästina wirklich gutes Bauholz, um größere Räume von Palästen und Tempeln zu überdachen (vgl. aber unten zu Hag 1,8; vgl. § 1332). Es wurde aus den Bergwäldern des Libanon und aus Ziliziën importiert (Texte bei Brown, Lebanon and Phoenicia I). Während im 3. und 2. Jt.a Militärexpeditionen ägypt. und mesopotamischen Ursprungs das Holz beschafften, waren vom 10. Jh.a an die Phönizier bestrebt, den kostbaren Rohstoff zunehmend selbst zu vermarkten (vgl. Wenamun II 13–37; TUAT III/5 917f, Moers; OBO 209, 2005, 167f, Schipper). Die Notiz von Davids mit Zedernholz gedecktem Palast wird oft als Rückprojektion aus der Zeit Salomos oder noch späteren Zeiten interpretiert. Das ist möglich. Anderseits ist die Episode überraschend plausibel, besonders da die Initiative nicht als solche des Königs dargestellt wird. Sie soll aus der phöniz. Hafenstadt Tyrus gekommen sein (2Sam 5,11). Das Gratisangebot war geeignet, in der Residenzstadt des eben entstandenen Herrschaftsbereichs ein Bedürfnis nach diesen Luxushölzern zu schaffen. Die Rechnung des Handelskönigs ging auf. Zwar nicht unter David, der in solchen Dingen eher traditionell gewesen zu sein scheint, aber unter Salomo, der sich mit dem Kauf des Luxus- und Prestigeguts Zedernholz hoch verschuldet hat (1Kön 9,10–14; vgl. § 291), ein Vorgang der an Vorkommnisse in gewissen Entwicklungsländern erinnert.

§ 201   Altväterische Zurückhaltung gegenüber Luxusgütern wird David auch sonst nachgesagt. So waren Esel oder Maultiere noch die offiziellen Reittiere des Königs und seiner Söhne (1Kön 1,33.44; 2Sam 13,29), wie diese in vorstaatlichen Zeiten die Reittiere der Vornehmen waren (Ri 5,10; 10,4; OBO 107, 1991, 179–184, Staubli). Die Wagenpferde, die er von den Aramäern erbeutet haben soll, habe er bis auf 100 lähmen lassen (2Sam 8,4), weil er anscheinend nichts mit ihnen anzufangen wusste. Einzelne seiner ehrgeizigen Söhne begannen aber schon zu seinen Lebzeiten, Wagen und Pferde anzuschaffen (2Sam 15,1; vgl. 1Kön 1,5). Salomo stellte dann ein Streitwagencorps auf (vgl. § 289; zur Symbolik von Esel und Pferd →I 122–131). Baulich und kulturell scheint David in Jerusalem ganz allgemein nicht allzu viel verändert zu haben. Das wird besonders deutlich, wenn man die Regierungszeit Davids

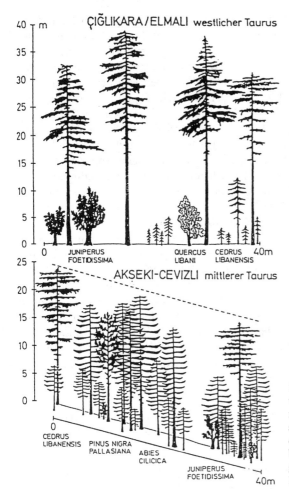

106   Zedern, Kilikische Tannen und andere Koniferen, die heute noch im Taurusgebirge zu finden sind und in bibl. Zeit für den Libanon charakteristisch waren, werden bis 40 m hoch und lieferten ein begehrtes Bauholz für tiefer gelegene Regionen, wo solches fehlte

mit der weiteren Entwicklung unter Salomo vergleicht. Wie immer es um die Historizität dieser Überlieferungen bestellt sein mag, der zögerliche Übergang vom Scheichtum eines Bandenführers zu einem eigentlichen Patrimonialkönigtum dürfte korrekt skizziert sein (vgl. weiter BArR 23/4, 1997, 43–47.67, Na'aman).

HEIRATEN – EIN INSTRUMENT DER INNENPOLITIK

§ 202   Ein älteres und dem tribal-dörflichen Ursprung Davids angemesseneres Instrument der Politik als Bauen war Heiraten (TA 31, 2004, 141–193, Lehmann). Natürlich haben auch große Höfe wie der ägypt. oder kassitische dieses Instrument benützt (vgl. § 283–287). Aber im Gegensatz zum Bauen war dieses Instrument auch in einer kargeren Gesellschaft vorhanden. Dabei spielten nicht nur David, sondern auch Frauen (Abigail) eine aktive Rolle (ÄAT 30, 1995, 349–361, Willi-Plein). Davids Jerusalemer Harem spiegelt den komplizierten Werdegang seiner Herrschaft. Seine erste Frau, *Michal*, die Tochter Sauls (1Sam 14,49; 18,20–27), war nach der Flucht Davids vor Saul einem Mann namens Palti gegeben worden (1Sam 25,44). Die erste Bedingung, die David für einen Vertrag mit Abner und den Nordstämmen gestellt hatte, war, dass ihm Michal, die Saulstochter, wieder zurückgegeben werde (2Sam 3,13–36; vgl. JSOT.S 119, 1991, 74–90, Ben-Barak). Sie war die Grundlage der Legitimation seiner Herrschaft über die Nordstämme. Sie ist auch nach Jerusalem mitgekommen, wenn 2Sam 6,20–23 hist. ist. Der zweite Bestandteil seines Harems waren die Frauen, die er geheiratet hatte, als er sich als Bandenführer im S Judas aufhielt, allen voran *Abigail*, die kluge Witwe des reichen Nabal von Karmel, und *Ahinoam* von Jesreël (1Sam 25,40–43). Die beiden Frauen waren während seiner Zeit als Lehensmann der Philister bei ihm (1Sam 27,3; 30,5). Sie begleiteten ihn nach Hebron (2Sam 2,2) und später wohl auch nach Jerusalem. In Hebron kamen neue Frauen dazu, u.a. *Maacha*, eine Tochter des Königs Talmai von Geschur, dem heutigen Golan, und drei weitere Frauen unbekannter Herkunft (2Sam 3,2–5). In Hebron wurden Amnon, Abschalom und Adonija geboren, die später bei der Thronfolge eine Rolle spielten. In 2Sam 5,13–16 findet sich nach dem Bericht über die Einnahme des Zion eine weitere Notiz zum Harem. David nahm sich in Jerusalem weitere »Nebenfrauen und Frauen« (2Sam 5,13–16). Wahrscheinlich handelt es sich bei den neuen Frauen, wie bei *Batseba*, um Jerusalemerinnen. Ihr Sohn, Salomo, ist der einzige von den elf in Jerusalem geborenen Söhnen, von dem wir mehr als den Namen wissen. Die große politische Bedeutung, die dem Harem zukommt, tritt in den Überlieferungen dieser Zeit immer wieder zutage (vgl. 2Sam 3,7ff; 2Sam 16,21f; 2Sam 20,3; 1Kön 2,13–25).

DAVIDS AKTIONS- UND EINFLUSSGEBIET NACH DER EROBERUNG JERUSALEMS – JERUSALEM ALS ZENTRUM DES PALÄSTINISCHEN BINNENLANDES

§ 203   Die Ausdehnung des davidischen Einflussbereichs hat mit der Geschichte der Stadt Jerusalem direkt nichts zu tun. Angesichts der intensiv rezipierten Behauptung von A. Alt, Jerusalem sei als Zentrum eines Herrschaftsbereichs ganz ungeeignet (§ 18–21), ist dies aber nach der Amarnazeit der zweite bezeugte Fall von Jerusalem als Zentrum eines beachtlichen Einflussgebiets.

2Sam 8,1–14 bietet alles andere als eine Geschichte der Beute- und Eroberungszüge, die David von Jerusalem aus unternommen hat oder unternehmen ließ. Es ist eher ein Katalog seiner kriegerischen Erfolge, der mit allerhand interessanten Details angereichert ist (vgl. AncB IX 251, McCarter) und die Ausweitung seiner Herrschaft in alle Himmelsrichtungen illustrieren soll (Philister-W, Moab-O, Aramäer-N und Edom-S; CAT VI 442, Caquot/de Robert). R.M. Good möchte darin den Nachhall einer Inschrift sehen (TynB 52, 2001, 129–138). Zu einer kritisch-optimistischen Wertung von 2Sam 8,1–14 im Sinne einer »display inscription« kommt auch B. Halpern (JSOT.S 228, 1996, 44–75; zur Ausdehnung von Davids Einflussgebiet vgl. auch Halpern, David 107–226). N. Na'aman sieht in 2Sam hingegen kaum hist. Material, aber relativ alte Überlieferungen aus dem 9. und 8. Jh.a (IEJ 52, 2002, 200–224 = CE III 38–61). Spätestens das DtrG hat die Auflistung in der heutigen Form zusammengestellt. Die Interpretation im Sinne eines »Reiches« ist wohl ein Konstrukt der Joschija-Zeit, der es die Legitimation für die (nicht geglückte) Annexion der Nordreichgebiete liefern sollte (Finkelstein, in: Vaughn/Killebrew, Jerusalem 2003, 91).

Was in 2Sam 8,1–14 an kriegerischen Erfolgen aufgelistet ist, wird durch verstreute Notizen und Einzelerzählungen ergänzt, so etwa durch die Geschichte über den Ammoniterkrieg in der Thronfolgeerzählung, in dessen Verlauf es zu Verwicklungen mit den Aramäern kommt (2Sam 10–11; 12,26–31). In 2Sam 21,15–22 und 23,8–39 werden einzelne Heldentaten und eine Aufzählung der Helden Davids nachgetragen. Die Angaben der beiden letzten Stücke sind chronologisch besonders schwer zu situieren. Bei vielen ist nicht einmal klar, ob sie vor oder nach der Eroberung Jerusalems anzusetzen sind. 2Sam 21,15–22 und 23,8–16 nennen die Philister als Hauptgegner.

§ 204   In der Thronfolgeerzählung (2Sam 9–20; 1Kön 1–2; vgl. dazu § 166–178) werden Davids Verdienste mit dem Satz auf den Punkt gebracht: Er »hat uns aus der Gewalt unserer Feinde befreit, er hat uns aus der Gewalt der *Philister* gerettet« (2Sam 19,10). Das gleiche will auch der Text 2Sam 8,1b ausdrücken, wenn er sagt, David hätte den Philistern »den Zaum der Elle« (*meteg ha'amma*) aus der Hand genommen (zu *meteg ha'amma* als ungewöhnlich großem Zaum s. HAL I 60). Dieser Aspekt war der Überlieferung angesichts der engen Zusammenarbeit Davids mit den Philistern, ja seiner eventuellen philistäischen Herkunft wegen wichtig, besonders im Hinblick auf die Nordstämme. Bei genauerem Zusehen zeigt sich, dass die Zurückweisung der Hegemonieansprüche der Seevölker auf die Jesreelebene und den mittelpalästinischen Bergrücken das Werk Sauls und Ischbaals gewesen sein dürfte (vgl. JSOT.S 228, 1996, 55–58, Halpern). David hatte mit vereinzelten Philisterangriffen zu tun, nachdem er begonnen hatte, die Herrschaft über den ganzen Gebirgsrücken anzustreben. In 2Sam 8,1 haben wir einen Rückverweis auf die Philisterkämpfe im Zusammenhang mit der Eroberung von Jerusalem (2Sam 5,17–25; ZAW 54, 1936, 149–152, Alt). An diesen Kämpfen dürften vor allem die Philister von →II Gat und →II Ekron beteiligt gewesen sein. David gelang es zwar, sie aus Juda und der Gegend von Jerusalem zu vertreiben, aber weder Gat noch Ekron gehörten je zu seinem Herrschaftsbereich (vgl. 2Sam 15,18–22; 1Kön 2,39f), obwohl es möglich ist, dass Stratum IV von Ekron-Tel Miqne von den Judäern zerstört worden ist (NEAEHL III 1056, Dothan/Gitin). Gat scheint am Ende des 9. oder am Anfang des 8. Jh.a verwüstet worden zu sein (IEJ 52, 2002, 210–212, Naʾaman = CE III 49–51). In großen Teilen der →II Schefela und in der s Küstenebene von der Gegend von →II Jafo bis zum n Sinai blieben die Philister sowieso ihre eigenen Herren.

§ 205   Auch die *Phönizier* mit ihren Hauptstädten Tyrus und Sidon blieben von der Expansion des davidischen Einflussbereichs unberührt. Die Ausdehnung der davidischen Volkszählung auf die phön. Küste in 2Sam 24,5–7 »ist der Einschub eines nachexil. Redaktors, der andere atl. Texte – vor allem Num 32 und Jos 13 – schon vorliegen hatte, die er seinerseits im Sinne der angenommenen Ausdehnung eines davidischen Reiches interpretierte« (GAT IV/1, 226, Donner). Der Einflussbereich, den David von Jerusalem aus kontrollierte, war ganz und gar eine Binnenlandherrschaft ohne nennenswerten Zugang zum Meer (§ 18–21).

§ 206   Als erstes der von David unterworfenen Binnenländer nennt 2Sam 8,2 *Moab* (→I 676). Die hier erzählte Episode, er habe zwei Drittel der kriegsgefangenen Moabiter töten und ein Drittel leben lassen, überrascht umso mehr, als 1Sam 22,3f erzählt, David habe seine Eltern zur Zeit seiner Verfolgung dem Schutz des Königs von Moab anvertraut. Vielleicht ist die uns extrem grausam erscheinende Behandlung als Milderung der noch im 9. Jh.a auf der Stele des Moabiterkönigs Mescha bezeugten Sitte zu verstehen, *alle* Kriegsgefangenen zu töten (KAI Nr. 181,12,16f; 1Sam 15,8). N. Naʾaman versucht den Text als eine Art literarische Rache für das zu sehen, was Mescha den Israeliten angetan hat (IEJ 52, 2002, 212f = CE III 51f). Nach 2Sam 8,2b wurden die Moabiter David tributpflichtig, »Geschenkträger« (*nosᵉʾe minha*), wie es wörtlich heißt, was vielleicht nicht mehr meint, als dass sie seine Überlegenheit und ihre Abhängigkeit an Neujahr oder bei ähnlichen Gelegenheiten durch Geschenke zu demonstrieren hatten (vgl. JEA 56, 1970, 105–116, Aldred; GöMisz 66, 1983, 81–93, Müller-Wollermann; GöMisz 71, 1984, 61–66, Boochs; LÄ VI 762–766, Müller-Wollermann; 107–108; vgl. auch ANEP 350–355; vgl. weiter § 113.210).

§ 207   Die Eroberung der Hauptstadt der *Ammoniter* wird im summarischen Kapitel 2Sam 8 nicht erwähnt (vgl. aber 2Sam 8,12). Hingegen haben wir dazu eine in die Thronfolgeerzählung eingearbeitete Darstellung (2Sam 10,1–11,1.16–27; 12,26–31). Der Anlass zum Krieg, die Schändung von Davids Beileidboten, sieht verdächtig nach einer Provokation aus, wie sie Herrscher und Mächte erfinden, die auf Aggression und Expansion aus sind. Als die Boten nach Jerusalem zurückkamen, war von ihrer angeblichen Schändung (Abrasieren des halben Bartes) jedenfalls nichts mehr zu sehen. Die Eroberung der Hauptstadt und der anderen Städte der Ammoniter soll phantastische Beute eingebracht haben, u.a. eine 34 kg schwere Goldkrone (2Sam 12,30). Die Kriegsgefangenen sollen Zwangsarbeit geleistet haben, u.a. wie die Israeliten in Ägypten für die Ziegelherstellung eingesetzt worden sein (2Sam 12,31; vgl. Ex 1,11–14; 5,6–19). Wir erfahren nichts von einer Bautätigkeit Davids, die solche Maßnahmen erfordert hätte (vgl. die Behandlung der Moabiter). Die Notiz ist aber geeignet, Vorwürfe gegen die Daviddynastie zu entkräften, sie hätte *Israel* versklavt (1Kön 12,4) und könnte eine literarische Kompensation für das darstellen, was Ammoniter (und Aramäer) Israel im 9. Jh.a angetan haben (vgl. Am 1,13; IEJ 52, 2002, 2002, 213f, Na'aman = CE III 52f).

§ 208   Als weitere Binnenmacht erscheinen in 2Sam 8,3 die *Aramäer*. Nach 2Sam 10,6–19 sind sie durch den Angriff Davids auf die Ammoniter in den Krieg mit David hineingezogen worden. Die Auseiandersetzungen mit ihnen werden relativ detailliert berichtet (2Sam 8,3–10). Der hist. Gehalt dieser Überlieferungen ist schwer abzuschätzen (vgl. dazu JSOT.S 324, 2001, 113–143, Lemaire; IEJ 52, 2002, 203–10, Na'aman = CE III 42.46–48, sehr kritisch E. Lipiński, The Aramaeans, OLA 100, 2000, 333.341). Hadad-Eser, der als Gegner Davids genannt wird, ist aram. Allerweltsname (vgl. 2Sam 10,16.19; 1Kön 11,23; HAL I 229) und als Herrscher des 10. Jh.a nicht belegt. Die Zahlen 20000, 22000 sind phantastisch hoch. Hingegen wirken die beiden Ortsnamen Berotai und Tebach, wahrscheinlich das *tubiḫi* des Amarnabriefs ⑦ 179,15, die beide zw. Libanon und Antilibanon zu suchen sein dürften (ZDPV 68, 1946/51, 23, Noth) und von denen nur Berotai nochmals erwähnt wird (Ez 47,16), recht konkret. David soll dort große Mengen von Kupfer erbeutet haben. Das Stelenfragment von Dan (**101**) legt nahe, dass die Aramäer des 9. Jh. David als Dynastiegründer kannten (§ 182). Aufs Ganze gesehen besteht aber doch der Verdacht, David werde in 2Sam 8 den Königen des Nordreichs, die von Seiten der Aramäer manche Niederlage einstecken mussten, im Sinne einer Kontrastfigur als Aramäerbesieger gegenübergestellt. Jedenfalls gibt es keinerlei solide Indizien dafür, dass Davids Einfluss in dieser Gegend auch nur punktuell über Aram-Zoba hinaus nach Mittelsyrien und bis zum Eufrat gereicht hätte, wie etwa Malamat annimmt (BA 21, 1958, 96–102; JNES 22, 1963, 1–8).

§ 209   In einer abschließenden Zusammenfassung werden in 2Sam 8,12 neben den vorgängig erwähnten Philistern, Moabitern, Aramäern noch die Ammoniter genannt, von denen eigentlich erst in 2Sam 10–12 die Rede ist, sowie die *Amalekiter* im äußersten S Judas, die David bekämpfte und ausplünderte, als er noch philistäischer Vasall in Ziklag war (1Sam 30; 2Sam 1 1). Wir haben es bei dieser Zusammenfassung wie bei dem zweimaligen »JHWH half David bei allem, was er unternahm« (2Sam 8,6.14) mit redaktioneller Abschlussarbeit zu tun. Das zweite Mal schließt die Formel einen Nachtrag ab, der besagt, David habe auch die *Edomiter* geschlagen und über sie wie über die Aramäer Statthalter eingesetzt (2Sam 8,6.13f). Sesshafte Siedlungen von Bedeutung gab es in Edom erst vom 9. Jh. an (vgl. PEQ 104, 1972, 26–37, Bartlett; Sheffield Archaeological Monographs 7, 1992, 8, Bienkowski). Und so ist es wahrscheinlich, dass das Reich Davids auch in diesem Falle aus der Sicht einer späteren Zeit erweitert und abgerundet wurde. N. Na'aman denkt an eine Übertragung der Erfolge Amazjas (2Kön 14,7) auf David (CE III 53).

§ 210   Davids Kriegs- und Territorialpolitik unterscheidet sich grundsätzlich von jener Sauls. Saul war von Beruf Ackerbauer (vgl. 1Sam 11,5). Sein Anliegen war, in der Tradition des defensiven JHWH-Krieges Übergriffe der Philister auf das Territorium der Nordstämme zu verhindern. David hat hingegen als Berufskrieger im Dienste Sauls bzw. der Philister begonnen.
Auf der Flucht vor Saul und dann als Vasall der Philister wurde er zum Warlord, der eine schlagkräftige, ganz ihm ergebene, von der Loyalität gegenüber einem bestimmten Stamm oder einer Volksgemeinschaft emanzipierte Truppe zur Verfügung hatte. Kampf, Beute und evtl. Eroberung waren ihr Geschäft. Schon der Marsch auf Hebron nach dem Tode Sauls war eine gewalttätige Inbesitznahme

(2Sam 2,1–4). Kaum war David König von Hebron, griff seine Truppe → III Gibeon und das Heer Ischbaals an (2Sam 2,12f). Ob er schon beim Tod Sauls die Hand im Spiel hatte, wird erwogen (RB 103, 1996, 517–545, Malul). Mit »seinen Männern« hat David auch Jerusalem bzw. den Zion besetzt. Die Eigendynamik dieser Einrichtung führte zu immer neuen Expeditionen, bis das Einzugsgebiet groß genug war, um diese Truppe als Kontroll- und Einsatzinstrument auszulasten.

Davids »Reich« war somit kein Territorialstaat, sondern ein Aktions- und Einflussgebiet, dessen Zentrum Jerusalem war. Von dort ging der Einfluss aus. Dahin hatte man die »Gabenträger« zu schicken, die das sichtbare Zeichen der Anerkennung des Machtzentrums waren (vgl. § 206 und **107–108**; zur Übertragung auf das Verhältnis Gott-Mensch § 714.1344–1346.1490). Davids Juda und Israel dürften, abgesehen von der Küste, ungefähr das asiatische Einflussgebiet Ägyptens in der ausgehenden 19. und teilweise noch in der 20. Dyn. mit Ausnahme der Philisterstädte umfasst haben (ca. 1250–1150a; Alt, KS II 66–75; **109**). Abbildungen wie **105** oder **109**, die auf moderner Kartographie mit ihren Möglichkeiten basieren, sollte nicht die Illusion aufkommen lassen, es habe damals ähnlich scharf gezeichnete Grenzen gegeben (UF 35, 2003, 323f, Lissovsky/ Na'aman).

107 Kanaanäische Gabenbringer (Tributträger) in einem ägypt. Grab aus der Zeit Thutmosis IV. (1422–1413a)

108   Gabenbringer auf einem Elfenbeintäfelchen aus Megiddo (um 1250–1150a)

DIE MÄNNER DAVIDS IN JERUSALEM

§ 211   Die beiden Listen der wichtigsten Männer um David – offensichtlich eine ältere (2Sam 8,15–18) und eine jüngere (2Sam 20,23–26) – dürften, wie oben gesagt (§ 168), zum hist. Zuverlässigsten gehören, was wir von David wissen (vgl. auch CAT VI 447, Caquot/de Robert). Die in den § 203–210 skizzierte Entstehung von Davids Einflussgebiet zeigt, wie recht das DtrG hat, wenn es die Liste der Beamten in 2Sam 8,15–18 mit dem Satz einleitet: »David war König über ganz Israel und sorgte für Recht und Gerechtigkeit in seinem ganzen Volke«. Der Satz gibt die Struktur richtig wieder. Das ganze Einflussgebiet hatte im Sinne des Patrimonialkönigtums in David nicht nur seinen Initianten, sondern auch seinen Schlussstein und Zusammenhalt. Der Satz idealisiert allerdings den Amtsträger stark. Das zeigt die Tatsache, dass Davids Sohn Abschalom das Volk seinem Vater abtrünnig machen konnte, indem er jeden, der in einer Rechtssache nach Jerusalem kam, darauf hinwies, dass es beim König niemanden gebe, der ihn anhöre (2Sam 15,2–6). Einen »Justizminister« oder einen obersten Richter finden wir in den Listen der Männer Davids nicht. Die Rechtsprechung lag grundsätzlich bei den Ortsgemeinden. Der König war aber doch gelegentlich Appellationsinstanz (vgl. 2Sam 14,1–20; GAT IV/1, 231, Donner). David scheint dieses Amt selbst wahrgenommen zu haben und damit überfordert gewesen zu sein. Da die Herrschaft ganz an die Person Davids gebunden war, wäre es noch zerbrechlicher gewesen, wenn David nicht für eine Reihe von Bereichen seine Männer gehabt hätte, denen er bestimmte Geschäfte überlassen konnte. Einen ausgebauten Beamtenstaat setzt das keineswegs voraus, sondern einen kleinen Hof wie ihn Abdi-Cheba besaß oder wie ihn die Erzählung des Wenamun für das 11./10. Jh.a in Byblos bezeugt (Redford, Egypt, Canaan and Israel 370).

Die Kritik an der Historizität der Listen von 2Sam 8,15–18, 20,23–26 und 1Kön 4,2–6, z. B. von Seiten D.B. Redfords, greift nicht (Egypt, Canaan and Israel 371 Note 24). Dass einzelne Personen, die in diesen Listen erscheinen, in ähnlicher Reihenfolge in Erzählungen zu finden sind, ist kein ernsthaftes Argument gegen ihre Historizität. Schwerer wiegt *zugunsten* der Historizität, dass z. B. Joschafat der Sohn Ahiluds und Elihoreph und Ahija die Söhne Schischas nur in diesen Listen vorkommen und in keinem narrativen Text. Auch das Argument, dass es unwahrscheinlich sei, dass Zadok und Abjatar unter David *und* Salomo Priester waren, hat wenig Gewicht. Erstens wissen wir nicht wie alt David geworden ist, und zweitens machen die Erzählung von 1Kön 1–2 und die Liste in 1Kön 4,2–6 (die Männer Salomos) deutlich, dass unter Salomo nur noch ein Priester amtete, der Sohn Zadoks, und dass die nachhinkende Erwähnung der *beiden* Priester Davids in 1Kön 4,4 eine sekundäre Auffüllung ist.

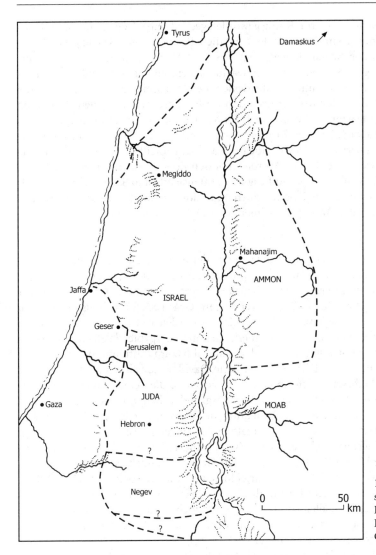

109 Herrschafts- bzw. Einflussgebiet Davids nach G.W. Ahlström

Die Kriegsleute

§ 212   Als erster wird in beiden Listen *Joab*, der Sohn der Zeruja, genannt, der das Amt dessen, *der über der Armee ('al ha-ṣaba')* steht, innehatte (2Sam 8,16; 20,23). Diese Akzentsetzung ist typisch für die Herrschaft Davids. Joabs Name findet sich in 1 und 2Sam und 1Kön gegen 100mal. Wo seine Abstammung genannt wird, steht nicht wie üblich der Name seines Vaters, sondern der seiner Mutter, Zeruja. Wenn 1Chr 2,16 Recht hat, war sie eine Schwester Davids, Joab also sein Neffe. Auch wenn das nicht zutreffen sollte, stammte er wohl aus dem engsten verwandtschaftlichen Umfeld Davids. Er taucht von Anfang an als Truppenführer auf, und zwar in dem

Moment, als David in Hebron König geworden gegen Ischbaal, den Sohn Sauls, Krieg zu führen beginnt (2Sam 2,13–32). Joab hat diese Position – auch David gegenüber – mit entschlossener Brutalität verteidigt (2Sam 3,22–30; 20,8–23). Solange seine Machtposition gesichert blieb, war er David, seinem älteren Verwandten, treu ergeben (2Sam 12,26–28) und wollte dessen Bestes, zumindest so wie er es sah (2Sam 19,6–9). Auch den Kronprinzen stand er loyal gegenüber. Bei den Wirren um die Thronfolge Davids stellte sich Joab hinter den älteren, in Hebron geborenen, rechtmäßigen, aber glücklosen Kronprinzen Adonija (1Kön 1,7). Die Thronfolgeerzählung weiß zu berichten, David habe noch auf dem Totenbett Salomo den Auftrag gegeben, Joab wegen der beiden Morde an dessen Konkurrenten Abner und Amasa umzubringen (1Kön 2,5f). Der Auftrag ist zu offensichtlich in Salomos Interesse, als dass er hist. sein dürfte. David hatte keinen und Salomo hatte allen Grund, die Hauptstützen seines Rivalen Adonija so schnell wie möglich zu beseitigen (1Kön 2,28–34, bes. V. 32).

§ 213   In der älteren Liste steht an letzter, in der jüngeren an zweiter Stelle *Benaja*, der Sohn Jojadas, der das Amt dessen innehatte, *der über den Keretern und Peletern* (*'al ha-kereti we'al ha-peleti*) steht. Benaja stammt aus Kabzeël im Negev an der Grenze zu Edom (vgl. Jos 15,21). Er gehörte im Gegensatz zu Joab also nicht zum engsten Kreis aus Betlehem. In 2Sam 23,20–22 werden von ihm drei Heldentaten erzählt, u. a. soll er einen Löwen und einen hünenhaften Ägypter, letzteren mit dessen eigenem Speer, getötet haben. David machte ihn zum Anführer der Leibwache (*mišma'at*; 2Sam 23,23). Diesen Posten hatte David seinerzeit bei Saul innegehabt (1Sam 22,14). Wahrscheinlich sind die Leibwache und die Kereter und Peleter identisch, insofern die Leibwache aus Sicherheitsgründen hauptsächlich aus Fremden gebildet wurde. Die zunehmende Bedeutung der Leibwache zeigt sich im Vorrücken Benajas vom letzten auf den zweiten Platz in der jüngeren Liste. Ob es sich bei den Keretern und Peletern um Kreter bzw. Zyprier und Philister (vgl. HAL II 477 bzw. III 884; vgl. dazu 2Sam 15,18) oder um andere Gruppen handelt, ist nicht klar. Bei den Thronfolgewirren stellt sich Benaja entschlossen auf die Seite Salomos (1Kön 1,8.10. 26.32.36–38.44) und macht für ihn die Dreckarbeit, indem er die Opponenten des neuen Königs beseitigt, allen voran Adonija und Joab (1Kön 2,25.30.34). Zum Lohn bekommt Benaja Joabs Stelle als Heerführer (*'al ha-ṣaba'*). Als solcher erscheint er in der Beamtenliste Salomos in 1Kön 4,4.
Die Bedeutung der Kriegsleute zur Zeit Davids geht zusätzlich aus einer Liste von Offizieren hervor, von denen eine Reihe von Heldentaten berichtet werden, die sie in den Auseinandersetzungen mit den Philistern vollbracht haben (2Sam 23,8–39; 1Chr 11,10–41a; vgl. dazu VT 38, 1988, 71–79, Na'aman = CE III 62–70).

Die Zivilverwaltung

§ 214   An zweiter Stelle erscheint in der älteren Liste *Joschafat*, der Sohn Ahiluds, als *mazkir*. Der Name »Ahilud« scheint auf einem Krughenkel aus der EZ I eingeritzt gewesen zu sein, der in → III Chirbet Raddana, gut 15 km nnw von Jerusalem, gefunden wurde (**110**; NEAEHL IV 1253f, Callaway). Was genau die Aufgabe des *mazkir* war, wissen wir nicht. Man hat das Amt aufgrund der wörtlichen Bedeutung »der in

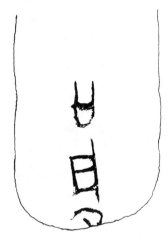

110   Krughenkel aus Chirbet Raddana ca.
15 km nnw von Jerusalem aus der Zeit zw.
1125 und 1050a. Die drei Buchstaben *ʾḥl*
können zum Namen »Ahilud« ergänzt werden
(vgl. 2Sam 8,16)

Erinnerung ruft« gern mit dem des ägypt. *wḥm.w*, wörtlich »Wiederholer« identifiziert (CB.OT 5, 1971, 52–62, Mettinger; FS Lipińska 377–397, Pardey; zum Siegel eines moabitischen *mazkir* s. Avigad/Sass, Corpus Nr. 1011). Wir wissen aber nichts Genaues über die Rolle des *mazkir*, und die Aufgabe des *wḥm.w* war keineswegs, in Erinnerung zu rufen. Er war Stellvertreter: »His function comes close to what, in terms of modern U.S. presidency, would be the ›White House chief of staff‹« (Redford, Egypt, Canaan and Israel 372; vgl. weiter N. Sacher-Fox, In the Service of the King: Officialdom in Ancient Israel and Judah, Cincinnati 2000, 422–429).

§ 215   Ebenfalls zur zivilen Verwaltung gehörte *Seraja*, der *Schreiber* (*ha-sofer*). In der jüngeren Liste heißt er Schewa, Scheja oder Schauscha. Die unsichere Überlieferung des Namens ist am ehesten verständlich, wenn es sich um einen fremden, ägypt. oder hurritischen Namen gehandelt hat (AncB IX 254.256, McCarter). Der Titel *ha-sofer* ist wohl am besten mit »Staatsschreiber« oder »Staatssekretär« wiederzugeben. Er ist relativ häufig auf Siegeln belegt (Avigad/Sass, Corpus Nr. 21–23.417 hebr.; Nr. 1007–1010 moabitisch; Nr. 720 phön.). Man kann ihn mit dem ägypt. *sš* »Schreiber«, genauer *sš š ʿ.t* »Briefschreiber« vergleichen (CB.OT 5, 1971, 25–51, Mettinger). Von Seraja wissen wir nur gerade, dass zwei seiner Söhne im »Kabinett« Salomos seinen Posten innehatten (1Kön 4,3).
Die beiden obersten Stellen der Zivilverwaltung hatten offensichtlich nicht das gleiche Gewicht wie die militärischen und religiösen. Von ihren Inhabern hören wir so gut wie nichts. Wir wissen nicht, woher sie stammten. Sie bzw. ihre Söhne scheinen sich auch problemlos durch die schwierige Phase des Übergangs von David zu Salomo hinübergerettet zu haben.

§ 216   Nicht viel mehr wissen wir vom dritten Zivilbeamten, von *Adoniram*, Adoram oder Hadoram, dem Sohn des Knechts (*ʿbd*, 1Kön 4,6), der *über dem Frondienst* (*ʿal ha-mas*) stand. Vielleicht erklären sich die verschiedenen Namensformen auch hier damit, dass es sich um einen Fremden, evtl. einen Aramäer, handelte, dessen Name ursprünglich Adad- oder Hadadram »der Wettergott ist erhaben« lautete (NBL

I 34, Müller). *Mas* bezeichnet nicht nur Frondiest im engen Sinn, sondern Dienstleistungen und Abgaben aller Art (HAL II 571). Das unpopuläre Amt erscheint erst in der jüngeren Liste. Adoniram behält seinen Posten während der ganzen Regierungszeit Salomos, und Salomos Sohn, Rehabeam, soll ihn, wohl schon als alten Mann, zu den schwierigen Verhandlungen mit den gerade wegen der Zwangsabgaben und -leistungen unzufriedenen Nordstämmen nach → III Sichem mitgenommen haben, wo er gelyncht worden sein soll (1Kön 12,18; vgl. aber § 390). Obwohl wir in den bibl. Schriften nichts mehr davon hören, scheint es das Amt noch im 7. Jh.a gegeben zu haben, wie das Siegel eines Fronvogtes zeigt (Avigad/Sass, Corpus Nr. 20 *'šr 'l hms*).

§ 217   Ausserhalb der Beamtenlisten Davids begegnen zu seiner Zeit noch zwei Titel, die ursprünglich kaum eine ständige und präzise Funktion bezeichnen:»Ratgeber« (*jo'eṣ*, 2Sam 15,12) und»Freund des Königs« (*re'a ha-mælæk*; 2Sam 15,37; 16,16). Beide Titel finden sich schon in den Amarnabriefen ⑦ (EA 131,20–23 und 288,11, ein Jerusalemer Brief). Der zweite geht so gut wie sicher auf ein ägypt. Vorbild zurück: *smr w'.tj* »einziger Freund (des Königs)« oder *rḫ nsw.tj* »Bekannter des Königs« (BWANT 117, 1985, 73–77.105–107, Rüterswörden). »Freund des Königs« begegnet in der Liste Salomos (1Kön 4,5). Man hat schon vermutet, sein wichtigster Aufgabenbereich seien die vielen Heiraten des Königs gewesen (JNES 16, 1957, 118–123, van Selms).

Das religiöse Establishment

§ 218   Wichtiger und einflussreicher als die zivilen Beamten waren jedenfalls zur Zeit Davids die religiösen. In beiden Listen erscheinen zwei *Priester* (*koh^anim*; zu Siegeln mit dem Titel *kohen* vgl. Avigad/Sass, Corpus Nr. 28–29). Man nimmt zu Recht an, dass sie zwei verschiedene Traditionen repräsentieren. Derjenige, der zuerst in der Umgebung Davids auftaucht, ist *Abjatar*. Er erscheint aber in beiden Listen an zweiter Stelle. Abjatar kommt aus einer vornehmen Familie. Seine Abstammung soll, falls diese nicht ein späteres Konstrukt darstellt, über Ahimelech, Ahitub, Ikabod und Pinhas auf Eli zurückgehen (1Sam 14,3; 22,20), der zur Zeit Samuels Oberpriester in → III Schilo war, als dort die Lade und das Efod, sowohl im Sinne des Priesterschurzes wie des Orakels (§ 241.1248–1250; NBL I 472f, Görg), aufbewahrt bzw. benutzt wurden (1Sam 2,18; 4,4; 14,18). Nach der Zerstörung Schilos (durch die Philister? Vgl. Jer 7,12.14; 26,6.9) hielt sich mindestens ein Teil der Eliden in Nob auf, wo Ahimelech, der Ururenkel Elis, Oberpriester war. Dort gewährten sie David Schutz vor Saul (1Sam 21,1–10) und wurden von Saul deshalb beinahe ausgerottet (1Sam 22,9–23). Abjatar entkam als einziger Sohn Ahimelechs, floh zu David in die Schefela und begleitete ihn fortan. Er trug die Lade (1Kön 2,26) und befragte für David vor allen wichtigen Entscheidungen das Losorakel (1Sam 23,9; 30,7). Er blieb Davids Priester auch in Jerusalem, allerdings nicht mehr allein, sondern zusammen mit Zadok.

§ 219   *Zadok*, der zweite, in Jerusalem dazu gekommene Priester steht in beiden Beamtenlisten und in der Thronfolgeerzählung an erster Stelle (vgl. z. B. 2Sam 15,24ff; 17,15), obwohl er erst in Jerusalem auftaucht. Über seine Herkunft ist nichts bekannt.

Das DtrG ordnet ihn den Eliden, der Priesterschaft von Schilo zu (2Sam 8,17), die Chr den Aaroniden (1Chr 5,29–41; 12,29; 24,3; vgl. ABD VI 1034, Ramsey; GAT VIII/1, 194f Anm. 7–8, Albertz; § 1316–1318). 1Sam 2,35 versucht, die fehlende Genealogie durch eine prophetische Verheißung wettzumachen (vgl. 1Kön 2,26f). Sehr wahrscheinlich gehörte Zadok der vordavidischen Jerusalemer Priesterschaft an. Der Versuch von F.M. Cross, ihn doch einem der alten israelit. Priestergeschlechter zuzuordnen, stützt sich zu sehr auf junge Quellen und auf Hypothesen, die auf Hypothesen aufbauen (Canaanite Myth and Hebrew Epic, Cambridge 1973, 211–214; vgl. auch § 258). Zu Lebzeiten Davids verrichtete er zusammen mit Abjatar priesterliche Dienste (vgl. 2Sam 15,24–29; 17,15; 19,12). In den letzten Tagen Davids stellte er sich im Gegensatz zu Abjatar zusammen mit dem Propheten Natan und mit Benaja hinter die Jerusalemerin Batseba und ihren Sohn Salomo (1Kön 1,8.26). Er wirkte bei der Krönung Salomos mit (1Kön 1,32–45). Abjatar hingegen unterstützte zusammen mit Joab den älteren, in → II Hebron geborenen glücklosen Adonija. Salomo setzte Abjatar deshalb ab und verbannte ihn nach → III Anatot (1Kön 2,26f; vgl. 1Sam 2,35). »Die Stelle Abjatars verlieh er dem Priester Zadok« (1Kön 2,35b). Zadok scheint schon bald danach gestorben zu sein, denn auf der Liste der Männer Salomos hat Zadoks Sohn Asarja das Priesteramt inne (1Kön 4,2). Nach der Vision vom erneuerten Jerusalemer Kult in Ez 40–48 ist Zadok der Ahnherr der nach gewissen Quellen einzig legitimen Jerusalemerpriester, der Sadduzäer (b^ene ṣadoq; Ez 40,46; 44,15; 48,11).

§ 220   Eine dritte religiöse Gestalt vom Format Abjatars und Zadoks steht zwar nicht in der Beamtenliste, spielte aber eine ähnlich bedeutende Rolle und wird mehrmals zusammen mit dem Priester Zadok genannt (1Kön 1,32ff). Es ist der Prophet *Natan*. Er taucht wie Zadok ohne jede Angabe seiner Herkunft erst in Jerusalem auf. Besser als aus 2Sam 7 (Natanprophetie) und 12 (Batsebageschichte) wird seine hist. Position aus der Rolle ersichtlich, die er bei der Thronfolge spielte (1Kön 1,8.10f.22ff). Als sich die Anhängerschaft des Kronprinzen Adonija formierte, allen voran Abjatar und Joab, soll Natan Batseba zum alten David geschickt haben, um diesen an einen ihr geleisteten Schwur zu erinnern, ihren Sohn Salomo als seinen Nachfolger auf den Thron zu setzen. Von einem solchen Schwur war vorher allerdings nie die Rede. Natan erscheint mit dieser Initiative als Sprecher der »Jebusiter« und als der eigentliche Gegenspieler Adonijas (vgl. JSOT.S 80, 1990, Jones). Er fürchtet für die Jerusalemerin Batseba, für ihren Sohn und wohl auch für sich selbst das Schlimmste, falls die Initiative nicht gelingt (vgl. 1Kön 1,12.21). Natan gehörte offensichtlich wie Zadok zur Jerusalemer Partei, die fürchten musste, nach dem Tode Davids von den Leuten aus dessen vorjerusalemischer Zeit verdrängt, wenn nicht gar beseitigt zu werden. Denn Leute wie Adonija, Abjatar und Joab sahen sich durch die Jerusalemer auf den zweiten Platz verwiesen. Ohne den Schutz Davids drohte den Jerusalemern ein schwerer Schlag. So mindestens sieht es Natan in der Thronfolgeerzählung und initiiert deren Flucht nach vorn. Dazu benützte er die Jerusalemerin Batseba, die, als Davids Lieblingsfrau, den leichtesten Zugang zu ihm hatte.

§ 221   Was für eine Art von Prophet war Natan? Der Begriff Prophet (*nabi'*) scheint schon im 11./10. Jh.a keine einheitliche Grösse bezeichnet zu haben. Mit den ekstatischen, derwischartig in Gruppen auftretenden Propheten von 1Sam 10,5.10f;

19,20 hatte Natan anscheinend wenig zu tun. Aufgrund des *ḥizzajon* von 2Sam 7,16 gehörte er vielleicht eher zu den Propheten, die man früher Seher (*ḥozæh*) nannte (1Sam 9,9; vgl. 2Sam 24,11; Num 24,4). Dass sie gelegentlich wie Bileam dem König auch unangenehme Dinge mitteilen konnten, zeigt das Auftreten eines solchen Ekstatikers am Hof von Byblos, das in »Wenamun« ⑫ 1,39f erzählt wird (10. Jh.; TUAT III/5, 916, Moers; OBO 209, 2005, 183–185, Schipper; vgl. § 171). Natan hatte offensichtlich eine Politik verfolgt, die dem neuen Herrscherhaus gegenüber loyal war und mindestens anfänglich Judäer und Altjerusalemer zu versöhnen suchte (fzb 88, 1998, 181–208, Hentschel). Die Natanprophetie (2Sam 7) stellt ihn in der vorliegenden Form als einen dar, der David einen mächtigen Aufschwung (LXX) bzw. der Dynastie ewigen Bestand (MT) verheißt, aber die Bedenken der Judäer gegen einen großen Tempelneubau (oder eine große Renovation) ernst nimmt. In der Batsebageschichte (2Sam 11f) verteidigt er die Rechte Urijas und d. h. der alteingesessenen Jerusalemer, und David akzeptiert das. Dem Sohn Davids und Batsebas, den die Jerusalemerin wahrscheinlich nach dem Stadtgott Schalem Schlomo nennt (vgl. § 334), gibt er, wahrscheinlich aus Respekt für den Gott Davids, zusätzlich den Namen Jedidja »Liebling JHWHs« (2Sam 12,24f). So facettenreich Natan erscheint, mangelt es dem Bild doch nicht an Kohärenz. Die (berechtigte oder unberechtigte) Angst vor dem Scheitern dieser versöhnlichen Politik nach dem Tode Davids lässt ihn die Initiative zugunsten Salomos ergreifen. Der Einfluss Natans auf Salomo wird daraus ersichtlich, dass zwei seiner Söhne im Kabinett Salomos sitzen (1Kön 4,5; vgl. weiter JSOT 95, 2001, 43–54, Bodner).

Der Prophet *Gad* scheint nur in der Frühzeit Davids eine Rolle gespielt zu haben (1Sam 22,5). Falls sich aus 2Sam 24 hist. Schlüsse ziehen lassen, kann er als Initiant einer Kultstätte für JHWH in Jerusalem gelten (Haag, in: FS Galling 135–143).

DAVIDS ENTSCHEIDUNG FÜR DIE JERUSALEMER

§ 222   Was David in seinem Sterbezimmer entschied oder nicht entschied, lässt sich hist. nicht rekonstruieren. Es ist nicht einmal ausgeschlossen, dass er letztendlich von der Salomopartei ermordet wurde (RB 107, 2000, 481–494, Vermeylen), obwohl auch das Spekulation bleibt. Offensichtlich aber hat er, als er noch wirklich herrschte, den Jerusalemern Zadok und Natan und der Jerusalemerin Batseba und ihrem Sohn Salomo so viel Einfluss verschafft, dass sie sich während oder nach seinem Tod in einem Staatsstreich gegen die alt gediente Garde durchsetzen konnten. Das mag auf den ersten Blick überraschen. Bei näherem Zusehen aber ist es die logische Folge einer Mentalität und einer Politik, die in den Davidüberlieferungen immer wieder aufleuchten und deren hervorstechendste Merkmale klares Zielbewusstsein und überraschende Flexibilität, brutale Skrupellosigkeit und gewinnender Charme sind (Halpern, David 73–103.263–381). Der Wechsel aus dem Milieu der Kleinlandwirtschaft in →II Betlehem an den Hof Sauls lässt bei David bzw. seiner Familie die Bereitschaft bzw. den Willen erkennen, aufzusteigen und sich an einer neuen, nicht unumstrittenen Institution zu engagieren. Davids soziale Kompetenz verschafft ihm die Freundschaft der Kinder Sauls (Jonatan, Michal). Seine Erfolge und sein Wille zur Macht bringen ihn mit Saul in Konflikt. Da es ihm nicht gelingt, sich in Judäa zu etablieren, verdingt er sich an die Philister. Er erweist sich ihnen nützlich, pflegt aber gleichzeitig seine Beziehungen zu Juda geduldig weiter. Beim Tode Sauls nützt er kurz entschlossen die Gelegenheit, König über Juda zu werden und spinnt gleichzeitig die Fäden nach Norden. Er scheint sich mit der alteingesessenen Führungsschicht in Jerusalem arrangiert zu haben. Seine Vertrauten bestehen halb und halb aus alt gedienten Judäern und neuen Jerusalemern. Im Gegensatz zu Abjatar und Joab, die eng mit den alten Traditionen des JHWH-Kriegs verbunden sind, emanzipiert er sich leicht von diesen und ist wie viele einflussreiche Männer gleichzeitig rationalistisch aktiv und fatalistisch passiv (vgl. etwa 2Sam 12,15–23; 2Sam 15,24–29). Mit einem überdurchschnittlichen Rationalismus verbindet sich als Ersatz für die Verwurzelung im Traditionellen oft eine gewisse Sentimentalität (vgl. 2Sam 18,32–19,9). Mit seinem ausgesprochenen und wendigen Willen zur Macht näherte er sich den Städtern und Städterinnen von Jerusalem mit ihrer Tradition eines Königtums von Gottes Gnaden schnell an und entfremdete sich den Landjudäern wie Joab und Adonija mit ihrer gradlinig-brutalen Clan-Politik. Im Kleinen geschah hier, was bei Alexander im Großen zu beobachten war. Er übernahm mehr und mehr vom pers. Hofzeremoniell und stieß seine Makedonen damit vor den Kopf.

David nahm zwar als Judäer vor rund 3000 Jahren in Jerusalem Residenz. Die Erben seiner Macht aber waren nicht seine jud. Landsleute, sondern Salomo, der Sohn Davids und einer Jerusalemerin, dessen wichtigste Parteigänger alteingesessene Jerusalemer Stadtbewohner waren, also Mitglieder jener Volksgruppe, die die atl. Überlieferung, bes. die dtn.-dtr. Literatur, später unter dem Namen »Kanaanäer« als Kontrastgruppe und Negativfolie zum wahren Israel hinstellt (§ 728f). In Wirklichkeit ist die religiöse Tradition Israels eine aspektreiche Verbindung von dörflich-jud. und städtisch-kanaanäischen Bräuchen und Überlieferungen.

4.6 DAVIDS RELIGIONSPOLITISCHE POSITIONEN UND DEREN FOLGEN

§ 223 Die Analyse der Beamtenschaft Davids hat gezeigt, dass das religiöse Establishment darin eine bedeutende Rolle spielte. Vor allem aber waren die von David initiierten bzw. tolerierten religiösen Maßnahmen für die spätere Entwicklung Jerusalems von größerer Bedeutung als alle politischen. Die schwer zu beantwortenden Fragen, welchen Umfang Davids Einflussgebiet hatte, ob man einer Maximal- oder einer Minimallösung zuneigt und welcher Art genau sein Einfluss bzw. seine Herrschaft war, sind weltgeschichtlich gesehen ziemlich irrelevant. Nicht dass Jerusalem einmal Zentrum eines so oder so bescheidenen Herrschaftsgebietes war, sondern dass hier eine Anzahl religiöser Traditionen ihre Pflanz- und Heimstätte und kultische Konkretisierung fanden und zukunftsträchtig kombiniert wurden, hat die spätere weltgeschichtliche Bedeutung Jerusalems grundgelegt.

WAS FAND DAVID IN JERUSALEM AN RELIGIÖSEN EINRICHTUNGEN UND TRADITIONEN VOR?

§ 224 Was wir über die religiösen Traditionen des vordavidischen Jerusalem wissen, ist, wie wir gesehen haben, wenig (vgl. das Fazit in § 162). Das mbz Jerusalem hatte Teil an dem in ganz Vorderasien weit verbreiteten Kult eines *Wettergottes und seiner Partnerin* (**42–43; 46–61, 85, 93**). Das theophore Element *cheba* im Namen des amarnazeitlichen Herrschers Abdi-Cheba suggeriert, dass diese Partnerin vielleicht eine nordsyr. geprägte, der ugaritischen Aschirat verwandte große Göttin war (vgl. **74–81**).

Das Heiligtum eines Sonnengottes

Das Element *schalem* im Namen Jerusalem lässt als Hauptkult der Stadt einen Kult des Gottes Schalem, einer astralen oder gar solaren Gottheit vermuten. Die seit Gründung der Stadt bestehenden Beziehungen zu Ägypten machten Elemente des *Sonnenkultes* dort von Anfang an heimisch (**37–38; 62–67**; vgl. § 101.122–133.136–142). Während der Zeit der ägypt. Vorherrschaft in Palästina dürften sich die astralen Kulte, bes. der Sonnenkult, noch verstärkt, der Kult des Wettergottes aber an Bedeutung verloren haben (§ 125–132 und 137–140). Ein Zitat aus einem Lied aus dem »Buch des Wackeren« aus der frühen Königszeit legt nahe, dass Sonnen- und Mondgott auf Seiten des Königs von Jerusalem zu kämpfen drohten, während JHWH als ein Sturmgott den Protoisraeliten zum Sieg verhalf (Jos 10,11f; § 148–153). Sehr wahrscheinlich gab es in Jerusalem seit der Gründung der Stadt oder spätestens seit der SB als Hauptheiligtum ein Sonnengottheiligtum. Vielleicht ist der V. 2Sam 12,20, der noch vor Salomo von einem Tempel in Jerusalem redet, ein Hinweis darauf (vgl. dazu § 258). Die besten Hinweise für ein altes Sonnenheiligtum finden sich in der Salomo-Überlieferung. Dem entsprechend soll dieses Problem dort eingehend diskutiert werden (§ 323–330 ein alter Tempelweihspruch; § 332–343 Hinweise auf einen alten Jerusalemer Sonnenkult).

Zedek als Teil des Symbolsystems einer Sonnengottheit

§ 225   Eng verbunden mit dem Sonnenkult war die Gottheit Zedek, *ṣædæq* »Recht, rechte Ordnung«, deren Bedeutung für Jerusalem vielfach bezeugt ist (vgl. ATSAT 78, 2006, 369–372, Lauber). Sie erscheint in den Namen der vordavidischen Könige Jerusalems: Adoni-Zedek (*'adoni-ṣædæq*) in Jos 10,1; Malki-Zedek bzw. Melchisedek (*malki-ṣædæq*) in Ps 110,4 (vgl. Gen 14,18; JNWSL 22, 1996, 1–14, Nel). Nel sieht in Ps 110,4 eine Anspielung auf ao Sonnenmythologie (Ebd. 4; HUCA 36, 1965, 163f, Rosenberg; zum Gott Zedek s. DDD² 929–934, Batto). Auch der Name des Priesters Zadok, den David in Jerusalem übernommen hat (§ 219), dürfte mit dieser Gottheit zusammenhängen (HAL III 939f). *ṣdq* erscheint auf einer Pfeilspitze des 11. Jh.a als theophores Element des Namens *jtrṣdq* »Zedek ist überragend« (**101**; ErIs 26, 1999, 123*–125*, McCarter). Die meisten der über 40 Pfeilspitzen dieser Art sind im Libanon aufgetaucht, aber einige sind auch s von Jerusalem gefunden worden (§ 144). In Ps 85, einem Text mit Motiven aus der Jerusalemer Liturgie, scheinen sich alte Aussagen über Zedek erhalten zu haben, wenn von ihm gesagt wird, dass er vom Himmel herabschaut und dass er vor JHWH hergeht und den Weg seiner Schritte bestimmt (V. 12 und 14; zur Übersetzung HThK.AT Pss 51–100, 526, Hossfeld/Zenger). Nach V. 11 küssen sich Zedek und Schalom. Beide sind schon im ugarit. Personennamen *ṣdqšlm* (KTU 4.103:28) »Zedek ist Heil« miteinander in Beziehung gesetzt. An einigen Stellen scheint JHWH mit Zedek identifiziert zu sein, so wenn JHWH-Zedek in Ps 17,1 angefleht wird zu hören (vgl. HUCA 36, 1965, 170–174, Rosenberg; vgl. weiter Schmid, Gerechtigkeit als Weltordnung 75ff).

§ 226 Zedek erscheint in der späteren Überlieferung häufig in Verbindung mit einem zweiten Begriff, z. B. mit Mischor (*mišor*) bzw. Mischpat (*mišpaṭ*). In Ps 45,7f wird das Zepter mit Mischor in Verbindung gebracht und steht parallel zur Liebe des Königs zu Zedek. Strikt parallel erscheinen Recht (*mišor*) und Gerechtigkeit (*ṣædæq*) in Jes 11,4a.

Der soziale Aspekt von Mischor spielt schon in Ugarit eine wichtige Rolle (KTU 1.40; RB 106, 1999, 321–344, Shedletsky/Levine; vgl. auch TUAT Ergänzungslieferung 82–91, Wilhelm). In Ps 89,15 und 97,2 wird vom Thron JHWHs gesagt, dass »Gerechtigkeit und Recht« (*ṣædæq umišpaṭ*) sein Gestell oder seine Stütze bilden. Vielleicht haben die den Thron JHWHs konstituierenden Keruben (1 Kön 6,23–28; vgl. § 353.356; **174–187**) im Verständnis der Jerusalemer nicht (nur) das Wolkendunkel (Ps 18,10f), sondern Recht und Gerechtigkeit verkörpert (vgl. Ps 97,2).

§ 227 Das paarweise Auftreten von Zedek und Mischor bzw. Mischpat ist alt. Man hat schon lange festgestellt, dass es den akkad. Gottheiten *kittu* und *mešaru* entspricht (HUCA 36, 1965 161f, Rosenberg; RLA IX 313, Cavigneaux/Krebernik; vgl. § 338). Sie stehen in engstem Zusammenhang mit dem Sonnengott Schamasch, als dessen Kinder sie gelten. Einer von ihnen oder beide werden beschrieben als »vor Schamasch sitzend« (*ašib maḫri šamaš*) oder als »Minister zu seiner Rechten« (*sukallu ša imitti*) bzw. »zu seiner Linken« (*sukallu ša šumeli*; Tallqvist, Götterepitheta 342.374; vgl. § 338 und **154.157–159**). In Ugarit erscheinen Zedek (*ṣdq*) und Mischor (*mšr*) neben Schachar und Schalim und einigen anderen Gottheiten in einer Götterliste (RS 24.271 A 14; JAOS 86, 1966, 282f, Astour; Ugaritica 5, 1968, 585, Virolleaud; AnOr 51, 1981, 406–410, Rummel). Das Paar ist auch noch in der phöniz. Geschichte des Philo von Byblos als Μισωρ und Συδυκ zu finden (10,13; Attridge/Oden, Philo of Byblos 44f). Sie hätten den Gebrauch des Salzes entdeckt. Das klingt merkwürdig, hat aber wohl damit zu tun, dass Salz bei Bündnissen und Opfern eine Rolle spielte (vgl. Esr 4,14; Lev 2,13; Num 18,19; Dalman, AuS IV 50).

Der Sonnengott ist, wie die Hammurabistele mit dem berühmten Kodex zeigt (TUAT I/1, 39–80, Borger; ANEP Nr. 515.246; AOBPs Abb. 390), eng mit dem konkreten Recht (*mišpaṭ*) verbunden. Mit der Keilschrifttradition, die spätestens seit der SBZ in Kanaan ihren festen Platz hatte (§ 113; vgl. Horowitz/Oshima, Cuneiform in Canaan 15–19), dürfte nicht nur das Gilgamesch-Epos mit der Sintfluttradition (vgl. Ebd. 102–105), sondern auch ao Recht in Palästina generell und in Jerusalem ganz besonders seinen festen Platz bekommen haben. Die engen Parallelen zw. einzelnen Rechtsbestimmungen im Kodex Hammurabi und im sog. »Bundesbuch« (Ex 21,1–23,33), das als älteste atl. Rechtssammlung gilt, gehen auf eine Tradition zurück, die in der SBZ eingesetzt haben dürfte. Beispiele für enge Parallelen zw. dem Kodex Hammurabi und Ex 21–23 finden sich z. B. bei H. J. Boecker, Recht und Gesetz im Alten Testament und im Alten Orient, Neukirchen 1976, 69–115; für die Bedeutung der ao Rechtsgeschichte für das Verständnis des AT vgl. weiter ZThK 88, 1991, 139–168, Otto.

Ein auf ewige Dauer angelegtes Königtum, symbolisiert durch den »Thron«

§ 228   Das Königtum dürfte sich in Jerusalem am Ende des 11. Jh.a nicht viel anders präsentiert haben als in der Amarnazeit (§ 110–121). Wahrscheinlich haben in Jerusalem ähnlich wie in Bet-Schean (vgl. Schipper, in: ÄAT 36/3, 2003, 244 f.252–258, Gundlach/Rößler-Köhler) ägypt. Symbole und Traditionen in die EZ IB und IIA hinein weiter gelebt. Diese Art von Königtum und seine Auseinandersetzung mit tribalen und mobilen Elementen der Landesbevölkerung zeigt sehr anschaulich eine Elfenbeinritzung aus dem berühmten Hortfund vom Ende des 13. oder Anfang des 12. Jh.a aus →III Megiddo (**111**; GGG 70–72). Einzig das Pferdegespann, das im Bergland wenig sinnvoll gewesen wäre, scheint es in Jerusalem vor Salomo nicht gegeben zu haben (§ 221.289). Die Macht dieser Art von Königtum basierte auf einer wohl gerüsteten Truppe, wie sie auf der rechten Hälfte des Elfenbeins angedeutet ist. Dabei weist die geflügelte Sonne über dem Sieger darauf hin, dass der König als Sachwalter des Sonnengottes amtet (§ 233). Das Krummschwert, das nach ägypt. Art ein bartloser Diener hinter dem König herträgt, ist das sichtbare Zeichen dafür, dass der Sieg gottgeschenkt ist. Zahlreiche ägypt. Denkmäler, wie z.B. eine Stele Ramses' II. aus →III Bet-Schean (**112**; vgl. **675**), zeigen die Übergabe des Siegesschwertes durch den Sonnengott Amun-Reʿ am Anfang eines Feldzugs und die entsprechende Ablieferung der Beute an den Götterkönig (kostbare Gefäße) am Ende desselben. Anfang und Ende stehen für das Ganze (vgl. weiter JNWSL 25/2, 1999, 205–240, Keel; zum Nachleben ägypt. Vorstellungen im Palästina der EZ I und IIA generell vgl. Schipper, in: ÄAT 36/3, 2003, 241–275, Gundlach/Rößler-Köhler). Die Gegner des Königs, die auf dem Elfenbein nackt vor dem Wagen hergehen, sind als Schasu-Nomaden charakterisiert (§ 150 und

111   Eine Elfenbeinritzung aus Megiddo zeigt rechts den siegreichen Fürsten unter der Flügelsonne im Streitwagen. Hinter ihm trägt ein Diener das Krummschwert, das Schwert des Sieges (**112**). Zwei gefesselte Schasu-Nomaden gehen dem Pferd voran. Links thront der Fürst auf dem Kerubenthron und lässt sich von seinem Hofstaat feiern (um 1250–1150a)

112   Eine Stele Ramses' II.
(1279–1213a) aus → III Bet-Schean zeigt
wie der Reichsgott Amun dem König das
Krummschwert, das Schwert des Sieges
reicht. Dieses erste Element eines Kriegs-
zugs ist hier mit dem letzten verbunden:
der König präsentiert Amun die Beute,
kostbare Metallgefäße

164 mit 99; § 235). Die linke Bildhälfte zeigt die Siegesfeier. Der König sitzt auf einem durch zwei
Mischwesen (Keruben) getragenen Thron. Die Königin reicht ihm den Siegestrunk. Diener füllen
weitere Schalen aus einem grossen Mischgefäß. Eine zweite Frau begleitet auf der Leier das Sieges-
lied. Die auffliegenden Vögel tragen die Siegesbotschaft in alle Himmelsrichtungen (OBO 14, 1977,
109–142, Keel). Das sakrale Königtum, wie es von Natan und Zadok an David und dann im vollen
Umfang an Salomo vermittelt wurde, war für die Dörfler aus den Klein- und Kleinstsiedlungen neu,
für eine alte kanaanäische von Ägypten stark beeinflusste Stadt aber selbstverständlich.

§ 229   In der sog. »Prophetie« des Jerusalemers Natan (zum Problem der LXX-
und der M-Version vgl. Schenker, in: BEThL 195, 2006, 177–192, Knibb) wird dem
Thron Davids bzw. dem seines Nachfolgers »unendliche Dauer«, »Ewigkeit« (*'olam*)
verheißen (2Sam 7,13.16), eine im AO übliche Zusage an Herrscherhäuser (vgl. § 329;
CBQ 59, 1997, 244–269, Laato).

In Ägypten wird sie durch die Zusage unzähliger Sedfeste konkretisiert, bei denen der König nach
einer gewissen Regierungszeit von neuem inthronisiert wird (LÄ V 782–790, Martin). Auf ramessidischen Stempelsiegelamuletten (113–114), von denen eines im n Jordanien gefunden worden ist
(113), überreicht der Schreibergott Thot mit dem Ibiskopf und Mondsichel und -scheibe darüber
dem König die Rispe, ägypt. *renpet* »Jahr«. Die expliziteren Darstellungen auf den Tempelwänden
(115) zeigen den neu inthronisierten Pharao, dem Amon die Jahrrispe darreicht. An ihrem unteren
Ende ist eine Kaulquappe befestigt, die 100000 bedeutet. Oben an der Rispe hängt vierfach das
Zeichen »Sedfest«. Zusammen mit Thot schreiben Seschat, die »Schreibkunst«, und Thot, der Herr
der Schrift, Schreibkunst und der Archive und des Wissens, Geburts- und Thronnamen des neuen
Königs auf den heiligen Baum in Heliopolis, damit »sein Name sprosse, solange die Sonne scheint«
(vgl. Ps 72,17).

Die Zusage ewig dauernder Herrschaft ist der Kern der Natan-Prophetie (2Sam 7,8–17),
die eine Schlüsselstellung innerhalb der Davidüberlieferungen einnimmt (ZAW 99,
1987, 157–179, bes. 165f, Waschke; TRE XXIV 19–21, Dietrich).

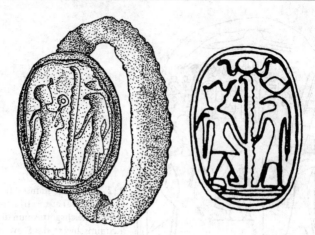

113–114   Auf ramessidischen StempelSiegel-Amuletten, von denen das links im n Jordanien, in Saham, gefunden worden ist, überreicht der Schreibergott Thot mit Ibiskopf und Mondsichel und -scheibe darüber dem König die Rispe *renpet* »Jahr«.

§ 230   Während in den Davidüberlieferungen sonst Handlungen erzählt werden, wird in 2Sam 7 fast nur geredet. Längere Reden dienen in der bibl. Historiographie (und nicht nur in ihr) dem Verfasser dazu, seine Interpretation der erzählten Ereignisse, seine Geschichtstheologie darzulegen. Besonders beliebt ist diese Praxis im DtrG (vgl. Dtn 1–3; Jos 1 und 23; 1Sam 12; 1Kön 8,14–66; vgl. auch Ri 2,11–3,6; 2Kön 17,7–41; vgl. dazu § 756–768). Da Exegeten häufig nicht die narrative Präsentation der Ereignisse, sondern deren Auslegung als Höhepunkte empfinden, ist 2Sam 7 immer wieder als solcher gefeiert worden (ATD X 233, Hertzberg; ZBK IX 220, Stolz). Erst die Auslegung bringt Ordnung in den Wirrwarr der Fakten und macht sie auf einen bedeutenden Gedanken hin transparent. Entsprechend häufig ist die Natan-Prophetie bereits in den hebr. bibl. Schriften selbst zitiert worden (ETR 73, 1998, 483–490, de Robert), bes. ausführlich und deutlich in Ps 89,20–38 nach der Zerstörung der Dynastie im Jahre 587a (§ 1069–1076). Wenn der ununterbrochene Übergang der Herrschaft vom Vater auf den Sohn während rund 350 Jahren in einzelnen Fällen auch fiktiv sein mag (JSOT 96,2001, 29–58, Barrick), so bestand in Juda doch eine viel stärkere dynastische Bindung des Königtums als im Nordreich sowohl in der Theorie wie in der Praxis.

§ 231   Das Symbol der Dynastie ist der Thron. In der ganzen Überlieferung zum Königtum Sauls erscheint das Wort Thron (*kisseʾ*) nicht ein einziges Mal. Und ebensowenig ist von einem Thron Davids die Rede, ehe er nach Jerusalem kommt (2Sam 3,10 ist dtr.; vgl. AncB IX 113f, McCarter). Beim Übergang des Königtums von David auf Salomo hingegen spielt das Wort »Thron« eine zentrale Rolle. Allein in 1Kön 1 ist 12mal vom Thron die Rede, vom »Thron des Königtums« (1Kön 1,46; vgl. 1Kön 9,5), vom Thron Davids und vom Thron Salomos, der größer sein werde als der Thron Davids (1Kön 1,37.47; zum Thron vgl. weiter **116–131**).

115 Die explizitere Darstellung aus Karnak zeigt den neu inthronisierten Sethos I. (1290–1279a) und Amun, der ihm die Jahrrispe überreicht. An ihrem unteren Ende ist eine Kaulquappe befestigt, die 100000 bedeutet. Oben an der Rispe hängt das Zeichen »Sedfest«. Hinter dem Pharao schreiben Thot und Seschat, die »Schreibkunst« Geburts- und Thronnamen des neuen Königs auf den heiligen Ischedbaum damit »sein Name sprosse, solange die Sonne scheint« (vgl. Ps 72,17)

Die Dauer der durch den Thron symbolisierten Dynastie bedeutet einen leiblichen Nachfolger bzw. eine lange Kette leiblicher Nachfolger Davids. Die durch ʿolam, die zeitliche Unbegrenztheit, ausgedrückte Verabsolutierung des davidischen Königtums findet sich schon im Munde der Jerusalemerin Batseba, wenn sie dem alten kranken König wünscht, er möge ewig leben (*jᵉḥi lᵉʿolam*). Der Zusammenhang zeigt, dass sich der Wunsch auf den Entschluss des Königs bezieht, Salomo zum Nachfolger einzusetzen (1Kön 1,31; vgl. Ps 21,5). Der Ewigkeitswunsch meint eigentlich die durch Salomo gesicherte dynastische Folge (vgl. weiter § 329). In der im Jerusalemer Kult gepflegten Königstheologie sind Amt und Amtsträger eins, und so kann in Ps 61,7f gebetet werden:

> »Füge den Tagen des Königs noch viele hinzu!
> Seine Jahre mögen dauern von Geschlecht zu Geschlecht.
> Er throne ewig (ʿolam) vor Gott«.

Eine Verherrlichung des Königtums als solchem und nicht eine solche des Königs meint auch der alte, manchmal aus ganz ungenügenden Gründen (Töchter von Tyrus in V. 13) aus dem Nordreich hergeleitete Ps 45 (zur Übersetzung vgl. ErIs 26, 1999, 78*–87*, Hoftijzer), wenn er sagt (V. 7):

> »Dein Thron, du Göttlicher, steht für immer und ewig (*kissᵉʾᵃka ʾælohim ʿolam waʿed*)«.

Ps 72,17 schließlich verheißt dem *Namen* des Königs ewige Dauer.

Auf die Zusage von 2Sam 7,4–17, deren Kern die ewige Dynastie ist, habe sich David nach 2Sam 7,18a vor Gott hingesetzt und gebetet (JSOT.S 164, 1994, 75, Eslinger). Das stark dtr. gefärbte Gebet ergeht sich zuerst in einem staunenden Dank (V. 18b–22). Es nimmt die hyperbolischen Zusagen ewiger Herrschaft nicht als selbstverständlich. Nur mit der unvergleichlichen Größe des Gottes Davids kann es sich diese Zusage erklären.

Ps 89, der das Ende der davidischen Dynastie im 6. Jh. beklagt, wirft JHWH besonders heftig vor, die Zusage der Ewigkeit des Thrones nicht eingehalten zu haben (Ps 89,30 und 37 mit 39 und 45).

Das Vater-Sohn-Verhältnis der Gottheit zum König

§ 232   Jene, die auf dem Throne sitzen, stehen in einem Sohn-Verhältnis zur wichtigsten Gottheit der Stadt (2Sam 7,14a; vgl. Ps 2,7; 110,3). Das ist eine vor allem in Ägypten gepflegte Vorstellung (Ägyptologische Abhandlungen 10, 1964, Brunner; AOBPs 224–233; Assmann, in OBO 48, 1982, 13–61, Assmann/Burkert/Stolz). Diese oder mindestens sehr ähnliche Vorstellungen sind schon für das Jerusalem der Amarnazeit nachzuweisen (§ 126f.131). Dabei war die ägypt. Version stärker an der Vorstellung physischer Vaterschaft orientiert, diejenige in Jerusalem scheint, was Ägypten auch nicht ganz fremd war, eher mit der Inthronisation verbunden gewesen zu sein (vgl. GAT VIII/1, 176, Albertz; E. Blumemthal, Die bibl. Weihnachtsgeschichte und das alte Ägypten, SBAW.PH Jg. 1999/Heft1, München 1999; Koch, in: SBS 192, 2002, 1–32, Otto/Zenger).

Für Untergebene im Rahmen eines Königtums, das seine Nähe zum Göttlichen betont, repräsentieren die Könige die Gottheit (vgl. Ps 45,7).

Auf den Skarabäen der postramessidischen Massenware, deren Blüte während des 10. Jh.a, also ungefähr in die Zeit Davids und Salomos anzusetzen ist (vgl. § 164 letzter Abschnitt), findet man in Anlehnung an ein ramessidisches Motiv (**116**) häufig einen Thronenden, vor dem ein Diener in verehrender Haltung steht. Die Charakterisierung als Pharao ist dabei teilweise (**117**) oder ganz verloren gegangen (**118**; vgl. zu diesem Motiv auch OBO.A 13, 1997: Akko Nr. 224.229, Keel; OBO 96, 1990, 89–104, Wiese). Diese Skarabäen zeigen, dass die Verehrung eines der Gottheit nahe stehenden oder gar göttlichen Herrschers in der s Levante auch nach dem Untergang der alten Stadtkönigtümer bekannt war und rezipiert wurde (zum Nachwirken ägypt. Einflüsse im Palästina des 10. Jh.a generell vgl. Schipper, in ÄAT 36/3, 2003, 241–275, Gundlach/Rößler-Köhler).

116   Ramses II. als »vollkommener Gott« und »Herr der beiden Länder« mit seinem Vezier (1279–1213a).

117   Das Motiv auf diesem Skarabäus einer massenhaft produzierten Ware vom Tell el-ʿAğul imitiert das ramessidische Motiv von **116**, lässt bis auf Krummstab und Geißel aber alle typisch ägyptischen Elemente weg (ca. 1050–900a)

118   Dieser Skarabäus aus Akko verzichtet bei aller Abhängigkeit von **117** ganz auf die ägypt. Elemente

König und Sonnengottheit

§ 233   Der König von Jerusalem scheint in Anlehnung an ägypt. Vorstellungen (**62–64.65–67.86–87.112–115**) seit alters in einem besonderen Verhältnis zur Sonnengottheit gestanden zu haben (§ 125–131.137–140). Neben ägypt. haben wahrscheinlich hetit. Vorstellungen eine Rolle gespielt (§ 131f; **77–79**). Ob man sich in Jerusalem mehr an der hetit. oder der ägypt. Sonnenmythologie orientierte, immer stand der König in besonders enger Beziehung zu seinem sonnenhaften Vater. Erwählter, Sohn der Sonnengottheit oder Sonne schlechthin zu sein, bedeutete zeitlich unendliche Dauer (§ 231) und räumlich unbegrenzte Herrschaft (vgl. Ps 2,7; 72,8ff; 89,26). Besonders letztere kann bei einer Stadt von den bescheidenen Ausmaßen Jerusalems nur im Rahmen mythischer Konzepte einen Sinn ergeben. Dieser mythische Rahmen kann schwerlich ein anderer als der einer Sonnengottheit sein (§ 331–341). Wenn es um Dauer und Stabilität des Königtums geht, können Astralgottheiten generell das Modell abgeben (Ps 72,5.17; 89,37f).
Auf einer palästinischen Skarabäengruppe des 10./9. Jh.a ist ein König als Sonnengott zu sehen. Aus seinem Mund geht in Gestalt eines Uräus ein Gluthauch hervor (**119–121**; OBO 135, 1994, 53–134, bes. 99–104, Keel; zu diesem speziellen Siegeltyp vgl. auch Schipper, in: ÄAT 36/3, 2003, 260–265, Gundlach/Rößler-Köhler). **121** zeigt den König in Anlehnung an ein Motiv der 18. Dyn. sogar im Boot des Sonnengottes als Sonnengott thronend. Dennoch handelt es sich um den König (OBO 135, 1994, 116, Keel). Das mythische Element des Feuers, das aus seinem Munde fährt, findet sich in Jes 11,4b: »Er (der König in Jerusalem) schlägt den Gewalttätigen mit dem Stock seines Wortes und tötet den Skrupellosen *mit dem Hauch seiner Lippen*« (vgl. Jes 30,27.33).

119–121 Skarabäen aus Palästina zeigen einen König in engster Verbindung mit dem Sonnengott; unter seinem Thron ist das Zeichen »Gold« zu sehen, das hier für himmlisches Licht steht; er wird von einem, zwei oder vier stilisierten Falken beschützt und über ihm schwebt die geflügelte Sonnenscheibe (10./9. Jh.a); aus seinem Mund steigt ein Uräus empor, Symbol des tötenden Gluthauchs, der aus seinem Munde hervorgeht (Jes 11,4)

Im 8. Jh.a, zur Zeit König Hiskijas, sind die geflügelte Sonnenscheibe und der Sonnenkäfer dann (oder immer noch?) die offziellen Symbole der Schutzgottheit des Königs und Jerusalems (vgl. § 481f und 285–295).

WELCHE RELIGIÖSEN RITEN UND VORSTELLUNGEN KAMEN MIT DAVID NACH JERUSALEM?

Die Weihe des Königs durch Salbung

§ 234   Eine rudimentäre Form sakralen Königtums kannten bereits die mittelpalästinischen Stämme zur Zeit Sauls und Ischbaals (Isch-Boschets). Sein wichtigstes Ausdrucksmittel war nicht der Thron, sondern die *Salbung* (Ri 9,8). Hinweise auf eine fremde Herkunft des Ritus sind spärlich und unsicher (vgl. de Vaux, Lebensordnungen I 169–172). Es gibt solide Indizien für eine lokale Entwicklung.

Durch Übergießen mit Öl konnte ein aufgestellter Stein zu einem sakralen Gegenstand werden (so die Massebe in → III Bet-El; vgl. Gen 28,18). Der künftige König wurde ursprünglich wohl durch die Ältesten bestellt und vertraglich gebunden. Da dieser Vertrag, wie das in 2Sam 5,3 gesagt wird, »vor JHWH« geschlossen wurde, war der König JHWH verpflichtet, aber auch von JHWH bestätigt. Die Salbung, die auf die Vertragsschließung folgte, brachte diesen sakralen Status zum Ausdruck, der vor allem Unverletzlichkeit bedeutete. Die radikale Trennung der Salbung durch die Ältesten vom Titel Gesalbter JHWHs, die Mettinger postuliert (CB.OT 8, 1976, 194–208; vgl. ThWAT V 49–51, Seybold), scheint mir unsachgemäß. Die These, »dass der exklusiv theologisch verwendete Ausdruck *m^e šiah JHWH* … in der salomonischen Zeit unter dem Einfluss einer sich entwickelnden offiziellen Jerusalemer Königstheologie und -ideologie geprägt wurde« (ThWAT V 53, Seybold), verlangt die anachronistische Verwendung in zahlreichen Textpassagen. Die Beiläufigkeit der Verwendung für David im Rahmen der Unverletzlichkeitsproblematik in 2Sam 19,22 scheint mir eher für als gegen das hohe Alter zu sprechen. Die Ausstattung Sauls mit diesem Titel nach der Verwerfung seiner Dynastie, ohne dass es dafür irgendeinen Anhalt in der Überlieferung gegeben hätte, scheint mir wenig wahrscheinlich. Typisch ist, dass der Titel auch bei Saul primär im Zusammenhang der Inviolabilität erscheint (1Sam 24,7; 26,9.16). Besonders die Verwendung in 2Sam 1,14.16 (Nachricht vom Tode Sauls; vgl. 1,21) ist – gerade weil ein Judäer spricht – schwerlich als sekundär zu erweisen. Die Salbung Salomos (1Kön 1,34.39.45) soll ihn als König im Sinne Davids erscheinen lassen. An der Stelle der Wahl durch die Ältesten steht jetzt aber die Entscheidung Davids bzw. Natans und seiner Anhänger gegen Adonija und für Salomo. Das Salbhorn wird aus dem archaischen Zeltheiligtum geholt (vgl. § 1237). Der Sakralität des Aktes entsprechend salbt der Priester Zadok (1Kön 1,39). Von Königssalbung ist in Jerusalem erst wieder beim Sturz Ataljas und der Erhebung Joaschs zum König die Rede (2Kön 11,12; § 410). Diese Palastrevolution findet offensichtlich gegen die Stadtbevölkerung mit Hilfe des landjudäischen Adels statt. Die Salbung ist ein ländlich-israelit., den Konservativen wichtiger Ritus (vgl. 2Kön 9,3).

Selbst dieses rudimentäre Königtum war im tribal-dörflichen Israel nicht unbestritten. Die Fabel vom König der Bäume in Ri 9,7–21 kann mindestens auch königskritisch gelesen werden. Die Art von Männern, die in 1Sam 10,27 die Wahl Sauls zum König mit der Bemerkung quittieren:»Was kann uns der schon helfen?«, dürfte nicht frei erfunden sein. Es hat in Israel in einer für den AO ungewohnten Weise bei Einführung des Königtums, aber nicht nur, immer wieder neben der Kritik an einzelnen Königen grundsätzliche Kritik am Königtum gegeben (vgl. WMANT 49, 1978, Crüsemann). Das Königtum galt in Israel im Gegensatz zum übrigen AO nicht als eine Institution, die Teil der schöpfungsmässigen Struktur der Welt war und ohne die man sich eine geordnete Welt nicht vorstellen konnte (M. und W. Dietrich, in: AOAT 250, 1998, 215–264, Dietrich/Kottsieper; vgl. aber § 1069–1076.1100–1103).

Der Gott JHWH

§ 235   Das mit großem Abstand Wichtigste, was Jerusalem David verdankt, ist der Kult des Gottes JHWH, den David, soweit wir wissen, durch seinen Kultgegenstand, die Lade, zuerst nach Jerusalem brachte. Durch die Überführung der Lade nach Jerusalem wurde Jerusalems Erwählung durch JHWH sichtbar (Ps 78,68; 132,13, StANT 7, 1963, 51–56, Schreiner). JHWH war der Gott, den David – mindestens primär – verehrte (vgl. zum Folgenden T.N.D. Mettinger, In Search of God, Minneapolis 1988, 24–49; DDD[2] 910–919, van der Toorn). Die Bestreitung einer ontologischen Existenz JHWHs mit der hauptsächlichen Begründung, atl. Traditionen und Erzählungen seien nicht realistisch gemeint (OTEs 17/1, 2004, 30–57, Gericke), ist eine Position, die den anvisierten Tradenten und Erzählern unverständlich gewesen wäre. Dass sie die Realität durch Projektion vereinnahmt haben, ist noch kein Grund anzunehmen, diese sei für sie unwirklich gewesen. Die Frage kann höchstens lauten, welche Wirklichkeit wurde durch die Gestalt JHWHs wie interpretiert? Was für ein Gott war JHWH ursprünglich?

Älteste inschriftliche Bezeugungen des Namens und der Herkunft JHWHs

§ 236   In etablierten westsemitischen Panthea, z.B. in Ugarit, ist er trotz gelegentlich anders lautender Behauptungen nicht nachgewiesen (DDD[2] 910f, van der Toorn; FRLANT 211, 2005, 268 Anm. 58, Pfeiffer; dagegen ThSt(B) 122, 1978, 32f, Rose). Auch in den Amarnatafeln ⑦ aus der s Levante und bes. aus Palästina wird kein Gott dieses Namens erwähnt (UF 23, 1991, 181–188, Hess; vgl. auch WO 30, 1999, 35–46, Streck). Im Namen Jerusalem (Schalem/Schalim) und in den Ortsnamen seiner Umgebung tauchen bekannte kanaanäische Gottheiten auf (vgl. § 240). Ein palästinischer Ortsname, der mit JHWH zusammengesetzt wäre, ist nicht bekannt. Der älteste bekannte ausserbibl. Text, der JHWH eindeutig als Gott – und zwar als Gott Israels –

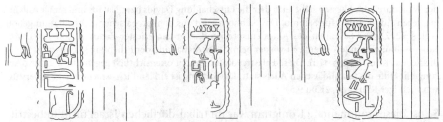

122 In der mittleren Kartusche einer Ortsnamenliste im Tempel Amenophis' III. (1379–1340a) in Soleb im n Sudan steht *tз-šзsw-jhwз(w)* »Land der Schasu JHW/JHW3«

nennt, ist die Mescha-Stele (9. Jh.a; s. dazu § 240). Wahrscheinlich taucht der Name aber schon Jahrhunderte früher auf in einer ägypt. Ortsnamenliste im Tempel Amenophis' III. (1379–1340a) in Soleb im n Sudan (**122**). Die Liste wurde in zwei Tempeln Ramses II. (1279–1213a), ebenfalls im Sudan, in Amara West und in Akscha kopiert (VT 14, 1964, 239–259, Giveon; R. Giveon, Les bédouins Shosou des documents égyptiens, Leiden 1971, 26–28.74–77; Bib. 55, 1974, 271, Weippert; BN 11, 1980, 63–79, Edel; ÄAT 2, 1989, 180–187, Görg; BN 101, 2000, 10–14, Görg). In diesen Listen taucht ein Ortsname *tз-šзsw-jhwз(w)* »Land der Schasu JHW/JHW3« auf. JHW wird in diesem Zusammenhang am besten als Toponym verstanden, das zugleich die Bezeichnung eines Gottes war (ADPV 10, 1988, 46, Knauf). Die Schasu (**100.111**) waren ein Stamm oder ein Volk, das im 14.–12. Jh.a hauptsächlich im SO Palästinas bzw. im NW des heutigen Saudiarabien lebte, in einem Gebiet, das sich ungefähr mit dem bibl. Midian deckt (vgl. § 150.164.228; →I 674; ÄAT 2, 1989, 188–194, Görg). Im Beleg aus der Zeit Ramses' II. taucht der Name in der Nähe von *tз-šзsw-sʿrr* auf, das vielleicht das bibl. Seïr meint. Für H. Pfeiffer werfen diese Inschriften für einen Ursprung JHWHs im S nichts ab, bevor er auch nur einen Blick auf sie geworfen hat (FRLANT 211, 2005, 261).

Tatsächlich scheint eine Identifizierung des JHW der ägypt. Quellen mit dem bibl. Tetragramm nahe zu liegen, denn JHWH erscheint nach einer Reihe von Texten von S her aus Teman, aus Edom, Seïr, vom Gebirge Paran, aus Kuschan, Midian, vom Sinai (Dtn 33,2; Ri 5,4f; Hab 3,3.7; Ps 68,8f; vgl. WMANT 10, ²1977, 115–117, Jeremias; CB.OT 25, 1987, 48–65, Axelsson; Smith, Origins 272f Anm 38 Lit.).

M. Köckert (FS Haas 209–226, bes. 225f) und H. Pfeiffer (FRLANT 211, 2005) wollen die genannten Texte als späte Produkte der Jerusalemer Tempeltheologie und als Verweise auf die erzählenden Exodustraditionen erklären (zu diesen vgl. § 243.280.393). An ihren Beobachtungen und Feststellungen ist wohl manches, was die innerbibl. Traditionszusammenhänge betrifft, richtig. Die Theophanie-Passage im Deboralied hat aber als alt zu gelten (Knauf, in: AOAT 317, 2005, 167–182, Burtea/Tropper/Younansardaroud). Als endgültige Erklärung scheitert der Versuch erstens an den bibl. Belegen. Schon R. Albertz hat darauf hingewiesen, dass der nachexil. Zeit die enge Verbindung Moses mit dem midianitischen Priester Jitro (Ex 18) und die Lage des Gottesberges in dem inzwischen verhassten Midian und Edom (vgl. § 1019.1054.1133) peinlich waren und sie diese nach Möglichkeit eliminiert hat (GAT 8/1, 85–88). Zweitens scheitert die These an den außerbibl. Belegen, u. a. an den

122a   Eine neue und genauere Zeichnung der Inschrift auf Pithos 2 von →II Kuntillet Adschrud zeigt schwach aber deutlich lesbar, dass *jhwh tmn* »JHWH des Südens« (links 4. Zeile *j* und 5. Zeile *hwh tmn*) zu lesen ist (um 725a)

bereits genannten ägypt. und daran, dass z.B. Teman, das einmal in Hab 3,3 vorkommt, in den Exodustexten nie als »Heimat« JHWHs erwähnt wird, aber schon im 8. Jh.a in →II Kuntillet Adschrud im Ausdruck *jhwh htmn* oder *jhwh tmn* »JHWH des Südens« belegt ist (Renz/Röllig, Handbuch I 64; vgl. ebd. 62 die Inschrift 9,5, von der jetzt eine genauere und bessere Umschrift vorliegt (**122a**) als die, die Renz/Röllig zur Verfügung stand; da ist schwach aber gut lesbar *jhwh tmn* (ohne den Artikel *h*) zu sehen (zur Datierung vgl. TA 33, 2006, 196–228, Singer-Avitz). Der Ausdruck ist wie *jhwh šmrn* »JHWH von Samaria« (Renz/Röllig, Handbuch I 61 Inschrift 8,2) zu verstehen. Verschiedenen Kultorten entsprechend gab es anscheinend verschiedene Erscheinungsformen JHWHs (vgl. in Analogie dazu z.B. Baal-Hermon in 1Chr 5,23; Baal-Pegor in Hos 9,10; Baal-Zefon in Ex 14,2 etc.; oder Maria von Lourdes, Maria von Fatima, Maria von Einsiedeln etc.). Das Problem der verschiedenen JHWHs hat das Dtn noch im 7./6. Jh.a beschäftigt (vgl. § 748f). Die Inschriften von Kuntillet Adschrud bezeugen, dass man im 8. Jh.a einen JHWH im N (Samaria) und einen im S kannte, wo immer dieser S genau zu suchen war (vgl. dazu weiter § 237).

Köckerts und Pfeiffers Versuch scheitert drittens an der Überschätzung der Kreativität einer Traditionsliteratur, wie sie die atl. darstellt. Wie diese funktioniert, zeigt ein Vergleich des DtrG mit dem Chronisten und beider mit den Antiquitates des Josephus (vgl. oben § 176). Die Annahme, die Exilszeit habe nach der Zerstörung des Tempels JHWHs erstmals vom Zion auf den fernen, bis anhin unbekannten(?) Sinai versetzt, ist ein wenig wahrscheinliches Konstrukt. JHWH hat sich, wie jede Gottheit, deren Tempel zerstört wurde, ganz einfach in den Himmel zurückgezogen (vgl. § 780 Z. 8 und § 927–931.947–949.1062). Ein Wüstenrefugium als neue Zweitwohnung brauchte er nicht. Dessen Erfindung den Exilierten zuzuschreiben, ist eine unzulässige Zumutung. Diese dürften sich wie die Exilierten aller Zeiten primär an die alten, aus der Heimat mitgebrachten Traditionen geklammert haben. Wenn Pfeiffer abschließend von einem »durch und durch negativen« Befund für eine ursprüngliche

Beheimatung JHWHs im Süden spricht, formuliert er nur sein eigenes Vorurteil (FRLANT 211, 2005, 268). Es wird den Quellen nicht gerecht. JHWH war von Haus kein kanaanäisch-palästinischer Wettergott (vgl. § 239–241). Seine Verehrung ist aus dem edomitisch-midianitischen S nach Kanaan gekommen.

Wann und auf welchen Wegen kam JHWH nach Kanaan?

§ 237   Im Hinblick auf die Zeit und den Weg, auf dem JHWH von S her nach Palästina gekommen ist, muss man wohl mindestens mit zwei Schüben und zwei Wegen rechnen, die sich in den Bezeichnungen JHWH von Samaria und JHWH von Teman (vgl. § 236) spiegeln.

Der wahrscheinlich frühere Schub (vgl. Gen 4,26) erfolgte von der →II Araba her und erreichte von dort den →II Negev und das jud. Bergland. Er ist mit Hobab, dem Keniter, verbunden (AzTh I/23, 1965, Heyde). Dieser dürfte erst sekundär mit Mose (Ri 1,16; 4,11) und dann auch mit Midian in Verbindung gesetzt worden sein (vgl. Num 10,29–32). Dieser JHWH, der weder mit Mose noch mit einem Exodus aus Ägypten etwas zu tun hatte, dürfte der JHWH Davids gewesen sein.

Ein zweites Vordringen, das nach Mittelpalästina, scheint JHWH mit dem Exodus, mit Mose und mit Jitro, dem Priester von Midian und Schwiegervater des Mose, verbunden zu haben. Ex 18 schildert in der vorliegenden Fassung Jitro, den Priester von Midian, zwar als eine Art Konvertit zu JHWH, der sich Mose offenbart hat (Ex 3,14; 6,2f). Aber als Schwiegervater des Mose (vgl. Ex 2,16; 3,1; 4,18), dem Mose mit größtem Respekt begegnet (Ex 18,7) und von dem sich Mose belehren lässt (V. 24), weist er erstaunliche Züge auf, wenn man die spätere Erhöhung des Mose und die Animosität gegen die Midianiter beachtet (Num 31). Vielleicht ist der JHWH-Glaube auch durch midianitische Händler in diese Gebiete gelangt (Gen 37,28; DDD² 912f, van der Toorn). Jedenfalls war es nur eine kleine Gruppe, die diese Erfahrung in der EZ I im mittelpalästin. Bergland bekannt machte. Die Mehrzahl derer, die in den frühez Siedlungen sesshaft wurden, scheinen Leute aus dem Umkreis der zerfallenden sbz Städte gewesen zu sein (vgl. § 9.145). Zur Bedeutung, die diese mittelpalästin. Tradition für die Theologie Israels hatte, vgl. § 243.280.397–399.

JHWH scheint jedenfalls, ob in der Negev- oder der mittelpalästinischen Tradition, aus dem S zu stammen und, wie die Bezeichnung »der vom Sinai« (*zæh sinai*) suggeriert (Ri 5,5; Ps 68,9), dort eng mit einem bestimmten Berg verbunden gewesen zu sein. Ein ähnlicher Name bzw. ein ähnliches Epithet ist die Bezeichnung für den nordarab. Gott und Hauptgott der Nabatäer Dusares, nabatäisch *dušr'*, arab. *ḏu-š-Šara* »der von esch-Schara«, »der vom (Gebirge) Seïr«.

Wie sich »Sinai« zu JHW verhält, wenn dieser in den ägypt. Texten ein Toponym ist, und wie sich beide zum israelit. Horeb verhalten, den 1Kön 19,8 als JHWH-Berg 40 Tagereisen s von Beerscheba vermutet, ist nicht klar (vgl. aber § 15; ADPV 10, 1988, 46, Knauf).

Die Bedeutung des Namens JHWH

§ 238   Was lässt sich über das Wesen des Gottes sagen? Der Name JHWH wird heute meist als eine 3. Maskulin-Singular-Praeformativform (Imperfekt) verstanden. JHWH hat als ursprüngliche Form zu gelten, Jahu, Jah, Ja, Jo und Jᵉho als sekundäre

Kurzformen. Jo ist besonders im N beliebt, Ja(h) in Judäa (DDD² 910.913, van der Toorn; THAT I 702–707, Jenni, HAL II 377f; vgl. dagegen M. Rose, der die Form *jahu/jaho*, die z.B. von Eigennamen wie Jehonatan und von den Elephantine-Papyri überliefert wird, für die urprsüngliche hält: ThSt(B) 122, 1978, 22–30). Die formal, räumlich und zeitlich nächsten Parallelen sind vorislamische arab. Gottesnamen wie Jaġut »Er hilft« und Jaʿuq »Er schützt« (WM I 478f, Höfner; DDD² 925, Becking).

Viel älter sind akkadische und amoritische Gottesnamen, die Verbalformen sind. Einzelne verbinden diese mit einer Gottesbezeichnung, wie z.B. ᵈIkrub-Il »El-hat-gesegnet«. J. de Moor will JHWH als Kurzform von Jahweh-El »El ist gegenwärtig, manifestiert sich« verstehen. Es hätte sich um einen vergöttlichten Ahnen gehandelt (BEThL 91, ²1997, 310–369). Einmal mehr läuft fast die ganze Argumentation über die Texte von Ugarit. Einmal mehr muss gesagt werden, dass Jerusalem näher an Arabien und an Ägypten liegt als an Ugarit. Aber selbst in Ugarit sind die obersten Götter nicht vergöttlichte Ahnen (s. zur ganzen Problematik DDD² 913f, van der Toorn).

JHWH bedeutet ursprünglich wohl »Er weht« (vgl. syr. *hawwe* »Wind«; ADPV 10, 1988, 43–48, Knauf; dagegen ThSt(B) 122, 1978, 30–34, Rose). »Er weht« scheint gut als Name eines Sturmgottes zu passen. Diese Deutung kann man durch Texte illustriert sehen, in denen sich JHWH in Windböen und im Rauschen der Bäume manifestiert (Ex 14,21; 2Sam 5,24). Gewagter ist es, die stürmische, unwiderstehliche *ruaḥ*, die die menschlichen Werkzeuge JHWHs ergreift, mit diesem ursprünglichen Zug JHWHs in Beziehung zu setzen (Ri 3,10; 6,34; 1Sam 10,6 u.o.). Verschiedene bibl. Texte deuten den Namen nicht von *hawah »wehen«, sondern von *hayah* »(wirksam) da sein« her (Ex 3,14; Hos 1,9; Koch, in: AOAT 250, 1998, 439, Dietrich/Kottsieper). Die berühmte theologische Deutung in Ex 3,14 setzt das nordwestsemitische *hajah* »dasein, sich manifestieren« als Wurzel voraus. Diese ist im Nordarabischen aber nicht belegt (VT 34, 1984, 469, Knauf). Ex 3,14 wird als Zusage des Beistands »Ich werde da sein, ja ich werde da sein« aber auch als Zurückweisung jedes Eingrenzungsversuchs gedeutet »Ich werde dasein als der ich dasein werde«. Im Nordwestsemitischen hat man den Namen anscheinend nicht als Verbal- sondern als Nominalform verstanden (VT 51, 2001, 81–106, Tropper).

Welchem Typ von Gott ist JHWH zuzuordnen?

§ 239   Seit einiger Zeit ist es üblich geworden, JHWH als eine der vielen Manifestationen des syr. Regen- und Gewittergottes Hadad oder Baal (vgl. § 103) zu verstehen (RLA V 246–253, bes. 252, Weippert; ARG 5/1, 2003, 233, Müller; OTE 17/4, 2004, 580–594, Mondriaan; zu weiteren Belegen dafür und zur Kritik an diesem Verständnis s. Koch, in: AOAT 250, 1998, 443–445, Dietrich/Kottsieper; Jeremias, in: OBO 139, 1994, 441–462, Dietrich/Klopfenstein). JHWH hat zwar gewisse Züge eines Sturmgottes, die er mit dem Wettergott teilt. Er dürfte deshalb auch gelegentlich mit Baal identifiziert worden sein (Ps 29; 65,10–14; vgl. § 265). Vor allem hat Hosea wesentliche Leistungen, die man vorher selbstverständlich Baal zugesprochen hat, für JHWH beansprucht (Hos 2,7–17; vgl. weiter § 816). Wenn JHWH aber schlicht ein Wettergott gewesen wäre, ließe sich die Auseinandersetzung mit Baal schwer erklären. In den oben in § 236 zitierten Texten, die das Kommen JHWHs von S schildern, spielen Blitz und Donner keine Rolle. Das eigenartige Triefen (*naṭaf*) der Himmel (Ri 5,4; Ps 68,9) hat nichts mit dem Segen bringenden Regen des Wettergottes zu tun (vgl. Ps 65,10–14; UF 22, 1990, 285–301, Schroer). Während dessen Kommen Freude hervorruft (**50–58**), verbreitet die Ankunft JHWHs Schrecken (Hab 3,7). Wenn JHWHs Kommen die Erde beben und Berge wie Wachs schmelzen lässt (Mi 1,4; vgl. Ps 97,5; Renz/Röllig, Handbuch I 59), wenn vom Sinai Rauch aufsteigt wie von einem Schmelzofen (Ex 19,18; vgl. Ps 104,32; 144,5), erinnert das wie die Wolkensäule tags und die Feuersäule nachts (Ex 14,19.24; 40,38) an vulkanische Phänomene (AOBPs 197f). Tatsächlich sind Erdbeben oft mit Vulkanausbrüchen verbunden. Manche Forscher haben diese als Hinweis auf die Ursprungsregion JHWHs gewertet, andere haben sie als frei zirkulierende Motive betrachtet, die im ö Mittelmeerraum jederzeit und beliebig verfügbar waren (zur Geschichte dieser Frage vgl. OBO 9, 1976, 15–59, Zuber). Wenn es darum geht, Belege für diese zweite These beizubringen, wird die Luft allerdings dünn. Vulkanische Phänomene sind bei altorientalischen Theophanieschilderungen außerhalb des JHWHismus keineswegs üblich, wie oft behauptet wird (z.B. ADPV 10, 1988, 56–60, Knauf; NBL III 607, Knauf), sondern fehlen im Gegensatz zu Gewitter- und Sturmphänomenen. Eine Ausnahme findet sich vielleicht in einem Inanna-Lied aus nachaltbabylon. Zeit. Aber wenn die Göttin sagt: »Ein loderndes Feuer … bin ich, ein loderndes Feuer, das inmitten des Berglandes angezündet wird; (ich bin die), die Feuer und Asche auf das aufsässige Land regnen lässt« (Falkenstein/von Soden, SAHG 230), kann dabei ebenso gut an einen Waldbrand im Bergland gedacht sein wie an vulkanische Phänomene. Die im AT genannten Phänomene (Sinai raucht wie ein Schmelzofen; Berge schmelzen wie Wachs; Wolkensäule tags und Feuersäule nachts etc.) beschreiben jedenfalls viel deutlicher vulkanische Erscheinungen als die Zeilen im Inanna-Lied. Wenn E.A. Knauf aus einer Stelle bei Apollodor (2. Jh.a) schließt, die Beschreibung vulkanischer Elemente, die in diesem Falle aus Erfahrungen mit dem Ätna oder dem Vesuv herstammen dürften, seien »in der Sprache der ostmediterranen Mythologie … frei verfügbar« gewesen und »ohne geographisch-historischen Bezug verwendet« worden (ADPV 10, 1988, 58), trägt der »Beleg« diese Behauptung nicht. Westmediterrane Vorstellungen sind vor der hellenist. Zeit im ostmediterranen Raum nicht Allgemeingut gewesen. Die oben zitierten Exodusstellen sind vorhellenistisch. Trotzdem übernimmt Pfeiffer Knaufs axiomatisch formulierte Behauptung und vermutet seinerseits, dass die Vulkanmotive kaum auf hist. Erinnerung beruhen dürften (FRLANT 211, 2005, 260). Was soll »hist. Erinnerung« heißen? Um Erinnerungen an ein bestimmtes Ereignis handelt es sich kaum. Wahrscheinlich aber um das Wissen darum, dass es weit im S, wo JHWHs ursprüngliche Heimat war, Berge mit solchen Phänomenen gab. Genauere Kenntnisse brauchte es nicht. Um geographische Präzisierungen hat man sich erst in der Neuzeit bemüht (vgl. OBO 9, 1976, 36–59, Zuber). So hat man den Gottesberg (Sinai, Horeb) verschiedentlich mit dem Vulkan Challat al-Badr oder einem anderen Vulkan in der Gegend von al-Jaw in NW-Arabien identifiziert (vgl. J. Koenig, Le site de al-Jaw dans l'ancien pays de Madian, Paris 1971, bes. 42 Anm. 2; RB 82, 1975, 34–69, Pirenne). Von Vulkanen, die in dieser Gegend noch im Mittelalter aktiv waren, zeugen arab. Schrifsteller (RHR 169, 1966, 1–36, Koenig). In den vorliegenden Texten sind Erdbeben, Vulkan- und Licht-Phänomene (Ex 20,18; Dtn 5,22) nur Begleiterscheinungen seines Kommens, die seine »ganz andere« Macht chiffrieren, die vor allem in der Errettung aus Feindesnot erlebt wurde (Ri 5; zum hohen Alter dieses Textes vgl. NBL III 607, Knauf; BThSt 49, 2002, Neef; zum Motivkomplex

»Theophanie« und seinem Sitz im Leben vgl. WMANT 10, ²1977, Jeremias; FRLANT 167, 1995, Scriba). In Jes 4,5 werden vulkanische Motive mit dem Zion verbunden und diesem so die Würde des s Gottesberges zugesprochen, so wie er in Ps 48,2 mit dem Zafon, dem Götterberg im N, identifiziert wird. Nach Ps 89,13 hat JHWH alle Götterberge erschaffen. Die Wurzel der Abneigung einiger Autoren gegen die spezielle Bedeutung vulkanischer Elemente im Erscheinungsbild JHWHs ist deren Annahme, JHWH sei ursprünglich schlicht eine Variante des syr. Wettergottes gewesen. Diese Annahme wird den Quellen aber nicht gerecht.

Der »Herr der Strauße«, der ägyptische Seth und JHWH

§ 240   Auf eine s Heimat JHWHs weist auch das Motiv des »Herrn der Strauße«, wenn wir es bei diesem Bild mit einer Repräsentation JHWHs zu tun haben. Der Strauß ist als Vogel der s Steppe wiederholt auf Objekten aus dem Negev dargestellt, so auf einem prachtvollen Karneolsiegel aus Malchata (erwähnt in Qad 31 [115], 1998, 36, Beit-Arieh) und mehrfach als Votivgabe im edomitischen Heiligtum von Qitmit (P. Beck, in: I. Beit-Arieh, Hg., Ḥorvat Qitmit. An Edomite Shrine in the Biblical Negev, Tel Aviv 1995, 141–151). Die Belege für den »Herrn der Strauße« aus Palästina stammen zur Hauptsache aus Schichten des 10. und 9. Jh.a. Sie sind die ältesten Belege, die für dieses Motiv bekannt sind. Im 8. und 7. Jh.a. wird es auch in der neuassyr. Glyptik populär (OBO 200, 2004, Nr. 223 mit Par., Keel-Leu/Teissier), nachdem dort vorher nur der Zweikampf eines Helden mit einem Strauß zu finden war (Ebd. Nr. 159). Das Motiv etabliert sich also zuerst im palästinischen Binnenland, zeitgleich mit JHWH. Die meisten Belege kommen aus dem judäischen Bereich: vom Tell Beit Mirsim w von Hebron (123), von Lachisch (Lachish III Pl. 43A/44,81 und 84), Bet-Schemesch (124; Rowe, Catalogue Pl. 25 Nr. SO.15), Geser (Rowe, Catalogue Pl. Pl. 25 Nr. SO.14) und vom Tell en-Naṣbe (124a). Aber auch aus dem Gebiet des Nordreichs gibt es einige: vom Tell el-Farʿa-Nord (GGG 155 Abb. 162a), von Samaria (FRLANT 121, 1978, 104 Abb. 41, Keel), Megiddo (Megiddo I Pl. 73,8) und von der Grabung von A. Mazar auf dem Tel Rehov im Jordantal (unveröffentlicht, Reg.Nr. 14095). Aus einem Fundkontext des 7. Jh.a (Erbstück?) stammt ein Beleg aus Edom (OBO.A 26, 2006, Buseira Nr. 10, Eggler/Keel). Beck stellt in ihrem oben genannten Beitrag zu Qitmit die in GGG 157f vorsichtig geäußerte Vermutung, mit dem Herr der Strauße könnte JHWH gemeint sein, in Frage. JHWH erscheint

123–124a   Skaraboide mit dem »Herrn der Strausse« aus →II Bet-Mirsim. →II Bet-Schemesch und vom →III Tell en-Naṣbe (Mizpa) n von Jerusalem. Die Figur stellt vielleicht JHWH als Herrn der s Steppe dar (10.–9. Jh.a)

aber, wenn auch in einem späten Text, ausdrücklich als Herr der Strauße, in der ersten Gottesrede im Buche Ijob (39,13–17). Auf dem Stück vom Tell en-Naṣbe (**124a**) ist dem Motiv eine Sonnenscheibe beigesellt. Das kann mit der im Tempel von Jerusalem gepflegten Verbindung von JHWH und dem Sonnengott in Zusammenhang gebracht werden (vgl. § 342–343). Ob man die Interpretation des Herrn der Strauße als JHWH akzeptiert oder nicht, man sollte sich jedenfalls davor hüten, JHWH allzu simpel nur als eine weitere Wettergottgestalt zu sehen. Es gab im Süden Palästinas noch andere Erfahrungen als das Wetter und andere Gestalten als der Wettergott.

§ 241   Jahrhunderte vor dem »Herrn der Strauße« ist im s Palästina der ägypt. Seth heimisch geworden, der mit Baal identifiziert dessen Erscheinung beeinflusst und modifiziert hat. Das älteste Bild JHWHs ähnelt in mancher Hinsicht stärker dem des ägypt. Seth als dem des klassischen kanaanäischen Baal. Seth war ein Sturm-, aber kein Wetter- und Fruchtbarkeitsgott, wie J. Zandee klar herausgearbeitet hat (ZÄS 90, 1963, 144–156). Wenn die Deutung des Namens JHWH als »Er weht« (§ 238) zutrifft, besteht schon in diesem Punkt eine Parallele. Seth ist ein Junggeselle. Zwar ist er nach einzelnen Traditionen mit Nephthys verbunden. Aber die Verbindung ist weder ständig noch von besonderer Bedeutung (vgl. Te Velde, Seth 27.29f.91.95.116.131). Ähnlich scheint JHWH im Nordreich und im Tempel von Jerusalem Aschera als Partnerin beigesellt worden zu sein (§ 382f). Den Status einer richtigen Partnerin hat sie jedoch anscheinend nie gewonnen. Seth war ein Kampf- und Kriegsgott (vgl. 531–532 und mit dieser Abb. 2Kön 13,14–19). Dank seiner Kraft und Aggressivität konnte er in Notsituationen, z.B. beim Kampf gegen die Chaosschlange Apophis, von großem Nutzen sein (Te Velde, Seth 99–108). Sonst ging man ihm aber lieber aus dem Weg (LÄ V 908–911, te Velde; OBO 140, 1994, 134–264, Cornelius), so wie man Leuten wie Jiftach lieber aus dem Weg ging, außer wenn man in Notsituationen ihrer brutalen Aggressivität bedurfte (vgl. Ri 11,1–11). Der südpalästinische davidische JHWH war primär ein »Kriegsmann« (§ 244). Das gilt auch vom mittelpalästinischen JHWH, dem Gott des Auszugs (§ 338).
Seth war ein Fremdling und wurde von den Ägyptern als Gott der Fremde gern im Ausland verehrt (Te Velde, Seth, 109–151). Davon zeugt z.B. eine Darstellung des Gottes in Gestalt seines enigmatischen Tiers, die wenig w von Rehovot auf dem Tel Schalaf beim arab. Dorf Qubeibe (nicht mit Qubeibe = Emmaus zu verwechseln), heute Kefar Gevirol, gefunden worden ist (**125**; Wimmer, in: ÄAT 40, 1998, 108f, Shirun-Grumach; IEJ 42, 1992, 47–51, Goldwasser). Es ist nicht ganz klar, ob das Relief ein Erbstück aus dem Mittleren Reich ist oder aus dem Neuen Reich stammt. Der Kult des Seth ist schon für das Mittlere Reich auf dem Sinai in Serabit el-Chadem bezeugt (A.H. Gardiner/T.E. Peet, Inscriptions of Sinai I, London 1952, Pl. 42 Nr. 119) Ein sbz Skarabäus mit dem Bild des geflügelten Seth wurde 2006 in einer Schicht des 9. Jh.a nahe bei der Gihonquelle in Jerusalem entdeckt (**126**). Weitere sbz Skarabäen mit dem anthropomorphen, tierköpfigen Seth und mit dem Sethtier wurden in Lachisch (Lachish IV Pl. 36,242; Rowe, Catalogue Nr. 713), auf dem Tell el-Farʿa-Süd (F. Petrie, Beth-Pelet I, London 1930, Pl. 29,247; 33,380) und in Der el-Balach (Brandl, in: Qedem 10, 1979, 84.86 Ill. 206, Dothan) und an anderen Orten entdeckt. JHWH wurde als »Gott der Hebräer«, d.h. gesellschaftlicher Außenseiter (vgl. Ex 3,18; 5,3; 7,16 u.o.) von den Ägyptern als Sethgestalt wahrgenommen. Diese Fremdwahrneh-

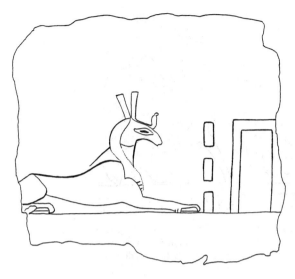

125 Reliefbruchstück mit dem zoologisch nicht bestimmbaren, geheimnisvollen Tier des Gottes Seth aus der palästinischen Küstenebene (wahrscheinlich 19. Dyn., 1292–1190a)

mung blieb nicht ohne Folgen für die Wahrnehmung seiner Anhänger. Den engen Zusammenhang zw. Seth und JHWH hat schon W. Pleyte in seinem Werk »La religion des Pré-Israélites. Recherches sur le dieu Seth« (Utrecht 1862) und in verschiedenen Aufsätzen sorgfältig und überzeugend herausgearbeitet, soweit das beim damaligen Stand der Erschließung der Quellen möglich war. Sein Werk ist leider weitgehend unbeachtet geblieben. Eine späte Variante der Annäherung zw. Seth und JHWH ist die Übertragung der im Laufe des 1. Jt.a immer polemischeren Haltung der ägypt. Kultur gegen Seth auf den Gott der Juden, z.B. in der Behauptung, er hätte Eselsgestalt (vgl. OMRM 46, 1965, 52–75, Stricker; Stern, Authors I No. 28 = Ap II 112–114 Mnaseas aus Patara; No. 63 Diodor; No. 170.172 Apion; No. 247 Damocritus; No. 259 Plutarch; Stern, Authors II No. 281 Tacitus, Hist. V 3,2; Schäfer, Judeophobia 55–62).

Das Verständnis JHWHs als Sethgestalt konnte auch über die Annäherung Baals an Seth laufen. Der asiatische Wettergott Baal wurde von den Ägyptern während des Neuen Reiches konsequent mit Seth identifiziert (OBO 100, 1990, 308, Keel/Shuval/Uehlinger). Das hat mindestens im südlichsten Palästina teilweise zu einer Verände-

126 Wahrscheinlich ramessidischer Skarabäus mit einer Darstellung des Gottes Seth; er wurde in einem Kontext des 9. Jh.a nahe bei der Gihon-Quelle gefunden

127   Abrollung eines Rollsiegels, das auf dem Tell eṣ-Ṣafi in der Schefela gefunden wurde; es zeigt den Gott Seth im Kampf mit einer gehörnten Schlange (ägypt. Apophis, kanaanäisch Leviatan) und einem Löwen, der vielleicht Mot, den Gott der Sommerdürre verkörpert (19. Dyn., 1292–1190a)

rung des alten Bildes von Baal geführt. Baal entwuchs der Rolle eines stark mit einem einzelnen Naturphänomen (Gewitter) verbundenen Gottes und nahm am Ende des 2. Jt.a die Gestalt eines Kämpfers gegen alles Lebensfeindliche an. Wenn JHWH früh und ganz im S in bedeutendem Umfang mit Baal identifiziert worden ist, dann mit diesem von der Gestalt Seths modifizierten Baal, nicht mit dem klassischen Wettergott-Baal. Dieser wird unbeschadet des neuen Baal-Seth-Typs weiter verehrt worden sein. Die Identifizierung JHWHs mit diesem alten Wettergott Baal erfolgte erst später im Nordreich (vgl. § 239). Auf einem sbz oder früh-ez Rollsiegel vom →II Tel Zafit (**127**) erscheint Baal-Seth parallel als Bezwinger der gehörnten Schlange und des Löwen. Die postramessidische Massenware (Ende 11./10. Jh.; vgl. § 164 letzter Abschnitt) stellt Baal-Seth als Triumphator über den Löwen dar (**128**). Der Löwe war wohl eine Verkörperung der Sommerdürre (Mot; JAOS 106/2, 1986, 309, Keel). Die gehörnte Schlange repräsentierte im ägypt. Verständnis die Apophisschlange, in der sich alle Gefahren verdichteten, die dem Sonnengott am Abend und in der Nacht drohten. Kanaanäisch dürfte die gehörnte Schlange als Unheilsmacht des Meeres, als Leviatan (ugarit. *ltn*) verstanden worden sein (HAL II 498). Dieser Kampf gegen alles Böse ließ sich leicht geschichtlich interpretieren. Das scheint bei JHWH schon früh der Fall gewesen zu sein, wenn die Sturmgott-Komponente auch nicht ganz verloren ging (§ 224.238.343; zu JHWH als Chaoskämpfer im kosmischen und geschichtlichen Sinn vgl. § 1066.1071; **522–529**).

Wenn hier auch nicht weiter auf nachweisbare und vermutliche Gemeinsamkeiten zw. JHWH und Seth eingegangen werden kann, so sollte doch deutlich geworden sein, dass JHWH nicht schlicht dem Typ Wettergott, der primär mit Regen, Fruchtbarkeit und dem Zyklus des Naturjahres verbunden ist, zugeordnet werden kann. Es gab am Ende des 2. Jt.a andere Göttertypen, wie eben Seth, mit denen JHWH ursprünglich mehr gemeinsam hatte als mit dem klassischen Wetter- und Fruchtbarkeitsgott.

128 Der Gott Seth wurde während der ägypt. 19. Dynastie (1292–1190a) konsequent mit dem asiatischen Wettergott Baal identifiziert. Der geflügelte Baal-Seth steht gelegentlich auf dem von ihm besiegten Löwen (1050–900a)

Seth und der Sonnengott

§ 242 Als Bekämpfer des Apophis trägt Seth das Epithet »Geliebt vom Sonnengott« (129–129a; vgl. 315). Auf **130** ist die Sonnenscheibe über ihm wohl weg gebrochen. Die Skarabäen **129–129a** zeigen Seth noch ganz ägypt. Die Troddeln am Schurz und das hinten herunterhängende Band sind aber asiatische Accessoires. Das sind wohl auch die »Flügel des Sturms« (vgl. Ps 18,11; 104,3), mit denen er gelegentlich ausgestattet ist (**129a**). Stärker kanaanaisiert und eher als Baal denn als Seth erscheint der Gott auf einem Skarabäus vom → II Tell el-Farʿa-Süd (**130**). Die Verbindung mit dem Sonnengott ist aber auch bei diesen stärker asiatischen Darstellungen zu finden (**130**; vgl. OBO 122, 1992, 247 Abb. 225, 227, Keel).

Die Verbindung zw. (Amun-)Re und Seth ist nicht nur auf den genannten Skarabäen recht eng. Sie erscheinen auch in einem Brief aus Ägypten an ʿAmmurapi, den letzten König von Ugarit (anfangs 12. Jh.a) eng miteinander verbunden. Beja, der Oberst der Leibwache des ägypt. Königs schreibt: »Ich sage zu Amun, zu Re, Seth, den Göttern Ägyptens (*a-na* ^d*A-ma-ni a-na* ^d*Utu* ^d*Iškur dingir.meš ša kur Mi-iṣ-ri-ma-a*): sie mögen dich beschützen« (RS 86.2230; BEThL 91, ²1997, 229, De Moor). Es ist nicht klar, in welchem Verhältnis diese Götter zueinander stehen. In der wahrscheinlich ins 10. Jh.a zu datierenden Reiseerzählung des Wenamun ⑫ (§ 171f.221) ist es klarer. Da bemerkt der Fürst von Byblos Wenamun gegenüber: »Amun donnert am Himmel, indem er Seth neben sich eingesetzt hat« (Wenamun II 19; OBO 209, 2005, 72 mit Anm. 192. 195f, Schipper; vgl. TUAT III/5, 918, Moers). Amun donnert sozusagen mit Hilfe Seths. Eine enge Kooperation zw. Amun und Baal-Seth zeigt auch ein spätramessidischer Skarabäus (**131**). In Jerusalem scheint sich eine ähnlich

129–129a Baal-Seth ist auf diesen beiden Skarabäus primär als ägypt. Gott dargestellt, der Apophis bekämpft und deswegen vom Sonnengott geliebt wird, wie die beiden Beischriften (*mrj rʿ*) sagen (19.–20. Dynastie, 1292–1075a)

130   Auf diesem Skarabäus vom Tell el-Farʿa-Süd ist Baal-Seth primär als kanaanäischer Gott mit menschlichem Gesicht dargestellt; die gehörnte Schlange dürfte in diesem Fall als Leviatan zu deuten sein (19.–20. Dynastie, 1292–1075a)

131   Karneol-Skarabäus mit Baal-Seth, der vor Amun steht; Amun schaut nach rechts und ist so als Hauptperson dargestellt (19.–20. Dynastie, 1292–1075a)

enge Kooperation zw. dem ortsansässigen Sonnengott und JHWH ergeben zu haben wie die zw. Seth und Amun-Re (vgl. weiter § 342).

JHWH als Gott der mittelpalästinischen Stämme – der Befreier aus Ägypten

§ 243   Die oben zitierten Texte wie das Debora-Lied (Ri 5; vgl. § 171) oder Ps 68, die vom Kommen JHWHs von S her reden (§ 236–237), stammen aus Mittelpälestina resp. aus dem Nordreich. Dort scheint sich – wie gesagt (§ 237) – auch die Gruppe gefunden zu haben, die JHWH als Befreier aus ägypt. Unterdrückung und Retter aus militärischer ägypt. Bedrohung verehrt und gefeiert hat. In Südpalästina galt JHWH als Gott, der seit jeher verehrt wurde (Gen 4,26b). Im N tradierte man die Vorstellung, JHWH habe sich erst Mose offenbart, dem Anführer bei der Rettung der Hebräer aus ägypt. Zwangsarbeit (Ex 3,14; Hos 12,14). Die hist. Problemlage ist schwierig. Der ägypt. Hintergrund des Namens Mose, die Präsenz zahlreicher Asiaten im ramessidischen Ägypten bleiben hist. gesehen vage, wenn auch immer wieder mit viel Energie versucht worden ist, die hist. Hintergründe dieses für die religiöse Geschichte Israels so wichtigen Vorgangs zu fassen (vgl. die forschungsgeschichtliche Arbeit FTS 27, 1979, Engel; vgl. weiter E.S. Frerichs/W.G. Dever, Hg., The Exodus: Egyptian Analogies, Winona Lake 1997; Aḥituv/Dayan/Edelman/Görg u.a. in: ÄAT 40, 1998, 127–209, Shirun-Grumach). Die Annahme der hist. Errettung einer kleinen Gruppe von Hebräern aus ägypt. Gewalt und die Zuschreibung dieser Befreiung an JHWH erklären das Folgegeschehen wahrscheinlich doch befriedigender (vgl. dazu GAT VIII/1, 68–104, Albertz; HZ 260, 1995, 1–19, Smend; Albertz, Exodus 2001) als die radikale Skepsis gegenüber der Historizität dieses Geschehens. Jerobeam I., der Gründer des Nordreiches, scheint nach dem Tode Salomos die Exodus-

Tradition gegen Jerusalem gerichtet zum Gründungsmythos des Nordreichs gemacht zu haben (1Kön 12,28; vgl. § 280.397f). Verschiedentlich sind Parallelen zw. dem Schicksal und Wirken Moses und Jerobeams I. namhaft gemacht worden (vgl. § 399). Die Bekenntnis-Formel von Bet-El zum Gott, der aus Ägypten geführt hat, ist wahrscheinlich die älteste fassbare Form des Glaubens an den JHWH des Exodus. Als Bekenntnis-Formel kann sie ihre Aufgabe nur dann erfüllt haben, wenn sie sich auf eine bereits akzeptierte Tradition berufen konnte. Sie scheint bis ins 8. Jh.a auf die mittel- und nordpalästin. Gebiete beschränkt gewesen zu sein. Bei Hosea, einem Propheten des 8. Jh., der im Nordreich tätig war, spielt der Auszug aus Ägypten eine zentrale Rolle (2,17; 11,1; 13,4; § 730f). In der bei Hosea fassbaren Form dürfte sie mit den Flüchtlingen aus dem Nordreich am Ende des 8. Jh. nach Jerusalem und Juda gekommen sein (§ 483–486). Im Dtn ist die gegen imperiales Hegemoniestreben Assurs, Ägyptens und Babylons gerichtete Befreiung aus Ägypten ein zentrales Theologumenon geworden mit zahlreichen Folgen für Kult und Ethos (§ 737f).

Eine etwas andere Sicht vertritt M.S. Smith. Er favorisiert El als Gott des Exodus und lässt JHWH auf Handels- und Karawanenwegen nach Mittelpalästina gekommen sein (Origins 145–148). Warum er dann da einen so prominenten Status erlangt hat, bleibt bei dieser Sicht der Dinge weitgehend unklar (vgl. weiter § 331).

JHWH als Kriegs- und Staatsgott in Juda

§ 244   Der Gott Davids war wohl der in der Araba, im Negev und im s Juda seit langem bekannte JHWH (Gen 4,26; § 236). In Judäa und Jerusalem war er nicht seit alters heimisch. In den Ortsnamen dieser Gegend erscheint er nicht. Sie nennen die im 2. Jt.a oder gar 3. Jt. in Syrien-Palästina schon bekannten Gottheiten wie Anat (Anatot, Bet-Anat), Baal (Baal-Perazim, Baal-Pegor, Baal-Tamar), Dagon (Bet-Dagon), El (Bet-El), Horon (Bet-Horon), Jareach/Jarich (Jericho), Schalem (Jeruschalem) und Schemesch (Bet-Schemesch, En-Schemesch; zu den Ortsnamen vgl. BEThL 91, 1997[2], 35–38, De Moor; zu den Gottheiten DDD[2] s. v. Anat, Baal, El, Horon etc. bzw. unter »moon«). Diese Gottheiten waren in ihrem Wesen und Walten intensiv und weitgehend mit dem landwirtschaftlichen Jahr und kosmischen, regelmäßig wieder kehrenden Abläufen verbunden.

JHWH trat vor allem als Gott des Kampfes in Erscheinung. Dieser Aspekt gewann vor allem durch die Auseinandersetzung mit den Philistern (zusätzliches?) Gewicht (JBL 122, 2003, 421, Bloch-Smith). Er galt als Kriegsmann (*ʾîš milḥama*; Ex 15,3; Ps 24,8; P.D. Miller, The Divine Warrior in Early Israel, Cambridge Mass. 1973). David kämpft die Kämpfe JHWHs (1Sam 18,17; 25,28). Seine Krieger sind das Volk JHWHs (2Sam 6,21), seine Feinde die Feinde JHWHs (1Sam 30,26), über die JHWH bei Bedarf einen betäubenden Tiefschlaf fallen lässt (1Sam 26,12). Das Leben seiner Leute ist bei JHWH eingebunden in den Beutel des Lebens, das Leben ihrer Feinde aber schleudert JHWH weg (1Sam 25,29). JHWH tritt auch als Helfer in Rechtsstreitigkeiten auf (1Sam 24,16; 25,39). Man schwört bei JHWH (1Sam 24,22), schließt Bündnisse vor JHWH (1Sam 23,18). JHWH bewahrt vor Blutschuld (1Sam 25,26.33). Durch sein Verbrechen am Hetiter Urija hat David die Feinde JHWHs zum Lästern veranlasst. Das bleibt nicht unbestraft (2Sam 12,14). Land und Städte, wo das Volk JHWHs wohnt, sind unveräußerlicher Erbbesitz JHWHs (2Sam 20,19; 21,3).

Manche dieser Stellen mögen in literarischen Zusammenhängen stehen, die erst dem 8. oder gar 7. Jh.a angehören. Das von Kämpfen und Kriegen geprägte Leben Davids macht aber wahrscheinlich, dass das Kriegswesen einen wichtigen Aspekt seines persönlichen Schutzgottes darstellte.

§ 245   Die älteste außerbibl. westsemitische Erwähnung JHWHs als Gott ist auf der Mescha-Stele (9. Jh.a) zu finden (KAI 181 Z. 18; TUAT I/6, 646–650, Müller). JHWH erscheint da als Gott Israels wie Kemosch als Gott Moabs. Im Deboralied (§ 171), in den Exodus- aber auch den alten Davidüberlieferungen wird JHWH als ein Gott geschildert, der eng mit einer Menschengruppe, dem »Volk JHWHs« (*'am jhwh*) verbunden ist (Koch, in: AOAT 250, 1998, 455–462, Dietrich/Kottsieper). Ähnlich können die Moabiter »Volk des Kemosch« heißen (*'am kᵉmoš*; Num 21,29; Jer 48,46). In Ri 11,24 wird JHWH explizit mit Kemosch verglichen, der wie JHWH ein Gott des Kampfes war. Die bes. Beziehung zw. JHWH und (s)einem Volk ist also nicht so singulär, wie oft gesagt wird (Belege bei Loretz, Des Gottes Einzigkeit 1997, 89–102), wenn sie später auch singulär ausgestaltet worden ist (§ 707–714.745–755; Dtn 6,4f).

Gottheiten dieses Typs sind auch der mit Ammon verbundene El/Milkom und der mit Edom verbundene Qos (§ 472; vgl. DDD² s. v. Chemosh, Milcom, Qos; BArR 28/1, 2002, 38–49.63, bes. 44f, Daviau/Dion). Aus den transjordanischen Inschriften und den theophoren Elementen des Onomastikons geht hervor, dass diese Gottheiten in ihren jeweiligen Territorien eine Art ausschließliche Verehrung genossen (Lemaire, in: OBO 139, 1994, 142–145, Dietrich/Klopfenstein). Das scheint so auch für JHWH in Israel und Juda gegolten zu haben (§ 444f.471). Es ist auffällig, dass in Israel *und* Juda, diesem, wenn man es mit Ammon, Moab und Edom vergleicht, relativ großen Territorium nur *eine* Hauptgottheit verehrt wurde. Die Tatsache deutet auf gewichtige Beziehungen hin, die zw. den n und s Stämmen dieses Territoriums schon vor und dann unter Saul, David und Salomo bestanden haben müssen.

Die kultische Vergegenwärtigung JHWHs

Efod

§ 246   Gottheiten existierten in der Antike nicht abstrakt. In welcher Gestalt kam JHWH nach Jerusalem? Welcher Kultgegenstand vergegenwärtigte ihn? In Frage kommen nur Efod und Lade.

Der häufigste von David berichtete religiöse Akt ist das Befragen (*ša'al*) JHWHs; ob er gegen die Philister kämpfen soll, ob die Leute von → II Keïla ihn ausliefern werden, ob er die Amalekiter verfolgen, ob er in die Städte Judas hinaufziehen, in welche Stadt er ziehen und wieder, ob er die Philister angreifen soll (1Sam 23,2.4.10–12; 30,8f; 2Sam 2,1; 5,19).

Gelegentlich wird ausdrücklich gesagt, dass dies mit Hilfe *des Efods* geschah, das Abjatar, der Priester, mitgebracht hatte (1Sam 23,6.9; 30,7; zu Abjatar vgl. weiter § 218f).

Als »Efod« scheinen im AT verschiedene Objekte bezeichnet worden zu sein, so ein leinener Priesterschurz und – wie in unserem Fall – ein Gegenstand, der zur Einholung von Orakeln diente (§ 218; NBL I 472f, Görg). Dieser Kultpraxis entspricht die wiederholt erzählte Ergebenheit Davids in die Fügungen JHWHs (1Sam 26,19; 2Sam 15,26). Das Efod scheint kein Gegenstand gewesen zu sein, der die Gottheit in einer Weise repräsentierte, dass man sie verehren konnte (zum Efod vgl. weiter § 1248–1250).

Lade

§ 247   Der einzige Kultgegenstand im engeren Sinne, der in der Umgebung Davids auftaucht, ist die Lade. Ihr Priester war, mindestens in der Zeit vor Jerusalem, Abjatar (1Kön 2,26; HUCA 36, 1965, 59–98, Cohen). Sie hat offensichtlich JHWH repräsentiert. Mit der Lade trat JHWH auf den Plan (vgl. 1Sam 4,6f). Falls sie El vergegenwärtigt haben sollte, wie W. Zwickel vorschlägt (Der Tempel 107), bleibt die Frage ungelöst, wie JHWH nach Jerusalem gekommen ist.

Die Lade (*'aron*) bezeichnet eine Kiste (Gen 50,26; 2Kön 12,10f), in der Regel den Kultgegenstand, der als »*die Lade*« (47mal; z.B. 2Sam 11,11) oder die »Gotteslade« (34mal, z.B. 2Sam 15,25.29) bezeichnet wird. Beide Bezeichnungen weisen auf eine vorjahwistische Herkunft (JNWSL 1, 1971, 23–31, Fohrer). Die Bezeichnung »Lade JHWHs« (31mal) signalisiert ihre Verwendung im JHWH-Kult. Erst in dtn./dtr. Texten, d.h. im 7./6. Jh. wird sie als »die Lade des Bundes« bzw. »die Lade des Bundes JHWHs« (27mal) bezeichnet (zur dtr./dtn. Literatur vgl. § 737–774). Ihre Herstellung am Sinai wird erst von der P berichtet (Ex 25,10–39,35; 18mal; zur P vgl. § 1211–1257) und ist wie die Stiftshütte ein Theologumenon, das den ganzen Jerusalemerkult auf die Sinaioffenbarung zurückführen soll.

Gehäuft finden sich Belege für die Lade in den Landnahmeerzählungen (Jos 3,3–8,33; 29mal). Ihre Präsenz ist dort rein theologisch motiviert (JNWSL 20, 1994, 79f, Zwickel). Selbst Num 10,35f ist nicht alt (OBO 98, 1990, 159f, Schart). In Ri fehlt die Lade ganz. In 1 und 2Sam kommt sie sehr häufig vor (52mal). In der Lade-Legende (1Sam 4–6 und 2Sam 6) mit ihren wunderhaften Zügen wird erzählt, wie die Lade aus Schilo in den Krieg gegen die Philister mitgenommen wird, an die Feinde verloren ging, sich aber als den philistäischen Gottheiten überlegen erwies und selbst ihre Zurückführung nach Juda erzwang (→ II 809–811). Von → II Kirjat Jearim wird sie unter intensiver Beteiligung Davids nach Jerusalem gebracht (zur Ladegeschichte vgl. SBL.DS 16, 1975, Campbell; JBL 98, 1979, 31–43, Campbell; JNWSL 20/1, 1994, 79–123, Zwickel). Hist. scheint sie einzig in der Zeit der Eliden (Schilo, Abjatar) und Davids eine Rolle gespielt zu haben. Dabei hat es vielleicht mehr als eine Lade gegeben. Die Lade, die Abjatar als Priester Davids in seiner Zeit vor Jerusalem getragen hat (vgl. 1Kön 2,26), war ein transportables Kriegsheiligtum (2Sam 11,11; 15,24f.29) und dürfte kaum die gleiche gewesen sein, wie die, die im Tempel von Schilo gestanden hat und im Krieg gegen die Philister mitgenommen wurde (1Sam 4). Doch muss das eine bloße Vermutung bleiben.

§ 248   Den ursprünglichen Charakter eines Kriegspalladiums unterstreicht die mit der Lade verbundene Gottesbezeichnung »JHWH Zebaot« (*jhwh ṣeba'ot*; ThWAT 6,881–888, Zobel; Schmitt, Zelt und Lade 157f; vgl. auch § 251–256.444). *ṣeba'ot* ist als Plural von *ṣaba'* »Heeresdienst, Heerhaufen, Kriegsleute« zu verstehen.

Andere Ableitungen sind unnötig weit hergeholt und unwahrscheinlich (DDD² 920, Mettinger).

Ein Problem ist die Konstruktus-Verbindung eines Eigennamens mit einem näher bestimmenden Substantiv (doppelte Determination!; vgl. z.B. »Max dieses Hauses« statt »Herr dieses Hauses«). M. Liverani hat in diesem Zusammenhang auf den ugaritischen Ausdruck *ršp ṣbi* »Reschef, der Soldat« bzw. »Reschef, die Armee« (KTU 1.91:15) hingewiesen (AION 17, 1967, 331–334). Ähnliche Konstruktus-Verbindungen mit »Reschef« sind auch aus späterer Zeit belegt, so z.B. *ršp ṣprm*, das früher als »Reschef, die Vögel«, heute aber mit Recht als »Reschef, die Ziegenböcke« gelesen wird (KAI Nr. 26A II 10–12; VT 54, 2004, 21f, Choi; vgl. Dan 8,5). Die Bedeutung von »Reschef, die Armee« ist wohl, dass Reschef in der Armee bzw. als Armee erscheint.

Ähnlich wie *ršp ṣbi* als »Reschef, die Armee« kann man JHWH Zebaot verstehen als JHWH, der sich in seiner Kriegstruppe manifestiert. Dabei kann der Ausdruck *ṣeba'ot* sich auf die Heerscharen Israels (1Sam 17,45, ein sehr junger Text; vgl. § 1010–1014) oder auf irgendwelche himmlischen Mächte beziehen (z.B. Ps 103,21, wo allerdings *ṣeba'aw* steht; THAT II 503–507, van der Woude; zur Sache vgl. Ri 5,20). In jedem Falle passt das Epitheton zum Gott der Lade als Kriegsherrn, der seine übermenschliche Mächtigkeit gegenüber den Feinden manifestiert (Num 10,35f). Die Tradition zeigt die Lade, von den jüngsten Schichten (Dtn/DtrG und P) abgesehen, fast ausschließlich in kriegerischen Zusammenhängen (vgl. weiter § 249f).

Der älteste außerbibl. Beleg für *jhwh ṣeba'ot* ist ein Graffito aus dem letzten Viertel des 8. Jh.a, das wahrscheinlich aus der Gegend von → II Chirbet el-Kom stammt. Da wird ein gewisser Hagaf bei JHWH Zebaot verflucht (IEJ 51, 2001, 198f, Naveh; 282). Der Sinn ist wohl, dass JHWH mit der Wucht einer Armee über den Verfluchten herfallen soll.

O. Eissfeldt wollte den Plural *ṣeba'ot* als Abstraktplural »Mächtigkeit«, »JHWH der Mächtigkeit« deuten (KS III 110–113). So hat jedenfalls die LXX den Ausdruck verstanden, wenn sie JHWH Zebaot mit παντοκράτωρ »Allherrscher« oder mit κύριος τῶν δυνάμεων »Herr der Mächte« übersetzt. Es gibt aber keinen Grund anzunehmen, dieses abstrakte Verständnis sei das ursprüngliche gewesen.

Das Epithet war eng mit der Lade und mit JHWH auf dem Zion verbunden, wohin er mit der Lade gekommen war. 56 der insgesamt 284 Belege für JHWH Zebaot, d.h. 20% finden sich in Jes 1–39 (vgl. Jes 6,3.5). Mit dem Epithet »Kerubenthroner« sollte JHWH Zebaot nicht in Verbindung gebracht werden, da die Keruben von Haus aus nichts mit der Lade zu tun haben (BZAW 294, 2000, 227–234, Sasson). Auch die Verbindung mit → III Schilo und mit dem Gott El (DDD² 920–924, Mettinger) scheint mir hist. nicht nachweisbar zu sein (vgl. weiter § 444). Die Bezeichnung »Bundeslade« in 1Sam 4,4 zeigt, dass der Text jung ist und ihre Verbinung mit JHWH der Heere und mit den Kerubim soll die Identität des Gottes von Schilo mit dem von Jerusalem aussagen (vgl. auch 2Sam 6,2), wie die Identifizierung der vier Wesen von Ez 1 mit den Kerubim (Ez 10) die Einheit der Erscheinung prädiziert.

§ 249 In Jerusalem soll die Lade zuerst in einem Zelt untergebracht gewesen sein (2Sam 6,17; 7,2; vgl. 2Sam 11,11; 1Kön 8,3f). Vielleicht ist auch mit dem in 1Kön 1,39; 2,28–30 genannten Zelt, aus dem man das Salböl für Salomo holt und in dem Joab Zuflucht sucht, das Lade-Zelt gemeint (zur Historizität dieses Zelts vgl.

§ 1237). Das würde auch den konservativen Tendenzen Davids entsprechen, vieles so zu lassen, wie es war (vgl. § 201).

Ihren endgültigen Platz hat die Lade im salomonischen Tempel gefunden (1Kön 8,1–8). Die unscheinbare Kiste wurde dort zuerst in einer »Seitenkapelle« des salomonischen Sonnentempels (§ 352) und später der Länge nach unter die Flügel der parallel stehenden Keruben gestellt. Diese Mischwesen aus Löwenleib und Menschenkopf schützten mit ihren Geierflügeln den Kultgegenstand (vgl. dazu § 353–359). Die Lade konnte da als »Schemel« des Gottes verstanden werden, der auf den Keruben thront (Ps 132,7f). Vielleicht fand sie fortan kaum mehr Beachtung und führte lange vor ihrer Zerstörung das Dasein einer Reliquie aus vergangenen Zeiten (vgl. aber § 251–253). Zusammen mit dem 1. Tempel ist sie im Jahre 587a verbrannt und offensichtlich nicht wiederhergestellt worden. Jer 3,16 erklärt eine Wiederherstellung explizit als überflüssig. Die Priesterschrift hingegen hat ausführliche Überlegungen zu ihrer Rekonstruktion angestellt (Ex 25,10–22; 37,1–10; vgl. § 1227–1233). Nach 2Makk 2,5–8 wartet sie – von Jeremia in eine geheime Höhle gerettet – auf bessere Zeiten, um wieder in Amt und Würde eingesetzt zu werden.

Es ist umstritten, ob die Lade ursprünglich ein Heiligtum nomadischer Stämme war oder der Kultur der Sesshaften zugehörte. Als Beweis für ihre Zugehörigkeit zum Bereich der Sesshaften werden ihr Aufenthalt im Tempel von Schilo und ihr Verständnis als Thron genannt. Letzteres beruht auf einem Missverständnis. Die Lade war nie, auch nicht im Verständnis von P, ein Thron. Sie war eine relativ leicht transportable Kiste. Deswegen brauchte sie noch kein nomadisches Heiligtum zu sein, auch wenn sie gute Parallelen in arab. beduinischen Kriegspalladien hat (AThANT 60, 1972, 163–171, Stolz; OBO 107, 1991, 222–229, Staubli). Im Gegensatz zu den arab. beduinischen Kriegspalladien wird sie in der bibl. Überlieferung nie Tieren aufgeladen. Sie wird von einem einzelnen Mann, wie z. B. von Abjatar geschultert (*nasa'*; 1Kön 2,26; **132**), von Männern mit Hilfe von Stangen getragen (Jos 3,3.6 u. ö.; vgl. auch 1Kön 2,26; § 323.1237f) oder auf Wagen transportiert (1Sam 6,7f; 2Sam 6,3). Von einem Schrein, der auf einen Wagen geladen und von zwei Tieren gezogen wurde, hören wir mehrmals bei den sesshaften Phöniziern (Attridge/Oden, Philo of Byblos 44f mit Anm. 71f).

132 Ein Relief aus Medinet Habu aus der Zeit Ramses III. (1187–1156a) zeigt einen Priester, der ein Kistenheiligtum trägt. Die »Gotteslade«, die nach 1Kön 2,26 Abjatar, der erste Oberpriester Davids, getragen hat, kann man sich ähnlich vorstellen

§ 250   Lassen sich das Aussehen der Lade und ihr eventueller Inhalt noch eruieren? Angaben darüber besitzen wir erst aus der Zeit nach ihrer Zerstörung. In Dtn 10,3 und in Ex 25,10 wird gesagt, dass sie aus dem Holz der Akazie gefertigt war, einem Baum, der vor allem im Negev und auf der Sinaihalbinsel wächst (→I 56–58). Ex 25,10 gibt zusätzlich ihre Maße an: ca. 112 × 67 × 67cm. Man hat davon auszugehen, dass die Lade keine leere Kiste war. Nach Dtn 10,1–5 enthielt die Lade die zwei Steintafeln, »nichts anderes«, wie 1Kön 8,9.21 (DtrG) apologetisch betont (vgl. Ex 25,16; Hebr 9,4). Diese werden im Dtn als »Tafeln des Gesetzes« gedeutet, die Gott selbst mit den »Zehn Geboten« beschriftet habe. Es dürfte sich ursprünglich aber einfach um zwei heilige Steine gehandelt haben, wie sie noch viel später in den genannten beduinischen Kistenheiligtümern (vgl. § 249) zu finden waren, wenn sie nicht durch Kopien des Korans ersetzt wurden. Bei manchen arab. Stämmen haben die zwei Steine ursprünglich die Göttinnen ʾal-Lat und ʾal-ʿUzza repräsentiert (AThANT 60, 1972, 165–170, bes. 169, Stolz; OBO 107, 1991, 228 und Abb.113–115, Staubli). In Juda kämen JHWH und seine Aschera in Frage (zur Repräsentation weiblicher Gottheiten durch Masseben vgl. GGG 41 Abb. 26b; zu Aschera vgl. § 381–383.402.572–575). Der von David bzw. Abjatar nach Jerusalem gebrachte Kultgegenstand war jedenfalls anikonisch. Eine anikonische Stele (Massebe) von ca. 90cm Höhe hat in →II Arad, im einzigen in Israel archäolog. nachgewiesenen JHWH-Tempel, die Gottheit vergegenwärtigt (**132a**; OBO 162, 1998, 289f, Berlejung; BArR 32/2, 2006, 38–45, Ben-

132a   Nach der Überlieferung hat die Lade zwei heilige Steine enthalten. Im einzigen archäolog. sicher bezeugten JHWH-Tempel, dem von →II Arad, wurde JHWH durch eine Steinstele (Massebe) vergegenwärtigt (9./8. Jh.a)

Ami). Vor diesem anikonischen Kultobjekt hat man, wie der archäolog. Befund ebenfalls zeigt, geräuchert und Opfer dargebracht (→ II **182** = AOBPs Abb. 248; FAT 10, 1994, 268.271, Zwickel). Opfer brachte man auch vor der Lade dar (2Sam 6,13; 15,24). *Vor der Lade* musizieren, tanzen und scherzen ist identisch mit *vor JHWH* musizieren, tanzen und scherzen (2Sam 6,5.14.16.21; zur Lade als Kultgegenstand analog zu einem Kultbild vgl. OBO 162, 1998, 284, Berlejung; zur Frage eines anthropomorphen Kultbilds in Jerusalem vgl. weiter § 361).

Die Gottheit, die man durch eine Kiste mit Steinstelen (?), eine Massebe oder einen ähnlichen Gegenstand vergegenwärtigte, hat man sich natürlich weder kisten- noch steingestaltig, sondern anthropomorph vorgestellt. Besonders deutlich zeigt das die Theomachie in 1Sam 4–5 (»die Hand dieses mächtigen Gottes«; 1Sam 4,8; CB.OT 42, 1995, 179f, Mettinger). Die Ladeerzählungen charakterisieren das durch die Lade vergegenwärtigte Numen als heftig, auf seine Heiligkeit bedacht und zu jähem Zorn geneigt, nicht nur den fremden Philistern, sondern auch den Israeliten gegenüber (1Sam 6,19; 2Sam 6,7f). Andererseits kann es auch Segen bringen, ebenfalls den Israeliten wie den Fremden (2Sam 6,11f; Obed-Edom stammt aus dem philistäischen → II Gat). Dieser Segen ist öffentlich wahrnehmbar. Er muss ganz konkret vorgestellt werden: Quellen (Jos 15,19), reiche Ernten, Traubensaft (Jes 65,8), Glück im Stall (Gen 33,11), überraschende Schwangerschaften, keine Aborte und Verwerfungen (Ijob 21,10), einträgliche Geschäfte, Anhebung des sozialen Status (vgl. Ijob 29).

War die Überführung der Lade in die Davidstadt ein jährlich begangenes Fest?

§ 251   Die Schilderung der Überführung der Lade von Kirjat Jearim in die Davidstadt in 2Sam 6 und in den Tempel in 1Kön 8,1–11 hat die Vermutung entstehen lassen, es werde hier nicht ein einmaliges Ereignis, sondern eine jährlich wiederholte Festprozession beschrieben, bei der die Lade eine Rolle gespielt haben könnte (gegen die oft geäußerte Meinung, die Lade sei nach der Überführung in den Tempel dort gleichsam vergessen worden). Ps 24 oder 132 und Lieder, die die Geschichte Israels mit der Erwählung des Zion und dem Königtum JHWHs (Ex 15,1–18) oder der Erwählung des Zion und der Daviddynastie enden lassen (Ps 78), können in einer ursprünglichen Fassung Gesänge dieses Festes gewesen sein (NBL II 520–522, Jeremias).

Mit der Wiederentdeckung des AO entdeckte man auch, welche Bedeutung die mit großen Prozessionen verbundenen Feste im AO hatten. In Babylonien war es vor allem das von H. Zimmern erstmals beschriebene Neujahrsfest (BSGW 58, 1906, 126–156; 70, 1918, 1–52; AO 25/3, ²1926; vgl. jetzt VT.S 43, 1991, 331–344, van der Toorn). Unabhängig voneinander haben P. Volz und S. Mowinckel in Anlehnung an Zimmerns Arbeiten ein israelit. Herbstfest rekonstruiert, das Neujahr, Versöhnungstag und Laubhüttenfest umfasst habe und das Volz das »Neujahrsfest JHWHs« und Mowinckel das »Thronbesteigungsfest Jahwäs« nannte (vgl. P. Volz, Das Neujahrsfest Jahwes, Tübingen 1912; NTT.NS 16, 1917, 13–79; Psalmenstudien II).

§ 252   Diesem Fest hat man – mit Hilfe der von H. Gunkel begründeten formgeschichtlichen Methode – eine Anzahl von Pss zugewiesen, besonders solche, die wie Ps 47 von einem Hinaufziehen JHWHs unter Triumphgeschrei und Hörnerblasen (Ps 47,6; vgl. 2Sam 6,15; vgl. Ps 68,25–27a) und vom Einzug JHWHs in Jerusalem bzw. im Tempel reden (Ps 24,7–10). Als Gesänge dieses Festes hat man neben vielen anderen vor allem die ganze Gruppe von Pss verstanden, deren zentrales Thema das Königtum JHWHs ist (nebst Ps 47; 93; 96–99; zur Diskussion vgl. FAT 2. Reihe 4, 2004, 163–209, Weyde). Die von der dialektischen Theologie beeinflusste Exegese versuchte diesem in Analogie zum babyl. Neujahrsfest postulierten Fest ein stärker israelit. Gepräge zu geben. Im Zusammenhang mit der Bundeseuphorie der 50er und 60er Jahre postulierte A. Weiser unter Verweis auf Dtn 31,10–13 u. ä. Texte ein Bundeserneuerungsfest und wies zahlreiche Pss diesem Fest zu (ATD XIV/XV). Aber solche Bundes- und Bundeserneuerungszeremonien werden für Jerusalem frühestens seit der dtn./ dtr. Bewegung erwähnt (2Kön 23,3; Neh 8). H.-J. Kraus hat deshalb (BK XV² 201–205, 351–353, 879–883) aufgrund von Ps 132 u. ä. Texten ein königliches Zionsfest rekonstruiert, das der Überführung der Lade, der darin zum Ausdruck gekommenen Erwählung des Zion und der Erwählung der Daviddynastie und den ihr zuteil gewordenen Verheißungen gegolten habe.

Falls die Gründung der Daviddynastie, die Überführung der Lade und die Erwählung des Zion tatsächlich festlich begangen wurden, bleibt ungewiss, wann, in welchem Umfang und für wie lange sie Eingang in das große Herbst-Fest (§ 265) gefunden haben. Die Quellen sind einfach zu dürftig und zu wenig deutlich, um in diesen Punkten eindeutige Aussagen machen zu können.

§ 253 Eindeutig spiegelt die Erzählung von 2Sam 6 Kontroversen um Inhalt und Gestaltung von Festen im vorexil. Jerusalem wider. So kann 2Sam 6 z. B. als Begründung dafür gelesen werden, dass die Lade nicht auf einem Wagen gefahren, sondern getragen werden soll (vgl. V. 3.6f.13).

Der Text schildert für diese Gelegenheit ein ausgelassenes Musizieren, Tanzen und Scherzen mit deutlich erotischen Konnotationen (V. 5.14.16.21; FZPhTh 21, 1974, 29f, Keel). Sie sind am besten als Relikte des »kanaanäischen« Herbstfestes (§ 265) zu verstehen (vgl. **42–61**).

Die einzige Gelegenheit nebst der Ladeüberführung, wo sonst von einem solchen erotisch geprägten Scherzen *vor JHWH* die Rede ist, ist Spr 8,30f. Dort ist es die als junge Frau vorgestellte Weisheit, die vor dem Schöpfer scherzt. In diesem überraschenden Bild schimmert noch die archaische Vorstellung durch, dass der vom Zeugen müde Schöpfergott durch die Reize einer jungen Partnerin zu neuem Tun animiert werden müsse (OBO 53, ²1987, 516–523, Winter; vgl. **46.48–49**).

In gewissen Kreisen hat dieses ausgelassene Treiben offensichtlich Anstoß erregt. Im Text werden sie von Michal, der Tochter Sauls und ersten Frau Davids, vertreten (2Sam 6,16.20; VT.S 66, 1997, 401–419, Willi-Plein). Andere verteidigen das ausgelassene Treiben energisch. Diese werden durch David selbst repräsentiert (V. 21f). Darin dürfte einmal mehr die auch sonst zu beobachtende Parteinahme Davids für die Jerusalemer Tradition durchscheinen (vgl. § 222). Hauptproblem der Auseinandersetzung ist die Nacktheit im Kult. Der König hat sich entblößt (*niglah*), »wie sich sonst nur zuchtlose Hohlköpfe (*reqim*) entblößen« (zu *reqim* vgl. Ri 9,4; 11,3 und ϱακα in Mt 5,22 von aram. *reqaʾ*). In manchen israelit. Kreisen war Entblößung, bes. des Geschlechts, zutiefst verpönt und wurde als typisch städtisch-kanaanäisch angesehen (vgl. Gen 9,18–27; Lev 18,6ff). Besonders streng vermieden diese Kreise Entblößung im kultischen Bereich. Das Altargesetz im Bundesbuch verbietet, einen Altar mit Stufen zu bauen, »damit du nicht deine Blöße über ihm enthüllest« (*tiggalæh*; Ex 20,26). Für den Jerusalemer Tempel wurden später trotzdem Altäre mit Stufen vorgesehen (§ 1205). Die Priesterschrift hat dieses Problem nachträglich damit gelöst, dass sie für die Priester »Beinkleider aus Leinen« vorschrieb, »damit sie ihre

Scham bedecken; von den Hüften bis zu den Schenkeln sollen sie reichen. Aaron und seine Söhne sollen sie tragen, wenn sie … sich dem Altar nähern, um den Dienst am Heiligtum zu verrichten; so werden sie keine Schuld auf sich laden und nicht sterben« (Ex 28,42f; vgl. 39,28; Lev 6,3; 16,4). Die Michal in den Mund gelegte Kritik ist wahrscheinlich vor diesem Hintergrund zu sehen. Ob die inkriminierten Riten typisch für Jerusalem waren oder auch anderweitig praktiziert wurden, lässt sich kaum mehr eruieren. Sie führen jedenfalls eine für Jerusalem schon für die MB belegte Tradition weiter (42–61) und waren noch in hell. Zeit für griech. und lat. Autoren Anlass, dem Jerusalemer Herbstfest dionysischen Charakter zuzuschreiben (Plutarch, Quaestiones convivales VI 2; Stern, Authors I 560).

Die Bedeutung der Überführung der Lade nach Jerusalem

§ 254 Die atl. Forschung der zweiten Hälfte des 20. Jh. hat der Überführung der Lade nach Jerusalem größte religionsgeschichtliche und theol. Bedeutung beigemessen. Sie hat ihren Ausgangspunkt in einem 1950 erschienen Aufsatz von M. Noth, dessen Voraussetzung seine zuerst 1930 vorgelegte Theorie von der großen Bedeutung des Zwölfstämmebundes (Amphiktyoniehypothese) für das vorstaatliche Israel bildete (OTS 8, 1950, 28–46 = TB 6, 1957, 172–187). Dieser habe die Traditionen der Frühzeit Israels gepflegt, bes. die des Auszugs aus Ägypten, und mit diesem sei die Lade, das Kultobjekt des Zwölfstämmebundes, verbunden gewesen. Mit der Lade seien die altisraelit. Traditionen nach Jerusalem gekommen. Inzwischen ist es der Forschung aber klar geworden, dass es den Zwölfstämmebund in der von M. Noth und noch weniger in der von den Anhängern Noths postulierten Form nie gegeben hat (FRLANT 84, 1963, Smend; Bächli, Amphiktyonie) und dass es noch weniger möglich ist, die Lade mit den Väter-, Auszugs- und Sinaitraditionen zu befrachten. Ihre Verbindung mit diesen ist ein exilisch-nachexilisches, rein theologisch motiviertes Konstrukt.

§ 255 H. Schmid hat an der These Noths zu Recht kritisiert, dass sie der »Lade« zuviel und den in Jerusalem bereits vorhandenen religiösen Traditionen, den sog. Zionstraditionen (vgl. § 122–124), zuwenig Gewicht gebe (ZAW 67, 1955, 168–197; so auch von Rad, Theologie II 163 Anm. 15). Die Jerusalemer Traditionen sieht Schmid vor allem mit der Gestalt des Gottes El verknüpft (zur Problematik einer vorisraelit. El-Verehrung in Jerusalem vgl. § 331). J. Jeremias kritisierte an Schmid, das Problem durch eine bloße Addition von Lade-, David- und Ziontradition lösen zu wollen (FRLANT 141, 1987, 167–182). Das Verhältnis zw. beiden sei möglichst exakt zu bestimmen, wenn man erklären wolle, wie die ursprünglich nicht israelit. Stadt Jerusalem eine für den Glauben Israels so bedeutsame Größe werden konnte (ebd. 167). Die theol. Bedeutung Davids und seiner Dynastie gründe in der in 2Sam 7 überlieferten Natan-Verheißung. Solche Verheißungen einer ewigen Dynastie seien sonst im alten Orient der Dank der Gottheit für einen Tempelbau (ZThK 58, 1961, 147f, Kutsch). In 2Sam 7 ersetze die in 2Sam 6 geschilderte Überführung der Lade den Tempelbau. JHWH aber antworte auf die Absicht Davids, ihm ein Haus (einen Tempel) zu bauen, mit der Zusage des Baus eines Hauses (einer Dynastie) für David. Höchstens Ps 132 sieht den Zusammenhang zw. 2Sam 6 (Ladeüberführung) und 2Sam 7 (Natan-Verheißung) in der von Jeremias angedeuteten Art.

Den Zusammenhang zw. Lade- und Zionstradition genau zu formulieren wird dadurch erschwert, dass beide Traditionen für diese frühe Zeit nur unzureichend und unsicher zu erfassen sind. J. Jeremias geht davon aus, dass sowohl der Name »JHWH der Heere« (§ 248) wie das Epitheton »der auf den Kerubim thront« (*jošeb k^erubim*) schon in Schilo mit der Lade verbunden gewesen seien (so auch Mettinger, Search 130f.148f u.a.). Aber die Lade war, wie gesagt, eine Kiste (§ 250) und kein Thron. In 1Sam 4,4 steht zwar, die Israeliten hätten nach einer ersten Niederlage »die Lade des Bundes JHWHs der Heere, der auf den Kerubim thront« aus Schilo ins Lager holen lassen. »Lade des Bundes JHWHs« ist dtn./dtr., »Kerubenthroner« ist jerusalemisch. Aus 1Sam 4,4 kann man so wenig auf einen Kerubenthron in Schilo schließen, wie aus 2Sam 6,2 auf einen solchen im Hause Abinadabs in →II Kirjat-Jearim. Die Formel »über der der Name ausgerufen wird« in 2Sam 6,2 ist dtn./dtr. (Dtn 28,10; 1Kön 8,43; Jer 7,10f; 14,9; 15,16; vgl. allerdings § 81.133). Die Wendung soll hier den sonst oft vage als »Gotteslade« bezeichneten Kultgegenstand eindeutig JHWH übereignen, und der Ausdruck »Kerubenthroner« soll den von Samuel in Schilo verehrten Gott mit dem von Jerusalem identifizieren. Das ist primär eine theolog., keine hist. Aussage (FS Koch 237–240, Janowski). Der oft postulierte Zusammenhang zw. Schilo und Jerusalem könnte hist. nur über den Priester Abjatar gelaufen sein, der aus dem schilonischen Priestergeschlecht der Eliden gestammt haben soll (1Sam 14,3; 22,20; vgl. aber § 218), früh zur Gefolgschaft Davids stieß (1Sam 22,20–23), in diesem Kontext die Lade trug (1Kön 2,26) und wahrscheinlich auch nach Jerusalem brachte und dort betreute (2Sam 15,24). Interessant ist, dass in den Erzählungen der Überführung der Lade aus Kirjat-Jearim und vom Zelt in den Tempel beide Male die Männer Israels wesentlich beteiligt werden (2Sam 6,1; 1Kön 8,2). Den Erzählungen geht es offensichtlich darum, mit der Lade (auch) israelit. Traditionen, vor allem der Stämme Benjamin und Efraïm, und auch in diesem Falle vor allem kriegerischer Art, in den Bereich der neuen Hauptstadt und ihres Tempels einzubringen. Nach manchen Autoren dient die Ladeerzählung überhaupt dazu, eine Kontinuität zw. dem Kult von Schilo und dem von Jerusalem herzustellen (ThZ 32, 1976, 65–77, Otto; RB 86, 1979, 514–523, de Tarragon). Die ganze Ladeerzählung schildert den Untergang eines alten Israel und seines Tempels in Schilo (Jer 7,12; 26,6), die Demütigung durch die Philister und den von JHWH souverän inszenierten Neuanfang der Geschichte Israels mit David in Jerusalem. Dabei liegt auffälligerweise im Fall der Lade wie bei David zw. dem Untergang des alten und dem Anfang des neuen Israel ein Exil im Philisterland, aus dem David und die Lade aus eigener Kraft zurückkehren. H. Timm sieht in der dtr. Interpretation der Ladeerzählung eine Botschaft für die im Exil lebenden Judäer des 6. Jh.a, nicht an der Macht JHWHs zu zweifeln. Ein Neuanfang und eine Rückkehr ins Land seien auch ihnen möglich (EvTh 26, 1966, 509–526; so auch OTS 28, 1992, 35–58, Smelik; PaVi 46/1, 2001, 39–44, Lorenzin unter Verweis auf die Rolle von Schilo in Jer 7,12).

§ 256   Primär kam mit der wahrscheinlich von Abjatar nach Jerusalem gebrachten Lade der Gott JHWH nach Jerusalem. An Vorstellungen, die mit der Lade verbunden waren, dürften am ursprünglichsten die von den »Kämpfen JHWHs« gewesen sein (1Sam 25,28), die David von der Lade begleitet ausgefochten hatte. Im Hinblick auf JHWH war es wohl vor allem die Vorstellung von JHWH als Krieger, die von der Lade transportiert wurde (vgl. oben § 244). Vielleicht waren bestimmte Vorstellungen des sog. JHWH-Kriegs mit der Lade verknüpft, etwa die Auffassung, dass die Zahl der beteiligten Krieger keine entscheidende Rolle spiele, da der Sieg letztlich ein Sieg JHWHs sei (2Sam 24,3). Plausibler als eine vorjerusalemische Verbindung des Epithetons »Kerubenthroner« mit dem Kriegspalladium ist eine solche mit »JHWH der Heerscharen« (vgl. § 248). Die Unterbringung der Lade in einem Zelt (§ 249) und ihre Mitnahme in den Krieg gegen die Ammoniter (2Sam 11,11; vgl. 15,25.29) weist darauf hin, dass die Lade in Jerusalem vorerst ganz ihrem ursprünglichen Verständnis entsprechend rezipiert wurde.

Für die wachsende religiöse Bedeutung Jerusalems aber waren noch andere Elemente als die Lade und ihr kämpferischer Gott wichtig, wie der folgende Abschnitt zeigen wird. Die auf der Linie von Alt und Noth liegende Behauptung, mit der Überführung der Lade habe Jerusalem einen sakralen Nimbus erhalten, den es vorher nicht besessen hätte, und sie würde die Wurzel für den Eintritt Jerusalems ins Bewusstsein der

Welt als heiliger Stadt der drei monotheistischen Religionen bilden (vgl. GAT IV/1, 223f, Donner), wird von den verfügbaren kritisch analysierten Quellen nicht gedeckt. Das kanaanäische Jerusalem hat mit *seinen* Gotteserfahrungen einen bedeutenden Beitrag an die reiche Persönlichkeit JHWHs, die sich hier bildete, geleistet: Die Aspekte eines wie die Sonne zuverlässig waltenden, stabile Gerechtigkeit schaffenden Dynastiegottes, eine wichtige Ergänzung des kriegerisch-eruptiv und punktuell-rettend eingreifenden JHWH.

DER VON DAVID NICHT GEBAUTE TEMPEL BZW. SCHRITTE AUF EINEN TEMPELBAU HIN

§ 257   Eine aufmerksame Lektüre von 2Sam 7 macht schnell deutlich, dass wir es nicht mit einem Text aus einem Guss zu tun haben (TRE XXIV 19–21, Dietrich). Neben der Verheißung einer ewigen Dyanstie ist die Auseinandersetzung um Bau oder Nicht-Bau eines Tempels in den V. 1–7 ein eigenständiges Thema, das kaum ursprünglich mit der Verheißung einer ewigen Dynastie zusammenhängt (V. 8–17). In manchen ao Überlieferungen stellen Ewigkeitsverheißungen für eine Dynastie zwar die Antwort der Gottheit für Tempelbauten dar (vgl. z.B. ZThK 58, 1961, 147f, Kutsch; BZAW 142, 1977, 87–90, Ishida; BZAW 150, 1980, 68–82, Malamat; vgl. auch 2Sam 7,13), in 2Sam 7,1–7 ist aber nicht von einem Tempelbau, sondern davon die Rede, dass kein Tempel gebaut wird. Man kann 2Sam 7,1–7 geradezu als Erklärung dafür lesen, warum der Dynastiegründer nicht selbst den Tempel baute, was er nach ao und wohl auch nach Jerusalemer Tradition eigentlich hätte tun müssen. Immerhin wird David die Absicht zugeschrieben. Und wie bei Abraham die Absicht, seinen Sohn zu opfern, die dann von Gott selbst durchkreuzt wurde, reichen Segen brachte, so bringt auch David die Absicht, den Tempel zu bauen, große Verheißungen.

§ 258   Dennoch hat die Frage, warum der Dynastiegründer selbst keinen Tempel baute, immer wieder Antworten herausgefordert. Vielleicht war das erst nach der definitiven Kanonisierung Davids durch das DtrG und der Aufwertung des Tempels durch das Verschwinden des Königtums der Fall. Das Problem (David wohnt in einem Zedernhaus, die Lade aber hat keinen festen Wohnsitz) wie die Lösung (JHWH will kein Haus) erinnert an Diskussionen, wie sie erst im Zusammenhang mit dem Wiederaufbau des Tempels 520a geführt wurden (Hag 1,2–4; Jes 66,1; 1Kön 8,27; § 1344–1346). Die wie in 2Sam 7,7 als rhetorische Frage stilisierte Tempelkritik in Jes 66,1 setzt dem irdischen Tempel den kosmischen entgegen (vgl. Ez 1; § 927–931). In 2Sam 7,4–7 wird dem Tempelpalast aber ein Zelt gegenübergestellt (vgl. § 1237), eine Alternative, die im 6. Jh.a doch wohl nicht ernsthaft zur Diskussion stand. Vielleicht ist das ein Hinweis auf eine alte Tempelkritik. Es ist denkbar, dass die progressiven Tempelkritiker um 520a, die keinen Tempel wollten, ein Wort konservativer Tempelkritik der Zeit Davids oder Salomos benutzten (vgl. dazu VT 27, 1977, 445f, von Nordheim), um ihrem innovativen Anliegen das Gewicht der Tradition zu geben. Nach der LXX von 2Sam 7,13 hat zwar David den Auftrag ein Haus für JHWH zu bauen. Aber erst sein Sohn wird diesen Auftrag ausführen (2Sam 7,13 MT; vgl. 1Kön 8,17–19). Das Tatsächliche wird als Wille JHWHs interpretiert. 1Kön 5,17 lässt David durch viele Kriege am Tempelbau verhindert worden sein. 1Chr 22,8f interpretiert diesen Grund dahin, dass David dabei zu viel Blut vergossen habe, um den Tempel bauen zu können. Salomo, der Mann des Friedens, soll das tun. Die Bücher der Chronik lassen David aber wenigstens umfangreiche Vorbereitungen für den Tempelbau treffen, von denen in den älteren Quellen nichts zu finden ist (1Chr 22,1–19; 28,1–29,9; § 1524–1537). In Wirklichkeit hat David vielleicht keinen Tempel gebaut, weil er die Lade nicht in dem in 2Sam 6,17 erwähnten Zelt ließ, sondern in dem von Zadok (§ 219) betreuten Schrein unterbrachte (JBL 58, 1939, 126–128, Rowley) und Zadok bzw. Natan ihn davon überzeugte, dass ein anderes, neues Heiligtum nicht nötig sei (VT 11, 1961, 113–127, Ahlström), wo dann vielleicht Abjatar Hauptpriester geworden wäre (zur Existenz eines solchen Heiligtums vgl. § 323–330.332–343).

Sollte es zur Zeit Davids tatsächlich eine Diskussion um und Widerstand gegen ein königliches Tempelbauprojekt gegeben haben, so wäre das im alten Orient nicht einmalig (vgl. den Mari-Brief④ ARM XIII Nr. 112 in ANET 623f; AncB IX 221f, McCarter). Überraschend bleibt aber, wie gesagt, dass im jetzigen Kontext die Zusage einer Dynastie gleichsam als Antwort auf das Nicht-Bauen erfolgt. Ist vielleicht eine Notiz über die Renovation eines jebusitisch-kanaanäischen (zu einem vordavidischen Heiligtum in Jerusalem vgl. § 224) oder den Bau eines Tempels durch David der Überlieferung vom spektakulären Tempelbau Salomos zum Opfer gefallen, so wie später die Grundlegung des Zweiten Tempels durch Scheschbazzar (Esr 5,16; § 1330f) dem Tempelbau durch Serubabel und Jeschua (Esr 3,2; 5,2; Hag) zum Opfer fällt? In 2Sam 12,20 wird die Existenz eines JHWH-Tempels in Jerusalem zur Zeit Davids als selbstverständlich vorausgesetzt. Man kann die Erwähnung als Anachronismus abtun. Vielleicht meint *bet-jhwh* in 2Sam 12,20 ganz einfach das Zelt, in dem die Lade untergebracht ist, den »Ort«, wo JHWH kraft der Lade gegenwärtig ist (zu *bet* als »Zelt« bzw. »Wohnsitz« vgl. HAL I 119–124), vielleicht aber ist die Notiz tatsächlich ein Hinweis auf ein vordavidisches Heiligtum.

EINE ISOLIERTE ERZÄHLUNG VON EINEM ALTARBAU DAVIDS IN JERUSALEM

§ 259   Die Erzählung 2Sam 24 gehört zu keinem der in § 166 genannten Erzählwerke der Davidüberlieferung. In der Erzählung ist nicht von einem Tempelbau, aber doch von einem entscheidenden Schritt im Hinblick auf einen solchen die Rede. Es wird erzählt, wie David von einem Jebusiter den Dreschplatz kaufte, auf dem David einen Altar baute (2Sam 24,16–25; 1Chr 21,15–30) und auf dem nach 2Chr 3,1 Salomo später seinen Tempel errichtete.

Dieser »Jebusiter« (hier wohl bereits im Sinne eines vorisraelit. Bewohners von Jerusalem; vgl. § 70f) ist der einzige, der namentlich genannt wird. Sein Name ist in verschiedenen Formen überliefert. Die am besten bezeugte ist *'arawna'* »Arauna«, die vom hurritisch-hetit. *arauan[n]i* »frei« bzw. »der Freie« wohl nicht zu trennen ist (J. Friedrich/A. Kammenhuber, Hethitisches Wörterbuch, Heidelberg ²1975, I 257f; NBL I 151, Görg). Die anderen Formen des Namens Arauna sind *h'wrn', 'rnn, 'rjh* (vgl. dazu HAL I 83.87).

R. Zadok bestreitet die Existenz hurritischer Namen in der Bibel, erwähnt Arauna aber nicht (UF 17, 1985, 397). U. Hübner meint: »Möglicherweise lässt sich der Name aber doch aus dem Semitischen herleiten (palmyr. *'rwn'*, syr. *arwānā* ›Kalb‹; cf. den Herrschernamen *'Eglōn* ›Kalb‹ Ri 3,12–17)« (OBO 186, 2002, 33, Hübner).

Die zahlreichen Varianten sind doch wohl ein Indiz, dass wir es mit einem fremden Namen zu tun haben (vgl. § 215). Neben dem Namen Arauna gibt es weitere mögliche Hinweise auf Angehörige eines hurritisch-hetit. Adels in Jerusalem (vgl. § 129f). Zwei weitere Helden Davids, Ahimelech und Urija, der Mann Batsebas, der Mutter Salomos, werden als »Hetiter« bezeichnet (1Sam 26,6; 2Sam 11,3). Ahimelech, Urija und Batseba sind kanaanäische Namen. Ob es sich um Nachfahren von Hurritern (vgl. Abdi-Cheba), Nachkommen versprengter Angehöriger des um 1200a zugrundegegangenen Hattireiches oder Leute aus den neuhetitischen bzw. spätluwischen Fürstentümern in SO-Anatolien bzw. N-Syrien handelt, sie sind jedenfalls recht weitgehend assimiliert (zur Frage der bibl. Hetiter vgl. de Vaux, Histoire I 131–133). In Gen 10,15f = 1Chr 1,13f gelten die Hetiter und Jebusiter als Nachkommen Kanaans. Ez 16,3 bezeichnet die Mutter Jerusalems als Hetiterin (vgl. § 951).

§ 260   Die Geschichte von 2Sam 24 gehört zu den Davidsüberlieferungen, die das DtrG nicht aufgenommen hat. Die Gründe liegen auf der Hand. Nachdem sich sein(e) Verfasser für die Theorie entschieden hatte(n), dass David der Bau des Tempels verwehrt und seinem Sohn Salomo reserviert worden war, musste die Überlieferung von einem Altarbau Davids als störend empfunden werden. Ein Altarbau begründet in der Regel einen Kult (gegen Zwickel, Der Tempel 31f) und stellt sein wesentlichstes Element dar, das auch ohne Tempelhaus auskommen kann (vgl. z.B. Esr 3,2f). Ebenso störend wie der Altarbau musste dem DtrG angesichts der Theorie von einem vollkommenen David das Element einer Verfehlung Davids, die JHWH mit einer Plage bestrafte, unwillkommen sein, und endlich musste nach der Geschichte von der Besänftigung und Domestikation eines unberechenbar zornigen JHWH in 2Sam 6 (JBS 5, 1991, Gelander) der einleitende V. 1, der auf eine andere Erzählung vom Zorn JHWHs und eine damit verbundene Plage zurückverweist (wahrscheinlich auf die in 2Sam 21,1–14), ungelegen kommen. Aus diesen Gründen ist es auch unwahrscheinlich, dass 2Sam 24 als Ganzes nachexil. ist. Das heißt natürlich nicht, dass nicht einzelne Präzisierungen wie z.B. die Kombination von Brand- und Heilsopfern nicht nachexil. sind (Zwickel, Tempel 30f). An ihre jetzige Stelle dürfte die Erzählung bei ihrer nachträglichen Einfügung geraten sein, weil sie mit ihrem letzten Element, dem Altarbau Davids, den Tempelbau seines Sohnes vorbereitet.

§ 261   Die Erzählung 2Sam 24,1–25 hat drei Teile:

V. 1–9   die von David verordnete Volkszählung
V. 10–16a die Wahl zw. drei Plagen
V. 16b–25 der Altar auf der Tenne des Jebusiters bzw. Königs Arauna (vgl. BZAW 144, 1977, 6, Rupprecht).

So einsichtig der Zusammenhang zw. einer Volkszählung, die gegen die Regeln des JHWH-Krieges verstößt, und einer Plage ist (vgl. noch Ex 30,12) und so nahe der Bau eines Altars liegt, um die Plage aufhören zu lassen, so wirkt die Erzählung an manchen Punkten doch stockend und merkwürdig zweisträngig. Neben dem Versuch, ihre Einheitlichkeit zu retten (OBO 42, 1982, Schenker), stehen folglich zahlreiche konkurrierende Versuche, die Unebenheiten literarkritisch zu lösen und eine ursprüngliche plausible Geschichte zu rekonstruieren (vgl. AncB IX 514f, McCarter).

Die wichtigsten Anstöße zu diesen Versuchen gaben folgende Unebenheiten: Weil JHWH David verführt (V. 1; nach 1Chr 21,1 ist es der Satan), lässt dieser die Volkszählung durchführen (V. 2–9). Das genaue Itinerar in den V. 5–7 scheint eine spätere, von Num 32 und Jos 13 abhängige Hinzufügung zu sein (vgl. GAT IV/1, 226, Donner). Als Antwort auf diese Verfehlung würde man die Plage erwarten. Das wird in der jüngeren Bearbeitung der Geschichte in 1Chr 21 (V. 7; vgl. Ex 30,12) auch so erzählt. In 2Sam 24 aber folgt die Plage erst in V. 15. In den V. 10–14 wird erzählt, David habe seine Tat sogleich bereut und darum durch Vermittlung des Sehers Gad (§ 221 letzter Abschnitt) aus drei Plagen eine auswählen können. Die von ihm gewählte Pest nimmt nun aber auch nicht einfach ihren Verlauf. Als der Würgeengel nach Jerusalem kommt, gebietet ihm JHWH Einhalt (V. 16a). Der Grund scheint das Mitleid JHWHs mit Jerusalem zu sein. V. 17 nennt einen andern Grund für das Aufhören: David habe, als er den Boten bei der Tenne des Jebusiters Arauna sah, Mitleid mit seinem Volk empfunden und JHWH um Einhalt gebeten. Darauf habe ihm JHWH durch den Seher Gad den Befehl zukommen lassen, auf der Tenne des Jebusiters Arauna einen Altar zu bauen. Die V. 20–25 erzählen, wie David dem König (sic!) Arauna (V. 23) die Tenne abkauft, einen Altar baut und so der Plage Einhalt gebietet.

Alte Erzählungen referieren Handlungsabläufe. Später eingestreute Reden deuten diese. Der alte Handlungsablauf scheint aus folgenden Elementen bestanden zu haben: David befiehlt eine Volkszählung und lässt sie gegen den Widerstand Joabs durchführen (V. 2–4.8–9). JHWH schickt deshalb eine Pest (V. 15). David baut, um der Plage Einhalt zu gebieten, auf der Tenne des Jebusiters Arauna, die er rechtmäßig erwirbt, einen Altar für JHWH. Er bringt dort Opfer dar, und JHWH lässt die Plage aufhören (evtl. V. 16 und 20–25). Die an diese Geschichte geknüpften, mit dem Propheten Gad verbundenen theol. Erwägungen darüber, ob es nach begangener Sünde nicht vorteilhaft sei, sich durch Reue in die Hände Gottes zu geben, statt Menschen anheim zu fallen (V. 10–14) und die Frage, ob das Mitleid Gottes oder das Mitleid Davids der Plage Einhalt geboten hätten (V. 16–17), dürften sekundär dazugekommen sein. Vor allem aber ist die Bemühung, den Altarbau auf die Initiative JHWHs und nicht etwa Davids zurückzuführen (V. 18) von der dtn./dtr. Theologie her verständlich, nach der nur an jenem Ort Opfer dargebracht werden dürfen, den JHWH sich erwählt hat (Dtn 12; vgl. AncB IX 516, McCarter).

§ 262   Hist. stellt sich die Frage, ob die Tenne des Königs Arauna nicht ein vorisraelit. Opferplatz oder gar ein Heiligtum war (vgl. § 224.258), das durch diese Geschichte judaisiert wurde. Tennen lagen in der Regel auf erhöhten (Wind für das Worfeln), glatten, felsigen Plätzen (sonst verschwinden die Körner im Boden). »Höhe« und »Fels« sind Qualitäten, die dem Heiligen wohl anstehen. So erscheinen im AT Tennen mehrmals als Orte von Hiero- und Theophanien und Kulthandlungen (Ri 6,37 Gideon; 2Sam 6,6f; Hos 9,1; vgl. weiter AncB IX 511, McCarter). Dort wäre nach der ursprünglichen Fassung dem Arauna eine Gottheit erschienen, der er dann auf dem (später) heiligen Felsen geopfert hätte (vgl. Ri 6,11–23; 13,3–19; BZAW 144, 1977, 12f, Rupprecht). Der umständlich berichtete Kauf durch David soll die rechtmäßige JHWHsierung dieses heiligen Platzes demonstrieren (vgl. Jakob in Bet-El Gen 28 und in Sichem Gen 33,19f), auf den nach 2Chr 3,1 der salomonische Tempel zu stehen kam. Die »Tenne des Arauna« könnte gut n des alten ummauerten Stadtgebiets (**23**) auf dem NO-Hügel oder, wenn die Hypothese von Knauf zutrifft (§ 40), am höchsten Punkt innerhalb desselben gelegen haben. Die Geschichte würde dann David als Gründer des (vordavidischen) Heiligtums von Jerusalem feiern (zu David als Nicht-Erbauer des Tempels vgl. weiter JSOT.S 284, 1999, 204–224, McKenzie).

DAVID BZW. DER JERUSALEMER KÖNIG GENERELL ALS PRIESTER

§ 263   Dass König David bei der Ladeüberführung opfernd und segnend priesterliche Funktionen wahrnimmt, kann im Rahmen der ao Welt nicht verwundern. In Ägypten etwa ist der König der einzige Priester. »Stellvertretend für die (ägypt.) Menschheit ist er in der Theorie allein berechtigt, mit den überirdischen Mächten in Beziehung zu treten« (LÄ III 461, von Beckerath). Alle anderen Priester sind es, wie ägypt. Tempelreliefs das gelegentlich zeigen, nur durch Delegation (AOBPs Abb. 378a). Ramessidische Herrscher erscheinen auf Skarabäen als Priester verschiedenster Gottheiten. Diese Bilder sind etwas vereinfachende Miniaturkopien ägypt. Tempelreliefs. In dieser Form sind die offiziellen Darstellungen sehr häufig nach Palästina gelangt (GGG 91 Abb. 94a-d; OBO 88, 1989, 281–323, Keel).

In Israel scheint die Sache nicht immer so selbstverständlich gewesen oder geblieben zu sein. In dem stark dtr. geprägten Text 1 Sam 13,9–12 wirft der Prophet Samuel dem König Saul vor, er bringe aus eigener Initiative Opfer dar. In Jerusalem aber wurde ein königliches Priestertum vertreten, wie der vorexil. Königs-Ps 110 (V. 4) zeigt, in dem dem König gesagt wird: »Du bist Priester auf ewig, auf mein Wort, ein Melchisedek« bzw. »nach der Art des Melchisedek«. Der Satz spielt wohl auf den gleichen Melchisedek an, der in Gen 14,18f, einem allerdings nachexil. Text (§ 60.1443–1450), als König und Priester von Jerusalem vorgestellt wird (vgl. weiter § 297). R. de Vaux schließt aus der Tatsache, dass die Könige von Juda und Israel nur bei besonderen Gelegenheiten als Priester amteten, sie seien keine Priester im eigentlichen Sinne gewesen (Lebensordnungen I 185f). Aber dieser Schluss ist nur insofern richtig, als die priesterlichen Funktionen nur einen Teil der Funktionen des Königs bildeten und sie diese in der Regel delegierten und keine Spezialisten in priesterlichen Praktiken und Techniken waren. Der König ist aber der Herr des Kultus. Er setzt Oberpriester ein und ab, wie die Geschichte von Abjatar und Zadok zeigt (2 Sam 8,17; 20,25; 1 Kön 2,26f; 4,2), und amtet bei bestimmten Gelegenheiten nach freiem Ermessen selbst als Priester bzw. delegiert an einen solchen (vgl. z.B. König Ahas und der Priester Urija in 2 Kön 16,12–16; vgl. dazu aber § 436; vgl. weiter JSOT.S 120, 1991, 211, Lowery und unten § 1316). Das war nicht nur während der ganzen Königszeit so. Auch in nachexil. Zeit hat die weltliche Behörde mehr oder weniger dezidiert beansprucht, den Hohenpriester einzusetzen, wobei die Erblichkeit dieses Amtes gelegentlich zu Schwierigkeiten führte (§ 1603–1612).

Die Verbindung des Königs mit dem Priestertum scheint in Jerusalem erheblich stärker gewesen zu sein als im Nordreich. Der Tempel von Jerusalem war von Haus aus eng mit dem Palast verbunden (vgl. § 294–297), während die Beziehung des Königs in Samaria zu den Reichsheiligtümern (vgl. Am 7,13) in →III Bet-El und evtl. in →III Dan schon aus geographischen Gründen schwächer sein musste. Die enge Verbindung des Königtums mit dem Priestertum dürfte ein wesentlicher Grund für die größere Stabilität des Jerusalemer Königtums gegenüber dem des Nordreichs gewesen sein. Im Nordreich scheint die Abhängigkeit von prophetischer Designation und Unterstützung (vgl. Samuel und Saul, Ahija von Schilo und Jerobeam, Elija und Elischa und die Omriden bzw. Jehu) zu dessen Instabilität beigetragen zu haben.

FESTE UND FEIERN – EINE WEITGEHEND AGRARISCHE WELT

§ 264   Neben dem Königtum waren es vor allem Feste, welche die Einheit und Identität eines Volkes symbolisierten und garantierten (TRE XI 93, Bischofberger). Feste tragen Wesentliches zur Eigenart und Identität einer Stadt bei. Der Rhythmus profaner und heiliger Zeit bringt die Dimension des Raumes erst zum Leben. Sowohl Mesopotamien (vgl. § 1132 zum *akitu*-Fest) wie Ägypten (OBO 202, 2004, Sayed Mohamed mit Lit.) pflegten eine hoch entwickelte Festkultur. Sie war für das konkrete religiöse Leben, aber auch für die Theologie bedeutsam (vgl. z.B. das am *akitu*-Fest rezitierte *Enuma elisch*). In der Regel wird den Festen in den Religionsgeschichten Israels und den Theologien Israels viel zu wenig Beachtung geschenkt. Die in Jerusalem gefeierten Feste werden erst an dieser Stelle erstmals ausführlicher diskutiert (vgl. aber § 102–107), weil schwer zu entscheiden ist, was an diesen Festen David in Jerusalem vorgefunden hat und was durch seine Residenznahme in der Stadt an Elementen dörflich-tribaler Traditionen dazu gekommen ist.

Feste waren Gelegenheiten, an denen der Schech bzw. der König das Volk an seinem Glanz und Reichtum teilhaben lassen konnte. So soll David bei der festlichen Überführung der Lade an jeden Teilnehmer und jede Teilnehmerin Brot, Trauben- und Dattelkuchen verteilt haben (2Sam 6,19; zum Gemeinschaft stiftenden Charakter der Feste vgl. vgl. weiter § 697f.703–705).

Wahrscheinlich wurde schon im mbz Jerusalem wie überall im kanaanäischen Raum die Rückkehr des Wettergottes nach der langen Sommerdürre in einem großen Herbstfest ebenso enthusiastisch begrüßt, wie in den dörflich-tribalen Gemeinschaften (§ 102–106; skeptisch JSOT.S 259, 1998 Rosengren Petersen), wenn auch mit je eigenen Akzentsetzungen (vgl. § 253). Auch die anderen Feste, die in den alten Festkalendern Ex 23 und 34 genannt werden, dürften in Jerusalem gefeiert worden sein. Das Mazzen- und das Wochenfest (§ 266) waren wie das Herbstfest agrarischer Natur. Ein wesentliches Element dieser Feste war die Darbringung von Gaben an die Gottheit. Das suggeriert die Aufforderung, nicht mit leeren Händen vor ihr zu erscheinen (Ex 23,15; 34,20). Es handelte sich um die Gabe der Erstlingsfrüchte, die Dankbarkeit zum Ausdruck brachte (Ex 23,19; 34,22.26) und den Darbringenden die Freiheit gab, den Rest der Ernte mit dem Segen der Gottheit zu genießen. Von den in den alten Festkalendern gefeierten Festen dürfte einzig das Pesachfest nichtagrarischen Ursprungs gewesen sein, sondern aus der Lebenswelt der Kleinviehnomaden stammen. Ob es in Jerusalem vor dem 7. Jh.a gefeiert wurde, ist ungewiss. Durch seine Verbindung mit dem Exodus dürfte die Historisierung der großen Feste ihren Ausgang genommen haben (§ 267).

Schon vor dem 7. Jh.a sehr populär war offensichtlich das Neumondfest. Es wird allein (1Sam 20,5.24–26) oder zusammen mit dem Vollmondfest bzw. Sabbat erwähnt (2Kön 4,23; Am 8,5; Jes 1,13f) und ist schon für die vorexil. Zeit auch inschriftlich bezeugt (Arad Ostrakon Nr. 7; dazu Na'aman, in FS Dever 265–267). In offiziellen Festkalendern erscheint es erst in exil. Zeit (Num 28,11–15; Ez 46,1.6f), nachdem es im 7. Jh.a durch assyro-aram. Einfluss mächtig an Bedeutung gewonnen hatte (§ 576–585.700f.1364–1368; NBL II 923, Lang). Das Neumondfest ist nie historisiert worden. Eigentlich wäre für Jerusalem zu erwarten, dass neben dem Mond auch das andere große Gestirn, die Sonne, entsprechend gefeiert wurde. In einem alten Zitat in Jos 10,12b–13a erscheinen die Mond- und die Sonnengottheit als Schutzgottheiten Jerusalems (§ 152f). Es ist schwer vorstellbar, dass angesichts des alten Sonnenkults in Jerusalem keine entsprechenden Feiern bestanden haben sollen (vgl. § 335f). Noch im 7./6. Jh.a wird den Priestern am Jerusalemer Tempel vorgeworfen, den Sonnengott zu verehren (Ez 8,16f; § 939f).

Das große Herbstfest: Trauben- und Obsternte, Wiederkehr des Wettergottes

§ 265   Anlass für dieses Herbstfest müssen vor allem die Obst- und Traubenernte, die ersten Frühregen und die Rückkehr des Wettergottes gewesen sein. Der Streit darum, ob das Herbstfest das Ende oder den Anfang des Jahres feiere, ist wohl müßig. Ende und Anfang gehören zusammen. Wer das vergisst, redet im Zusammenhang bald von Jahresende, bald von Beginn des Jahres im Herbst, ohne dass klar wird, was eigentlich gemeint ist (vgl. z. B. ATD VI 317, Gerstenberger). Die Zusammengehörigkeit von Anfang und Ende gilt bes. bei einer zyklischen Auffassung der Zeit, wie sie der Ausdruck »die Wiederkehr des Jahres (*t*e*qufat ha-* *šanah*)« von Ex 34,22 beschreibt. Er bezeichnet den Termin des Herbstfestes (vgl. 1Sam 1,20; 2Chr 24,23). Der Ausdruck »beim Hervorgehen des Jahres« als Termin des »Festes der Lese« in Ex 23,16 setzt den Akzent auf den Anfang. Das »Hervorgehen der Sonne (*ṣe't ha-šæmæš*)« in Ri 5,31 meint den Aufgang der Sonne und nicht ihren Untergang (vgl. Ps 19,6). Jene, die den Akzent auf das »Ende« legen, können sich darauf berufen, dass auch in den älteren Festkalendern die Aufzählung der Feste mit dem Frühjahrsfest Mazzot beginnt (Ex 23,15f; 34,18.21f). Die Reihenfolge mag allerdings durch den späteren Frühlings-Jahresanfang bedingt erst nachträglich geändert worden sein. Der aus dem 10. Jh.a stammende landwirtschaftliche Kalender von Geser lässt das Jahr jedenfalls mit der »Lese (*'sp*)« im Sept./Okt. *beginnen* (Renz/Röllig, Handbuch I 30–37). »Fest der Lese«, d.h. der Trauben- und Obsternte heißt im ältesten Festkalender, in Ex 34,22, das Herbstfest. Vielleicht müssen wir uns gar nicht zw. dem Jahresanfang im Herbst oder im Frühjahr entscheiden. In einer Weltauffassung, der mehr an qualitativen Erfahrungen als an chronometrischer Eindeutigkeit lag, konnte das Jahr im Hinblick auf verschiedene Erfahrungen zu verschiedenen Zeitpunkten beginnen. Der berühmte erste Satz im Mischnatraktat Rosch Ha-Schana heißt: »Es gibt vier Neujahrstage (Jahresanfänge)« und nennt dann die Bereiche für die der jeweilige Jahresanfang gilt. Vielleicht gab es in älteren Zeiten wenn nicht bereits vier, so mindestens zwei Anfänge (vgl. ABD I 817, Vanderkam).
Bei der »Lese« wohnte man in Laubhütten (*sukkot*) auf dem Felde und in den Weinbergen (Dalman, AuS I/1 115–130; vgl. auch Ri 21,19–21). Von daher hat das Herbstfest auch den Namen »Laubhütten(-Fest)«.
Ein ebenso wichtiger Anlass für das Herbstfest wie die Ernte war die Rückkehr des Wettergottes. Im Keret-Epos aus Ugarit wird der erste Regen im Herbst mit den Worten gefeiert:

»2 Die Quelle (Wolken und Regen Baals) verdunkelte Erde und Himmel.
3 Sie umschließt die Erde bis an die Enden.
4 Für den Emmer ist der Strom der Quelle (vital),
5 für die Erde der Regen Baals,
6 für das Feld der Regen des Höchsten.
7 Eine Wohltat ist für die Erde der Regen des Baal
8 und für das Feld der Regen des Höchsten.
9 Eine Wohltat liegt für den Weizen in der Quelle.
10 Bei der Feldbestellung ist es wie Duft,
11 auf der Anhöhe wie ein Parfüm.
12 Es heben die Feldarbeiter das Haupt,
13 in die Luft (das Haupt) die Kornbauern.
14 [Ausgegangen] war das Brot in den Körben,
15 [ausgegangen] der Wein in den Schläuchen«
(KTU 1.16 III 7–15; UF 22, 1990, 293, Schroer).

Die Z. 4–9 bilden einen Chiasmus, in dessen Zentrum die vitale Notwendigkeit des Regens für die Erde steht (vgl. **46–49**). Der Text erinnert in manchem an Ps 65. »Wie in Ps 65 fällt der semantische Wechsel des Wortes ›Erde‹ auf, das zunächst im Merismus ›Himmel und Erde‹, schließlich im Sinn von ›Ackerland‹ gebraucht wird. Die Zeilen 10–13 beschreiben die Reaktion der Natur und der Menschen auf das segensreiche Nass. Der Regen Baals lässt die Erde duften (vgl. Gen 27,27), und die Kornbauern wenden in freudiger Erwartung das Gesicht zum Himmel« (UF 22, 1990, 294, Schroer). Im Zusammenhang mit den Frühregen wurde Baal als einzig wichtige Gottheit und als König gefeiert (§ 141).

Wie in Ps 65 finden sich auch in Ps 29 zahlreiche Wettergott-Motive auf JHWH übertragen (VT 49, 1999, 462–486, bes. 476–480, Diehl/Diesel/Wagner; § 381.392). In Ps 29 huldigen die Göttersöhne JHWH, der als König über dem Himmelsozean thront (V. 1 f.10). V. 11 aber setzt ihn in der Tradition des Kriegs- und Sturmgottes (§ 238–241) mit »seinem Volk« ('ammo) in Beziehung. Sieg über das Chaos und die Feinde des Volkes legitimierten zum Königtum. In diesem Sinne könnte JHWH schon zum König ausgerufen worden sein, als David in Jerusalem Residenz bezog. Falls die Überführung der Lade nach Jerusalem tatsächlich jährlich im Rahmen des Herbstfestes festlich begangen wurde, mag das Königtum JHWHs ein Thema dieses Festes gewesen sein (vgl. § 251 f.254 f.). Exodusmotive sollte man in Ps 29 aber nicht finden wollen (FAT 2. Reihe 4, 2004, 185f, Weyde).

Im Nordreich führte die Identifizierung JHWHs mit dem Wettergott Baal zu einer schweren religiösen Krise (Elija, Hosea, vgl. § 239). In Jerusalem scheint die Übernahme von Wetter- (und Sonnen-)Gott-Attributen und -rollen durch JHWH keine Schwierigkeiten gemacht zu haben, wahrscheinlich deshalb, weil sie in einem sozial homogenen Milieu stattfand. Die enge Verbindung des Herbstfestes mit der Ankunft des Regens geht auch noch aus dem nachexil. Text Sach 14,16–19 hervor. Da wird allen Völkern, die nicht zum Laubhüttenfest nach Jerusalem pilgern, angedroht, dass über ihren Ländern kein Regen fallen wird. Bis zum Ende des Zweiten Tempels wurde während der sieben Festtage täglich eine Wasserspende dargebracht, die die Gottheit dazu bewegen sollte, reichlich Regen zu spenden (H.L. Strack/P. Billerbeck, Kommentar zum NT aus Talmud und Midrasch II, München 1924, 799–805). Für eine Historisierung des Festes findet sich in vorexil. Zeit kein Hinweis.

Mazzen- und Wochenfest: Anfang und Ende der Getreideernte

§ 266   Ebenfalls agrarischen Charakters wie das Herbstfest war das Fest der ungesäuerten Brote (*maṣṣot*). Es war ein typisches Erntefest, bei dem während sieben Tagen Brot aus dem Ertrag der neuen Ernte ohne Beimischung von Sauerteig oder anderen Bestandteilen der alten Ernte gegessen wurde. Diese Praxis feiert die Reinheit und Kraft des Neubeginns. »Und jedem Anfang wohnt ein Zauber inne, der uns beschützt und der uns hilft zu leben« (H. Hesse, Stufen). Das Mazzenfest hatte ursprünglich keinen festen Termin, sondern sollte je nach Reife der Ernte, bes. der Gerste, die als erste reifte, im Monat Abib, im Monat der Ähren, stattfinden (Dalman, AuS I/2 413–418). Die Begehung scheint als erstes *agrarisches* Fest israelisiert worden zu sein. Allerdings hat man »zunächst keine sachliche Verbindung mit der Heilsgeschichte, d. h. dem Exodusgeschehen, finden können, sondern diese lediglich über die Datierung geleistet: ›denn in diesem Monat bist du aus Ägypten ausgezogen‹ (Ex 23,15; 34,18)« (NBL I 667, Michel). Warum der »Auszug« in diese Zeit datiert wurde, wird beim Pesach zu zeigen sein.

Auch das Wochenfest (*ḥag šabu‘ot* oder *ḥag ha-šabᵉt*) (Ex 34,22; Dtn 16,6) war, wie der alternative Name Erntefest (*ḥag ha-qaṣir*) (Ex 23,16) zeigt, ein agrarisches Fest (vgl. dazu BBB 50, 1977, 169–183, Laaf). *šabu‘ot* ist von der Wurzel *šb‘* II herzuleiten (HAL IV 1287f.1301f.). Ihre Derivate bedeuten sieben zusammenhängende Tage bzw. eine »Woche« wie auch »Fülle«. Das Wochenfest ist das Fest der 49 Tage bzw. der Fülle. Die sieben mal sieben Tage, die sieben Wochen, zählte man von dem Moment an, wenn man zum ersten Mal »die Sichel an den Halm legt« (Dtn 16,9). Mit dem Mazzenfest zelebrierte man den Beginn der Ernte, mit dem Wochenfest die Fülle, die Vollendung vor allem der Weizenernte, deren Erstlinge bei dieser Gelegenheit dargebracht wurden (Ex 34,22.26; vgl. 23,19). Dtn 16,10 jahwisiert das Fest, indem es betont, dass es für JHWH begangen werden soll. Ein weiteres jahwisierendes Moment knüpft an die Fröhlichkeit des Festes an, die alle, vom Herrn bis zum Sklaven erfassen soll. »Denk daran: Du bist in Ägypten Sklave gewesen!« (Dtn 16,11f.).

Pesachfeier: Ein Weidewechselritus der Kleinviehnomaden

§ 267   Anderer Art und anderen Ursprungs als die drei großen Agrarfeste ist das *Pesachfest*. In den alten Festkalendern wird es nicht zu den drei großen Jahresfesten gezählt. Es wird nur gesagt, das Fleisch des Pesach-Schlachtopfers (Gemeinschaftsopfer; vgl. § 1402f) dürfe nicht bis zum Morgen übrigbleiben (Ex 34,25), eine Bestimmung, die eine nächtliche Feier voraussetzen dürfte. Ausführlich beschrieben wird die Feier in Ex 12, einem Kapitel, das alte und neuere Materialien vereinigt (zur P in Ex 12 vgl. § 1215; zu weiteren Bestimmungen zum Pesachfest im Sinne der P vgl. Num 9,1–14). Ex 12 beschreibt das Pesach als Familienfeier. Dtn 16,1–8 will es im Gegensatz zu Ex 12 als Wallfahrtsfest am Zentralheiligtum gefeiert sehen. Das DtrG lässt König Joschija als Abschluss seiner Reform ein großes Pesachfest feiern (§ 685f.706). Entgegen der Aussage von 2Kön 23,22, ein solches Pesach sei während der Zeit der Könige von Juda und Israel vor Joschija nie gefeiert worden, lässt 2Chr 30 schon Hiskija ein solches organisieren. In dieser Verwendung verrät sich, dass auch die Chr noch etwas von der großen gemeinschaftsbildenden Kraft des ursprünglichen Pesachfests geahnt hat. In Ex 12 und Dtn 16 ist das ursprünglich unabhängige Mazzen- in das Pesachfest integriert. Beide werden intensiv und detailliert mit dem Auszug aus Ägypten verbunden (OBO 7, ²1982, Schmitt).

Das Pesachfest dürfte seinen Ursprung im Milieu der Kleinviehnomaden haben. L. Rost hat es mit dem jährlichen Weidewechsel, der Transhumanz, in Zusammenhang gebracht (ZDPV 66, 1943, 205–216; so auch P. Laaf, BBB 36, 1970, 156f). Ehe man die Winterweiden in der Steppe verließ, brachte man ein Schlachtopfer dar, das den Zusammenhalt zw. den Sippenmitgliedern stärken sollte. Dieser Zusammenhalt konnte im Kulturland harten Proben ausgesetzt sein (vgl. Gen 12,11f; 26,7). Vom Blut des Schlachtopfers strich man an den Zelteingang, den es bei den ao Rundzelten im Gegensatz zu den heutigen Nomadenzelten im Nahen Osten gab (→I Abb. 105; OBO 107, 1991, 207f und Falttaf. III, Staubli). Nach der Sesshaftwerdung strich man das Blut an die Türpfosten und den Türsturz. Dieses Blut galt wohl dem Schutzgott der Sippe und sollte zugleich den Verderber (*mašḥit*) abhalten, der im Frühjahr das Land unsicher machte und menschliche und tierische Erst- und Neugeburten zu töten drohte (OBO 7, ²1982, 42–45, Schmitt). Sein Wirken dürfte man in den heißen Wüstenwinden erlebt haben, die im April in wenigen Tagen die grüne Steppe verdorren lassen, die kleinen Tümpel und Bäche, die sich in der Regenzeit bilden, austrocknen und Krankheiten und Epidemien begünstigen (ZAW 84, 1972, 414–434, Keel; NBL II 667, Michel). Zahlreiche mesopotamische Texte und Bilder bezeugen Dämonen, die sich in heißen Winden manifestieren und bes. Kleinkindern gefährlich werden (RLA X 372–381, Wiggermann). Es ist verständlich, dass sich ein solcher Auszugsritus anbot, einen geschichtlichen Auszug zu kommemorieren. An die Stelle der feindlich gewordenen Steppe trat das feindlich gewordene ägypt. Kulturland. Die eigenen Kinder, speziell die bes. bedrohte Erstgeburt, war durch den Blutritus geschützt, während die der Ägypter das nicht war und so dem Verderber zum Opfer fiel. Die Kombination dieses Ritus mit dem Mazzenfest lag aus zeitlichen Gründen nahe. Die Verknüpfung mit dem Auszug aus Ägypten erfolgte zuerst, wie gesagt, über das Datum (§ 266).

In den alten Festkalendern (Ex 23,14–17; 34,18.22f) wird einzig das Mazzenfest historisiert und mit dem Auszug aus Ägypten in Zusammenhang gebracht. Das Herbst- und das Wochenfest sind erst später mit heilsgeschichtlichen Erinnerungen versehen worden. Da die Erinnerungen, mittels derer die agrarischen Feste historisiert wurden, alle den Auszug aus Ägypten betreffen und diese Traditionen bis ins 7. Jh.a nur in Mittelpalästina, im Nordreich und nicht in Jerusalem und Juda gepflegt wurden, ist die diesbezügliche Historisierung der Jerusalemer Feste nicht vorher zu datieren (vgl. dazu § 483–485). Im 10.–8. Jh.a waren die Feste in Jerusalem wahrscheinlich weitestgehend vom Rhythmus des Naturjahrs, der Sonne und des Mondes geprägt. Vielleicht liegt die Chr für einmal richtig, wenn sie Salomo das Neumond-, das Mazzen-, das Wochen- und das Laubhüttenfest begehen lässt, nicht aber das Pesach. Auf Weisung des Mose dürfte er das allerdings nicht gemacht haben (vgl. 2Chr 8,13). Weiter können einzelne Feste, bes. das Herbstfest, von der Jerusalemer Königsideologie, dem Königtum JHWHs auf dem Zion und eventuell von einzelnen Davidtraditionen (Überführung der Lade) geprägt gewesen sein. Einen Hinweis darauf liefert die Notiz, der salomonische Tempel sei im Monat Bul, dem Ertragsmonat (?), eingeweiht worden. In 1Kön 6,38 wird dieser Monat zwar nicht mit dem 7., sondern mit dem 8. Monat identifiziert. Das siebentägige Fest, mit dem in 1Kön 8,65 die Tempelweihe beendet wird, kann aber wohl nur mit dem Laubhüttenfest (vgl. § 1743.1748f) identifiziert werden (FAT 2. Reihe 4, 2004, 153–162, Weyde). Der Brandopferaltar des Zweiten Tempels wird nach Esr 3,4 im 7. Monat wieder in Betrieb genommen und anschließend das Laubhüttenfest gefeiert. Es gab also eine Tradition, die den Bau des Tempels mit dem Laubhüttenfest verband. Wie weit diese Tradition zurückreicht ist allerdings ungewiss.

4.7 DIE BEIDEN SCHWÄCHEN DER HERRSCHAFT DAVIDS

DIE MISSGLÜCKTE DAUERHAFTE INTEGRATION DER MITTEL- UND NORDPALÄSTINISCHEN GRUPPEN UND STÄMME

§ 268   Ein guter Teil der Davidüberlieferungen beschäftigt sich damit, darzutun, dass beim Übergang der Herrschaft vom Hause Sauls zum Hause Davids dieser sich keine Illoyalität gegenüber seinem früheren Herrn habe zuschulden kommen lassen. Die prodavidische Überlieferung war sich bewusst, dass die Sache höchst problematisch war und einer detaillierten Erklärung und Rechtfertigung bedurfte. Diese Thematik ist ein Hinweis auf das hohe Alter dieser Überlieferungen (§ 166–178). Sie war nach dem Abfall der Nordstämme und der Gründung einer eigenen Monarchie in Sichem bzw. Samaria nur noch von beschränktem Interesse. Zwar versuchten später Joschija erfolglos und dann die Hasmonäer mit einigem Erfolg wieder, die wirklich oder angeblich von David kontrollierten Gebiete unter ihre Kontrolle zu bringen, aber die Quisquilien der Auseinandersetzung Davids mit Saul waren dabei nicht von Belang. Die Ausgangslage war im 7. und 2. Jh.a eine völlig andere und Saul hatte angesichts der zahlreichen Dynastiewechsel im Nordreich dort nie im entferntesten jene symbolische Bedeutung bekommen, die David im Südreich hatte.
Bezüglich der Auseinandersetzungen im 10. Jh.a ließ sich nicht verdecken, dass David das Erbe Sauls aktiv und wenn nötig aggressiv in Anspruch genommen und an sich gebracht hatte. Das Verhältnis zu den Nordstämmen blieb dementsprechend immer labil.
Vielleicht war schon der Abschalom-Aufstand (2Sam 15–19) ein Aufstand der Nordstämme gegen David. Sicher war es der Scheba-Aufstand (2Sam 20; zum Ganzen vgl. BiblEnz 3, 1997, 198–201, Dietrich). In beiden dürfte auch die wahrscheinlich von Anfang an vorhandene Kritik an einem autokratischen Königtum zum Ausdruck gekommen sein. Im Aufstand Abschaloms taten sich die Ältesten Israels mit diesem zusammen (2Sam 17,4), wahrscheinlich mit dem Ziel einer Monarchie, die im Gegensatz zu der Davids und wie die Sauls die Ältesten wieder stärker in die Verwaltung der Macht einband (GAT VIII/1, 185–190, Albertz). Der von Anfang an latente Konflikt kam nach dem Tode Salomos zum Ausbruch, dessen Figur trotz allen Glanzes, der vor allem auf Grund des Tempelbaus auf ihn konzentriert wurde, farblos bleibt, aus dessen Regierungszeit wir nur wenig glaubwürdige Nachrichten besitzen und der vielleicht nur kurze Zeit regierte.

DIE MISSGLÜCKTE NACHHALTIGE VERSÖHNUNG DER TRIBAL-DÖRFLICHEN GEFOLGSLEUTE MIT DEN ALTEINGESESSENEN JERUSALEMERN

§ 269   Das Scheitern seiner Integrationspolitik soll sich gezeigt haben, ehe David gestorben war. Wir haben dazu nur den Bericht in 1Kön 1–2, der meist als Schluss der Thronfolgeerzählung betrachtet wird (vgl. § 166–178). Die hist. Erzählung verdient mit ihrer Nüchternheit, ihren Detailkenntnissen und ihrer Milieuechtheit einiges Vertrauen (vgl. § 166–178).

Noch ehe David tot war, soll Davids ältester überlebender Sohn Adonija, der noch in Hebron geboren war (2Sam 3,4), mit den tribal-dörflichen Gefolgsleuten Davids, vor allem mit dem Feldherrn Joab (§ 212) und dem Priester Abjatar (vgl. § 218) und unter Ausschluss seines jüngeren, in Jerusalem geborenen Bruders Salomo seine bevorstehende Erhebung zum König gefeiert haben. Aus der Bemerkung in 1Kön 1,9f, Adonija habe alle Königssöhne eingeladen, Salomo aber nicht, schließt B. Halpern, Salomo sei gar kein Sohn Davids gewesen (David 391–406). Die Geschichte von Davids Ehebruch mit Batseba sei erfunden. Halperns Urteil darüber, was hist. zuverlässig und was erfunden sei, beruht hauptsächlich auf dezidierten Vorurteilen. Die Thronfolgeerzählung meint in diesem Falle ganz klar, dass Adonija alle Königssöhne einlud außer eben Salomo. Das war gerade der Affront. Wäre Salomo kein Königssohn gewesen, wäre es kein Affront gewesen. Die Jerusalemer, allen voran der Prophet Natan (vgl. § 220f), Batseba und ihr Sohn Salomo fühlten sich durch die Nicht-Einladung tödlich bedroht und inszenierten einen Palastcoup. Weder die Ältesten Israels noch die Judas waren am Vorgang beteiligt (vgl. 2Sam 2,4; 5,3). Das in Israel so wichtige Erstgeburtsrecht wurde nicht beachtet. Man berief sich auf eine Entscheidung des sterbenden David, die dieser einzig in Anwesenheit Batsebas und Natans gefällt haben soll. Durchsetzungskraft gewann diese unkontrollierbare Entscheidung durch die Palastgarde Benajas (§ 213). Die Thronfolgeerzählung verschweigt die Problematik der Nachfolge Salomos nicht, wirbt in der vorliegenden Form aber um Verständnis für das Vorgehen der Jerusalemer. Das legt die Annahme nahe, das Ganze habe sich historisch ungefähr so abgespielt. Adonija, der älteste überlebende Sohn Davids, der bei der Thronfolge übergangen wurde, bringt den entscheidenden Makel in der Erzählung deutlich auf den Punkt, wenn er zu Batseba, der Mutter Salomos, sagt: »Du weißt, dass mir das Königtum zustand und dass ganz Israel damit rechnete, mich als König zu sehen. Aber das Königtum hat einen Bogen um mich gemacht. Es ist meinem Bruder zuteil geworden, denn von JHWH war es ihm bestimmt« (1Kön 2,15). Auch wenn es sich beim letzten Satzteil um ein sekundär aufgesetztes theologisches Licht handelt, schildert die Erzählung die Ausgangslage zutreffend und lässt sich Salomo durchaus begründet seiner rechtlich fragwürdigen Position bewusst sein, wenn er auf eine Bitte seiner Mutter Batseba, die sie zu Gunsten Adonijas vorträgt, übertrieben heftig mit dem Satz reagieren lässt: »Erbitte für ihn doch gleich das Königtum, denn er ist mein älterer Bruder, und der Priester Abjatar und Joab, der Sohn des Zeruja, sind für ihn« (1Kön 2,22).

§ 270   Salomo sorgte nach der Thronfolgeerzählung skrupellos für die Festigung seiner Herrschaft: Ein Vorwand zur Beseitigung Adonijas war schnell gefunden (1Kön 2,13–25); der Priester Abjatar wurde verbannt (1Kön 2,26f), und das brutale

Vorgehen gegen Joab, den wichtigsten Anhänger Adonijas, legitimiert die prosalomonische Überlieferung in apologetischer Absicht mit einem Auftrag des sterbenden David (1Kön 2,5f.28–34). Salomo konnte und wollte aber offensichtlich nicht die ganzen alten Gefolgsleute Davids ausrotten, nur ihre Anführer. Die tribal-dörflichen Traditionen, die David nach Jerusalem gebracht hatte, allen voran die Verehrung JHWHs, waren offensichtlich von den Jerusalemern selbst rezipiert worden und bereits zu stark verwurzelt, als dass man sie hätte rückgängig machen und beseitigen wollen oder können. Es soll Natan gewesen sein, der Salomo als zweiten Namen den jahwistischen Namen Jedidja »Liebling Jah(wes)« zulegte (2Sam 12,25). Salomo wurde bei seiner Erhebung zum König nach altisraelitischer Weise gesalbt (§ 234 mit 1Kön 1,34.39). Salomo hat die Integration tribal-dörflicher Traditionen vorangetrieben, insofern er z. B. für die Lade JHWHs an dem von ihm erbauten Sonnentempel einen Annex für die Lade baute (vgl. § 352).

Eine Zusammenfassung zu Kapitel IV (David) findet sich in § 388.

5. SALOMO – ERBAUER DES 1. TEMPELS UND MÄRCHENKÖNIG (UM 950a)

5.1 ZUR SALOMO-ÜBERLIEFERUNG IN 1KÖN 3–12

§ 271   Archäologisch, und d.h. aufgrund der Keramik datiert, kann die Zeit Salomos von der Davids nicht getrennt werden (§ 135f.163f; vgl. auch § 404). Was die literarischen Angaben zur Regierungszeit Salomos anbelangt, sind diese ebenso schematisch wie jene zu der Davids (vgl. § 187). Annalistische Angaben setzen erst mit Rehabeam ein (vgl. § 394).

Die Thronfolgeerzählung skizziert ein düsteres, von Intrigen und Gewalt gezeichnetes Bild vom Übergang der Herrschaft von David auf Salomo (§ 269f). Die Salomoüberlieferung präsentiert hingegen in 1Kön 3,1–8,66 vorerst ein rundweg in strahlendsten Farben gehaltenes Bild. Aber während Saul als wackerer und zuletzt tragischer Soldatenkönig und David als Politiker gezeichnet wird, der das Netz seiner Macht zielstrebig und geschickt knüpft und immer mehr Fäden in seinen Händen zu vereinen und sich unterschiedlichste Leute und Gruppen zu verpflichten weiß, bleibt Salomos Persönlichkeit in seiner ganzen Herrlichkeit vage und verschwommen. Er wird in vielen Punkten als Herrscher von märchenhaftem, für uns typisch orientalisch anmutendem Glanz geschildert. Er ist zur Projektionswand von Wunschbildern des idealen Herrschers geworden.

Hat das Bild mit einem real existierenden Herrscher überhaupt noch etwas zu tun oder ist es eine rein fiktive Überlieferung? Wahrscheinlich ist dieses Entweder-Oder falsch. Wahrscheinlich hängen beide zusammen. Während David ein wechselhaftes und exponiertes Leben führte, das viele farbige Anekdoten produzierte, wuchs Salomo abgeschirmt am Jerusalemer Hof auf und ist wohl zeit seines Lebens abgeschirmt geblieben, ein typischer Erbe und Verwalter ererbter Macht, der angesichts der vielen Informationslücken zu prunkvollen Ausschmückungen einlud (zur Frage vgl. Lasine, in: SHCANE 11, 1997, 375–391, Handy).

UMFANG UND AUFBAU DER SALOMOÜBERLIEFERUNG IN 1KÖN 3–12

Literarische Struktur der Texte

§ 272   Mit dem Ende der Thronfolgeerzählung in 1Kön 2,46 bricht jene Überlieferung ab, die von wirklichkeitsnahen, scharf beobachtenden, aber wenig wertenden Anekdoten lebt. An ihre Stelle tritt auf den ersten Blick eine ruhmredige Hofberichterstattung, die aus dürren Aufzählungen, einer Art Werbespots und einigen klischeehaft eingängigen Szenen besteht (der Traum in Gibeon, Salomos weises Urteil, die Königin von Saba). Dieser Eindruck ist durch die repetitive, ideologisierende und theologisierende dtr. und nachdtr. Bearbeitung noch verstärkt worden.

Die Wiederholungen scheinen jedem sinnvollen Fortschreiten der Darstellung entgegenzustehen. Doch gerade sie haben zu Strukturuntersuchungen angeregt (JSOT 42, 1988, 19–27; 51, 1991, 15–21, Parker; JSOT 49, 1991, 87–97, Brettler; JSOT 51, 1991,

1–14.22–24, Frisch), die interessante Ergebnisse gezeitigt haben. Wenn 1Kön 1–2 ursprünglich den Abschluss der Thronfolgeerzählung bildete und das Ende der Herrschaft Davids beschrieb, so hat der Abschnitt im vorliegenden Kontext gleichzeitig die Funktion, die Anfänge Salomos darzustellen. Dabei hat der Aufstieg Salomos gegen den legitimen Erben Davids, Adonija (1Kön 1,5–7; 2,15.22), als Fügung JHWHs (2,15) eine deutliche Parallele im Aufstieg Jerobeams gegen den legitimen Erben Salomos, Rehabeam (1Kön 11,26–12,24), der ebenfalls als Fügung JHWHs gewertet wird (1Kön 12,15), und zwar im Sinne einer Strafe für die Sünden Salomos (1Kön 11,9–12). Die intensive Präsenz des toten Salomo in 1Kön 12,1–24, wo er 13mal als Vater Rehabeams erwähnt wird, bringt A. Frisch zur Ansicht, dass nicht nur 1Kön 3,1–11,43, sondern 1Kön 1,1–12,24 eine bewusst komponierte literarische Einheit über Aufstieg, Sünde und Strafe Salomos sei.

A 1,1–2,46	Von Adonijas Versuch, König zu werden, zu Salomos Königtum
B 3,1–15	Salomo und JHWH, Loyalität und Verheißung
C 3,16–5,14	Salomos Herrlichkeit: Weisheit, Herrschaft, Reichtümer und Ehre
D 5,15–32	Zusammenarbeit mit Hiram und Fronarbeit für den Tempel
E 6,1–9,9	Bau des Tempels (und der Paläste) und Weihe des Tempels
D' 9,10–23	Zahlungen an Hiram und Fronarbeit
C' 9,24–10,29	Salomos Herrlichkeit: Handel, Weisheit, Reichtümer und Ehre
B' 11,1–13	Salomo und JHWH, Illoyalität und Ankündigung von Strafe
A' 11,14–12,24	Rebellion gegen Salomo und Spaltung seines Reiches

§ 273   Die konzentrische Struktur mit einer hellen und einer dunklen Seite hat erlaubt, den Tempelbau als wichtigste Leistung Salomos ins Zentrum zu rücken und die Achse des ganzen Textgefüges bilden zu lassen. Das dürfte hist. nur beschränkt richtig sein. Viel wichtiger als der Tempel scheint in vorexil. Zeit der königliche Palast gewesen zu sein, wie die entsprechenden Maßangaben bei genauem Hinsehen deutlich erkennen lassen (§ 305–313). Wenn es überhaupt noch erkennbare Gründe für die Rebellion gegen den Sohn und Nachfolger Davids gibt, die zur Loslösung der Nordstämme aus dem Einflussbereich Salomos geführt haben, dann könnten das der Palast- und Tempelbau und eine übertriebene Prachtentfaltung am Hof, evtl. auch weitere Bauprojekte gewesen sein (vgl. § 291). Sie könnten zu Unzufriedenheit und zur Spaltung geführt haben, jedenfalls kaum der vom DtrG in den Vordergrund gerückte große Harem und jedenfalls nicht die anachronistisch als Sünde diffamierten Heiligtümer fremder Gottheiten (Dtn 17,17). Prachtentfaltung als eventuelle Ursache für Unzufriedenheit wird im positiven Abschnitt C' nicht erwähnt. Aber die konzentrische Struktur gliedert den überlieferten Stoff recht gewaltsam. Dem hist. Interesse zuliebe, das hier im Vordergrund steht, werden die Texte im folgenden thematisch gruppiert und diskutiert.

Der historische Wert der Salomoüberlieferung

§ 274   Eine Reihe von Autoren hat den hist. Wert der Salomoüberlieferungen radikal in Zweifel gezogen oder gar ganz bestritten (Studia Phoenicia 11, 1991, 167–186, Knauf; vgl. die Diskussion in SHCANE 11, 1997, 1–105, Handy, bes. 57–80, Naʾaman = CE III 79–101; TA 27, 2000, 61–74, Niemann). Die Archäologie lasse von einem solchen Reich wenig erkennen, die Schreibkunst sei kaum verbreitet gewesen, die wichtigste Rahmenbedingung, das phöniz. Handelsimperium, habe noch nicht existiert. Diese drei Argumente sind *argumenta e silentio*. Sie sind gemäß § 87f und 166–178

133   Eine vornehme arab. Dame, wahrscheinlich Samsi, die Königin der arab. Sabäer, unterwirft sich Tiglatpileser III. (745–727a)

entsprechend zu gewichten. Wie im einzelnen zu zeigen sein wird, haben die Salomoüberlieferungen die klare Tendenz, Salomos Pracht und Herrlichkeit ins Unermessliche zu steigern. Manches dürfte fiktiv sein. Von südarab. Königinnen z.B. hören wir erst im 8. Jh.a (133; vgl. weiter § 313). Die Alternative ist aber nicht nichts oder fast nichts. Was das phöniz. Handelsimperium als Rahmenbedingung betrifft, so wissen wir über das phöniz. Mutterland nicht nur im 11./10. Jh.a, sondern generell archäolog. sehr wenig Genaues. Die alten Ortslagen (Tyrus, Sidon) sind heute mit großen Städten überbaut, so dass Ausgrabungen nicht möglich sind, und schriftliche Quellen fehlen weitestgehend. Der Import von Zedernholz ist in Palästina archäolog. auch in der EZ I nachweisbar (IEJ 41, 1991, 172, Liphschitz/Biger). Ebensowenig hat der Kupferhandel zw. Zypern, der phöniz. Küste und Palästina völlig aufgehört (§ 377–379; 231). Die für Salomo reklamierten Handelsunternehmen zeigen in manchen Punkten noch den Charakter der SB, die durch königliche Handelsmonopole geprägt war.

§ 275   Es ist, wie oben gezeigt wurde (§ 167), unwahrscheinlich, dass Jerusalem zur Zeit Davids und Salomos völlig illiterat war. Es ist mit Beamtenverzeichnissen u.ä. zu rechnen. Wahrscheinlich ist der Bau eines Tempels in Jerusalem durch eine Bauinschrift verewigt worden (§ 317), der allerdings kaum technische Details zu entnehmen waren (CBQ 59, 1997, 45–57, Van Seters).
Der hist. Wert der Salomoüberlieferung kann aber auch an gewissen Punkten der Überlieferung selbst demonstriert werden. So wird der Zivilisationswandel, der mit Salomo einsetzte, zum Teil ausgebaut, mächtig übertrieben und in seiner Qualität modifiziert (vgl. die Themen »Weisheit«, »Tempelbau«), während andere Aspekte in den Hintergrund rücken, bis sie ganz verschwinden (z.B. »Palastbau«). Diese Tendenzen der Überlieferung müssen bei der Korrelation mit den archäolog. Quellen gebührend berücksichtigt werden. Der heutige Trend zum Minimalismus argumentiert nicht selten ebenso pauschal und unkritisch wie der eine Zeit lang gängige Maximalismus mit dem Großreich Salomos. Das Thema »Weisheit Salomos« zeigt wie andere, dass mit Pauschalurteilen nichts gewonnen ist.
Vieles am bibl. Salomobild dürfte fiktiv sein. Einige wesentliche Leistungen ao Königtums sind ihm wahrscheinlich zuzuschreiben. Es ist denkbar, wenn auch unwahrscheinlich, dass sein großartiger Tempelbau in Wirklichkeit nur eine Renovation oder die Erweiterung eines bereits bestehenden Tempels war. Dennoch soll in diesem Zusammenhang der Tempel eingehend diskutiert werden, weil er eine Realität der vorexil. Monarchie darstellte. Sie hat im Laufe der gut 300jährigen Geschichte sehr wahrscheinlich manche Veränderungen erfahren. Mangels Quellen können diese nur in Ausnahmefällen nachgezeichnet werden. Die Anlage als Ganzes soll, da sie nun schon einmal Salomo zugeschrieben wird, unter diesem Titel abgehandelt werden, auch wenn manches Ausstattungsstück aus späterer Zeit, die aber kaum je sicher zu eruieren ist, stammen sollte.

5.2 ZIVILE AKTIVITÄTEN SALOMOS

VERWALTUNGSMASSNAHMEN

Beamtenschaft – Akzentverschiebungen gegenüber derjenigen Davids

§ 276   Die Beamtenliste Salomos in 1Kön 4,2–6 unterscheidet sich in wichtigen Punkten von den beiden Listen Davids in 2Sam 8,16–18 und 20,23–26, bes. von der zweiten (vgl. dazu § 211–221). Während in jener mit dem Heerbannführer Joab und dem Söldnerführer Benaja die militärischen Funktionen am Anfang und die beiden Priester nach den zivilen Beamten am Ende verzeichnet waren, steht in der salomonischen Liste der Priester an der Spitze, ein Hinweis auf das Abrücken von einem persönlichen, rein auf Macht basierenden zu einem ideologisch und theologisch begründeten Königtum. Außerdem sind die Doppelbesetzungen, die Davids Werdegang widerspiegelten, gestrichen. Nur noch ein Priester (Zadok) und ein Heerführer (Benaja) sind in der Liste Salomos zu finden. Die Abwertung des Militärestablishments gegenüber der Zeit Davids zeigt auch das Fehlen einer vergleichbaren Liste von Offizieren wie der, die von David überliefert ist (2Sam 23,8–39; vgl. § 213 letzter Abschnitt). Typisch ist des weiteren, dass unmittelbar nach dem Priester und noch vor dem Heerführer die zwei klassischen zivilen Ämter, Staatsschreiber und Kanzler (*mazkir*), folgen. Nicht weniger als drei neue zivile Ämter bilden die Fortsetzung: der Vorgesetzte der Statthalter, der Freund des Königs und der Palastvorsteher. Den Schluss macht das Amt des Fron- bzw. Abgabenaufsehers (*'al ha-mas*; vgl. HAL II 571). Ein Freund des Königs erscheint zwar schon bei David (§ 217), aber ohne formell dem »Kabinett« anzugehören.

§ 277   Anders als in der zweiten Beamtenliste Davids, in der die Militärs die Hauptrolle spielen, dominieren also bei Salomo, vom Priester abgesehen, der die theologisch-ideologische Legitimation liefert, die zivilen Ämter. Die meisten Amtsinhaber sind wie Salomo selbst Verwalter der Macht im Erbe. Einige haben aus der Verwaltung Davids überlebt, so der *mazkir* Joschafat und der Fron- bzw. Abgabenaufseher Adoniram, während der Söldnerführer Benaja zum alleinigen Heerführer aufgerückt ist. Der oberste Priester ist ein Enkel des früheren Jerusalemer Oberpriesters Zadok. Die beiden Staatsschreiber sind Söhne von Davids Staatsschreiber. Der Vorgesetzte der Statthalter und der Freund des Königs sind Söhne des Propheten Natan. Einzig Ahischar, der Palastvorsteher, hat keinen Stammbaum.

AUFSEHER ÜBER DIE DISTRIKTVORSTEHER, DISTRIKTEINTEILUNG UND LASTEN

§ 278   Das erste neue Amt ist das desjenigen, der über den Distriktvorstehern ist (*'al han-niṣṣabim*; 1Kön 4,5), d.h. der Chef der »Statthalter«. *niṣṣab* bedeutet einfach »Vorgesetzter«, z.B. eines Arbeitstrupps (Rut 2,5f) oder eines Haushalts (1Sam 22,9; vgl. zum Begriff DBS VIII 274–286, Caquot; BWANT 117, 1985, 107–109, Rütterswörden). In 1Kön 4,7–19 sind es eine Art Distriktpräfekten oder Provinzgouverneure. Die Vulgata bezeichnet sie in Anlehnung an das röm. Provinzsystem als *praefecti*. Als deren Aufgabe wird in 1Kön 4,7 einleitend die Versorgung des Hofes genannt. Diese Aussage wird in 1Kön 5,7 wiederholt und erhält so rahmenden Charakter. Die Nennung des Bedarfs in 1Kön 5,2–4 erinnert an die viel bescheidenere »Hofhaltung« des Nehemia (Neh 5,18), und die monatsweise Versorgung durch einzelne Provinzen an das, was wir vom persischen Hof hören (vgl. Herodot, Historien I 192; AASOR 5, 1925, 23–65, Dougherty). Es könnte sich also um eine spätere Interpretation der Rolle der 12 Distrikte und ihrer Verantwortlichen handeln. Die Distrikte sind von sehr unterschiedlicher Art (Landschaften, Stammesgebiete, Einzelstädte, Städtegruppen). Ihre wirtschaftlichen Möglichkeiten sind viel zu verschieden, als dass sie je einen Monat die gleiche Aufgabe hätten übernehmen können. Die Funktion der Verantwortlichen war wohl das Einsammeln und Abliefern von »Geschenken«, die Versorgung von Truppenteilen (1Kön 5,8), vor allem aber die Verwaltung ihrer Gebiete in einer gewissen Abhängigkeit von Jerusalem (de Vaux, Lebensordnungen I 217f).

§ 279   Die in der Liste 1Kön 4,7–19 genannten Distrikte (**134**) stellen zum einen alte Stammesgebiete dar, so z.B. Issachar oder Naftali, zum anderen scheint aber das Gebiet wichtiger Stämme ganz absichtlich auseinander gerissen worden zu sein, so das Haus Josef mit den Stämmen Efraïm und Manasse, deren Gebiet in die Distrikte III, IV und V auseinanderdividiert wurde, wahrscheinlich um die Bildung eines potenziellen Machtzentrums zu verhindern, das der Zentralmacht hätte gefährlich werden können (vgl. 2Sam 20; CB.OT 5, 1971, 115f.119.126 Mettinger). Die Gebiete der ehemaligen kanaanäischen Stadtstaaten wurden anscheinend weitgehend intakt gelassen, so etwa das Gebiet von → III Dor oder dasjenige von → III Megiddo, → III Taanach und → III Bet-Schean (zu Megiddo und Taanach vgl. Ri 5,19; VT 52, 2002, 93–102, Niemann). Die Aufteilung war in diesem Sinne eher konservativ, und das Fehlen einer Integration der beiden Bevölkerungsgruppen machte dem Nordreich später schwer zu schaffen.

In Jerusalem hatte David energisch versucht, die alteingesessenen Jerusalemer und die Landjudäer zu integrieren. Selbst da blieben Spannungen nicht aus (vgl. § 222 und § 269f), ließen sich aber ohne Dynastiewechsel bewältigen. Auffällig ist, dass die Liste der Distrikte Juda nicht nennt. In 1Kön 4,19b LXX wird zwar ein Statthalter für Juda genannt, aber die Nennung hinkt nach, und auch sein Name fehlt. Mettinger meint, dass Juda doch in das System der Distrikte integriert gewesen sei (CB.OT 5, 1971, 121–124). Das nimmt auch N. Na'aman an. Er hält die Liste nach wie vor für alt (z.B. fast völliges Fehlen *jhwh*-haltiger Namen), glaubt aber, dass sie unter Einfluss des assyr. Provinzsystems im 8. oder 7. Jh. überarbeitet wurde (UF 33, 2001, 419–436 = CE III 102–119).

§ 280   Eine ähnliche Unklarheit wie bei der Distrikteinteilung herrscht in der Frage, ob Juda bzw. Israel zum Frondienst beigezogen wurde. Wir hören von einem Beauftragten für die »Last« (*sebæl*), die das Haus Josef zu tragen hatte (Jerobeam, Sohn des Nebat; 1Kön 11,26–28.40) und von »Frondienst« bzw. »Abgabe« (*mas*) ganz Israels (1Kön 5,27). Diese sind nach 1Kön 12,4ff später einer der Gründe für die n Gebiete, von der Davidsdynastie abzufallen. Ein dtr. inspirierter Text behauptet zwar, Salomo hätte keine Israeliten, sondern nur die Reste der Kanaanäer zum Frondienst eingezogen (1Kön 9,20–22; § 729), aber der Text will offensichtlich einen der Gründe für die Reichstrennung beseitigen. Von einem Frondienst Judas ist nicht die Rede, auch wenn man sich schwer vorstellen kann, Salomo habe durch so massive Einsei-

134 Die 12 Distrikte des salomonischen Herrschaftsbereichs nach 1Kön 4,7–19

tigkeiten wie die Dispens von Frondienst und Abgaben und den Verzicht auf einen Statthalter seine Herrschaft über ganz Israel aufs Spiel gesetzt. Frondienst und Abgaben waren in den alten Stadtstaaten üblich. Für die Dorfbewohner und halbnomadische Bevölkerung des Berglandes war sie ein Unding, das die Exodusüberlieferungen thematisieren (vgl. § 243.397–399). P. Särkiö findet in den Exodusüberlieferungen versteckte Kritik am Versuch Salomos (oder späterer Könige?), in Israel in größerem Umfang Frondienst einzuführen (BN 102, 2000, 74–83; zum Frondienst im allgemeinen vgl. NBL I 709f, Dietrich; BWANT 156, 2002, 157–163, Dietrich; kritisch zum Frondienst zur Zeit Salomos ZAW 112, 2000, 210–229, Becker).

§ 281   Die Inhaber der Statthalterämter werden für die Distrikte I–IV und VI ohne Eigennamen, nur als »Sohn des X« aufgeführt. Das ist ein Hinweis auf einen ererbten Posten (Alt, KS III 198–203). Da Salomo die Distrikteinteilung, vielleicht nur in dieser Form, neu eingeführt hat, müssen die Väter andere Posten innegehabt haben. Das wichtigste Kanaanäergebiet, das der Städte Megiddo, Taanach und Bet-Schean, wird von einem Enkel Ahiluds und Sohn Joschafats verwaltet, der Davids *mazkir* war (§ 214). Der Statthalter von Naftali, Ahimaaz, ist vielleicht ein Sohn des einflussreichen Priesters Zadok (§ 219; vgl. 2Sam 15,27.36; 17,17–22; 18,19–31). Der Statthalter von Ascher ist ein Sohn Huschais, eines Freundes Davids (2Sam 15,37). Zwei der Statthalter haben Töchter Salomos als Frauen (1Kön 4,11.15). Auch hier bildet sich ein richtiges Establishment heraus. Jens Kamlah hat gezeigt, dass diese Namen und die wenig expliziten Hinweise auf verwandtschaftliche Beziehungen den Kern der Liste von 1Kön 4,7–19 bilden (BN 106, 2001, 57–78; vgl. weiter W.G. Dever, What did the Biblical writers know and when did they know it?, Grand Rapids/Cambridge 2001, 138–144).

Weitere neue zivile Ämter

§ 282   Den Titel *Freund des Königs* (re'æh ha-mælæk) gab es schon zu Zeiten Davids (2Sam 15,37; 16,16; § 217). Aber dort figuriert der Titel noch nicht als förmliche Amtsbezeichnung, und sein Träger ist nicht Mitglied des »Kabinetts«. Neu sind auch der Titel und das Amt dessen, der *über das Haus* ('ašær 'al hab-bajit) gesetzt ist (vgl. CB.OT 5, 1971, 70–110 Mettinger; BWANT 117, 1985, 77–85, Rüterswörden). Mit dem Haus ist das des Königs gemeint (vgl. 2Chr 26,21). Die Verantwortung dieses Beamten war es wohl, die Residenz in Gang zu halten. Er war der für die unmittelbare Umgebung des Königs wichtigste Beamte, der über seine unmittelbare Verantwortung hinaus viel Einfluss besaß. Im Gegensatz etwa zum Chef der Statthalter, der nach der Reichsteilung nicht mehr benötigt wurde, spielte der Majordomus im kleinräumigen Jerusalem der getrennten Reiche bis zu dessen Untergang eine bedeutende Rolle (vgl. z.B. Jes 22,15–19; 36,3.22). Der Titel kommt auf einem Siegel aus dem Handel (Avigad/Sass, Corpus Nr. 1) und auf mehreren judäischen Bullen vor, auf dreien aus Jerusalem (ebd. Nr. 403f.406) und auf einer aus Lachisch (ebd. Nr. 405; vgl. auch KAI Nr. 191b = Renz/Röllig, Handbuch I 264; III Taf. 31,2, Grabinschrift aus Silwan; Küchler, Jer 738–742 mit 416.418.420).
Der Ausbau der zivilen Beamtenschaft bedeutete einen Schritt in Richtung Bürokratisierung und damit auch Ägyptisierung Jerusalems, insofern man Ägypten nicht

ganz zu Unrecht auf die Kurzformel: Nil, Königtum, Bürokratie bringen kann. Allerdings muss man sich vor der Meinung hüten, dieser erste Schritt habe schon das Ziel eines durchorganisierten Beamtenstaates erreicht. Gewisse Abgaben und Frondienstleistungen ließen sich auch ohne einen solchen verwirklichen.

SALOMOS HEIRATSPOLITIK – EIN INSTRUMENT DER AUSSENPOLITIK

Eine Pharaonentochter?

§ 283 Die Ägyptisierung des Jerusalemer Hofes unter Salomo wird von der Salomoüberlieferung plakativ hervorgehoben, indem sie mit der Notiz einsetzt: »Salomo verschwägerte sich mit dem Pharao, dem König von Ägypten. Er nahm eine Tochter des Pharao zur Frau und brachte sie in die Davidstadt, bis er sein Haus, das Haus JHWHs und die Mauern rings um Jerusalem vollendet hatte« (1Kön 3,1). Noch viermal taucht dieses Prunkstück des salomonischen Harems in der Überlieferung auf. Es wird vermerkt, dass →III Geser als ihre Mitgift in den Besitz Salomos gekommen sei (9,16), dass Salomo für sie einen eigenen Palast baute (7,8) und dass sie aus der Davidstadt in diesen übersiedelte (9,24). Immerhin gab es neben ihr noch viele ausländische Frauen (1Kön 11,1; zu Heiraten als Mittel internationaler Politik in der SBZ vgl. OBO 185, 2002, 85–132, Roth). Man hat die Bemerkungen zum »Haus der Tochter Pharaos« als Ausgangspunkt für die sagenhafte Heirat machen wollen. Das Haus muss aber doch eher als Konsequenz der hist. oder fiktiven Heirat Salomos mit der ägypt. Königstochter gesehen werden. Für fremdländische Königstöchter spezielle Paläste zu bauen, war eine alte Tradition. Das tat z.B. Ramses II. für die hetit. Prinzessinnen (K.A. Kitchen, Ramesside Inscriptions Translated and Annotated: Translations II, Oxford 1996, 96; E. Edel, Die ägyptisch-hethitische Korrespondenz aus Boghazköi in babylonischer und hethitischer Sprache II, Opladen 1994, 222).

§ 284 Den Glanz einer Verbindung zw. Salomo und einer ägypt. Königstochter kann man ermessen, wenn man sich daran erinnert, dass der kassitische König von Babylon, Kadaschman-Charbe I., als er den ägypt. König Amenophis III. (1390–1353) um eine Prinzessin bat, zur Antwort erhielt: »Von alters her ist eine Königstochter von Ägypten an niemanden gegeben worden« (EA 4,6f). Auch als der Babylonier vorschlug, irgendeine schöne Frau zu übersenden, weil in Babylonien ja niemand sagen werde: »Das ist keine Königstochter!«, weigerte sich Amenophis III. (ebd. Z. 10–14). Das Ägypten der 21. oder der 22. Dyn. war nicht mehr das der 18. Die Verheiratung einer ägypt. Königstochter an einen fremden Fürsten mag bes. in der 22. Dyn. möglich gewesen sein (Kitchen, Third Intermediate Period 479, Table 12 plus 594; BN 103, 2000, 23–29, Jansen-Winkeln). Schon die Herkunft des Begründers der 21. Dyn. (1069–945a), Smendes I., ist sehr umstritten. Scheschonq I., der Begründer der 22. Dyn. (945–713a) war Libyer und von daher weniger der altägypt. Tradition verpflichtet, keine Königstochter ins Ausland zu verheiraten. Allerdings kann auch anders herum argumentiert werden, dass er sich als Nicht-Ägypter bes. streng an ägypt. Gepflogenheiten gehalten hat. Die von Kitchen und Jansen-Winkeln gesammelten Belege betreffen die Verheiratung von Königstöchtern an ägypt. bzw. libysche Vornehme, nicht an Ausländer.

§ 285 Belege für die Verheiratung ägypt. Prinzessinnen an wirklich fremdländische Könige fehlen nach wie vor (BN 111, 2002, 90–98, Schipper). Vielleicht war ein König der 22. Dyn. im Gegensatz zu Amenophis III. wenigstens bereit, irgendeine mehr oder weniger vornehme Ägypterin nach Jerusalem zu schicken, die dann als ägypt. Königstochter gelten konnte (N.A.B.U. 1999/2, Nr. 32, Na'aman; vgl. ⑦ EA 4,11–13). Die Historizität der Überlieferung bleibt unsicher. Die Tatsache, dass der Name der Pharaonentochter nicht überliefert ist, bedeutet allerdings nicht allzu viel. Auch wenn die Heirat hist. ist, basiert die Überlieferung höchst wahrscheinlich auf einer ursprünglich mündlichen Überlieferung. Aber selbst in schriftlichen Quellen werden die Namen ausländischer Königtöchter nicht erwähnt, so die der in § 283 erwähnten hetit. Prinzessinnen im Harem Ramses' II. In den neubabylon. Chroniken (§ 776) bleiben selbst fremde Könige oft ohne Namen. A. Lemaire hat mit Nachdruck auf den nüchtern annalistischen Charakter der Notizen über die Heirat Salomos mit einer ägypt. Königstochter hingewiesen. Sie dokumentiere hauptsächlich die Abhängigkeit Salomos von der 21. ägypt. Dynastie (1069–945a). Die spezielle Verbundenheit Jerusalems mit Ägypten ist jedenfalls für die 22. Dyn. (945–713a) nachweisbar (vgl. § 390–391). Der strahlende Glanz, den diese Heirat auf Salomo geworfen habe, ist nach Lemaire hauptsächlich das Werk moderner Kommentare (in: FS Mazar 699–710). Das DtrG hat diese Überlieferung sorgfältig mit anderen mehr oder weniger hist. Überlieferungen verknüpft (Na'aman, in: SHCANE 11, 1997, 63f, Handy; JSOT.S 297, 1999, 112–119, Ash; OBO 170, 1999, 84–107, Schipper).

Das Fragment eines Alabastergefäßes aus Ugarit zeigt Niqmaddu, den König von Ugarit (14. Jh.a), wie er in ägypisierender Umgebung von einer ägypt. gekleideten Haremsdame mit Salböl bedient wird (135). Man hat das Bild schon als Beleg dafür angeführt, dass ägypt. Prinzessinnen an Nichtägypter verheiratet wurden. Viel wahrscheinlicher ist die Deutung, der ägypt. Hof sei während des Neuen Reiches eine Art Versailles gewesen, das alle möglichen Kleinkönige so gut es ging imitierten (JSOT.S 297, 1999, 115, Ash; OBO 170, 1999, 85f, Schipper).

§ 286   Trotz großer Anstrengungen ist auf die Frage, wessen Pharaos Tochter die Prinzessin gewesen sein könnte, falls Salomo tatsächlich eine solche heiraten konnte, keine sichere Antwort zu finden. Kein Name ist überliefert. Häufig wurde vermutet, es könnte Siamun (978–959a) gewesen sein (BR 12, 1967, 3–17, Horn; JBL 97, 1978, 353–367, Green); seltener wurde Psusennes II. vorgeschlagen (959–945a; BL² 1373, Janssen/Brunner). E.A. Knauf meint, es komme aus zeitlichen und anderen Gründen am ehesten Scheschonq I. als Schwiegervater Salomos in Frage (ca. 945–924a; Studia Phoenicia 11, 1991, 181f; ZDPV 118, 2002, 116 Anm. 13, Finkelstein). Scheschonq hat einen Feldzug nach Palästina unternommen und dabei laut seiner Städteliste Geser erobert (Simons, Handbook XXXIV Nr. 12; Aḥituv, Toponyms 101f), das er seiner Tochter als Brautgeschenk gegeben haben soll (1Kön 9,16f). Es ist schon immer aufgefallen, dass seine Liste keine jud. Städte nennt und er also das Kernland Salomos ausgespart hat (vgl. aber § 390f). 1Kön 14,25f datiert den Einfall Scheschonqs allerdings in die Zeit Rehabeams und nicht in die Salomos (vgl. dazu § 394–396).

Ein riesiger Harem

§ 287   Ähnlich glanzvoll und vage wie die Tochter Pharaos sind die 1000 Frauen, 700 fürstliche (*našim sarot*) und 300 Nebenfrauen (*pilagšim*), die seinen Harem bevölkert haben sollen (1Kön 11,3). Von ähnlich phantastischen Zahlen hören wir im Orient zwar auch sonst gelegentlich (Beispiele bei ICC, Kings, 1951, 234f, Montgo-

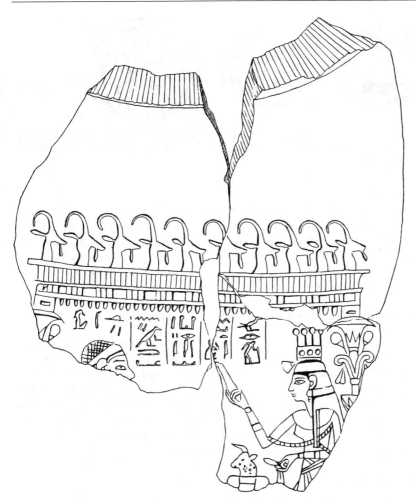

135 Niqmaddu, der König von Ugarit, wird in ägyptisierender Umgebung, von einer ägypt. gekleideten Haremsdame mit Salböl bedient (13. Jh.a)

mery). So soll der Sassanidenkönig Chosroës II. (590–627p) 3000 Frauen und 12000 Konkubinen gehabt haben. Schon das Hld scheint über die 1000 Frauen Salomos zu spotten (8,11–12). An einer andern Stelle nennt es 60 Königinnen und 80 Konkubinen Salomos samt Begleitung ohne Zahl (6,8–10). Für den Sohn Salomos Rehabeam nennt 2Chr 11,21 18 Frauen und 60 Konkubinen. Diese Zahlen sind immer noch hoch, scheinen aber, wenn man an den häufigen Tod im Kindsbett denkt, doch eher realistisch. Unter den Bewohnerinnen des salomonischen Harems werden Ammoniterinnen, Moabiterinnen etc. genannt (1Kön 11,1ff). Die Passage klingt wie dtr. Kritik (vgl. Dtn 17,17; 7,3f). Mit Sicherheit wissen wir nur, dass eine der ersten Frauen Salomos eine Ammoniterin war, Naama, die Mutter des Kronprinzen Rehabeam (1Kön 14,21; RB 106, 1999, 35–40, Malamat). Damit wird aber schon ein Unter-

136–138 Der Streitwagen mit bogenschießendem Lenker gehört zu den charakteristischen Motiven der Skarabäen der ausgehenden Eisenzeit I, der weit verbreiteten sog. postramessidischen Massenware (1050–900a)

schied zu David sichtbar. Während Davids Heiraten mit Ausnahme der Heirat mit Maacha der Mutter Abschaloms, einer Königstochter aus dem aram. Geschur (2Sam 3,3; 13,37), der Stabilisierung seiner israelit.-jud. Beziehungen, und d.h. dem inneren Zusammenhalt des entstehenden Herrschaftsgebildes dienten (vgl. Lehmann, in: Vaughn/Killebrew, Jerusalem 2003, 136–146), waren diejenigen Salomos außenpolitisch orientiert.

TRANSPORTMITTEL, HANDEL UND SICHERHEITSPOLITIK

§ 288   Wie bei Salomos Weisheit, Beamtenschaft und Heiratspolitik stellt sich auch im Folgenden stets die Frage, wie weit wir es hier mit Idealvorstellungen eines ao Hofes zu tun haben und wie weit hist. Kernüberlieferungen vorlagen, an die sich allerhand Clichés und barocke Ausschmückungen ankristallisieren konnten. Der Zivilisationswandel im Sinne einer stärker internationalen Ausrichtung und einer Anpassung an levantinische Standards des 10. und 9. Jh.a (FS Emerton 110–113, Lemaire), die bei David durchwegs fehlen, lassen sich bei Salomo nicht nur in Bezug auf den Harem, sondern auch in andern Bereichen feststellen.

Salomos Streitwagen

§ 289   David war im Hinblick auf die Anschaffung von Pferden und Wagen im Gegensatz zu seinen anspruchsvolleren Söhnen anscheinend äußerst zurückhaltend (vgl. § 201). Auf den in der s Küstenebene weit verbreiteten Skarabäen der postramessidischen Massenware (Blütezeit 10. Jh.a; vgl. § 164 letzter Abschnitt; § 232 mit **118–120**) bilden Streitwagenkämpfer einen festen Bestandteil des Motivschatzes (**136–138**). Nach dem Zerfall der ägypt. Herrschaft scheinen die Nachfolgestaaten dieses symbolträchtige Prestigeobjekt sich nach Möglichkeit zugelegt zu haben. So soll auch Salomo der Armee ein Streitwagencorps angegliedert haben. Knauf glaubt nicht, dass Platz für 4000 Wagen vorhanden gewesen sei (Studia Phoenicia 11, 1991, 175). Der hebr. Text redet in 1Kön 5,6 sogar von 40000 Wagen. Nur die Parallelstelle in 2Chr 9,25 hat 4000. Der hebr. Text von 1Kön 5,6 steht also am Ende einer Entwicklung, deren Ausgangspunkt 1Kön 10,26 sein dürfte, wo von 1400 Wagen die Rede ist. Auch das mag noch zu viel sein. Vielleicht stand einmal 400. Die 12000 *parašim*, die an allen drei Stellen erscheinen, brauchen nicht Reiter zu sein, wie Knauf suggeriert, sondern können Streitwagenfahrer (HAL III 919f) oder allgemein die mit dem Wagencorps verbundenen Truppen meinen. Zahlen sind in den ao Überlieferungen häufig besonders problematisch.

So soll rund 80 Jahre nach Salomo König Ahab von Israel in der Schlacht gegen Salmanassar III. bei Qarqar am Orontes im Jahre 853a 2000 Wagen gestellt haben, mehr als irgend sonst ein syr. oder palästin. Herrscher (TGI² 50; ANET 278f; RB 109, 2002, 40–56, Galil). Die Zahlen in assyr. Annalen müssen ebenso kritisch hinterfragt werden wie die in den bibl. Texten (vgl. § 545). Die Annalisten Salmanassars mögen die Zahl übertrieben haben, um das Unentschieden zu rechtfertigen, mit dem die Schlacht tatsächlich geendet hat. Es ist aber kein Grund ersichtlich, warum sie gerade Ahab ein besonders großes Kontingent zusprechen sollten. Wenn Ahab ca. 80 Jahre nach Salomos Tod ein bedeutendes Streitwagencorps in die Schlacht werfen konnte, ist es vernünftig anzunehmen, eine entsprechende Tradition sei einige Jahrzehnte früher begründet worden, denn die Schulung des Personals und der Pferde war nicht nur eine teure, sondern auch eine komplizierte und zeitraubende Angelegenheit.

Salomos Handelsunternehmungen

§ 290   Die Tradition beansprucht zu wissen, wie Salomo sich die nötigen Mittel für die Anschaffung von Pferden und Streitwagen beschafft hat. Er soll von dem in § 289 genannten, verstärkten Bedarf an solchen Prestigeobjekten profitiert und sich dank der Lage seines Einflussgebiets am Fernhandel mit ihnen beteiligt haben (zu Fernhandel von der MB II bis zur EZ II vgl. JSOT.S 325, 2001, 136–198, Holladay). Der Inhalt der einschlägigen Notiz in 1Kön 10,28f ist hist. allerdings wenig sinnvoll (OBO 170, 1999, 78f mit Anm. 398, Schipper). Zwar waren die Pferde aus Quë (vgl. KAI Nr. 202, A6) seit alters berühmt und ebenso die ägypt. Streit- und Prunkwagen. Aber die Vermittlung von Pferden von Ägypten nach Nordsyrien ist ganz unwahrscheinlich, da die ägypt. Pferdezucht stets auf Importe aus dem N angewiesen war (Boessneck, Tierwelt 80; zu Pferden aus Ägypten bzw. Muzri vgl. DBS V 1468–1474, Garelli; JSOT.S 297, 1999, 119f Anm. 64, Ash; zu Pferden aus Kusch/Nubien JNES 56, 1997, 105–114, Heidorn). Ebenso unwahrscheinlich ist die Notwendigkeit oder auch nur Möglichkeit von Vermittlerdiensten Salomos.

Ein archäolog. Indiz für Beziehungen zw. Nordsyrien und Palästina im 10. Jh. sind eine Anzahl von Stempelsiegeln aus Hämatit, die aus Nordsyrien stammen und in Palästina in Straten der frühen EZ II gefunden worden sind (OBO.A 10, 1995, § 357–360, Keel). Für Jerusalem selbst sind Beziehungen zu N-Syrien und SO-Anatolien seit der SB II nachweisbar (§ 125–132 und 262). Dennoch kann die Notiz über einen ausgedehnten Pferde- und Streitwagenhandel zur Zeit Salomos eine Projektion aus dem 8. Jh. sein, die an das Wissen anknüpft, dass Salomo ein Streitwagenkorps aufstellte (OBO 170, 1999, 73–84, Schipper).

§ 291   Ein weiterer Bereich des Außenhandels war derjenige mit Tyrus. Beziehungen zw. dem Königreich Tyrus und dem von Israel im 10. Jh.a sind zunehmend archäolog. nachweisbar (TA 31, 2004, 194–208, Ben-Ami). Nach 2Sam 5,11 hatte Hiram David offeriert, einen Palast für ihn zu bauen. Beim Tode Davids soll Hiram Boten geschickt haben, die nach dem MT 1Kön 5,15 nichts taten, nach der älteren Version in LXX 1Kön 5,15 Salomo anstelle Davids salbten. Der Text sagt nicht, dass sie ihn »zum König salbten«. Der Vorgang hatte nicht die gleiche Bedeutung wie der altisraelit. Ritus der Salbung (§ 234). Diese Salbung hat wahrscheinlich einen Vertrag begleitet oder begründet (1Kön 5,26; CRB 48, 2000, 140, Schenker). Salomo erhielt im Rahmen dieses Vertrags Zedernholz (1Kön 5,20–24; VT.S 17, 1969, 71–87, Fensham), um JHWH einen standesgemäßen Tempel (1Kön 6,9f.15.18.20.36), vor allem aber für sich selbst einen standesgemäßen Palast zu bauen. Der Import der Koniferenhölzer war sehr teuer. Laut Vertrag musste Salomo dem Phönizierkönig jährlich 7 880 000 l Weizen und 7880 l feinstes Olivenöl liefern (1Kön 5,25). Einmal mehr mögen diese Zahlen übertrieben sein. Jedenfalls handelte es sich bei dem, was Salomo (und spätere Könige) bei diesem und ähnlichen Geschäften einsetzen konnten um Subsistenzmittel, die dann teurer wurden und den Ärmsten unter Umständen ganz abgingen. Salomo soll sich bei diesem Geschäft dermaßen verschuldet haben, dass er dem Phönizierkönig 20 Städte abtreten musste, die angesichts der riesigen Verschuldung als Bezahlung aber auch nicht ausreichten (1Kön 9,10–14). Die Mechanismen und Praktiken erinnern an die heutigen Beziehungen zw. der sog. Ersten und der Dritten Welt. Die Abtretung von Land an die Phönizier widerspricht dem dtr. und noch mehr dem chr Salomobild so sehr, dass es fast unumgänglich wird, einen hist. Kern anzunehmen (OBO 170, 1999, 60–64, Schipper).

§ 292   Man kann sich zwar vorstellen, dass die Phönizier, um doch noch auf ihre Kosten zu kommen, Salomo gemeinsame Handelsfahrten von → II Ezjon-Geber aus nach Arabien vorschlugen (1Kön 9,26–28; 10,11 f.22). Dabei soll es vor allem um den Import von Gold gegangen sein. Die Lage des in diesem Zusammenhang genannten Landes Ofir ist schon an verschiedensten Orten, von Indien bis Ostafrika gesucht worden (EHAT 9 262–270, Šanda; Renz/Röllig, Handbuch I 229f; NBL III,26, Görg). Am ehesten ist es in 'Asir, an der Westküste Arabiens zu suchen, wo Goldvorkommen nachgewiesen sind (MDOG 117, 1985, 55, Fritz). Bis heute haben sich keine archäolog. Reste am N-Ende des Roten Meeres aus dem 10. oder 9. Jh.a gefunden, die sich mit den Phöniziern in Verbindung bringen ließen. Juda ist wahrscheinlich erst im 8. Jh.a mit Hochseeschiffen (Tarschisch-Schiffen; vgl. dazu auch NBL III 785, Görg) in Kontakt gekommen. Es dürfte sich also bei dieser Notiz um eine Übertragung späterer Verhältnisse auf frühere Zeiten *ad maiorem Salomonis gloriam* handeln (vgl. im Einzelnen OBO 170, 1999, 64–73, Schipper).

§ 293   Von Kriegen Salomos weiß die Überlieferung nichts. Vielleicht war zu seiner Zeit die Bildung von Territorialstaaten nach dem Rückzug der Ägypter so weit fortgeschritten, dass eine Beruhigung eintrat. Die Nachrichten über seine Handelsunternehmen scheinen zu verraten, dass er eher auf Kooperation als auf Konfrontation setzte. Das Fehlen von Nachrichten über kriegerische Auseinandersetzungen dürfte nebst seinem Namen ein wichtiger Grund für seinen Aufstieg zum märchenhaften Friedenskönig der bibl. Tradition gewesen sein.
Die Befestigungen von → III Hazor, → III Megiddo und → III Geser, Bet-Horon und → II Tamar (1Kön 9,15.17f) dienten, wenn sie hist. Salomo zuzuschreiben sind, was nach wie vor zahlreiche namhafte Archäologen vertreten (vgl. § 165), der Sicherung der Handelswege und zunehmend auch der inneren Sicherheit; die ersten drei der Sicherung der Küstenstr., soweit sie durch das unter dem Einfluss Salomos stehende

Gebiet führte, jene von → III Bet-Horon der Sicherung der Str. nach Jerusalem (§ 27) und Tamar der Verbindung nach S. I. Finkelsteins *Low Chronology* datiert diese Bautätigkeiten 60–80 Jahre später in die Zeit der Omriden (vgl. § 165; kritisch dazu: Ortiz, in: FS Mazar 587–611). Es ist offensichtlich nicht ganz einfach, Baureste aufgrund der Keramik auf Jahrzehnte genau zu datieren.

SALOMOS PALAST

Das Verhältnis von Tempel und Palast

§ 294   Mit Salomo wird – abgesehen von Weisheit und Pracht – am häufigsten der Bau des Jerusalemer (Salomonischen oder 1.) Tempels verbunden. Wie eingangs dieses Kapitels gezeigt, hat schon die Redaktion der Salomoüberlieferungen den Tempelbau in den Mittelpunkt des konzentrisch angeordneten Stoffes gestellt (§ 272). In diesem Kern ist aber ein Überlieferungsstück erhalten, das ursprünglich einmal umfangs- und wahrscheinlich auch bedeutungsmäßig die Hauptsache gebildet haben dürfte, im Laufe der Überlieferung aber zu einer Nebensache geworden ist: der Palastbau. Von den 170 Versen in 1Kön 6,1–9,9, die von den Bauten Salomos reden, beschäftigen sich ganze 18 Verse (11,8 %) mit dem Palast, die restlichen 152 Verse (88,2 %) mit dem Tempelbau, vor allem mit der Bedeutung des Tempels, so die ganz und gar dtr. formulierte Ansprache Salomos, sein anschließendes Gebet und sein Segen anlässlich der Tempelweihe (1Kön 8,14–61). Darin kommt eine massive Aufwertung des Tempelbaus durch das DtrG (7./6. Jh.; § 756–768) zum Ausdruck, die mit einer Abwertung des Palastbaus einhergeht. Im 4./3. Jh. hat der Chronist diese Tendenz nochmals ein gutes Stück weiter geführt. Wenn man die ausführlichen Vorbereitungsarbeiten unter David in 1Chr 22 und 28,1–29,8 dazu nimmt, hat der Chronist die Darstellung des Tempelbaus auf 184 Verse erweitert (2Chr 1,18–7,22). Den Palastbau erwähnt es gerade noch beiläufig (vgl. dazu § 1524–1545). Diese Entwicklung reflektiert die im Laufe der Jahrhunderte ins Gewaltige gewachsene Bedeutung des Tempels. Das Wissen um den Palast ist soweit verloren gegangen, dass man um die Zeitenwende nicht einmal mehr wusste, wo der Königspalast gestanden hatte und man ihn auf dem SW-Hügel vermutete (§ 65–68). Die Lage des Tempels hingegen ist nicht nur durch die Jahrhunderte bekannt geblieben, sondern dem Tempelplatz ist immer größere kultische bzw. heilsgeschichtliche Bedeutung zugesprochen worden (Klagemauer, Felsendom; zum Verhältnis zw. Tempel und Palast vgl. weiter § 404 und Busink, Tempel I 618–646).

§ 295   Die Zahlen zur Größe der Palastbauten bzw. des Tempels bezeugen, dass die Überlieferung bei aller späteren Überarbeitung eindrückliche Spuren früherer Zustände bewahrt hat. Wie früh diese sind, ist natürlich diskutabel. In nachexil. Zeit bestand, wie gezeigt, kaum mehr Interesse am Palast. Die ganze Aufmerksamkeit konzentrierte sich auf den Tempel. Ob die Maßangaben zu den Palastbauten sich tatsächlich auf salomonische Bauten oder auf eine spätere vorexil. Phase der Entwicklung der Akropolis beziehen, ist nicht mit letzter Sicherheit zu entscheiden. Jedenfalls dokumentieren sie eindrücklich den Vorrang des Palasts vor dem Tempel in vorexil.

Zeit. Rekonstriert man das salomonische Jerusalem, ist der Tempel von der Stadt durch das Palastareal getrennt (**139**).

§ 296   Palast und Tempel waren von einer Mauer umgeben (**139–140**; 1Kön 7,9.12; vgl. weiter § 404). Die dominierenden Bauten innerhalb dieses Komplexes waren die des Palastes. Während der Tempel ca. 30m lang, 10m breit und 15m hoch war, soll allein der als »Libanonwaldhaus« bezeichnete Palastteil ca. 50m lang, 25m breit und 15m hoch gewesen sein (vgl. 1Kön 6,2 mit 7,2). Während der Tempel in sieben Jahren vollendet wurde, soll an den Palastbauten 13 Jahre lang gearbeitet worden sein (vgl. 1Kön 6,37f mit 7,1). Diese Zahlenverhältnisse bezeugen, dass der Palast einmal eine viel größere Bedeutung besaß als der Tempel. Vergleichbare Größenverhältnisse zw. Palast und Tempel wie in Jerusalem haben sich auf dem Tell Ta'inat zw. Aleppo und Antiochien gefunden, eine Anlage, die allerdings ins 9. oder gar 8. Jh.a datiert (**141**; vgl. Werner, Sakralarchitektur 114f). Der Jerusalemer Tempel war – ehe er in nachexil. Zeit zu dem Stadtelement wurde, das die Stadt in jeder Hinsicht dominierte und ihr ihren Charakter gab – primär Teil einer Selbstdarstellung des jud.-israelit. Königtums. Setzt man die Maßangaben von 1Kön 6,1–9,9 in eine Rekonstruktion (**139**) bzw. einen Plan um (**140**), schrumpft der Tempel zu einer »Palastkirche«. Das hat nichts mit einem privaten Andachtsbereich zu tun, aber mit einer engen gegenseitigen Zuordnung von Tempel und Palast. Noch mehr als der Tempel in →III Bet-El war der Jerusalemer Tempel am Anfang ein *miqdaš mælæk ubet mamlakah* »Königsheiligtum und Reichstempel« (Am 7,13; vgl. 1Kön 12,26f). Das enge Nebeneinander von Palast und Tempel hat später bes. der Tempelentwurf in Ez 40–48 scharf kritisiert. Ez 43,8 rügt: »Sie (die Könige von Juda) legten ihre Schwelle neben meine Schwelle und setzten ihre Türpfosten neben meine Türpfosten, so dass zw. mir und ihnen nur eine Wand war. So befleckten sie meinen heiligen Namen …« (vgl. § 1208; vgl. dagegen Ps 110,1a).

§ 297   Darin äußert sich eine spätere Sensibilität. In der Frühzeit der Monarchie machte der Tempel das positive Verhältnis sichtbar, in dem der König zur Gottheit stand, seine Gottesfurcht und damit auch den Segen, der auf ihm ruhte (vgl. § 263). Schon in altsyr. Zeit (um 1750a) haben sich syr. Fürsten auf ihren Rollsiegeln als »Besitzer« ihres Tempels darstellen lassen. **142** zeigt rechts eine von Stiermenschen flankierte *en face* dargestellte thronende Göttin. Links ist der Stadtkönig zu sehen, vor dem zwei Diener stehen. Der Bereich der Göttin, der Tempel, und der des Königs, der Palast, sind durch eine zweigesichtige Janusgestalt verbunden. Eine ähnliche Konstellation zeigt **143**. Der nur von *einem* Stiermenschen begleitete Wassergott und der nur mit einem Diener dargestellte König werden durch ein Paar geflügelte Sphingen (Keruben) getrennt, die wahrscheinlich den Übergang von einem Bereich in den anderen signalisieren. Das Nebeneinander von Palast und Tempel fand sich noch im 9. oder 8. Jh.a auf dem Tell Ta'inat (vgl. **141**), In Ps 110,1 wird der König explizit aufgefordert, sich zur Rechten Gottes zu setzen resp. südlich von ihm zu wohnen. Das im Ps verwendete *jašab* heißt ja ebenso oft »wohnen« wie »sitzen« und *jamin* bedeutet ebenso die »Rechte« wie der »Süden« (zum König als Priester vgl. § 263).

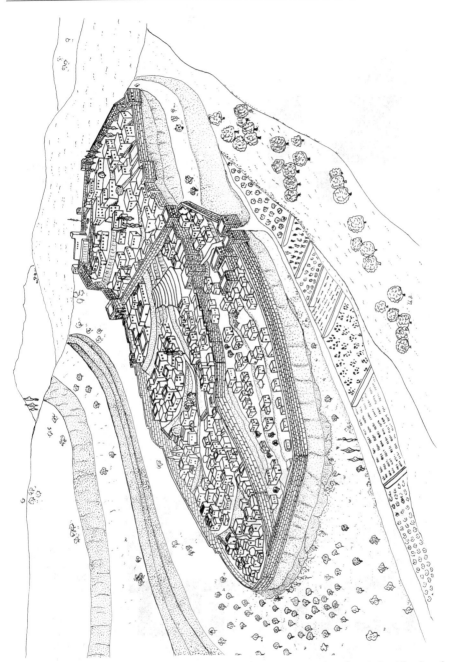

139 Zeichnerische Rekonstruktion der ez Stadt Jerusalem auf den Osthügeln: Die Davidstadt auf dem SO-Hügel ist von zwei Stadtmauern umgeben, mit Befestigungs- und Wasseranlagen auf der O-Seite und dem mbz/frühez/davidischen Palastbereich auf der Kuppe s der Trennmauer. N davon erstreckt sich der ›Ofel‹ und der unter Salomo errichtete Palast- und Tempelbereich auf dem NO-Hügel

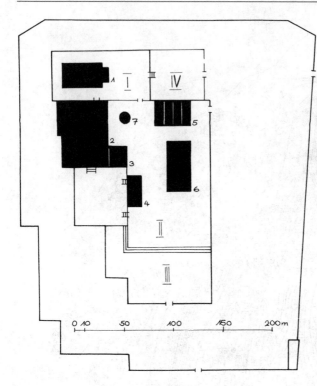

140   Rekonstruktion der Akropolis von Jerusalem aufgrund von 1Kön 6–7 nach Th. A. Busink: 1 = Tempel; 2 = Palast; 3 = Palast der Königin; 4 = Thronsaal; 5 = Ställe; 6 = Libanonwaldhaus; 7 = Heiliger Fels; I = Tempelhof; II = Großer Hof; III = »Anderer« Hof; IV = Neuer Hof. Obwohl für den Tempel die grösste Variante gewählt worden ist, die aufgrund der überlieferten Daten möglich ist, nimmt er sich neben den Palastbauten bescheiden aus. Der nach O orientierte Tempel liegt quer zur Achse der Stadt

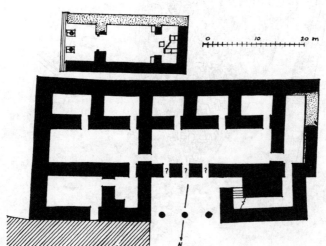

141   Der Tempel von Tell Taʿinat in Nordsyrien hat nahezu sechsmal Platz im Palast, dem er zugeordnet ist (9./8. Jh.a). Ähnlich war das Verhältnis zw. Tempel und Palast im vorexil. Jerusalem (vgl. 140)

142–143 Die zwei altsyr. Siegel (um 1750a) zeigen einen thronenden Herrscher mit einem bzw. zwei Beamten in enger Verbindung mit dem Tempel. Dieser wird im einen Fall durch eine frontal dargestellte, von zwei Stiermenschen flankierte Göttin vergegenwärtigt, im anderen Fall durch einen Gott, der durch das Wasser aus seinen Schultern als Herr des Süsswassers charakterisiert wird. Der Stiermensch mit Lanze muss symmetrisch verdoppelt gedacht werden. Den Übergang zw. Herrscher (Palast) und Gottheit (Tempel) bildet im einen Fall der zweigesichtige Vizier, im anderen ein Paar von liegenden, geflügelten Mischwesen (Kerubim)

Palastbauten

§ 298   Nur einige wenige in 1Kön 7,1–12 überlieferte Leitfossilien lassen uns etwas von der Größe und Bedeutung der Palastbauten erahnen. In welchem Verhältnis sie zu der in 2Sam 5,9–11 vermerkten bescheidenen Bautätigkeit Davids (§ 199) gestanden haben, wird nicht gesagt. Wahrscheinlich hat sich David auf die »Davidstadt« beschränkt (§ 69), während Salomo n davon in erheblich größerem Stil in jenem Bereich baute, der mit der Tenne des Arauna identisch war (vgl. § 260–263). Problematisch ist allerdings, dass in dem Gebiet zw. der »Davidstadt« und der Akropolis, auf dem Ofel, bisher keine archäolog. Spuren gefunden worden sind, die in diese Zeit zurückreichen.

§ 299   Die Überlieferung schmückt nicht nur aus, sie reduziert manchmal auch, wenn ein Thema nicht (mehr) interessiert. Dies trifft, wie bereits angedeutet, für die Notizen über den Palastbau in 1Kön 7,1–12 zu, da man prunkvollen Palastbauten später eher kritisch gegenüberstand (Jer 22,13–19).

Die Angaben sind so reduziert, dass man sich nicht einmal darüber einigen kann, ob von fünf, von vier oder von drei Bauten die Rede ist (Busink, Tempel I 128–161; BA 36, 1973, 78–108, Ussishkin). Noth z.B. fasst die beiden Hallen in den V. 6–7 als Vorhallen des »Libanonwaldhauses« auf, weil *ʾulam* keinen selbständigen Gebäudeteil bezeichnen könne (BK IX/1, 132.137f). Busink hingegen sieht in der Säulenhalle von V. 6 zwar ein eigenes Gebäude, meint aber, dieses sei, da seine Funktion nicht genannt wird, mit der »Thronhalle« von V. 7 identisch, deren Maße nicht eigens genannt werden (Tempel I 140–142). Andere, wie z.B. Würthwein, sind der Ansicht, es sei von fünf unabhängigen Gebäuden die Rede (ATD XI/1, 1977, 73). *ʾulam* hätte im Gegensatz zu *bajit* einen Hallenbau bezeichnet, unabhängig davon, ob er angebaut gewesen sei oder frei gestanden habe.

§ 300   Etwas ausführlicher wird im überlieferten Text einzig das sogenannte »Libanonwaldhaus« (*bet jaʿar hal-lᵉbanon*) beschrieben (1Kön 7,2–5), das, wenn die Angaben stimmen, mit 50m Länge und 25m Breite eine Fläche von 1250m² bedeckte. Trotz abweichender Meinungen scheint von drei Reihen zu je 15 Säulen die Rede zu sein, die den riesigen Raum in vier Schiffe teilten (144). H. Weippert rechnet mit vier Reihen zu je 15 Säulen (in: AOAT 302, 2003, 213–226, den Hertog/Hübner/Münger). Den vielen Zedernholzsäulen, die wie ein Wald standen, verdankte der Bau wohl seinen Namen. Im übrigen sind die bautechnischen Begriffe in diesem Abschnitt so schwer verständlich, dass die Meinungen etwa bezüglich des Obergeschosses, seiner Größe, Form und Funktion stark auseinander gehen (Busink, Tempel I 129–140). Auch die *Funktion* des Libanonwaldhauses ist nicht klar. Nach 1Kön 10,17 ließ Salomo 300 Schilde aus gehämmertem Gold, jeder etwa 1,5 kg schwer, machen und ins Libanonwaldhaus bringen. Schilde aus dem sehr weichen und schweren Gold sind für den praktischen Gebrauch ungeeignet. Es kann sich höchstens um Prunk- und Zierschilde handeln (vgl. Millard, in: FS King 288–295); daraus ist deshalb nicht zu schließen, dass das Libanonwaldhaus ein Zeughaus war. Auch die relativ geringe Zahl von 300 Schilden spricht dagegen. Vielleicht wurden Teile davon als Rüstkammer für die Palastwache verwendet. Das könnte ein allerdings viel späterer Text suggerieren (Jes 22,8). Der großartige Bau muss in erster Linie repräsentativen Zwecken gedient haben. Es stellt sich dann aber die Frage, in welchem Verhältnis er zur Säulen- bzw. Thronhalle der V. 6–7 gestanden hat. H. Weippert möchte im Libanonwaldhaus eine monumentale Pergola sehen, die dem (abendlichen) Lustwandeln diente (AOAT 302, 2003, 213–226, den Hertog/Hübner/Münger). Die Angaben sind aber zu dürftig, um zu eindeutigen Erkenntnissen zu kommen.

§ 301   1Kön 7,9–12 bringt einige Angaben zur Bauweise der Paläste. Der Akzent liegt auf den dabei verwendeten großen und kostbaren Blöcken. Die Kombination von Steinquadern und Zedernbalken hat bei Architekten einiges Befremden ausge-

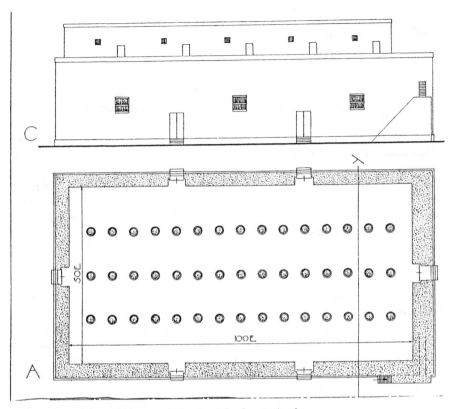

144 Das »Libanonwaldhaus« wie es Th.A. Busink rekonstruiert hat

löst. Der sonst so vorsichtige Busink sagt denn auch kurz und bündig: »Wir dürfen annehmen, dass Fundament und Unterbau aus Quadern bestanden, der Oberbau aus Lehmziegelwerk mit Holzeinlagen« (Tempel I 143). In der SB und der EZ und auch vorher und nachher waren Mauern, die Holz und Stein bzw. luftgetrocknete oder gebrannte Ziegel kombinierten, im ö Mittelmeerraum eine gängige Praxis (vgl. Esr 6,4; O. Callot, Une maison à Ougarit, Ras Shamra-Ougarit I, Paris 1983, 56–61; H.-G. Buchholz, Der Werkstoff Holz und seine Nutzung im ostmediterranen Altertum, Weilheim/Oberbayern 2004, 81f und 86 Abb. 18c und d). Mauern dieses Typs gleichen u. a. Senkungen im Fundamentbereich aus und bieten erhöhte Sicherheit bei Erdbeben.

§ 302   Die Angaben zu den Höfen in 1Kön 7,12 waren Anlass, sich das Verhältnis der verschiedenen Palastteile zueinander vorzustellen. Die extrem verschiedenen Lösungsversuche (Busink, Tempel I 77–96; AOBPs 241 Abb. 354–355) zeigen, dass die Angaben nicht ausreichen, eine begründete Rekonstruktion zu wagen. Klar ist einzig, dass man vom Palastbereich zum Tempel hinauf- und vom Tempel in den Palastbereich hinunterstieg (vgl. etwa Jer 26,10; 36,11–12). Auch die Aufforderung an den König in Ps 110,1, rechts bzw. südlich von JHWH zu wohnen, kann als Hinweis auf dieses Verhältnis von Palast und Tempel gedeutet werden (vgl. § 297).

Der Thron

§ 303 Etwas genauer sind die Angaben über den Thron in 1Kön 10,18–20 (= 2Chr 9,17–19), der in einer dieser Hallen gestanden haben muss. Die Bedeutung, die dem Thron in der Jerusalemer Königsideologie zukam, wurde oben diskutiert (§ 231). Der ausführlich beschriebene Thron ist seiner Bedeutung gemäß prächtig geschildert. Der Text bietet einige Schwierigkeiten und ist wohl wie folgt zu übersetzen:

»Und der König machte einen großen Elfenbeinthron. Und er überzog ihn mit Feingold. Sechs Stufen hatte der Thron und ein rundes Oberteil an der Rückseite und Armlehnen zu beiden Seiten der Sitzfläche. Und zwei Löwen standen neben den Armlehnen. Und zwölf Löwen standen auf den sechs Stufen zu beiden Seiten« (vgl. AOAT 15/1, 1985, 298, Metzger; zu den Löwen vgl. OBO 212, 2005, 301f, Strawn).

§ 304 *kisse' šen* »Elfenbeinthron« meint natürlich nicht, dass der Thron aus Elfenbein war. Wie bei den Elfenbeinbetten in Amos 6,4, dem Elfenbeinturm in Hld 7,5 und dem Elfenbeinhaus in 1Kön 22,39 (vgl. Amos 3,15) ist an eine Ausstattung mit Elfenbein-Intarsien bzw. an Einlegung oder Belegung mit geschnitzten Elfenbeinplättchen zu denken. Beispiele für die Ausstattung von Thronen mit Elfenbein finden sich vom Grab Tutanchamuns (1332–1323a) in Oberägypten bis in die neuassyr. Paläste des 7. Jh. (vgl. OBO 74, 1987, 376–386, Schroer; Gubel, Furniture 20–24). Die Überzüge aus Gold meinen Goldintarsien an Elfenbeinreliefs oder das Überziehen der nicht mit Elfenbein belegten (Holz-)Teile mit Gold oder beides.

Das runde Oberteil der Rücklehne (*ro'š 'agol la-kisse me'aharaw*), das von der LXX als Stierköpfe (*ra'še 'agalim*) gelesen wurde, wird vom Chronisten in ein Lamm bzw. einen Fußschemel verwandelt (ZDPV 81, 1965 88–108, Canciani/Pettinato). Wahrscheinlich haben wir darin einfach eine Rücklehne zu sehen, die oben nach hinten eingerollt war, wie das auf ägypt. Thronen mehrmals der Fall ist, so bei einem Thron Amenophis' IV. Echnaton (AOBPs 284 Abb. 410). An gleichen ägypt. Thronen, an denen wir dieses eingerollte Oberteil beobachten, finden wir auch Armlehnen und zu deren Seiten einen Sphinx und einen Löwen, so an einem Thron Ramses' III. (145). Ein Sphinx wird beim Thron Salomos nicht erwähnt. Auch in Ägypten flankieren gelegentlich nur Löwen den Thron, so bei Horemhab (146).

§ 305 Der Thron stand auf einem Podest mit sechs Stufen. Um für die je sechs Löwen genügend Platz zu bieten, musste es sich nach Metzger um »zikkuratartig aufsteigende, an drei Seiten um das Podium laufende Stufen« handeln (vgl. AOAT 15/1, 1985, 307; vgl. ebd. 306). Die von ihm genannten mesopotamischen Belege sind aber mehr als 1000 Jahre älter und kommen deshalb als Vorbilder für das Podest des salomonischen Thrones nicht in Frage. Throne auf Podesten gab es auch in Ägypten zu Zeiten, die der salomonischen näherstehen (vgl. AOBPs 284 Abb. 410). Im großen Tempel von Bubastis aus der Zeit Osorkons II. (862–833a) sind mehrere solche abge-

145 Ramses III. auf einem
Sänften-Thron, dessen
Seiten von Sphingen und
Löwen flankiert werden
(1187–1156a)

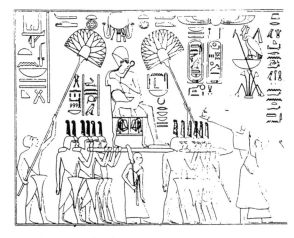

146 Haremhab auf einem
Sänften-Thron, dessen
Seiten von Löwen flankiert
werden (1319–1292a)

bildet (**147**; Naville, Festival Hall, Pl. 2,21,23,24). Die Art der Darstellung erlaubt es nicht, genau festzustellen, welcher Art die Stufen waren. Den oben genannten Throntyp mit eingerollter Rückenlehne findet man allerdings nie auf ein Treppenpodest wie das von **147** gestellt. Das Ägypten des Neuen Reiches und der anschließenden Zeit kennt auch Löwen, die im Relief Rampen oder Treppenaufgänge (**148**) oder als Rundplastik Tempeleingänge flankieren (**149**). Ihre Inschriften zeigen, dass sie das Königtum repräsentieren bzw. das Böse zurückweisen (Schweitzer, Löwe und Sphinx 49f). Rundplastische Wächterlöwen sind für das 9. Jh.a für Juda auch archäolog. belegt (**150**; GGG 210–215 Abb. 201–202; Zevit, Religions 333 Fig. 4.14). Vielleicht sind

147   Osorkon II. auf einem Thron auf einem Podest (874–850a)

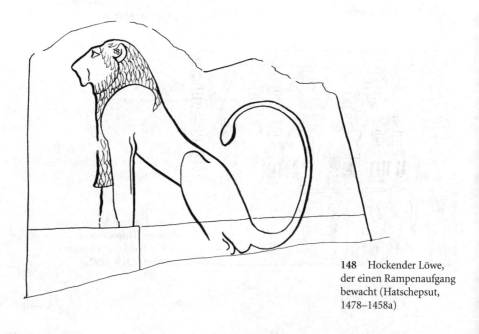

148   Hockender Löwe, der einen Rampenaufgang bewacht (Hatschepsut, 1478–1458a)

die Löwen in 1Kön 10,20 auf den Hinterbeinen hockend gedacht. So würden auch nicht allzu breite Stufen gestatten, eindrückliche Löwen auf ihnen zu postieren. Das ganze Arrangement, das in 1Kön 7,18–20a beschrieben wird, wirkt stark ägypt., wenn es auch in genau dieser Kombination und Form in Ägypten nie belegt ist. So schließt denn die Beschreibung mindestens nach unserem Wissen nicht ganz zu Unrecht mit dem Satz: »Nichts Derartiges ist gemacht worden für irgendwelche Königreiche« (1Kön 10,20b).

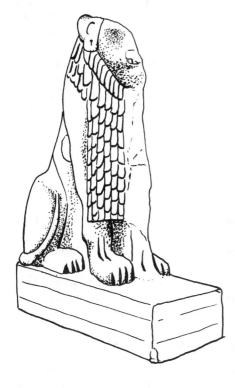

149 Hockender Löwe, der einen Tempeleingang bewacht (Sethos I., 1290–1279a)

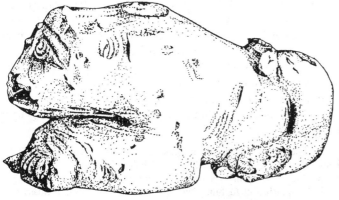

150 Liegender Wächterlöwe vom → II Tell Beit Mirsim (9. Jh.a)

5.3 SALOMOS SAGENHAFTE WEISHEIT

ZUM ALTER DIESER ÜBERLIEFERUNG

§ 306   Das NT, das die christl. Rezeption Salomos stark präjudiziert hat, hebt neben der Pracht (Mt 6,29 Parr) und dem Tempelbau (Apg 7,47) vor allem die Weisheit Salomos (Mt 12,42 Parr) hervor.

Die Weisheit ist gleichsam die Patronin der zivilen Verwaltung und des Beamtenwesens, das in wie bescheidenem Umfang auch immer, unter Salomo seinen Anfang nahm. Im Bereich der Nordstämme scheint diese Entwicklung als Ägyptisierung wahrgenommen worden zu sein, auf die sie mit dem Stichwort Exodus reagierten (vgl. § 243.280.393).

Schon die Hauptquelle des DtrG scheint die »Weisheit Salomos« ins Zentrum des Interesses gestellt zu haben, wenn es in 1Kön 11,41 heißt: »Die übrige Geschichte Salomos, alle seine Taten und die Beweise seiner Weisheit, sind aufgezeichnet in der ›Chronik Salomos‹«. J. Liver vermutet, einer der Ältesten, die Salomo beraten hatten (1Kön 12,6), sei der Autor dieser Chronik gewesen. Er habe damit erklären wollen, dass die Herrschaft nach dem Tode Salomos zerfallen sei, weil man die von Salomo gepflegte Weisheit missachtet habe (Bib. 48, 1967, 75–101; FS Emerton 116f, Lemaire). Wie etwa die Geschichte der Königin von Saba zeigen wird, dürfte diese Ansetzung aber zu früh sein. A. Lemaire hat hingegen klar gezeigt, dass »Weisheit« kein Thema des DtrG als solchem ist (FS Emerton 106–118). Hingegen gibt es Hinweise für ein Interesse an »salomonischer Weisheit« am Ende des 8. Jh.a (vgl. Spr 25,1). Damals gab es aus politischen Gründen einen regen Austausch mit Ägypten (s. § 509–521; OBO 170, 1999, 199–228, Schipper), der nach der »Chronik Salomos« schon zu dessen Zeit bestanden (1Kön 3,1; 9,16; 10,28) und sich schon damals auch auf die ägypt. Weisheit bezogen haben soll (1Kön 5,10). Wie weit dieser »Chronik Salomos« noch älteres Material zur Verfügung stand, muss von Fall zu Fall untersucht werden (vgl. dazu BWANT 141, 1999, Wälchli).

WEISHEIT ALS GABE GOTTES AN SEINEN SOHN DEN KÖNIG

§ 307   Die älteste Überlieferung, die von der Weisheit (*ḥokmah*) Salomos und vom weisen (*ḥakam*) Salomo redet, scheint die Thronfolgeerzählung zu sein (1Kön 2,6.9; vgl. 5,21). Der einschlägige Abschnitt 1Kön 2,5–9 könnte aber wie die vorausgehenden vier V. Teil eines Einschubs bilden (§ 309).

So ist es wohl sicherer mit der Erzählung 1Kön 3,2–15, die zwar stark dtr. überarbeitet ist, als ältestem Zeugnis zur Weisheit Salomos einzusetzen. Sie dürfte im Kern vordtr. sein (BWANT 141, 1999, 54, Wälchli). Das Opfer Salomos auf der Höhe von Gibeon ist dem DtrG peinlich. Es entschuldigt es mit der Begründung, JHWH habe damals noch kein Haus gehabt (V. 2). Was man entschuldigen muss, erfindet man nicht. Die ursprüngliche vordtr. Erzählung dürfte etwa folgenden Inhalt gehabt haben:

»Und der König ging nach Gibeon, um dort (Gemeinschaftsopfer) zu schlachten. Tausend Opfer brachte Salomo auf jenem Altar dar. Da sprach Gott: ›Bitte, was ich dir geben soll.‹ Salomo antwortete: ›Mögest du deinem Knechte ein verständiges Herz geben, damit er dein Volk regiere und zw. gut und schlecht unterscheide.‹ Da sprach Gott zu ihm: ›Siehe, ich gebe dir ein weises und einsichtiges

Herz.‹ Da erwachte Salomo und siehe, es war ein Traum. Und er brachte Trankopfer dar und veranstaltete Gemeinschaftsopfer und gab ein Gastmahl für alle seine Knechte« (vgl. ATD XI/1, 30f, Würthwein; BWANT 141, 1999, 50f, Wälchli).

§ 308   Formal (zentrale Stellung der direkten Rede in einem narrativen Kontext) und inhaltlich (Weichenstellung im Leben eines Königs) erinnert die Erzählung an sogenannte ägypt. Königsnovellen (WZ[L] 3, 1953/54, 51–62, Herrmann; BWANT 105, 1975, 16–115, Görg; ÄAT 62, 2004, Hofmann). Diese führten Taten, Ereignisse und Institutionen auf den König zurück, indem sie ihn vor versammeltem Hof seine neuen Beschlüsse ausführlich mitteilen ließen. Man hat eingewendet, dass die Großtat und die Erzählung vor versammelter Beamtenschaft fehlten (ZThK 58, 1961, 153, Kutsch; ATD 11/1, 1977, 32, Würthwein). Aber den Platz einer Großtat kann auch in der ägypt. Königsnovelle ein Traum einnehmen (vgl. den Text einer Stele Thutmosis' IV., ANET 449; Sethe, Urkunden Nr. 486). Die Benachrichtigung der Beamten ist in 1Kön 3 wahrscheinlich noch durch die Notiz in V. 15 angedeutet, Salomo habe im Anschluss an den Traum seine Beamten zu einem Trinkgelage eingeladen. Der Inhalt des Traums ist offensichtlich ein Element aus dem stark ägypt. beeinflussten Jerusalemer Königsritual, in dem der König als Sohn von Gott als seinem Vater (vgl. § 232) aufgefordert wurde, eine Bitte auszusprechen. Für die Kombination von Königstraum und Bittprivileg kommt als traditionsgeschichtlicher und vielleicht auch hist. Haftpunkt am ehesten der Regierungsantritt Salomos in Frage (BWANT 141, 1999, 56, Wälchli). In diesem Zusammenhang war der Inhalt der Bitte traditionell die Herrschaft über die ganze Erde bzw. lange Herrschaft (vgl. Ps 2,8; 21,3–5). Salomo erbittet sich in 1Kön 3,9 – von dieser Tradition abweichend – typisch ägypt.»ein hörendes Herz« (*leb šomeaʿ*; vgl. OBO 130, 1993, 56, Shupak), das hebr. als ein weises und verständiges Herz (*leb ḥakam wᵉnabon*) definiert wird und befähigt, zw. Gut und Böse zu unterscheiden und regieren und Recht sprechen zu können (zum Wissen um Gut und Böse vgl. 2Sam 14,17; in Gen 2,9.17; 3,3.5 wird die Erkenntnis von Gut und Bös – weisheitskritisch? – negativ gewertet). Für die Thronbesteigung als Ort der von Gott geschenkten Weisheit spricht auch der Umstand, dass sie die Anerkennung und Legitimation durch göttliche Erwählung und durch das Volk ersetzt, die bei Saul und David eine entscheidende Rolle spielen, bei Salomo aber ganz und gar fehlen (ATD XI/1, 31, Würthwein).
1Kön 5,26 bringt die Bündnispolitik mit Hiram von Tyrus und die Vorbereitung des Tempelbaus mit der bereits vorausgesetzten gottgeschenkten Weisheit Salomos in Zusammenhang (zum Bündnis mit Hiram vgl. § 291 und Weinfeld, in: FS Ahituv 178–183).

DAS SALOMONISCH WEISE URTEIL

§ 309   Der zweite Teil von 1Kön 3 (V. 16–28) enthält die Sage vom salomonischen Urteil, bei dem Salomo das Kind, um das sich zwei Frauen streiten, derjenigen zuspricht, die das Kind lieber in der Hand einer anderen als tot sieht (FS Emerton 109 Anm. 21 Lit., Lemaire). Es soll nach V. 28 als Beweis für die »Gottesweisheit in seinem Innern bei der Ausübung der Gerichtsbarkeit« (*ḥokmat ᶜᵃlohim bᵉqirbo laᶜᵃsot mišpaṭ*) verstanden werden. Der Beweis selbst aber ist eine Wandersage, die man in verschiedensten Kulturen, besonders in Ostasien und Indien, antrifft und die schon sehr früh weit verbreitet war (Deutsche Rundschau 130, 1907, 212–228, Greßmann; Gunkel, Märchen 145f; TB 39, 99–112, Noth). Das Weisheitsverständnis dieser Erzählung setzt eine zuverlässig funktionierende menschliche »Natur« (JSOT 59, 1993, 25–36, Pyper; er vergleicht das »salomonische Urteil« mit 2Kön 6,24–31) und die gottgeschenkte Gabe voraus, diese mit einem Blick zu durchschauen. Salomos früh etablierter Ruf, ein weiser König und Richter zu sein, hat diese Sage vermutlich schon vordtr. an sich gezogen.

Ein Hinweis auf diese richterliche Weisheit findet sich in 1Kön 2,1–12, wenn David vor seinem Tod an Salomos Weisheit appellieren lässt, einen gangbaren Weg zu finden, Joab und Schimi der verdienten Strafe zuzuführen. Der Text will die »Weisheit Salomos« kaum als Verschlagenheit oder gar Hinterlist denunzieren (BN 65, 1992, 15–18, Gosse), sondern eher das brutale Vorgehen Salomos nach dem Tode Davids als weises richterliches Handeln rechtfertigen.

SALOMOS WEISHEIT, GRÖSSER ALS DIE DER OSTLEUTE UND DIE ÄGYPTENS

§ 310   In höchsten und vagsten Tönen spricht ein fünfter Text von Salomos Weisheit (1Kön 5,9–14). Er ist nicht einheitlich (dagegen BWANT 141, 1999, 68f, Wälchli). Die in 5,9–11.14 in der Art eines Werbespots einfach kühn behauptete, die Weisheit des Ostens und Ägyptens überragende Größe der Weisheit Salomos scheint in den V. 12–13 erst nachträglich etwas konkretisiert worden zu sein. V. 9 knüpft mit dem Topos der gottgeschenkten Weisheit an die Traumvision in Gibeon an (BN 65, 1992, 12–14, Gosse). Der Ausdruck »Weite des Herzens« versteht »Herz« wie immer in der hebr. Bibel als Sitz des Vergegenwärtigens und Reflektierens. »Weisheit *wie Sand am Meer*« ist kein glücklicher Vergleich. Er ist bei Anwendungen auf Nachkommen (Gen 22,17), Kamele (Ri 7,12) oder Weizen (Gen 41,49) sinnvoll. Hier ist der Drang zur Steigerung mit dem Schreiber durchgebrannt. Die »Söhne des Ostens« (neben »Osten« kann man in *qædæm* auch »Urzeit« mithören) gelten in der Hebr. Bibel auch sonst als weise (vgl. Jer 49,7; Spr 30,1; 31,1; Ijob 1,1). Die Ägypter aber bewunderte man in der ganzen antiken Welt als das weiseste aller Völker. Das hören wir ungefähr zur Zeit Salomos aus dem Munde Tschekerbaʾals, des Königs von Byblos (Wenamun II 21; TUAT III/5, 918, Moers; OBO 209, 2005, 195f, Schipper), ebenso wie Jahrhunderte später von Plato (Phaidros 274ff; vgl. den Titel des Buches von J. Assmann, Weisheit und Mysterium. Das Bild der Griechen von Ägypten, München 2000). Die Weisheit der Ägypter ist uns heute in beträchtlichem Umfang wieder zugänglich (vgl. Brunner, Altägyptische Weisheit). Sie ist sehr beeindruckend. Seit A. Erman gelehrt hat, Spr 22,17–23,12 als Auszug aus der Lehre des Amenemope zu sehen, ist deutlich geworden, wieviel die hebr. der ägypt. Weisheit verdankt (SPAW 1924, 86–93; vgl. McKane, Proverbs 371f; BZAW 184, 1989, Römheld; OBO 130, 1993, Shupak; ZAW 117, 2005, 53–72.232–248, Schipper). Die Aussage, die Weisheit Salomos sei größer gewesen als die der Ägypter, ist also eine sehr kühne Behauptung. Aber, so fährt der Text fort, er war nicht nur weiser als die Ägypter, sondern als alle Menschen, selbst als die offensichtlich in grauer Vorzeit angesiedelten hebr. Weisen und Ahnherren verschiedener Tempelsängergeschlechter (vgl. 1Chr 2,6; 6,16ff; vgl. Ps 88,1; 89,1). Leute aus aller Herren Länder seien gekommen, um Salomos Weisheit zu hören (V. 14). Der V. weist auf den in 1Kön 10,1–13 erzählten Besuch der Königin von Saba voraus.

WEISHEIT ALS INVENTARISIERUNG DER WELT

§ 311   Die Konkretisierung dieser in höchsten Tönen gepriesenen Weisheit in den V. 12f überrascht. Bisher war von politischer, Regierungs- und Urteilsweisheit die Rede, nun von Sprichwörtern und Liedern, von Pflanzen und Tieren. Bei den »Sprichwörtern« (*mašal*) kann man an das Buch der »Sprichwörter Salomos« (*mišle šᵉlomo*) denken, bei den Liedern (*šir*) an »Das Lied der Lieder«, das Hohelied, das ebenfalls Salomo zugeschrieben wird. Die hohen Zahlen (3000 Sprichwörter, 1005 Lieder) dürften mit Hilfe der Gematrie gewonnen sein, d.h. man hat z.B. aus dem Zahlenwert der Buchstaben von »Lieder von König Salomo« (*šir lamelek šᵉlomo*) die Anzahl seiner Lieder eruiert, nämlich 1005 ($š = 300$; $j = 10$; $r = 200$; $l = 30$; $m = 40$ usw.; vgl. ZAW 30, 1910, 70f, Steuernagel). Evtl. handelt es sich bei 1005 um eine ähnliche Bildung wie 1001 Nacht (BWANT 141, 1999, 73 Anm. 370, Wälchli). Die Erwähnung aller Holzpflanzen, von der größten bis zur kleinsten (vgl. Ps 104,16; 2Kön 14,9; Ex 12,22; Lev 14,4), und aller Tiere erinnert an sumerische und ägypt. Listenweisheit, an Aufzählungen als früheste Form der Wissenschaft, die mit Bestandesaufnahmen und dem Versuch begann, die Welt zu inventarisieren (vgl. Alt, KS II 90–99; BZAW 101, 1966, 88f, 95–99, 223–226, Schmid), ein Versuch, der bis heute nicht abgeschlossen ist (vgl. etwa die Flora und Fauna der tropischen Regenwälder). Die Gattungsbezeichnungen »Sprichwörter« und »Lieder« aber legen nahe, weniger an dürre Listen, sondern an die Verarbeitung solcher Listeninhalte zu Sprichwörtern und Liedern zu denken. Beispiele haben wir etwa in Ps 148 und bes. in Dan 3,51–90 (LXX). In 1Kön 5,13 dürfte allerdings weniger an liturgische Gesänge als an Naturweisheit im Sinne von Spr 30,18–19.24–31 gedacht sein, wo u.a. Ameise, Klippschliefer, Heuschrecke und Eidechse thematisiert werden. Wie man solche Sprichwörter als Rätsel benützen und als geistreiche Unterhaltung einsetzen konnte, hat L. Köhler in seinem Büchlein »Der hebräische Mensch« sehr anschaulich gezeigt (Tübingen 1953, 88–94).

WEISHEIT ALS HÖFISCH-KOSMOPOLITISCHER GLANZ
UND DIE KÖNIGIN VON SABA

§ 312   Der gesellschaftlich-unterhaltsame Aspekt der Weisheit kommt in der berühmten Erzählung vom Besuch der Königin von Saba bei Salomo zum Zug (1Kön 10,1–13; vgl. dazu ATD XI/1, 120; Würthwein). Inhaltlich wird die Weisheit, um die es hier geht, durch das Stichwort »Rätsel« (*ḥidot*) charakterisiert (V. 1). Rätsel dienen in Ri 14,12–19 bei der Hochzeit Simsons zur Unterhaltung der Gäste. Es wäre aber falsch, Rätsel generell als Form billiger Unterhaltung zu verstehen. Das Rätsel ist in der Hebr. Bibel eine für den weisheitlichen Diskurs typische Form. *Ḥidah* kann an manchen Stellen geradeso gut wie mit »Rätsel« mit »Problem (der Weisen)« übersetzt werden (vgl. z.B. Spr 1,6). Parallel zu *mašal* bezeichnet Rätsel in Ez 17,2 ein prophetisches Gleichnis (vgl. dazu Num 12,8; Ps 49,5; 78,2). Die Fähigkeit, Rätsel dieser Art zu lösen, wird als Beweis für die Begabung gesehen, den Sinn verdeckter Rede zu durchschauen und verborgene Gesetzmäßigkeiten zu erkennen (vgl. Spr 30,18).

§ 313   Die Erzählung vom Besuch der Königin von Saba bei Salomo blickt auf die erzählte Zeit aus ziemlichem Abstand zurück, wenn sie etwa im V. 10 sagt: »Niemals mehr kam soviel Balsam in das Land, wie die Königin von Saba dem König Salomo schenkte«. Wie hist. ist der berühmte Besuch der Königin von Saba (1Kön 10,1–13)? Gegen die Historizität sprechen: 1. Die Distanz zw. Saba und Jerusalem, die je nach Route zw. 2400 und 3000km beträgt. 2. Der internationale Weihrauchhandel und das entsprechende Netz von Karawansereien scheinen im 10. Jh.a noch nicht existiert zu haben. Über die südarab. Kultur der Sabäer ist aus der Zeit vor dem 9./8. Jh.a kaum etwas bekannt. 3. Im Sabäerreich herrschten Priesterfürsten (*mukarrib*) und später Könige, aber keine Königinnen. A. Lemaire hat versucht, diese drei Einwände zu entkräften (in: OBO 186, 2002, 45–57, Hübner/Knauf). Aber die weiträumigen Kriegszüge, Handelsexpeditionen und Tributlieferungen, die er erwähnt, waren keine diplomatischen Missionen und vor allem waren daran (außer bei Tributlieferungen als Teil des Tributs) keine Frauen beteiligt. Der Weihrauchhandel nach N mag schon etwas früher begonnen haben als bisher angenommen, aber die Zeugnisse, die Lemaire anführt, weisen nach Mesopotamien und nicht nach Palästina. Die Theorie, die Königin von Saba sei in diplomatischer Mission nach Jerusalem gekommen, um das n Ende der Weihrauchstr. zu sichern, scheitert daran, dass am N-Ende des Roten Meeres bisher keine archäolog. Funde aus dem 10. Jh. gemacht worden sind (vgl. § 292) und Gaza nicht zum Hoheitsgebiet Salomos gehörte. Lemaire versucht weiter zu zeigen, dass das hebr. *malka* »Königin« königliche Frauen verschiedenster Art bezeichnen kann und nicht nur eine amtierende Königin. Aber auch eine Prinzessin, die eine diplomatische Mission von Südarabien nach Jerusalem führte, ist im 10. Jh.a nach wie vor unwahrscheinlich (BiKi 57, 2002, 220–223, Niemann).

Im 8. Jh.a werden in assyr. Inschriften mehrmals Sabäer in Nordarabien genannt (ANET 283–286; Eph'al, Arabs 86–89, 227–229; BaghM 21, 1990, 351.357 Kol. IV 27, Cavigneaux; Yemen 1, 1992, 111–115, Liverani). Vielleicht handelt es sich dabei um Handelskolonien der südarab. Sabäer. Für diese nennen die Inschriften Tiglatpilesers III. (745–727) mehrmals Königinnen, so für das Jahr 738a eine Königin namens Zabibe und für 732 eine mit Namen Samsi (*sa-am-si šar-rat A-ri-bi*; ANET 283; Eph'al, Arabs 82–87; zu einem Relief Tiglatpilesers III. = **133**, das wahrscheinlich Samsi zeigt, vgl. OBO 107, 1991, 84, Staubli). Als sich kurz vor 700a zur Zeit Hiskijas in Jerusalem die gegen Assur gerichteten diplomatischen Aktivitäten konzentrierten (vgl. 2Kön 20,12–19), ist vielleicht eine dieser Königinnen nach Jerusalem gekommen. Vielleicht hat man einen solchen Besuch zur Verstärkung dieser Beziehungen in die Zeit Salomos zurückprojiziert und glanzvoll ausgestaltet. Mit Salomo hat man sich zur Zeit Hiskijas jedenfalls intensiv beschäftigt (vgl. Spr 25,1). I. Finkelstein und N.A. Silberman möchten die Überlieferung als Niederschlag der Bemühungen Judas im 7. Jh.a verstehen, sich am lukrativen Arabienhandel zu beteiligen (David und Salomo 150–153).

§ 314   Der Besuch der Königin von Saba bei Salomo hat eine ungewöhnlich reiche Nachgeschichte (VT 20, 1970, 478f, Müller). Der Koran erzählt, wie Salomo die Königin und ihren Hofstaat zu Muslimen machte (Sure XXVII 15–45). Artikel 2 der äthiopischen Verfassung von 1955 hält fest: »Die kaiserliche Würde soll beständig verbunden bleiben mit der Linie …, welche ohne Unterbrechung abstammt von der Dynastie Meneliks I., des Sohnes der Königin von Äthiopien, der Königin von Saba, und des Königs Salomo von Jerusalem« (E. Ullendorff, Ethiopia and the Bible, London 1967, 139).

§ 315   1 Kön 10,23–25 nimmt die Thematik von 1 Kön 5,9–11.14 und 10,8 wieder auf. Dabei wird zusätzlich statuiert, dass Salomo alle Könige der Erde nicht nur an Weisheit, sondern auch an Reichtum übertroffen habe. Die in 1 Kön 3,13 gemachte Zusage hat sich somit märchenhaft wunderbar erfüllt. Die Verbindung von Weisheit und Reichtum lässt das alte Verständnis von Weisheit im Sinne der Fähigkeit durchschimmern, erfolgreich handeln zu können. In 1 Kön 10,24–25 wird der Reichtum allerdings als Erfolg der Weisheitsshow hingestellt, die im Gefolge der Königin von Saba alle Welt zu sehen und hören sich aufgemacht haben soll.

Zum letzten Mal wird die Weisheit Salomos in der Abschlussformel zur Regierungszeit Salomos in 1 Kön 11,41 erwähnt. Diese Erwähnung ist wahrscheinlich als Glosse zu verstehen. Sie zeigt aber, wie sehr das Wort »Weisheit« für gewisse Kreise alles Tun und Wirken Salomos auf den Punkt brachte.

BEDEUTUNG DER »WEISHEIT SALOMOS« FÜR DIE GESCHICHTE JERUSALEMS

§ 316   Fragen wir nach dem hist. Gehalt dieses hervorragenden Zugs, so liegt der älteste Kern wohl im Erfolg, mit dem sich Salomo wider alles Erwarten gegen den rechtmäßigen Erben Adonija durchsetzte und diesen Erfolg mit einer besonderen der ao Königsideologie entlehnten Weisheit begründete. Analog kann Reichtum als Beweis für Weisheit gelten, besonders, wenn er nicht mittels Gewalt und Krieg gewonnen ist (Spr 24,3–5a).

Zusätzlich zu Erfolg und Reichtum dürften die unter Salomo, wenn wahrscheinlich auch nur zaghaft angeknüpften Kontakte zur internationalen Welt, vor allem die zu Ägypten, seinen Ruf als Weiser gefördert haben. Ägypten galt schon im 10. Jh.a als Land uralter Weisheit. Ägyptisch beeinflusst ist wahrscheinlich der Kern der Königsnovelle von der Salomo von Gott geschenkten Weisheit in 1 Kön 3,2–15. Sie ist Bestandteil der Königsideologie (§ 307f) und passt insofern zu ihm als er im Gegensatz zu Saul und David an einem seit langem existierenden Hof groß geworden ist.

Die internationalen Kontakte verlangten ein Minimum an Beamtenschaft, an Schreibkunst, an Diplomatie. Salomo gilt wohl zu Recht als Begründer eines jud. Beamtenwesens, dem David mit seiner tribal-dörflichen Herkunft bei aller Einsicht in dessen Wert innerlich fremd gegenüber gestanden haben dürfte. Mit dem Beamtenwesen war aber auch eine Schule verbunden, deren Funktion der heutigen sog. höheren Bildung entsprach, zu der auch die Weisheitsliteratur gehörte. Nicht dass wir irgendwelche Texte von Salomo hätten (vgl. allerdings OBO 28, 1979, 235–282, Kitchen), aber er wurde zum Patron dieser Art von Literatur. Das dürfte er spätestens zur Zeit Hiskijas im letzten Drittel des 8. Jh.a geworden sein (Spr 25,1; vgl. VT.S 3, 1955, 262–279, Scott; BWANT 141, 1999, 195–201, Wälchli), einer Zeit, die mit der Geschichte der Königin von Saba auch sonst einen wichtigen Beitrag zum Bild vom weisen Salomo geleistet hat.

Für die Konstituierung der Identität des biblischen Jerusalem war die Weisheit von zentraler Bedeutung. Weisheit war mit Schreibkunst und damit mit Verwaltung und Zivilisation, inhaltlich mit souveräner urbaner Lebensführung und mit internationaler Weltläufigkeit verbunden. Weisheit bedeutete an der Tradition tiefsten und geheimsten Wissens teilzuhaben. Mit der Weisheit Salomos in Jerusalem wurde die religiöse Spitzenaussage vorbereitet, die Weisheit Gottes höchst persönlich habe sich Jerusalem als ihren Wohnsitz auf Erden auserwählt (Sir 24,3–11; vgl. § 1629).

5.4 SALOMOS TEMPEL UND SEINE GOTTHEITEN

DER TEMPELBAU – EIN TEMPEL FÜR WEN?

Die Quellen

§ 317   Eliminiert man aus dem großen Komplex über die Bauten Salomos in 1Kön 6,1–9,9 den Abschnitt über den Palastbau (7,1–12), bleiben Berichte über den Bau bzw. die Ausstattung des Tempels (6,1–38), über die Ausstattung seines Vorhofs mit Bronzearbeiten (7,13–51) und über seine Einweihung (8,1–66). Der Komplex schließt mit einer Verheißung für den Tempel (9,1–9). Der ganze Abschnitt ist stark dtr. redigiert.

Zur dtr. Bearbeitung gehört in 1Kön 6,1–38 die Datierung des Baubeginns in V. 1a auf das 480. Jahr nach dem Auszug der Israeliten aus Ägypten. Die Zahl setzt sich zusammen aus den Zahlen, die im DtrG von Dtn 1,3 an immer wieder genannt werden und eines der strukturierenden Elemente des DtrG bilden (Noth, Überlieferungsgeschichtliche Studien 18–27; OBO 92, 1989, 94–96 und 151 Anm. 71, O'Brien). Das DtrG dürfte diese Zahlen z.T. überliefert gefunden, z.T. selbst errechnet haben. So hat das DtrG das vierte Jahr Salomos in 1Kön 6,1, in dem der Tempelbau begonnen haben soll, aus 6,37 übernommen. Die erstmalige Nennung einer Gesamtzahl von 480 Jahren lässt den Beginn des Tempelbaus als Ziel der Geschichte erscheinen, die mit dem Auszug aus Ägypten begann und 12 Generationen (40 Jahre pro Generation) dauerte und mit dem Bau des Tempels ihren Kulminationspunkt erreichte (vgl. Ex 15,1–18; Ps 78). 1Kön 8,14–66 ist eine der großen Geschichtsreflexionen, die das DtrG an Schlüsselstellen einflicht, um seine Interpretation des erzählten Geschehens zusammenfassend darzulegen (§ 230.756–768). Der ganze Komplex endet in 9,1–9 mit einer blassen dtr. Nachahmung der Gotteserscheinung von 1Kön 3,4–15. Altes Material zum Tempelbau ist also höchstens in 1Kön 6,2–8,13 zu finden. Hier aber weisen z.B. die alte Bezeichnung für Monat (*jæreḥ* statt *ḥodæš*) und die alten kanaanäischen Monatsnamen *ziw* (in 1Kön 6,1.37), *bul* (1Kön 6,38) und *ʾetanim* (1Kön 8,2), die das DtrG erklären muss, deutlich auf eine Überlieferung hin, die noch nicht vom babylon. Kalender beeinflusst ist, der sich am Ende des 7. Jh. in Jerusalem durchgesetzt hat (NBL II 831f, Jaroš). J. van Seters setzt die Bezeichnung »archaic« für diese Monatsnamen in Anführungszeichen ohne dies zu begründen (CBQ 59, 1997, 47). J. C. Vanderkam versteht ihr gehäuftes Vorkommen mit Recht als Hinweis auf eine alte Quelle (ABD I 815).

»Altes Material« meint noch keineswegs Material aus salomonischer Zeit. Auf eine Bauinschrift dürfte die grundlegende Aussage zurückgehen, dass Salomo den Tempel baute. Viel mehr enthielten solche Bauinschriften auch aus erheblich späterer Zeit nicht (KAI Nr. 14, 15–18: Eschmunʿazar, 5. Jh.a; KAI 26, II 9-III 2: Azittiwada, ca. 720a; ZDPV 121, 2005, 119–129, Xella/Zamora López: Bodaschtart von Sidon, letztes Drittel des 6. Jh.a; IEJ 47, 1997, 1–16, Gitin/Dothan/Naveh und UF 29, 1997,

627–639, Sasson: Akisch von Ekron, Anfang 7. Jh.a [323]; vgl. weiter JSOT.S 115, 1992, 97–100, Hurowitz; vgl. auch § 182). Ob die Inschriften aus dem 8. und 7. Jh.a, von denen in Jerusalem Fragmente gefunden wurden, Bauinschriften waren, ist unsicher (Renz/Röllig, Handbuch I 190f Jer (8):32; 266f Jer (7):39; vgl. zu beiden VT 50, 2000, 362–364, Parker).

Alt dürfte der Tempelweihspruch sein, bei dem sich die LXX-Fassung als die ältere und hist. interessantere erweisen wird (§ 323–330). Das gleiche Phänomen wird sich in Bezug auf die Gestalt des Tempels zeigen (§ 352). Für die weiteren Präzisierungen und die Ausstattungsstücke muss von Fall zu Fall gefragt werden, wie weit die jeweilige Überlieferung zurückreichen mag und wann bestimmte Objekte (z.B. die Kesselwagen) von der Archäologie her betrachtet am wahrscheinlichsten waren (vgl. weiter § 384).

Ein Vergleich der Dimensionen des Palastes mit denen des Tempels ließ vermuten, der Tempel sei ursprünglich Teil einer Selbstdarstellung des jerusalemisch-jud. Königtums gewesen. Selbstredend nimmt das DtrG eine ganz andere Position ein, von der im Zusammenhang des 6. Jh.a zu reden sein wird (§ 635–640.647–649.773).

Bau oder Renovation eines Tempels?

§ 318   In 1Kön 6,1.37f, in denen die alten Monatsnamen erscheinen, wird vom Bau des Hauses für JHWH von der Fundamentierung (*jussad*) bis zu seiner Vollendung (*kalah*) nach einer siebenjährigen Bauzeit erzählt. M. Noth ist aufgefallen, dass die übrigen Aussagen in Kap. 6 im wesentlichen »in nominalen Formulierungen geboten« werden. »Das wesentliche Interesse richtet sich … auf Maße, Material und Technik«, Dinge, die »im Stadium der Planung, der Materialbeschaffung und der Anweisung für die Bauausführung« wichtig sind. Die Grundlage von 6,2–36 sei eine in Worte gefasste Planung (BK IX/1, 104f). Es ist weder ausführlich vom Bau (vgl. einzig V. 1–3 und 9a = 14), noch vom Aussehen des fertigen Gebäudes die Rede. Das macht auch eine Rekonstruktion so schwierig.

§ 319   K. Rupprecht hat darauf hingewiesen, dass abgesehen von den V. 2–3, die die Maße des Tempelhauses angeben, gar nicht eigentlich von der Erbauung des Tempelhauses selbst die Rede sei, sondern von allerhand sekundären Teilen, wie den Rahmenfenstern (V. 4), einem Anbau (V. 5–6.10) und dem Zugang zu den einzelnen Etagen dieses Anbaus (V. 8). Von daher sei es zutreffender, das hebr. *banah* in V. 7 nicht mit »bauen«, sondern mit »baulich erweitern«, »ausbauen« (Gen 2,22), »renovieren« oder ähnlich zu übersetzen. Ein solches Verständnis lasse auch die Aussage in V. 7 sinnvoller erscheinen, die Steine seien im Steinbruch fertig behauen worden, so dass während der ganzen Bauerei im Tempelhaus kein Lärm zu hören gewesen sei (ZDPV 88, 1972, 38–52, Rupprecht), was ja nur erforderlich gewesen wäre, wenn der Tempel schon geweiht und im Betrieb war.

§ 320   Es hat sich schon oben, in Zusammenhang mit 2Sam 7,1–3, die Frage gestellt, ob zur Zeit Davids in Jerusalem bereits ein Tempel bestanden habe. Es ist ja davon auszugehen, dass eine Stadt wie Jerusalem seit alters ihr Heiligtum hatte (vgl. § 224). 2Sam 12,20 scheint unverdächtig beiläufig von einem solchen zu reden, doch haben wir gesehen, dass *bet JHWH* auch ein Zelt oder einfach den *Ort* der Gegenwart

JHWHs bezeichnen kann (§ 258). Auch die vom DtrG nicht rezipierte Tradition von einem Altarbau Davids bzw. Araunas in 2Sam 24 suggeriert ein schon bestehendes Heiligtum, das später jahwisiert wurde (§ 260–263). Rupprecht fragte deshalb, ob die jetzt dominierende, wahrscheinlich vom DtrG geschaffene Darstellung hist. zutreffend sei. Nach dieser dtr. Darstellung hat erst die Verbringung der Lade nach Jerusalem das Problem ihrer würdigen Behausung geschaffen und damit den Plan eines Tempelbaus aufkommen lassen. Vorerst sei die Lade in einem Zelt untergebracht worden. David sei aufgrund seiner Kriege der Bau eines Tempels verwehrt geblieben. Erst Salomo habe ihn bauen und Zelt und Lade dorthin überführen können. Dieser im Wesentlichen dtr. Darstellung liege wahrscheinlich das Bedürfnis zugrunde, den Jerusalemer Tempel deutlich von allen kanaanäisch-vorisraelit. Wurzeln zu trennen und als israelit. Gründung und JHWH-Heiligtum von Anfang an darzustellen. Dabei wurden nach Rupprecht Traditionen über eine Renovation und Erweiterung des schon bestehenden Tempels in einen Tempelbaubericht umfunktioniert (vgl. im einzelnen BZAW 144, 1977, Rupprecht).

§ 321   Manche der Beobachtungen Rupprechts scheinen ganz eindeutig für seine These zu sprechen. Sie können aber auch anders erklärt werden. Für den Bau eines Tempelhauses durch Salomo spricht die Nachricht von der Gründung (*jussad*) des Tempelhauses, die durch den Monatsnamen *ziw* als alt ausgewiesen (1Kön 6,37) und durch den alten Tempelweihspruch in 1Kön 8,12f bestätigt wird (§ 323–330). Wahrscheinlich geht der alte Tempelweihspruch auf eine Bauinschrift zurück (§ 168). Der alte Tempelweihspruch legt aber auch nahe, dass Salomo das Tempelhaus im Bereich eines bereits bestehenden Heiligtums gebaut hat, wahrscheinlich eines Freilichttheiligtums (§ 333). Das würde die von Rupprecht gemachte Beobachtung erklären, ein Verbot, die Steine vor Ort zu behauen, sei nur sinnvoll, wenn bereits ein Kultbetrieb bestand. Dass Salomo für den Bau des Tempel*hauses* einen bereits bestehenden Kultplatz übernommen hat, suggeriert auch die Legende vom Kauf der »Tenne des Arauna« durch David (§ 259–262). Das DtrG hat diese Überlieferung wahrscheinlich weggelassen, weil sie den von ihr angestrebten Eindruck eines totalen Neuanfangs unter Salomo verwischte. Die von Rupprecht gemachte Beobachtung, dass in 1Kön 6 eigentlich nur der Ausbau des Tempels beschrieben wird, kann damit zusammenhängen, dass über den Bau des Tempels nur ein sehr knapper Bericht (Bauinschrift) vorlag, den das DtrG mit einem ausführlicheren Bericht über einen Um- und Ausbau in einer späteren Zeit ergänzte. So sehr festzustehen schein, dass Salomo einen Tempel baute so fraglich ist, ob es der in 1Kön 6–7 beschriebene war. Seine Dimensionen und seine Pracht passen nicht recht ins 10. Jh.a (vgl. Finkelstein/Silberman, David und Salomo 153–155). Wir haben aber keine Informationen, die uns erlauben würden zu sagen, wann und von wem der Jerusalemer Tempel zu der Grösse ausgebaut wurde, die in 1Kön 6–7 beschrieben wird. Sicher beschreiben 1Kön 6–7 den vorexil. Tempel.

Wo lag und wem gehörte der schon bestehende Kultbezirk?

§ 322   Wenn Salomo sein Tempelhaus an einem bereits bestehenden Kultbezirk baute, stellt sich die Frage, wo dieser lag, welcher Gottheit er geweiht war und welche Art von Tempelhaus erbaut wurde. Nach traditioneller Ansicht lag die höchste Erhebung des SO-Hügels, der Platz des späteren Tempels, zur Zeit Davids noch n außerhalb der Stadt. Nun gab es in der EZ I außerhalb von Siedlungen liegende Freilichtheiligtümer, sog. Bamot (Singular: *bamah*; BArR 20/3, 1994, 31–37, Alpert Nakhai; PEQ 129, 1997, 116–132, Emerton; HSM 61, 2001, 127–159, LaRocca-Pitts). Die berühmteste Bama ist der sog.»Bull-Site« ca. 15 km ö von Dotan (FAT 10, 1994, 212–215, Zwickel; vgl. **95**). Nach der Hypothese von E.A. Knauf hätte das älteste Jerusalem die höchste Kuppe aber bereits eingeschlossen (§ 40). Das Freilichtheiligtum hätte dann innerhalb der Stadt gelegen. Das ist eher ungewöhnlich, aber nicht ausgeschlossen. So fanden sich Bamot innerhalb frühez Siedlungen z. B. in →II Aschdod und →II Lachisch (FAT 10, 1994, 210.277–280, Zwickel). Die Frage, wem der alte Kultbezirk gehörte, beantwortet der alte Tempelweihspruch.

Der alte Tempelweihspruch (1Kön 8,12f): Schemesch und JHWH

Sein literarischer Kontext

§ 323   Bei der Frage nach der Hauptgottheit, die am vordavidischen Kultplatz von Jerusalem verehrt wurde, kann der in 1Kön 8,12f überlieferte Tempelweihspruch weiter helfen. Er legt nahe, dass JHWH Gast in einem alten Sonnenheiligtum wurde. Die langen Reden (Segen, Gebete etc.), die in 1Kön 8 bei der Tempelweihe gesprochen werden, sind, wie gesagt, rein dtr. Einzig in 1Kön 8,1–13 ist deutlich erkennbares älteres Gut verarbeitet. Dazu kann man etwa folgenden Bestand rechnen: »2 Am Fest im Monat Etanim (alte Bezeichnung für den Monat Sept./Okt., wenn nur noch die immer wasserführenden Bäche, *'etanim*, solches führen), kamen alle Ältesten Israels herein 4*und sie brachten die Lade JHWHs hinauf. 6*Und die Priester brachten die Lade JHWHs hinein zu ihrem Ort, zum Debir des Hauses unter die Flügel der Kerube.«

§ 324   Die V. 1–6 sind völlig überladen. Das hängt wohl damit zusammen, dass ursprünglich die Ältesten Israels die Lade allein, und das wahrscheinlich nicht unmittelbar nach Vollendung des Baus des Tempels (ausgefallene Jahreszahl) in den Tempel überführten. Nachträglich ließ man Salomo die Initiative dazu ergreifen und beteiligte die Priester und Leviten daran (BK IX/1, 176ff, Noth). Ursprünglich dürften die Priester aber nur für die Überbringung in den Debir zuständig gewesen sein. Die Initiative der Ältesten Israels zeigt wahrscheinlich, dass vor allem diese Gruppe, die David in Hebron zum König gemacht hatten (2Sam 5,3), als Abjatar, der die Lade trug, noch allein Priester war (§ 218), an der Lade interessiert waren und einen Platz für sie im königlichen Heiligtum verlangten, während für Salomo und die Jerusalemer der Thron das entscheidende Zeichen der Gottesgegenwart im Tempel war, und sie auf den alten Kasten wahrscheinlich gern verzichtet hätten. In der Folge dominierte trotz der Überführung der Lade die Vorstellung vom thronenden Gott (vgl. ATD XI/1, 89–91, Würthwein). In den V. 7–9 ist die Bemerkung zur untergeordneten Stellung der Lade interessant (§ 247–250; vgl. **132**). Die Angabe in V. 9 über den Inhalt der Lade (»nur«) ist typisch dtr. Die V. 10 und 11 sind hingegen, wie schon »die ganze Gemeinde Israel« in V. 5, priesterschriftlich geprägt und nehmen nachträglich für den Tempel in Anspruch, was in Ex 40,34f von der Stiftshütte gesagt wird. »Der Glossator übersieht, dass die Priester nicht wie Mose in das Heiligtum hineinwollten, sondern es schon verlassen hatten (V. 10a)« (ATD XI/1, 88, Würthwein).

§ 325   1Kön 8,12f überliefert den alten Tempelweihspruch. Die griech. Übersetzung (LXX) und der hebr. Text (MT) unterscheiden sich ziemlich stark. Eine sorgfältige Untersuchung der beiden Versionen hat ergeben, dass der griech. Text zwar auf einer hebr. Vorlage basiert, diese aber älter ist als der uns vorliegende hebr. Text. Der heute in der hebr. Bibel vorliegende Text scheint im 2. Jh.a systematisch überarbeitet worden zu sein (CRB 48, 2000, bes. 134f, Schenker).

Die beiden Versionen stehen auch nicht am gleichen Ort. In der LXX steht der alte Tempelweihspruch in 1Kön 8,53a *nach* dem großen dtr. Tempelweihgebet (1Kön 8,22–53), im hebr. Text *vor* diesem (1Kön 8,14–53) in 1Kön 8,12f (zur Bedeutung der verschiedenen Stellung im Text vgl. Historical Commentary on the OT, 1Kings 1, 1998, 396–399, Mulder).

Die Fassung der LXX und ihre hebräische Vorlage

§ 326   Der griech. Text von 1Kön 8,53a lautet:

Τότε ἐλάλησεν Σαλωμων (ὑπὲρ τοῦ οἴκου, ὡς
συνετέλεσεν τοῦ οἰκοδομῆσαι αὐτόν
῞Ηλιον ἐγνώρισεν ἐν οὐρανῷ) κύριος,
εἶπεν τοῦ κατοικεῖν ἐν γνόφῳ
Οἰκοδόμησον οἶκόν μου, οἶκον ἐκπρεπῆ σαυτῷ,
τοῦ κατοικεῖν ἐπὶ καινότητος.
(οὐκ ἰδοὺ αὕτη γέγραπται ἐν βιβλίῳ τῆς ᾠδῆς).

»Damals sprach Salomo über das Haus,
als er es zu bauen vollendet hatte:
Die Sonne (Akkusativ!) hat wissen lassen am Himmel der Herr.
Er hat gesagt, er wolle im Dunkeln thronen.
Baue mein Haus, ein erhabenes Haus für dich,
um [darin immer wieder] von neuem zu thronen.‹
Siehe, steht das nicht geschrieben im ›Buch der Lieder‹?«

Die Textpassage besteht aus einer Einleitung (Damals sprach Salomo), einem Zitat und einem Schlussvermerk, der das Zitat als solches aus dem »Buch des Wackeren« bzw. dem »Buch der Lieder« (vgl. dazu oben § 151f) charakterisiert. Das Zitat besteht aus zwei Zweizeilern. Der erste ist eine Mitteilung JHWHs an die Sonne(ngottheit). Der zweite ist eine Aufforderung an Salomo, ein Tempelhaus zu bauen, das sowohl für die Sonne(ngottheit) bzw. für JHWH wie für den König bestimmt ist.

§ 327   Der griech. Text ist sprachlich und inhaltlich ziemlich problematisch. Die Frage ist, ob die LXX ihre hebr. Vorlage richtig interpretiert hat. In der ersten Zeile des ersten Zweizeilers lässt JHWH als Subjekt die Sonne am Himmel etwas wissen. A. Schenker vermutet, die LXX intendiere dabei eine ähnliche Aussage, wie wir sie in Ps 19 finden, wo die unübersehbare Sonne als Werk Gottes dem verborgenen Wirken im Gesetz gegenübergestellt wird (CRB 48, 2000, 132). Aber während in Ps 19 der Himmel bzw. die Sonne etwas mitteilen, teilt hier JHWH der Sonne etwas mit. Der rekonstruierte hebr. Text beugt sich diesem Verständnis allerdings nur widerwillig. Erstens wird die erste Zeile zu lang, wenn man *jhwh* ihr zuordnet. Zweitens ist die Satzteilfolge ungewohnt. Die Wortfolge im Griech. dürfte die des originalen hebr. Textes wiedergeben. Das ist ein allgemeines Prinzip bei jenen Büchern der LXX, die wie 1–2Kön eine wörtliche Übersetzung anstreben (vgl. Textus 13, 1986, 59–84, Marquis). Die Folge Objekt (»Sonne«), Verb, Subjekt (»JHWH«) ist nicht üblich. Sehr ungewöhnlich, wenn vielleicht auch nicht völlig unmöglich, ist, das Subjekt erst nach der adverbialen Näherbestimmung (»am Himmel«) folgen zu lassen (A. Michel, mündlich; vgl. aber z.B. das »in Gerechtigkeit« in Ps 65,6, A. Schenker, mündlich). Die ungewöhnliche Satzteilfolge und das überschüssige »Herr« am Anfang der ersten Zeile legen nahe, JHWH als Subjekt zum nächsten Satz zu ziehen, wie das im überlieferten hebr. Text der Fall ist. In der ersten Zeile muss dann »Sonne« als Subjekt verstanden werden, da kein anderes zur Verfügung steht. Drittens erscheinen weder ἐγνώρισεν noch *hodija'* in Schöpfungstexten, wie der erste Teil von Ps 19 einen darstellt. *hodija'*, das in der LXX regelmäßig mit γνωρίζειν (über 40mal) wiedergegeben wird, bedeutet »wissen lassen, kundtun, mitteilen, in Kenntnis setzen« (HAL II 375). In die Nähe von Schöpfungszusammenhängen gerät der Terminus dort, wo vom Auszug aus Ägypten als Chaoskampf die Rede ist. JHWH tut dadurch unter den Völkern seine Macht kund (z. B. Ps 77,15). Auch hier bestimmt der geschichtliche Aspekt die Wortwahl. Die lukianische Rezension hat gemerkt, wie unpassend γνωρίζειν für eine Schöpfungsaussage ist und hat den Ausdruck durch ἵστημι bzw. ἔστησεν ersetzt (JThS 10, 1909, 440f, Burkitt). ἵστημι kann hebr. *kun* hif. »bereitstellen, erschaffen« wiedergeben (Jes 40,20) und *kun* hif. wird in Ps 74,16 für die Sonne verwendet. Lukian hat wohl aus dogmatischen Gründen und unter dem Einfluss von Ps 74,16 das problematische γνωρίζειν durch das unproblematische ἔστησεν ersetzt. Aber das ist eine freihändige Korrektur aus dogmatischen Gründen, mehr nicht. Auf einer freihändigen Korrektur beruht auch das Verständnis von Bleek/Wellhausen (Einleitung 236), das Noth übernommen hat (BK IX/1, 172) und auf dem auch viele neuere Autoren noch basieren (SBAB 14, 1992, 32–46, Görg; Janowski, JHWH und der Sonnengott 224–226; Knauf, in: SHCANE 11, 1997, 82–86, Handy). Sie nehmen an, ἐγνώρισεν gebe hebr. *hebin* wieder, und dieses sei aus *hekin* verschrieben. Aber γνωρίζειν gibt nie *hebin* wieder und so fällt auch die Verschreibung aus *hekin* dahin.

Eine angemessene Wiedergabe des hebr. Textes, der dem ersten Zweizeiler zugrunde gelegen haben dürfte, müsste etwa lauten:

> »Die Sonne hat vom Himmel her bekannt gemacht:
> ›JHWH hat gesagt, er wolle im Dunkeln thronen.‹«

Zu *b*^e »von« vgl. HAL I 101,13; zu *'amar l*^e »beabsichtigen zu, wollen« HAL I 64.5.

§ 328   Der zweite Zweizeiler der LXX-Fassung dürfte ins Hebr. zurückübersetzt etwa gelautet haben:

> *b*^e*neh beti bet z*^e*bul lak*
> *lašæbæt lahodašaw*

> »Baue mein Haus, ein erhabenes Haus für dich,
> um (darin immer wieder) von neuem zu thronen.«

Die LXX liest einen Imperativ »baue«, nicht ein Perfekt wie der MT. Beim Objekt des Bauens, beim Haus, hat sie das Possessivpronomen der 1. Person. Das »mein Haus« hat im MT keine Entsprechung, es sei denn man lese *beti* statt *baniti*, was nur eine geringfügige Änderung, aber eben doch eine Änderung des vorliegenden Textes ist. Dem οἶκον ἐκπρεπῆ entspricht im Hebr. *bet z*^e*bul* (vgl. Jes 63,15; zu *hwt špst* als einem parallelen Ausdruck im Ägyptischen vgl. SBAB 14, 1992, 43f, Görg). Beide bzw. alle drei Ausdrücke bezeichnen ein erhabenes, hervorragendes Haus. Beide Versionen, LXX und MT, lesen »für dich«. Schenker meint, dass es sich bei der LXX beim ersten, d.h. bei »mein Haus« um den Tempel, beim zweiten, beim »Haus für dich«, um die Dynastie handle (CRB 48, 2000, bes. 132–134). Mir scheint es schwierig, das erste Haus real, das zweite, das in Apposition zum ersten steht, metaphorisch zu verstehen. Vor allem kann der König die Dynastie nicht selbst bauen (vgl. 2Sam 7,11). Nachkommen sind ein Geschenk JHWHs (Ps 127,3).

Der der LXX zugrunde liegende hebr. Text scheint ausgesprochen zu haben, dass das Haus, das Salomo auf Befehl des Sonnengottes Schemesch bauen soll, primär ein Haus für diesen ist. Dass der Tempel Salomos ein Haus für den Sonnengott war, beweist die O-W Ausrichtung des Jerusalemer Tempels, die schon immer aufgefallen ist (vgl. § 335). Der Sonnengott von Jerusalem brauchte an und für sich kein Haus.

Große berühmte Sonnenheiligtümer (151) und kleine, unbedeutende (152) von Ägypten bis Elam sind ohne Tempelhaus ausgekommen (vgl. § 333). Jetzt aber brauchte der Sonnengott ein Haus, weil sein Gast, JHWH, im Dunkeln wohnen wollte. Für ihn wurde in diesem Tempel eine »Seitenkapelle«, ein zweites Allerheiligstes (§ 352) reserviert (vgl. 173).

Der neue Tempel sollte aber als *miqdaš-mælæk ubet mamlakah* »Königsheiligtum und Reichstempel« (Am 7,13) auch ein Haus für den König – als Sohn JHWHs – sein (vgl. 2Sam 7,14a; Ps 2,6; vgl. § 233). Den Zweck des Baus gibt die LXX mit τοῦ κατοικεῖν ἐπὶ καινότητος an, »um (darin immer wieder) von neuem zu thronen«. Es ist nicht ganz eindeutig, wer Subjekt dieses Thronens sein soll, der Sonnengott, JHWH oder der König; wahrscheinlich alle drei (§ 228–231). καινότης kommt in der LXX nur noch in Ez 47,12 vor und gibt dort hebr. *laḥodašaw* »Monat für Monat« bzw. »Neumond für Neumond« wieder. Da κατοικεῖν über 500mal für *jašab* »thronen« steht, kann hier ebenso gut wie »wohnen« »thronen« übersetzt werden.

Der alte Tempelweihspruch in der Fassung der Hebräischen Bibel (MT)

§ 329   Der hebr. Text, wie er uns in der traditionellen Fassung der hebr. Bibel (MT) vorliegt, ist beträchtlich kürzer als die Fassung der LXX und *ihrer* hebr. Vorlage. Es fehlt die Hälfte der Einleitung. Es fehlt die erste Zeile des ersten Zweizeilers, und die Schlussbemerkung, die die drei Zeilen als Zitat charakterisiert, ist ebenfalls nicht vorhanden. Was bleibt, ist eine rudimentäre Einleitung. Eine Mitteilung darüber, dass JHWH im Dunkeln wohnen wolle, und eine Mitteilung Salomos, dass er diesen Wunsch durch den Bau eines Hauses erfüllt habe.

> *ʾaz ʾamar šᵉlomoh*
> *jhwh ʾamar liškon bᵃ ᶜarafæl.*
> *banoh baniti bet zᵉbul lak*
> *makon lᵉšibtᵉka ᶜolamim*

> »Damals sprach Salomo
> ›JHWH hat gesagt, er wolle im Dunkeln wohnen.‹
> ›Ich habe ein erhabenes Haus für dich gebaut,
> eine Stätte für dich, um ewig zu thronen.‹«

Die halbe Einleitung fehlt, weil die Passage »über das Haus, als er es zu bauen vollendet hatte« im neuen Kontext des MT von 1Kön 8,11 gestört hätte. Sie war sinnvoll im Anschluss an den in § 323 rekonstruierten vordtr. Bestand von 1Kön 8,1–13 oder noch besser im Anschluss an 1Kön 6,38.

Störend war im neuen Kontext auch »die Sonne am Himmel«, denn im vorliegenden hebr. Text wird das Dunkel, in dem JHWH wohnen will, auf die Wolke bezogen, die in den priesterschriftlichen Versen 1Kön 8,10–11 die Gegenwart JHWHs im Heiligtum anzeigt. Die Bearbeiter des 2. Jh.a haben die Erwähnung der Sonne(ngottheit) wahrscheinlich nicht nur überflüssig, sondern sogar anstößig gefunden und deshalb weggelassen. Der gleichen Art von Zensur könnte die in Ägypten und in der Levante fast omnipräsente geflügelte Sonnenscheibe über Toreingängen bei der Beschreibung des Salomonischen Tempels zum Opfer gefallen sein (vgl. dazu § 482.1489), deren Fehlen E. Bloch-Smith aufgefallen ist (in: B. Gittlen, Hg., Sacred Time, Sacred Space: Archaeology and the Religion of Israel, Winona Lake 2002, 90f).

Der zweite V. des ersten Zweizeilers, der den Willen JHWHs ausdrückt, im Dunkeln wohnen zu wollen, ist in beiden Versionen identisch.

Der zweite Zweizeiler weist in beiden Versionen im Lautbestand nur geringe Unterschiede auf, die aber von großer inhaltlicher Bedeutung sind.

Statt wie die LXX *b*ᵉ*neh beti bet z*ᵉ*bul lak* liest der MT *banoh baniti bet z*ᵉ*bul lak*.

Statt einen Befehl des Sonnengottes wiederzugeben, stellt Salomo im MT fest, den Willen JHWHs (im Dunkeln thronen zu wollen) erfüllt zu haben. Die problematische Identität von Gotteshaus und Haus für den König in der LXX-Version wird so vermieden. Das enge Nebeneinander, ja Ineinander von Palast und Tempel, Gott und König war typisch für die ao Welt und damit auch für das vorisraelit. und das frühisraelit. Jerusalem (§ 305–308). Die Ezechielschule hat dann scharf kritisiert, dass Gott und der König im vorexil. Tempel Schwelle an Schwelle gewohnt haben (Ez 43,8; vgl. § 1208–1210). Aussagen wie die der LXX-Version, die das Haus JHWHs und das des Königs in eins setzten, waren da nicht mehr tragbar.

In der zweiten Zeile des zweiten Zweizeilers liest die LXX *lašæbæt laḥodašaw* (um immer wieder von neuem zu thronen) und nimmt damit das Postulat einer ewigen Dynastie auf (§ 228–231). Der MT hat *makon* lᵉ*šibt*ᵉ*ka* ʿ*olamim*. Die ersten beiden Begriffe finden sich in Ex 15,17 (vgl. § 984). Dort wird »der Berg seines Erbes« als *makon* lᵉ*šibt*ᵉ*ka* »Stätte für dein Thronen« bezeichnet. Es ist demnach ausschließlich von einem Haus für JHWH die Rede, und beim ewigen Thronen geht es ausschließlich um JHWHs Ewigkeit.

Der MT vertritt also auch im zweiten Zweizeiler des alten Tempelweihspruchs im Vergleich zu der Version der LXX eine jüngere, den Einsichten der Exilszeit angepasste Position. Die LXX aber dürfte einen Tempelweihspruch bewahrt haben, der in einer Sammlung alter poetischer Texte überlebt hat (vgl. dazu § 151f).

Bedeutung des Tempelweihspruchs in der LXX-Fassung

§ 330   In der Form der LXX verbindet der Tempelweihspruch drei Größen: den Sonnengott, seinen Gast und Beisassen JHWH und Salomo. Er beantwortet die in § 322 gestellte Frage, wem der Kultbezirk gehörte, ganz eindeutig. Er gehörte dem Sonnengott. Der Sonnengott ist der Urheber des Orakels. Er ist offensichtlich der Gott des Ortes und so letztlich als einziger befugt, Entscheidungen über den Bau eines Hauses in seinem heiligen Bezirk zu treffen. Eine gute Parallele ist Marduk, der als Götterkönig befiehlt, ein Haus für den Mondgott zu bauen (vgl. § 1135). Der Sonnengott teilt mit, dass JHWH im Dunkeln wohnen will. ʿᵃ*rapæl* ist die Sphäre JHWHs als Kampf- und Sturmgott (Ps 18,10), als Gott, der in Jerusalem thront (Ps 97,2) und als Gott, der auf dem Gottesberg erschienen ist (Ex 20,21; Dtn 5,19 resp. 22; ThWAT VI 397–402, Mulder). Er ist von seinem Ursprung her u.a. mit Rauch- und Sturmwolken verbunden, ein schwer fassbarer, verborgener Gott. Überraschend ist nun, dass es nicht heißt: »Baue ihm ein Haus«, sondern »Baue mir ein Haus«. Der Sonnengott ist als Besitzer des Ortes auch Besitzer des Hauses. Da JHWH in Jerusalem offenbar in Kohabitation mit dem Sonnengott lebt, bedarf es jetzt eines Hauses (das es vorher offensichtlich nicht gab), da JHWH im Dunkeln wohnen will. Das Haus ist gleichzeitig ein Zeichen für die Herrschaft Salomos und die Dauer seiner Dynastie.

Die Version des MT hingegen lässt JHWH den Willen kundtun, im Dunkeln wohnen zu wollen, und Salomo erfüllt diesen Willen, indem er ihm ein Haus baut.

Die hier vertretene Interpretation des Tempelweihspruchs hat eine gewisse Parallele in einer Legende aus dem Wallfahrtsort Einsiedeln in der Schweiz. Die Mönche wollten im Spätmittelalter aus der Salvator-Kapelle im Zuge der Zeit eine Marien-Kapelle machen. Der zuständige Bischof hatte Bedenken. Da sei ihm Christus selbst erschienen und hätte ihm geboten, seine Kapelle neu seiner Mutter zu weihen. Nur die ursprünglichen Besitzer, Christus bzw. der Sonnengott, können ihren Kultort rechtmäßig einem neuen Kult öffnen.

Natürlich ist die hier gegebene Deutung des Tempelweihspruchs nicht unanfechtbar. Man kann hinter dieses und jenes Detail ein Fragezeichen setzen (QD 209, 2004, 31f, Irsigler). Eine andere kohärent philologisch und religionsgeschichtlich argumentierende Gesamtinterpretation ist mir aber nicht bekannt.

Beide Versionen des alten Tempelweihspruchs lassen Salomo als Erbauer eines Hauses für JHWH in Erscheinung treten.

DIE HAUPTGOTTHEIT JERUSALEMS VOR DAVID

Der Gott El?

§ 331   Aus Gen 14,18–20 (Melchisedek als Priester des El Eljon) und aus dem, was man von El als höchstem Gott im Pantheon von Ugarit wusste, hat man früher gern geschlossen – und tut es gelegentlich heute noch – die wichtigste Gottheit des vordavidischen Jerusalem sei El gewesen (z.B. BZAW 118, 1970, 149–180, Stolz). Noch R. Albertz behauptet: »Wir haben sichere Zeugnisse dafür, dass im vorisraelit. Jerusalem der Gott El, wahrscheinlich in der Gestalt des El-Eljon, verehrt wurde« (GAT VIII/1, 204). Die »Zeugnisse« (Pl.!) entpuppen sich einmal mehr als der notorische Verweis auf die Melchisedek-Tradition in Gen 14,18–20, die alles andere als »sicher vorisraelitisch« ist. Gen 14 – die einschlägigen V. 18–20 inklusive – ist höchst wahrscheinlich nachexilisch (vgl. § 1443–1450; vgl. auch § 60; zum angeblichen Beleg für einen »El, Schöpfer der Erde« in Jerusalem vgl. § 445). B. Herr stellt für Jerusalem »einen beachtlichen Einfluss von Baaltraditionen (Chaoskampf und Zaphon) und nur schwer aufzuspürende Spuren einer Eltradition« fest, bleibt dann aber doch bei der herkömmlichen Annahme, El sei der Hauptgott des vordavidischen Jerusalem gewesen (ebd. BBB 124, 2000, 73.77). In den vordavidischen und den davidisch-salomonischen Jerusalemer Überlieferungen sind aber keine eindeutigen Spuren von ihm zu finden (OTEs 17/4, 2004, 580–594, Mondriaan). Man kann auf die Namen der David-Söhne hinweisen, die in Jerusalem geboren sind und von denen auffällig viele einen Namen mit dem theophoren Element ʾel tragen (2Sam 5,15f; Elischama, Eljada usw.). Aber ʾel kann immer auch Gattungsname sein und etwa den Stadtgott bezeichnen. Angesichts der zwei Oberpriester (Zadok und Abjatar) und der zwei Gottheiten (Schemesch und JHWH), denen sie primär dienten, war es vielleicht, wie die in 1Kön 1–2 geschilderten Vorgänge zeigen, angebracht, nicht zu eindeutig Partei zu beziehen. Kein einziger der in 2Sam 5,14f genannten Söhne trägt einen Namen mit dem theophoren Element *ja* bzw. *jahwæh*.

El-Traditionen lassen sich, wenn überhaupt, eher n von Jerusalem als in Jerusalem und Juda festmachen (JBL 122, 2003, 420, Bloch-Smith). Bet-El dürfte nach Ausweis des Namens ursprünglich ein Kultort Els gewesen sein. C.L. Seow hat in 1Sam 1–3 in → III Schilo El-Traditionen geortet. Samuels Vater hieß Elkana. Die Verheißung eines Sohnes an Hanna und der Inkubationsschlaf Samuels seien typisch für El (HSM 44, 1989, 11–54). Unsicher bleibt die Identifikation des El Berit, des »Gottes der Verpflichtung bzw. des Bundes« von → III Sichem mit El, da die Überlieferung nicht nur von einem »El Berit«, sondern auch von einem »Baal Berit« weiß (Ri 8,33; 9,9.46; JBL 115, 1996, 401–423, Lewis). Der Name »Israel«, der schon 1208a auf der Merenptah-Stele zu lesen ist (TUAT I/6 552, Kaplony-Heckel), scheint das theophore Element El zu enthalten. Gen 33,20 prädiziert El als »Gott Israels«. Dieser El scheint ohne alle Probleme und Polemik mit JHWH, der aus dem S kam (§ 235), gleichgesetzt worden zu sein. El war wahrscheinlich der ursprüngliche Gott der mittel- und nordpalästinischen Stämme (Smith, Origins 139–148). Für Jerusalem und Juda scheint er am Ende des 2. und zu Beginn des 1. Jt.a ohne größere Bedeutung gewesen zu sein (so auch DDD² 917, van der Toorn; OTE 17/4, 2004, 580–594, Mondriaan).

Eine Sonnengottheit

Elemente der Forschungsgeschichte

§ 332   Aus der großen Bedeutung Els in Ugarit hat man auf eine ebenso große Bedeutung Els in Jerusalem geschlossen. Umgekehrt hat F. Stolz aus der angeblich geringen Bedeutung der Sonnengöttin Schapsch (*špš*) in Ugarit den Schluss gezogen: »Šämäš wird in Jerusalem kaum eine gewichtigere Rolle gespielt haben« (BZAW 118, 1970, 219 Anm. 215). Aber erstens ist die Rolle der Sonnengöttin in Ugarit nicht zu unterschätzen. Sie weiß dank ihres unablässigen Reisens über alles Bescheid und ist so ein Informations- und Kommunikationszentrum ersten Ranges, das in der Lage ist, die Dinge richtig zu stellen, Klagen anzunehmen oder abzuweisen. Sie kennt auch den Bereich der Toten und hat heilende Kräfte (UBL 12, 1996, 327–350, Wiggins). Zweitens ist Jerusalem nicht Ugarit. Jerusalem liegt zw. Ugarit und dem ägypt. Heliopolis, das in Jer 43,13 als »Sonnenort« (*bet šæmæš*) erscheint. Interessanterweise gibt die LXX Heliopolis in Jes 19,18 mit Πόλις ασεδεκ d.h. »Stadt der Gerechtigkeit« wieder. In Jes 1,26 trägt Jerusalem diesen Titel.
Verschiedene Überlieferungen haben nahe gelegt, in Jerusalem einen vordavidischen Sonnenkult zu vermuten (§ 224–228).
Wenn auch manches als Hinweis auf einen Sonnenkult in Jerusalem gedeutet worden ist, was kaum so gedeutet werden kann und wirkliche Hinweise stark überinterpretiert worden sind, lässt sich doch nicht bezweifeln, dass es in Jerusalem einen alten Sonnenkult gegeben und JHWH durch Kohabitation mit einem Sonnengott solare Züge angenommen hat (vgl. OBO 66, 1985, 5–12, Stähli; JBL 106, 1987, 513–515, Smith; JSOT.S 111, 1993, Taylor; OBO 139, 1994, 269–306, Keel/Uehlinger; Janowski, JHWH und der Sonnengott 1995; skeptisch JSOT 73, 1997, 109–112, Wiggins; Zwickel, Der Tempel 50–53; AOAT 281 = FS Dietrich, 2002, 899–917, Zeeb; alle drei ohne ernsthafte Diskussion entscheidender Argumente, wie dem alten Tempelweihspruch § 323–330 oder der Sodomtradition § 338; zur ganzen Diskussion vgl. QD 209, 2004, 23–34, Irsigler; ATSAT 78, 2006, 365–382, Lauber).

Sonnengott-Bezirk ohne Tempelhaus

§ 333 Der alte Tempelweihspruch suggeriert, dass es in Jerusalem einen vor-davidischen Kultbezirk einer Sonnengottheit gegeben hat. 2Sam 24 (§ 259–262) und der alte Tempelweihspruch (§ 323–330) legen nahe, dass es sich um ein Freilichthei-ligtum ohne Tempelhaus handelte. Es gibt mehrere Beispiele für Sonnenheiligtümer ohne Tempelhaus. Die aufwändigen Atontempel Echnatons (1353–1336a) in Amarna haben zwar monumentale Tortürme, Höfe und als »Allerheiligstes« einen riesigen Altar im innersten Hof, aber kein Tempelhaus (**151**;Vandier, Manuel II 852–861; LÄ I 541–549, Assmann). Opfer an den Sonnengott fanden schon vorher generell unter freiem Himmel statt (LÄ IV 579, Altenmüller). Vom anderen Ende

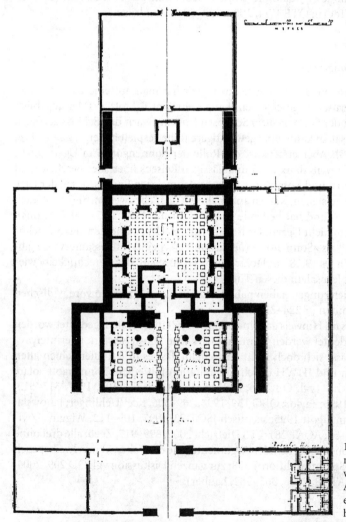

151 Der große Son-nentempel in Amarna weist zwar Höfe mit Altären aber kein eigentliches Tempel-haus auf (1353–1336a)

152 Die Bronzeplatte aus Susa zeigt laut Inschrift ein Ritual zum »Sonnenaufgang«, das an einem mit »Masseben«, »Ascheren«, Altären und Wasserbecken ausgestatteten Freilichtheiligtum durchgeführt wird (1150–1130a)

des fruchtbaren Halbmonds, aus Susa, stammt eine Bronzeplatte, die ein sehr einfaches Heiligtum mit allen Gegenständen zeigt, mit denen eine traditionelle israelit. Bama ausgestattet war: Ascheren, Massebe, Wasserbecken, Altäre (**152**; vgl. § 646; JSOT.S 261, 1998, 40 f. Fig. 70, Keel). Die Inschrift, die das Objekt in die Zeit zw. 1150–1130a datiert, besagt, dass es sich um eine Zeremonie anlässlich des Sonnenaufgangs (ṣit šamši) handelt. Dazu brauchte es anscheinend kein Tempelhaus. Für den Sonnengott genügten ein Tor bzw. zwei Säulen, die den Ort seines Aufgangs bzw. Durchgangs bzw. den Ort des Gerichts markierten (vgl. **153** mit **152.154.168.233** und § 370 f).

153 Der von zwei Säulen (vgl. Jakin und Boaz im Jerusalemer Tempel) und zwei Stiermenschen (vgl. **188–189**) flankierte Sonnengott (Schamasch) auf einem Rollsiegel aus Nippur (ca. 2300–2200a)

Hinweise auf alte Sonnenkulte in Ortsnamen aus der Umgebung Jerusalems

§ 334   Ortschaften mit dem Element Schemesch oder Cheres (*ḥæræs*, vgl. Ijob 9,7) hat es auch in anderen Gegenden gegeben, so z. B. in Naftali (Jos 19,38) und Issachar (Jos 19,22). In der Umgebung von Jerusalem aber sind sie auffällig zahlreich: das gut 20km wsw von Jerusalem, wahrscheinlich noch zum Einflussbereich des alten Stadtstaates gehörige →II Bet-Schemesch (1Sam 6,9ff), das vielleicht mit diesem identische Har-Heres »Sonnenberg« (Ri 1,35), der 5km ö von Jerusalem gelegene »Sonnenquell« (*'en šæmæš*, Jos 15,7) und das nw von Jerusalem gelegene Timnat-Heres, wo nach Ri 2,9 Josua begraben war. Bet-Schemesch kann mit »Sonnentempel« übersetzt werden. Aber es ist ebenso korrekt, den Ausdruck mit »Sitz des Sonnengottes« wiederzugeben (HAL I 124). Jedenfalls beherbergte der Ort ein Sonnenheiligtum. Manche Exegeten wollen im Aufenthalt der Lade in Bet-Schemesch, wie er in 1Sam 6,12–21 erzählt wird, als Hinweis auf die Ablösung des Sonnenkults durch die JHWH-Verehrung sehen (ATSAT 78, 2006, 365 Anm. 1469, Lauber). Endlich enthält, wie schon mehrmals gesagt wurde, der Name Jeruschalem selbst mit dem Element Schalem/Schalim den Namen einer solaren Gottheit (§ 44.107.125–128; ATSAT 78, 2006, 368f, Lauber). Vielleicht ist der Name Salomo von Schalem herzuleiten (HAL IV 1426). Immerhin ist er der Sohn einer Jerusalemerin.

Der Name des in Hebron geborenen Abschalom (2Sam 3,3) hat nichts mit Schalem zu tun (HAL I 10). Er kann nicht als Indiz für die Absicht Davids bemüht werden, den Anschluss an Jerusalemer Traditionen zu suchen (ATSAT 78, 2006, 369, Lauber).

Die Ost-West-Orientierung des Jerusalemer Tempels

§ 335   Beim Jerusalemer Tempel ist schon immer seine O-W-Orientierung aufgefallen (vgl. 1Kön 6,8; 7,39; 8,11; Ez 8,16; 43,1–4 usw.).

Häufig wurde angenommen, dass die Achse des Tempels nach dem Sonnenaufgang beim Frühlings- bzw. Herbstäquinoktium ausgerichtet war. An diesem Tag, der im Herbst in die Zeit des Laubhüttenfestes gefallen sei, das auch an die Tempelweihe erinnert habe (1Kön 7,8–10; 8,2), habe die Sonne bei ihrem Aufgang bis ins Allerheiligste geschienen. Nur an diesem Tag habe der Hohepriester das Allerheiligste betreten dürfen (Ex 30,10; Lev 16,2.34). Das Feuer, das bei dieser Gelegenheit auf das Opfer fiel, sei so zu erklären (Lev 9,23f; 2Chr 7,1–3) und ebenso das besondere Leuchten der Schmucksteine am Ornat des Hohenpriesters, von dem Flavius Josephus berichtet (Ant III 214–216; ZDMG 58, 1904, 386–394, Charlier). Die genannten Phänomene werden von den Texten aber nicht auf einen bestimmten, sich jährlich wiederholenden Tag bezogen. Da der kanaanäische und der israelit.-jud. Kalender unterschiedlich geschaltete Mondkalender waren (NBL II 429–432, Jaroš), fielen die Frühlings- und Herbst-Tag-und-Nachtgleichen nicht immer auf den gleichen Festtag. Man modifizierte diese und ähnliche Theorien dahin, dass die Ausrichtung dem Tag der Tempelweihe entsprochen habe. Der Wiener Bauingenieur Erwin Reidinger etwa hat entsprechende Sonnenaufgänge in der von ihm rekonstruierten Tempelachse für den 1. Tempel am 15. Nisan 976 oder 957a (Grundsteinlegung) und für den 2. Tempel am 10. Tischri 515a (Einweihungstag) nachgewiesen (BN 114/115, 2002, 89–150; E. Reidinger, Die Tempelanlage in Jerusalem von Salomo bis Herodes. Neuer Ansatz für Rekonstruktion durch Bauforschung und Astronomie, Wiener Neustadt 2005). Wir kennen aber die genaue Ausrichtung der Tempelachse nicht und wissen auch nicht, ob man die genannten Vorgänge (Grundsteinlegung, Einweihung) nach diesem astronomischen Phänomen ausgerichtet hat. Generell skeptisch gegenüber solchen Versuchen hat sich H. Van Dyke Parunak geäußert (PEQ 110, 1978, 29–33; vgl. auch Zwickel, Der Tempel 49f; zur genauen Lage des Tempels innerhalb des Haram vgl. Küchler, Jer 245).

Mit seiner Ausrichtung nach O lag der Tempel in jeder Hinsicht quer in der Landschaft, topographisch, städtebaulich und kultisch, wie mehr oder weniger phantasievolle Rekonstruktionen des salomonischen Jerusalem deutlich machen (**139**). Der Felssporn, auf dem der Tempel stand, verläuft von N nach S (**6**). Bei der O-W Ausrichtung des Tempels wurde jede Erweiterung bes. nach W durch den Steilabfall zum Stadttal (früher: Tyropoion) hin verunmöglicht. Städtebaulich würde man erwarten, dass die Front des Tempels zum damaligen Hauptwohngebiet im S, zum Palast und zur Davidstadt hin ausgerichtet war, von denen man zum Tempel hinaufstieg (**7**). Statt dessen lag die Tempelfront dem unbewohnten Ölberg gegenüber. Kulttopographisch gesehen waren die Tempel von Wetter- und Sturmgottheiten – und diesen wäre JHWH, auch wenn er kein klassischer Wetter- und Fruchtbarkeitsgott war, am ehesten zuzuzählen – nach N ausgerichtet (OBO 66, 1985, 15 Anm. 67, Stähli; BBB 90, 1993, 488, Keel; Kempinski/Reich, Architecture 178.186f). Es wird sich zeigen, dass der salomonische Tempel ein Sonnentempel war (gegen diese These: Busink, Tempel I 651–656). Es wurde nach dem alten Tempelweihspruch für den Sonnengott gebaut aber im Hinblick auf JHWH, der im Dunkeln wohnen wollte (§ 323–330). Diese Argumente verlieren etwas an Gewicht, wenn wir bedenken, dass der Jerusalemer Tempel eine »Palastkirche« war (vgl. **72–73**). Das Heiligtum scheint aber erst sekundär dem Palastbereich zugeordnet worden zu sein, weil der Königspalast ursprünglich weiter s über dem Gihon lag, das Sonnenheiligtum sich aber immer auf der höchsten Erhebung des NO-Hügels befand (vgl. weiter § 305, 404).

Der Sonnengott von Jerusalem als Richter (Sodomgeschichte)

§ 336   Sonnenkulte waren im ganzen alten Orient zu finden. Dabei waren die Sonnenvorstellungen in verschiedenen Kulturen und zu verschiedenen Zeiten verschieden akzentuiert und unterschiedlich intensiv. In Babylonien standen beim Sonnengott vor allem die Beseitigung des Dunkels und der damit verbundenen Unordnung und Gesetzlosigkeit, das Richten und Bestrafen der Verbrecher im Vordergrund (so z.B. im großen Schamasch-Hymnus; vgl. Falkenstein/von Soden, SAHG 240–247; ANET 387–389). In Ägypten war der Sonnengott vor allem Schöpfer und Erhalter des Lebens (so bes. in den Hymnen der Amarnazeit; vgl. Assmann, ÄHG 213–225), vor allem aber war die enge Beziehung zum Königtum wichtig. Der ägypt. Einfluss ist in Jerusalem nicht zu vernachlässigen und immer wieder nachzuweisen. Dennoch scheint die mesopotamische Erscheinung des Sonnengottes mindestens ursprünglich dominiert zu haben.

§ 337   Auf den Richteraspekt des Sonnengottes von Jerusalem verweist u.a. der Gott Zedek »Recht, Gerechtigkeit«, eine Gestalt aus dem engsten Umfeld des mesopotamischen Sonnengottes Schamasch, die im vordavidischen Jerusalem offensichtlich eine Rolle spielte (§ 225–228). Als Richter wird Schamasch in der akkadzeitlichen Rollsiegelglyptik dargestellt (ca. 2350–2200a). Das einzige akkadzeitliche Rollsiegel, das bis heute in Palästina gefunden worden ist, kam in einem Grab des 7. Jh.a in Jerusalem (Mamilla) zutage (**154**). Es zeigt den thronenden Sonnengott von zwei Dienern flankiert. Bei diesen dürfte es sich um *kittu umešaru* »Recht und Gerechtig-

154 Der Sonnengott setzt sich am Morgen zum Gericht flankiert von seinen Dienern »Recht und Gerechtigkeit«; akkadisches Rollsiegel, das in einem Grab des 7. Jh.a an der Mamillastr. in Jerusalem gefunden worden ist (ca. 2300–2200a)

155 Vor dem thronenden Sonnengott hält ein Diener eine Waage, wahrscheinlich die Waage der Gerechtigkeit; ein Verehrer bringt ein Ziegenböcklein als Gabe zur Entsühnung (?) des hinter ihm dargestellten Menschen (ca. 2300–2200a)

keit« handeln, die als »Wesir zur Rechten« bzw. »Wesir zur Linken« des für das Recht zuständigen Sonnengottes galten (§ 227). Varianten des Jerusalemer Siegels legen nahe, dass es sich beim Sitzenden um den richtenden Sonnengott handelt (vgl. Ps 122,5). Eines zeigt den thronenden Sonnengott, vor dem eine Waage gehalten wird, die sich in perfektem Gleichgewicht befindet (**155**); ein anderes, wie zwei Diener, einer mit Sonnenstrahlen, ihm einen Dämon vorführen, der abgeurteilt werden soll (**156**). Das richterliche Wirken des Sonnengottes steht im Zentrum des großen, schon in § 336 genannten Schamasch-Hymnus.

§ 338   Dieser für Mesopotamien typische Aspekt des Sonnengottes als Richter und Vernichter des Bösen steht auch in der Sodomgeschichte im Vordergrund, die ursprünglich eine Geschichte vom richtenden Sonnengott war und erst nachträglich im

156 Dem auf einem Gebirge thronenden Sonnengott wird ein nächtlicher Dämon zur Aburteilung zugeführt (ca. 2300–2200a)

Sinne eines integrativen Monotheismus auf JHWH übertragen wurde. Der Jerusalemer Jesaja verwendet sie in der 2. Hälfte des 8. Jh.a in einer Weise, die nahe legt, dass es sich damals um eine in Jerusalem allgemein bekannte, »alte Geschichte« handelte, die wahrscheinlich in die vordavidische Zeit Jerusalems zurückgeht. Jesaja sagt, nach der Belagerung durch den assyr. König Sanherib (701a; § 528–544), Juda sei verödet wie das zerstörte Sodom. »Wir wären wie Sodom geworden« (1,9; vgl. 1,7.10; 3,9; § 963), hätte JHWH nicht einen Rest übrig gelassen. In 1,21 klagt Jesaja, die einst so zuverlässige Stadt Jerusalem, die Stadt des Rechts (vgl. 1,26 ʿir ha- ṣædæq) sei abtrünnig geworden, sie, die einst voll Recht (mišpaṭ) war und in der die Gerechtigkeit (ṣædæq) übernachten konnte (jalin; vgl. weiter § 421). B. Janowski (mündlich) weist darauf hin, dass dieses »Übernachten« an die Sodomgeschichte erinnere, wo zwei Gottesboten in die Stadt kommen, um dort zu übernachten (lin; Gen 19,2). Der Sonnengott erscheint im letzten Drittel des 3. Jt. in der Akkad- (**157**; vgl. **154**) und später wieder in der neuassyr. Glyptik des 8./7. Jh.a (**158–159**) häufig von zwei Gestalten flankiert, wahrscheinlich vom š/sukallu ša imitti und dem š/sukallu ša šumeli, »dem Boten/Diener zur Rechten« bzw. »zur Linken«, die mit akkad. kittu und mešaru bzw. mit hebr. ṣædæq und mišor bzw. mišpaṭ zu identifizieren sind (§ 227. 337; Collon, Cylinder Seals V 80f). Diese beiden Boten können wegen der Ungerechtigkeit der Stadt dort nicht übernachten. So nehmen sie den einzigen Gerechten und seine Familie mit sich. Als die Morgenröte, Schachar, emporzusteigen beginnt, halten sie die Familie zur Eile an (Gen 19,15; vgl. § 618; zu Schachar vgl. auch **378–379**). In dem Augenblick, da der Sonnengott über der Erde aufgeht, lässt er Feuer und Schwefel auf Sodom regnen (Gen 19,23f). JHWH ist in dieser Geschichte eindeutig sekundär an die Stelle des Sonnengottes getreten (ThZ 35, 1979, 10–17, Keel). In der bekannten Inschrift von Der-ʿAlla (um 800a) scheint Schemesch ganz ähnlich einen Landstrich in eine Wüste zu verwandeln, die nur noch von wilden Tieren bewohnt wird (Lemaire, Oracles 1997, 189f, I 6–10; vom Gottesnamen sind nur die zwei Schin erhalten, das Mem fehlt; vgl. TUAT II/1, 138–148, Hoftijzer).

157 Der Sonnengott steigt wie ein Held (vgl. Ps 19,6) zwischen den Bergen empor, nachdem ihm seine Diener »Recht und Gerechtigkeit« das ö Himmelstor geöffnet haben (ca. 2300–2200a)

158 Der Sonnengott, der von seinen Dienern »Recht und Gerechtigkeit« flankiert wird, ist auch noch auf neuassyr. Rollsiegel-Amuletten aus dem 8./7. Jh.a zu sehen

159 Der von einem Himmelsträger gestützte Himmel mit
dem Sonnengott und seinen
zwei Dienern; aram. Siegel des
7. Jh.a

§ 339   Zahlreiche atl. Texte lassen ähnliche Vorstellungen vom Wirken des Sonnengottes bzw. JHWHs erkennen. Bei seinem Aufgehen beendet er das Wirken der Dämonen (Gen 32,23ff), der wilden Tiere (Ps 104,20–22) und Verbrecher (Ri 19,25; Ijob 38,12f) und bestraft es (Zef 3,1–5). In Jerusalem selbst und von einem Vertreter der Jerusalemer Kulttraditionen, vom Propheten Natan, wird David angedroht, sein Ehebruch mit Batseba und der Mord an Urija würden vor der Sonnengottheit gerächt werden (2Sam 12,11f; *šæmæš* ist in V. 11 weiblich; vgl. dazu THAT II 988, Hartmann). Die Wendung *le'ene ha-šæmæš ha-zo't* suggeriert, dass erstens an eine personale Grösse gedacht ist, denn *le'ene* »vor den Augen« wird im Gegensatz zu präpositionalen Ausdrücken ähnlicher Bedeutung nur in Zusammenhang mit personalen Größen verwendet, und zweitens, dass diese Größe (in Form eines Bildes?) gegenwärtig gedacht war. Das verlangt das Demonstrativpronomen »diese«. E. van Wolde (Biblical Interpretation 11, 2003, 259–278) denkt an die Darstellung einer Sonnengottheit, wie sie oben an der Rücklehne zweier Thronsessel Tutanchamuns zu sehen ist, einmal der traditionellen geflügelten Sonnenscheibe mit Uräen (**160**), einmal der Strahlensonne Atons (**161**). Allerdings verbindet die ägypt. Sonnentheologie die Sonnengottheit stärker mit Leben als mit Gericht (vgl. § 336). Auf dem Jerusalemer Königsthron war vielleicht das Bild einer stärker mesopotamisch konzipierten Sonnengottheit zu sehen, die von Recht und Gerechtigkeit flankiert wurde (vgl. **154.157–159**; zu **153–157**; vgl. IPIAO I Nr. 250–255).
Von einer barbarischen Strafe, die im Gliederverrenken oder Pfählen bestand und die vor der Sonne (*nægæd ha-šæmæš*) ausgeführt wurde, erzählt Num 25,4 (vgl. 2Sam 21,6.9; OBO 66, 1985, 28–30, Stähli).

§ 340   Aber nicht nur Dämonen und Verbrecher weist der Sonnengott in die Schranken und bestraft sie. Auch feindliche Kriegsmächte vernichtet er bei seinem Erscheinen (Ex 14,27), ganz besonders in Jerusalem (2Kön 19,35 = Jes 37,36; WMANT 59, 1989, 12f.186f mit Anm. 39, Janowski). Als Schützer Jerusalems und seines Königs sind Sonnen- und Mondgott schon in Jos 10,12c–13c angesprochen worden (§ 152f). Die Sonnengott-Tradition ist vielleicht neben der vom König, der von Gott eingesetzt ist (vgl. § 133), eine weitere Wurzel der Tradition von der Unverletzlichkeit des Zion (vgl. Ps 46, 6; vgl. 2Kön 6,17). Im Zionsps 84 wird JHWH in V. 12 als »Sonne« und »Schild« bezeichnet. Auf einen kämpferischen, zu einer Sagenfigur abgesunkenen Sonnengott scheint auch die Simson-Figur (*šimšon* »Sönnchen«) wenigstens in einzelnen Geschichten hinzuweisen, so wenn er sich an den Philistern rächt, indem er Füchse mit brennenden Fackeln an den Schwänzen in die Felder der Philister schickt und diese verbrennt (Ri 15,1–8). Der Sonnengott als *gibbor* »Held«, wie er häufig auf akkad. Siegeln (**157**) und im großen Schamasch-Hymnus erscheint (§ 336), ist noch Ps 19,5f bekannt, wo der Sonnengott sich anschickt, wie ein Held seine Bahn zu laufen.

... und als Lebensspender

§ 341   Einen ganz anderen Aspekt des Phänomens Sonne bringt Ps 104 zur Geltung. Wie der Gott Echnatons in Amarna macht er keinen Unterschied zw. Gerechten und Ungerechten, auch nicht zw. Menschen und Tieren. Er wendet sein Licht und seinen Lebenshauch allen zu (Ps 104,27–28; vgl. Ps 145,15–16; Mt 5,45). Ps 104,20–30

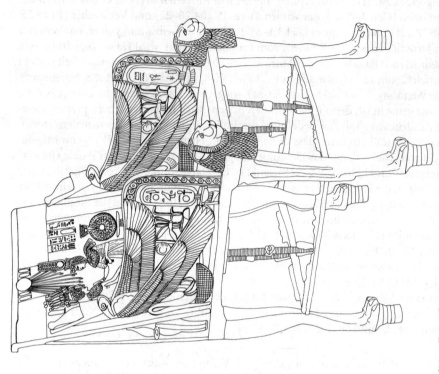

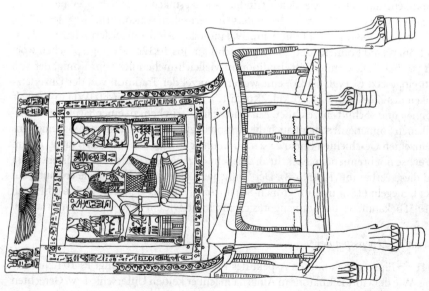

160–161   Zwei Thronsessel Tutanchamuns; einmal mit der traditionellen geflügelten Sonnenscheibe mit Uräen, einmal mit Aton als Strahlensonne auf der Rücklehne (1332–1323a)

162 Ein Relief aus Amarna zeigt, wie der Sonnengott bei seinem morgendlichen Aufgang von Menschen und Tieren als Spender allen Lebens begrüsst wird (1353–1336a)

steht dem großen Hymnus von Amarna (TUAT II/6, 848–853, Assmann = Assmann, ÄHG 217–223) näher als jeder spätere ägypt. Text, so »dass einige (zu denen auch ich mich rechne) das entsprechende Stück für eine Übersetzung des ägyptischen Textes halten« (J. Assmann, Moses der Ägypter, München 1998, 255–260). Es gibt keinen ägypt. Text, der die Nacht so schildert wie die Amarna Texte. Normale ägypt. Sonnenhymnen reservieren der Nacht den *descensus ad inferos*. In Amarna tritt an dessen Stelle das Nachtleben der Raubtiere. Zwar sind Unterschiede nicht zu übersehen. Während die Nacht in den Amarnatexten negativ gesehen wird, ist sie in Ps 104 Teil der kosmischen Ordnung. Während das Medium des Aton in der Regel das Licht und seine Strahlen sind (**162**; vgl. **161**; zu den großen Vögeln, die die Sonne begrüßen vgl. einen Skarabäus aus Bet-Schean **163**), ist das Medium JHWHs in Ps 104,29f die *ruaḥ*.

> »29 Du verbirgst dein Angesicht und sie sind verstört.
> Du sammelst ihren Atem ein und sie verscheiden …
> 30 Du sendest deinen Atem aus und sie werden geschaffen.
> Du erneuerst die Oberfläche der Erde.«

163   Der Skarabäus aus Bet-Schean zeigt einen
großen Vogel, der wie ein Zitat aus dem Relief
von 162 aussieht (wahrscheinlich 19. Dyn.–Anfang
20. Dyn., 1292–1150a)

Der »Lufthauch« als Medium mittels dessen der Sonnengott den Menschen Leben gibt, erscheint zwar auch in ramessidischen Sonnenhymnen (Assmann, ÄHG 230.233). Das rhythmische Sterben-Lassen und Wieder-Beleben in Ps 104,29f ist aber nur vor dem Hintergrund der Wirksamkeit der Sonne sinnvoll, wie sie die Amarnatexte beschreiben. C. Knigge, der viel Material aus ägypt. Hymnen des 1. Jt.a zusammengetragen hat, das sich mit Motiven von Ps 104 vergleichen lässt, hat dazu keine Parallele zu bieten (Protokolle zur Bibel 9/2, 2000, 119–121; vgl. jetzt auch OBO 219, 2006, Knigge). Albright glaubte ein vergleichbares Motiv in einem Brief des Abimilki von Tyrus gefunden zu haben (vgl. § 142). Wenn wir in Ps 104 einen schwachen Reflex eines amarnischen Hymnenmotivs sehen können, heißt das noch keineswegs, dass Echnatons Monotheismus in Palästina bekannt gewesen ist und die Entstehung des judäisch-israelitischen Monotheismus im 8.–6. Jh.a beeinflusst hat, dessen Struktur integrativ-kumulativ und nicht exklusiv war, wie der Monotheismus Echnatons (vgl. § 4.142).

Die Charakterisierung des guten Königs in 2Sam 23,3b–4a kombiniert Züge des gerecht richtenden mit solchen des Leben spendenden Sonnengottes (vgl. JBL 109, 1990, 36f, Smith).

In zahlreichen Texten, in denen vom Aufstrahlen (*zaraḥ*) JHWHs oder vom Leuchten seines Angesichts (Num 6,25; Ps 4,7; 44,4; 89,16) die Rede ist, stehen wenig spezifische Sonnenvorstellungen im Hintergrund (OBO 66, 1965 40f, Stähli; zu Num 6,24–26 vgl. AOAT 281 = FS Dietrich, 2002, 910–913, Zeeb).

Die Beziehung JHWHs zum Sonnengott

§ 342   Der alte Tempelweihspruch (§ 323–330) legt nahe, dass JHWH in Jerusalem zuerst in Kohabitation mit dem Sonnengott verehrt worden ist. Eine enge Zusammengehörigkeit und Kooperation zw. dem Sonnengott und dem Sturm- und Kampfgott Seth-Baal dokumentierten ägypt.-kanaanäische Skarabäen schon für das 13./12. Jh.a (129–130). Über dem Sturm- und Wettergott, der die Chaosschlange bekämpft, steht »Geliebt von Reʿ« (vgl. auch 315). Die enge Koordination von Sonnen- und Wettergott ist nicht nur für den ägypt. beeinflussten Raum bezeugt (vgl. § 238). Zahlreiche Stelen aus dem südostanatolischen und dem nordsyrischen Raum zeigen den Wettergott mit der Blitzgabel unter der geflügelten Sonnenscheibe (164–166a; vgl. weiter Bossert, Altsyrien Nr. 442–443; AOBPs 194 Abb. 294; ANEP Nr. 501; I. Temizsoy et al., Die Museen von Gaziantep, Gaziantep 1989, 40 Abb. 55, Basaltstele aus Körkün, 135 × 71 cm).

164–166a Vier nordsyr.-südostanatolische Stelen (zwei vom Tell Ahmar, je eine aus Niğde und Maraş) zeigen den Wettergott mit der Blitzgabel und über ihm die geflügelte Sonnenscheibe (10.–8 Jh.a). Die Verbindung des abgehobenen Himmelsgottes mit dem vordergründig aktiven Wettergott erinnert an die enge Beziehung zw. dem ägypt. Sonnengott und Seth (**129–130**)

Mit den nur umrisshaft zu rekonstruierenden Traditionen vom Sonnengott und vom Sturm- und Kampfgott JHWH hatte Jerusalem am Ende der Bronze- und zu Beginn der EZ gleichzeitig intensiv teil an *beiden* großen religiösen Symbolsystemen des Nahen Ostens. Diese wurden im ersten internationalen Friedensvertrag, dem Staatsvertrag zw. dem König von Ägypten, Ramses II., und dem Hetiterkönig, Chattuschili III., aus dem Jahr 1258a (§ 137–142) auf je eine Gottheit, nämlich den Sonnen- bzw. den Wettergott reduziert, die ihrerseits gelegentlich als »einzig« prädiziert wurden. Beide waren in ihrem Bereich Königsgötter und einzig als Schöpfer- und Erhalter (Sonnengott) bzw. als Erhalter des Lebens (Wettergott; vgl. zum Ganzen § 142).

§ 343   Während auf den Skarabäen von **129–130** und den Stelen von **164–166** Wetter- und Sonnengottheit einander nur zugeordnet sind (vgl. auch § 242), erscheint JHWH z.B. in der Sodomsgeschichte (§ 338) mit dem Sonnengott identifiziert. In Ps 104 trägt JHWH nicht nur Züge des Sonnen-, sondern auch solche des Sturmgottes (Ps 104,3b–4; das gilt z.B. auch für Hos 6,3; Ez 43,8). Sturm- und Sonnengott sind in Jerusalem unter dem Namen JHWH zu *einer* Gottheit geworden. Das ist für die weitere Entwicklung der Vorstellungen von JHWH höchst bedeutsam. Dadurch, dass er mit Sturm und Kampf einerseits und mit Sonnenerfahrungen andererseits verbunden wurde, gewann er an Aspektreichtum und bekam die Statur, die ihn als *Einzigen* im strengen Sinne akzeptabel machte. Als Sonnengott eignete ihm die alltägliche Zuverlässigkeit, der feste Rhythmus, die selbstverständliche und überall identische Präsenz, die sich in der engen Beziehung zum Garanten der irdischen Ordnung, dem König manifestierte. Als Sturm- und Kriegsgott erschien er, um die zum Chaos degenerierte Ordnung als Helfer und Retter in ausweglos scheinenden Situationen wieder herzustellen (vgl. zum Ganzen OBO 169, 1999, Klingbeil).

Die gleichzeitig enge Verbindung mit den beiden Phänomenen Sonne und Sturm distanzierte ihn aber auch von diesen beiden wichtigen Phänomenen insofern er sich weder im Sturm noch in der Sonne adäquat manifestierte. Über beide verfügte er, aber beide waren keine adäquaten Manifestationen seines Wesens. Dadurch wurde eine Weltüberlegenheit vorbereitet, die später für den Gott der Juden typisch war.

FORM UND AUSSTATTUNG DES TEMPELS

§ 344   Die in Palästina und seiner nähern und weiteren Umgebung gängigen Temelformen sind immer wieder ausführlich dargestellt worden (Busink, Tempel I 353–565; DBS XI, 1104–1286, Margueron/Mazar; FAT 10, 1994, Zwickel; BBB 124, 2000, Herr). Die Form des Tempelhauses, das in 1Kön 6 beschrieben wird, ist einzig aus den Maßen zu erschließen, die in 1Kön 6,2f gegeben sind. Der Hauptraum war 60 Ellen lang, 20 breit und 30 hoch. Je nachdem ob wir die gewöhnliche Elle (ca. 44cm) oder die königliche (ca. 52,5cm) in Anwendung bringen, ergibt sich ein Bau von 26,4m oder 31,5m Länge. In der Regel rechnet man mit der königlichen Elle und kommt auf gut 30m. Kein einziger in Palästina archäolog. nachgewiesener Tempel der MBZ, SBZ und EZ erreicht diese Größe (Zwickel, Der Tempel 58). Die Haupthalle des größten, des Akropolis-Tempels in Lachisch, ist 16,5m lang (→ II 914 **612**). Allerdings handelt es sich bei allen diesen Tempeln nicht um solche eines größeren Herrschaftsgebiets. Der Tempel neben dem ez Palast von Tell Taʿinat hatte ziemlich

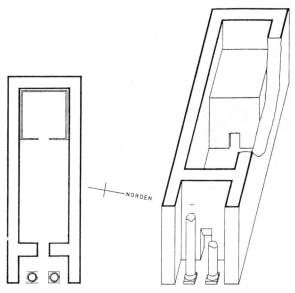

0 2 4 6 8 10 12 14 16 18 METER
Thomas Stahlheber
0   10   20   30   40   ELLEN

167   Rekonstruktion des
Jerusalemer Tempels mit zwei Säulen,
die eine architektonische Funktion
als Träger des Vordachs haben (nach
V. Fritz)

genau die gleichen Maße wie der von Jerusalem (**141**). Auch der Tempel von ʿAin
Dara in Nordsyrien ist 27m lang (**517**; ʿA. Abu ʿAssaf, Der Tempel von ʿAin Dārā,
Mainz 1990). J. Monson hat auf die große Ähnlichkeit der Struktur dieses Tempels
aus dem 10. Jh.a mit dem in Jerusalem hingewiesen, so z.b. auf die Anbauten, die
beide Tempel auf drei Seiten umfassten (BJSt 346, 2006, 273–299).

§ 345   Dem Hauptraum vorgebaut war ein ebenso breiter (10m), aber nur 5m tiefer Vorraum, über dessen Höhe nichts gesagt wird. Ob dieser vorne geschlossen oder
offen war mit zwei Säulen anstelle einer Wand, ist nicht klar. Je nach Antwort wird
man den beiden Säulen Jachin und Boas (1Kön 7,15–22) die Funktion zuweisen, das
Dach des Vorraumes mitzutragen (**167**; Busink, Tempel I 165 Abb. 48; 167 Abb. 49),
wie das z.B. beim Tempel 2048 in → III Megiddo Str. IX bis VIIB (FAT 10, 1994, 85–94,
Zwickel) und beim Tempel von Taʿinat (**141**) der Fall war. Die andere Möglichkeit ist,
die Vorhalle als geschlossenen Raum und die Säulen Jachin und Boas frei davor stehend zu konzipieren (**168**), wie das nach dem Zeugnis eines Reliefs Sanheribs aus der
Zeit um 700a beim Melqarttempel in Tyrus der Fall gewesen zu sein scheint (**169**; vgl.
allerdings Herodot, Historien II 44, καὶ ἐν αὐτῷ ἦσαν στῆλαι δύο; für den Astarte-
tempel von Heliopolis vgl. Attridge/Oden, De Dea Syria 28). Den hintersten Teil des
ca. 30m langen Raumes nahm ein Kubus von 10m Seitenlänge ein. Es gibt keinen Hinweis dafür, dass er auf einem Podest stand (vgl. 1Kön 6,16), wie AOBPs Abb. 208 das
suggeriert. Wahrscheinlich stand er, wie die Naoi der ägypt. Tempel zu ebener Erde.

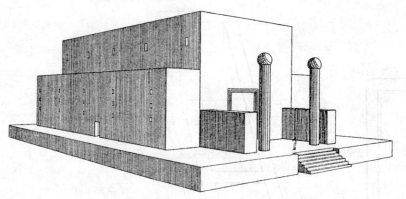

168 Rekonstruktion des Jerusalemer Tempels, bei der die beiden Säulen keine architektonische Funktion haben (Z. Herzog)

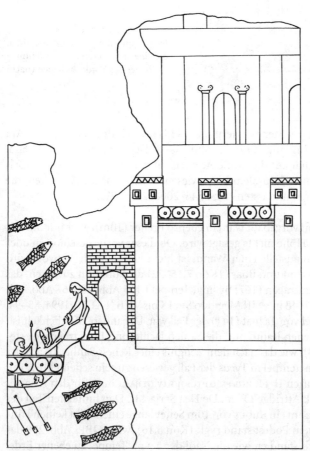

169 Der Eingang des Haupttempels von Tyrus wird von zwei freistehenden Säulen flankiert, Relief aus dem Palast Sanheribs in Ninive, um 700a; die Szene links zeigt die Flucht des Königs Luli von Sidon

§ 346 Der Tempel erscheint somit je nach Definition dreigeteilt, zweigeteilt oder einräumig (BArR 13/4, 1987, 39, Fritz). Das dreiteilige Konzept rechnet mit Vorhalle oder Antecella (ʾulam), Hauptraum oder Cella (hekal) und Hinterraum (dᵉbir; 1Kön 6,5; 7,49) bzw. Allerheiligstem (qodæš ha-qodašim; 1Kön 6,16; 7,50; 8,6; Ez 41,4; zur Terminologie vgl. weiter ABD VI 351f, Meyers). Zweiteilig erscheint er, wenn man die Vorhalle nicht als Teil des »Hauses« rechnet. Man kann sogar statuieren, die Anlage bestehe aus einem einzigen Raum. H. Schult hat unter Verweis auf einen ägypt. Schultext aus der Zeit zw. 1090 und 730a (Gardiner, Onomastica. 64ff und Pl. 23), der die Produkte eines Tempel-Schreiners oder Tischlers (gnwtj?) auflistet und unter diesen auch dbr nennt, den Debir als Teil des Tempelmobiliars und nicht als Bauteil verstehen wollen (ZDPV 80, 1964, 46–54). Tatsächlich wird er auch im Rahmen der Innenausstattung aufgeführt (1Kön 6,16.19f). Dennoch ist es problematisch, eine so riesige Konstruktion als Mobiliar zu bezeichnen (BZAW 105, 1967, 128, Kuschke). Sie wird wahrscheinlich einfach deshalb im Rahmen der Innenausstattung beschrieben, weil es dabei um Holzarbeiten geht. Aber die große Holzkonstruktion muss doch wohl als Bauteil betrachtet werden.

§ 347 Wie immer man die innere Organisation des Hauses definiert, die Maße des Ganzen erinnern an die der Hallenbauten Salomos (**144**), die wohl vor allem als Thron- und Empfangsräume gedacht waren, nur dass der Tempel noch schmaler war und so einen exemplarischen Langraumtempel (**170**) darstellte. Der Langraumtempel betont die Distanz zw. den im Vorhof anwesenden Menschen und dem im Hinterraum (dᵉbir) im Dunkel thronenden Gott (AOBPs 133–139; TA 7, 1980, 82–89, Herzog; Zwickel, der Tempel 92–97; BBB 124, 2000, 26–30.75–77, Herr). Von der Vorhalle her gesehen hatte der Raum nahezu den Charakter eines Korridors, an dessen Ende JHWH im dunklen Allerheiligsten verborgen war. Der Bau sollte durch den langen Weg, der zw. dem Betrachter und dem thronenden JHWH lag, dessen Abgehobenheit, Heiligkeit und wahrscheinlich auch königliche Majestät zum Ausdruck bringen (Zwickel, in: AOAT 302, 2003, 311–319, bes. 317f, den Hertog/Hübner/Münger). Beim Breitraumtempel hingegen (**171**), wie er für Arad belegt ist (→ II **180–183**), bei dem der Eingang sich an der Breitseite findet, stehen die Leute im Vorhof fast unmittelbar vor dem Kultgegenstand, der vom Eingang her genügend Licht empfängt, um deutlich gesehen zu werden. H. Weippert hat darauf hingewiesen, dass Breitraumtempel als typisch für die ländlich-dörfliche Sakralarchitektur zu gelten haben. Wo eines der Freilicht- bzw. Höhenheiligtümer mit einem Haus ausgestattet wurde, war dies ein Breitraumhaus, wie es der ländlichen Wohnbaukultur entsprach (AOAT 327, 2006, 341–367; vgl. weiter § 646).

§ 348 Phöniz., genauer tyrische Handwerker scheinen beim Bau des Tempels eine wichtige Rolle gespielt zu haben (1Kön 5,32). Die Ähnlichkeiten mit den Tempeln vom Tell Tainat und von ʿAin Dara sollten allerdings nicht vergessen werden. Man kann vermuten, dass der Tyrer Hiram (1Kön 7,13f.40.45), der den gleichen Namen wie der in der Salomoüberlieferung 14mal genannte tyrische König trägt, eine fiktive Größe ist (ZBK.AT X/1, 1996, 80, Fritz). Der Typ des Tyrers hieß Hiram, wie der des Aramäers Benhadad hieß. Die zentrale Rolle eines Tyrers bei der Herstellung der Bronzegegenstände für den Tempel JHWHs (1Kön 7,13f) widerspricht aber der dtr.

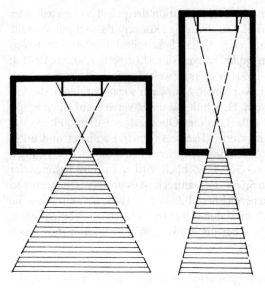

170–171   Während der Breitraumtempel die Gottheit dem
Menschen nahebringt, schafft
die Form des Langraum-
tempels Distanz zw. beiden

und chr Ideologie. Die P ersetzt Hiram durch den Judäer Bezalel (Ex 31,1–11). Die sicher nachexil. Überlieferung achtet darauf, jede Beteiligung von Fremden am Bau des
Heiligtums zu vermeiden (vgl. Esr 4,1–3; § 1348–1350). Angesichts dieser Entwicklung wird man der Skepsis gegenüber skeptisch, die eine phöniz.-tyrische Beteiligung
am Tempelbau in Jerusalem verneint.

§ 349   Über das Aussehen phöniz. Tempel wissen wir leider wenig (vgl. aber **169**).
Tyrus und Sidon sind überbaut. In der Levante als Ganzem haben Langraumtempel
zu Beginn des 1. Jt. bereits eine lange Geschichte. Als Vorbilder für den Jerusalemer-
Tempel kommt der spezielle Typ des Langraumtempels mit Anten in Betracht. Anten
nennt man die an der Frontseite etwas vorgezogenen Längswände, die zusammen mit
der Stirnseite des *hekal* einen mindestens auf drei Seiten geschlossenen Vorraum bilden. Dieser Tempeltyp lässt sich in Syrien bis ins 3. Jt.a, in die Frühbronzezeit, zurück
verfolgen. Schöne Beispiele sind vom Tell Chuera, aus Ebla, Munbaqa, Emar und von
anderen Orten (vgl. **141**) bekannt (Werner, Sakralarchitektur 94–115). In Palästina
wird dieser Typ durch die großen Tempel von → III Hazor Areal H, von → III Megiddo Areal BB und durch den sog. Festungstempel von → III Sichem vertreten.
Sie sind alle in der letzten Phase der MB IIB zw. 1600 und 1550 oder am Anfang der
SB gegründet worden und waren bis ans Ende der SB in Betrieb (Busink, Tempel I
353–617; BArR 13/4, 1987, 38–49, Fritz; Sefær Jeruschalajim 2000, 155–174, Herzog).

§ 350   Der Tempel H von Hazor (**172**) hat bei seiner Gründung einen fast quadratischen Grundriss (21,8 × 18,6m), weist aber von Anfang an drei auf einer Achse aufgereihte Räume auf: Vorraum,
Hauptraum und Kultnische. In der SB IIA wird er durch die Voranstellung eines vierten Raumes
zu einem deutlich rechteckigen Komplex (28,6 × 18,6 m). Er musste denen, die sich im vorgelagerten
Hof aufhielten, das Gefühl vermitteln, die Gottheit residiere weit weg im Verborgenen (FAT 10,
1994, 56–59.124–146, Zwickel; AOBPs 135 Abb. 208).

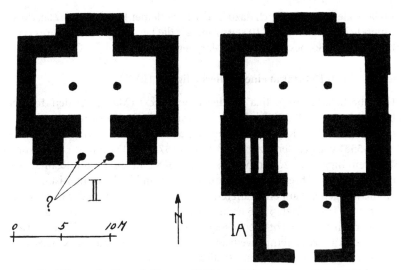

172   Zwei Phasen des Tempels H von → III Hazor (1650–1550 bzw. 1300–1150a)

Der Tempel 2048 von Megiddo ist von Anfang an deutlicher als der Tempel H von Hazor als Langhaus mit dem Eingang an der Schmalseite konzipiert. Auch er ist von Anfang an dreiteilig. In Stratum VIIA, am Ende der SB, wird der Langhauscharakter dadurch verstärkt, dass die Mauern des Hauptraumes dünner sind und die Vorhalle breiter ist als dieser. Der Kultnische wird gleichzeitig ein Podium vorgelagert, wodurch die Dreiräumigkeit stärker betont wird. Die mächtigen Türme, die den Eingang flankieren, haben eine ähnliche Wirkung wie die Pylonen ägypt. Tempel (Kempinski, Megiddo 183; FAT 10, 1994, 85–94, Zwickel; AOBPs 138 Abb. 215).

Dem Tempel von Megiddo sehr ähnlich ist der sog. Festungstempel von Sichem, nur fehlt bei ihm die Kultnische (FAT 10, 1994, 46–55.83–85, Zwickel; AOBPs 138 Abb. 214).

Eine Tendenz zum Langraum und zur axialen Aufreihung von Räumen ist im Palästina der ausgehenden SB auch sonst anzutreffen, so z. B. beim Grabentempel in Lachisch. Während er in der ersten Phase um 1400a ein Knickachstempel ist, nähert er sich in Phase III im 13. Jh.a einer Langraumanlage (FAT 10, 1994, 99–119, Zwickel; → II 884 **585**). Diese Tendenz könnte auf ägypt. Einfluss zurückgehen, denn im Ägypten des Neuen Reiches bestehen viele Tempelanlagen in einer Reihe axial aufgereihter Räume (AOBPs 117 Abb. 176).

Die Maßverhältnisse und Raumeinteilung des Tempels, der in 1Kön 6,2–3 skizziert ist, schließt sich an kanaanäische Bautradition an. V. Fritz meint, die Tempel von Hazor, Megiddo und Sichem böten »insofern keine direkte Parallele zum salomonischen Tempel, als eine Unterteilung der Cella im Sinne der Ausbildung eines Adyton nicht erkennbar« sei (MDOG 112, 1980, 58). Das Vorbild für das Adyton müsse deshalb außerhalb des palästinischen Raumes gesucht werden. Fritz weist auf die Tempel N und B1 in Ebla aus der 1. Hälfte des 2. Jt.a hin und auf je zwei Langraumtempel vom Tell Munbaqa und Emar am Eufrat aus der 2. Hälfte des 2. Jt.a (ebd. 59 Abb. 4; BArR 13/4, 1987, 40–46, Fritz). Es sind zwar eindeutigere Langräume als die genannten palästin. Tempel, aber die Adytonbildung ist keineswegs eindeutiger als bei diesen.

§ 351   Der Holzkubus (1Kön 6,5.17.20), der anstelle eines Podiums oder einer Nische an der Rückwand des Jerusalemer Tempels platziert war, könnte insofern ägypt. Einfluss verraten, als dort am Ende des langen Weges, den die Priester beim täglichen Ritual zurücklegen mussten, eine Kapelle mit dem Gottesbild stand. Diese

Kapelle ist relativ klein. Im Vergleich dazu ist der Jerusalemer Holzkubus riesig, doch ist auch er merklich weniger hoch (10 statt 15m) als die Decke des Hauptraums (vgl. weiter DBS XI 1104–1286, bes. 1258–1286, Margueron/Mazar/Delcor; GGG 189f).

Ein Tempel mit einem Debir und einem Allerheiligsten (LXX)

§ 352 Der überlieferte, im 2. Jh.a revidierte hebr. Text (MT) stellt den Tempel wie eben beschrieben (§ 344–351) als Langraum mit Vorhalle, Hauptraum und Hinterraum (d^ebir) dar. Diese Raumgestaltung setzen schon sowohl der Entwurf in Ez 40–48 (**552–553**) wie der der P zur »Stiftshütte« (**575–576**) voraus. Er findet sich in allen Beschreibungen des 2. Tempels (§ 1385–1388). Er dürfte die Realität des 2. Tempels zutreffend beschreiben. Umso interessanter und bedeutsamer ist es, dass in der LXX, die weitgehend auf einer älteren hebr. Vorlage basiert als der uns vorliegende hebr. Text (MT; vgl. dazu § 166 letzter Abschnitt), ein anderer Grundplan des Tempels sichtbar wird. Er macht die Aussagen der alten, von der LXX bewahrten Form des oben diskutierten Tempelweihspruchs erst voll verständlich (§ 323–330) und lässt die Konsequenzen daraus anschaulich Gestalt gewinnen.

Der einschlägige Text in 1Kön 6,16–18 (LXX) lautet:

> »Und er (Salomo) baute in zwanzig Ellen
> Von oben von der Mauer (τοίχου; mit zahlreichen Handschriften)
> die Seite (den Seitenraum; τό πλευϱόν),
> den einzigen (Seitenraum) vom Boden bis zu den Deckenbalken,
> und er machte ihn
> mehr noch als das Debir zum Allerheiligsten (ἐϰ τοῦ δαβειϱ εἰς τὸ ἅγιον των ἁγίων).
> Und vierzig Ellen war das Heiligtum (ὁ ναός)
> vor dem Debir
> in der Mitte des Tempelhauses im Innern,
> um da die Lade des Bundes des Herrn aufzustellen«
> (vgl. zu Text und Übersetzung: Annali di Scienze Religiose 10, 2005, 139–154, Schenker).

Wenn man das sorgfältig begründete Verständnis des Texts 1Kön 6,16–18 LXX von A. Schenker übernimmt, hat man sich den Salomonischen Tempel als Langraumtempel mit einem Seitenraum vorzustellen (**173**). Der Tempel war, wie der Befehl des Sonnengottes an Salomo, ihm (dem Sonnengott) ein Haus zu bauen, nahe legt, ein Sonnentempel (§ 326–328). Nebst Freilichtheiligtümern (**151–152**) besaßen Sonnengottheiten auch Kultstätten mit Tempelhäusern, so in Gestalt der berühmten Sonnentempel von Larsa (heute Senkereh) und Sippar (heute Abu Habba) und in Assur, wo Schamasch einen Tempel mit dem Mondgott Sin teilte (E. Dhorme, Les religions de Babylonie et d'Assyrie, Paris 1949, 65f; RLA VI 503–505, Huot; ANEP Abb. 529 = AOBPs Abb. 239). In Jerusalem war der besondere Anlass, dem Sonnengott ein Haus zu bauen, sein Gast, JHWH, der als Sturm- und vielleicht Vulkangott (§ 239) im Dunkeln wohnen wollte. Entsprechend den beiden Göttern haben wir zwei Kultsymbole: Der Sonnengott besaß im Debir einen leeren Thron, konkret einen Kerubenthron; JHWH repräsentierte in der »Seitenkapelle«, im Allerheiligsten, die Lade.

Irgendeinmal, wahrscheinlich noch in vorexil. Zeit, wurde die Seitenkapelle geschlossen oder abgerissen und die Lade in den Debir unter den Kerubenthron gestellt. Dieser Zustand wird mit auffälliger Emphase in 1Kön 6,6–8 beschrieben. Die Lade wurde zum Schemel des Gottes, der auf den Keruben thront (vgl. 1Chr 28,2,

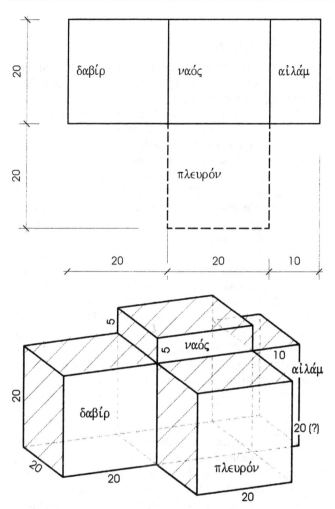

173 Die älteste der LXX zugrunde liegende Form des Textes von
1 Kön 6,16f legt nahe, dass der Jerusalemer Tempel ursprünglich zwei
Allerheiligste hatte und zwei Kultsymbole beherbergte, eines am
W-Ende der Längsachse mit dem leeren Thron und und eines in einer
»Seitenkapelle« mit der Lade

Ps 132,7f). Er beschreibt eine spätere Entwicklung. JHWH war im Tempelkult, wie
in der Sodomgeschichte (§ 338), mit dem Sonnengott identifiziert worden. Zwei
getrennte Allerheiligste und zwei Kultsymbole waren nicht mehr gerechtfertigt. Diese
Rekonstruktion der Geschichte erklärt, wie Hiskija am Ende des 8. Jh.a Sonnenkäfer
(**285–286**; vgl. **290–293**) und geflügelte Sonnenscheibe (**287–289**; vgl. **268.270**) als
Symbol (für JHWH?) wählen konnte (§ 480–482.487–495) und dass die Priester im
Jerusalemer Tempel noch zur Zeit Ezechiels zu Beginn des 6. Jh.a die aufgehende
Sonne verehrten (Ez 8,16; § 939).

Zur Ausstattung des Tempels

Die Kerubim-Skulpturen im Allerheiligsten der Mittelachse

§ 353   Der Debir wurde nach 1Kön 6,19 eingerichtet, um die Lade des Bundes JHWHs aufstellen zu können. Aber das ist dtr. gedacht. Die Lade wurde als Symbol JHWHs ursprünglich in einem eigens für sie gebauten Seitenraum aufgestellt. Sie wurde erst sekundär in den Debir überführt (§ 352). Im Debir stand ein Kerubenpaar als Thron des Sonnengottes, mit dem JHWH im Laufe der Geschichte identifiziert und so zum Kerubenthroner geworden war. Die Maße der Kerubim stellten die kleine Lade, nachdem sie in den Debir verbracht worden war, völlig in den Schatten. Das Wort k^{e}rub Pl. k^{e}rubim ist dem akkad. karibu/kuribu eng verwandt, das eine skulptierte mythische Türhüterfigur bezeichnen kann (HAL II 473; vgl. auch DDD[2] 189–192, Mettinger). Diese assyr. Türhüterfiguren haben denn auch gelegentlich genau so ausgesehen (177), wie man sich heute aufgrund der bibl. Angaben und der zeitgenössischen levantinischen Ikonographie die Kerubim vorstellt. Über die Kerubim wird in 1Kön 6,23–28 (= 2Chr 3,10–13) relativ ausführlich berichtet (vgl. SBS 84/85, 1977, 15–45, Keel). Man erfährt, dass sie aus »Ölholz« (Oliven, Pinien?) gefertigt, mit Gold überzogen und 10 Ellen, ca. 5m, hoch waren. Ausführlich wird die Stellung der Flügel beschrieben. Sie standen offensichtlich parallel, blickten zum Hauptraum hin und die »inneren« Flügel berührten einander (187). Im übrigen wird vorausgesetzt, dass das Aussehen und die Funktion von Kerubim bekannt sind. Der Ausdruck jhwh jošeb ha-k^{e}rubim »JHWH, der auf den Keruben sitzt/thront« (1Sam 4,4; 2Sam 6,2; 2Kön 19,15 = Jes 37,16; Ps 80,2; 99,1; 1Chr 13,6) legt nahe, die parallel stehenden Kerubim als Thronträger bzw. Thron zu interpretieren. Gelegentlich erscheint auch ein einzelner Kerub als Träger JHWHs (Ps 18,11 = 2Sam 22,11; Ez 9,3; 10,4.7).

§ 354   Josephus ㉕ sagt: »Niemand kann sagen oder sich vorstellen, wie sie (die Kerubim) aussahen« (Ant VIII 73). Vielleicht versucht er damit, dem Vorwurf den Boden zu entziehen, Salomo habe das Bilderverbot übertreten. Die Texte verraten uns über ihr Aussehen mehrfach, dass sie Flügel hatten. Das Menschen- und Löwengesicht in Ez 41,18f lassen vermuten, dass es sich um Mischwesen handelte. Während 2000 Jahren hat man sie sich in der Regel als Menschen mit Flügeln vorgestellt. Bekannte Forscher wie Th. A. Busink haben an dieser Vorstellung auch im 20. Jh.p noch festgehalten (174; vgl. auch AOAT 15/1, 1985, 343, Metzger, der sich die Kerubim zwar mischgestaltig, aber auf den Hinterbeinen stehend vorstellt, so dass sie wie Menschen wirken). Seit der Wiederentdeckung der ao Welt hat man sie aber in zunehmendem Maß mit geflügelten Sphingen (Löwenleib und Menschenkopf) oder ähnlichen Mischwesen identifiziert (vgl. z.B. A. Jeremias, Das AT im Lichte des Alten Orients, Leipzig 1916[3], 99f Abb. 38f). Vor allem hat ein kleiner Aufsatz des berühmten, eher konservativen Archäologen und Bibelwissenschaftlers W.F. Albright geholfen, dieser Auffassung zum Durchbruch zu verhelfen (BA 1/1, 1938, 1–3). Er hat auf den Ahiram-Sarkophag aus Byblos hingewiesen (175). Die geflügelten Mischwesen, die da als Thron den König tragen, würden plausibel das Epitheton »der auf den Kerubim thront« visualisieren. Man kann sich tatsächlich schwer vorstellen, wie der anthropomorphe JHWH auf anthropomorphen Wesen thronen soll. Der Ahiram-

174 Rekonstruktion der Kerubim von 1Kön 6,23–28 und 8,6f in Menschengestalt nach Th.A. Busink

Sarkophag ist schwer zu datieren (vgl. B. Sass, The Alphabet at the Turn of the Millennium, Tel Aviv 2005, 17–22.75–82: 9.–7. Jh.a). Das berühmte Megiddo-Elfenbein mit dem Stadtfürsten (**111**) zeigt, dass diese Art von Thron schon am Ende des 13. oder spätestens im 12. Jh.a in Palästina bekannt war. Im gleichen Hortfund wie die Ritzzeichnung von **111** wurde eine Miniaturskulptur mit dem gleichen Motiv gefunden (**176**). Leider ist die Figur, die auf dem Thron saß, teilweise abgebrochen (zu weiteren, weniger eindeutigen Belegen vgl. GGG 190f). Es scheint sich aber um eine Göt-

175 Ein von Kerubim in Mischgestalt flankierter und getragener Thron auf dem Sarkophag des Ahiram von Byblos (9./8. Jh.a)

176   Miniatur-Keruben-Thron aus Elfenbein mit den Resten einer sitzenden Figur; da der obere Teil weggebrochen ist, lässt sich nicht mit Sicherheit sagen, ob ein König oder eine Gottheit dargestellt war; Megiddo (um 1250–1150a)

ter-, nicht um eine Königsfigur gehandelt zu haben (Eissfeldt, KS III 87). Nebst der Funktion von Thronträgern nahmen die bibl. Kerubim Wächterfunktionen war. Auch in diesen zeigt uns die Ikonographie die geflügelten Sphingen (vgl. **199–203**).

§ 355   H.A. Layard hat die monumentalen Wächterfiguren (**177**), die ab 1843 in Chorsabad und Nimrud ausgegraben wurden, hymnisch beschrieben: »Welche erhabenere Bilder hätten der Natur entlehnt werden können von Leuten, welche, ohne Hilfe der geoffenbarten Religion, ihre Begriffe von Weisheit, Macht und Allgegenwart eines höchsten Wesens zu verkörpern suchten? Für Verstand und Kenntnis konnten sie kein besseres Musterbild finden als den Kopf des Menschen, für Kraft den Körper des Löwen, für die Allgegenwart die Schwingen des Vogels« (Niniveh und seine Überreste, Leipzig 1850, 43). Diese Deutung scheint plausibel. Sie klingt u.a. bei O. Eiss-

177   Wächterfigur vom Eingang des Palasts Assurnasirpals II. in Nimrud-Kalach (883–859a)

178 Ein mit Flügeln ausgestattetes göttliches Wesen hält einen Kerub in Schach, der die Vegetation zu bedrohen scheint; neuassyr. Rollsiegel (8.–7. Jh.a)

feldt nach, wenn er den Kerubenthroner »Herr über die stärksten körperlichen und geistigen Mächte« nennt (KS III 87; vgl. auch AOBPs 150; Bloch-Smith, in: B. Gittlen,Hg., Sacred Time, Sacred Place: Archaeology and the Religion of Israel, Winona Lake 2002, 85). Stutzig müsste schon die bekannte Tatsache machen, dass nach ao Vorstellung und noch nach Aristoteles die geistigen Kräfte im Herzen und nicht im Kopf lokalisiert waren. »In sehr vielen Fällen hat das Mischgestaltige … den Charakter des grauenerregend Schrecklichen« (RVV 36, 1978, 270, Merz). Wenn wir die Zusammenhänge beachten, in denen die »Kerubim« auf neuassyr. Rollsiegeln erscheinen, bestätigt sich diese Feststellung. Der Kerub erscheint als ein aggressives, gefährliches Wesen, das die Vegetation als Lebensgrundlage bedroht (**178**) und von Göttern und Helden bekämpft (**178–179**) und vom »Herrn der Tiere« gebändigt wird (**180**). Im gleichen Elfenbein-Hortfund aus Megiddo, in dem die zwei Kerubenthron-Darstellungen von **111** und **176** gefunden wurden, ist auch eine Kerub-Darstellung aufgetaucht, die allerdings nie als solche wahrgenommen und bezeichnet worden ist (**181**). O. Eissfeldt hat vielmehr vorgeschlagen, darin ein Bild des gefährlichen Wüstendämons Asasel von Lev 16,8.10.26 zu sehen (KS III 91f). Auf eine freche, wilde Erscheinung deutet das Element ʿazaz »stark, frech sein«. Das Megiddo-Elfenbein von **181** gehört in Stil und Thematik in die Nähe mittelassyr. Rollsiegel des 13. und

179 Ein Held packt einen Kerub am Flügel; neubabylon.-spätbabylon. Rollsiegel (7.–6. Jh.a)

180 Ein vierflügliges göttliches Wesen dominiert in der Position des »Herrn der Tiere« zwei Kerubim, neubabylon. Rollsiegel (8.–7. Jh.a)

181 Die Ritzzeichnung auf einem Elfenbeintäfelchen aus Megiddo zeigt einen Keruben, der einen Ziegenbock überfallen hat (1300–1150a)

182–183 Abrollungen mittelassyr. Siegel mit einem Keruben, der ein Wildschaf schlägt und einem kuhgestaltigen Genius, der sein Junges gegen einen Kerub verteidigt (1300–1150a)

12. Jh.a, die öfters Szenen zeigen, in denen Kerube und ähnliche Mischwesen Haustiere angreifen (**182**), die gelegentlich von einem Schutzgenius dieser Tiere verteidigt werden (**183**; vgl. zum Ganzen Keel, in: Lange, Dämonen 211–236). Keruben sind also weniger als geistvolle Verkörperungen höchster Eigenschaften, sondern eher als eine Art gefährlicher Kampfhunde zu verstehen, die im Dienste anderer gefürchtet und gehasst sind, im eigenen Dienst aber eine »Waffe« darstellen, die Respekt verschafft (vgl. dazu **319–320**).

§ 356   Götter und Göttinnen wurden im phön. und zyprischen Bereich anscheinend erst ab dem 7. Jh.a öfter auf Kerubenthronen sitzend dargestellt oder durch leere Kerubenthrone repräsentiert (Gubel, Furniture 37–84; AOBPs 142f Abb. 221f; 149f Abb.231f; SBS 84/85, 1977, 32, Keel; Hölbl, Sardinien I 298f). Ein schöner Beleg ist eine 73cm hohe Skulptur des 7. Jh.a aus dem s Küstengebiet des Libanon (**184**). Auf einem phöniz. Skarabäus des 7. Jh.a, der in Tharros auf Sardinien gefunden worden ist, erscheint Baal-Melkart in einem Rahmen, der an eine Reihe von Elementen im Jerusalemer Kult erinnert (**185**). Da sind nebst dem Kerubenthron Uräen (Serafim) zu sehen, zwei Säulen mit je drei Kapitellen wie Jachin und Boas und Lotusgirlanden. Es ist möglich, sogar wahrscheinlich, dass ein leerer Stuhl als Sitz des Sonnen-

184   Kerubenthron aus Stein, der leer oder mit einer Sitzfigur versehen eine Gottheit repräsentiert haben dürfte; s Küste Libanons (7. Jh.a)

185   Phöniz. Skarabäus aus Tharros (Sardinien) mit Baal-Melkart auf einem Kerubenthron. Nebst diesem erinnern an den Jerusalemer Kult die geflügelte Sonnenscheibe, die Uräen (Serafim), die zwei Säulen mit dreifachen Kapitellen (Jakin und Boas) und die Lotusgirlanden; nach dem Abdruck gezeichnet (7. Jh.a)

186 Auf einem Kerubenthron sitzende Frau oder Göttin; Aja Irini, Zypern (um 700a)

gottes (vgl. § 357) erst durch einen Kerubenthron ersetzt wurde, als JHWH (vielleicht im 7. Jh.a) mit dem Sonnengott identifiziert wurde und aus dem Allerheiligsten der Seitenkapelle in den Debir übersiedelte (vgl. § 352). Wir können darüber nur spekulieren. Es ist jedenfalls auffällig, dass in der großen Vision von Jes 6 vom Ende des 8. Jh.a (§ 442f) die Kerubim nicht erwähnt werden.

Aufgrund der Angaben in 1 Kön 6,23–28 (= 2 Chr 3,10–13) und des ikonographischen Belegmaterials, vor allem einer zyprischen Terrakotta (186), kann man sich den Kerubenthron im Debir etwa so wie auf 187 vorstellen.

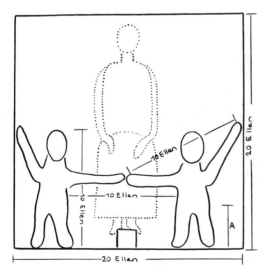

187 Rekonstruktion der Kerubim von 1 Kön 6,23–28 und 8,6f in Gestalt von Mischwesen nach O. Keel

Ein leerer Stuhl als Symbol für den Sonnengott

§ 357   Leere Stühle sind für das 10./9. Jh.a für Nordsyrien als Sonnenthrone belegt (**188–189**; BBB 90, 1993, 489–496, Keel). Sie werden von Stiermenschen getragen, die *in puncto* Gestalt und Funktion den *ḥajjot* mit ihren Stierfüßen, die Ezechiel in seiner großen Vision sieht, sehr ähnlich sind (Ez 1,5–7; zu diesen Stiermenschen vgl. OBO 116, 1992, 106–110, Matthews; D. Collon, Catalogue of the Western Asiatic Seals in the British Museum. Cylinder Seals V. Neo-Assyrian and Neo-Babylonian Periods, London 2001, 85; **390**; **469–470**). Über der Platte, die diese Mischwesen tragen, ist in Ez 1 ein Thron und über diesem Thron erscheint JHWH anscheinend in Analogie zu den geflügelten Scheiben mit menschlichem Oberkörper als eine Art Sonnengott (§ 927–931). Ez 10 identifiziert diese Wesen (unzutreffend) mit den Kerubim (bes. V. 15b.20). Vielleicht hat im Tempel Salomos ursprünglich ein leerer Stuhl als Sitz des Sonnengottes gestanden, vielleicht von solchen Stiermenschen getragen oder flankiert. Ez 1,5–7 wäre eine Erinnerung an sie. Auf mittelassyr. Siegeln des 13. Jh.a scheint jedenfalls recht häufig ein leerer Thronstuhl den Sonnengott kultisch zu repräsentieren. Die geflügelte Scheibe, die darüber schwebt, dürfte das andeuten (**190**; vgl. OBO.A 8, 1990, Abb. 454–463.465–467, Matthews). Das Motiv ist auch auf einer 2006 gefundenen Bulle zu sehen (**191**), die von R. Reich und E. Shukron in Jerusalem beim Gihon in einer Schicht aus dem 9. Jh.a heraus gesiebt worden ist. Auf einem von der Seite dargestellten Thron mit hoher Lehne schwebt eine geflügelte Sonnenscheibe. Auf einer anderen, nicht vollständig erhaltenen dieser Bullen findet sich eine geflügelte Sonenscheibe (**191a**).

Die von F. Zeeb vorgeschlagene Ableitung des leeren Throns aus Assur (AOAT 281 = FS Dietrich, 2002, 906) ist gegenstandslos. Die nordsyr. Belege haben keine Vorbilder in Assur, und der Gott Assur wurde nicht bildlos verehrt (vgl. OBO 162, 1998, 539 s. v. Aššur, Berlejung).

188   Zwei Stiermenschen, die an die Wesen von Ez 1,5.7 erinnern, tragen einen Stuhl und stützen die Flügel der Sonne; diese scheint auf dem leeren Stuhl Platz genommen zu haben; Tell Halaf, Nordsyrien (10./9. Jh.a)

189 Zwei Stiermenschen tragen den Stuhl mit der geflügelten Sonne; links davon thront der Herrscher von Gozan/Guzana; auch hier scheint der Sonnenkult eng mit dem Gedeihen der Dynastie verbunden gewesen zu sein; Tell Halaf, Nordsyrien (10./9. Jh.a)

Von leeren Götterthronen im Kontext astraler Kulte hören wir noch im 2. Jh.p. In der Lukian zugeschriebenen Schrift »De Dea Syria« wird vom Tempel in Hierapolis (heute el Manbesch oder Membidsch) in Nordsyrien erzählt: »Im Tempel selbst, auf der Linken derer, die eintreten, dort ist zuerst der Thron des Sonnengottes hingestellt, aber sein Bild ist nicht auf ihm. Nur vom Sonnengott (Helios) und der Mondgöttin (Selene) haben sie keine Statuen … Sie sagen, es sei richtig, für die andern Gottheiten Bilder zu machen, denn ihre Gestalt sei nicht jedermann sichtbar, aber Helios und Selene seien allen ganz und gar sichtbar« (34; Attridge/Oden, De Dea Syria 44–47).

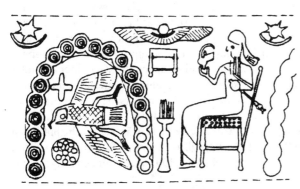

190 Eine ähnliche Komposition wie auf **188–189** findet sich schon auf einem mittelassyr. Rollsiegel des 13. Jh.a; der Herrscher trinkt aus einem Gefäß in Steinbockform, die Stiermenschen fehlen

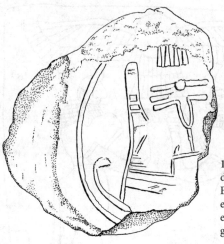

191 Eine im Frühling 2006 anläßlich der Ausgrabungen von R. Reich und E. Shukron nahe bei der Gihon-Quelle entdeckter Siegelabdruck (Bulle) zeigt einen Thron mit hoher Lehne und eine geflügelte Scheibe darüber (9. Jh.a)

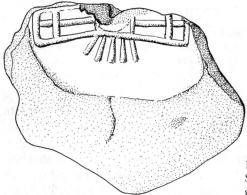

191a Eine Bulle mit einer geflügelten Scheibe ist im gleichen Kontext wie 191 gefunden worden.

§ 358   In 1Kön 8,7, einer Glosse, wird eine Funktion der Kerubim genannt, die sich mit der Gestalt als geflügelten Sphingen kaum verbinden lässt: »Ja (*ki*) die Kerubim breiteten (*por^esim*) die Flügel über den Ort der Lade und bedeckten schützend (*wa-jasokku*) die Lade und ihre Stangen von oben« (1Kön 8,7). Diese Aussage ist eindeutig von der priesterschriftlichen Charakterisierung der Kerubim in Ex 25,20 abhängig (ATD XI/1, 87, Würthwein). Dort heißt es: »Die Kerubim sollen die Flügel nach oben ausbreiten (*w^ehaju ha-k^erubim por^ese k^enafajim l^ema'lah*), mit ihren Flügeln die Deckplatte beschirmen (*sok^ekim*), und sie sollen ihre Gesichter einander zuwenden; der Deckplatte sollen die Gesichter der Kerubim zugewandt sein.« Nicht nur im Zusammenhang des Tempels, sondern auch sonst erscheinen Kerubim als Schützer und Wächter, so des Gartens Eden (Gen 3,24; vgl. Ez 28,14.16) und des sakralen Baumes (1Kön 6,29.32.35; vgl. 2Chr 3,7; Ez 41,17–25). Geflügelte Sphingen als Wächter, z. B. am sakralen Baum (**199–203**; vgl. auch **184**), schützen diesen, wenn sie einen Schutzgestus machen mit erhobener Pfote (**199**), nicht mit den Flügeln (zur Konzeption der P vgl. § 1228–1233).

§ 359   Die ältere Funktion der Keruben, wie sie die Belege von 111 und 175 und die Herkunft des Kerubenthrons aus dem Bereich des ägypt. Königtums (145–146) zeigen, war die von Thronträgern, mit denen sich vor allem Vorstellungen von Königtum verband. Wenn man bereits dem Tempel des 10. Jh.a den Kerubenthron zugesteht, ist es nicht sinnvoll, die Königsprädikation für Schemesch-JHWH erst im 8. Jh.a entstanden sein zu lassen, auch wenn der älteste Textbeleg erst vom Ende des 8. Jh.a stammen sollte (Jes 6,5). Wenn ursprünglich nur ein leerer Thronstuhl im Debir stand, so suggerierte auch dieser schon eine königliche Gottheit. Der Langraum-Tempel betonte die Distanz zw. Gott und Verehrer.»Die Vorstellung von Jahwe dem König dürfte mit dem Jerusalemer Tempelbau entstanden sein: Sie ist nicht genuin jahwistisch, sondern kanaanäisch-jebusitisch vermittelt« (TRE XV 178, Zenger; zustimmend zitiert in ZThK 86, 1989, 424 Anm. 132, Janowski). Die Vorstellung vom thronenden König, ursprünglich wahrscheinlich mit dem Sonnengott verbunden, gewann mit der Installation des Kerubenthrons, auf dem der mit dem Sonnengott identifizierte JHWH unsichtbar Platz nahm, neue Intensität und Sichtbarkeit.

Keine männlichen anthropomorphen Gottesbilder

§ 360   Im ersten Drittel des 20. Jh. postulierten einige Autoren, im Allerheiligsten des 1. Tempels habe es ein anthropomorphes Kultbild JHWHs gegeben (Gressmann, Mowinckel). Dann verschwand diese Hypothese weitgehend aus der Diskussion. Seit 1990 ist sie wieder öfter vertreten worden (OBO 162, 1998, 315ff Anm. 1519, Berlejung), bes. energisch von H. Niehr (in: van der Toorn, The Image 73–95). Er und andere weisen darauf hin, dass ao Kulte vor einer Kultstatue, einem Kultbild oder einem Kultsymbol ausgeübt wurden, und schließt daraus, das müsse auch in Jerusalem so gewesen sein (Ebd. 73). Dass zahlreiche ao Kulte vor anthropomorphen Götterstatuen stattfanden, weiß auch das AT (z.B. 1Sam 5,2–4). C. Uehlinger u.a. haben wahrscheinlich gemacht, dass es auch in Samaria eine oder mehrere solcher Statuen gegeben hat (FS Loretz 739–776; TUAT I/4, 382, Borger). Aber das beweist nichts für Jerusalem. Niehr nennt als dritte Möglichkeit neben Kultstatue oder Kultbild, die er – auf ein Kultbild fixiert – aber gleich wieder vergisst, dass ao Kulte auch vor einem Kult*symbol* stattfinden konnten. Genau diese dritte Möglichkeit dürfte in Jerusalem realisiert worden sein.

§ 361   Mit dem leeren Thron, ob in Form eines einfachen Stuhls oder eines Kerubenthrons (vgl. § 353–359, bes. § 357; **184–191**), besaß Jerusalem ein Kult*symbol*, das seinerseits einen anthropomorphen Gott repräsentierte.
Neben dem leeren Thron gab es die Lade, die ebenfalls einen anthropomorphen Gott vergegenwärtigte (1Sam 4,8; Mettinger, in van der Toorn, The Image 190f) und vor der man opferte (vgl. z.B. 2Sam 6,13; 15,24). Sie enthielt zwei Steinstelen (§ 250). In → II Arad wurde JHWH durch eine Massebe (Steinmal) repräsentiert, vor der man ebenfalls opferte. Die Gottheit durch eine Massebe zu repräsentieren war in der Levante und darüber hinaus weit verbreitet (CB.OT 42, 1995, Mettinger; Mettinger, in: FS Na'aman 273–296; BJSt 346, 2006, 64–79, Bloch-Smith; vgl. weiter oben § 250). Auch als man die Lade als eine Art Schemel unter den leeren Thron stellte (§ 352) war kein anthropomorphes Kultbild die Konsequenz. Auch die P, die die beiden Kultsym-

bole organisch zu verbinden sucht (§ 1227–1233), weiß nichts von einem anthropomorphen Kultbild, auch wenn sie keine Probleme hatte, sich die Keruben anthropomorph vorzustellen (565–568).

§ 362   Der Jerusalemer Kult blieb wahrscheinlich ohne anthropomorphes Kultbild JHWHs (UF 31, 1999, 391–415, Na'aman; Keel, in: Colloquium Rauricum 7, 2001, 244–282, Boehm; Bloch-Smith, in: B. Gittlen, Hg., Sacred Time, Sacred Place: Archaeology and the Religion of Israel, Winona Lake 2002, 90). Es ist durchaus nicht der einzige ao Kult, der ohne anthropomorphes Kultbild ausgekommen ist (JBTh 10, 1995, 209 Anm. 18, Hendel; vgl. AOBPs Abb. 239.418). Denkbar wäre, dass im Laufe der Zeit diese nicht anthropomorphen Repräsentationen durch eine anthropomorphe ergänzt wurden wie das in Bezug auf Aschera der Fall gewesen zu sein scheint (§ 382f). Gelegentlich kam bei ursprünglich anikonischen Kultgegenständen ein anthropomorphes Kultbild dazu. So scheint Zeus in Olympia ursprünglich nur durch einen Steinpfeiler repräsentiert worden zu sein. Im 5. Jh.a wurde ihm eine anthropomorphe Statue beigesellt (VisRel 4–5, 1985/86, 100, Metzler; Graf, in: Colloquium Rauricum 7, 2001, 236–241, Boehm). Vielleicht war das auch in Jerusalem der Fall, doch ist das zur Zeit eine bloße Annahme (vgl. § 382.402 und bes. 583f; zu mehreren Kultbildern oder -objekten der gleichen Gottheit in einem Tempel vgl. Zetemata 105, 2000, 132–134, Scheer).

Wie bereits diskutiert (§ 356), kann der Kerubenthron ein Element des Tempelinventars gewesen sein, das erst im 7. Jh.a dazugekommen ist. Man kann weiter postulieren, dass auf diesem Kerubenthron eine anthropomorphe Kultstatue gesessen habe. Die Frage, ob dem tatsächlich so war, können nur positive Hinweise klären. Jene, die ein anthropomorphes Kultbild postulieren, immunisieren ihr Postulat gegen das Fehlen eindeutiger Hinweise damit, dass sie annehmen, »Notizen über ein dortiges Kultbild (seien), falls es ein solches gab, sicherlich sorgsam eliminiert worden« (OBO 162, 1998, 315 Anm. 1519, Berlejung). Das beschwörende »sicherlich« bleibt die Antwort auf die Frage schuldig, warum man etwa Manasse, dem das DtrG listenartig jedes nur erdenkliche Laster vorwirft, nicht auch das Aufstellen eines anthropomorphen Kultbildes hätte anlasten sollen, wenn es ein solches gegeben hätte. Schließlich hat man auch nicht verschwiegen, dass es im Tempel einmal ein bronzenes Schlangenbild (2Kön 18,4) oder ein Bild der Aschera (2Kön 21,3.7; 23,6) gab.

§ 363   Das Stierbild des Nordreichs (§ 392), die »Eherne Schlange« (§ 487–495), »Aschera« (§ 402.572–575) und die Versuchung, etwa nach babylon. Vorbild ein JHWH-Bild in den nachexil. Tempel zu stellen, erklären das Vorhandensein eines Kultbilderverbots im Dekalog und anderweitig. In seiner grundsätzlichen Form ist das Verbot wahrscheinlich erst im 7./6. Jh.a formuliert worden (F.-L. Hossfeld, in: B. Janowski/N. Zchomelidse, Hg., Die Sichtbarkeit des Unsichtbaren, Stuttgart 2003, 11–22). Wir brauchen dafür kein anthropomorphes Kultbild zu postulieren. Auch Ausdrücke wie »das Antlitz Gottes sehen« oder »sein Antlitz leuchten lassen« (Num 6,25; GGG 419f) sind ohne die Annahme eines anthropomorphen Kultbilds verständlich. Man kann trotzdem an der Hypothese eines solchen festhalten. Aber die deduktiven und die induktiven Argumente sind schwach. Schwierig wird es auch, das später zum Programm erhobene und in der pers. und hellenist. Welt zu einem Charakteristikum des Jerusalemer Kultus gewordene Fehlen eines anthropomorphen Kultbilds zu erklären. Die meisten dafür angeführten Gründe können nicht überzeugen, so das Exil (RGG⁴ I 1576, Uehlinger) oder der assyr. Kulturdruck (Berlejung, in: Janowski/Köckert, Religionsgeschichte 225f). Auch andere Gruppen waren im Exil oder dem assyr. Kulturdruck ausgesetzt und haben kein Kultbildverbot generiert. Exil und assyr. Kulturdruck haben wohl mitgeholfen, aber eher durch die Verschärfung von schon vorhandenen Tendenzen als durch die Generierung von neuen.

§ 364   Diese bildfeindlichen Tendenzen bestanden ursprünglich wahrscheinlich weniger in der Ablehnung von Bildern als solchen als vielmehr in der Ablehnung einer bestimmten Form von Kult, den man diesen Bildern darbrachte (Hos 13,2; 2Kön 18,4) und den man als übertrieben empfand. Positiv wurde auf die Wortoffenbarung am Sinai verwiesen, bei der man keinerlei Gestalt gesehen habe (Dtn 4,9–24). Keinerlei Lebewesen war also geeignet, JHWH darzustellen. Damit aber wurde um JHWH nicht nur eine schwer durchdringbare Sphäre des Geheimnisses, sondern auch die Bedingung zu einer transzendenten Gottesauffassung geschaffen, die allerdings noch in Ez 1 räumlich dargestellt wird (bes. V. 22.26f; zur ganzen Thematik vgl. Keel, in: Colloquium Rauricum 7, 2001, 244–282, Boehm).

Weitere Ausstattungsgegenstände: Altäre, Tisch und Leuchter

§ 365   Nach 1Kön 1,50–53 gab es (in Jerusalem) zur Zeit Davids einen Hörneraltar; nach 1Kön 2,28–30 stand er im Zelt JHWHs. Vielleicht ist dieser zusammen mit Zelt und Lade als erster Räucheraltar in den Tempel gebracht worden (vgl. 1Kön 8,3f.6). Später wurde er durch einen kostbareren ersetzt (1Kön 6,20.22; 7,48). Die Nachricht in 1Kön 6,20.22 von dem kleinen Altar aus Zedernholz, der mit Gold überzogen war und vor dem Debir stand, scheint jung und eine von der P beeinflusste Ergänzung zu sein. Zedernholz und Gold sind für einen Altar eigentlich ungeeignet. Bestenfalls kann man sich ein solches Gebilde als Räucheraltar vorstellen, auf dem man über Holzkohle Weihrauch verbrannte. Aber vor dem 7. Jh.a war diese Praxis anscheinend nicht bekannt. Vorher hat man Fett verbrannt. Auch wenn der Altar vor dem Allerheiligsten nur für Räucheropfer von Fett (vgl. 1Sam 2,13) gedient haben kann, musste dieses auf einer Steinplatte oder in einer tönernen Schale verbrannt werden. In Ex 30,1–10 wird ein Räucheraltar in seinem Aussehen genauer beschrieben. Er ist relativ klein: ca. 50 × 50 × 100cm. Nach Jes 6,6 stand ein Altar mit Glühkohlen im Tempel.
Archäologisch sind kleine Altäre über einer quadratischen Basis, auf denen man Gaben (Pflanzen, Fett) in Rauch aufgehen und zur Gottheit aufsteigen ließ, in Palästina vom 14./13. Jh.a an bezeugt (OBO 97, 1990, 110–137, Zwickel). Der älteste bekannte Altar dieser Art, der bereits ziemlich genau die Maße des in Ex 30 beschriebenen Altars besitzt, stammt aus →III Hazor (**192**). Er ist mit einem Astralsymbol dekoriert. Räuchern war stets im Kult von Astralgottheiten besonders beliebt. Ein Räucheraltar mit Hörnern (vgl. Ex 30,1–3) aus dem 10./9. Jh.a wurde in →III Megiddo gefunden (**193**). Zwei kleine Räucheraltäre aus Stein standen in →II Arad vor der Kultnische mit der Massebe (**132a**). Darauf wurden wahrscheinlich Fettstücke ver-

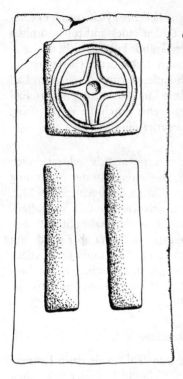

192   Ein Altar aus Basalt für Räucheropfer; Hazor, (14./13. Jh.a)

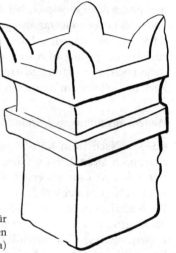

193   Ein Altar aus Kalkstein für
Räucheropfer mit Hörnern an den
Ecken; Megiddo (10./9. Jh.a)

brannt. Ihr beschwichtigender Geruch (*reaḥ ha-niḥoaḥ*; Gen 8,21) erreichte eines der Hauptanliegen des ganzen Kults, nämlich im Falle des Zorns die Gottheit zu besänftigen und sie im übrigen freundlich zu stimmen (vgl. weiter § 380).

§ 366   Im Hekal standen nach 1Kön 7,48–50 weiter der Tisch mit den »Broten des Angesichts« bzw. »vor dem Angesicht« (*læḥæm ha-panim*), von Luther missverständlich mit »Schaubrote« übersetzt, und 10 Lampen (*menorot*). Tisch und Lampe (*šulḥan, menorah*) gehörten nebst Stuhl (*kisse'*) und Bett zu den normalen Ausstattungsstücken eines wohnlichen Zimmers (2Kön 4,10). Keines von ihnen – außer dem Bett (JHWH schläft nicht, Ps 121,4; vgl. 1Kön 18,27) – fehlte im Tempel.
Der Tisch mit den Broten erinnert an ägypt. (**194**) bzw. assyr. (**195**) Speiseopfertische (Galling, Altar 8–10, 49–51 Taf. 2 und 10). Die Bronzefigur von **196** zeigt einen schreitenden ägypt. Priester, der auf einer Opferplatte Brote herbeiträgt, und **196a** die eines Priesters, der sie kniend der Gottheit präsentiert.

194 Ein hölzener Opfertisch
mit Steingefäßen aus Ägypten
(2500–2350a)

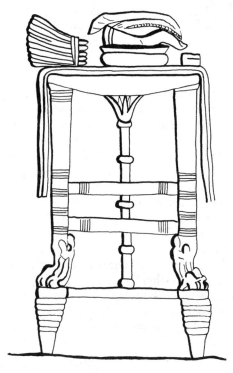

195 Assyr. Opfertisch mit Speise-
opfern von einem Relief Assurbanipals
(um 650a)

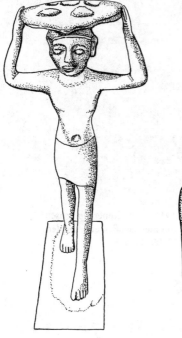

196–196a   Bronzefiguren eines schreitenden ägypt. Priesters der fünf Brote herbeiträgt und eines knienden, der der Gottheit vier Brote präsentiert (26. Dyn.; 664–525a)

Der Speise- bzw. Brotopfertisch scheint auch in Israel eine alte Einrichtung gewesen zu sein, wie die Geschichte von den heiligen Broten bzw. den »Broten des Angesichts« in Nob nahe legt, von denen David und seine Krieger in Ermangelung profaner Brote bekommen, weil sie rein waren, d.h. seit zwei Tagen keinen Verkehr mit Frauen hatten (1Sam 21,4–7; vgl. Mt 12,4 parr). Er fehlt weder im imaginären Vorläufer des Jerusalemer Tempels, in der »Stiftshütte« (Ex 25,23–30), noch im künftigen Tempel, wie er in Ez 40–42 beschrieben wird (41,22). Er taucht in allen Inventarlisten des Jerusalemer Tempels auf und ist auch unter den Beutestücken auf dem Titusbogen noch zu sehen (684; vgl. weiter NBL III 467, Görg). Bei aller Opferkritik (vgl. § 418; Ps 50; Dan 14,1–22G) erhielt sich die Vorstellung, die Gottheit habe ein Recht darauf, regelmäßig mit Speisen versorgt zu werden.

Bei den Leuchtern dürfte es sich um Kandelaber gehandelt haben, die eine Öllampe trugen. Sie dürften mit Blüten- oder Blattmotiven geschmückt gewesen sein, wie der Kandelaber, den ein assyr. Soldat um 700a als Beutestück aus Lachisch wegträgt (197; →II 602C), oder der obere Teil eines Kandelabrums aus Megiddo (198). M. Noth vermutet, dass es ursprünglich nur einen Leuchter gab und die zehn auf eine Entwicklung in der späteren Königszeit zurückgehen (BK IX/1, 166). Die zehn Leuchter wurden im nachexil. Tempel auf einen reduziert und erst dieser kam zu Prominenz (§ 1235.1736f).

Zu diesem elementaren Mobiliar, das den Charakter des Tempels als eines Wohnhauses für die Gottheit betonte, kamen zahlreiche andere Geräte, wie sie für jeden ausgewachsenen Haushalt typisch waren (1Kön 7,49f).

197 Assyr. Soldat, der einen Lampen-
oder Räucherständer als Beute aus
Lachisch wegträgt; Relief Sanheribs aus
Ninive (um 700a)

198 Oberer Teil eines Kandelabers
mit Blattkranzkapitell
(vgl. 185.213–214) aus Megiddo; (8./7. Jh. a)

Die Motive an den Wänden und deren Bedeutung

§ 367 Zur Ausstattung des Hauptraums und der Vorhalle durch Salomo gehörten laut 1Kön 6 Holzreliefs an den Wänden, auf denen Kerubim, Palmen und Blüten zu sehen waren (V. 18.29.32.35; Zwickel, Der Tempel 83–92). Es wird nicht gesagt, in welchem Verhältnis diese Größen zueinander standen. In Ez 41,18 wird präzisiert: »Je eine Palme zw. zwei Kerubim«. Das dürfen wir wohl auch für den 1. Tempel annehmen. Von Keruben oder Greifen flankierte Palmen oder Palmetten sind typisch für die EZ (199–203; SBS 84/85, 1977, 19, Abb. 1–2, Keel; vgl. GGG 267 Abb. 231a–b). In der SB wurde der stilisierte Baum sehr häufig von Capriden flankiert, und diese Kombination ist ein Motiv aus der Sphäre der Göttinnen (75; JSOT.S 261, 1998, 29–36 Figs. 34–52, Keel). Der von den königlichen Kerubim oder von Greifen flankierte Baum hingegen ist ein Symbol des Königtums als heilvoller Ordnung (GGG

199   Phöniz. oder israelit. Skarabäus; im Zentrum ein stilisierter sakraler Baum mit der geflügelten Sonnenscheibe darüber; zwei auf den Hinterbeinen hockende Kerubim, die den Baum schützen und bewachen (9./8. Jh.a)

264–267; BBB 90, 1993, 503–529, Metzger). Mit Fruchtbarkeit im engeren Sinne hat der schematisierte Baum höchstens insofern zu tun (gegen BK IX/1, 167, Noth), als König und Königtum ein gedeihliches Leben im allgemeinen und damit auch Fruchtbarkeit garantieren, wie dies z.B. in Ps 72 gesagt wird. Als Lebens- bzw. Weltenbaum erscheinen König und Königtum in Ez 31,1–18 und Dan 4,7–11.

J. Jeremias und F. Hartenstein haben dafür plädiert, dass der von *Capriden* flankierte sakrale Baum im 1. Jt.a nicht mehr die Göttin vergegenwärtige, sondern auch zu einem der Symbole für die Sphäre königlicher Heilsordnung geworden sei, das alternativ mit den Kerubim am Baum verwendet werde (in: Janowski/Köckert Religionsgeschichte 79–138). Das mag sein. Um so auffälliger ist es, dass die Capriden, die den Baum flankieren, als Dekorationsmotiv am Tempel fehlen. M. Metzger meint: »Ein Bedeutungsaspekt des von Tieren oder Mischwesen flankierten Baumes ist die Gewährung von Nahrung für die Tiere« (in: BBB 90, 1993, 511, Hahn/Hossfeld/Jorissen/Neuwirth). Er sieht darin ein Bild für den »Gott, der Nahrung gibt allem Fleisch« (vgl. Ps 104,27f; 145,15f). Er begründet diese

200–201   Zwei Elfenbeine aus Samaria zeigen, einmal im nordsyr, einmal im phöniz. Stil einen Kerub, der einen Palmettbaum bewacht (9./8. Jh.a)

202 Ziegen bzw. Keruben, die den schematisierten Lebensbaum flankieren; Elfenbeinschnitzerei aus Nimrud (9./8. Jh.a)

Deutung mit Darstellungen von Gottheiten, die Capriden füttern, so auf dem berühmten Brunnenrelief aus Assur und auf dem Deckel einer Elfenbeinpyxis aus Minet el-Beida (ANEP Nr. 464 und 528). Aber Keruben sind im Gegensatz zu Capriden keine Vegetarier (vgl. 181–183). Sie fressen nicht vom sakralen Baum, sondern bewachen ihn.

§ 368 Die Blütenkelche bzw. Blumengirlanden (*p^{e}ṭure ṣiṣṣim*) kommen nur in 1Kön 6 vor (V. 18.29.32.35) und sind nicht sicher zu deuten. Die Wurzel *pṭr* bedeutet »spalten, freien Lauf lassen« (HAL III 873f). Man könnte an Girlanden aus offenen und geschlossenen Lotosblüten denken, wie sie auf dem Ahiram-Sarkophag (175) und unter den Elfenbeinen aus dem Palast von Samaria mehrfach belegt sind (204; Crowfoot, Ivories Pls. 15–17). Auch in →II Kuntillet ʿAdschrud haben sich Reste von solchen Girlanden mit Flechtbändern (Guilloche) kombiniert gefunden (205). Wäre in 1Kön 6 an solche gedacht, wäre es aber erstaunlich, dass der Terminus tech-

203 Abrollung eines neuassyr. Siegels mit zwei Keruben, die eine jungen Baum schützen (9./8. Jh.a)

204   Elfenbein aus Samaria mit Girlande aus offenen und geschlossenen Lotosblüten (9./8. Jh.a)

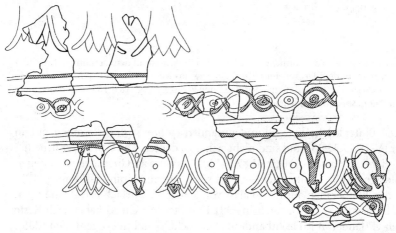

205   Girlande aus Lotosblüten; Malerei aus → II Kuntillet Adschrud (um 725a)

nicus für Lotosblüte fehlt. S. Schroer hat wahrscheinlich gemacht, dass wir an Rosetten zu denken haben (OBO 74, 1987, 47–54). Solche wurden in der SB zusammen mit Palmetten (206; OBO 74, 1987, 341.545 Abb. 125, Schroer) als Elemente von Halsketten verwendet. Zahlreiche Model, die zur massenweisen Herstellung dienten, sind im ö Nildelta gefunden worden (207; OBO 60, 1985, 108–123, Herrmann). Ein Wandbild des 9. Jh.a aus Nimrud zeigt schön, wie Palmetten, Rosetten und Flechtbänder eine Welt intensiven Lebens repräsentieren können, in deren Zentrum der von Schamasch beschützte, symmetrisch verdoppelte König steht (208, vgl. 217). Auf Elfenbeinen aus dem nw Iran aus dem 8. Jh.a flankieren Kerubim Rosetten statt der üblichen Palmetten (209). Vielleicht ist die Rosette hier schon ein Königs- und Herrschaftssymbol, wie sie es im Judäa des 7./6. Jh.a war (§ 624) und als das sie dann für die Tracht des nachexil. Hohenpriesters übernommen wurde (§ 1253).

Die $p^e qa^c im$ im Innern des Tempelhauses und am »Meer« (1Kön 6,18; 7,24) sind früher aufgrund von 2Kön 4,39 als Koloquinten gedeutet worden. Da solche in der Iko-

206–207 Palmetten und Rosetten, wie sie in Modeln serienweise hergestellt und für Halsketten verwendet wurden (13. Jh.a)

nographie des AO aber nicht belegt sind, hat S. Schroer wohl mit Recht auf rein schematische Dekorationsmuster geschlossen (OBO 74, 1987, 48).

Blüten, Palmen und Kerubim verraten wie andere Elemente (vgl. § 379) den Willen den Tempel als Ort der heilvollen Gegenwart Gottes auf Erden, als Paradies zu stilisieren (Bloch-Smith, in: FS King 27). Es ist weniger Jerusalem wie der Titel eines Aufsatzes von L.E. Stager »Jerusalem and the Garden of Eden« suggeriert (ErIs 26, 1999, 183*–194*) als der Tempel, der als Ort der Präsenz Gottes mit seinen Ausstat-

208 Ein Wandbild aus Kalach (Nimrud) zeigt, wie mit Hilfe von Palmetten, Mufflons, Granatäpfeln, Rosetten und Flechtbändern um den sakralen Baum im Zentrum eine Welt königlicher Ordnung und intensiven Lebens evoziert wird (9. Jh.a)

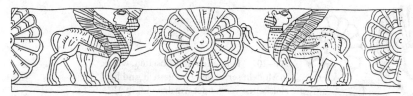

209   Zwei Kerubim flankieren statt der üblichen Palmette eine Rosette (vgl. vgl. 202.207); Elfenbein aus Ziwije, Iran (8. Jh.a)

tungselementen Kerubim, Palmen und Wasser (Ez 47,1) und dem König als Bewohner und Hüter (Ez 28,11–19) eine Art Garten Eden darstellt. Erst in Ps 48 werden einzelne Prärogativen des Paradieses auf Jerusalem übertragen (§ 977–979).

Die Ausstattung des Tempeleingangs und des Vorhofs

Bronzegießen als damalige High Tech Leistung

§ 369   Nach dem Abschnitt über den Palastbereich in 1Kön 7,1–12 wird in 7,13–47 ausführlich über die Ausstattung des Vorhofs mit dem dazu notwendigen Gerät gesprochen. Zu diesem Zweck, so wird in 1Kön 7,13f gesagt, habe Salomo einen Mann engagiert, dessen Vater ein Bronzegießer aus Tyrus, dessen Mutter aber eine Israelitin gewesen sei. Vielleicht dient die Mutter einer nachträglichen Israelitisierung. Seinen Namen, Hiram, hat man wohl vom König von Tyrus geborgt (§ 291.348). Man hat sich vorgestellt, er sei der Sitte gemäß von seinem Vater in dessen Handwerk eingeführt worden.

Mit ähnlichen Worten wie dieser Bronzegießer wird beim Bau der fiktiven Stiftshütte Bezalel eingeführt (Ex 31,2 und 35,30; beide P), wobei dieser im Gegensatz zu Hiram rein israelit. Abstammung ist, nicht von seinem Vater, sondern direkt von Gott unterwiesen wurde, und sich nicht nur in Bronzearbeiten auskannte, sondern bedeutend vielseitiger war (vgl. weiter § 1163).

Nach 1Kön 7,46 soll Hiram seine Aufträge im Jordantal zw. Sukkot und Zaretan ausgeführt haben. Es gibt in der Gegend Spuren von Kupfer- und Bronzegießerei. Bis jetzt hat man aber nichts gefunden, was als Überreste dieser Werkstatt gedeutet werden könnte, die, wenn man die Zahlen ernst nimmt, monumentale Dimensionen gehabt haben müsste (zu den Details dieser Überlieferung vgl. Zwickel, Der Tempel 110–112).
Die Gegenstände, die angefertigt wurden, waren zwei Säulen, ein großes Becken, das 12 Rinder (Stiere) trugen, und 10 Kesselwagen.

Die Säulen Jachin und Boas

§ 370   Die beiden ca. 9m hohen Säulen mit zwei je 2,5m und 2m hohen Kapitellen (1Kön 7,15–22.41–42; vgl. 2Kön 25,17; Jer 52,21–23), die das Dach der Vorhalle mit trugen (**141.167**) oder freistehend den Eingang flankierten (**168–169**), wurden Jachin und Boas genannt, d.h. »er macht fest« und »in ihm ist Stärke«. Am nahe liegendsten ist, diese Prädikate auf die Säulen (hebr. 'ammud masc.) als Subjekte zu beziehen. So verstanden sind sie im Sinne von **141** und **167** ein Teil des Tempelbaus, dem sie Festigkeit und Stabilität verleihen. Wenn sie aber im Sinne der phöniz. Sakralarchitektur

(169; vgl. aber 185) freistehend den Eingang flankierten, kann Subjekt der Aussage JHWH oder der König sein und das Objekt des Festmachens die Dynastie, der Tempel oder der Kosmos bzw. alle drei zusammen (SBAB 14, 1992, 65–67, Görg; Zwickel, Der Tempel 122f).

§ 371   Wertet man die schwierige Beschreibung der Säulen text- und literarkritisch aus, führt das zu Säulen mit doppeltem Kapitell (210). Das obere muss man sich aufgrund der Beschreibung als *maʿaseh šušan baʾulam*»der Machart nach Lotos in gebundener Form« (1Kön 7,19; zu Lotos, nicht Lilie vgl. CBQ 67, 2005, 42–58, Suderman) als ägypt. Lotoskapitell vorstellen, das in der Regel aus acht geschlossenen Lotosblüten bestand, die durch eine mehrfache Schnürung zusammengebunden wurden (211–212; Zwickel, der Tempel 114f; LÄ V 345, Janoši/Arnold). Das untere hat man wohl als Blattkranzkapitell zu verstehen, das zusätzlich mit Granatapfelgirlanden dekoriert war. Das Blattkranzkapitell ist in Palästina für Dan, Moza und Megiddo archäologisch belegt (213–214; vgl. 198). Granatäpfel bildeten im 13. Jh.a Zepteraufsätze (vgl. § 414; 263–265). Bronzene Granatäpfel vom Ende des 11. bzw. dem frühen 10. Jh.a sind in Megiddo gefunden worden (215). Sie dürften von einem Dreifuß stammen, wie sie zur gleichen Zeit in Zypern hergestellt wurden (216). Granatäpfel sind in Form einer Girlande (vgl. 400) und auch sonst gelegentlich auf hebr. Siegeln – allerdings erst aus dem 7. Jh.a – zu sehen (Sass, in: OBO 125, 1993, 210f, Sass/Uehlinger). Die hauptsächlich in Vorderasien als Symbol verwendeten Granatäpfel repräsentieren – zusätzlich zur Kraft und Stabilität, die die Säulen evozieren – primär die mit der königlichen Ordnung verbundene Fruchtbarkeit (vgl. 208; 263–264; →I 81; Muthmann, Granatapfel 11–38). Auf einem assyr. Rollsiegel des 9. Jh.a flankiert der (symmetrisch verdoppelte) König einen als Weltenbaum stilisierten Granatapfelbaum, der mit Schamasch zusammen den Kosmos repräsentiert. Die vogelköpfigen Genien vollziehen am König den Ritus der Befruchtung(?), der sonst am sakralen Baum vollzogen wird (217). Die beiden Säulen haben schon die unterschiedlichsten Deutungen erfahren: als Phallussymbole, Feueraltäre, Nachahmungen ägypt. Obelisken etc. (Busink, Tempel I 13–17.299–321; Bloch-Smith, in: FS King 19).
Wahrscheinlich symbolisieren »die Lotossäulen … die Wiedergeburt beim Sonnenaufgang« (LÄ V 345, Janoši/Arnold). Genereller verstanden vergegenwärtigten sie die Regenerationskraft des Orts der Gegenwart JHWHs als solar konnotierter Gottheit. Als Hinweis auf Sonnensymbolik muss wohl auch die Zweizahl der Säulen verstanden werden, zumal wenn sie freigestanden haben, da der Sonnengott gern zw. zwei Bäumen, zwei Berggipfeln usw. erscheint (SBS 84/85, 1977, Abb. 228–233, Keel; ZÄS 125, 1998, 18 Abb. 4, Keel/Schroer; vgl. auch 152–153). Die vom Lotos- und Granatapfelmotiv bestimmten Säulen am Eingang des Tempels haben wohl nichts mit der weiblich geprägten Fruchtbarkeit einer Göttin zu tun, sondern sind wie die Thron-Kerubim und die Kerubim, die den Palmettbaum flankieren, von König-Weltenbaumund von Sonnensymbolik geprägt (vgl. GGG 189–198). Das bestätigen die Dekorationen und Inschriften ägypt. Pronaossäulen, die in diesen vor allem den König repräsentiert sehen, der den Tempel und in diesem den Kosmos stützt (GOF IV/11, 1983, 5–11, Kurth; SBAB 14, 1992, 63–67, Görg). Das alles bestätigt den Charakter des salomonischen Tempels als Sonnenheiligtum (vgl. § 323–330.352).

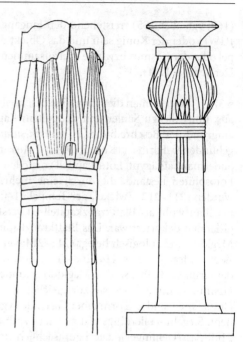

211–212   Zwei Kapitelle in Form von Lotosblüten, das links aus dem Grabbau des Ptahschepses in Abusir (ca. 2500–2350a), das rechts aus dem Palast des Apries in Memphis (589–570a)

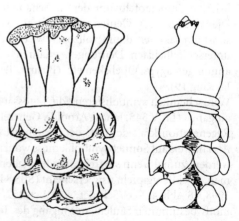

213–214   Ein Blattkranzkapitell aus Dan und eines aus →II Moza (8./7. Jh.a)

210   Ein Versuch, die in 1Kön 7,15–22 beschriebenen Säulen zu rekonstruieren (nach W. Zwickel)

215 Bronzener Granatapfel
aus Megiddo (Ende 11.–10. Jh.a)

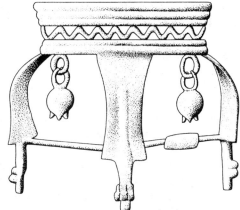

216 Bronzener Dreifuss
mit Granatäpfel aus Zypern
(Ende 11./10. Jh.a)

217 Neuassyr. sakraler Baum mit Granatäpfeln und geflügelter Sonnenscheibe darüber; er wird
vom symmetrisch verdoppelten assyr. König flankiert, der seinerseits von geierköpfigen Genien be-
treut wird (9./8. Jh.a)

Das »Meer«

§ 372 Nach den Notizen zum Tempelhaus und seiner Ausstattung folgt in 1Kön 6,36 eine Bemerkung zum Tempelvorhof. Wir haben anfänglich wohl nur mit *einem* Vorhof zu rechnen, auch wenn er hier der innere heißt, der äußere wird durch die Mauer gebildet worden sein, die das ganze Palastareal umschloss (**139–140**; AOBPs 112–118). Wann genau zusätzliche und wie viele Vorhöfe vorgelagert bzw. unterteilt wurden, ist schwer zu sagen. Eine strenge Stufung (Priester, israelit. Männer, Frauen etc.) dürfte erst nachexil. sein (AOBPs 112–118; Zwickel, Der Tempel 157–160). Der Vorhof war der Bereich der meisten kultischen Aktivitäten.

§ 373 1Kön 7,23–26 (vgl. 1Kön 7,44; 2Kön 25,13; Jer 27,19; 52,20) zufolge machte Hiram nebst den Säulen Jachin und Boas (§ 369–371) ein riesiges Becken aus Bronze (zu seinem Verständnis und seiner Deutung s. Busink, Tempel I 326–336; Bloch-Smith, in: FS King 20f). Es soll einen Durchmesser von 10 Ellen (ca. 5m) gehabt haben, war 5 Ellen hoch (ca. 2,5m) und hatte einen Umfang von 30 Ellen (ca. 15m). Der griech. Text hat 33 Ellen. Der hebr. Text setzt für π den in Babylonien üblichen Wert 3 ein, die griech. Übersetzung den Wert 3,14, den Archimedes (287–212a) für π errechnet hatte (Bib. 79, 1998, 409–412, Hollenback). Die Wandstärke war 7,5cm. Das Becken konnte nach V. 26 die unglaubliche Menge von ca. 39 000 l Wasser fassen, was mit den angegebenen Maßen einigermaßen übereinstimmen soll (Zwickel, Der Tempel 127f). Nach 2Chr 4,5 fasste es allerdings bei gleich bleibenden Abmessungen sogar 58 500 l, was im Hinblick auf diese Zahlen doch etwas skeptisch macht. Wasser wurde auf dem wasserlosen Tempelberg (§ 63) für Reinigungsriten, zum Wegwaschen des Opferbluts usw. in großen Mengen gebraucht. Nach 2Chr 4,6 diente das Wasser des »Meeres« für die Waschungen der Priester (vgl. auch Ex 30,18–21; 40,30–32).

§ 374 Ob das »Meer« primär praktische Funktionen hatte, ist allerdings fraglich. Bei aller Monumentalität überrascht der Name »das Meer« (*ha-jam*) bzw. »bronzene (eherne) Meer« (*jam ha-neḥošæt*). Er ist ein deutlicher Hinweis darauf, dass dem Tempel und seinen Einrichtungen nicht erst in hellenist. Zeit kosmische Bedeutung zugeschrieben wurde. »Meer« kann im vorderasiat. Sinne das bedrohliche, aber gebändigte Meer meinen. Ps 93 schildert beschwörend, wie JHWHs Thron trotz der überheblichen Fluten des Meeres fest steht. Auch Ps 29,10 evoziert dies: »JHWH thront als König über der Flut, JHWH thront als König in Ewigkeit«. »Meer« kann aber auch im Sinne der ägypt. Tempelteiche und in dem von Gen 1 als Urmeer verstanden werden, aus dem alles hervorgegangen ist. Das Dekorationsprogramm weist darauf hin, dass beide Bedeutungen im Jerusalemer »Meer« vereint waren.

§ 375 Auf das Urmeer, aus dem alles entstanden ist, verweist der Umstand, dass sein Rand wie ein Lotoskelch gestaltet war (1Kön 7,26; zu Lotos und nicht Lilie vgl. CBQ 67, 2005, 42–58, Suderman). Lotosbecher waren in Ägypten in der 18. Dyn. (1540–1292a) beliebt (**218**), sind aber auch aus der 22. Dyn. (945–715a) (**219**) sowie aus Palästina (**220–221**) bekannt. Besser als in Analogie zu den steilen Lotosbechern

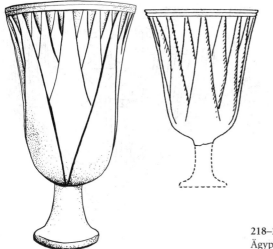

218–219 Kelche in Lotosform aus
Ägypten (15./14. und 9./8. Jh.a)

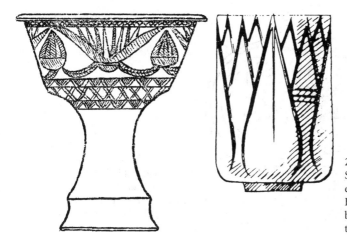

220–221 Schale mit
Standfuß vom → II Tell
el-Farʿa-Süd und
Becher aus → III Geser,
beide mit Lotosdekora-
tion (13. und 9./8. Jh.a)

lässt sich ein Bronzegefäß in Lotosform mit Blick auf ägypt. Situlen vorstellen, die im
1. Jt.a sehr populär waren. Sieben Stück vom Ende des 7. Jh.a sind in → II Aschkelon
gefunden worden (BArR 22, 1996, 61, Stager). Über der Basis in Lotosform sind
regelmäßig das Horuskind, das von Isis und Nephthys beschützt wird und/oder das
Sonnenkind zu sehen, das in einer zweiten Lotosblüte sitzt (222). Dass die Verbindung Lotos-Sonnenkind in Palästina spätestens im 9./8. Jh. bekannt war, zeigen die
Elfenbeine aus Samaria (223) und das Siegel eines Ministers des jud. Königs Usija
(779–738a; 224). Das große Becken in Form einer Lotosblüte symbolisierte die tägliche Wiedergeburt des Sonnengottes.

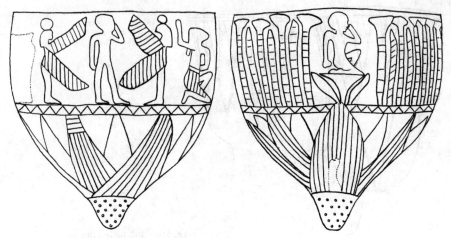

222   Unteres Ende einer Bronze-Situla in der Form eines Lotosblüte; auf der einen Seite ist Horus zu sehen, der von Isis und Nephthys geschützt wird, auf der anderen Horus als Sonnenkind in der Blüte (664–525a)

223   Das Sonnenkind sitzt auf – gemeint ist in – der Lotosblüte, aus der es jeden Morgen neu hervorgeht; Elfenbein aus Samaria (9./8. Jh.a)

224   Siegel eines Ministers des jud. Königs Usija (779–738a). Das Sonnenkind kniet segnend auf der Blüte; auf dem Kopf trägt es die Kuhhörner mit der Sonnenscheibe, ein Attribut der Hathor/Isis

225 Die Kultstatue, vor der ein Beter steht, zeigt den Wettergott, der auf einem ruhenden Stier steht; in der Nebenszene trägt ein Skorpionmensch den Himmel; daneben die Symbole der Ischtar, Marduks und Nabus; neuassyr. Rollsiegel (um 700a)

§ 376   Das Bronzebecken in Lotosform ruhte auf zwölf Rindern (hebr. kollektiv *baqar*). Der harmlose Ausdruck hat wahrscheinlich ein früheres »junge Stiere« (*'agalim*) ersetzt. Der Stier war das Attributtier des Wetter- und Kampfgottes (OBO 122, 1992, 181–192 Abb. 140–173, Keel). Stierplastiken hat Jerobeam, der Gründer des Nordreichs, später in → III Bet-El und → III Dan als Trägertiere oder noch eher Verkörperungen JHWHs aufgestellt (1 Kön 12,28; vgl. § 392). W. Zwickel nimmt an, dass die zwölf Stiere, die das Meer trugen, aus statischen Gründen ruhend dargestellt waren (Der Tempel 133), wie das gelegentlich Stiere sind, die den Wettergott tragen (**225**). Ein Paar Stiere aus Karkemisch aus der Zeit zw. 1050–850a, die nach Meinung des Ausgräbers ein Wasserbecken getragen haben, sind allerdings stehend dargestellt (**226**). Das gilt auch für einen Stier von einem Relief Sanheribs, der auf einem merkwürdigen Gestell ein Gefäß trägt (**227**).

226   Eine Skulptur, die zwei parallel gestellte Stiere zeigt, die wahrscheinlich ein Wasserbecken getragen haben; Karkemisch, Nordsyrien (ca. 1000–800a)

227 Die Stadt, deren Palmen durch die assyr. Soldaten gefällt werden, wird u. a. durch ein Wasserbecken charakterisiert, das von einem Stier getragen wird; Relief aus dem Palast Sanheribs in Ninive (um 700a)

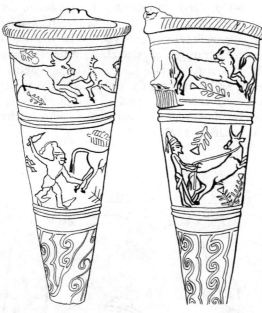

228 Die Szenen auf diesem Trinkgefäß zeigen einen Gott vom Typ des Baal beim Jagen und Bändigen von Stieren; Kition, Zypern (13. Jh.a)

Die zwölf Stiere unter dem »Meer« sind wohl nicht von der Figur des Wetter- und Kampfgottes zu trennen, der durch einen Stier nicht nur repräsentiert wird, sondern selbst Wildstiere jagt und bändigt, wie das auf einem Rhyton des 13. Jh. aus Kition (Zypern) dargestellt ist (**228**). Auch der Pharao konnte gleichzeitig durch einen Löwen dargestellt werden (Sphinx) und als Löwenjäger auftreten. Die Zwölfzahl der Stierbilder, von denen je drei in die gleiche Himmelsrichtung blicken, zeugt von der Macht des Gottes über alle Himmelsrichtungen und steht vielleicht auch für das Jahr mit seinen zwölf Monaten.

Die Symbolik des »Meeres«, des aufwendigsten Ausstattungsstücks des Tempelvor-
hofs, evoziert die zwei Gottheiten des Salomonischen Tempels: Auf den Sonnengott
weist die Lotosform des Beckens hin; den Wetter- und Kampfgottaspekt bringen
die zwölf gebändigt stehenden oder ruhenden Stiere zum Ausdruck. Sie haben nach
der Errichtung des Stierheiligtums in Bet-El wahrscheinlich schon früh Unbehagen
verursacht und sind bereits von König Ahas entfernt worden (2Kön 16,17; vgl.
§ 433–435).

Die Kesselwagen

§ 377   Im Anschluss an die Herstellung des »Meeres« wird die von zehn Kesselwagen berichtet (1Kön 7,27–39; 2Kön 16,17; 25,13: Jer 27,19; 52,17.20). Sie bestanden aus einem Gestell (von daher der Name *mᵉkonah*) auf quadratischer Basis von
ca. 2m Seitenlänge und 1,5m Höhe. Das Gestell wurde durch senkrechte Eckpfosten
(*šᵉlabbim*) und eine unbestimmte Anzahl von (horizontalen) Querleisten (*misgᵉrot*)
gebildet, die mit Kerubim, Palmen, Löwen und Rindern (Stieren) verziert waren.
Das Gestell hatte unten vier ca. 75cm hohe Räder (*ʾofannim*) und trug oben auf einem
runden Gestell einen Kessel (*kijjor*), besser ein Becken von ca. 2m Durchmesser, das
40 Bat fasste, ca. 1560 l. Nach 2Chr 4,6 (vgl. auch Ex 30,18–21; 40,30–32) enthielten
diese Becken das Wasser, das man zum Abspülen der Brandopfer brauchte. Wie beim
»Meer« dürfte aber auch bei ihnen die kultsymbolische Bedeutung im Vordergrund
gestanden haben (zur Geschichte der Interpretation vgl. Busink, Tempel I 337–352;
Bloch-Smith, in: FS King 19f).

§ 378   Die Beschreibung der Kesselwagen ist so schwierig und so detailliert, dass
sie immer wieder zeichnerische Rekonstruktionen provoziert hat. Sie ist aber zu
wenig genau, dass sich diese im Detail nicht unterschieden hätten. Eine der sorgfälti-
geren Rekonstruktionen ist die von B. Stade von 1887 (**229**). Kurz danach, 1900, hat
A. Furtwängler einen kleinen, 39cm hohen Kesselwagen publiziert, der angeblich in
der Nähe von Larnaka in Zypern gefunden worden war (**230**). Heute sind fünf bronzene Kesselwagen dieser Art aus Zypern bekannt (Matthäus, Metallgefäße 1985,
316–321). Sie werden in die Zeit zw. 1325 und 1050a datiert. Bei allen Unterschieden
im Detail ist eine enge Verwandtschaft zw. dem in 1Kön 7 beschriebenen Gerät und
den archäolog. Funden nicht zu übersehen (vgl. ZDPV 108, 1992, 8–41, Weippert =
AOAT 327, 2006, 71–114, Weippert). Inzwischen sind auch aus Israel zwar keine ganzen Wagen, aber eindeutige Reste von solchen gefunden worden. Aus einem philistäischen Tempel des 11. Jh.a in →II Ekron stammen drei Räder und weitere Bestand-
teile eines zyprischen Kesselwagens (**231**), ein weiteres Rad wurde auf dem Tel Qasile
gefunden, ebenfalls aus dem 11. Jh.a (IEJ 36, 1986, 13 Pl. 3D, Mazar). Die zyprischen
Kesselwagen und die aus Ekron und vom Tel Qasile waren nur 20–40cm hoch, während die salomonischen ca. 1,5m hoch gewesen sein sollen. Vielleicht haben wir es
bei den zyprischen und denen aus dem philistäischen Bereich mit Modell- und Votiv-
wagen zu tun. Vielleicht sind die Maßangaben der Jerusalemer Kesselwagen aber
auch stark übertrieben (UF 18, 1987, 459f, Zwickel).

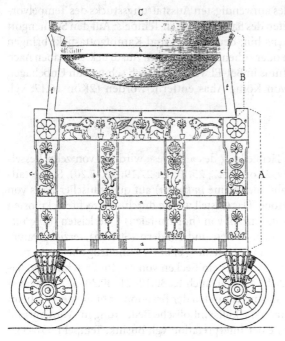

229 Rekonstruktion der Kesselwagen, die in 1Kön 7,27–39
beschrieben sind, nach B. Stade,
1887.

230 Modell eines Kesselwagens, das 1900
publiziert wurde, wahr-
scheinlich aus Larnaka,
Zypern (ca. 1200–1000a)

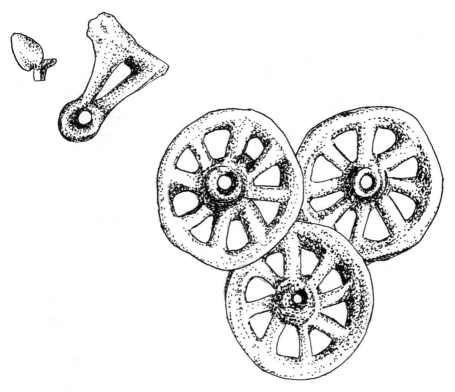

231   Teile eines Kesselwagen-Modells, die in einem philistäischen Tempel in → II Ekron gefunden worden sind (11. Jh.a)

§ 379   Über die symbolische Bedeutung der Kesselwagen ist viel gerätselt worden (Busink, Tempel I 348–350). Die Dekoration erinnert mit den Rindern (Stieren) an das »Meer«. Die Kerubim und die Palmen (2Kön 7,36) dürften ähnlich angeordnet gewesen sein und eine ähnliche Bedeutung gehabt haben wie auf den Innenwänden des Tempels (vgl. 230 mit 199–203). Der Löwe ist zwar seit dem Neolithikum häufig Göttinnen zugeordnet. In der frühen EZ erscheint er aber auch als Trägertier Baal-Seths (vgl. 126), der ihn ebenso wie die gehörnte Schlange überwunden hat (vgl. 125). Vom Wettergott domestiziert kann er als sein Attributtier verstanden werden, als Verkörperung der Aggressivität des Wettergottes, der in der SB und EZ I weitgehend zu einem Gott des Kampfes geworden ist, dessen Gebrüll ebenso gut das eines Löwen (Am 1,2) wie das eines Stiers ist. Im königlichen Kontext amtet der Löwe als gefürchteter Wächter (vgl. 145–146). Laut 1Kön 7,39 haben die Kesselwagen gleichsam das »Meer« flankiert. »Meer« und »Kesselwagen« bildeten offensichtlich eine symbolische Einheit. Sie sind wahrscheinlich in Analogie zum Strom (*nahar*) zu sehen, dessen Abzweigungen (*pᵉlagaw*) die Gottesstadt erfreuten (Ps 46,5; AOBPs 124). Das »Meer« repräsentierte den »Meeresstrom« (*nahar*) und die Kesselwagen die Kanäle oder Abzweigungen (*pᵉlagim*). Der »Strom und seine Kanäle« stehen im

232 Ein assyr. Tempelberg, zu dem ein Aquädukt Wasser herbeibringt, das sich vom Tempel aus in mehrere Arme teilt; Relief aus dem Palast Assurbanipals, Ninive (um 650a)

Gegensatz zu dem in Ps 46,3f beschriebenen aufrührerischen Meer, das alles zu vernichten droht. Gottesgarten und Tempel sind durch reichliche, aber geordnete Bewässerung charakterisiert (vgl. Gen 2,10–14), durch bewachte Bäume (Gen 2,8–9; 3,24; vgl. **199–203.230**; Ps 52,10; 92,13f) und entscheidend durch die Anwesenheit Gottes (Gen 3,8). Das »Meer«, d.h. der Süßwasserozean und seine »Kanäle« (vgl. Ijob 38,25), machen den Tempel zum Paradies. Seit rund hundert Jahren wird immer wieder ein assyr. Relief zur Illustration dieses Sachverhalts angeführt (**232**; Jeremias, Das AT im Lichte des AO 73; AOBPs 132f; ErIs 26, 1999, 185*, Stager). Es zeigt einen kleinen Tempel, der auf einem dicht mit Bäumen bestandenen Berg steht. Ein Aquädukt bringt Wasser herbei, das sich auf dem Tempelberg in mehrere Kanäle teilt. Es veranschaulicht in eindrücklicher Weise den Tempel als Ort des Lebens (vgl. weiter Ez 47,1–12; § 1206).

Ein Schlachtopferaltar?

§ 380   Außer dem Altar im Debir oder/und im Hekal (1Kön 6,20.22; 7,48; vgl. § 365) wird *einerseits* in den Überlieferungen vom Salomonischen Tempelbau kein Altar erwähnt. Größere Opfer wurden vielleicht einfach an einem besonderen Platz im Vorhof geschlachtet (1Kön 8,64a). Der große Brandopferaltar, auf den in 1Kön 8,22.31.54 angespielt wird und von dem besonders in 9,25 die Rede ist, dürfte eine spätere Entwicklung vorwegnehmen. Die älteste, hist. zuverlässige Notiz zu einem Altar in Jerusalem, der *vor* dem Tempelhaus stand, dürfte 2Kön 12,10 sein. Da lässt König Joasch (835–796a) neben dem Altar am Eingang zum Tempel einen »Opferstock« aufstellen. Einen großen, für Schlacht- und Brandopfer geeigneten Altar scheint erst Ahas (734–728a) gebaut zu haben (vgl. 2Kön 16,10–16; § 432; weiter AOBPs 126–133; NBL I 81f, Görg). *Andererseits* ist selbst der Temenos des vordavidischen Sonnenheiligtums schwer ohne Altar vorstellbar (**151–152**). Dass es da einen solchen gab, legt die Tradition von Davids Altar auf der Tenne des Arauna in 2Sam 24 nahe (vgl. § 259–262). Vielleicht hatte dieser die Maße, die man beim Schlachtopferaltar im Vorhof des vorexil. Tempels von Arad gefunden hat (→II 227–233) und die Ex 27,1f als kanonisch gelten: 2,5 × 2,5 × 1,5 m (vgl. auch 2Chr 6,13). Wie der Räucheraltar hatte auch der Schlachtopferaltar Hörner an den vier Ecken (Ex 27,1). Ein großer Altar mit vier Hörnern ist in Beerscheba gefunden worden (→II 206 **163–164**).

Zum Alter der einzelnen Elemente des 1. Tempels

§ 381   In den § 344–380 wurde versucht, den Tempel Salomos, wie er in 1Kön 6 und 7,13–51 beschrieben wird, zu verstehen und archäologisch-ikonographisch einzuordnen. Dabei wurde immer wieder festgestellt, dass einzelne Elemente wie z. B. der Kerubenthron besser in eine spätere Zeit als das 10. Jh.a passen. Vielleicht beschreiben 1Kön 6 und 7,13–51 den Salomonischen Tempel, wie er sich am Ende des 8. oder gar des 7. Jh.a präsentierte. Gewisse Maßangaben, z. B. zu den Keruben oder zum »Ehernen Meer«, oder Angaben über Vergoldung wirken übertrieben. In anderen Punkten hat man Zweifel daran geäußert, ob das Beschriebene überhaupt machbar war. So sind immer wieder Zweifel daran aufgetaucht, ob es möglich war, selbst mit Hilfe fremder Fachleute im Israel des 10. Jh.a einen technisch so schwierigen und aufwändigen Gegenstand herzustellen wie das »Meer«. Die zehn Kesselwagen waren zwar erheblich kleiner, aber in ihrer Komplexität doch eine große technische Herausforderung. Die sehr spezielle Form des Kesselwagens ist jedoch typisch für das 11./10. Jh.a und später in dieser Art nicht mehr zu finden. Sie können natürlich später beschrieben worden sein. Allerdings waren sie anscheinend schon am Ende des 8. Jh.a nicht mehr in der ursprünglichen Form erhalten (2Kön 16,17). Auch wenn die Beschreibung erst aus dem 8. Jh.a stammen sollte, bedeutet die Anwesenheit von »zyprischen« Kesselwagen im Jerusalem des 10. Jh.a, dass dieses Jerusalem über bedeutendere Mittel und Beziehungen verfügte, als man ihm heute oft zugestehen will.

Selbstverständlich ist damit zu rechnen, dass der 1. Tempel während seines rund 350jährigen Bestehens, sowohl was den Bau selbst als was seine Ausstattung betrifft, erhebliche Veränderungen erfahren hat. So mag das eigentliche Tempelhaus, dessen Bau nur berichtet, aber nicht beschrieben wird, von Salomo erbaut worden sein (1Kön 6,2–4.37f). Die in 1Kön 6,5–10 beschriebenen Anbauten mögen zu einem späteren Zeitpunkt dazugekommen sein. Von Ausbesserungen hören wir z. B. in 2Kön 12,6; von einem neuen Tor in 2Kön 15,35; von wesentlichen Änderungen in der Ausstattung in 2Kön 16,10–18. Soweit wir keine Überlieferungen haben, ist es schwierig festzustellen, ob ein Element aus der Zeit Salomos stammt oder jüngeren

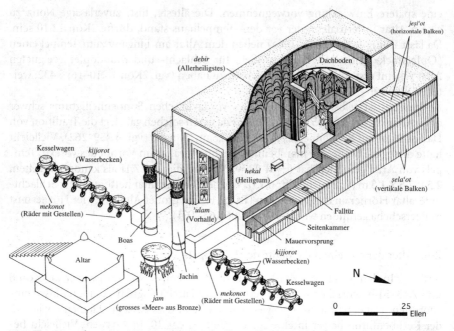

233 Der Versuch von Leen Ritmeyer die Beschreibung des Tempels und seines Mobiliars in 1 Kön 6 und 7,13–51 graphisch umzusetzen

Datums ist. Aufgrund archäolog. Funde können wir begründet vermuten, dass die Kesselwagen alt, der Kerubenthron jüngeren Datums ist. Aber mehr als Vermutungen sind das nicht. Wie das Verhältnis zw. Palast und Tempel (§ 305–308) und viele andere Details gezeigt haben, liegen in den Beschreibungen von 1 Kön 6–7 jedenfalls Nachrichten über den 1., den vorexil. Tempel vor, wenn manche davon auch nicht Sachverhalte aus den Anfängen, aus der Zeit Salomos, sondern spätere Entwicklungen referieren mögen. Rekonstruktionen wie die von **233** zeigen – wie die Beschreibung in 1 Kön 6 und 7,13–51 – ein ideales Gebilde, das weder den wirklichen Salomonischen Tempel (vgl. **173**) noch den Zustand am Ende des 8. Jh.a nach den Eingriffen des Ahas (Beseitigung der Stiere am »ehernen Meer«; Veränderungen an den Kesselwagen; vgl. § 433f) wiedergibt. Aufgrund der genannten Schwierigkeiten auf die Frage nach der Beziehung zw. der Beschreibung der einzelnen Elemente und der beschriebenen Wirklichkeit zu verzichten, wird der Intention der Überlieferung kaum vollumfänglich gerecht. Der Begriff »verbal icon« im Sinne eines zwecks Orientierung freihändig geschaffenen Bildes, mit dem C.M. McCormick 1 Kön 6 und 7,13–51 beizukommen sucht (BZAW 313, 2002, bes. 191–194), trifft nur einen Teil des Sachverhalts. Die Form der Geschichtsschreibung und das ernsthafte und mindestens z. T. erfolgreiche Bemühen, sich auf Quellen zu stützen, zeigen, dass das DtrG sein »verbal icon« nicht auf bloße Imagination, sondern auf handfeste Tatsachen gründen wollte, wenn diese Tatsachen, wo die Überlieferung fehlte, auch unmerklich durch Spekulationen ersetzt wurden, wie das in jeder Geschichtsschreibung geschieht.

EINE WEIBLICHE GOTTHEIT IM TEMPEL

§ 382   Der Tempel Salomos war wie der von Bet-El ein *miqdaš mælæk ubet mamlakah* »Königsheiligtum und Reichstempel« (Am 7,13). Im jud. Königtum spielte die Königin keine repräsentative Rolle (zur Königinmutter vgl. 1Kön 2,19; § 402). Vielleicht ist das einer der Gründe, warum sich neben JHWH wie neben den ähnlichen Königsgottheiten El/Milkom, Kemosch und Qos (§ 240.472) keine wirkliche Thronbeisitzerin (vgl. hingegen die Weisheit als πάρεδρος in Weish 9,4) etabliert hat. Auch die Verschmelzung JHWHs mit dem Sonnengott war einer solchen nicht günstig. Der vorderasiatische Sonnengott wird regelmäßig zusammen mit »Recht« und »Gerechtigkeit« und ähnlichen Gestalten dargestellt (**154**.157–159), aber nicht mit einer weiblichen Partnerin. Auch die ägypt. Ikonographie des Sonnengottes zeigt diesen kaum in Verbindung mit einer gleichwertigen Partnerin (St. Quirke, The Cult of Ra. Sun-worship in Ancient Egypt, London 2001 passim). Wahrscheinlich hatte aber in Jerusalem bereits in der MBZ (vgl. **44**) wie in der SBZ (vgl. **74–76**) eine weibliche Gottheit einen Platz im Kult. Am ehesten konnte die Wettergott-Komponente JHWHs (§ 248f) eine Göttin, etwa Aschera, nach sich ziehen. In Ri 6,25–32 steht neben dem Altar Baals eine Aschera, die aber – im Gegensatz zu Baal – nicht zum Streit herausgefordert wird (V. 31f). Die zwei Steingebilde in der Lade könnten JHWH und seine Partnerin repräsentiert haben (vgl. § 250). Steinstelen (Masseben) konnten auch weibliche Gottheiten darstellen (vgl. GGG 41 Abb. 26b). Auf Stempelsiegel-Amuletten des zentralen palästinischen Berglandes der EZ IIA-Anfang IIB, d.h. für die Zeit von ca. 1000–800a, sind regelmäßig säugende Muttertiere und verehrte Bäume dargestellt, die beide als Symbole einer weiblichen Gottheit zu gelten haben (vgl. GGG 160–162 Abb. 165a–166b; 166–168 Abb. 172–175c; 171–174 Abb. 179a–180b).

1Kön 15,13 bezeugt für die Zeit Asas (911–871a), also kurz nach dem Bau des Salomonischen Tempels, eine Repräsentation Ascheras – als Baum oder säugendes Muttertier? – im Tempel von Jerusalem (§ 402; dort auch die Belege für das inschriftlich bezeugte »JHWH und seine Aschera«). Vom 8. Jh.a bis zur Reform des Joschija dürfte es im Jerusalemer Tempel ein anthropomorphes Bild der Aschera gegeben haben (§ 572–575.690). Aus diesem sollte aber nicht geschlossen werden, dass Aschera vorher im Tempel überhaupt nicht präsent war (so Bloch-Smith, in: B. Gittlen, Hg., Sacred Time, Sacred Place: Archaeology and the Religion of Israel, Winona Lake 2002, 90).

§ 383   Auffällig bleibt, dass im Dekorationsprogramm des 1. Tempels Symbole fehlen, die klar der Göttin zugehören. W. Zwickel hat zwar die Kesselwagen aufgrund der Darstellung auf einer sidonischen Münze des 3. Jh.p (sic!) als Astarte/Aschera-Symbol deuten wollen (UF 18, 1987, 459–461). Aber vom zeitlichen Abstand abgesehen handelt es sich bei der sidonischen Münze nicht um einen Kessel-, sondern um einen Prozessionswagen, auf dem ein Sphingenthron mit dem Betyl der Astarte transportiert wird. In der Ikonographie des 1. Tempels fehlen Tauben (vgl. dagegen die Tauben an den Ecken des zyprischen Kesselwagens von **230**), Capriden am Baum (vgl. **75**) und säugende Muttertiere (OBO 33, 1980, Keel). Man kann postulieren, alle Hinweise auf eine Göttin seien später aus der Beschreibung getilgt worden. Das ist, da

234 Das gleiche Götterpaar wie auf 76 scheint hier dargestellt zu sein, wenn die beiden hier auch die Namen Karhuha und Kubaba tragen und die Attributiere vertauscht sind; die Göttin hält einen Spiegel; Relief aus Malatya, Ostanatolien (um 900a)

235 Die gleiche Göttin (Cheba/Kubaba) wie auf **234** ist auf diesem Relief zu sehen; über der Göttin die geflügelte Sonnenscheibe; Birecik s von Karkemisch (um 900a)

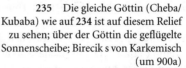

es sich in 1 Kön 6–7 um eine Beschreibung des idealen Tempels handelt, möglich, aber nicht beweisbar.

In Ex 38,8 findet sich vielleicht – ein allerdings schwer datierbarer Hinweis – darauf, dass es im Jerusalemer Tempel noch in israelit. Zeit Spuren des Chebat/Aschirat Kultes der SBZ gegeben hat (vgl. 74–76), jetzt allerdings einer stärker solarisierten Form dieser Göttin. Ex 38,8 redet von Spiegeln der Frauen, die am Eingang des Offenbarungszeltes Dienst taten. 2 Kön 23,7 redet von Frauen am Heiligtum in Jerusalem, die im Dienst der Aschera standen (vgl. § 575.605). Bei den Frauen von Ex 38,8 sind die »Spiegel« auffällig (vgl. dazu OBO 53, 1983, 58–65; Winter). Zu Beginn des 1. Jt.a wird Chebat in N-Syrien mehrmals mit einem Spiegel in der Hand dargestellt, einmal thronend mit ihrem Partner zusammen mit vertauschten Attributtieren (**234**), einmal stehend (**235**). In Ägypten gilt der Spiegel als Bild der Sonne (LÄ V 1148, Müller). Das war vielleicht auch in Anatolien der Fall. Auf eine enge Verbundenheit mit der Sonne weist jedenfalls die geflügelte Sonnenscheibe, die auf beiden Bildern über der Göttin zu sehen ist.

HEILIGTÜMER FÜR WEITERE GOTTHEITEN?

§ 384   Neben dem Tempel für den Sonnengott und seinen Beisaßen JHWH soll Salomo noch andere Kultstätten angelegt haben, so für Kemosch, den Nationalgott der Moabiter (DDD² 186–189, Müller; UF 24, 1992, 393–401, Worschech), für Milkom, den Gott der Ammoniter (DDD² 575f, Puech), für Astarte, die Göttin der Sidonier (DDD² 109–114, Wyatt) usw. (1Kön 11,5–8). Salomos Heiratspolitik hat fremdstämmige Frauen begünstigt (§ 283–287). So war die Mutter des Thronfolgers Rehabeam eine Ammoniterin. Es ist denkbar, dass er für die fremden Prinzessinnen und ihre Entourage Heiligtümer ihrer heimischen Hauptgottheiten baute oder bauen ließ. Nach Herodot II 112 gab es in Memphis in Ägypten ein Phönizierviertel mit einem Tempel der sidonischen Astarte.

5.5 SCHWÄCHEN UND ENDE DER SALOMONISCHEN HERRSCHAFT

§ 385   Das DtrG führt das Anlegen der in § 384 genannten Heiligtümer auf eine Verführung Salomos durch seine ausländischen Frauen zurück (1Kön 11,4). Es sieht in ihr den Grund dafür, dass nach dem Tode Salomos ein großer Teil seines Herrschaftsgebiets einem seiner hohen Beamten, Jerobeam, zufiel (1Kön 11,9–13). Wie später bei der Zerstörung Jerusalems soll auch beim Zerfall der davidisch-salomonischen Herrschaft der Fremdgötterkult die Ursache gewesen sein. Das ist dtr., rein theologisch inspirierte Geschichtsinterpretation. Weder die Zerstörung Jerusalems und des Tempels im Jahre 587a (vgl. dazu § 792.923) noch die Reichsteilung haben hist.-kritisch gesehen etwas mit dem Fremdgötterkult zu tun. Hauptgrund für den Zerfall der davidisch-salomonischen Herrschaft war die Unzufriedenheit der Nordstämme, deren Verhältnis zur judäisch-jerusalemischen Dynastie immer problematisch war (2Sam 16,1–14; 19,17–31.42–44; 20; vgl. § 268).

§ 386   In 1Kön 11,26–40 wird unter Verwendung älterer Materialien erzählt, wer Jerobeam war und wie er durch Berufung durch den Propheten Ahija zum Gegenspieler Salomos und Jerusalems wurde.

Die Geschichte von diesem Gegenspieler war der Anlass, nachträglich zwei alte Überlieferungen von aram. Gegenspielern Salomos einzufügen (1Kön 11,14–25). Der erste wird jetzt im masoretischen Text als Edomiter bezeichnet. Aber Hadad ist ein ganz und gar aram. Name, und es ist sehr unwahrscheinlich, dass die Edomiter in dieser Zeit schon ein Königtum hatten. Aram ist wahrscheinlich später durch Edom (beide Wörter sehen im Hebräischen außerordentlich ähnlich aus) ersetzt worden, weil die Edomiter in nachexil. Zeit eine große Bedrohung für Juda darstellten, während Aram keine Rolle mehr spielte (vgl. BN 43, 1988, 14–18, Lemaire).

§ 387   Jerobeam soll zuerst »Fronaufseher« (§ 291) Salomos für das Haus Joseph gewesen sein. Er war Efraïmiter, und die Nordstämme waren schon zu Zeiten Davids viel lockerer mit seinem Königtum verbunden (vgl. § 268) als die Region Juda, aus der David stammte und über die allein er zunächst König war. Man konnte nicht vergessen, dass David ein Königtum aus dem eigenen Haus, nämlich das Sauls und seiner Söhne, abgelöst und zerstört hatte, und die Würde, die die mittelpalästinischen Stämme einmal besessen hatten, auf Juda übergegangen war. Es ist kaum zufällig, dass der Prophet, der Jerobeams Abfall vom Hause David legitimierte, ein Prophet aus →III Schilo war (1Kön 11,29). Schilo hatte seine Stellung als vorrangiges Heiligtum an Jerusalem abgeben müssen (Miller/Hayes, Israel and Judah 230f; vgl. 1Sam 1,3.24; Jer 7,12.14; 26,6.9).

In die aitiologische Erzählung 1Kön 12,1–19 (§ 389–390) sind am Anfang und am Ende (V. 2–3a und 15b) Notizen über den ersten König des Nordreichs, Jerobeam, und den Propheten Ahija von Schilo eingefügt, der ihn zum König designiert haben soll. Die Prophetenerzählungen 1Kön 11,29–40 und 14,1–18 schildern Erwählung, Designation und Verwerfung Jerobeams durch den Propheten Ahija von Schilo. Die Erzählungen sind schwer dtr. bearbeitet. Der Grund für die Verwerfung ist wie bei Salomo typisch dtr. Der Vorwurf des Fremdgötterkults an die Adresse Jerobeams (1Kön 14,9) ist aber falsch, denn das Heiligtum von Bet-El war von Jerobeam als JHWH-Heiligtum konzipiert worden (1Kön 12,28) und der Vorwurf, ein Kultbild aufgestellt und einen Tempel neben dem Jerusalemer Tempel eingerichtet zu haben (die »Sünde Jerobeams«), sind im Hinblick auf einen Sachverhalt des 10. Jh.a anachronistisch.

Jerobeam versuchte offensichtlich noch zu Lebzeiten Salomos, ihm die Nordstämme abtrünnig zu machen. Das misslang, und so musste er nach Ägypten fliehen, wo er bei Pharao Scheschonq I. (bibl. Schischak) Asyl erhielt (1Kön 11,40). Mit Schischak muss aus chronologischen Gründen Scheschonq I., der Begründer der aus Libyen stammenden 22. Dynastie, gemeint sein. Scheschonq regierte von ca. 945–924a (vgl. § 390). Das Asyl, das Scheschonq Jerobeam gewährte, darf nicht aus dem Auge gelassen werden, wenn es darum geht, den Feldzug Scheschonqs nach Palästina zu verstehen (vgl. § 391).

Wann Salomo starb, wissen wir nicht genau. Die Schwächen seiner Politik wurden nach seinem Tode offensichtlich.

5.6 DAS JERUSALEM DAVIDS UND SALOMOS – ZUSAMMENFASSUNG

§ 388   Archäologisch steht fest, dass Jerusalem im 10. Jh.a bewohnt war. Die bedeutenden Gebäudereste, die E. Mazar auf dem Plateau unmittelbar n der »stepped structure« gefunden hat, könnten Reste der Stadterweiterung zur Zeit Davids sein. Der Fund eines Fragments eines Räucherständers zeigt einen Menschen vom Typ der Schasu-Nomaden aus dem sw Jordanien. Er kann als Hinweis für die Präsenz von Menschen aus den s Gebieten, der ursprünglichen Heimat JHWHs verstanden werden. Für eine Kontrolle weiter Teile des Landes durch Salomo sprechen archäologisch die fast identischen Stadttore von Geser, Megiddo und Hazor, die von den Vertretern der low chronology aber erst ca. 80 Jahre später, in die Zeit der Omriden, datiert werden. Im Hinblick auf eine religionsgeschichtliche Fragestellung ist die Existenz oder Nichtexistenz eines solchen »Reiches« von geringer Bedeutung. Die wichtigen Fragen sind andere.

An literarischen Quellen sind für die Zeit Davids und Salomos, vor allem für David, einige Erzählungen zu nennen, die in ihrem Grundbestand nahe an die erzählte Zeit heranreichen dürften, vor allem die »Thronfolgeerzählung« in 1Sam 9–20 und 1Kön 1–2 oder wenigstens Teile von ihr. Sie hat in ihrer literarischen Gestalt (viele direkte Reden) und in ihrem Realismus, der auch negative Vorkommnisse nicht verschweigt, einiges mit der ägypt. Wenamun-Erzählung aus dem 10. Jh.a zu tun. Die Milieuechtheit und der Realismus machen es bei beiden Erzählungen schwer festzulegen, in wessen Interesse sie eigentlich geschrieben wurden. Die Existenz des »Hauses David« ist durch eine außerbibl. Erwähnung auf einer aram. Siegesstele aus Dan aus der zweiten Hälfte des 9. Jh.a belegt.

Es ist zwar seit A. Alts berühmtem Aufsatz zum »Aufstieg Jerusalems« üblich, das vordavidische Jerusalem zu bagatellisieren. Tatsächlich dürfte Jerusalem dank seiner schwer zugänglichen Lage bis zu Beginn des 10. Jh.a als Stadtstaat mit dem, was minimal zu einer Stadtkultur gehört, weiter bestanden haben. Im Vergleich zu den winzigen Siedlungen in seiner Nachbarschaft stellte es nach wie vor einen bedeutenden Faktor dar. David hat im Gegensatz zum ersten König Israels, zu Saul, nicht als Clankönig begonnen, sondern als Bandenführer und warlord, der sich mit seinen Leuten, die nur ihm verpflichtet waren, zuerst in den Dienst südpalästin. Kleinviehzüchterclans zu stellen versuchte, dann aber als Söldner zu den Philistern ging. Beim Tode Sauls hat er sich durch einen Coup die Herrschaft über Juda verschafft und nach der Ermordung des Saulssohns Eschbaal auch die Herrschaft über die mittel- und nordpalästin. Stämme errungen. Wie er in den Besitz Jerusalems gekommen ist, bleibt unklar. Wahrscheinlich ist er den Philistern zuvorgekommen, die einen Keil zw. seine beiden Herrschaftsbereiche zu treiben versuchten. Er hat dem Hegemoniestreben der Philister Einhalt geboten, ohne allzu viel für sich selbst zu beanspruchen. Er hat jedenfalls, wie die folgende Entwicklung zeigt, die alteingesessenen Jerusalemer geschont und sie in sein Herrschaftssystem einbezogen. Neben seinen Gefolgsleuten aus seiner Bandenführerzeit wie dem Feldhauptmann Joab und dem Ladepriester Abjatar tauchen in Jerusalem der Anführer der Palastwache Benaja und der Priester Zadok auf. Die wichtigsten Traditionen, die mit David nach Jerusalem gekommen sind, waren die Weihe des Königs durch Salbung und vor allem die Verehrung des Gottes JHWH, der nach ägypt. Quellen ursprünglich im sw Jordanien bzw. nw Arabien beheimatet und ein Sturm- und Kampfgott, vielleicht auch ein Vulkangott war. Sein Bild dürfte von dem des ägypt. Seth, dem eher unheimlichen Gott der Fremde, mitgeprägt worden sein, den die Ägypter ihrerseits mit dem kanaanäischen Wettergott Baal identifiziert hatten. Die ursprünglichen Träger der JHWH-Verehrung scheinen die Schasu gewesen zu sein, eine Ethnie, die aus dem nw Arabien oder sö Jordanien stammte. Durch sie dürfte die JHWH-Verehrung in Juda Eingang gefunden haben. Der JHWH-Kult kam mittels der Lade, einem Kistenheiligtum mit einem oder zwei anikonischen Stelen, nach Jerusalem. Sie war vor allem ein Kriegspalladium, dessen Gott als »JHWH Zebaot« gefeiert wurde, als JHWH, der sich in Kampfscharen manifestiert. Ausdrücke wie »Volk JHWHs« lassen eine enge Bindung an eine Personengruppe erkennen. In Jerusalem wurde David mit der Vorstellung eines auf ewige Dauer angelegten Königtums bekannt, dessen Symbol der Thron war. Der auf ihm saß, trat in ein Sohnesverhältnis zur Hauptgottheit Jerusalems ein, einer Sonnengottheit, zu deren Umgebung u. a. Zedek, der Gott »Gerechtigkeit«, gehört haben dürfte. Der König war gleichzeitig oberster Priester. Davids Herrschaft war ein Patrimonialkönigtum im engsten Sinne des Wortes. Die Herrschaft wurde fast ausschließlich durch seine Person repräsentiert und hing ganz von ihm ab. Er hatte durch Heiraten, Bündnisse, Dienstleistungen und militärische Expeditionen in seiner Hand viele Fäden zusammenlaufen lassen. Die nur von ihm zusammengehaltenen Gruppen gerieten bei seinem Ableben in einen Konflikt auf Leben und Tod. Die Gefolgsleute der ersten Stunde, vor allem der Feldhauptmann Joab und der Priester Abjatar, versuchten, den noch in Hebron geborenen Sohn Davids, den Erstgeborenen seiner überlebenden Söhne, Adonija, zum König zu machen. Den alteingesessenen Jerusalemern gelang es aber in einem Palastcoup, den Sohn der Jerusalemerin Batseba auf den Thron zu setzen. Die Anführer der alten Gefolgsleute Davids wurden ermordet, so Joab, oder verbannt, so Abjatar. Dennoch blieben die wichtigsten Elemente der religiösen Traditionen, die mit David nach Jerusalem gekommen waren, erhalten.

Der Jerusalemer Salomo, der aus dem tödlichen Konflikt um die Nachfolge Davids als Sieger hervorgegangen war, versuchte anscheinend, die Herrschaft stärker zu strukturieren und eine elementare Administration zu schaffen. Seine Person wird im Gegensatz zu der Davids in der Überlieferung nicht greifbar. Diese schmückt ihn dafür mit den Attributen des märchenhaften Herrschers: eine bedeutende Streitwagentruppe, weit reichende Handelsbeziehungen, großer Reichtum, vor allem an Gold und Gewürzen, ein riesiger Harem mit Frauen von hohem Stand (ägypt. Königstochter) und eine international anerkannte Weisheit. Alle diese Phänomene dürften bestenfalls in Ansätzen vorhanden gewesen sein.

Salomo als Prototyp des jud. Monarchen initiierte ein zentralistisches Gebilde im Sinne der sbz Stadtstaaten, eine Art provinzielle Kopie des ägypt. Staates, der ein Surplus erwirtschaftete, das der Zentralmacht, vor allem der Hauptstadt, zugute kam. Er führte keine Kriege, da diese einem solchen Ziel in der Regel wenig dienlich sind. Besteuerung, Frondienst und Handel waren seine Mittel. Die Vertreter der Dorf- und Stammesgemeinschaften, wohl in erster Linie die der Stämme Efraïm und Manasse, aber auch die der alten Kanaanäerstädte wie Megiddo, Taanach und das altehrwürdige Sichem hatten bei diesem neuen Konzept hauptsächlich die Lasten zu tragen. Juda scheint weitgehend geschont worden zu sein (vgl. 1 Kön 4,7–19; 5,27). Diese Politik hat sich nach Salomos Tod als verfehlt erwiesen. Sie wurde von den mittel- und nordpalästinischen Stämmen als Ägyptisierung empfunden, und sie haben sich vom Jerusalem Salomos getrennt.

Während Salomos Herrschaftspolitik scheiterte, wurden seine religionspolitischen Maßnahmen in hohem Maße geschichtsträchtig, vor allem der Bau eines Tempels. Ein Tempelweihspruch ist als Zitat aus dem »Buch des Wackeren«, einer frühen Lied- und Spruchsammlung, erhalten. Die ältere und vollständigere Fassung ist in dem hebr. Text überliefert, welcher der ältesten Übersetzung der hebr. Samuel- und Königsbücher ins Griechische, der LXX, zugrunde lag. Das Tempelweihspruch-Zitat lässt, ins Hebräische zurückübersetzt, den Sonnengott sagen, Salomo solle ein Haus für ihn bauen, weil JHWH, sein Gast und Beisasse, im Gegensatz zu ihm selbst im Dunkeln wohnen wolle. Salomo baute im alten heiligen Bezirk des Sonnengottes auf dem SO-Hügel, der bis dahin offensichtlich ein Freilichtheiligtum war, ein nach Osten gerichtetes Haus für den Sonnengott. Der Sonnentempel erklärt die seit langem beobachtete und überraschende O-W-Orientierung des Jerusalemer Tempels. Er wurde wahrscheinlich mit einem leeren Thronstuhl als Symbol der Gegenwart des Sonnengottes ausgestattet. Ebenfalls von dem der LXX zugrunde liegenden hebr. Text erfahren wir, dass dieser 1. Tempel eine »Seitenkapelle« hatte, in der das Symbol der Gegenwart JHWHs, die Lade, ihre Aufstellung fand. Im Laufe der Zeit ist JHWH im

Sinne eines integrativen Gottesverständnisses mit dem Sonnengott Schemesch identifiziert worden, wie z. B. die Sodomgeschichte zeigt. Der Thronstuhl wurde durch einen Kerubenthron ersetzt, die Lade als Schemel unter diesen gestellt und die »Seitenkapelle« geschlossen oder abgerissen. Wann diese Entwicklung stattfand, ist nicht mit Sicherheit zu sagen. Die Ausstattung des Tempels enthielt viele Hinweise auf den Sonnengott als Hauptbewohner, so z. B. die beiden Säulen mit ihren Lotoskapitellen am Eingang oder die Lotosform des »Ehernen Meeres«. Hinweise auf den Kampf- und Sturmgott wurden, wie etwa die Stiere, die das »Eherne Meer« trugen, schon im 8. Jh.a beseitigt.

Nach Salomos Tod war Jerusalem eine gut organisierte Stadt, der nur ein kleines Territorium blieb, die aber eine gefestigte Dynastie besaß und vor allem ein Heiligtum mit einem großen Potenzial. Im Gott, der da verehrt wurde, waren die zwei wichtigsten Gotteserfahrungen und Theologien des Nahen Ostens vom Ende des 2. Jt.a kombiniert: die Sonnengott-Theologie, die in Jerusalem ihrerseits ägyptische und vorderasiatische Elemente aufgenommen hatte, und die Sturmgott-Theologie, die in Jerusalem ebenfalls Elemente aus einer Reihe göttlicher Gestalten vereinigte, so die des Sturm-, Vulkan- und Kriegsgottes JHWH aus dem nw Arabien, des ägypt. Seth und des vorderasiatischen Wettergottes. Die beiden in der Korrespondenz zw. Ramses II. und Chattuschili III. immer wieder getrennt genannten Systeme des ägypt. Sonnengottes mit den 1000 Gottheiten Ägyptens und des vorderasiatischen Wettergottes mit den 1000 Gottheiten Vorderasiens sind beim Tode Salomos im Tempel von Jerusalem einträchtig vereint und bilden die Grundlage für eine Gotteserfahrung und -vorstellung, die verschiedenste Phänomene und Ereignisse auf eine einzige Gottheit zurückzuführen in der Lage war, die so das Format besaß, als einzige anerkannt zu werden.

6. JERUSALEM IN KONKURRENZ ZUM NORDREICH (ca. 930–725a)

6.1 CHRONOLOGIE DER KÖNIGE JUDAS UND ISRAELS

§ 389   Mit dem Nachfolger bzw. mit den Nachfolgern Salomos, mit Rehabeam und Jerobeam I., setzen genaue chronologische Angaben ein, in der Regel zum Alter, in dem der jud. Thronanwärter König wurde, und wie lange er regiert hat (1Kön 14,21). Mit dem Nachfolger Rehabeams, Abija, wird zum ersten Mal ein Synchronismus mit dem Nordreich genannt: »Im 18. Jahr des Königs Jerobeam …« (1Kön 15,1). Diese aus alten Listen gewonnenen Angaben ermöglichen, ab Rehabeam eine genaue Datierung der jud. und israelit. Könige. Allerdings gibt es zahlreiche (kleine) Probleme, die zu kleineren Ungenauigkeiten und unzähligen Lösungsversuchen Anlass gegeben haben und ständig geben. Man sollte diese kleinen Unstimmigkeiten nicht dazu benützen, gleich den Bankrott der Wissenschaft zu erklären. Die Ursache dieser Probleme sind Unsicherheiten bezüglich des zu bevorzugenden Textes (hebr. Text der M oder griech. der LXX) und der verwendeten Berechnungsgrundlagen. Wurde ein Kalender mit Jahresbeginn im Herbst oder im Frühjahr benützt? Wurden nicht vollständige Jahre einer Herrschaft gezählt oder nicht? Gab es Koregentschaften, und wenn ja (vgl. z.B. 2Kön 15,1f.5.7.32f.38), wie wurden sie in die Rechnung einbezogen? Wie hielt man es, wenn eine Zeit lang rivalisierende Könige herrschten (1Kön 16,21f.23.28)? Wurden verfemte Herrschaften, wie etwa die Ataljas, ignoriert etc. (GAT IV/1, 257–260, Donner; SHCANE 9, 1996, 1–11, Galil; ThZ 55, 1999, 44–46, Na'aman = CE III 256–258)?

Zu den innerbibl. Angaben kommen Synchronismen mit außerbibl. bezeugten Ereignissen. Bei allen Schwierigkeiten im einzelnen muss anerkannt werden, dass wir ab Rehabeam solide hist. Elemente für die Rekonstruktion der Geschichte Jerusalems und Judas besitzen, deren Existenz ohne minimale schriftliche Überlieferung nicht denkbar ist. Wie sollte man in nachexil. Zeit, vier Jahrhunderte später, ohne schriftliche Überlieferung gewusst haben, dass im 10. Jh.a in Juda so unbedeutende Könige wie Rehabeam, Abija und Asa regierten und Scheschonq I. einen Feldzug unternahm (vgl. § 166–178)? Man kann zwar behaupten, Rehabeam, Asa und Abija hätte es nie gegeben und sie seien samt ihren Jahreszahlen in nachexil. Zeit erfunden worden; aber abgesehen davon, dass dann erklärt werden müsste, wozu man solche Namen und Daten erfunden hat, ist der in 1Kön 14,25–28 erwähnte Feldzug Scheschonqs auch außerbibl. bezeugt (§ 390f).

Angesichts der Daten-Lücken und der Unsicherheiten bei der Interpretation der vorhandenen Elemente wird es ohne neue Quellen unmöglich bleiben, *die* Chronologie der israelit.-jud. Könige aufzustellen. M.Ch. Tetley (The Reconstructed Chronology of the Divided Kingdom, Winona Lake 2005) hat es dennoch versucht, indem sie systematisch die älteren, hauptsächlich im LXX-Text von 1–2Kön vorliegenden Daten auswertete ohne Rücksicht auf Synchronismen mit außerbibl. Quellen. Sie kam dabei zu überraschenden Ergebnissen. Rehabeams 5. Jahr (Einfall Scheschonqs I.) datiert sie ins Jahr 977a statt wie aufgrund ägypt. Quellen üblich um 925a, die Schlacht bei

Qarqar 897a statt wie aufgrund assyr. Quellen 853a usw. Sie wird dabei zu Recht kaum Gefolgschaft finden. Methodischer Puritanismus mit dem Ziel, *die* Chronologie der Könige von Israel und Juda zu etablieren, ist angesichts der Quellenlage zum Scheitern verurteilt. Die bibl. Angaben und Synchronismen mit außerbibl. Ereignissen erlauben in der Regel eine auf wenige Jahre genaue Datierung der einzelnen Regentschaften (vgl. z. B. die in OLB I 525–571 verwendete Chronologie mit der von R. Liwak, in: W. Eder/J. Renger, Hg., Herrscherchronologien der antiken Welt. Namen, Daten, Dynastien, Der Neue Pauly. Supplemente I, Darmstadt 2004, 55–57). Der Kohärenz zuliebe wird hier, von begründeten Ausnahmen abgesehen, die Chronologie von OLB I verwendet.

Die Aufzeichnungen der Könige von Juda, die es spätestens ab Rehabeam gab, haben nicht nur die Regierungsjahre, den Namen der Mutter des jeweiligen Königs und ähnliche rudimentäre Daten enthalten, sondern viel mehr. Aus diesen Angaben hat das DtrG nur sehr wenige solche ausgewählt und tradiert, die es, wie z. B. Angaben über Fremdgötterkulte oder Kooperation oder Nichtkooperation mit anderen Herrschern bes. interessierte.

6.2 REHABEAM UND DER SCHESCHONQ-FELDZUG

§ 390   Aus der Regierungszeit Rehabeams haben wir den ersten außerbibl. Synchronismus, und zwar mit der ägypt. Chronologie (vgl. dazu A.J. Shortland, Shishak, King of Egypt, in: Th.E. Levy/Th. Higham, Hg., The Bible and Radiocarbon Dating, London/Oakville 2005, 43–54). Bei der gibt es zw. Ramses II. (1279–1213a) und dem Regierungsantritt Psammetichs I. (664a) nach wie vor keine auf das Jahr genaue zweifelsfrei abgesicherte Daten (OBO 170, 1999, 120f, Schipper). So kann es nicht verwundern, dass sich beim Synchronismus Rehabeam – Scheschonq kleine Probleme ergeben. Scheschonq I., bibl. Schischak, der Begründer der 22. sog. libyschen Dynastie, versuchte offenbar, das ägypt. Herrschaftsgebiet wieder auf Nubien und Palästina auszudehnen, wie das in der SBZ der Fall gewesen war. Nach atl. Überlieferung fand die Expedition Scheschonqs im 5. Jahr Rehabeams statt (1Kön 14,25–28; 2Chr 12,9–12; vgl. 2Chr 12,2–8). Die Ägyptologen datieren die Regierungszeit Scheschonqs in der Regel zw. 945–924a. Wenn man den Tod Salomos um 930a ansetzt, fand der Feldzug im 5. Jahr Rehabeams ein Jahr vor Scheschonqs Tod statt. Nimmt man aber ein späteres Todesjahr Salomos an, etwa 925a, hätte der Feldzug im 1. Jahr Rehabeams oder gar noch während der Regierungszeit Salomos stattgefunden. Im 5. Jahr Rehabeams war nach einer Reihe von Rekonstruktionsversuchen der absoluten Daten der Könige von Juda Scheschonq bereits tot (vgl. G. Garbini, History and Ideology in Ancient Israel, New York 1988, 29f; Studia Phoenicia 11, 1991, 181f, Knauf; Naʾaman, in: SHCANE 11, 1997, 59f, Handy = Naʾaman, CE III 80–82; Knauf und Niemann, in: SHCANE 11, 1997, 93–95 und 296–299, Handy; vgl. dazu OLZ 95, 2000, 427, Schipper). Selbst wenn man eine Chronologie wählt, die Salomo schon 932a sterben lässt, wird es schwierig, da Scheschonq seinen Feldzug in diesem Fall ca. 927a, drei Jahre vor dem Ende seiner langen Regierungszeit, hätte unternehmen müssen. Unmöglich ist das nicht, da das entsprechende ägypt. Denkmal erst kurz vor oder nach dem Tode Scheschonqs im Jahr 924a geschaffen wurde. Das Problem ist dennoch ohne Änderungen in der traditionellen Chronologie der jud. Könige nicht zu lösen (vgl. zu solchen Versuchen GAT IV/2, 321 Anm. 14, Donner), da die Annalennotiz vom 5. Jahr Rehabeams kaum erfunden ist (N. Na'aman mündlich; vgl. auch BiOr 58, 2001, 382, Kitchen; JSOT 93, 2001, 3–12, Kitchen; FAT 2. Reihe 9, 2005, 75–96, Wilson; kritisch JSOT 93, 2001, 13–15, Clancy). Den Feldzug mit I. Finkelstein aufgrund einer dtr. »retribution theology« aus der Zeit Salomos in die Rehabeams zu versetzen (ZDPV 118, 2002, 113), ist wenig sinnvoll. Es ist ja Salomo, der zu fremden Göttern abgefallen ist (1Kön 11,1–8) und eine tüchtige Bestrafung – nicht nur die Ankündigung einer solchen (1Kön 11,9–13) – verdient hätte. Das DtrG hat in 1Kön 11,14–40 alles versammelt, was es an Angaben über Feinde Salomos finden konnte, um ihn für seinen Abfall zu bestrafen. Ein Überfall Scheschonqs hätte dieser Bestrafung zusätzliches Gewicht gegeben.

Scheschonq I. hat seinem Palästinafeldzug bzw. seinen Palästinafeldzügen am sog. Bubastidenportal in Karnak unter Benützung eines uralten Ikons ein Denkmal gesetzt (→ I **147**), das aus seinem 21. Jahr, d.h. aus dem Jahr 924a stammt (→ I 392; OIP 74, 1954, Pl. I–VI, Hughes/Nims et al.; vgl. GAT IV/2, 274 Anm. 56 Lit. zur Scheschonq-Liste, Donner; Niemann, in: SHCANE 11, 1997, 296, Handy; TUAT.NF II 246–271, bes. 260 Lit., Moers; zu dem von Lepsius nach Berlin gebrachten Fragment der Nr. 105–108 vgl. ErIs 15, 1981, 137–139, Giveon; zu einer allerdings sehr schlecht erhaltenen Paralleldarstellung am Amun-Tempel in der Oase El-Hibe vgl. SAÄK 9, 1981, 105–117 und Taf. 2, Feucht). Das Denkmal zeigt den Staatsgott Amun und die Schutzgöttin von Theben, die ihm seine Feinde dingfest machen (vgl. BN 49, 1989, 11f, Jansen-Winkeln), die er dann zum Dank dafür vor ihnen erschlägt (vgl. **112**). Dieses Bild wird durch eine Liste ergänzt, welche die von Scheschonq eroberten Städte nennen soll. Die Liste besteht aus fünf kurzen Zeilen zu 13 Namen und fünf längeren zu 17. In beiden Abschnitten sind Teile zerstört. Der zweite Teil mit den fünf längeren Zeilen ist schwer zu deuten. Die fünf oberen Zeilen beginnen mit den neun traditionellen Feindvölkern (Bogenvölkern). Der zehnte scheint ein generischer Name für Asiaten zu sein. Es folgen Orte der Küstenebene und Mittelpalästinas. Nr. 27 der Scheschonq-Liste ⑤ ist Megiddo. In Megiddo wurde das Fragment einer Stele Scheschonqs gefunden (**236**).

B. Mazar hat aus den Namen der Liste eine mögliche Expeditionsroute zusammengestellt (Early Biblical Period 139–150), die von K.A. Kitchen modifiziert worden ist (Third Intermediate Period 293–300.432–447; **243**; vgl. auch TA 19, 1992, 79–86, Na'aman = CE III 126–133). Vielleicht stellt die Route das Resultat verschiedener Expeditionen dar, die alle in Megiddo endeten, dem Zentrum der neu etablierten Provinz (BN 107/108, 2001, 31, Knauf). I. Finkelstein begnügt sich damit, ein paar Schwerpunkte der Expedition festzumachen: Zerstörung des Handelszentrums von → II Chirbet el-Mschasch = Tel Masos; Aufbau der Philisterstädte → II Aschdod und → II Gat auf Kosten → II Ekrons; in der → III Jesreëlebene ebnete Scheschonq den Weg für eine spätere israelit. Expansion und in der Gegend von → III Gibeon die Expansion Jerusalems nach N. Die Expedition beendete die Verhältnisse, die in der EZ I bestimmend waren und schuf die Voraussetzungen für jene, die in der EZ II maßgebend wurden (ZDPV 118, 2002, 109–135, bes. 129).

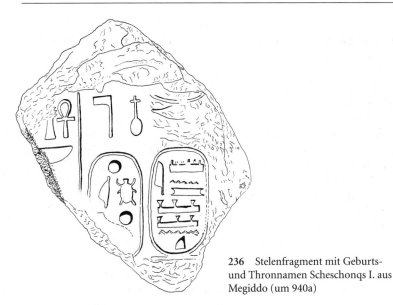

236 Stelenfragment mit Geburts-
und Thronnamen Scheschonqs I. aus
Megiddo (um 940a)

§ 391 K.A. Wilson bestreitet aufgrund des Charakters der ägypt. topographischen Listen die Möglichkeit, mit ihrer Hilfe den Verlauf von Expeditionen rekonstruieren zu können. Wir seien diesbezüglich auf das Stelenfragment aus Megiddo (**236**) und die Angaben der Bibel angewiesen. Die Verschonung Jerusalems, die mit Verweis auf die topographische Liste häufig vertreten wird, läßt er nicht gelten. Er vertritt die Ansicht, Scheschonq habe Jerobeam Asyl gewährt, weil er kein Interesse an einem starken Herrschaftsgebilde wie dem von David und Salomo gehabt habe. Scheschonq habe Jerobeam ermutigt, den Einflussbereich Davids-Salomos zu spalten. Als Gegengabe für das ihm gewährte Asyl und seine Unterstützung habe er eine Anerkennung der Oberhoheit Ägyptens verlangt, die durch die Stele in Megiddo belegt sei. Die topographische Liste würde so, wenn überhaupt etwas, die Orte bezeichnen, die unter lockere ägypt. Oberhoheit gekommen seien. Da Jerusalem mit militärischer Gewalt versucht habe, die mittel- und nordpalästinischen Stämme wieder unter Kontrolle zu bekommen, habe Scheschonq Jerusalem angreifen lassen.

1Kön 14,25f weiß aber nichts von irgendwelchen Angriffen auf Jerusalem, sondern sagt lapidar, Scheschonq sei gegen Jerusalem gezogen und habe die Schätze des Palastes, u.a. die goldenen Schilde des Libanonwaldhauses und die des Tempels, »genommen« (der hebr. Text braucht dreimal *laqaḥ*). Sie sind wohl als Geschenk und Tribut (vgl. § 206; **107–108**) an Scheschonq zu verstehen.

Neben der topographischen Liste und den bibl. Aussagen muss auch die Archäologie berücksichtigt werden, was K.A. Wilson nicht macht. Sie scheint zu bestätigen, dass zahlreiche der in der Liste genannten israelit. Orte im letzten Drittel des 10. Jh.a zerstört worden sind, während die jud. Siedlungen davon verschont blieben (vgl. zum archäolog. Befund VT.S 80, 2000, 116, Halpern; ZDPV 118, 2002, 111–113.122–129, Finkelstein). Vielleicht hat Jerobeam, nachdem er aus dem ägypt. Exil zurück König von Israel geworden war, sich nicht, wie versprochen, als Vasall Scheschonqs verstan-

den, sondern die Befreiung von Ägypten propagiert (vgl. § 399), wofür ihn Scheschonq bestraft hat (so auch TUAT.NF II 259, Moers). Die Scheschonq-Stele in Megiddo (236) ist als Siegesdenkmal zu verstehen.

Die Verschonung bzw. die Nicht-Erwähnung Jerusalems in der Liste erklärt sich am
besten mit der bibl. Notiz, dass Jerusalem sich freigekauft, d.h. die Oberhoheit Scheschonqs anerkannt habe. Das heißt auch, dass Jerusalem schon damals über einen
reichen Tempel- und Palastschatz verfügt haben muss. Nach Jos 6,24 wurden – stark
anachronistisch – bereits bei der Eroberung von Jericho die erbeuteten Metalle Silber,
Gold, Bronze und Eisen dem Schatz des Hauses JHWHs übergeben. Freikäufe, wie
der hier vermutete, sind in der Folge jedenfalls ein Charakteristikum Jerusalems (vgl.
§ 401.414.430.554). Immer wieder, wenn die Städte Palästinas eine um die andere
zerstört wurden, hat Jerusalem sich freigekauft. Besonders folgenreich wurde gut
200 Jahre später der Freikauf von einer Zerstörung durch den Assyrerkönig Sanherib,
der Jerusalems Ruf als einer von Gott behüteten Stadt mächtigen Auftrieb gab und
seinen Bewohnern und Bewohnerinnen ein Selbstbewußtsein verlieh, das der Stadt
dann zum Verhängnis wurde.

T.E. Mullen hält diese Freikäufe mittels des Tempel- und Palastschatzes weitgehend
für Fiktionen im Dienste einer dtr. Vergeltungstheologie (CBQ 54, 1992, 231–248).
Für den Sanherib-Feldzug lässt sich diese These nicht halten. Der Freikauf ist da auch
außerbibl. bezeugt. Sie ist auch sonst unwahrscheinlich. Dennoch hat I. Finkelstein
sie für den Scheschonq-Feldzug übernommen. Juda und Jerusalem seien im 10. Jh.a
mit ihrer ärmlichen materiellen Kultur nicht in der Lage gewesen sich freizukaufen
(ZDPV 118, 2002, 112). Er hat dann allerdings Mühe, die Verschonung Jerusalems
und Judas zu erklären, von der auch er ausgeht. Finkelstein spekuliert sehr freihändig, eine starke »entity« (Gibeon) habe das »Scheichtum« von Jerusalem bedroht.
Diese Bedrohung habe einen »deal« zw. Scheschonq und Jerusalem angeregt. Der
Pharao habe Gibeon zerstört, das Territorium Jerusalem übergeben und Jerusalem
habe dafür die ägypt. Vasallität akzeptieren müssen (ebd. 124). Damit gibt er die
These, der Freikauf sei Fiktion, *de facto* wieder auf, denn eine der wichtigsten, wenn
nicht die wichtigste Aufgabe eines Vasallen waren Tributzahlungen. Wenn Jerusalem
das absolut unbedeutende Scheichtum war, als das es Finkelstein darstellt, versteht
man überhaupt nicht, welches Interesse Scheschonq haben konnte, mit ihm einen
»deal« zu machen. Am wahrscheinlichsten bleibt die Annahme, Jerusalem habe sich
unterworfen, Tribut bezahlt und sei so nicht weiter belästigt worden.

Für eine Anerkennung Scheschonqs durch Jerusalem sprechen auch archäologisch-
ikonographische Zeugnisse. Diese sind nicht, wie in Megiddo (236), wo der Sieger ein
Denkmal aufstellte, vom Eroberer aufgezwungen, sondern von Einheimischen als
Zeichen ihrer Loyalität geschaffen worden. In der typisch jud. Gruppe der Knochensiegel, deren Produktionsschwerpunkt im 9. Jh.a lag, die aber ans Ende des 10. zurückreichen können, findet sich eine Reihe von Motiven, die typisch sind für die
ägypt. Königsideologie und ihren Repräsentanten Scheschonq (OBO 110, 1991,
75–78, Keel-Leu; GGG 320–311 und bes. den Nachtrag auf S. 536; OBO.A 10, 1995,
§ 139–142, Keel). Zu diesen gehört z.B. ein Verehrer vor einer Kartusche resp. vereinfacht vor einem Oval. Das Motiv war in der 19. Dyn. häufig auf rechteckigen Platten
mit dem Namen Ramses II. zu finden (OBO 174, 2000, 321f Nr. 126–136, Spieser).
Auf den jud. Knochensiegeln wird es in schematisierter Form wieder aufgegriffen

237–239   Judäische Knochensiegel vom Tell el-Farʿa-Süd, aus Lachisch und Geser, die als Ersatz für eine Königskartusche ein Oval mit Pseudohieroglyphen zeigen, das mit einem Verehrer, bzw. mit einem Falken mit gespreizten Flügeln, bzw. mit einer geflügelten Sonnenscheibe mit Uräen kombiniert ist (um 900a)

(237; GGG 302f). Nebst dem Verehrer erscheint ein Horusfalke mit gespreizten Schwingen zusammen mit dem Oval (238) oder eine geflügelte Sonnenscheibe (239). Gelegentlich ist das Oval auch mit einem Ziegen- oder Steinbock kombiniert (240). Einen Bock allein, zeigt ein Knochensiegel, das 2006 in der Ausgrabung von R. Reich und E. Shukron in Jerusalem neben der Gihonquelle gefunden worden ist (240a). Manchmal stehen zwei Ovale nebeneinander, so auf zwei Knochensiegeln, die in Jerusalem gefunden worden sind, das eine während der Kenyon-Grabung auf dem SO-Hügel (241), das andere bei der Grabung von R. Reich an der Mamillastr. Grab Nr. 5. Zwei Kartuschen oder Ovale nebeneinander mit weiteren Hieroglyphen dazwischen sind typisch für Scheschonq I. (F.S. Matouk, Corpus du scarabée égyptien I. Les scarabées royaux, Beyrouth 1971, 220 Nos. 781–783). Auf einigen der jud. Knochensiegel trägt das verehrte Oval Zeichen, die als Reste des Namens Scheschonq (*šššnq*)

240–240a   Judäische Knochensiegel, von denen eines ungewöhnlicherweise weit außerhalb Judäas, nämlich in → III Dan, das andere in Jerusalem gefunden worden ist. Angesichts der auf Knochensiegeln dominierenden Königsmetaphorik ist »Bock« von der übertragenen Bedeutung von *ʾajil* »Widder« und *ʿattud* »Ziegenbock« her als Bild für einen »Gewalthaber« zu interpretieren (um 900a)

241 Knochensiegel aus Jerusalem mit zwei Kartuschen, wie sie häufig auf Skarabäen Scheschonqs I. gefunden werden (um 900a)

242 Knochensiegel vom Tell el-Farʿa-Süd mit Verehrer vor Oval. Wie bei **240** weisen die Hioeroglyphen in der Kartusche eine gewisse Ähnlichkeit mit denen des Namens Scheschonq auf (um 900a)

verstanden werden müssen, so auf einem Knochensiegel vom Tell el-Farʿa-Süd (**242**) und bes. deutlich auf **240**. Die Siegel zeigen, welchen Eindruck der Vorstoß Scheschonqs in Judäa gemacht hat. Noch 200 Jahre später, zur Zeit Jesajas, war der Glaube, Ägypten stelle eine Großmacht dar, die unter veränderten Umständen eine echte Alternative zu Assyrien sei, weit verbreitet.

6.3 DER VERLUST DES EINFLUSSGEBIETS SALOMOS

QUELLEN

§ 392 Welche Rolle auch immer Scheschonq gespielt haben mag, für die bibl. Überlieferung waren nicht äußere Einwirkungen, sondern interne Probleme für den Zerfall des einheitlichen Herrschaftsgebiets verantwortlich. Für die Zeit unmittelbar nach Salomon resp. für die Rekonstruktion des Zerfalls stehen folgende Quellen von sehr unterschiedlichem Wert zu Verfügung: »1. ein novellistisches Geschichtswerk über die Auflösung der Personalunion zw. Juda und Israel (1Kön 12,1–19); 2. z.T. aus den Regierungsannalen stammende, dtr. verarbeitete Mitteilungen über Politik und Religion zur Zeit Jerobeams und Rehabeams (1Kön 12,25–33; 14,19–31); 3. dtr. überarbeitete Prophetenerzählungen (1Kön 11,29–40; 12,21–24; 14,1–18)« (GAT IV/2, 263, Donner). Wie oben erwähnt (§ 272), ist 1Kön 12 eng mit der Salomo-Überlieferung verbunden. Die Geschichtserzählung 1Kön 12,1–19 erinnert im Stil an die Thronfolgeerzählung.

DER ABFALL DER MITTEL- UND NORDPALÄSTINISCHEN STÄMME UNTER JEROBEAM I.

§ 393 Auf Salomo folgte sein ältester Sohn auf den Thron, Rehabeam (1Kön 11,43; 14,21). In Jerusalem und Juda scheint dieser Übergang ohne Probleme erfolgt zu sein. Die Vorteile eines stärker zentralistisch konzipierten Herrschaftsgebildes, dessen An-

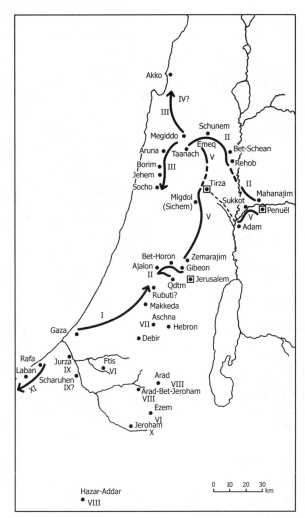

243 Die wahrscheinliche
Route des Palästinafeldzugs
Scheschonqs I. nach
K.A. Kitchen; die röm. Zahlen
bezeichnen die Zeilen der
Scheschonq-Inschrift in Karnak

fänge die Überlieferung mit Salomo verbindet, konzentrierten sich in Jerusalem.
Das Problem Zentrum-Peripherie war akut (§ 8–14). 1Kön 12,1–19 erzählt, die
Ältesten Israels hätten den Erben, Rehabeam, eingeladen, in das alte Zentrum im
Norden zu kommen, nach →III Sichem (vgl. schon § 119), wahrscheinlich um mit
ihm einen Vertrag zu schließen, so wie die Nordstämme beim Herrschaftsantritt
Davids in Hebron einen Vertrag ausgehandelt hatten (2Sam 5,1–3). Die Geschichte
erzählt weiter, der in der Arroganz der Macht aufgewachsene Erbe habe die Lage
falsch eingeschätzt. Er habe die Mahnung seiner älteren Umgebung, Zurückhaltung
zu üben, abgelehnt (§ 306). Er habe auf die in der gleichen städtischen und höfischen Arroganz aufgewachsenen Altersgenossen gehört und auf harte Unnachgie-
bigkeit gesetzt:»Mein Vater hat euer Joch schwer gemacht, ich werde es noch schwe-

rer machen. Mein Vater hat euch mit Peitschen gezüchtigt, ich werde euch mit Skorpionen züchtigen« (1Kön 12,14). Darauf hin sei es zum Abfall gekommen. Soweit die Erzählung.

Es ist aber eher unwahrscheinlich, dass die Nordstämme solche Verhandlungen, die ja schon bei der Nachfolge Salomos nicht geführt worden sind (§ 269), angeboten haben und noch unwahrscheinlicher, dass Rehabeam selbst nach Sichem gegangen ist. Wahrscheinlicher ist, dass unter dem Einfluss Jerobeams die Bereitschaft zum Abfall, der bereits zur Zeit Davids vom Benjaminiten Scheba einmal proklamiert worden war (§ 268), in Israel wieder laut geworden ist: »Welchen Anteil haben wir an David? Wir haben keinen Erbbesitz beim Sohne Isais! In deine Zelte Israel! Jetzt kümmere dich um *dein* Haus, David!« (vgl. 2Sam 20,1 mit 1Kön 12,16). Die stark literarische Gestaltung des Zusammenstoßes zw. Rehabeam und den Nordstämmen ist nicht zu übersehen (Redford, Egypt, Canaan and Israel 315; ZAW 112, 2000, 210–229, Becker). Bei aller dramatisch-narrativen Inszenierung dürfte die Erzählung das Grundproblem aber richtig erkannt haben. Tatsache ist, dass nach dem Tode Salomos die institutionelle Trennung des s Juda vom n Israel erfolgte. Die beiden waren nach dem Tode Sauls, des Königs von Israel, von David zu einer wie locker auch immer gearteten Einheit verbunden worden. Salomo scheint diese Verbindung administrativ gefestigt zu haben. Unter dem Nachfolger Salomos, unter Rehabeam zerbrach sie. Der Prophet Jesaja von Jerusalem spricht rund 200 Jahre später undramatisch vom »Tag des Weggehens/Abfallens Efraïms von Juda« (*jom sur-'æfrajim me'al jᵉhudah*), wertet den Vorgang aber als gravierend (Jes 7,17). Dem hist. Verlauf am nächsten dürfte die Schilderung in 1Kön 11,26–28 und 40 kommen. Sie stellt Jerobeam, einen Vertrauensmann Salomos, in den Mittelpunkt, der sich mit ihm überworfen hat und der vor dessen Nachstellungen in Ägypten, wahrscheinlich bei Pharao Scheschonq, Schutz gesucht und gefunden hat. Schon vor oder spätestens nach dem Abfall der Nordstämme kam er zurück und wurde König (vgl. § 385–387).

JUDA UND DAS NORDREICH ISRAEL

§ 394   Die beiden Herrschaftsgebiete, die durch den Abfall der Nordstämme vom Hause Davids entstanden, waren von sehr ungleicher Art (vgl. ErIs 26, 1999, 132–141, Finkelstein; NEA 62, 1999, 35–52, Finkelstein). Sie unterschieden sich sowohl durch geographische wie durch kulturelle Eigenheiten (TA 26, 1999, 253–270, Yezerski). Selbst die kulturellen Unterschiede reichen weit in die Bronzezeit zurück. Sie zeigten sich u.a. in der Feindschaft zw. → III Sichem und Jerusalem in der Amarnazeit (§ 119). Die beiden Gebiete waren unter David und Salomo nur locker – und wie sich schnell zeigte – wenig nachhaltig vereint. Sie waren von ungleicher Größe und Wirtschaftskraft.

§ 395   Israel war etwa viermal so groß wie Juda. Es umfasste nebst dem mittelpalästin. Bergland Teile der n Küstenebene, die Zwischenebene von Jesreel mit den alten kanaanäischen Städten (Megiddo, Taanach, Bet-Schean), Galiläa und große Teile des Ostjordanlandes (Gilead, Moab). Juda war im Wesentlichen auf das jud. Bergland, die Schefela und Teile des Negev beschränkt. Aber der Unterschied war nicht nur quantitativer Art, er war auch qualitativ. Das Nordreich war vielfältig gegliedert und umfasste streng ländliche (israelit.) und vorwiegend städtische (kanaanäische) Siedlungsgebiete. Diese grenzten zudem an die Gebiete der aufstrebenden Phönizierstädte. Durch die Kontrolle von Teilen der Küsten- und der Königsstr. war das Nordreich darüber hinaus eng mit den internationalen Geschehnissen verbunden; es wurde deshalb schon unter den Omriden im frühen 9. Jh.a ein voll entwickelter Staat. Juda umfasste ein viel kompakteres und abgeschlosseneres Territorium und blieb im Grunde auch in der EZ ein sbz Stadtstaat, der stets bereit blieb, sich einem großen Oberherrn wie Pharao Scheschonq durch Tributzahlung zu unterwerfen. Der Gegensatz zw. der Stadt und dem von dieser beherrschten ländlichen Territorium war ein traditioneller Zug dieser Stadtstaaten. Jerusalem verfügte länger als der N über keine voll entwickelte, territorialstaatliche Administration, dafür bereits unter Rehabeam über eine feste dynastische Tradition.

§ 396   Im Nordreich spielten zusätzlich zur geographisch bedingten Verletzlichkeit von außen Faktoren innerer Instabilität eine Rolle. Ein solcher Faktor waren z. B. prophetische Kreise, die in der Tradition Samuels ein Designationsrecht beanspruchten (1Kön 11,29–32; 2Kön 9,1–15). Dieses begünstigte Aufstände und Königsmorde. Von den 19 Königen des Nordreiches von Jerobeam I. bis Hoschea (926–723a) wurden sieben ermordet. Es war zu spät, als der Prophet Hoschea gegen Ende dieser Periode die von Propheten angestiftete Ermordung der Omriden-Dynastie scharf verurteilte (Hos 1,4), zumal auch er nicht viel vom Königtum hielt, so wie er es in seiner Zeit kennen lernte (Hos 7,3–7; ATD XXIV/1, 1983, 31f, Jeremias). Von den ebenfalls 19 jud. Königen, die Königin Atalja miteingerechnet, sind nur vier durch Palastrevolten ums Leben gekommen. Dabei hat das »Volk des Landes«, der Landadel (ʿam haʾæræṣ), jedes Mal dafür gesorgt, dass die Dynastie erhalten blieb (2Kön 11,20; 21,24; vgl. auch 14,21; zu der in Juda stärkeren dynastischen Bindung vgl. § 230f). Zur Stabilität der Dynastie dürfte auch die enge Verbindung von Tempel und Palast beigetragen haben (vgl. § 294–297).

DER JHWH-STIER-KULT DES NORDREICHS IN BET-EL

§ 397   Das DtrG interessiert an der Herrschaft Jerobeams vor allem »*die* Sünde Jerobeams« (FRLANT 93, 1967, Debus). Diese bezeichnet damit die Tatsache, dass Jerobeam I. das alte Heiligtum von Bet-El zum Staatsheiligtum des neuen Herrschaftsgebildes gemacht hat. Für die Geschichte Jerusalems interessant ist, dass das von Jerobeam geschaffene, abtrünnige Teilreich sich veranlasst sah, kultische Maßnahmen zu ergreifen (1Kön 12,26–33). So wie es der Text darstellt, waren diese in erster Linie gegen Jerusalem gerichtet, von dem offensichtlich angenommen wurde, dass es als Kultort bereits eine gewisse Attraktivität auch für die Leute aus dem Norden besaß (§ 651). Vielleicht ging es bei Jerobeams Maßnahmen ganz einfach darum, das Reich mit einem notwendigerweise dazugehörigen Heiligtum auszustatten. Jerobeam besaß ja nicht eine als Zentrum etablierte Stadt mit einem alten anerkannten Heiligtum als Residenz. Mit Bet-El konnte er auf ein altehrwürdiges, in die JHWH-Religion integriertes Heiligtum zurückgreifen (vgl. Gen 12,8; 28,18–22; 35,1–15; § 393).

§ 398   K. Koenen hat, soweit das möglich ist, plausibel gemacht, dass Bet-El tatsächlich ein Staatsheiligtum des Königreiches Israel war und im Zentrum des Kults eine von Jerobeam aufgestellte Stierskulptur stand, die als bildliche Darstellung JHWHs und nicht wie die spätere Polemik das sah als Bild Baals (Tob 1,5) verstanden wurde. In diesem Bild war JHWH als der Gott präsent, der Israel aus Ägypten geführt hatte. Das war der Kern der Theologie von Bet-El (OBO 192, 2003, 38–59.95–140–180). Die Exodustradition ist spätestens nach der Zerstörung des Nordreiches von Jerusalem übernommen worden. Das mit diesem Heiligtum verbundene Stierbild war mindestens dem Konzept nach nicht neu. Stierbilder hatten ihre Blütezeit in der MB und SB, wurden vereinzelt aber auch noch in der Frühen EZ hergestellt (**95**). Die Wahl des Stierbilds dürfte durch die Identifikation JHWHs weniger mit El als mit Baal begünstigt worden sein (§ 248.381). Sie ist in der Namengebung der Familie Sauls zu fassen. Während Jonatan das theophore Element Jo = JHWH enthält und Abiël das Element El, sind die Namen der Saulssöhne Eschbaal und Merib-Baal mit Baal gebildet (1Sam 9,1; 14,49–51; 2Sam 4,4; 21,8; 28,10 usw.). Angesichts der Konzentration auf eine Gottheit, die in den Kleinstaaten vom Anfang des 1. Jt.a üblich war (§ 240), scheint es wenig wahrscheinlich, dass wir hier ein Zeugnis von Polytheismus vor uns haben (Albertz, Exodus 2001, 137f). El und Baal konnten das Epithet »Stier« (*'abbir, 'egæl, šor*) tragen (Korpel, Rift in the Cloud 524–528). Während in der MB seine Sexualität und Fruchtbarkeit im Vordergrund gestanden hatten (**49**), symbolisierte der Stier in der ausgehenden SB und und in der frühen EZ vor allem Kraft und Aggressivität (**244–246**; vgl. auch **93.95.533–534**; vgl. GGG § 69 und 119f; OBO 122, 1992, Abb. 82–112, Keel). Der aggressive Charakter des Stiers steht auch bei JHWH, der Israel wie ein Stier aus Ägypten geführt hat, im Vordergrund (Num 23,22; 24,8; Dtn 33,17).
Die Geschichte vom »Goldenen Kalb« in Ex 32 war ursprünglich der Gründungsmythos des Kultbilds (EHS.T 154, 1981, Hahn). Er berichtete sehr wahrscheinlich positiv von der Schaffung des Stierbilds durch den Priester Aaron (OBO 4, ²1982, 227–231, Jaroš; OBO 192, 2003, 141–149, Koenen) und ist erst später negativ umgedeutet worden. Wenigstens in Form von Metaphern hat das Stierbild überlebt, so in Num 23,22 und 24,8: »El führt sie (ihn) aus Ägypten. Er hat Hörner wie ein Wildstier« (vgl. Dtn 33,17). M.S. Smith hat aus diesen Stellen geschlossen, El sei der Gott des Auszugs gewesen (Origins 146f). Der Gott des Auszugs jedoch ist eindeutig JHWH (§ 243). Entweder ist der El von Num 23,22 und 24,8 ein bereits mit JHWH identifizierter El oder die Bezeichnung ist als Gattungsbezeichnung für JHWH zu verstehen.

§ 399   An die kämpferische Seite des Stiers ist wohl auch bei der überlieferten Weiheformel gedacht: »Hier sind deine Götter, Israel, die dich aus dem Lande Ägypten heraufgeführt haben« (1Kön 12,28; vgl. Ex 32,4). Der Plural, der sich auf die zwei Stierbilder bezieht, die Jerobeam für Bet-El und Dan gemacht haben soll, ist dtr. Polemik. Hist. zutreffend dürfte sein, dass hier der Auszug aus Ägypten als Gründungsmythos (engl. *charter myth*) des Nordreiches erscheint (SHCANE 7, 1996, 287–315, Van der Toorn; Collins/Van der Toorn, in: Studies in Theology and Religion 3, 2001, 113–127, 144–155, Van Henten/Houtepen). Eigentlich ist er als solcher nicht geeignet, da er Auflehnung gegen die königliche Gewalt legitimiert. R. Albertz hat darauf

244–246 Ein Rollsiegelabdruck aus Karkemisch (13. Jh.a), ein Skarabäus vom Tell Keisan (11. Jh.a) und zwei Reliefs vom Tell Halaf (10./9. Jh.) zeigen, dass der Stier in der SB- und zu Beginn der EZ weniger unter dem Aspekt der Fruchtbarkeit als unter dem der Aggressivität wahrgenommen wurde

hingewiesen, dass eine Anzahl Parallelen zw. Jerobeam und Mose bestehen: »Beide scheiterten mit ihrer ersten Rebellion (1Kön 11,26–28; cf. Ex 2,11–15), beide waren gezwungen ins Ausland zu fliehen, Jerobeam nach Ägypten, Mose nach Midian (1Kön 11,40; cf. Ex 2,15), beide kehrten erst nach dem Tode des Königs zurück (1Kön 11,40; 12,2cj.20; cf. Ex 2,23aα + 4,19.20a). In beiden Fällen finden Verhandlungen mit dem Nachfolger des Königs statt, um die Last zu erleichtern, aber diese enden mit erhöhten Forderungen (1Kön 12,3b–15; cf. Ex 5,3–19). Mose und Jerobeam beeinflussen die Verhandlungen mehr aus dem Hintergrund« (Albertz, Exodus

2001, 141f; BN 110, 2001, 42–54, Wißmann). Wenn die Erzählung in Ex 5,16 überdies behauptet, die israelit. Vorarbeiter hätten den Pharao angeklagt, gegen seine eigenen (!) Leute gesündigt zu haben, als ob er eigentlich Salomo wäre, ist das ein gutes Indiz für die These, dass Jerobeams Revolte unter dem religiösen Banner der Exodus-Überlieferung kämpfte und dass die Exodus-Geschichte ihre älteste Formulierung während dieses Aufstandes gefunden hat. Wenn die Hypothese von Albertz die Vorgänge auch fast etwas zu genau rekonstruiert, so steht doch fest, dass die Exodus-Tradition im N tradiert wurde (§ 243) und das Königtum dort durch prophetisch legitimierte Aufstände wiederholt gefährdet wurde (vgl. bes. Jehu gegen die Omridynastie; 2Kön 9f). In Jerusalem und Juda scheint die Exodus-Tradition erst nach Zerstörung des Nordreichs und Bet-Els Fuß gefasst zu haben (§ 730f.737f). Dort dominierte bis dahin nicht der kämpferische, dynamisch-aggressive, sondern der majestätisch thronende, in immer weitere Ferne rückende solar konnotierte königliche JHWH.

Die Schaffung eines eigenen Kultes mit eigener Priesterschaft und eigenem Festkalender (vgl. 1Kön 12,32f) für das Nordreich ist später vom DtrG als »*die* Sünde Jerobeams« gebrandmarkt und zur Ur- und Erbsünde des Nordreiches Israel hochstilisiert worden, die von Anfang an den Keim zu seinem Zerfall gelegt habe (FRLANT 93, 1967, Debus). Einmal mehr kommt hier die realitätsfremde dtr. Ideologie zum Zug, derzufolge alles Unheil, das Israel oder Juda heimgesucht habe, auf Fremdgötterkult zurückzuführen sei (vgl. § 385).

6.4 ÄUSSERE BEDROHUNG JERUSALEMS UNTER DEN KÖNIGEN ABIJA UND ASA

§ 400   Mit dem Abfall der n Gebiete vom »Hause David« begann für die Königsstadt Jerusalem eine schwierige Zeit. Die Plünderung durch Scheschonq hatte sie geschwächt. Während der rund 50 Jahre unter **Abija** (916–914a) und **Asa** (914–874a) sah es mindestens zeitweilig so aus, als müsste Jerusalem als Residenzstadt aufgegeben werden. Es lag im Grenzbereich zweier Gebiete, deren Zentrum es gebildet hatte, solange David und Salomo die Territorien in Personalunion kontrolliert hatten. Nachdem der eine Teil weg gebrochen war, lag es in Bezug auf den verbliebenen Herrschaftsbereich völlig exzentrisch und peripher, wie die Nabe eines Rades, dessen eine Hälfte weg gebrochen ist. Rehabeam und seine Nachfolger standen vor der Wahl, die zur Grenzstadt gewordene Residenzstadt aufzugeben oder ihr ein Vorfeld zu verschaffen. An eine Rückeroberung des verlorenen Territoriums war nicht zu denken. Die Annahme, Rehabeam habe aufgrund einer prophetischen Mahnung auf einen Bruderkrieg verzichtet (1Kön 12,21–24), beschönigt den Sachverhalt (vgl. aber VT.S 81, 2000, 141–149, Elgavish). Es gab, wie 1Kön 14,30; 15,7.16 sagen, rund ein halbes Jahrhundert lang Krieg, nicht nur zw. Rehabeam und Jerobeam, sondern auch zw. ihren unmittelbaren Nachfolgern. Dieser Krieg, der zeitweilig erlosch und in immer neuen Geplänkeln wieder aufflammte, drehte sich im Wesentlichen um das n Vorfeld Jerusalems. (Zu den angeblich von Rehabeam befestigten Städten → II 733).

§ 401   Ihren Höhepunkt erreichte die Auseinandersetzung unter Asa, dem Enkel Rehabeams, und dem Usurpator Bascha (910–887a), der den Sohn Jerobeams, Nadab, beseitigt hatte (1Kön 15,27f). Bascha gelang es, das 8km n von Jerusalem gele-

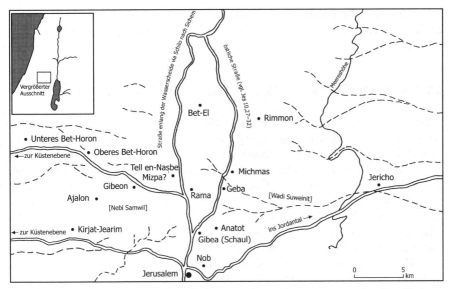

247 Die unter Asa (914–874a) und Bascha (910–886a) umstrittene Grenze zw. Israel und Juda

gene Rama unter seine Kontrolle zu bringen und zu befestigen (1Kön 15,17). Er wollte so verhindern, dass Asa»ausziehen und heimkehren« konnte. Ein Blick auf die Karte (**247**) zeigt, was das heißt. Mit der Befestigung von Rama bedrohte Bascha die Kontrolle Jerusalems über den wichtigsten Zugang zur Küstenebene, die Str. von Bet-Horon (vgl. **4**; § 27). In diesem dramatischen Moment griff Asa zu einem Vorgehen, das sich schon bei der Scheschonq-Krise bewährt hatte, er plünderte den Tempelschatz und die Staatskasse (1Kön 15,18–21). Die alte Praxis des Stadtstaats, sich im rechten Moment von seinen Schätzen zu trennen und dem Schutze einer Großmacht zu vertrauen, funktionierte auch diesmal. Asa nahm mit dem Aramäerkönig Benhadad ben Tabrimmon von Damaskus Verhandlungen auf, sandte ihm das vorhandene Silber und Gold als Bestechungsgeschenk (*šoḥad*; HAL IV 1351), überredete ihn einen Vertrag mit ihm zu schließen und seinen Vertrag mit Bascha von Israel zu brechen (VT 20, 1970, 214–229, Thiel) und in die n Gebiete Israels einzufallen (vgl. zum analogen Vorgehen des Königs Ahas § 424–436). Dieses Ansinnen kam vielleicht bereits vorhandenen expansiven Gelüsten Benhadads entgegen. Jedenfalls ließ sich Benhadad auf das Angebot ein, besetzte einige israelit Städte, u.a. → III Dan, → III Abel-Bet-Maacha und das Stammesgebiet von Naftali (vgl. dazu § 182, die Stelenfragmente aus Dan mit **102**). Bascha war gezwungen, den Hauptteil seiner Truppen vom n Vorfeld Jerusalems abzuziehen, um seine n Gebiete zu verteidigen. Asa stieß nach, drang noch etw 4km über Rama hinaus nach N vor, eroberte die kleine Stadt → III Mizpa (*Tell en-naṣbe*) am Engpass des *Wadi ğiljan* und Geba (*Ğebaʿ*) 2,5km ö von Rama auf der S-Seite des *Wadi eṣ-ṣuwenit* gegenüber von Michmas und befestigte sie mit dem Material, das Bascha zum Ausbau von Rama bereitgestellt hatte (1Kön 15,22). Damit scheinen die Grenzkämpfe, die sich über nahezu ein halbes Jahrhundert hingezogen hatten, zu einem Ende gekommen zu sein. Mizpa und Geba blieben die Wachtposten an der N-Grenze Judas und sicherten Jerusalem ein Vorfeld, das sich über ca. 12km erstreckte.

6.5 DER ASCHERA-KULT MAACHAS UND DIE REAKTION DES KÖNIGS ASA

§ 402   Als innenpolitische Maßnahme wird aus der Zeit Asas erwähnt, dass er seine Großmutter Maacha absetzte, die auch unter der Herrschaft ihres Enkels die Würde der Königinmutter beibehalten hatte, was wohl normal war (1Kön 15,13; zu g^{e}birah: HAL I 166; zu Maacha: Theologische Frauenforschung in Europa 4, 2000, 113–115.153–158, Kiesow). Die Absetzung einer Königinmutter (Tawanna) ist für den hetit. Raum belegt (BZAW 224, 1994, 16–18, Donner). Der Grund für die Absetzung Maachas scheint – wenn das auch nicht ganz eindeutig gesagt wird – eine kultische Maßnahme gewesen zu sein. Sie habe eine *miflæşæt*, ein »Schockbild« bzw. ein »Schandbild« für die Aschera angefertigt bzw. finanziert (1Kön 15,13; 2Chr 15,16; BBB 94/1, 1995, 533–538, Frevel). Es war – nach der wahrscheinlichsten Deutung – nicht ein »Bild *der* Aschera« (*pæsæl ha-*^{a}*šerah*), wie Manasse eines aufgestellt haben soll (2Kön 21,7; § 572–575), sondern eines »*für* Aschera«, »zugunsten von Aschera« (*la-*^{a}*šerah*; vgl. 1Sam 14,6). Das scheint ganz beiläufig zu bestätigen, dass es – wahrscheinlich im Jerusalemer Tempel – eine kultische Vergegenwärtigung der Aschera gegeben hat, vielleicht in Form einer Massebe oder dem Bild eines säugenden Muttertiers (§ 244.382f) oder eines heiligen Baumes oder Kultpfahls (§ 382.572–575). Eine Repräsentation der Aschera in Form eines Kultpfahls scheint es auch im JHWH-Tempel in Arad gegeben zu haben, der 701a von Sanherib zerstört worden ist (UF 34, 2002, erschienen 2003, 592 Anm. 7, Na'aman). Wenn S. Ahituv Aschera im AT und in Kuntillet ʿAdschrud nur als Kultsymbol, nicht als Göttin, gelten lassen will, setzt er eine unrealistische Trennung von Kultsymbol und Gottheit, die es repräsentiert, voraus (BArR 32/5, 2006, 62–66). Die Lade repräsentiert JHWH und setzt ihn präsent (§ 247–250). Welche Gottheit soll denn das Kultsymbol »Aschera« repräsentieren und gegenwärtig setzen, wenn nicht die Göttin Aschera?

Einen Misserfolg (Absetzung) durch Fremdgötterkult zu erklären und die Maßnahme Asas, das Bild zerschlagen und im Kidrontal verbrennen zu lassen (vgl. 2Kön 23,6), klingen dtr. Die Absetzung der Königinmutter und der Ausdruck *miflæşæt* sind aber singulär. Es ist deshalb wahrscheinlich, dass dem DtrG eine hist. Notiz darüber vorlag, dass Maacha einen Göttinnenkult förderte, den Asa als schamlos (vgl. 2Sam 6,20; § 249f) und als störende Einmischung »in die königliche Religions- und Kultuspolitik« empfunden hat (BZAW 224, 1994, 3, Donner). Er nahm diese Einmischung als Anlass zur Absetzung der Königinmutter. Das DtrG hat die Notiz in seinem Sinne ausgebaut.

Was man sich unter einer nur in diesem Zusammenhang erwähnten *miflæşæt* vorzustellen hat, ist schwer zu sagen. Die Tradition denkt aufgrund der Basis *palaş* »erbeben, schrecken« an irgendein »unzüchtiges« Bild. Die Vulgata gibt *miflæşæt* mit *simulachrum turpissimum* »schändlichstes Bild« wieder und behauptet, Maacha sei *princeps in sacris Priapi* »Anführerin im Kult des Gottes Priap« gewesen. Aber der ithyphallische griech.-röm. Priapos ist in Juda um 900a ein starker Anachronismus.

248   Zwei ithyphallische Besfiguren von einem Vorratskrug in →II Kuntillet Adschrud. Das »Schandbild«, das die Königinmutter Maacha für Aschera im Tempel aufstellen ließ, könnte eine ithyphallische Besfigur gewesen sein. Bes war ein Gott der auf den Schutz der schwangeren und stillenden Frauen spezialisiert war (um 725a)

S. Schroer denkt im Hinblick auf →II Kuntillet Adschrud (**248**) an eine Bes-Figur (OBO 74, 1987, 38). Ithyphallische (**249**) und nicht-ithyphallische Besfiguren (**250**) waren in Palästina in der SB und in der EZ IIA-B weit verbreitet (OBO 138, 1994, Bildtafeln 25–27 Nr. 338–378, Herrmann; OBO.A 24, 2006, 104–122, Herrmann). Eine der Besfigur **249** sehr ähnliche Besfigur ist in der Davidstadt gefunden worden (Ebd. Nr. 113). Für die 22. Dyn. (945–713a) typische ägypt. Fayencefiguren zeigen eine Schwangere, die als Schutz Bes auf den Schultern trägt (**251**), und ähnliche »Amulette« einer glücklichen Mutterschaft (J. Bulté, Talismans Égyptiens d'heureuse maternité, Paris 1991). Figuren dieser Gruppe, u.a. Reste eines großformatigen Ob-

249–250   Ein ithyphallisches Bes-Amulett vom Tell el-Far'a-Süd (13./12. Jh.a) und ein nicht-ithyphallisches aus Lachisch (10./9. Jh.a). Bes-Amulette waren in Palästina in der SB- und EZ weit verbreitet. Insgesamt sind in regulären Ausgrabungen 171 Stück gefunden worden; zehnmal mehr dürften aus irregulären Grabungen stammen

251 Typisch für das 9./8. Jh.a sind Figuren schwangerer Zwerginnen, die als ihren Schutzgott einen grimmigen Bes auf ihren Schultern tragen

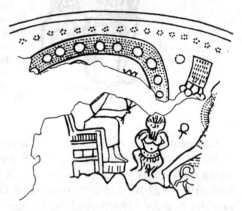

252 Auf einer phöniz. Bronzeschale aus Nimrud tragen Bese eine Art Baldachin über einer thronenden Göttin (um 700a)

jekts, sind auch in Palästina gefunden worden: in Dan (BN 72, 1994, 85–100, Uehlinger), in Jokneam (NEAEHL III 807, Ben-Tor), Tell el-Farʿa-Nord und Lachisch (OBO 138, 1994, Nr. 274.277, Herrmann). Eine Schutzgottheit der Frauen passt gut zur Sphäre der Aschera. Besfiguren (die eine erhaltene ist symmetrisch zu ergänzen), die einen Baldachin über einer thronenden anthropomorphen Göttin tragen, sind auf einer phöniz. Silberschale aus Nimrud zu sehen (**252**). Der Baldachin erinnert an die für Aschera gewobenen Tücher (2Kön 23,7; vgl. dazu § 575).

Seit der Entdeckung der Inschriften von →II Kuntillet Adschrud in den Jahren 1975/1976 (vgl. Z. Meshel, Kuntillet ʿAjrud. A Religious Centre from the Time of the Judean Monarchy on the Border of Sinai, Jerusalem 1978; NEAEHL IV 1458–1464, Meshel: GGG 237–282; zur Datierung ans Ende des 8. Jh.a und die Nähe der Keramik zur jud. statt wie bisher angenommen zur israelit. vgl. TA 33, 2006, 196–228, Singer-Avitz) ist zu Aschera sehr viel geschrieben worden. Nebst zahllosen Artikeln haben sich eine ganze Reihe von Monographien mit ihr beschäftigt (UBL 9, 1992, Dietrich/Loretz; BBB 94/1–2, 1995, Frevel; JSOT.S 232, 1997, Binger; University of Cambridge Oriental Publications 57, 2000, Hadley; W.G. Dever, Did God Have a Wife? Archaeology and Folk Religion in Ancient Israel, Grand Rapids 2005). Zweifellos ist es interessant und wichtig zu erfahren, dass Ascherah (Aschirat) in Ugarit in der 2. Hälfte des 2. Jt.a als Partnerin Els und Erzeugerin der Götter galt. Im Palästina der 1. Hälfte des 1. Jt.a scheint sie aber eng mit Baal liiert gewesen zu sein (vgl. Ri 3,7; 6,25f; 1Kön 18,19; 2Kön 17,16; 23.,4).

Wie der Untertitel von Devers Monographie andeutet wird bei diesem Thema oft ein Unterschied zw. der offiziellen Religion und der Volksreligion gemacht. Diese Unterscheidung lässt sich von den Quellen her nicht rechtfertigen. Es sind Könige, die den Ascherakult in den offiziellen Reichsheiligtümern fördern bzw. beseitigen (1Kön 16,33; 2Kön 21,7; 23,6). In Samaria soll Ahab (873–853a) in Zusammenhang mit dem Baaltempel eine Aschera gemacht haben (1Kön 16,33). Sie blieb auch nach der Revolte Jehus gegen die Omriden stehen (2Kön 13,6). Generell dürfte der Unterschied zw. offizieller und Volksreligion stark übertrieben worden sein. Die Elite musste wirklich populäre Kulte übernehmen, wenn sie ihren Einfluss behalten wollte. Umgekehrt haben die unteren Klassen die Elite auch in religiösen Belangen wo immer möglich imitiert. In Ägypten lässt sich das sehr gut verfolgen. Der Gebrauch von Siegelamuletten beginnt bei Frauen und Kindern und wird zunehmend stärker von höfischen Kreisen übernommen. Totentexte sind zuerst ein Privileg der Pharaonen und werden mit dem Totenbuch weitesten Kreisen zugänglich. Bes war für Familienangelegenheiten zuständig, das aber ebenso bei der Geburt des Thronfolgers wie bei gewöhnlichen Leuten (vgl. weiter Routledge, in: BJSt 346, 2006, 223–238, Beckman/Lewis).

Die Inschriften, nicht nur die von →II Kuntillet ʿAdschrud (letztes Viertel des 8. Jh.a; vgl. § 402), sondern auch die früher entdeckten von →II Chirbet el-Kom (letztes Viertel des 8. Jh.a; Renz/Röllig Handbuch I 59–64.202–211, bes. 62 und 209f; GGG 237–282) nennen neben JHWH »Aschera«, ob anthropomorph oder in Form eines Kultbaums oder -pfahls vorgestellt, ob als ebenbürtige personale Partnerin, wie 1Kön 15,13 suggeriert, oder als Segensmittlerin JHWHs verstanden (BiOr 54, 1997, 165, Lemaire). Das männliche Suffixpronomen schließt eine personale Partnerin nicht aus (Renz/Röllig, Handbuch II/1 91–93). Auffällig ist, dass in beiden Texten trotz Erwähnung der Aschera die Verben im Singular maskulin stehen: »Er segne dich und behüte dich …« bzw. »er hat ihn durch seine Aschera errettet«. Das legt nahe nicht an eine ebenbürtige Partnerin, sondern an eine Segensmittlerin zu denken (vgl. weiter § 572–576).

6.6 EIN HALBES JAHRHUNDERT IM SOG DER OMRIDYNASTIE

AUFSTIEG DES HAUSES OMRI
UND VERSCHWÄGERUNG MIT DEM HAUSE DAVID

§ 403   Die äußere Bedrohung Jerusalems war aufs erste abgewendet. Die nächsten 50 Jahre bringen einen Aufschwung Jerusalems, wenn auch im Schatten des Nordreichs. Die Periode wird durch das Aufsteigen und energische Wirken der Dynastie Omris (886–875a) im Nordreich bestimmt. Omri und seine Nachfolger Ahab (875–854/853a), Ahasja (853–852a) und Joram (852–842a) machten den raschen Dynastie- und Residenzwechseln und Königsmorden für knapp 50 Jahre lang ein Ende. Omri gründete die Hauptstadt des Nordreiches (2Kön 16,23f), Samaria, die es bis zum Ende des Nordreiches blieb. Die Omriden verfolgten, wie es scheint, eine Religionspolitik, die den städtisch-kanaanäischen und den ländlich-israelit. Teilen der Bevölkerung gleicher Weise gerecht zu werden versuchte (GAT IV/2, 289–305, Donner). Ihre Außenpolitik war ebenfalls statt auf Konfrontation auf Kooperation und auf gute Beziehungen mit allen Nachbarn angelegt, vor allem mit den Phöniziern. Sie fand u.a. in der Heirat des Omri-Sohnes und Nachfolgers Ahab mit der phöniz., sidonischen oder tyrischen Königstochter Isebel Ausdruck (1Kön 16,31). Mit den Aramäern schloss Omri Frieden. Ahab wurde Mitglied einer aram. geführten, antiassyr. Koalition und beteiligte sich 853a an der Schlacht gegen den Assyrerkönig Salmanassar III. bei Qarqar in Syrien mit dem größten Streitwagenkontingent (2000), das ein einzelner Koalitionspartner aufbrachte (TUAT I/4, 361, Borger; vgl. § 289). Auch wenn die Zahl stark übertrieben sein mag, bleibt, dass kein Koalitionsmitglied ein größeres Kontingent beisteuerte. Das Gewicht der Auslandbeziehungen mochte der kanaanäisch-städtischen Richtung unversehens ein Übergewicht geben, was zu Auseinandersetzungen mit konservativ-traditionellen Kreisen führte, die in der Überlieferung durch Namen wie Elija, d.h. »Mein Gott ist JHWH«, Elischa, Jehu, Rechab u.a. repräsentiert werden (GAT 8/1, 226–244, Albertz).

Auch wenn Elija tatsächlich auf weite Strecken als sekundär konstruiertes Symbol dieser Bewegung zu verstehen sein sollte, wie etwa M. Köckert das will (in: AThANT 82, 2003, 111–144, Oeming/Schmid), heißt das noch lange nicht, dass die Bewegung als Ganzes fiktiv ist, so wenig wie die Fiktionalität von Wilhelm Tell die Fiktionalität der schweizerischen Unabhängigkeitsbestrebungen von 1291p bedeutet. Noch viel weniger bedeutet die Tatsache, dass F. Schillers »Wilhelm Tell« (1804), weil er ein typisches Produkt der Zeit um 1800 ist, nicht einen viel älteren Traditionsstoff bearbeitet. Dessen Alter ist aufgrund anderer Kriterien zu erheben als aufgrund der Form, die er um 1800 erhalten hat.

Auch mit Juda nahmen die Omriden freundliche Beziehungen auf. Dabei wurde Juda in Anbetracht der überlegenen Potenz des größeren Bruders nicht *de jure* aber *de facto* bald eine Art Vasallenstaat. 1Kön 22,41–51 berichtet wenig von **Joschafat** (874–849a), dem Nachfolger Asas. Eines der wenigen aus seiner Regierungszeit überlieferten Vorkommnisse ist die Ablehnung des schon älteren Joschafat, mit Ahasja (853–852a), dem Sohn Ahabs, gemeinsame Handelsfahrten von →II Ezjon-Geber aus zu organisieren (1Kön 22,50). Das DtrG hat dieses eine Detail aus einem anscheinend reichen Material ausgewählt, weil es zu signalisieren schien, Joschafat sei zur Omridynastie grundsätzlich auf Distanz gegangen. Das war aber anscheinend nicht der Fall. Denn der Sohn und Nachfolger Joschafats, **Joram** von Juda (849–842a), war mit Atalja verheiratet, die nach 2Kön 8,26 eine Tochter Omris, nach 2Kön 8,18 eine Tochter Ahabs war, was aber aus dem Kontext zu schließen mehr ideologisch gemeint sein dürfte. Jedenfalls entstammte sie dem Hause Omri. Die enge Verbindung zw. Israel und Juda, die diese Heirat besiegelte, ist damaligen Gepflogenheiten entsprechend nicht ohne Wissen und Willen Joschafats erfolgt. Aus der Verschwägerung mit der Omridynastie, die im DtrG extrem schlecht wegkommt, schloss das DtrG, es sei auch in Jerusalem ein Baal-Tempel eingerichtet worden (2Kön 11,18; vgl. 8,18.27). Diese Nachricht hat wahrscheinlich keinen hist. Wert (SBS 105, 1982, 62f, Levin). Die extrem negative Haltung des DtrG gegenüber der in vielen Bereichen vorbildlichen

Omridynastie wird inzwischen auch in traditionell eher konservativen Milieus kritisch vermerkt (vgl. z. B. OTEs 17/2, 2004, 267–281, Schneider).

DIE ARCHÄOLOGIE JERUSALEMS UND SEINES TERRITORIUMS IM 9. JH.a

§ 404   A.G. Vaughn vertritt die Ansicht, dass Jerusalem unmittelbar nach der »Reichsteilung« zu wachsen begonnen habe. Die den Davididen verbliebenen Kräfte wurden gebündelt. Die Annalen der jud. Könige setzen mit Rehabeam, dem Sohne Salomos, ein (in: Vaughn/Killebrew, Jerusalem 2003, 425–430). Wahrscheinlicher als ein Wachstumsschub zur Zeit Rehabeams ist ein solcher im 9. Jh.a unter omridischem Einfluss. Damals scheint Jerusalem mit repräsentativen Bauten ausgestattet worden zu sein, wie sie in Samaria und anderen Städten des Nordreichs errichtet worden waren (Levant 33, 2001, 105–115, Finkelstein; Finkelstein, in: Vaughn/Killebrew, Jerusalem 2003, 81–101). Die Bauten in Hazor, Megiddo und Geser, die früher von allen und auch heute von vielen ins 10. Jh.a, d.h. salomonisch datiert werden (vgl. § 165), werden von I. Finkelstein und den Anhängern seiner »low chronology« den Omriden des 9. Jh.a zugeschrieben, d.h. um etwa 70 Jahre herunter datiert (vgl. z. B. VT.S 66, 1997, 351–364, Ussishkin). Ob die Positionen, wie sie vor allem im Hinblick auf die Stadttore in Hazor, Megiddo und Geser entwickelt wurden, *tale quale* auf alle Reste monumentaler Bauten in Jerusalem vom Ende des 2. und/oder dem Anfang des 1. Jt.a zu übertragen sind, scheint fraglich. »Omridische« Architektur habe mit einer gewissen Verzögerung auch in Jerusalem und Juda Eingang gefunden. I. Finkelstein u.a. wollen z. B. auch die monumentale »stepped structure« am oberen Ende des Abhangs der Davidstadt dieser Hypothese zuordnen und ins 9. Jh.a datieren (vgl. z. B. Finkelstein, in: Vaughn/Killebrew, Jerusalem 2003, 84–86). Das wird heute aber weitgehend abgelehnt (§ 134f.163).

Eine große Ähnlichkeit der Akropolis von Samaria mit der in 1Kön 6–7 beschriebenen, Salomo zugesprochenen Anlagen hat schon G.J. Wightman behauptet, allerdings ohne die traditionelle Datierung in Frage zu stellen (Walls 29–31). Das Problem ist, dass wir von Form und Anordnung der Paläste in Jerusalem keinerlei klare Vorstellung haben (vgl. § 303–308; **139–140**) und ein Vergleich so von vornherein auf tönernen Füßen steht.

Auf solider Basis stehen Beziehungen zw. der Architektur Samarias und Judas im 9. Jh.a, wenn man sie auf einzelne Elemente beschränkt. So sind – zwar nicht in Jerusalem selbst – aber in Juda, in → II Ramat Rahel, Mauern gefunden worden, die in »Läufer-Binder-Technik« ausgeführt sind. Rechteckig behauene Blöcke werden abwechslungsweise längs und quer zum Verlauf der Mauer verlegt (**253**). Die Technik ist typisch für die Architektur Samarias im 9. Jh.a (NEAEHL IV 1264 für Ramat Rahel, Aharoni, und 1302, Samaria, Avigad).
Protoäolische Volutenkapitelle finden sich in Samaria (Qedem 11, 1979, Pl. 9f, Shiloh), Ramat Rahel (→ II 398; Qedem 11, 1979, Pl. 11–14, Shiloh) und Jerusalem selbst. Am Westhang des SO-Hügels (20,1) wurde schon 1927 das Fragment eines protoäolischen Volutenkapitells gefunden (**254**; PEFA 5, 1929, Pl. 18,4, Crowfoot/FitzGerald; BN 26, 1985, 22–26, Weippert). Kenyon barg eines am Osthang (20,19), das in zwei Teile zerbrochen war (**255**). Kapitelle dieser Art sind in → III Hazor (2) und besonders zahlreich (13) in → III Megiddo in Zusammenhängen gefunden worden, die ins 10./9. Jh. oder nach der »low chronology« ins 9./frühe 8. Jh.a datiert wer-

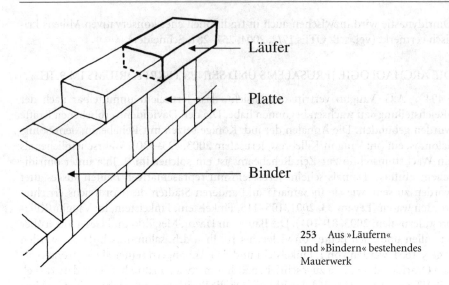

Läufer

Platte

Binder

253 Aus »Läufern« und »Bindern« bestehendes Mauerwerk

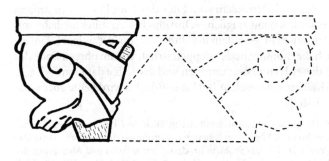

254–255 Sog. proto-äolische oder Voluten-Kapitelle: 255 = aus dem Kenyon Areal AXVIII; 254 = aus der Crowfoot/Fitzgerald-Grabung am NW-Tor (vgl. **20**) aus dem 10./9. oder 9./8. Jh.a

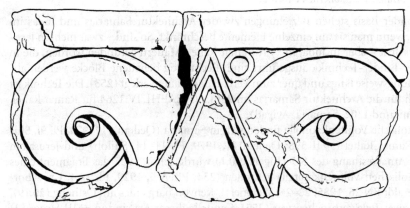

den (Qedem 11, 1979, 1–7, Shiloh). Kenyons Jerusalemer Kapitell steht den Kapitellen aus Ramat Rahel besonders nahe (Qedem 11, 1979, 18 Typ E, Shiloh). I. Finkelstein neigt dazu, Ramat Rahel VB und das protoäolische Kapitell vom O-Abhang der Davidstadt in die Zeit Jorams und Ataljas, d.h. in die zweite Hälfte des 9. Jh.a zu datieren und spezifische Züge der Architektur Jerusalems (und Ramat Rahels) auf omridischen Einfluss zurückzuführen (Levant 33, 2001, 109.112 Anm. 19).

Die protoäolischen Volutenkapitelle stellen stilisierte Palmen dar (AOAT 283, 2001, 78–94, Schmitt), die, besonders wenn sie von Keruben flankiert sind (vgl. **199–202**), als Symbol einer heilvollen göttlich-königlichen Ordnung verstanden werden können. Das Motiv ist in mehr oder weniger deutlicher Form auf einer ganzen Anzahl von Bullen aufgetaucht (**256–259**), die R. Reich und E. Shukron in einem Abfallhaufen nahe der Gihonquelle gefunden haben. Die im Abfallhaufen gesammelte Keramik

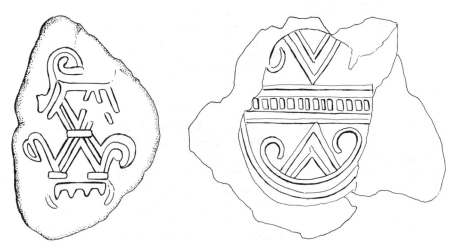

256–257 Fast ganz erhaltene Siegelabdrücke (Bullen), die den Voluten-Kapitellen ähnliche Gebilde wiedergeben, aus den Grabungen von R. Reich und E. Shukron beim Gihon (9. Jh.a)

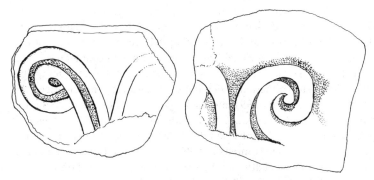

258–259 Fragmente von Siegelabdrücken mit Voluten aus den Grabungen von R. Reich und E. Shukron beim Gihon (9. Jh.a)

260–262   Ein Voluten-Kapitell ist auf dem Siegel des Nerijahu und auf dem des Pedajahu zu sehen, die beide den Zusatz »Sohn des Königs« tragen. Ein drittes Siegel mit diesem Motiv gehörte einem Benajahu »Bediensteter« (*na'ar*) des Haggi (8./7. Jh.a)

datiert diesen eindeutig ins 9. Jh.a. Die vier Abdrücke weichen stark voneinander ab. 256 gibt einigermaßen korrekt ein Volutenkapitell wieder. Bei 257 sind die Voluten nach oben statt nach unten eingerollt. Bei 258 und 259 sind nur die Voluten zu sehen. Wo die Siegel geschnitten wurden, mit denen man die Abdrücke gemacht hat, ist unklar. Die relativ grobe Ausführung und das Fehlen einer festen Konvention lässt auf lokale Arbeit schließen. Volutenkapitelle sind später auch auf Namenssiegeln zu finden. Eines aus dem 8./7. Jh.a gehörte einem »Benaja, Diener (*na'ar*) des Haggai« (260) und zwei aus dem 7. Jh.a waren im Besitz von Königssöhnen, eines Nerijahu (261) und eines Pedajahu (262). Zweimal ist es auch unter Avigads »Remnants of a Burnt Archive« zu sehen (399 und 399a). »Volutenkapitelle als Herrschaftssymbol sind in der Glyptik des Vorderen Orients bisher ohne Parallele und scheinen ein Spezifikum israelitisch/judäischer Herrschaftsikonographie zu sein« (AOAT 283, 2001, 117, Schmitt). Da weder aus Samaria noch aus Megiddo Siegel oder Abdrücke mit Volutenkapitellen bekannt sind, kann israelitisch/judäisch auf judäisch eingeschränkt werden. R. Schmitt möchte das Volutenkapitell weiter auf den Palast einschränken und darin ein Symbol der Zugehörigkeit zum und der Loyalität gegenüber dem Palast sehen (Ebd. 118). Da wir einerseits keinerlei Funde aus dem Tempelbereich haben und andererseits Palmetten in der Tempeldekoration eine wichtige Rolle spielten (§ 367f; 206; vgl. auch 397–399) und die Zusammengehörigkeit von Tempel und Palast für die Monarchie der vorexil. Zeit wesentlich war (§ 294–297), scheint die Beschränkung des Volutenkapitell-Motivs auf den Palast etwas gezwungen zu sein.

Vielleicht ist unter Atalja mit den Volutenkapitellen und der Architektur, zu der sie gehören, ein Hauch luxuriösen städtischen Lebens nach Jerusalem gekommen und die Volutenkapitelle auf den Siegeln zeigen, dass manche Judäer davon stark beeindruckt waren.

§ 405   In der 2. Hälfte des 9. Jh.a scheint ebenfalls in einigen der wichtigeren Orte Judas, bes. im S und W, rege Bautätigkeit geherrscht zu haben. →II Arad XI, evtl. X, →II Beerscheba V und →II Lachisch IV dürften in dieser Zeit entstanden sein (Levant 33, 2001, 106, Finkelstein). I. Finkelstein datiert auch die Monumentalbauten in →II Bet-Schemesch, bes. das große Wasserreservoir, in diese Zeit (in: Vaughn/Killebrew, Jerusalem 2003, 94). Die Ausgräber selbst halten an einer Datierung ins 10. Jh.a fest (§ 165). Strukturen, die auf eine stärker zentrale Verwaltung Judas hinweisen, sind zur Zeit jedenfalls in der Schefela und im Beerscheba-Becken früher nachweisbar als im zentralen Bergland. Ihre Entstehung erstreckt sich über eine Zeit von 150–200 Jahren, von der Mitte des 10. bis ins 8. Jh.a (TA 31, 2004, 209–244, Herzog/Singer-Avitz). Am Ende des 9. bzw. am Anfang des 8. Jh.a lässt sich in der Schefela eine umfangreiche Produktion von Vorläufern der *lmlk*-Vorratsgefässe (vgl. § 480–482) feststellen, die mit der königlichen Verwaltung in Zusammenhang zu bringen sind (TA 30, 2003, 108–123, Shai/Maeir). Juda ist rein archäolog. gesehen jedenfalls nicht erst am Ende des 8. Jh.a, zur Zeit Hiskijas, sondern mindestens 100 Jahre früher zu einem Gebilde mit einer zentralen Verwaltung von einer gewissen Bedeutung geworden.

ATALJA, IHRE ERMORDUNG UND DIE THRONBESTEIGUNG JOASCHS

§ 406   Nach dem Tode von Ataljas Gatten Joram (849–842a) regierte ihr Sohn **Ahasja** (842). Auch Ahasja pflegte wie schon sein Vater enge Beziehungen zu den Königen des Nordreichs. Wie jene versuchte er in seinem Einflussgebiet einen Ausgleich zw. den verschiedenen Gruppen und Traditionen. Diese versöhnliche Politik rief im Nordreich die prophetische Opposition auf den Plan (§ 403). Von dieser Opposition angestoßen begann Jehu seine Rebellion gegen die Omridynastie, der nicht nur der Ahab-Sohn Joram, seine Mutter Isebel und alle Prinzen der Omri-Dynastie zum Opfer fielen, sondern auch Ahasja, der Sohn des jud. Königs Joram und der Atalja (2Kön 9,27). Nach 2Kön 10,12–14 ließ Jehu auch alle männlichen Verwandten Ahasjas »die Brüder Ahasjas … 42 Mann« umbringen.

§ 407   In 2Kön 11,1 wird die Ermordung der ganzen königlichen Nachkommenschaft (*kol zæra' ha-mamlakah*) Atalja (842–836a) angelastet. Das steht im Widerspruch zu 2Kön 10,12–14 und hat wenig Wahrscheinlichkeit für sich. Zwar kann man harmonisierend annehmen, dass es sich um zwei Generationen handle (ZAW 109, 1997, 550f, Schulte). Aber bei der engen Verquickung der Omriden und Davididen hatte Jehu Grund, die ältere Generation der davididischen Thronanwärter zu eliminieren und ihre Ermordung liegt durchaus auf der Linie seines auch sonst fanatischen und brutalen Vorgehens (vgl. Hos 1,4). Welchen Grund hingegen sollte die in einer Welt dynastischer Denkschemata lebende Atalja gehabt haben, ihre eigenen noch sehr jungen Söhne und Enkel, die die Reise nach Samaria nicht mitgemacht hatten, umzubringen? Autoren, die die Verleumdungen gegen sie unbesehen als seriöse Information werten (so auch Finkelstein/Silberman, David und Salomo 103), müssen deshalb einen pathologischen Blutdurst und einen irrationalen Drang nach Autokratie ins Feld führen (vgl. § 409). Aber einmal angenommen, Atalja wäre von diesem Drang besessen gewesen, hätte sie doch mindestens die unmündigen Prinzen am Leben lassen müssen, denn diese wären die beste Legitimation für ihre Autokratie gewesen. Was die Überlieferung zu Atalja in diesem Punkte sagt, ist von Hass und Verleumdung gekennzeichnet und ganz unwahrscheinlich, ähnlich wie bei Isebel, der phöniz. Königstochter in Samaria, von der die Überlieferung sogar weiß, was sie mit ihrem Mann im Schlafzimmer geredet hat (1Kön 21,4–7; zu Isebel vgl. OBO 222, 2006, Pruin; sie vermutet, dass ihre Rolle im Sinne des Tun-Ergehen-Zusammenhangs weitgehend aus ihrem grausamen Tod herausgesponnen wurde). Nicht die Kenntnis von Fakten, sondern das Misstrauen gegenüber und der Hass auf die fremde Frau waren bei diesen Überlieferungen federführend.

§ 408   Nach der Ermordung ihres Sohnes Ahasja und seiner Brüder und Verwandten durch Jehu übernahm **Atalja** selber die Herrschaft (842–836a). Über Ataljas sechsjährige Regierung berichtet das DtrG außer der absurden Notiz über die Beseitigung ihrer eigenen Nachkommenschaft nichts. Breiten Raum nimmt hingegen die Revolte gegen sie ein. Die Erhebung bedient sich zu ihrer Legitimierung eines siebenjährigen Kindes, dessen Mutter Joscheba, eine Schwester des von Jehu ermordeten Ahasja, gewesen sein soll. Das Kind soll sechs Jahre lang vor Atalja versteckt worden sein. Der Missbrauch des Kindes wurde mit der Behauptung gerechtfertigt, dass Atalja alle anderen habe ermorden lassen und mit dem angeblich geretteten Kind rechtfertigte man gleichzeitig den eigenen Mord an der Königin aus dem den Traditionalisten verhassten Geschlecht der Omriden und schuf dem Mord des Fanatikers Jehu an Isebel ein Pendant in der eigenen Geschichte (SBS 105, 1982, 83–90, Levin). Die detailreiche Erzählung der Ermordung Ataljas in 2Kön 11mit einer Reihe von Begriffen in den V. 4–7, die nur hier vorkommen (*kari, ba'e ha-šabbat, massaḥ, joṣe'e ha-šabbat*), geht im Kern vielleicht auf eine apologetische Inschrift Joaschs bzw. seines Mentors Jojada zurück, die die Ermordung Ataljas rechtfertigte. M. Liverani nennt als Parallele die Inschrift des Idrimi von Alalach (1500–1480a; VT 24, 1974, 438–453; TUAT I/5, 501–504, Dietrich/Loretz). Zeitlich näher liegt die Inschrift des Panammu von Sam'al (730a; TUAT I/5, 628–630, Delsman), die N. Na'aman anführt (VT 48, 1998, 340–344 = CE III 216–220). In beiden Fällen folgt auf die Usurpation des Throns der Hinweis auf Bautätigkeiten (vgl. weiter VT 50, 2000, 368–374, Parker).

§ 409   Der Hass gegen Atalja mag darin begründet gewesen sein, dass sie und die Omriden allgemein eine andere, weniger strenge Art von Jahwismus vertraten als die Kreise um Jehu und um Ataljas direkten Gegenspieler, den Priester Jojada, so wie der Schah von Persien einen andern Islam vertrat als Chomeini. 2Kön 11 erzählt, dass einer der Prinzen, der zur Zeit des Blutbads einjährige Joasch, dank der Prinzessin Joscheba entkommen sei. Selbst ein in dieser Sache so gutgläubiger Autor wie H. Donner muss sich fragen: »Ließ Atalja keine Nachforschungen nach ihrem Enkel anstellen? … war es im Ernste möglich, ein kleines Kind gewissermaßen unter den Fenstern der blutdürstigen Großmutter aufwachsen zu lassen, ohne dass es auffiel?« (GAT IV/2, 281). H. Schulte vermutet, Joscheba sei eine Qadesche gewesen. Als solche hatte sie Zugang zum Tempel, als Prinzessin Zugang zum Palast (ZAW 109, 1997, 549–556). Donner zieht den Schluss, dass das alles nur möglich war, wenn Atalja in den Kreisen der Jerusalemer Priester und Notabeln keinerlei Unterstützung genoss. Wie aber konnte sie dann sechs Jahre lang regieren? Eine etwas enigmatische Bemerkung am Schluss von 2Kön 11 (V. 20a) deutet eine Erklärung dafür an. Nach dem

Staatsstreich gegen Atalja und nach ihrer Ermordung, so wird gesagt, freute sich der *ʿam ha-ʾareṣ* »das Landvolk«, »der Landadel« (vgl. GAT IV/2, 282 Anm. 26, Donner), die Stadt (Jerusalem) aber verhielt sich ruhig (*šaqaṭah*). Atalja konnte regieren, weil mindestens der Großteil der (ehemals nicht-jud.) Stadtbevölkerung hinter ihr stand. *Gegen* sie aber standen streng jahwistische, landjudäische Kreise, wie sie zur Zeit Davids von Joab und Abjatar repräsentiert worden waren. Wie damals unter der Führung Zadoks der Stadtpartei ein Coup gegen die Landpartei gelungen war, so gelang diesmal der Landpartei einer gegen Atalja und die Städtischen.

§ 410   Ein Problem dieses Modells ist, dass der Anführer der Verschwörung und derjenige, der praktisch als Herrscher von Juda aus ihr hervorging, der Oberpriester Jojada war. Man würde erwarten, dass er als Nachfolger Zadoks zur Stadtpartei gehörte. Vielleicht gab es persönliche Rivalitäten zw. ihm und der Königstochter aus dem Nordreich. Es gelang ihm jedenfalls – ob mit oder ohne Hilfe Joschebas, einer Stieftochter Ataljas – des siebenjährigen Kronprinzen habhaft zu werden. Er vergewisserte sich der Unterstützung der Militärs, die sechs Jahre zuvor im Nordreich den Aufstand gegen die Omriden getragen hatten. Die Salbung (1Kön 11,12) und der Vertrag zw. dem König und dem Volk (V. 17), wohl dem Volk im Sinne des *ʿam ha-ʾareṣ*, sind typisch landjudäische Elemente (§ 186.202.234.392f). Am Schluss der Geschichte sitzt der Siebenjährige, wie einstmals Salomo, auf dem Königsthron. Das Regiment aber führte vorläufig der Priester Jojada (2Kön 12,3; 2Chr 24,2f.15f.22).

EINE NEUREGELUNG DES ABGABENWESENS ZUR INSTANDHALTUNG DES TEMPELS

§ 411   Aus der 40jährigen Regierungszeit **Joaschs** (836–797a) werden nur zwei Episoden, eine recht ausführlich, die andere sehr kurz überliefert. Beide betreffen Jerusalem. Die Geschichte einer Tempelrenovation, der ersten von der wir hören, steht in 2Kön 12,5–17. Den Text zeichnen drei Eigentümlichkeiten aus, die es als möglich erscheinen lassen, dass in ihm Informationen von einer Bauinschrift verarbeitet sind (§ 317.408). Erstens handelt er von einem Bauunternehmen. Zweitens enthält der Text in den V. 5–9 einige Ausdrücke, die sich sonst im AT so nicht finden (*kæsæf ha-qodašim*; *kæsæf ʿober ʾiš*; *kæsæf nafšot ʿærko*; *makkar*; *ḥazzeq bædæq*). Drittens bringt er, von der in ihrem Alter umstrittenen Datierung des Baus des Salomonischen Tempels (§ 318) abgesehen, eine der zwei einzigen Datierungen von Bautätigkeiten, die in der hebr. Bibel überliefert sind (2Kön 12,7; 22,3). Dass der Text auf irgendwelchen alten Quellen basieren muss, wurde schon lange gesehen (§ 408). N. Naʾaman meint, dass die Frage, ob der Renovationsbericht des Joasch von dem des Joschija (FRLANT 129, 1982, 179–183, Spieckermann) bzw. der des Joschija von dem des Joasch abhänge (AThANT 66, 1980, 192–197, Hoffmann), falsch gestellt sei (VT 48, 1998, 337–340 = CE III 214–216). Beide seien vom DtrG unter Verwendung alter Quellen formuliert, dessen Autoren die unter Joasch eingeführte Regelung noch aus der Praxis kannten.

Der Titel »Hoherpriester« (*ha-kohen ha-gadol*), der hier zum ersten Mal auftaucht (2Kön 12,11), ist vielleicht nachträglich eingetragen worden (FRLANT 129, 1982, 47 Anm. 33, Spieckermann). Er ist allerdings auch in anderen, wahrscheinlich vorexil.

Texten belegt (2Kön 22,4.8.10.12.14; 23,4.24; vgl. auch *kohen ha-ro'š* in 2Kön 25,18 und Jer 52,24). Diese Priester waren königliche Beamte wie Amazija in Bet-El (vgl. Am 7,10–13) und vom Hohenpriester, wie ihn Lev 10,10f zeichnet, recht verschieden (vgl. § 674f.1023.1240–1247). Allerdings sind sie im Gegensatz zu anderen Beamten nicht ausschließlich dem König verpflichtet gewesen. Das könnte ein Siegel dokumentieren, das aus der ersten Hälfte des 8. Jh.a stammen soll und einem »Diener JHWHs« (*'æbæd jhwh*) namens Miqnejau gehörte (Avigad/Sass Nr. 27). Da Priester in der Regel den Titel *kohen* tragen, wollte F.M. Cross das *'æbæd jhwh* mit Verweis auf Ps 135,1f auf einen Tempelsänger beziehen (in. L. Gorelick/E. Williams-Forte, Hg., Ancient Seals and the Bible, Malibu 1984,55–63). Die Frage ist, ob im 8. Jh.a die Tempelsängr schon eine eigene Klasse neben den Priestern bildeten, wie dann in nachexil. Zeit (vgl. § 1527–1536).

Die Vermutung, der bibl. Text zur Tempelrestauration könnte auf einer Inschrift basieren, hat anscheinend die Herstellung einer solchen angeregt. 2003 ist eine Inschrift des Königs Joasch aus dem Antikenhandel veröffentlicht worden, die die Reparatur des Tempels erwähnt, deren Echtheit aber sogleich energisch angezweifelt und die dann von der Israel Antiquities Authority offiziell als Fälschung deklariert worden ist. Dennoch geht die Diskussion weiter (vgl. IEJ 53, 2003, 119–122, Cross; Ebd. 124–128, Eph'al; BN 117, 2003, 5–14, Achenbach; Ebd. 22–25, Knauf; WUB 28, 2003, 22–25, Knauf; Geological Survey of Israel. Current Research 13, 2003, 109–116, Ilani/Rosenfeld/Dvorachek; BArR 29/3, 2003, 26–31, Shanks/Greenstein; Maarav 10, 2003, 135–194, Rollston; BArR 30/2, 2004, 48–51, Freedman; TA 31, 2004, 3–16, Goren/Ayalon/Bar-Matthes/Schilman).

§ 412   Die Geschichte bestätigt einmal mehr, dass in monarchischer Zeit der König für den Kultus der Residenzstadt letztverantwortlich war (§ 263), dass er diese Verantwortung im Normalfall delegierte, sie aber jederzeit wieder an sich nehmen konnte. In einer nicht mehr genau verständlichen Fachsprache werden die Arten von Silber genannt, die am Tempel eingingen. Mindestens ein Teil wurde in der älteren Regelung, die anscheinend nicht befriedigend funktionierte, der Verfügung der Priester übergeben, die damit u. a. die Schäden am Tempel ausbessern sollten, es aber nicht taten. Neu wurde beschlossen, das in den Tempel gebrachte Silber von den Spendern direkt in einen geschlossenen »Opferstock« legen zu lassen, dessen Inhalt von einer gemischt priesterlich-königlichen Kommission verwaltet und direkt an die Handwerker gegeben werde, die Schäden am Tempel auszubessern hatten. Als Ausgleich für den Verlust des Silbers waren die Priester nicht mehr für die Ausbesserung von Schäden am Heiligtum verantwortlich.

§ 413   Ca. 100 Jahre nach Salomo war das Haus also in erheblichem Maße reparaturbedürftig. Während der rund 350 Jahre seines Bestehens muss der Tempel wiederholt renoviert, wahrscheinlich auch erweitert und mit neuem Inventar versehen worden sein (§ 381). Wahrscheinlich ist auch, dass uns nur wenige dieser Maßnahmen überliefert sind. Überraschend ist, dass das Heiligtum, das ja eng mit dem Königspalast verbunden war und gelegentlich als »Palastkapelle« oder wenigstens »Reichsheiligtum« bezeichnet wurde (vgl. § 294–296), anscheinend schon damals einen großen Zustrom von Besuchern und Besucherinnen zu verzeichnen hatte, die dem Tempel bedeutende Geschenke/Abgaben zukommen ließen. Es ist demnach wahrscheinlich, dass der Jerusalemer Tempel von Anfang an u. a. die Funktion hatte, die Legitimität und den Glanz der Davidsdynastie zu propagieren (vgl. 1Kön 12,26f;

Jer 41,4f) und dass er nicht nur ein Ort war, wo diskret das Verhältnis der Dynastie zu ihrer Schutzgottheit gepflegt wurde. Zu dieser Annahme passt die Tatsache, dass der Tempel von Anfang an als eine Art Nationalbank zu fungieren in der Lage war. In Zeiten der Krise und der Not war er offensichtlich in der Lage, bedeutende finanzielle Mittel (Silber, Gold) zur Verfügung zu stellen, wie einmal mehr die nächste Episode zeigen wird (vgl. auch 1Kön 14,26 Scheschonq; 15,18 Bascha; 2Kön 16,8 Pekach und Rezin etc.).

EIN ARAMÄISCHER ANGRIFF AUF JERUSALEM DURCH HASAËL VON DAMASKUS UND EINMAL MEHR EIN LOSKAUF

§ 414   Eine zweite Episode aus der Zeit Joaschs (836–797a; vgl. § 411) ist ein Vorstoß Hasaëls von Damaskus (NBL II 46f, Müller) in die Schefela, der zur Eroberung von → II Gat geführt haben soll. Er wird in 2Kön 12,18f erzählt. Von Gat habe Hasaël geplant, nach Jerusalem vorzustoßen. Die Historizität vorausgesetzt, könnte das Unternehmen den Zweck gehabt haben über Jerusalem das Nordreich vom »Rücken« her anzugreifen. Jerusalem entzieht sich der Bedrohung, indem Joasch in bester Jerusalemer Tradition den Tempel- und Palastschatz leerte und Hasaël durch reiche Geschenke zum Verzicht auf den geplanten Angriff bewegte (vgl. § 391.395.401). Während in 1Kön 14,26 konkret als Pars pro Toto die goldenen Schilde genannt werden, sind es in 2Kön 12,19 die Weihegaben (*qodašim*) der jud. Könige.
Eine Weihegabe (*qodæš*) für das Heiligtum, die speziell den Priestern zugeeignet war, ist gemäß seiner Inschrift der berühmt-berüchtigte Granatapfel aus Elfenbein (**263**) mit der Aufschrift: *l^e bet <jhw>e qodæš koh^{a}nim* »Dem Haus <JHW>HS (zugehörig) als Heiliges der Priester« (Renz/Röllig, Handbuch I 192f; II/1 27f mit Lit.). Er kann als Beleg dafür gelten, dass mit den *qodašim* der jud. Könige nicht nur Edelmetalle gemeint sein müssen (zur Symbolik des Granatapfels vgl. **215–217**). Nach Erklärungen der Israel Antiquities Authority ist die Inschrift aber gefälscht und modern

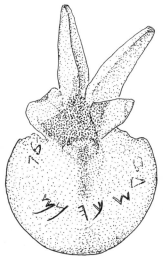

263 In seiner Echtheit umstrittener elfenbeinerner Granatapfel mit der althebräischen Inschrift »Dem Haus <JHW>Hs (zugehörig) als Heiliges der Priester« (*lbt <jhw>h qdš khnm*) (2. Hälfte 8. Jh.a)

(IEJ 55, 2005, 3–20, Goren/Aḥituv/Ayalon et al.). Dem widerspricht z.B. R. Deutsch, der behauptet, die von Y. Goren und seiner Equipe entdeckten Spuren moderner Bearbeitung seien nur die Reste von konservatorischen Bemühungen, wie sie in den frühen 80er Jahren üblich waren und in diesem Fall von R. Brown, dem damaligen Konservator des Israel-Musuems, vorgenommen worden seien (vgl. Archaeonews@ archaeological-center.com vom 21. 7. 2005). Zwei sehr ähnliche Granatäpfel sind als Krönung von ca. 20cm langen Stäben im sog. »Grabentempel« in Lachisch gefunden worden (264), zwei aus Bronze in einem Priestergrab (?) beim Tel Nami n von Dor (BArR 16/1, 1990, 48–51, Artzi), drei weitere in Gräbern in Zypern, zwei in Enkomi,

264 Mit einem Granatapfel bekröntes
Zepter aus Elfenbein aus dem
»Grabentempel« in →II Lachisch (13. Jh.a)

einer in Kition (BA 53, 1990, 163, Avigad). Alle diese Belege stammen aus Fund-zusammenhängen des 13. Jh.a. Die Equipe des Artikels im IEJ 55, 2005,3–20 kommt denn auch zum Schluss, der Granatapfel sei antik, wahrscheinlich sbz, nur die In-schrift sei modern. Falls diese aber doch echt sein sollte, würde das Stück deutlich machen, dass wir in manchen Punkten mit einer lang anhaltenden Tradition und mit beachtlicher Kontinuität zw. der SBZ und der EZ zu rechnen hätten.

NEUE KÄMPFE ZWISCHEN SAMARIA UND JERUSALEM

§ 415   Das Ende der Omridynastie und der Sturz Ataljas leiteten in beiden Reichen eine Periode der Schwäche ein. Intern scheint die Ermordung Ataljas den Weg für Gewalttätigkeit den gesalbten und geweihten davidischen Königen gegenüber ge-bahnt zu haben, die vorher ungewohnt war. Sowohl Joasch, der Nachfolger Ataljas, wie Amazja, der Enkel Ataljas und Sohn und Nachfolger Joaschs, wurden ermordet (2Kön 12,21; 14,19f). Außenpolitisch trat wieder die alte, von den Omriden über-wundene Rivalität zw. Israel und Juda in den Vordergrund. Unter **Amazja** (797–779a) soll es zu einer Schlacht bei →II Bet-Schemesch gekommen sein, deren Hinter-gründe allerdings dunkel bleiben. W. Zwickel vermutet Auseinandersetzungen um den Zugang zum Golf von →II Elat und die Handelswege, die von dort ausgingen (ZDPV 116, 2000, 139–142). Selbst Jerusalem soll damals eingenommen und seine Mauer teilweise geschleift und der Tempel- und Palastschatz geplündert worden sein (2Kön 14,8–14). Für solche Bruderfehden dürfte in der Regel allerdings wenig Ener-gie zur Verfügung gestanden haben. Denn schon unter Jehu und dann unter seinen Nachfolgern wurde der aram. Druck auf das Nordreich wieder akut (2Kön 10,32f; 13,3f.7). Manche der Aramäerkriege, die das DtrG aus ideologischen Gründen in die Omridenzeit verlegt, gehören wohl in diese Zeit.
In der zweiten Hälfte der fast 100 Jahre Bedeutungslosigkeit kehrten unter zwei lange regierenden Königen, in Israel Jerobeam II. (784–744a), in Juda **Asarja/Usija** (779–738a), in beiden Teilreichen wieder Ruhe und – wenigstens für einen Teil der Bevölkerung – Wohlstand ein. Anhaltende Bewunderung für Ägypten und eine ebenso anhaltende Solarisierung JHWHs signalisiert z.B. das Siegel eines Ministers Usijas, das das Sonnenkind auf der Blüte zeigt (vgl. 224). Der Wohlstand mehrte sich hauptsächlich für die bereits Wohlhabenden, während die wirtschaftlich Schwäche-ren zunehmend stärker verarmten. Die Frömmigkeit konzentrierte sich anscheinend stark auf aufwändige kultische Aktivitäten. Gegen diese Entwicklungen, die durch die noch nicht klar erkennbare – und mindestens bei Amos unausgesprochene – assyr. Gefahr eine bedrohliche Note erhielt, erhoben Amos und Hosea ihre Stimmen, Amos stärker gegen soziale, Hosea gegen religiöse und politische Missstände (GAT VIII/1, 245–290, Albertz). Weder Amos noch Hosea suggerieren, das Heil sei in einer Rückkehr zur Daviddynastie und zum Jerusalemertempel zu finden. Weder Amos noch Hosea haben sich mit Jerusalem oder der Daviddynastie auseinandergesetzt (Amos 9,11 und Hos 3,5 sind offensichtlich spätere Einfügungen). Eine solche Aus-einandersetzung werden wir jedoch beim Jerusalemer Jesaja finden.

6.7 JERUSALEM VON DER REICHSTEILUNG BIS ZUM EINBRUCH ASSURS – ZUSAMMENFASSUNG

§ 416   Ab Rehabeam verfügten die Verfasser des DtrG über schriftliche Quellen zur Geschichte der Könige Judas. Sie benützten diese sehr selektiv. Mit dem Denkmal für den Palästinafeldzug des Pharao Scheschonq I. (945–924a) steht der erste außerbibl. Synchronismus und zwar mit der ägypt. Chronologie, die für diese zeit allerdings auch nicht auf das Jahr genau gesichert ist, zur Verfügung. Jerusalem scheint sich Scheschonq unterworfen und Ägypten Tribut bezahlt zu haben. Auf eine positive Beziehung zu Ägypten lassen die judäischen Knochensiegel schließen, die für die Anfänge der 22. Dyn. typische Motive aufweisen. Im Gegensatz zu Jerusalem scheint das neu errichtete Nordreich mit Ägypten auf Konfrontationskurs gegangen zu sein. Dessen Gründer, Jerobeam I. (ca. 930–911a), hatte die mittel- und nordpalästin. Stämme dem Nachfolger Salomos, Rehabeam (ca. 930–917a), abspenstig gemacht und eine eigene Herrschaft gegründet. Der JHWH-Kult mit dem Stierbild, den er in Bet-El einrichtete, hatte als Gründungsmythos den Auszug und die Befreiung aus Ägypten. Dieser Gründungsmythos mag sich ebenso sehr gegen die Versuche Salomos, eine Administration aufzubauen, wie gegen Ägypten gerichtet haben. Den Nachfolgern Rehabeams, Abija (916–914a) und Asa (914–874a), gelang es gegen die Nachfolger Jerobeams I., Nadab und Bascha, die Grenze Judas nach N zu verschieben und Jerusalem so einen n Vorraum von etwa 12km Tiefe zu verschaffen. Eine Notiz aus der Zeit Asas berichtet von einem Schockbild, das die Königinmutter für die Göttin Aschera habe aufstellen lassen und das ihr Sohn als unstatthaft entfernen ließ. Die Episode bezeugt die Existenz eines Ascherakults in Jerusalem um 900a und die Verantwortung des Königs für den Kult.

Der Aufstieg des Hauses Omri hat dem Nordreich nach der Unsicherheit der Anfänge eine Zeit der Blüte und mit der Gründung Samarias eine dauerhafte Residenzstadt gebracht. Statt auf Konfrontation setzte die neue Dynastie auf Kooperation mit den Aramäern und mit den phönizischen Städten. Letztere führte zur Heirat des Omrisohnes Ahab mit der phöniz. Prinzessin Isebel. Die neu initiierte Kooperation mit Juda gipfelte in der Heirat des jud. Thronfolgers Joram (849–842a) mit der Omritochter Atalja. Die ganze Frustration und Gehässigkeit der traditionalistischen Kreise gegen diese Entwicklung entlud sich auf die beiden »fremden Frauen«, Isebel und Atalja. Die Kooperation mit dem Nordreich hat sich in Jerusalem auch architektonisch niedergeschlagen. Die im Nordreich weit verbreiteten, aus Hazor, Megiddo und Samaria bekannten protoäolischen Volutenkapitelle sind auch in Jerusalem (und Ramat Rahel) gefunden worden und haben dort einen interessanten Niederschlag in der lokalen Glyptik erfahren. Gleichzeitig finden sich aus dieser Zeit öffentliche Bauten in Arad, Beerscheba und vor allem in Lachisch.

Die Kooperation mit dem Nordreich fand ein Ende mit der Ausrottung des Hauses Omri durch Jehu. Ihm fielen auch der Sohn Ataljas, Ahasja, und die anderen judäischen Prinzen bis auf den minderjährigen Joasch zum Opfer. In Jerusalem übernahm vorerst Atalja für sechs Jahre das Regiment. Ähnlich traditionalistische Kreise wie jene, die im Nordreich die Omridynastie ausgerottet haben, ermordeten auch Atalja. Ihr Nachfolger, Joasch (836–797a) bzw. dessen Vormund, der Priester Jojada, organisierten eine umfangreiche Tempelrenovation. Der Tempel muss zu dieser Zeit schon eine Weile bestanden haben. Wenn er von Salomo erbaut worden war, war er damals rund 100 Jahre alt. Die Episode zeigt einmal mehr die enge Verbindung zw. dem König und dem Tempel JHWHs, die für Jerusalem so typisch ist.

Das Ende der Kooperation zw. Samaria und Jerusalem führte zu neuen kriegerischen Verwicklungen, in die sich auch die Aramäer mischten. Die lange Regierungszeit Jerobeams II. (784–744a) im Nordreich und die Asarja/Usijas im Südreich bedeuteten eine Pause vor dem Einbruch der Assyrer, der das Gesicht der Levante verwandelte.

7. JERUSALEM UND ASSUR – DER EINBRUCH DER WELTGESCHICHTE (ca. 730–625a)

7.1 EIN VISIONÄR BEGABTER BEOBACHTER DER INTERNATIONALEN SZENE

§ 417   Archäolog. ergibt sich für Jerusalem erst am Ende des 8. Jh.a ein neues Bild (vgl. § 466–470). Im Bereich der schriftlichen Zeugnisse hingegen setzt schon im letzten Drittel des 8. Jh.a etwas Neues ein. Nach den Amarna-Briefen, nach den in ihrem zeitlichen Ansatz umstrittenen Davids- und Salomoüberlieferungen und den annalistischen Angaben in den Königsbüchern wird zum ersten Mal eine schriftliche Überlieferung größeren Umfangs aus Jerusalem greifbar, die einem namentlich bekannten Mann zugeschrieben wird und wichtige theologische Positionen skizziert: das Jesajabuch. Jesaja scheint etwas später als die Propheten Amos und Hosea gewirkt zu haben. Im Gegensatz zu diesen stammte er anscheinend aus Jerusalem und hat sich – ebenfalls im Gegensatz zu ihnen – immer wieder mit der Stadt und ihrer Dynastie auseinandergesetzt. Nach Jes 6,1 erfolgte seine Berufung im Todesjahr des Königs Asarja/Usija (779–738a), also am Ende der mit der Herrschaft dieses Königs verbundenen Periode der Prosperität und der damit einhergehenden Missstände. Seine Berufungsvision steht jetzt aber am Anfang der Stellungnahmen des Propheten zum syrisch-efraïmitischen Krieg (§ 424–436) und scheint auch auf diese Situation hin formuliert zu sein. So soll sie dort diskutiert werden. Die Gestalt dieses Propheten und seine Botschaft sind nicht leicht zugänglich. »Vor dem Propheten steht das Buch. Wer zum Propheten will, ist zuerst an das Buch gewiesen« (O.H. Steck, Die Prophetenbücher und ihr theologisches Zeugnis, Tübingen 1996, 7).

DAS JESAJABUCH

§ 418   Das Jesajabuch ist eine äußerst komplexe Größe. Nach Jes 1,1b wirkte der Prophet in der Zeit der Könige Usija, Jotam, Ahas und Hiskija. Da nach 6,1 die Berufung ins Todesjahr Usijas fiel, bedeutet das den Zeitraum zw. 738 und 693a. Überschriften und formale Eigenheiten gliedern den Komplex in folgende Einheiten:

1	Überschrift 1,1: »Schauung Jesajas, des Sohnes des Amoz, die er schaute über Juda und Jerusalem.«
2–12	Überschrift 2,1: »Das Wort, das schaute, Jesaja, der Sohn des Amoz, über Juda und Jerusalem.«
13–23	»Aussprüche« Überschrift 13,1: »Ausspruch über Babel, den schaute Jesaja, der Sohn des Amoz.« Sammlung der mit »Ausspruch« (*massa'*) betitelten Texte (13,1; 15,1; 17,1; 19,1; 21,1.11.13; 22,1; 23,1; vgl. 14,28; 30,6).
24–27	Textbereich, der durch signifikantes Fehlen der Elemente »Ausspruch« (*massa'*) und »Wehe« (*hoj*) ausgegrenzt wird.
28–35	Wehe-Rufe Durch »Wehe« (*hoj*) gegliederter Textkomplex (28,1; 29,1.15; 30,1; 31,1; 33,1).
36–39	Erzählstoff, der sich mit Ausnahme des Gebets Jes 38,9–20 auch in 2Kön 18,13.17–20,19 findet (vgl. Jüngling, in: Zenger, Einleitung [5]2004, 429).
40–55	So genannter Deuterojesaja
56–66	So genannter Tritojesaja

Ein Prophetenwort im weitesten Sinn ist eine Botschaft, die ein Prophet oder eine Prophetin auf welchem Wege auch immer (Audition, Vision, Traum) im Hinblick auf ein bestimmtes Ereignis oder eine bestimmte Person direkt von einer Gottheit empfangen hat, und die er bzw. sie sorgfältig formuliert an den oder die Adressaten weitergibt. Die bibl. Prophetenbücher dürften in größerem oder geringerem Umfang solche Gelegenheitsbotschaften enthalten. Nebst diesen ist in allen Prophetenbüchern Material zu finden, das von dem oder den Herausgebern hinzugefügt worden ist. Dieses besteht oft nicht nur aus prophetischen Botschaften, sondern Elementen anderer Art wie Bemerkungen zur Situation, in der die Botschaft ergangen ist, Kurzerzählungen, Ermahnungen, Hymnen, Bittgebeten etc. Bei den Herausgebern dürfte es sich in der Regel um Schüler und Anhänger des Propheten gehandelt haben, dessen Werk sie verwalteten und weiterführten. Sprache, Metaphorik und Botschaft sind oft von erstaunlicher Homogenität (vgl. zum Jeremia- resp. Ezechiel-Buch § 890–895. 901–904). Inhaltlich beschäftigen sich die Texte des Jesajabuchs mit einem Zeitraum, der sich vom jud. König Usijahu (779–738a) mindestens bis zum Perserkönig Kyrus (559–529a; Jes 44,28; 45,1) erstreckt. Bis zur Aufklärung hatte man kaum ein Problem damit, dass ein Prophet vom Ende des 8. Jh.a Ereignisse des 6. Jh.a voraus wusste und ansprach. Sirach sagt von Jesaja: »Mit großer Geisteskraft schaute er die Zukunft und tröstete die Trauernden in Zion. Für fernste Zeiten verkündete er das Kommende und das Verborgene bevor es geschah« (48,24f). Die Päpstliche Bibelkommission hat sich aufgrund eines solchen Offenbarungsverständnisses noch am 29. 6. 1908 für die Echtheit und Einheit des ganzen Jesajabuches ausgesprochen (H. Denzinger/A. Schönmetzer, Enchirdion Symbolorum, Definitionum et Declarationum de Rebus Fidei et Morum, Freiburg i. Br. [32]1963, § 3505–3509). Ihr Entscheid richtete sich vor allem gegen die These eines sog. Deuterojesaja. Nachdem schon Ibn Esra (ca. 1055–1138p) Jes 40–66 einem Propheten der Exilszeit zugesprochen hatte (VT.S 36, 1985, 259–261, Simon), setzte sich diese Auffassung seit J.G. Eichhorns einflussreicher »Einleitung in das Alte Testament« (1782) in der hist.-kritischen Exegese durch. Später unterschied man zusätzlich zw. Deuterojesaja (Jes 40–55) mit seinem babylon. Hintergrund und Tritojesaja (Jes 56–66), in dem dieser keine Rolle mehr spielt. Bei der berechtigten Abgrenzung solcher Einheiten darf nicht vergessen werden, dass die Tradenten das Buch als Einheit und ihre Hinzufügungen als ein Weiterdenken und -reden im Geiste des Propheten gesehen haben. U. Berges hat dafür die schöne Formel vom Jesajabuch als literarischer Kathedrale geprägt (BiKi 61, 2006, 190–197). Bei einer Kathedrale dürfte aber die Einheit des Werkes, auch wenn über Generationen hin gebaut wurde, stärker im Vordergrund gestanden haben als beim Jesajabuch. Hier scheinen die jeweiligen »Fortschreiber« die Herausforderungen der je verschiedenen Zeit oft stärker gewichtet zu haben als die Kohärenz des Ganzen (zum Problem vgl. auch BiKi 61, 2006, 208–211, Werlitz; § 1141–1145).

DER HISTORISCHE JESAJA

§ 419   Wie beim Jeremiabuch (§ 803–808) stehen sich auch beim Jesajabuch Maximalisten, die sehr große Teile des Buches dem Propheten aus dem 8. Jh.a zuschreiben (vgl. z.B. CBQ.MS 32, 2001, 169–190, Boadt), und Minimalisten, die kaum etwas dem Propheten belassen (ATD XVII–XVIII, Kaiser), gegenüber.

Eine sehr gute Diskussion neuester, bes. deutscher Forschungspositionen zum Problem des hist. Jesaja von M. Köckert, U. Becker und J. Barthel findet sich in: atm. 11, 2003, 105–135, Fischer/Schmid/Williamson. Eine gute Zusammenfassung der Ergebnisse, die als gesichert gelten können, liefert W. Beuken in BiKi 61/4, 2006, 198–202).

Bei den Kriterien, mittels derer man Texte dem Propheten zu- bzw. absprach, wurden der Standpunkt und die Erkenntnis leitenden Interessen des Exegeten nicht immer genügend reflektiert (vgl. § 1). H.W. Wolff und zahlreiche andere Exegeten, darunter auch Katholiken wie R. Kilian, vertraten z.B. die Meinung, alles sei authentisch, was der paulinisch-lutherischen Lehre von der Verderbtheit des natürlichen Menschen und seiner Gerichtsverfallenheit entspreche (TB 76, 1987, 39–49, Wolff; NEB XVII 7–10, Kilian; NEB XXXII 130, Kilian; und dazu FAT 19, 1997, 5.8, Barthel). Dieses Dogma hat auch in anderen Bereichen merkwürdige dogmatisch-exegetische Blüten getrieben (vgl. z.B. § 1061 letzter Abschnitt; § 1099). Die Sicht Jesajas als reinem Unheilspropheten hat auch Mühe mit der Tatsache, dass Jesaja schon in den Jahren vor der Zerstörung Jerusalems im Jahre 587a als Heilsprophet galt und so im Gegensatz zu Jeremia und Ezechiel vom DtrG positiv rezipiert wurde (vgl. § 985–1009).

Ein Pauschalkriterium ganz anderer Art hat neulich U. Becker aufgestellt. Er geht von dem ao Phänomen der Prophetie aus, wie es für Mari zur Zeit Hammurabis (18./17. Jh.a; Barstad, in: FS Naʾaman 21–52 mit Lit.), bes. aber für Assyrien zur Zeit Asarhaddons und Assurbanipals (681–630a) in der Nähe der bibl. Schriftprophetie belegt ist (vgl. dazu TUAT II/1, 56–65, Hecker; Ebd. 84–93, Dietrich; S. Parpola, Assyrian Prophecies. State Archives of Assyria IX, Helsinki 1997; M. Nissinen, References to Prophecy in Neo-Assyrian Sources. State Archives of Assyria VII, Helsinki 1998; M. Nissinen, Hg., Prophecy in Its Ancient Near Eastern Context. SBL.SS 13, Atlanta 2000; Weippert, in: AOAT 280 = FS Seybold, 2001, 31–59, Huwyler). Kurze Hinweise oder Textbeispiele für diese Art von Prophetie finden sich aber auch anderweitig, so z.B. in der Wenamun-Erzählung (§ 221), in der Zakkur-Inschrift (KAI Nr. 202), in der Deir ʿAlla-Inschrift (TUAT II/1, 138–148, Hoftijzer) und in den Lachisch-Ostraka (Renz/Röllig, Handbuch I 418f Ostrakon 3 Z. 20; 433f Ostrakon 16 Z. 5; zum Phänomen insgesamt vgl. die Beiträge in: FRLANT 201, 2003, Köckert/Nissinen). Diese Prophetie ist Gelegenheits-, weitest gehend Heilsprophetie. Von diesen Phänomenen her zieht Becker den Schluss: »Wenn in der Geschichtswissenschaft das Analogieprinzip noch gelten soll, so hat die These, die altisraelit. Propheten seien primär hofnahe Heilspropheten gewesen, die größte Wahrscheinlichkeit für sich« (in: atm. 11, 2003, 119, Fischer/Schmid/Williamson; FRLANT 178, 1997, 286, Becker). Analogien können zwar bei der *Interpretation* hist. Ereignisse von Nutzen sein, in der Regel taugen sie aber nicht dazu, hist. Sachverhalte zu postulieren oder gar zu behaupten. Aus der Tatsache, dass an manchen Orten anthropomorphe Kultbilder benützt worden sind, kann man nicht schließen, dass das auch in Jerusalem der Fall war (vgl. dazu § 360–364). Überdies konnten auch die von Becker anvisierten »Hofpropheten« dem König gelegentlich für diesen unangenehme Dinge sagen (vgl. § 221). Becker hat auch zu wenig beachtet, dass die Jesaja zeitlich und räumlich am nächsten stehenden prophetischen Phänomene, Amos und Hosea, kaum als »Hofprophetie« im traditionellen Sinne zu verstehen sind. Die altisraelit. Prophetie, wie sie mit diesen Gestalten ins Dasein tritt, ist mit der von Mari und Assyrien und ähnlichen Phänomenen nur bedingt vergleichbar. Jene haben im Gegensatz zur bibl. Schriftprophetie zu keinen Traditionsbildungen geführt (vgl. dazu grundlegend FAT 13, 1996, 20–33, Jeremias; ThLZ 131, 2006, 4–14, Jeremias). Becker vermag sie denn auch nicht überzeugend zu erklären. Ob ein bestimmter Text im Jesajabuch auf den hist. Jesaja zurückgeht oder im Falle von Fremdberichten den hist. Jesaja anvisiert, kann nur von Fall zu Fall entschieden werden. Grundsätzlich gilt bei jeder Wahrheitsfindung die »Unschuldvermutung«. Wenn O. Kaiser forderte, »dem Propheten grundsätzlich jedes Wort abzusprechen, das auch aus einer anderen Zeit erklärt werden kann« (ATD XVIII 4 unter Berufung auf W. Schottroff, in: ZThK 67, 1970, 293f), stellte er ein bewährtes juristisches Prinzip der Wahrheitsfindung auf den Kopf und führte die (deutschsprachige) Exegese in eine Sackgasse, aus der sie zur Zeit mühsam wieder herausfindet. Jes 40–55 wurden dem Propheten des 8. Jh.a abgesprochen, weil die Vormacht Babylons, das Exil vieler Judäer und Judäerinnen und der Aufstieg des Kyrus, die diese Kapitel reflektieren, mit dem 8. Jh.a nichts zu tun haben. In Jes 1*; 2–4*; 5–10; 14–23* und 28–32* begegnen hingegen Situationen, Gestalten und Motive, die mit dem Vormarsch der Assyrer unter Tilat-Pileser III., Salmanassar V., Sargon II. und Sanherib (ca. 745–681a) aktuell wurden und die in der jud. Reaktion, bei Ägypten Rückhalt zu suchen, ihre plausibelste Entsprechung finden. Außerbibl. Texte, archäolog. und ikonographische Funde bestätigen die bibl. Aussagen und auf die Aussage zweier oder dreier Zeugen steht eine Sache fest (Dtn 19,15). Versuche dieser Art der Annäherung an den hist. Jesaja sind neulich von E. Blum (ZAW 108, 1996, 547–568; 109, 1997, 12–29), J. Barthel (FAT 19, 1997) und U. Berges (HBS 16, 1998) vorgelegt worden. Noch vor dem Exil dürfte dann ein Jesajabuch existiert haben, das Jes 5–12; 14–23*; 27; 28–32 und 36–37 umfasste (vgl. FOTL 16, 1996, Sweeney; Jüngling, in: Zenger, Einleitung ⁵2004, 445).

Das Nebeneinander von Heilszusage und Unheilsandrohung erklärt sich am besten aus dem Anspruch prophetischer Worte, die Geschichte nicht nur zu deuten, sondern zu gestalten, indem sie zur Stellungnahme herausfordern. Hinter dieses in der jüdischen Überlieferung übliche Verständnis der jud. Prophetie dürfte es eigentlich kein Zurück geben (vgl. etwa M. Buber, Der Glaube der Propheten, Zürich 1950; G. Fohrer, Geschichte der israelitischen Religion, Berlin 1969, 285–291; BZ 21, 1977, 200–218, Keel). Hierin ist der wichtigste Grund zur Traditionsbildung zu suchen. Wenn nicht jetzt sollten sich die Warnungen, Drohungen und Verheißungen des Propheten doch noch (später!) als richtig und so als Heil stiftendes Wort Gottes erweisen. Angesichts des rasanten Tempos, mit dem die Ereignisse im letzten Drittel des 8. Jh.a abliefen und die Situationen wechselten, wäre es erstaunlich, wenn der Prophet immer die gleiche Position durchgehalten hätte. Er war ja kein Dogmatiker, der eine längst etablierte Lehre unbekümmert um die realen Geschehnisse unverändert wiederholte, sondern ein scharfer Beobachter derselben und ihrer Konsequenzen. Was die Botschaft Jesajas zusammen hält, ist die in Jes 6 referierte Erfahrung des Heiligen Israels, dessen Geschichtsmächtigkeit dem Propheten in rasch wechselnden Situationen und Erfahrungen gleich bestimmend blieb (vgl. dazu weiter Barthel, in: atm. 11, 2003, 133–135, Fischer/Schmid/Williamson).

Die eben gemachten grundsätzlichen Überlegungen können nicht verhindern, dass im Einzelnen viele Ungewissheiten bleiben. Das ist in jedem Prozess hist. Urteils- und

Wahrheitsfindung unvermeidlich und wird sich schnell zeigen, wenn im Folgenden bestimmte Passagen des Jesaja-Buches im Hinblick auf ihr Nähe zu den Ereignissen diskutiert werden.

7.2 DIE FRÜHVERKÜNDIGUNG JESAJAS UND IHRE QUELLEN

DIE WORTE DES AMOS

§ 420 In den ersten fünf Kapiteln des Jesajabuches haben manche Passagen in ihrer Thematik, teilweise auch in der Wortwahl vieles mit Amos bzw. dem Amosbuch gemeinsam (vgl. ZAW 49, 1931, 27, Budde; WMANT 12, 1963, Frey; eher kritisch BK X/3, 1581, Wildberger; vgl. auch § 458). Man schließt daraus auf eine Frühverkündigung des Propheten aus der Zeit vor dem syr.-efraïmitischen Krieg, die von der Verkündigung des Amos angeregt worden wäre. Es ist nicht unwahrscheinlich, dass ein Prophet sich bei seinen ersten Versuchen an einem anderen orientiert hat. Ähnlich werden sich in den ersten Kapiteln des Jeremiabuchs Anklänge an Hosea finden und wird sich die Frage einer Frühverkündigung des Propheten stellen (§ 813–815). Propheten sind ja auch Dichter, und wie mancher Dichter hat sich in seinen Anfängen am Werk eines Vorgängers orientiert!

Die Motive, die Jesaja mit Amos gemeinsam hat, finden sich bei Amos hauptsächlich in den Kap. 3–6 in seinen Worten gegen Samaria. Die Früh- oder Spätdatierung der Visionen in Amos 7–9 (Steins, in: HBS 44, 2004, 585–608, Hossfeld/Schwienhorst-Schönberger) berührt diese Problematik nicht. Amos wirkte nach der Überschrift in 1,1 unter Jerobeam II. und Asarja/Usija. In Usijas Todesjahr wird – wie gesagt – die Berufung Jesajas datiert. Wie Amos die Gier der vornehmen Frauen Samarias geißelt (Am 4,1–3), so polemisiert Jesaja gegen die Überheblichkeit der Bewohnerinnen des Zion (Jes 3,16–24). Wie Amos stellt Jesaja in seiner Frühphase einem üppigen Kultbetrieb die Forderung JHWHs nach Recht und Gerechtigkeit entgegen (Am 5,21–27; Jes 1,10–17). Damit wird sowohl das alte Stammes-Ethos, das auf realer oder fiktiver Verwandtschaftlichkeit gründet wie das neue Ethos des Patrimonalkönigtums, das Solidarität mit der Klientel fordert, transzendiert durch ein Ethos, das letztlich in Gott als Schöpfer seinen Halt hat (ZAW 98, 1986, 161–179, Otto; Keel/Schroer, Schöpfung 156f).

Kultkritik findet sich auch in anderen Prophetenbüchern, so bei Hosea (8,13), Jeremia (6,19–21; 7,21–23; 14,11f) und Maleachi (1,10: 2,13–15). Früher hat man manche dieser Äußerungen als gegen den Kult generell gerichtet verstanden, als Ausdruck einer ethisch ausgerichteten prophetischen Religion, die man zu einer priesterlich kultischen in Gegensatz stellte (ZSTh 14, 1937, 63–85, Volz). Inzwischen hat man erkannt, dass die Kritik sich aber nicht grundsätzlich gegen Opfer u.ä. gerichtet hat, sondern gegen den Aberglauben, Opfer könnten ein Leben nach dem Willen JHWHs ersetzen (vgl. § 940).

»Eine der prophetischen verwandte Kultkritik findet sich in der Weisheit: ›Das Opfer der Frevler ist ein Gräuel für JHWH, aber das Gebet der Rechtschaffenen findet sein Wohlgefallen‹ (Spr. 15,8; vgl. 15,29; 21,3.27; 28,9; Koh 4,17). Die Antithese bezieht sich nicht auf ein (aufwändiges) Opfer und (schlichtes) Gebet, sondern auf Frevler und Gerechte. Es kommt nicht auf die kultische Handlung an, sondern auf den, der sie vollzieht!« (SBS 60, 1972, Schüngel-Straumann; NBL II 564f, Würthwein, mit Lit.; OTEs 16/3, 2003, 561–572, Ashby; vgl. auch Ps 40,7–9; 51,18f). In Ps 69,31f findet sich eine deutliche Abwertung des Opfers, dessen Gott nicht bedarf (Ps 50,7–15; Dan 14,1–22G), zugunsten des Lobgesangs. Die V. spiegeln wohl Konflikte zw. Opferpriestern und den rangmäßig niedrigeren Tempelsängern und -musikanten wider.

§ 421   Von Amos (5,18–20) dürfte Jesaja auch das neue und erschreckende Verständnis vom JHWH-Tag übernommen haben, der nicht ein Tag des Sieges und Triumphes (Ps 118,24), sondern ein Tag des Gerichts über JHWHs Volk sein wird. Aber während Amos diese Neuinterpretation mit dem Gegensatz »nicht Licht, sondern Dunkel« formuliert, ist es für Jesaja in seinem eindrücklichen Gedicht in 2,6–21 ein Triumph des Höheren über alles Hohe. Dabei erscheint das Höhere, das alles Hohe demütigt, nicht als Dunkel, sondern naht in »seinem erhabenen Glanz« ($h^a dar$ $g^{e\prime}ono$) wie eine Sonne, die zu nahe herankommt und Panik verbreitet. Alles Stolze verkriecht sich in Felshöhlen und Erdlöcher (vgl. den Kehrvers 2,10.19 und 21). Die Symbolisierung des Hohen und Stolzen durch Gold und Pferde, Zedern und Tarschisch-Schiffe erinnert entfernt an die traditionelle Schilderung der Zeit Salomos, die so einen überheblichen Zug erhält.

Amos 9,1–4 (vgl. auch Ps 139) stellt die Unmöglichkeit dar, vor JHWH zu fliehen. JHWH kontrolliert wie der Sonnengott auch die Unterwelt (zu den Sonnenvorstellungen in diesem Text vgl. Irsigler, in: QD 209, 2004, 184–233, Irsigler). Die Aussichtslosigkeit, in der Unterwelt Schutz zu finden, apostrophiert auch Jesaja (22,15), vielleicht ebenfalls in Abhängigkeit von Amos.

SONNENGOTT-TRADITIONEN

§ 422   Während bei Amos die sozialen Anliegen im Vordergrund stehen, verschiebt sich bei Jesaja das Problem eher in die Richtung menschlicher Überheblichkeit. Auf die israelit. Traditionen des Auszugs, des Gottesberges, des Bundesschlusses und der Landnahme kommt (der frühe) Jesaja im Gegensatz zu seinem älteren Zeitgenossen Hosea mit keinem Wort zu sprechen. Hingegen nimmt er wiederholt auf die Sodom-Tradition Bezug und zwar als auf etwas selbstverständlich Bekanntes. Mit Sodom, mit »Recht und Gerechtigkeit« kommen bei Jesaja alte Jerusalemer Traditionen zum Zug (zu Sodom und einigen Details der jesajanischen Sodom-Rezeption vgl. § 338; zu $ṣædæq$ vgl. § 225–227). Im Gegensatz zu Amos, der Bet-El und vor allem Samaria im Auge hatte (3,9.12; 4,1.4f; 6,1), meint Jesaja mit den »Sodomsherrschern« und dem »Gomorravolk« die einschlägigen Leute von Jerusalem und Juda (Jes 1,10). Jerusalem und Juda werden auch in Jes 3,8f mit Sodom verglichen als die, die den majestätischen Augen JHWHs (ʿene $k^e bodo$; vgl. Ps 19,2 $k^e bod$-ʾel und die Sonne in den V. 5b–7) trotzen und ganz offen von ihren Verfehlungen reden.

Mehrmals spricht Jesaja nicht von »Jerusalem und Juda«, sondern nur von der Stadt, deren Traditionen der Prophet benützt. Die Stadt, so beklagt er, war einst die zuverlässige ($næ\prime^{\alpha}manah$) und voll von Recht und Gerechtigkeit ($ṣædæq$ und $mišpaṭ$). Jetzt aber ist sie bestechlich und käuflich geworden, weil ihre Führungsschicht eine Diebesbande ist. Eine neue Führungsschicht soll sie wieder zu dem machen, was sie einst war, nämlich die ʿir ha-$ṣædæq$ »die Stadt der Gerechtigkeit« (Jes 1,21–26; vgl. besonders die V. 21 und 26, die eine Inclusio bilden). Der Zusatz in V. 27 fasst kurz und bündig zusammen: »Zion wird durch Recht (*mišpaṭ*) gerettet und die es bewohnen (?) durch Gerechtigkeit (*ṣædæq*)«. Um Recht (*mišpaṭ*) und Gerechtigkeit (*ṣᵉdaqah*) geht es auch in dem zu Recht berühmten Weinberglied in Jes 5,1–7, wie der letzte V. zeigt (vgl. auch Jes 5,16). Auch Amos hat von der Beugung des Rechts und von Bestechlichkeit gesprochen (5,7.10–15). Aber während es Amos um soziale Gerechtigkeit und um das Verhältnis zu dem Gott geht, der sie garantiert, geht es Jesaja um die Stadt, die zw. beiden vermittelt. Im Gegensatz zu Amos bietet er das konturierte Bild einer kollektiven Größe, innerhalb derer und mittels derer Einzelne und Familien vor Gott gestellt werden. Für diese kollektive Größe steht der »Weinberg« in Jes 5,1–7. Sie soll von »Recht und Gerechtigkeit« geprägt sein. Mit »Recht und Gerechtigkeit« dürften nicht nur abstrakte Prinzipien, sondern ao Rechtstraditionen gemeint sein, die schon im Codex Hammurabi unter den Schutz des Sonnengottes gestellt worden sind und an denen Jerusalem spätestens seit der SBZ (vgl. § 10.113) teilgehabt haben dürfte (vgl. weiter § 225–227).

§ 423   Der Beitrag, den Jesaja als Jerusalemer aus der Tradition seiner Stadt übernimmt, soll hier als Zionstheologie bezeichnet werden. Damit sind nicht in erster Linie Mythologumena gemeint wie die Auffassung vom Zion als Zaphon (vgl. Ps 48,3), als Quellort einer Art von Paradiesesstrom (vgl. § 373–376; Ps 46,5; Ez 47,1f), als Ort, wo JHWH dem Ansturm der Chaoswasser (Ps 93), feindlicher Könige (Ps 2; 110,4f) und feindlicher Nationen standhält (Ps 46,7) und so die Unüberwindlichkeit des Zion garantiert (JBL 92, 1973, 329–344, Roberts). Das sind Vorstellungen, wie sie ähnlich mit jedem ao Tempel verbunden waren (vgl. z.B. den Sieg über feindliche Heere und Tiere auf den Außenwänden ägypt. Tempel: AOBPs Abb. 405a). Mit »Zionstheologie« sind hier die Traditionen gemeint, die in Spuren bis in die SBZ zurück verfolgt werden können und die den Zion zuerst als Heiligtum einer Sonnengottheit und später zusätzlich als Heiligtum JHWHs charakterisiert haben.

Das Gottesbild Jesajas mit seinem erhabenen Glanz und den strahlenden Augen ist weniger vom Gott geprägt, der im Wolkendunkel wohnt (vgl. 1Kön 8,12), als eher vom Sonnengott, der Sodom um seiner Ungerechtigkeit willen mit Feuer zerstörte und Jerusalem wieder zu einer Stadt der Gerechtigkeit machen will. Der Unterlegene von Jos 10,12f (der Sonnengott; vgl. § 148–153) hat, was den jungen Jesaja betrifft, den Sieger (JHWH als Sturm- und Kriegsgott) stärker geprägt als umgekehrt, wenn die Sturm- und Wettergott-Metaphorik bei Jesaja auch nicht ganz fehlt. Im 8. Jh.a war der Einfluss der Sonnengott-Ikonographie auf die religiösen Symbolsysteme der Levante generell stark (§ 441.481f; vgl. GGG 282–298). Die große Vision in Jes 6 wird diesen Eindruck ebenso bestätigen wie die Ikonographie Hiskijas.

E. Otto findet im »Bundesbuch« (Ex 21,1–23,33), das auch etwa in dieser Zeit redigiert worden sein dürfte, Hinweise auf Rechtsvorstellungen, die nur von einer Sonnengottreligion her adäquat zu verstehen sind, so in Ex 22,20–26 (ZThK 88, 1991, 165–168). »Die solare Rolle Jahwes als Wahrer des Rechts stammt ohne Zweifel aus der Jerusalemer Tempeltheologie« (Köckert, in: FS Smend 19; unter Verweis auf StB 3, 1988, Otto). Ob sie aus der Tempeltheologie stammt, bleibe dahingestellt; jedenfalls aus Jerusalemer Sonnengottüberlieferungen, die ebenso gut in königlichen wie in priesterlichen Schreiberstuben tradiert worden sein können (vgl. § 227).

M. Köckert referiert fünf neuere Theorien, wie das Gesetz an den Sinai gekommen sein soll. Alle fünf Hypothesen und seine eigene versuchen die Frage literargeschichtlich zu lösen (in: FS Smend 13–27, bes. 15–19). Motivgeschichtlich betrachtet dürfte die Identifizierung JHWHs mit dem Sonnengott dazu geführt haben, dass JHWH auch zum Urheber rechtlicher Bestimmungen wurde, wie er in der Sodomgeschichte an Stelle des Sonnengotts zum Richter am Morgen geworden ist (§ 336–340). Da er selbst auf einem Berg im S beheimatet war (§ 236f), mussten der Bund (§ 613.711) und die Rechtsordnungen, wenn man sie auf die Anfänge der Geschichte JHWHs mit Israel zurückführen wollte, an den Gottesberg zurückgeführt werden. Die P hat sogar den Ursprung des im Bewusstsein Israels relativ späten Tempelkults dort angesiedelt (§ 1221–1256).

7.3 DER SYRISCH-EFRAÏMITISCHE KRIEG UND DER ANFANG DES ASSYRISCHEN JOCHS

DIE POLITISCHE GROSSWETTERLAGE ZWISCHEN 780 UND 734a

§ 424   Im Nachhinein erwiesen sich die relativ friedlichen und prosperierenden Jahre von ca. 780–740a als Ruhe vor dem Sturm, den Leute wie Amos schon zu ahnen schienen. Dieser Sturm lauerte im fernen Assur, das seit dem 9. Jh.a als bald akute, bald latente Gefahr die Levante bedrohte (→I **101**). Im assyr. Dreieck immer wieder von den Bergvölkern und den Nomaden der w Steppe angegriffen, hatte sich Assur zur aggressiven Militärmacht entwickelt (Iraq 25, 1963, 131–144, von Soden; W. Mayer, Politik und Kriegskunst der Assyrer, Abhandlungen zur Literatur Alt-Syrien-Palästinas und Mesopotamiens 9, 1995). Mit der Thronbesteigung Tiglat-Pilesers III. (745–727) gewann diese Bedrohung für Israel und Juda vorher nicht gekannte Nähe und Intensität. 738a griff Tiglat-Pileser in einem Großaufmarsch nach Mittelsyrien über und annektierte große Teile des Aramäerstaates von Hamat (vgl. Weippert, Zur Syrienpolitik Tiglathpilesers; zum Phänomen im allgemeinen: R. Lamperichs, Die Westexpansion des neuassyrischen Reiches, AOAT 239, 1995). Unter den vielen Kleinkönigen, die, von diesem Aufmarsch erschreckt, eilig mit Tribut und Ergebenheitsadressen aufwarteten, waren Rezin von Damaskus und Menahem von Israel, wie 2Kön 15,17–22 und zwei assyr. Quellen berichten (TUAT I/4, 371.378, Borger; Tadmor, Tiglath-Pileser 68f.106f). Es ist möglich, dass es sich um zwei verschiedene Tribute, einen »Unterwerfungstribut« und einen der jährlichen Standardtribute handelt (vgl. ebd. 274–276; vgl. dazu weiter J. Bär, Der assyrische Tribut und seine Darstellung, AOAT 243, 1996).

Vom König von Juda verlautet in diesem Zusammenhang nichts (RLA V 227, Hawkins). Ein Jahr vor dem mittelsyr. Aufmarsch Tiglat-Pilesers war in Jerusalem **Jotam**, der Sohn Usijas, König geworden (738–736a). Außer den Standardinformationen wird von ihm in 2Kön 15,32–38 nur gesagt, dass er das obere Tor am Haus JHWHs baute (V. 35; vgl. § 372.384). Er war auf seinen Bergen anscheinend noch nicht unmittelbar bedroht.

§ 425   Die Bedrohung wurde für Juda und Jerusalem akuter, als 736a (oder evtl. erst 734a; zur Chronologie vgl. § 472) **Ahas**, der Sohn Jotams, der gerade 20 Jahre alt geworden war, König in Jerusalem wurde (736–728/727 oder 715/714a; vgl. § 473). Im Jahr seiner Thronbesteigung stieß Tiglat-Pileser III. der Küste entlang bis nach →II Gaza und an den »Bach Ägyptens« (→II 101f) vor, wo er eine Siegesstele aufrichten ließ. Den Fürsten von Gaza, Chanun, der nach Ägypten geflohen war (vgl.

OBO 170, 1999, 153 f.186, Schipper), setzte er als Vasallen wieder ein und machte Gaza zu einer Hafenstadt für Assur (TGI³ 56; TUAT I/4, 375–378, Borger; Tadmor, Tiglath-Pileser 176–179). Der Zweck dieser Aktion war vielleicht, eine (wohl zu Unrecht) vermutete ägypt. Intervention in Palästina zu verhindern oder ganz einfach bis an die S-Spitze der Levante vorzustoßen und eine der Endstationen des Weihrauch- und Gewürzehandels unter Kontrolle zu bringen. Die Späher und Spione des jungen Königs in Jerusalem hatten Gelegenheit, die Art des assyr. Vorgehens und den Umgang der Assyrer mit Widerstand jeder Art aus nächster Nähe zu beobachten.

Ahas ist im AT eine der Hauptpersonen einer Krise, die traditionell den etwas merkwürdigen Namen syro-efraïmitischer Krieg trägt. Das »syrisch« geht darauf zurück, dass »aramäisch« in der alten griech. Übersetzung mit »syrisch« übersetzt wird, und »efraïmitisch« steht als Pars pro Toto für »israelitisch«, verständlicher müsste es also »aramäisch-israelitischer Krieg (gegen Juda)« heißen.

DIE QUELLEN FÜR DEN SYRISCH-EFRAÏMITISCHEN KRIEG

§ 426   Als Quellen für diesen Krieg oder besser für diese Krise stehen 2Kön 15,29f.37 und 16,5–9 sowie zwei assyr. Texte zur Verfügung, die zwei Protagonisten des Geschehens nennen: Rachianu (= Raqian = Raṣian = Reṣin) von Damaskus und Pekach von Israel (TUAT I/4, 373 f.376–378, Borger; Tadmor, Tiglath-Pileser 140 f.186–189; vgl. 277f.). Dazu kommen eine Reihe von Prophetentexten, die mit mehr oder weniger großer Gewissheit auf dieses Geschehen bezogen werden können: die »Denkschrift« Jesajas, wahrscheinlich Jes 6,1–11*; 7,1–14.16–20* und 8,1–8.11–18*; sein großes Gedicht gegen das Nordreich Jes 9,7–20 (+ 5,25–30); das Gedicht gegen Damaskus und das Nordreich Jes 17,1–6 und evtl. 10,28–34; Hos 5,1f; 5,8–6,6; 8,7–10. Die Jesajatexte werden im nächsten Abschnitt ausführlicher diskutiert, da sie für die »Zionstheologie« des Propheten grundlegend sind. Vorerst werden sie nur zur Rekonstruktion des geschichtlichen Geschehens beigezogen (Smend, Entstehung 149; GAT IV/2, 337, Donner).

REKONSTRUKTION DES GESCHEHENS

§ 427   Die genannten Texte sind von J. Begrich als Hinweis auf einen Krieg gedeutet worden, den Rezin von Damaskus und Pekach von Israel geführt hätten, um Ahas von Juda dazu zu zwingen, einer antiassyr. Koalition beizutreten oder um ihn durch einen Mann zu ersetzen (Jes 7,6), der hierzu willens gewesen wäre (ZDMG 83, 1929, 213–237 = TB 21, 1964, 99–131). In dieser Rekonstruktion der Ereignisse sind ihm sehr viele gefolgt. Zweifel sind nur vereinzelt laut geworden. Aber nachdem O. Kaiser die berühmte Perikope Jes 7,1–9 als im Schatten der dtr. Theologie stehend glaubte erwiesen zu haben (ATD XVII 143) und der Bann so gebrochen war, konnte die These aufgestellt werden, dass 2Kön 16,5.7–9 ursprünglich nur von einem aram. Angriff (Singular in 2Kön 16,5) auf Juda ohne Beteiligung Israels gesprochen habe, dem bloß lokale Bedeutung zugekommen sei. Jes 7,1–9, das nicht vom Propheten Jesaja bzw. aus seiner Zeit stamme (s.o. Kaiser; vgl. dagegen VT.S 16, 1967, 288f, Smend), rede nur von einem unausgeführten aram. Angriffs*plan* und habe ursprünglich mit 2Kön 16,5.7–9 nichts zu tun (ZAW 99, 1987, 361–384, Bickert).

§ 428   Nun mag an Begrichs »syro-efraïmitischem Krieg« manches etwas konstruiert sein. Es ist auch evident, dass Jes 7,1–9 nicht das Gleiche berichtet wie 2Kön 16,5–9. Das eine Mal ist von einem *Angriffsplan*, das andere Mal von einem *Angriff* die Rede. Da es sich aber um dieselbe Zeit, dieselben Protagonisten (Angreifer und Angegriffene) und denselben Schauplatz handelt, liegt es nahe, die beiden in eine Beziehung zu setzen, wenn diese auch nicht in allen Punkten durchsichtig ist. Gewisse Unterschiede können positiv als Hinweis auf zwei unabhängige Quellen gewertet werden. H. Donner hat den Versuch gemacht, das Geschehen im einzelnen und mit Bezug auf die Quellen zu ordnen. Die Grundkonstellation ist ziemlich eindeutig (GAT IV/2, 334–347). Kaisers zeitlicher Einordnung von Jes 7,1–9 liegt ein etwas schulmäßiges Entwicklungsschema zugrunde, das keine Beweiskraft hat. Texte, in denen sich ein Begriff findet, der auch im Dtn vorkommt, werden für exil. oder nachexil. erklärt. Dieses Prozedere geht von der Voraussetzung aus, die dtn. Theologie sei eines Tages fertig und schwer bewaffnet dem Haupt ihrer Schöpfer entstiegen. Es überschätzt auch massiv die Fähigkeit antiker Schriftsteller späterer Zeiten, frühere hist. Epochen realistisch rekonstruieren zu können (§ 176f).

§ 429   Es ist richtig, dass weder in 2Kön 16,5–9, noch in Jes 7,1–9, noch in assyr. Quellen explizit davon die Rede ist, dass Ahas von Juda gezwungen worden sei, einer antiassyr. Koalition beizutreten (JSOT 59, 1993, 55–71, Tomes). Aber die Bedrohung Judas durch Rezin und Pekach wird in beiden Quellen klar ausgesprochen. Rezin und Pekach enden als Feinde der assyr. Hegemonialmacht (vgl. die in § 426 genannten Texte). Es liegt deshalb nahe, ihre gegen Juda geplanten oder ausgeführten Aktionen mit ihrem Widerstand gegen Assur in Zusammenhang zu bringen.

§ 430   Ahas reagiert auf die Bedrohung, deren Höhepunkt wahrscheinlich in den Winter 736/735 oder 734/733 oder ins Frühjahr 735 oder 733a zu datieren ist (GAT IV/2, 340, Donner), völlig realpolitisch. Er setzt die Verteidigungswerke instand. Vor allem aber ist Ahas in der Tradition der palästin. Stadtstaaten, die wie Jerusalem selbst während Jahrhunderten Ägypten Tribut bezahlt haben (§ 117; vgl. auch § 391), bereit, dasselbe jetzt Assur gegenüber zu tun. Gleichzeitig kann er damit die Bitte an den Großkönig verbinden, ihn vom Druck Rezins und Pekachs zu befreien (2Kön 16,7f). Ahas wiederholte also *mutatis mutandis* die Aktion, die sein Vorgänger, Asa von Juda, beim Angriff Baschas von Israel durchgeführt hatte (1Kön 15,16–19; § 401; vgl. auch § 396.414). Um seiner Haltung Nachdruck zu verleihen, schickt er den ganzen Tempel- und Palastschatz an Tiglat-Pileser und erklärt sich freiwillig als sein Vasall (»Ich bin dein Knecht und dein Sohn«; vgl. dazu § 614f). Vielleicht war Juda schon unter seinem Großvater Usija Vasall geworden. In einem 1989 entdeckten assyr. Königinnengrab in Nimrud (Gruft II; J. und D. Oates, Nimrud. An Assyrian Imperial City Revealed, London 2001, 78–104) wurden die Gebeine zweier Königinnen entdeckt. Die eine, namens Jaba, war Gattin Tiglat-Pilesers III. und Mutter des Thronfolgers Salmanassars V., die zweite, namens Atalja, war Gemahlin Sargons II. und Mutter Sanheribs. St. Dalley hat in beiden jud. Königstöchter sehen wollen und daraus weitreichende Schlüsse auf die Beziehungen zw. dem jud. und dem assyr. Hof schon zur Zeit Usijas gezogen (SAAB 12, 1998, erschienen 2000, 83–98, bes. 88f). R. Achenbach hat auf die Fragwürdigkeit der Interpretation des Befunds durch St. Dalley und bes. die Fragwürdigkeit der daraus gezogenen Schlüsse hingewiesen (BN 113, 2002, 29–38).

Träfen die Vermutungen St. Dalleys zu, hätte sich Ahas dem Assyrerkönig nicht freiwillig als Vasall unterworfen, sondern hätte mit seinem »Ich bin dein Knecht und dein Sohn« nur an den bereits bestehenden Vasallenstatus erinnert, um seine Bitte um Entlastung zu begründen. Gegen S.A. Irvine u.a., die im Hilfsgesuch Ahas' ein dtr. Konstrukt sehen (SBL.DS 123, 1990), macht B. Oded den Vorgang mit Hilfe von Parallelen plausibel (FS Dothan M. 63–71; BA 59, 1996, 213–223, Parker; KAI Nr. 24,5–8; vielleicht auch KAI Nr. 202A,4–17; 215,10–15). Ungefähr gleichzeitig und ähnlich wie Ahas hat sich Awarikas/Urikki, der König von Koë (Qüe; vgl. 1Kön 10,28), freiwillig Assur unterworfen. In einer Inschrift sagt er von sich, ein assyr. König bzw. das ganze assyr. (Königs)haus sei für ihn wie ein Vater und eine Mutter geworden (CRAI, Juillet-Octobre 2000, 972 § VI, Tekoğlu/Lemaire). Zugunsten von Awarikas/Urikki hat Sargon II. dann gegen die Ionier und den König von Phrygien eingegriffen (ebd. 1003f).

Tiglat-Pileser III. griff zugunsten Ahas' Damaskus und das Nordreich an, was er wohl ohnehin getan hätte. Er fiel vermutlich 733a im N Israels ein und besetzte zusätzlich zu den wahrscheinlich bereits 734a eroberten Städten große Teile des Nordreiches und verschleppte ihre Bewohner nach Assur (2Kön 15,29). Es ist das erste Mal, dass wir von der Deportation von Teilen der israelit. Bevölkerung hören (vgl. § 464f.544,792–797.908). Diese Katastrophe hat zum Sturz Pekachs und zur Einsetzung des vorerst Assur treu ergebenen Hoschea geführt (2Kön 15,30). Tiglat-Pileser belagerte auch Damaskus, das er 732a eroberte. Rezin wurde hingerichtet (2Kön 16,9). Ahas war so vom aram.-israelit. Druck befreit und Vasall des Assyrerkönigs geworden.

RELIGIONSPOLITISCHE MASSNAHMEN DES KÖNIGS AHAS – BETONUNG DER SOLAREN ASPEKTE JHWHS?

§ 431 In 2Kön 16,10–18 (zur Geschichte des Textes vgl. OBO 97, 1990, 199–206, Zwickel) werden eine Reihe kultischer Maßnahmen berichtet, die Ahas mit Rücksicht auf den König von Assur vorgenommen habe (V. 18). Durch seine Unterwerfung unter Assur hat Ahas das starke Missfallen des DtrG erregt (JSOT 65, 1995, 37–53, Na'aman = CE III 262–268). Seine ganze Tätigkeit wird durch V. 18 in das schiefe Licht der Rücksichtnahme auf und der Abhängigkeit von Assur gestellt. Weder bezüglich des Brandopferaltars, noch der Entfernung der Tierbilder, noch der in V. 18 genannten architektonischen Maßnahmen ist assyr. Einfluss wahrscheinlich zu machen (McKay, Religion 5–12), auch wenn J. Gray einzelne dieser Maßnahmen als Beseitigung jud. königlicher Prärogativen deuten will, die den Vasallenstatus dokumentieren sollen (Kings 1977, 638). Die spezielle Terminologie und genaue Ortskenntnis des Abschnitts, die an 2Kön 11 (§ 407–410) und 2Kön 12,5–17 (§ 411–413) erinnern, sind wohl darauf zurückzuführen, dass das DtrG hier einmal mehr inschriftliches Material und genaue Kenntnis des vorexil. Tempels kombiniert hat (VT 48, 1998, 344–349, Na'aman = CE III 220–224).

Der Bau eines Altars

§ 432   Die erste Maßnahme ist der Bau eines großen Altars, von der das DtrG vielleicht von einer Dedikationsinschrift wusste (zu einer aram. Altarinschrift vgl. AfO 35, 1988, 73–78, Dankwarth/Müller). Spieckermann meint, Ahas habe einen prächtigen neuen Altar für JHWH erbaut und auf dem alten dann diskret die vom Reichsgott Assur verlangten Opfer dargebracht (vgl. FRLANT 129, 1982, 362–369; ebenso GAT VIII/1, 293f, Albertz). Diese Deutung gibt V. 18 zuviel Gewicht und ist unwahrscheinlich. Die Verpflichtung zu Opfern für Assur ist innerhalb des assyr. Systems nicht plausibel. Die Vorgänge in Gaza, auf denen Spieckermann sehr insistiert, sind ein Sonderfall. Nach 2Chr 28,23 hat Ahas auf dem neuen Altar den Göttern von Damaskus geopfert. In 1Kön 16 und auch sonst im DtrG wird der neue Altar aber nicht kritisiert. In keinem Reformbericht wird seine Beseitigung berichtet (SBL.MS 19, 1974, 73–77, Cogan).

Ahas hatte diesen Altar nach einem Vorbild bauen lassen, das er bei seinem Besuch bei Tiglat-Pileser III. in Damaskus gesehen haben soll. Man stieg über Stufen auf ihn hinauf (2Kön 16,12; vgl. dagegen Ex 20,25f). Es kann sich nicht um einen assyr. Altar gehandelt haben, da es keine assyr. Stufenaltäre gab. Das Vorbild dürfte, wie in Damaskus zu erwarten, ein aram. Altar gewesen sein (Galling, BRL 9f). J. De Groot (BWAT 31, 1924, 44f) und K. Galling (Der Altar 69) vermuten, der Ahas-Altar habe im Wesentlichen dem Altar von Ez 43,13–17 entsprochen (vgl. § 1205. 558). Die Größe dieses Altars hätte Tauben, Schwalben und Sperlingen erlaubt, einen Platz zum Nisten zu finden (Ps 84,4), besonders wenn der Altar aus unbehauenen Steinen aufgebaut war und allerhand Ritzen und Löcher aufwies. Nach 2Chr 4,1 soll ein Altar von den gewaltigen Ausmaßen des Ahas-Ezechielaltars schon in salomonischer Zeit bestanden haben, doch dürfte es sich dabei um einen Anachronismus handeln.

Der textliche und der archäolog. Befund sprechen dafür, dass Ahas in Jerusalem die Praxis, Brandopfer darzubringen, neu eingeführt und dafür einen großen steinernen Altar hat bauen lassen (2Kön 16,12f). Vielleicht hatte sich die Jerusalemer Priesterschaft schon länger einen solchen gewünscht (OBO 97, 1990, 209f, Zwickel; FS Boecker 61–70, Fritz). Das schwierige *lebaqqer* am Ende von 2Kön 16,15 könnte einen Hinweis auf die für die babylon.-assyr. Kultur so typische Eingeweideschau bei Schlachtopfern enthalten (vgl. Ps 27,4; UBL 3, 1985, Loretz).

Falls der Ahas-Altar tatsächlich die Dimensionen des Altars von Ez 43 hatte, übertraf er den Altar im Hof des Tempels von Arad Stratum X vom Ende des 8. Jh.a beträchtlich an Größe. Dessen Maße entsprachen den in Ex 27,1 für den kupferüberzogenen Holzaltar des Heiligtums vom Sinai geforderten 5 × 5 x 3 Ellen (ca. 2,5 × 2,5 × 1,5m). Er besaß keine Hörner. Er war dem Altargesetz von Ex 20,24f entsprechend aus Erde, Lehmziegeln und unbearbeiteten Steinen erbaut und hatte keine Stufen, um auf ihn hinaufzusteigen. Auf der Oberfläche lag eine große Flintsteinplatte, die von zwei aus Mörtel geformten Rillen umzogen war (FAT 10, 1994, 271, Zwickel). N.H. Gadeggard hat gezeigt, dass dieser Altar nicht für Brandopfer verwendet worden ist, da die Feuersteinplatte bei der Hitzeentwicklung gesprungen wäre (vgl. 1Kön 13,3.5). Auch zeigte der Lehm um und direkt unter der Platte keine Spuren von Hitzeeinwirkung. Der Altar diente offensichtlich nicht zum Verbrennen von Opfern, sondern zu ihrer Schlachtung. In den umlaufenden Rillen wurde das Blut aufgefangen (PEQ 110, 1978, 39). Das Blut wurde an den Altar oder die Massebe im Allerheiligsten gesprengt, das ausgekochte Fett wenigstens z.T. auf den Räucheraltärchen am Eingang zum Allerheiligsten verbrannt und das Fleisch von Priestern und Laien verzehrt (vgl. 1Sam 2,12–17).

Die Beseitigung von Stierbildern

§ 433   Ahas scheint im Falle des Altars seine Widersacher (die Aramäer von Damaskus) zu imitieren, falls das Kopieren eines damaszenischen Altars nicht Teil der dtr. Polemik gegen den König ist, die aus seinem Erscheinen vor Tiglat-Pileser in Damaskus herausgesponnen wurde. Die im Folgenden genannte Maßnahme (2Kön 16,17) kann als antiaram. bzw. antiisraelit. verstanden werden. Sie umfasste die Abtrennung der Leisten von den Kesselwagen, die nach 1Kön 7,29 mit Bildern von Löwen, Kerubim und Rindern (Stieren) versehen waren, und die Beseitigung der Rinder (Stiere), auf denen nach 1Kön 7,25 das »Bronzene Meer« bisher geruht hatte. 2Chr 28,24 interpretiert diese Maßnahmen als Angriff auf die Geräte des Hauses Gottes. Manche wollen darin einfach die Notwendigkeit am Werk sehen, Metall zu gewinnen, vielleicht für den Tribut an Assur (ATD XI/2, 391, Würthwein; Gray, Kings 1977, 637). Das ist unwahrscheinlich. Das DtrG hätte kaum versäumt, diesen Beweis der Abhängigkeit von Assur zu Lasten des Tempels zu vermerken. Es tat das sogar bei Hiskija (2Kön 18,13–16). Ein Tribut des Ahas in Form von Gold und Silber aus dem Tempel- und Palastschatz ist in 2Kön 16,8 erwähnt worden. Das DtrG hat ihn wohl als Verbrechen und Strafe zugleich gesehen (CBQ 54, 1992, 242, Mullen).

§ 434   W. Zwickel sieht in der Beseitigung von Bildern, die mit JHWH verbunden waren, einen frühen ikonoklastischen Vorgang (SJOT 7, 1993, 250–261). Hätte das DtrG Ahas positiv gewertet, hätte es diese Notiz höchst wahrscheinlich zu einer großen Reform ausgebaut wie bei Hiskija das Zertrümmern der »Ehernen Schlange« (vgl. § 487–495). Doch mag eine andere Erklärung näher liegen. Ahas imitierte vermutlich beim Bau des Brandopferaltars seine früheren Feinde. Mit der Beseitigung der Stiere mag er sich bewusst von ihnen abgesetzt haben. Bei den Aramäern von Damaskus wie bei denen von Aleppo (**265**) und von Koë (Quë; CRAI Juillet-Octobre 2000, 961–967, Tekoğlu/Lemaire) und im Nordreich (**266**), also bei seinen Wider-

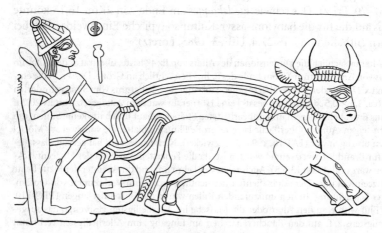

265   Der Wettergott besteigt seinen von einem Stier gezogenen Wagen. Relief von der Zitadelle von Aleppo (10./9. Jh.a)

266   Ein Verehrer (links außen)
vor einer Gottheit, die auf einem Stier steht;
Bronzeplakette aus →III Dan (9./8. Jh.a)

sachern, spielte im 10. bis 8. Jh.a der Stier des Wettergottes eine zentrale Rolle. Selbst wenn auf **266** eine weibliche Gottheit dargestellt ist (Ornan, in: FS Na'aman 297–312), steht sie auf dem Tier ihres Partners, des Wettergottes. Er hatte ursprünglich wohl auch in Juda als Attribut JHWHs ein gewisses Ansehen genossen (§ 149.376). Die von Jerobeam I. in Bet-El und Dan als Repräsentationen JHWHs (1Kön 12,28.32) aufgestellten Stierbilder (§ 397–399) konnte selbst der »Reformer« Jehu nicht beseitigen (vgl. 2Kön 10,29; 17,16), was das DtrG wohl nur zu gern berichtet hätte. Erst für den Propheten Hosea, der zur Zeit des Ahas im Nordreich wirkte, wurde der Kult der Stierbilder anstößig: »Menschen küssen Kälber« (Hos 13,2; vgl. 8,5f; 10,5f). In Jerusalem sind unter den zw. ca. 750 und 580a zahlreich gefundenen Tierfiguren Stierfiguren erstaunlicherweise äußerst selten (§ 149.342.376.392). Von den 926 Fragmenten von Tierfiguren aus den Shiloh-Grabungen in der Davidstadt können nur ein paar wenige eindeutig als Reste von Stierfiguren identifiziert werden (**267**; § 467; Qedem 35, 1996, 85, Fig. 14,1–5, Tchernov). Hingegen sind Dutzende Fragmente von Pferd- und Reiterfiguren gefunden worden (§ 665f).

Solare Ikonographie zur Zeit der Könige Usija und Ahas

§ 435   In Jerusalem scheint in der 2. Hälfte des 8. Jh.a der solare Aspekt JHWHs stärker betont worden zu sein als je zuvor. Auf zwei Siegelamuletten von hohen Beamten Usijas und auf dem Siegel eines Beamten des Ahas dominieren ägyptisierende Sonnenmotive (**268–269**; vgl. **224**; Avigad/Sass, Corpus Nr. 3–5). Das Gleiche gilt von einem schon im 19. Jh. in Jerusalem erworbenen und angeblich aus Jerusalem stammenden Siegel, das einem Qanajau gehörte (**270**). Der Name des Besitzers wird von einer geflügelten Sonnenscheibe und einem Udschatauge eingerahmt.

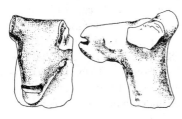

267   Stierkopf, dessen Hörner abgebrochen sind, aus dem Areal E1 (20b) der Shiloh-Grabung (8./7. Jh.a)

268   Siegel des Schebanjau, eines Ministers ('æbæd) des jud. Königs Usija; zwei geflügelte Sonnescheiben rahmen den Namen ein (um 779–738a)

269   Siegel des Uschna, eines Ministers des jud. Königs Ahas; über dem Namen eine bekrönte, von vier Uräen (Serafim) geschützte Sonnenscheibe (736–721a)

270   Siegel, das Qanajau gehörte; unter dem Namen des Besitzers ein Udschatauge (vgl. 373–374), darüber eine geflügelte Sonnenscheibe (8. Jh.a)

Ein Siegelabdruck mit der Inschrift *leʾaḥaz <ben> jehotam mælæk jehudah* »Für Ahas <Sohn> des Jotam, König von Juda« ist überraschenderweise anikonisch (271). Die Frage ist, ob er echt ist. Wenn ja, könnte es Ausdruck einer Tendenz zum Anikonismus sein, die sich auch in der Beseitigung der Stierbilder (§ 433f) dokumentiert. Wenn sie tatsächlich vorhanden war, dürfte sie sich aber vorerst nicht durchgesetzt haben. Auf den über 1000 Stempelabdrücken, die vom Sohn des Ahas, von Hiskija und auf seinen Bullen gefunden worden sind, sind keine anikonisch. Ihre Ikonographie stammt, ob phöniz. vermittelt oder nicht, ausschließlich aus der ägypt. Sonnensymbolik (vgl. § 480–482; 285–289.294–295). Die definitive Beseitigung der Stierbilder aus dem Jerusalemer Tempel dürfte die Beseitigung von Objekten dargestellt haben, die für die Sphäre JHWHs obsolet geworden waren. Das Bedürfnis, sich vom Gegner auch kultisch abzugrenzen bzw. Unterschiede zur Aufwertung der eigenen Identität zu benützen, lässt sich in Babylon gegenüber Assur feststellen (Seidl, in: OBO 175, 2000, 98–109, Uehlinger). Während in Jos 10,12f der Wettergott JHWH Sonne und Mond als Schutzgottheiten Jerusalems in die Schranken wies (§ 148–153), trat jetzt die alte Sturm- und Kampfgott-Vorstellung von JHWH zugunsten solarer Bilder in den Hintergrund.

271 Abdruck eines Siegels mit der Aufschrift »Für Ahas, <den Sohn des) Jotam, den König von Juda«; im Vergleich mit 285–289.294–295 überrascht das Fehlen eines bildlichen Elements (736–721a)

§ 436 Welcher Art die architektonischen Veränderungen genau waren, die Ahas nach 2Kön 16,18 im Tempelareal vornehmen ließ, und was sie bedeuteten, ist unklar. Sie verraten jedenfalls genaue Kenntnis der Örtlichkeiten und dortiger Dienstabläufe (VT 48, 1998, 346–348, Na'aman = CE III 220–224).

Dem DtrG ist Ahas verhasst. Dadurch, dass er auf den Altar steigt (V. 12f), wird er an Jerobeam I. herangerückt (1Kön 12,32f). In 2Kön 16,3 stellt das DtrG Ahas generell den Königen von Israel gleich und wirft ihm als erstem jud. König vor, er habe wie die Könige von Israel (vgl. 2Kön 17,17) seinen Sohn durchs Feuer gehen lassen (zu dieser Praxis § 586–613). Das DtrG favorisiert eine Haltung des nationalen Widerstands. Hiskija wird dementsprechend gut wegkommen.

7.4 DER SYRISCH-EFRAÏMITISCHE KRIEG AUS DER SICHT JESAJAS

DIE »DENKSCHRIFT«

§ 437 Das gewichtigste Zeugnis für eine prophetische Einschätzung der Vorgänge während des sog. syr.-efraïmitischen Krieges ist die so genannte »Denkschrift« Jesajas. Sie wird hier so ausführlich behandelt, weil sie das erste, einigermaßen sicher datierbare Zeugnis für eine Sicht ist, die in ihrer konsequenten Entfaltung JHWH als einzigen Lenker der Geschichte in Erscheinung treten lässt (§ 457). Hier wird eine der Wurzeln des israelit.-jud. Monotheismus greifbar. Die »Denkschrift« bestand im Wesentlichen wahrscheinlich aus den V. Jes 6,1–7*, evtl. 6,1–11*; 7,3–7*.14b.16* und 8,1–4.16.18* (vgl. § 438). Den Kern dürften die symbolischen Namen zweier Kinder des Propheten: Schear-Jaschub (7,3) und Maher-Schalal-Hasch-Bas (8,1.3), und der Name eines weiteren Kindes: Immanuel (7,14) – vielleicht ein Sohn des Ahas (vgl. § 453) – gebildet haben. Die Praxis, der prophetischen Botschaft lebendige Gestalt und Dauer zu verleihen, indem man sie in Kindern »inkarniert«, findet sich zum ersten Mal beim älteren Zeitgenossen Jesajas im Nordreich, bei Hosea (1,3.6.8). Ob und wie Jesaja in diesem Punkt von Hosea beeinflusst war, ist unklar. Ideen können zu einer bestimmten Zeit gleichsam in der Luft liegen. Der Wille, die prophetische Botschaft für die Zukunft zu erhalten, manifestiert sich im Jesajabuch auf verschiedene Weise: *erstens* in den Symbolnamen der Kinder, die der Botschaft – gleichsam inkarniert – Öffentlichkeit und Nachhaltigkeit verschaffen sollen; *zweitens* in der Aufforderung die Botschaft aufgeschrieben zu veröffentlichen (Jes 8,1) und *drittens* sie in Jüngern gleichsam zu archivieren (Jes 8,16f).

In der »Denkschrift« kommt im Vergleich zur Botschaft des frühen Jesaja (§ 420–423) ein ganz neuer, nicht mehr von Amos abhängiger Aspekt der Botschaft des Propheten zum Zug. Die »Denkschrift« beginnt mit einer Vision des thronenden JHWH Zebaot (6,3) und endet mit einem Verweis auf den JHWH Zebaot, »der auf dem Berge Zion wohnt (*ha-šoken bᵉhar ṣijon*)« (8,18; zum Titel JHWH Zebaot vgl. § 248.444). Der Text weist spätere Zusätze auf, aber aufs Ganze gesehen passt er am besten in die Zeit, aus der er zu stammen vorgibt (Schniewind, in: Vaughn/Killebrew, Jerusalem 2003, 387f). Die Serafim (Jes 6) sind typisch für die jud. Ikonographie der 2. Hälfte des 8. Jh.a (272–277). Ein Abdruck des Siegels von **274** ist in der Davidstadt gefunden worden (Qedem 41, 2000, 83, Shoham). Ein beidseitig graviertes Bronzesiegel mit einem geflügelten Uräus aus einem Grab vom Ende des 7. bzw. dem Beginn des 6. Jh.a (Reich/Sass, in: FS Mazar 314–316) stellt eine Ausnahme dar oder ist ein Erbstück (vgl. zum extrem seltenen Material Bronze OBO.A 13, 1997, Arad 25, Keel). Der Name *šᵉkanjahu* »JHWH wohnt (mit uns)« (vgl. Jes 8,18) ist auf einem jud. Siegel und auf jud. Bullen des 8./7. Jh. mehrmals belegt (Avigad/Sass, Corpus Nr. 358.630; Deutsch, Messages Nr. 79.86 = **277**).

272 Stempelsiegel-Amulett aus Lachisch, das einem Schefatjahu (Sohn) des Asajahu gehörte; oben ein Uräus (Saraf), der seine zwei Flügel nach vorn ausbreitet, um ein Lebenszeichen zu schützen (8. Jh.a)

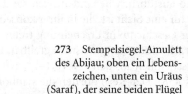

273 Stempelsiegel-Amulett des Abijau; oben ein Lebenszeichen, unten ein Uräus (Saraf), der seine beiden Flügel schützend ausbreitet (8. Jh.a)

274 Abdruck eines Stempelsiegel-Amuletts mit einem typisch jud. vierflügligen Uräus (Saraf), das dem Samak (dem Sohn) des Zefanjahu gehörte; zwei Abdrücke des Siegels sind in Lachisch, einer ist in Jerusalem gefunden worden (8. Jh.a)

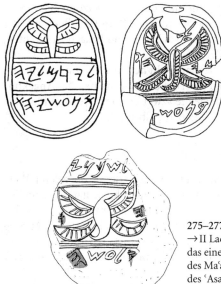

275–277 Zwei jud. Stempelsiegel-Amulette, eines aus →II Lachisch, und eine Bulle mit vierflügligen Uräen; das eine Siegel gehörte dem Jahmoljahu (dem Sohn) des Maʿasejahu, das andere dem Jirmejahu dem Sohn des ʿAsae<l> und die Bulle wurde mit dem Siegel des Schekanja<hu> (dem Sohn) des Elʿasa gemacht (8. Jh.a)

§ 438   Die zeitgenössische Substanz der »Denkschrift« ist denn auch in mehreren neueren Arbeiten verteidigt worden. In einer Reihe von neueren Studien wurden detaillierte literarkritische Positionen erarbeitet und begründet, die hier nicht im Einzelnen referiert werden können (vgl. z.B. ZAW 108, 1996, 547–568; 109, 1997, 12–29, Blum; FAT 19, 1997, 37–242, Barthel; OBO 154, 1997, 251f, Bosshard-Nepustil; Barthel, in: atm. 11, 2003, 127–135, Fischer/Schmid/Williamson; BThSt 74, 2006, Hartenstein; anders FRLANT 178, 1997, 21–123, Becker). Selbst Becker betrachtet wenigstens Jes 6,1–8* und 8,1.3f.16* als jesajanisch, ja als Kern des ganzen Buches (FRLANT 178, 1997, 121–123; ThR 64, 1999, 131). Das heißt nicht, dass die »Denkschrift« als Ganzes als Werk des Propheten aufgefasst werden muss. Sie ist eher als redaktionelle Komposition zu verstehen, die authentische Überlieferungen verarbeitet hat, so in Form von Ich- und Er-Berichten (7,1–14.16–17), die an je verschiedene Adressaten gerichtet waren (BZAW 204, 1992, 104–122, Werlitz; SBS 194, 2005, 68f, Schmid).

§ 439   Die folgende Liste nennt die Teile, die schon vor oder bald nach dem Tod des Propheten zu dieser Komposition gehört haben dürften, und zeigt deren konzentrisch-chiastische Anordnung:

6,1–8   Vision des thronenden JHWH und Vorbereitung des Propheten für seine Mission (A).

7,1–9   Aufforderung, nicht in Panik zu verfallen und auf JHWH zu vertrauen (B).

7,10–14.16   Immanuel-Zeichen; Verwüstung von Samaria und Damaskus (C).

7,17–20   (21–25 sind später) Die Schande, die Assur Jerusalem und Juda bringen wird (D).

8,1–4   Maher-Schalal-Hasch-Bas-Zeichen; Verwüstung von Damaskus und Samaria (C').

8,5–8   Das Misstrauen gegen JHWH bringt die assyr. Überflutung (D').

8,9–15   Aufforderung, nicht in Panik zu verfallen und auf JHWH zu vertrauen (B').

8,16–18   Der Prophet und seine Kinder als Zeichen JHWHs, der auf dem Zion wohnt (A').

Die Vision in Kap. 6 (A) bildet den Hintergrund und die Voraussetzung der ganzen Botschaft. Sie werden in 8,18 resümierend wiederholt (A'). B und B' bilden mit der Botschaft, auf JHWH zu vertrauen und sich nicht vor Rezin und Pekach zu fürchten, eine Inklusio. Samaria und Damskus werden schnell bedeutungslos werden (C und C'). Von Assur droht die wirkliche Gefahr, die man nicht herbeirufen soll (D und D'). 7,1–8,18* wird durch Doppelungen charakterisiert, die die Gewissheit des Angekündigten unterstreichen (vgl. Gen 41,32) und wie die »zwei Zeugen« (Jes 8,2) für seine Zuverlässigkeit bürgen (vgl. Dtn 17,6; 19,15; Mk 6,7; Offb 11,3).

Die Vision der nahen Majestät des »Heiligen« (A)

§ 440   Wie der einleitende V. von Jes 6 sagt, liegt die Vision des thronenden JHWH zur Zeit des syro-efraïmitischen Krieges etwa fünf Jahre zurück. Sie hat ursprünglich vielleicht seine Verkündigung im Sinne des Amos autorisiert. Im neuen geschichtlichen Kontext bekam sie eine neue Bedeutung. Die Art, wie jetzt in V. 10 der Auftrag an den Propheten formuliert ist, nämlich das Volk zu verstocken, ist nur von Ahas' Unterwerfung unter Assur her zu verstehen, die eine Zurückweisung der Botschaft des Propheten bedeutete.

Dass ein Jerusalemer Prophet JHWH als Thronenden sieht, liegt angesichts des leeren Stuhls oder Throns, der im Allerheiligsten stand, nahe, setzt allerdings voraus, dass JHWH inzwischen mit dem Sonnengott identifiziert worden ist, dem der leere Thron ursprünglich zugedacht war (§ 357–359). Den Vollzug dieser Identifikation suggeriert auch die königliche Ikonographie am Ende des 8. Jh.a (§ 435). Wie in Träumen, Visionen und poetischen Texten üblich, muss die Vision von Jes 6 nicht die in 1Kön 6,23–28 beschriebene Realität 1 : 1 wiedergeben, falls diese im 8. Jh.a schon bestand. Von den Kerubim ist nicht die Rede. Vielleicht hat der Kerubenthron erst später einen schlichten Thronstuhl ersetzt (§ 353–359). JHWH thront in Jes 6 auf einem nicht näher spezifizierten Thron. In V. 5 wird er explizit als »König« (*mælæk*) bezeichnet. Im Gegensatz zu Ps 29 (§ 248) manifestiert sich sein Königtum nicht in erster Linie in seiner Herrschaft über die »Wasser«, sondern in den Serafim, die sich vor seiner königlichen Energie mit ihren Flügeln schützen müssen und in deren Gesang, der ihn als Herr der Erde preist. Die Visison JHWHs als des hoch thronenden »Königs« hat sich in der Verkündigung Jesajas vor allem in drei Themen entfaltet: in seiner Aversion gegen alles Hohe-Überhebliche, das JHWH trotzt (bes. Jes 2,6–17; 5,15f), in seiner Vorliebe für die Bezeichnung »JHWH der Heerscharen«, die ihn als Befehlshaber unzähliger Scharen evoziert (§ 248.443), und in seinem Interesse für den Ratschluss und Plan JHWHs (Jes 5,19; 28,29; 30,1), der sich in der Geschichte durchsetzt. Den Titel »König« hat Jesaja wahrscheinlich deswegen ausschließlich hier verwendet, weil er eine zu plumpe Analogie zw. irdischen Königen und JHWH vermeiden wollte. In Jes 6 wird eine solche durch den Kontext, bes. das Trishagion (§ 444), ausgeschlossen (FS Füglister 151–154, Irsigler; zum Königtum JHWHs, zu Inhalt und Alter des Königtums JHWHs vgl. weiter NBL II 520–522, Jeremias; [4]RGG IV 1591–1593, Janowski). B. Janowski vermerkt zu Recht: »Die Königtum Gottes-Vorstellung war dem vorexil. Israel/Juda vorgegeben«. In »Enuma elisch« spielt das Königtum Marduks (TUAT III/4, 584, Lambert) und im ugaritischen Baalszyklus das Baals eine zentrale Rolle (TUATIII/6, 1134, Dietrich/Loretz).

Die Vertikale wird dadurch betont, dass der hohe Thron noch erhoben ist, evtl. durch ein Podest. Seine heilige Majestät erscheint so von Anfang an ins fast Unerträgliche gesteigert. Die Säume seines Gewandes (nicht die Schleppen, die der alte Orient nicht kannte) ergänzen die Vertikale durch ein horizontales Element, insofern sie die Weite des Tempelinneren ausfüllen. Dessen goldene Pracht ist nur gerade der – oft schmutzige – Saum seines Gewandes (SBS 84/85, 1977, 56–70, Keel).

Die Serafim-Schlangen als Hofstaat

§ 441   Als Wesen in der Umgebung Gottes erscheinen statt der nicht erwähnten Kerubim die Serafim, die in der Beschreibung des Salomonischen Tempels von 1Kön 6 und 7 nicht figurieren. Serafim sind ebenso unheimliche Wesen wie die Kerubim (§ 353–356). Sie haben eindeutig Schlangen-, genauer Kobragestalt (vgl. Num 21,6; Dtn 8,15), auch wenn sie dämonisiert Flügel haben (Jes 14,29; 30,6) und in Jes 6 ad hoc mit Händen ausgestattet werden. Mit zwei Flügeln versehene Kobras (Uräen) waren in Ägypten als Schutzgenien seit der ersten Hälfte des 2. Jt.a beliebt. Im 9./8. Jh.a fanden sie in größerem Umfang in Israel Eingang. Zur Zeit Jesajas finden wir sie in der s Levante, und zwar mit zwei nach vorn ausgestreckten Flügeln, wie z.B. auf einem Skaraboid des 8. Jh.a aus Lachisch, der einem Schefatja gehörte (**272**), oder mit zwei seitlich ausgestreckten Flügeln wie auf dem Siegel eines Abiyau, wahrscheinlich aus Jerusalem (**273**). Für beide Typen finden sich Vorbilder auf ägypt. Skarabäen (Matouk, Corpus II, 396 Nr. 1175–1180). Typischer aber sind für kostbare jud. Namenssiegel des 8. Jh.a Kobras mit vier Flügeln, die man in Ägypten nicht findet. In Juda traute man ihnen anscheinend zu, mit ihren vier Flügeln den Träger des Siegels wirksamer zu schützen als mit nur zweien (**274–277**). Jesaja nimmt dieses Motiv auf, steigert die Schutzkraft der Serafim noch, indem er sie mit sechs Flügeln ausgestattet sieht, wertet sie dann in Bezug auf JHWH aber ab, indem sie ihre Flügel brauchen, um sich angesichts der erschreckenden Heiligkeit JHWHs von Kopf bis Fuß, d.h. ganz (Lev 13,12f; Jes 1,6; 9,13) zu verhüllen. »Kopf« ist hier allerdings durch »Gesicht« ersetzt, weil man in der Gegenwart Gottes sein Gesicht verhüllt (Ex 3,6; 1Kön 19,13). Ihre Aufgabe wäre es, JHWH zu schützen, wie die geflügelten Uräen auf den Siegelamuletten von **278–280** den ägypt. Gott Bes beschirmen. Jesajas Serafim müssen angesichts der andrängenden Gewalt JHWHs sich selbst schützen.

§ 442   Im Hinblick auf die in V. 2 genannten Füße und die in V. 6 genannte Hand und aufgrund der Abneigung gegen alles Tiergestaltige in unmittelbarer Nähe Gottes (vgl. § 354) will man auch die Serafim immer wieder anthropomorph vorgestellt wissen (ThWAT VII 888–891, Rüterswörden). Aber in der religiösen Bilderwelt der Levante dieser Zeit sind Schlangen, die nach Bedarf mit Händen, Füßen oder menschlichen Köpfen ausgestattet werden, kein Problem (**281**). Hingegen wären anthropomorphe Wesen *über* JHWH ein schwerster Verstoß gegen jede irdische und himmlische Hofetikette. Es ist auch der Versuch gemacht worden, die Serafim von einem ägypt. *sfr/srf* her zu verstehen, einem Wesen, das als geflügelter Greif auf vier Beinen schreitend dargestellt wird (Or 66, 1997, 365–386, Morenz/Schoch). Die Autoren beziehen das »über ihm« nicht auf JHWH, sondern auf den Hechal, den Tempelpalast. Sie würden so über dem Tempel fliegend JHWH flankieren. Aber Greifen, die eine anthropomorphe Gestalt fliegend flankieren, sind im 8. Jh.a in der s Levante nicht belegt und haben angesichts der omnipräsenten ungeflügelten, zwei- und vierflügligen Uräen keine Chance (GGG 285f.289.311–314, bes. 313; ThZ 57, 2001, 250–261, Keel). Die Uräen in unmittelba-

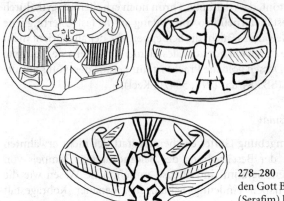

278–280 Drei ägypt. Siegel-Amulette zeigen den Gott Bes, der von zwei geflügelten Uräen (Serafim) beschützt wird (9./8. Jh.a)

rer Nähe JHWHs visualisieren nicht nur seine von ihnen proklamierte Heiligkeit und Unantastbarkeit, sondern sie konnotieren auch eine gewisse Sonnenhaftigkeit, denn die schützenden Uräen sind häufig mit der Sonnenscheibe verbunden (vgl. 269).

§ 443 Die himmlische Umgebung JHWHs wird in den bibl. Schriften auch sonst erwähnt. Zahlreiche Begriffe werden dafür verwendet, so z. B. »Götter, Göttliche« (*'ælohim*; Ps 50,1; 82,1.6; 86,8; 95,3; 97,7.9 usw.), »Gottessöhne« (*bᵉne ha-'ælohim*; Gen 6,2.4; Ijob 1,6; 2,1; 38,7 oder *bᵉne 'el*, Dtn 32,8LXX.43LXX), »Göttersöhne« (*bᵉne 'elim*; Ps 29,1; 89,7), »Söhne des Höchsten« (*bᵉne 'æljon*, Ps 82,6), »Gottesversamm-

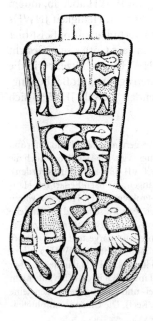

281 Ein ägypt. Model zur Herstellung von Amuletten zeigt, wie die ägypt. Kultur keine Mühe hatte, Schlangen je nach Bedarf mit Flügeln, Händen oder Händen und Füssen auszustatten (9./8. Jh.a)

282 Die älteste inschriftliche Erwähnung von »JHWH Zebaot« findet sich in einer jud. Grabinschrift aus der Zeit zw. 725 und 700a

lung« (*ᶜadat ʾel*, Ps 82,1), »Kreis von Vertrauten« (*sod*; Ps 89,8; Jer 23,18.22; Ijob 15,8), »Himmelsheer« (*ṣᵉbaʾ ha-šamajim*; 1Kön 22,19–23), »Gottesboten« (*malʾᵃke ʾᵅlohim*; Gen 28,12; 32,2; 2Chr 36,16) »Heilige« (*qᵉdošim*; Ps 89,8) u.ä. (BiLe 15, 1974, 135–147, Fabry; UF 7, 1975, 586–589, Loretz; ThWAT V 777f, Fabry; DDD² 794–800, Parker; NBL III 623f, Niehr). In Jes 6 wird mit den Serafim und ihren Flügeln, mit denen sie sich selbst schützen, die himmlische Umgebung JHWHs evoziert und gleichzeitig abgewertet. Diese himmlischen Wesen können der überragenden, einzigartigen Stellung JHWHs nicht gefährlich werden (C. Simbanduku, YHWH, les dieux et les anges, Roma 2004; vgl. weiter § 1093).

§ 444   Der zweizeilige Gesang der Serafim, der mit einem Schlangen angemessenen zischenden *qadosch, qadosch, qadosch* einsetzt, ist das bis heute gesungene »Heilig, heilig, heilig« (ZAW 62, 1949–1950, 321f, Herrmann; vgl. Ps 99,3.5.9, wo der Kehrvers »Heilig ist er« dreimal vorkommt; vgl. SBS 138, 1989, Scoralick). »Heilig« bedeutet »abgesondert, geschieden« vom Irdischen, »ganz anders«. Noch einmal wird die Distanz, die Vertikale betont. Der Titel »der Heilige Israels« ist erstmals bei Jesaja belegt und ein für Jesaja (1,4; 5,19.24; 30,11f.15; 31,1) und das Jesajabuch (41,14.16.20 etc.; 60,9.14) typisches Epitheton JHWHs (Jüngling, in: QD 104, 1985, 91–114, Haag). Der Titel *JHWH ṣᵉbaʾot*, der außerbibl. erstmals zw. 725 und 700a, also zur Zeit Jesajas belegt ist (IEJ 51, 2001, 198f, Naveh; vgl. § 248; **282**), ist ebenfalls typisch für Jesaja. Im Proto-Jesajabuch finden sich 56 der 285 Belege, eine ganze Reihe davon in den authentischen Jesaja-Worten (vgl. 1,24; 2,12; 3,1; 5,16.24; 10,16.20; 19,4; vgl. ThWAT VI 888–890, Zobel). *ṣᵉbaʾot* »Heere« kann die Heere Israels meinen (vgl. 1Sam 17,45). Weil Jesaja aber die assyr. Heere ebenfalls als Werkzeuge JHWHs sieht, können sie eingeschlossen sein. Aber auch kosmische Heerscharen können mitgemeint sein. Schon im Deboralied kämpfen die Sterne vom Himmel her beim JHWH-Krieg mit (Ri 5,20). An manchen Stellen sind mit den Heeren JHWHs eindeutig die himmlischen Heere, die Gestirne gemeint (Ps 103,21; 148,2, hier allerdings der masc. Pl.). In vielen Fällen ist der Ausdruck wohl als Abstraktplural für Mächtigkeit u.ä. zu verstehen (THAT II 504–507, van der Woude). Der Titel ist ursprünglich wahrscheinlich mit der Lade als Kriegspalladium verbunden gewesen, ist mit dieser Teil des Jerusalemer Symbolsystems geworden und dann vor allem durch Jesaja und die Verwendung im Jesaja-, im Jeremia- (82 von 285 Belegen) und im Sacharjabuch (53 Belege) als Epithet, das die Macht, ja Allmacht des Gottes aussagt, bedeutsam geworden (vgl. weiter § 248).

Die Fülle der Erde als seine Herrlichkeit

§ 445   Der zweite Teil des Gesangs: »Die Fülle der ganzen Erde (das, was die Erde füllt) ist seine Herrlichkeit« (vgl. Dtn 33,16 »Fülle«; Ps 24,1.8ff *mælæk ha-kabod*) unterstreicht mit dem Wort *'æræṣ* »Erde, Land« hingegen nochmals die Horizontale. Diesmal erstreckt sie sich nicht nur über das Tempelgebäude, sondern über das ganze Land bzw. die ganze Erde (THAT I 228–236, Schmid). Die Doxologie am Schlusse von Ps 72 »Von seiner Herrlichkeit werde die ganze Erde erfüllt!« klingt sehr ähnlich, besagt aber etwas ganz anderes: Seine Herrlichkeit soll gleichsam vom Himmel her die ganze Erde überstrahlen. Hingegen ist nach Jes 6,3b seine Herrlichkeit auf Erden, weil alles, was die Erde füllt, von der Herrlichkeit JHWHs zeugt. In einer dem Gesang der Serafim ungefähr zeitgenössischen Inschrift aus → II Chirbet Bet Lej, 8km ö von Lachisch steht: »JHWH ist der Gott des ganzen Landes/der ganzen Erde (*'ælohej kol-ha'aræṣ*). Die Berge Judas (gehören) dem Gott von Jerusalem« (13; Renz/Röllig, Handbuch I 245f).»Jerusalem«, »Berge Judas« und »Land bzw. Erde« bilden horizontale, konzentrische Kreise, in deren Mitte JHWH thront. Durch das Zusammentreffen der Vertikalen des erhöhten Thrones des »Heiligen Israels« mit der Horizontalen des ganzen Landes bzw. der ganzen Erde entsteht ein Zentrum, das JHWH einnimmt und von dem aus er die Erde und das Geschehen auf ihr beherrscht (vgl. WMANT 75, 1997, 41–109, Hartenstein; § 457 und 461). Die Status constructus-Verbindung »Gott von Jerusalem« findet sich nur noch in 2Chr 32,17 im Hinblick auf die Assyrer, die JHWH, den »Gott von Jerusalem«, für einen Gott wie alle anderen Götter halten, und in einem (angeblich?) pers. Dokument (Esr 7,19).

Hinter den Aussagen von den Bergen Judas, die dem Gott von Jerusalem gehören, und von der Fülle der Erde, die JHWHs Kabod ist, steht fast notwendig die Vorstellung von JHWH als Eigentümer, ja als Schöpfer der jeweiligen Größen. In einer Reihe von Pss werden die Tatsache der Erschaffung und das Eigentumsrecht eng aufeinander bezogen (Ps 24,1f; 74,16f; 89,12f; 95,4–7; 100,3; 115,15f; Metzger, in: FS Kraus 37–51). Beide Tatsachen begründen seinen Ruf und machen seine Herrlichkeit sichtbar. Dabei spannt der Gesang der Serafim den Bogen erheblich weiter als die Inschrift von Chirbet Bet Lej.

Auf einem Siegel des 8. Jh.a aus Jerusalem, auf dem u.a. eine geflügelte Sonnenscheibe zu sehen ist, wird von JHWH (und nicht von El) ein »Erwerben, Schaffen« ausgesagt (**270**). Ob sich sein Schöpfertum auf das Kind (vgl. Gen 4,1), das Volk Israel (Dtn 32,6), die ganze Erde (Gen 14,19.22) oder die die Schöpfung bestimmende Weisheit (Spr 8,22) bezieht, ist nicht klar. Wahrscheinlich ist sein Schöpfertum auf das Kind zu beziehen, das diesen Namen trägt oder prädiziert sein Schöpfertum, ohne ein bestimmtes Objekt im Auge zu haben.

Eine epigraphische Bestätigung für das Vorhandensein der Vorstellung von einem Gott El als »Schöpfer der Erde« im Jerusalem des 8. Jh.a glaubte man im *qn 'rṣ* auf einem Ostrakon aus Jerusalem aus dieser Zeit gefunden zu haben (Küchler, Jer 298,4). Aus *qn 'rṣ* ist aber nicht auf eine von JHWH unabhängige Gottheit *'l qnh 'rṣ* in Jerusalem zu schließen (gegen GGG § 180), wie sie für Karatepe in Anatolien in einer phön. Inschrift aus der Zeit um 720a belegt ist (KAI Nr. 26 III,18; DDD² 280f, Röllig). Es handelt sich beim Jerusalemer Ostrakon sehr wahrscheinlich um einen Wirtschaftstext, das ʾel steht nicht da und das qn ʾrṣ meint wahrscheinlich einen »Erwerber« oder »Ältesten des Landes« (Renz/Röllig, Handbuch I 197f).

JHWHs transzendente Immanenz

§ 446 Die doppelte Überlegenheit JHWHs über die ganze Erde und über die himmlische, in diesem Fall durch die Serafim verkörperte Welt (§ 441f), die nach A. Schenker das Wesen des bibl. Monotheismus ausmacht (Bib. 78, 1997, 436–448), ist in Jes 6,1–4 nicht begrifflich ausformuliert, aber in einer eindrücklichen Vision und Audition erfahrbar.

Eine Stelle in Tritojesaja (57,15) paraphrasiert die Vision von Jes 6 mit den Worten:

> »Denn so spricht der Hohe und Erhabene (ram wᵉnissaʾ),
> der ewig Thronende, dessen Name ›Der Heilige‹ ist:
> Als Heiliger wohne ich in der Höhe,
> aber ich bin auch bei den Zerschlagenen und Bedrückten,
> um den Geist der Bedrückten wieder aufleben zu lassen,
> und das Herz der Zerschlagenen neu zu beleben.«

Das hier scharf herausgearbeitete Nebeneinander abgesonderter, in unzugänglichem Lichte wohnender Heiligkeit und eindringlicher, spürbarer Nähe, die in Jes 6 und 57 mit je verschiedenen Akzenten herausgearbeitet sind (vgl. zu Jes 57 und ähnlichen Texten OBO 223, 2007, Coulange), hat Vorläufer in ägypt. Sonnenhymnen. »Du bist hoch über jedem Land … Du bist fern, aber deine Strahlen sind auf Erden …«, »Du hast dich entfernt und bist doch nahe« (Assmann, ÄHGH 218 bzw. 231). Dabei kümmert sich schon der ägypt. Sonnengott Amun-Re nicht nur generell um das, »was die Erde füllt«, um »die Fische, die im Fluss leben … die Vögel, die den Himmel bevölkern … und die Mäuse. die in ihren Löchern sind«, sondern errettet auch »den Furchtsamen aus der Hand des Gewalttätigen und richtet zw. dem Armen und dem Reichen« (Assmann, ÄHG 200 bzw. 198; vgl. weiter § 141). Diese Texte wurden vom Neuen Reich bis in die Spätzeit tradiert. Ihre Motive wurden neu in andere literarische Gattungen übernommen als nur die, in denen sie ursprünglich zuhause waren (OBO 219, 2006, 253, Knigge).

Eine Gerichtstheophanie?

§ 447 Das Trishagion lässt die Tempeltore erbeben. »Tore und Schwellen reagieren wie ein personales Gegenüber« (WMANT 75, 1997, 219, Hartenstein) auf den Ruf von der Heiligkeit JHWHs (vgl. die als Personen angesprochenen Tore in Ps 24,7). Ob dadurch schon der Abbruch des Kontakts zw. JHWH im Inneren und der Außenwelt angedeutet wird (vgl. Am 9,1), wie Hartenstein annimmt, scheint mir nicht so sicher. Auch der Rauch, der das Haus erfüllt, als ob es von den »Versengenden« (Serafim) durch ihren Ruf versengt worden wäre, scheint mir nicht so eindeutig an ein Gericht zu erinnern, wie Hartenstein mit dem Verweis auf Ps 80,5 suggeriert (»Wie lange noch ›rauchst‹ du, während dein Volk zu dir betet?«). »Rauchen« ist hier metaphorisch für »zürnen« verwendet. Hartenstein versteht den real gedachten Rauch als symbolische Vorwegnahme der in V. 11 angekündigten Öde (ebd. 136–166). Aber in

V. 11 ist von »Rauch« nicht die Rede und der V. gehört wohl nicht zur ursprünglichen Visionsschilderung. Viel öfter als Gerichtshandeln (vgl. bes. Jes 14,31) signalisiert wirklich gedachter, nicht metaphorischer Rauch eine intensive Präsenz JHWHs, so wenn es in Ps 104,32b heißt: »Er rührt an die Berge und sie rauchen«. Die gleiche Bedeutung hat der Rauch in der Sinaitheophanie (Ex 19,18; 20,18) oder in 1Kön 8,10f, wo er wie in Jes 6 die Gegenwart JHWHs im Heiligtum signalisiert.

§ 448   Auch das Aufschreien des Propheten in Todesnot muss nichts mit Gericht und Strafe zu tun haben, sondern ist die normale Reaktion auf eine Theophanie, denn die Begegnung menschlicher Hinfälligkeit und Unreinheit mit der sichtbar hervortretenden Heiligkeit Gottes ist an und für sich tödlich (vgl. Gen 32,31; Ex 33,20; Ri 13,22). In einer Reihe von Visionsberichten fällt der Seher wie tot zu Boden und wird dann vom Geist oder einem Engel wieder auf die Füße gestellt (Ez 1,28–2,2; Dan 8,17f; AOBPs 287–290). Die Reinigung durch den Saraf in Jes 6 ist eine Variante dieses Aufrichtens.
In V. 8, der vielleicht, vielleicht auch nicht, noch zur ursprünglichen Schilderung gehört, meldet sich der Prophet ungewöhnlicherweise freiwillig für seine Mission. In Berufungsberichten wird sonst der Widerwille des Berufenen gegen die häufig unangenehme Botschaft betont (vgl. z. B. Am 3,8; Jer 1,6; 20,9; vgl. auch Ex 4,10–17). Der geäußerte Widerwille entlastet den Boten. Der Auftrag in V. 9f, das Herz des Volkes zu verhärten, der so genannte Verstockungsauftrag, soll entweder durch ironische Verfremdung (»Ihr seid ja sowieso verstockt«) das Volk zum Gegenteil provozieren (Theoforum 32, 2001, 23–43, Hurley) oder es ist eine nachträgliche Rechtfertigung des Scheiterns der prophetischen Mission, indem dieses Scheitern auf einen göttlichen Auftrag zurückgeführt wird, der als ein Pseudozitat verrät, es sei so gewesen als ob Gott Jesaja den Auftrag gegeben hätte, die Verstockung herbeizuführen (Bib. 82, 2001, 232–243, Joosten). Der Verstockungsauftrag verhindert so den Vorwurf der Erfolgslosigkeit an die Adresse des Propheten. Jesajas Distanz zu seiner Botschaft, die ihn weniger verletzlich machen soll, äußert sich auch in der Klage von V. 11, wie lange das anzukündigende Unheil dauern soll (vgl. Am 7,2).

§ 449   Ob man nun wie Hartenstein in der Theophanieschilderung bereits Unheil und Gericht angekündigt sieht oder nicht, die Majestät JHWHs hat in ihrer ungeheuren Intensität und Andersartigkeit, wie sie in Jes 6 geschildert wird, jedenfalls etwas Erschreckendes und Bedrohliches (*Tremendum*), das besonders durch die Serafim repräsentiert wird. Man sollte deswegen das *Fascinosum* nicht übersehen, das sich mit der Fülle verbindet, die seine Herrlichkeit ist. Jes 6 bietet so oder anders verstanden nichts Geringeres als ein erstes, reiches, ausgeführtes und nicht nur angedeutetes Bild des Gottes, der auf dem Zion wohnt und damit ein erstes Hauptstück Zionstheologie. Die ungeheure Majestät kann im Gericht gegen Jerusalem aktiv werden, aber auch im Gericht über die Feinde Jerusalems, etwa gegen Damaskus und Samaria, wenn die Bewohner und Bewohnerinnen Jerusalems sich entsprechend verhalten. Die ambivalenten Möglichkeiten der Entfaltung der Majestät JHWHs finden sich bereits in der »Denkschrift«.

Jesajas Begegnung mit Ahas: Warnung vor Panik (B)

§ 450   U. Becker sieht in Jes 7* eine nachexil. Glaubenserzählung, die von den Jesajalegenden in Jes 36f abhängig sei (FRLANT 178, 1997, 48f). Das sehen die in § 438 genannten Arbeiten m. E. zu Recht anders. Allerdings ist dieser Text im Gegensatz zu denen in Jes 6* und 8* in dritter Person verfaßt, wie die Erzählung in Amos 7,10–17, die die Reihe der Visionen unterbricht, die im Ich-Stil formuliert sind.
Jesaja kommentiert in 7* ein sehr irdisches Geschehen im Licht seiner Vision. Da nur er, nicht aber Ahas, Zugang zu diesem Hintergrund hat, ist die Spannung verständlich, die zw. beiden besteht. Der einleitende V. von 7,1–9 (B) ist im Wesentlichen aus 2Kön 16,5 übernommen, wo aber von einem wirklichen Kriegszug gegen Jerusalem berichtet wird, während V. 2 nur von Vorbereitungen dazu erzählt. Das Haus David hört, dass Aram sich auf Efraïm stützt. Erst in V. 5f erfahren wir, zu welchem Zweck. Es will – mit Hilfe des Nordreichs – Juda an sich bringen und dort einen gewissen Tab'el (»Gut ist El«) zum König einsetzen. Die Lesart Tab'al (»Gut nicht«) ist eine Verballhornung des Namens. Der Name ist aram. (BK X/1, 266, Wildberger). Die Absicht der Aramäer ist wohl, Ahas durch einen Aramäer zu ersetzen, vielleicht einen, der bereits einmal in Jerusalem ansässig war, wahrscheinlich mit der Absicht, einen willigeren Partner als Ahas für eine antiassyr. Koalition zu haben. Das Gelingen dieses Plans wäre wohl das Ende der Daviddynastie, denn erfolgreiche Thronprätendenten beseitigten die gestürzte Dynastie meist brutal (vgl. Ri 9,1–5; 1Kön 16,9ff; 2Kön 9,7ff).

§ 451   Der junge, erst 20jährige Ahas ist wie die Metapher von den Bäumen nahelegt, die sich im Sturmwind hin und her biegen (Jes 7,2), zutiefst beunruhigt. Aus dieser Feststellung mag man Kritik hören, aber Jesaja formuliert nicht diese, sondern ermutigt Ahas.
Die Bezeichnung des Treffpunkts in V. 3 überrascht durch ihre umständliche Genauigkeit. Die Nennung der Wasserleitung und des oberen Teiches wird immer noch am plausibelsten dahin gedeutet, dass sich Ahas gerade um die Wasserversorgung im Falle einer Belagerung kümmerte (BK X/1, 277, Wildberger; zu den Wasserversorgungssystemen vgl. Küchler, Jer 46–78). Dazu hatte sich Jesaja aber nicht zu äußern, weder positiv noch negativ. Sein Auftrag war einzig, dem König Mut zu machen.
Jesaja tritt in Begleitung seines Sohnes Schear-Jaschub (ein Rest kehrt um) auf. Er ist das erste »inkarnierte Gotteswort«, das in der »Denkschrift« auftritt (vgl. weiter § 437.453.455). Im Gegensatz zu diesen beiden erfahren wir bei Schear-Jaschub nichts über die Umstände der Zeugung und Geburt. Der Name ist wie viele Aussagen Jesajas ambivalent (s. § 456). Er kann eine Heilszusage sein: »(Wenigstens) ein Rest wird umkehren«. Er kann eine Drohung sein »(Nur) ein Rest wird umkehren« (HAL IV 1284).
V. 4 erinnert stark an dtn. Kriegsansprachen (vgl. Dtn 20,3). Vielleicht ist der V. auch von daher erweitert. Die Aufforderung ruhig zu bleiben (*hašqeṭ*) stammt aber nicht von dort, sondern scheint jesajanisch zu sein (vgl. Jes 30,15), wobei das Ruhigbleiben des Königs dem JHWHs entsprechen soll, den Jesaja in 18,4 sagen lässt: »Unbeweglich schaue ich zu (*'æšqoṭah wᵉ'abbiṭah*) von meinem Platz aus wie die flimmernde Hitze beim (Sonnen)licht, wie eine Tauwolke am Erntetag«.

§ 452   Im Vergleich zur Lichtgewalt JHWHs sind die beiden Feinde, deren Namen ursprünglich nicht genannt waren, zwei aus dem Feuer gezogene, nur noch rauchende Scheite. Die Bagatellisierung der Feinde passt nicht zur JHWH-Kriegsvorstellung, nach der die Feinde übermächtig sind (vgl. Ri 6,5 und 7,2.7), sondern ist typisch für die ägypt. Königsideologie (vgl. Ps 2,1–9; 18,38–43; AOBPs Abb. 357a–360.397–406, bes. Abb. 404). V. 5–6 vergegenwärtigen die drohende Gefahr mit Hilfe eines Zitats aus dem Munde Arams und Efraïms (?). Sie wollen in Juda einen neuen König einsetzen (§ 450). Die treibende Kraft scheint Aram gewesen zu sein. Wie in V. 4 hat auch in V. 5 eine Glosse die Namen der Herrscher dieser Mächte verfrüht eingefügt. Vorerst aber hat der Prophet zu verkünden, dass dieser Plan scheitern wird (V. 7). Die Begründung dafür liefern die erst jetzt in V. 8 und 9a genannten Personen, die hinter diesem Plan stehen, Rezin und der Remalja-Sohn, wie Pekach verächtlich genannt wird. Inwiefern und warum ihre Namen das Scheitern des Plans begründen, wird nicht explizit gesagt, was für eine Abfassungszeit nahe an den Ereignissen typisch ist. Wahrscheinlich denken der Prophet und die, die es hören, daran, dass beide, Rezin und Pekach, durch Königsmord als Usurpatoren auf den Thron kamen (2Kön 15,25) und somit im Gegensatz zum Davididen Ahas keinerlei sakrale Weihe besitzen (vgl. Hos 8,4). Vielleicht ist aber auch daran gedacht, dass sie angesichts des über dem Zion thronenden JHWH nur Menschen (Jes 31,3) und zudem angesichts der assyr. Vorstöße realpolitisch in einer prekären Lage sind.»Die beiden rauchenden Brandscheitstummeln« (Jes 7,4) haben keine Chance.
Die Dringlichkeit des Ruhigbleibens wird in V. 9b damit begründet, dass es ohne dieses keinen Bestand gebe. Dabei wird das Ruhigbleiben als »Vertrauen« interpretiert (vgl. Ex 14,14 und 31 JE). »Wer vertraut, ist nicht aufgeregt« (Jes 28,16). Zu Jes 28,16f vgl. Hartenstein, in: BZAW 345/1, 2004, 491–516, Witte.

Immanuel und das Ende von Damaskus und Samaria (C)

§ 453   Das Vertrauen auf den Königsgott, der auf dem Zion thront, charakterisiert auch die folgenden Teile der »Denkschrift«. In Jes 7,10–16 (C) wird Ahas aufgefordert, vom königlichen Privileg der Bitte Gebrauch zu machen und sich durch ein Zeichen zu vergewissern (vgl. Ps 2,8; 1Kön 3,5ff). Das war im JHWH-Krieg üblich (Ri 6,17.21.36–40; zum Zeichen vgl. ATSAT 58, 1997, 125ff, Irsigler). Ahas verwirft das Angebot. Er will JHWH nicht auf die Probe stellen und bei seinem Plan bleiben, wahrscheinlich jenem, den König von Assur zu Hilfe zu rufen. Jesaja sieht darin eine frustierende Vertrauenslosigkeit. Das Zeichen, das Gott daraufhin von sich aus gibt, ist die junge Frau, die ihr Kind »Gott mit uns« nennen wird. Im jetzigen Buchzusammenhang kann mit dem Immanuel-Kind nur Hiskija gemeint sein (FAT 19, 1997, 176 Anm. 231, Barthel). »Das zeigt zunächst die Adressierung des Geburtsorakels an den König Ahas – Geburtsorakel ergehen immer an einen Elternteil (BN 13, 1980, 7–13, Berg; Bib. 68, 1987, 315 mit Anm. 27, Dohmen) – sowie die Aussage Jes 8,8b, die vom ›Land‹ des Immanuel spricht, was kaum anders als von einem (künftigen) Regenten vorstellbar ist, vor allem aber drängen … die offenkundigen Verbindungen zu 9,1–6 die Leserrezeption in diese Richtung« (SBS 194, 2005, 56, Schmid). In Mt 1,22f wird das Zeichen auf Jesus als »Gott mit uns« gedeutet. In der Auslegungsgeschichte ist aber noch fast wichtiger geworden, dass die junge Frau (ʿalmah), in der LXX mit ἡ παρθένος »die Jungfrau« wiedergegeben wird (vgl. § 1596). Vielleicht wurde diese Übersetzung in Alexandria durch das Verständnis der Göttin Isis als Jungfrau beeinflusst (Una Sancta 4, 2004, 377 f., Görg). Sie gilt im NT als prophetische Weissagung der Jungfräulichkeit Marias (Mt 1,23; Lk 1,27; EKK I/1 98–111, Luz). Über die Identität der jungen Frau wurde viel spekuliert (Frau des Propheten, Frau des Königs, zufällig dabei stehende Frau usw.). Sie hat aber, wenn man den Kontext beachtet, wenig Bedeutung. Das Zeichen besteht vorerst im Vertrauen, das sich im Namen des Kindes inkarniert und das der König angesichts der Zusagen an die Davididen in besonderem Maße aufbringen sollte (2Sam 7,9; 1Kön 1,37; 11,38; Ps 89,22.25). Ein Zeichen für die Richtigkeit dieses Vertrauens wird die Tatsache sein, dass das Land, vor dessen Königen Ahas graut, verödet sein wird, bevor das Immanuel-Kind zw. Gutem und Schädlichem unterscheiden kann.

Die Schande, die Assur als Schermesser bringen wird (D)

§ 454 Jes 7,17–20 bildet die Alternative zu dem entworfenen Bild des Vertrauens und des Heils. Durch seinen Hilferuf an Assur gefährdet der König diese Vision. Er wird Unheil über Juda bringen, wie es seit den Tagen der Reichsteilung nicht mehr erlebt worden ist, denn das (durch Ahas) gemietete Messer (KAI Nr. 24,7f) wird, nachdem es Samaria und Damaskus kahlgeschoren hat, Jerusalem und Juda selbst nicht nur die Kopf-, sondern auch die Bart- und Schamhaare abrasieren und das heißt zu größter Schande gereichen (vgl. 2Sam 10,4f). Die Geister, die er rief, wird er nicht mehr loswerden. Wie bei der Reichsteilung und unmittelbar danach (vgl. 1Kön 15,16–22) ist das Elend auch diesmal auf einen Davididen zurückzuführen, der mehr auf die eigene Schlauheit als auf den Plan JHWHs vertraut.

Für die Jerusalemer Theologie und die Entstehung des Monotheismus ist die Vision Jesajas, die erschreckende assyr. Militärmacht sei ein Instrument JHWHs, über das er frei verfüge und das er auch gegen Jerusalem einsetzen könne, von allergrößter Bedeutung. Die Vision findet sich nicht nur hier. Sie taucht mehrmals auf und bedient sich verschiedenster Metaphern (vgl. Jes 5,26; 7,18; 10,5; § 457.461). Die von Jesaja verkündete Geschichtsmächtigkeit JHWHs ist eine Konsequenz des in Jes 6 evozierten, gleichzeitig transzendenten und immanent aktiven Gottes. Dieses Gottesbild erlaubt Jesaja, auf die neue politische Realität der Expansion des assyr. Weltreiches bis vor die Tore Jerusalems konstruktiv und mit einem Sprung nach vorn zu reagieren. Die Bedrohung Judas soll nicht zu einer ängstlichen Hinwendung zu Assur, sondern zu einem verstärkten Sich-Festmachen an JHWH führen, der die Situation im Griff hat (vgl. Levine, in: AThANT 82, 2003, 77–96, Oeming/Schmid). Das ist kein begrifflich-expliziter, aber ein *de facto* Monotheismus im Bereich der Geschichte, die ebenso sein Werk ist (*po ʿal*; *maʿasæh*; vgl. Jes 5,12) wie die im zweiten Teil des Gesangs der Serafim als seine Herrlichkeit gepriesene Fülle der ganzen Erde.

Von einem Vergehen des Ahas gegen ein bereits bestehendes Vasallenverhältnis mit Assur, in dessen Rahmen einer der Vorgänger des Ahas dem Assyrerkönig Treue geschworen habe, hat die Botschaft Jesajas nichts zu berichten (gegen SAAB 12, 1998, erschienen 2000, 88f, Dalley). Ahas will ja nicht die vor Assur und JHWH geschworene Treue brechen, falls ein solches Vasallenverhältnis tatsächlich bestand, sondern das Vasallenverhältnis aktiv in Anspruch nehmen, soweit dieses Hilfe gegen Feinde bedeutet. Der Hinweis, JHWH könne bei einem Fehlverhalten Judas Assur gegen dieses mobilisieren, wirkt einem partikularistischen Verständnis der Herrschaft JHWHs in Jerusalem und des damit verbundenen Schutzes entgegen. Herrschaft und Schutz JHWHs sind auch in Jerusalem an die Erfüllung von Bedingungen gebunden, und so kann JHWHs Präsenz und Wirken in Jerusalem zwar exemplarisch, aber in keinem Fall automatisch erfahren werden. S. Bakon bezeichnet dieses Verständnis von Geschichte als Historiosophie. Es stelle ein wesentliches Moment des jud. Monotheismus dar (JBQ 27, 1999, 159–166).

Diese durch ihre zentrale Position innerhalb der Komposition hervorgehobene Vorstellung (§ 439) von einem majestätisch unparteiischen Gott, der sich gegen das eigene Volk wenden und sich souverän anderer Völker gegen sein eigenes Volk bedienen kann, ist eine der Wurzeln des späteren Monotheismus, denn diese Sicht hat die Tendenz, andere Gottheiten überflüssig werden zu lassen. Im Gegensatz zu Hosea, Jeremia und Ezechiel polemisiert Jesaja kaum gegen andere Götter und Kulte. Selbst H.D. Preuss, der Jesaja möglichst viel der später eingefügten Götzenpolemik zusprechen möchte, findet kaum etwas, am ehesten noch in der großen Komposition vom Tag JHWHs in 2,6–22 (BWANT 92, 1071, 135–141). Der jud. Monotheismus ist nicht aus der Frontstellung JHWHs gegen andere Götter entstanden, sondern aus der Kumulation von Rollen auf JHWH und aus einer immer intensiveren und exklusiveren Bindung seiner Verehrer an ihn (vgl. § 707–714.744–755).

Verstärkende Wiederholungen der Elemente D'-A'

§ 455   Jes 8,1–4* (C') evoziert nochmals die Bedeutungslosigkeit von Damaskus und Samaria, deren Schicksal durch die an den König von Assur gerichteten, feierlich auf eine Tafel geschriebenen Imperative »Eile-Beute-raube-bald« angekündigt wird. Der Ausdruck stammt aus der ägypt. Militärsprache und entspricht etwa unserem »leichte Beute« (ThLZ 74, 1949, 697–699, Morenz). Die Botschaft, die Gegner in Samaria und Damaskus würden eine leichte Beute Assurs werden, wird ihrerseits in einem Sohn des Propheten und der Prophetin inkarniert, der diesen doppelten Imperativ zeichenhaft als Namen trägt.

8,5–8 (D') stellen das Tun JHWHs in den ruhig, schon damals wahrscheinlich teilweise unterirdisch fließenden Wassern des Schiloach dar (vgl. Küchler, Jer 46–78). Weil nicht nur der König, sondern auch das Volk diese Wasser gering schätzen, wird der König von Assur mit seiner tosenden Heeresmacht das Land überfluten.

8,9–15 (B') setzt sich aus zwei Teilen zusammen. Die V. 9–10 erinnern stark an Ps 2, in dem den Plänen der Völker gegen Gott und seinen Gesalbten eine Absage erteilt wird. In den V. 11–15 werden viel drastischer als in 7,1–9 (B) jede Art von Panik und Schrecken, die nicht JHWH zum Objekt haben, als Verhängnis und Falle charakterisiert (vgl. Mt 10,28 parr). JHWH ist also »für alle, die in Jerusalem wohnen« (V. 14b), nicht einfach ein Schutzgott, sondern eine Herausforderung, die verwehrt, sich durch jedes Gerücht von Verschwörung in Panik versetzen zu lassen, eine schwierige Aufgabe für jene, die nicht wie Jesaja den »Heiligen« in seiner unvergleichlichen Majestät haben thronen sehen.

§ 456 8,16–18* (A') zeigt, dass der Prophet sich dieser Schwierigkeit bewusst war. So wollte er seine Einsicht in seinen Jüngern wie in einer Urkunde hinterlegen. Es sind wahrscheinlich diese Jünger, die für die Endredaktion dieses Abschnitts verantwortlich sind (BZ 43, 1999, 26–48, Rechenmacher). Wie sein thronender Auftraggeber, der sich vor Israel verbirgt, will er gespannt warten. Er und seine Söhne bleiben als Zeichen. Der Prophet selbst ist als Überbringer der Botschaft des Thronenden zum Zeichen geworden. Der Zeichencharakter der Söhne ist durch die auffälligen Namen gegeben. Dabei sind beide Namen, sowohl »Ein-Rest-kehrt-um« (7,3) wie »Eile-Beute-raube-bald« (8,3) ambivalent (vgl. § 451). »Ein-Rest-kehrt-um« meint wahrscheinlich Ahas und die davidische Dynastie (BZ 37, 1993, 78–88, Irvine). Das eilige Beutemachen der Assyrer bezieht sich zuerst auf Damaskus und Samaria, kann sich aber bei entsprechendem Verhalten auch gegen Jerusalem wenden, wie das jenseits des Eufrat gemietete Schermesser Juda kahl scheren wird (7,20).

§ 457 Diese alternativische Ambivalenz ist von Wildberger u. a. mit Recht als für die Verkündigung Jesajas besonders typisch hervorgehoben worden (BK X/1, 348; X/3, 1062.1103). Einerseits scheint Jesaja im Gefolge Amos' als Gerichtsprophet begonnen zu haben, der Jerusalem vor allem drohte, u. a. mit dem Schicksal Sodoms (§ 418–423). Er konnte offensichtlich, wenn die Umstände es erforderten, jederzeit zu dieser Haltung zurückkehren. Andererseits ist bei einem Jesaja, der nur Gerichtsprophet und nichts als Gerichtsprophet war, nicht verständlich, wie die Jesaja-Legenden (Jes 36–39) entstehen und das DtrG Jesaja im Gegensatz zu Jeremia und Ezechiel (mit ihren massiven Unheilsdrohungen gegen Jerusalem) in sein Werk integrieren konnte. Jesajas Theologie hängt engstens mit der Vision von dem in Jerusalem thronenden König zusammen. Wer sich ihm anvertraut bleibt heil; wer sich gegen ihn auflehnt wird zerstört. Die Ähnlichkeit dieses Gottesbildes mit dem Königsbild von Ps 2 ist frappant.

Abschließend wird vermerkt, dass die Zeichen »von JHWH Zebaot« stammen, »der auf dem Zion wohnt«. Damit sind wir wieder bei der Vision, in der JHWH riesengroß im und über dem Tempel thronend erscheint und die Serafim seine Heiligkeit besingen. Der kriegerische, mit der Lade verbundene Aspekt JHWHs (§ 248) ist mit dem des sonnenhaften Zionbewohners kombiniert. Diese Kombination bildet den Kern jener Konstellation, die mit ihren theologischen Konsequenzen für Jerusalem hier bei Jesaja erstmals explizit und in der Folge immer deutlicher entfaltet wird.

In einer folgerichtigen Weiterentwicklung des Kerns der konzentrischen Struktur der »Denkschrift« (§ 439), in dem Assur als gefügiges Werkzeug in der Hand JHWHs erscheint, werden später der babylon. Herrscher Nebukadnezzar zum Knecht JHWHs (Jer 27,6; 43,10) und der pers. Großkönig Kyrus zu seinem Gesalbten (Jes 45,1; vgl. WMANT 72, 1996, 233–235, Schmid; SBS 194, 2005, 47–50.61.71f, Schmid). Der auf und über dem Zion thronende Gott lenkt die Weltgeschichte in einer Weise, die für andere Lenker letztlich keinen Platz mehr lässt (vgl. weiter § 461).

WEITERE JESAJAWORTE ZUM SYRISCH-EFRAÏMITISCHEN KRIEG

§ 458   Andere Jesaja-Texte, die sich mit großer Wahrscheinlichkeit auf die Ereignisse im Zusammenhang mit der syr.-efraïmitischen Krise beziehen, sind u.a. Jes 9,7–20; 5,25–30 und 17,1–6. Das große gegen das Nordreich gerichtete Gedicht von 9,7–20 mit dem Kehrvers »Bei all dem läßt sein Zorn nicht nach und seine Hand bleibt ausgestreckt« (Jes 9,11b; vgl. Jes 10,4b) scheint sich mit dem eröffnenden Satz »Der Herr hat ein Wort gegen Jakob geschleudert, es fiel in Israel nieder« (9,7) auf das von Amos gegen Israel gerichtete Wort in Am 2,6–16 zu beziehen. Für die Jerusalemer Tradition spezifische Züge lassen sich in diesen Gedichten kaum erkennen. Hingewiesen sei aber doch auf den Umstand, dass die über oder gegen jemanden ausgestreckte Hand (*jad n^eṭujah*) etwas Herrscherliches hat (OBO 5, 1974, 154–158, Keel). In Jes 5,25 ist sie mit »Schlagen« kombiniert. Das erinnert an das klassische ägypt. Ikon des Königs beim Niederschlagen seiner Feinde (AOBPs 270–276; JNWSL 25, 1999, 206 mit Anm. 3, Keel), das auch das Vorbild für die kanaanäischen Bronzen des »smiting God« geliefert hat. Das Fragment einer solchen ist auf dem Ofel in Stratum 14 (10. Jh.) gefunden worden (vgl. 85; GGG 152). Dass dieses königliche Bild in Jerusalem für JHWH verwendet wurde (vgl. auch Ps 21,9; 110,5f; Num 24,17), kann nicht verwundern.

Im Nordreich hat der Prophet Hosea die syr.-efraïmitische Krise kommentiert, aber Jerusalem und der Gott, der auf dem Zion wohnt, spielen bei ihm keine Rolle.

7.5 DAS ASSURBILD JESAJAS UND DIE ASSYRISCHE PROPAGANDA

§ 459   Das Bild, das Jesaja und sein Kreis in der Denkschrift und anderweitig von der unaufhaltsamen assyr. Militärmaschinerie zeichnen, erinnert stark an assyr. Selbstdarstellungen in Wort und Bild (JAOS 103, 1983, 719–737, Machinist; **283**). Wie die assyr. Propaganda schildern die jesajanischen Texte die Armee als eine, die aus lauter kräftigen, bestens ausgerüsteten Kriegern besteht, die nie ermüden (Jes 5,26–28; der Text stammt wohl aus der Zeit vor dem syr.-efraïmitischen Krieg, vgl. BK X/1, 211f, Wildberger):

> »Ihre Pfeile sind scharf, alle ihre Bogen gespannt.
> Die Hufe ihrer Pferde sind hart wie Kiesel,
> die Räder sausen dahin wie der Sturm.
> Es ist ein Lärm wie das Brüllen des Löwen,
> wie wenn ein Junglöwe brüllt.
> Er knurrt und packt seine Beute.
> Er schleppt sie fort und niemand reißt sie ihm weg«
> (Jes 5,28f; zum Löwen vgl. OBO 212, 2005, 304–306, Strawn).

Jes 10,28–32 schildert den unaufhaltsamen Vormarsch Assurs, das sich von N her über Seitenwege Jerusalem nähert und nicht aufzuhalten ist, bis es von Nob aus »drohend seine Hand gegen den Berg der Tochter Zion erhebt«. Es ist nicht klar, auf welche geschichtliche Situation sich der Text bezieht. Das ständige, unaufhaltsame Vordringen wird aber eindrücklich geschildert. Große Flüsse bieten den assyr. Truppen kein Hindernis (→I 50). Sie ersteigen die höchsten Berge, um Zedern zu fällen

283 Die assyr. Armee greift eine von äußeren Mauern und einer Akropolis geschützte Stadt an; Belagerungsrampen, Rammböcke und Infanteristen werden eingesetzt; der massiv angewandte Bedeutungsmassstab (Grösse der assyr. Infanteristen) macht die Überlegenheit der Assyrer deutlich; Relief Sargons II. (721/720–705a)

(Jes 14,8; 37,24; vgl. auch 7,19; zum Spottgedicht in Jes 14 vgl. OBO 101, 1990, 537–546, Uehlinger). Sie nehmen, was sie wollen (Jes 10,14). Wenn jemand Widerstand leistet, überfluten sie das Land wie die Wasser der Sintflut (Jes 5,30a; 8,7–8; 10,3) und lassen nichts als verwüstete Felder und zerstörte Städte zurück (Jes 1,7–8; 14,17; 37,26b). Sie setzen Könige ab und ein und verändern die Grenzen (Jes 10,13). Und alle Völker müssen ihr Joch tragen.

§ 460 Wie kam es zu solchen Vorstellungen? Tatsache war, dass die assyr. Armee über lange Zeit im Wesentlichen unbesiegt blieb. Assyr. Sendboten, die Unterwerfung forderten, haben diese Tatsache prägnant formuliert verbreitet (vgl. Jes 36,4–21; 37,10–13). Aber auch Flüchtlinge (vgl. § 470), die mit der Unbesiegbarkeit der assyr. Armee ihre Niederlage rechtfertigten, dürften diese eher über- als untertrieben haben. Israelit. und jud. Gesandte, die nach Dur-Scharrukin oder nach Ninive gingen, mögen während des Wartens auf die Audienz die Reliefs gesehen haben, die den unaufhaltsamen Vormarsch der assyr. Armee darstellten. Überall, wo die assyr. Armee hinkam, wurden Stelen aufgestellt, die in Wort und Bild die assyr. Herrschaft verherrlichten (→II 46 33; 842 547; VT.S 66, 1997, 301–315, Uehlinger). H. Winckler hat Jesaja aufgrund der mit assyr. Darstellungen fast identischen Schilderungen der assyr. Armee geradezu als assyr. Vertrauensmann, Funktionär oder Beauftragten (akk. *qipu*) verstehen wollen, der seine Weisungen von Ninive empfing, wie Jeremia später aus Babylon (vgl. seinen Beitrag in E. Schrader, Die Keilschriften und das AT, Berlin ³1903, 170–175; zu der sich anschließenden Diskussion vgl. BEvTh 74, 1976, 247–255, Dietrich).

§ 461   Jesaja hatte sich zur Zeit der syr.-efraïmitischen Krise gegen den Plan Ahas' gewandt, Assur zu Hilfe zu rufen. 715 und 705a wehrte er sich dagegen, mit Ägypten ein gegen Assur gerichtetes Bündnis einzugehen (§ 502–537). Juda und Jerusalem sollten sich ausschließlich an JHWH orientieren. Jesaja konnte zwar in Assur ein Werkzeug JHWHs im Umgang mit seinem Volk sehen. Gegen sein eigenes Volk stellt JHWH für Assur ein Feldzeichen (*nes*) auf und pfeift dieses von den Enden der Erde herbei, wie einen Bienenschwarm (5,26; 7,18). Assur ist ein Schermesser (7,20) oder ein Stock in der Hand JHWHs (10,5). Da JHWH Assur als Werkzeug benützt, hat seine Optik, wenn er die Effizienz seines Werkzeugs betont, viel mit der Assurs gemein. Aber er hat die Kraft des Faktischen nicht zur Norm erhoben. Die assyr. Armee blieb für ihn stets ein Werkzeug JHWHs und nicht des Gottes Assur. Jene Kreise, die nach dem Fall Samarias zu einer kritiklosen Bewunderung Assurs und zu einer rückhaltlosen Unterwerfung neigten, wies er auf die Überheblichkeit und Eigenmächtigkeit Assurs hin (Jes 10,5–15). Das Gedicht dürfte bald nach dem Fall von Karkemisch (Jes 10,9) im 5. Jahre Sargons (717a) entstanden sein (TUAT 1/4, 379f, Borger). Die Überheblichkeit Assurs und sein damit grundgelegter Fall waren kaum die Botschaft, die ein assyr. *qipu* zu vermitteln hatte.

Die von Jesaja initiierte Sicht, in der äußerst leistungsfähigen assyr. Armee, die gegen Ende des 8. Jh.a den ganzen Nahen Osten bedrohte und terrorisierte, ein Werkzeug des Gottes auf dem Zion zu sehen, ist in Anpassung an die Verhältnisse ihrer Zeit von Jeremia und Deuterojesaja übernommen worden. So ist sie, wie gesagt (§ 457), eine der vitalen Wurzeln des jud. Monotheismus geworden.

7.6 DER LANGE SCHATTEN DER ZERSTÖRUNG SAMARIAS: JERUSALEM ZWISCHEN 734 UND 701a

DER TOD TIGLAT-PILESERS III. – KEIN GRUND ZUR FREUDE

§ 462   733a wird Pekach, der Sohn des Remalja, ein Protagonist der antiassyr. Politik im südsyr.-palästin. Raum, von Hoschea, dem Sohn Elas, ermordet (2Kön 15,30). Hoschea (733–725a) profilierte sich zuerst als treuer Vasall Tiglat-Pilesers III. Dieser starb 727a.

Fast gleichzeitig mit Tiglat-Pileser III. ist wahrscheinlich Ahas, der König von Juda, gestorben, wenn Jes 14,28 sich tatsächlich auf den Tod Tiglat-Pilesers III. bezieht und richtig datiert ist (zu den chronologischen Problemen s. § 472). Der Tod Tiglat-Pilesers III. hat im Philisterland, das von ihm erstmals unterworfen worden war, große Freude ausgelöst, wahrscheinlich auch Aufstandsgedanken. Von Salmanassar V. (727–722a), dem Sohn und Nachfolger Tiglat-Pilesers III., haben wir keine Nachrichten über die Ereignisse dieser Jahre in Palästina.

Das Drohwort Jesajas über das Philisterland, Jes 14,28–32, das den Tod eines gewalttätigen assyr. Herrschers voraussetzt und ins Todesjahr des Ahas datiert ist, scheint vielen anderslautenden Vorschlägen zum Trotz doch am besten von dieser Situation her verständlich zu sein (zur Echtheit vgl. WMANT 48, 1977, 14f, Barth; zur politischen Lage VT.S 11, 1964, 111f, Donner; Bosshard-Nepustil rechnet den Text einer Assur/Babel Redaktion am Anfang des 6. Jh.a zu: OBO 154, 1997, 111–119; in diesem Falle wäre aber altes Material verwertet worden).

§ 463   Jes 14,29 fordert das Philisterland auf, sich nicht zu früh zu freuen, denn auf die gefährliche Schlange (die Tiglat-Pileser III. war), werde eine noch gefährlichere, ein geflügelter Saraf folgen. Bedenkt man, dass in Jes 6,2 geflügelte Serafim als Diener JHWHs erschienen, klingt hier, wenn auch diskret, das Thema »Assur als Werkzeug JHWHs« wieder an (vgl. Jes 7,20 »Schermesser«). Für das Philisterland breche aber, angesichts der assyr. Aggressivität, eine Zeit noch größerer Not an (V. 31). Was jedoch Juda anbelange, so solle man den philistäischen oder bereits kuschitischen Gesandten(?) mit ihren antiassyr. Koalitionsbemühungen sagen: »JHWH hat Zion gegründet, und auf ihm haben die Bedrückten seines Volkes Zuflucht« (V. 32; vgl. Jes 8,18). Die göttliche Gründung des Zion (vgl. Jes 28,16; vgl. Hartenstein, in: BZAW 345/1, 2004, 491–516, Witte; Ex 15,17; BZAW 118, 1970, 169ff, Stolz) macht ihn für Feinde uneinnehmbar (Ps 48,5–8; 76,4–10; Jes 30,30). Die Sicherheit, die man dort finden kann, ist aber nicht bedingungslos zu haben. Nur Bedrückte (zum Ausdruck vgl. Jes 10,2), nicht Bedrücker, finden Zuflucht auf dem Zion. Sie sind es wohl auch, die bereit sind, auf die still fließenden Wasser des Schiloach zu vertrauen (vgl. Jes 8,6). Sie brauchen keine Verbündeten.

DAS ENDE DES NORDREICHS – DEPORTIERTE UND FLÜCHTLINGE

§ 464   Hoschea, der König des Nordreiches, der vorerst ein treuer Vasall Tiglat-Pilesers III. gewesen war, begann nach dessen Tod im Jahre 727a unter Salmanassar V. Kontakte zu Osorkon IV. (730/728–715/713) aufzunehmen, der den ö Teil des Nildeltas beherrschte (zur Identifikation des in 2Kön 17,4 genannten Pharao So mit Osorkon IV. s. BN 92, 1998, 71–84, Schipper; OBO 170, 1999, 151f, Schipper; vgl. aber § 502). Er stellte seine Tributzahlungen an Assur ein. Das bei der heutigen Quellenlage unbegreifliche Verhalten Hoscheas führte zur Belagerung Samarias durch die Truppen Salmanassars V. Samaria fiel nach zwei bis dreijähriger Belagerung kurz vor oder nach dem Tode Salmanassars etwa im Jahre 722/721a (TGI² 60; TUAT I/4, 401, Borger). Das Gebiet wurde zur assyr. Provinz Samerina und Samaria in der Folge ein Landschaftsname (2Kön 17,24). 27280 Einwohner wurden deportiert (TUAT I/4, 379, 382f, Borger; 2Kön 17,1–6). Das dürften etwa 5–10 % der Bevölkerung gewesen sein. B. Oded zählt in seinem Standardwerk zur assyr. Deportationspraxis »Mass Deportations and Deportees in the Neo-Assyrian Empire« (Wiesbaden 1979; vgl. auch

FS Ahituv 298–318, Oded) 157 Massendeportationen, davon 124 im Zeitraum von Tiglat-Pileser III. bis Assurbanipal (ebd. 19f), d.h. 79 % fanden in den rund 100 letzten Jahren des Assyrerreiches statt. Es wurden vor allem die Angehörigen der Oberschicht und spezialisierte Arbeiter deportiert. Während Tiglat-Pileser anscheinend eine Einbahn-Deportationspolitik betrieb, wurde unter Sargon II. die Oberschicht ihrerseits durch »Strafversetzte« aus anderen Teilen des Assyrerreiches ersetzt (JBL 117, 1998, 201–227, Lawson Younger). »Dieser ›Austausch der Eliten‹ diente der Homogenisierung der Bevölkerung des Imperiums und nahm der lokalen Oberschicht die Möglichkeit, mit ihrer alten Gefolgschaft weiterhin gegen die Interessen des Großkönigs zu konspirieren« (BiKi 55, 2000. 132, Knauf). Die Deportation spezialisierter Handwerker und Soldaten führte Assur neue Arbeitskräfte zu und füllte die Reihen seiner Armee auf (NBL I 408f, Spieckermann; zum Fall Samarias vgl. weiter WO 20/21, 1989/90, 61–82, Timm; Bib. 71, 1990, 206–225, Na'aman; Bib. 72, 1991, 153–181, Hayes/Kuan; SHCANE 2, 1992, Becking).

§ 465   Deportationen dieser Art aus dem Gebiet des ehemaligen Nordreiches hatten schon 732a unter Tiglat-Pileser III. eingesetzt (§ 430) und fanden nach Esra 4,2 und 10 auch später noch statt. Diese Deportationen aus dem Gebiet des Nordreichs standen am Anfang der Legende von den Zehn verlorenen Stämmen Israels (EJ XV 1003–1006, Rabinowitz; für Afrika vgl. Bulletin of Old Testament Studies for Africa. 11, 2001, 2–8, Le Roux). Wir erfahren auch von der Ansiedlung von Kolonisten aus den verschiedensten Teilen des assyr. Reiches in der neuen assyr. Provinz Samaria, so u.a. aus Kuta 30km nö von Babylon, was den Bewohnern Samarias später den Schimpfnamen »Kutäer« einbrachte und das Schisma zw. den Judäern/Juden und ihnen rechtfertigen sollte. Die Bevölkerung bewahrte aber ihren israelit. Charakter (ATD XI/2, 402f, Würthwein gegen SEÅ 54, 1989, 5–19, Ahlström). »Wie schon die sprachliche Kontinuität zw. dem Israelitischen der Königszeit und dem Samaritanischen zeigt, kam es zur Umorganisation der Bevölkerung, nicht zu einem Bevölkerungsaustausch« (BiKi 55, 2000, 133, Knauf). 2Kön 17,23b–41 sagt, die Kolonisten hätten einerseits weiterhin ihren eigenen Gottheiten gedient, andererseits hätten sie gelernt, den Gott des Landes zu verehren.

Von der Deportation der eingesessenen israelit. Bevölkerung und der Immigration neuer ethnischer Gruppen im ehemaligen Nordreich reden die jud. redigierten Quellen. Aber von etwas reden sie nicht, das in großem Umfang stattgefunden haben muss und das auch die archäolog. Befunde zur Baugeschichte Jerusalems nahelegen, nämlich von einer massiven Zuwanderung von Bewohnern und Bewohnerinnen aus dem assyr. besetzten Nordreich und der von den Assyrern bes. bedrohten und dann auch weitgehend entvölkerten Schefela (s. § 470).

7.7 DIE ARCHÄOLOGIE JERUSALEMS IN DER 2. HÄLFTE DES 8. JH.a

ERWEITERUNGEN DER STADT AUF DER OSTSEITE

§ 466   Die Kenyon-Grabungen (1961–1967), die Ausgrabungen im jüd. Viertel der Altstadt nach dem Krieg von 1967, die Shiloh-Grabungen auf dem SO-Hügel (1978–1982) und die seit 1997/1998 laufenden Grabungen von R. Reich und E. Shukron in der Umgebung des Gihon haben gezeigt, dass Jerusalem am Ende des 9. und zu Beginn des 8. Jh.a ständig wuchs und am Ende des 8. Jh.a aus allen Nähten platzte. Die Terrassenlandwirtschaft in der näheren Umgebung Jerusalems nahm ebenfalls sprunghaft zu (Cathedra 84, 1997, 53–62, Faust).

In Bezug auf die Stadt scheint das Territorium, das zw. der alten Davidsstadt und dem Tempel- und Palast-Areal lag, der so genannte Ofel, erstmals oder mindestens dichter besiedelt worden zu sein, (Qedem 29, 1989, bes. 58–60, Mazar/Mazar). Gleichzeitig wurde die Mauer der MBZ am ö Abhang der Davidsstadt erneuert (Qedem 19, 1984, 7 und 12f, Shiloh; Archaeological Park 1999, 60f).

Y. Shiloh hatte in seinen Arealen D und E ö der alten Stadtmauer flüchtig gebaute Wohnhäuser festgestellt (Qedem 19, 1984, 7.9f; Qedem 40, 2000, 42–59, Ariel). R. Reich und E. Shukron entdeckten, dass dieses neue Quartier von ca. 30 × 200m *de facto* nicht »extramural« war, wie Shiloh meinte, sondern von einer etwa 2m dicken, eilig erbauten Mauer geschützt wurde, die ca. 100m s des Gihon begann und sich über eine Länge von ungefähr 200m nach S erstreckte. Die Mauer verläuft parallel zur mbz Stadtmauer, aber weiter ö am Fuß des Abhangs, nur etwa 30m über der aktuellen Talsohle des Kidrontals (Archaeological Park 1999, 71). Diese bescheidene Erweiterung scheint schon am Ende des 8. Jh.a wieder aufgegeben worden zu sein, weil kurz nach ihrer Entstehung eine viel größere und besser befestigte Erweiterung des Stadtgebiets im W erfolgte (Reich/Shukron, in: Vaughn/Killebrew, Jerusalem 2003, 209–218; zu Zweifeln am genauen zeitlichen Ablauf s. Vaughn, in: Vaughn/Killebrew, Jerusalem 2003, 423f). Es ist auch denkbar, dass die von Reich und Shukron entdeckte Mauer mit der in 2Chr 33,14a Manasse zugeschriebenen Mauer identisch ist (vgl. § 562).

ZAHLREICHE FIGURENFRAGMENTE

§ 467   Religionsgeschichtlich interessant ist, dass die Bautätigkeit Hiskijas bzw. Manasses eine kultische Einrichtung unbrauchbar gemacht hat, die bis zu dieser Zeit in Gebrauch gewesen sein dürfte. Als Argument für eine umfassende Kultreform (§ 488) sollte man diese Tatsache nicht verwenden, da in Krisenzeiten sakrale Einrichtungen gegenüber Befestigungsanlagen stets sekundär werden.

Die Kultstätte, um die es geht, hat K. Kenyon etwa 20m n vom Knick der mbz Stadtmauer entdeckt (**20a** Square A XXVI). Sie glaubte Reste von *zwei* Heiligtümern gefunden zu haben (Digging up Jerusalem 135–143). Kenyons nördlicheres Heiligtum wird heute in der Regel als gewöhnliche Wohnanlage interpretiert. Das südlichere, erst 1967 entdeckte, dürfte tatsächlich eine Art Kultstätte gewesen sein (Zevit, Religions 206–210; Küchler, Jer 42–46 und **23–25**). Die künstlich angelegte Höhle scheint mindestens in ihrer letzten Phase als eine Art *favissa* gedient zu haben, als ein Ort, wo heilige, nicht mehr gebrauchte Gegenstände deponiert wurden. Die rund 1300 hier deponierten Objekte bestanden hauptsächlich in Gebrauchskeramik. Es befanden sich darunter aber auch ein intakter Kultständer (Levant 9, 1977, Fig. 9,23, Holland; Küchler, Jer 44 25,1), Fragmente von 16 Säulen- (Levant 9, 1977, Fig. 7,1–9, Holland), 7 Tauben- (Ebd. Fig. 8,8–11) und zahlreichen Pferdefiguren mit und ohne Reiter (Ebd. Fig. 7,10–22; 8,1–5; **391**–**392**). Vielleicht ist eher als an ein Heiligtum an ein Trauerhaus (*bet-marzeaḥ*; Jer 16,5; HAL II 599; vgl. § 937) zu denken, in dem Totenfeiern für die im Bereich des Kidrontals Begrabenen abgehalten wurden. Das würde die große Zahl von Alltagsgefäßen besser erklären. Das Material dieser *favissa* stammt aus der Zeit zw. 800 und 700a (vgl. weiter Küchler, Jer 42–46).

Die in Cave 1 gefundenen Figurenfragmente sind nur ein winziger Teil derer, die in der Davidstadt insgesamt geborgen worden sind. »Im Lauf der acht Ausgrabungskampagnen in der Davidstadt (1978–1985) sind über 1300 Keramikfiguren gefunden worden« (Qedem 35, 1996, 29, Gilbert-Peretz), genau 1309. Dazu kommen 601 Figuren aus früheren Grabungen, insgesamt also 1910 (Ebd. 32). Das ist ein höchst eindrückliches Corpus. Leider ist dieses Statement etwas euphemistisch. In Wirklichkeit ist keine einzige Figur darunter, mindestens keine einzige komplette. Es handelt sich durchwegs um Bruchstücke, häufig sehr unansehnliche. Komplette Figuren stammen wie komplette Gefäße fast ausschließlich aus Gräbern. Bei der Davidstadt haben wir es aber mit Wohnquartieren zu tun, die durchwegs schwere Zerstörungen erlitten haben. Im Ausnahmefall der Höhle 1 (Cave 1) sind zwar zahlreiche komplette Gefäße gefunden worden, ihre 84 Tier- und Menschenfiguren aber waren durchwegs beschädigt, auch wenn hier einzelne *fast* vollständige Stücke überlebt haben (EKJ IV 175 Fig. 7,21, Holland; vgl. z. B. **392**).

Zum Teil sind die Beschädigungen bei beiden Gruppen, denen aus den Wohnbereichen und denen aus Cave 1 dergestalt, dass die Fragmente nicht einmal mehr einer bestimmten Kategorie zugewiesen werden können. So ist, wenn die Aussagen ein bisschen präziser werden, im Falle der Davidstadt nicht mehr von 1300, sondern nur noch von 1200 Fragmenten die Rede, von denen 926 (73 %) Tier- und 241 (19 %) Menschenfiguren zugeordnet werden. 25 Objekte (2 %) werden als Teile von Modellmöbeln identifiziert (Qedem 35, 1996, 85, Tchernov). Ähnlich sieht es bei den »Figuren« aus Kenyons Cave 1 aus. Von den 84 Figuren werden 55 (66 %) Tier- und 16 (19 %) Menschenfiguren zugeordnet. Drei Objekte (3,5 %) sind Möbelteile (EKJ IV 175–182, Holland).

Von den 1309 Figurenfragmenten der Davidstadt bleiben 117 (9 %) und von denen von Cave 1 10 (9 %) unbestimmt. Die Zugehörigkeit zu den drei Kategorien und der Anteil der unbestimmten Fragmente ist bei beiden Gruppen sehr ähnlich, wenn nicht identisch.

Die Figurenfragmente gehören fast ausschließlich der EZ IIB, dem 8. bis frühen 6. Jh.a an. Sie stammen hauptsächlich aus den Arealen E1 und G, in denen sich nennenswerte Reste aus Wohnhäusern dieser Zeit erhalten haben. Die Funde aus Cave 1 unterscheiden sich kaum. Ein einziges Fragment einer Qudschu-Plakette, wie sie für die SB II typisch sind, ist in Areal G gefunden worden (Qedem 35, 1996, 37 Fig. 19,1; Pl. 9,10, Gilbert-Peretz). Ein einziges Fragment einer Figur vom Aschdoda-Typ aus der EZ I stammt aus Areal D1 (Ebd. 39, Fig. 18,11; Pl. 9,8–9). Das singuläre Fragment eines zweigesichtigen Kopfes aus Areal K ohne klaren Fundkontext ist wahrscheinlich römisch (Qedem 35, 1996, 109–111, Ariel). Die Jerusalemer Funde der EZ IIB passen gut ins erstaunlich homogene Bild, das ganz Juda *in puncto* Figuren für die EZ vom 8. bis 6. Jh.a bietet (Qedem 35, 1996, 32–37.106 Table 2, Gilbert-Peretz). Die einzelnen Figurentypen werden in den einschlägigen Paragraphen diskutiert, die Pferde- und Reiterfiguren in § 665f.1358, die Stierfiguren in § 434, die Nilpferdfiguren in § 514, die Taubenfiguren in § 575 und die weiblichen Säulenfiguren in § 573–575.

AUSDEHNUNG DER STADT AUF DIE WESTHÜGEL

§ 468   Bis zur Mitte des 20. Jh. dominierte die Ansicht, Jerusalem habe sich bis zur Zeit des 2. Tempels auf den SO-Hügel (inklusive Ofel und Tempelplatz) beschränkt. Die Ansicht wurde mit der Dürftigkeit archäolog. Funde aus der Zeit des 1. Tempels auf dem SW-Hügel begründet und mit den bibl. Quellen, die keine Ausdehnung der Stadt auf den SW-Hügel vor der Zeit des 2. Tempels zu fordern schienen. Die Notiz des Josephus, die 1. Mauer, die Mauer aus der »Zeit Davids und Salomos«, d.h. aus der Zeit des 1. Tempels, habe den SO- *und* den SW-Hügel umschlossen (Bell V 142–145), erklärte man für unzuverlässig und nahm sie nicht ernst (vgl. zur Debatte Geva, in: Vaughn/Killebrew, Jerusalem 2003, 184–188). Die Vorherrschaft der Minimalisten mit ihrer Ein-Hügel-Theorie ging erst zu Ende, als nach dem Krieg von 1967 unter der Leitung von N. Avigad in dem 1948 zerstörten Jüd. Viertel in der Altstadt großflächige Ausgrabungen stattfanden. Spektakulär war der Fund eines großen Mauerstücks, das über eine Länge von 65m freigelegt wurde und 6,40–7,20m breit und auf eine Höhe von etwa 3,30m erhalten war (Avigad/Geva, Jewish Quarter 2000, 44–82; Küchler, Jer 569–572). Es wurde aufgrund von Neh 3,8 als »broad wall« (*ha-ḥoma ha-rᵉḥaba*) bezeichnet (IEJ 24, 1974, 50f, Grafman). Innerhalb des Jüd. Viertels wurden auch Reste von Häusern aus dem 8. Jh.a gefunden. Die Mauer wurde offensichtlich erst gebaut, nachdem schon zahlreiche Häuser standen. Einzelne Häuser mussten dem Mauerbau geopfert werden.

Von der Erweiterung der Stadt in der 2., evtl. schon in der 1. Hälfte des 8. Jh.a in w Richtung zeugt auch die Tatsache, dass Grabanlagen seit dieser Zeit vom SW-Hügel verschwinden und neue Anlagen mit Felsengräbern im W und N des SW-Hügels außerhalb der heutigen Altstadtmauern entstehen. Die bekanntesten sind die von Ketef Hinnom (G. Barkay, Ketef Hinnom. A Treasure Facing Jerusalem's Walls, Jerusalem 1986; Ders., in: Jerusalem Revealed 2000, 85–106; Küchler, Jer 780–789), die am W-Abhang des SW-Hügels (Jerusalem Revealed 2000, 107–110, Kloner/Davis), die im Mamilla Quartier (Ebd. 111–118, Reich; Küchler, Jer 1019) und die im Bereich der Ecole Biblique außerhalb des Damaskustors (Jerusalem Revealed 2000, 119–127, Barkay/Kloner/Mazar; Küchler, Jer 968–970.976–978; zu den Nekropolen der EZ vgl. generell Barkay, in: Sephær Jeruschalajim 2000, 233–270; zur Bestattungskultur im ez Juda vgl. den substanziellen Beitrag von Wenning, in: FAT II/10, 2005, 109–150, Frevel).

Der Gesamtverlauf der Mauer auf dem SW-Hügel ist heute umstritten. Es gibt eine minimalistische Sicht, die die Besiedlung und die Mauer auf das jüd. Viertel beschränkt. Nach ihr verlief die Mauer wehrtechnisch nicht sehr günstig dem O-Abhang des W-Hügels entlang. Sie wäre einfach eilig den wild gewachsenen Quartieren entlang gebaut worden, um sie notdürftig zu schützen (Levant 19, 1987, 137–143,

Tushingham; Bahat, Jerusalem 1986, 9;). Der ummauerte Teil hat auch landwirt-schaftliche Terrassen umfasst und war generell nicht sehr dicht besiedelt (ZDPV 122, 2006, 140–150, bes. 143, Geva). Nach der minimalistischen Sicht umfasste die W-Er-weiterung Jerusalems ca. 22ha.

Daneben gibt es eine maximalistische Sicht, die schon am Ende des 9., sicher aber zu Beginn des 8. Jh.a und dann im 7. Jh.a den Bereich der Zitadelle, des armenischen Viertels und des christl. Sion von einer Mauer geschützt sehen will. Nach ihr hätte das neu besiedelte Gebiet im W 49ha umfasst. Dafür spräche ein Konvenienzgrund. Mit relativ geringem Mehraufwand wäre die Mauer dem Geländekamm entlang geführt worden, was wehrtechnisch sehr viel besser gewesen wäre (ZDPV 121, 2005, 97–118, Faust). Verschiedene Archäologen und Archäologinnen haben auch mehr oder weni-ger entschieden beansprucht, Teile dieser Mauer gefunden zu haben, so ein Stück im Bereich der Zitadelle (Qad. 17/4, 1984, 111–117, Sivan/Solar; Qad. 18/3–4, 1985, 121, Margalit; Küchler, Jer 494.506f) und ein weiteres Stück beim sogenannten Essenertor (Chen/Margalit/Pixner,in: Jerusalem Revealed 2000, 76–81; Küchler, Jer 644f; zur ganzen Problematik der Chronologie und Ausdehnung der Besiedlung des SW-Hügels zur Zeit des 1. Tempels vgl. jetzt die magistrale Übersicht von H. Geva, in: Vaughn/Killebrew, Jerusalem 2003, 183–208; ZDPV 122, 2006, 140–150, Geva).

Das Jerusalem auf dem SO-Hügel umfasste vor der W-Erweiterung ca. 175 Dunams (1 Dunam = 1000m²), d.h. ca. 17,5ha. Nur 4,5ha entfallen auf die Davidsstadt, die ungefähr die gleiche Ausdehnung hatte wie das kanaanäische Jerusalem (vgl. § 95). Auf den ab dem 9./8. Jh.a bewohnten Ofel entfallen ca. 2ha, auf den Tempelberg 10 (Reich, Topography 2000, 116; Qedem 19, 1984, 3, Shiloh). Dazu kam am Anfang des 8. Jh.a eine bescheidene Erweiterung von ca. 1ha am unteren Rand des O-Abhangs (vgl. § 466). Das Stadtgebiet umfasste also gut 17,5ha. Bei einem Ansatz von 40 Per-sonen pro Dunam ergibt das eine Bevölkerung von ca. 7000 Personen (vgl. damit die Zahlen des mbz Jerusalem in § 95).

Wenn man bezüglich der W-Erweiterung für die minimalistische Sicht votiert, dehnte sich die Stadt gegen Ende des 8. Jh.a um 27ha auf 44,5ha aus, so dass sie auch in diesem Fall innerhalb weniger Jahrzehnte ein Territorium bedeckte, das sehr viel größer war als vorher (vgl. 9,2 mit 9,3). Bei der maximalistischen Sicht der W-Er-weiterung werden es gar 66,5ha. Das aber bedeutet ein Anwachsen der Bevölkerung von etwa 2000 in der MB IIB auf etwa 7000 in der Mitte des 8. Jh.a und auf ca. 18000. bzw. 26000 Einwohner und Einwohnerinnen gegen Ende des 8. Jh.a (IEJ 24, 1974, 21–26, Broshi; Halpern; in: JSOT.S 124, 1991, 48, Halpern/Hobson; ZDPV 121, 2005, 97–118, Faust). H. Geva gibt allerdings zu bedenken, dass die W-Erweiterung große Teile landwirtschaftlich genutzter Flächen umfaßte und nicht dicht besiedelt war. Er rechnet so für die 2. Hälfte des 8. Jh.a mit nicht viel mehr als 8000 Seelen. O. Lipschits hingegen kommt für die Agglomeration Jerusalem gar auf 1000 Dunams, d.h. ca. 90ha und damit auf eine Bevölkerung zw. 40000 und 50000 (Lipschits, in: JJNBP 326–343).

Mindestens eine Fehlerquelle stellt in dieser Rechnung die Tatsache dar, dass bei zu-nehmender Größe die Dichte abnimmt. Aber selbst wenn das einkalkuliert und die minimalistische Sicht eingenommen wird, hat sich die Bevölkerung Jerusalems im 8. Jh.a innerhalb von knapp zwei Generationen stark vermehrt. Während zu Beginn und in der Mitte des 8. Jh.a knapp 10 % der Bevölkerung Judas in Jerusalem gewohnt haben dürfte, waren es am Anfang des 7. Jh.a – durch die kriegerischen Ereignisse von 701a bedingt – wohl um die 30 %. Die Bedeutung Jerusalems als Zentrum hatte sich massiv verstärkt. Man könnte Jerusalem jetzt wie in der Bronzezeit wieder als Stadtstaat bezeichnen (vgl. weiter § 555). Die Häuser, ja selbst die Kochtöpfe wurden kleiner. Die Familien schrumpften und wurden mobiler. Die Mobilität der Leute und die Vielfalt der Einflüsse zeigt sich in dem äußerst vielseitigen Keramikrepertoire, das sich von der Einseitigkeit in der Mitte des 8. Jh.a abhebt und von lokaler Ware über phöniz. bis zur assyr. Palastware reicht (Schniewind, in: Vaughn/Killebrew, Jerusalem 2003, 383–385).

NIEDERSCHLAG DER STADTERWEITERUNG IN BIBLISCHEN TEXTEN

§ 469   Der archäolog. Befund der Stadterweiterung scheint in den Texten einen Niederschlag gefunden zu haben, so in 2Chr 32,5: »Auch unternahm der König (Hiskija) Anstrengungen, um die ganze Mauer auszubessern, in der Risse entstanden waren. Er erhöhte die Türme, baute draußen die andere Mauer und befestigte den Millo in der Davidstadt« (vgl. Jes 22,8–11). Mit der »anderen Mauer« (*ha- ḥomah 'aḥæræt*) scheint die Chronik, die sonst kaum hist. verwertbares Sondergut aufweist, eine Erinnerung an die Erweiterung der Stadt gegen W bewahrt zu haben, die ein neues Viertel, die Zweitstadt oder Neustadt (*ha-mišnæh*) schuf (vgl. Zef 1,10; 2Kön 22,14 = 2Chr 34,22; Neh 11,9; vgl. HThKAT Zef, 149–151, Irsigler). Ein neues Viertel oder wenigstens den Teil eines solchen scheint auch *ha-makteš* »der Mörser« in Zef 1,11 zu bezeichnen, wahrscheinlich die Mulde zw. den beiden Stadtteilen, der obere bzw. mittlere Teil des Stadttals. Außerhalb des Stadtgebiets lagen im 8. Jh.a die *gareb* und *go'a* genannten Bereiche, die nach der Vision von Jer 31,39 dereinst ins Stadtgebiet von Jerusalem einbezogen werden sollen. Sie werden außerhalb des Damaskustors gesucht, wo im 8. Jh.a die vornehmste Nekropole entstanden war (Bulletin of the Anglo-Israel Archaeological Society 1985–1986, 39, Barkay; vgl § 468).
H. Geva bezieht Jes 22,10 »Ihr habt die Häuser Jerusalems gezählt und Häuser abgerissen, um die Mauer zu befestigen« auf die Häuser, die zerstört werden mussten, um den »broad wall« zu bauen (in: Vaughn/Killebrew, Jerusalem 2003, 192), doch scheint der Text eher an Häuser zu denken, die abgerissen wurden, um »die Mauer unzugänglich zu machen«. H. Wildberger denkt wohl mit Recht an Häuser außerhalb der Stadtmauer, die dem Feind erlaubt hätten, unbemerkt in die Nähe der Mauer zu gelangen u. ä. (BK X/2, 823).

GRÜNDE FÜR DIE ERWEITERUNG DER STADT

§ 470   »Die Ausweitung (der Stadt) kann nicht durch ein natürliches Bevölkerungswachstum oder durch ein normales Wirtschaftswachstum erklärt werden« (Halpern, in: JSOT.S 124, 1991, 21, Halpern/Hobson). Sehr wahrscheinlich ist sie durch einen Flüchtlingsstrom zu erklären, der sich vom ersten Eindringen der Assyrer 733 bis zum Fall Samarias im Jahre 722/721 von N nach S, aus dem ehemaligen Nordreich nach Jerusalem ergossen haben muß (IEJ 24, 1974, 21–26, Broshi; UF 26, 1994, 564–566, Zwickel; VT.S 88, 2002, 146–148.220, Barrick; Finkelstein/Tatum/Amit/Schniewind, in: Vaughn/Killebrew, Jerusalem 2003, 82, 297, 302, 366, 380, 385, 390), vielleicht auch von dem zweiten Flüchtlingsstrom, der rund 20 Jahre später

Jerusalem erreichte, als Sanherib Juda von W her angriff (TA 31, 2004, 60–79, Finkelstein/Na'aman). Wo immer sich eine Armee auf ein Territorium zu bewegt, macht sich ein Teil der Bevölkerung dieses Territoriums auf die Flucht. N. Na'aman (mündlich) meint, Hiskija habe die Grenzen aus Rücksicht auf Sargon schließen müssen. Jerusalem sei im 8. Jh.a allmählich gewachsen und dann sprunghaft aufgrund der zweiten Fluchtwelle aus der Schefela. Die Vorstellung vom Schließen der Grenzen ist wohl etwas zu modern (vgl. Wright, in: JJPP 70–73). Vereinzelt sind andere Gründe als Flüchtlingswellen für das plötzliche, explosionsartige Anwachsen Jerusalems in der 2. Hälfte des 8. Jh.a genannt worden. L. Stager vermutete, dass damals kein weiteres anbaufähiges Land mehr zur Verfügung stand und deshalb eine Art Landflucht einsetzte (BASOR 260, 1985, 1–35). Ökonomische Gründe nimmt auch L.G. Herr an. Jerusalems aufblühende Wirtschaft habe mit ihren Verdienstmöglichkeiten die Landbevölkerung angezogen (BA 60, 1997, 155–157). B. Halpern glaubt, es sei am Vorabend des Sanherib Feldzugs die offizielle Politik Judas gewesen, die Bevölkerung in die Städte zu verlegen, um diese besser befestigen und verteidigen zu können (JSOT.S 124, 1991, 25f, Halpern/Hobson). Alle diese Gründe mögen mitgespielt haben. Die Plötzlichkeit und das Ausmaß der Vergrößerung können sie nicht erklären und die Flüchtlingshypothese ist dementsprechend mit Recht die gängigste.

Die verschiedenen Spielarten der Landfluchttheorie werden schon dadurch in Frage gestellt, dass die jud. Städte im Bergland gleichzeitig wuchsen (JSOT.S 331, 2001, 14–37, Ofer). Rings um Jerusalem entstanden am Ende des 8. und zu Beginn des 7. Jh.a kleine landwirtschaftliche Siedlungen. Sie bildeten ein landwirtschaftliches Hinterland, das in der Lage war, die anormal rasch gewachsene Bevölkerung Jerusalems zu ernähren (UF 26, 1994, 564–586, Zwickel; Vaughn 1999: 32–45; Schniewind, in: Vaughn/Killebrew, Jerusalem 2003, 381 Anm. 17).

Die bibl. Überlieferung berichtet von mindestens einer Gruppe, die damals oder etwas später aus dem Nordreich nach Jerusalem gekommen sein dürfte. Es sind dies die Rechabiter mit ihrem antibäuerlichen, sektiererischen JHWHismus. Nach 2Kön 10,15.23 hatte sich der Ahnvater der Gruppe der Revolte Jehus gegen die Omriden angeschlossen. In der 2. Hälfte des 7. Jh.a lebt die Gruppe in Jerusalem bzw. seiner Umgebung (Jer 35,9–16; VT 51, 2001, 385–389, Migsch; Bib. 82, 2001, 385–401, Migsch).

Mit den Flüchtlingen aus dem N dürften zahlreiche Überlieferungen des Nordreichs nach Jerusalem gekommen sein (§ 483–486).

Nach E.A. Knauf fand die Mehrheit der Bevölkerung, die im Land geblieben war, nicht in Jerusalem, sondern »in Bet-El ihr neues kultisches und kulturelles Zentrum, wo im 7. Jh.a wichtige Teile der zukünftigen Bibel konzipiert und verfaßt wurden … Nicht durch Flüchtlinge aus dem Nordreich 720, sondern durch die Annexion Bet-Els unter Joschija (bald nach 622 v.Chr.) kam diese Literatur nach Juda« (BiKi 55, 2000, 133; Knauf, in: JJPP 291–349). Das eine wie das andere scheint mir unwahrscheinlich. Für beide Vorgänge fehlen explizite Zeugnisse irgendwelcher Art. Hingegen dürfte die problematische und durch aufwändige Argumentationen (vgl. § 650–656) gerechtfertigte Zerstörung des uralten Heiligtums von Bet-El durch Joschija, wie der Tempelbau durch Salomo statt durch David, kaum erfunden sein. Die »unfreundliche Übernahme« Bet-Els war kaum der richtige Rahmen für eine weitreichende Rezeption von Theologumena aus dem Nordreich.

DIE EPIGRAPHIK JERUSALEMS UND JUDAS IM LETZTEN VIERTEL DES 8. JH.a UND IHRE RELIGIONSGESCHICHTLICHE BEDEUTUNG – DOMINANZ JHWHS

§ 471 Mit dem letzten Viertel des 8. Jh.a ist ein weiteres archäolog. Phänomen verbunden, ein merkliches Anwachsen des epigraphischen Materials. Nehmen im Handbuch von Renz/Röllig die ersten drei Viertel des 8. Jh.a je ungefähr 25 Seiten in Anspruch, füllt das Material des letzten Viertels beinahe 100 Seiten (145–241). Dabei stammt fast das gesamte Material aus Juda (Arad, Beerscheba, Bet-Mirsim, Chirbet el-Kom, Jerusalem, Tell en-Naṣbe). Zu diesem Material kommen die königlichen Verwaltungssiegel-Abdrücke, die sogenannten *la-mælæk*-Stempel (§ 480f) und zahlreiche beschriftete Siegel (vgl. z.B. **224.262.268–269.272–277.292–296**; vgl. weiter § 478).

Das epigraphische Material ist wiederholt unter religionsgeschichtlichen Gesichtspunkten untersucht worden, bes. die Personennamen. Zahlreiche hebr. und andere nw-semitische Personennamen sind mit einer Gottesbezeichnung (theophores Element) gebildet, wie z.b. mit einer Kurzform von JHWH, so *Ner(i)jahu* »(Ein) Licht ist JHWH«, *'Azarjahu* »JHWH hilft« oder mit dem Element *'el* »Gott«, so in *J^eraḥm^e'el* »El (Gott) erbarmt sich« (zu den syntaktischen und semantischen Strukturen der satzhaften theophoren Personennamen in der hebr. Bibel vgl. ATSAT 50, 1997, Rechenmacher). S.I.L. Norin hat epigraphische und bibl. bezeugte Personennamen auf die geographische und chronologische Verteilung der verschiedenen Kurzformen von JHWH, die als theophores Element erscheinen, untersucht. Er ist zum Ergebnis gekommen, dass die älteste Form *-jahu* war, die rein konsonantisch auch *-jh* geschrieben werden konnte. Im Nordreich sei sie im 9./8. Jh.a zu *-jaw* bzw. *-jo* kontrahiert worden, eine Form, die bibl. im Namen *'aḥjo* (2Sam 6,3f), sonst nur epigraphisch bezeugt ist. Im Südreich bleibt das alte *-jahu* erhalten und scheint erst nachexil. zu *-jah* verkürzt worden zu sein, wobei die Verfasser des DtrG die verkürzte Form bei unbeliebten Personen bevorzugten, bei denen sie das theophore Element verwischen wollten (CB.OT 24, 1986, bes. 69–71.198–200, Norin).

§ 472 J.H. Tigay hat in einer interessanten Studie (HSS 31, 1986) 649 epigraphisch bezeugte theophore Namen aus dem Nordreich Israel (ca. 10 %) und dem Südreich Juda (ca. 90 %) hauptsächlich aus der Zeit vom 8.-Anfang des 6. Jh.a untersucht und ist zum Schluss gekommen, dass 557 (82,7 %) mit einer Kurzform von JHWH, 77 (11,8 %) mit El und 35 (5,4 %) mit einem anderen theophoren Element gebildet sind, wobei nur drei andere theophore Elemente mehr als 3 Belege erreichen: Horus 7, Baal 6 und Schalim 4. Da bei El nie klar ist, ob wir es mit einer generischen Bezeichnung (Gott) oder mit einem Eigennamen (El) zu tun haben, bleibt die Zahl nichtjahwistischer theophorer Elemente minim. Horus verweist auf die immer wieder intensiven Beziehungen Südpalästinas zu Ägypten und könnte eine ägyptisierende Interpretation JHWHs als Königsgott sein, wie in der MBZ der kanaanäische Hauptgott als Horus interpretiert wurde (OBO 88, 1989, 243–280, Keel). Die Baal-Belege sind bis auf einen auf die Samaria-Ostraka beschränkt. Schalim dürfte als Aspekt des Jerusalemer Sonnengottes schon früh mit JHWH identifiziert worden sein (vgl. dazu aber Renz, Beitrag 2001, 153). Göttinnen wie Aschera und Anat erscheinen im hebr.

Onomastikon nicht. Allerdings taucht Aschera auch in Ugarit nur einmal auf, Anat hingegen etwa ein Dutzend mal (StP 1, 1967, 103.111, Gröndahl). J.H. Tigay schließt aus diesem Befund auf eine praktisch ausschließliche Verehrung JHWHs in Israel und bes. in Juda im 8. und 7. Jh.a. Das Ergebnis aus der Untersuchung der theophoren Elemente des Onomastikons wird durch die des anderen epigraphischen Materials bestätigt (Renz, Beitrag 2001, 146f).

In wirklich polytheistischen Religionen wie der altbabylonischen, der mittelassyr. oder der phöniz. macht der Hauptgott, etwa Schamasch in Sippar (JCS 24, 1972, 102–104, Harris), Assur in Assur (HUCA 25, 1954, 116–124, Fine) oder Baal bei den Phöniziern (StP 8, 1972, 257–432, Benz; Avigad/Sass, Corpus Nr. 712–749; Renz, Beitrag 2001, 154) nicht mehr als 20 % der theophoren Elemente aus. J.D. Fowler hat den Unterschied zw. den in theophoren Eigennamen über die Gottheit gemachten Aussagen im Hebräischen und in anderen semitischen Sprachen herausgearbeitet, vom Akkadischen bis ins Palmyrenische. Während sprachliche Unterschiede nicht zu bestreiten sind, scheint die Autorin die inhaltlichen etwas zu übertreiben (JSOT.S 49, 1988, bes. 296f.313–318).

Israel steht auch mit seiner Konzentration auf JHWH nicht ganz allein da. Der Eindruck der Mescha-Stele (KAI Nr. 181; vgl. oben § 240), dass Kemosch der einzige Gott sei, der von Moab für Bedeutung ist, wird durch das moabitische Onomastikon weitgehend bestätigt (ÄAT 17, 1989, 158–302, Timm; Avigad/Sass, Corpus Nr. 1006–1047). Das ammonitische Onomastikon ist von El dominiert. Der im AT als Gott der Ammoniter genannte Milkom ist nur zweimal belegt (Avigad/Sass, Corpus Nr. 860.940). J.H. Tigay vermutet deshalb der Hauptgott der Ammoniter sei El und Milkom nur ein Epithet gewesen (HHS 31, 1986, 19).

7.8 KÖNIG HISKIJA: SEINE BAU- UND VERWALTUNGSTÄTIGKEIT

EIN CHRONOLOGISCHES PROBLEM

§ 473   Der König, der mit den Flüchtlingsströmen aus dem N oder der Schefela (§ 470) fertig zu werden hatte, war **Hiskija**, der Sohn des Ahas (728/727 oder 715/714–693a). Das Jahr seines Regierungsantritts ist umstritten. Das hängt mit zwei widersprüchlichen Angaben in 2Kön 18 zusammen. In V. 10 wird gesagt, Samaria sei im 6. Jahr Hiskijas erobert worden. Da die Eroberung Samarias im Jahr 722/721a feststeht, kommen wir damit auf 728/727a. In V. 13 steht, dass Jerusalem im 14. Jahr Hiskijas von Sanherib belagert worden sei. Da die »Belagerung« Jerusalems mit Sicherheit ins Jahr 701a zu datieren ist, kommen wir damit ins Jahr 715/714a. Die 13 Jahre Differenz zw. den Angaben in 2Kön 18,10 und 13 werden verschieden erklärt. Hiskija sei 728a erst fünf- und nicht 25jährig (2Kön 18,2) gewesen und erst 715a, mit 18 Jahren wirklich König geworden (NBL II 170, Hutter) oder die 14 Jahre seien aus 2Kön 20,6 her errechnet, wo Hiskija im Jahre 701a noch 15 Regierungsjahre zugesagt werden. Da er nach 2Kön 18,2 29 Jahre regiert hat, mußte er im Jahre 701a in seinem 14. Regierungsjahr gestanden haben (ATD XI/2, 412f, Würthwein). Nach Hardmeier sind die Jahre zw. dem 4. und 14. Jahr Hiskijas in 2Kön 18,10 und 13 in Wirklichkeit auf die Zeit zw. 598 und 588a zu beziehen (BZAW

187, 1990, 297) usw. Für das Jahr 728/727a spricht u.a. Jes 14,28–29 (§ 462f), nach dem im Todesjahr des Ahas und damit dem Jahr der Nachfolge Hiskijas auch ein assyr. König, der das Philisterland schwer heimgesucht hatte, gestorben ist. Am ehesten kann damit das Todesjahr Tiglat-Pilesers III., also 728/727a gemeint sein. Ein früher Beginn der Regierungszeit Hiskijas lässt auch genügend Zeit für den Ausbau Jerusalems (§ 468.475–479) und Lachischs (§ 479). Den von Jerusalem kann man ja auf Manasse verschieben, den Lachischs nicht. J.J.M. Roberts u.a. argumentieren, 2Kön 18,10 sei von 2Kön 18,1 abhängig, während 2Kön 18,13 von den chronologisch unzuverlässigen Zusammenfassungen von der Art von 2Kön 18,1 unabhängig sei (Roberts, in: Vaughn/Killebrew, Jerusalem 2003, 270f Anm. 20). Für eine Regierungszeit von 715/714 bis ca. 686/685a votiert auch N. Na'aman (TA 21, 1994, 236–239 = CE I 99–102; vgl. weiter FAT 19, 1997, 176 Anm. 232, Barthel; IEJ 51, 2001, 46, Cross). Ohne neue Quellen scheint ein definitiver Entscheid nicht möglich zu sein.

DER AUSBAU JERUSALEMS UND DER STÄDTE JUDAS

§ 474   Hiskija war einer der bedeutendsten Könige Judas. Das DtrG sieht ihn in 2Kön 18–20 wie üblich unter etwas beschränkten Gesichtspunkten (vgl. 2Kön 20,20). Wenn man ein umfassenderes Bild von ihm gewinnen will, als es in diesen drei Kapiteln geboten wird, muss man alle andern verfügbaren Quellen, archäolog. wie schriftliche, beiziehen.

Innenpolitisch konzentrierten sich die Anstrengungen Hiskijas in Jerusalem wohl primär auf die Unterbringung und Integration der Flüchtlinge aus dem Nordreich und später aus dem w Grenzgebiet (§ 470). Im Gegensatz zur omridisch beeinflussten Bautätigkeit in Jerusalem (vgl. **253–262**) konzentrierte sich die hiskijanische auf die Erstellung von Behausungen bzw. deren notdürftigen Schutz durch Mauern (§ 468). Diese Befestigungstätigkeit scheint allerdings zunehmend nicht nur der üblichen Sicherung gegen wilde Tiere und nächtliche Raubüberfälle gedient zu haben (zu Chabiru-ähnlichen Banden in der Assyrerzeit vgl. aber JAOS 120/4, 2000, 621–624, Na'aman = CE I 298–304).

Sicherstellung der Wasserversorgung

§ 475   Das zeigt ein weiteres Unternehmen Hiskijas. Er ließ einen Tunnel bauen, um die Wasser der Gihonquelle in die Stadt zu leiten (vgl. 2Kön 20,20; Jes 22,9b; vgl. Sir 48,17). Die Stadt hatte so bequemen Zugang zum Wasser, während die Wasserversorgung potenzieller Belagerer erschwert wurde (vgl. 2Chr 32,3f.30a). Es scheint nach wie vor wahrscheinlich, dass mit dem von den Texten genannten Unternehmen der eindrückliche 533m lange, als »Hiskija-Tunnel« bezeichnete Durchstich gemeint ist, der das Wasser der Gihonquelle in die ummauerte Stadt hineinbrachte (Küchler, Jer 57–64; zur Inschrift vgl. auch Renz/Röllig, Handbuch I 178–189; KAI Nr. 189). Ähnliche Anstrengungen, eine Stadt im Belagerungsfall mit Wasser zu versorgen, scheint Hiskija auch in der zweitgrößten Stadt Judas, in Lachisch, unternommen zu haben (→ II 893).

§ 476   Nach D. Ussishkin hatte der Kanal keine Funktion in Zusammenhang mit der Verteidigung der Stadt. Das Wasser, das er transportierte, wäre im Hinblick auf die damals 15 000 Bewohner der Stadt (vgl. § 470) ungenügend und der Transport in die dicht bewohnten Gebiete der Stadt wäre zu weit gewesen. 2Chr 32,30 sage nicht, dass der Tunnel Verteidigungszwecken diente und 2Chr 32,2–5 meine nicht den Siloamtunnel. Das nicht erhaltene Ende des Kanals, der ursprünglich weiter hinunterreichte als jetzt, suggeriere, dass der Kanal der Bewässerung eines königlichen Gartens diente. Der Siloamtunnel habe Kanal II ersetzt. Der Warrenschacht sei nach dem Bau des Siloamtunnels in Gebrauch geblieben. Hiskija habe die aufwändigen Gartenanlagen imitiert, die sich assyr. Könige (AOBPs Abb. 202), bes. Sanherib, haben anlegen lassen (ÄAT 30, 1995, 301–303, Ussishkin). E.A. Knauf hat die These dahin ergänzt, dass die Anlegung des Tunnels viel Zeit gebraucht habe, die zur Zeit Hiskijas nicht zur Verfügung stand, wohl aber zur Zeit Manasses, dem eine Imitation assyr. Bräuche eher zuzutrauen wäre (TA 28, 2001, 281–287; vgl. auch FS Ahituv 49–66, Gutman).

§ 477   Die Texte schreiben den Tunnelbau aber konsequent Hiskija zu. Und dieser konnte schwerlich die Bauten Sanheribs imitieren, die es während der ruhigen Zeit Hiskijas noch gar nicht gab. Auch wenn die Gihonquelle den Wasserbedarf der Stadt nicht mehr deckte, konnte sie doch einen substanziellen Beitrag an die Wasserversorgung liefern. Für eine Versorgung der Gärten hätte ein viel einfacher zu erbauender Kanal dem O-Fuß der Davidstadt entlang genügt. Der Warrenschacht hat in der Wasserversorgung der Stadt nie eine Rolle gespielt (§ 93 und **22**). Wasseranlagen in anderen Städten dienten der oft schwierigen Versorgung in Krisenzeiten (Megiddo, Hazor, Lachisch), und der Siloamtunnel wäre die einzige Anlage dieser Art. Die Überschreibung auf Manasse würde z.B. das chronologische Problem lösen. Aber sie ist eine freihändige und unnötige Konjektur. Abwegig war der Versuch, den Tunnel in die hell. Zeit datieren zu wollen (vgl. dagegen BArR 23/2, 1997, 41–50, Hackett/Cross/McCarter u.a.; H. Kienast, Hezekiah's Tunnel and the Enpalinos Tunnel of Samos: A Comparison, in: Leichtweiss Institut für Wasserbau Braunschweig M. H., 82, 1984, 1–20; TA 25, 1998, 116–130, Rosenberg).

Vielleicht sind damals auch schon die ersten Reservoire zum Speichern von Regenwasser entstanden, so der obere Betesda-Teich (Küchler, Jer 316–318; Bahat 1993: 583) und der Hiskija-Teich, der bei den Christen als Patriarchen-Bad und bei Josephus »Mandelteich« (Bell V 468) genannt wird, wobei das ̓Αμυγδαλον wahrscheinlich auf aram. *migdᵉlaʾ* »Turm« also Turm-Teich zurückzuführen ist, weil der Teich n des Phasael(?)-Turms der herodianischen Palastfestung lag (Schniewind, in: Vaughn/ Killebrew, Jerusalem 2003, 382f).

§ 478   Die Inschrift im Hiskija-Tunnel ist die erste längere erhaltene Inschrift aus Jerusalem (§ 475). Reste einer weiteren monumentalen Inschrift aus dieser Zeit sind in Shilos Grabungsfeld E2 (**20b**) gefunden worden (**284**). Von der Inschrift auf einer fragmentarischen Kalksteinplatte aus rötlichem Kalkstein, die mit Mörtel an einer Wand befestigt und so bestimmt war, öffentlich gesehen zu werden, sind nur 13 Buchstaben ganz und fünf weitere teilweise erhalten. In der ersten Zeile der Inschrift ist das Wort *ṣbr* zu lesen, das »Anhäufen, Aufhäufen« von Getreide (Gen 41,35.49), Silber (Sach 9,3; Ijob 27,16) und anderen Dingen bedeutet. Im Folgenden wird entweder ein Datum genannt (sieben, zehn, vierter) oder es ist von Sättigung mit Reichtum die Rede (Renz/Röllig, Handbuch I 190f; Qedem 41, 2000, 1f, Naveh). Cross will die Inschrift mit den Kriegsvorbereitungen Hiskijas in Zusammenhang bringen (IEJ 51, 2001, 44–47), doch bleibt alles recht spekulativ. Zusammen mit der Tunnel-Inschrift (§ 475) und einer Grabinschrift von Silwan (Renz/Röllig, Handbuch I 191f) bezeugt die neue Inschrift, dass Steininschriften am Ende des 8. Jh.a in Jerusalem nichts Be-

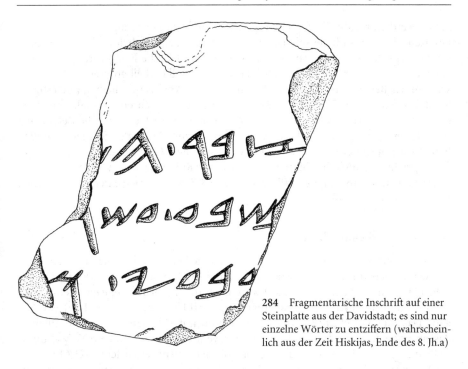

284 Fragmentarische Inschrift auf einer Steinplatte aus der Davidstadt; es sind nur einzelne Wörter zu entziffern (wahrscheinlich aus der Zeit Hiskijas, Ende des 8. Jh.a)

sonderes waren. Schriftkundigkeit hatte einen hohen Grad erreicht. Man sollte daraus allerdings nicht schließen, dass sie überhaupt erst jetzt vorhanden war (vgl. § 167), wenn sie auch am Ende des 8. Jh.a weitere Verbreitung gefunden hat als je zuvor.

Befestigung der Städte

§ 479   Ob Lachisch III mit seinen mächtigen Bauten zur Zeit Hiskijas oder schon von seinen unmittelbaren Vorgängern gebaut oder ausgebaut wurde, ist nicht klar. Jedenfalls war es zur Zeit Hiskijas eine bedeutende Stadt. Die Festungen Arad IX und Beerscheba III/II waren intakt bzw. wurden damals ausgebaut. Vielleicht geht auch das Netz von militärischen Stützpunkten auf der W-Seite des jud. Berglandes aus dem 8. Jh.a (vgl. ErIs 15, 1981, 229–249 und 83*f, A. Mazar) wenigstens teilweise auf Hiskija zurück. Das Gleiche dürfte für eine Anzahl landwirtschaftlicher Siedlungen und Terrassierungen gelten, die Anstrengungen darstellen dürften, die stark angewachsene Bevölkerung mit Lebensmitteln zu versorgen.
B. Halpern vertritt die Meinung, Hiskija habe die Bevölkerung des offenen Landes veranlasst, in die befestigten Städte zu ziehen und das Land so in eine Igelposition gebracht, die jede Kollaboration mit dem Angreifer unmöglich machte und diesen in eine radikal feindliche Umgebung einziehen ließ. Nachdem die levantinischen Kleinstaaten keine große Koalition mehr zu bilden in der Lage gewesen seien, wie 853a gegen Salmanassar III., hätten sie versucht, die assyr. Expansion auf diese Weise zu bremsen. Die Igelstellung, mindestens die zentrale (Jerusalem), sollte so lange ge-

halten werden, bis die Kräfte des Angreifers durch Probleme an seinen n, ö und s Grenzen, durch Probleme mit Urartu, den Bergvölkern, Babylon oder Elam oder durch ägypt. Interventionstruppen gezwungen wurden, die Belagerungen abzubrechen. Im Zuge dieser Taktik habe Hiskija auch die Freilichtheiligtümer zerstören lassen, um der Bevölkerung jeden, auch kultischen Rückhalt, außerhalb der befestigten Städte zu nehmen (JSOT.S 124, 1991, 18–27, Halpern). Während das taktische Vorgehen, wie Halpern es sieht, eine gewisse Plausibilität besitzt, ergibt die Zerstörung der »Höhen« wenig Sinn, da diese sich mindestens zum Teil in den Städten befunden haben, die mit letzter Energie verteidigt werden sollten. Gegen eine konsequente Reform spricht u. a. auch die Tatsache, dass etwa der Kult der Aschera offensichtlich bis gegen Ende des 7. Jh.a in voller Blüte war (§ 572–575; zur Frage einer hiskijanischen Reform vgl. weiter § 488).

Die la-mælæk-Stempelabdrücke

§ 480   Von einer einzigartigen Anstrengung, die Versorgung sicher zu stellen, zeugen Unmengen von großen Vorratskrügen, die zw. 43 und 51,8 l fassen, und deren Henkel mit einem Stempel markiert waren, der die Inschrift *la-mælæk* »dem König gehörig« und einen von vier Ortsnamen trug (→ II Hebron, *mmšt*, → II Sif, → II Socho). Das enigmatische *mmšt* wird von G. Barkay mit → II Ramat Rahel identifiziert, das am Ende des 8. und im 7. Jh.a eine Art zweite Hauptstadt und ein Verwaltungszentrum war, welches das überbevölkerte Jerusalem entlastete (NEAEHL IV 1261–1267). N. Na'aman vertritt die Ansicht es habe sich um einen in phöniz. Stil in Analogie zur Residenz des jud. Königs in Jerusalem erbauten Palast für den assyr. Gouverneur gehandelt. Ein Problem, das Na'aman selbst sieht, ist die praktisch komplette Abwesenheit assyr. Produkte wie assyro-aramäischer Siegel, Keilschrift-Inschriften etc. (TA 28, 2001, 270–275). Die Krüge mit *la-mælæk*-Abdrücken weisen eher auf ein jud. Zentrum hin. Sie dürften ganz aus der Zeit Hiskijas stammen und zentral, in der Gegend von Lachisch, produziert worden sein (IEJ 34, 1984, 89–113, Mommsen/Perlman/Yellin). Die Gefäßform als solche war mehr als 200 Jahre lang im Gebrauch, vom 9. Jh.a bis zum Anfang des 6. Jh.a (Gitin, in: FS Mazar 505–524). Bis heute sind in kontrollierten Grabungen rund 1350 Stück von gestempelten Henkeln solcher Krüge gefunden worden, viele Hundert weitere stammen aus unkontrollierten Grabungen und dauernd werden neue gefunden, legal und illegal (OBO.A 10, 1995, § 307, Keel; Vaughn 1999: 185–219). G.M. Grena listet insgesamt 1962 Stück auf (*lmlk* – A Mystery belonging to the King. Vol 1, Redondo Beach CA. 2004, 387–392). A. Lemaire schätzt, dass für die *la-mælæk*-Stempelabdrücke etwa 30 verschiedene Stempel benützt wurden (ErIs 15, 1981, 54*–60*). Die reichsten Fundorte sind Lachisch (407), Jerusalem (286) und Ramat Rahel (163). An allen anderen 61 Fundorten wurden unter 100 gefunden. Die Verteilung lässt aber doch ganz deutlich eine Konzentration an der Nordgrenze (gegen die assyr. Provinz Samerina) und an der bes. gefährdeten W-Grenze, in der Schefela, erkennen. Nach B. Halpern u.a. enthielten die in öffentlichen Gebäuden konzentrierten Vorratskrüge Proviant für den Fall einer Belagerung (JSOT.S 124, 1991, 23–25.34–41; zu den wirtschaftlichen Anstrengungen Hiskijas vgl. weiter UF 26, 1994, 564–586, Zwickel). L. Tatum sieht in den *la-mælæk*-Krügen hingegen ein Element der für Hiskija typischen Anstrengungen, das Land zu zentralisieren (in: Vaughn/Killebrew, Jerusalem 2003, 296f). Diese würden auch im Ausbau der Hauptstadt deutlich (Shilo's Stratum 12; § 468). R. Kletter vermutet, die Krüge mit *la-mælæk*-Stempeln seien zuerst für die Versorgung des Hofes mit Wein aus königlichen Weingütern benützt worden. Nach der Revolte Hiskijas gegen Assur sei das bereits existierende System in die Anstrengungen integriert worden, Juda verteidigunsbereit zu machen (ZDPV 118, 2002, 136–149). G.M. Grena referiert auf 224 Seiten ein breites Spektrum von Interpretationen seit der Publikation der ersten *la-mælæk*-Stempel durch Charles Warren im Jahre 1870 bis ins Jahr 2003 (*lmlk* – A Mystery belonging to the King. Vol 1, Redondo Beach CA. 2004, 109–332).

7.9 HISKIJAS RELIGIONSPOLITISCHE POSITIONEN

DIE SONNENSYMBOLIK DER KÖNIGLICHEN GLYPTIK ZUR ZEIT HISKIJAS

§ 481   Die *la-mælæk*-Abdrücke sind aber nicht nur verwaltungtechnische Dokumente. Sie sind auch von religionsgeschichtlicher Bedeutung. Zw. den Beschriftungselementen ist entweder ein vierflügliger Skarabäus (285–286) oder eine geflügelte Sonnenscheibe (287–289) angebracht. Tushingham möchte im vierflügligen Skarabäus ein Emblem des israelit. Königtums sehen, das seit Hiskija außerhalb Jerusalems auch in Juda benützt worden sei. Als das eigentliche Emblem des jud. Königtums habe die geflügelte Sonnenscheibe zu gelten (BASOR 187, 1992, 61–65). Siegelgravu-

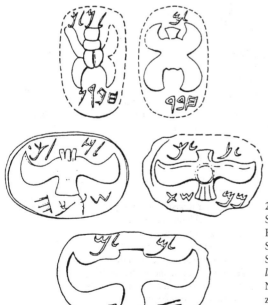

285–289   Fünf Abdrucke von Stempeln der königlichen Verwaltung Hiskijas; auf zweien ist ein vierflügliger Skarabäus, auf dreien ist eine geflügelte Sonnenscheibe zu sehen; nebst dem *la-mælæk* oben ist unten jeweils der Name eines Verwaltungszentrums zu sehen: Hebron, Soko, Mamschet, Zif (Ende des 8. Jh.a)

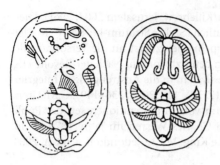

290–291   Zwei Siegel-Amulette aus Samaria, eines mit einem zwei- und eines mit einem vierflügligen Skarabäus; letzterer ist mit einer geflügelten Sonne kombiniert (9./8. Jh.a)

ren mit zweiflügligen (**290**) und solche mit vierflügligen Skarabäen sind in Samaria gefunden worden, so auf neun Bullen (GGG 291f Abb. 257a) und auf einem anepigraphischen Siegel (**291**). Das gleiche Motiv ist aber auch auf dem Siegel einer Privatperson in Lachisch (**292**), auf einem Skarabäus in Jerusalem (**292a**) und auf Siegeln unbekannter Herkunft mit Namen von Privatpersonen aufgetaucht (Avigad/Sass, Corpus Nr. 1171, 1175 = **293**; zur Papyrusdolde, über der der Käfer sich erhebt vgl. **298–299**). Das legt nicht nahe, den Skarabäus als Königsemblem zu sehen, und schon gar nicht als das des Nordreichs, denn ein zweiflügliger Skarabäus taucht auf zwei Bullen auf, die mit dem Siegel des *ḥizqijahu <ben> ʾaḥaz mælæk Jᵉhudah* »Hiskija <Sohn> des Ahas, König von Juda« gesiegelt waren (BArR 25/2, 1999, 42–45,60,

292–292a   Ein Siegel-Amulett aus Lachisch mit einem vierflügligen und eines aus Jerusalem mit einem zweiflügligen Skarabäus (9./8. Jh. a)

293   Im obersten der vier Register die geflügelte, von zwei Uräen geschützte Sonnenscheibe; im zweiten flankieren zwei Verehrer einen vierflügligen Skarabäus über einer Papyrusdolde; die Verehrer machen deutlich, dass es sich beim Käfer um eine Gestalt des Sonnengottes handelt; im dritten Register ein Löwe hinter einem Capriden; im untersten Register steht »Saul (gehörig)« (8. Jh.a)

294–295 Zwei Bullen mit der Inschrift »Dem Hiskija <Sohn> des Ahas, König von Juda, (gehörig)«; als Bildmotiv zeigen die Bullen das Sonnensymbol des zweiflügligen Skarabäus mit einer winzigen Sonnenscheibe (721–693a)

Cross; **294–295**; zu einer anderen Lesart vgl. BArR 27/4, 2001, 45, Lubetski). Auf den Siegeln Avigad/Sass, Corpus Nr. 1171 und 1175 = **293** flankieren Verehrer die aufgehende Sonne. Das scheint darauf hinzudeuten, dass man durchaus wusste, dass der Käfer den jugendlichen Sonnengott repräsentierte. Auf ein Verständnis des aufgehenden Sonnengotts als Erscheinugsform JHWHs deutet der Name eines der Minister Hiskijas *jehozaraḥ* »JHWH strahlt auf« (**296**).

§ 482 Die geflügelte Scheibe als Darstellung der Sonne stammt aus Ägypten. Sie ist am Anfang des 2. Jt.a in die altsyr. Glyptik übernommen worden und seither im n Vorderasien (Mitanni, Hetiter, Assyrer) und von den Achämeniden verwendet worden (ATSAT 78, 2006, 387–396, Lauber). Auf den *la-mælæk*-Abdrücken dürfte das Motiv wie der Skarabäus als Bild des solarisierten JHWH verstanden worden sein (vgl. die überzeugenden Argumente von Ornan, in: OBO 210, 2005, 231–235, Suter/ Uehlinger; vgl. auch ATSAT 78, 2006, 396–398, Lauber). Die zuerst im Nordreich nachweisbare Sonnensymbolik (vgl. GGG 282–298.311–317) konnte im Südreich an die starken solaren Komponenten JHWHs anknüpfen, die er durch die Übernahme verschiedener Elemente des Jerusalemer Sonnengottes bereits zur Zeit Davids und Salomos erhalten hatte (§ 227.323–341). Die Identifikation JHWHs mit dem Sonnengott von Jerusalem dürfte bald nach Salomo erfolgt sein und u.a. in den Motiven der hiskijanischen Glyptik ihren Ausdruck gefunden haben. Darüber hinaus zeugt diese Ikonographie auch von der starken politischen Anlehnung der Levante an

296 Siegelabdruck (Bulle) mit der Inschrift »Dem Jehozarach (*jhzrḥ*), dem Sohn des Hilqijahu, dem Minister des Hisqijahu (gehörig)« (721–693a)

Ägypten, die nach dem Ende des Neuen Reiches erhalten geblieben war und durch die assyr. Aggression erneut aktuell wurde. Ob diese Ikonographie über Phönizien vermittelt (BArR 25/2, 1999, 42–45, Cross) oder in Israel und Juda direkt aus Ägypten übernommen wurde (BArR 27/4, 2001, 44–51, Lubetski), ist im Einzelfall weder sicher zu entscheiden noch von Bedeutung. Es genügte zu wissen, dass sie ägypt. Ursprungs war. Auffällig bleibt angesichts der intensiven Sonnensymbolik das Fehlen der sonst omnipräsenten geflügelten Sonnenscheibe bei der Beschreibung des Salomonischen Tempels. Vielleicht ist sie im Zug der antiägypt. Position, die in Jerusalem im 7. Jh.a eingenommen werden mußte, verschwunden, vielleicht auch erst einer Überarbeitung des hebr. Texts der Königsbücher im 2. Jh.a (§ 329; vgl. weiter § 1489).

MANNIGFACHE EINFLÜSSE AUS DEM NORDREICH

§ 483   Mit der Ikonographie der *la-mælæk*-Stempelabdrücke und des jud. Königssiegels haben wir aus dem wehr- und verwaltungstechnischen Bereich in den der religiösen Vorstellungen hinübergewechselt. Mit den Flüchtlingen aus dem ehemaligen Nordreich (§ 470) kamen nicht nur hungrige Mäuler und schutzbedürftige Leiber nach Jerusalem, sondern auch Überlieferungen, Konzepte und Theologumena, die im Südreich bis anhin weitgehend unbekannt geblieben waren oder wenigstens keine große Rolle gespielt hatten. Dazu gehören vor allem der Jakobszyklus, eine Exodusgeschichte und Landnahmezyklen (E. Zenger, Einleitung [5]2004, 100f.107f.113f.119f.179–185). Eine Gottesbergtradition und Bundesschlusstraditionen (zu letzteren vgl. Ex 24,4–8; Jos 24*) dürften auch schon dazu gehört haben (§ 711.742). Erste Fassungen dieses oder jenes Zyklus des Richterbuches (Gideon, Jiftach), der Elischa- und Jehu-Zyklen mögen ebenfalls in diese Zeit zurückgehen. Ohne solche Überlieferungen aus dem Nordreich sind manche Motive und Themen der letztlich in Jerusalem redigierten bibl. Schriften nicht zu erklären.

Da die Provinz Samaria, wie gesagt, in wesentlichen Teilen israelit. blieb, können solche Traditionen allerdings auch später noch den Weg nach Jerusalem gefunden haben (vgl. z.B. Jer 41,4f). E.A. Knauf denkt an die Jahre Joschijas, als er Bet-El übernahm (vgl. dazu aber § 470). Entgegen den Tendenzen des Esra- und Nehemia-Buches bestanden noch lange nach der Zerstörung des Nordreichs konstruktive Beziehungen zw. den Aristokratien Jerusalems und Samarias (Neh 13,28f). Aber auch das von Anfang an gespannte Verhältnis zw. dem Nord- und dem Südreich schlug immer wieder und zunehmend stärker durch, wie bereits 2Kön 17 zeigt.

Verschiedene Indizien weisen darauf hin, dass Hiskija und seine Leute eine konstruktive Integration dieses Potenzials versucht haben. Hiskija nannte seinen Sohn, der sein Nachfolger wurde, nach einem der wichtigsten Stämme des Nordreiches »Manasse«. In Anbetracht der symbolischen Namen, die Jesaja seinen Kindern gegeben hat (§ 451.453,.455), ist diese Namensnennung vielleicht auch symbolisch als eine Art Adaptation der Flüchtlinge aus Manasse zu verstehen, wenn nicht als Anspruch auf dieses Territorium. In den Königsbüchern mag der Name geholfen haben, diesen König mit seinem dem verfemten Nordreich entlehnten Namen als »fremd« zu diffamieren (BZAW 338, 2004, 319f, Stavrakopoulou). Interessant ist auch, dass Hiskija Manasse mit einer Frau aus Jotba in Galiläa verheiratete (2Kön 21,19).

DAS »JERUSALEMER GESCHICHTSWERK«

§ 484 Zur Zeit Hiskijas oder etwas später dürfte ein Teil der eben genannten Nordreich-Traditionen von einem Bearbeiter, dem sogenannten Jehowisten, in ein großes Werk (Jerusalemer Geschichtswerk) integriert worden sein, das von Gen 12-Jos 24 (E. Zenger, Einleitung [5]2004, 179–185) oder von Gen 2,4b bis Jos 24,32 reichte (NBL II 281–284, Weimar; skeptisch gegenüber beiden Ska, Pentateuque 200f.279f). Sein theologisches Profil kennzeichnen einige Züge, die auch für Jesaja typisch sind. Dazu gehört etwa die Vorstellung, dass JHWH selbst Israel bzw. Juda in kritische Situationen bringen kann, in denen er sich als befremdlich und erschreckend erweist (vgl. Gen 32,23–32; vgl. Jes 28,21), in denen es auf Leben und Tod geht und in denen Juda nur ein bedingungsloses Einlassen auf JHWH retten kann (vgl. *hæ'æmin* »glauben, vertrauen« in Gen 15,6a; Ex 4,1.5; 14,31; Jes 7,9c; 28,16).

DER EINFLUSS HOSEAS

§ 485 Entscheidende Impulse für eine ganze Reihe bibl. Schriften (Dtn, Jer, Ez) ist von der Spruchsammlung ausgegangen, die unter dem Namen des Propheten Hosea zur Zeit Hiskijas oder weniger wahrscheinlich erst unter Joschija nach Jerusalem gekommen ist (vgl. weiter § 434.730f.814.834.886). Bei Hosea und in den alten Exodus- und Landnahmeüberlieferungen spielte der bis anhin anscheinend kaum bekannte Mose eine entscheidende Rolle. Als hist. Elemente der Mose-Gestalt können sein ägypt. Name, seine Flucht aus Ägypten und seine Verschwägerung mit einer midianitischen Priesterfamilie gelten (vgl. JBL 120, 2001, 601–622, Hendel; WUB 11/3, 2006, 12–19, Römer). Die Autorität des Mose, die dann im 7. Jh.a für das Reformgesetz des Dtn in Anspruch genommen wurde, machte aus diesem eine uralte Urkunde, die lange Zeit in Vergessenheit geraten war, wodurch die Verirrungen, die Israel in seiner staatlichen Geschichte nach Meinung der Reformer durchlaufen hatte, verständlich wurden. Mit der »Auffindung der Gesetzesrolle« wurde Israel nach Meinung der Verfasser des Dtn endlich wieder »mit dem Vermächtnis des Mose konfrontiert und hatte die Chance, seine ganze verfehlte staatliche Geschichte rückgängig zu machen. Der Aufbruch nach vorne war nach Meinung der Reformbewegung – ganz im Sinne der Geschichtssicht Hoseas – eine Rückkehr zu den Anfängen« (GAT VIII/1, 321, Albertz; zur Herkunft wesentlicher Vorstellungen des Dtn aus dem Nordreich vgl. § 744). Bes. deutlich ist der Einfluss Hoseas auf einzelne Teile des Jeremiabuches. Zwar stellt sich hier die Frage der Jerusalemredaktion des Hoseabuches, aber die Ehemetaphorik (zu dieser vgl. TThQ 166, 1986, 119–134, Schüngel-Straumann; HBS 8, 1996, Wacker) und das Dreiecksverhältnis Israel-JHWH-Baal lassen sich viel besser als von Jerusalemer Traditionen von theologischen Problemen des Nordreichs her verstehen (vgl. etwa Jer 2,2f mit Hos 2,16–22; Jer 2,28 mit Hos 8,11; BWANT 131, 1991, 164–167, Naumann; gegen G.A. Yee und M. Nissinen wendet sich de Pury, in: OBO 139, 1994, 416f, Dietrich/Klopfensteinde). Auch die Anfänge des Amosbuchs dürften in die Zeit Hiskijas fallen, kaum in dem Umfang jedoch, wie W.M. Schniewind das annimmt (in: Vaughn/Killebrew, Jerusalem 2003, 390–393). »Die Tage der Urzeit« in Amos 9,11 z.B. sind ein Schlüsselbegriff der Exilszeit (§ 1100–1103; zur Datierung der Amos-Visionen in die Exilszeit vgl. Steins, in: HBS 44, 2004, 585–608, Hossfeld/Schwienhorst-Schönberger). Einflüsse, die über die Nordreichflüchtlinge gelaufen sein könnten, sind weiter in den Psalmen vermutet worden (Ps 68; zu Ps 74 vgl. Bib. 81, 2000, 521–532, Weber).

INTERNATIONALE WEISHEIT

§ 486 Nebst Traditionen aus der Überlieferung der spezifischen Geschichte Israels mit seinem Gott wurde zur Zeit Hiskijas auch internationale Spruchweisheit gesammelt (vgl. Spr 25,1), die in Juda unter dem Patronat Salomos stand (§ 306–316). Die Bearbeitung eines Teils der ägypt. Weisheit des Amenemope in Spr 22,17–23,11 könnte aus dieser Zeit stammen (TUAT III/2, 222–250, bes. 224f, Shirun-Grumach; SAK 29, 2001, 307–318, Schipper; ZAW 117, 2005, 53–72.232–248, Schipper; fast noch plausibler scheint ihm der Anfang der 26. Dyn., d.h. die Zeit zw. 664 und 587a). Auch ein Teil der Liebeslieder, die im Hld vereinigt sind, das eindeutig in Jerusalem redigiert worden ist, dürfte damals nach Jerusalem gekommen sein; aus dem Nordreich etwa das Lied, in dem Tirza, die frühere Hauptstadt des Nordreichs, und Gilead eine Rolle spielen (6,4–7), oder das Lied, in dem der aus großen Teilen des Nordreichs sichtbare Hermon prominent vorkommt (4,8). D. Jericke, der aus den Toponymen des Hld eine ptolemäische Entstehungszeit wahrscheinlich machen möchte, verzichtet wohlweislich darauf, Tirza einen eigenen Abschnitt zu widmen. Seine Argumentation ist generell ziemlich beliebig (ZDPV 121, 2005, 39–58). Ägypt. Liebeslieder, denen die bibl. nach wie vor am nächsten stehen, könnten damals nach Jerusalem gelangt sein. Wie total anders hellenist. Liebeslyrik aussieht, zeigen die Idyllen des Theokrit (NBL II 183–191, Keel).

Aus der späteren Verbindung der »antikanaanäischen« Theologie des Nordreichs, die Israel einen ganz besonderen Status zuschreibt (§ 730f), den neuassyr. Vasallitätsverträgen und Nachfolgeeiden (§ 614f) und der weisheitlichen Tradition ist das Dtn entstanden (zur weisheitlichen Komponente des Dtn vgl. Weinfeld, Deuteronomy 244–319; der Einfluss der weisheitlichen Tradition wird abgelehnt von SBAB 24, 1997, 225–271, Braulik). W.M. Schniewind hat mit Recht dahingehend argumentiert, dass das Jerusalem des ausgehenden 8. und des 7. bis frühen 6. Jh.a einen viel wahrscheinlicheren politischen und sozialen Rahmen mindestens für entscheidende erste Fassungen zahlreicher bibl. Texte abgegeben habe als das kärgliche Jerusalem der Perserzeit. Die Sprache des Perserreiches war im W das Aramäische. Jene Texte, die, wie die Chronik, Esra-Nehemia, Ester oder Daniel, eindeutig perserzeitl. oder später sind, charakterisiert der starke aramäische Einfluss (in: Vaughn/Killebrew, Jerusalem 2003, 377f.387–393).

DIE »REFORM« HISKIJAS
UND DIE ZERSTÖRUNG DER »EHERNEN SCHLANGE«

§ 487 Aus dem bisher Gesagten könnte man schließen, Hiskija und sein Hof hätten sich vor allem das Sammeln möglichst vieler Traditionen angelegen sein lassen. Aber wie die wehr- und verwaltungstechnischen Maßnahmen diente auch diese Sammlungstätigkeit der Festigung des Landes und Jerusalems. Das Sammeln war so mit einem kritischen Sichten verbunden. In 2Kön 18,4 wird für Hiskija sogar eine recht weitreichende religiöse Reform in Anspruch genommen, die in 2Chr 29–31 in teilweiser Anlehnung an die joschijanische Reform gewaltig ausgebaut wird (Vaughn 1999). Aus 2Chr 30 lässt sich vielleicht eine alte Überlieferung für ein Mazzenfest herauslesen, das Hiskija für das ganze Land organisiert habe (Haag, in: FS Elliger 87–94; FAT 10, 1994, 316–318, Zwickel), aber keine Kultreform. Alle Ausleger sehen, dass wir in 2Kön 18,4 zwei Sorten von Aussagen haben. Das Entfernen der Höhen, Zerbrechen der Masseben und Umhauen der Ascheren wirkt sehr pauschal und erinnert an stereotype dtr. Vorschriften der jüngeren Schicht des Dtn (vgl. z.B. Dtn 7,5; 12,2; SBAB 31, 2000, 172, Lohfink). Die Notiz, Hiskija habe die Bronzeschlange zerschlagen (zum Verb vgl. Dtn 9,21), die Mose angefertigt hatte (vgl. Num 21,4–9), weil die Israeliten ihr Rauchopfer dargebracht hätten, wirkt hingegen überraschend und ist auffallend konkret.

§ 488   Trotz dieser Unterschiede wird der ganze Text immer wieder als Zeugnis für eine umfassende hiskijanische Reform verstanden, die ihren Ausgang bei der Ausmerzung der von Ahas eingeführten assyr. Elemente genommen habe und deren Ziel es gewesen sei, Jerusalems Abwehrpotenzial gegen Assur politisch, ökonomisch und psychologisch zu stärken (so etwa EtB.NS 7, 1986, 73–88, Gonçalves; JSOT.S 120, 1991, 142–168, Lowery; vgl. auch TRE XV 401, Herrmann; Finkelstein/Silberman, David und Salomo 126–129.249–251). Besonders nachdrücklich hat B. Halpern diese Position vertreten (§ 479).

Als Argument für eine hiskijanische Reform wird u.a. der in Tel Beerscheba Stratum II am Ende des 8. Jh.a verbaute große Hörneraltar (→II **164**) angeführt (u.a. JSOT.S 124, 1991, 25f, Halpern; Finkelstein/Silberman, David und Salomo 127.249–251). Das ist ein eindrückliches Phänomen. Dass ein Horn schon abgebrochen war, als man ihn verbaute, und dass die einzelnen Teile sorgfältig verbaut wurden, ändert nichts an der Profanierung des Altars bei seinem Einbau in Militärbarracken (vgl. 1Makk 4,41–46). Wir wissen allerdings nicht, wo der Altar vorher gestanden hat und ob er überhaupt zu einem JHWH-Heiligtum gehörte (BBB 87, 1993, 203–208, Reuter). Beim Heiligtum und Altar von Arad ist das keine Frage. Die herkömmliche Interpretation ließ den Schlachtopferaltar des Tempels von Arad VIII unter Hiskija dem Gebrauch entzogen und den Tempel von Arad VII durch Joschija zerstört werden (vgl. noch NEAEHL I 83, Aharoni). Inzwischen ist die Datierung der verschiedenen Phasen des Tempels von Arad sehr umstritten. Es kann sein, dass der Tempel von Arad VII erst Jahrzehnte nach Joschija vielleicht gar nicht verunreinigt, sondern durch eine dicke Erdschicht vor Verunreinigung geschützt worden ist (Uehlinger, in: BBB 98, 1995, 64f, Groß; vgl. weiter BBB 87, 1993, 193–202, Reuter; FAT 10, 1994, 318 Anm. 157, Zwickel). Vielleicht zählte man diesen Tempel in einer königlichen Festung gar nicht zu den von der Kultreinigung und -zentralisation anvisierten Objekten. Z. Herzog versuchte zu zeigen, dass der Tempel nur zur Zeit von Arad X und IX existierte und am Ende des 8. Jh.a zerstört wurde. Er meint, dies sei im Zuge der hiskijanischen Reform geschehen (JSOT.S 331, 2001, 156–178). Da die Keramik mit der von Lachisch III identisch ist, wurde Arad IX wahrscheinlich samt Tempel wie alle anderen jud. Städte 701a von den Truppen Sanheribs zerstört. Es ist so oder so zur Zeit nicht möglich, eine Kultzentralisation Hiskijas archäolog. zu »beweisen« (BBB 87, 1993, 209–212, Reuter).

§ 489   Andere Autoren und Autorinnen halten im Hinblick auf die Reformen Hiskijas nur die Notiz von der Zerstörung des Nehuschtan für historisch (AThANT 66, 1980, 151–155, Hoffmann; ZAW 107, 1995, 179–195, Naʾaman = CE III 274–290).

Dessen Herstellung durch Mose verweist auf die Überlieferung von Num 21,4–9. Die Anfertigung des Schlangenbildes durch Mose steht in Gegensatz zu dem in Dtn 4,18 artikulierten Verbot, das Abbild irgendeines Tieres zu machen, das am Boden kriecht. Die Notiz, wie sie jetzt lautet, sieht in der *Herstellung* des Bildes offenbar kein Problem. Nur dass man ihm Räucheropfer darbrachte, war unzulässig. Die hist. Frage ist, wie eine Wüstenwanderungs- und Mosegeschichte vor den Flüchtlingen aus dem Nordreich (§ 470.483) nach Jerusalem gekommen sein könnte. Vielleicht hat man einem in Jerusalem verehrten Schlangenbild in Analogie zum Stierbild in Bet-El (§ 392f) einen Ursprung in der Mosezeit geben wollen, ohne die ganze Auszugstradition zu übernehmen (zu einer stark historisierenden Rekonstruktion vgl. K.R. Joines, Serpent Symbolism in the OT, Haddonfield 1974, 61–96). Unwahrscheinlich ist, dass das DtrG eine Episode erfunden hat, in der Mose, der in der dtn./dtr. Tradition der Gesetzgeber schlechthin ist, einen Gegenstand anfertigt, dessen Herstellung nach spätdtr.-exilischen Vorstellungen verboten war (SBAB 33, 2001, 21, Braulik). Deuteronomistisch gelesen könnte die Botschaft zur Not gelautet haben: Selbst ein von Mose gefertigtes Götzenbild verdient keine Schonung (vgl. Dtn 13). Aber den Anlass zu einer solch verzweifelten Deutung hat das DtrG kaum erfunden. Die Chronik lässt die anstößige Geschichte denn auch einfach weg. Die Zerstörung des Schlangenbildes dürfte hist. sein. Was bedeutete sie (vgl. ATD XI/2, 411f, Würthwein)?

§ 490   Als Kern einer antiassyr. ausgerichteten Reform zu dienen, ist die Zerstörung des Schlangenbilds ungeeignet. Die Schlangen an Tonhäuschen aus Assur, auf die Würthwein verweist (ATD XI/2, 412), stammen aus dem 3. Jt.a (AOB Nr. 442–443). Zudem sind diese nicht auf einer Stange (*nes*) montiert, wie das im Hinblick auf Num 21,8f für den Nehuschtan anzunehmen ist. Für diesen wird gern eine kanaanäisch-phöniz. Herkunft postuliert (vgl. SBS 84/85, 1977, 81–83, Keel; TRE XV 401, Herrmann; OBO 97, 1990, 257f, Zwickel; ZAW 111, 1999, 359, Koenen). Die kleinen Bronzeschlangen, die auf den Kultpodien sbz Tempel deponiert wurden und wahrscheinlich apotropäische Bedeutung hatten (OBO 122, 1992, 195f, Keel), passen weder zeitlich noch formal zum Nehuschtan. Dem Nehuschtan zeitlich näher steht das, was als Ritzzeichnung einer Schlange gedeutet werden kann, auf einem Hörneraltar des 8. Jh.a in Beerscheba (→ II **164**), auf die gelegentlich hingewiesen wird (Conrad, in: FS Würthwein 31). Aber formal und funktional hat diese mit dem Nehuschtan so wenig zu tun wie die sbz Bronzeschlänglein.

Der einzige, allerdings fast kanonische Beleg, der regelmäßig angeführt wird, um die kanaanäisch-phöniz. Hypothese zu stützen, ist eine Ritzzeichnung auf einem Steingefäß des 4. oder 3. Jh.a aus Sidon (**297**; vgl. z.B. SBS 84/85, 1977, 82 Abb. 37, Keel; Zwickel, Tempel 166f Abb. 79). Hier richtet sich eine Schlange auf einer Stange auf. Aber abgesehen davon, dass dieser Beleg vom hiskijanischen Jerusalem recht weit abliegt, dürfte es sich hier um einen ägypt. Uräus und nicht um eine genuin kanaanäische Tradition handeln.

§ 491   Wie **268** und **272–282** gezeigt haben, waren ungeflügelte, zwei- und vierflüglige Uräen am Ende des 8. Jh.a in Jerusalem sehr populär. In einzelnen Fällen erheben sich diese Uräen auf einem Papyrusstengel. Das Motiv findet sich schon in der MBZ, so auf einem Skarabäus aus Jericho (Rowe, Catalogue 1936, Nr. 195). Öfter

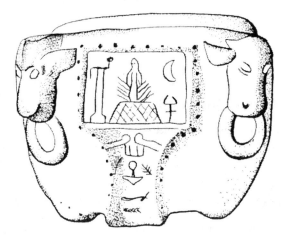

297 Steinernes Wasserbecken aus Sidon mit rundplastischen Rinderköpfen und vier Ritzeichnungen; auf der hier sichtbaren Seite ist eine ägyptisierende Schlange auf einer Säule zu sehen; der obere Rand des Beckens ist als Schlange gestaltet, die sich in den Schwanz beißt, zeigt also das Motiv des ägypt. Uroboros (4./3. Jh.a)

ist es für das 9./8. Jh.a belegt, u.a. mit einem Elfenbein aus Samaria (Crowfoot/Crowfoot, Early Ivories Pl. 13,4). Sogar auf einem hebr. Siegel, das einem »Schefat<jahu>« gehörte und ins 8. Jh.a datiert wird (**298**; Avigad/Sass, Corpus Nr. 381), ist es zu finden. Eine Variante zeigt statt einer Papyrusdolde eine Palmette (**299**). Vielleicht haben wir es bei der einen oder anderen Variante mit einem Miniaturbild des Nehuschtan zu tun. Die bibl. initiierte Sicht, alles Abwegige als »kanaanäisch« zu disqualifizieren, hat die atl. Forschung dazu verführt nach einem kanaanäischen Vorbild zu suchen. Der Vorschlag, ein ägypt. Vorbild anzunehmen, kommt von einem vorderasiatischen Archäologen (ErIs 8, 1967, 3*, Barnett) und ist, soweit ich sehe, von der atl. Forschung nur vereinzelt aufgenommen worden (VT 22, 1972, 322, de Savignac; OBO 74, 1987, 114f, Schroer). Neben den Belegen auf **298** und **299** finden sich aber weitere. A.H. Layard hat in Nimrud gravierte Metallschalen gefunden. Mindestens eine trägt in einer Schrift des späten 9. oder frühen 8. Jh.a die Inschrift l'ḥjw, also einen hebr. Namen (ErIs 8, 1967, 4* Pl. III,2, Barnett). Diese und verwandte Schalen können zum Tribut gehört haben, den israelit. oder jud. Könige dem assyr. Großkönig geschickt haben (ErIs 8, 1967, 6*, Yadin; RSFen 2, 1974, 27f, Barnett).

298 Unter einem schematisierten Uräenfries ein vierflügliger Uräus mit Krone, der sich über einer Papyrusdolde erhebt; das Siegel gehörte einem »Schefat<jahu>« (8. Jh.a)

299   Auf einer Bulle, die wahrscheinlich aus Jerusalem stammt, ist ein
vierflügliger Uräus über einer Palmette
zu sehen (8. Jh.a)

§ 492   Auf einer Schale aus Nimrud ist neben Keruben ein zweiflügliger Skarabäus auf einem
Papyrusstengel zu sehen, der von zwei Uräen auf Papyrusstengeln flankiert wird (300; A.H. Layard,
A Second Series of the Monuments of Nineveh, London 1853, Pl. 68). Beide Uräen sind geflügelt.
Der eine hat einen Falkenkopf mit Sonnenscheibe, der andere eine Sonnenscheibe (?) als Kopf. Eine
Schale mit fast identischer Ikonographie ist in der idäischen Höhle auf Kreta gefunden worden (301;
RSFen 2, 1974, 14f Pl. XI und XIII, Barnett; Markoe 1985: 163f und 234 No. Cr3). Viermal zeigt sie
einen Skarabäus auf Papyrusstengel, der von zweiflügligen Uräen auf Papyrusstengeln und mit Sonnenscheibe auf dem Kopf flankiert wird. Die geflügelten Uräen gehören offensichtlich ins Umfeld
des Sonnengottes, wie die Flankierung des Skarabäus und die Sonnenscheiben auf ihren Köpfen zeigen. Zwei- und vierflüglige Skarabäen sind nicht nur auf den *la-mælæk*-Stempeln, sondern auch auf
einer Reihe von israelit. und jud. Siegelamuletten des 8. Jh.a gefunden worden (285–295). Zwischen
den Skarabäen und Uräen auf Papyrusstengeln von 300–301 schreiten vier Keruben, wie sie auch auf
phöniz.-israelit. Siegeln zu finden sind (199). Beide Schalen werden ins 8. Jh.a datiert.

§ 493   Die Darstellungen auf den Metallschalen und den hebr. Siegeln legen nahe,
dass es dieses Motiv auch dreidimensional gegeben hat. Tatsächlich finden sich in
verschiedenen Sammlungen größere und kleinere Bronzen, die eine Uräusschlange
auf einem Papyrusstengel zeigen; die größeren scheinen als Stabaufsätze gedient zu
haben, öffentlich aufgestellt und bei Prozessionen mitgetragen worden zu sein (302),
die kleinen Exemplare waren Teil von Göttergruppen (304) oder dienten als Amulette (303). Die Schlange auf dem Papyrusstengel ist ursprünglich ein Symbol der
Uadschet (Wadjet), der »Papyrusfarbenen« bzw. »Aufgerichteten«. Sie scheint aber
ein sehr offenes Symbol gewesen zu sein. Die Doppelfederkrone mit Sonnenscheibe
von 303 ordnet sie Amun-Reʿ zu, die oberägypt. Krone mit seitlichen Straussenfeder
und Sonnenscheibe von 302 Reʿ-Osiris. Diese Bronzen werden meist – ohne Angabe
von Gründen – in die hellenist. oder gar röm. Zeit datiert. G. Roeder hat eine komplexe Bronzegruppe, in der zwei Uräen auf Papyrusstengeln, die die ober- bzw. die
unterägyptische Krone tragen und einen thronenden ibisköpfigen Thot flankieren
(304), mit guten Gründen in die 22.–23. Dyn. (945–715/710a) datiert (ZÄS 76, 1940,
68). Dass es sich beim Nehuschtan in Jerusalem um ein Uräusbild gehandelt hat, legt
auch die Kultlegende in Num 21,4–9 nahe, wo die angreifenden Schlangen und die
Schlange des Bildes als Serafim bzw. Saraf bezeichnet werden wie die Schlangen in der
Vision von Jes 6. Kleine Probleme bleiben, dass die Schlangen auf 300 und 301 paarweise auftreten und geflügelt sind, während der Nehuschtan offensichtlich einzeln
und ohne Flügel vorgestellt werden muss (zum Ganzen vgl. ThZ 57, 2001, 245–261,
Keel).

300–301 Phöniz.-israelit. Metallschalen aus Nimrud (300) und vom Berg Ida auf Kreta (301), die nebst Keruben einen Skarabäus auf einer Papyrusdolde zeigen, der von geflügelten Uräen flankiert wird, die sich ihrerseits über Papyrusdolden erheben (beide zw. 750 und 700a)

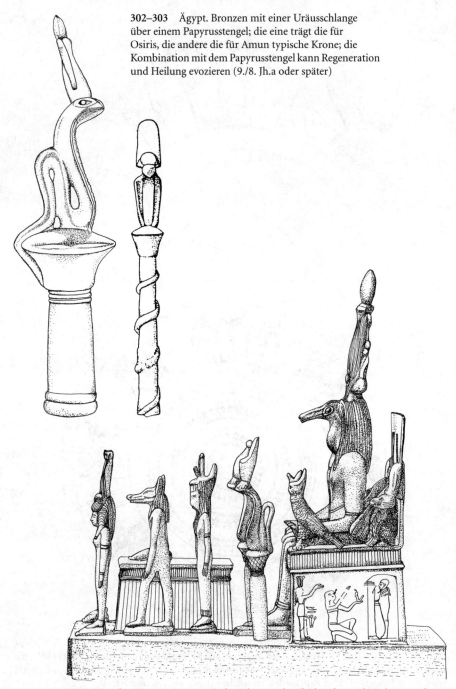

302–303 Ägypt. Bronzen mit einer Uräusschlange über einem Papyrusstengel; die eine trägt die für Osiris, die andere die für Amun typische Krone; die Kombination mit dem Papyrusstengel kann Regeneration und Heilung evozieren (9./8. Jh.a oder später)

304 Komplexe Bronzegruppe mit dem thronenden ibisköpfigen Thot als Hauptfigur; vor ihm zwei Uräen auf Papyrusstengeln, die die ober- bzw. die unterägyptische Krone tragen (945–715/710a)

§ 494   Die Zerstörung dieses Bildes durch Hiskija könnte ein Hinweis auf den neuen Einfluss der Nordreich-Opposition sein, die eine starke Abneigung gegen die Repräsentation JHWHs durch Tierbilder entwickelte. Diese hatte sich zuerst gegen das Stierbild in Bet-El gerichtet (vgl. Hos 8,5f; 10,5f; 13,2 und Ex 32; FRLANT 193, 1999, Pfeiffer). K.R. Joines meint, der Nehuschtan in Jerusalem sei ebenso als Bild JHWHs gesehen worden wie das Stierbild in Bet-El (JBL 87, 1968, 256). Die Polemik der nach Jerusalem geflüchteten Vertreter der Nordreich-Opposition habe sich nun auch gegen das Schlangenbild gerichtet und zuletzt, wahrscheinlich in exil. Zeit, auf Tierbilder aller Art ausgedehnt (Dtn 4,17f; SBAB 33, 2001, 21, Braulik). Eine Depotenzierung der schlangengestaltigen Serafim findet sich schon bei Jes (§ 441f). Die gleichen Leute, die das Tierbild irritierte, könnten auch Anstoß am ägyptisierenden Charakter des Bildes genommen haben. Unter den Flüchtlingen dürften vor allem auch jene gewesen sein, die König Hoschea darin unterstützt hatten, im Vertrauen auf ägypt. Hilfe zu rebellieren. Die ägypt. Hilfe war ausgeblieben. Enttäuschung und Wut über alles Ägyptische mögen groß gewesen sein. Falls dieser Aspekt eine Rolle gespielt haben sollte, hat Hiskija, als er seine vorsichtige, vom Vater übernommene Haltung aufgab und seinerseits gegen Assur rebellierte und um Hilfe nach Ägypten schickte, ägyptisierende Ikonographie favorisiert (vgl. 285–289.294–295). Nachdem sich die Warnung Jesajas als richtig erwiesen hatte, dass das Vertrauen auf Ägypten unberechtigt sei und nur Enttäuschung bringe (Jes 30,2–7; 31,1–3), war Hiskija wahrscheinlich bereit, dem Drängen der genannten Kreise aus dem Nordreich nachzugeben und den Nehuschtan beseitigen zu lassen. Das DtrG hat die Notiz von der Beseitigung des Nehuschtan als Teil einer generellen Reform interpretiert und diese erweiterte Notiz als eminent positives Vorzeichen an den Anfang des Abschnitts über Hiskija gestellt. Hist. ist es erheblich plausibler, diese Zerstörung in die Zeit nach der Sanheribkrise zu datieren als Ausdruck der Enttäuschung über die Ohnmacht Ägyptens, als Zeichen des wachsenden Einflusses bildkritischer Kreise und als Anpassung an das neu dominierende assyro-aramäische Symbolsystem.

Ein Hinweis auf eine ägyptenfreundliche Haltung in Jerusalem, die vor der Krise von 701a Ägypten und seiner Kultur und seinen Gottheiten großes Vertrauen entgegenbrachte, ist auch der Anhänger, der in einer Schicht der EZ IIB in der Davidstadt gefunden worden ist und der eine anthropomorphe Göttin mit einem Löwenkopf zeigt, wahrscheinlich die gefährliche Sachmet (305). Mindestens ein halbes Dutzend ähnlicher Figuren aus dieser Zeit sind in → II Lachisch ans Licht gekommen (306–307; OBO 138, 1994, 146–196, Herrmann).

VERLEGUNG DER KÖNIGSGRÄBER?

§ 495   Zur Zeit des Hiskija scheint eine Verlegung der Grabstätte der jud. Könige aus dem Palast bzw. der Stadt Davids in den »Garten des Usa« erfolgt zu sein (2Kön 21,18.26). Ob diese Verlegung auf eine größere Empfindlichkeit der Priesterschaft des Tempels in Sachen kultischer Reinheit zurückzuführen ist, wie N. Na'aman aufgrund des späteren Textes Ez 43,7–9 annimmt (Bib. 85, 2004, 245–254), ob der Garten des Usa innerhalb der Zitadelle lag (JNES 1, 1948, 33–35, Yeivin), oder ob wir hier eine Anpassung an eine ägypt. Sitte zu sehen haben, nach der die Toten, auch die Könige, im Gegensatz zu assyr. und syr. Bräuchen (Ebd. 248f) stets außerhalb der

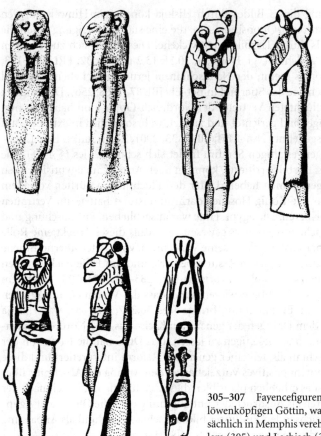

305–307 Fayencefiguren einer anthropomorphen löwenköpfigen Göttin, wahrscheinlich der hauptsächlich in Memphis verehrten Sachmet, aus Jerusalem (305) und Lachisch (306–307) (9./8. Jh.a)

Wohnbereiche der Lebenden beigesetzt wurden, ist kaum mit Sicherheit zu entscheiden. Die gewöhnlichen Sterblichen sind in Jerusalem im 8. Jh.a und später jedenfalls stets außerhalb des Siedlungsbereichs und der Stadtmauern begraben worden (vgl. § 468). Zu den sog. Königsgräbern in der Davidstadt vgl. Küchler, Jer 81–85.

7.10 KRITIK AN JERUSALEMS POLITIK – MICHA VON MORESCHET

§ 496 Der massive Ausbau Jerusalems nach den Auseinandersetzungen des Nordreichs mit den Assyrern und wahrscheinlich auch jener Lachischs (vgl. Mi 1,13) und anderer fester Orte an der W-Grenze Judas haben zu einem wirtschaftlichen Boom, entsprechender Habgier und einer Stärkung der Zentralgewalt geführt. In den Rand- und Grenzgebieten dürfte diese zu Ungerechtigkeiten aller Art von Seiten selbstherrlicher Garnisonskommandanten geführt haben. Diese konnten ihre Übergriffe mit der dramatischen Situation (Bedrohung und Untergang des Nordreichs, drohende assyr. Invasion) rechtfertigen.

§ 497   Micha von Moreschet ist aus der Situation zu verstehen, in der die Zentralgewalt eine bedrohliche Situation schamlos zum eigenen Vorteil ausnützt. Von daher
ist die einmalige Aussage zu verstehen: »Was ist die Sünde Judas? Ist es nicht Jerusalem?« (Mich 1,5; § 13). Nach der Überschrift des Buches wirkte Micha von Moreschet
zur Zeit der jud. Könige Jotam, Ahas und Hiskija. Er wird dadurch als Zeitgenosse
Jesajas charakterisiert (Jes 1,1). Nach Jer 26,18 trat er zur Zeit Hiskijas auf. Nach
internen Kriterien ist er etwas vor 720a anzusetzen und nicht erst kurz vor 701a (vgl.
BK XIV/4, 18.66f, Wolff). Bei der Klage über die Schefela-Städte in Mi 1,8–16 ist
allerdings nicht klar, ob es sich um eine Drohung (TRE XXII 698, Otto) oder um die
Situation von 701a handelt, als ganz Judäa bis vor die Tore Jerusalems (1,9) von den
assyr. Truppen verwüstet wurde und die Tochter Zions um ihre geliebten Kinder
trauern musste (1,16; vgl. das *makkah* »Schlag« in Jes 1,6 und Mi 1,9).

§ 498   Die Identität Michas oder Michajas (vgl. Jer 26,18) wird nicht durch einen
Vaternamen (Sohn des …; vgl. Hos 1,1; Jes 1,1,) oder durch seinen Beruf (Am 1,1;
Jer 1,1) genauer festgelegt, sondern durch seine Herkunft aus Moreschet, einem Ort
ca. 35km sw von Jerusalem, in der Schefela an der gefährdeten Westgrenze Judas
(→II 849–853). Die Identifizierung durch den Herkunftsort legt nahe, dass er als
Repräsentant dieses Ortes auftrat. Sein Andenken lebte jedenfalls noch gut 100 Jahre
später unter den Dorf- und Sippenältesten Judas weiter (Jer 26,17), zu denen er
gehört haben dürfte. Er redet von den »Frauen meines Volkes«, d.h. »meiner Leute«,
und von »ihren Kindern« (2,9) und von »meinen Leuten«, die in Jerusalem als
Zwangsarbeiter grausam geschunden werden (3,3; BK XIV/4, XIII–XVII, Wolff). Das
Schinden der Leute diente der Optimierung der Chancen des Aufstands. Mi 3,2f ist
wahrscheinlich als Drohung zu verstehen: jenen, die »seinen Leuten« (metaphorisch)
die Haut vom Leibe reißen, werde die Haut (real) vom Leibe abgezogen werden (CAT
XIB, 38, Vuilleumier). Bedeutungsspender für das »Schinden« der Leute ist die Zube-
reitung eines Tiers als Speise bzw. Opfer (Lev 1,6). Das Abziehen der Haut nimmt in
Mi 3,2f aber einen einmalig breiten Platz ein. Erstens findet sich nur hier der Ausdruck »die Haut gewaltsam wegreißen« (*gazal ʿor*). Zweitens ist der parallel verwendete Ausdruck »ausziehen« (*hifšiṭ*) im Gegensatz zu allen anderen Stellen explizit mit
dem Objekt »Haut« versehen. Das Gewicht, das das »Häuten« so erhält, steht wohl
in Zusammenhang mit der grauenhaften assyr. Praxis, Anführer von Aufständen bei
lebendigem Leibe zu häuten; u.a. ist diese Praxis auf den Lachischreliefs dargestellt
(**308**; →II 602 C). Denen, die die Leute aus Moreschet Gat »schinden«, wird angedroht, (von den Assyreren) bei lebendigem Leibe geschunden zu werden.
Für Micha konnte die dramatische Lage Judas kein Grund sein, den Zion mit Blut
und Jerusalem mit Unrecht auszubauen (3,10). Bei den in 3,9 angesprochenen Häup-
tern wird es sich wie in 3,1 um die zivile Verwaltung, bei den Obersten (*qᵉṣine*) um
die militärische handeln. Auf dem Lande mögen es vor allem lokale Militärkomman-
danten gewesen sein, die gegen die eigenen Leute wie gegen Kriegsgegner vorgingen
(Mi 2,8–10) und sich schamlos bereichert haben (Mi 2,1–3). Manche Vorwürfe, die
Micha hier erhebt, finden sich fast wörtlich auch bei Jesaja (vgl. z.B. den seltenen Ausdruck *qᵉṣine* in Jes 1,10; 3,6f und Mi 3,1 und 9; Jes 5,8–13; SBL.DS 85, 1988, 101–132,
Stansell). Interessant ist, dass Micha nirgends die Spitze der unterdrückerischen Pyra-
mide angreift, Hiskija, den König selbst. War er noch minderjährig oder war er tabu?

308 Assyr. Soldaten beim Häuten derer, die sie für den Widerstand in Lachisch verantwortlich hielten; Ausschnitt aus einem Relief im Palast Sanheribs in Ninive (705/704–681a)

§ 499 Dieser ausgebeuteten Landbevölkerung gegenüber steht nach Micha die ganze Führungsschicht in Jerusalem letztlich unter einer Decke. Im einzigen Gotteswort in Kap. 3, in den V. 5–7, werden zusätzlich zu den politischen und militärischen Verantwortlichen (3,1.9) die bestechlichen Propheten bedroht. Über ihnen wird die Sonne (*šæmæš*) untergehen und ihr Tag wird sich verfinstern. V. 11 dehnt die Vorwürfe auf die Priester aus (vgl. Jer 18,18) und deckt durch ein wahrscheinlich fingiertes »Zitat« auf, was nach Meinung Michas dem Handeln dieser Führungsschicht das gute Gewissen gibt: »Ist nicht JHWH in unserer Mitte? Kein Unheil kann über uns kommen« (zur Echtheit vgl. Jeremias, in: FS Schmidt 149; vgl. 2,6f). Diese Folge einer pervertierten Zionstheologie wird die Propheten auch in Zukunft immer wieder beschäftigen.

§ 500 Was Micha legitimiert, sind nicht in erster Linie Prophetenberuf noch Berufung (vgl. aber die Botenformel: »So spricht JHWH« in 2,3; 3,5), sondern die Verantwortung für seine Leute und ein starker und tapferer Rechtssinn (3,8). Was den Ältesten Judas von seinem Wirken geblieben ist, ist der Mut, mit dem er der Zentrale vor dem ganzen Volk ihr Unrecht vorgehalten und den Fluch ob ihrer bösen Taten angedroht hat (VT.S 29, 1978, 403–417, Wolff).

> »Darum wird euretwegen
> der Zion als Feld umgepflügt,
> Jerusalem wird zu Trümmerhaufen,
> der Tempelberg zu bewaldeten Höhen«
> (3,12; vgl. Jer 26,18, wo das »Darum wird euretwegen« fehlt).

Der Einwand, Zion könne nicht gleichzeitig Acker und Trümmerhaufen werden, und entsprechende Textkorrekturen (ZThK 83, 1986, 175, Vincent) sind nach einer bestimmten europäischen Logik zwar richtig. Diese kommt hier aber nicht zur Anwendung, so wenig wie in Jer 51,42f, wo Babylon zur Wüste bzw. zum Meer wird. Feld, Trümmerhaufen, Wüste und Meer ist gemeinsam, dass sie nicht von Menschen bewohnt werden können. Der Zion, der in seinen besten Zeiten von festlichen Scharen belebt war (Ps 42,5), wird zur menschenleeren Öde. Das ist die Drohung. Auch die Plurale »Trümmerhaufen« und »Höhen« sollte man nicht korrigieren, denn sie setzen dem klar konturierten *einen* Jerusalem bzw. Tempelberg die Vagheit der Wildnis gegenüber, die für den atl. Menschen nichts Romantisches hatte, sondern von ihm als extrem bedrohlich empfunden wurde und ihn in Todesangst versetzte.

§ 501   Der Jerusalemer Jesaja hat sich bei aller Kritik am Verhalten der Hauptstadt nie so radikal geäußert. Was für ihn drohte, war eine tiefgehende Reinigung, nicht eine Zerstörung Jerusalems (Jes 1,21–26). Die vielleicht von Mi 3,12 inspirierte Klage in Jes 32,9–14 ist nicht jesajanisch (BK X/3, 1265–1267, Wildberger).
Für die Zions-Theologie geht aus der ungeheuerlichen Fluchdrohung Michas in 3,12, die dem Zentrum des Kosmos die Rückkehr ins Chaos in Aussicht stellt (vgl. Ps 74), und aus der in Jer 26,18 geschilderten Reaktion des Königs und des Volkes hervor, dass es am Ende des 8. Jh.a zwar einen Glauben an den Zion als Zufluchtsort (Mi 3,11c; vgl. Jes 14,32), vielleicht sogar schon Ansätze zu einem Glauben an seine Uneinnehmbarkeit, aber noch kein »Dogma« von einer solchen gab. Erst gut 100 Jahre später werden ähnliche Drohungen gegen Jerusalem und den Zion, wie Micha sie ausstieß, als Blasphemie empfunden (Jer 26,8–11; vgl. Ex 22,27). Das dürfte mit den außenpolitischen Geschehnissen von 701a und deren Aufarbeitung zusammenhängen (vgl. § 974–1009).
Eine so radikale Drohung wie Mi 3,12 war wohl nur von der Peripherie her möglich. Selbst die nachexil. Heilszusagen im zweiten Teil des Micha-Buches sehen Jerusalem noch aus der landjud. Perspektive, wenn sie den künftigen Herrscher wieder, wie dereinst David, aus dem Dorf Betlehem kommen lassen (Mi 5,1).

7.11 HISKIJAS AUSSENPOLITIK

VON DER ZERSTÖRUNG SAMARIAS BIS ZUM AUFSTAND VON ASCHDOD

§ 502   Außenpolitisch führten Hiskija (oder sein Vormund) in der Anfangszeit seiner Regierung die vorsichtige Politik seines Vaters Ahas weiter. An der Rebellion Hoscheas von Israel unter Salmanassar V. (727–722a) hat sich Juda nicht beteiligt. Diese Rebellion hatte wahrscheinlich mit philistäischer Unterstützung (vgl. § 462f), sicher aber mit Hoffnung auf ägypt. stattgefunden. B. Schipper identifiziert den in 2Kön 17,4 genannten Pharao So mit Osorkon IV. (OBO 170, 1999, 151f.200 Anm. 9, Schipper). Allerdings redet die LXX, der wahrscheinlich ein älterer als der hebr. Text der M zugrundeliegt, von einem Äthiopenkönig.
Auch an der von Ilubi'di von Hamat und Chanun (Hanunu) von Gaza 720a im zweiten Jahre Sargons II. (722–705) angezettelten Revolte, bei deren Niederschlagung die Assyrer erstmals mit Teilen einer ägypt. Truppe zusammenstießen (TUAT I/4, 383, vgl. 379, Borger), nahm Juda anscheinend nicht teil.

Sargon II. beansprucht, auch das ferne Juda unterworfen zu haben (TUAT I/4, 387, Borger; vgl. § 51). Bedeutet das, dass er gleichzeitig wie gegen Samaria oder im Anschluss daran einen Feldzug gegen Juda unternahm oder nur, dass Hiskija Tribut zahlte? Im Nimrud Brief Nr. 16 werden zw. 720 und 715a jud. Gesandte (Tribut-bringer?) genannt (Iraq 17, 1955, 134f, Saggs). Vielleicht ist der lebhaft geschilderte Anmarsch eines Feindes in Jes 10,28–32, der sich von N her Jerusalem nähert, auf eine Expedition Sargons II. zu beziehen (Younger, in: Vaughn/Killebrew, Jerusalem 2003, 237f). Aber das bleibt sehr unsicher. Es ist wohl nach wie vor plausibler, den ungewöhnlichen Anmarsch über das Gebirge mit dem syro-efraïmitischen Krieg (§ 424–436) in Zusammenhang zu bringen (Roberts, in: Vaughn/Killebrew, Jerusalem 2003, 270). Die sogen. »Aseka-Inschrift« suggeriert eher einen allerdings wenig nachhaltigen Angriff Sargons II. auf die jud. Schefela (BASOR 214, 1974, 25–39, Na'aman; AfO.B 26, 1997, 229–232, Frahm).

§ 503   2Kön 18,7c und 8 vermerken zur Außenpolitik Hiskijas lapidar: »Er rebel-lierte gegen den König von Assur und war ihm nicht (mehr) untertan. Er war es, der die Philister bis nach Gaza ... schlug ...«. Da im Anschluss daran der 3. Feldzug Sanheribs im Jahre 701a gegen Palästina und seine verheerenden Folgen für Juda be-richtet werden (2Kön 18,13–16), ist man geneigt, V. 7c auf die Ereignisse von 701a zu beziehen. Hiskija scheint aber schon früher mit Aufstandsgedanken gespielt zu ha-ben. Als sich 720a eine antiassyr. Koalition, die von Ilubi'di von Hamat und Chanun (Hanno) von →II Gaza angeführt wurde, Sargon II. bei Qarqar in Mittelsyrien er-folglos entgegenstellte (TUAT I/4, 379, Borger), war Hiskija allerdings nicht beteiligt.

309 Assyr. Soldaten tragen vier Statuen von Gottheiten aus Gaza weg: zwei thronende Göttinnen mit einer drei- bzw. einfachen Hörnerkrone; die rechts außen scheint zusätzlich zu einem Ring eine Blume oder eine Ähre zu halten (sieht auf der Zeichnung wie ein Becher aus); eine dritte, viel klei-nere Göttin ohne Hörnerkrone steht in einem Schrein; sie trägt wie die zweite zwei Ringe; als vierte folgt eine männliche Gottheit mit vier Hörnern, die direkt aus dem Kopf hervortreten und einer Axt und einem Blitzbündel in den Händen, offensichtlich ein Wetter- und Kampfgott; Relief Tiglat-Pile-sers III. (745–727a)

Wahrscheinlich war er noch mit den Folgen der Eroberung von Samaria von 722a und der neuen Situation an seiner Nordgrenze (assyr. Provinz Samerina) beschäftigt. Seine Späher mögen aufmerksam verfolgt haben, wie die Assyrer der Küste entlang bis Gaza vordrangen und 25km sw von Gaza zum ersten Mal mit einem ägypt. Kontingent zusammenstießen, Chanun mitsamt seiner Familie gefangennahmen, ihn und seine Gottheiten (**309**; VT.S 66, 1997, 307–311, Uehlinger; Uehlinger, in: Van der Toorn, The Image 124–126) nach Assur schleppten und einen Teil der Bevölkerung deportierten (TUAT I/4, 379.383, Borger; →II 80f). Im folgenden Jahrzehnt zw. 720 und 710a war Sargon II. fast ständig mit dem Hauptgegner Assurs, mit Urartu, im N beschäftigt. Hiskija scheint die Schwächung Gazas und die Abwesenheit Sargons dazu benützt zu haben, sein Territorium auf Kosten Gazas abzurunden (2Kön 18,8; Albright Centennial Conference 1996, 315, Halpern).

DER VON ASCHDOD ANGEFÜHRTE AUFSTAND
UND DIE REAKTION JESAJAS

§ 504   Als 713a Sargon II. Azuri, den König der Philisterstadt Aschdod (→II 45f), verdächtigte, den Abfall zu planen, setzte er ihn kurzerhand ab und ersetzte ihn durch Achimeti, der aber von der Stadtbevölkerung nicht akzeptiert wurde. Ein Usurpator namens Jamani bemächtigte sich des Thrones und betrieb nun ganz offen und systematisch den Abfall (TUAT I/4, 380.384, Borger). Er vertraute vor allem auf Ägypten. Dieses stand seit ca. 728a mindestens nominell unter der Herrschaft der 25., der sog. Äthiopischen (eigentlich nubischen) Dynastie. Pije/Pianchi (ca. 740–720a) residierte noch in Napata, in der Nähe des 4. Katarakts, ca. 700km Nil aufwärts von Assuan. Sein effektiver Einfluss reichte kaum über Theben in Oberägypten hinaus. Das änderte sich, als sein Bruder und Nachfolger, Schabaqa (720–706a), seine Herrschaft über ganz Ägypten ausdehnte. Neben Ägypten versuchte Jamani auch Juda, Edom, Moab, kurz ganz S-Palästina in die Verschwörung einzubeziehen (TUAT I/4, 381, Borger). Sargon II. warf den Aufstand unverzüglich nieder, nach seinen Inschriften höchst persönlich, nach Jes 20,1 durch einen Oberfeldherrn, seinen Tartan. Das Wort kommt sonst nur noch in 2Kön 18,17 vor (HAL IV 1655). Jamani floh nach Ägypten. Schabaqa gewährte ihm Asyl. Sein Nachfolger Schebitqu (706–690a) schickte am Anfang seiner Regierung Jamani 706a gefesselt nach Assur, wie wir aus der noch nicht lange veröffentlichten Inschrift aus Tang-i-Var (Iran) erfahren (Or 68, 1999, 31–60, Frame/Redford; TA 21, 1994, 239–242, Na'aman = CE I 102–104). Warum gewährte Schabaqa Jamani Asyl und warum lieferte ihn Schebitqu aus, da dieser insgesamt eine eher aggressivere Assyrienpolitik betrieb als sein Vorgänger (§ 509)? J.J.M. Roberts vermutet, dass es kaum der verzweifelte Wunsch nach Frieden mit Assyrien war, der ihn zu diesem Schritt bewog. Wenige Jahre später sandte er Truppen gegen Assur. Eher war er im Gegensatz zu seinem Vorgänger zur Auffassung gekommen, dass Jamani seine Glaubwürdigkeit im Philistergebiet verloren hatte und so als Instrument ägypt. Politik in diesem Bereich nicht mehr von Nutzen war. Die Auslieferung Jamanis konnte den Assyrern den Eindruck vermitteln, Ägypten suche Frieden. Schebitqu konnte so verhindern, dass es zu einem Zusammenstoß kam, solange Ägypten noch nicht vorbereitet war. Die Auslieferung erlaubte zudem dem nubischen Beamten, unverdächtig ins assyr. Kernland zu gelangen und dort Informationen zu sammeln (in:

Vaughn/Killebrew, Jerusalem 2003, 280). Ein Hinweis auf diplomatische Beziehungen zw. Assur und der 25. Nubischen Dynastie sind Bullen mit Siegelabdrücken Schabaqas und Taharqas, die in Ninive gefunden worden sind (H.R. Hall, Catalogue of Egyptian Scarabs, Etc. in The British Museum I, London 1913, 290f).

§ 505   Hiskija war offensichtlich nicht ganz abgeneigt, bei der von Aschdod angeführten Revolte mitzutun (Vargon, in: FS Kindler 10*–29*). In den drei Jahren (713–711a) vom Beginn des Aufstands bis zu seinem Ende warnte Jesaja mit einer eindrücklichen, in Jes 20,1–5 überlieferten Zeichenhandlung davor, sich dem Aufstand anzuschließen (zum Zeitpunkt vgl. BK X/2, 751–754, Wildberger). Zur Zeit des syr.-efraïmitischen Krieges hatte das prophetische Paar, Jesaja und seine Frau, ihre Botschaft noch in Söhnen mit sprechenden Namen inkarniert (Jes 7,3; 8,3f.8). Jetzt trat Jesaja selbst als Zeichen auf.

Über die konkrete Gestalt des Zeichens ist viel diskutiert worden. Auf Geheiß JHWHs sollte er seinen *saq* »öffnen«. *Saq* bezeichnet eine Grund- und Minimalbekleidung (HAL IV 1257f), oft bloß einen Schurz. Seine »Öffnung« kann kaum etwas anderes als sein Ausziehen bedeuten. Ohne Schurz und Sandalen soll er nackt und barfuß gehen (Haran, in: FS Ahituv 163–166). Das dürfte damals Anstoß erregt haben und würde es noch heute. Aber was man einem König nicht zugestand (2Sam 6,20), konnte man einem Propheten, den man ja sowieso an der Grenze zu den Verrückten ansiedelte (vgl. 2Kön 9,11; Hos 9,7; Jer 29,26), durchgehen lassen (zu nackten Propheten vgl. 1Sam 19,24). Wildberger führt als Haupteinwand gegen völlige Nacktheit die Auffassung an, dass die Exulanten der neuassyr. Zeit nicht unbekleidet dargestellt wurden (BK X/2, 756). Aber das stimmt so nicht. Wir finden harte und weniger harte Behandlung, und nach der einen wurden Gefangene nackt weggeführt (→ II **31**; ANEP Nr. 358). In der Deutung wird die Entblößung des Gesäßes, die als bes. beschämend galt (2Sam 10,4), ausdrücklich erwähnt (Jes 20,4). Das prophetische Zeichen sollte die grausamen Folgen eines Aufstands in möglichst drastischer Form vorwegnehmen. Kaiser hat Bedenken wegen der Gesundheit und Bewegungsfreiheit des Propheten. »Bei dem dortigen Klima« hätte der Prophet »erhebliche Beschränkungen beim Verlassen des Hauses auf sich nehmen müssen« (ATD XVIII 95). Der Einwand, mit dem Kaiser die ganze Begebenheit in den Bereich der Legende verweisen will, geht von dem aus, was ein wohlbestallter Professor für zumutbar hält und unterschätzt die Härten, denen die Rolle des Propheten in Israel und Juda ausgesetzt war, bei der das Schicksal eines ganzen Volkes entschieden höher bewertet wurde als die Bequemlichkeit eines Einzelnen. »Prophets were known to do outrageous things as symbolic actions« (Roberts, in: Vaughn/ Killebrew, Jerusalem 2003, 276). Fragen kann man sich höchstens, ob die drei Jahre als ganze gemeint sind oder ob vom ersten nur der Schluss und vom dritten der Anfang zu zählen sind (minimal 14 Monate) und ob das Nacktgehen als kontinuierliches oder als ein in diesem Zeitraum mehrmals, in besonders dramatischen Phasen des Aufstands wiederholtes zu verstehen ist.

§ 506   Jes 20,3 deutet das merkwürdige Verhalten, wie schon die Benennung der Söhne in Jes 8,18, als »erschreckendes und warnendes Zeichen« (*'ot umofet*; Hendiadys; vgl. Ex 7,3; Dtn 26,8; 28,46), und zwar im Hinblick auf Ägypten und Nubien. »So wird der König von Assur die Kriegsgefangenen von Ägypten und die Exilierten von Nubien, junge und alte, nackt und barfuß, mit entblößtem Gesäß (Schande für Ägypten) wegführen. Dann wird man erschrecken und sich schämen wegen Nubien, an dem man sich orientierte, und wegen Ägypten, dessen man sich rühmte« (Jes 20,4f). Die Nennung Nubiens und Ägyptens als gleichwertiger Größen ist typisch für die Situation. Während Hoschea, der letzte König des Nordreichs, um 725a Boten nach *Ägypten* geschickt hatte, ist 715a die Situation nicht mehr so klar. Mit dem Regierungsantritt Schabaqas (720a) kam *Nubien* stärker ins Spiel. Die Chancen eines Aufstands in Südpalästina hingen ganz und gar davon ab, wie engagiert und erfolgreich Ägypten bzw. Nubien ins Geschehen eingriff. Jesaja gibt in seinem »Zeichen« Ägypten und Nubien keinerlei Chance (vgl. auch V. 6) und lässt beide deportiert werden. Das ist so (zu diesem Zeitpunkt) nicht eingetroffen. Zu einem Zusammenstoß zw. Assur und Ägypten kam es (noch) nicht.

§ 507   Einmal mehr stellt sich die Frage, ob Jesaja mit der Denunziation der Schwäche Ägyptens die Position der assyr. Kriegspropaganda übernommen habe (vgl. § 459–461)? Auch Sargon II. hat von den Leuten von Aschdod gesagt: »Sie sandten Pharao, dem König von Ägypten, ihr Ergebenheitsgeschenk und baten ihn um ein Bündnis, ihn, einen Fürsten, der sie nicht retten konnte« (TUAT I/4, 381, Borger; vgl. Jes 30,2–5). Die Einschätzung Ägyptens als unfähig, Hilfe gegen Assur zu bringen, hat sich jedenfalls als zutreffend erwiesen. Die Schwäche Ägyptens konnte ein distanzierter Beobachter sehen, ohne von Assur gekauft zu sein. Die Position Jesajas, sich keinesfalls im Vertrauen auf ägypt. Hilfe einer antiassyr. Koalition anzuschließen, war realistisch (JNES 49, 1990, 351–354, Høgenhaven).

7.12   DER ANGRIFF SANHERIBS AUF JUDA UND JERUSALEM VON 701a

DIE POLITISCHE GROSSWETTERLAGE

§ 508   Sargon II. fiel 705a weit w in Kleinasien im Kampf gegen Tabal. Er ist der einzige assyr. König, der im Kampf gefallen ist. Die Ungewöhnlichkeit seines Todes und die Tatsache, dass ihm kein ordentliches Begräbnis zuteil wurde, reflektiert wahrscheinlich das Gedicht Jes 14,2–21, das ursprünglich auf Sargon II. und sein eindrückliches Schicksal und nicht auf einen anonymen »König von Babel« gemünzt gewesen sein dürfte (OBO 101, 1990, 537–546, Uehlinger).
Nach dem Tode Sargons II. bestieg sein Sohn Sanherib den assyr. Thron. Sein erster Feldzug von 703a führte Sanherib nach Babylon, wo Marduk-apla-iddina II., der biblische Merodach-Baladan, der schon unter Sargon II. von 720–710a in Babylon geherrscht hatte, das Königtum erneut an sich riss. Sanherib vertrieb ihn in die Gebiete s von Babylon und später nach Elam. Sanheribs zweiter Feldzug von 702a ging gegen die Kassiten im SO Assurs (vgl. weiter § 778).
Die Schwierigkeiten Sanheribs im SO ermutigten die Untertanen im äußersten SW, sein Joch abzuschütteln. Zentren der Aufstandsbewegung waren die Philisterstädte → II Aschkelon (an der Küste) und → II Ekron (an der Grenze zu Juda). J.K. Hoffmeier u.a. sind der Meinung, dass Ekron die treibende Kraft war. Ekron habe ägypt. Hilfe angefordert, nicht Hiskija. Die Polemik in Jes 30f und in ähnlichen Texten im Jesajabuch gegen den Versuch, in Ägypten Hilfe zu finden, würde sich auf Hoschea von Israel beziehen, der 722a gegen Sargon II. ägypt. Hilfe angefordert hatte (2Kön 17,4; vgl. Hos 12,2) und nicht gegen Hiskija und seine Politik in den Jahren 705–701a (Vaughn/ Killebrew, Jerusalem 2003, 220.233f.287–289). Es wäre dann aber schwer verständlich, warum die Aufständischen von Ekron ihren Assyrien treuen König Padi Hiskija in Gewahrsam gaben (vgl. § 540). Die Argumente von Hoffmeier, vor allem die Erwähnung von Tanis in Jes 30,4, sind nicht stichhaltig genug, das übliche Verständnis dieser V. zu

erschüttern (vgl. dazu § 510–537). In den Jahren 705–701a soll sogar Merodach-Baladan, der aufständische zeitweilige König von Babel, Boten zu Hiskija nach Jerusalem geschickt haben, was diesem sehr geschmeichelt haben dürfte. Ao diplomatischen Gepflogenheiten gemäss demonstrierte Hiskija seine Kooperationsbereitschaft, indem er seine Karten offenlegte und den Boten Schatzkammer und Zeughaus zeigte (BN 38/39, 1987, 14–18, Begg; zur Kunstfreudigkeit Merodach-Baladans selbst s. ErIs 27, 2003, 10*–17*, Collon). Jesaja soll dieses Vorgehen missbilligt haben (2Kön 20,12–18 = Jes 39,1–7). Es ist einer der wenigen erzählenden Texte, der die kritische Sicht des (hist.) Jesaja auf die Politik Hiskijas thematisiert (Blenkinsopp, in: FS Naʾaman 107–122).

§ 509   Erheblich bedeutsamer als eine Gesandtschaft des fernen Merodach-Baladan waren zw. 705 und 701a diplomatische Aktivitäten zw. der 25. (nubischen oder äthiopischen) Dynastie Ägyptens und Jerusalem. Schebitqu ist nach der Tang-i-Var (Iran) Inschrift wahrscheinlich 706/705a Schabaqa auf den Thron gefolgt und hat bis 690a regiert (zur Chronologie und einer evtl. Co-Regentschaft von Schabaqa und Schebitqu vgl. Or 68, 1999, 58–60, Frame/Redford; OBO 170, 1999, 199–210, Schipper; vgl. aber auch SAK 29, 2001, 1–6, Beckerath; Hoffmeier, in: Vaughn/Killebrew, Jerusalem 2003, 286f). Er hat am Anfang seiner Regierungszeit eine Provokation Assurs vermieden und den aufständischen Jamani aus Aschdod an die Assyrer ausgeliefert (vgl. § 504). Im Gegensatz zu dieser vielleicht nur scheinbar versöhnlichen Geste, die das Verhältnis zu Assur bereinigen sollte, stehen die imperialen Machtansprüche, zu denen sich Schebitqu im Gegensatz zu seinen Vorgängern bei seiner Thronbesteigung bekannte, indem er sich Namen zulegte, die teilweise an die aggressiven Namen der Könige der 18. Dynastie erinnern, die die ägypt. Herrschaft über Vorderasien errichtet hatten. Sein Zwei-Herrinnen-Name lautet »Groß geehrt in allen Ländern« und der Goldhorus-Name »Mit mächtig starkem Arm, der die Neun Feindländer (Bogen) schlägt« (Hoffmeier, in: Vaughn/Killebrew, Jerusalem 2003, 230).
Nach dem Debakel des aschdoditischen Aufstands (§ 504) war es den Philisterstädten und Juda klar, dass ohne die Unterstützung einer großen Macht keine Aussicht auf einen erfolgreichen Widerstand gegen Assur bestand. Sie konnten an Schebitqus imperiale Attitüde appellieren und scheinen ihn, nachdem er seine Herrschaft innerägypt. gesichert hatte, dazu gebracht zu haben, den Aufstand zu unterstützen. Von da an kann man »die Bereitschaft zum – wenn auch vorsichtigen – Engagement in Syrien/Palästina als ein Grundkontinuum in der Außenpolitik aller kuschitischen Pharaonen betrachten. Erstmals seit Scheschonq I. – und nimmt man es genauer, erstmals seit dem NR – lässt sich ein umfassendes Engagement der ägypt. Pharaonen in Syrien/Palästina nachweisen. ... Dabei galt das Interesse Ägyptens einerseits dem Handelsraum und andererseits dem Erhalt bzw. Wiedergewinn des philistäischen Pufferstaates gegen die Assyrer« (OBO 170, 1999, 227f, Schipper). Jesaja wehrte sich wiederum mit allen Mitteln gegen diese Option, diesmal ohne Erfolg.

DIE VISIONEN UND POSITIONEN JESAJAS

§ 510   Die verschiedenen neueren Positionen, die Jesaja ausschließlich als Gerichts- oder umgekehrt als Hof- und Heilspropheten sehen wollten, sind bereits kurz diskutiert worden (§ 419; vgl. auch § 438).

Jesajas Sicht der Krise von 705–701a findet sich hauptsächlich in den Texten von Jes 18 und 28–31. In der Abgrenzung der einzelnen Einheiten herrscht weitgehend Übereinstimmung (vgl. etwa ATD XVIII 187–254, Kaiser; BK X/3, 1041–1248, Wildberger). Der Konsens ist erheblich geringer, wenn es um die genaue zeitliche Einordnung der einzelnen Texte und die Identifizierung später eingeschobener Textpassagen geht. Die Kommentare diskutieren diese Fragen bei jedem einzelnen Text, was hier nicht geschehen kann. Es wird von einem Textbestand ausgegangen, den eine hist.-kritische Exegese für jesajanisch halten kann. Da es sich bei zahlreichen Prophetentexten, bei den jesajanischen aber ganz besonders, um Gedichte handelt, und man mindestens die sogenannten Schriftpropheten mit Gewinn primär als Dichter betrachten kann (JSOT 27, 1983, 25–31, Carroll), die man schon zu ihren Lebzeiten häufig mehr ihrer eleganten Form als ihrer Botschaft wegen bewunderte (vgl. Ez 33,30–33), müsste der Aufbau und die Form jedes Gedichts eigens bedacht werden. Auch das ist hier nicht möglich. Es sollen hier eher synthetisch kurz die Positionen und Visionen Jesajas, die in diesen Gedichten zum Ausdruck kommen, vorgestellt und im Folgenden gefragt werden, wie sich seine Sicht zum hist. Geschehen verhalten hat.

Worte gegen (unbegründetes) Vertrauen auf Ägypten/Nubien

Jesaja 18*: Boten zum hoch gewachsenen Volk

§ 511 Von reger diplomatischer Tätigkeit zw. Juda und Nubien-Ägypten zeugt das schwierige und schlecht überlieferte Wort Jes 18,1–2 und 4–6. Die sekundären V. 3 und 7 (V. 7 mit neuer Einleitungsformel) geben dem Text eine eschatologische Dimension. Die Nubier werden dereinst wie alle anderen Völker JHWH dienen. V. 7 mit dem Zion, auf den JHWH seinen Namen setzt, erinnert an dtn./dtr. Theologie (vgl. § 736), die allerdings auf einen älteren Sprachgebrauch zurückgreift (vgl. § 111.133). Im ursprünglichen Text, in V. 2b, ist nicht ganz klar, ob (imaginäre) Boten nach Kusch (Nubien) zurückgeschickt oder von Jerusalem nach Kusch geschickt werden sollen (vgl. Ez 30,9). Klar ist jedenfalls, dass das Wehe (vgl. Jes 10,5) über Nubien ausgerufen wird. Zu seinen Strömen in V. 1b, dem Weißen und dem Blauen Nil usw., vgl. Zef 3,10 (HThKAT Zef, 376f, Irsigler); zum »hochgewachsenen Volk mit der glänzenden Haut« vgl. die Aussage Herodots, die Nubier seien »die größten und schönsten von allen Menschen« (Historien III 20). Nubien soll mitgeteilt werden, dass JHWH auf dem Zion nicht zum Krieg rüstet. Unbewegt wie die Sommerhitze steht er über dem Land. Diese Schilderung mag auch eine Antwort auf den Vorwurf enthalten, die zur Zeit des aschdoditischen Aufstands angedrohte Deportation der Ägypter habe nicht stattgefunden. JHWH kann ruhig bleiben (vgl. zu V. 4 Jes 7,4). Er behält von seiner Wohnung, vom Zion aus (vgl. Jes 8,18; 14,32; 31,9) das Geschehen scharf im Auge (Ps 33,13f). Auch in seiner Unbeweglichkeit beherrscht er es, so wie sich der über dem Land liegenden Sommerhitze niemand entziehen kann. Das Bild stammt aus dem Bereich der Vorstellungen von der Sonne bzw. vom Sonnengott (vgl. Ps 19,7; Sir 43,3). Einmal mehr stoßen wir auf seine zentrale Bedeutung für die Jerusalemer Gottesvorstellung. Der reglos über Jerusalem schwebende JHWH erinnert an den Sonnengott in Gestalt der geflügelten Scheibe, wie er auf den *la-mælæk*-Stempeln Hiskijas zu sehen ist (287–289).

§ 512 Die V. 5–6a drohen, JHWH werde alle unnützen Triebe des Weinstocks abschneiden (Schneiteln), wie man das nach der Blüte und vor der Ernte mehrmals zu machen pflegte. Der Weinstock ist früher als Bild für Assur verstanden worden. Heute wird aus formkritischen Gründen (Wehe-Ruf und Drohwort richten sich an den gleichen Adressaten) und der Wiederaufnahme von Jes 18 in Ez 30 wegen (bes. V. 4 und 9)

310   Der Ausschnitt aus einem assyr. Relief zeigt wie Krähen und Gänsegeier über die Leichen der von assyr. Soldaten getöteten Feinde, in diesem Fall Elamiter, herfallen (um 650a)

der geschneitelte Weinstock mit Recht als Bild für Nubien gesehen (ATD XVIII 78, Kaiser; BK X/2, 693, Wildberger). V. 6a wechselt vom Weinstock-Bild zur Realität. Statt von abgerissenen Trieben redet er von den Leichen der Gefallenen, die den Aasfressern überlassen werden. Solch ein grausiges Geschick widerfährt nur den Gefallenen einer geschlagenen Armee. Jesaja wiederholt also seine Botschaft von Jes 20. Auf die neue »Großmacht« Nubien-Ägypten ist kein Verlass. Die Drohung wird im Vergleich zu Jes 20 noch gesteigert. Anstelle der nackt weggeführten Kriegsgefangenen von Jes 20 treten die Leichen einer geschlagenen Armee, über die die Aasfresser herfallen, ein Motiv, das auf assyr. Kriegsbildern von Assurnasirpal II. bis Assurbanipal sehr häufig zu sehen ist (WZ(H).GS 14/7, 1965, 455–469, Rühlmann; 310). Einmal mehr scheint Jesaja ein Motiv der assyr. Propaganda zu übernehmen (vgl. § 459–461.507).

J.K. Hoffmeier u.a. wollen die authentischen Teile von Jes 18 wie Jes 20 auf den Aufstand Aschdods von 713–711a (vgl. § 503–507) beziehen (Vaughn/Killebrew, Jerusalem 2003, 228f). Aber das selbstbewusste starke, außenpolitisch aktive Nubien, das in Jes 18 gezeichnet wird, entspricht nicht dem Nubien vor der Thronbesteigung Schebitqus im Jahre 706a. Von reger Botentätigkeit ist in Jes 20 nicht die Rede. Ziel und Ausgangsort der Boten, die da hin- und hergeschickt werden, ist offensichtlich Jerusalem, wo JHWH von seinem Platz aus »unbewegt wie die glühende Hitze am Mittag« das Treiben beobachtet.

Jesaja 30,6–7: Verschenkte Reichtümer

§ 513   Eine ähnliche Polemik gegen Ägypten wie in Jes 18,1–2.4–6 findet sich in Jes 30,6–7. Der Spruch schildert eingangs eine Karawane, die Kostbarkeiten durch den Negev nach Ägypten schafft, um die Hilfe Ägyptens zu kaufen. Die Mühsal ist groß, denn der Negev ist eine Gegend, die durch Schlangen, u.a. durch geflügelte Uräen (Serafim), und Löwinnen unsicher gemacht wird, die in Judäa unter dem Einfluss Ägyptens von vielen als Schutzgenien betrachtet wurden (272–281.298–301; 305–307). Die Kostbarkeiten, die man mühsam nach Ägypten schleppt, sind zum Fenster hinausgeworfen. Die Ägypter sind ein Volk, das nichts nützt, das nicht helfen kann (§ 507). Der starke Ausdruck von V. 7a gibt etwa das deutsche »einen Dreck werden sie nützen« wieder. Wie in Jes 20 und 18 werden mit keinem Wort religiöse Gründe geltend gemacht.

§ 514   In der abschließenden Bemerkung: »Ein zur Untätigkeit verurteiltes Ungeheuer (*rahab*) ist es!« (zur Übersetzung vgl. BK X/3, 1158f, Wildberger) könnte insofern ein religiöser Ton anklingen, als Rahab sonst in einer Reihe von Texten auftaucht, in denen JHWHs Schöpfungstätigkeit als siegreicher Kampf gegen Chaosmächte geschildert wird. Rahab, »Dränger«, wird in diesen Texten als Eigenname ohne Artikel verwendet (vgl. Ps 89,11; Ijob 26,12; vgl. 9,13; § 1070). Man kann Jes 30,7b so verstehen, dass Ägypten als Chaosmacht abqualifiziert wird, da JHWH sie besiegt hat. Nach Jes 51,9 geschah dies (zum zweiten Mal?) beim Auszug aus Ägypten. Aber da Jesaja im Gegensatz zu Deuterojesaja (vgl. OBO 24, 1979, 23–157, Kiesow) keine Auszugstraditionen kennt und benützt, kann hier nur auf den urzeitlichen Chaoskampf angespielt sein, vielleicht auf eine spezielle ägypt. Form, in der das Chaos durch ein rotes männliches Nilpferd bzw. durch ein Krokodil (vgl. Ez 29,3–5; 32,2) repräsentiert und vom Falken- und Königsgott Horus »zum Schweigen gebracht« wird (311–313; Lectio Divina. Commentaires 2, 1993, 105–129, Keel). Ägypten bzw. der Pharao versucht Chaos zu stiften. Er kann aber Assur bzw. Babylon nicht gefährlich werden, da er eine (von JHWH) besiegte Chaosmacht ist (zu »Rahab« als Chiffre für Ägypten vgl. Ps 87,4; zu Ägypten als Chaosmacht in assyr. Quellen vgl. § 540). Nebst Fragmenten von zahlreichen Pferde- und einigen wenigen Stierfiguren (vgl. § 434.467.665f.1358) sind in der Davidstadt auch Fragmente von mindestens zwei Tonfiguren von Nilpferden aufgetaucht (Qedem 35, 1996, 86, Tchernov; 314). In Ijob 40,15–24 wird das Nilpferd als gewaltige, mindestens von Menschen unbesiegbare Macht gefeiert. E.W. Whitney lehnt die Identifikation Behemots mit dem Nilpferd ab, weil sie das Verständnis Leviatans als Krokodil voraussetze. Das sei unmöglich, weil Leviatan kanaanäischer Herkunft sei (HSM 63, 2006, 28). Mit dem Gewicht, das er der (etymologischen) Herkunft gibt, unterschätzt er die Plastizität des Erbguts mythischer Ungeheuer und erspart sich eine seriöse Auseinandersetzung mit den Argumenten

311–313 Der ägypt. Königsgott Gott Horus triumphiert über seinen Gegner Seth in Gestalt eines Nilpferds bzw. eines Krokodils, die das Chaos und seine zerstörerische Kraft repräsentieren; Reliefausschnitte aus Edfu bzw. Dendera und dekoriertes Lanzenende aus Koptos; aus hellenist. Zeit (2./1. Jh.a), sehr wahrscheinlich nach älteren Vorbildern

314 Kopf einer in der Davidstadt im Areal E3 (20b) gefundenen Nilpferd-Figur (8. Jh.a)

315 Das Skaraboid in Form eines liegenden Nilpferds, auf dessen Basis der hockende Seth mit der Beischrift »Geliebt vom Sonnengott« zu sehen ist, stellt Seth (vgl. 125–131) und sein Nilpferd in ein positives Licht (13./12. Jh.a)

für Nilpferd und Krokodil in Ijob 40,15–41,26 (vgl. Lectio Divina. Commentaires 2, 1993, 105–129, Keel). Das in der Polemik Jesajas negativ konnotierte Nilpferd kann von Anhängern der Ägyptenpartei positiv als Symbol der Macht Seths und Ägyptens gesehen und verehrt worden sein (vgl. den Nilpferd-Skaraboid 315 mit dem Bild des Seth und der Inschrift »Geliebt vom Sonnengott« auf der Basis; vgl. auch Matouk, Corpus II, 386 Nos. 683–691).

Jesaja 30,1–5: Zuflucht beim Volk, das nichts nützt

§ 515   Jes 30,1–5 ist nur geringfügig weniger utilitaristisch bzw. realpolitisch als Jes 30,6–7. Hier wird das Verhalten der maßgeblichen Jerusalemer Kreise moralisch gewertet und zwar schon in der Anrede »widerspenstige, störrische Söhne« (vgl. Jes 1,2; 30,9). Der Vater, den das Bild impliziert und gegen dessen Autorität sie sich auflehnen, ist Gott. Die israelit. Gesellschaft basierte stark auf der Autorität der Eltern, und Auflehnung gegen sie konnte die Todesstrafe zur Folge haben (vgl. Dtn 21,18–21). Söhne haben sich bei ihrem Tun mit dem Vater zu beraten. Die Jerusalemer aber machen Pläne und schließen Bündnisse (wörtlich »spenden eine Trankspende«, die bei Bündnissen üblich war) ohne ihren Vater und Gott JHWH zu konsultieren (vgl. V. 2b), ja sie verbergen ihr Tun vor ihm (Jes 29,15). Das ist der Vorwurf. Damit häufen sie Vergehen auf Vergehen (*ḥaṭṭaʾt*; vgl. Jes 1,4.28). Für »Vergehen« braucht Jesaja ein Wort der gleichen Wurzel, die Assurbanipal benützen wird, wenn er von Vasallenkönigen redet, die sich gegen seine Gebote vergehen (*ḥaṭû*) und ein Bündnis mit Ägypten anstreben (BK X/3, 1153, Wildberger). V. 2 macht deutlich, dass es auch bei Jes um ein Bündnis mit Ägypten geht. Wieder redet Jesaja ähnlich wie die assyr. Propaganda (§ 459–461.507.513). Der Ausdruck »nach Ägypten hinabsteigen« evoziert den Gegenbegriff »aus Ägypten heraufführen« (Ri 6,8; Am 2,10; 3,1; 9,7; Micha 6,4), aber Jesaja kennt oder benützt die Exodusthematik nicht. Das »nach Ägypten hinabsteigen« ist also wie an vielen andern Stellen rein sachlich zu verstehen (vgl. Gen 43,15; 46,3 u.o.). Sie suchen beim Pharao Schutz. Überraschenderweise folgt nicht der Vorwurf, beim Pharao statt bei JHWH Schutz zu suchen (vgl. dagegen den Vorwurf Elijas an Ahasja in 2Kön 1, der nach einem Unfall beim Gott von →II Ekron statt bei JHWH Hilfe sucht; BN 104, 2000, 64–67, Bender). Das Schutzsuchen beim Pharao wird nur deswegen verworfen, weil dieses Bemühen nichts als Enttäuschung und Schande mit sich bringen wird. Der Pharao und Ägypten können nicht helfen. Sie sind unnütz (Jes 30,5 und 6–7; § 507.514).

J.K. Hoffmeier u.a. wollen Jes 30,1–5 nicht auf die Krise von 705–701a, sondern auf die Hilfegesuche Hoscheas von Israel im Jahre 722a beziehen (vgl. § 508). Hoffmeiers Hauptargument ist die Erwähnung von Tanis in Jes 30,4, das nach 715a keine Rolle mehr gespielt habe (in: Vaughn/Killebrew, Jerusalem 2003, 233f). Aber weder Hoschea noch Samaria werden in diesem und anderen ägyptenkritischen Texten im Jesajabuch erwähnt. In Jes 28,14 ist explizit von Jerusalem die Rede. Über die Rolle von Tanis am Ende des 8. Jh.a wissen wir kaum etwas und es scheint ja auch nicht, dass in Jes 30,4 Tanis das Ziel der jud. Delegation war, weil als nächstes Ahnasija, 80 km s von Memphis erwähnt wird (vgl. dazu auch Roberts, in: Vaughn/Killebrew, Jerusalem 2003, 282f). Hoffmeiers Position macht aber darauf aufmerksam, dass Polemik gegen die Möglichkeiten Ägyptens Teil eines prophetischen Desillusionierungsdiskurses von Hosea bis Ezechiel war. Die Gegenpartei wird diese Einschätzung später als »Feindrede« denunzieren, indem sie deren wichtigste Argumente dem assyr. Gesandten in den Mund legen wird (2Kön 18,21.24; vgl. § 991).

Jesaja 31,1–3* und 28,15: Bund mit dem Tod

§ 516   Gegen ein unnützes Vertrauen auf Ägypten polemisiert auch Jes 31,1–3. Der Spruch dürfte ursprünglich aus den V. 1a.c und 3 bestanden haben. V. 1b und 2 sind redaktionelle Erweiterungen (ZAW 112, 2000, 230–238, Höffken). Wie in 30,1–5 wird denen, die nach Ägypten hinabziehen, vorgeworfen, dass sie JHWH nicht befragen. Im Gegensatz zu den bisher angeführten Worten wird hier ein Gegensatz zw. Gott = kraftvolles Wirken (*ruaḥ*) und Pferden = Hinfälligkeit, Fleisch (*basar*) geltend gemacht. Wagen und Pferde spielten während der Zeit des Neuen Reiches (ca. 1550–1150a) in der Selbstdarstellung Ägyptens eine zentrale Rolle. Der überdimensional dargestellte Pharao, der mit seinem Wagen in die hilflosen Haufen der Feinde hineinsprengt, war auf den Aussenwänden zahlreicher ägyptischer Tempel zu sehen (AOBPs Abb. 405.405a.Taf. XVI). Während der 22. Dyn. findet ein Skarabäentyp weite Verbreitung, der den Pharao, den »Vollkommenen Gott«, den »Herrn der beiden Länder« als Pferd zeigt (316–317; ÄAT 44, 2000, 138f, Hölbl). Ein Krughenkel mit dem Siegelabdruck eines paradierenden Pferdes wurde in einer Schicht des ausgehenden 8. Jh.a in der Erweiterung Jerusalems nach W gefunden, die in dieser Zeit entstanden ist (318). Krughenkel großer Vorratskrüge mit diesem Motiv sind in fast allen Teilen Judas aufgetaucht, so in →II Aseka, →II Moreschet-Gat, →II En-Gedi und auf dem →III Tell en-Naṣbe (TA 19, 1992, 124–129, Barkay).

316–317 Zwei Skarabäen, einer aus Achsib, der andere aus dem Handel, mit einem schreitenden Pferd, das aufgrund der Beischrift »den vollkommenen Gott, den Herrn der beiden Länder« d.h. den Pharao darstellt (22. Dyn., 945–713a)

318   Abdruck eines Siegels mit Pferd, das wahrscheinlich in der jud. Verwaltung Verwendung fand (um 700a)

G. Barkay meint, es handle sich um das Piktogramm für den Personennamen Sus bzw. Susi »Pferd«. Sowohl die Verwendung eines Piktogramms ohne Beischrift wie die Präsenz eines privaten Namens auf dieser Art von Vorratskrügen sind zwar denkbar, jedoch eher unwahrscheinlich. S. Schroer hat das Pferd mit der Sonnensymbolik der Stempelsiegel der königlichen Verwaltung (285–289) in Beziehung gebracht (OBO 74, 1987, 298f). Aber deren Ikonographie ist ägyptisierend und die Verbindung zw. Sonnengott und Pferd ist nicht ägypt., sondern vorderasiatisch (387–390.469).

In Ägypten wurde das Pferd mit keiner Gottheit, sondern mit dem Pharao in Beziehung gebracht. In Anbetracht der ägyptisierenden Tendenz der jud. Ikonographie der 2. Hälfte des 8. Jh.a ist das Pferd von **318** im Licht der ägypt. Pferde von **316–317** zu sehen. Es ist ihnen in der Haltung sehr ähnlich, wenn auch sorgfältiger ausgeführt. Was immer es genau bedeutete, es scheint ein Reflex der ägypt. Selbstdarstellung gewesen zu sein und den König von Juda oder den jud. »Staat« repräsentiert zu haben. Auf die Selbstdarstellung Ägyptens und seine Imitation in Juda, auf Pferde stärker zu vertrauen als auf das Wirken JHWHs (Jes 30,16; 31,1), wird die gemeinsame Vernichtung derer bedeuten, die Hilfe bringen, und derer, die sie empfangen sollten. Neu ist, dass JHWH selbst dies bewirken wird.

§ 517   Ägyptens Pferde sind nicht nur etwas Hinfälliges (Jes 31,3), Ägypten ist nicht nur ein dem ruhelosen Chaos verwandtes, von Gott überwundenes machtloses Ungetüm (Jes 30,7), Ägypten ist ein Land des Todes und der Toten. Diese Aussage intendiert wohl das fingierte Zitat, das Jesaja den herrschenden Kreisen in Jes 28,14–18.20–21 in den Mund legt, die seine Warnungen nicht ernst nehmen. Er lässt sie sagen:

»Wir haben mit dem Tod (*mawæt*) ein Bündnis (*berit*) geschlossen,
wir haben mit der Unterwelt (*še'ol*) einen Vertrag gemacht.
Wenn die Flut heranbraust, erreicht sie uns nicht;
denn wir haben unsere Zuflucht (*mahsenu*) zur Lüge (*kazab*) genommen
und wir bergen uns bei der Täuschung (*sæqær*)«
(Jes 28,15; vgl. 28,18).

Es ist klar, dass niemand in Jerusalem so gesprochen hat. Das erfundene Zitat will die Verblendung der Verantwortlichen demaskieren. Deutlicher als bei Rahab (Jes 30,7) evoziert Jesaja hier mit Mot eine weitere Macht, die in der kanaanäischen Mythologie tödliche Bedrohung darstellt. Es könnte eine Anspielung auf den kanaanäischen Gott Mot, den Gott der Sommerdürre sein (VT 50, 2000, 472–483, Blenkinsopp), oder – weniger wahrscheinlich – auf Molæk, den König des Totenreiches (Day, Molech 58–64; § 598–603). »Tod« und »Totenreich« können in diesem Kontext aber auch Anspielungen auf die große Bedeutung sein, die dem Jenseits im ägypt. Symbolsystem zukam. *Berit* kann hier nichts anderes als ein politisches Bündnis meinen (HAL I

150f). Für Jesaja ist es ein Bündnis, das statt Überleben und Leben nur Tod bringen kann. Es ist Lüge und Täuschung. *Šæqær* wird einer der Hauptbegriffe der Theologie Jeremias werden (§ 826.831f.858.865.871.883).

Die Gründe Jesajas für seine Position und das Unverständnis seiner Hörer

§ 518   Warum polemisiert Jesaja dermaßen gegen ein solches Bündnis und qualifiziert es als krasse Mißachtung des Willens JHWHs? Der sonst den bibl. Autoren gegenüber sehr respektvolle Exeget J. Scharbert war von der Polemik Jesajas gegen die Bündnispolitik seiner Regierung (vgl. die NATO während des »Kalten Krieges«!) so irritiert, dass er Jesaja Unklugheit und Einmischung in Dinge vorwarf, die ihn nichts angingen. Er hätte sich nicht in Politisches vorwagen und sich auf das Religiöse beschränken sollen (Die Propheten Israels bis 700 v. Chr., Köln 1965, 336f). Scharberts Tadel verschärft die Frage nach dem Warum der Einmischung Jesajas. Der Prophet argumentiert im Gegensatz zu der Weise, in der Ezechiel später argumentieren wird, und im Gegensatz zu weiten Kreisen der modernen Bibelwissenschaft weder ethisch (Bruch des Assur geleisteten Vasallitätseides; vgl. Ez 17,16–19), noch religiös (Abfall zu den Göttern Ägyptens und dem ägypt. Heidentum; vgl. z.B. AnBib 106, 1986, 6, Vogt). Wie also ist Jesaja zum Vorwurf an die Verantwortlichen gekommen, JHWH nicht beachtet und befragt und mit ihrer Bündnispolitik gegen den Willen JHWHs verstoßen zu haben?

§ 519   Jesaja beansprucht nicht, auf exklusive Weise Einblick in die Pläne JHWHs bekommen zu haben, wie besonders Jes 28,23–29 zeigt. In Jes 28,29 wird der Begriff »Plan (*'eṣah*)« mit dem Begriff *tušijjah* »Umsicht, Gelingen, Erfolg« verbunden und beide charakterisieren das Handeln JHWHs in der Geschichte, das in Jes 28,23–29 anhand des Modells vom Handeln des klugen Bauern explizit wird, der seine Arbeitsgänge und Maßnahmen den Gegebenheiten und Erfordernissen des landwirtschaftlichen Jahres anpasst. Das Urteil, das Bündnis mit Ägypten sei unnütz, ja schädlich, lehrt die Beobachtung der Geschichte und ein angemessenes Eingehen auf sie. Dass Ägypten nichts nützt, haben der Versuch Hoscheas von 725a, des letzten Königs von Israel (2Kön 17,4), jener Chanuns (Hannos) von Gaza von 720a (TUAT I/4, 379.383, Borger) und jener Jamanis von Aschdod von 715a (713a) deutlich gezeigt (TUAT I/4, 380.384, Borger). Jamani wurde vom Pharao, zu dem er geflohen war, sogar an seinen Todfeind ausgeliefert (§ 503). Jesaja musste, um zu seinem *Ceterum censeo* zu kommen, Ägypten nütze nichts, nur auf die Zeichen der Zeit achten. Ägyptens Zeit als Großmacht war abgelaufen.

§ 520   Das einzig Wunderbare, das Jesaja in einer Vision schon ganz am Anfang seines Wirkens gelernt haben will (Jes 6,9–23), ist die auch jetzt wieder unbegreifliche Verstockung der Verantwortlichen, die *ihren* eigenen Plänen zuliebe völlig lernunfähig geworden sind, den Plan JHWHs nicht zur Kenntnis nehmen wollen und die gegen alle Wahrscheinlichkeit immer wieder neu annehmen, Ägypten müsse jetzt handlungsfähig und ein Aufstand darum erfolgversprechend geworden sein. Sie sagen Jesaja, der ihnen die Augen öffnen will, dass sie seine Belehrung, die sie als Geplapper empfinden, nicht nötig haben (Jes 28,9–10). Die Seher und Propheten sollen sehen, was sie, die Verantwortlichen, sehen wollen und sie sonst mit dem Heiligen Israels in Ruhe lassen (Jes 30,9–11).

§ 521   Die Unfähigkeit, die Wirklichkeit wahrzunehmen, thematisiert Jesaja in einer ganzen Reihe von Worten und Metaphern. Jene, die vor allen andern sehen und belehren sollten, Propheten und Priester, sind wie solche, die stockbesoffen sind (Jes 28,7–13). In der Regel denkt man hier an Opferfeste, die in Orgien ausarten (ATD XVIII 195, Kaiser; BK X/3, 1057f, Wildberger). Aber man sollte beachten, dass sie bei ihren Visionen schwanken, bei ihrer Urteilsverkündigung torkeln (Jes 28,7b). In Jes 29,9–16, einem andern Wort zum gleichen Thema, wird ausdrücklich gesagt, dass sie berauscht sind, »doch nicht vom Wein« (Jes 29,9b). Ein von JHWH geschickter Tiefschlaf hat sie befallen (V. 10). Die Wirklichkeit ist für sie wie ein versiegeltes Buch, das zu lesen sie unfähig sind (V. 11f). Interessant ist, dass Jesaja diese Unfähigkeit als Fehlen echter Frömmigkeit, als Ausdruck einer Frömmigkeit ohne Verstand (hebr. »Herz«) interpretiert (V. 13). Von Bestechlichkeit, die Micha den Propheten vorwirft (3,5f), sagt Jesaja nichts.

Jesajas Alternative zur Bündnispolitik bzw. der Wille JHWHs

§ 522   Im Spruch Jes 30,15–17 wird eine Alternative zu den nutzlosen ägypt. Pferden (Jes 31,1–3) thematisiert. Diese Alternative ist die Haltung, die JHWH, der Heilige Israels, schon 30 Jahre früher (734a) von König Ahas gefordert hatte, als dieser angesichts des Versuchs, ihn in eine antiassyr. Koalition zu zwingen, den Assyrerkönig Tiglat-Pileser III. zu Hilfe rief. Jesaja hatte ihn damals aufgefordert, ruhig zu bleiben und zu glauben und nichts zu unternehmen (Jes 7,4 und 9). Auch jetzt heißt es: »Durch Umdenken und Gelassenheit könnt ihr gerettet werden. Im Stillesein (bᵉhašqeṭ) und im Vertrauen läge eure Stärke, aber ihr wollt nicht« (Jes 30,15). Man setzt auf die Luxus- und Prestigewaffe der Streitwagen und der Kavallerie, gegen die die ganze prophetische Tradition polemisierte und polemisieren wird (→ I 128–131). Sie waren eine äußerst teure Luxuswaffe. »Schon militärisch betrachtet waren für Juda Pferde mehr eine Prestigeangelegenheit denn ein militärisch wirksames Instrument« (BK X/3, 1186, Wildberger).

§ 523   Ähnlich wie in Jes 30,15 wird in Jes 28,7–13 an die Aufforderung JHWHs zum Stillesein erinnert. Interessante Nuancen sollten aber nicht übersehen werden. Das wie ein Zitat eingeführte Wort JHWHs heißt hier: »»Dies ist der Ruheplatz (mᵉnuḥah), lasst ruhen die Erschöpften. Und das ist der Rastplatz!‹, doch sie wollen nicht hören« (Jes 28,12). Man kann hier daran erinnern, dass der Ps 132 JHWH vom Zion sagen lässt: »Das ist mein Ruheplatz (mᵉnuḥati) für immer!« (V. 14; vgl. auch V. 8), aber bei der Interpretation Jesajas sollte man über den Traditionen die aktuelle Situation nicht vergessen. Man sollte sich fragen, an wen denn bei den »Erschöpften« konkret gedacht sein könnte. Am ehesten ist da wohl an die Flüchtlinge aus der Schefela und dem Nordreich zu denken, die durch die unglückliche Bündnispolitik des Königs Hoschea um Hab und Gut und Heimat gebracht worden waren und die nicht durch neue Bündnisabenteuer in eine neue Krise hineinmanövriert werden sollten.

§ 524   Eine dritte Formulierung der Alternative zur Bündnispolitik findet sich in Jes 28,16–18. Gegen jene, die ihre Rettung in einem Bund mit »Tod« und »Totenreich« zu finden meinen, lässt Jesaja JHWH geltend machen: »Siehe, ich lege auf dem Zion einen Stein, einen Stein der Prüfung (oder: einen Schiefergneiss-Stein), einen kostbaren Fundamenteckstein [einen gegründeten]. ›Wer glaubt, zeigt sich nicht aufgeregt.‹ Und ich mache das Recht zur Richtschnur und die Gerechtigkeit zum Senkblei« (Jes 28,16b–17a; vgl. JBL 106, 1987, 27–45, Roberts). Die Metaphorik ist hier eindeutig die des Tempelbaus und zwar eines solchen, den Gott selbst durchgeführt hat (vgl. Ps 78,68f). Dieser von Gott gegründete Tempel, der Schutz vor dem Chaos gewähren wird (vgl. 535), ist ein ruhiges Vertrauen, das in die Lage versetzt, auch in hektischen Zeiten Recht und Gerechtigkeit zu üben (vgl. Jes 1,17; 1,21ff; 5,7). Die Erwähnung dieser gesellschaftlich-politischen Größen zeigt, dass Jesaja keinen auf rein Religiöses beschränkten Quietismus vertritt.

§ 525   Eine ausgewachsene *Zionstheologie* im Sinne der Vorstellung von einem Götterberg, an dem jeglicher feindliche Vorstoß zunichte werden wird (vgl. z.B. G. von Rad, Theologie II, ³1962, 166–179; BZAW 118, 1970, 72–101, Stolz), ist für Jerusalem vor 701a nicht nachzuweisen (vgl. z.B. JSOT.S 13, ²1984, 72–89, Clements). Zwar mag mit der Königsideologie, zuerst schon mit der ägypt. in der Amarnazeit (§ 133) und dann mit der kanaanäisch-davidisch-salomonischen (vgl. vor allem Ps 2 bes. V. 6 und Ps 110 bes. V. 2) ein Anspruch von unanfechtbarer Herrschaft verbunden gewesen sein, der dem Herrscher auf dem Zion zukommt. Aber dieser Anspruch war mehr mit den entsprechenden Dynastien als mit dem Ort verbunden. Eine weitere Wurzel mag die Sonnengott-Theologie mit ihrer Vorstellung bilden, dass der Sonnengott am Morgen bei seinem Erscheinen über alle Verbrecher, die seine Stadt angreifen, Gericht hält (§ 338–340). Spuren einer solchen sind in den Zionspsalmen zu finden (vgl. Ps 46,1.6; 48,11; 76,9). Diese Psalmen können aber nicht als Kronzeugen für eine vorjesajanische Zionstheologie bemüht werden, da ihre Entstehung nicht vor der Assyrerzeit angesetzt werden kann. In Ps 48,3 ist der assyr. Titel »Großkönig« auf JHWH übertragen (vgl. weiter § 976–979). Ps 76 setzt, wie die LXX-Überschrift πϱος τον Ασσυϱιον »Gegen den Assyrer« zu Recht suggeriert, das Ereignis von 701a voraus (§ 982). Jesaja hat, der großen Vision von Jes 6 entsprechend, mit einer besonderen, im Lauf der Zeit etwas modifizierten Vorstellung der Anwesenheit JHWHs auf dem Zion gerechnet, die gleicherweise Vertrauen wie das Üben von Recht und Gerechtigkeit erforderte, die ihrerseits weitreichenden Schutz gewährten.

Zukunftsaussichten angesichts der Verstockung

§ 526   Angesichts der Unfähigkeit, die Realität zu sehen, werden die assyr. Heere, denen man durch das Bündnis mit Ägypten zu entkommen glaubte, in das Land eindringen. Wie zur Zeit des syr.-efraïmitischen Krieges und der Eroberung Samarias (vgl. Jes 8,7f; 28,2) braucht Jesaja dafür auch jetzt wieder das Bild von den Wassern, die das Land überfluten und es verwüsten (Jes 28,17f). Wie zertrampeltes Weideland wird Juda danach aussehen (Jes 28,18b). Sein ganzer Hausrat wird erbarmungslos zusammengeschlagen werden (Jes 30,12–14). JHWH selbst wird Jerusalem belagern.

Seine Bewohner werden wie Totengeister aus dem Staub hervor winseln (Jes 29,1–4). Einsam wie eine Signalstange auf einem Berg wird es übrig bleiben (Jes 30,17b). Nebst den Bildern kriegerischer Verwüstung und Bedrängnis insistiert Jesaja wiederholt auf der Befremdlichkeit des Handelns JHWHs (Jes 28, 21 *zar, nokrijjah*; in Jes 29,14 *haple' wapælæ'*), sodass die Weisheit der Weisen Jerusalems sich nicht mehr zurechtfinden wird (Jes 29,14). Befremdlich wird sein Handeln sein, weil es sich *gegen* Juda und Jerusalem richten wird (Jes 29,3).

§ 527   Nebst solch eindeutigen Aussagen zu Aktionen JHWHs gegen Jerusalem kommen weniger eindeutige, so die Erinnerung daran, wie JHWH am Berg Perazim aufstand und bei Gibeon wütete (Jes 28,21). Bezeichnend ist, dass Jesaja auch hier nicht eine Exodus-, sondern eine Jerusalemer Tradition aufgreift. Die Stelle spielt doch wohl auf die Auseinandersetzungen mit den Philistern an, die durch die →II Refaïmebene (2Sam 5,17–20) bzw. über die Steige von →III Bet-Horon (2 Sam 5,25) vorrückten und beidemal besiegt wurden (§ 189). Es wird an ein Handeln JHWHs zugunsten des jud. Jerusalem erinnert. Und man fragt sich, ob das so eindeutig negativ gemeint sein kann und das Befremdliche nur darin besteht, dass JHWH sich gegen den Sinn der evozierten Tradition gegen Jerusalem wenden wird.

Etwas eindeutiger als Jes 28,21 ist 29,1–7. Hier wird in den V. 2–5a JHWH als Belagerer von Jerusalem vorgestellt (zu »Ariel« vgl. § 77f). Dann aber scheint er in den V. 5b–7 plötzlich die Rolle zu wechseln und in einer machtvollen Erscheinung Jerusalem in einer Weise heimzusuchen, die das Gedränge und Getöse der Völker als Traum erscheinen läßt, und d.h. doch wohl zunichte macht (BZAW 204, 1992, 251–320, Werlitz).

§ 528   Ob im Gedicht Jes 31,4–5.8–9 ein Eingreifen JHWHs zugunsten oder gegen Jerusalem geschildert wird, ist in der Exegese umstritten (vgl. EvTh 55, 1995, 182f.192–196, Koenen; OBO 212, 2005, 61–65, Strawn). Die Frage stellt sich vor allem, wenn V. 5 als sekundär angesehen und V. 4 für sich interpretiert wird. Die Parallelisierung eines Löwen und eines Vogels, die über etwas wachen und etwas verteidigen, findet sich allerdings auch anderweitig. So heißt es von Gilgamesch, der seinen toten Freund Enkidu bewacht:

> »Wie ein Adler kreist er über ihm umher.
> Wie eine Löwin, deren Jungen in eine Grube [fielen],
> wendet er sich dauernd nach vorn und hinten«
> (VIII 18–20; TUAT 3/4, 713, Hecker).

Dass die Vögel in V. 5 schützende Funktion haben, wird kaum bestritten (vgl. Dtn 32,11). Das Schützen, Hüpfen und Retten (Wegtragen) evoziert das Bild von großen, auf dem Boden unbeholfenen Geiern, die ein Stück Beute wegtragen (vgl. ZAW 84, 1972, 430, Keel). *ṣippor* kann durchaus den großen Greifvogel bezeichnen (vgl. Ez 39,4). Im alten Ägypten und im alten Orient waren Geier hoch angesehene Vögel (→I 154–157). Das AT hat keine Hemmungen, JHWH mit einem Geier zu vergleichen (Ex 19,4; Dtn 32,11). Erst in der LXX wird der atl. »Geier« durch den griech. »Adler« ersetzt. Die griech. Bewunderung für das Aggressive und die Geringschätzung des bloß Nützlichen wirkt bis heute nach (vgl. Heraldik).

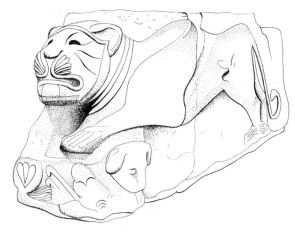

319 Eine von zwei Löwen-Skulpturen vom Stadttor von Aladscha Hüyük. Die Gefährlichkeit des Löwen, der das Stadttor bewacht, wird durch das gerissene Kalb sichtbar gemacht, das unter seinen Vordertatzen liegt. Wie der Löwe von Jes 31,4 hat er das Maul zu einem Knurren verzogen (14./13. Jh.a)

§ 529   Bilden die V. 4 und 5 eine ursprüngliche Einheit, dürfte das Schützen auch für V. 4 gelten. Nimmt man V. 4 für sich, besteht das Problem im Bild des Löwen über der Beute. Die Situation ist für diese tödlich. Der Text insistiert aber nicht primär auf dem Verhältnis »Löwe-Beute«, sondern auf der Hartnäckigkeit, mit der der Löwe seinen Besitz Menschen gegenüber verteidigt. Diese Hartnäckigkeit bildet den Focus der Metapher. Der »Löwe über Beute« ist gefährlicher als der »Löwe ohne Beute«. Aus diesem Grund hat man die Löwen, die man paarweise an den Toren von Tempeln, Palästen oder Städten aufgestellt hat, um alles Böse fernzuhalten, gelegentlich über einer Beute dargestellt. So hält einer der Löwen vom Stadttor von Aladscha Hüyük (Anatolien) aus dem 14./13. Jh.a ein Kalb unter den Vordertatzen. Wie der Löwe von Jes 31,4 hat er das Maul zu einem Knurren verzogen (**319**). Unter einem stark beschädigten Torlöwen vom Tell Halaf (10. Jh.a) liegt ein Hirsch, dessen Eingeweide herausgerissen sind (**320**; vgl. dazu OBO 212, 2005, 221, Strawn). JHWH wird in V. 4 wie ein besonders gefährlicher Torlöwe am Eingang zu Jerusalem vorgestellt.

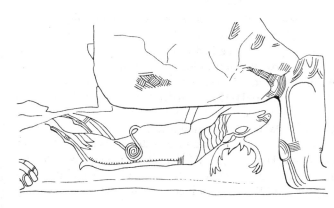

320   Unter einem stark beschädigten Torlöwen vom Tell Halaf, Nordsyrien, liegt ein Hirsch, dessen Eingeweide herausgerissen sind (10. Jh.a)

§ 530   Ein letztes Problem stellt die letzte Zeile von V. 4 dar: »So steigt JHWH der Heere herab *lişbo' 'al-har- şijon*«. Der Ausdruck *şaba' 'al* steht in Jes 29,7f und Sach 14,12 im Sinne von »kämpfen gegen (den Zion bzw. Jerusalem)«. Das *'al* in Jes 31,4 kann aber auch mit dem »Herabsteigen« (*jered*) bzw. der »Beute« verbunden werden. JHWH käme dann auf den Zion herab bzw. stünde auf seiner Beute, bereit dafür zu kämpfen. Im Zusammenhang mit dem in V. 5 genannten »Retten« hat man schon auf Am 3,12 verwiesen und das Retten im Sinne dieses V. verstehen wollen: »Wie ein Hirt aus dem Rachen des Löwen (von einem Schaf) nur zwei Wadenknochen rettet oder den Zipfel eines Ohres, so werden Israels Söhne gerettet …«. Aber man sollte aus den beiden Metaphern in Jes 31,4f nicht eine Allegorie machen, bei der jeder einzelne Zug gedeutet wird. Eher knüpft Jes 31,4 an Am 1,2 an, wo JHWH als Löwe evoziert wird, der vom Zion her brüllt. Eine gewisse Unheimlichkeit braucht man den Metaphern deswegen nicht abzusprechen. Es ist kaum ganz zufällig, dass in beiden Metaphern das Element, das für Jerusalem steht, ein halbtotes oder totes Tier ist, denn das verstockte Jerusalem wird nach der Vorstellung Jesajas *in extremis* gerettet.

§ 531   Wenn die Rettung Jerusalems *in extremis* erfolgt, dann wird auch das Maß Assurs voll sein (Jes 31,8–9). Es wird durch ein Schwert fallen, das nicht von Menschenhand geführt wird. Das »Schwert nicht von Menschenhand (*hæræb lo' 'iš, hæræb lo' 'adam*)« in V. 8a erinnert an die Ägypter von Jes 31,3, die »Mensch, nicht Gott« (*'adam w^elo' 'el*) sind. Der V. könnte Anlass für die Legende vom JHWH-Engel geworden sein, der nach 2Kön 19,35 (= Jes 37,36) im assyr. Heer, das Jerusalem belagerte, eines Nachts 185 000 Soldaten erschlagen haben soll. Man kann natürlich auch anders herum argumentieren und sagen, die Legende habe V. 8 als *vaticinium ex eventu* produziert. Aber die Nähe von V. 8b zu Jes 31,3 und die Fortsetzung in V. 8b, dass Assur vor dem Schwert fliehen und seine Elitetruppen zur Fronarbeit gezwungen würden, macht das unwahrscheinlich. Die Legende in 2Kön 19,36 (= Jes 37,37) weiß den hist. Tatsachen entsprechend nur zu berichten, dass Sanherib in sein Land zurückkehrte. Ein *vaticinium ex eventu* wäre da in den Details genauer gewesen und hätte nichts geweissagt, von dem bekannt war, dass es nie stattgefunden hat. So muss man die Ankündigung von Assurs Fall vor Jerusalem Jesaja belassen, als Prophetie, die sich im Detail ebenso wenig erfüllt hat wie die von Jes 20,3f, die aber den generellen Lauf der Dinge ebenso richtig erfasst hat wie jene.

§ 532   Jes 31,9, der letzte V. des Gedichts 31,4–5.8–9, nennt die Quelle der jesajanischen Intuition. Es ist ein Spruch, ein Raunen JHWHs, »der ein Feuer auf dem Zion und einen Ofen zu Jerusalem hat«. Das Feuer (*'ur*) ist vorerst das ganz gewöhnliche Herd- oder Lagerfeuer (vgl. Jes 44,16; 47,14; Ez 5,2), der Ofen (*tannur*) der ganz gewöhnliche Backofen (Lev 2,4; 7,9; 26,26), in dem man das tägliche Brot bäckt. Sein Herdfeuer wird JHWH verteidigen und die Bedrückten, die dort Zuflucht suchen (Jes 14,32), nicht jene, die auf Rossen reiten wollten. Die Formel »JHWH, der ein Feuer auf dem Zion und einen Ofen in Jerusalem hat«, scheint vorerst nichts anderes zu meinen als die schlichtere Formel »JHWH, der auf dem Zion wohnt« (Jes 8,18). Es scheint allerdings, als ob Jesaja seine massive Präsenztheologie der Zeit des syr.-efraïmitischen Krieges in den dreißig Jahren seither modifiziert hätte. Einer allzu krassen Vorstellung von diesem Wohnen widerstreitet nun in Jes 31,9 die im gleichen Gedicht in V. 4 formulierte Vision vom Herabsteigen JHWHs auf den Zion. Anstelle des schlichten Wohnens sind das Feuer und der Ofen getreten. Ein rauchender Backofen (*tannur*) repräsentiert in Gen 15,17 JHWH bei seiner feierlichen Selbstverpflichtung

Abraham gegenüber (vgl. § 709). In »Feuer« und »Ofen« dürfte weiter eine Anspielung auf den geheimnisvollen Namen Ariel »Altarherd«, »Gottesfeuer« o. ä. zu sehen sein (vgl. Jes 29.1–8; § 77f). »Gottesfeuer« kann ein Gericht durch Feuer evozieren, wie es Sodom getroffen hat (Gen 19,24; Jes 1,9f) und wie es nach Jes 30,33 die Assyrer treffen wird.

§ 533   In der ausführlichsten und deutlichsten Vernichtungsansage über Assur, im Gedicht Jes 30,27–28.30–31.33*, bilden »Feuer (und Schwefel)«, die in den V. 27 und 33 erscheinen, eine Inclusio. Die Authentizität des Gedichts ist zu Recht umstritten. Einerseits passt manches zur Situation und Diktion des Propheten um 700a, andererseits ist der lärmende Jubel Israels in V. 29 seiner Position zutiefst fremd. Die V. 29 und 32 sind wohl aus formalen (sie sprengen den Rahmen der Theophanieschilderung; vgl. Childs, Isaiah 46–50) und inhaltlichen Gründen (vgl. z.B. die Polemik gegen den Triumphalismus in Jes 22; BK X/3, 1210–1215, Wildberger) Jesaja abzusprechen und als spätere Hinzufügungen zu betrachten (vgl. § 537; für Einheitlichkeit des Textes und späte Datierung plädiert ATD XVIII 242–247, Kaiser). In Jes 31,4b steigt JHWH auf den Zion herab, wahrscheinlich vom Himmel her (vgl. Ps 18,10). In den ältesten Theophanieschilderungen kommt er von Edom, vom Süden, vom Sinai (§ 235). Hier, in Jes 30,27a, ist der Herkunftsort JHWHs (nicht seines Namens, das ist dtn./dtr.; vgl. § 512.736) etwas abstrakt die Ferne. Um die schreckliche Nähe des erscheinenden Gottes sichtbar, ja geradezu spürbar zu machen, lässt die Theophanieschilderung ihn aus der Ferne sehr nahe herankommen (vgl. das Herankommen der Schar Jehus in 2Kön 9,17–29). Gleichzeitig visualisiert sie damit die Fremdheit und Befremdlichkeit des erscheinenden Gottes. Seine Zunge, die in V. 27b als fressendes Feuer geschildert wird, erinnert an eine im 9./8. Jh.a in der Levante ziemlich häufige Darstellung des Sonnengott-Königs, aus dessen Mund eine Flammen-Schlange steigt: 121–123 (OBO 135, 1994, 99–104, Keel).

§ 534   Mit dem Gluthauch-Fluss in V. 28a, der bis an den Hals reicht, wird ein Bild aufgenommen und modifiziert, das sonst die vernichtende Macht Assurs veranschaulichte (vgl. Jes 8,7f; 28,17f). Mit dem Zaum, den JHWH in Jes 30,28 den Völkern (des assyr. Heeres; vgl. Jes 29,7) auf- bzw. anlegt, wendet JHWH auf diese eine Praxis an, die die Assyrer angewandt haben (**321**; vgl. 2Kön 19,28; BiKi 40, 1985, 169, Uehlinger; VT.S 66, 1997, 306–308, Uehlinger; zum Alter des Motivs ANEP Nr. 524 Anubanini). Explizit genannt wird Assur erst in V. 30f als Objekt des kämpferischen Wettergottes, der Assur mit seiner Keule niederschlägt, das nach Jes 10,5 Stab und Keule in seiner Hand hätte sein sollen. V. 33 schildert eine gigantische Feuerstelle, in der wahrscheinlich die Leichen der Gefallenen verbrannt werden sollen (BK X/3, 1223, Wildberger). Die Feuerstelle heißt Tofet (*toftæh*; vgl. dazu Ber. 39, 1991, 152–173, Gras/Rouillard/Teixidor), aber im Gegensatz zu Jer 7,31f und 19,6.12–14 wird nicht gesagt, dass sie im Ge-(Bene)-Hinnom liege und man sollte unseren V. deshalb nicht mit späteren Gehenna-Vorstellungen in Zusammenhang bringen. Die Feuerstelle könnte eine Steigerung des »Ofens« darstellen, den JHWH nach Jes 31,9 auf dem Zion hat (§ 532). Dass die Feuerstelle auch für einen König (welchen?) angelegt sei, ist ein deutlich späterer Zusatz. In V. 33b-c wird mit etwas anderen Worten das Feuer-Motiv der V. 27b und 28a nochmals aufgegriffen und durch das Schwefel-

321 Diese in mehrfacher Ausführung bekannte Stele aus Sendschirli (Sam'al) zeigt Asarhaddon, der einen ägypt.-nubischen Prinzen und den phöniz. König Abdimilkutti aus Sidon mittels eines Zügels dominiert, der je an einem Ring befestigt ist, der sich im Unterkiefer bzw. der Unterlippe der beiden befindet (681–669a)

Motiv ergänzt. Feuer und Schwefel erinnern kombiniert an das Gericht des Sonnengottes über Sodom (Gen 19,23f; Dtn 29,22; vgl. Jes 1,9f und § 338). Das Gerichtsfeuer, das von JHWH ausgeht, findet sich auch in einem vielleicht sekundären Text, in Jes 10,16–19 (bes. V. 17).

§ 535   Für die Ursprünglichkeit von V. 33 spricht, dass sich die Drohung, die eine Variante des später so belasteten »Tofet« benützt, im Detail genauso wenig erfüllt hat wie die von Jes 20,3f, Jes 31,8f und andere. Dem bedrängten Jerusalem aber wird sie geholfen haben, die kritische Zeit zu überstehen, und sie hat weit in die Zukunft hineingewirkt, insofern sie eine der Wurzeln jener Vorstellung wurde, nach der die Waffen jedes feindlichen Heeres an der Wohnung JHWHs auf dem Zion zerbrechen müssen (vgl. § 525).

§ 536   Es ist viel darüber diskutiert worden, in welchem chronologischen und inhaltlichen Verhältnis die Warnungen und Drohungen Jesajas gegen Jerusalem-Juda und gegen Assur zu sehen seien (BEvTh 74, 1976, 101–114, Dietrich). Man kann es als zu einfach abtun, auf die Herstellung eines streng chronologisch-logischen Verhältnisses zu verzichten, aber es ist nun einmal eine Tatsache, dass das ao Denken weniger syntaktisch war als das griech.-europäische und Erfahrungen parataktisch nebeneinander stehen ließ und sich komplexen Phänomenen in einer »multiplicity of approaches« näherte, ohne diese vielfachen Zugänge um jeden Preis immer und überall in ein streng definiertes Verhältnis bringen zu wollen. So unbehaglich uns dieser Zustand ist, wir müssen ihn aushalten, wenn wir die verschiedenen Aussagen nicht auf ein Prokrustesbett spannen wollen. Der Kern der jesajanischen Sicht war die überwältigende Heiligkeit und Größe JHWHs, vor der selbst die mächtigen Serafim sich nur verhüllen konnten (§ 441). Jerusalem/Juda und Assur gegenüber galt für ihn eines, dass zuletzt »JHWH allein erhaben sein wird« und alles, was hoch und stolz, gewaltig und vermeintlich unüberwindlich daherkommt, von ihm überwunden werden wird (vgl. Jes 2,6–22).

§ 537   Einige der hier für Jesaja in Anspruch genommenen Texte sind von H. Barth (WMANT 48, 1977) und in seinem Gefolge von R.E. Clements (JSOT.S 13, ²1984, 28–51) dem Propheten abgesprochen oder anders interpretiert worden. So verstehen sie den Löwen in Jes 31,4, der seine Beute verteidigt, als Angreifer und nicht als Verteidiger des Zion *in extremis,* und das m.E. parallele Bild der schützenden, rettenden Vögel in Jes 31,5 sprechen sie Jesaja ab. Als sekundär betrachten sie auch Jes 29,5b–7 (plötzliches Eingreifen JHWHs, Traum) und Jes 31,8–9 (Gericht über Assur). Diese und viele andere Stellen schreiben sie einer Assur-Redaktion in der Zeit Joschijas zw. 630 und 620a zu, als das Assyrerreich kurz vor dem Zusammenbruch stand. Den Weheruf über Assur in Jes 10,5ff, in dem dem eigenmächtig und überheblich gewordenen Stab JHWHs das Gericht angedroht wird, halten sie jedoch für jesajanisch. Mir scheinen auch die anderen hier angeführten Stellen, die gegen Assur gerichtet sind, aufgrund ihrer Diktion und der Ambivalenz ihrer Aussagen (Löwe, der seine Beute rettet) jesajanisch zu sein. In der zweiten Hälfte des 7. Jh.a hat man, wie etwa Nahum zeigt, viel deutlicher gesprochen, indem man z.B. den Untergang der Hauptstadt Ninive ausmalte (Nah 2,9; 3,7; vgl. auch Zef 2,13; HThKAT Zef, 304–305, Irsigler). Damit sind weder die Möglichkeit noch die Tatsächlichkeit sekundärer Erweiterungen verschiedener gegen Assur gerichteter Texte im Jesajabuch bestritten, aber wie eingangs gesagt, ist es schwer zu erklären, wie ein Jesaja, der für Jerusalem keinen Hoffnungsschimmer ließ, in der Tradition schon für das DtrG zum großen Heilspropheten für Jerusalem und Zion werden konnte.

DER ABLAUF DER EREIGNISSE

Eine ungewöhnlich gute Quellenlage

§ 538   Die Frage, ob Jesaja die politischen Faktoren im wesentlichen richtig eingeschätzt hat oder ob er sich, wie J. Scharbert meint (§ 518), inkompetent und in Überschreitung seines Auftrags in die Politik Hiskijas einmischte, muss ein Blick auf die Ereignisse klären.

K.L. Younger nennt die Invasion Sanheribs das von allen in der Bibel erwähnten Ereignissen am besten bezeugte (in: Vaughn/Killebrew, Jerusalem 2003, 235f). Zur Rekonstruktion der Geschehnisse von 701a stehen uns eine für die »alttestamentliche« Geschichte singuläre Fülle von Monumenten und Dokumenten zur Verfügung. Sie bestätigen die Aussage in der Überschrift des Kapitels, mit der assyr. Expansion sei die Weltgeschichte vor den Toren Jerusalems angekommen:

1. Archäologische Funde, bes. die Spuren der Belagerung und Zerstörung von Lachisch (→ II 893–903; Ussishkin, Conquest 19–58).

2. Ikonographische, bes. die Reliefs Sanheribs aus Ninive zur Belagerung und Einnahme von Lachisch (Ussishkin, Conquest 59–131).

3. Schriftliche:
A. Assyr., so die Annalen Sanheribs zu seinem 3. Feldzug, die in sieben Ausgaben vorliegen, die alle in Ninive gefunden worden sind (Younger, in: Vaughn/Killebrew, Jerusalem 2003, 245 Anm. 40). Die älteste, im Jahre 700a, nur ein Jahr nach den Ereignissen verfasste Version, ist der Rassam-Zylinder (AfO.B 26, 1997, 47–61, Frahm; vgl. auch TUAT 1/4, 388–390, Borger; Hutter, Hiskija 39–51; Gonçalves, Sennachérib 102–104; Vogt, Aufstand 16–23; ZDPV 102, 1986, 96f, van der Kooij; UF 24, 1992, 3–8, von Beckerath; Zion, City of our God 1999, 23–41, Hess; SHCANE 18, 1999, Gallagher; Knauf, in: OBO 186, 2002, 186, Hübner/Knauf zur Abfolge der Ereignisse; Younger, in: Vaughn/Killebrew, Jerusalem 2003, 245–263). Nebst den Annalen nehmen einige weitere kürzere assyr. Texte auf den Feldzug von 701a Bezug (TUAT I/4, 390f, Borger).
B. Bibl. Zusätzlich zu den bereits diskutierten Jesaja-Texten (§ 510–536) sind es drei bzw. vier weitere bibl. Texte, die voneinander weitgehend unabhängig sind:
a. Ein im DtrG überlieferter Auszug aus einer jud. Quelle hist. Art (2Kön 18,13–16; V. 13 dient in Jes 36,1 als Einleitung einer erbaulichen Erzählung; vgl. dazu auch 2Chr 32,1; zur Herkunft des Textes vgl. BJRL 44, 1962, 397 Anm. 4, Rowley).
b. Eine erbauliche Erzählung (2Kön 18,17–19,37//Jes 36,2–37,38//2Chr 32,9–21), die als Geschichtsquelle nur sehr bedingt verwendet werden kann (BZAW 187, 1989, Hardmeier; Vaughn 1999; Bib. 81, 2000, 393–402, Na'aman = CE I 179–192; Hebrew Studies 41, 2000, 151–168, Machinist; vgl. § 557).
C. Griechische Quelle. Eine Geschichte, die gewisse auffällige Parallelen zu der erbaulichen Geschichte von 2Kön 18,17–19,37 Parr. aufweist, findet sich bei Herodot im 2. Buch der Historien Abschnitt 141 (vgl. Ant X 18–20).

Diese Zeugnisse dienten der Rechtfertigung bestimmter Positionen bzw. der größeren Ehre der Könige und Gottheiten, in deren Auftrag sie geschaffen worden waren (vgl. dazu OTEs 17/4, 2004, 260–279, van Rensburg). Wenn wir diesen Umstand und die Eigenart der verschiedenen Quellen beachten, lässt sich ein leidlich klares Bild der Ereignisse gewinnen, denn auch eine ideologisch geprägte Darstellung bedarf, wenn sie nicht jede Glaubwürdigkeit verlieren will, eines minimalen Respekts vor den (bekannten) Fakten.

Die Sicht der Annalen Sanheribs

§ 539   Die Annalen Sanheribs zum 3. Feldzug im Jahre 701a (vgl. § 538) erzählen die Vorgänge knapp und doch ausführlicher als irgendeinen anderen assyr. Feldzug nach W, ziehen gelegentlich sachlich Zusammengehöriges unter Missachtung der chronologischen Ordnung zusammen und übergehen nach Möglichkeit, da sie der Verherrlichung des Großkönigs dienen, für ihn unangenehme Vorkommnisse.

Der Anfang des Feldzugs

Der Bericht beginnt in Kolumne II 37–60a mit der Niederwerfung einer Reihe phöniz. Küstenstädte von Sidon bis → III Akko, die offensichtlich unter Führung Lulis, des Königs von Sidon, revoltiert hatten. Luli »floh in die Ferne, mitten ins Meer, und verschwand auf immer« (**169**). Luli wurde durch einen Assur treuen Vasallen ersetzt. Küstenstädte von Arwad bis → II Aschdod und die Könige der Binnenländer Ammon, Moab und Edom brachten (hierauf?) Tribut. Das Verschwinden Lulis und die Unterwerfung Hiskijas bilden in den Annalen des 3. Feldzugs Sanheribs eine Art Inclusio, markieren Anfang und Ende, Beginn und Höhepunkt des Feldzugs von 701a. Von Luli und von Hiskija wird gesagt, sie seien von der Furcht vor dem Glanz der Königsherrschaft Sanheribs überwältigt worden (II 38 und III 38; vgl. Younger, in: Vaughn/Killebrew, Jerusalem 2003, 247). In der Stierkolosse-Inschrift Sanheribs werden als seine Gegner im 3. Feldzug einzig Luli und Hiskija genannt (TUAT I/4, 390, Borger).

Nach Kolumne II 60b–68a der Annalen wurde Zidqa, der König von Aschkelon (→ II 54), der sich nicht unterworfen hatte, mit seiner ganzen Familie, zu der auch die Familien-Gottheiten gehörten (vgl. Gen 31,19.30.32.34; Ri 17,1–6), nach Assur deportiert. Ein nur in Form einer Zeichnung erhaltenes Relief Sanheribs aus Ninive scheint die Deportation dieser Dynastiegötter darzustellen (**322**; Uehlinger, in: Van der Toorn, The Image 126f). Die Deportation von Gottheiten bezeugt auch ein anderes Relief aus der Zeit Sanheribs (**322a**). An Stelle von Zidqa als Herrscher von Aschkelon wurde ein Vasall eingesetzt, der Assur treu war.

Im Anschluss daran wird in Kolumne II 68b–72 die Einnahme von → II Jafo und dreier ö und sö von Jafo gelegenen Städte vermerkt, die alle rund 40km nnö von → II Aschkelon liegen, aber zu diesem gehört haben sollen. Man möchte vermuten, dass diese dem Anmarsch Sanheribs von N her entsprechend vor Aschkelon erobert worden sind, zuerst aber der Fall des Hauptgegners an der Küste, nämlich Aschkelons, berichtet werden sollte.

322 Assyr. Soldaten tragen Statuen von drei Gottheiten aus Aschkelon weg; diese sind im Vergleich zu den Soldaten, die sie tragen, viel kleiner dargestellt als die von Gaza (**309**); bei allen drei Figuren scheint es sich um männliche Gottheiten zu handeln, die den linken Arm triumphierend oder zum Schlag erhoben haben; in ihrer Rechten halten die zwei hinteren einen Stab; Relief aus dem Palast Sanheribs in Ninive (705/704–681a)

322a Zahlreiche Statuen von Göttinnen und Göttern mit verschiedenen Attributen und Gesten werden von assyr. Soldaten weggetragen; die drei Soldaten rechts außen scheinen einen ganzen Schrein wegzuschleppen; Relief aus dem Palast Sanheribs in Ninive (705/704–681a)

Das Schicksal Padis von Ekron

§ 540   In der Folge wendet sich der Bericht dem Landesinnern zu: Kol. II [73] »Die Statthalter, die Fürsten und die Einwohner von Ekron (→ II 829–832), [74] die Padi, ihren König, der durch Vertrag und Eid (*bel a-de-e ù ma-mit*) [75] mit Assyrien verbunden war, in eiserne Fesseln gelegt hatten [77] und ihn in feindlicher Absicht [76] Hiskia von Juda (*Ḫa-za-qi-a-ú* ^mat^*Ja-ú-da-a-a*) [77] übergeben hatten – wegen des Frevels (*an-zil-li*), den sie begangen hatten, [78] fürchtete sich ihr Herz« (zu Ekron in assyr. Quellen vgl. BASOR 332, 2003, 83f, Naʾaman).

Die Tatsache, dass die Bewohner von Ekron den entmachteten König dem König von Juda in Gewahrsam gaben, zeigt, dass er die führende Rolle im Aufstand spielte (Roberts, in: Vaughn/Killebrew, Jerusalem 2003, 272; vgl. aber § 508). Zu der in § 538 erwähnten komfortablen Quellenlage des 3. Feldzugs Sanheribs gehört, dass Padi von Ekron durch zwei Inschriften aus Ekron bezeugt ist. In der berühmten Tempelweihe-Inschrift (vgl. § 317) des Achisch/Ikausu aus Ekron wird Padi als dessen Vater und Vorgänger genannt (**323**). Eine Vorratsgefäß-Inschrift ebenfalls aus Ekron sagt, dass der Inhalt – nach assyr. Brauch – »(dem Gott) Baal und (dem König) Padi« geweiht war (**324**). Zu diesen beiden kommt eine dritte Inschrift aus Ninive, die Padi als Lieferant »eines leichten Talents von Silber« nennt (SAA 11, 1995, 21f, Fales/Postgate, zu Padi vgl. weiter BASOR 332, 2003, 82f, Naʾaman).

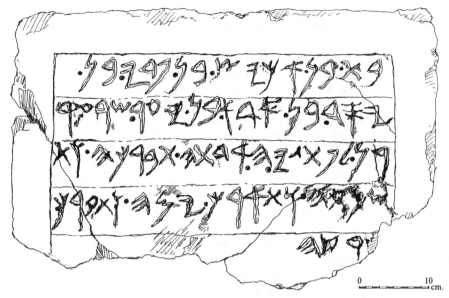

323 Tempelweihinschrift aus →II Ekron: »1 Der Tempel, (den) baute Akisch, der Sohn des Padi, der Sohn 2 des *Jsd*, der Sohn des Ada, der Sohn des Jaʿir, des Herrschers von Ekron, 3 für *Ptgjh*, seine Herrin. Möge sie ihn segnen 4 und ihn schützen und seine Tage verlängern und möge sie segnen 5 sein Land« (Anfang des 7. Jh.a)

324 Scherbe eines Vorratsgefäßes aus Ekron mit der Inschrift »Für (den Gott) Baal und für (König) Padi« (um 700a)

Die ägyptische Intervention

§ 541   Die Annalen berichten weiter, dass »sie«, d.h. wahrscheinlich die »Leute von Ekron *und* Hiskija« (vgl. aber Hoffmeier in § 508) Ägypten bzw. Nubien zu Hilfe holten. »Die Könige (Var. der König) von Ägypten [79] und die Bogenschützen, Streitwagen und Pferde [80] des Königs von Meluchcha (Nubien), eine Streitmacht ohne Zahl, [81] holten sie zu Hilfe, und (diese) kamen ihnen zu Hilfe. [82] In der Umgebung von Elteke (*Al-ta-qu-ú*; Tel Schalaf?, ca. 15km ssö von Jafo) [83] standen sie mir in Schlachtordnung gegenüber, Kolumne III [1] während sie ihre Waffen schärften. Im Vertrauen auf Assur, [2] meinen Herrn, kämpfte ich mit ihnen und brachte [3] ihnen eine Niederlage bei. Die Wagenkämpfer und die Prinzen [4] von Ägypten nebst den Wagenkämpfern des Königs von Meluchcha [6] nahmen [5] meine Hände mitten in der Schlacht lebendig gefangen.«

Die Schlacht bei Elteke ist die einzige Feldschlacht des 3. Feldzugs Sanheribs. Nach dem Zusammenhang in den Annalen hat sie stattgefunden, nachdem Sanherib Aschkelon und Jafo unter seine Kontrolle gebracht hatte und vor dem Angriff auf Ekron. Nach 2Kön 19,9 war Sanherib mit der Eroberung von Lachisch und Libna in der Schefela beschäftigt, als das ägypt. Entsatzheer unter Tirhaka heranzog. Verschiedene Lösungsversuche sind vorgeschlagen worden, um die beiden Zeugnisse auf einen Tatbestand zu beziehen. G. Galil z. B. geht von der Annahme aus, dass die Assyrer gleichzeitig im philistäischen und im jud. Gebiet aktiv waren und die ägypt. Intervention später stattfand als die Annalen suggerieren (Zion 53, 1988, 9). W.R. Gallagher hingegen plädiert für ein frühes Aufeinandertreffen der beiden Heere und bringt dafür vier Gründe vor, die alle voraussetzen, dass die beteiligten Parteien logisch und als gute Strategen handelten. Aber waren sie das, konnten sie so handeln und handelten sie tatsächlich so? Gallaghers fünfter Grund ist ein Verweis auf die Rabschake-Rede vor Jerusalem, in der dieser Ägypten als »zerbrochenes Rohr« abtut (2Kön 18,21; SHCANE 18, 1999, 257f). Er schließt daraus, Ägypten habe beim assyr. Vorstoß nach Jerusalem schon zerschlagen sein müssen. Akkadisch qanâ ḫaṣāṣu/ḫuṣṣuṣu »zerbrochenes Rohr« ist eine stehende Metapher zur Abwertung der Gegner. In der gleichen Rede wird vorausgesetzt, dass man in Jerusalem weiterhin auf dieses »zerbrochene Rohr« setzt. Also war das »Rohr« nur der assyr. Propaganda gemäß zerbrochen. Davon abgesehen, ob dieser Schluss zulässig ist oder nicht, die Rabschake-Rede kann so oder so nicht als hist. Quelle benutzt werden (vgl. § 985–1009). Auch die Annahme zweier ägypt. Heere, von denen eines bei Elteke geschlagen wurde und das andere weiter im S unter der Leitung Tirhakas einer Begegnung mit den assyr. Truppen auswich (Younger, in: Vaughn/Killebrew, Jerusalem 2003, 258), ist spekulativ. Die Quellen sind bezüglich des Zeitpunkts der ägypt. Intervention unklar. Erwägungen aller Art, so scharfsinnig sie sein mögen, können diesen Mangel nicht ersetzen. E.A. Knauf vertritt die Ansicht, zur Schlacht mit dem ägypt. Heer sei es erst gekommen, als das assyr. Heer durch zahlreiche Kämpfe und Belagerungen der Städte der Schefela dezimiert war. Auch das ist spekulativ. Interessant aber ist seine Beobachtung, dass sich der assyr. König anscheinend mit seiner Leibgarde selbst am Kampf beteiligt hat. Dies zeige, wie die Beteiligung Ramses' II. bei der Schlacht von Qadesch (1274a), dass der Ausgang auf Messers Schneide stand. Sanherib brauchte vier Jahre, bis seine Armee 697a wieder voll einsatzbereit war. Der 30jährige »Waffenstillstand« zw. Assur und Ägypten, der von 701–671a bzw. bis zum ersten Ägyptenfeldzug Asarhaddons dauerte, zeige, dass ein Gleichgewicht der Kräfte bestand, an dem weder Assur noch Ägypten noch einer der südpalästinischen Kleinstaaten 30 Jahre lang zu rütteln wagten (OBO 186, 2002, 188–191, Hübner/Knauf). Die Meinung, die Schlacht von Elteke und eventuell eine zusätzlich grassierende Epidemie habe die Assyrer erheblich geschwächt, vertritt auch D.B. Redford (From Slave to Pharao. The Black Experience of Ancient Egypt, Baltimore and London 2004, 86–92).

Am Anfang des Annalen-Abschnitts über die ägypt. Intervention ist vom König von Ägypten (Schebitqu?) bzw. von den Königen (»Vasallenkönige« des ö Deltas?) bzw. vom König von Nubien (Tirhaka?) die Rede. Sanherib behauptet nicht, einen von ihnen (wer immer damit gemeint war) gefangen genommen bzw. unterworfen zu haben. Auch die Flucht des oder eines Königs wird im Gegensatz zu der Lulis von Tyrus nicht erwähnt. Schebitqu selbst war vielleicht vor Ort. Vielleicht hat er seine Truppen unter einer anderen Führung nach Palästina geschickt, möglicherweise unter der des Kronprinzen Tirhaka (Taharqa), wenn 2Kön 19,9 bzw. Jes 37,9 zutreffend berichten, wahrscheinlich aber zur Hauptsache unter der von Fürsten aus dem ö Delta (OBO 170, 1999, 210–217, Schipper).

Aus einer in Kawa in Nubien gefundenen Stele (vgl. M.F.L. Macadam, The Temples of Kawa I. The Inscriptions. Text, London 1949, 28 Stele Nr. V Z. 13–17) schien hervorzugehen, dass Tirhaka, der 690–664a regierte, im Jahre 701a erst ca. 9 Jahre alt und also kaum in der Lage war, ein Expeditionsheer zu führen (Bib. 34, 1953, 29, Janssen). W.F. Albright (BASOR 141, 1956, 25f), J. Bright (Geschichte 1966, 290–292) und andere haben daraus geschlossen, dass es nach dem für Juda unglücklichen Angriff von 701a noch einen glücklich verlaufenen nach 690a gegeben haben müsse, bei dem Tirhaka eingegriffen habe. Aber da es außer dem »Tirhaka« in 2Kön 19,9 bzw. Jes 37,9 keinen einzigen Hinweis auf einen solchen zweiten Feldzug gibt und da die Erzählung im wesentlichen etwa 100 Jahre nach den Ereignissen entstanden sein dürfte, wie die zahlreichen Anspielungen auf Ezechiel und Jeremia zeigen, liegt die Annahme näher, Tirhaka sei hier ein Anachronismus (Vogt 1986: 60f; OTS 28, 1992, 105, Smelik). Der zweite Feldzug ist jedenfalls endgültig aufzugeben (vgl. ZDPV 102, 1986, 106, van der Kooij; Buried History 34, 1998, 113–119, Stone). Tirhaka dürfte seine Rolle in Jes 37,9 der Tatsache verdanken, dass er die Hauptfigur des (erfolglosen) Widerstands Ägyptens gegen die Eroberung durch die Assyrer unter Asarhaddon war (674/673, 671,669a; NBL III 773f, Görg).

Eine andere Lösung des Problems hat K.A. Kitchen, der allerdings stets versucht, die Historizität jeder geschichtsbezogenen Aussage eines bibl. Textes zu verteidigen, vorgeschlagen. Er bezweifelt die Interpretation der Kawa-Stele, die Tirhaka im Jahre 701a erst neunjährig sein lässt. Nach Kitchen (Third Intermediate Period 1973, 158–172) muss Tirhaka 701a schon um die 20 Jahre alt gewesen sein und könnte so das Expeditionsheer mindestens nominell geleitet haben. Die Erzählung würde ihn, seinem späteren Status entsprechend, »König von Nubien« nennen. Mindestens das akzeptiert Kitchen als Anachronismus. Auch J.K. Hoffmeier vertritt inzwischen die Ansicht, Tirhaka sei, wenn man die Kawa Stele IV korrekt interpretiere, 701a mindestens 20 Jahre alt und designierter Nachfolger Schebitqus gewesen, und solche seien oft mit dem Führen von Feldzügen betraut worden (in: Vaughn/Killebrew, Jerusalem 2003, 230–232).

Ägypten wird in den Annalen durch Anspielungen auf die Chaoskampfschilderungen in »Enuma elisch« als Chaosmacht dargestellt. Ein chaotisches Element bildet das *kitru*-Bündnis, das zahllose Truppen einschließt, während Sanherib sein Vertrauen ausschließlich auf Assur setzt (II 79–81). Die Ägypter, die nach Z. III 1 ihre Waffen schärfen, erinnern an die Gefolgschaft Tiamats, die nach Enuma elisch IV 92 das Gleiche tat (SHCANE 18, 1999, 121, Gallagher; vgl. zu Chaoskampfanspielungen in assyr. Annalen Younger, in: Vaughn/Killebrew, Jerusalem 2003, 250–256 mit älterer Lit.). Einmal mehr findet sich eine ähnliche Einschätzung Ägyptens wie in den assyr. Quellen bei Jesaja (§ 459). Er denunziert Ägypten als Rahab, eine Chaosmacht (Jes 30,7; § 514.517).

Die Eroberung Ekrons

§ 542   »[6] Elteke und Timna (→ II 833–835) [7] belagerte, eroberte und plünderte ich. [8] Ich näherte mich [7] Ekron. Die Statthalter und Fürsten, die Vergehen [9] begangen hatten (*ša ḫi-iṭ-ṭu*), tötete ich, an die Türme [10] der ganzen Stadt hängte ich ihre Leichen. Die Einwohner der Stadt, [11] die Sünde und Frevel begangen hatten (*e-piš an-ni ù gíl-la-ti*), zählte ich als Beute. [12] Die übrigen von ihnen, die nicht durch Sünde [13] und Frevel [12] belastet waren (*la ba-bil hi-i-ti ù gul-lul-ti*), die sich als schuldlos erwiesen, [14] befahl ich freizulassen. Padi, ihren König, [15] holte ich aus Jerusalem heraus [16] und setzte ihn (wieder) auf den Thron der Herrschaft über sie. [17] Abgabe an meine Herrschaft legte ich ihm auf.«

Die Rückkehr Padis aus Jerusalem kommt hier wohl etwas zu früh. Erst musste Hiskija in die Knie gezwungen werden, bevor das möglich war. Ekron wurde nach Ausweis der Archäologie nicht verwüstet und zerstört. Padi konnte also eine weitgehend intakte Stadt übernehmen, die im 7. Jh.a zu großer Blüte kam (Ussishkin, in: FS Na'aman 339–343.353.)

Der Angriff auf Jerusalem

§ 543   »III[18] Hiskia von Juda jedoch, [19] der sich nicht unter mein Joch gebeugt hatte – 46 mächtige [20] ummauerte [19] Städte sowie die [21] zahllosen [20] kleinen Städte ihrer Umgebung [23] belagerte und eroberte ich [21] durch das Anlegen von Belagerungsdämmen, [22] Einsatz von Sturmwiddern, Infanteriekampf, [23] Untergrabungen, Breschen und Sturmleitern. [24] 200150 Leute, groß und klein, männlich und weiblich, [25] Pferde, Maultiere, Esel, Kamele, [26] Rinder und Kleinvieh ohne Zahl [27] holte ich aus ihnen heraus und zählte sie als Beute. Ihn selbst [29] schloss ich [27] gleich einem Käfigvogel [28] in Jerusalem, seiner Residenz, ein. [29] Schanzen warf ich gegen ihn auf, [30] und das Hinausgehen aus seinem Stadttor verleidete ich ihm. Seine Städte, [31] die ich geplündert hatte, trennte ich von seinem Lande ab [32] und gab sie Mitinti, dem König von Aschdod, [33] Padi, dem König von Ekron, und Ṣilbel, [34] dem König von Gaza, und verkleinerte sein Land. [35] Zum früheren Tribut, ihrer jährlichen Gabe, [36] fügte ich eine Abgabe als Geschenk für meine Herrschaft hinzu [37] und legte ihnen diese auf. Jenen Hiskia [38] warf die Furcht vor dem Schreckensglanz nieder. [39] Die Urbi und seine Elitetruppen, die er zur Verstärkung [40] seiner Residenz Jerusalem hineingebracht [41] und als Hilfstruppen angeworben hatte, ließ er zusammen mit 30 Talenten Gold (1028 kg), [42] 800 Talenten Silber (27417 kg), erlesenem Antimon, [43] großen Blöcken...-Stein, Betten aus Elfenbein, [44] elfenbeinernen Lehnsesseln, Elefantenhaut, Elfenbein, [45] Ebenholz, Buchsbaumholz, allerhand wertvollen Schätzen, [46] sowie seinen Töchtern, seinen Palastfrauen, Sängern [47] und Sängerinnen nach Ninive, der Stadt meiner Herrschaft, [48] hinter mir herbringen. Um Abgabe abzuliefern [49] und Untertänigkeit zu bezeugen, schickte er seinen Gesandten« (TUAT 1/4, 389f, Borger; vgl. Hutter, Hiskija 39–49).

46 Städte Judas und zahlreiche unbefestigte Siedlungen, und d.h. wohl alle von Bedeutung (vgl. die Listen in Jos 15,20–63 und 2Chr 11,5–10 und dazu → II 576f und 733), hat Sanherib eingenommen und zerstört, zum Teil allerdings erst nach aufwändigen Belagerungsmaßnahmen. Die Liste in Jos 15 nennt 125 befestigte Siedlungen. Auf die Schefela allein entfallen 40 (Jos 15,33–45). Tatsächlich zeigt die Archäologie,

dass um 700a hauptsächlich die Städte der Schefela zerstört worden sind (TA 31, 2004, 60–79, Finkelstein/Naʾaman). Die Orte s von Debir (→ II Chirbet er-Rabud) – wie z. B. → II Tel Beerscheba – und die n von Jerusalem (→ III Gibeon, Mizpa, Tell el-Ful) blieben bestehen (Knauf, in: OBO 186, 2002, 183f, Hübner/Knauf).

Fast alle der in den Annalen III 21–23 geschilderten Belagerungstechniken sind bereits auf einem Relief Assurnasirpals II. dargestellt (**325**; Yadin, Art of Warfare II 388–393; I. Ephʿal, Ways and Means to Conquer a City. Based on Assyrian Queries to the Sungod, in: Parpola/Whiting, Assyria 1997, 49–53). Vor allem mussten sie wohl zur Eroberung der nach Jerusalem zweitstärksten Festung des Landes, zur Einnahme von Lachisch, eingesetzt werden. Sanherib scheint auf die Eroberung dieser Stadt sehr stolz gewesen zu sein; er hat sie in einem umfangreichen Zyklus in seiner Palastanlage in Ninive in zentraler Stellung darstellen lassen (vgl. Ussishkin, Conquest, bes. 59–126; seine Interpretation der Reliefs ist aber zu historisierend; vgl. dazu ABD III, 359f, Keel; Uehlinger, in: JSOT.S 363, 2003, 221–305, Grabbe). Die Archäologie hat zahlreiche Spuren der aufwändigen Belagerung Lachischs durch die Assyrer und der Einnahme der Stadt aufgedeckt (→ II 893–903; Ussishkin, Conquest 19–58). Sie

325 Das Relief Assurnasirpals II. zeigt ein breites Spektrum von Techniken, die den Assyrern bei der Belagerung und zur Erstürmung einer Stadt zur Verfügung standen: (von links nach rechts) Beschiessung der Verteidiger mit Pfeilen, Erstürmung der Mauern mit Leitern, Unterhöhlung der Stadtmauer, Abbrechen der Stadtmauer, Rammböcke (884–858a)

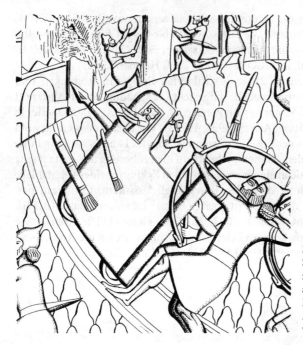

326 Ausschnitt aus einem Relief Sargons II., das einen Assyrer zeigt, der von einem Rammbock aus eine Botschaft an die Belagerten, wahrscheinlich eine Aufforderung zur Übergabe, vorliest (721/720–705a)

wurde schwer verwüstet. Dies und die harte Bestrafung ihrer Bewohner sollte wohl eine Warnung an Jerusalem sein (Ussishkin, in: FS Na'aman 343–348).

W. Gallagher hat gezeigt, dass auch im Kampf zw. Juda und Assur wie in allen Kriegen Propaganda und psycholgische Kriegsführung eine Rolle gespielt haben dürften. Begründete Aufrufe der Assyrer an belagerte Städte, sich zu ergeben, sind dokumentiert (SHCANE 18, 1999, 171f, Gallagher). Y. Yadin hat auf ein Relief Sargons II. hingewiesen, das einen Mann zeigt, der aus einem assyr. Rammbock heraus eine Botschaft an die Belagerten vorzulesen scheint (**326**; Yadin, Warfare II 320.425; ErIs 20, 1989, 249–252, Tadmor; SHCANE 18, 1999, 171f mit Anm. 50, Gallagher). Während einige Exegeten zu zeigen versuchen, dass vor allem die Rede des Rabschake (2Kön 18,19–37//Jes 36,4–21) im Wesentlichen authentisch sei (Israel Oriental Studies 9, 1979, 32–47, Cohen; SHCANE 18, 1999, 160–254, Gallagher), sind andere der Ansicht, die Reden würden in erster Linie innerjud. Auseinandersetzungen am Ende des 7. und zu Beginn des 6. Jh.a thematisieren (vgl. § 557.985–1009).

§ 544   Während Sanheribs Feldzug gegen Juda ist →II Ramat Rahel VB (mit 163 *lamælæk*-Stempeln), ein Vorposten von Jerusalem, zerstört worden (NEAEHL IV 1263, Aharoni). In Jerusalem hat Sanherib offensichtlich eine Belagerung nur gerade begonnen. Von den in der Inschrift Sanheribs III 21–23 genannten Maßnahmen zur Eroberung der Städte Judas wird für Jerusalem in III 27–30 nur die erste genannt, die *circumvallatio*, das Einschließen (ZDPV 102, 1986, 97, van der Kooij). Damit könnte eine Blockade (zum Zweck des Aushungerns) gemeint sein. Sanherib beansprucht jedenfalls nicht, Jerusalem erobert und die Verantwortlichen für den Aufstand bestraft zu haben wie z. B. in Ekron. Hiskija erklärte sich angesichts der beginnenden Belagerung und des Verlusts seines Territoriums bereit, den Tribut wieder zu zahlen und erhielt zusätzlich Abgaben von offensichtlich beträchtlichem Umfang auferlegt. Hiskija wurde verpflichtet, persönlich dafür zu sorgen, dass diese unter Einsatz seiner Elitetruppen sicher nach Ninive kamen. Der in Z. 48f genannte Gesandte musste wohl jährlich in Ninive erscheinen.

Die übrigen assyr. Inschriften, die neben den Annalen diesen Konflikt erwähnen, fassen ihn in die Sätze zusammen:»Ich zerstörte den ausgedehnten Distrikt Juda. Dessen König, den widersetzlichen und hochmütigen Hiskija, unterwarf ich meinen Füßen, und er schleppte mein Joch« (TUAT 1/4, 390; vgl. 391, Borger).

Warum sich Sanherib damit zufrieden gab und auf eine konsequente Belagerung der Stadt bis zu ihrer Einnahme sowie auf die Bestrafung der Verantwortlichen verzichtete, wird in den assyr. Texten nicht einmal angedeutet. E.A. Knauf meint, dass das assyr. Heer nach der Schlacht mit dem ägypt. Heer zu einer erfolgreichen Belagerung nicht mehr in der Lage war (OBO 186, 2002, 188, Hübner/Knauf; vgl. § 540). L. Massmann meint unter Berufung auf eine frühere Äußerung Knaufs,»dass Sanherib gar nicht vorhatte, Jerusalem zu erobern und Juda zu annektieren.« … Vielmehr hatte Assur»in jenen Jahren ein Interesse daran, aus den südpalästin. Staaten eine Pufferzone zw. den assyr. Provinzen und Ägypten zu schaffen.« Aus politischen und vielleicht auch aus ökonomischen Gründen waren in diesem Fall Vasallenstaaten günstiger und effizienter als assyr. Provinzen. Wie die folgenden 30 Jahre Ruhe zeigen, blieben Assur genügend Druckmittel, widerspenstige Vasallen gefügig zu machen (Massmann, in: OBO 186, 2002, 169–172, Hübner/Knauf; ähnlich Ussishkin, in: FS Na'aman 348–354).

Der Abzug Sanheribs von Jerusalems hat die bibl. Überlieferung schon früh beschäftigt. Sie führte ihn zurück auf ein Gerücht (von Aufständen? Verschwörungen?) in der Heimat (2Kön 19,7 Parr.) bzw. auf einen»Boten JHWHs«, der im Assyrerlager 185 000 Mann erschlagen haben soll (2Kön 19,35f Parr.). Dieses zweite Motiv zeigt, dass die Verschonung Jerusalems im Jahre 701a zu einer Rettungstat stilisiert wurde, die nahe an die gründungsmythische Rettungstat beim Auszug aus Ägypten herankam, als der Verderber alle Erstgeborenen der Ägypter erschlug (Ex 12,29; vgl. dazu weiter § 985–1009).

In 2Kön 19,37 Parr. wird nachgetragen, dass Sanherib im Tempel seines Gottes von zweien seiner Söhne, die die Thronbesteigung Asarhaddons verhindern wollten (?), erschlagen worden sei. Die letzte Nachricht zeigt beachtliche Kenntnisse vom tatsächlichen Ende Sanheribs und stempelt ihn definitiv zu einem Gottesfeind (State Archives of Assyria Bulletin 4/1, 1990, 69–72, Zawadzki).

Die Sicht einer judäischen Quelle historischer Art

§ 545   Ein im Hinblick auf Juda sehr ähnliches Fazit wie die Annalen Sanheribs entwirft 2Kön 18,13–16. Das DtrG zeichnet Hiskija als neuen David (BZAW 172, 1988, 116f, Provan; Schniewind, in: Vaughn/Killebrew, Jerusalem 2003, 389) und lobt ihn in hymnischen Tönen:»Genau wie sein Vater David tat er, was JHWH gefiel. Er setzte sein Vertrauen auf JHWH, den Gott Israels. Unter allen Königen Judas, die nach ihm kamen oder vor ihm lebten, war keiner wie er. Er hing JHWH an, ohne von ihm abzuweichen, und hielt die Gebote, die JHWH dem Mose gegeben hatte. Daher war JHWH mit ihm. In allem, was er unternahm, hatte er Erfolg« (2Kön 18,3b.5–7a). Nach diesem Hymnus wirkt die hist. Notiz wie eine kalte Dusche auf einen überhitzten Kopf.

»Hiskija fiel vom König von Assur ab (*waj-jimrod*) und war ihm nicht mehr untertan (*wᵉloʾ ʿᵃbado*). Im 14. Jahr des Königs Hiskija (vgl. § 473) zog Sanherib, der König von Assur, gegen alle befestigten Städte Judas und nahm sie ein. Hiskija aber, der König von Juda, schickte Boten an den König von Assur nach Lachisch und ließ ihm sagen: ›Ich habe gefehlt (*ḥaṭaʾti*). Lass ab von mir. Alles, was du mir auferlegst, will ich tragen.‹ Der König von Assur verlangte von Hiskija, dem König von Juda 300 Talente Silber (10281 kg) und 30 Talente Gold (1028 kg). Hiskija musste alles Silber abliefern, das sich im Hause JHWHs und in den Schatzkammern des königlichen Palastes befand. Zu jener Zeit ließ Hiskija, der König von Juda, die Türen am Tempel JHWHs und die Pfosten, die er mit Gold und Silber überzogen hatte, zerschlagen und lieferte das Metall an den König von Assur« (2Kön 18,7b.13–16).

§ 546   Die Notiz stimmt mit den Annalen im Wesentlichen überein (mit SHCANE 18, 1999, 160–162, Gallagher; gegen VT 21, 1971, 604–606, Geyer). Angesichts ihrer Kürze kann nicht geschlossen werden, was nicht in der Notiz stehe, sei nicht passiert. Sanherib redet von 46 eingenommenen Städten, 2Kön 18,13 von allen. Wesentlich mehr als 46 befestigte Städte dürfte Juda, wie gesagt, kaum gehabt haben. Jerusalem wird von der Notiz stillschweigend ausgenommen. Sonst hätte Hiskija keine Boten mehr schicken können. Eine (angefangene) Belagerung Jerusalems wird weder erwähnt noch bestritten. Der Akzent liegt darauf, dass Hiskija sich unterwerfen musste. Die Worte, die ihm in den Mund gelegt werden, entsprechen assyr. Sprachgebrauch. Ein Vasall, der seinen Tribut nicht zahlt, hat sich verfehlt, hat gesündigt (vgl. oben § 541 III 8f der Annalen Sanheribs). Die Boten, die Hiskija nach Lachisch schickt, erwähnen die Annalen nicht. Das Lachisch-Relief jedoch legt nahe, dass Sanherib in Lachisch residierte und nicht selbst vor Jerusalem erschien. Die Boten konnten natürlich nur mit Erlaubnis der Belagerer nach Lachisch gehen. In Bezug auf den wichtigsten Teil des Tributs, auf die Tonne Gold, stimmen die beiden Quellen wörtlich überein. Beim Silber weichen sie beträchtlich ab. Wahrscheinlich meint die Zahl 800 in der assyr. Quelle (statt 300 in der jud.) aber nicht nur das Gewicht des Silbers, sondern das des ganzen Tributs (so W. Mayer, Politik und Kriegskunst der Assyrer, Münster 1995, 360–363). Die Notiz sagt nicht, wohin der Tribut geliefert wurde. Sie insistiert nur darauf, dass Hiskija die Tempel- und Staatskasse leeren musste. V. 16 trägt nach, dass er sogar Teile des Tempels zerstörte, um den Tribut aufzubringen. Juda war bis auf Jerusalem verwüstet und auch Jerusalem war nach der Tributablieferung wie ausgeraubt.

Die Deportierten von 701a und ihr Schicksal

§ 547   Die in der Inschrift Sanheribs in III 24 gegebene Zahl von 200150 Deportierten scheint entschieden zu hoch (zur Praxis der Deportationen vgl. § 464f.791). Die 46 befestigten Siedlungen Judas, die Sanherib nennt (2Kön 18,13 spricht von »allen befestigten Städten Judas«), lassen sich mit dem archäolog. Befund zur Deckung bringen (JSOT.S 124, 1991, 34–41, Halpern). Verteilt man die 200150 Leute auf diese z. T. sehr kleinen Siedlungen, ergibt sich eine durchschnittliche Zahl von 4350 Leuten.

327 Judäische
Deportierte, kenntlich
vor allem an ihrer
speziellen Kopftracht,
beim Schleppen einer
kolossalen Torskulptur
in Ninive; Relief aus
dem Palast Sanheribs
(705/704–681a)

Bedenkt man, dass Jerusalem vor dem Anschwellen durch die Flüchtlinge von
722/721a und die folgenden Zuwanderungen etwa 7000 Einwohner und Einwoh-
nerinnnen hatte, eine Zahl, die dann auf 18000 bis 26000 stieg (vgl. § 468), sind
46 Städte mit je 4350 Einwohnern unmöglich. 200000 Einwohner dürfte damals
kaum die Gesamtbevölkerung Judas inkl. Jerusalem gezählt haben. B. Halpern argumentiert dagegen, dass die assyr. Quellen in der Regel realistische Bilder entwerfen, in
unserem Falle etwa die Nicht-Einnahme Jerusalems. Der Durchschnitt von über 4000
Menschen gebe nicht die normale Bevölkerung dieser Städte wieder, sondern die
durch dörfliche und nomadische Elemente angereicherte Bevölkerung, die in Krisenzeiten hinter den Mauern der Städte Schutz suchte bzw. Hiskija dorthin verbringen
ließ (JSOT.S 124, 1991, 28–34, Halpern/Hobson; vgl. zur Frage auch Younger, in:
Vaughn/Killebrew, Jerusalem 2003, 254 Anm. 65 mit älterer Lit.).
Wie viele es auch waren, ein beträchtlicher Teil der Bewohner und Bewohnerinnen
der eroberten Städte scheint deportiert worden zu sein. Sanheribs Bedarf an Arbeits-
und Siedlungskräften war enorm (ebd.). Familien, die deportiert werden, sind auf
dem berühmten Lachisch-Relief Sanheribs dargestellt (→I 22.66; →II 602 C). Auf
anderen Reliefs Sanheribs sind deportierte Judäer in verschiedensten Zusammenhängen zu finden: beim Bau von Erdwällen, beim Schleppen von Kolossen (327) und als
Soldaten der assyr. Armee (328; AOAT 26, 1975, 42–67, Wäfler, Collon, in: W.H. van
Soldt, Hg., Ethnicity in Ancient Mesopotamia, Leiden 2005, 66f zu 327–328). 329
zeigt, wie man sich das Zustandekommen der Kopftracht vorstellen muss, das die Judäer charakterisiert.
Diese Judäer und Judäerinnen haben in der Geschichte bzw. Geschichtsschreibung
ebensowenig Spuren hinterlassen wie die Deportierten des Nordreichs (§ 464f).
Wahrscheinlich war auch ihre Identität noch nicht genügend resistent und durch ein
»portatives Vaterland« in Form von Schriften und gefestigten Riten gesichert, wie das
dann bei den jud. Deportierten von 597 und 587a der Fall war. Die Vorstellung, ein
Buch, die Bibel, ersetze den Juden Jerusalem, Tempel und Lade und sei ihr wirkliches
»Vaterland«, ein »portatives Vaterland«, geht auf H. Heine zurück (Geständnisse 1854,
in: Sämtliche Werke [Düsseldorfer Ausgabe] Bd. 15, Hg. G. Heinemann, Hamburg
1982, 43; die Bibel als »Vaterland«, ohne das Adjektiv »portatives«, erscheint schon in:

328 Ein assyr. Soldat (links) begleitet von einem Mann der Hilfstruppe, einem Judäer, der als Mitglied der Palastgarde seinen Bart nach assyr. Manier pflegt; Relief aus dem Palast Sanheribs in Ninive (705/704–681a)

L. Börne. Eine Denkschrift 1840, in: Sämtliche Werke [Düsseldorfer Ausgabe] Bd. 11, Hg. H. Koopmann, Hamburg 1978, 38). Zu bedenken ist allerdings auch, dass die jud. Deportierten von 701a im Gegensatz zu denen von 597a, 587a und 582a (§ 908) anscheinend nicht geschlossen angesiedelt, sondern nach Bedarf der Assyrer an verschiedensten Orten eingesetzt worden sind. Das dürfte ihre rasche Assimilation zusätzlich begünstigt haben (zur Deportation von 701a vgl. weiter ZAW 59, 1941, 199–202, Ungnad; S. Stohlmann, in: W.W. Hallo/J.C. Moyer/L.G. Perdue, Hg., Scripture in Context II, Winona Lake 1983, 147–175; generell zu Deportationen vgl. § 464f).

»Die Redaktionsgeschichte der großen Propheten-Bücher Jes, Jer und Ez legt nahe, dass die Exilierten von 597a, 587a und 582a, anders als die Exilierten von 727–720a (und 701a), *Bücher* mit sich nahmen, in denen ihre kulturelle Identität Ausdruck fand; und dass die Daheimgebliebenen mit den nach Babylon Verbrachten und den nach Ägypten Geflohenen (Jer 26,21f; 42–44) über politische und religiöse Fragen korrespondierten … Dass die jud. Oberschicht im 7. Jh.a weitgehend literat geworden war, dürfte dazu beigetragen haben, dass die jud. Diaspora, anders als die israelit.

329 Rekonstruktion der typisch jud. Kopftracht um 700a

Diaspora, auch im Exil zusammenhielt« (NSK.AT 29, 1994, 159, Knauf). Sie besaß bereits ein »portatives Vaterland«, und d.h. eine kanonisierte Literatur. Das besagt nicht, dass es am Ende des 8. Jh.a in Israel noch keinerlei Literatur gegeben hat. Aber sie war noch nicht hinreichend kanonisiert und genügend breit akzeptiert, um ein portatives Vaterland abzugeben.

NOCH EINMAL JESAJA

§ 548   Der Aufstand endete in einer Katastrophe. Jesaja hat Recht behalten. Hätte man die Tributzahlungen nicht eingestellt oder vielleicht auch nur sich dem Aufstand von Aschkelon und Ekron nicht angeschlossen, hätten die Zerstörung der Städte Judas, die Deportation zahlreicher Einwohner und Einwohnerinnen und die Zahlung noch höherer Abgaben vermieden werden können. Die Kriegsanstrengungen und die Bündnispolitik Hiskijas, die Scharbert als vernünftig und teilweise erfolgreich zu rechtfertigen versuchte (§ 518), haben ihn zum Aufstand und das Land in die Katastrophe geführt. Wenn sie nicht total war und wenigstens Jerusalem übrigblieb, so war das nach der Meinung Jesajas nicht das Verdienst Judas, sondern JHWHs.

Jesaja 22: Verfehlter Triumphalismus

§ 549   Unmittelbar nach dem Abzug der Assyrer von Jerusalem dürfte das Gedicht Jes 22,1–14 entstanden sein. Es besteht aus vier deutlich als solche gestalteten Strophen, die – von einzelnen Glossen und geringfügigen Erweiterungen abgesehen – auf Jesaja zurückgehen dürften. Das Gedicht bekämpft die Auffassung, der Abzug der Assyrer sei als JHWH-Tag (vgl. V. 5.8b.12) im traditionellen Sinn, als Siegestag JHWHs zu verstehen (Ps 118,24; vgl. schon Amos 5,20).
Die erste Strophe (V. 1–4) wendet sich vorwurfsvoll an Jerusalem, dessen Bewohner und Bewohnerinnen beim Abzug der Assyrer mit der Erleichterung und Begeisterung derer, von denen der Druck gewichen ist, auf die Dächer gestiegen sind, wahrscheinlich um die feindlichen Truppen abziehen zu sehen (vgl. Jes 9,2b.3). Nach Jesaja besteht kein Grund zur Freude, denn die Besatzung der Stadt hat den Abzug nicht durch ihre Tapferkeit verdient. Einen Angriff auf die Stadtmauern hat es gar nicht gegeben. Die gefallenen Offiziere und Soldaten sind nicht im Kampf gefallen, sondern weil sie das sinkende Schiff zu verlassen versuchten, von den Assyrern aufgegriffen und hingerichtet oder deportiert wurden, teilweise weil es sich bei den Flüchtlingen gerade um die größten Kriegshetzer gehandelt haben dürfte (vgl. 2Kön 25,4–7), teilweise weil man die Belagerten deprimieren wollte, indem man die Unmöglichkeit einer Flucht im letzten Moment demonstrierte (vgl. oben § 542 Sanheribs Annalen III 30 »das Hinausgehen aus seinem Stadttor verleidete ich ihm«). Die Feigheit der »Patrioten«, die nun wieder triumphieren, erfüllt Jesaja mit bitterer Trauer über die moralische und äußere Verwüstung der Tochter, die sein Volk ist. Der zärtliche Ausdruck »Tochter meines Volkes« (*bat ʿammi*; erklärender Genitiv) kommt sonst nur bei Jer (9mal) und in den Klagelieder (4mal) vor (§ 816.1048f.1171–1180).

§ 550   Die zweite Strophe (V. 5–8a) vertieft die Begründung der Trauer Jesajas. Sie ist als Rückblick auf die Vergangenheit zu verstehen. Der Tag JHWHs, der über Jerusalem kam, war nicht ein Siegestag, sondern ein Tag der Demütigung, der Verwirrung und Finsternis (vgl. Jes 2,6–22; Am 5,8–10), ein JHWH-Krieg-Tag (vgl. Dtn 7,23; 1Sam 5,9.11; 14,20), der sich gegen sein eigenes Volk richtete. Die elamitischen Bogenschützen und die Aramäer aus Kir sind kein Anachronismus, sondern Teil des assyr. Vielvölker-Heeres, in das Söldner und Kriegsgefangene aus verschiedensten Ländern integriert waren. Elam brauchte nicht erobert zu sein, was erst Assurbanipal gelang, ehe elamische Bogenschützen Eingang ins assyr. Heer finden konnten (BK X/2, 819, Wildberger). Elam und Kir (vgl. Am 1,5; 9,7) sind als Gegenden am äußersten sö Zipfel der assyr. Einfluss-Sphäre genannt (HAL III 1028; vgl. Apg 2,9). Ihre Präsenz im äußersten SW zeigt, dass JHWH die »ganze Erde« gegen Jerusalem aufgeboten hat, um Juda jedes Schutzes zu berauben.

§ 551   Die dritte Strophe (V. 8b–11) wirft Jerusalem vor, es habe an diesem ganz besonderen JHWH-Tag, der Jerusalem von JHWH her bedrohte, sich nur um technische Gegenmaßnahmen gekümmert, um das Waffenarsenal bzw. die aufgehäuften Schätze (*næšæq* kann beides heißen) im (Libanon-) Waldhaus (vgl. 1Kön 7,2; 10,17.21), um die Mauerrisse in der Altstadt (vgl. 2Chr 32,5), um die Wasserversorgung im Belagerungsfall (2Kön 20,20; 2Chr 32,3f; Renz/Röllig, Handbuch I 178–189), um die Zählung der Häuser Jerusalems (Platz für Magazine, Truppenunterkünfte etc.) und das Verhältnis der Häuser zur Mauer, deren Verteidigungswirkung sie beeinträchtigen konnten. Das Zählen der Häuser erinnert an das sündhafte Zählen der potenziellen Kämpfer in 2Sam 24. Aber um den, der das Ganze geplant und realisiert hatte, um JHWH, hat sich niemand gekümmert (vgl. den gleichen Vorwurf in Jes 5,12). Das »ihr habt nicht geschaut (*wᵉlo' hibbaṭṭæm*)« in V. 11 kontrastiert ganz deutlich mit dem »du hast geschaut« (*wattabbeṭ*) in V. 8b. Auffällig sind in V. 11 die Begriffe aus dem Bereich der Schöpfungstätigkeit (*'asah, jaṣar*), die von Jesaja für das Geschichtshandeln JHWHs verwendet werden. JHWH erschafft die Geschichte souverän.

§ 552   Die vierte Strophe (V. 12–14) verweist eingangs nochmals, wie schon V. 8b, auf den in V. 5 genannten JHWH-Tag, der zu einem Tag der Demut und Umkehr hätte werden sollen (vgl. zu den einzelnen Riten Joel 2,12–15). Stattdessen feiert man ein üppiges, luxuriöses Fest mit Fleisch und Wein. Solche Gelage haben in der prophetischen Tradition keinen guten Ruf, da sie meist auf Kosten der sozial Schwächeren gehen (Am 4,1–3). Jesaja interpretiert sie mit Hilfe des fingierten Zitats (vgl. zu einem solchen Jes 28,15): »Esst und trinkt, denn morgen sind wir tot!«. Die kurzsichtige Haltung, die alle Ressourcen aufbraucht, weil sie mit keiner Zukunft rechnet, bewertet Jesaja unter Berufung auf eine besondere Offenbarung JHWHs als Verkehrtheit, die nicht begradigt, als Schuld, deren Wirkung bis zum Tod der Schuldigen nicht mehr aufgehoben werden kann (vgl. 1Sam 3,14; Jer 18,23; Jes 47,11). Die geheimnisvolle Verblendung und Verstockung, die Jesaja immer wieder beklagt hat (vgl. § 520f), hält sich durch.

Jesaja 1,5–9: Ein unbedeutender Rest

§ 553   Im Gedicht Jes 1,5–9, das aufgrund innerer Kriterien ebenfalls häufig in diese Zeit datiert wird, beklagt Jesaja, dass Juda von der Fußsohle bis zum Scheitel wund und krank und dabei ohne Pflege sei. Aber die ganze Züchtigung hat keine

Umkehr gebracht. Es bleibt weiterhin widerspenstig (zu *sarah* in V. 5 vgl. *sorᵉrim* in Jes 1,23 und 30,1). Das Land ist verödet, die Städte sind niedergebrannt wie das durch das Feuer des richtenden Sonnengottes (vgl. Gen 19, 23f) zerstörte Sodom. Nur die »Tochter Zion« ist übriggeblieben (*notᵉrah*; Jes 1,8). In Jes 30,17 war die Befürchtung ausgesprochen worden, dass die Judäer übrigbleiben würden (*notartæm*) »wie eine Signalstange auf einem Berggipfel, wie ein Feldzeichen auf einem Hügel«. Diese haben eine gewisse Bedeutung und Würde. Jetzt aber vergleicht Jesaja den Zion mit »einer Hütte im Weinberg, einem Nachtlager im Gurkenfeld« (Jes 1,8). Die Vergleiche zielen auf minimale menschliche Präsenz und minimales menschliches Wohnen in einer Umgebung, die nicht (mehr) dazu geschaffen ist und dieses minimale Überleben ist nicht das Resultat kluger menschlicher Planung. »Hätte JHWH der Heere nicht einen Rest (*sarid*) für uns übriggelassen (*hotir*), wir wären wie Sodom geworden, wir glichen Gomorra« (V. 9). *Sarid* bezeichnet primär den aus einer vernichtenden kriegerischen Niederlage Entronnenen und weiter jeden, der einer Katastrophe entkommen ist. Der Zion ist nicht aus eigener Kraft entkommen. JHWH hat ihn übrig gelassen. V. 9 als Hinzufügung aus der Zeit nach 587a zu betrachten (Clements, Isaiah 35), scheint mir unsinnig, denn 587a wurde in Jerusalem nichts, nicht einmal der Tempel übriggelassen (vgl. z. B. Ps 74).

FAZIT DER POSITIONEN HISKIJAS UND JESAJAS

§ 554   Hiskija hat sich unterworfen und, was immer in Jerusalem an Wertvollem zu finden gewesen war, als Tribut nach Ninive senden müssen. Jerusalem hat sich einmal mehr in der Tradition der sbz Stadtstaaten durch Tributzahlung gerettet. Wie seine Vorgänger Salomo oder Rehabeam (1Kön 14,26; § 394–396), Asa (1Kön 15,16–19; § 401), Joasch (2Kön 12,18f; § 414) und Ahas (2Kön 16,8; § 430) nahm auch Hiskija in höchster Not zu diesem bewährten Mittel Zuflucht (2Kön 18,13–16). Es setzt voraus, dass der Staats- und Tempelschatz trotz der aufwändigen Kriegsvorbereitungen immer noch gut bestückt war. Der Tempel scheint sich schon damals ungewöhnlich hoher Zuwendungen erfreut zu haben.
Nach dem Abzug der Assyrer war das Land vorerst wie von einem schweren Schock gelähmt. Alle Städte und Siedlungen von einiger Bedeutung waren zerstört, wie das Ende von Arad VIII, Beerscheba II, Tell Beit Mirsim, Tell ʿEṭun, Lachisch III, Bet-Schemesch IIc, Tell en-Naṣbe usw. zeigen (TA 30, 2003, 3–26, Bunimovitz/Lederman). Die Städte wurden vorerst nicht, zum Teil überhaupt nicht mehr aufgebaut. Die Restbevölkerung außerhalb Jerusalems scheint aus dörflichen und halbnomadischen Elementen bestanden zu haben. Über den Umfang der von Juda abgetrennten und den Philister-Stadtstaaten Gaza, Aschdod, Ekron und nach der Stierinschrift Sanheribs auch Aschkelon zugewiesenen Gebiete (§ 542) besteht keine Klarheit (vgl. ATD XI/2, 408, Würthwein; TB 32, 1966, 61–66, Elliger). Alt vermutet mit guten Gründen, dass bis auf das Gebiet des alten Stadtstaats von Jerusalem praktisch ganz Juda Hiskija weggenommen und den treuen Philistervasallen als Lehen übergeben worden sei (KS II 242–249). Falls dem so war, scheinen sich diese für das neu gewonnene Lehensgebiet, dessen Bevölkerung durch Krieg und Deportation stark vermindert worden war, nicht sonderlich interessiert zu haben.

FOLGEN DER EREIGNISSE VON 701a

§ 555   Die Bedeutung der Verschonung Jerusalems für die Geschichte der Stadt kann m. E. kaum überschätzt werden. »Sennacherib's campaign represented a historical turning point of the utmost significance to the kingdom of Judah, following which the kingdom underwent a series of profound demographic, social, economic, and cultural changes« (TA 18, 1991, 3f, Naʿaman = CE I 330). Die negativen Seiten der hiskijanischen Politik wurden bald vergessen und die Verschonung Jerusalems zum großen Wunder hochstilisiert. Y. Amit sieht in der Verschonung der Stadt »the Archimedean fulcrum in the history of Jerusalem, from which it became a city continually charged with symbolic meanings« (in: Vaughn/Killebrew, Jerusalem 2003, 367). Zu den »cultural changes« kann man zwei ganz entscheidende Folgen für die Theologiegeschichte Jerusalems rechnen:

Erstens konzentrierte sich die Kraft, die Juda verblieben war, ausschließlich in Jerusalem. Nachdem die Stadt bereits im letzten Viertel des 8. Jh.a durch den starken Bevölkerungszuwachs aus dem Nordreich und der Schefela beträchtlich an Gewicht gewonnen hatte, stellte die Verschonung als einziger Stadt Judas einen zusätzlichen Bedeutungsgewinn dar. Selbst wenn die Bautätigkeit nach 701a über längere Zeit zum Erliegen gekommen zu sein scheint (Shilos Stratum 11; Qedem 19, 1984, 28f, Shiloh), hatte die Verwüstung des ganzen Landes bis auf Jerusalem doch zur Folge, dass der Stadtstaatcharakter Judas noch deutlicher hervortrat als bisher. Etwa 85 % der Siedlungen der Schefela des 8. Jh.a sind im 7. Jh.a nicht mehr besiedelt worden, vor allem kleine Siedlungen. Die überbaute Fläche wurde um 70 % reduziert (Finkelstein, in: FS King 173). Eine Art radikale *de facto* Zentralisation hatte stattgefunden, die erst 70–80 Jahre später von Joschija durch eine reflektierte Kultzentralisation konsequent zu Ende geführt wurde. Das Dtn hat diese zu einer *de jure* Zentralisation erhoben. Sie sollte sich nach einer Phase der Latenz gewaltig entfalten.

§ 556   *Zweitens* wog die Tatsache, dass der Feind keinen Fuß nach Jerusalem hinein gesetzt hatte, zwar im Moment nicht schwer. Die Oberherrschaft Assurs war für die nächsten 70 Jahre die dominierende und anscheinend kaum angefochtene Realität. Dennoch hat die auch profangeschichtlich bemerkenswerte Tatsache, dass Jerusalem die einzige Stadt Judas war, die die Assyrer nicht erobert und nicht betreten hatten, die Imagination des religiös und theologisch interessierten Juda zunehmend beschäftigt und der wahrscheinlich bereits früher sporadisch vorhandenen Vorstellung von der Unverletzlichkeit des Zion (vgl. § 133.340) und der unvergleichlichen Überlegenheit seines Gottes (vgl. § 457.461) mächtigen Auftrieb gegeben. Jesaja skizziert in 1,5–9 und 22 zwar eine katastrophale Lage, aber es sind selbst nach seiner Sicht nicht einfach die Schlauheit der Jerusalemer, die Inkonsequenz der Assyrer und Kriegsglück, die Jerusalem gerettet haben. Es war JHWH, der Juda in Jerusalem einen Rest übriggelassen hat. Es fiel späteren Zeiten nicht schwer, dieses »Übriglassen« als große Rettungstat JHWHs zu interpretieren. Das ist dann vor allem und massiv in den erbaulichen Erzählungen in 2Kön 18,17–19,37//Jes 36,2–37,38//2Chr 32,9–21 geschehen (§ 985–1009). Viele geschichtliche Ereignisse werden im Augenblick, in dem sie geschehen, in ihrer Tragweite verkannt und entfalten erst im Laufe der Zeit ihr Potenzial. Das war auch in diesem Falle so.

§ 557   Wie gesagt (vgl. den zweiten Teil von § 544) dürften wie in jedem Krieg auch in dem zw. Juda und Assur Propaganda und psychologische Kriegsführung eine Rolle gespielt haben. Aber die Erzählung(en) in 2Kön 18,13–19,37//Jes 36,1–37,38 tragen doch für die Auseinandersetzungen um 700a fremde und bes. am Schluss stark legendenhafte Züge. Die massive Unterstützung, die der Jesaja der Erzählungen Hiskija zuteil werden lässt, die detaillierte Diskussion jud. Kultpolitik, wie sie wahrscheinlich erst unter Joschija akut wurde, und der triumphale Ausgang der Geschichte, der für diese erbaulichen Erzählungen charakteristisch ist, machen es wahrscheinlich, dass sie erst gegen Ende des 7. und am Anfang des 6. Jh.a entstanden sind, als in Juda wieder eine ähnliche Situation bestand wie vor 701a. Dabei hat die eine Partei die Argumente der anderen als Feindpropaganda, als Worte des assyr. Rabschake abqualifiziert (BZAW 187, 1989, 87–464, Hardmeier; JBL 109, 1990, 79–92, Ben Zvi; OTS 28, 1992, 93–128, Smelik; Hebrew Studies 41, 2000, 151–168, Machinist). Die Texte verraten aber in manchen Einzelheiten noch eine detaillierte Kenntnis assyr. Gepflogenheiten (vgl. 544). Sie können deshalb nicht in zu großem Abstand vom Ende des neuassyr. Reiches entstanden sein. Sie sollen weiter unten in dem Zusammenhang vorgestellt und diskutiert werden, in dem sie m. E. entstanden sind (vgl. § 985–1009).

7.13   UNTER ASSYRISCHER OBERHERRSCHAFT VON ca. 700–625a

MANASSES KLUGES POLITISCHES VERHALTEN

§ 558   Das Todesjahr des Hiskija ist ebenso unsicher wie sein Regierungsantritt (vgl. § 473). Entweder ist er schon bald nach 700a gestorben oder er hat noch bis ins 2. Jahrzehnt des 7. Jh.a regiert. Dann muss man, um nicht mit den Regierungsjahren Manasses in Konflikt zu kommen, eine Koregentschaft zw. Hiskija und Manasse annehmen (vgl. BN 81, 1996, 31 Anm. 2 und 34 Anm. 12, Ben-Zvi). Falls Hiskija schon kurz nach 700a starb, musste sein Sohn Manasse erst zwölfjährig das Erbe antreten. **Manasses** Regierungszeit wird mit 55 Jahren angegeben (693–639a; 2Kön 21,1), die längste, die einem Davididen zuteil wurde. 2Kön 21 bietet einen äußerst konstruierten Bericht darüber (§ 564–568) und ignoriert die wichtigsten Daten der Großwetterlage, nämlich dass Manasse die Kontrolle über den lukrativen Handel aus Arabien an die Mittelmeerküste verloren hatte (FS Kutscher 149–152, Rainey) und dass er ein Vasall der Assyrer war.

§ 559   Die bibl. Geschichtsschreibung erweckt in ihrer Endgestalt den Eindruck, mit der wunderbaren Niederlage Sanheribs vor Jerusalem, bei der 185 000 Mann umgekommen sein sollen, und mit der Ermordung Sanheribs nach seiner Rückkehr nach Ninive sei jede assyr. Intervention in Juda zu einem Ende gekommen (2Kön 19,35–37; zu einem Versuch die Legende als hist. zu verstehen vgl. JSOT 95, 2001, 31–42, Barker). Vor dem Tode Hiskijas ist sogar die Schatzkammer wieder voll, und was als Nächstes droht, ist die babyl. Gefahr (2Kön 20,12–21). 2Kön suggeriert, Juda sei durch Ahas unter das assyr. Joch gekommen und unter Hiskija davon befreit worden (TA 18, 1991, 55, Na'aman = CE I 384). Die Wirklichkeit sah ganz anders aus. Nach der unvorsichtigen Politik seines Vaters Hiskija scheint Manasse im Sinne seines

Großvaters Ahas und des Propheten Jesaja zum Besten Jerusalems keinerlei Versuche gemacht zu haben, das assyr. Joch abzuschütteln. Assyr. Texte nennen ihn als Vasallen Asarhaddons und Assurbanipals (TUAT I/4, 397, Borger; AB XI 265, Cogan/Tadmor). Aufstände, an denen er sich hätte beteiligen können, gab es in der Levante zwar bereits unter Sanheribs Nachfolger Asarhaddon (681–669) wieder (2Kön 19,37). Angesichts der zerstörten Kraft Judas und Jerusalems wäre ein Aufstand aber sinnlos gewesen.

§ 560   Die 25. ägypt. Dynastie (728–656a), die Ekron und wohl auch Hiskija bei der Revolte gegen Assur unterstützt hatte, war zwar weiterhin aktiv und versuchte alles, um Assyrien aus seinem Vorfeld und der Teilhabe am lukrativen Arabienhandel zu verdrängen. Aber ohne Erfolg. Asarhaddon unternahm sieben Jahre nach Regierungsantritt, im Jahre 674a, den Versuch, die Quelle aller Unruhe zu verstopfen und in Ägypten einzufallen. Dieses Projekt stellte ungeheure logistische Probleme. Der Assyrerkönig musste sicherstellen, dass die Levante als Ausgangsbasis für einen Ägyptenfeldzug fest in assyr. Hand blieb. Er musste mit einem großen Heer die rund 200km fast wasserlose sandige Wüste des n Sinai durchqueren. Dazu war er auf die loyale Mitarbeit von arab. Scheichs angewiesen, die über große Kontingente von Kamelen verfügten. Die Wüstenfürsten konnten sich einer wirksamen Kontrolle leicht entziehen. Er musste am w Rand der Sinaiwüste in einem Zustand ankommen, der ihm erlaubte, einem starken, gut ausgeruhten Heer siegreich entgegenzutreten (FS Kutscher 152–159, Rainey). Der erste Versuch misslang. Das assyr. Heer wurde 674a am ö Rand des Nildeltas geschlagen (ÄAT 27/1, 1994, 16–59, Onasch).

§ 561   Für Manasse mag die Versuchung groß gewesen sein, in der Niederlage Asarhaddons den Anfang vom Ende zu sehen. Er erlag ihr im Gegensatz zu König Jojakim nicht. Dieser glaubte 70 Jahre später, als Nebukadnezzar 601a an der Grenze Ägyptens zurückgeschlagen wurde, die Zeit für einen Aufstand sei gekommen (2Kön 24,1). Manasse hatte sich nicht getäuscht. Asarhaddon gab nicht auf, kehrte 671a nach Ägypten zurück, schlug den nubischen Pharao Tirhaka drei Mal vernichtend und eroberte Memphis, die alte ägypt. Hauptstadt. Auf einem 3. Feldzug nach Ägypten im Jahre 669a erkrankte Asarhaddon und starb. Sein Sohn und Nachfolger, Assurbanipal (669-ca. 630a), kam 667a zum ersten Mal nach Ägypten und eroberte 664a die 700km nilaufwärts gelegene Hauptstadt Oberägyptens (ÄAT 27/1, 1994, 61–127, Onasch). Der Fall Thebens, der Stadt des Reichsgottes Amun (No-Amon; Nah 3,8; Ez 30,14ff; Jer 46,25), hat der alten Welt ungeheuren Eindruck gemacht. Es galt als die reichste aller Städte, wo die Häuser mit Schätzen gefüllt und die hundert Tore so riesig waren, dass gleichzeitig 200 Männer mit Rossen und Wagen einziehen konnten, wie es in einem späteren Zusatz in Ilias IX 381ff heißt. Den Anhängern Jesajas konnte der Fall dieser Stadt beweisen, wie recht der Prophet mit seiner Geringschätzung der Macht Ägyptens gehabt hatte.

§ 562   Gegen Ende seiner Regierungszeit scheint Manasse eine umfassende Bautätigkeit in die Wege geleitet zu haben. L. Tatum und andere wollen ihm allerdings nur die dürftigen Überreste von Shilo's Stratum 11 zuweisen und reservieren das substantiellere Stratum 10 Joschija (in: Vaughn/Killebrew, Jerusalem 2003, 298f). Falls die Zuweisung von Stratum 10 an Manasse richtig ist, mag dies zum Teil dadurch bedingt gewesen sein, dass Teile der Bevölkerung, die vorerst in der Schefela verblieben waren, sich – durch die Präsenz assyr. Militärs eingeschüchtert – nach Jerusalem oder in sein Umfeld absetzten (FS King 169–187, Finkelstein). Eine beträchtliche Bautätigkeit Manasses postuliert 2Chr 33,14a (FS Kutscher 160–162, Rainey; BN 81, 1996, 42–44 Ben Zvi). Einige Inschriften der Nekropole von Silwan dürften in diese Zeit gehören, so die berühmte des ʾ⁵šær ʿal ha-bajit, des »Palastvorstehers« bzw. »Haushofmeisters« (vgl. § 293; Jes 22,15; zu den Inschriften Renz/Röllig, Handbuch I 261–266; KAI Nr. 191; zur Grabanlage: Küchler, Jer 738–742). Die Bautätigkeit beschränkte sich aber nicht auf Jerusalem, sondern ist in weiten Teilen Judas festzustellen, vor allem auch in der Schefela (TA 31, 2004, 60–79, Finkelstein/Naʾaman). Geht man von der sehr wahrscheinlichen Annahme aus, dass Lachisch III von Sanherib zerstört worden ist, muss Lachisch II fast sicher unter Manasse wiederaufgebaut worden sein. Sonst ist eine Besiedlungslücke von rund 75 Jahren anzunehmen, was der keramische Befund nicht begünstigt (Tatum, in: Vaughn/Killebrew, Jerusalem 2003, 305; vgl. auch TA 31, 2004, 245–261, Fantalkin). Wurde der Wiederaufbau von Manasse initiiert, setzte er voraus, dass die jud. Gebiete, die Sanherib den Philistern zu Lehen gegeben hatte, spätestens von Assurbanipal an Manasse restituiert worden sind. Interessant ist, dass bes. im O und S eine Reihe von Festungen gebaut wurden, die von einigen Ausnahmen abgesehen (z.B. Arad VII) ohne Vorläufer gewesen waren, so Chorbat ʿUsa, Radum, En Gedi V, Chirbet Abu Tabaq usw. Vielleicht wollte Manasse, falls er und nicht erst Joschija der Bauherr war, damit vermeiden, den Notabeln der alten Städte, die gelegentlich in starker Opposition zur Hauptstadt gestanden hatten (vgl. § 496–501), ihre Machtbasis wieder herzustellen (BA 54/3, 1991, 136–145, bes. 142, Tatum). Die neuen Festungen waren ganz vom Jerusalemer Königtum abhängig (vgl. 2Chr 33,14b). Sie scheinen übrigens nur teilweise der Verteidigung der Grenzen gedient zu haben, teilweise aber der inneren Sicherheit.

§ 563   Die unter Hiskija entstandene *de facto* Zentralisation wurde administrativ-militärisch gesichert. Es lag im Interesse der Assyrer (und auch der späteren Großreiche) die offene Landschaft zu befrieden. Das sicherte ungestörten Handel und ein Anwachsen der landwirtschaftlichen Produktion. Die Konzentration des Surplus in den Hauptstädten vereinfachte die Wertabschöpfung mittels Abgaben und Zwangsleistungen aller Art (BN 81, 1996, 32f, Ben Zvi). Ein gutes Beispiel für die neue wirtschaftliche Lage ist die riesige Olivenölproduktion in → II Ekron, die diejenige von → II Bet-Schemesch ablöste. Sie wäre ohne Kooperation zw. Jerusalem und dem alten philistäischen Zentrum kaum möglich gewesen (NEAEHL III 1051–1059, Dothan/Gitin; UF 26, 1994, 586–588, Zwickel). Manasse scheint sich auf die neuen Rahmenbedingungen voll eingelassen zu haben und seine Politik kann als den Umständen angemessen und damit als erfolgreich qualifiziert werden. Soziologisch interessant ist, dass im »neuen Juda« die ländlichen Clans anscheinend an Bedeutung verloren haben und die Kernfamilie kleiner geworden ist. Von den Kochtöpfen über die Öfen bis zu den Grabanlagen sind die Volumina geringer (JSOT.S 124, 1991, 71–73, Halpern). Erste Einzelbegräbnisse tauchen auf, Anzeichen einer Individualisierung, die sich theologisch in der Verantwortung jedes einzelnen für sein Tun artikulieren wird (vgl. Ez 18 und § 564). Endlich scheint mit der von Hiskija forcierten Wirtschaft und der

Zentralisierung und Internationalisierung derselben im Rahmen des assyr. »Freihandelsraums« die Bedeutung und Verbreitung des Schreibens stark gewachsen zu sein (Uehlinger, in: OBO 125, 1993, 283–286, Sass/Uehlinger), eine Voraussetzung für die Entstehung des »portablen Vaterlands«, das für das babyl. Exil von zentraler Bedeutung wurde.

Die Beurteilung Manasses in der alttestamentlichen Überlieferung

Im Deuteronomistischen Geschichtswerk

§ 564   Nach der Darstellung und »Benotung« in 2Kön gilt Manasse als der schlechteste König, den Juda je hatte, vergleichbar einzig mit Jerobeam I. und bes. mit Ahab, der das Nordreich ins Verderben geführt haben soll, aber sogar noch schlimmer als dieser (2Kön 21,3.13; zur Manasse-Überlieferung vgl. OTS 28, 1992, 129–189, Smelik; OTS 38, 1996, van Keulen; BN 81, 1996, 31–44, Ben Zvi; Bib. 78, 1997, 87–99, Schmid; Gutman, in: FS Ahituv 49–66; eine umfassende Darstellung des ideologisch-polemischen Charakters der von 2Kön abhängigen bis heute tradierten Manassebilder bietet F. Stavrakopoulou mit BZAW 338, 2004, vgl. jetzt auch EssBib 40, 2006, Himbaza). 2Kön versteigt sich zur merkwürdigen Behauptung, das Tun Manasses sei der eigentliche Grund für die Zerstörung Jerusalems und des Tempels im Jahre 587a gewesen. Seine Verfehlungen wogen nach 2Kön so schwer, dass selbst die Anstrengungen Joschijas ihre Folgen nicht aufheben konnten (2Kön 23,26f; 24,3f; vgl. Jer 15,4). Zwar droht das DtrG schon früh mit Gotteszorn und Exil, wenn Israel sich nicht an die Tora als Hausordnung des versprochenen Landes hält (Dtn 4,25–28; 29,21–27), aber dann klingt das Thema erst wieder gegen Ende des Geschichtswerks massiv an (FRLANT 190, 2000, 148–150, Lohfink). Das Problem des DtrG war, dass Zerstörung und Exil relativ rasch auf den hochgelobten toratreuen Joschija folgten. Den Abfall von Babel mag das DtrG im Gegensatz zu Jeremia und Ezechiel nicht als Grund für die Katastrophe sehen. So muss Manasse bzw. müssen Manasse und seine Zeitgenossen als Sündenbock dienen (2Kön 24,1–4; VT 48, 1998, 473–514, Halpern). Nach K. Schmid kann die These, dass nicht die Könige als Kollektiv (so 2Kön 23,32.37; 24,9.19) und nicht das Volk (so 2Kön 17,(7).19; 21,15; vgl. Ex 32; 1Kön 12), sondern Manasse ganz allein die Schuld am Untergang Judas und Jerusalems trägt, eigentlich nicht als dtr. bezeichnet werden (Bib. 78, 1997, 87–99). Die Chronik, die sich in ihrer Geschichtstheologie stark an Ez 18, bes. V. 20 (vgl. auch Jer 31,29f) und den davon abhängigen strafrechtlichen Normen von Dtn 24,16 (SBAB 33, 2001, 171–201, Braulik) orientiert, stellt die Geschichte ganz anders dar (vgl. § 567).

§ 565   Die Gründe für das negative Urteil dürften nationalreligiöser Art gewesen sein. Im Gegensatz zu Hiskija, der – allerdings mit verheerenden Folgen – den Aufstand wagte, und Joschija, dem es gelang, Teile des ehemaligen Nordreiches unter seine Herrschaft zu bringen und ansatzweise das davidische Herrschaftsgebiet zu rekonstruieren, hatte sich Manasse dem assyr. Joch gebeugt und damit eine Position eingenommen, die schon Jesaja gefordert hatte und später auch Jeremia und Ezechiel Babylon gegenüber fordern (§ 850–858.920–923), die 2Kön aber, sowohl bei Ahas wie bei Manasse mit extrem schlechten Noten, bei Jesaja mit einer weit reichenden

Neuinterpretation und bei Jeremia und Ezechiel mit Ignorieren bestraft hat. Im Falle Manasses hat eine zur dtr. Redaktion zusätzliche Stimme das negative Urteil mit der rein ideologischen Behauptung überboten, Manasse ganz allein trage die Schuld für die Katastrophe von 587a.

§ 566   Die in 2Kön für die extrem schlechte Benotung Manasses explizit genannten Gründe sind aber nicht nationalistischer, sondern kultischer und sozialer Art. Sieht man von den spätdtr. Erweiterungen in 2Kön 21,7b–15 ab, erscheint Manasse dabei als Kontrastbild zu Hiskija (2Kön 21,3a) und Joschija (vgl. V. 3b mit 2Kön 23,4; FRLANT 129, 1982, 160–170, Spieckermann). Während Joschija das (Ur-)Dtn zur Anwendung brachte (§ 635–686), soll Manasse ihm in wesentlichen Punkten zuwidergehandelt haben. Er soll die Astralkulte gefördert (V. 5 gegen Dtn 17,3), seinen Sohn durchs Feuer gehen lassen, Wahrsagerei und Zauberei getrieben (V. 6 gegen Dtn 18,10; die Verbindung sonst nur noch in 2Kön 17,17) und unschuldiges Blut vergossen haben (V. 16 gegen Dtn 19,10). Die ungeheure Größe seiner Verbrechen (»er vergoss unschuldiges Blut in Strömen und füllte damit ganz Jerusalem«) musste der Größe der Katastrophe entsprechen, die sie in der Sicht des DtrG bzw. einer noch extremeren Stimme erklären soll (§ 564), den Untergang Jerusalems und des Tempels. Die Schuld des Königs allein genügte anscheinend doch nicht, so dass wiederholt betont wird, Juda als Ganzes hätte sich von ihm zur Sünde verführen lassen (2Kön 21,9.11.16). Die Vorwürfe, die erhoben werden, sind aber so vag, wie z.b. der, unschuldiges Blut in Strömen vergossen zu haben, oder so stereotyp, wie z.b. der, Altäre für Baal und eine Aschera gemacht zu haben, dass ihr hist. Wert zu Null tendiert (vgl. 2Kön 24,4; Jer 7,6; 22,3.17; Klgl 4,13; Jes 59,7; Spr 6,17 etc.). Daneben aber gibt es Vorwürfe, die konkreter sind, Plausibilität von der Großwetterlage her besitzen und archäolog. Funden entsprechen (vgl. § 568).

Manasse in der Chronik

§ 567   Die Chronik übernimmt anfangs das vernichtende Urteil (2Chr 33,1–10), lässt Manasse dann aber von assyr. Offizieren in Ketten nach Babylon (sic!) gebracht werden, was zu Bekehrung und Buße führt und ihn nach der glücklichen Rückkehr ein großes Reformwerk beginnen lässt (2Chr 33, 11–17), das die Reform Joschijas vorwegnimmt und eigentlich überflüssig macht. Wie kommt es zu diesem positiven Zug in der Manasseüberlieferung? Man hat im chr Sondergut einen hist. Kern vermutet, eine Trübung der Beziehungen zw. Assur und dem König, in deren Verlauf er nach Ninive zitiert worden sei (ThZ 21, 1965, 281–286, Ehrlich; FS Kutscher 1993, 147–164, Rainey; vgl. auch Kelly, in: V. Ph. Long/D.W. Baker/G. J. Wenham, Hg., Windows into Old Testament History, Grand Rapids MI/Cambridge UK 2002, 131–146). Aber da der Chronist von Babylon und nicht von Ninive spricht und da Babylon als Reiseziel und das Motiv der Ketten auffällig an das Schicksal Zidkijas in 2Kön 25,7 (vgl. auch Ez 19,9) erinnern, hat der Chronist sein Material wohl von daher geholt. Vielleicht sollte der nach Babylon verschleppte, reumütige und nach Jerusalem zurückgekehrte König auch ein Vorbild für die 587a Exilierten abgeben. Der Grund für das Konstrukt der Umkehr und Buße Manasses in der Chronik dürfte aber vor allem im Prinzip der strafrechtlich verstandenen individuellen bzw. auf eine

Generation beschränkten Vergeltung liegen, das dem Chronisten so wichtig war wie Ez 18 (vgl. § 564). Dieses Prinzip ließ es als unmöglich erscheinen, dass der schlimmste aller Könige Judas 55 Jahre regieren und dann in Frieden sterben konnte und seine Verbrechen erst Generationen später gesühnt wurden. Andererseits musste Joschija für seinen vorzeitigen Tod selbst verantwortlich sein (2Chr 35,20–25). Manasses Sohn Amon, der jung starb, brauchte diese Bekehrung nicht (2Chr 33,23). Tun und Ergehen waren bei ihm ohne diese Fiktion im Einklang.

RELIGIÖSE UND POLITISCHE PRAKTIKEN ZUR ZEIT MANASSES: DER WECHSEL VOM ÄGYPTISIERENDEN ZUM ARAMÄISCH-ASSYRISCHEN SYMBOLSYSTEM

§ 568   Im Sondergut des Chronisten findet sich außer der ideologisch nicht hinreichend begründeten Bautätigkeit Manasses (2Chr 33,14) kaum eine Spur hist. wahrscheinlicher Überlieferung. Hingegen dürften einige der Vorwürfe des DtrG, auch wenn sie schwer übertrieben sind und maßlos negativ interpretiert werden, hist. das Richtige treffen. Jedenfalls sind eine Reihe der in 2Kön 21,5–7a dem Manasse vorgeworfenen kultischen Maßnahmen typisch für das 7. Jh.a, so der Bau von Altären für den Kult des Himmelsheeres, der Brauch, Kinder durchs Feuer gehen zu lassen, und wahrscheinlich auch bestimmte Praktiken der Divination. Spieckermann ist im Recht, wenn er der vordtr. Sprache und der assyr.-aram. Terminologie und den entsprechenden religiösen Vorstellungen, die darin zum Ausdruck kommen, mehr Gewicht gibt, als den Problemen der literarischen Beschaffenheit der Texte, in denen von diesen die Rede ist (gegen ZAW 96, 1984, 358 Anm. 22, Levin) und so z.B. 2Kön 21,5 und 7a und wesentliche Teile von 2Kön 23,5–8 und 10–11 usw. für alte Überlieferung hält. Es ist wahrscheinlich, dass der Verzicht auf jeden politischen Widerstand und die Präsenz zahlreicher assyr.-aram. Soldaten, Beamter, Händler usw. neue religiöse Vorstellungen und Praktiken in Juda begünstigten. Das legt nicht nur DtrG nahe, sondern z.B. auch Zef 1,4–5.8–9a (SBS 170, 1996, 72–81, Uehlinger; HThKAT Zef, 104–121.135–144, Irsigler; § 626f). Ein weiterer Faktor, der bei der hist. Rekonstruktion der religiösen Praktiken der Manassezeit berücksichtigt werden muss, ist das höhere Alter des hebr. Textes, der der LXX vorlag, gegenüber dem masoretischten Text (vgl. § 166.323–330.352). Generell belastet die LXX Manasse weniger und idealisiert die vor ihm herrschenden Verhältnisse weniger als der masoretische Text (OBO 199, 2004, 34–85, Schenker).

Tatsache und Art des assyrisch-aramäischen Einflusses

§ 569   Was die Archäologie, die Ikonographie und die Texte zeigen, ist der Wechsel von einem ägyptisierenden (§ 391.441–444.480–482) zu einem aramäisch-assyrisch beeinflussten Symbolsystem in Palästina, in Juda und auch in Jerusalem. Das hat nichts mit Manasse, sondern mit dem Wechsel der politischen Großwetterlage zu tun. Ägypten hat spätestens 701a seine Stellung als Großmacht verloren. An seine Stelle ist Assur getreten. Im Unterschied zum ägypt. Einfluss, der sich seit der Gründung der Stadt über 1000 Jahre lang bemerkbar gemacht, verstärkt und differenziert hatte, erfolgte der aramäisch-assyrische sozusagen über Nacht. Entsprechend heftig war die Reaktion bei seinem Ende.

Die Frage, ob die Assyrer in den von ihnen eroberten Provinzen wie Samaria bzw. in Vasallenstaaten wie Juda religionspolitische Pressionen ausgeübt und die Untertanen zur Verehrung assyr. Gottheiten gezwungen haben, ist in der atl. Forschung seit langem umstritten. M. Noth nahm das als selbstverständlich an (Geschichte [4]1959: 240f). In jüngerer Zeit hat J. McKay jeden solchen Zwang in Abrede gestellt und etwa im Boom der Astralkulte im 7. Jh.a ein Wiederaufleben alter, autochthoner Astralkulte sehen wollen, die durch das assyr. Milieu nur begünstigt worden seien (Religion 45–59; JBL 112, 1993, 412f, Cogan). M. Cogan vertrat die These, der von der Bibel erwähnte Astralkult sei typisch syr. bzw. aram. (Imperialism 84–88). Er differenziert zw. der religionspolitischen Behandlung von Völkern und Gebieten, die in das assyr. Provinzsystem eingebunden wurden, und solchen, die im Vasallenstatus verblieben. In Bezug auf letztere, zu denen Juda oder die phöniz. Stadtstaaten zu zählen sind, vertrat er die Ansicht, dass »Assyria imposed no religious obligations upon its vassals« (1974, 85). H. Spieckermann vertritt die gegenteilige Meinung; die Assyrer hätten nicht nur von den Provinzen, sondern auch von den Vasallen verlangt, wie dem assyr. König, so auch dem Reichsgott Assur und den »großen Gottheiten« (*ilāni rabûti*), etwa Ischtar, Reverenz zu erweisen (FRLANT 129, 1982, 322–344). Die offizielle Behauptung, die besiegten Völker seien von ihren Gottheiten verlassen worden, wurde durch die Deportation ihrer Kultstatuen konkretisiert (ebd. 344–354; dazu auch Cogan, Imperialism, bes. 22–34); z.B. aus Gaza (**309**), Aschkelon (**322**) und aus Samaria (AOAT 250, 1998, 739–776, Uehlinger; zum Ganzen GGG 426f.540; GAT VIII/1, 293f, Albertz).

§ 570   Der Widerstreit der Meinungen rührt daher, dass es eine Anzahl von Belegen dafür gibt, dass die Assyrer in unterworfenen Gebieten gelegentlich die Einrichtung ihres Reichskults forderten oder diesen selbst einrichteten, so unter Tiglat-Pileser III. in Gaza, unter Sargon II. im südbabyl. Meerland und bei den Mannäern n von Assur und unter Asarhaddon in Ägypten (die Belege in FRLANT 129, 1982, 322–344, Spieckermann). Die einen sehen in diesen Belegen zufällig erhaltene Beispiele für eine generelle Praxis, andere interpretieren sie als Ausnahmefälle, die nur unter ganz besonderen Umständen eintraten (vgl. GAT IV/2 361f, Donner). Die zweite Meinung scheint mir die größere Wahrscheinlichkeit für sich zu haben. Die genannten Beispiele könnten damit zu tun haben, dass in diesen Fällen die jeweils äußerste Grenze von Assurs Herrschaftsgebiet erreicht worden war.

§ 571   Auf jeden Fall ist zu beachten, dass im 8. und 7. Jh.a in Südsyrien und Palästina *erstens* die militärische, politische und ökonomische Dominanz der Assyrer deren Kultur und Religion für viele in ein attraktives Licht stellte (vgl. Zef 1,8), dass *zweitens* durch die gezielte Deportationspolitik, die ja besonders die »kulturtragenden« Eliten der unterworfenen Gebiete betraf (§ 464f.544), eine gewisse Verunsicherung hinsichtlich der Kompetenz göttlicher Mächte eintrat, die vormals weitgehend territorial definiert war (vgl. 2Kön 17, 25–33); *drittens* durch den Ausfall der kleinstaatlichen Territorialverhältnisse der Ausbau eines weiträumigen Handels- und Kulturaustauschnetzes begünstigt wurde, das zu Kulturimporten und -exporten jeder Art führte, und *viertens* die aufgrund assyr. Privilegien und Aufträge aktiven Handelsleute und Beamten häufig aram. Abstammung waren. Schon im 9. und 8. Jh.a hat die Assimilierung der Aramäerstaaten durch das assyr. Reich zu einer starken Aramaisierung der Beamtenschaft im transeufratenischen Bereich geführt, wo das Aramäische *lingua franca.* wurde (vgl. 2Kön 18,26; GGG 326f). Bei der Frage, welcher Herkunft die im 7. Jh.a in Juda neu auftretenden Kulte waren, darf sich die Aufmerksamkeit nicht einseitig auf Assur konzentrieren, sondern muss auch Aram im Auge behalten. »Die assyr. Krise der israelitischen Religion« im 7. Jh.a war in Wirklichkeit eine assyro-aram. Krise. Wer konsequent nur von einer assyr. redet (GAT IV/2, 361 und passim, Donner), verkennt ihren komplexen Charakter.

Die Aschera im Tempel JHWHs

§ 572   Eine erste vordtr. Notiz zur Kultpolitik Manasses dürfte 2Kön 21,7a sein: »Er stellte das Bild (*pæsæl*) der Aschera (das er gemacht hatte) in den Tempel« (vgl. Ez 8,3.5 *semæl*; Jer 7,30 *šiqquṣ*). Die LXX läßt Manasse das Bild der Aschera im Gegensatz zum MT nicht herstellen (OBO 199, 2004, 52–54, Schenker). Tatsächlich dürfte es ein solches Bild lange vor Manasse gegeben haben (vgl. § 382.402). Die LXX wirft Manasse nur vor, er habe dieses Bild in den (JHWH-) Tempel gestellt. Der Relativsatz der M »das er gemacht hatte« verweist auf den summarischen Satz 2Kön 21,3, der Manasse als Anti-Hiskija und Anti-Joschija charakterisiert (vgl. 2Kön 18,4; 23,4). Diese erste Maßnahme hat kaum etwas mit aram.-assyr. Einfluss zu tun. Sie dürfte eher eine Art »Kultzentralisation« bedeuten. Manasse scheint eine Statue Ascheras aus einem eigenen Heiligtum im Tempelbereich in den JHWH-Tempel versetzt zu haben (vgl. § 575).

»Aschera bezeichnet sowohl eine Göttin als auch ein Kultsymbol« (NBL I 184, Bechmann). Das Pflanzen der Aschera in Dtn 16,21 besagt, dass ein natürlicher Baum für Aschera stehen konnte; »umhauen« (Ri 6,25ff) und »verbrennen« (2Kön 23,6) legen mindestens nahe, dass sie aus Holz gefertigt war. Ch. Frevel meint: »Über die wenig konkreten Basiswerte, dass es sich um einen aufrecht stehenden hölzernen Gegenstand handelt, kommt man mit den bibl. Nachrichten nicht hinaus« (BBB 94/2, 1995, 923). Ein Kultsymbol in Form eines Holzpfahls bzw. natürlichen oder künstlichen Baums, ursprünglich vielleicht auch einer Massebe (§ 250) dürfte von Anfang an im Jerusalemer Tempelbereich zu finden gewesen sein (§ 381–383.402.568; HSM 61, 2001, 161–204, LaRocca.-Pitts).

§ 573   Die Inschriften und Zeichnungen von →II Kuntillet ʿAdschrud aus dem 8. Jh.a, die JHWH und (seine) Aschera nennen (vgl. § 402), legen ihre Repräsentation in Form eines stilisierten, von Capriden flankierten Baumes nahe, der auf einem Löwen steht, oder evtl. auch die in Form einer säugenden Kuh (vgl. GGG 237–246; OBO 74, 1987, 25–41, Schroer). **330** und **330a**, die ebenfalls noch aus dem 8. Jh.a und zwar vom Tell el-Farʿa-Süd und aus Samaria stammen, zeigen die Verehrung eines Baumstrunks und eines Baumes. **331**, ein Siegelamulett aus Lachisch, das wahrscheinlich ins 7. Jh.a gehört, zeigt eine anthropomorphe Göttin neben einem Baum (GGG 377 Abb. 323; zu Göttin und Baum vgl. BBB 94, 1995, Frevel; JSOT.S 261, 1998, 15–57, Keel). Als natürlicher oder künstlicher Baum oder in Gestalt der säugenden Kuh konnte sie relativ leicht als Segenselement der Sphäre JHWHs integriert werden (vgl. ähnlich die »Astarten des Kleinviehs« in Dtn 7,13; 28,4.18.51; UF 6, 1974, 7–14, Delcor), ohne JHWHs alleinigen Herrschaftsanspruch zu stören.

330–331 Drei Siegel-Amulette vom Tell el-Farʿa-Süd, aus Samaria und aus Lachisch zeigen je einen Mann, der verehrend vor einem Baumstrunk steht (dessen Äste abgehackt und als Segensträger mitgenommen worden sind) bzw. vor einem Baum bzw. vor einem Baum und einer anthropomorphen Göttin, die ihre Brüste präsentiert (8./7. Jh.a)

§ 574 Die einmalige Verbindung mit *pæsæl* in 2Kön 21,7 verlangt eine Skulptur (vgl. auch 2Kön 23,7). 1Kön 15,13 sagte von Maacha, der Frau Rehabeams, der Mutter Asas (914–874a), sie habe *für* Aschera ein (Schand)Bild (*miflæsæt*) gemacht (§ 402). Bei 2Kön 21,7 handelt es sich um eine Skulptur *der* Aschera. Wahrscheinlich wurde der Repräsentation Ascheras, die schon lange im Tempelbereich in Form eines Holzpfahls oder Baums oder evtl. eines säugenden Muttertieres stand, im Lauf der Geschichte eine anthropomorphe Figur beigesellt (**331**; vgl. § 382f). Der angemessene Standort für ein solches Gottesbild war das Heilige, unmittelbar vor dem Allerheiligsten oder die Vorhalle (zur Frage vgl. OTS 38, 1996, 103–105, van Keulen). Damit kann man die Bilder der Quellgöttinnen in Mari vergleichen (A. Parrot, Sumer, München 1960, Abb. 339f.346) oder die Bäume bzw. nackten Frauen, die den Eingang zum Tempel (Allerheiligsten?) auf levantinischen Tempelmodellen der 1. Hälfte des 1. Jt.a flankieren (UF 23, 1991, 13–32, Bretschneider; GGG Abb. 126; Keel/Schroer, Eva Nr. 158). Die Einführung eines oder zweier anthropomorpher Bilder der Aschera in den Tempel dürfte vor Manasse geschehen sein. Denn seit dem 8. Jh.a und speziell weit verbreitet im 7. Jh.a fand sich in Juda ein Bildtyp, der als Repräsentation der Aschera anzusprechen sein dürfte. Es handelt sich um den in der Levante seit dem Neolithikum belegten Bildtyp der Göttin, die ihre Brüste präsentiert (RLA IX 54, Uehlinger). Der in der MB und SB häufig noch stark betonte Unterleib mit dem deutlich hervorgehobenen Geschlecht (**39.75**) ist jetzt allerdings durch ein glockenförmiges oder säulenförmiges Gebilde ersetzt, das einen Rock darstellen dürfte, wie die Bemalung nahelegt (BN 59, 1991, 91, Wenning; P.R.S. Moorey, Idols of the People, Oxford 2003, 60). Man hat auch schon an einen Baum gedacht, aus dem die Büste der Göttin hervorwächst (z.B. ABD I 788, Bloch-Smith). Doch findet sich diese Gestaltung des Unterteils (»Säulenfiguren«; »Pfeilerfiguren« ist ein Misnomer, da Pfeiler einen rechteckigen Querschnitt haben) bei unterschiedlichsten, auch männlichen Figuren, die nie mit Bäumen verbunden sind. Die Prominenz der Brüste ist im Vergleich mit den mbz und sbz Figuren neu. Die in Ton hergestellten Figuren waren billig (Material!) und leicht zu produzieren. Die ganze Figur wurde beim einfachsten Typ von Hand modelliert (**332**). Bei einem etwas sorgfältiger gearbeiteten wurde der

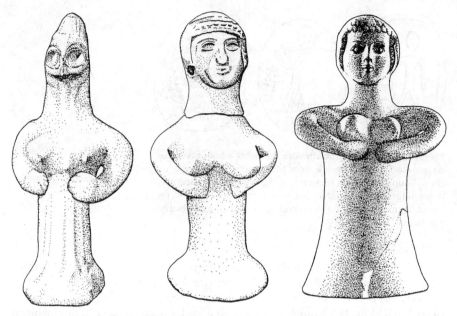

332–334 Drei Säulenfiguren einer Göttin, die ihre Brüste als Symbole göttlichen Segens präsentiert (vgl. Gen 49,25); während bei der ersten auch der Kopf grob von Hand gefertigt ist, sind bei der zweiten und dritten die Köpfe aus dem Model gepresst und nachträglich am Rumpf befestigt worden; dort sind sie später auch häufig abgebrochen (vgl. **335**), 8./7. Jh.a

Kopf aus dem Model gepresst (**333**). Bei einer erheblich seltener gewählten Ausführung wurde der Rumpf glockenförmig auf der Töpferscheibe hergestellt (**334**; zu den verschiedenen Typen vgl. BAR International Series 636, 1996, Kletter; Keel/Schroer, Eva Nr. 159–170). Anscheinend waren diese Figuren in der Regel bemalt, Kopf und Hände rotbraun, die Augen schwarz, der (bekleidete) Körper leuchtend weiss und der Halsschmuck gelb (golden). Die Betonung des Halses durch Schmuck gerade auch bei Fragmenten aus Jerusalem (**335**) erinnert an die Metaphorik im Hld, wo der Stolz der Geliebten durch die Metapher vom Hals als Turm gefeiert wird (4,4).

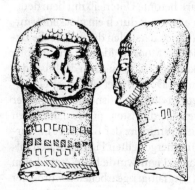

335 Einige ganze (vgl. Küchler, Jer 554, **298,2**) und zahlreiche Bruchstücke solcher Säulenfiguren sind wie in vielen jud. Städten auch in Jerusalem gefunden worden; der reiche, »mehrstöckige« Halsschmuck gab den Figuren ein stolzes Aussehen (8./7. Jh.a)

§ 575   Diese Säulenfiguren sind typisch für Judäa (Qedem 35, 1996, 33 Plan 1, Gilbert-Peretz), wo sie während des 8. und speziell des 7. Jh.a zu Hunderten hergestellt worden sind. Sie dürften, wie das bei solchen Figuren häufig der Fall ist, Kopien einer berühmten Kultstatue gewesen sein (UCOP 57, 2000, 199f, Hadley). Ihre Beschränkung auf Juda legt nahe, dass das Original im Tempel von Jerusalem stand. In Jerusalem wurde gleichmäßig über die verschiedenen Ausgrabungsareale in fast jedem Haus *ein* Exemplar gefunden. Besonders häufig sind sie in Shilos Arealen E1 und G (**20b**) aufgetaucht, weil dort auch bes. viele Wohnhäuser ausgegraben worden sind (Qedem 35, 1996, 29–84, Gilbert-Peretz). Dort hatten die Kopien die Funktion von Hausikonen, die den Segen des Tempels in die Familien brachten. Die Interpretation Z. Zevits und S. Ahituvs als »prayers in clay«, als Darstellung von Beterinnen, die um milchreiche Brüste flehen (BArR 32/5, 2006, 66), scheitert nicht nur an der jahrtausendealten levantinischen Tradition einer Göttin, die ihre Brüste präsentiert (Keel/Schroer, Eva Nr. 153), sondern auch an den Fundorten. Beterinnenfiguren werden in Tempeln aufgestellt, nicht in Privathäusern und Gräbern. Das freundliche Gesicht und vor allem die vollen Brüste sollten den »Segen der Brüste (und des Schoßes)« (Gen 49,25) als Partes pro Toto gegenwärtig setzen und garantieren. Die »Brüste« dürfen aber nicht nur unter dem Aspekt der Fruchtbarkeit gesehen werden (»dea nutrix«). Sie hatten auch damals neben der nährenden eminente erotische Bedeutung, wie Spr 5,19f und das Hohelied (4,5; 7,8f) zeigen. Die EÜ verwischt das, indem sie in Spr. 5,19f *daddæha* statt mit »ihre Brüste« mit »ihre Liebkosung« übersetzt. Vielleicht bekamen die Frauen bei der Hochzeit diese weibliche Segensikone geschenkt. Gelegentlich wurden sie (einer jung verstorbenen Frau?) ins Grab mitgegeben (GGG 370–385; zum Befund vgl. JSOT.S 331, 2001, 179–216, Kletter).

Den erotischen Aspekt der Figuren betont auch eine Variante der Säulenfiguren, deren oberes Ende nicht ein weiblicher Oberkörper, sondern eine fliegende Taube bildet. Die (weisse) Taube ist seit dem 3. Jt.a ein Symbol der erotischen Liebe (SBS 114/115, 1984, 53–62, Keel). Vollständige Exemplare stammen aus Gräbern, so z.B. aus Grab 1002 in →II Lachisch (**336**). In der Davidstadt sind Fragmente von mindestens drei Exemplaren in Cave 1 (§ 467; Levant 9, 1977, Fig. 8,8–10, Holland) und Reste von mindestens sieben weiteren in den Shiloh-Grabungen gefunden worden (**337**; Qedem 35, 1996, 117 Fig. 4–10, Gilbert-Peretz).

§ 576   Auf eine anthropomorphe Aschera-Statue im Tempel verweist auch eine Bemerkung aus der Kultreform des Joschija: »Er riss das Haus der Geweihten (*qᵉdešim*) nieder, die im Hause JHWHs waren, wo die Frauen Schleier (*batim*; vielleicht *badim* zu lesen) oder Prunkgewänder (BHS) für die Aschera webten« (2Kön 23,7 LXX). Der MT hat »Häuser« im Plural, was an Wohnhäuser für die Qedeschen denken lässt. Der Text der LXX suggeriert hingegen einen eigenen Tempel im Tempelbezirk JHWHs (OBO 199, 2004, 46, Schenker). Aus diesem dürfte Manasse das Kultbild in den JHWH-Tempel transferiert haben. Das Gebäude diente fortan als Atelier und Magazin für die Garderobe der Aschera. Bei den »Schleiern« oder »Prunkgewändern« könnte es sich auch um eine Art Baldachine gehandelt haben, wie einer auf **252** zu sehen ist (vgl. OBO 53, ²1987, 558 Anm. 419, Winter; zu Textilien im Götterkult vgl. OBO 218, 2006, Zawadzki). Ob Schleier, Prunkgewänder oder Baldachine,

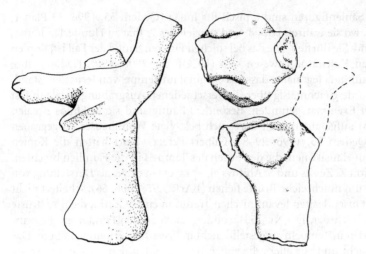

336–337 Eine Variante der Säulenfiguren bilden jene, die statt eines weiblichen Oberkörpers eine fliegende Taube zeigen. Vollständige Exemplare stammen aus Gräbern, so das hier gezeigte aus Grab 1002 in →II Lachisch; Fragmente sind in Jerusalem gefunden worden; das vorliegende in Areal D1 (20b; 8./7. Jh.a)

alle setzen ein anthropomorphes Bild voraus. N. Na'aman schlägt vor, statt *q^edešim qodašim* zu lesen (BN 83, 1996, 17f = CE III 303f; vgl. dazu § 414). Es hätte sich also um ein Schatzhaus mit Werkstätte gehandelt, wo das Kultpersonal der Aschera beschäftigt war. Na'aman liest *qodašim*, weil er die Existenz kultischer Prostitution im Tempel von Jerusalem rundwegs ablehnt. Damit hat er wahrscheinlich Recht (vgl. OBO 221, 2006, Stark). Aber *q^edešim* kann auch »Geweihte« irgendeiner Art bezeichnen ohne dass damit Kultprostituierte gemeint sein müssen (zu Kult und Prostitution vgl. weiter § 605.662).

Die im 8. Jh.a anscheinend neue, von den Säulenfiguren bezeugte anthropomorphe Gestalt der Göttin in Jerusalem ist wohl vom DtrG bzw. seiner masoretischen Version wie vieles andere zu Unrecht auf das Schuldkonto Manasses gesetzt worden. Die dtr. Bewegung hat die weibliche Segensikone geächtet (§ 690). Das Bedürfnis, das Göttliche auch in weiblicher Gestalt zu erfahren, hat sich dann wieder in der Verehrung der Weisheit als personaler Figur Befriedigung verschafft (§ 1558–1560).

Eine singuläre, aus dem Handel stammende Doppelfigur (**338**; Keel/Schroer, Eva Nr. 160) kann als anthropomorpher JHWH und seine Aschera gedeutet werden (Uehlinger, in: Van der Toorn, The Image 149–152). Bei der Singularität des Stücks bleibt ungewiss, ob ein Prototyp im Tempel gestanden hat. J. Jeremias rückt die Gruppe in die Nähe zyprischer Wagenfahrerfiguren (OBO 123, 1993, 49–59). Da eine der beiden Figuren weiblich zu sein scheint, kann man auch an ein Königspaar denken.

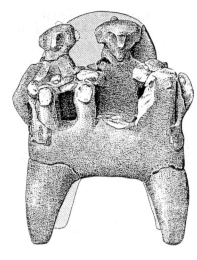

338   Die Doppelfigur aus dem Jerusalemer
Antiken-Handel kann als Darstellung JHWHs
und seiner Aschera gedeutet werden
(8./7. Jh.a)

Der Kult der (nächtlichen) Gestirne und der Himmelskönigin

§ 577   Eine zweite Feststellung zur Kultpolitik Manasses, die vordtr. sein dürfte, steht in 2Kön 21,5: »In beiden Höfen des Tempels baute er Altäre für das ganze Heer des Himmels« (vgl. 2Kön 23,12; zu den beiden Höfen vgl. § 372). Zusätzliche Altäre waren offensichtlich etwas vom ersten, was die neue Situation erforderte. Die neue Praxis faszinierte stärker als das damit verbundene Symbolsystem. Schon von Ahas, der sich als erster jud. König – und das freiwillig – den Assyrern unterworfen hat, wird erzählt, er habe nach seiner Aufwartung vor Tiglat-Pileser III. in Damaskus einen neuen Altar in Jerusalem bauen lassen nach dem Modell eines Altars, den er in Damaskus gesehen hatte (§ 432).

Bei den Altären, die Manasse bauen ließ, wird im Gegensatz zu dem des Ahas klar gesagt, wem sie dienten: dem ganzen Himmelsheer (ṣᵉbʾa ha-šamajim). Der wahrscheinlich älteste Beleg für »Himmelsheer« findet sich in 1Kön 22,19 und bezeichnet dort die Mitglieder des himmlischen Kronrats, die den Thron JHWHs umstehen (vgl. Jes 6,1f; § 443). JHWHs »Heer« sind noch in Ps 103,20f seine gewaltigen Helden, Diener und Boten, die seinen Willen erfüllen.

In 2Kön 21,5 aber ist ein anderes, weniger anthropo- und soziomorphes »Himmelsheer« gemeint. Der literarisch älteste Beleg dafür findet sich wahrscheinlich in Zef 1,4f (HThKAT Zef, 109–114, Irsigler). Da droht JHWH, den Namen der kᵉmarim (pl. von komær) und jene auszurotten, die sich auf den Dächern vor dem Himmelsheer niederwerfen (zu beidem Uehlinger, in: BBB 98, 1995, 77–81, Groß; vgl. weiter § 579). Auch nach Jer 19,13 wurden dem Himmelsheer Rauchopfer auf den Dächern dargebracht (vgl. 2Kön 23,12; Jer 32,29). Diese waren als Kultort für Astralgottheiten besonders geeignet.

§ 578   Mit dem »Himmelsheer« sind primär die Sterne gemeint (vgl. Jer 33,22 mit Gen 15,5; Dan 8,10 mit 11). Gelegentlich werden Sonne und Mond (Dtn 17,3; Jer 8,2), einmal die Tierkreiszeichen (*mazzalot*; 2Kön 23,5; HAL II 536) zusammen mit dem Himmelsheer genannt. In Dtn 4,19 werden Sonne, Mond und Sterne unter dem Begriff »Himmelsheer« subsumiert. Jer 32,29 ersetzt das Himmelsheer durch Baal (vgl. 2Kön 21,5 mit 3) und erklärt so dessen Kult zum Afterkult. Aber das ist eine späte und polemische Reaktion (vgl. zum Himmelsheer weiter OBO 173, 2000, 473f, Theuer). Vorerst dürften der Himmel und seine Gestirne als Elemente ewiger Ordnungen (vgl. die »Himmelssatzungen« in Ijob 38,31–33) fasziniert haben. Inmitten einer international und multikulturell gewordenen Welt vermochten sie ein Gefühl von Beständigkeit und Dauer zu vermitteln (vgl. Ps 8,4f; 89,30.38 u. ö.). Individualisierende Tendenzen ersetzen gerne eine gemeinschaftlich-historische Orientierung durch eine universal-kosmische.

§ 579   Die in Zef 1,4f. apostrophierten *kᵉmarim* erscheinen im hebr. AT zum ersten Mal im 8. Jh.a in Hos 10,5. Mit *komær* »der Erregte, der Heiße« (HAL II 459) werden da die Priester des Stierbilds von Bet-El bezeichnet (vgl. das *kohen* in Am 7,10). Im 7. Jh.a heißen nicht nur in in Zef 1,4 sondern auch in 2Kön 23,5 die Priester des Himmelsheeres *kᵉmarim*.

Als *komær* werden auf Grabstelen des 7. Jh.a aus Nerab, 7km sö von Aleppo, zwei Priester des Mondgottes (*śahr*) bezeichnet (KAI Nr. 225,1f = **339** und 226,1f; OBO 173, 2000, 654 Abb. 25f, Theuer; zu *śahr* vgl. die »Möndchen«, *śahᵃronim*, der Jerusalemerinnen in Jes 3,18; vgl. Ri 8,21.26; vgl. weiter § 581).

Mit dem Fundort dieser Stelen dürfte auch Licht auf die Herkunft dieses Kults fallen, der das 7. Jh.a auch nach dem Ausweis der archäolog. Quellen charaktersiert (§ 581–585). McKay macht geltend, dass die Kulte der Sonne, des Mondes und des Venussterns in Palästina seit alters Tradition gehabt hätten und dass »the age of religious licence which started about 734 BC« diesen alten Kulten erlaubte, wieder an die Oberfläche zu treten (Religion 45–59, bes. 59). Aber der Begriff »age of religious licence« ist problematisch und der Kult des Himmelsheers ist etwas anderes als der früher geübte Kult einzelner Gestirne. Er ist, wie das Folgende zeigen wird, deutlich vom Mondkult von Haran geprägt, dem nordsyr.-südostanatolischen Zentrum des

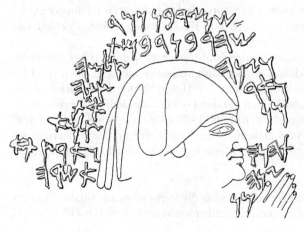

339   Das obere Ende einer Stele aus Nerab in der Gegend von Aleppo. Die Inschrift beginnt oben rechts mit »(Das Denkmal des) Sin-zera-ibni (Sin hat einen Nachkommen geschaffen), Priester (*komær*) des Mondes (*śahr*) in Nerab« (7. Jh.a)

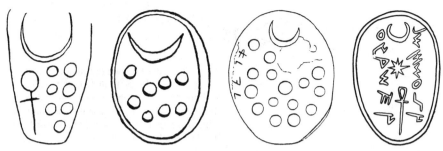

340–343 Ein Abdruck und drei Originale aram. Siegeamulette mit Neumond, Sternen und bei 343 einem ägypt. Lebenszeichen und der Inschrift »Dem Schamasch'asar (dem Sohn des) 'Abdśahr (gehörig)«; »'Abdśahr« bedeutet »Diener/Verehrer des Mondgotts« (7. Jh.a)

aram. Kults der nächtlichen Gestirne (OBO 173, 2000, 323–369, Theuer). Schon Cogan hat für aram. Herkunft plädiert (Imperialism 84–88). Seinen vorwiegend philologischen Argumenten seien ein paar ikonographische hinzugefügt (vgl. dazu OBO 135, 1994, 135–202, Keel; JSOT.S 261, 1998, 59–120, Keel; OBO 173, 2000, 319–412, Theuer).

§ 580   Auf einer Anzahl in aram. Schrift und Sprache abgefassten Urkunden auf Tontäfelchen aus Haran aus dem 7. Jh.a finden sich Siegelabdrücke, die das Siebengestirn und den Neumond, gelegentlich mit dem ägypt. Lebenszeichen kombiniert, zeigen (**340**; RdA 70, 1976, 62, Homès-Fredericq). Auf einem Skaraboiden im Britischen Museum sind acht Sterne zu sehen (**341**) und auf einem andern der Sammlungen BIBEL+ORIENT der Universität Freiburg, der durch den Namen des Siegelbesitzers *Jila'* als aram. ausgewiesen wird, mindestens 16 (**342**). Ein Siegel mit teilweise aram., teilweise hebr. Charakteristika (Avigad/Sass, Corpus Nr. 1075) gehörte einem *Šamaš'azar* Sohn des *'Abdśahr* (**343**). Nicht nur die ikonographischen Elemente: Sichelmond, achtstrahliger Stern und Lebenszeichen, sondern auch die theophoren Elemente der Namen »Die Sonnengottheit-hat-geholfen« und »Diener-des-Mondes« beziehen sich auf Astralkulte. Der zweite Name könnte statt als Eigenname auch als Titel im Sinne von »Priester des Mondgottes (*Śahr*)« verstanden werden (BA 49, 1986, 52, Avigad). Auf den zwei Stelen aus Nerab werden zwei Priester des Mondgottes allerdings nicht als »Diener«, sondern als *kmr* bezeichnet (vgl. § 579; **339**).

§ 581   In Haran, wo die genannten aram. Täfelchen herstammen, stand der Tempel des Mondgottes, »das Haus der Freude«. Es wird zwar schon im 18. Jh.a erwähnt, aber internationalen Einfluss gewann es erst durch die Aramäer im 1. Jt.a. Um 730a lässt sich Barrakib, der aram. Herrscher von Sam'al (Sindschirli), mit einem Mondemblem vor sich abbilden, neben dem *mr'j b'l ḥrn* »Mein Herr ist der Baal von Haran« steht (**344**). In der Umgebung von Haran, und bes. w davon, sind um die zehn Basaltstelen gefunden worden, die das Kultsymbol des Mondgottes von Haran zeigen: Ein getreppter Sockel mit einer Stange und dem waagrecht liegenden Sichelmond darauf. Bei der Berührungsstelle zw. Stange und Sichelmond oder etwas darunter

344 Neben das Emblem des Neumonds, das mit zwei Troddeln geschmückt und dem der Vollmond einbeschrieben ist, hat Barrakib, der aram. Herrscher von Sam'al (= Sindschirli), schreiben lassen: *mr'j b'l ḥrn* »Mein Herr ist der Baal von Haran« (um 730a)

sind zwei Troddeln (Quasten) zu sehen (345). Aus den gelegentlich auf den Stelen angebrachten Inschriften geht hervor, dass sie der Grenzmarkierung dienten. Bisweilen sind auch die Vertragspartner abgebildet, die mit verehrendem Gestus das Mondemblem flankieren (406–407; vgl. 408–412). Der Mondgott war der wichtigste Garant ihrer Verträge. Mit Rechtsprechung könnte auch der Mondgott vom Torheiligtum von Betsaida n des Sees von Gennesaret zu tun gehabt haben (§ 649).

§ 582   Ein Relief aus Til Barsip, 70km wsw von Haran, zeigt den Mondgott ausnahmsweise anthropomorph mit der Mondsichel auf seinem Polos, dreifach an seiner Schwertscheide und einmal auf seinem kurzen Zepter. Er steht auf seinem Tempel, der als turmflankierter Torbau dargestellt ist. Dieser wird seinerseits von den zwei typischen Mondemblemen flankiert (346). Der Mondgott erscheint auf dieser Darstellung recht wehrhaft. So kann es nicht verwundern, dass er als Auftraggeber und Patron der Expansion des assyr. Reiches nach W und S erscheint. Vor seinem ers-

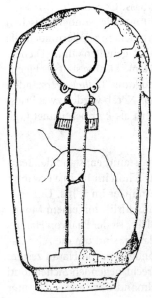

345   Stele mit dem Emblem des Mondgottes von Haran, die in der Nähe von Til Barsip, 70 km wsw von Haran, gefunden worden ist und wohl als Grenzstele gedient hat (8. Jh.a)

346 Relief aus Til Barsip, das dem Mondgott anthropomorph und bewaffnet zeigt; er steht auf seinem Tempel, der als turmflankierter Torbau dargestellt ist; dieser wird seinerseits von den zwei für den Mondgott von Haran typischen Mondemblemen flankiert (8. Jh.a)

ten Ägyptenfeldzug ließ sich der Assyrerkönig Asarhaddon von ihm beauftragen (VT.S 66, 1997, 315–323, Uehlinger). In diesem Zusammenhang dürften eine Reihe von Rollsiegeln zu sehen sein, die den ägypt. Uräus zum Wächter des Mondgottes von Haran machen (**347**).

§ 583   Im 7. Jh.a waren Abbilder des Mondemblems von Haran auf Siegelamuletten und deren Abdrücken in der ganzen Levante und auch in Palästina verbreitet. Auf dem → II Tell Sera wurde eine Neumondstandarte mit den Ösen für die Troddeln gefunden (→ II **644**). Auf einem Keilschrifttäfelchen aus Geser, aus dem Jahr 649a, das den Verkauf eines Feldes durch einen Judäer namens Netanjahu dokumentiert (JEOL 27, 1983, 86–89, Becking), sind drei Abdrücke seines Siegels mit dem Mond-

347 Rollsiegel mit dem Emblem des Mondgottes von Haran, dem das Siebengestirn und der achtstrahlige Stern beigesellt sind; das Emblem ist flankiert von einem Opfertisch und einem Uräus mit der unterägypt. Krone; Siegel dieses Typs sind wahrscheinlich mit der Eroberung Ägyptens durch Asarhaddon in Beziehung zu bringen (7. Jh.a)

348 Keilschrifttäfelchen aus Geser, das den Verkauf eines Feldes durch einen Judäer namens Netanjahu dokumentiert; es zeigt, dass der Mondgott nicht nur in der Gegend von Haran, sondern auch weiter im S als Patron von Rechtshandlungen betrachtet wurde (649a)

emblem zu sehen (348). Gleichartig gesiegelte Bullen sind in Jerusalem und im jud. Chorvat 'Uza gefunden worden (349–350). Gelegentlich ist das Mondemblem zusammen mit einem Verehrer dargestellt (351). Gelegentlich wird das Mondemblem von einem Baum und einem Verehrer (352) oder von zwei Bäumen (353) flankiert. Zwei Bäume können auch den anthropomorph dargestellten Mond flankieren (354). Die zwei Bäume können das Himmelstor markieren, durch das der Neumond hervortritt, um am Himmel sichtbar zu werden. Gleichzeitig wird durch die Bäume bzw. den Baum die positive Wirkung angedeutet, die der Neumond auf die Pflanzenwelt ausübt. Durch den Verehrer wird die subjektive Frömmigkeit als Amulett valorisiert. Statt des Mond*emblems* können auch einfach der Sichel- und der Vollmond erscheinen wie bei einem stark abgenutzten Skaraboid, das in Jerusalem in der Nekropole von Mamilla aus dem 7. Jh.a gefunden worden ist (355). Geht es beim Mondemblem in der Großkunst um rechtliche Ordnungen (Grenzziehung, Verträge), interessieren das Individuum stärker das gedeihliche Wachstum und das freundliche Geschick, die mit dem Neumond verbunden werden. Allerdings zeigt seine Gegenwart auf privaten Verträgen (348), dass man ihm auch in diesem Bereich rechtliche Funktionen zuordnet. Gelegentlich erscheint der Mond statt in Gestalt seiner Standarte anthropomorph, so auf einem Skaraboiden aus Sichem (355), oder er fährt anthropomorph im Sichelmondboot über den Himmel.

349–350 Siegelabdrücke (Bullen) mit dem Emble des Mondgottes von Haran aus Jerusalem und der jud. →II Chorvat 'Uza im n Negev (7. Jh.a)

351–352 Zwei Siegel-Amulette vom →II Tell Dschemme und aus →III Schiqmona bei Haifa zeigen einen Verehrer vor dem Mondemblem von Haran (7. Jh.a)

353–354 Skaraboide aus Tawilan im s Jordanien und aus Sichem; das von Bäumen flankierte Mondemblem ist auf dem Stück aus Sichem durch die anthropomorphe Gestalt des Mondgottes ersetzt (8./7. Jh.a)

355 Stark abgenutztes Skaraboid aus der Nekropole von Mamilla in Jerusalem mit einem Verehrer vor dem Neumond (7. Jh.a)

§ 584   Das »Himmelsheer« ist im 7. Jh.a auch abgesehen vom Mondemblem von Haran ikonographisch vielfältig präsent. So wird z. B. die uralte Ikone verschiedener Göttinnen, das säugende Muttertier, das auf den Darstellungen des 11.–9. Jh.a regelmäßig mit einem Skorpion kombiniert wurde (OBO 33, 1980, 88 Abb. 49d; 115f Abb. 89–94, Keel; OBO 67, 1985, 35 Abb. 1–5, Keel/Schroer) im 7. Jh.a ebenso konsequent mit Stern und/oder Sichelmond kombiniert (**356–357**; vgl. Keel/Schroer, Eva Nr. 180).

Eine spezielle, für Palästina nur für das 7. Jh.a belegte Gestaltung des nächtlichen Himmels ist eine von Sternen umglänzte Himmelskönigin, in der Regel wahrscheinlich Ischtar (FAT 15, 1996, 126–132, Podella). Auf dem neuassyr. Rollsiegel **358** ist eine Himmelskönigin zusammen mit dem Mondgott und einem Verehrer zu sehen. Da erstere in diesem Falle auf ihrer Kopfbedeckung nicht den achtstrahligen Stern, sondern eine runde Scheibe trägt, handelt es sich vielleicht um eine Verkörperung des Vollmonds bzw. die Gemahlin des Mondgottes. Die in Palästina gefundenen Siegelamulette mit der Sternen- und Himmelskönigin sind wahrscheinlich von assyr.-

356–357   Die uralte Ikone weiblicher Gottheiten, das säugende Muttertier, wird im 7. Jh.a konsequent mit Stern und/oder Sichelmond kombiniert, wie diese Siegel-Amulette aus Akko bzw. aus dem Handel zeigen

358   Wie auf 347, 352, 353, 356 u. o. achtstrahliger Stern und Neumond nebeneinander stehen, sind auf diesem Rollsiegel der Mondgott und eine Himmelskönigin (Ischtar?) nebeneinander dargestellt; zw. ihnen und dem Verehrer sind noch der Spaten des Marduk und der Griffel Nabus zu sehen (Ende 8. Jh.a)

aram. Beamten, Soldaten und Händlern eingeführt und in der Regel weniger sorgfältig gearbeitet als **358** (vgl. GGG 333 Abb. 286.288b-c). Auf einem Stempelsiegel aus Aschdod (**359**) kommt ihr Charakter als *šarrat šame ukakkabani*, als »Königin des Himmels und der Sterne«, doch recht schön zur Geltung. Auf einem Rollsiegel aus Sichem wird ihr geräuchert (**360**), eine Art der Verehrung, die man – wie gesagt – beim »Himmelsheer« gern in Anwendung brachte. Zusätzlich zum Sternenkranz sind ihr das Siebengestirn und ein großer einzelner Stern beigesellt. Auf einem Elektron-Anhänger aus →II Ekron steht sie auf ihrem Attributtier, dem Löwen, und ist so deutlich als Ischtar von Arbela charakterisiert. Sie erscheint zusammen mit Sternen und dem Neumond (**361**).

359   Eine »Königin des Himmels und der Sterne« (*šarrat šame ukakkabani*), wahrscheinlich Ischtar, auf einem Stempelsiegel aus Aschdod (7., evtl. 6. Jh.a)

360 Verehrer mit Räucheraltar vor der »Königin des Himmels und der Sterne«; als Nebenmotive ein achtstrahliger Stern, das Siebengestirn und das Symbol Marduks; Rollsiegel aus Sichem (8./7. Jh.a)

361 Ungeschickt gravierter Elektron-Anhänger aus →II Ekron mit einem Verehrer und einem Räucheraltar (?) vor der Göttin Ischtar von Arbela; sie ist von einem rudimentären Sternenkranz umgeben und steht auf einem Löwen, ihrem Attributtier; über der Szene das Siebengestirn und die geflügelte Sonnenscheibe (7. Jh.a)

§ 585   Es liegt nahe, mit dieser Erscheinungsform der Ischtar oder einer anderen Sternen- und Himmelskönigin die »Himmelskönigin« (*malkat ha-šamajim*) zu assoziieren, deren Kult wahrscheinlich zur Zeit Manasses einsetzte und die nach Jer 7,16–20 und 44,15–19.25 noch im frühen 6. Jh.a in Jerusalem und Juda begeistert verehrt wurde (vgl. BBB 94/1, 1995, 423–461, Frevel). In der Tat weist der Kult der »Himmelskönigin« – von Frevel unnötig bagatellisierte – assyr. Züge auf: das Räuchern, das Spenden von Trankopfern, ganz besonders aber das Backen und Darbringen von Aschekuchen, die mit dem akkad. Fremdwort *kawwanim* bezeichnet werden (HAL II 444). Kuchen im Kult einer Göttin haben allerdings auch in der zypro-phöniz. Kultur eine Rolle gespielt. Aus dem Zypern des 8.–6. Jh.a sind vier ca. 30cm lange Model in Form einer nackten Frau bekannt (RSFen 28, 2000, 3–11, Karageorghis/Stager). Das Backen für eine Göttin, in diesem Falle für die Dea Tyria Gravida, ist für die pers.-hell. Zeit bezeugt (PEQ 108, 1976, 119–123, Culican).

Der Kult der Himmelskönigin wurde, wie in Jer 7,17f und 44,15–19 anschaulich geschildert, von der ganzen Familie gepflegt. Eine hübsche Illustration dazu liefert ein neuassyr. Rollsiegel, das eine wahrscheinlich elamitische Familie bestehend aus Vater, Sohn, Tochter und Mutter vor der Himmelskönigin zeigt (362); elamitisch wegen der Tracht und bes., weil man in Assyrien in solchen Zusammenhängen im Gegensatz zu Elam keine Kinder darzustellen pflegte (U. Seidl, mündlich). K. Koch hat die Identi-

362 Rollsiegel mit einer Familie, die aus Vater, Sohn, Tochter und Mutter besteht vor der »Himmelskönigin«; da es im Gegensatz zu Assur (vgl. **358, 360–361**) in der elamitischen Kultur üblich war, Kinder in solchen Zusammenhängen darzustellen, dürfte es sich um eine elamitische im assyr. Einflußbereich lebende Familie handeln (7. Jh.a)

fikation der Himmelskönigin mit Aschera vorgeschlagen (UF 20, 1988, 112f). Frevel ist wie immer skeptisch (BBB 94/1, 1995, 462–471). Am wahrscheinlichsten scheint, dass die sternenumkränzte Himmelskönigin ursprünglich in der Regel Ischtar war, dann aber im Zuge der Auflösung des neuassyr. Reiches zunehmend ihrer typisch assyr. Züge entkleidet wurde und weniger als Individuum denn als Rolle weiterlebte, die im Rahmen des im Polytheismus weitverbreiteten Rollen- und Attributtausches auch Aschera übernehmen konnte. In der LXX wurde die »Himmelkönigin« auf Isis hin aktualisiert (Protokolle zur Bibel 15/1, 2006, 61–73, Vonach). Im Hohenlied kann sogar die Geliebte als eine Art Himmelskönigin erscheinen (6,10; vgl. ZBK.AT XVIII, ²1992, 204–206, Keel; vgl. auch Ornan, in: JSOT.S 331, 2001, 235–256, Mazar).

»Den Sohn durchs Feuer gehen lassen«

§ 586   Weniger eindeutig vordtr. als die in den beiden vorgängigen Abschnitten diskutierten Aussagen zu Aschera und Himmelsheer ist die Notiz über einen enigmatischen Feuer-Ritus, die besagt, Manasse habe seinen Sohn durchs Feuer gehen lassen ($w^eh\alpha^{\,\scriptsize{\ae}}bir\ b^eno\ ba\,e\check{s}$; 2Kön 21,6; 2Chr 33,6; das wird in 2Kön 16,3; 2Chr 28,3 schon von Ahas gesagt).
Die Diskussion über dieses Thema ist ideologisch schwer belastet. Es ist ein weit verbreiteter polemischer Topos, seinen Gegnern Kinderopfer vorzuwerfen. Lassen wir solche Vorwürfe vom 19. Jh.p bis ins 7. Jh.a kurz Revue passieren: Die Christen haben vom 12. bis ins 19. Jh. (zuerst 1144p in England) den Juden unter Nennung von Ort, Zeit und Namen Ritualmorde an Kindern vorgeworfen (H. Schreckenberg, Die Juden in der Kunst Europas, Göttingen 1996, 285–303). Niemand hält heute diese Vorwürfe für hist. zutreffend (vgl. jetzt aber die unbegründeten Behauptungen von A. Toaff, Pasque di sangue. Ebrei d'Europa et omicidi rituali, Bologna 2007). Tertullian verteidigt in seiner Apologie um 200p die Christen gegen den Vorwurf des rituellen Kindermords mit der Begründung, es sei unmenschlich seine eigenen Kinder zu töten

und Christen seien Menschen, unterstellt dann aber den Verleumdern, sie selbst würden Kinder opfern (Apologie 7–9). F. Stavrakopoulou wird dem durchgehend polemischen Charakter der Kinderopfer-Aussagen zu wenig gerecht, wenn sie mit Hilfe mehrdeutiger Begriffe und fragwürdig interpretierter Texte für das vorexil. Israel Kinderopfer als etwas Selbstverständliches rekonstruiert (BZAW 338, 2004, passim).

§ 587   Der polemische Charakter solcher Aussagen ist auch im Hinblick auf die punische Einrichtung der sogenannten »Tofets« (zum Begriff vgl. § 589) zu beachten. Gleichzeitig mit den Auseinandersetzungen zw. Puniern und Griechen in Sizilien, vor allem aber seit den Auseinandersetzungen zw. Rom und Karthago um die Herrschaft im w Mittelmeer (1. Krieg 264–241a; Zerstörung Karthagos durch die Römer 146a), finden sich in der griech.-röm. Literatur von verschiedenen Mythen abgeleitete, teilweise mit grotesken Details angereicherte Vorwürfe, die Punier würden dem Saturn (oder anderen Gottheiten) ihre Kinder opfern (RSFen 24, 1983, 91–111, Simonetti; Day, Molech 86–91; Moscati, Adoratori 55–62). Kein einziger Autor behauptet, Zeuge einer solchen Praxis gewesen zu sein oder seine Informationen aus erster Hand zu haben. Auffällig ist auch, dass die griech. Autoren des 5. und 4. Jh.a, wie Herodot, Thukydides, Plato, Xenophon und Aristoteles allerhand von den Phöniziern und Puniern zu berichten wissen, nur nichts von Kinderopfern (vgl. weiter § 591).

§ 588   Seit 1889 wurden im Bereich der phöniz.-punischen Kolonien zuerst in Nora auf Sardinien und dann auch in Tunesien, Sizilien und weniger häufig und eindeutig auch in Algerien und Malta Einrichtungen bekannt, die man zuerst als Kinderfriedhöfe betrachtete. Sie bestehen aus umgrenzten Arealen, von denen je eines neben einer Stadt liegt. Sie sind mit zahlreichen dicht nebeneinander gestellten Urnen und Stelen besetzt. Die Stelen sind mit Bildsymbolen versehen (Betende, Zeichen der Göttin Tanit etc.; Cahiers de Byrsa 1, 1950, 15–160, Hours-Miedan; Karthago. Revue d'archéologie Africaine 17, 1976, 67–138; 18, 1978, 5–116, Picard; JSOT/ASOR.MS 3, 1991, 93–117.187–219, Brown). Diese sind häufig von lakonischen Inschriften begleitet oder die Stelen tragen nur Inschriften. Sie bezeichnen die Setzung der Stelen, die Urnen und/oder ihren Inhalt als (Opfer-)Gabe (gelegentlich *molk* oder *mulk* genannt) für eine Gottheit, häufig Baal-Hammon und Tanit (Tinnit). Manche fügen hinzu, die Setzung sei aufgrund eines Gelübdes (*ndr*) erfolgt, weil die Gottheit sie erhört oder gesegnet habe (KAI Nr. 61–180). Die Urnen enthalten angesengte oder stark verbrannte Säuglings- oder Kinder- oder Tierknochen, meist von Lämmern, oder beides (Moscati, Adoratori 63–151; JSOT/ASOR Monograph Series 3, 1991, 37–145, Brown).

§ 589   1921 brachte der Engländer J.I.S. Whitaker, der auf der Insel Motya (Mozia) an der Westspitze Siziliens Gefäße mit Tier- und Kinderknochen ausgegraben hatte, diese Funde in seiner Publikation in Zusammenhang mit den antiken Nachrichten über punische Kinderopfer (Motya, London 1921, 257; JSOT/ASOR Monograph Series 3, 1991, 63–65, Brown). 1922 begannen Ausgrabungen in Karthago in einer analogen Installation, jetzt bereits mit der festen Überzeugung, die Reste von Kinderopfern auszugraben. Es wurde auch eine Beziehung zu den »Kinderopfern« im Tofet im Gehinnom bei Jerusalem (Küchler, Jer 753–759) hergestellt (JSOT/ASOR Monograph Series 3, 1991, 41, Brown). Die punischen Urnenfriedhöfe mit Stelen wurden von jetzt an mit dem ausschließlich bibl. Begriff »Tofet« bezeichnet. Das ist problematisch, da bis heute ö von Malta keine Anlagen gefunden worden sind, deren Urnen, Urneninhalte und Stelen mit denen der punischen Installationen identisch wären, auch nicht in Tyrus (Ber. 39, 1991, 39–82, Seeden; H. Sader, Iron Age Funerary Stelae from Lebanon, Barcelona 2005; ZDPV 122, 2006, 1–13, Aubet) und in → III Achsib (NEAEHL I 32–35, Prausnitz/Mazar; AJA 98, 1994, 495f, Wolff), wo die Urnen keine Kinderknochen und die Stelen keine Gelübdeformeln aufweisen (RSFen 21, 1993, 147–152, Moscati). Die im Zusammenhang mit den punischen Installationen am häufigsten genannten Gottheiten, Tanit (Tinnit) und Baal Hamon, spielen in Juda offensichtlich keine Rolle (Bieberstein, Der Ort 127–129). Man sollte deshalb die Aussagen zum Jerusalemer Tofet ohne die punischen Installationen im Hinterkopf und diese ohne Verweis auf die bibl. Texte und den bibl. Begriff »Tofet« deuten. Die Installationen einer- und die Texte andererseits gehören verschiedenen Kulturkreisen an.

363   Relief aus Pozo Moro sw von Valencia in Spanien, das gewisse Ähnlichkeiten mit spätluwisch-phöniz. Reliefs hat; es zeigt Unterweltsgottheiten beim Schlachten und Verzehren von Kindern (?) und einem Schwein; die Figur links außen hat zwei Köpfe (5. Jh.a)

§ 590   Noch weniger sollte das Relief aus Pozo Moro sw von Valencia in Spanien aus dem 5. Jh.a (RSFen 10, 1982, 231–272, Almagro-Gorbea; JSOT/ASOR Monograph Series 3, 1991, 70–72, Brown; Bieberstein, Der Ort 118), das vielleicht einen Unterweltsgott beim Verzehren von Kindern zeigt (363), zur hist. Rekonstruktion des Feuer-Ritus verwendet werden. Die Bestattungen um den Turm, von dem das Relief stammt, haben nichts mit den punischen Installationen gemeinsam. Das Relief kann bestenfalls dazu dienen, die polemischen Vergröberungen und Verzerrungen, die vom Schlachten der Kinder für die Dämonen sprechen (vgl. LXX Ps 105 (106),37), noch einmal zu veranschaulichen und so den Horror zu erklären, der später vom Gehinnom ausging.

§ 591   Der Topos, seinen ärgsten Gegner Kinderopfer vorzuwerfen (§ 586), findet sich, um noch etwas weiter zurückzugehen als die griech.-röm. Autoren (§ 587), schon in der hebr. Bibel. Dtn 12,31 behauptet, die Völker, die vor Israel im Land wohnten, hätten für ihre Götter ihre Kinder verbrannt. Die Christen haben also den Juden, die Heiden den Christen, die Juden den Völkern vor ihnen vorgeworfen, Kinder zu opfern. Damit wird die gegnerische Gruppe als pervers und ausrottungswürdig abqualifiziert. Schon die Weisheit Salomos hat im 1. Jh.a die für hist. gehaltene Ausrottung der Kanaanäer mit dem Fluch von Gen 9,25–27 aber hauptsächlich mit deren angeblichen Kinderopfern gerechtfertigt (12,3–11; vgl. auch Philo, De specialibus legibus II 170; RB 112/2, 2005, 161–191, Berthelot). Diesem Topos der Disqualifizierung muss mit Misstrauen begegnet werden. Kulturen, bei denen die Verdrängung von Völkern, die vor ihnen im Lande waren, eine große Rolle spielen, sind besonders gefährdet, solche Negativfolien zu übernehmen. Der Amerikaner W.F. Albright rechtfertigt die (als hist. rezipierte) Ausrottung der Kanaanäer durch Israel mit deren überlegener Moral und meint dann: »Ähnlich wurden ein Jahrtausend später die afrikanischen Kanaanäer … mit Menschenopfern und Geschlechtskult, von den ihnen unendlich überlegenen Römern erdrückt, deren strenges Moralgesetz und einzigartig hochstehendes Heidentum uns in mancher Hinsicht an das alte Israel gemahnen« (From the Stone Age to Christianity. Monotheism and the Historical Process, 1940; dt. Bern 1949, 279f; vgl. dazu JQR 75, 1985, 253–269, Hillers; JBL 122/1, 2003, 9–14, Collins). Albright evoziert nicht, dass ähnliche Gedankengänge die weitgehende Ausrottung der Indianer und Indianerinnen in den USA und die Apartheidspolitik in Südafrika bestimmt haben (vgl. dazu Prior, in: JSOT.S 381, 2003,

16–45, Thompson). Es bleibt auffällig, wie leicht Amerikanern und Amerikanerinnen der Glaube an die punischen Kinderopfer bis heute fällt (BArR 10, 1984, 30–51, Stager/Wolff; JSOT/ASOR Monograph Series 3, 1991, 171–175, Brown; OTEs 16/2, 2003, 453f, van Seters). Tunesische und italienische Autoren und Autorinnen sind da erheblich kritischer (Collezione di Studi Fenici 16, 1983, I 179–186, Fantar; III 717–723, Benichou-Safar; Ribichini, Beliefs 1988; Moscati, Adoratori 175–182).

Keine Belege für kanaanäische Kinderopfer

§ 592   Von Stellen wie Dtn 12,31 beeinflusst gehen manche Bibelwissenschftler davon aus, in der nichtisraelit. Levante sei die Opferung von Erstgeborenen in großen Krisen üblich gewesen. Belegt wird diese Annahme z.B. mit ägypt. Reliefs des Neuen Reiches, die syr.-palästin. Städte zeigen, auf deren Mauern Männer mit Kleinkindern zu sehen sind (VT 20, 1970, 351–355, Derchain; Journal of the Society for the Study of Egyptian Antiquities 8, 1978, 47–60, Spalinger; JSOT/ASOR Monograph Series 3, 1991, 27.131.134, Brown; **364–365**). Eine sorgfältige Analyse der einschlägigen Reliefs zeigt, dass dem Pharao Geiseln angeboten werden und die Kinderopfer-These, auch wenn sie – bes. im angelsächsischen Raum – permanent wiederholt wird, absurd ist (VT 25, 1975, 413–469, Keel).
Ein Text aus Ugarit fordert die Gemeinschaft auf, im Falle eines feindlichen Angriffs die Augen zu Baal zu erheben und ihm Opfer von Stieren (*'ibr*) und *[b]kr* zu versprechen (Ugaritica. 7, 1978, 35f, Herdner). Das *b* ist ergänzt und selbst wenn die Ergänzung zu»Erstgeburt(en)« richtig wäre, könnte *bkr* immer noch eine tierische und nicht eine menschliche Erstgeburt bezeichnen, und falls eine menschliche versprochen wurde, konnte sie immer noch substituiert werden (vgl. RSFen 6, 1978, 127–136, Xella).

§ 593   Dass man mit dem Gedanken, die Erstgeburt zu opfern, auch und gerade in Israel gelegentlich gespielt hat, verrät Mi 6,7, wo ein nicht identifizierter Sprecher die Frage stellt, ob er JHWH seinen Erstgeborenen opfern soll. Die Frage wird sofort abschlägig beantwortet. In zwiespältiger Weise beschäftigt sich die berühmte Geschichte von der Bindung Isaaks in Gen 22 mit dem Thema. Sie wird unten im Zusammenhang der Identifizierung des Orts dieses Geschehens (Morija) mit dem Tempelberg kurz diskutiert (vgl. § 1543f). Als weiterer Beleg für »kanaanäische« Erstgeburtsopfer wird 2Kön 3,27 angeführt. In dieser Erzählung erklärt ein erfolgloses Heer sein Scheitern damit, dass der König von Moab auf den Mauern der belagerten Stadt seinen Erstgeborenen als Brandopfer dargebracht habe, worauf ein gewaltiger Zorn (Kemoschs?, JHWHs?, weil die Moabiter opferfreudiger waren!) über Israel gekommen sei. Erfolglose Heere sind unzuverlässige Zeugen. In der einzigen antiken lat. Alexanderbiographie erzählt Quintus Curtius (Rufus), bei der Belagerung von Tyrus hätten einige vorgeschlagen angesichts der katastrophalen Lage ein seit Jahrhunderten nicht mehr praktiziertes Opfer (*sacrum multis saeculis intermissum*) zu erneuern, nämlich einen frei geborenen Knaben dem Saturn zu opfern. Der Ältestenrat aber habe dieses Ansinnen abgelehnt (IV.III.23), und das am Ende des 4. Jh.a. Die Aussage ist angesichts der griech.-röm. Tendenz, den Phöniziern/Puniern jede Grausamkeit zuzutrauen, bemerkenswert. Die von Eusebius aus Philo Byblios zitierten

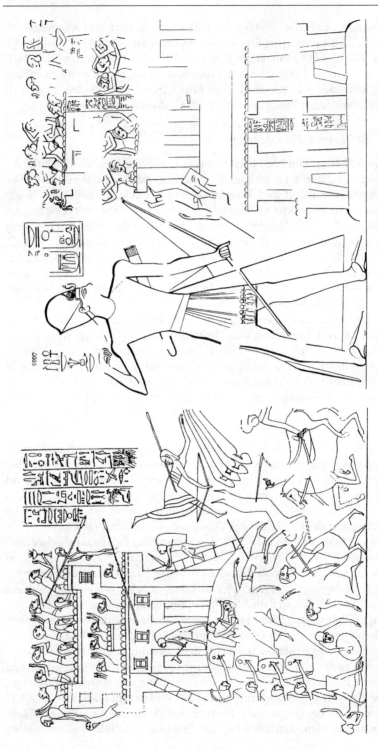

364–365   Zwei Reliefs der 19. ägypt. Dynastie aus Karnak (364) bzw. Luxor (365); das Kind, das über die Mauer hinuntergehalten bzw. auf den Händen präsentiert wird, wird nicht, wie oft behauptet, irgendeiner nicht dargestellten Gottheit geopfert, sondern ist – wie alles auf diesen Reliefs – strikt auf den Pharao bezogen; das Kind, wahrscheinlich der Sohn des Stadtfürsten, wird ihm als Geisel angeboten (13. Jh.a)

Passagen, die von mythischen Menschenopfern (Kronos/Saturn opfert Uranos seinen einzigen Sohn) und Erstgeburtsopfern längst vergangener Zeiten berichten, können nicht als hist. Quellen zitiert werden (Praeparatio Evangelica. I.10,33.44; IV.16.6). Die Annahme, in Krisenzeiten seien Erstgeburtsopfer in der Levante üblich gewesen, entbehrt jeder auch nur halbwegs soliden Grundlage. Davon abgesehen ist in den Texten, die einen Feuer-Ritus nennen oder auf ihn anspielen, nie von »Erstgeburt« die Rede. Wie immer man die eben diskutierten Texte einschätzt, sie sind von den Feuer-Ritus Texten zu trennen.

Der Ausdruck »Kinder durchs Feuer gehen lassen«

§ 594   Manasse (und Ahas) wird nicht vorgeworfen, er habe seinen Erstgeborenen geopfert, sondern er habe seinen *Sohn durchs Feuer gehen lassen*. Was meint der Ausdruck »durchs Feuer gehen lassen«? K. Bieberstein hat eine Liste zu diesem Terminus und anderen in seinem Umfeld verwendeten Termini zusammengestellt (366). Das Dtn und das DtrG differenzieren, indem sie bei (abtrünnigen) Israeliten »durchs Feuer gehen lassen« (Dtn 18,10; 2Kön 16,3; 17,17; 21,6; 23,10; ohne »Feuer« Jer 32,35), bei »Nicht-Israeliten« aber schlicht »verbrennen« (*saraf ba'eš*) sagen (Dtn 12,31;

	Hin-nom-tal	Tofet	Molech	Ba'al	NTN l-	'BR b-'š	ŚRP b-'š	ZBH	QTR	ŠHṬ
						mit Objekt בן oder בת				
Lev 18,	-	-	21	-	21	(21)	-	-	-	-
Lev 20,	-	-	2-5	-	2-4	-	-	-	-	-
Dtn 12,	-	-	-	-	-	-	31	-	-	-
Dtn 18,	-	-	-	-	-	10	-	-	-	-
1 Kön 11,	-	-	7	-	-	-	-	-	-	-
2 Kön 16,	-	-	-	-	-	3	-	-	-	-
// 2 Chr 28,	3	-	-	-	-	3	-	-	3	-
2 Kön 17,	-	-	-	16	-	17	-	-	-	-
2Kön 17,	-	-	-	-	-	-	31	-	-	-
2 Kön 21,	-	-	-	-	-	6	-	-	-	-
// 2 Chr 33,	6	-	-	-	-	6	-	-	-	-
2 Kön 23,	10	10	10	-	-	10	-	-	-	-
Am 5,	-	-	*26* LXX	-	-	-	-	-	-	-
Jes 30,	-	33	(33)	-	-	-	-	-	-	-
Jes 57,	-	-	(9)	-	-	-	-	-	-	-
Jer 7,	31f	31-32	-	-	-	-	31	-	-	-
Jer 19,	2.6	6.11-14	-	5	-	-	5	-	-	-
Jer 32,	35	-	35	35	-	(35)	-	-	-	-
Ez 16,	-	-	-	-	-	(21)	-	20	-	21
Ez 20,	-	-	-	-	-	31 M	-	-	-	-
Ez 23,	-	-	-	-	-	(37)	-	-	-	39
Ps 106,	-	-	-	-	-	-	-	37-38	-	-
Apg 7,	-	-	*43*	-	-	-	-	-	-	-

Nur die eingeklammerten Belege des Jesajabuches sind masoretisch als לְמֶלֶךְ vokalisiert. Nur Jes 30,33 wird in LXX durch βασιλεύειν wiedergegeben, und Jes 57,9 bietet in LXX einen völlig anderen Text.
Die in Klammern angezeigten Belege Lev 18,21; Jer 32,35; Ez 16,20-21, 20,26; 23,37 bieten 'BR Hif. ohne b-'š.

366   Tofet-Terminologie in der hebr. Bibel nach K. Bieberstein

2Kön 17,31; vgl. 2Kön 3,27, wo vom König von Moab gesagt wird: »er nahm seinen Sohn … und brachte ihn als Brandopfer dar«; *wa-jiqqaḥ æt-bᵉno … waj-jaᶜᵃlehu ᶜolah*). Die prophetischen Bücher unterscheiden in der Regel nicht zw. Nicht-Israeliten und Israeliten (vgl. aber Ez 20,31). Sie reden auch bei den Israeliten von Verbrennen (Jer 7,31; 19,5 »im Feuer als Brandopfer«) und gelegentlich sogar von »Opfern« (*zabaḥ*; Ez 16,20; vgl. auch Ps 106,37) bzw. »Schlachten« (*šaḥaṭ*; Ez 23,39).

§ 595   Ist »durchs Feuer gehen lassen« im Vergleich zu »verbrennen« bzw. »opfern« und »schlachten« ein Euphemismus? Signalisiert der verschiedene Sprachgebrauch eine je verschiedene Praxis? Oder sind die kräftigeren Ausdrücke polemische Vergröberungen? Letzteres scheint mir angesichts des Umgangs mit dem Topos »Völker, die vor euch waren« (§ 729) am wahrscheinlichsten.

»Durchs Feuer gehen lassen« bezeichnet in Num 31,23 einen Reinigungsritus für Kriegsbeute: »Alles, was den Eintritt ins Feuer aushält, sollt ihr durchs Feuer gehen lassen, damit es rein werde …; alles aber, was den Eintritt ins Feuer nicht aushält, sollt ihr durchs Wasser gehen lassen«. Beide Riten bewirken Reinigung und ermöglichen den Eintritt in einen bestimmten kultischen Kontext. Allerdings sind nach Num 31 nur Metalle geeignet, im Feuer gereinigt zu werden. Dennoch kann, wie bei vielen Initiationsriten praktiziert, ein Mensch durchs Feuer springen oder geworfen werden, ohne Schaden zu nehmen. In Lev 18,21 und Ez 16,21 wird *haᶜᵃbir* mit *natan* »geben« kombiniert (*loʾ titten lᵉhaᶜᵃbir lam-molæk*). In Lev 20,2–4 wird diese Kombination durch *natan la-molæk* ersetzt. Der Ausdruck *natan lᵉ* bezeichnet eher eine Weihung (1Sam 1,11) als ein Opfer. Nur *haᶜᵃbir* und *natan lᵉ* werden mit *molæk* (§ 598–603) verbunden »Verbrennen, Opfern und Schlachten« nie.

§ 596   *Objekt* des Ritus ist bei Ahas und Manasse je »sein Sohn«. Die Chronik verallgemeinert in beiden Fällen zu »seine Söhne«. Dtn 18,10 verbietet den eigenen »Sohn« oder die eigene »Tochter« (Sg.) durchs Feuer gehen zu lassen (vgl. Lev 18,21; 20,2f »von deiner Nachkommenschaft«), was nach 2Kön 23,10 im Gehinnom praktiziert worden sein soll. Von »Söhnen« im Plural reden 2Kön 17,31; Ez 20,31; 23,37. Wiederholt stehen bei Fremden und Israeliten Söhne und Töchter in der Mehrzahl (Dtn 12,31; 2Kön 17,17; Jer 7,31; 32,35; Ez 16,20f und Ps 106,37). Wiederum ist bei den »Völkern« und in den prophetischen Texten eine Vergröberung festzustellen. Die Frage, ob wir an lebende oder tote Kinder zu denken haben, wird nicht beantwortet. Da jeder Hinweis darauf fehlt, dass totgeborene oder verstorbene Kinder gemeint sind, ist wohl an lebende Kinder zu denken, die dem Feuer-Ritus unterworfen wurden.

§ 597   Die Frage, ob im punischen Bereich in oder bei den Installationen mit Urnen und Stelen nur natürlich gestorbene Kinder kremiert oder getötete Kinder verbrannt und bestattet wurden, ist bis heute umstritten. Für den punischen Bereich gibt es Gründe anzunehmen, dass in einem Teil der Fälle Kinder rituell getötet worden sind. Im Punischen bezeichnet der Begriff *mlk* eine Opferart und nicht wie in der Levante eine Gottheit (§ 598–603). Sie kann in Verbindung mit *ʾdm* ein Menschenopfer bedeuten (§ 600). Bei der Interpretation der punischen Anlagen als Kinderfriedhöfe stellt sich die Frage, warum ein Teil der Urnen Tierknochen enthalten. Sie machen Sinn als Ersatzopfer. In Tharros (Sardinien) hat man festgestellt, dass 95 % der geopferten Lämmer zw. einer und vier Wochen alt sind. Da die Lämmer in der traditionellen Schafzucht im Mittelmeerraum im Jan./Febr. geworfen werden, scheint ihre Opferung jahreszeitlich bestimmt zu sein. Falls die Kinder gleichzeitig mit den Lämmern kremiert wurden, muss man eine jahreszeitlich bestimmte Opferung auch der

Kinder annehmen (RSFen 16, 1988, 37, Fedele/Foster; Bieberstein, Der Ort 114–126). Aber es ist ja auch denkbar, dass man jährlich im Frühjahr Opfer für die tot geborenen oder jung verstorbenen Kinder darbrachte, die in diesen Installationen begraben waren. Diese Installationen aber sind, wie gesagt, von den in der Levante geübten Bräuchen zu trennen.

Für Molæk

§ 598   In den bibl. Texten wird zusätzlich zum Objekt des Ritus ein *Adressat* desselben genannt. Mit dem Adressaten hängt der *Zweck* des Ritus zusammen. Adressat des Ritus sind in Israel bzw. Juda:
Moloch (*molæk*) in Lev 18,21; 20,2–5; 2Kön 23,10; Jer 32,35; Moloch wird in 1Kön 11,7 noch als »Scheusal der Ammoniter« erwähnt, dem Salomo eine Kulthöhe auf dem Berg Jerusalem gegenüber erbaut habe. Es dürfte hier eine Verwechslung mit Milkom, dem Gott der Ammoniter, vorliegen (2Sam 12,30; 1Kön 11,5.33; 2Kön 23,13).
Baal (*ba'al*) in Jer 19,5;
fremde Mächte (vgl. das *ṣalme zakar* »Mannsbilder« in V. 17) in Ez 16,20f
Mistdinger (*gillulim*) in Ez 23,39;
Dämonen (*šedim*) in Ps 106,37
Bei Nicht-Israeliten sind es:
ihre Götter (*'elohehæm*) in Dtn 12,31;
Adrammelech und Anammelech (*'adrammælæk wa'ªnammælæk*) in 2Kön 17,31.

§ 599   Von Moloch abgesehen kommen alle Adressatenbezeichnungen nur ein einziges Mal vor. Das mindert ihr Gewicht beträchtlich. Zudem sind *gillulim* »Mistdinger« und *šedim* »Dämonen« eindeutig disqualifizierende, polemische Begriffe. Sie liefern als Schimpfworte keine Hinweise auf die Identität. Zu den polemischen Bezeichnungen ist wahrscheinlich auch Baal zu zählen, der seit Hosea immer mehr eine Art Gegengott zu JHWH geworden ist (§ 658). Auf die Identität des Gottes, dem der Ritus galt, ist aus seiner Erwähnung kaum etwas zu schließen. Negativ konnotiert sind auch »ihre (der Nicht-Israeliten) Götter« (vgl. Ps 96,5) bzw. die »Mannsbilder«. Es ist also auch betreffs Adressaten eine starke Tendenz zu polemischen Vergröberungen festzustellen. Sachliche Hinweise sind bestenfalls von Moloch (*molæk*) sowie von Adrammelech und Anammelech zu erwarten.

§ 600   Im Hinblick auf *molæk* tobte lange ein Glaubenskrieg. O. Eissfeldt hatte darauf hingewiesen, dass *mlk* in punischen Inschriften eine »Darbringung« bezeichnen kann (Molk als Opferbegriff im Punischen und Hebräischen und das Ende des Gottes Moloch, Halle 1935). So steht auf einer Stele aus Malta aus dem 7. Jh.a: »Stele der Darbringung eines Lammes (*nṣb mlk 'mr*), die ['r]š dem Baal [Hamon] auf[stellte] ...« (KAI Nr. 61B). Auf einer anderen Stele aus Cirta Regia (Algerien) aus dem 3.–1. Jh.a steht: »Dem Herrn, dem Baal Hamon, Darbringung eines Menschen (*mlk 'dm*) (als) Gelübde, das *b'lpd'* gelobte ...« (KAI Nr. 103). »Mensch« ist kaum als Genitivus subjectivus im Sinne von »Darbringung eines Laien« zu deuten. Wahrscheinlich muss es als Genitivus objectivus »Darbringung eines Menschen (als Opfer)« verstanden werden. Die Frage bleibt immer noch, ob es sich um eine Weihung oder eine Opferung handelt. Auf lat. Stelen des 2.–3. Jh.p aus Ngaous (Algerien) ist von einem »Molchomor«, der »Darbringung eines Lammes« die Rede, die offensichtlich als Substitution für eine Menschendarbringung erfolgte, wenn es heißt »anima pro anima, sanguine pro sanguine, vita pro vita« (Eissfeldt, a.a.O., 1–7). Eissfeldt und die ihm folgen, nehmen an, das hebr. *molæk* sei von diesem punischen Opferbegriff her ebenfalls als »Darbringung« zu verstehen (so z.B. P. G. Mosca. in einer unveröffentlichten Diss.; vgl. dazu JSOT.S 43, 1985, 81–90, Heider).

§ 601   Dem entgegen wird nach wie vor die alte Position verteidigt, *molæk* bezeichne einen Gott. Ein Argument ist der Ausdruck »hinter dem Molæk herhuren (*zanah 'aḥ ᵃre ha-molæk*)« (Lev 20,5), der sich immer auf personale Größen oder deren Repräsentation, nie aber auf Riten bezieht (Bieberstein, Der Ort 127).
Die alte Annahme, dass es sich in diesem Zusammenhang um einen göttlichen »König«, *mælæk*, handle, der in Analogie zu *bošæt* »Schande« vokalisiert wurde, liegt nahe. Die Übersetzer der hebr. Bibel ins Griechische übersetzen *molæk* mit ἄρχων »Herrscher« (Lev 18,21; 20,2.3), einmal mit βασιλεύς (1Kön 11,5) oder lassen Μολοχ stehen (2Kön 23,10; Jer 39 [32], 35). Da die fünf Bücher Mose als erste ins Griech. übersetzt wurden, scheint man im 3. Jh.a noch *mælæk* »König, Herrscher« gelesen zu haben. Die Vokalisation des Hebräischen suggeriert ebenfalls einen Appellativ, da sie bei Molæk außer in 1Kön 11,7, wo wohl Milkom zu lesen ist, immer den Artikel liest, was bei Eigennamen nicht möglich ist. Nahe liegt auch die Annahme, dieser Gott sei identisch mit dem seit dem 3. Jt.a bezeugten nordwestsemitischen Gott *malik*, »König, Herrscher«, einem chthonischen, mit Nergal identifizierten Gott (DDD² 1092f, Heider; Bieberstein, Der Ort 129–133).

§ 602   Weniger sicher, aber doch wahrscheinlich ist die Identifizierung dieses *mælæk/malik* mit dem Gott assyr.-aram. Vertragstexte des 9.–7. Jh.a, der früher Adad-milki und jetzt Dada/Dadda gelesen wird, doch stets den in die Unterwelt gestiegenen Wettergott meint. In diesen Texten erscheint nebst vielen anderen die Drohung, dass derjenige, der den Vertrag nicht hält, zur Strafe seine Kinder für Adad oder Adadmilki bzw. für *Belet- şeri* »die Herrin der Wildnis« wird verbrennen müssen und das an einem Ort, der *ḫamru* genannt wird, ein Kultplatz, der wie das Tofet (§ 610) außerhalb der Stadt lag. Da diese Drohung parallel zu der steht, Töchter als sakrale Prostituierte weihen zu müssen, haben schon Deller, der zuerst auf die assyr. Texte hinwies (Or 34, 1965, 382), und nach ihm Weinfeld dieses »Verbrennen« als »Weihen« gedeutet (UF 4, 1972, 144f, Weinfeld; UF 10, 1978, 411–413, Weinfeld).

§ 603   Nach 2Kön 17,31 sollen die Leute aus Sefarwajim, einem Ort zw. Damaskus und Hama in Syrien (Ez 47,16; cf. Abel, Géographie II 456; UF 4, 1972, 149 n. 128, Weinfeld), die die Assyrer im ehemaligen Nordreich anstelle der Deportierten ansiedelten, ihre Kinder verbrannt haben, und zwar für oder zu Ehren zweier Gottheiten, die jetzt im hebr. Text *'adrammælæk* und *ᶜanammælæk* heißen. Ein Gott Adrammelech ist sonst nicht bekannt. Da aber im Hebr. Dalet (d) und Resch (r) sehr leicht zu verwechseln sind, ist vielleicht Adad-mælæk zu lesen, vielleicht ist der Name auch auf *'addir-mælæk*, einen Beinamen Baals (KAI Nr. 9 B5), zurückzuführen (DDD² 17–19, Millard).

Bemerkenswert ist in diesem Zusammenhang nicht nur, dass man auch für ihn Kinder verbrannte bzw. durchs Feuer gehen ließ, sondern dass auch gesagt wird, die Leute aus dem syr. Sefarwajim hätten Adadmelech, diejenigen aus dem mesopotamischen Kuta Nergal verehrt (2Kön 17,30f; vgl. § 601f).

Existenz und Sinn des Ritus

§ 604   In den genannten bibl. Texten, in denen *molæk* erscheint, ist stets von einem ihm Übereignen (*natan*) bzw. davon die Rede, dass man die Kinder für ihn durchs Feuer gehen lässt (*ha*ᶜᵃ*bir ba'eš*). Die Übereignung an diesen Gott, sei es durch Verbrennen der Kinderleichen, sei es durch eine Art »Feuertaufe« sollte den Kindern wahrscheinlich Vorteile im Jenseits bzw. ein Gefeitsein gegen alles Böse im Diesseits bringen. In den oben genannten neuassyr. Texten steht der Feuerritus mehrmals parallel zur Weihung zur sakralen Prostitution. Die Parallelisierung des Ritus mit der Weihung als Hierodulen legt eine Weihung zu einer Art niederem Klerus nahe, die von den Vertragstexten als Strafe empfunden wird.

§ 605   Für die mindestens zeitweilige Existenz eines solchen Übereignungsritus in Juda gibt es einige Hinweise (vgl. das *natan* in Lev 20,2ff mit 1Sam 1,11 und die *n*ᵉ*tinin* oder *n*ᵉ*tunim* in Num 3,9; 18,6; Esr 2,43 usw. HAL III 691). In 2Kön 23,7 ist von »Häusern der Geweihten (*q*ᵉ*dešim*)« im Tempelbereich die Rede. Um sakrale Prostitution scheint es sich aber nicht gehandelt zu haben (vgl. § 576). Anders steht es mit Dtn 23,18f »Unter den Frauen Israels soll es keine Heilige (Geweihte) geben (*lo'-tihjæh q*ᵉ*dešah mibb*ᵉ*not jisra'el*) und unter den Männern Israels soll es keinen Heiligen (Geweihten) geben. Du sollst weder Dirnenlohn noch Hundegeld ('*ætnan zonah um*ᵉ*hir kælæb*) in das Haus JHWHs, deines Gottes, bringen. Kein Gelübde (*nædær*) kann dazu verpflichten; denn auch diese beiden sind JHWH, deinem Gott, ein Gräuel.« Hier ist nicht von Geweihten im Tempelbereich die Rede, denn der Dirnenlohn stammt von außerhalb des Tempels und soll in diesen gebracht werden. Wenn Geweihte und Dirnenlohn sich üerhaupt auf den gleichen Sachverhalt beziehen, kann man mit K. van der Toorn annehmen, dass mit den weiblichen Prostituierten Frauen gemeint seien, die sich – außerhalb des Tempels – prostituierten, um Gelübde finanzieren zu können (JBL 108, 1989, 193–205; vgl. Spr 7,14f.20; Mich 1,7; OBO 221, 2006, 157f, Stark). Ph.A. Bird hält männliche Prostituierte, die ihren Lohn an den Tempel abliefern, für ein Konstrukt, das der Vollständigkeit halber den weiblichen Prostituierten ein männliches Pendant an die Seite stellen will (VT.S. 66, 1997, 37–80). Ch. Schäfer-Lichtenberger nimmt »Kaufpreis für einen Hund« in Dtn 23,19 wörtlich und sieht im V. ein Verbot, mit Prostituiertenlohn und Einkünften aus dem Verkauf unreiner Tiere Gelübde bezahlen zu wollen (Ev Th 55, 1995, 135–137). Das mag alles zutreffen. Aber man kommt doch nicht darum herum, in den Qedeschot Frauen zu sehen, die in besonderer Weise der Gottheit geweiht, heilig waren (414–422). Ob sie etwas mit Prostitution zu tun hatten, bleibt unsicher (vgl. Hos 4,14 und den Kommentar in OBO 221, 2006, 165–183, Stark, die das ausschließt). Die Gottheit, der die Qedeschot geweiht waren, konnte in Israel eigentlich nur JHWH oder Aschera sein (vgl. § 572–576). Vielleicht sind in Dtn 23,18f zwei Kategorien angesprochen: solche, die grundsätzlich einer Tätigkeit in Verbindung mit Prostitution (außerhalb des Tempels) geweiht waren und deren Einkünfte generell dem Tempel zuflossen, und solche, die durch vereinzelte Akte Geld, das sie dem Tempel aufgrund von Gelübden schuldeten, durch Prostitution verdienten. Erstere konnten in Analogie zu assyr. Gepflogenheiten aufgrund des Feuerritus in diesen Zustand geraten sein (vgl. weiter § 662).

§ 606   Die Verfechter der traditionellen These von den üblichen »kanaanäischen« Kinderopfern (die allerdings nicht belegt sind; vgl. § 592f), die in assyr. Zeit wieder belebt worden seien (vgl. GAT VIII/1 297f, Albertz), weisen zur Begründung ihrer Ansicht, es handle sich bei den Weihungen an Adadmælæk um Kinderopfer, auf die oben genannten Stellen zum Opfer eines Erstgeborenen in Krisenzeiten und auf die Gesetzgebung zur Erstgeburt hin: »Den Erstgeborenen unter deinen Söhnen sollst du mir geben!« (Ex 22,28f); »Jeden Erstgeborenen deiner Söhne musst du auslösen!« (Ex 34,19–20 Privilegrecht JHWHs; Dtn 15,19–23 nennt nur die Tiere; vgl. Dtn 14,23; Ex 13,2.11–16, V. 12 *wᵉha⁽ᵃbarta*). Allerdings geht es weder im assyr.-aram. Adadmælæk- noch im jud. Molæk-Kult um die Erstgeborenen. Weder *pæṭær ræḥæm* »was den Mutterschoss durchbricht« noch *bᵉkor* »Erstgeburt« werden in diesem Kontext verwendet. Man kann höchstens annehmen, die Dedikationen an Adadmælæk seien judäischerseits gelegentlich als Anwendung der Weihung der Erstgeburt an JHWH missverstanden worden. Das würde dann die energische Distanzierung JHWHs von dieser Praxis in Jer 7,31 und 19,5 und die merkwürdige Geschichte von den schlechten Geboten in Ez 20,25f erklären. Aber die Annahme, JHWH sei der Molæk des Feuer-Ritus (Archiv für Religionsgeschichte 1, 1999, 22–24, Römer), bleibt problematisch.

Feuerritus und mantische Praktiken

§ 607   Als Kontext des Feuer-Ritus erscheinen an einigen Stellen mantische und magische Praktiken, die einen Zugriff auf die Zukunft anvisieren. Dtn 18,10f verbietet, seinen Sohn durchs Feuer gehen zu lassen zusammen mit mantischen Praktiken und Größen, vor allem solchen, die mit Totenkult verbunden sind (*qosem qᵉsamim mᵉ⁽onen umᵉnaḥeš umᵉkaššep wᵉhober ḥabær wᵉšo'el 'ob wᵉjidd⁽oni wᵉdoreš 'æl ha-metim*). Vier der acht in Dtn 18,10f zusammen mit dem Verbot, den Sohn durchs Feuer gehen zu lassen, genannten Elemente der Mantik und Totenbeschwörung werden in der gleichen Kombination und Reihenfolge Manasse vorgeworfen (*wᵉ⁽onen wᵉniḥeš wᵉ⁽asa 'ob wᵉjidd⁽onim*; 2Kön 21,6). Der Eindruck, das DtrG habe Manasses Praxis in diesem Fall schlicht als eine geschildert, die im Gegensatz zum dtn. Gesetz stand, verstärkt sich. Dieses Prozedere liegt auch vor, wenn der Untergang des Nordreiches u. a. darauf zurückgeführt wird, dass die Israeliten ihre Söhne *und Töchter* hätten durchs Feuer gehen lassen und die vom Dtn verbotene Mantik (*wajjiqsᵉmu qᵉsamim wajjᵉnaḥešu*) pflegten (2Kön 17,17).

§ 608   Einen Zusammenhang zw. Feuerritus und Mantik suggeriert auch Ez 20,31: »Bei der Darbringung eurer Gaben, indem ihr eure Söhne durchs Feuer gehen lässt, macht ihr euch unrein für alle eure Götzen … und da sollte ich mich von euch befragen lassen (*'iddareš*)«. *Daraš* ist hier ein Begriff der Orakelsprache. Der Feuerritus scheint hier, da er in der LXX fehlt, allerdings eine späte Interpretation zu sein (BK XIII/1 436, Zimmerli). So stellt sich die Frage, ob der Feuerritus und die mantischen Praktiken in Dtn 18,10f zufällig nebeneinander oder in einem inneren Zusammenhang stehen. Da der ganze Abschnitt Dtn 18,9–22 von Prophetie, von den verschiedensten, unerlaubten und erlaubten, Zugriffen auf die Zukunft handelt, ist es wahrscheinlich, dass ein innerer Zusammenhang besteht. Nebst mantischen Praktiken im engeren Sinne scheinen auch magische Handlungen aller Art mitgemeint zu sein, die künftige Entwicklungen beeinflussen können, so das Zaubern und das Hersagen von Gebetsbeschwörungen. Vielleicht sollten die Kinder, die dem Feuerritus unterzogen wurden, gereinigt, und so gegen alle Arten von Unheil gefeit sein. Die Wendung »durchs Feuer gehen lassen für + Gottesname« deutet allerdings noch einen weiteren Aspekt an, der bereits diskutiert wurde: die Weihung zum Mitglied des niederen Klerus (§ 604–606).

§ 609   Für eine assyro-aram. Herkunft des Ritus und nicht eine punische spricht, dass die beiden jud. Könige, die ihn praktiziert haben sollen, speziell enge Beziehungen zur assyro-aram. Herrschaft hatten. Ahas war derjenige, der sich als erster jud. König Assur unterworfen hat (2Kön 16,7) und in Damaskus bestimmte kultische Anregungen empfing (2Kön 16,10–18). Manasse nahm – im Gegensatz zu seinem Vater Hiskija – das assyr. Joch widerspruchslos auf sich.

Zusammenfassend ist festzuhalten, dass *mlk* in Jerusalem höchst wahrscheinleich eine Gottesbezeichnung oder ein Gottesepithet ist, im Punischen Bereich hingegen eine Opferart bezeichnet.

Gehinnom

§ 610   Als Ort, wo man seinen Sohn bzw. seine Kinder durchs Feuer gehen ließ, wird bei der Schilderung der Reform des Joschija das *Tofet* (*topæt*) im Tal der Söhne (des Sohnes) Hinnoms genannt (2Kön 23,10). Tofet bedeutet am ehesten »Herd, Feuerstelle« (HAL IV 1639; Day, Molech 24–28). Jer 7,31 redet vom Bauen der *bamot* des Tofet im Gehinnom. Da der Ausdruck *bamot* in diesem Kontext verschiedenste Arten heterodoxer Kulteinrichtungen bezeichnen kann, ist dieser Aussage kaum etwas zum konkreten Aussehen der Feuerstätte zu entnehmen. Reine Polemik ist es, wenn diese *bamot* in Jer 19,5 als *bamot ha-ba'al* bezeichnet werden. Näher an die Sache heran kann uns Jes 30,31.33 führen, wo Tofet eine Feuerstätte ist, an der gefallene Krieger verbrannt werden (vgl. § 534f). Eine ähnliche Vorstellung könnte hinter Jer 19,11 stehen, wenn gesagt wird, man werde die Leichen im Tofet (in der Feuerstelle) bestatten, weil sonst kein Platz zum Bestatten sei.

§ 611   Das Verbrennen der Leichen war keine ordentliche Bestattung. In Am 2,1 wird Moab vorgeworfen, die Gebeine des Königs von Edom zu Kalk verbrannt zu haben und das als ein Verbrechen gewertet, das so schlimm ist wie das Aufschlitzen schwangerer Frauen. Die »Bestattung« im Tofet ist im Licht dieser Texte kein anständiges Begräbnis, sondern etwas wie das »Eselsbegräbnis«, das König Jojakim in Jer 22,19 angedroht wird, d.h. kein Begräbnis. Hinter diesem Verbrechen bzw. dieser Drohung steht die Vorstellung, der Tote existiere noch irgendwie weiter, so lange ein

Teil seines Körpers weiter bestehe. Kremation bzw. Kremationfriedhöfe, wie sie für
→III Achsib (NEAEHL I 32–35, Prausnitz/Mazar; AJA 98, 1994, 495f, Wolff) bzw.
Tyrus belegt sind (vgl. Ber. 39, 1991, 39–82, Seeden; ZDPV 122, 2006, 1–13, Aubet),
mussten aus dieser Sicht abstoßend, ja verbrecherisch wirken. Die sekundären Verse
Jer 19,12f insistieren auf der Unreinheit, von der Jerusalem als Tofet befallen werden
wird. Die Unreinheit war wohl eine doppelte: a) durch die Leichen und b) durch ihr
Verbrennen. Parallel zur Drohung, im Tofet bestattet zu werden, ist die sekundär in
Jer 19,7 eingefügte traditionelle Drohung, die Leichen der im Krieg Gefallenen würden den Vögeln des Himmels und den Tieren des Feldes überlassen.

In 1Sam 31,12f lesen wir zwar, dass die Männer von Jabesch in Gilead in einer nächtlichen Aktion die Leichen des von ihnen verehrten Königs Saul und die seines Sohnes
Jonatan von der Mauer von →III Bet-Schean holten und »sie brachten sie nach
Jabesch und verbrannten (*saraf*) sie dort. Dann nahmen sie die Gebeine und begru-
ben sie unter der Tamariske von Jabesch«. Das ist die einzige Stelle im AT, die das teilweise Einäschern von Leichen als etwas Positives erwähnt. Die Praxis erinnert an die
Einäscherung der toten Helden in der Ilias. Vielleicht hängt sie mit dem Krieg zusammen. In seiner Nacherzählung lässt der Chr das Verbrennen weg, wahrscheinlich deshalb, weil es in der Zwischenzeit so anrüchig geworden war, dass keine Ausnahme geduldet werden konnte.

§ 612   Sieht man von nachweislich späteren Verzerrungen und Vergröberungen
ab, lässt sich zusammenfassend sagen, dass es sich bei dem in Juda praktizierten
Feuer-Ritus weder um einen uralten »kanaanäischen« noch um einen punischen
Brauch gehandelt haben dürfte, sondern eher um einen solchen, der aus aram.-assyr.
Zusammenhängen in Palästina Eingang gefunden hat und bei dem tote oder lebende
Kinder einer Gottheit geweiht wurden, die als »König« galt, wahrscheinlich als König
der Unterwelt (so ungefähr auch AOAT 223, 1989, 233–236, Tropper; VT.S 58, 1995,
88f Anm. 328, Schäfer-Lichtenberger). Die Weihe lebender Kinder sollte vielleicht
verhindern, dass der Unterweltskönig die Kinder zu früh zu sich holte, weil sie ihm
ja bereits gehörten. Mit dem Ritus scheinen allerhand mantische und magische Praktiken verbunden gewesen zu sein. Zudem diente das Tofet wahrscheinlich auch als
Kremationsstätte für tote Kinder, evtl. auch für Erwachsene (JNSL 22, 1996, 64–66,
Dearman). Die durch den Ritus hergestellte enge persönliche Bindung an diesen Gott
ist, wie schon gezeigt wurde, in purgierter Form in den jud. Kult übernommen worden. Auch Elemente des Kults der Aschera und der nächtlichen Gestirne haben, wie
zu zeigen sein wird, Eingang in den JHWH-Kult gefunden. Zentraler und nachhalti-
ger als durch diese war seine Prägung durch die sog. Vasallitätsverträge oder, was die
neuassyr. Zeit betrifft, richtiger Vasallitätsverpflichtungen.

Vasallitätsverpflichtung

§ 613   Die Bindung an Assur kam nicht in erster Linie durch die forcierte oder frei-
willige Übernahme assyro-aram. Riten zum Ausdruck, sondern durch Vasallitätsverpflichtungen (akkadisch *riksu /rikiltu*»Bindung«/*adê* »Eide«).
Bündnisse und Verträge zw. Stämmen und Völkern hat es im AO seit sehr früher Zeit
gegeben. J.-G. Heintz hat speziell auf Dokumente aus Mari und vom Tell Leilan aus

altbabylon. Zeit hingewiesen, die politische Bündnisse bezeugen, die durch eine Reihe von Riten realisiert wurden (BN 86, 1997, 66–76). Eine alte Form von Abmachung dürfte die b^{e}rit zw. Laban und Jakob in Gen 31,43–32,1 darstellen (Heintz, in: FS de Pury 163–180; JSOT.S 324, 2001, 57–69, Vera; zu den verschiedenen Formen, Ideologien und Funktionen vgl. AfO 28/29, 1991/92, 201–206, Steymans; ABD I 1179–1202, Mendenhall/Herion; NBL I 344f, Lohfink). Eine der ältesten Formen von Bundesschluss dürfte ein gemeinsames, von verschiedenen weiteren Riten begleitetes Mahl gewesen sein (Gen 31,46.54; Ex 24,11; Ps 41,10; 1Kor 10,21). Der gemeinsame Genuss von Brot schafft noch bei Charles M. Doughty, der als einer der ersten Europäer zw. 1876 und 1878 das Innere Arabiens bereist hat, Gemeinschaft, die zu gegenseitigem Respekt und gegenseitiger Hilfe verpflichtet (Die Offenbarung Arabiens, Leipzig 1937, 542; vgl. auch J.J. Hess, Von den Beduinen des Innern Arabiens, Zürich-Leipzig 1938, 94).

In den 20er Jahren des 20. Jh. waren Vasallenverträge aus dem Hetiterreich bekannt geworden (E.F. Weidner, Politische Dokumente aus Kleinasien. Die Staatsverträge in akkadischer Sprache aus dem Archiv von Boghazköi, Boghazköi-Studien 8–9, Leipzig 1923; MVÄG 34/1, 1926, erschienen 1930, Friedrich; ANET 203–206, Goetze; TUAT I/2, 131–134, von Schuler). Seit Mitte der 50er Jahre haben eine Reihe von Alttestamentlern begonnen aus diesen hetit. Verträgen des 14. und 13. Jh.a Schlüsse auf die Geschichte und Literatur Israels zu ziehen (§ 741). Nach jener Tradition, die im folgenden in der Levante immer wieder zu finden war, band der Vertrag auch den Souverän. Wohlverhalten implizierte Belohnung (Sfire-Inschrift KAI Nr. 222 B, Z. 24f; Dtn 28,16–19; OBO 145, 1995, 174–177.185–190, Steymans). Die Forderung von Dtn 13,16, eine abtrünnige Stadt mit dem Schwert zu schlagen, findet sich schon in der Sfire-Inschrift KAI Nr. 224 Z. 9–14 (vgl. Rüterswörden, in: VT.S 92, 2002, 200–203, Lemaire).

1955 wurden unter der Leitung des Engländers M.E.L. Mallowan im Nabutempel von Nimrud, dem bibl. Kelach/Kalach, 350 Fragmente von zerschlagenen Keilschrifttafeln gefunden, in denen sich Fürsten aus dem Zagros-Gebirge und iranischen Hochplateau ö von Assyrien verpflichtet hatten, Assurbanipal als Nachfolger Asarhaddons in Assur und Schamasch-schum-ukin als seinen Nachfolger in Babylon anzuerkennen. Die Texte wurden schon drei Jahre später von D.J. Wiseman unter dem Titel »The Vassal-Treaties of Esarhaddon« publiziert (Iraq 20, 1958, 1–99 und 53 Tafeln) und seither in der Literatur als VTE zitiert (OBO 145, 1995,1, Steymans). S. Parpola und K. Watanabe haben in »Neo-Assyrian Treaties and Loyalty Oaths« die von Wiseman veröffentlichten und alle anderen bekannten assyr. Texte dieser Art neu ediert (State Archives of Assyria Vol. II = SAA 2, Helsinki, 1988, bes. Nr. 6). Diese Texte haben eine neue Art von Vertrag bzw. Verpflichtung schlagartig bekannt gemacht: Sie verpflichten ganz einseitig die Untergebenen.

Das Element der Verfluchung ist in diesen neuassyr. Vasallitätsverpflichtungen so wichtig, dass sie auch schlicht als »Verfluchung« (*mamītu*) bezeichnet werden konnten. Verfluchungen waren allerdings schon in westsemitischen Vasallitätsverträgen sehr wichtig, so in den altaram. Verträgen von Sfire (drei 1930 sö von Aleppo gefundene Stelen; KAI Nr. 222–224; TUAT I/2 178–189, Rössler), die eine eigene westmesopotamische, zw. der hetit. und neoassyr. stehende Vertragstradition repräsentieren (JSOT.S 326, 2001, 83–99, Morrow). Wo Riten diese Verpflichtung begleiteten,

unterstrichen sie diesen Aspekt, indem sie die Folgen des Vertragsbruchs vergegenwärtigten. Meist wurde ein Tier getötet und zerlegt und deutlich gemacht, dass der
Eidbrecher und seine Angehörigen auf ähnliche Weise umkommen sollten. So nennt
schon die aram. Sfire-Inschrift KAI Nr. 222a aus der Mitte des 8. Jh.a im Staatsvertrag
zw. den Königen Bar-ga'ja und Mati'-'el nebst einer Reihe anderer bedingter Fluch-
rituale in Z. 39f Folgendes: »Und gleichwie dieses Kalb zerschnitten wird, so soll Mati'-'el (Mati-'ilu) (im Falle einer Übertretung) zerschnitten werden und sollen seine
Großen zerschnitten werden.« Ähnlich heißt es im »Vertrag«, den der Assyrerkönig
Assurnirari V. (755–745a) seinerseits dem gleichen Mati'ilu von Arpad auferlegte, im
Falle eines Vertragsbruches soll »so wie der Kopf dieses Frühjahrslammes abgerissen
ist, der Kopf Mati'ilus abgerissen werden« usw. (TUAT 1/2 155f, Borger; ANET 532f,
Reiner). Eindeutige ikonographische Belege für diesen Ritus gibt es m.E. nicht (vgl.
aber RA 68, 1974, 106f, Amiet; BN 36, 1987, 7–9, Begg; Collon, in: FS Boehmer 1995,
70; zu bibl. Anspielungen auf diesen Ritus vgl. § 709).
Der »Vasallenvertrag« schuf ein Herr-Knecht Verhältnis, das metaphorisch auch als
Vater-Sohn-Verhältnis angesprochen werden konnte. Dem Vasallen war es verboten,
in irgendein positives Verhältnis mit andern großen Mächten zu treten. Er musste
einzig seinen Herrn anerkennen und fürchten, der Feind seiner Feinde und der
Freund seiner Freunde sein, politische Flüchtlinge an seinen Herrn ausliefern und
ihn über jede aufrührerische Rede informieren (ABD VI 653–655, Barré; zu den Texten vgl. § 684.719).

§ 614   U. a. ist – wenigstens in Bruchstücken – ein »Vertrag« dieser Art erhalten,
den Asarhaddon zur Zeit Manasses – wahrscheinlich aus speziellen ökonomischen
Interessen – dem König Baal von Tyrus auferlegt hat (TUAT I/2 158f, Borger; ANET
533f, Reiner; SAA 2 Nr. 5, Parpola/Watanabe). In den Sanherib-Annalen wird eine
Vasallitätsverpflichtung (*a-de-e ù ma-mit*) erwähnt, die dem König von Ekron aufoktroyiert worden ist (§ 540). Ob Manasse selbst einen solchen Eid leisten und
in einen solchen Vertrag eintreten musste, wissen wir nicht. H. Tadmor meint, das
Verhältnis zw. Assur und Juda sei ein auf mündlichen Vereinbarungen beruhendes
ardûtu-Verhältnis gewesen (Treaty and Oath in the Ancient Near East, in: G.M. Tuc-
ker/D.A. Knight, Hg., Humanizing America's Iconic Book. Socity of Biblical Litera-
ture Centennial Addresses, Chico 1980, 127–152, bes. 151). Jedenfalls war bereits
Ahas, wenn nicht schon Usija, in ein Vasallenverhältnis zu Assur getreten (§ 430). Es
wurde kaum für jeden neu inthronisierten Vasallenkönig ein neues Verhältnis ausgehandelt. So oder so war Manasse assyr. Vasall. Asarhaddon nennt ihn direkt hinter
Baal von Tyrus, wenn er die Könige jenseits des Eufrat aufzählt, die zu Bauleistungen
in Ninive verpflichtet waren (AfO.B 9, 1965, 60 Z. 55, Borger). Wie die assyr. Vasallen
aus dem Zagros und dem iranischen Hochplateau war sehr wahrscheinlich auch Manasse gehalten, den Loyalitätseid anlässlich der Thronfolgeregelung für Assurbanipal
und Schamasch-schum-ukin zu schwören (§ 614). Aber selbst wenn das nicht der
Fall gewesen sein sollte, war diese Praxis damals allen in Politik Involvierten bekannt. Deutliche Spuren solcher Loyalitätseide finden sich im dtn./dtr. Schrifttum
(§ 707–714.719.741). Als erster hat R. Frankena auf die Bedeutung neuassyr. Vasallitätsverpflichtungen für das Verständnis des Dtn aufmerksam gemacht (OTS 14, 1965,
122–154; vgl. Otto, in: atm. 13, 2004, 19f, Levinson/Otto/Dietrich).

7.14 MANASSES SOHN AMON UND DAS ENDE DER ASSYRERHERRSCHAFT

§ 615   Als Manasse 639a, 67jährig, nach 55jähriger Herrschaft starb, folgte ihm sein erst 22jähriger Sohn **Amon** auf den Thron (639–638a; 2Kön 21,19–26). Manasse war 45jährig, als er ihn zeugte. Es ist anzunehmen, dass Amon ältere Brüder hatte. Vielleicht sind sie alle gestorben, vielleicht wurden sie übergangen. Amon wurde nach nur zweijähriger Regierungszeit von Höflingen ermordet. Über die Gründe kann nur spekuliert werden (vgl. AB XI 275f, Cogan/Tadmor). Das DtrG charakterisiert seine Regierungszeit schlicht als Fortsetzung der inkriminierten Herrschaft seines Vaters. In den zwei Jahren blieb ihm ja auch kaum Zeit zu eigenen Initiativen. Der Landadel (ʿam ha-ʾareṣ), der auch sonst im DtrG den Fortbestand der davidischen Dynastie sichert (2Kön 11,14; 23,30; vgl. AB XI 129f, Cogan/Tadmor; ABD I 168f, Healy), schaltete sich auch diesmal ein und erhob den achtjährigen Sohn Amons, **Joschija**, zum König (638–609a). Allerdings dürfte der »Landadel« von 2Kön 21,24 nicht der gleiche wie der von 2Kön 11,14 gewesen sein (vgl. § 409). Die Zerstörung der Städte Judas, die Deportation großer Teile der Landbevölkerung zur Zeit Sanheribs (§ 544) und die zentralistisch konzipierte Wiederbesiedlung Judäas zur Zeit Manasses (§ 563) hat an Stelle der seit Jahrhunderten am gleichen Ort sesshaften Sippen und ihrer Ältesten eine neue Schicht von Beamten an die Macht gebracht, die die jud. Landschaft im Auftrag der Zentrale verwalteten (JSOT.S 124, 1991, 11–107, Halpern; Lohfink, in: BBB 98, 1995, 353f, Groß). Mit dem vom »Landadel« eingesetzten Joschija (vgl. allerdings § 721) beginnt ein neues und wichtiges Kapitel auf dem Weg zur weltgeschichtlichen Bedeutung Jerusalems.

7.15 DIE HERRSCHAFT ASSURS ÜBER JERUSALEM – ZUSAMMENFASSUNG

§ 616   Im letzten Drittel des 8. Jh.a taucht in Jerusalem zum ersten Mal das Phänomen eines Mannes auf, der unter seinem eigenen Namen pointierte, gekonnt poetisch formulierte Stellungnahmen hinterlassen hat. Es ist der Prophet Jesaja. Unter seinem Namen ist ein umfangreiches Buch von 66 Kapiteln überliefert. Da man einem Propheten zutraute, weit und deutlich in die Zukunft sehen zu können, hatte man keine Mühe damit, ihn zu späteren Ereignissen und Personen explizit Stellung nehmen zu sehen, bis zum Perserkönig Kyrus im 6. Jh.a. Dem heute weniger supranaturalistischen Prophetenverständnis entsprechend werden ihm im 21. Jh.p in der Regel nur ein Bruchteil des umfangreichen Corpus zugesprochen. Als authentische Worte gelten vor allem jene, die sich mit den Ereignissen seiner Lebzeit am Ende des 8. Jh. beschäftigen. Jesaja war der jüngere Zeitgenosse der Propheten Amos und Hosea. Amos dürfte ihn in seiner frühen Verkündigung zu Sozial- und Kultkritik angeregt haben. Mit Hosea – ob er von ihm wußte oder nicht – teilte er die Praxis, seinen Kindern symbolisch-kerygmatische Namen zu geben. Wichtig für den jungen Jesaja war auch die Sonnengott-Tradition (Sodomgeschichte). Seine ganz eigene Thematik fand der Prophet in Zusammenhang mit der Assyrergefahr. Versuche, dem Propheten nur eine bestimmte Art von Äußerungen, z.B. Gerichtsworte (H.W. Wolff, R. Kilian) oder Heilsorakel (U. Becker) zuzugestehen, sind zu ideologisch. Die während seiner langen Tätigkeit rasch wechselnden Ereignisse und Konstellationen spiegeln sich in seinen Stellungnahmen. Für diese kennzeichnend sind eine realistische Einschätzung der jeweiligen Situation, der Glaube an die souveräne Lenkung der Weltereignisse inklusive der Schachzüge der assyr. Großmacht durch JHWH und der Anspruch des »Heiligen Israels« auf das ausschließliche Vertrauen seines Volkes. Jesaja vertritt einen impliziten Monotheismus, insofern JHWH für ihn der einzige Herr der Geschichte ist. Andere Gottheiten, weder kanaanäische noch ägyptische, treten bei ihm überhaupt nicht in Erscheinung, auch nicht in polemischen Äusserungen. Das ist der Epigraphik Jerusalems und Judas konform, die im letzten Viertel des 8. Jh.a zum ersten Mal ein beträchtliches Ausmaß annimmt. Sie zeigt eine nahezu ausschließliche Dominanz JHWHs (Namengebung). Dieser JHWH ist, wie schon die Frühverkündigung Jesajas und die ägyptisierende Ikonographie der königlichen und der privaten Glyptik zeigen, ein stark solarisierter JHWH. Das suggerieren u.a. auch die geflügelten Uräen (Serafim) in der Vision von Jes 6 mit ihrem dreifachen zischenden *Qadosch* »Heilig«.

Mit dem Assyrerkönig Tiglat-Pileser III. (ca. 745–727a) begann die direkte Konfrontation Israels mit der Großmacht Assur. Das Verhalten dieser aggressiven Großmacht gegenüber wurde zum vorrangigen politischen Thema in Jerusalem. Die vom Vormarsch Assurs direkt bedrohten Staaten Damaskus und Samaria versuchten 734a im syr.-efraïmitischen Krieg Juda gegen den Willen seines Königs Ahas zu zwingen, einer antiassyr. Koalition beizutreten. Entgegen den Warnungen und Ermutigungen Jesajas, die sich in den Symbolnamen seiner Kinder inkarnierten, suchte der verängstigte Ahas sein Heil in der Flucht nach vorn und bot Tiglat-Pileser III. an, sein Vasall zu werden. Jesaja geisselte dieses Vorgehen als Misstrauenskundgebung gegenüber JHWH. Damaskus und Samaria, gegen die Ahas den Schutz Tiglat-Pilesers suchte, bildeten in den Augen Jesajas keine ernst zu nehmende Gefahr. Tatsächlich ging Tiglat-Pileser III. gegen Damaskus und das Nordreich im Zuge seiner Expansionspolitik vor, und das wohl nicht weil Ahas sein Vasall wurde. Jesajas Einschätzung der assyr. Bedrohung deckt sich auf weite Strecken mit den Darstellungen der assyr. Propaganda (Palastreliefs). Jesaja warnte mit der eindrücklichen prophetischen Zeichenhandlung des Nacktgehens (Kriegsgefangene) den Nachfolger Ahas', Hiskija vor einer Beteiligung Judas am antiassyr. Aufstand Aschdods von 713–711a, anscheinend mit Erfolg. Dem Anführer des Aufstands blieb bald nur noch die Flucht nach Ägypten. Die neu an die Macht gekommene 25. Nubische Dynastie lieferte ihn an Assur aus. Jesajas Kritik an Assurs Überheblichkeit zeigt, dass seine »proassyrischen« Positionen nichts mit denen einer »fünften Kolonne«, sondern mit seiner realistischen Einschätzung der Lage zu tun hatten. Letztere hat sich auch in seiner Mahnung bewährt, der Tod Tiglat-Pilesers III. sei kein Grund zur Freude. Dessen Nachfolger, Salmanassar V. und Sargon II., verwandelten 722/721a das Nordreich in assyr. Provinzen und zerstörten Samaria. Die Flüchtlinge aus Samaria führten zu einem schnellen und unkontrollierten Wachstum Jerusalems. Manche Historiker datieren dieses allerdings erst in die Zeit Manasses, d.h. ins 7. und nicht ans Ende des 8. Jh.a. Der Hiskija-Tunnel und die *la-mælæk*-Stempelabdrücke dokumentieren aber, dass Hiskija beträchtliche Anstrengungen unternahm, Jerusalem gegen einen assyr. Angriff zu wappnen. Die Erstellung der Verteidigungsbereitschaft dürfte bes. in der Schefela zu einem Machtzuwachs der Beamten geführt haben, deren Übergriffe einer der Dorfältesten von Moreschet Gat, Micha von Moreschet, scharf geisselte. Er drohte Jerusalem den

Untergang an, eine Drohung, die hundert Jahre später, nachdem die Uneinnehmbarkeit Jerusalems eine Art Dogma geworden war, schwersten Anstoß erregte. Im Rahmen der Erstellung der Verteidigungsbereitschaft ist wohl auch der Ausbau der »geistigen Landesverteidigung« zu sehen, die im Sammeln und Bearbeiten der eigenen Traditionen (Spr 25,1) und vielleicht auch derer bestand, die Flüchtlinge aus dem Nordreich nach Jerusalem gebracht hatten. Die Zerstörung der ägyptisch inspirierten »Ehernen Schlange«, die das DtrG programmatisch an den Anfang der Regierung Hiskijas gestellt hat, dürfte erst nach 701a erfolgt sein und mit der Enttäuschung über die Wirkungslosigkeit der ägypt. Hilfe zusammenhängen.

Vorerst aber wurde die Möglichkeit ägypt. Unterstützung hoch eingeschätzt. Als Sargon II. 705a in Kleinasien – als einziger assyr. König – im Kampf fiel, sah man im äußersten SO (Babylon, Elam) und im SW die Zeit gekommen, den Aufstand zu wagen. Im SW wurde Jerusalem seiner zentralen Lage entsprechend zusammen mit Aschkelon gar zur treibenden Kraft der antiassyr. Erhebung. Eine enge Zusammenarbeit mit der in Ägypten definitiv zur Macht gelangten 25. Dynastie sollte das Bündnis abrunden. Jesaja hat die Boten, die zw. Jerusalem und Ägypten hin und her gingen und die Geschenke, die von Jerusalem dorthin geschickt wurden, mit beißendem Spott übergossen. Wieder gerät Jesaja mit seiner Charakterisierung Ägyptens als Volk, das nichts nützt, in die Nähe der assyr. Propaganda. Er hat aber mit seiner Position weitgehend Recht behalten. Als Sanherib 701a mit einer großen Armee gegen W zieht, bleiben Juda und Jerusalem sehr schnell allein mit ihrem Widerstand. Der ungleiche Kampf zw. David und Goliat gehört zu den best dokumentierten (archäolog. Funde, Reliefs, assyr. und bibl. Nachrichten) Ereignissen der ao Geschichte. Die Assyrer verwüsteten ganz Juda und zerstörten alle seine Städte inklusive dem schwer besfestigten Lachisch und verschleppten einen großen Teil seiner Bevölkerung nach Assyrien ins Exil. Der erbitterte Widerstand Judas und ein Entlastungsangriff der Ägypter scheinen aber die Assyrer soweit geschwächt zu haben, dass sie auf eine Belagerung Jerusalems verzichteten und gegen ihre Gewohnheit die Unterwerfung Judas annahmen ohne Jerusalem eingenommen und Hiskija grausam bestraft zu haben. Während Jesaja die Verwüstungen betrauerte, bahnte sich eine ganz andere Sicht der Dinge an. Das Davonkommen Jerusalems *in ultimis* wurde zunehmend radikaler als Triumph JHWHs und als Beweis für seine Einzigartigkeit gefeiert. Diese realitätsfremde triumphalistische Sicht der Ereignisse von 701a wird hundert Jahre später den weiteren Verlauf der Geschichte bestimmen. Das DtrG erweckt den Eindruck, mit dem Abzug der Assyrer sei diese Gefahr definitiv gebannt gewesen. Es ignoriert, dass Juda und sein König Vasallen Assurs waren und speziell schwere Abgaben zu zahlen hatten. Manasse, der Nachfolger Hiskijas, trug dieser Situation Rechnung und verzichtete auf jeden Aufstandsgedanken. Unter seiner klugen Führung erholten sich Juda und bes. Jerusalem allmählich. Da Jerusalem als einzige Stadt Judas 701a nicht zerstört worden war und seine Bevölkerung – wahrscheinlich dank der Flüchtlingswellen – sich innert kurzer Zeit vervielfacht hatte, sind die beiden W-Hügel am Ende des 8. und/oder während des 7. Jh.a neu besiedelt worden. Jerusalem wurde wieder, was es schon in der Amarnazeit und nach der Reichsteilung war, eine Art Stadtstaat, ein Zentrum mit einem einzig als Peripherie existierenden Umfeld.

Für das national-religiöse DtrG ist Manasse ein Verräter, dem alle denkbaren Frevel angelastet werden. Er wird als Anti-Hiskija stilisiert. Eine dem DtrG nahe stehende

Quelle macht ihn gar für den Untergang Jerusalems und des Tempels im Jahre 587a verantwortlich. Sein Fremdgötterkult sollen diesen verursacht haben. Eher trifft jedoch das Gegenteil zu. Hätten die Herrscher hundert Jahre später so umsichtig gehandelt wie Manasse und die großräumigen geschichtlichen Realitäten akzeptiert, wäre Jerusalem nicht zerstört worden. Manasse wird vom DtrG für den Aschera-Kult in Jerusalem verantwortlich gemacht. Tatsache ist wohl, dass dieser seit der Gründung des salomonischen Tempels dort heimisch gewesen ist. Die Faszination durch die nächtlichen Gestirne und ihr vom DtrG perhorreszierter Kult sind wie die enigmatischen Riten im Gehinnom Teil des aram.-assyr. Einflusses, der unter der *pax assyriaca.* mit aram.-assyr. Soldaten, Beamten und Händlern nach Jerusalem gebracht wurde und dort in bestimmten Schichten willige Aufnahme fand. Für die Entstehung eines gelebten Monotheismus von Bedeutung ist vor allem, dass Juda und Jerusalem unter der assyr. Besetzung mit der Institution der Vasallitätsverpflichtung bekannt wurden. Mit ihrer Hilfe versuchten die assyr. Könige ihre Vasallen an sich zu binden. Unter schwersten Drohungen mußten sich diese verpflichten, keinen anderen Herrn als den assyr. Großkönig ins Auge zu fassen, jeden Versuch sie von diesem exklusiven Verhältnis abzubringen erbarmungslos zu denunzieren und zu bestrafen, und handle es sich um die eigene Frau oder die eigenen Kinder. Die Übertragung dieser Institution während oder nach dem Ende des Assyrerreiches vom assyr. Großkönig und seinen Vasallen auf JHWH und Israel wird dessen Theologie und Religion tief und nachhaltig prägen, doch damit sind wir bereits beim nächsten Kapitel.

8. DER FALL ASSURS UND DIE REORGANISATION JERUALEMS UND JUDAS (ca. 625–609a)

8.1 DIE POLITISCHE GROSSWETTERLAGE AM ENDE DES 7. JH.a

DER UNERWARTETE NIEDERGANG ASSURS

§ 617   Der Nachfolger des ermordeten Amon war sein Sohn Joschija (638–609a; vgl. § 615). Seine Mutter stammte aus → II Bozkat in der Schefela, einer Gegend, die den Zeitereignissen besonders stark ausgesetzt und deshalb für diese sensibilisiert war. Joschija war, als er 638a vom ʿam ha-ʾaræṣ zum König gemacht wurde, achtjährig (2Kön 21,24; 22,1). Es ist klar, dass seine Mutter und seine Erzieher vorerst die Politik bestimmten. Sie stand nach wie vor im Zeichen der assyr. Oberherrschaft, konkret unter der Assurbanipals (669-ca. 630a). Dieser war, wie gesagt (§ 561), 667a zum ersten Mal nach Ägypten gekommen und hatte 664a Theben erobert. Assur war auf dem Höhepunkt seiner Expansion angelangt. Zwar gab es Widerstände, aber als Joschija 638a König wurde, lag die Rückeroberung des abtrünnigen Babylon durch die Truppen Assurbanipals schon ca. zehn Jahre zurück (648a), die Niederschlagung der elamitischen Revolte und die Zerstörung Susas sieben Jahre (645a). 643a fand eine assyr. Strafexpedition gegen Tyrus statt (TUAT I/4, 400, Borger). Im Anschluss an die Araberkämpfe wurden Uschu, der auf dem Festland gelegene Teil von Tyrus, und Akko bestraft (TUAT I/4, 401, Borger). Assurs Herrschaft bedurfte für ihre Aufrechterhaltung zwar dauernder Anstrengungen, es schien jedoch dazu weiterhin, wie während der ersten Hälfte des 7. Jh.a, in der Lage zu sein (vgl. z.B. Esr 4,9f), ja es gelangen ihm zusätzliche spektakuläre Erfolge wie die Eroberung von Theben.

§ 618   In Ägypten war es Psammetich I. (664–610a) gelungen, mit Assurbanipal zu kooperieren. Der letzte Herrscher der 25., der nubischen/kuschitischen Dynastie, Tanwetamani (664–656a), wurde von den Assyrern 663a aus Ägypten nach Nubien vertrieben. Psammetich I. war der Sohn und Nachfolger Nechos I., eines Lokalfürsten von Sais. Sais ist eine Stadt am westlichen, am Rosetta-Arm des Nils. Sie liegt etwa 90km osö von Alexandria. »Durch die Vertreibung des Kuschitenkönigs durch die Assyrer und die Verwicklung Assurs selbst in langwierige Kriege gegen Babylon und Elam (dessen Hauptstadt Suasa erst 640a fällt) gelangt Psammetich zu größerem politischem Spielraum, den er mit Unterstützung des lydischen Königs Gyges und nach der Indienstnahme ionischer und karischer Söldner erfolgreich zum Ausbau seiner Machtstellung nutzt« (Schneider, Lexikon der Pharaonen 310). 657a hat er das Delta definitiv geeinigt und im letzten Jahr seiner Regierung setzt er seine eigene Tochter, Nitokris, als Gottesgemahlin des Amun in Theben ein. Psammetich ist der Begründer der produktiven 26. Dynastie (664–525a), die Ägypten nach der libyschen 22. und der nubischen 25. Dynastie wieder unter einer ägypt. eint und in vielem an frühe ägypt. Traditionen von der 18. Dyn. bis ins Alte Reich anknüpft. Nachfolger Psammetichs I. wird sein Sohn, Necho II. (610–595a).

Die letzten Eintragungen der Annalen Assurbanipals stammen aus dem Jahr 639a. Um 630a dürfte er gestorben sein. Sein Nachfolger Assuretelilani regierte nur drei Jahre (ca. 630–627a). Assyr. Annalen aus dieser Zeit gibt es nicht. Die babyl. Chroniken setzen erst danach, im Jahre 626a mit der Revolte Babylons ein (TUAT I/4, 401–405, Borger; Grayson, Chronicles 17–22.87–111). Nabopolassar, dem Vater Nebukadnezzars (II.), gelang es anscheinend, das assyr. Joch von Babylon endgültig abzuschütteln. Er regierte von 626–605a. Gegen Assuretililanis Nachfolger, Sinscharischkun (627–612a), erhob sich 623a einer seiner Generale. Erst diese bürgerkriegsähnlichen Zustände verunmöglichten es Assur, seine Kontrolle über die Levante aufrechtzuerhalten (zum Ende des assyr. Reiches vgl. im Einzelnen Lipschits, Fall and Rise 11–20).

KEIN MACHTVAKUUM IN DER LEVANTE: DER ANSPRUCH ÄGYPTENS

§ 619   Häufig wird angenommen, der Niedergang Assurs habe in der Levante spätestens ab 627a, wenn nicht schon zehn Jahre vorher, ein umfassendes Machtvakuum entstehen lassen (vgl. die Autoren, die Na'aman, in: TA 18, 1991, 34 = CE I 361, nennt). H. Donner z.B. wundert sich angesichts der zunehmenden assyr. Schwäche über das Fehlen antiassyr. Bewegungen in der Levante. »Die harte Herrschaft der Assyrer hat den Widerstandwillen anscheinend gebrochen, der Westen des Reiches verharrte in Lähmung, auch während der krisenreichen Regierungszeit Assurbanipals und selbst noch nach dessen Tod« (GAT IV/2, 374; vgl. auch GAT VIII/1, 307, Albertz). Über diesem Feld voller Gelähmter lässt Donner Joschija sich erheben. »Ein einziger unter den assyrischen Vasallen des Westens hatte das Format, die Zeichen der Zeit zu erkennen und den Niedergang der Macht Assyriens politisch auszunutzen: König Josia von Juda …, eine der glänzendsten, begabtesten und faszinierendsten Gestalten auf dem Throne Davids« (GAT IV/2, 374).

§ 620   H. Donner und viele andere haben die Situation verkannt, weil sie, was bei dem Brückencharakter Palästinas unerlässlich ist, versäumt haben, in beide Richtungen zu schauen. Zwar ging Assurs Macht unerwartet schnell zur Neige. Ägypten hat sich jedoch mit der 26. Dynastie neu formiert und das durch den Abzug der Assyrer entstandene Machtvakuum unverzüglich aufgefüllt (vgl. dazu im Einzelnen Lipschits, Fall and Rise 20–29). Psammetich I. (664–610a) hatte sich acht Jahre nach Regierungsantritt als Herrscher über ganz Ägypten durchgesetzt. Assurbanipal blieb nichts anderes als das zu akzeptieren (Luckenbill, Records § 785). In der Folgezeit scheint es ein Abkommen zw. Psammetich I. und Assur gegeben zu haben, das die Levante Ägypten zusprach, im Gegenzug aber Psammetich verpflichtete, Assur militärisch beizustehen (SAK 5, 1977, 224, Spalinger; TA 18, 1991, 39, Na'aman = CE I 366f). Von einem solchen Beistand wissen babyl. Quellen (Wiseman, Chronicles 11–13.44.54–55) und Jer 46,2. Eine Stele Psammetichs I. aus dem Jahre 612a sagt von den Fürsten Vorderasiens: »Sie sind abhängig vom Palast und ein königlicher Aufseher ist über sie gesetzt. Ihre Abgaben sind festgelegt für die Residenz« (Breasted, Records IV, § 966; OBO 170, 1999, 230f, Schipper).

367–371 Von der politischen und propagandistischen Präsenz Ägyptens in Palästina zeugen zahlreiche Monumente wie diese für die 26. Dyn. (664–525a) typischen Skarabäen aus Achsib und Akko; auf ihnen erscheinen regelmäßig Namen von Königen aus den Anfängen der ägypt. Geschichte, so auf 367–368 der des Mykerinos (*mn-k3<w>-r‘*), des Erbauers der kleinsten der drei Pyramiden von Gisa

§ 621   Von der Präsenz der 26. Dynastie in Palästina zeugen zahlreiche Skarabäen, die besonders an Orten der Küste entlang gefunden worden sind (367–371; vgl. OBO.A 13, 1997, Aschkelon Nr. 32.76–79.86.88f.93.98; Akko Nr. 76.105.178. 186.194.217.222.243.250; Achsib Nr. 13.20f.27f.30.33.38.46.70.78.127f.130.133, Keel). Nur wenige sind nicht weit von der Küste, wie z.B. beim Tell el-Far‘a-Süd aufgetaucht (BP I Pl. 43,518f.521), vereinzelte auch im Jordantal (Rowe, Catalogue Nr. 883). Die ägypt. Kontrolle und der ägypt. Einfluss scheinen sich vorerst auf diese Gebiete konzentriert zu haben. Ein Skarabäus (372; vgl. F. Petrie, Scarabs and Cylinders with Names, London 1917, Pl. VIII,1.1–2; Matouk, Corpus I, 205 Nr. 1) und Udschataugen-Amulette aus der Davidstadt (373; vgl. Qedem 35, 1996, 291–297, Cahill) und aus der Grabanlage bei Ketef Hinnom (374; OBO 138, 1994, Bildtafel 72 Nr. 1208–1209, Herrmann) sowie ein ägypt. Fayencekopf mit breitem Halskragen aus der gleichen Grabanlage (375; OBO 138, 1994, 223, Nr. 180, Herrmann) machen deutlich, dass der Wandel des dominierenden Fremdeinflusses – mit einiger Verzögerung – dann auch Jerusalem erreicht hat.

372   Ein Skarabäus aus der Grabung von
K. Kenyon in Jerusalem. Seine Gravur wird als
»Menes« gelesen. Das ist der Name des legendären
Gründers des ägypt. Königtums. Jedenfalls ist es
ein Skarabäus der 26. Dyn. (664–525a)

373–374   Zwei ägypt. Udschatau-
gen, von denen eines in der Davidstadt im Areal G, das andere in
einem Grab Gehinnom (Küchler, Jer
781–785) gefunden wurde (7. Jh.a)

375   Aus dem gleichen Grab im Gehinnom
wie 374 stammt der ägypt. Frauenkopf mit
breitem Halskragen (7. Jh.a)

§ 622   Entgegen der früher vertretenen Ansicht dürfte →II Mezad Chaschavjahu
nicht von Joschija, sondern von Psammetich I. oder noch wahrscheinlicher von
Jojakim mit Zustimmung Nechos II. angelegt und mit Hilfe griech. Söldner betrieben
worden sein (TA 18, 1991, 46, Na'aman = CE I 373; TA 28, 2001, 3–165, Fantalkin;
vgl. auch TA 29, 2002, 328–331, Niemeier; vgl. weiter § 789). Herodot lässt Psammetich I. in Palästina dem sagenhaften Skythensturm Einhalt gebieten (Historien I
103–106) und nach einer unwahrscheinlich langen Belagerung →II Aschdod einnehmen (Historien II 157). Die Notiz reflektiert wohl die kriegerischen Ereignisse, die
die Archäologie beim Übergang von Aschdod Stratum VII zu Aschdod VI dokumentiert (NEAEHL I 100. Dothan).
Psammetich hatte in seiner Armee zahlreiche griech. Söldner (Herodot II 152;
vgl. Jer 46,9). Als Teil dieser Armee kamen zum ersten Mal eine große Anzahl Griechen nach Palästina. E. Stern vermutet, dass es in →III Dor im 6. oder vielleicht
sogar schon im 7. Jh.a einen griech. Tempel gegeben hat (Qad. 34, 2001, 44–48). Auf

einigen Ostraka aus → II Arad, wird Eljaschib, der Befehlshaber der Garnison, angewiesen, große Mengen von Brot, Mehl, Öl und Wein an die Kittäer (*ktjm*) zu liefern (Renz/Röllig, Handbuch I 347–378 passim; II 223 sub voce *kty*; vgl. HAL II 480). Na'aman fand darin einen zusätzlichen Grund für den schon von Miller/Hayes vermuteten Umstand (History 384f.388–390), Joschija sei ein Vasall Psammetichs I. gewesen, der die Griechen in dessen Heer versorgen musste (TA 18, 1991, 47f = CE I 373f). Das Problem mit den Proviantlieferungen an die Kittäer ist, dass die einschlägigen Ostraka in Arad Stratum VI gefunden worden sind und eventuell erst vom Anfang des 6. Jh.a stammen. Die drei Siegel des Eljaschib kommen allerdings aus Stratum VII, und d.h. dem 7. Jh.a (OBO.A 13, 1997, Arad Nr. 14–16, Keel).

§ 623   In diesem Zusammenhang interessant sind auch ägypt. hieratische Zahlzeichen und Maßeinheiten inklusive Schreibübungen auf Ostraka aus Arad (Renz/Röllig, Handbuch I 290–292 Nr. 31; 295f Nr. 34), Marescha (ErIs 26, 1999, 147–150.233*f, Kloner/Eshel) und Kadesch Barnea (Ebd. 339–343; vgl. auch Deutsch/Heltzer, New Epigraphic Evidence 92–102 Nr. 79).»Offenkundig musste man diese Zahlzeichen nachlernen. Das Phänomen ist durchaus mit dem Rückgang des mesopotamischen Einflusses im Zusammenhang mit dem Zusammenbruch des neuassyr. Reiches und der kurzfristigen Vorherrschaft Ägyptens über Palästina unter Necho II. … in Verbindung zu bringen. Zu Beginn des 6. Jh.a, seit dem Wiedererstarken Mesopotamiens unter Nebukadnezzar nach der Schlacht von Karkemisch 605a, geht dieses Phänomen wieder stark zurück – etwa in den klassischen Arad- und Lachisch-Ostraka« (Renz, Beitrag 136). Die ägypt. Vorherrschaft dürfte nicht erst unter Necho II. (610–595a), sondern schon in den letzten Jahren Psammetichs I. (664–610a) eingesetzt haben. Wie immer dem sei, jedenfalls befanden sich auch Juda und Jerusalem gleich nach dem Abzug der Assyrer höchstens *de facto*, nicht aber *de jure* in einem Machtvakuum. Ägypten hatte seinen Anspruch noch während des Zerfalls des Assyrerreiches angemeldet.

§ 624   In 2Kön 23,29 wird enigmatisch knapp der Tod Joschijas durch die Hand des Psammetich-Sohnes Necho II. (610–595) berichtet. Die Notiz hat zu vielen Spekulationen Anlass gegeben (FRLANT 129, 1982, 138–153, Spieckermann; GAT IV/1, 389 Anm. 76, Donner). Sie lässt sich aber am besten so verstehen, dass Joschija, als Vasall des Pharao nach Megiddo bestellt, als illoyal befunden und getötet wurde (TA 18, 1991, 51–55, Na'aman = CE I 379–384). 2Chr 35,20–24 hat die Episode als gottwidrigen kriegerischen Zusammenstoß gestaltet, der dem Vergeltungsdogma der Chr entsprechend den gewaltsamen Tod des frommen Königs rechtfertigen muss. Nach Josephus wurde Joschija durch einen ägypt. Bogenschützen getötet, als er seine Truppen gegen Necho in Stellung bringen wollte (Ant X 74–77). Wahrscheinlich ist das eine bloße Vermutung. Josephus dürfte kaum über eine Sonderquelle verfügt haben. Unter welchen Umständen immer er gestorben ist, jedenfalls scheint er das *de facto* Machtvakuum im Bergland überschätzt und den *de jure* Zustand unterschätzt zu haben. Wenn Joschija in Megiddo tatsächlich militärisch zu intervenieren versuchte, musste er das von ihm effektiv beherrschte Gebiet verlassen. Dieses reichte nach N kaum über → III Bet-El hinaus. Das suggerieren die Städtelisten in

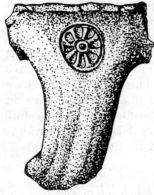

376 Gefäßhenkel mit Abdruck eines Rosetten-
siegels. Die Rosettensiegel scheinen am Ende des
7. Jh.a zur Zeit Joschijas oder evtl. erst Jojakims
eine ähnliche Funktion gehabt zu haben wie die
Verwaltungssiegel Hiskijas (**285–289**) am Ende
des 8. Jh.a

Jos 15,21–62; 18,21–28; 19,2–8.40–46, die aus der Zeit Joschijas stammen dürften
(→II 576f und **381**; TA 18, 1991, 5–33.41–44, Na'aman = CE I 331–361.369–372),
und die heute rund 250 Rosettenstempel-Abdrücke (**376**), die manche der Zeit
Joschijas, andere allerdings erst der Zeit des Joschija-Nachfolgers Jojakim zuzuweisen
sind und deren Streuung ein ähnlich beschränktes Territorium abgrenzt wie das
der Städtelisten (**377**; zu den Rosettenstempeln vgl. § 368 und 1253; OBO.A 10,
1995, § 309f, Keel; IEJ 45, 1995, 230–252, Cahill; BArR 23/5, 1997, 48–57.68f, Cahill;
BASOR 314, 1999, 19–54, bes. 34–37, Kletter).

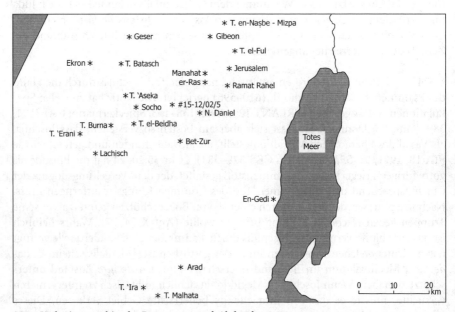

377 Verbreitungsgebiet der Rosettenstempel-Abdrücke

§ 625 Die Oberhoheit des Pharao wird nicht nur beim Tod Joschijas, sondern auch bei der Thronfolge schmerzlich spürbar. Der Pharao setzt den vom ʿam ha-ʾaræṣ eingesetzten Joschija-Sohn Joahas gleich wieder ab, legt Juda eine riesige »Buße« von hundert Talenten Silber und einem Talent Gold auf, ernennt einen anderen Sohn Joschijas, Eljakim, als König und demonstriert seine Oberhoheit, indem er dessen Namen in Jojakim ändert (2Kön 23,30–35).

ÄRGER UND HOFFNUNGEN IN JERUSALEM
BEIM ZUSAMMENBRUCHS ASSURS

Der Prophet Zefanja

§ 626 Das Büchlein Zefanja (HThKAT Zef, Irsigler; TRE 36, 2004, 648–657, Dietrich) wird durch die redaktionelle Überschrift aber auch durch innere Kriterien der Zeit Joschijas zugewiesen. Zefanja sieht die Missstände, die Jerusalem bedrohen, im Gegensatz zu 2Kön nicht so sehr im Fremdgötterkult, sondern primär im sozialen und rechtlichen Bereich und ergänzt 2Kön 22f so um einen wesentlichen Aspekt. Die Kritik am Fremdgötterkult in Zef 1,4–6 klingt ziemlich dtr., wirkt davorgesetzt und spielt im Rest des Büchleins keine Rolle (vgl. SBS 120, 1985, 75–81, Seybold; dafür, die Passage ganz oder teilweise Zef zu belassen, plädieren Dietrich, in: OBO 139, 1994, 466f, Dietrich/Klopfenstein; BET 29,1999, 92–106, Striek; JBL 120, 2001, 671–684, Holladay). Zefanja geht es jedenfalls primär um das asoziale Verhalten einer Oberschicht unter Aussparung des Königs. Wenn seine Verkündigung in die Frühzeit Joschijas fällt, was auch sonst wahrscheinlich ist, versteht sich das von selbst. Joschija war bei seinem »Amtsantritt« achtjährig (2Kön 22,1). Er wird in Jer 22,15f allerdings auch später als gerecht beurteilt. Hart kritisiert werden hingegen bei Zefanja die nächste Umgebung des Königs, die »Königssöhne« (1,8), die hohen Beamten (1,8; 3,3), Händler (1,11), Großgrundbesitzer (1,12), Richter, Priester, Propheten (3,3.4.11), die aus Habgier das Recht mit Füßen treten und handeln, als ob es JHWH nicht gäbe, ganz ähnlich wie Ninive (2,15).

§ 627 Die in dieser Oberschicht gepflegten fremden Bräuche (Zef 1,8f) sind wohl als Hinweis darauf zu verstehen, wie sehr diese die Zivilisation der Besatzungsmacht fasziniert hat (Uehlinger, in: SBS 170, 1996, 49–83, Dietrich/Schwantes). Bei denen, die sich fremdländisch kleiden (Zef 1,8), kann man an die bemalte Scherbe von Ramat Rahel vom Ende des 7. Jh.a denken (→ II 390), die einen bärtigen Thronenden, vielleicht gar einen jud. König zeigt. Kleidung, Haltung und Gestaltung der Armmuskulatur erinnern an assyr. Vorbilder (GGG 409f). Assyrisierend wirken auch der jud. König und sein »Stadtoberster« auf der Bulle von **381**. Den fremdländisch Gekleideten stellt Zefanja JHWH gegenüber, der sich nicht um die neueste Mode, sondern in der Tradition des Jerusalemer Sonnengottes Morgen für Morgen um Gerechtigkeit kümmert (3,5). Der Name Schecharja »JH<WH> ist Morgenröte« bzw. die Kurzform Schachar (1Chr 7,10; 8,26; vgl. HAL IV 1361f) ist um 600a mehrmals bezeugt (**378–379**; Avigad/Sass, Corpus Nr. 627–629). Schachar, die Morgenröte, kündet in der Sodomgeschichte das Gericht an (§ 338). Die menschliche Kontrastwelt der privilegierten Oberschicht, die ihre Verantwortung nicht wahrnimmt und der deshalb

378–379 Siegelabdrücke mit den Namen *šaḥar* »Morgenröte«, wahrscheinlich eine Kurzform von *šaḥarja* »JH<WH> (ist) Morgenröte« (vgl. 1Chr 8,26; Ende 7. Jh.–Anfang 6. Jh.a)

das Gericht droht, bilden die Gebeugten, Gedrückten, Bescheidenen, denen das Recht wichtig ist (Zef 2,3) und die den Rest Israels bilden werden, der nach der Katastrophe übrig bleiben wird (3,12f). Diese »Kontrastgesellschaft« ist nicht auf eine nachdtr. Bearbeitung zurückzuführen (A. Ruthofer, Zefanja und die Reform König Joschijas, Wien 2001, unveröffentl. Diss. zur Stelle; gegen BET 29, 1999, 126–140.201–210, Striek). Die Forderung nach einer Abkehr von fremden Sitten und den Aufbau einer brüderlichen Gemeinschaft versuchte dann das Dtn durchzusetzen (§ 727; vgl. dazu Sweeney, Josiah 185–197).

Der Prophet Nahum

§ 628   Der Prophet Nahum hat zw. 664 und 612a, wahrscheinlich um 626a, als sich das schwer bedrängte Rest-Assur mit den Ägyptern verbündete (Nah 3,11), seine Botschaft verkündet und das Zerbrechen des assyr. Jochs gefeiert (HThKAT, Nahum 30, Fabry; zur Forschungsgeschichte vgl. ebd. 25–74; Currents in Research: Biblical Studies 9, 2001, 81–130, Weigl). Auf das Jahr 664a blickt Nahum zurück (3,8–10). Es ist das Jahr, in dem die Assyrer zum Schrecken und Staunen der damaligen Welt das oberägypt. Theben erobert haben, das unermesslich reich und berühmt war (vgl. dazu weiter § 561). Auf das Jahr 612a blickt Nahum voraus, wenn er die endgültige Zerstörung der »Hexenmeisterin und Prostituierten« Ninive ankündigt (2,9; 3,7; OTEs 16/3, 2003, 616–624, Klopper). Während Ninive wie ein Teich ist, dessen Wasser unaufhaltsam davon fließen (2,9), wird die Pracht Israels wieder hergestellt werden (2,3). Diese Frohbotschaft richtet sich nicht an Jerusalem, sondern an das Land Juda (2,1). Nahum, der wie Micha aus einem Dorf, wahrscheinlich ebenfalls einem der Schefela (Elkosch) stammt (NBL I 525, Mulzer), hat für Hauptstädte wenig übrig. Nahum sieht die bedingten Flüche der assyr. Vasallitätsverpflichtungen auf Assur selbst zurückfallen (BS 158, 2001, 287–307.415–436; 159, 2002, 21–45, Johnston). Im Fall Thebens und in dem Ninives wird offenkundig, dass JHWH Herr der Weltgeschichte ist und Loyalität letztlich nur ihm gegenüber verpflichtet. Insofern es Teil der joschijanischen Reform war, JHWH allein die Ehre zu geben, kann Nahum zu denen gezählt werden, die die Reform mittrugen (Sweeney, Josiah 198–207; zur Exegese und Theologie des Buches vgl. weiter HThKAT, Nahum, 2006, Fabry mit einem etwas apologetischen Vorwort, einer ausführlichen Einleitung und einem detaillierten Kommentar).

8.2 JOSCHIJAS RELIGIÖS-POLITISCHE MASSNAHMEN: EXEGETISCHE BEMERKUNGEN

§ 629   Wie schon bei Manasse übergeht 2Kön auch bei Joschija die allgemeine Lage. Was nebst den Standardangaben interessiert, sind einzig seine Reformbemühungen, deren Beginn 2Kön 22,3 und 23,23 ins 18. Jahr des Königs, also ins Jahr 620a, datieren. Manche Exegeten und Historiker datieren Joschija und auch seine Reform etwas früher, ins Jahr 622a (vgl. zu den Problemen § 389.473). Joschija war damals 26-jährig. In diesem Falle war es nur ein Jahr nachdem einer der Generale des zweitletzten Assyrerkönigs, Sinscharischkuns, eine Revolte begonnen hatte (vgl. § 618). Die Möglichkeiten Assurs, in der Levante einzugreifen, waren endgültig vorbei. Dass Ägypten das Erbe beanspruchte, war Joschija nicht oder zu wenig bewusst (vgl. § 619–625).

Im Gegensatz zu Zefanja, der vor allem die sozialen Zustände kritisiert (§ 626f), waren nach 2Kön ausschließlich kultische Belange reformbedürftig. Diese Reformen, die Joschija durchgeführt haben soll und die in 2Kön 22f beschrieben werden, waren für die folgende Entwicklung Jerusalems so wichtig (BEThL 133, 1997, 321–339, Otto), dass sie sorgfältig bedacht werden müssen.

DIE STRUKTUR DES TEXTES

§ 630   Einige Eigenheiten des Texts 2Kön 22,3–23,26 sind zum Anlass genommen worden, darin kein einheitliches literarisches Gebilde zu sehen. Dazu gehört z. B. die Feststellung, dass in 22,3a und 23,23 von »König Joschija« die Rede ist. In 22,3b–23,15 und 23,16.25 figuriert er nur als »König«, in 23,16–24 (V. 16.19.24) wird er dreimal einfach »Joschija« genannt. Ähnlich gibt es in verschiedenen Abschnitten verschiedene Bezeichnungen für das gefundene Buch (Rolle des Gesetzes, Rolle des Bundes, Gesetz des Mose). Ob diese ausreichen, verschiedene Verfasser zu postulieren, ist Ermessenssache. Auch in der Darstellung finden sich Unterschiede: 22,3–23,3 sind eine lebhafte Erzählung, 23,4–23 eher eine Aufzählung. Dieser Unterschied ist vielleicht inhaltlich, vielleicht durch unterschiedliche Quellen bedingt. Die Art, wie die verschiedenen Teile zusammengearbeitet sind, ist nicht immer glücklich (vgl. etwa den nachhinkenden V. 24a in Kap. 23). Wie sich die literarischen Teile, falls sie verschiedenen Ursprungs sind, zueinander verhalten, welche älter und welche jünger sind, ist allerdings schwer zu sagen und die Meinungen darüber, welche vordtr., welche dtr. und welche nachdtr. sind, gehen beträchtlich auseinander, von der Frage, welcher Schicht des DtrG die einzelnen dtr. Teile angehören, ganz zu schweigen (vgl. Sweeney, Josiah 21–39; VT.S 88, 2002, Barrick). Es ist wahrscheinlich, dass es eine Erstfassung des DtrG zur Zeit Joschijas und eine exil. Bearbeitung desselben gegeben hat. Gerade die letzten Kapitel von 2Kön plädieren für diese Sicht. Zur exil. Bearbeitung wäre etwa der erste Teil des Huldaorakels 2Kön 22,16f zu rechnen (vgl. § 756–760).

§ 631   Eine literarkritische Schichtung, deren Konstruktion oft etwas schulmeisterlich einen kohärenten Gebrauch der Termini und einen konsequent syntaktischen Aufbau fordert und voraussetzt, schafft oft mehr Probleme als sie löst (FOTL 10, 1991, 253–256, Long). In Bezug auf 2Kön 22f steht sie der Einsicht entgegen, dass der ganze Reformbericht als sorgfältig gebaute konzentrische Struktur verstanden werden kann, innerhalb derer Unterschiede in Vokabular und Stil ihren Platz und Sinn haben (zum Aufbau des Textes vgl. auch SBAB 12, 1991, 179–219, Lohfink). Damit sei nicht bestritten, dass diese Konstruktion Spolien unterschiedlichen Alters und unterschiedlicher Herkunft verwendet haben kann, deren mindestens relatives Alter und deren erkenntnisleitendes Interesse bzw. deren Herkunft auch teilweise noch eruiert werden können. Nur der Versuchung, das genaue Alter und die genaue Herkunft jedes einzelnen Elements präzise bestimmen zu können, sollte man nicht erliegen. Im Hinblick auf den Beitrag der Texte im hist. Bereich ist ihre Nähe zu den Ereignissen zu bedenken. Der oder die Verfasser konnte(n) sich wahrscheinlich, wie anhand einiger Details zu zeigen sein wird, mindestens zum Teil auf zeitgenössische Quellen stützen. Vielleicht ist fast der ganze Text noch zu Lebzeiten Joschijas entstanden (erste Version des DtrG in der Joschijazeit). Selbst bei der wenig wahrscheinlichen Annahme, die einzelnen Teile und die ganze Komposition seien samt und sonders erst im Exil formuliert worden, sind wir damit erst etwa 60 Jahre von den Ereignissen entfernt und damit noch im Bereich einer lebendigen Erinnerung. Sein Publikum bestand auch dann noch aus den Söhnen und Enkeln derjenigen, die zur Zeit Joschijas gelebt haben. Es konnte ihnen kaum irgend etwas Beliebiges vorgemacht werden (GAT IV/2, 379 Anm. 33, Donner). Doch müssen wir uns zuerst der speziellen literarischen Form des Textes zuwenden.

§ 632   Der Text über die *große Reform des Joschija* in 2Kön 22,2–23,25 kann etwa wie folgt gegliedert werden, wobei die verschiedenen Benennungen für das bestimmende »Buch« eines der Indizien für die vorgeschlagene Gliederung bilden:

A 22,2   Positive Wertung Joschijas, wegen seiner Gesetzestreue (vgl. zur Nichtabweichungsformel bes. Dtn 17,18–20); impliziter Verweis auf das Gesetz des Mose.

B 22,3–22   Renovationsarbeiten am Tempel, V. 3–7.9; das im Tempel gefundene Buch der Tora (*sefær ha-torah*) und seine Lesung vor dem König, V. 8.10; Reaktion des Königs und Konsultation der Prophetin Hulda, V. 11–14; doppelte Botschaft Huldas: V. 15b–17 »Sagt zu dem Manne, der euch gesandt hat« und V. 18–20 »Sagt zum König von Juda, der euch gesandt hat«.

C 23,1–3   Joschija (er initiiert alles) lässt Juda und Jerusalem in eine Vasallitätsverpflichtung aufgrund der »Bundesrolle«, besser »Verpflichtungsrolle« (*sefær ha-bᵉrit*) mit JHWH eintreten (V. 3: *wa-jikrot ʾæt-ha-bᵉrit lifne jhwh*; vgl. Dtn 29,9–14; vgl. dagegen Neh 8).

D 23,4–20   Joschija lässt aus Jerusalem und Juda alle Zeichen der Verehrung anderer Gottheiten entfernen. Im Zentrum steht die Zerstörung der Bamot (V. 8), bes. einer Tor-Bama in Jerusalem; er lässt alle Priester in Juda nach Jerusalem bringen (vgl. 23,24a unter B') und den Kult so zentralisieren, V. 4–14; Ähnliches geschieht in →III Bet-El und in den Städten Samarias, wobei in Bet-El das Grab eines Gottesmannes aus Juda (1Kön 13) geschont wird (Legitimation für die Zerstörung eines altehrwürdigen Heiligtums, vgl. Gen 28, und das brutale Vorgehen gegen die »Höhenpriester«, vgl. V. 20); die Priester werden nämlich nicht nach Jerusalem gebracht, sondern getötet, V. 15–20.

C' 23,21–23   Joschija ordnet eine dem Buch der Verpflichtung (*sefær ha-bᵉrit*) gemäße Feier des Pesach an (vgl. Dtn 16,1–8 Tempelfest mit Ex 12,21–27 Familienfest).

B' 23,24   Ausführungsnotiz, die auf die Gesetzesrolle (*sefær ha-torah*) in 2Kön 22,8.10 zurück verweist.

A' 23,25   Einzigartigkeit Joschijas in Bezug auf das Gesetz des Mose (*torat mošæh*) (vgl. Dtn 6,5).

§ 633   Die Abfolge der Ereignisse wird in diesem Bericht durch eine literarische Form, die chiastische (konzentrische, Ringstruktur) des Textes bestimmt. Joschija hat nach dieser Darstellung das Gesetz des Mose perfekt erfüllt (A). Aufgrund einer neu aufgefundenen Gesetzesrolle (B) hat er JHWH als Vertragsherrn, der exklusive Zuwendung verlangt, radikal ernst genommen (C) und daraus die Konsequenzen gezogen (D). Es liegt nahe, von der Künstlichkeit dieser Form her die Fiktionalität des Berichteten abzuleiten. Eine kritische Betrachtung aber muss den Schluss, aus der Künstlichkeit, Konventionalität und Symbolik eines »Monuments« auf die Nichtexistenz der kommemorierten »Schlacht« zu schließen, als unzulässig ablehnen. Es ist nicht zu bestreiten, dass »Reform und Reformen« ein Leitmotiv der beiden Königsbücher bzw. des DtrG bei der Darstellung der israelit. und jud. Königszeit bilden (AThANT 66, 1980, Hoffmann; JSOT.S 120, 1991, Lowery) und dass zu ihrer Illustration Materialien verschiedenster Art benutzt (§ 402.688) und nach Bedarf vielleicht auch erfunden worden sind, so wie der Chronist Ereignisse erfindet, um seine Theorie substantiieren zu können. Ideologiekritik und die Tatsache, dass fingierte »Fakten« sich meistens durch ihre wenig konkrete schematische Darstellung, durch die nachweisbare Übernahme von Motiven aus anderen Zusammenhängen und durch Anachronismen auszeichnen, können weiterhelfen Entscheidungen zu treffen. Dem durch Konvenienzgründe nur dürftig verdeckten Ermessen bleibt oft ein unangenehm großer Spielraum.

Stets muss im Auge behalten werden, wie schwer es für antike Autoren war, frühere Verhältnisse ohne grobe Anachronismen zu rekonstruieren (vgl. § 166–178). Konkrete, in eine bestimmte Zeit passende Details haben alle Wahrscheinlichkeit für sich hist. zu sein, da z.B. Quisquilien assyr.-aram. inspirierter Fremdkulte (Uehlinger, in: BBB 98, 1995, 74–81, Groß) schon bald in Vergessenheit geraten sein dürften (vgl. weiter § 688f).

Eine interessante Parallele zur Reinigung eines Kultes von »Fremdem« bietet die Udscha-hor-resnet Inschrift aus dem Jahr 519/518a. Der ägypt. Oberarzt rühmt sich da mit der Zustimmung des Kambyses, den Neith-Tempel in Saïs gereinigt zu haben: »Seine Majestät befahl, alle Ausländer,[die] sich im Neith-Tempel niedergelassen hatten, zu vertreiben und all ihr Zeug, das in diesem Tempel war, zunichte zu machen. Da trugen sie [...] selbst vor die Mauern dieses Tempels. Seine Majestät befahl den Neith-Tempel zu reinigen ...« (TUAT I/6, 607, Kaplony-Heckel).

§ 634   In 2Chr 34f finden wir eine andere Abfolge der Ereignisse als in 2Kön 22f: Gottsuche Joschijas, Beseitigung der Fremdkulte, Auffindung der Gesetzesrolle, Verpflichtung auf das Gesetz, Pesach. Diese Reihenfolge scheint hist. mindestens so plausibel zu sein wie die in 2Kön 22f. Vereinzelte Autoren haben deshalb für die Historizität dieses Entwurfs plädiert (vgl. JNES 12, 1953, 56–58, Cross/Freedman; AB V 69f, Weinfeld). Es ist aber durchwegs unwahrscheinlich, dass der Chronist über andere Quellen als 2Kön verfügt hat. So hist. plausibel die Abfolge der Ereignisse in 2Chr 34 scheinen mag, dürften die Motive, die Reihenfolge im Vergleich zu 2Kön 22f umzustellen, doch eher ideologischer als hist. Art gewesen sein. Es schien dem Chronisten unglaubwürdig, dass Joschija erst mit 26 Jahren die Reform eingeleitet hat (2Kön 22,3). Ein derart exemplarisch frommer König konnte damit nicht so lange zugewartet haben. Folglich lässt die Chronik Joschija schon mit 16 den Gott seines Vaters David suchen (hist. richtiger wäre im Hinblick auf das, was folgt »den Gott Moses«) und mit 20, d.h. mit erreichter Volljährigkeit (Ex 30,14; 38,26), die ersten Schritte der Reform einleiten (Beseitigung der Fremdkulte). Mit dem Buch, das nach 2Kön 22 die Reform auslöste, konfrontiert dann aber auch 2Chr 34 in wörtlicher Anlehnung an 2Kön 23 erst den 26jährigen Joschija.

Die Reihenfolge Verdienst-Belohnung entspricht einem Hauptdogma des Chronisten (vgl. § 1546f). So scheinen es ideologische Gründe und nicht besseres hist. Wissen gewesen zu sein, die die Umstellung veranlasst haben (TA 18, 1991, 38, Naʾaman = CE I 365f; FRLANT 129, 1982, 30–41, Spieckermann; GAT IV/2, 377, Donner), was noch nicht heißt, dass 2Chr 34 zufällig teilweise das hist. Richtige getroffen haben kann.

KULTREINIGUNGS- UND KULTZENTRALISATIONSMASSNAHMEN IN IHREM GEGENSEITIGEN UND IN IHREM VERHÄLTNIS ZUM DTN

§ 635 Innerhalb der chiastischen Struktur, wie sie in 2Kön 22f vorliegt, bilden die Beseitigung obsoleter Kulte und die Konzentration des Kults bzw. des übrig gebliebenen Kultpersonals in Jerusalem das Zentrum des Chiasmus (D = 2Kön 23,4–20). Sie werden durch die Struktur als Hauptsache hervorgehoben. Innerhalb dieses Kernbereichs haben wir eine topographische Gliederung. In V. 4–15 geht es um Jerusalem und Juda, in V. 16–20 um Bet-El und das ehemalige Nordreich (zum topographischen Aspekt vgl. GAT IV/2, 378–380, Donner). Diese Gliederung erinnert an das Josuabuch. Wie Josua zuerst den S und dann den N eroberte, so säuberte Joschija nach diesem Text zuerst den S und dann den N.

§ 636 Eine Gliederung des *ersten Teils* des Kernbereichs, der Juda betrifft (23,4–14), ergibt ihrerseits eine konzentrische Struktur: Je vier Formen von verabscheutem Kult (V. 4–7 und 10–14) rahmen die Beseitigung der Höhen und die Ansiedlung ihres Kultpersonals in Jerusalem ein (V. 8–9). Die ersten vier Formen von Kult, die nach V. 4–7 beseitigt werden, betreffen hauptsächlich Aschera. Es sind Gegenstände für Baal, Aschera und das Himmelsheer im Jerusalemer Tempel, die Priester der Astralkulte in den Städten Judas, das Bild der Aschera und schließlich die Gemächer für den Kult der Aschera im Tempel (V. 4–7). Die zweiten vier Formen, die in V. 10–14 genannt werden, zielen auf (andere) Kulte und Gottheiten, so den Kult des Moloch im Tofet, die Pferde und Wagen für den Sonnengott, die Altäre des Manasse, die Kulthöhen Salomos (Astarte, Kemosch, Milkom).
Das Zentrum (V. 8–9) des ersten Teils (V. 4–14) wird nochmals durch einen Chiasmus betont:

a   V. 8a   Joschija holte die Priester (*koh^anim*) von den Höhen weg.
b   V. 8b   Er macht die Kulthöhen von Geba bis Beerscheba unrein.
b' V. 8c   Ebenso zerstört er eine oder mehrere spezielle Höhen in Jerusalem.
a' V. 9   Die Höhenpriester (*koh^ane ha-bamot*) dürfen in Jerusalem keine Opfer darbringen.

Den innersten Kern der Komposition bildet also die in 2Kön 23,8b-c berichtete Zerstörung der Kulthöhen (*bamot*) und die Überführung des Kultpersonals nach Jerusalem.

§ 637 Auch der *zweite Teil* des Kernbereichs (23,15–20a) weist, ähnlich wie der erste, eine konzentrische Struktur auf:

a   V. 15   Heiligtum von Bet-El zerstört
b   16–18   Geschichte der Weissagung von der Zerstörung des Tempels in Bet-El
a' 19–20a   Höhen Samarias zerstört

Im Zentrum der zweiten dreiteiligen Komposition des Reformberichts steht die Weissagung, dass der Altar von Bet-El zerstört werden wird.

§ 638 Man trennt bei der joschijanischen Reform aus dem Bedürfnis nach klar definierten Begriffen oft säuberlich zw. »Kultreinigung« und »Kultzentralisation« und konstruiert mit dem Material von 2Kön 23,4–14 einen reinen Kultreinigungs-bericht, der keinerlei Elemente einer Kultzentralisation enthält (Hardmeier, Joschija, wo 145 das Ergebnis übersichtlich präsentiert wird; zur »Leerung« des Jerusalemer Tempels als Zentrum der »Reform« vgl. auch Le Monde de la Bible 34, 1996, 325–339, Smyth; ZABR 7, 2001, 189–216, Arneth).

Im Hinblick auf diese Reinigungsmaßnahmen kann man mit Recht feststellen, dass sie in keiner präzisen Beziehung zum Dtn stehen: »Das Dtn erwähnt weder *kemārîm*-Priester und deren (?) Räuchern für Gestirnsgottheiten (2Kön 23,5 …) noch ein Tofet (V. 10), weder Pferde und Wagen des Sonnengottes (V. 11 …) noch Dachaltäre (V. 12 …). Diese Kultpraktiken und -requisiten kann man zwar der im Dtn generell formulierten Ablehnung von Gestirns- (17,3) und Feuer- (18,10) oder Fremdkulten subsumieren. Aber sie stellen für das Dtn offenbar kein *spezifisches* Problem dar – anders als für die Verfasser der entsprechenden Reformnotizen« (Uehlinger, in: BBB 98, 1995, 71, Groß). Dabei dürften die erzählten Kultreinigungsmaßnahmen in ihrer Konkretheit hist. aussagekräftiger sein als die generelleren Vorschriften des Dtn.

§ 639 Topoi und Sprache mancher in 2Kön 23,4–20 erzählter Maßnahmen der Kultreinigung unterscheiden sich aber nicht nur von der Standardsprache des Dtn, sondern auch von der des DtrG. Diese weist eine Reihe von Unterschieden zum üblichen dtr. Jargon auf (vgl. z.B. »Umgebung von Jerusalem«, die *kemarim* und »die Geräte für Baal« in V. 5, »Häuser [Gemächer] für die *qedešim*« und »Baldachine für die Aschera« in V. 7 usw.; vgl. AB V 71 Anm. 36, Weinfeld), so dass die Verwendung von älteren Quellen durch das DtrG angenommen werden muss, auch wenn diese Quellen literarisch nicht mehr rekonstruiert werden können (zum Versuch einen vordtr. Reformbericht zu rekonstruieren s. FRLANT 129, 1982, 17–160, Spiecker-mann). Dass es Passagen gibt, die nichts als dtr. Standardpolemik enthalten, wird da-mit nicht bestritten (vgl. z.B. 2Kön 23,24a).

§ 640 So wenig wie die Reinigungsmaßnahmen lassen sich die in 2Kön 23,4–15 bzw. 4–20 berichteten Zentralisationsmaßnahmen eins zu eins auf das Dtn beziehen bzw. als Retroprojektionen dtn. Forderungen verstehen. Die in V. 5 genannte Beur-laubung (*hišbit*; vgl. Jer 36,29) bzw. Verbrennung (LXX; OBO 199, 2004, 66f, Schen-ker) der *kemarim* in den Städten Judas und der Umgebung Jerusalems mag noch als Element der Kultreinigung eingestuft werden. Es diente aber auch der Kultzentralisa-tion. Ihre Beseitigung ist, wie schon vermerkt (§ 638; vgl. § 641), im Dtn so wenig vorgesehen wie die Schlachtung (*wa-jizbaḥ*) der Höhenpriester (*kohane ha-bamot*) in Bet-El (?) und im ehemaligen Nordreich (23,20).

2Kön 23,9 sagt, dass die nach Jerusalem gekommenen Höhenpriester nicht am Altar JHWHs dienen durften, d.h., dass sie vom lukrativen und prestigeträchtigen Tier-opferkult ausgeschlossen waren, obwohl es sich bei ihnen nicht um *kemarim* (V. 5), sondern um *kohanim*, und d.h. um JHWH-Priester handelte.

Das Kultpersonal

§ 641   Die nicht ganz eindeutige Notiz in V. 9, die Höhenpriester (*koh^{a}ne ha-ba-mot*) hätten unter ihren Brüdern ungesäuerte Brote gegessen, meint wohl, dass sie *nur* von den ungesäuerten Broten (*maṣṣot*) essen durften, die man aus dem Anteil des Mehlopfers herstellte, der nicht verbrannt wurde (Lev 2,4f; HAL II 588). Diese Mazzot waren den Priestern vorbehalten. Dass die ehemaligen Höhenpriester davon essen durften, soll besagen, dass die alteingesessenen Jerusalemer-Priester sie – mindestens bis zu einem gewissen Grade – akzeptierten. Allerdings wurde ihnen nur ein ähnlicher Status zugestanden wie invaliden Priestern (vgl. Lev 21,16–23). Das muss für die Höhenpriester ziemlich demütigend gewesen sein.

Dtn 18,6–8 sieht eine stärkere Integration vor als sie tatsächlich stattgefunden hat. Es geht dem Dtn zwar weniger um den Zutritt der Landleviten zum Altar als um die Zuteilungen. Die Landleviten, in denen man wahrscheinlich die ehemaligen Höhenpriester zu sehen hat, sollten die gleichen Zuteilungen erhalten wie die alteingesessenen Jerusalemer Priester. In Dtn 17,9.18; 18,1 u.ö. erscheint der Begriff »die levitischen Priester«, der 2Kön 22f fremd ist. Er scheint dazu zu dienen, die Höhenpriester mit den Jerusalemer Priestern unter einem Begriff zusammenzufassen. Die Jerusalemer Priester waren von Haus aus aber keine Leviten. Erst das Dtn, wahrscheinlich erst eine spätdtr. Redaktion, hat sie und die Höhenpriester unter diesem archaisierenden Namen zusammenzufassen versucht (GAT VIII/1, 343–346, Albertz). Das Dtn setzt den »Leviten« als eine in den Landstädten bekannte Figur voraus, die es zusammen mit Witwen und Waisen als unterstützungswürdige Gruppe nennt, die Anrecht auf soziale Zuwendung hat. Der Priester bzw. die Priester sind am zentralen Heiligtum zu finden. Eine spezielle Genealogie spricht ihnen das Dtn nicht zu (BBB 110, 1996, 394–397, Dahmen). Aus der Sicht der Jerusalemer Priester war die neu geschaffene Einheit, wie gezeigt, bestenfalls partiell. Die systematische Marginalisierung der »Leviten« durch die Jerusalemer Priesterschaft (Ez 44,10–14; 48,11) hat in pers. Zeit zu schweren Konflikten geführt. Die ganze Auseinandersetzung hat einen Vorläufer im Versuch Davids, den Landpriester Abjatar und den Jerusalemer Priester Zadok gemeinsam das Priestertum ausüben zu lassen, ein Versuch, der nach dem Tode Davids dramatisch gescheitert ist (§ 218f.270).

Die Unzufriedenheit der Höhenpriester mit dieser Lösung reflektiert wahrscheinlich die Geschichte vom Leviten Korach und seinen Leuten, dem bzw. denen Mose vorwirft:»Er (JHWH) hat dich und alle deine Brüder, die Leviten, die bei dir sind, in seine Nähe geholt, doch nun wollt ihr auch noch das Priesteramt (*k^{e}hunnah*)« (Num 16,10). Wut, Abscheu und rücksichtsloser Hass, die in dieser Geschichte zum Ausdruck kommen, sind typisch für Leute, deren Privilegien gefährdet sind. Die niedrigere Stellung der levitischen aaronidischen Höhenpriester gegenüber den zadokidischen Jerusalemer Priestern wird in Ez 44,10–16 damit begründet, dass sie JHWH verlassen, als Israel in die Irre ging, und Israel bei seinem Götzendienst unterstützt hätten. Nun haben sie die Folgen ihrer Schuld zu tragen. In den Überschriften der Psalmen 42, 44–49, 84–85 und 87–88 erscheinen die Nachkommen Korachs als Tempelsänger (vgl. 2Chr 20,19). Auch als Torhüter sind sie erwähnt (1Chr 9,19; 26,1.19).

§ 642   Die verschiedene soziale Stellung und die verschiedenen Arten der Beteiligung am Kultus haben zu unterschiedlichen Frömmigkeitsformen und Theologien geführt, so dass bei allem Zentralismus ein Reichtum der Formen gewahrt blieb. Die Oberschicht der zadokidischen Priester sprach mit ihrer Pflege der archaischen Symbolik der blutigen Tieropfer mehr das Unbewusste als die theologische Reflexion an. Gleichzeitig hatten diese Opfer bei aller Partikularität der gerade in Jerusalem praktizierten Formen dank dem Appell ans Biologische und Unbewusste etwas Universale (W. Burkert, Homo Necans, Berlin 1972; Ders., Anthropologie des religiösen Opfers. Die Sakralisierung der Gewalt, München 1984). Die vom Tieropferkult ferngehaltene Gruppe wandte sich einer stärker spirituellen Theologie zu, die dem Tieropferkult gegenüber Gebet und Lied aufwertete (vgl. z.B. Ps 50,14.23; 69,31f). Besonders dem nächtlichen Beten und Singen, wenn keine Opfer stattfanden, wurde ein hoher Stellenwert eingeräumt (Ps 42,9; 92,3; 134,1).

§ 643   Zusammenfassend ist festzuhalten, dass Kultreinigung und Kultzentralisation in 2Kön 23,4–20 eng zusammengesehen werden. Beide stehen hingegen in ihren Formulierungen in keinem sehr engen oder gar wörtlichen Zusammenhang mit dem Dtn. Dass angesichts der Konzentration der Landpriester in Jerusalem – wahrscheinlich gleichzeitig aus politischen, ökonomischen und religiösen Gründen (vgl. § 641–644) – ein Konflikt mit der altansässigen Jerusalemer Priesterschaft nicht ausbleiben konnte, liegt in der Natur der Sache. Dieser Konflikt, den die Beamten Joschijas bzw. der König selbst mit ihren Maßnahmen in Jerusalem herbeigeführt hatten, dürfte – wenn es denn hist. ist – zum brutalen Durchgreifen in Bet-El und vielleicht in einigen wenigen weiteren Nordreichheiligtümern geführt haben, die Joschija seinem Herrschaftsgebiet einzuverleiben suchte.

§ 644   Der Begriff *koh^ane ha-bamot*, der im Dtn fehlt, wird im DtrG polemisch verwendet und kommt außer in 2Kön 23,9 stets in Zusammenhang mit Nordreichheiligtümern vor (2Kön 17,32), speziell mit Bet-El (1Kön 12,32; 13,2.33; 2Kön 23,20). Die Zerstörung des altberühmten Heiligtums (vgl. Gen 28) und die Beseitigung seiner Priesterschaft schuf einen beträchtlichen Legitimationsbedarf. In diesem Zusammenhang hat der Begriff *koh^ane ha-bamot* seinen Platz. Im Dtn bestand der Bedarf anscheinend nicht mehr. E. Eynikel postuliert eine Spätdatierung aller *koh^ane ha-bamot*-Stellen ohne einen Blick auf hist. Plausibilität zu werfen und nur aufgrund literarkritischer Urteile und Schlüsse, die sich bei näherem Zusehen als problematisch erweisen (OTS 33, 1996, 242f.274–287). Ein großes Problem, wenn man die Beseitigung der Nordreichspriesterschaft als hist. versteht, stellt dann aber die Bedeutung der Aaroniden im nachexil. Jerusalemer Kult dar, denn die Aaroniden scheinen aus dem Nordreich, speziell aus Bet-El zu stammen (vgl. § 1433f). Vielleicht ist die Lösung in einer Unterscheidung zu suchen, die die Chr macht. Sie lässt legitime Priester und Leviten von Bet-El nach Jerusalem kommen, weil Jerobeam I. ihnen den Dienst verwehrte (2Chr 11,16). Auch später kommen laut Chr immer wieder »Konvertiten« nach Jerusalem. Jene, die sich aus ganzem Herzen bekehren, werden willig aufgenommen. Jene aber, »die nicht JHWH, den Gott Israels, suchen, sollen getötet werden« (2Chr 15,13).

Die Kultplätze

§ 645   In 2Kön 23,4–15 besteht das Zentrum der chiastischen Struktur wie gezeigt in V. 8b-c (§ 636), der die Zerstörung der Kulthöhen von Geba bis Beerscheba und einer oder mehrerer Höhen in Jerusalem selbst, berichtet. In 23,15–20 ist das Zentrum die Beseitigung des Heiligtums von Bet-El (s. u. § 650–656), bes. deren theol. Rechtfertigung (§ 637). Bet-El war während Jahrhunderten ein Konkurrenzheiligtum

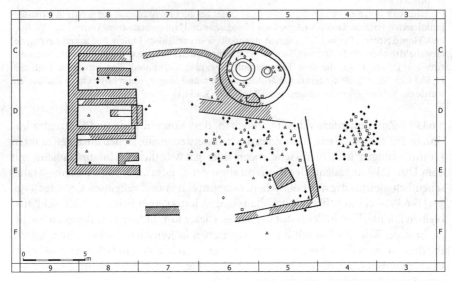

380 Das »Höhenheiligtum« von Ḥorvat Qitmit im Negev. Die Votivgaben fanden sich vor allem im Freien. Die gedeckten Räume waren fast leer (7./6. Jh.a)

zu Jerusalem (§ 397–399). Die Säuberung von diversen unerwünschten Kulten im ersten Teil ist nur eine Nebenerscheinung bei dieser Neugestaltung der jud.-israelit. Kulttopographie. Die Nebenerscheinung rahmt die Hauptsache allerdings wieder in einer Weise ein, dass diese selbst als eine Art Reinigung des Kultus erscheint. Dabei war der JHWH-Kult anscheinend nirgends so sehr mit andern und fremden (assyr.-aram.) Elementen durchsetzt gewesen wie gerade in Jerusalem.

§ 646   Die zerstörten Höhenheiligtümer (Pl. *bamot*; Sg. *bama*) bezeichnen ein komplexes Phänomen. Sie waren in der Regel lokale Heiligtümer, häufig des JHWH-Kults, die mit einem oder mehreren Altären, einer oder mehreren Masseben (§ 250.361) und einer oder mehreren Ascheren (Holzpfahl oder Baum; § 381–383.402.572–575) ausgestattet und oft – aber nicht ausschließlich – auf einer natürlichen Anhöhe oder auf einem Podest angelegt waren (§ 729; **86**; →I 644; vgl. dazu zuletzt BZAW 251, 1997, Gleis; HSM 61, 2001, Larocca-Pitts; UF 34, 2002, Kogan/Tishchenko; OBO 221, 2006, 42f.131–137, Stark). Die bedeutenderen von ihnen besaßen zusätzlich gedeckte Räume für kultische Mähler (vgl. z.B. 1Sam 9,19–25 und die Bama von Ḥorvat Qitmit, wo die Kultgegenstände um die freistehenden Altäre gefunden wurden, während die gedeckten Räume fast leer waren: **380**). Sie waren nicht der zentralen Kontrolle des Königs unterstellt. Bis zur Zeit Hiskijas, sehr wahrscheinlich aber bis in die Joschijas galten sie als legal. In manchen Fällen schrieb man ihre Gründung den Patriarchen zu (vgl. z.B. Gen 12,6f →III Sichem; 26,24f →II Beerscheba; 28,11ff →III Bet-El und Ex 20,24!). Der Prophet Samuel nimmt an einer Opferfeier an einem Höhenheiligtum in →III Rama teil (1Sam 9,12.19.25). Selbst das DtrG ist der Auffassung, dass die Kulthöhen bis zum Bau des Salomonischen Tempels legitim gewesen seien (1Kön 3,2) und übernimmt die Tradition, Elija, der große Eiferer für JHWH, habe auf dem Karmel den zerfallenen Altar für JHWH wieder aufgebaut (1Kön 18,30f; vgl. auch 1Kön 19,10.14). Polemik gegen die Mehrung der Altäre zeichnet sich erst bei Hosea ab (10,1–2). In Dtn 12,2–4 werden die mit Altären, Masseben und Ascheren ausgestatteten Orte (*m*ᵉ*qomot*) als vorisraelit. abgetan und in Dtn 12,5–7 dem Ort (*maqom*) entgegengestellt, den JHWH auserwählt hat, um dort seinen Namen wohnen zu lassen (zum Ganzen NBL II 562–564, Zwickel). In Wirklichkeit waren die Höhenheiligtümer, wie H. Weippert klar gesehen und gesagt hat, die normalen altisraelitischen Heiligtümer und der Tempel in Jerusalem mit seiner Architektur und seiner Funktion als Heiligtum des Königs eine städtisch-kanaanäische Institution (AOAT 327, 2006, 356–367). Die Ironie der Geschichte wollte es, dass das, was ursprünglich urisraelitisch war, als fremd, als »kanaanäisch« empfunden und erklärt wurde, und das, was am ehesten als kanaanäisch gelten konnte, das Israelitische schlechthin wurde.

Die Zerstörung der judäischen Heiligtümer außer dem Jerusalemer Tempel

§ 647 »Von Geba bis Beerscheba« soll das ganze Hoheitsgebiet Joschijas bezeichnen. Der singuläre Ausdruck ist der Formel »Von Dan bis Beerscheba« nachgebildet, die das davidisch-salomonische Herrschaftsgebiet beschreibt (2Sam 3,10; 17,11; 24,2.15; 1Kön 5,5). →III Geba ist mit dem ca. 8km nnö von Jerusalem gelegenen *ǧeba*ʿ identisch. Es war während der Zeit der geteilten Reiche zeitweilig die n Grenzfeste Judas (1Kön 15,22; § 401). B. Mazar hat vorgeschlagen das Geba von 2Kön 23,8 nicht mit diesem, sondern einem ca. 35km n von Jerusalem gelegenen, von Eusebius # 38 (Onom 74,2) erwähnten Geba zu identifizieren (Yediot 8, 1939, 105–107). Aber diese Grenze entspräche weder dem von Joschija bei seinem Herrschaftsantritt vorgefundenen Juda, noch dem von ihm nach 2Kön 23,15–20 beanspruchten. Beerscheba ist die traditionelle s Grenzstadt Juda-Israels. Ein Freilichtheiligtum in Beerscheba haben Gen 21,33 (Abraham pflanzt eine Tamariske) und Gen 26,24f (Isaak baut einen Altar) im Blick.
Die Kulthöhen dieses Gebiets verunreinigte (*wa-j*ᵉ*ṭamme*ʾ) Joschija, d.h. er machte sie für den Kult unbrauchbar. Reinheit ist die wesentliche Voraussetzung für Kultfähigkeit. Objekte der gezielten Verunreinigung durch Joschija sind außer den Höhen von Geba bis Beerscheba das Tofet im Gehinnom (vgl. § 586–612), die angeblich salomonischen Kulthöhen ö von Jerusalem und der Altar in Bet-El (2Kön 23,10.13.16).

§ 648 Parallel zu der durch den Merismus »von Geba bis Beerscheba« beschriebenen Totalität der jud. Kulthöhen ist in 23,8c von ganz bestimmten Kulthöhen die Rede, die Joschija zerstörte (*nataṣ*), nämlich den »Höhen der Tore, die am Eingang zum Tor des Stadtobersten Josua auf der linken Seite dessen waren, der das Stadttor betrat«. Das Verbum wird im Reformbericht noch für Gemächer und Altäre verwendet, die »zerschlagen« wurden (23,7.12.15). Manche Exegeten haben die etwas merkwürdigen Plurale »Höhen der Tore« (*bamot ha-š*ᵉ*ʿarim*) als »Höhe der Bocksgeister« lesen wollen (*bamot ha-š*ᵉ*ʿirim*) (vgl. ZAW 2, 1882, 175, Hoffmann; ATD XI/2, 453, Würthwein). Da uns der offensichtlich ganz konkrete Sachverhalt, der einen Augenzeugen verrät, nicht bekannt ist, ist diese Korrektur nicht zu rechtfertigen. Ob das »Tor des Stadtobersten Josua«, von dem wir sonst nichts wissen, der Name eines Tores ist oder einfach dessen Erbauer oder beides bezeichnet, wissen wir nicht.

§ 649   Der Titel »Stadtoberster« (*šar ha-ʿir*) findet sich in der Form *śr hʿr* auf einer Bulle des 7. Jh.a aus Juda (Avigad/Sass, Corpus Nr. 402; VT.S 66, 1997, 313, Uehlinger; **381**; vgl. auch 1Kön 22,26). Der Mann mit Pfeil und Bogen dürfte der jud. König

381 Siegelabdruck aus Jerusalem, der evtl. den jud. König mit Bogen und Pfeilen als Würdezeichen und den Stadtvorsteher zeigt, der verehrend vor ihm steht (Ende des 7. Jh.a). Wenn die Identifikation stimmt, würde das Bild bedeuten, dass die militärische Kompetenz des Königs bes. wichtig war

sein. Der Bogen erscheint häufig als Attribut des ägypt. und des assyr. Königs (OBO 100, 1990, 27–65, Keel; D. Collon, Western Asiatic Seals in the British Museum V, London 2001, 65 Nos. 104–105.107–109). Der unbewaffnete »Stadtkommandant« demonstriert seine Loyalität. Wahrscheinlich sind das Tor und die »Höhen der Tore« in Jerusalem zu suchen. Y. Yadin hat sie in Beerscheba finden wollen, doch ist das ganz unwahrscheinlich (→ II 206f). Kulte am Stadttor sind für die EZ IIB sicher in → III Dan und → III Betsaida nachgewiesen (**382**; OBO 161, 1998, Bernett/Keel). In Betsaida wurde während der Ausgrabungssaison 2001 entdeckt, dass der Kultplatz am Haupttor von einer Umfriedung geschützt war, durch die man durch ein Vortor Eingang fand. Das macht die Anlage derjenigen von Dan noch ähnlicher. Beide Fundorte und die Parallelen zur ikonischen Stele legen nahe, dass es sich bei solchen Torheiligtümern um Einrichtungen handelt, die für den aram. Raum typisch waren (vgl. dazu weiter Emar und Karkemisch; CB.OT 46, 1999, 134–140.142–144, Haettner Blomquist). Einmal mehr wäre mit der Beseitigung einer solchen Anlage in Jerusalem etwas für die assyr.-aram. Vorherrschaft und Religion Typisches zum Verschwinden gebracht worden.

Die Zerstörung des Heiligtums von Bet-El

§ 650   Im Zentrum des zweiten Teils des Reformberichts (2Kön 23,15–20a) steht, wie schon gesagt (§ 637), die *Zerstörung des Heiligtums von Bet-El* (zu einer – allerdings recht eigenwilligen und spekulationsfreudigen – literar- und hist.-kritischen Beurteilung vgl. VT.S 88, 2002, Barrick). Zwar wird in 23,19–20a summarisch auch noch die Zerstörung der übrigen Höhen des Nordreichs referiert. Aber der Akzent liegt nicht dort. Die Zerstörung Bet-Els wird schon im ersten V. des ersten Teils des Reformberichts, in 23,4 präludiert, in einer Notiz, die allerdings sekundär sein kann. In jedem der drei Abschnitte (V. 15.16–18 und 19–20a) des zweiten Teils wird sie dann wieder erwähnt.

382 Rekonstruktion des
Heiligtums am Stadttor
von → III Betsaida (8. Jh.a)

Bet-El war, wie der Name sagt, ein vorjahwistisches Heiligtum, dessen Gründung
Jakob zugeschrieben wurde (vgl. Gen 28,10–22; 35,1–15). Während der Zeit der zwei
Reiche war es das Konkurrenzheiligtum zu Jerusalem (1Kön 12,26–33, § 397–399),
ein Königs- und Reichsheiligtum (*miqdaš mælæk ubet mamlaka*; Am 7,13).

§ 651   In 1Kön 12,26–30 wird erzählt, wie Jerobeam I. Bet-El und Dan als Konkur-
renzheiligtümer zu Jerusalem ausbaute, damit die Leute nicht weiter nach Jerusalem
ziehen und dort der Propaganda der Davididen erliegen. Die notorische »Sünde
Jerobeams« war im dtr. Verständnis wohl nicht primär das Stierbild, sondern der Verstoß gegen die Einheit des Kultorts (BN 112, 2002, 86–94, Pakkala). Ein frequentier-
tes Heiligtum zu beherrschen, bedeutete auch politische Macht (vgl. das Ringen Mohammeds um die Kontrolle des alten Wallfahrtheiligtums von Mekka). Jerobeam I.
stattete die beiden Heiligtümer mit goldenen Stierbildern aus. Die Geschichte vom
»Goldenen Kalb« in Ex 32 dürfte ursprünglich wie die Geschichte von der »Ehernen
Schlange« in Num 21,4–9 eine positive Kultlegende gewesen sein, die das Stierbild
rechtfertigte (vgl. § 398). In eine kritische Geschichte dürfte sie erst im Gefolge der
Polemik des Hoseabuches (8,5f; 10,5f; 13,2) umgeformt worden sein. Von da ging sie
ins Repertoire dtr. Kultkritik ein (Dtn 9,16; 1Kön 14,9). Jerobeam berief auch Priester, die nicht levitischer Abstammung waren (1Kön 12,31; 13,33b). Er stiftete zum
Laubhüttenfest, das in Juda am 15. des 7. Monats gefeiert wurde (Lev 23,34), ein Kon-
kurrenzfest für den 15. des 8. Monats (1Kön 12,32; vgl. zum Ganzen § 397–399).

§ 652   Die Entsakralisierung eines so berühmten Heiligtums war ein gewagtes Unternehmen. Die Voraussetzung hatte allerdings – wie so oft – die Politik geliefert. Mit
der Zerstörung des Nordreichs durch die Assyrer im Jahre 722/721a hatte wohl auch
das alte Heiligtum an Bedeutung stark eingebüßt. Wahrscheinlich ist bei dieser Gele-

genheit das berühmte Stierbild als Tribut abgeliefert worden. Die Prismeninschrift Sargons II. aus Nimrud sagt: »Und die Götter, auf die sie vertrauten, rechnete ich als Beute« (TUAT I/4 382, Borger). Eine »Deportation« des Stierbilds nach Assur suggeriert auch Hos 10,5f. Als Joschija das Heiligtum um 620a definitiv zerstörte, war da nach 2Kön 23,15 nur noch eine Bama mit Masseben und Ascheren. Dass der Ort und das Heiligtum von den Assyrern nicht gänzlich zerstört worden sind, legen die Archäologie (IEJ 39, 1989, 60–62, Eshel) und die Episode von 2Kön 17,24–28 nahe, die erzählt, dass Neuansiedler von einer Löwenplage heimgesucht worden seien, weil sie JHWH nicht verehrten (zum JHWH von Bet-El und Löwen vgl. 1Kön 13,24–26). Der König von Assur habe daraufhin einen deportierten Priester aus Bet-El dorthin zurückgeschickt, der die Leute belehrte, wie man JHWH verehrt. Der Text suggeriert eine Permanenz des JHWH-Kults. Mit ihm dürften auch die Überlieferungen von der unsichtbaren Himmelstreppe und von Jakob als Stifter des Heiligtums weiter gelebt haben (vgl. Gen 28,10–22; OBO 192, 2003, 150–159, Koenen).

Es ist hist. plausibel und archäolog. begründet anzunehmen, Joschija habe Bet-El seinem Herrschaftsbereich einverleibt. Es ist auch anzunehmen, dass er das dort befindliche Heiligtum zerstört hat (OBO 192, 2003, 52–59, Koenen). H. Pfeiffer wendet dagegen ein 2Kön 23,15 (und 19) seien redaktionell-dtr. und Sach 7,2f sprächen gegen eine Zerstörung (vgl. OLZ 100, 2005, 495–500, Pfeiffer). Aber die literarische Zuordnung einer Passage entscheidet noch nicht über ihre Historizität und in Sach 7,2 ist kaum von Bet-El als Kultort die Rede (vgl. dazu § 1045). Nur die Zerstörung des altehrwürdigen Kultorts durch Joschija erklärt den beachtlichen Aufwand, der vom DtrG getrieben wird, diese zu rechtfertigen (vgl. § 257f zu den Versuchen zu rechtfertigen, dass David keinen Tempel baute). Diese Rechtfertigung steht jetzt im Zentrum des Berichts über die Zerstörung Bet-Els (vgl. § 637). Das DtrG hat sie mit der *Geschichte vom Gottesmann aus Juda in Bet-El* (1Kön 12,26–13,34) vorbereitet. In der Legende von 1Kön 13,1–6 wird erzählt, dass Jerobeam an diesem Fest persönlich geopfert habe. Damals sei ein Gottesmannn aus Juda gekommen, der eine Weissagung vorgebracht habe, die von einer Präzision ist, wie sie nur *vaticinia ex eventu* eignet: »Altar, Altar! So spricht JHWH: Dem Hause David wird ein Sohn geboren werden mit Namen Joschija. Dieser wird auf dir die Höhenpriester hinschlachten (*wᵉzabaḥ*), die auf dir räuchern, und Menschengebein wird man auf dir verbrennen« (V. 2). Der Gottesmann liefert auch gleich noch drei Zeichen (*mofet*) für die Authentizität seiner Weissagung. Der Altar, an dem der König steht, birst. Die Hand des Königs, die er ausstreckt, um ihn verhaften zu lassen, erstarrt. Auf Wunsch des Königs leistet der Gottesmann Fürbitte und die Hand wird wieder geheilt. Dennoch bekehrt sich Jerobeam nicht (1Kön 13,33f).

§ 653   Parallelen zu Amos 7,10–17 sind unverkennbar: Amos aus Juda kommt nach Bet-El, kündigt dort dem König Jerobeam (allerdings dem II. um 750a, nicht Jerobeam I.) Unheil an und wird dafür vom Oberpriester Amazja des Landes verwiesen, worauf er auch diesem Unheil ansagt.

Ähnliche Sachverhalte erscheinen in 1Kön 13 legendenhaft grell gefärbt. Nicht ein namentlich genannter Mann (Amos), sondern ein anonymer Gottesmann kommt nach Bet-El. Nicht der Oberpriester, sondern der König selbst ist Adressat. Die detailreiche und präzise Weissagung richtet sich nicht gegen Personen, sondern gegen den Altar und wird gleich durch ein Zeichen bestätigt. Der Person, die ihn nicht wegschickt, sondern verhaften lassen will, wird nicht gedroht, sondern an ihr ereignet sich gleich ein Strafwunder. Dieses wird auf Fürbitte des Gottesmannes unverzüglich rückgängig gemacht, aber selbst alle diese Wunder können den verstockten König nicht bekehren und das Verhängnis muss seinen Lauf nehmen. Amos 7,10–17 lieferte das Modell für die Anti-Bet-El Polemik aus der Zeit Joschijas (vgl. Sweeney, Josiah 282).

§ 654 Die im Hinblick auf 2Kön 23,15–20a konstruierte Geschichte von 1Kön 13,1–10 ist mit einer zweiten verbunden (1Kön 13,11–32), die an ein Grab in Bet-El anknüpft, in dem ein Gottesmann aus Juda und ein Prophet aus Bet-El (in 2Kön 23,18 heißt er »der Prophet aus Samaria«, gemeint ist wahrscheinlich die Landschaft), gemeinsam verehrt wurden. Diese Geschichte erzählt, der Prophet aus Bet-El habe den Gottesmann aus Juda, der Jerobeam den Untergang der Kultstätte von Bet-El geweissagt hatte, durch eine frei erfundene JHWH-Botschaft dazu verführt, in Ungehorsam gegen JHWH mit ihm Tischgemeinschaft zu halten. Auf dem Rückweg sei er zur Strafe für seinen Ungehorsam von einem Löwen getötet worden. Der Prophet aus Bet-El habe ihn dann aber in Bet-El begraben und befohlen, ihn selbst nach seinem Tod im gleichen Grab beizusetzen. Diese merkwürdige Geschichte von Schuld und Sühne, die Gemeinschaft nicht aufheben, wirkt im Umfeld von Kompromisslosigkeit, Fanatismus und Terror, in dem sie jetzt steht, seltsam versöhnlich. Dem DtrG war wohl vor allem wichtig, dass sowohl der Gottesmann aus Juda wie der Prophet aus Samaria (Bet-El) gemeinsam den Untergang des Heiligtums von Bet-El geweissagt haben (1Kön 13,2.32). Diese Weissagung rahmt die Geschichte von den zwei merkwürdigen Heiligen ein, deren doppeltes Zeugnis (vgl. Dtn 17,6; 19,15) die Zerstörung des altehrwürdigen Heiligtums von Bet-El rechtfertigen musste. W.B. Barrick vermutet, den beiden Propheten könnten Amos und Hosea Modell gestanden haben (VT.S 88, 2002, 217–221).

Nach Y. Amit ist auch die Geschichte vom Heiligtum Michas in Ri 17f, dessen Wohnort nicht genannt ist, eine versteckte Polemik gegen Bet-El. Das ungewöhnliche Bet-El in Ri 17,5 sei eine Anspielung auf Bet-El in Gen 28,17.22. Mit der Verlegung des Heiligtums nach Dan beziehe die Geschichte auch den zweiten königlichen Kultort des Nordreichs in die Polemik mit ein. Bei der Datierung des Texts schwankt Amit zw. dem 8. und 6. Jh.a (in: JJNBP 139–143).

§ 655 Der Bericht über die Zerstörung der Kultstätte von Bet-El unterstreicht in 23,15 die Totalität dieser Zerstörung. Altar und Bama werden nicht nur eingerissen (*nataṣ*) wie die Gemächer für die Garderobe der Aschera, die Torhöhen und die Altäre Manasses in Jerusalem, sondern die Höhe wird zusätzlich verbrannt (singulär!) und zu Staub zermalmt. Wahrscheinlich ist damit der Vorgang der Kalzination gemeint, der nur feinsten Staub zurücklässt (vgl. Amos 2,1). Wie der Altar physisch bis zum Äußersten zerstört wird, wird er nach 23,16 in extremster Weise entsakralisiert und verunreinigt. Darin kommt der ganze Hass Jerusalems auf dieses Heiligtum zum Ausdruck, das offensichtlich Jahrhunderte lang eine ernsthafte Konkurrenz zu Jerusalem darstellte. Auf dem Altar, der ja eigentlich gar nicht mehr existiert, wird nicht nur Menschengebein verstreut wie am Ort der Höhen Salomos auf dem »Berg des Ärgernisses«, sondern es werden Menschengebeine verbrannt, was in Amos 2,1 als schweres Verbrechen qualifiziert wird. Der Altar wird so ein Ort äußerster Unreinheit und extremster Tödlichkeit, indem an ihm das Tote noch einmal getötet wird. Was aber als grausam und blasphemisch erscheinen kann, wird nun als Erfüllung der Worte des Gottesmannes von 1Kön 13,2 hingestellt. Das Grab und die Gebeine des Gottesmannes und des Propheten, die durch das *vaticinium ex eventu* das zerstörerische Tun rechtfertigen, lässt Joschija selbstverständlich unangetastet (2Kön 23,17f). Das Grab und sein Denkmal müssen als Zeichen dafür herhalten, dass er dem Willen JHWHs entsprechend gehandelt hat, als er das altehrwürdige Heiligtum des Patriarchen Jakob vernichtete.

§ 656   Nach 2Kön 23,19–20a ging Joschija wie gegen Bet-El gegen alle Höhenheiligtümer des Landes Samaria vor. Er kalziniert sie und zermalmt sie zu Staub. In der gleichen unmöglichen Reihenfolge wie in V. 15f lässt er auf den (zerstörten) Altären zusätzlich die dazu gehörigen Höhenpriester abschlachten (opfern, hebr. *wa-jizbaḥ*), was der Gottesmann in 1Kön 13,2 für Bet-El angedroht hatte, in der Ausführungsnotiz in V. 15f aber nicht erwähnt wird, und wie in Bet-El lässt er auf den anderen Höhenheiligtümern Menschengebein verbrennen. Nach dieser äußerst brutalen und radikalen Zerstörung und Verunreinigung der Kultstätten des Nordreichs kehrt Joschija nach Jerusalem zurück, das nun nach der Darstellung des DtrG die einzige verbliebene Kultstätte JHWHs im Lande ist.

Kultgegenstände – das große Ausräumen

§ 657   Der Bericht über die Zerstörung der Höhenheiligtümer und die Konzentration des Kultpersonals am Jerusalemer Tempel wird in 2Kön 23,4–7 und 10–14 eingerahmt von Nachrichten über *je vier Maßnahmen zur Beseitigung nicht-jahwistischer Kultgegenstände und Kulte in Jerusalem und Umgebung.*
Die Vierzahl bedeutet Totalität. Die in den V. 8–9 berichtete Beseitigung aller Kultstätten JHWHs außer des Salomonischen Tempels wird durch die Einrahmung durch die Fremdkultbeseitigung nicht nur als zentraler Vorgang herausgestellt, sondern durch die flankierenden Maßnahmen mitqualifiziert. Von Fremdkulten eingerahmt erscheinen alle JHWH-Heiligtümer außer des Salomonischen Tempels Orte von Fremdkulten gewesen zu sein, obwohl der JHWH-Kult an ihnen – wie etwa in Bet-El – schon bestanden haben dürfte, bevor der Salomonische Tempel gebaut wurde (§ 646), und an keinem dieser Heiligtümer dürfte es mehr Fremdkulte gegeben haben als am Tempel in Jerusalem, wie das Folgende zeigt.

»Heidnische« Geräte

§ 658   Als *erstes* befiehlt der König der *gesamten* Priesterschaft, vom Hohenpriester bis zum Schwellenhüter, *alle* Geräte (*kol-ha-kelim*) aus dem Haus JHWHs in Jerusalem hinauszuschaffen, die für Baal, Aschera und das ganze Himmelsheer gemacht worden waren (2Kön 23,4). Hier geht es weniger um bestimmte Maßnahmen als ums Grundsätzliche und Ganze. Der hebr. Ausdruck *kelim* ist genauso vage wie das deutsche »Geräte«. Im Rahmen des Kults können damit Symbole von Gottheiten und Instrumente für den Opferdienst, wie Libationsschalen und Räucherschaufeln, gemeint sein, einfach alles, was nicht zum orthopraxen JHWH-Kult gehörte. Auch die Kombination von Baal und Aschera mit dem Himmelsheer unterstreicht den Anspruch auf Totalität. Baal und Aschera sind die klassischen Adressaten von im dtr. Sinn nicht-jahwistischen Kulten in Israel. Baal bzw. die Baale sind der bzw. die Gegenspieler JHWHs bei Hosea (Hos 2.13.16.17; 7,16; 9,10; 11,2; 13,1). Gegen Baal und Aschera bzw. deren Anhang soll schon der archetypische Elija gekämpft haben (1 Kön 18,19). Baalen und Ascheren zu dienen war Israel nach dem DtrG versucht, seitdem es im Lande sesshaft geworden war (Ri 3,7; vgl. FRLANT 129, 1982, 200–221, Spieckermann; FAT 13, 1996, 86–103, Jeremias).

Die Annahme, mit Baal und Aschera seien Assur und Ischtar gemeint, denen Manasse einen Kult im Langhaus des Tempels eingerichtet habe in der Richtungsgeraden zw. dem Eingang und der Lade JHWHs (GAT IV/2, 366, Donner), ist unbegründet und unwahrscheinlich.

Das *ganze* Himmelsheer ergänzt die klassische Versuchung um die spezifische der letzten hundert Jahre (vgl. **340–357**). Im Glanz des Himmelsheers können der alte Baal Züge des aram. Hadad und Aschera solche der Himmels- und Sternenkönigin Ischtar erhalten haben (**358–362**; § 585). Das Entscheidende bei dieser ersten Reformmaßnahme ist ihre Totalität.

§ 659 Total ist auch die Vernichtung der inkriminierten Größen. Nicht nur aus dem Tempel, sondern auch außerhalb der Stadt werden sie hinausgeschafft und auf den »Terrassen« des Kidrontals ö des Tempelplatzes verbrannt. Wenn »Terrassen« auch die wahrscheinlichste Übersetzung für *šadmot* ist (der Ausdruck steht parallel zu Rebbergen, Weinpflanzungen; FRLANT 129, 1982, 82 Anm. 108, Spieckermann; AB XI 285, Cogan/Tadmor), so mag man gerade in diesem Kontext vielleicht doch auch *mot* mitgehört und den Ausdruck als »Felder des Todes« gedeutet haben (VT 3, 1953, 361–371, Lehmann). »Verbrennen« kommt im Reformbericht noch mehrmals vor. Verbrannt werden die Ascheren (V. 6.15), die Wagen für den Sonnengott (V. 11), Menschengebeine auf Altären, die entweiht werden sollen (V. 16.20), und in V. 15 sogar eine Bama. »Verbrennen« hat reinigende Wirkung (vgl. Num 31,23), bedeutet aber auch letzte Vernichtung (Jos 6,24; 7,15; Am 2,1; Jes 33,12).

Gestirns- und Räucherpriester

§ 660 Eine *zweite*, im Vergleich zu den eben genannten erheblich weniger vage Größe, deren Verschwindenlassen berichtet wird (2 Kön 23,5), sind die k^e^marim »(nichtisraelitische) Priester« (§ 577–579). Sie erscheinen hier überraschend unter den Kultgegenständen und -utensilien und nicht bei den JHWH-Priestern in 23,8f. Die k^e^marim sollen von den Königen von Juda angestellt worden sein. Die Könige von Juda und zunehmend auch namentlich genannte einzelne Könige als Initianten der als illegal betrachteten Kulte bilden eine dunkle Folie zu Joschija und entlasten gleichzeitig das Volk, das in der dem Königtum reservierten dtn./dtr. Vorstellungswelt eine große Rolle spielt. Die Trias »Sonne, Mond und Konstellationen (*mazzalot*)« kommt nur hier vor. Der dieser Trias vorangesetzte Begriff »Baal« soll als negatives Vorzeichen verstanden werden, das die ganze Reihe disqualifiziert. Besonders der Sonnenkult bzw. die Verehrung JHWHs als Sonne hatte in Jerusalem Tradition (268–269.287–289; vgl. noch Ez 8,16). Das angehängte »und dem ganzen Himmelsheer« unterstreicht den umfassenden Charakter der Fremdkulte und indirekt einmal mehr die Totalität der Reform. Als Kulttätigkeit der k^e^marim (**339**) wird –

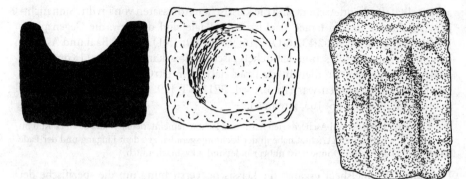

383–384 Kästchen aus Jerusalem und Beerscheba, die dem Verbrennen von aromatischem Räucherwerk dienten (7. Jh.a)

syntaktisch schwerfällig – zweimal das Räuchern genannt, das auch sonst speziell mit den Astralkulten verbunden wird (Uehlinger, in: BBB 98, 1995, 77–81, Groß). Archäolog. sind damit die im 7. Jh.a in Jerusalem (**383**) und auch sonst in Juda, so z.B. in Beerscheba (**384**), massiv in Gebrauch gekommenen Räucherkästchen und -altärchen zu verbinden (OBO 97, 1990, 62–109, bes. 86, Zwickel). 19 Räucheraltäre mit Hörnern, zwölf bewegliche, sieben fest platzierte, sind allein im → II Ekron des 7. Jh.a gefunden worden, in einem Tempel, in öffentlichen Bereichen und in Privathäusern (S. Gitin, in: B. Gittlen, Hg., Sacred Time, Sacred Space. Archaeology and the Religion of Israel, Winona Lake 2002, 95–123). Ein ähnliches Bild ergibt sich für Moab (BArR 28/1, 2002, 42f, Daviau/Dion). Diese Altärchen dürften nicht ohne Bezug zu der in 23,5 beschriebenen Tätigkeit der kᵉmarim gewesen sein. Der Ausdruck *hišbit* »aufhören, verschwinden lassen« sagt nichts über die Art der Beseitigung dieser speziellen Priester. Vielleicht wurden sie ganz einfach ihrer Funktion enthoben, vielleicht des Landes verwiesen. Nach der LXX wurden sie verbrannt wie die Priestertochter, die sich als Prostituierte hingab (Lev 21,9; vgl. OBO 199, 2004, 66f, Schenker).

Verschiedene Aspekte des Ascherakults

§ 661 In 23,4 wurde die Vernichtung der Geräte u. a. der Aschera berichtet, jetzt in 23,6 als *drittes* die der Aschera selbst. Gemeint könnte das angeblich von Manasse in den Tempel gestellte Bild (*pæsæl*) der Aschera sein (2Kön 21,7; vgl. § 572–575). Dieses wird wie schon die Geräte außerhalb Jerusalems ins Kidrontal gebracht und dort nicht nur verbrannt, sondern zusätzlich – wie das »Goldene Kalb« in Ex 32,20 und Dtn 9,21 – zu Staub zermalmt. Die totale Destruktion erinnert an die Mots in ugarit. Texten (KTU I.6 23 II; Bib. 48, 1967, 481–490; 56, 1975, 330–343, Loewenstamm). Der Staub der Aschera wird auf die Gräber gewöhnlicher Leute geworfen und damit die auch im Folgenden immer wieder praktizierte Verbindung und Vermischung der Fremdkulte mit dem Bereich des Todes als äußerster Unreinheit eingeleitet (vgl. zur Unreinheit des Todes Lev 21,1–6 und 10–12: der Hohepriester darf nicht einmal an der Beerdigung seiner Eltern teilnehmen).

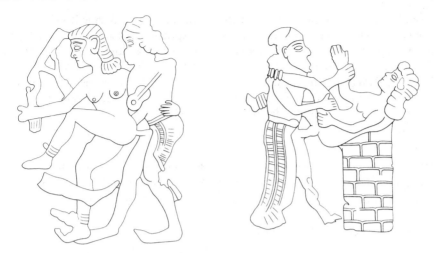

385–386 Bleiplaketten aus dem Bereich des Alten Palastes in Assur (13. Jh.a), die eine breite Palette von sexuellen Praktiken darstellen, die wahrscheinlich locker in einen religiösen Kontext eingebettet waren (vgl. Spr 7,6–27)

§ 662   Als *vierte* Maßnahme wird in 23,7 vor Abschaffung der Höhenheiligtümer das Einreißen der Häuser bzw. Gemächer der Qedeschen im Tempel JHWHs berichtet. Vielleicht ist – wie gesagt – statt *qᵉdešim qodašim* zu lesen (§ 576). Vielleicht ist – wie ebenfalls gesagt (§ 605) – bei den »Geweihten« doch an weibliche Prostituierte außerhalb des Tempels zu denken (Dtn 23,18; Hos 4,14; Gen 38,21f). Sie wären von den »Geweihten« zu unterscheiden, die dort spezielle Räume hatten, in denen sie anderen Tätigkeiten für die Aschera nachgingen, etwa dem Weben von Kleidern oder Baldachinen für sie (vgl. dazu ebenfalls § 576), das als Fremdgötterkult im metaphorischen Sinne als »Hurerei« (*znh*) verstanden wurde. In assyr. Verträgen des 9.–7. Jh.a erscheint parallel zum »Verbrennen« von Söhnen und Töchtern das Weihen von männlichen und weiblichen Prostituierten zugunsten eines Tempels (§ 602.604). Bleifiguren aus den Ruinen des Alten Palastes in Assur (385–386) können diese Art von Prostitution darstellen (vgl. Ez 16,24.31.39; § 957). Die Motive dieser assyr. Bleiplaketten erinnern stark an altbabylon. Terrakottareliefs (J. Assante, The Erotic Reliefs of Ancient Mesopotamia, New York 2000).

§ 663   Das Hauptgewicht in dieser ersten Vierersequenz kommt dem Kult der Aschera zu. Sie wird in dreien der vier V. bzw. Maßnahmen explizit genannt und da sie vielleicht der Ischtar als Himmels- und Sternenkönigin angenähert wurde (§ 585), ist sie evtl. auch bei V. 5 mitbetroffen. Ihre Geräte, ihr Bild, ihr Personal werden beseitigt. Am Ende des 8. Jh.a wurde sie in → II Kuntillet Adschrud und im jud. → II Chirbet el-Qom noch problemlos zusammen mit JHWH genannt, vielleicht als eigenständige Göttin, vielleicht auch nur als ihm zugeordnete Segensgröße. Allerdings scheint es schon um 900a Probleme mit einer bestimmten Form des Ascherakults gegeben zu haben (vgl. § 402). Im 7. Jh.a hat sie – vielleicht in Analogie zur assyr. Ischtar verstanden – einen großen Aufschwung und evtl. eine Repersonalisierung erlebt. Das könnte ihr zum Verhängnis geworden sein, da sie und ihr Kult jetzt zusammen mit allerhand typisch assyr.-aram. Kulten beseitigt wurden. Zusätzlich dürfte die Anwendung des Schemas der Vasallitätsverpflichtung auf das Verhältnis Israels zu JHWH ihr Ausscheiden gefordert haben. Das Formular sieht jede Störung der Konzentration auf den einen Herrn als verwerflich an und als solche Störung konnte auch Aschera empfunden werden (vgl. weiter § 690).

Tofet

§ 664   Die zweite Vierersequenz (23,10–14) nennt als *Erstes* den im Tofet im Gehinnom geübten (Adad-) Mælæk-Kult (§ 586–612), bei dem es sich eindeutig um einen assyr.-aram. Kult handelt. Nach 23,10 machte Joschija die Kultstätte unrein.

Pferde und Wagen des Sonnengottes

§ 665   Als *Zweites* ließ er nach 23,11 die Rosse verschwinden, die die Könige von Juda dem Sonnengott geweiht hatten, und die dazugehörigen Wagen verbrennen. Die Ortsbezeichnung »am Eingang zum Hause JHWHs bei der Halle des Kämmerers (*saris*) Netan-Melek (›Gabe des Königs‹) im Parwarim« lässt wie die Beschreibung der Torhöhen in 23,8c auf genaue Ortskenntnis schließen. Dabei ist Parwarim ein Hapax legomenon und schwer zu interpretieren (vgl. HAL III 905f; AB XI 289, Cogan/Tadmor). Vielleicht hat es mit dem heth. Gott Pirwa oder Perwa zu tun, dessen Attributtier das Pferd ist und der z.B. auf einem Rollsiegel der Großreichszeit auf einem Pferd stehend dargestellt wird (**387**). Der mit der Betreuung der Pferde und Wagen beauftragte Beamte hat einen assyr. Titel. Er bedeutet eigentlich »Eunuch«, kann aber offensichtlich auch hohe zivile und militärische Beamte bezeichnen, die nicht kastriert waren (HAL III 727). Die Stiftung von Pferden in den Tempel spielt auch in den Strafen der schon mehrmals erwähnten neuassyr. Rechtsurkunden eine große Rolle (§ 602). So werden z.B. vier weiße Pferde für den Mondgott Sin von Haran oder für Assur genannt (zu weißen Pferden vgl. BiOr 9, 1952, 157–159, Weidner; FRLANT 129, 1982, 249f Anm. 68, Spieckermann). Pferde und Wagen spielen eine Rolle im Zusammenhang mit Prozessionen. Pferde scheinen aber auch bei Orakelpraktiken von Bedeutung gewesen zu sein. Schamasch war bes. im 7. Jh.a einer der wichtigsten, wenn nicht der wichtigste Orakelgott (Ebd. 245–256). Einen vergöttlichten Wagen des Schamasch gab es im Tempel von Sippar in spätbabylon. Zeit

387   Das singuläre *parwarim* in 2Kön 23,11 hat vielleicht mit dem hetit. Gott Perwa oder Pirwa zu tun, dessen Attributtier das Pferd war (1400–1200a)

388–389 Das Felsrelief von Maltai aus der Zeit Sanheribs (705/704–681a) und ein Stempelsiegel aus der gleichen Zeit stellen den Sonnengott auf einem Pferde stehend bzw. über einem solchen schwebend dar (vgl. **469**) dar

(OBO 218, 2006, 175–177, Zawadzki). Bei den eben genannten Fällen von Pferden hat es sich um lebende Tiere gehandelt (vgl. weiter Uehlinger, in: BBB 98, 1995, 74–77, Groß). Die LXX bzw. ihre hebr. Vorlage (vgl. § 166) scheint aber Bilder (Skulpturen) von Pferden vor Augen gehabt zu haben, so wenn sie die Pferde und nicht nur den Wagen verbrennen lässt. Das Verbrennen lebendiger Pferde ist schwer vorstellbar (OBO 199, 2004, 67–69, Schenker).

§ 666 Der Sonnengott erscheint in der Sargonidenzeit auch, allerdings äußerst selten, auf einem Pferd *stehend*, so auf einem der Felsreliefs Sanheribs in Maltai (**388**) und auf einem Roll- (**469**) und einem Stempelsiegel aus der gleichen Zeit (**389**). Auf einem weiteren Rollsiegel wird dem Sonnengott über dem kosmischen Baum ein Pferd zugeführt (**390**). Im AO ist der Sonnengott ikonographisch nie in einem pferdebespannten Wagen fahrend dargestellt (gegen AThANT 66, 1980, 234, Hoffmann) wie später Helios in der griech. Mythologie (vgl. aber Uehlinger, in: BBB 98, 1995, 76 Anm. 96, Groß).
Es wird in Zusammenhang mit den Pferden für den Sonnengott immer wieder auf Terrakotten aus Juda und bes. aus Jerusalem verwiesen, die Pferde mit (**391**) und ohne Reiter (**392**) darstellen. Von letzteren wird stets von neuem behauptet, dass sie eine Sonne zw. den Ohren tragen (z.B. Shanks, Jerusalem 1995, 99). Tatsächlich handelt es sich aber bei **392** aus cave 1 (§ 467) nicht um eine Sonne, sondern eher um einen großformatigen Blumenschmuck, wie der Stengel zeigt, der über den Nacken hinunterfällt. Es bleibt aber auffällig, dass unter den zahlreichen Tonfiguren, die in der Davidstadt in Schichten der Zeit zw. ca. 750 und 580a gefunden worden sind, die Pferde- und Reiterfiguren den bei weitem häufigsten Typ darstellen. Von den

390   Neuassyr. Rollsiegel, das den Sonnengott über dem Weltenbaum zeigt. Das Pferd, das der Verehrer herbeiführt, soll wohl ihm geweiht werden (8./7. Jh.a)

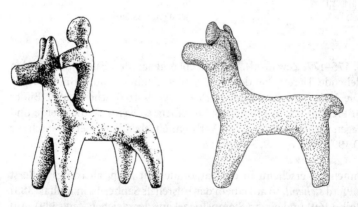

391–392   Pferdefiguren mit und ohne Reiter sind in Jerusalem und Juda in der EZ IIB-C häufig. Das Element zw. den Ohren von 392 stellt nicht eine Sonnenscheibe, sondern eine Blüte dar (Ende 8.–Anfang 6. Jh.a)

211 Tierköpfen sind 174 als Pferdeköpfe identifiziert worden (Qedem 35, 1996, 85, Tchernov). Sie sind, wenn nicht als Repräsentationen so doch wohl als Boten und Schutzengel eines solar konnotierten höchsten Gottes zu verstehen (vgl. weiter GGG 392–401; zu Pferden mit Reitern in Sach 1,7–11 vgl. § 1358; vgl. auch ZDPV 123, 2007, 28–36, Cornelius).

Die Altäre des Ahas

§ 667   Als *Drittes* wird in 23,12 das Obergemach (*ᶜalijat*) des Ahas genannt. Vielleicht hatte dieses etwas mit den in 2Kön 20,11 = Jes 38,8 genannten Stufen (*maᶜalot*) zu tun (vgl. BASOR 147, 1957, 27–33, Iwry). Nach der hebr. Vorlage der LXX (vgl.

§ 166) handelte es sich um mehrere Obergemächer und um Altäre, die *König* Ahas, der Vater Hiskijas, gebaut hatte. Nach der LXX hat Hiskija diese Altäre entgegen dem, was in 2Kön 18,4 von ihm gesagt wird, geduldet. Erst Joschija hat sie, weil sie dem Kult des »Himmelsheeres« dienten (Zef 1,5; Jer 19,13; 32,29) als assyr.-aram. Praktiken abgeschafft.

Die Altäre Manasses in den Höfen des Tempels in 2Kön 23,12b sind jene von 2Kön 21,5.

Die Heiligtümer Salomos für fremde Gottheiten

§ 668   Als *vierter* und letzter Vorgang wird in 23,13f die Desakralisierung der Heiligtümer genannt, die Salomo nach 1Kön 11,5–8 für seine fremden Frauen erbaut haben soll. Diese Heiligtümer hat der Dtr wahrscheinlich aus den alten Angaben über Salomos fremde Frauen herausgesponnen. So war die Mutter des Kronprinzen Rehabeam eine Ammoniterin (1Kön 14,21). Mit »fremden Frauen« hat der Dtr Fremdkulte verbunden (Dtn 7,3f; 17,17). Der Har ha-Mašḥit »Berg des Verderbers« (vgl. Dtn 4,16.25 u. ö.) ist wohl eine Verschreibung aus oder eine bewusste Verdrehung von Har Ha-Mišḥah »Berg der Salbung« = Ölberg (Mischna Mid 2,4; die umgekehrte Entwicklung nimmt Küchler, Jer 791 an). Die Kuppe s davon ist die *baṭen el-hawa* über Silwan, heute »Berg des Ärgernisses«. Dieser Berg liegt ö des alten, auf dem SO-Hügel gelegenen Jerusalem (1Kön 11,7). In der ausgehenden Königszeit ist der Berg ö des größer gewordenen Jerusalem der Ölberg. Interessant ist auch, dass in 1Kön 11,7 nur ein Heiligtum für den Gott der Moabiter und den der Ammoniter genannt wird. Für diese Gottheiten war ein Höhenzug ö von Jerusalem geeignet, weil man da nach Ammon und Moab hinübersehen konnte und diese Gottheiten ja noch stark lokal gedacht waren (vgl. 1Sam 26,19; 2Kön 5,17). In 1Kön 11,33 und 2Kön 23,13 erscheint zusätzlich zu den Heiligtümern Kemoschs und Milkoms noch eines für Astarte, die Göttin der Sidonier d. h. Phönizier.

§ 669   Wie das Bild der Aschera in 23,6 bis zum Äußersten verunreinigt wird, indem man ihre Asche auf Gräber streut, so wird der Platz der Höhen Salomos von einem reinen und heiligen Ort des Lebens in einen äußerst unreinen verwandelt, indem man Menschenknochen auf ihn wirft. Der in 23,13f genannte Salomo – der erste Nachfolger des im DtrG unantastbaren David – und der in 23,12 genannte Manasse – vom ephemeren Amon abgesehen, der letzte jud. König vor Joschija – stellen in Form eines Merismus die Gesamtheit der jud. Könige dar, die bis auf Joschija immer wieder in die Falle der Fremdkulte getreten sind. Joschija hat diese Fallen nach der Darstellung von 2Kön 23,4–7 und 10–14 ein- für allemal beseitigt.

§ 670   2Kön 23,24a zählt zwar auch anstößige Kulte auf, die beseitigt werden. Im Gegensatz zu den konkreten Angaben in 23,4–7.10–14 nennt dieser V. außer den aus Gen 31 und Ri 17f bekannten Terafim (vgl. zu ihnen auch Ez 21,26) nichts, was nicht Standardobjekt dtr. bzw. ezechielischer Polemik wäre (zu *ha-ʾobot* und *ha-jiddʿonim* vgl. 1Sam 28,9; Dtn 18,11; 2Kön 21,6; zu *gillulim* Dtn 29,16; 2Kön 17,12; 21,11.21 und etwa 40 mal bei Ez; zu *šiqquṣim* Dtn 29,16; Ez 5,11; 7,20; 11,18.21 u. o.). V. 24b weist auf die Gesetzesrolle in 2Kön 22,8.10 zurück (vgl. § 632 B und B'). Die vielen Parallelen bei Ez legen nahe, den V. als spätere Ergänzung zu verstehen, der dem Bedürfnis nach Vollständigkeit und dem nach einer konzentrischen Struktur (vgl. § 632) entsprungen ist.

BUCHAUFFINDUNG (2Kön 22,3–20) UND BUNDESSCHLUSS (23,1–3.21–25)

§ 671   Die in 2Kön 23,4–20 aufgezählten Maßnahmen zur Reinigung und Zentralisation des Kults weisen weder im Wortlaut noch in der Sache große Nähe zum Dtn auf und keine Verbindungen zur Vorstellungswelt der schriftlich verfassten neuassyr. Verpflichtungseide mit ihren Sanktionen. Anders verhält es sich mit der Auffindung der Gesetzesrolle, mit der Reaktion darauf, mit Bundesschluss und Pesach wie sie in 2Kön 22,3–23,3 und 23,21–23 erzählt werden. Diese Teile (§ 632 B und C) legen sich wie zwei Ringe um den Kern. Sie beziehen sich weniger deutlich auf reale Ereignisse als auf die Nachrichten von D, entwerfen aber um so klarer eine Ideologie, die die Quisquilien von D als Teil eines umfassenden Konzepts verstehen lernen sollen.

Die Wertung Joschijas in den Rahmenteilen (A und A')

§ 672   Joschija tat in unvergleichlicher Weise, was JHWH gefiel. Er ging auf den Wegen Davids, indem er das Gesetz des Mose perfekt erfüllte. Am Dreigestirn Mose, David und Joschija haben sich ein ideales Juda und Jerusalem zu orientieren.
Trotz der Hinwendung zu JHWH, die Joschija in wörtlicher Erfüllung von Dtn 6,5 mit allen seinen Kräften vollzog und die Jerusalem hätte Heil bringen müssen, muss in einer nachhinkenden Notiz (2 Kön 23,26f) der geschichtlichen Entwicklung Tribut gezollt und festgestellt werden, dass Jerusalem und der Tempel ungeachtet der unvergleichlichen Haltung Joschijas zerstört wurden. Die Schuld dafür wird Manasse zugeschoben (§ 564f). In Wirklichkeit führten eher die Haltung und Politik Joschijas und seiner Gefolgsleute, die der Abgrenzung und Unabhängigkeit von anderen Völkern einen hohen Stellenwert zusprachen (§ 728f), zum Widerstand gegen Ägypten und Babylon und damit zum gewaltsamen Tod Joschijas und später zur Zerstörung Jerusalems.

Die Renovation des Tempels, die Auffindung der Gesetzesrolle, die Konsultation der Prophetin Hulda und die Ausführungsnotiz (B und B')

§ 673   Am Anfang der ganzen Komposition steht der Auftrag des Königs an den Staatsschreiber Schafan, zusammen mit dem Hohenpriester (*ha-kohen ha-gadol*) Hilkija die *Beseitigung der Schäden am Hause JHWHs* in die Wege zu leiten. Die konkreten Maßnahmen, auf die da mehr angespielt wird, als dass sie erzählt werden, setzen die Kenntnis von 2Kön 12,10–16 voraus. In 2Kön 12 wird berichtet, wie König Joasch (836–797a) nach Beseitigung Ataljas den Priestern den Auftrag gab, die Schäden am Tempel (*bædæq bet-jhwh*) auszubessern. Angesichts der Ineffizienz der Priester wurde das Prozedere, besonders die Finanzierung solcher Renovationsarbeiten neu geregelt. Anstelle der Priester sollte eine gemischte, priesterlich-königliche Kommission die Verantwortung übernehmen, die der Oberpriester (*ha-kohen ha-gadol*) und der Schreiber des Königs (*sofer ha-mælæk*) präsidieren sollten (§ 411–413).

§ 674   Der Joschija-Text in 2Kön 22,4–7 ist nicht nur inhaltlich, sondern auch literarisch vom Joasch-Text abhängig. »Von 52 Stichwörtern in 2Kön 22,4b–7 finden sich 42 auch in 2Kön 12« (AThANT 66, 1980, 195, Hoffmann). In beiden kommt der sonst vorexil. nicht belegte Titel »Hoherpriester« (*ha-kohen ha-gadol*) vor (vgl. § 411).

Das kann bedeuten, dass der Text nachexil. oder mindestens (neu)formuliert ist und einen Anachronismus enthält, falls der Titel *ha-kohen ha-gadol* nicht doch spätvorexil. ist, wie E. Eynikel wohl zu Recht vermutet (OTS 33, 1996, 190). Spieckermann glaubt, der Titel sei in 2Kön 12 und 22 von einem allerdings unsystematisch arbeitenden nachexil. Korrektor eingeführt worden (FRLANT 129, 1982, 47 Anm. 33). Macht der Titel *ha-kohen ha-gadol* bei einer vorexil. Entstehung Mühe, so der Titel »Schreiber des Königs« bei einer nachexil. Einen solchen gab es nicht mehr. Bei nachexil. Verhältnissen müsste an eine Gestalt wie Esra gedacht werden, der aber nie »Schreiber des Königs«, sondern nur *ha-sofer* »der Schreiber« heißt (Esr 7,11; Neh 8,1.4f u.ö.).

Joasch war auf die vom DtrG als JHWH feindlich gezeichnete Atalja gefolgt. Joschija folgte auf Manasse und Amon, die vom DtrG als ebenso JHWH feindlich wie Atalja gezeichnet werden. Beim Regierungsantritt beider Könige lag der JHWH-Kult am Boden. Bei beiden wird die Sorge um die Renovation des Tempels als erste Sorge hingestellt. Die Renovation des Tempelgebäudes könnte bei beiden symbolisch für umfassendere Renovationsbemühungen stehen, wie bei Franziskus die Renovation von Kapellen am Anfang seiner »Renovation« der Kirche stand. Die symbolische Bedeutung erlaubt keinen Schluss auf die Historizität weder positiv noch negativ.

§ 675   Bei aller sprachlichen und konzeptuellen Einheitlichkeit setzen die beiden Renovationstexte doch sehr verschiedene Akzente. Bei Joasch geht es grundsätzlich um das Verfahren bei Schäden am Tempel (6mal ist von *bædæq [ha-bait]* die Rede). Bei Joschija tritt der in 2Kön 12 grundsätzlich geregelte Fall konkret ein. Er wird aber nicht weiter verfolgt, sondern ist Anlass für ein anderes Thema, bei dem der Oberpriester und der durch seinen Schreiber vertretene König ebenfalls zusammen wirken: die Auffindung der Gesetzesrolle.

Die *Auffindung der Gesetzesrolle (sefær ha-torah)* wird vom Oberpriester dem Schreiber ganz beiläufig mitgeteilt.»Hilkija übergab Schafan die Rolle und dieser las sie« (2Kön 22,8b). Bevor Schafan dem König davon Mitteilung macht, informiert er ihn über die Erfüllung des Auftrags, die Schäden am Tempel zu beheben. Erst dann berichtet er dem König von der Rolle, die Hilkija ihm gegeben hat, und liest sie dem König vor, ohne die »Auffindung« auch nur zu erwähnen. Diese erhält im Text also keinerlei Prominenz und hat keine argumentative Bedeutung. Wichtig ist nur ihr Inhalt.

§ 676   Bei den in 2Kön 22,11–20 *geschilderten Reaktionen* auf den Inhalt der vorgelesenen Schriftrolle ist interessant, dass von deren Inhalt eigentlich nur der glühende Zorn JHWHs (*ḥᵃmat jhwh ᵃšær-hiʾ niṣṣᵉtah* V. 13; vgl. V.17), das Unheil, das über diesen Ort kommen wird (*raʿah ʿal ha-maqom ha-zæh* V. 16; vgl. V.20), und die Drohung erwähnt werden, seine Bewohner würden zum Schrecken und zum Fluch (*lᵉšammah wᵉliqᵉlalah* V. 19). Man gewinnt den Eindruck, der Hauptinhalt des Buches (*kol-dibre ha-sefær* V. 16) bestünde in Drohungen und Verwünschungen für jene, die die von JHWH auferlegten Vorschriften nicht eingehalten haben. Einerseits erinnert das an die unzähligen Verwünschungen und Verfluchungen, die in den Vasallitätsverpflichtungen der assyr. Könige jenen angedroht werden, die den König verlassen und sich einem andern Herrn zuwenden. Andererseits decken sich die konkreten Formulierungen weniger mit Dtn 28,15–68 als mit Formeln im Jeremiabuch (zu *lᵉšammah wᵉliqᵉlalah* vgl. Jer 25,18; 42,18; 44,12.22; zu *ra'ah 'al ha-maqom ha-zæh* vgl. Jer 19,3 und die Varianten in Jer 19,15; 35,17 und 2Kön 21,12).

Dass Joschija seine Kleider zerreißt und weint (2Kön 22,11.19), ist mit V. 19 als Ausdruck der Reue und Akt der Buße zu interpretieren (vgl. § 950).

§ 677   Zu diesem negativen, rückwärts gewandten Akt der Desolidarisierung mit der Vergangenheit kommt ein positiver, in die Zukunft gerichteter. Joschija beauftragt eine Delegation von fünf Notabeln, durch die Prophetin Hulda *JHWH zu befragen* (2Kön 22,13f). Es geht vor allem darum zu erfahren, ob das Buch wirklich göttliche Willensäußerungen enthält (vgl. § 681 und 734f) und was sie, bei positivem Bescheid, für den König und für das Volk bedeuten. Hulda wird vom DtrG als Prophet(in) im Sinne von Dtn 18,14b–22 vorgestellt, als Prophet(in) an Stelle Moses, eine beachtenswerte Auszeichnung für eine Frau, die sich nur durch einen hist. Kern erklären lässt (ÄAT 30, 1995, 225–242, Rüterswörden; vgl. § 734f). Die Delegation besteht aus fünf Leuten, von denen drei auch aus dem Jeremiabuch bekannt sind: der Staatsschreiber Schafan (Jer 26,24; 29,3; 36,12 u.ö.), sein Sohn Ahikam (Jer 26,24 als Protektor Jeremias, 39,14; 40,5–43 als Vater Gedaljas) und Achbor, der Sohn Michas (Jer 26,22; 36,12).

§ 678   Die zweiteilige *Botschaft der Prophetin* ist ganz und gar dtr. formuliert. Der erste Teil (V. 16–17) bestätigt die in 23,13 geäußerte Vermutung Joschijas, der Zorn JHWHs müsse mächtig entbrannt sein, »weil unsere Väter auf die Worte dieser Schriftrolle nicht gehört und nicht getan haben, was in ihr geschrieben steht« (vgl. Dtn 28,58; § 564). JHWHs Zorn war tatsächlich entbrannt und würde nicht erlöschen. Diese Prophetie war das DtrG seiner Engführung auf den Fremdgötterkult und dem Faktum der Zerstörung Jerusalems und des Tempels im Jahre 587a schuldig. Vielleicht ist darin aber doch ein Hinweis darauf zu sehen, dass das Ur-Dtn (vgl. dazu § 737–757) hauptsächlich aus Forderungen, JHWH allein kultisch zu verehren, und aus Sanktionsandrohungen im Falle ihrer Nichterfüllung bestand.

§ 679   Der zweite (V. 18–20), speziell an den König gerichtete Teil der Prophetie betont, dass der König im Gegensatz zu den Vätern, die nicht gehört haben (V. 13), gehört und sich gedemütigt hat. Deshalb wird ihm eine doppelte Verheißung zuteil (V. 19f: Er werde in Frieden begraben werden und den Untergang Jerusalems nicht erleben). Man hat in der ersten Verheißung häufig einen Widerspruch zum gewaltsamen Ende Joschijas in 2Kön 23,29 gesehen. Hoffmann argumentiert aber überzeugend dahingehend, dass Verheißung und Erfüllung sich decken. Joschija sei nicht ein ruhiger Tod, sondern eine angemessene Bestattung verheißen worden, und die habe er auch bekommen (2Kön 23,30; AThANT 66, 1980, 181–189). Man kann den ersten Teil des dreiteiligen Satzes in 2Kön 22,20 als asyndetischen Konditionalsatz verstehen und übersetzen: »Wenn ich dich zu deinen Vätern versammle, sollst du in Frieden (*bᵉšalom*) in dein Grab gebracht werden. Deine Augen sollen das Unheil nicht sehen, das ich über diesen Ort bringen werde« (V. 20). Auch der Chr hat keinen Gegensatz zw. Verheißung und Erfüllung gesehen und die Verheißung im alten Wortlaut beibehalten (vgl. 2Chr 34,28 und 35,24). Das Vergehen Joschijas, das der Chr in 2Chr 35,21–23 fingiert und in Anlehnung an 1Kön 22,34 formuliert, dient der Erklärung der relativ kurzen Regierungszeit Joschijas und seines gewaltsamen Todes. Bei Manasse hat er eine Bekehrung erfunden (2Chr 33,11–13), um dessen lange Regierungszeit zu rechtfertigen.

§ 680   Der innerhalb der chiastischen Struktur dem Abschnitt B entsprechende Halbvers B' in 2Kön 23,24b apostrophiert nochmals summarisch den Inhalt der Tora, die auf die Rolle geschrieben war, die der Priester Hilkija im Hause JHWHs gefunden hatte. Er verweist so an den Anfang dieses Abschnitts mit dem Fund der Rolle zurück (vgl. 2Kön 22,8), der zur Entdeckung führte, dass der Zorn JHWHs auf Juda lastet, weil »die Väter« die Verpflichtungen JHWHs nicht zur Kenntnis genommen haben (2Kön 22,13).
Überblickt man das Ganze und fragt nach dem dominierenden Modell, so ist es das der Vasallitätsverpflichtung gegenüber dem Großkönig und Oberherrn, dem man aufgrund von Verträgen und Verfluchungen verpflichtet ist (§ 613f), den man durch Hinwendung zu anderen Herren (Baal) kränkt und erzürnt und den man zu versöhnen versucht, indem man alle Zeichen dieser frevelhaften Abwendungen tilgt.

Die Verpflichtung des Volkes auf die Tora und die Feier des Pesach im Sinne dieser Tora (C und C')

§ 681   Wie die Initiative zur Tempelrenovation (2Kön 22,3ff) und zur Befragung Huldas (2Kön 22,12ff) vom König ausging, geht auch jetzt die Initiative zur *Bundesverpflichtung* des Volkes von ihm aus (2Kön 23,1–3). Diese neue Maßnahme nimmt auf den ersten Blick keinerlei expliziten Bezug auf die Orakel der Hulda (§ 677.734f). Sie erscheint demzufolge als völlig neuer Schritt. Sie ist aber wohl als Konsequenz der Annahme des Königs in 22,13 her zu verstehen, wonach der Zorn JHWHs auf Juda laste, weil »die Väter« den Inhalt dieser Tora nicht zur Kenntnis genommen und nicht danach gehandelt haben. Huldas Orakel hat das bestätigt und insofern verschärft, als sich das drohende Strafgericht wohl verschieben aber nicht aufheben lässt. Die neue Maßnahme Joschijas scheint nicht darauf einzugehen. Was immer JHWH tun wird, das DtrG lässt Joschija den Zustand herstellen, der in Israel bzw. in Juda herrschen müsste.

§ 682   Die Ältesten, die sich nach 2Kön 23,1 in Jerusalem versammeln, erinnern an jene, die sich bei David in Hebron versammelten, wo der König vor JHWH für sie eine Verpflichtung schnitt d.h. ihnen eine Verpflichtung zuteil werden ließ (*waj-jikrot lahæm ha-mælæk dawid b^erit*, 2Sam 5,3 = 1Chr 11,3; E. Jenni, Die hebr. Präpositionen III, Stuttgart 2000, 89f Nr. 3244). Dieses politische Gremium wird in 23,2 zum ganzen Volk, jung und alt (vgl. Jer 42,1.8), das zum Tempel hinaufzieht. Dort liest Joschija dem Volk den Inhalt der *sefær ha-b^erit* »der Rolle der Verpflichtung (des Bundesbuches)« vor, so wie Hilkija Schafan das Buch hat lesen lassen und Schafan es dem König vorgelesen hat. Dass diese »Rolle der Verpflichtung« nichts anderes als »das Buch der Tora« ist, wird durch den Relativsatz »das im Hause JHWHs gefunden worden war« verdeutlicht (zum Ausdruck *sefær ha-b^erit* vgl. § 711).

§ 683   Bei diesem feierlichen Akt (2Kön 23,2) stand der König entweder an der Säule oder auf ihr, wenn sie ein säulenartiges Podest war (vgl. 2Kön 11,14; HAL III 797f) und »schnitt die Verpflichtung vor JHWH (*waj-jikrot 'æt-ha-bᵉrit lifne jhwh*)«. Der Ausdruck spielt vielleicht, wenn auch nur volksetymologisch, auf die Zeremonie an, zw. den Teilen eines entzwei gehackten Tieres hindurchzugehen mit der Selbstverwünschung, es möge einem bei Nichteinhalten der Verpflichtungen ebenso ergehen wie diesem Tier (§ 613.709). Der im Folgenden genannte Inhalt dieser *bᵉrit* zeigt, dass es hier nicht um eine gegenseitige Selbstverpflichtung Gottes und des Volkes geht (FOTL 10, 1991, 269, Long), sondern wie in den Vasallitätsverpflichtungen um eine einseitige In-Pflicht-Nahme des Schwächeren. Der König verpflichtet sich, »hinter JHWH herzugehen, seine Gebote, Weisungen und Satzungen mit ganzen Sinnen (*bᵉkol-leb*) und Streben (*bᵉkol-næfæš*, vgl. Dtn 6,5; 1Joh 5,2) zu halten, um den Inhalt dieser Verpflichtung, der auf dieser Rolle niedergeschrieben ist, zu realisieren (*lᵉhaqim*)«. »Das ganze Volk trat dieser Verpflichtung bei« (2Kön 23,3b). Von Verpflichtungen JHWHs ist nicht die Rede (vgl. § 710).

§ 684   Der hier beschriebene Vorgang hat seinen mythischen Prototyp nicht in Texten des Dtn wie z. B. Dtn 29,9–14. Im Gegensatz zu 2Kön 23,1–3, wo Joschija den Bund »schneidet«, ist es in Dtn 29 JHWH selbst und im Gegensatz zu 2Kön 23 verpflichtet sich JHWH seinerseits, Israels Gott zu sein. Das tut er auch in Dtn 26,17–19. Die dtn. Bundesschlüsse sind im Gegensatz zu 2Kön 23 zweiseitig. N. Lohfink macht darauf aufmerksam, dass diese gegenseitige Zugehörigkeitserklärung in 2Kön 23,1–3 fehlt und findet das schwer verständlich (SBAB 31, 2000, 279). In den Büchern Jeremia und Ezechiel spielt die sogenannte Bundesformel, in der die gegenseitige Zugehörigkeit JHWHs und Israels deklariert wird, eine bedeutende Rolle (Jer 24,7; 30,22; 31,1.33; Ez 11,20; 14,11; vgl. Schmid, in: FS Bornkamm 1–25). 2Kön 23 orientiert sich anscheinend aber nicht an dieser alten westsemitischen Tradition, sondern an den neuassyr. Loyalitätseiden, in denen es keine Gegenseitigkeit gibt und nicht von Segen bei Wohlverhalten, sondern nur von Fluch bei Nichteinhaltung die Rede ist (vgl. § 613).
Älter als die dtr./dtn. Darstellungen einer Verpflichtungsübernahme ist die in Ex 24 (vgl. § 613.711). Die spezielle Bindung an sein Volk war ein Charakteristikum JHWHs von seinem ersten Erscheinen an, ein Charakteristikum, das er allerdings mit Gottheiten wie Kemosch von Moab teilte (§ 240). Nur ist dort diese Verbindung offenbar nicht vertieft worden, wie das durch die dtn./dtr. Theologie geschehen ist. Das Volk Kemoschs ist deshalb im Gegensatz zum Volk JHWHs aus der Geschichte verschwunden.

§ 685   Der Selbstverpflichtung auf das *sefær ha-bᵉrit* entspricht im konzentrisch-symmetrischen Aufbau von 2Kön 22–23 die *Feier des Pesach* gemäß der »Verpflichtungsrolle« (2Kön 23,21–23). Wie die anderen Unternehmungen in 2Kön 22–23 wird auch diese auf die Initiative des Königs zurückgeführt. Worin die Besonderheit dieser Pesachfeier bestand, wird nicht expliziert. Dafür wird betont, dass solch eine Pesachfeier seit der Richterzeit (vgl. 2Sam 7,11; Rut 1,1) nicht mehr stattgefunden habe. Neben 2Kön 23,22 kann einzig Jos 5,10–12 als Hinweis auf ein Pesach in der Richterzeit interpretiert werden. Nach diesem Text lagerte Israel damals nach Überschreitung des Jordan in Gilgal. Nach 2Kön 23,21–23 kommt das ganze Volk nach Jerusalem, um es da zu feiern.

§ 686   Nach den ältesten Vorschriften in Ex 12,21–27 ist das Pesach ein Familienfest und hat nichts mit dem Fest der ungesäuerten Brote zu tun. Die beiden Riten gehörten ursprünglich nicht zusammen. Der eine Ritus dürfte nomadischen (Auszug aus der Steppe im Frühjahr; vgl. ZAW 84, 1972, 414–434, Keel; NBL I 667f, Michel/Lang; vgl. § 266f.706.1411), der andere agrarischen Ursprungs gewesen sein (vgl. § 266). In Dtn 16,1–8 und in Jos 5,10–12 sind sie verbunden. In Dtn 16 lassen sich die beiden aber noch relativ leicht trennen (V. 1–2 und 4b–7 Pesach, 3–4a und 8 Ungesäuerte Brote). Enger ist die Verbindung von beiden in der P-Fassung in Ex 12,1–20, wo das Pesach im Gegensatz zu Dtn 16 aber wieder stärker als Familienfest konzipiert ist. Das Besondere am joschijanischen Pesach ist, dass es nicht als Ritus der Familie je an ihrem Ort, sondern vom ganzen Volk gemeinsam in Jerusalem gefeiert wird. Die Rückkehr Joschijas nach Jerusalem in 2Kön 23,20b leitet den Passus ein und Jerusalem steht in 2Kön 23,23b betont am Schluss des Abschnitts.

8.3 ZUR HISTORIZITÄT DER MASSNAHMEN ZUR REINIGUNG DES KULTS

ZUM ALTER DES TEXTES

§ 687   Es ist wahrscheinlich, dass 2Kön 22,3–23,23 von einigen späteren Hinzufügungen abgesehen (ZABR 12, 2006, 132–136, Naʿaman) wenn nicht zu Lebzeiten Joschijas so doch kurz nach seinem Tod formuliert worden und dann als Ganzes in das DtrG übernommen worden ist, das in seiner vollständigen Fassung im Wesentlichen während der Exilszeit verfasst bzw. redigiert wurde (vgl. dazu BEThL 68, 1985, 357–362, Vanoni; VT.S 88, 2002, 132–143, Barrick; grundsätzlich § 166–178; zum DtrG speziell § 631.633f.711). Die vielen präzisen Informationen und das Verhältnis zw. Dtn und 2Kön 22–23 zeigen, dass die Kapitel 2Kön 22–23 keine bloße Rückprojektion dtn. Forderungen in die Geschichte enthalten (§ 638).

Dennoch kann und muss man sich fragen, was von den in 2Kön 22–23 überlieferten Vorgängen und Maßnahmen als hist. gelten kann und in welcher Reihenfolge die als hist. anzuerkennenden Vorgänge abgelaufen sein könnten. Beim Versuch einer solchen Rekonstruktion können wir selbstverständlich nicht von dem als konzentrische Komposition angelegten Bericht in 2Kön 22–23 ausgehen. Um zu hist. begründeten Einsichten in die Vorgänge und ihre theologische Relevanz zu gelangen, müssen die Voraussetzungen und Folgen der Joschija-Zeit bedacht werden. Bei der Beurteilung ist zu beachten, dass mehr oder weniger tief einschneidende Kultreformen im AO mehrfach belegt sind. Die Machtfülle ao Herrscher war in der Regel derart, dass sie solche durchsetzen konnten. Nicht immer wurden sie nach dem Tode des Herrschers beibehalten. N. Naʿaman nennt als Könige, von denen Kultreformen überliefert werden, Pharao Amenophis IV./Echnaton, die hetitischen Könige Muwatalli II. und Tudhalija IV., den Assyrerkönig Sanherib und die babylon. Könige Nebukadnezzar I. und Nabonid (ZABR12, 2006, 142–162).

DIE MASSNAHMEN DER KULTREINIGUNG IM LICHTE DER POLITISCHEN GROSSWETTERLAGE

§ 688   Kultreinigungsmaßnahmen hatten auch im Jerusalemer Tempel zur Zeit Joschijas bereits eine gewisse Tradition. Ob man die Beseitigung der *miflæṣæt* Maachas (§ 402) oder der Stiere des »Ehernen Meeres« durch Ahas (§ 433–436) als Kultreinigungsmaßnahmen betrachten kann, bleibt angesichts der Quellenlage unge-

wiss, obwohl im zweiten Falle eine gewisse Möglichkeit für einen politisch moti-
vierten Vorgang dieser Art besteht. Mit sehr großer Wahrscheinlichkeit haben wir
es bei der Beseitigung der »Ehernen Schlange« durch Hiskija mit einem Akt der
Kultreinigung zu tun, der mindestens *auch* politische Gründe gehabt haben dürfte
(§ 487–494).

Ein Blick zurück auf die in § 617–628 skizzierte Großwetterlage zur Zeit Joschijas
zeigt, dass damals die assyr. Dominanz ein Ende fand und dass man in Juda die *trans-
latio imperii* an die 26. ägypt. Dynastie in Bezug auf die Levante anscheinend nicht
genügend zur Kenntnis genommen hat (vgl. § 619–625).

Der Zusammenbruch übergreifender Imperien wie der des assyr. Reiches geht in der
Regel mit einer Neubesinnung auf lokale Strukturen und Werte einher und fördert
übertriebene lokale Ansprüche. Das Ende der Fremdherrschaft bedeutete auch in
diesem Falle Triumph für jene, die unter ihr politisch, ökonomisch oder religiös gelitten hatten (§ 628). Von jenen, die von ihr fasziniert waren, kollaboriert und profitiert hatten (§ 627), verlangte sie Anpassung. Sonst gehörten sie schnell zu den ewig
Gestrigen und den Verlierern. Im Rahmen dieses Prozesses dürften manche Zeichen
nicht einfach nur obsolet geworden sein, sondern wurden gezielt beseitigt. Auch
wenn sie Assur nicht direkt aufoktroyiert hatte (§ 569–571), erinnerten sie an Faszi-
nationen und Kollaborationen (§ 627), die man nun möglichst bald und gründlich
vergessen wollte. Bei einem Teil der in 2Kön 23,4–14 aufgezählten Kultreinigungsmaßnahmen dürfte es sich um »Beseitigungen« dieser Art handeln. Sie werden Joschija, der Symbolfigur des Wandels, zugeschrieben.

M. Arneth möchte in der Restauration des von Sanherib zerstörten Marduk-Kults im Esagila in
Babylon durch Asarhaddon eine Parallele zu den Maßnahmen der Kultreinigung in 2Kön 23,4–14
sehen. Aber wie er selbst sieht, handelt es sich in 2Kön 23 um die Beendigung, in Babylon um die
Restauration eines Kults. »Aber auch in der Negation sind die Entsprechungen deutlich« (ZABR 7,
2001, 209–216, bes. 215). Die Zerstörung einer Einrichtung ist aber – besonders von der Idee her –
etwas sehr anderes als deren Einführung. Beenden und Anfangen sind auch etwas anderes als eine
»Reinigung«. Schon eher bietet die Babylon-Inschrift Asarhaddons eine Parallele zur Zerstörung des
Jerusalemer Tempels durch Nebukadnezzar und seine Wiederherstellung nach dem Exil (zum Text
vgl. § 780–783).

DIE KULTREINIGUNGSMASSNAHMEN IM LICHTE DER ARCHÄOLOGIE

§ 689   Mehrere der beseitigten Kultgegenstände und -bräuche haben nachweislich
mit der assyr.-aram. Dominanz in Juda Eingang gefunden und sind vorher und nachher für Juda weder archäolog. Bezeugt, noch werden sie in den bibl. Schriften erwähnt. Dazu gehören die aramaisierenden oder assyrisierenden Kulte der nächtlichen Gestirne mit den dazugehörigen Priestern (§ 576–585.660; 340–362.382–384).
Bes. zu nennen sind da die *mazzalot*, die Altäre auf den Dächern, und die mit dem
Astralkult betrauten k^emarim (Uehlinger, in: BBB 98, 1995, 77–81, Groß). Dazu gehören auch die Stiftung von Pferden bzw. Pferdebildern in den Tempel (§ 665f;
387–391), evtl. auch die Prostituierten, die ihren Erlös in den Tempel ablieferten
(§ 605.662; 385–386), zwei Praktiken, die in neoassyr. Verträgen als Bußen bezeugt
sind (vgl. Or. 34, 1965, 382–386, Deller; GAT VIII/1, 308 Anm. 6, Albertz). Dazu gehören die Torhöhen (§ 648; 382). Viele der Angaben sind so konkret und milieugerecht, dass es angemessen ist, sie als hist. zu akzeptieren.

§ 690   Überraschenderweise ist aber nicht nur die Beseitigung typisch assyr.-aram. Kulte am Ende des 7. Jh.a aus Juda hist. plausibel. Auch das Verschwinden der vom DtrG und Dtn konsequent perhorreszierten Aschera (2Kön 23,6; § 572–575; **329–338**) wird durch Epigraphik und Archäologie als hist. wahrscheinlich erwiesen. In der ans Ende des 8. Jh.a zu datierenden Inschrift Urijas aus →II Chirbet el-Kom w von Hebron lässt Urija schreiben, er sei von JHWH gesegnet und von seiner Aschera gerettet worden (Renz/Röllig, Handbuch I 202–211; vgl. § 402). Die Formel erinnert an die von →II Kuntillet Adschrud um 725a, wo im Namen JHWHs und seiner Aschera gesegnet wird (Renz/Röllig, Handbuch I 59–64). In den Grußformeln, wie sie auf Briefen aus Arad Stratum VI und Lachisch Stratum II vom Ende des 7. und dem Anfang des 6. Jh.a zu finden sind (die Inschrift von Kuntillet Adschrud ist nichts anderes als eine Grußformel), wird nur noch im Namen JHWHs gesegnet (Renz/ Röllig, Handbuch I 379f.382–384.386f.409–428 usw.). Offensichtlich ist Aschera im Laufe der 2. Hälfte des 7. Jh.a obsolet geworden (vgl. Uehlinger, in: BBB 98, 1995, 67f, Groß) und JHWH allein hat die früher mit ihr geteilten Funktionen (§ 572–575) übernommen. Vorbereitet war diese Übernahme dadurch, dass der sakrale Baum, der in bestimmten Kompositionen schon im 2. Jt.a die Ordnungsmacht des Königtums symbolisierte, im 1. Jt.a zunehmend in den Bannkreis der Königsideologie geriet (§ 367; vgl. Keel/Schroer, Schöpfung 62–64). Die im 8. und 7. Jh.a in Jerusalem und Juda überaus beliebten Säulenfiguren (**332–337**) verschwinden am Ende des 7. Jh.a. R. Kletter, der eine Monographie zu diesem Typ von Figuren geschrieben und ihre Identifikation mit Aschera als wahrscheinlich erachtet hat, warnt davor, diese Tatsache »in a simplistic manner« mit irgendeiner Kultreform in Beziehung zu setzen (BAR International Series 636, 1996, 42). Aber in Verbindung mit dem Verschwinden Ascheras aus den Segensformeln sollte dieses Faktum doch auch nicht unkritisch unterschätzt werden.

EINWÄNDE GEGEN DIE HISTORIZITÄT DER REFORM

§ 691   Eine Anzahl von Autoren lehnen es pauschal ab, die in 2Kön 23,4–20 berichteten Vorgänge als hist. anzusehen (vgl. z.B. ZAW 40, 1922, 161–255, bes. 233ff, Hölscher; AThANT 66, 1980, 318–320, Hoffmann; ATD XI/2, 462–464, Würthwein; ZAW 96, 1984, 351–371, Levin; Niehr, in: BBB 98, 1995, 33–55, Groß). Diese Ablehnung beruht zum einen auf der literarischen Form, die man ganz und gar einem oder mehreren nachexil. Dtr zuschreibt. Zum andern vermisst sie einen deutlichen Niederschlag der Reform in den Büchern Jer und Ez und schließt daraus, dass es sie nie gegeben habe (zu ersterem vgl. § 687; zu letzterem § 769f). Allerdings machen selbst diese Autoren die eine und andere Ausnahme. So hält etwa Würthwein (ebd.) die Beseitigung der Pferde für den Sonnengott für hist. Hoffmann geht so weit zuzugestehen, dass der Bericht »die historische Grundtendenz jener Josiazeit richtig wiedergibt« (ebd. 269), argumentiert dann aber doch wieder, gewisse genaue Angaben, wie z.B. die zu den Torhöhen in 2Kön 23,8c oder die zu den Pferden für den Sonnengott in 23,11 seien erfunden, um dem ganzen einen hist. Anstrich zu geben (ebd. 234 zu den Pferden für den Sonnengott, 236 zu den Torhöhen usw.). Weinfeld nennt dieses Argument, mit dem jede genaue hist. Auskunft gerade aufgrund ihrer Genauigkeit verdächtigt werden kann, mit Recht »very strange« (AB V 71 Anm. 36). Die Genauigkeit kann erst dann im Sinne Hoffmanns als verdächtig erklärt werden, wenn das für eine bestimmte Zeit Berichtete Elemente enthält, die für diese Zeit und dieses Milieu unwahrscheinlich sind. Das ist in den genannten Fällen aber gerade nicht so. Sie sind typisch für das 7. Jh.a mit seinem starken assyr.-aram. Einfluss und dem 6. und 5. Jh.a fremd (zu Fremdgötterkulten bei Ezechiel und Jeremia vgl. weiter § 943f). Wie schwer es unter den damaligen Verhältnissen für eine spätere Zeit war, milieugerechte Präzision zu fingieren, zeigen die Chronik, das Danielbuch, das Jubiläenbuch, Judit und ähnliche Literaturwerke zur Genüge (vgl. § 166–178).

JUDÄISCHE GLYPTIK UM 600a

§ 692   Die Tatsächlichkeit eines Kultur- und Religionswandels suggeriert ein weiterer Befund, nämlich der der jud. Glyptik. Bes. interessant sind zwei Gruppen von Bullen, die beide 1986 erstmals publiziert worden sind und ziemlich genau in die Zeit um 600a datiert werden können, d.h. in die Zeit während oder nach Joschija und vor der Zerstörung Jerusalems von 587a. Sie bilden ein Referenzcorpus von 255 Siegeln bzw. Siegelabdrücken. Shilohs Gruppe wurde in der Davidstadt in Areal G (20b) in einem Haus von Stratum 10 gefunden, das zw. 630 und 587a zu datieren ist. Die Gruppe umfasst 49 Bullen und 2 winzige Fragmente (Qedem 41, 2000, 29–57, Shoham; ebd. 58–74, Brandl). Die zweite, größere Gruppe, stammt aus dem Antikenhandel und umfasst 255 Bullen und Bullenfragmente, die mit Hilfe von 211 Siegeln angefertigt worden sind. N. Avigad hat sie unter dem Titel »Hebrew Bullae from the Time of Jeremiah. Remnants of a Burnt Archive« 1986 erstmals veröffentlicht und sie aufgrund paläographischer und onomastischer Kriterien datiert (zu beiden Gruppen vgl. Avigad/Sass, Corpus 167–170). 226 der 255 verwendeten Siegel, und d.h. 88,6 %, tragen – von Zeilentrennern und ähnlichen gliedernden Elementen abgesehen – nur Schrift, 23 kombinieren Schrift und ikonographische Motive und sechs sind anepigraphisch.

§ 693   Unter den Siegeln bzw. Bullen mit ikonographischen Motiven waren, wie immer bei solchen Gruppen, ein paar »Erbstücke«. Ein solches stellt der Abdruck eines Siegels des Königs Hiskija dar (**295**). Das Siegel (oder gar der Abdruck?) ist rund 100 Jahre älter als das Gros der Siegel und Bullen, mit denen zusammen es gefunden worden ist. Das Gleiche dürfte für die zwei fragmentarischen Bullen mit vierflügligen Uräen gelten (**299**; Avigad, Hebrew Bullae Nr. 200). Das Motiv war typisch für das ausgehende 8. Jh.a (**274–277**). Etwas jünger aber noch aus der 1. Hälfte des 7. Jh.a dürfte das Mondemblem von **349** sein. Im übrigen finden sich unter den Bildmotiven weder die anthropomorphe Darstellung einer Gottheit – sei es einer assyr. oder einer syr.-palästin. – noch Astralsymbole wie die geflügelte Sonnenscheibe oder der Skarabäus, noch der Sichelmond oder Sterne. Stellt man einen diachronen Vergleich innerhalb derselben Objektgattung an und untersucht zwei bis drei Generationen ältere beschriftete jud. Siegel (vgl. Sass, in: OBO 125, 1993, 194–256, Sass/Uehlinger), so zeigt sich dort ein deutlich anderer Befund. Die Namen sind häufig mit Bildmotiven kombiniert (vgl. z.B. **268–269.274–277.285–289.293–295.298**). Differenzen zeigen sich auch bei einem Vergleich der jud. Glyptik des ausgehenden 7. und des frühen 6. Jh.a mit den gleichzeitigen Namenssiegeln aus Moab und Ammon (vgl. Hübner/

393 »Jeqamjahu, der Sohn des Nahum« hat sich auf seinem Siegel als Verehrer JHWHs oder des Königs (vgl. **381**), jedenfalls als pietätvollen Menschen darstellen lassen (um 600a)

394–395 Auf der Bulle des Siegels des Sohnes eines Gaddijahu und auf dem Siegel eines Jirmejahu (Jeremia) ist eine grasende oder Wasser suchende Hirschkuh zu sehen, die an Ps 42,2 erinnert (vgl. § 697)

Timm, in: OBO 125, 1993, 130–193, Sass/Uehlinger). Es lässt sich also eine deutliche Verschiebung weg von Darstellungen anthropomorpher, tiergestaltiger und bes. astraler Gottheiten feststellen (vgl. Uehlinger, in: BBB 98, 1995, 66f, Groß).

§ **694**   Was sich an Ikonographie auf den Bullen um 600a findet, sind nebst dem König und seinem Stadtobersten (**381**) ein Verehrer/Beter (**393**; Avigad, Hebrew Bullae Nr. 77), ein sehr grob geschnittener Greif (Qedem 41, 2000, 61–63, Brandl), eine grasende oder Wasser suchende Hirschkuh (**394**; Qedem 41, 2000, 65–67, Brandl), wie sie seit langem von einem Siegel, das einem Jirmejahu (Jeremia) gehörte (**395**), bekannt ist (vgl. Sass, in: OBO 125, 1993, 224f, Sass/Uehlinger), zwei fragmentarische Horntiere (Avigad, Hebrew Bullae Nr. 203f), ein Vogel, vielleicht eine Taube mit einem Zweig (**396**), ein unvollständig erhaltener Vogel, wahrscheinlich ein Falke

396 Bulle, die eine Taube und einen Zweig zeigt (um 600a)

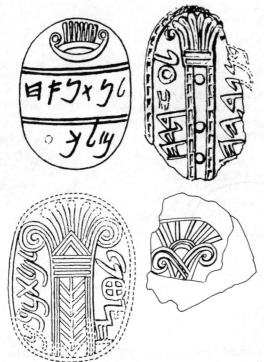

397–399a   Palmette, drei Palmsäulen, von denen 399 und 399a ein Volutenkapitell imitieren (vgl. 254–262); die Siegel gehörten einem »Natan (Sohn des) Ahimelek«, einem »Asarjahu Sohn des Pedajahu« und einem »Matan Sohn des Pelatjahu« (um 600a); 399 wurde vielleicht mit einem älteren Siegel gemacht

(403) und zwei sehr schematisierte Fische? (Avigad, Hebrew Bullae Nr. 98; 75 Nr. 104). Dominierend sind unter den Bildmotiven aber nicht Tiere, sondern Pflanzenmotive, so fünf Palmetten (397; Avigad, Hebrew Bullae Nr. 6.14.47.75; vgl. auch Avigad/Sass, Corpus Nr. 166), drei Palmsäulen (398–399a), Granatapfelgirlanden (400), wie man sie sonst von zeitgenössischen Siegeln kennt (378). Vereinzelt tauchen Zweige, Papyrusblüten und Lotosknospen auf.

§ 695   Auffällig ist das fast vollständige Fehlen ägypt. Einflusses auf die Ikonographie der hebr. Namenssiegel des ausgehenden 7. Jh.a. Ägypten hatte doch vorerst das Erbe Assurs in Palästina angetreten (§ 619–624). Ein Lieblingsmotiv der Skarabäen

400   Hebräisches Namenssiegel eines »Hananjahu Sohn des Asarjahu« mit Kranz von Granatäpfeln (7. Jh.a)

401–403 Drei Siegel und ein Siegelabdruck mit hebräischen Namen: »Eljaqim <Sohn des> Micha«, »Ab«, »Abirjahu« und »<Na>hum (Sohn des) <Sche>ba«; auf allen vieren findet sich ein Horusfalke, der wahrscheinlich als Loyalitätsbezeugung gegenüber dem ägypt. Oberherrn zu interpretieren ist (7. Jh.a)

der 26. Dyn. war der königliche Falke (**367.371**; vgl. weiter OBO.A 13, 1997, Achsib Nr. 46.51, Aschkelon Nr. 86.93, Keel). Er erscheint zusammen mit dem ägypt. Lebenszeichen auf einem Siegel aus der Davidstadt Stratum 10C vom Ende des 7. Jh.a, das einem Judäer namens Eljaqim <ben> Micha gehörte (**401**) und auf weiteren Siegeln aus dem Handel (**402**; Uehlinger, Bildquellen 70f). Um einen Falken dürfte es sich auch bei einem Fragment aus Avigads »Burnt Archive« handeln (**403**). Es ist wahrscheinlich, dass diese Falken auf hebr. Siegeln eine Loyalitätsbezeugung gegenüber dem ägypt. Oberherrn darstellen. In Jer 20,1–6 wird ein Priester am Tempel in Jerusalem genannt, der den ägypt. Namen Paschhur »Kind des Horus« trägt. Der Name war am Ende des 8. und am Ende des 7. Jh.a in Juda recht geläufig (OBO 170, 1999, 270f, Schipper). Er ist wohl Ausdruck des Sympathisierens mit Ägypten. Der Paschhur von Jer 20,1–6 trägt nebst dem Titel *kohen* »Priester« noch den Titel *paqid* »Aufseher« und *nagid* »Vorgesetzter«. Er übt Aufsichtfunktionen aus. Er dürfte kaum Ägypter aber Sproß einer ägyptenfreundlichen Familie gewesen sein und sein Amt im Sinne ägypt. Interessen wahrgenommen haben (vgl. § 831).

§ 696 Typisch für die Nach-Joschija-Zeit, die Zeit um 600a, sind wie in § 692 gezeigt, Siegel bzw. Bullen ohne jede Ikonographie (vgl. **378–379.427.431–437.444–445**), für die vielleicht als weiteres Beispiel das Siegel eines Priesters Hanan(ja) gelten kann (**404**), der der Sohn eines gewissen Hilkija war (*ḥanan bæn-ḥilqijahu ha-kohen*). Der Titel »Priester« bezieht sich auf Hanan, nicht auf seinen Vater (gegen Shanks, Jerusalem 98). Da die Priesterwürde in vielen Fällen erblich war, war dieser Hanan vielleicht ein Sohn des Priesters Hilkija (*ḥilqijahu ha-kohen ha-gadol*), der nach 2Kön 22,4.8 u.ö. an der Auffindung des Gesetzes zur Zeit des Königs Joschija beteiligt war (Schneider, in: Jerusalem Revealed 2000, 62f; Qedem 41, 2000, 43, Shoham). Sicher ist das keineswegs. Ein Priester namens Hananja ist in Neh 12,41 erwähnt. Dieser hat jedoch erst im 5. Jh.a gelebt, und das ist für das vorliegende Siegel zu spät. Eine Bulle aus der Davidstadt nennt einen »Asarja Sohn des Hilkija« (Avigad/Sass, Corpus

404   Siegel des »Hanan, des Sohnes des Hilqijahu, des Priesters« (7. Jh.a)

Nr. 596; vgl. Nr. 306f). 1Chr 5,39 und 9,11 kennen einen Hohenpriester dieses Namens am Ende des 7. Jh.a. Alle diese Siegel sind reine Schriftsiegel (vgl. hingegen den letzten Abschnitt von § 1040).

Unter den Personennamen auf Siegeln und anderen Schriftträgern erscheinen in Juda ab der 2. Hälfte des 7. Jh.a deutlich mehr theophore Namen (BWANT 106, 1975, 182, Rose; A. Lemaire, Inscriptions hébraïques I, Paris 1977, 227) und das theophore Element, soweit es sich um Eigennamen handelt, ist ausschließlich JHWH (Renz, Beitrag 2001, 154). Dieses Ergebnis gewinnt an Bedeutung durch einen Blick auf die Situation in den umliegenden Gebieten. Phöniz. Inschriften bezeugen ungefähr gleichzeitig rund 25 Gottheiten, auch eine Reihe weiblicher (vgl. § 471f). Anders ist es allerdings in Ammon und Moab (vgl. § 472).

TEMPELFRÖMMIGKEIT

§ 697   Die Kombination von Pflanzen- und Architekturmotiven kann man mit der Symbolik des Jerusalemer Tempels als Ort des Lebens in Verbindung bringen (vgl. 199–217; GGG § 208). R. Schmitt möchte Volutenkapitelle (vgl. 254–262), Palmetten und Palmettbäume (vgl. 397–399) dem Palast und der Herrschaftssymbolik zuordnen (AOAT 283, 2001, 117–120). Es ist aber, wie gesagt (§ 404), nicht zu übersehen, dass in vorexil. Zeit Palast und Tempel eng zusammengehörten (vgl. § 294–297).

Vielleicht ist auch die in beiden Gruppen von Bullen (§ 692) belegte Hirschkuh (394–395) im Hinblick auf eine neu geförderte Tempelfrömmigkeit zu sehen. Der grasende bzw. Wasser suchende oder trinkende Hirsch ist ein beliebtes Motiv in der ez Elfenbeinschnitzkunst. Dabei handelt es sich stets um einen männlichen Hirsch mit prächtigem Geweih (Crowfoot, Early Ivories Pl. 10,8; J. Thimme, Phönizische Elfenbeine, Karlsruhe 1973, 17–22). Es überrascht daher, auf den hebr. Namenssiegeln aus der Zeit um 600a eine Hirschkuh ohne den so beliebten Kopfschmuck zu finden (vgl. GGG Abb. 175b und § 117). Vielleicht kann der eindrückliche Anfang von Ps 42/43, dem einzigen bibl. Psalm, »der mit einem Vergleich einsetzt« (NEB XXIX 269, Zenger), eine Erklärung suggerieren. Hier handelt es sich auch nicht um einen

Hirsch, sondern – wie auf den Siegeln – um eine Hirschkuh (ebd. 268; G ἡ ἔλαφος). Sie steht als Metapher für die fem. *næfæsch* der betenden Person, die sich mit ihrem ganzen »Lebenswillen« nach dem Gott auf dem Zion sehnt:

> 42,2 Wie die Hirschkuh nach fließenden Wassern schreit,
> so schreit mein Verlangen (*næfæsch*) nach dir, Gott;
> 3 mein Leben (*næfæsch*) dürstet nach Gott, nach dem lebendigen Gott.
> Wann werde ich kommen und das Angesicht Gottes sehn? …
> 5 Das Herz geht mir über, wenn ich daran denke;
> wie ich zum Hause Gottes zog in festlicher Schar,
> mit Jubel und Dank in feiernder Menge …
>
> 43,3 Sende dein zuverlässiges Licht, damit es mich leite,
> mich zum Berg deines Heiligtums bringe und zu deiner Wohnung.
> 4 Ich werde kommen zum Altar Gottes,
> zum Gott meiner jubelnden Freude.
> Ich werde dich auf der Leier lobpreisen,
> Gott, mein Gott (Ps 42,2f.5; 43,3f).

§ 698   Das Klage- und Sehnsuchtslied Ps 42/43 hat eine enge Parallele in Ps 84.

> Wie liebenswert sind deine Wohnungen,/JHWH Zebaot;
> gesehnt, ja verzehrt hat sich mein tiefstes Verlangen (*næfæsch*)/nach den Vorhöfen JHWHs,
> mein Herz und mein Fleisch schreien,/dem lebendigen Gott entgegen.
> Sogar der Sperling (*ṣippor*) hat ein Haus gefunden/und die Schwalbe ein Nest für sich,
> wo sie ihre Jungen hinlegt,/bei deinen Altären (Ps 84,2–4a).

Sperling und Schwalbe haben erreicht, was die betende Person ersehnt: im Tempelbereich zu wohnen. Vielleicht ist der Vogel auf der Bulle **396** wie die Hirschkuh von **394–395** Metapher für das betende Ich. Die Selbstdarstellung eines anthropomorphen Verehrers/Beters (vgl. allerdings **381**) findet sich auf der Bulle von **393**. Ps 42/43 und 84 werden in der Regel mit dem Argument, die Individualisierung der Ziontradition sei ein nachexil. Phänomen, in die nachexil. Zeit datiert (NEB XXIX 265f Zenger; HThK.AT Psalmen 51–100, 512, Zenger). Das mag zutreffen. Das um 600a populäre Motiv der Hirschkuh, das im Ps 42 vorzuliegen scheint, berechtigt jedoch zur Frage, ob die Sehnsucht nach dem Zion nicht schon mit der Zentralisation des Kultus in Jerusalem einsetzt, also bereits vor dem Exil. Das schließt natürlich nicht aus, dass diese Sehnsucht durch das Exil eine starke Steigerung erfuhr (§ 1049.1427).
Die Frage ist allerdings, ob es eine solche Kultzentralisation zur Zeit Joschijas gegeben hat (vgl. § 703–705). Bevor wir diese Frage zu beantworten versuchen, soll kurz überlegt werden, was von den verfemten Kulten geblieben ist.

WAS VON DEN ELIMINIERTEN KULTEN THEOLOGISCH GEBLIEBEN IST

§ 699   Das Kultbild der Aschera ist zur Regierungszeit Joschijas sehr wahrscheinlich aus dem Tempel entfernt worden. Die nährende mütterlich-erotische Göttin ist aber nicht aus der Vorstellung der Leute verschwunden. In der Weisheit, die u.a. als Lebensbaum (Spr 3,18; Sir 24,13f), als reizende Gespielin des Schöpfers (Spr 8,30f), als Geliebte und Mutter (Sir 15,2; Weish 8) vorgestellt wurde, hat das, was Aschera repräsentierte, wenn auch etwas transformiert, in nachexil. Zeit erneut Gestalt und Ansehen gewonnen (vgl. § 1559.1629).

§ 700   Wenn der aramaisierende Astralkult nach dem Abzug der assyr. und aram. Soldaten, Beamten und Händler als »Baalskult« diffamiert worden ist, ist Juda durch diesen Kult doch auf das Wunder des nächtlichen Himmels aufmerksam geworden (vgl. den Stern bzw. die Sterne neben dem Mond bzw. dem Mondemblem auf 340–343.347–348.353–354.356–362). Im 6. Jh.a war das Himmels- bzw. Sternenheer soweit entmythisiert, dass Dtjes sein Publikum auffordern konnte:

> »Hebt eure Augen in die Höhe und seht: Wer hat die (Sterne) dort oben erschaffen?
> Er ist es, der ihr Heer täglich zählt und heraufführt, der sie alle beim Namen ruft.
> Vor dem Allgewaltigen und Mächtigen wagt keiner zu fehlen«
> (Jes 40,26; vgl. 45,12; Neh 9,6; Dan 8,10f und das von Jes 40,26 inspirierte Lied »Weißt du
> wieviel Sternlein stehen …«).

Das Himmelsheer ist zu einem Erweis der geheimnisvollen Macht und kosmischen Befehlsgewalt JHWHs geworden (vgl. M. Albani, Der eine Gott und die himmlischen Heerscharen, Leipzig 2000). Mond und Sterne werden in Ps 8,4 als speziell von der Persönlichkeit JHWHs geprägte Schöpfungswerke gefeiert (»Werk seiner *Finger*« statt des üblichen »Werk seiner Hände«; vgl. weiter Ps 136,9; 148,3).

Selbst das Emblem des Mondgottes von Haran hat Sacharja, wie wir sehen werden, in einer nächtlichen Vision als eine Erscheinungsform JHWHs interpretiert (§ 1364–1368).

§ 701   Das monatlich gefeierte Neumondfest ist ein integraler Bestandteil des jüd. Festkalenders geworden (Ez 46,1.6–7; Num 28,11–14; Ps 81,4; JSOT.S 261, 1998, 102–109, Keel; OBO 173, 2000, 496–514, Theuer; vgl. § 1410). Es wurde anscheinend nie der Versuch gemacht, es hist. zu interpretieren. So konnte u. a. der Christ Clemens von Alexandrien (ca. 150–215p) den Juden vorwerfen, sie würden nicht nur Engeln und Erzengeln, sondern auch dem Mond göttliche Ehre erweisen (Stromata VI, 41.2). Das ist unzutreffend und polemisch. Tatsächlich aber hat das Judentum mit dem Erbe kanaanäisch-aram.-assyr. Kulte eine Sensibilität für die Geheimnisse, die Schönheit und Kraft der Schöpfung bewahrt, die dem Christentum bei seinem Weiterschreiten weg von der sichtbaren Welt verlorengegangen sind. Paulus kann sich nicht mehr vorstellen, dass Gott sich um Rinder kümmert (vgl. Dtn 25,4 mit 1 Kor 9,9f). Das mag auch mit seiner städtischen Sozialisierung zusammenhängen. Wenn aber Sexualität und Erotik nicht nur – wie im Judentum – auf die Ehe eingeschränkt (Spr 5,15–23), sondern in ihrem Eigenwert grundsätzlich in Frage gestellt werden, hat das nicht einfach mit städtischer Sozialisierung zu tun, sondern damit, dass »die Gestalt dieser Welt vergeht« (1 Kor 7,31). Es ist auch nicht wichtig, ob man Sklave ist oder Freier (1 Kor 7,18–22). Das sind irdische Probleme. »Unsere Heimat ist im Himmel« (Phil 3,20). Eine solche Haltung bringt Freiheit gegenüber Naturmächten (Gal 4,3.9; Kol 2,8.20) und Menschen (1 Kor 7,23), aber diese Freiheit hat ihren Preis. Sie verbindet sich leicht mit Stumpfheit für die Werte der Natur und die Würde des diesseitigen Menschseins und der Gesellschaft.

§ 702   Dtn, DtrG und das Heiligkeitsgesetz (Lev 17,1–26,46) lehnen den Feuer-Ritus ab, mit dem man Kinder in ganz besonderer Weise dem Gott Molæk/Malik weihte. Aber die Idee, einer Gottheit ganz speziell zuzugehören und ihr geweiht (heilig) zu sein, übernahmen sie (vgl. z. B. Lev 11,44; 19,2; 20,26). Natürlich ging es jetzt um eine Zugehörigkeit zu JHWH (vgl. § 707–714), dem auch als einzigem Gott der Königstitel (*mælæk*) zusteht. Bei Dtjes findet sich die Vorstellung, dass Menschen unbeschadet nicht nur durch Wasser, sondern auch durch Feuer gehen. Zu Israel als Knecht JHWHs wird gesagt:»Fürchte dich nicht ... du gehörst mir. Wenn du durchs Wasser schreitest (*ta῾ăbor ba-majim*), bin ich bei dir ... wenn du durchs Feuer gehst (*telek bᵉmo ᵓeš*), ... wird keine Flamme dich verbrennen« (Jes 43, 1f; Ps 66,12; vgl. 1Kor 3,15). Was ein Reinigungs- und Weiheritus für *molæk* war, wird hier, wenn auch nur metaphorisch, zum Ausdruck der Zugehörigkeit zu JHWH.

Jene aram.-assyr. Praxis, die das Gottesbild Judas und Jerusalems am tiefsten, nachhaltigsten und folgenreichsten beeinflusst hat (vgl. § 707–714), ist kein Fremdkult, sondern ein politisches Formular, nämlich das der Vasallitätsverpflichtungen (§ 613f), das vom politischen in den theologischen Bereich übertragen wurde.

8.4 DIE HISTORIZITÄT DER ÜBRIGEN EREIGNISSE, BESONDERS DER VASALLITÄTSVERPFLICHTUNG

KULTZENTRALISATION

§ 703   H. Niehr hält vom ganzen Reformbericht 2Kön 22–23 einzig eine»aus dem Zusammenhang gerissene Annalennotiz ... in 2Kön 23,8a« für hist. (BBB 98, 1995, 47.51, Groß).»Er holte alle Priester aus den Städten Judas weg und machte die Kulthöhen unrein ...«. Ausgerechnet sie lässt sich aber von den Primärquellen her nicht besonders überzeugend wahrscheinlich machen. Zwar schuf die Zerstörung der jud. Städte durch Sanherib (§ 554f) und ihre Ersetzung durch ein System von Festungen, wahrscheinlich durch Manasse (§ 562f), ein weitgehendes *de facto* Kultmonopol für Jerusalem. Der Hörneraltar von Beerscheba (→II 164) ist aber schon in Stratum III vor Hiskija oder zur Zeit Hiskijas (Stratum II) zerstört und verbaut worden. Was zur Zerstörung dieses Altars, der zu einem großen Freilichtheiligtum gehört haben dürfte, geführt hat, ist nicht bekannt. Verschiedene Szenarien sind denkbar (UF 34, 2002, erschienen 2003, 585–592, Naʾaman).

Im Hinblick auf die Zerstörung des Tempels von Arad VIII ließ die herkömmliche Interpretation den Brandopferaltar des Tempels unter Hiskija dem Gebrauch entzogen und den Tempel von Arad VII durch Joschija zerstört werden (vgl. noch NEAEHL I 83, Aharoni). Inzwischen ist die Datierung der verschiedenen Phasen des Tempels von Arad sehr umstritten. Es kann sein, dass der Tempel von Arad VII erst Jahrzehnte nach Joschija vielleicht gar nicht verunreinigt, sondern durch eine dicke Erdschicht vor Verunreinigung geschützt worden ist (Uehlinger, in: BBB 98, 1995, 64f, Groß; vgl. weiter BBB 87, 1993, 192–212, Reuter; FAT 10, 1994, 318 Anm. 157, Zwickel). Die wahrscheinlichste Deutung ist, dass der Sanherib-Feldzug von 701a Festung und Tempel von Arad VIII zerstört hat und – Ironie der Geschichte – Manasse, der die Festung (Arad VII) wieder aufbauen ließ, im Rahmen seiner Zentralisierungsbemühungen den dortigen Tempel nicht wieder herstellte (UF 34, 2002, erschienen 2003, 585–592, Naʾaman).

Ob man aus Jer 7,31f und 19,6.11–14 schließen kann, dass das Tofet am Ende des 7. und zu Beginn des 6. Jh.a noch in Betrieb war, scheint hingegen fraglich. Die stark vergröbernde Darstellung des dort geübten Kultes (§ 586–613) liegt doch eher auf der Linie der auch sonst im Jeremia-Buch zu findenden Idee (Jer 15,4), die Sünden Manasses hätten den Untergang Jerusalems herbeigeführt (§ 564).

§ 704   Eine Parallele zur Zentralisation des Kultus in Jerusalem hat M. Weinfeld im Vorgehen Nabonids, des Königs von Babylon, finden wollen, der beim Heranrücken der Perser unter Kyrus die Kultbilder der babylon. Städte nach Babylon bringen ließ (JNES 23, 1964, 202–212). Ob er damit verhindern wollte, dass sie den Persern in die Hände fallen, oder ob er die betroffenen Städte angesichts der drohenden pers. Besetzung vor allem auch politisch an Babylon binden wollte, ist nicht ganz klar. Die Parallele gilt jedenfalls nur beschränkt, insofern Nabonid im Gegensatz zu Joschija diese anderen Kultorte nicht verunreinigen und damit für alle Zukunft unbrauchbar machen wollte.

§ 705   Die Reform in Juda, bei der die Kultreinigung im Vordergrund stand, wollte offensichtlich nicht Kultsymbole, sondern die Priesterschaft in Jerusalem konzentrieren. Dabei scheinen die Beseitigung der *kᵉmarim* und die Verbringung der *kohᵃne habamot* nach Jerusalem bzw. ihrer Beseitigung primär der Kultreinigung und weniger der Zentralisation gedient zu haben. Die oben in § 641–644 festgestellten Divergenzen zw. dem, was in 2Kön 22–23 erzählt wird, und dem Programm des Dtn lässt eine Verschiebung von der Kultreinigung zur Kultzentralisation hin erkennen. Dieser scheint primär die politisch-ökonomische Entwicklung in Juda zw. 701a und der Herrschaft Joschijas zugrunde gelegen zu haben. Die Kultreinigung brachte eine weitere Schwächung der verbliebenen Lokalheiligtümer. Die klare Foderung nach Kultzentralisation findet sich nur im dtn. Gesetz (Dtn 12,5–26; 14,23–25; 15,20; 16,2–16; 17,8; 18,6; 26,2 und 31,9–13). Wann sie formuliert und wann sie durchgesetzt wurde, ist schwer zu sagen. Ganz ohne Zusammenhang mit der joschijanischen Kultreform war sie wohl nicht (vgl. weiter § 671). U. Rüterswörden listet eine ganze Reihe von Maßnahmen auf, die als Folge der Kultzentralisation verstanden werden können, so die profane Schlachtung (Dtn 12,15f) und damit die Notwendigkeit Laien über reine und unreine Tiere zu informieren (Dtn 14,3–21a). »Die Sklavenfreilassung in Dtn 15,12–18 scheint im Bundesbuch am Heiligtum mit dem Ritus des Ohrstechens vollzogen worden zu sein (Ex 21,6), nicht in Dtn 15 … Der Totenkult, wie in 14,1–2 verboten, fand, wie zu vermuten steht, an den Lokalheiligtümern statt« (in: VT.S 92, 2002, 189 Anm. 22, Lemaire).

PESACH

§ 706   Im Gegensatz zur Kultreinigung und -zentralisation handelt es sich bei der Pesachfeier, bei der Bundesverpflichtungszeremonie und der Buchauffindung um einmalige Vorkommnisse der Ereignisgeschichte, die im Gegensatz zu Veränderungen in den kultischen Institutionen keine archäolog. Spuren hinterlassen können. Die den Forderungen von Dtn 16,2.5–7 entsprechende zentrale Feier des Pesachfests, war weder traditionell noch hat sie sich anscheinend ganz durchgesetzt (vgl.

§ 266f.685f.1411). Sie kam hauptsächlich politischen Ansprüchen entgegen. Dass das Pesach früher oder später am Tempel – oder mindestens auch am Tempel – als Wallfahrtsfest gefeiert wurde, bezeugt Ez 45,21–25 als Programm und schildern Esr 6,19–22; 2Chr 35,12; mPesachim 5,5–7; Bell VI 420–430 als Realität.

VASALLITÄTSVERPFLICHTUNG

§ 707   Dass die neuassyr. Praxis der Vasallitätsverpflichtungen (§ 613f) das Modell war, das im literarischen Produkt 2Kön 22–23 wie ein Band um die Quisquilien der Kultreinigung gelegt ist, diese zusammenhält und ihnen Sinn gibt, ist schon ausgeführt worden (§ 680–684). 2Kön 22,11–20 erweckt den Eindruck, die neu aufgefundene alte Schriftrolle habe hauptsächlich Flüche bei Nichteinhaltung der Verpflichtungen enthalten, die Israel gegenüber JHWH dereinst eingegangen war (§ 676; nicht Drohungen vgl. dazu OBO 145, 1995, 202–220, Steymans). Die Fragen, die sich stellen, sind zahlreich: Wurden die neuassyr. Vasallitätsverpflichtungen in palatialen oder öffentlichen Zeremonien eingegangen? Gab es eine Übertragung dieses Modells auf Beziehungen zw. Gottheiten und Menschen schon im assyr. Raum? Fand die Anwendung dieses Modells auf JHWH und Israel nur literarisch statt? Wenn dem nicht so war, war dann die reale Verpflichtungszeremonie oder die literarische zuerst (Ur-Dtn; § 737–755)? Wie hat das Primäre (reale Verpflichtungszeremonie oder Text), das Sekundäre (reale Verpflichtungszeremonie oder Text) beeinflußt? Schliesslich sind die einschneidenden theologischen Konsequenzen dieser Übertragung zu bedenken (vgl. § 714).

Rituale der Vasallitätsverpflichtung

§ 708   S. Parpola und K. Watanabe nehmen in ihrer Publikation der »Neo-Assyrian Treaties and Loyalty Oaths« (SAA 2, 1988; vgl. unten § 719) keine Stellung zur Frage, ob diese Verträge und Loyalitätsschwüre in irgendwelchen Zeremonien realisiert wurden. Die in § 613f skizzierten Zeremonien legen das nahe (vgl. auch den letzten Abschnitt dieses Paragraphs). Der Schwur selbst ist als wichtigstes Element der verschiedenen Arten von Verpflichtungen (ebd. XV–XXV) seiner Natur nach perlokutive Rede und verlangt eigentlich eine dementsprechende Zeremonie. Zwecks einer solchen dürfte bereits Ahas den Assyrerkönig in Damaskus aufgesucht haben (2Kön 16,10; § 430).

Gegenseitige Verträge sind verschiedentlich dargestellt worden. Auf dem Thronpodest Salmanassars III. ist der Handschlag dargestellt, der das Bündnis zw. ihm und Marduk-zakir-schumi I. von Babylon besiegelt (AOBPs Abb. 123). Die gleiche Szene findet sich auf einem Alabastergefäß in Damaskus (405; vgl. dazu VT 51, 2001, 466–480, Heintz; vgl. 30; vgl. auch § 923.953). Im 8./7. Jh.a sind in Nordsyrien Verträge anscheinend vor dem Emblem und unter dem Schutze des Mondgottes von Haran geschlossen worden (406–407). »Die zentralpalästinische und transjordanische Glyptik (des 7. Jh.a) kennt als beliebtes Bildmotiv u.a. zwei sich gegenüberstehende Männer, zw. denen häufig ein Kultständer o.ä., und über denen in der Regel Astralsymbole zu sehen sind (408–412). Es liegt nahe, solche Darstellungen als Vertragszeremonien unter dem Schutz astral vorgestellter Gottheiten zu interpretieren und mit der spätassyr. Konjunktur von Bundesschlüssen bzw. Leistungen von Loyalitäts-

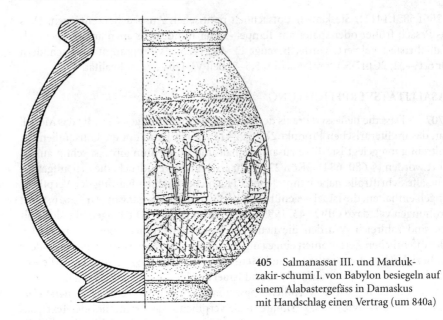

405 Salmanassar III. und Marduk-zakir-schumi I. von Babylon besiegeln auf einem Alabastergefäss in Damaskus mit Handschlag einen Vertrag (um 840a)

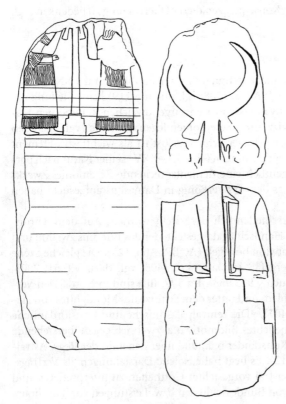

406–407 Im 8./7. Jh.a sind in Nordsyrien und Südostanatolien Verträge anscheinend vor dem Emblem und unter dem Schutze des Mondgottes von Haran geschlossen worden, wie die Stelen aus Tavale Köyü und Göktaçköyü im sö Anatolien nahelegen

408–412   Auf levantinischen Siegeln des 7. Jh.a, die bald als aram., bald als moabitisch klassifiziert werden, sind häufig zwei Männer zu sehen, die einen Altar flankieren, über dem der Neumond zu sehen ist. 412 ist im edomitischen Bereich gefunden worden; die Namen sind arab. Vielleicht kommemoriert die Ikonographie wie die von 406–407 die kultische Besiegelung von Vertragabschlüssen

eiden in Verbindung zu bringen« (Uehlinger, Bildquellen 64f bes. Anm. 108). Auch 381 kann als Loyalitätserklärung des Stadtobersten an den König verstanden werden. Natürlich sind Bilder nicht stets Abbilder von realen Vorgängen. Aber Bilder wie 405–412 zeigen Formen, in denen Zeremonien wie Bundesschlüsse stattgefunden haben können und vorstellbar sind. In der Regel besteht kein unüberbrückbarer Hiatus zw. der virtuellen Welt der Bilder und der Welt realer Zeremonien, sondern findet ein lebhafter Austausch von Impulsen in beide Richtungen statt.

Für die Zeremonie der einseitigen Vasallitätsverpflichtung gibt es einige Hinweise in verschiedensten assyr. Texten aus der Zeit Asarhaddons und Assurbanipals. Erstens war ein günstiges Datum erforderlich, was den religiösen und magischen Aspekt der Vereidigung beleuchtet. Der geeignete Tag wurde mit Hilfe von Gestirn- und Opferschau und Omenlisten bestimmt (SAA 10, 1993, Nr. 5 Z. 8–10; Nr. 6 Z. r.11–16, Parpola). Zweitens hatte die Zeremonie an einem heiligen Ort stattzufinden (SAA 10, 1993, Nr. 6 Z. 22f; Nr. 354 Z. 19–22, Parpola). Drittens war die persönliche Anwesenheit des Königs und der Vereidigten erforderlich. Viertens wurden die Verpflichtungstafeln Assurs auf einem Kissen in die Gegenwart des Königs gebracht, Opfer wurden dargebracht, Weihrauch verbrannt und die Tafeln wurden in Gegenwart des Königs verlesen (SAA 9 Nr. 3.3 Z. 27–33).

§ 709   Auf einen weiteren Ritus dürfte (mindestens volksetymologisch) der Ausdruck *karat bᵉrit* »einen Bund/Vertrag *schneiden*« anspielen (vgl. HAT I/12, 205, Rudolph; dagegen THAT I 343–345, Kutsch). Auch wenn der Ausdruck und der Ritus nichts miteinander zu tun habe sollten, gab es jedenfalls den Ritus, ein Tier zeremoniell entzweizuschneiden im Sinne einer bedingten Verfluchung bei Nichteinhalten einer einmal eingegangenen Verpflichtung. Anspielungen darauf finden sich nicht nur in aram. und assyr. »Staatsverträgen« (§ 613), sondern auch in der Bibel. In Jer. 34,18 wird als Wort JHWHs angeführt: »Ich mache die Männer, die mein Abkommen verletzt (*ha-ʿobᵉrim ʾæt-bᵉriti*) und die Worte der Abmachung (*bᵉrit*), die sie vor mir getroffen hatten (*karᵉtu*), nicht gehalten haben, dem Kalb gleich, das sie in zwei Hälften zerschnitten haben (*karᵉtu*) und zw. dessen Stücken sie hindurchgegangen sind« (vgl. auch das *ha-ʿobᵉrim ben bitre ha-ʿegæl* in V. 19). Hier wird die bedingte Verfluchung als rituell vollzogene bedingte Selbstverfluchung vorgestellt. Eine Kombination dieses Ritus mit den gängigsten Begriffen assyr. Vasallitätsverpflichtungen scheint Dtn 29,11 zugrunde zu liegen, wenn zu Israel gesagt wird: »Du schreitest jetzt durch den Bund (*ʿabar bibᵉrit*) mit JHWH, deinem Gott, und durch den Fluch (*ʾalah*) hindurch« (vgl. V. 13). *bᵉrit* und *ʾalah* entsprechen den in den neuassyr. Vasallitätsverträgen gebrauchten *adê* und *mamītu* (§ 614f). Mit dem Begriff »hindurchschreiten« (*ʿabar*) wird wohl auf den in Jer 34,18 und Gen 15,9–21, bes. V. 9f und 17, beschriebenen Ritus angespielt. In Gen 15 ist es allerdings nicht der als niedriger dargestellte Abraham, sondern der höhergestellte JHWH, der sich Abraham gegenüber auf diese drastische Art verpflichtet, seinen Nachkommen das Land zu geben. JHWH fährt in Gestalt einer Fackel (vgl. Ex 20,18; Ri 7,16.20) und eines rauchenden Ofens (vgl. § 236.532) zw. den entzweigeschnittenen Tieren hindurch, um so seine Zusage an Abraham zu bekräftigen.

Singularität der Übertragung auf JHWH und sein Volk

§ 710   Der Vorgang, bei dem Joschija die Ältesten Judas und Jerusalems im Tempel in Jerusalem versammelt und sich und das Volk verpflichtet, JHWH zu folgen (*lalækæt ʾaḥar jhwh*) und alle seine Satzungen zu erfüllen (2Kön 23,1–3; vgl. § 680–684), ist in der Religionsgeschichte des Alten Orients in dieser Form singulär (AB XI 297, Cogan/Tadmor). In Assur gab es wenigstens entfernt Vergleichbares. Aus der Zeit Asarhaddons ist ein Text bekannt, der einen von Ischtar arrangierten Bund bzw. von ihr arrangierte Eide (*a-de-e*) zw. dem Gott Assur und dem Volk von Assur zu Gunsten Asarhaddons thematisiert. »Das theologische Motiv eines Bundes der Gottheit mit dem Verehrerkreis ist also keineswegs genuin judäisch. *Das spezifisch Judäische der JHWH-Religion dieser Zeit ist nicht die Bundestheologie als solche, sondern die Revolte gegen die assyrische Herrschafts- und Königsideologie mittels der Bundestheologie.* Neu ist, dass das Motiv des Gottesbundes gezielt eingesetzt wird, um die neuassyr. Königsideologie ins Mark zu treffen«. Wenn Otto allerdings im Folgenden sagt, dass JHWH *mit* dem Volk einen Bund schließt (ZABR 4, 1998, 61), so trifft das mindestens für 2Kön 23,1–3 nicht zu. Der König unterwirft sich einer Verpflichtung, der das Volk beitritt (zum assyr. Text s. SAA 9, 1997, Nr. 3.4–5, Parpola; TUAT II/1, 61f, Hecker; zum Text und zu seiner Beziehung zur bibl. Bundestheologie vgl. schon BEThL 41, 1976, 115 Anm. 52, Lohfink; BZAW 142, 1977, 115f, Ishida; IEJ 27, 1977, 110–118, Zevit; BEThL 68, 1985, 29 Anm. 32, Lohfink).

Realer oder bloß literarischer Vorgang?

§ 711   Am schwierigsten sind die letzten der in § 707 gestellten Fragen nach der zeremoniellen oder bloß literarischen Realität einer solchen Verpflichtung und des eventuellen Einflusses der einen auf die andere zu beantworten. 2Kön 23,1–3 besteht auf den ersten Blick fast nur aus dtn./dtr. Ausdrücken und Wendungen (vgl. z. B. V. 3 mit Dtn 6,17; SBAB 20, 1995, 145–155, Lohfink). Mindestens drei Begriffe haben mit dieser Richtung aber nichts zu tun.

»Die Ältesten Judas und Jerusalems« erinnern an die »Ältesten Israels« in 2Sam 5,3. Sie sind ein fester Begriff in der älteren Exodusüberlieferung (Ex 12,21; und wahrscheinlich auch 3,16; 17,6; 18,12 u. ö.). Im dtn. Gesetzescorpus sind »die Ältesten am Tor« (Dtn 22,15; 25,7) bzw. »die Ältesten der Stadt« (Dtn 19,12; 21,3f.6; 22,18) die lokalen Repräsentanten der Gerichtsbarkeit. Die »Ältesten Israels« kommen im Dtn nur in Dtn 27,1 und 31,9 vor (dort zusammen mit den Nachkommen Levis; in V. 25f sind dann nur noch diese genannt). J. Buchholz vertritt die Ansicht, die Ältesten Israels hätten nur in frühexil. Zeit eine Rolle gespielt. Alle Belege außer Ex 12,21 stammten aus dieser Zeit und dienten ihrer Aufwertung oder aber Kritik. Bes. ihre Erwähnung in Ex 24,1 und 9 sollte ihnen Dignität verschaffen. Sie gehört im jetzigen Text zur Begleitung Moses (Göttinger Theologische Studien 36, 1988). N. Lohfink hat hingegen geltend gemacht, dass die »Ältesten Israels« in Dtn 27,1 und 31,9 der ältesten (joschijanischen) Version des DtrG angehören (SBAB 31, 2000, 278f).
Die »Ältesten Israels« im DtrG scheinen mir von den »Ältesten Israels« in Ex 24 abhängig zu sein. Sie und nicht Mose dürften die ursprünglichen Adressaten und Subjekte dieser rahmenden V. gewesen sein. Es fragt sich, ob diese V. so rabiat von den V. 3–8 zu trennen sind, wie das meistens geschieht. In Ex 24,3–8 wird eine Selbstverpflichtung Israels am Gottesberg nach einem Ritual erzählt, das sich von dem der dtn./dtr. Richtung in Dtn 29,9–14 (vgl. § 684) substantiell unterscheidet. Nach Ex 24,3–8 werden Masseben aufgestellt, Jünglinge, die weder als Priester noch Leviten charakterisiert sind (§ 641–644), bringen Opfer dar, ihr Blut wird an den Altar und als Zeichen der Verpflichtung (*b^erit*) auf das Volk gesprengt (V. 4b–8). Könnte diese Überlieferung nicht am Anfang von 2Kön 23,1–3 gestanden haben? Nur in 2Kön 23,2 (und 21), im Paralleltext 2Chr 34,30 und in Ex 24,7 ist von der »Rolle der Verpflichtung« (*sefær ha-b^erit*) die Rede. In beiden Fällen geht es nicht nur darum, den Inhalt der Weisung zur Kenntnis zu nehmen, sondern das Volk auf sie zu verpflichten.

§ 712   Die »Ältesten Israels« und die »Verpflichtungsrolle« (Bundesbuch) zusammen mit der in Hos 6,7 und 8,1 erwähnten *b^erit* (R. Kümpel, Die Berufung Israels. Ein Beitrag zur Theologie Hoseas, Bonn 1973) machen es wahrscheinlich, dass das DtrG in 2Kön 23,1–3 eine ältere Überlieferung aufgenommen und verarbeitet hat, die auf Vorstellungen basierte, die nach der assyr. Eroberung Samarias aus dem Nordreich nach Jerusalem gekommen sind (vgl. § 483; Jos 24,25–27). Eine enge Verbindung zw. JHWH und seinem Volk als Basis für eine formelle Verpflichtung war allerdings in der s und in der n Variante des JHWH-Glaubens von Anfang an vorhanden (§ 240). Mit dem vordtr. Ursprung dieser Tradition ist ihre Historizität allerdings noch nicht demonstriert.

§ 713   Ein dritter Ausdruck in 2Kön 23,1–3 verweist auf Ortskenntnisse. Es ist die Säule, an der oder auf der, wenn sie ein säulenartiges Podest war, der König stand (HAL III 797f). Der Ausdruck kommt in diesem Sinne nur noch in 2Kön 11,14 vor, eine Episode, die aller Wahrscheinlichkeit nach hist. ist (vgl. § 408). Ob das auch auf 2Kön 11,17 zutrifft, wo von einer Abmachung (b^{e}rit) zw. JHWH, König und Volk die Rede ist, die der Priester Jojada schließt (wa-jikrot), ist nicht so sicher, doch nicht ausgeschlossen.

Wenn die Verpflichtung der Ältesten durch Joschija und seine Berater in 2Kön 23,1–3 auch nur durch einen dtr. Schleier wahrnehmbar ist, so lässt sich hinter diesem Schleier doch mit einiger Gewissheit ein durch Nordreichüberlieferungen (Ex 24; Hos), neoassyr. Gepflogenheiten (§ 613f.) und evtl. auch jud. Traditionen (2Kön 11,17) angeregter hist. Vorgang erahnen. »Verträge«, die als Verpflichtung unter massiven Strafandrohungen eingegangen wurden, sind typisch für die assyr. beeinflusste Periode der Geschichte Israels, für das 7. Jh.a. Der Perserzeit war diese Praxis fremd (§ 719). So wird in Neh 8 eine feierliche, öffentliche Verlesung der Tora beschrieben, die in manchem an 2Kön 23,1–3 erinnert, aber von b^{e}rit und Selbstverwünschung im Falle der Nichteinhaltung ist da mit keinem Wort die Rede.

Problematik der Übertragung der Vasallitätsverpflichtung auf JHWH

§ 714   Es ist naheliegend, dass man während der gut 70 Jahre assyr. Herrschaft nach Alternativen zur Bindung an Assur bzw. den assyr. König gesucht hat. Da es aber angesichts der Schwäche Ägyptens keine gab, blieb nur die engere Bindung an JHWH. Diese wurde im Schema der assyr. Vasallitätsverpflichtungen gedacht und dann auch formuliert. Das war die Geburt der dtn./dtr. Theologie (vgl. Weinfeld, Deuteronomy 59–157; BZAW 284, 1999, Otto; ThLZ 126, 2001, 1030–1034, Hardmeier). Wann dieses Denkschema in einer Urform des Dtn zum ersten Mal formuliert wurde, ist unklar. Spätestens beim Wegfall des großköniglichen Jochs ist es virulent geworden. Es erlaubte unter weitgehender Beibehaltung der gewohnten Strukturen das assyr. Joch durch das Joch JHWHs zu ersetzen. Man vermied so ein Autoritäts- und Machtvakuum und konnte gleichzeitig das Gefühl haben, befreit zu sein und zur ureigensten Identität zurückgefunden zu haben. Diese wurde in einer auf neue Art intensiven und in ihrer Intensität ausschließlichen Bindung an JHWH gesehen, die dann vor allem im Dtn formuliert wurde (§ 737–755).

E. Zenger, E. Otto und andere haben die Übertragung der Rolle des assyr. Königs im Verpflichtungsformular auf JHWH als Befreiung von aller irdischen Herrschaft gedeutet (Am Fuß des Sinai, Düsseldorf 1993, 143ff; ZABR 4, 1998, 61, Otto; BZAW 284, 1999, Otto; vgl. oben § 710). Das ist ein Aspekt dieses Prozesses. Die Übertragung der Rolle des assyr. Königs auf JHWH hatte aber auch negative Folgen. Sie hat JHWH zwar ungeheure Eindrücklichkeit verliehen, insofern sich die traditionelle Imago des Anführers mit der des (früheren) Feindes verband (ARG 5/1, 2003, 238, Müller). Auf die zusätzliche Übernahme der Imago des früheren Feindes gehen aber manche ambivalente, wenn nicht gar eindeutig negative, intolerante, ja grausame Züge zurück, die JHWH in einigen bibl. Schriften hat, so z.B. die erbarmungslose Haltung, die in Dtn 13,7–12 gegenüber denen gefordert wird, die den Abfall von JHWH propagieren. Ein Mann soll seinen eigenen Bruder, seine eigenen Kinder, seine eigene Frau denunzieren, wenn sie ihn heimlich zum Abfall auffordern. Er soll bei ihrer Steinigung den ersten Stein auf sie werfen. Diese skandalösen Forderungen nehmen fast wörtlich jene auf, die in den neuassyr. Vasallitätsverpflichtungen denen gegenüber erhoben werden, die Rebellionsgedanken gegen den Großkönig hegen (vgl. z. B. TUAT I/2 162f § 5; vgl. auch § 6 und 10, Borger; zur Abhängigkeit vgl. Weinfeld, Deuteronomy 91–100; JSOT.S 124, 1991, 199–203, Dion). In Diskussionen über abstoßende Züge Gottes im AT wird dieser grausame Text meistens einfach ignoriert (F. Crüsemann/W. Dietrich/H.-Ch. Schmitt, in: atm. 13, 2004, 145–169; weitgehend auch in W. Dietrich/Ch. Link, Die dunklen Seiten Gottes. Willkür und Gewalt, Neukirchen ²1997, 229 Bibelstellen-Register). Wo er thematisiert wird, rechtfertigt man ihn mit der Notwendigkeit, Israels Identität zu wahren. Die Apostasie »zerstört das, was Israel zu Israel macht« (NEB XV 103, Braulik; vgl. GAT VIII/2, 687 s. v. »Identitätssicherung, Identitätsverlust«, Albertz). Historisch, psychologisch, soziologisch lässt sich das alles erklären und verstehen. Theologisch legitimieren lässt es sich schwerlich. Was zelotische Ungeduld jeglicher Couleur nicht beachtet hat (und beachtet), ist die Priorität der Schöpfung vor der Vervollkommnung, die Priorität des Seins vor dem Sosein. Aus diesem Grund sind Hinrichtungen von Menschen aus religiösen Gründen nicht zu rechtfertigen. Eine solche Bemerkung mag in einer hist. Untersuchung nicht angebracht sein. Sie stellt aber nur eine Reaktion auf den integralistisch apologetischen Umgang mit solchen Texten dar, der »Identität« als rechtfertigenden Begriff einführt, der weiter nicht hinterfragt wird (zur Problematik des Begriffs vgl. A. Sen, Die Identitätsfalle, München 2007). Das ist um so problematischer als »Identität« kein bibl. Begriff ist (vgl. § 729; zur Unmoral gewisser bibl. Texte, die in ihrer Wirkungsgeschichte klar zu Tage trat und tritt, vgl. Prior, in: JSOT.S 381, 2003, 16–45, Thompson). Die bibl. Tradition selbst korrigiert in den Büchern Jer und Ez die Härte dieser Vorschriften, indem sie ein neues Verhältnis ins Auge fasst (§ 1191–1193). Ez 20,25 lässt JHWH explizit sagen: »Auch gab ich ihnen Gesetze, die nicht gut waren und Rechtsvorschriften, die es ihnen unmöglich machten, am Leben zu bleiben«. R. Kessler sieht darin eine Kritik am dtn. Verständnis des Verhältnisses zw. Israel und JHWH, bei dem Israel sich das Wohlwollen JHWHs (wie beim assyr. Großkönig) durch Gaben und Abgaben (vgl. § 113.206.210.1344–1346.1490) erhalten muss (in: FS Jeremias 253–263). Die P wird den »Sinaibund« ganz weglassen und ihn durch ein System liturgischer Sühnemittel ersetzen (vgl. § 1223f). Bei der etwas vereinfachend als »Monolatrismus« bezeichneten Position der dtr./dtn. Texte fürchtete JHWH andere Gottheiten, wie der assyr. Großkönig Konkurrenten fürchtete, z. B. den Pharao. Das Dtn setzt andere Götter voraus. JHWH hat sie anderen Völkern zugewiesen. Die dürfen und sollen ihnen dienen (vgl. Dtn 4,19; 29,25; 32,8f). Israel aber soll und darf unter keinen Umständen. Das politische und das religiöse System der »Vasallitätsverpflichtung« versuchen, ihre Leute unter schlimmsten Drohungen an einen Herrscher zu binden. Ein konsequent zu Ende gedachter Monotheismus hat das nicht nötig, weil in ihm der einzige Gott konkurrenzlos ist und nicht fürchten muss seine Verehrer könnten sich seinem Gegner zuwenden.

AUFFINDUNG DER SCHRIFTROLLE

§ 715   Das in 2Kön 23,1–3 beschriebene Geschehen ist nur unbestimmt fassbar, so dass die Frage, wie weit dieses eine literarische Darstellung des Verhältnisses zw. JHWH und seinem Volk beeinflusst hat bzw. seinerseits von einer literarischen Darstellung beeinflusst worden ist, kaum beantwortet werden kann. Jedenfalls muss, bevor das versucht wird, zuerst ein Blick auf 2Kön 22,3–20 geworfen werden.

Obwohl der Text von 2Kön 22,3–20 der Auffindung der Schriftrolle keinerlei Prominenz gibt (vgl. aber 22,13), sind zur »Auffindung« des Gesetzes viele altägypt. (z. B. Postskript zum Totenbuchspruch 64 und Inschriften auf der Süd- und Ostwand der Krypta 9 in Dendera) und ao Parallelen gesammelt und zu 2Kön 22 in Beziehung gesetzt worden (ZAW 28, 1908, 291–302, Herrmann; BZ 9, 1911, 230–243.342–349; BZ 10, 1912, 13–23.225–237, beide Euringer; zum Interesse Nabonids an alten Texten und seiner Suche nach ihnen vgl. AB XI 294 Anm. 11, Cogan/Tadmor; zum Ganzen vgl. FOTL 10, 1991, 268, Long; ZAW 109, 1997, 1–11, Römer). Diese Texte berichten in der Regel nüchtern vom Auffinden älterer Schriften, wobei ihnen ihr Alter, manchmal auch der Fundort eine spezielle Dignität geben. Manche dieser Texte sind leichter als Berichte, denn als literarische Strategien vorstellbar.

§ 716   B.J. Diebner und C. Nauerth haben auf drei »Auffindungen« aufmerksam gemacht, die altneue Kulte legitimieren sollten: Die Auffindung des heiligen Opferfeuers nach dem Exil (2Makk 1,18–23), die Auffindung des in einer Art Hieroglyphen auf goldene Tafeln geschriebenen Buches Mormon durch Joseph Smith im Jahre 1823 in der Nähe von Manchester (N.Y.) und die Auffindung des wahren Kreuzes Christi durch die Kaiserin Helena. Die drei »Auffindungen« sind alle von sehr merkwürdigen und wunderbaren Erscheinungen begleitet und haben, davon abgesehen, dass es sich nur in einem Fall um eine Schrift handelt, mit dem schlichten Vorgang in 2Kön 22 wenig gemeinsam. Entsprechend deplatziert ist das als Fazit formulierte Bekenntnis: »In der Tat können wir uns nicht mehr dazu entschließen, die in 2Kön 22 geschilderten Vorgänge als ›historisch‹ im Sinne von realer, vergangener Ereignishaftigkeit zu betrachten. Methodische Gründe sprechen dagegen« (DBAT 18, 1984, 118). Methodische Gründe sprechen vor allem dagegen, diese drei Überlieferungen als Parallelen zu 2Kön 22,8 anzuführen. Es ist eine Pseudodemonstration kritischer Haltung glauben machen zu wollen, mit der Nicht-Existenz von Drachen sei auch die Nicht-Existenz von Krokodilen bewiesen (vgl. weiter § 768 zweiter Abschnitt).

§ 717   2Kön 22 skizziert in einer hist. Kurzgeschichte wie Joschija und seine Beamten vorbildlich auf das Wort JHWHs reagieren. In einer vergleichbaren Kurzgeschichte wird in Jer 26 und 36 Jojakim in einem Kontrastbild als Verächter des Wortes Gottes gezeichnet. Statt wie Joschija und seine »Diener« die Schriftrolle respektvoll zu empfangen und ihr Nachachtung zu verschaffen, verfolgen die »Diener« Jojakims den Boten Gottes und Jojakim verbrennt eigenhändig die Rolle mit seinen Worten (zum Umfang und literarischem Genus der Texte vgl. SBAB12, 1991, 55–86, Lohfink). Zwar weichen die beiden Erzählungen in manchem voneinander ab, wohl deshalb, weil sie stärker der Wirklichkeit verpflichtet sind als irgendeinem literarischen Schema. Was die beiden Erzählungen anhand hist. Ereignisse positiv und negativ entfalten, ist im königskritischen (GAT VIII/1, 350–352, Albertz) dtn. Königsgesetz zu einer generellen Vorschrift erhoben worden: »Wenn er (der König) seinen Königsthron bestiegen hat, soll er sich von dieser Weisung (*ha-torah ha-zo't*), die die levitischen Priester aufbewahren, auf einer Schriftrolle eine Abschrift machen lassen. Sein

Leben lang soll sie mit ihm sein und er soll darin lesen und lernen JHWH, seinen Gott, zu fürchten und auf die Worte dieser Tora und dieser Vorschriften (*ḥuqqim*) zu achten um sie zu tun« (Dtn 17,18). Das Verhalten Joschijas in 2Kön 22 wird durch diese Forderung zum Vorbild erhoben, das Jojakims wird indirekt verdammt. Der Unterschied zw. dieser Vorschrift und dem, was in 2Kön 22,8.10 beschrieben wird, beruht auf der hist. natürlich nicht zutreffenden Annahme, unter den schlechten Königen Manasse und Amon sei die im Dtn vorgesehene Praxis sistiert worden (vgl. 2Kön 22,13 »weil unsere Väter auf die Worte dieses Buches nicht gehört haben«). Hilkija habe dann den Anstoß gegeben, sie wieder aufzunehmen.

ZUM INHALT DIESER SCHRIFTROLLE

§ 718   Ob der konkrete Vorgang der Buchauffindung und -übergabe fiktiv ist oder nicht, das zu entscheiden fehlen uns weitgehend die Mittel. Im Jahre 1805 hat W.M.L. de Wette seine »Dissertatio critica. exegetica. qua Deuteronomium a prioribus Pentateuchi libris diversum, alius cuiusdam recentioris auctoris opus esse demonstratur« veröffentlicht. Darin vertrat er die Meinung, das Dtn sei von den vier anderen Büchern des Pentateuch verschieden und von einem jüngeren Autor verfasst worden und mit dem Buch identisch, das zur Zeit Joschijas im Tempel gefunden wurde (vgl. § 738). In einer modifizierten Form, dass es sich dabei nicht um das vorliegende Dtn, sondern um eine frühere Form desselben gehandelt habe, wird die These bis heute immer wieder vertreten (vgl. EdF 164, 1982, 4f, Preuss; GAT VIII/1, 309–312, Albertz; BBB 87, 1993, 231–255, Reuter; da S. 255–258 die Modifikation, das Buch des Hilkija sei das »Bundesbuch« Ex 20,22–23,33 gewesen; BEThL 133, 1997, 321–339, Otto; vgl. weiter unten § 737–755).

§ 719   Dass zw. 672 und 612a eine Schrift in Umlauf kam, die nach mehrmaligen Überarbeitungen zu dem bekannten Dtn wurde, lässt sich heute durch eindeutige »external evidence« besser begründen als je. Wie irreführend die oft ausschließlich gepflegte Binnenorientierung sein kann, hat noch 1995 ein Aufsatz von T. Veijola gezeigt, der die brutalen Vorschriften in Dtn 13 gegen Pseudopropheten und Anstiftung zum Abfall als eines der jüngsten Teile des dtn. Gesetzescorpus von utopisch theoretischer Art aus spätnachexil. Zeit erweisen wollte (ZThK 92, 1995, 287–314). Dtn 13 sei von Pseudoprophetenpolemik im Jeremiabuch abhängig (vgl. zu dieser § 818). Dagegen macht E. Otto mit Recht geltend: »Der die Pseudoprophetenpolemik des Jeremiabuches prägende Begriff ›Lüge‹ (*šæqær* s. Jer 14,14; 23,25f; 27,10.14–16; § 826.833) wird in Dtn 13,2–6 nicht verwendet, wohl aber der Begriff ›Hochverrat‹ (*sarah*). Der Ausdruck ›Hochverrat das Wort reden‹ (*dibber sarah*) hat nichts mit der Pseudoprophetenpolemik des Jeremiabuches zu tun, sondern nimmt *da-bab sur-ra-a-ti u la ke-na-a-te* ›aufrührerisches, unwahres Gerede‹ der Thronfolgeeide Asarhaddons in VTE § 57: 502 auf (S. Parpola/K. Watanabe, Neo-Assyrian Treaties and Loyalty Oaths. State Archives of Assyria II, Helsinki 1988, 50; TUAT I/2, 172, Borger). In Dtn 13,2–6 liegt nicht ›ein zentraler Topos der Pseudoprophetenpolemik des Jeremiabuches … in einer der Vertragsterminologie entliehenen Gestalt‹ vor (ZThK 92, 1995, 298, Veijola), was bedeuten würde, dass in pers. Zeit ein aus neubabylon. Zeit stammendes Motiv in eine neuassyr. Form gebracht wurde – eine unwahrscheinliche

Annahme« (BEThL 133, 1997, 326f, Otto; ähnlich Rüterswörden, in: VT.S 92, 2002, 185–203, Lemaire). Aber nicht nur die Vorschrift gegen Propheten vorzugehen, die Hochverrat reden, sondern auch gegen die Allernächsten, gegen die eigenen Geschwister, die eigenen Kinder usw. stammt aus den Loyalitätseiden gegenüber Asarhaddon (S. Parpola/K. Watanabe, Neo-Assyrian Treaties and Loyalty Oaths. State Archives of Assyria II, Helsinki 1988, 33 § 10:108–122; TUAT I/2, 163, Borger; JSOT.S 124, 1991, 147–216, Dion; ZABR 2, 1996, 1–52, Otto; ZABR 4, 1998, 37–40, Otto).

H.U. Steymans hat schon 1995 nachgewiesen, dass die langen Fluchreihen in Dtn 28,20–44 nahezu wörtlich auf die Fluchreihen dieser Loyalitätseide zurückzuführen sind. Nicht nur die Inhalte, sondern auch die Abfolge der Fluchreihe in Dtn 28,20–44 schließt an die Flüche in den Thronfolgeregelungen Asarhaddons an (S. Parpola/K. Watanabe, Neo-Assyrian Treaties and Loyalty Oaths. State Archives of Assyria II, Helsinki 1988, 45f § 37–42:414–428; 49f § 56:472–493; 51 § 63–64: 526–533; TUAT I/2, 169–173, Borger; OBO 145, 1995, 284–312, bes. 300, Steymans).

Die genannten Abhängigkeiten sind für die Datierung des Dtn von entscheidender Bedeutung, da diese Fluchreihe nach Asarhaddon nicht mehr im Gebrauch war und nach dem Untergang des assyr. Reiches 612a bald ganz in Vergessenheit geraten sein dürfte. E. Otto sagt: »Weder aus neubabylon. noch aus pers. Zeit sind Treueide überliefert« (BZAW 284, 1999, 32, Otto; zum Dtn vgl. weiter § 737–755). Ez 17,11–21 scheint die Praxis allerdings für den Anfang der neubabyl. Zeit noch vorauszusetzen falls er nicht einfach eine Praxis der neuassyr. Zeit auch für die neubabylon. voraussetzt.

§ 720   Einerseits spielen bedingte Flüche und Verwünschungen nicht nur im Dtn, sondern auch in der Reform, wie sie in 2Kön 22–23 geschildert wird, eine entscheidende Rolle (z.B. 2Kön 22,16; vgl. § 707). Eine formelle Verpflichtung der Ältesten und des Volkes auf JHWH ist ohne den Hintergrund der assyr. Vasalitätsverpflichtungen und der assyr. Treueeide schwer denkbar. Dieser Aspekt ist mentalitätsgeschichtlich und theologisch wichtig, da er zeigt, wie stark Vorstellungen von einem rächend-strafenden JHWH bei der Reform und im Dtn von der Auseinandersetzung der jud. Elite mit dem assyr. Königtum des 7. Jh.a geprägt sind (vgl. § 713f). Die religiös-theol. Verwendung dieser Kategorien hat den *de facto* Ausschließlichkeitsanspruch JHWHs energisch vorangetrieben und ihm eine feste und einprägsame Form gegeben. Andererseits sind die Reformen Joschijas und seiner Berater, soweit sie sich hist. plausibilisieren lassen, und die Forderungen des Dtn bzw. Ur-Dtn keineswegs deckungsgleich (vgl. etwa den Umgang mit dem Kultpersonal § 641–644; die konkreten Maßnahmen der Kultreinigung § 638–640; vgl. weiter 676.689). So bleibt ungewiss, ob ein Ur-Dtn die Reformen in Gang gebracht oder die Reformpraxis inklusive die Verpflichtung der Ältesten bzw. des Volkes ihren literarischen Niederschlag und ihre die Zukunft bestimmende Form nachträglich im Ur-Dtn gefunden hat. Wenn Ersteres zutrifft, dann hatte das Ur-Dtn einen erheblich geringeren Umfang als das uns vorliegende Dtn. Vor allem fällt auf, dass die starken sozialen Anliegen des Dtn, die z. T. schon im Bundesbuch (Ex 21,1–23.33) thematisiert waren, das vom Dtn aufgenommen wurde (vgl. § 740), im Reformbericht 2Kön 22–23 mit keinem Wort zur Sprache kommen. Der Grund dürfte darin zu suchen sein, dass das Ur-Dtn sich enger an neoassyr. Loyalitätseide anlehnte als das Dtn in seiner Endgestalt. Zwar dürfte es kaum nur aus Dtn 13* und 28* bestanden haben, zwei Teilen, die sich bes. deutlich an assyr. Vorbilder anlehnen. Es scheint aber hauptsächlich Forderungen und Verpflichtungen enthalten zu haben, die sich auf JHWH und seinen Kult bezogen. Die Sozialgesetze scheinen später dazu gekommen zu sein (SBAB 33, 2001, 20.73 Anm. 38, Braulik). Bevor diesem Problem weiter nachgegangen wird, soll kurz gefragt werden, wer hinter der Reform bzw. dem Dtn gestanden haben könnte. Anders ausgedrückt: Gab es eine dtn./dtr. Bewegung?

DIE TRÄGER UND TRÄGERINNEN DER REFORM: GEWINNER UND VERLIERER

In Israel

§ 721   Wir haben nur sehr wenige direkte Hinweise auf die Träger und Trägerinnen der Reformbewegung. Manches muss aus Hos (§ 730), dem Dtn und dem DtrG (§ 737–768) erhoben werden.

Nach der Ermordung Amons rettete der »Landadel« die Daviddynastie und setzte den achtjährigen Joschija zum König ein. *De facto* übernahm natürlich nicht der Achtjährige, sondern übernahm die durch den Zentralismus Manasses erstarkte profane und religiöse Beamtenschaft die Macht (§ 617). Zur profanen Beamtenschaft dürfte auch der neue »Landadel« gehört haben (zu dessen Charakter vgl. § 616), der wie Eljaschib in → II Arad vielleicht über eigene militärische Kontingente verfügte. Der Einfluss der Beamtenschaft wird aus dem Reformbericht in 2Kön 22–23 deutlich, wo neben dem König der Staatsschreiber Schafan und der Oberpriester Hilkija eine entscheidende Rolle spielen. Diese kontrastiert auffällig mit dem Fehlen königlicher Beamter im Dtn (BWANT 117, 1985, 142f, Rüterswörden). Die dtn. Beamtengesetze und das Königs- bzw. Antikönigsgesetz (Dtn 17,14–20) dürften erst exil. sein (VTS.S 58, 1995, 60–62.69, Schäfer-Lichtenberger). Das Königsgesetz konzipiert ein Königtum, das keinem ao und auch keinem altisraelit. Konzept von Königtum entspricht. Es stellt eine Art konstitutionelle Monarchie dar, deren Kompetenzen – wie die der anderen »Beamten« in Dtn 16,18–18,22 – konsequent der schriftlich vorliegenden Tora untergeordnet sind, deren wichtigstes Prinzip die Kultzentralisation darstellt (VT 51, 2001, 511–535, Levinson).

Das DtrG stellt die Reform so dar, dass der mit acht Jahren auf den Thron gesetzte Joschija in seinem 18. Regierungsjahr, also mit 26, diese aufgrund der Auffindung einer Torarolle im Tempel initiiert habe (2Kön 23,3). Es mag in diesem Jahre durchaus ein wesentlicher Schritt geschehen sein. Die exemplarische Rolle, die Joschija in 2Kön 22–23 als Hörer und Praktiker der Tora spielt, sollte nicht darüber hinwegtäuschen, dass sie ursprünglich kaum von ihm, sondern von seinen Erziehern und späteren politischen Beratern ausgegangen ist, vom Staatsschreiber Schafan und den hinter ihm stehenden Beamten und von einem Teil der Jerusalemer Priesterschaft, die durch Hilkija vertreten wird (2Kön 22,8–11). Die Fortsetzung der Erzählung in 2Kön 22,12–20 bringt eine dritte Größe ins Spiel, die Prophetie, vertreten durch die Prophetin Hulda (zu den prophetischen Kreisen vgl. weiter § 730–736). Kurzum zw. ca. 630 und 609a dürfte eine Reformbewegung bestanden haben, an der Teile der

Jerusalemer Beamtenschaft, der Jerusalemer Priester, der jud. Mittelschicht, einzelne Propheten und das davidische Königshaus beteiligt waren (GAT VIII/1, 317, Albertz; SBAB 20, 1995, 113f, Lohfink). Nach 609a dürfte die Bewegung in verschiedene Gruppierungen auseinandergebrochen sein, vor allem eine, die mit Babylon rechnete, und eine, die die neue Supermacht, Babylon, ignorierte. Elemente von Vorstellungen der Reformbewegung sind – nachdem sie in der Praxis erprobt worden waren – im Dtn formuliert und so aus einer *de facto* zu einer *de jure* Praxis geworden.

§ 722   Was die verschiedenen Gruppen einte, war wohl die glorreiche, unabhängige und eigene Vergangenheit, auf die man sich als wenn auch noch so vages Modell einigen konnte. Konkreter und innovativer waren die Wiedergewinnung des Gebiets der »zehn verlorenen Stämme«, des Nordreiches und die Jerusalems als dem einzigen legalen JHWH-Kultort. N. Lohfink möchte die Bewegung lieber nicht als »deuteronomische Reformbewegung«, sondern als »Restaurationsbewegung der Joschijazeit« bezeichnen, die dann in einem schon recht entwickelten Dtn ihre Ansichten formulierte (Lohfink, in: BBB 98, 1995, 357, Groß). »Reform« betont vielleicht zu sehr das Neue, »Restauration« aber bagatellisiert das innovative Moment des Unternehmens. G. Braulik spricht deshalb von einer konservativen Reform (SBAB 33, 2001, 39–57, Braulik).
Um wirksam zu werden, brauchte diese eine breite Trägerschaft wie die in § 721 beschriebene. Ihre entsprechend verschiedenen Interessen spiegeln sich in den Divergenzen zw. 2Kön 22–23, dem Dtn (§ 638–644.676.689) und im Dtn selbst. Die verschiedenen Trägergruppierungen haben sich kaum von einem Tag auf den andern zusammenfinden können. Auf eine als Abschüttelung der assyr.-aram. Fremdbestimmung interpretierte Kultreinigung und die Ersetzung des assyr. Großkönigs durch JHWH in Form einer Selbstverpflichtung auf ihn, konnte man sich leichter einigen als auf eine bestimmte Art der Machtverteilung und ein soziales Programm. Schwierige zeitraubende Kompromisse waren im Hinblick auf die Neuorganisation des Kultpersonals in Jerusalem und des ganzen Volkes auf eine utopische Gemeinschaft hin zu finden (zu letzterer vgl. SBAB 20, 1995, 205–218, Lohfink).

§ 723   Auf den Einfluss der königlichen *Beamten* mag letztlich die Tendenz des Dtn zurückgehen im Gegensatz zum Bundesbuch (Ex 21,1–23,33) und anderen früheren Rechtssammlungen, das ganze gesellschaftliche Leben, den Staat der Tora gemäß zu gestalten. So finden wir z.B. neben dem erst im Exil formulierten Königsauch ein Kriegsrecht, was bei keiner früheren oder späteren Rechtssammlung der Fall ist. Die Kreise um den Staatsschreiber Schafan sind wahrscheinlich auch für die weisheitlichen, manchmal geradezu rationalistisch säkularisierenden und didaktischen Züge des Dtn verantwortlich (vgl. z.B. Dtn 20,19b mit 2 Kön 3,25; Weinfeld, Deuteronomy 1972, 244–306). G. Braulik ortet die didaktischen Züge des Dtn in der Toraunterweisung durch den Familienvater (Dtn 6,6–9 und 11,18–21) und die Priester (Dtn 31,10–13). Weisheit versteht er mit G.T. Sheppard (BZAW 151, 1980) als hermeneutisches Konstrukt, das die Tora als allgemeine Lebenslehre anzubieten versucht. Die gezielte Charakterisierung der Toraunterweisung als »weise« und »Weisheit« (Dtn 1,13.15; 4,6; 16,19; 34,9 usw.) bereite die in Sirach 24 vollzogene Identifikation von Weisheit und Tora vor (SBAB 24, 1997, 119–146.225–271). Ich sehe die Positionen Weinfelds, der im Dtn Spuren rationaler Erfahrungsweisheit wahrnimmt, und Brauliks, der auf den späteren Versuch hinweist, die Tora als Weisheit im Sinne einer umfassenden Lebenslehre zu verstehen (Dtn 4,6), nicht als Gegensätze, sondern als zwei Aspekte weisheitlicher Präsenz im Dtn. Im Gegensatz zum Dtn wird in Sirach 24 Weisheit nicht von der Tora vereinnahmt, sondern die Tora von der Weisheit. Sirach interessiert sich an keiner einzigen Stelle für die rituellen und Reinheitsprobleme, die für die Tora so wichtig sind.

Von »Säkularisierung« im modernen Sinne der »Aushöhlung des Weltgehalts der Religion« sollte man im Dtn nicht sprechen (SBAB 20, 1995, 219–260, bes. 260, Lohfink). Das Dtn versucht dezidiert, das ganze Volk in die religiösen Vollzüge einzubeziehen. Das gilt von der Toraunterweisung in der Familie bis zu den Opfern, die nach Dtn 18,31 wie in 1Sam 2,13 grundsätzlich von jedem Mitglied des Volkes, inklusive der Frauen, dargebracht werden können (SBAB 33, 2001, 59–89, Braulik). In einer gewissen Spannung dazu stehen gelegentlich die Anliegen der *Priesterschaft* (vgl. dazu etwa die Erlaubnis zu profaner Schlachtung in Dtn 12,15.21 und die ergänzenden Bestimmungen ebd. 20–28).

§ 724   Den profanen und priesterlichen Beamten gemeinsam war das Interesse an einem *Buch*, einer Verfassung und einem Reglement der Neugestaltung. Das Buch bot Hilfe gegen Kritik von oben, vom König, und gegen unten, zumal der König durch das (spätere?) Königsgesetz massiv in dieses Buch eingebunden wurde.

Den Interessen beider Gruppen, der königlichen Beamten und der Priester, entsprach die *Stärkung der Hauptstadt*. Hist. war die Konzentration der Höhenpriester in Jerusalem schon durch die Verwüstung Judas durch Sanherib im Jahre 701a (§ 554f) und dem unter Manasse einsetzenden Boom der Hauptstadt vorbereitet, wenn nicht weitgehend realisiert worden (§ 562f). Die diesbezügliche »Reform des Joschija« verwandelte, was Judäa betrifft, wahrscheinlich einen *de facto* bereits weitgehend bestehenden in einen reflektiert und systematisch durchgeführten Zustand, den das Dtn nocheinmal später als *de jure* bestehend zu erhalten suchte. Es waren, wie gesagt, die Jerusalemer Beamten, die um 630a die bis anhin von den Assyrern ausgeübte Macht erbten, da Joschija noch minderjährig war. Sie füllten das Machtvakuum z.B. durch die Schaffung eines Obergerichts in Jerusalem. Früher konnte man den König als oberste Instanz gegen die Entscheidungen lokaler Gerichte anrufen, wenn sich dieser dazu zur Verfügung stellte (2Sam 14,1–11; 15,1–6). Das neue Obergericht aber war eine feste Institution nicht des Königtums, sondern setzte sich aus einem Laienrichter und Priestern zusammen. Es war sowohl für sakrales (*torah*), wie für profanes Recht (*mišpaṭ*) zuständig (Dtn 17,8–13; vgl. Ps 122,5; Otto, in: FS Kaiser 142–155; zu einer gewissen Skepsis gegenüber dem Zentralgericht s. Lohfink, in: BBB 98, 1995, 355, Groß; zur Gerichtsorganisation im dtn. Gesetz vgl. weiterhin FRLANT 165, 1994, Gertz).

§ 725   Der Stärkung der Hauptstadt und ihrer Beamten und Priester diente aber vor allem die Kultzentralisation. Es ging nicht so sehr um die Anwesenheit JHWHs nur an einem Ort, sondern um die Einzigkeit der legitimen Opferstätte (Dtn 12,4–28 und § 705). Die Folge war, dass jeder männliche Judäer bzw. Israelit mindestens dreimal jährlich nach Jerusalem zu kommen hatte, und das nicht mit leeren Händen

413   Ostrakon: »Wie Aschijahu
(Joschiijahu?), der König, dir befohlen
hat, (sollst du) drei Schekel Tarschisch-
Silber für das Haus JHWHs in die Hände
Zakarjahus geben« (650–600a)

(Dtn 16,16f). Das »Privilegrecht« JHWHs (vgl. etwa Ex 34,10–26) wurde auf den
Tempel in Jerusalem hin zentralisiert. Diese Maßnahme lag vor allem im Interesse der
Jerusalemer Priesterschaft, denn sie kanalisierte die sakralen Einkünfte und Abgaben
nach Jerusalem, was einen Zuwachs zu den bereits beträchtlichen Einkünften bedeutete (§ 673–675). In diesem Zusammenhang sei auf ein Ostrakon hingewiesen,
das paläographisch in die 2. Hälfte des 7. Jh.a datiert wird und das, wenn es echt ist,
ein kleines Licht auf das Interesse der Zeit Joschijas an den Einkünften des Tempels
wirft (413). »Wie Aschijahu, der König, dir befohlen hat, (sollst du) drei Schekel
Tarschisch-Silber für das Haus JHWHs in die Hände Zakarjahus geben.« Aschijahu
(ʾašijahu) ist wohl als Kurzform von Joschijahu (joʾšijahu) zu verstehen, wie Konjahu
(Jer 22,24) eine Kurzform von Jehojakin (jᵉhojakin; 2Kön 24,6) ist (Semitica. 46,
1996, 49–61, Bordreuil/Israel/Pardee).

Die Wallfahrtsfeste brachten aber auch eine starke emotionale Bindung an die
Hauptstadt und ihre kultischen und politischen Einrichtungen mit sich (Ps 122,5;
vgl. § 694.697f). Jerobeam I. hatte aus der Sicht des DtrG Bet-El als Reichsheiligtum
installiert, um die Israeliten von der mit den Wallfahrten nach Jerusalem verknüpften
Möglichkeit der Propaganda für die davidische Dynastie fernzuhalten (§ 397–399).
Was Jerobeam fürchtete, wird vom Dtn gefördert, wenn es wohl auch weniger um die
davidische Dynastie als um Propaganda für Jerusalem als den von JHWH erwählten
Ort (§ 81) bzw. eine neue Theologie des Volkes JHWHs ging, dem durch die Zentralisation ein gemeinsamer Treffpunkt und durch die Feste ein gemeinsames Erleben
seines Gottes zuteil wurde (SBAB 33, 91–112, Braulik).

§ 726   Die Wallfahrten förderten die Erfahrung egalitärer Zusammengehörigkeit
und gegenseitiger Verantwortung vor Gott (§ 697f). Im Dtn werden diese mit dem
Begriff des »Bruders« artikuliert. Das Dtn versieht den Begriff regelmäßig mit dem
Suffix: »dein Bruder«, »deine Brüder«. Die vom Dtn propagierte Brüderlichkeit basiert nach L. Perlitt entgegen einer häufigen Annahme nicht auf der (fiktiven) Bluts-
verwandtschaft der Volksgenossen, nicht auf der Vorstellung vom Volk als Familie,
sondern ist das Ergebnis der Zuwendung JHWHs zu Israel und jedem einzelnen Mit-

glied der Gemeinschaft. Als theologischer und ethischer soll der Begriff die Versuchung eines bloß gesetzlichen Umgangs mit dem Nächsten überwinden (FS Bornkamm 27–52, bes. 51f). Nach G. Braulik ist die »Bruderethik« zuerst im Heiligkeitsgesetz, bes. in Lev 19 formuliert worden und von dort ins Dtn gekommen (bes. Dtn 15 und 24; 16,18–18,22; SBAB 33, 2001, 39–57; vgl. auch Fabry, Geschwister 2000).

Fremde – Einzelne und Völker

§ 727   Wenn der dtn. Begriff des »Bruders« in der Regel auch primär diesen Sinn haben mag, so ist er doch nicht exklusiv. In Dtn 23,4 werden Ammoniter und Moabiter von der Versammlung JHWHs (*qᵉhal jhwh*) ausgeschlossen. Begründet wird das mit ihrer unfreundlichen Behandlung des wandernden Israel. Edomiter und Ägypter hingegen sollten nicht in gleicher Weise kultisch verabscheut werden (*lo'-tᵉta'eb*). Bei den Ägyptern wird das mit dem langen Aufenthalt Israels in Ägypten begründet, bei Edom mit der Feststellung »denn er ist dein Bruder« (V. 8a). Damit kann doch wohl nur gemeint sein, dass die Edomiter als Nachkommen Edoms/Esaus, des Bruders von Jakob/Israel, Blutsverwandte sind.

Im Gegensatz zur älteren Rechtssammlung, dem sogenannten »Bundesbuch« (Ex 21,1–23,33), wird in der dtn. immer wieder zw. »dem Ausländer« (*ha-nokri*) und »deinem Bruder« bzw. dem Volk JHWHs unterschieden. So heißt es etwa in Dtn 14,21: »Ihr dürft kein gefallenes Tier essen. Du sollst es dem Fremden (*ger*) in euren Städten (Toren) zum Verzehr geben oder dem Ausländer (*nokri*) verkaufen, denn du bist ein für JHWH, deinen Gott, heiliges Volk.« Lev 22,8 verbietet nur den Priestern es zu essen (vgl. jedoch Lev 17,15). Der Fremde, der sich in Israel niedergelassen hat (*ger, tošab*), wird im Dtn regelmäßig als erster der Trias »Fremde, Waisen und Witwen« genannt. Das Dtn sieht sie nicht als Arme, sondern als sozialrechtlich Versorgte an (SBAB 20, 1995, 205–218, Lohfink). Kultisch sind »Fremde« im Sinne des *ger* weitgehend integriert, im Dtn noch ohne Beschneidung, die erst in der Priesterschrift zur *conditio sine qua non* wird (Ex 12,43ff; SBAB 33, 2001, 82f.105–110, Braulik).

§ 728   Der Ausländer im Sinne des *nokri* steht außerhalb der Brüder-, d.h. der Staats- und Kultgemeinschaft. Vom Ausländer darf man Schulden auch im Erlassjahr mit Gewalt eintreiben, vom »Bruder« nicht (Dtn 15,2f). Vom »Bruder« darf man keine Zinsen nehmen, vom Ausländer darf man (Dtn 23,21). Nur einen von den »Brüdern« darf man zum König einsetzen, einen Ausländer nicht (Dtn 17,15). Woher kommt diese im Dtn neu und ziemlich konsequent durchgeführte Unterscheidung? Literarisch ist sie vielleicht vom Heiligkeitsgesetz abhängig (vgl. § 726). Sachlich dürfte ein Grund darin liegen, dass die assyr. Oberherrschaft eine Menge fremder Soldaten, Händler und Beamter nach Juda und Jerusalem gebracht hatte. Diese Elemente sollten nach Zusammenbruch der Fremdherrschaft isoliert und ausgesondert werden. Das Volk selbst war durch die Fremdherrschaft in Kollaborateure, die von ihr profitierten, und in solche, die von ihr ausgebeutet wurden, auseinander dividiert worden (§ 626f). Dieser Bruch sollte überwunden und das Volk neu als Einheit, als eine Gemeinschaft von Brüdern etabliert werden, die sich bes. im Kult, bei den Wallfahrtsfesten als solche erleben konnten (Ps 133,1; § 697f.725). Die Situation erklärt die Unterscheidung.

Sie hat aber auch eine Entwicklung eingeleitet, die häufig – etwa bei Tacitus – negativ wahrgenommen wurde, wenn er behauptet, die Sache der Juden würde u. a. dadurch gefördert, dass »in den Kreisen der Juden unerschütterlich treuer Zusammenhalt und hilfsbereites Mitleid herrschen, während allen anderen Menschen gegenüber feindseliger Hass hervortritt« (Historien V,5.1; Stern, Authors II 19.26). Dem Fremdsein der anderen gegenüber Israel korrespondiert das Fremdsein Israels in der Welt. Durch die Vasallitätsverpflichtung exklusiv seinem Gott verbunden wurde es allen irdischen Mächten und Herrschaften entfremdet, was, wenn sich diese absolut zu setzen versuchten, immer wieder zu schweren Krisen führte (vgl. E. Goodman-Thau, Fremd in der Welt, zu Hause bei Gott. Bruch und Kontinuität in der jüdischen Tradition, Münster 2002).

Die vom Dtn forcierte Unterscheidung zw. »Wir« und den »Anderen« kann eine gefährliche Unterscheidung sein. Sie war im Lauf der Geschichte wiederholt eines der Ingredienzien verhängnisvoller Entwicklungen. Katrin Himmler, die aufgrund von Familiendokumenten der geistigen Entwicklung ihres Großonkels, des Massenmörders Heinrich Himmler, nachgegangen ist, kommt zum Schluss, dass ein besonders verhängnisvoller Schritt die konsequente Unterscheidung zw. »wir« und »den anderen« war. »Nur wer sich seinen Idealen fügte, wurde von ihm akzeptiert und zur ›Wir‹-Gemeinschaft gerechnet, die er scharf abgrenzte von den ›Anderen‹, ›Wir‹, das waren seine Familie, Freunde, politisch Gleichgesinnte, ›rassisch Gleichwertige‹, er tat alles dafür, um gute Beziehungen zu diesen Menschen zu pflegen; ›die Anderen‹, das waren politisch Andersdenkende, ›rassisch Minderwertige‹, aber auch diejenigen, die aus dem Kreis der Zugehörigen wegen Fehlverhaltens ausgeschlossen worden waren, in Ungnade gefallen waren« (Die Brüder Himmler. Eine deutsche Familiengeschichte, Frankfurt 2005, 111). Während das »Wir« idealisiert wurde, sanken die »Anderen« zu Gesindel, zu Ungeziefer ab, das in letzter Konsequenz zu vernichten legitim war.

§ 729 Neben einzelnen Fremden bzw. Ausländern kennt das Dtn auch ganze Völker, die als fremd dargestellt werden, die angeblich vor Israel im Lande gelebt haben, und ausgerottet werden mussten bzw. werden sollten, »damit sie euch nicht lehren, alle Gräuel nachzuahmen, die sie begingen, wenn sie ihren Göttern dienten und ihr nicht gegen JHWH, euren Gott, sündigt« (Dtn 20,18). Man soll keine Verträge mit ihnen schließen, keine Mischehen eingehen, damit sie Israel nicht dazu verführen anderen Göttern (*'ælohim* *ªḥerim*) zu dienen und der Zorn JHWHs sie dann vernichtet.

»So sollt ihr gegen sie vorgehen: Ihr sollt ihre Altäre niederreißen, ihre Steinmale (*maṣṣebot*) zerschlagen, ihre Kultpfähle (*ªšerim*) umhauen und ihre Götterbilder (*pesilim*) im Feuer verbrennen« (Dtn 7,5; vgl. 7,25; 12,2–3; 20,16–18).

Die dtn./dtr. Texte konstruieren eine fremde Vorbevölkerung, von der sich Israel wesentlich unterscheidet (FZPhTh 46, 1999, 546–587; 47, 2000, 173–198, Uehlinger; VT 52, 2002, 51–65, Houtman). Die Namen sind dem Schulwissen der »historischen Geographie« entnommen (Gen 10,6–20; vgl. 15,19–21; Num 13,28f). Im DtrG ist die Völkerliste meist auf sechs Namen beschränkt. Die Kanaaniter fehlen nie und stehen häufig an der Spitze der Aufzählung (Ex 3,8.17; 13,5; 23,23.28; 33,2; 34,11; Dtn 7,1; 20,17; Jos 3,10; 9,1; 11,3; 12,8; 24,11; Ri 3,5; 1Kön 9,20G; BBB 21, 1964, 41–43, Richter). Die Jebusiter stehen in der Regel am Schluss, da Jebus-Jerusalem die letzte kanaanäische Stadt war, die erobert wurde. Die dem vorisraelit. Jerusalem beigelegte Bezeichnung Jebus diente wahrscheinlich ausschließlich der Abgrenzung des vorisraelit. vom israelit. Jerusalem (vgl. § 70f). Die Liste der »Fremdvölker« ist Teil des

Landverheißung-Landgabe-Theologumenons. Die Völker lebten im Land, das Israel gegeben wurde. Sie werden von dort vertrieben wegen der Gräuel, die sie begangen haben. Es braucht keine großen Bibelkenntnisse um zu sehen, dass die Gräuel dieser Völker, die Altäre und Masseben, die zerstört werden sollten, einst Teil der Religion Israels bildeten und nicht die irgendwelcher verruchten Völker (Gen 28,10–22; 31,13; Ex 24,3–8; Hos 3,4; 10,1). Das gleiche gilt von den Ascheren bzw. heiligen Bäumen (Gen 12,6; 13,18; 18,1ff; 21,33; vgl. zu beiden OBO 4, ²1982, 83–150, bes. 99 und 137, Jaroš; HSM 61, 2001, Larocca-Pitts; Keel, in: Th. Staubli, Hg., Vertikale Ökumene. Erinnerungsarbeit im Dienst des interreligiösen Dialogs, Fribourg 2005, 11–26; vgl. § 732).

Die Sicht und sogar die Praxis, Elemente der eigenen Tradition als fremd und unrein zu denunzieren, findet sich dann wieder in den Büchern Esr-Neh (§ 1473–1476). Der von der Mescha-Stele für das 9. Jh.a außerbibl. für die s Levante bezeugte Bann (*ḥeræm*; KAI Nr. 18,16–18) bedeutet die Tötung der besiegten Gruppe und die Weihe ihres Besitzes an die Gottheit (ThWAT III 192–213, Lohfink). Das Dtn postuliert den Bann an der vorisraelit. Bevölkerung für die Landnahmezeit als radikale Abgrenzung von allem Unisraelitischen, sieht ihn aber für die Wiedergewinnung des verlorenen Landes, z.B. nach dem Exil, nicht vor. »Trotzdem sollen die *ḥeræm*-Kriege der Frühzeit, wenn man die Tora am Laubhüttenfest jedes Sabbatjahres (31,10–139) … proklamiert, in Erinnerung gerufen werden. Die spirituelle Verwandlung ihres gewalttätigen Kriegsethos hat für den Jahweglauben offenbar eine bleibende Funktion« (SBAB 33, 2001, 113–150, bes. 150, Braulik). Braulik denkt wohl an eine spirituelle, gegen das Böse gerichtete Funktion. Leider ist diese Art von Frömmigkeit von fanatisch-religiösen Gruppen immer wieder nicht nur spiritualisiert aufgenommen worden. 1Makk rechtfertigt den Terror des Mattatias (und seiner Söhne) in Kapitel 2,24–26 zwar mit dem Eifer des Pinhas (Numeri 25,6–15; vgl. § 1729–1731). In 1Makk 1,11 findet sich aber im Vorwurf der »Verführung« eine deutliche Anspielung auf Dtn 13,12–15 (Doran, in: FS Strugnell 106f). Das Vorgehen gegen abtrünnige Landsleute, die eine Versöhnung mit dem Hellenismus anstrebten (vgl. 1Makk 2,44; 3,5; 7,5–7.24; 9,23) konnte damit gerechtfertigt werden. Als am Ende des 2. Jh.a jüd. Könige nichtjüd. Territorien eroberten, brachten sie die Nicht-Juden zwar nicht um, zwangen sie aber, Juden zu werden, sich beschneiden zu lassen oder auszuwandern (Ant XIII 255–258.318; vgl. dazu § 1733).

2000 Jahre später haben die bibeltreuen Buren in Südafrika ihre Apartheids-Politik mit der Berufung auf das Dtn betrieben, das sie wörtlich und nicht spirituell-allegorisch verstanden und befolgt sehen wollten (F.E. Deist, The Dangers of Deuteronomy. A Page of the Reception History of the Book, in: F. Garcia Martinez et al., Hg., Studies in Deuteronomy in Honour of C. J. Labuschagne on the Occasion of his 65th Birthday, Leiden 1994, 13–29; Neotest. 28/3, 1994, 253–263, Deist). Heute berufen sich extrem nationalistische, religiöse Juden in ihrem Kampf gegen die Palästinenser auf das Dtn. Das war bei der Ermordung von I. Rabin am 4. Nov. 1995 der Fall und beim Rückzug aus dem Gaza-Streifen 2005 (Haaretz, July 11, 2005, 5, Aloni; zum Freund-Feind-Schema vgl. weiter § 1099).

DER EINFLUSS DER NORDREICHPROPHETIE

§ 730   Wenn wir fragen, wo diese überraschende Sicht der Dinge, das Eigene als fremd wahrzunehmen, ihren Ursprung haben könnte, so kommen dafür am ehesten die *Erben und Vertreter der Nordreichprophetie* in Frage. Sie dürften zur Zeit Joschijas in enger Beziehung zu den oben genannten Beamten und Priestern gestanden und die dritte Kraft der Reformpartei gebildet haben (§ 485; zur Abhängigkeit des Dtn von Hosea vgl. AB V 44–50, Weinfeld). Sie kamen aus einer durch Hosea repräsentierten prophetischen Opposition, für die der als Prophet verstandene Mose und die in seiner Nachfolge stehenden Propheten die großen Mittler waren (Hos 6,5; 9,7f; 12,11.14), der Auszug aus Ägypten und die Führung JHWHs in der Wüste die Schlüsselerlebnisse (Hos 2,15; 11,1; 12,10.14; 13,4). Die Gegenposition dazu war der auf Fruchtbarkeit der Herden und Frauen ausgerichtete Kult im Sinne der Jakobstradition. »In den hier in Frage kommenden Texten der Hoseatradition – zur Hauptsache 4,4–5,7 sowie 2,4–17 – distanziert sich JHWH von der Vorstellungswelt, mit der man ihn im Kult dieser Heiligtümer verband, von dem mit Fruchtbarkeitsdenken und Prosperität verbundenen Naturzyklus, in dem Fest, Opfer und wahrscheinlich auch Sexualriten im Zentrum standen. Hoseas Gegner an dieser Front waren an erster Stelle die Priester (4,4–9; 5,1f; 6,9; 10,5) und andere Träger dieser Kultform. Dass es sich dabei um JHWH-Priester handelt, wird daraus ersichtlich, dass ihnen u. a. vorgeworfen wird, die Kenntnis JHWHs verworfen und ihre Ehre gegen Schande ausgetauscht zu haben (4,6f).« … Es geht darum, »eine bisher wenig beachtete Kluft zw. dem genealogisch strukturierten ›Jakob-Israel‹ und dem auf ›Ruf und Führung‹ beruhenden ›Auszugs‹-Israel in den Blick zu bekommen« (de Pury, in: OBO 139, 1994, 420.437, Dietrich/Klopfenstein). JHWH hat versucht, Jakob vor seinen Pflug zu spannen. Er aber hat Schlechtigkeit eingepflügt (Hos 10,11–15). Jakob ist ein Lügner und Betrüger seit Anbeginn (Hos 12,1–4).

§ 731   Den Segen, den Israel in diesen von Hosea perhorreszierten Kulten sucht, kann es letzlich nur beim Gott des Auszugs finden (Hos 2,4–17).

> »Ich aber bin JHWH, dein Gott, vom Land Ägypten her:
> Einen Gott neben mir kennst du nicht,
> einen Retter außer mir gibt es nicht
> (we'lohim zulati lo' teda' umošia' 'ajin bilti)« (Hos 13,4).

Das ist eine Frühform der Kombination von Selbstvorstellung und Ausschließlichkeitsanspruch, wie wir sie dann im Dekalog finden (Dtn 5,6; vgl. Ex 20,2). Monotheismus ist das nicht. Noch das erste Gebot setzt andere Götter voraus. Aber sie gehen Israel nichts an. »Von ›Gott‹ spricht Hosea … im inhaltlich gefüllten Sinn des Retters, von ›kennen‹ im ebenso gefüllten Sinn geschichtlicher Erfahrung. Dtn 32,17 nennt daher die Götter des Landes, die Israel ›nicht gekannt‹ habe, ›Neulinge‹ (ḥªdašim), d.h. Heilsangebote ohne den Rückhalt der Erfahrung« (ATD XXIV/1, 163, Jeremias; vgl. weiter § 742f). Noch bei Deuterojes geht es nicht nur darum, dass es außer JHWH keinen Gott gibt, sondern keinen rettenden und gerechten (Jes 45,21; 44,8), auch wenn der Akzent bei ihm dann auf der Nicht-Existenz anderer Götter liegt (vgl. § 743).

§ 732   Der tiefste Grund für diesen innerisraelit. Konflikt dürfte nebst der »Überfremdung« während der Abhängigkeit von Assur (vgl. § 728) die frühe und rasche Identifizierung JHWHs mit einer archaischen Form des Wettergottes Baal gewesen sein (vgl. § 102f), wie sie z. B. durch Ps 29 suggeriert wird (§ 248; vgl. § 392). Die prophetische Opposition kämpft gegen Konsequenzen dieser Identifikation, die angesichts ihres Ursprungs mit einem gewissen Recht als »Baalsdienst« bezeichnet werden, wenn es auch kein fremder Gott wie in den Elija-Erzählungen, sondern eine bestimmte »baalisierte« Form der JHWH-Verehrung war, die unter der Chiffre »Baalsdienst« attackiert wird (Hos 2,13.16f; 9,10; 11,2; 13,1; Jeremias, in: OBO 139, 1994, 441–462, Dietrich/Klopfenstein; Biblical Interpretation 9, 2001, 345–383, Yee). Diese Art von Kult war wahrscheinlich auch in Jerusalem nicht ganz unbekannt (§ 249f), wenn er dort durch die Traditionen des kombinierten JHWH- und Sonnenkults auch etwas an den Rand gedrängt worden sein dürfte. Der »Antikanaanismus« Hoseas und der dtn./dtr. Bewegung verfemt wie der Antijudaismus des NT einen Teil der eigenen Vergangenheit und versucht, ihn zu etwas Fremdem zu erklären und abzustoßen (J.D. Levenson, Is there a Counterpart in the Hebrew Bible to New Testament Antisemitism?: JES 22/2, 1985, 242–260; vgl. weiter oben § 729).

§ 733   Die dtn./dtr. Bewegung hat cum *grano salis* das eingeleitet, was dann zu dem geworden ist, was J. Assmann die »mosaische Unterscheidung« nennt, die Unterscheidung zw. der richtigen und der falschen Religion, zw. Israeliten bzw. Juden und *gojim*, zw. Christen und Heiden, zw. Muslimen und Ungläubigen (J. Assmann, Moses der Ägypter, München 1998, 17–23). Da sich die Nordreichprophetie nach dem Zeugnis des Hosea (§ 730) auf Mose berief und die Jerusalemer Tradition mit David als Stifter kaum eine Rolle spielte, besitzt die Bezeichnung »mosaische Unterscheidung« eine gewisse Richtigkeit. Sie hat aber mit Monotheismus im Sinne der Annahme der Existenz nur eines einzigen wirklichen Gottes insofern nichts zu tun, als die dtn./dtr. Theologie nicht von Anfang an in diesem Sinne monotheistisch war (§ 741f). Es ist der Ursprung der Bindung an einen Gott als alleinigen Souverän in Nachahmung der ausschließlichen Treupflicht gegenüber dem König in den neuassyr. Loyalitätseiden, die den Abfall zu einer anderen Gottheit zum todeswürdigen Verbrechen gemacht hat. Der Monotheismus kann so nicht als Sündenbock für jede Art von Intransingenz gelten (ThLZ 124, 1999, 873–884, Koch). Die Vorstellung von einem einzigen Gott als Schöpfer und Vater aller Menschen muss eigentlich im Gegenteil ein umfassender Grund für Toleranz sein. Was die dtn./dtr. Bewegung beherrscht, ist die Angst, den Kult des eigenen Gottes durch Praktiken zu kontaminieren, die ihn erzürnen, sich vom eigenen Gott ab- und anderen Göttern zuzuwenden. Das Schema der Vasallitätsverpflichtung setzt neben dem Großkönig, dem allein man dienen soll, andere Könige voraus (§ 614f.707–714). Schon die Ehebruchmetapher (Hos 1,2; 2,6f; 4,10–18; 5,3f; 9,1; Dtn 31,16; Jer 3,1–8; Ri 2,17; 8,27–33) funktioniert nicht ohne andere mögliche Liebhaber neben dem eigenen Mann. In beiden Modellen besteht aber die Tendenz die anderen Könige als keine wirklichen Könige, die anderen potenziellen Männer als keine wirkliche Alternative hinzustellen (vgl. weiter § 741f).

§ 734   Einen Hinweis auf die an der Entstehung der dtn./dtr. Theologie beteiligten prophetischen Kreise aus dem ehemaligen Nordreich dürfte das Stichwort »Hulda« liefern (vgl. § 677.681). Im DtrG bestätigt sie jetzt nur die Einsichten, die Joschija bei der Verlesung der im Tempel gefundenen »Gesetzesrolle« gewinnt (2Kön 22,14–17). Ihre eigentliche Bedeutung war wohl größer, kann aber nur hypothetisch rekonstruiert werden. Ein winziger Hinweis auf Beziehungen zum Nordreich und seine prophetischen Traditionen könnte der Umstand sein, dass Hulda in dem neuen Quartier wohnt (2Kön 22,14; § 469), dessen Bau wahrscheinlich durch die Flüchtlingsströme notwendig wurde, die nach der Zerstörung Samarias nach Jerusalem gekommen waren (§ 466–470). Zwar ist es ein Hinweis, seine Aussagekraft ist jedoch beschränkt.

§ 735   H.-D. Hoffmann möchte in den genauen Angaben, die zur Prophetin Hulda gemacht werden, nur einen Versuch des DtrG sehen, Hulda durch diese Züge als hist. Persönlichkeit herauszustellen (AThANT 66, 1980, 199f, Hoffmann). Er und die Vertreter ähnlicher Positionen bleiben allerdings eine Erklärung dafür schuldig, warum das DtrG, das von den Propheten beharrlich als den *Knechten JHWHs* redet (2Kön 17,23; 21,10: 24,2; vgl. auch Dtn 18,14–18), als prophetische Instanz eine *Prophetin* erfindet. Die Behauptung, die »Neustadt« (*mišnæh* V.14) sei literarisch und archäolog. erst nachexil. belegt, ist seit Entdeckung der Avigad-Mauer nachweislich falsch und auch literarisch unwahrscheinlich (nebst unserer Stelle vgl. Zef 1,10). Die Art und Weise wie stark diese Frau durch ihren Mann definiert wird, dessen Vater und Großvater und dessen Beruf genannt werden, scheint anzudeuten, dass dem DtrG das überlieferte Faktum einer Prophetin eher peinlich ist. Welche Rolle die Prophetin tatsächlich spielte, ist allerdings – wie gesagt – kaum zu rekonstruieren (vgl. zu Hulda weiter Wacker, in: E.R. Schmidt, Hg., Feministisch gelesen I, Stuttgart 1988, 91–99; Schüngel-Straumann, in: M. Langer, Hg., Weil Gott nicht nur mit Mose sprach … Frauen nehmen Stellung, Innsbruck 1996, 11–33). Zeitgeschichtlich interessant ist, dass die meisten der Prophetien für Asarhaddon und Assurbanipal von Prophetinnen stammen (SAA 9, 1997, Nr. 1.2; 1.3; 1.4; 1.5; 1.7; 1.8 etc., Parpola). An neuassyr. Praktiken erinnert die Tatsache, dass durch die Befragung der Prophetin der Wahrheitsgehalt und die Bedeutung des Buches gleichsam gegengeprüft werden. In der neoassyr. Praxis wurden Prophetenworte z.B. durch Opferschau gegengeprüft (vgl. dazu SAAS 10, 1999, Pongratz-Leisten).

§ 736   Den Jerusalemer Beamten und der Tempelpriesterschaft mag vor allem die Bindung der Judäer und Judäerinnen an die Hauptstadt Jerusalem wichtig gewesen sein. Den Erben der Nordreichprophetie dürfte mehr daran gelegen haben, Israel bzw. Juda exklusiv auf JHWH zu verpflichten, und zwar JHWH, wie sie ihn verstanden. In diese Richtung deutet die Tatsache, dass das Dtn konsequent von *einem* Kultort redet, ihn aber nicht namentlich nennt (§ 81). In diese Richtung deutet auch der Umstand, dass das Dtn das Verhältnis JHWHs zu Jerusalem lockert. G. v. Rad hat die dtn./dtr. Formel vom Ort, wo JHWH seinen Namen wohnen lässt (§ 81) als Sublimierung der alten Wohnvorstellung aufgefasst (FRLANT 58, 1947, 25–30 = TB 48, 1973, 127–132, 127–132; zu weiteren Vertretern dieser Position vgl. BZAW 318, 2002, 14–22, Richter). R. de Vaux hat demgegenüber nachgewiesen, dass die Formel, seinen Namen wohnen lassen bzw. seinen Namen irgendwohin legen (Dtn 12,5), bedeutet, Anspruch auf einen Ort zu erheben (BZAW 105, 1967, 219–228; § 111). S.L. Richter hat den Akzent auf das konkrete Anbringen eines Namens mittels einer Inschrift gelegt (BZAW 318, 2002). J. van Seters hat die von Richter vertretene Frühdatierung (§ 111) dieser Praxis in Jerusalem abgelehnt und postuliert, dass das Dtn mit der Formel das dtn. Gesetz und das DtrG den in der Lade deponierten Dekalog meine und dass mit der konkreten Deponierung des Namens in Jerusalem die Kultzentralisation begründet und gerechtfertigt werde (JNWSL 30, 1004, 1–18). Letzteres scheint mir unwahrscheinlich, da ao Herrscher ihren Namen an möglichst vielen Orten, speziell an den Grenzen ihres Herrschaftsgebiets anbrachten (der Pharao z.B. in Jerusalem; § 111). Dass die Formel von Haus aus eine konkrete Bedeutung hat, ist richtig. Es ist damit aber nicht abgetan, dass nach dtn./dtr. Theologie der Himmel als Wohnort Gottes eine größere Bedeutung bekommt (Dtn 26,15; 1Kön 8,27–51). Der Anspruch JHWHs auf Jerusalem und seine Gegenwart dort mittels seines dort deponierten Namens bedeutet im Vergleich zum schlichten Wohnen, wie es sich noch bei Jesaja findet (8,18), doch eine Lockerung. T.N.D. Mettinger hat in der Schem-Theologie (Namenstheologie) eine Ablösung der mit dem Titel *jhwh ṣᵉbaʾot* »Herr der Heere« (EÜ) verbundenen Jerusalemer Präsenztheologie gesehen (vgl. § 248.444). Sie versuche einer veränderten Situation, wie sie spätestens 597a eintrat, gerecht zu werden (CB.OT 18, 1982, 38–79). M. Keller lässt die Namenstheologie erst im Exil entstanden sein (BBB 105, 1996, 153–171; vgl. zum Ganzen NEB XV 98f, Braulik). Das ist wahrscheinlich zu spät, da die Namenstheologie am besten in Verbindung mit anderen neuassyr. Einflüssen auf die Theologie in Jerusalem zu verstehen ist.

8.5 DEUTERONOMIUM UND DEUTERONOMISTISCHES GESCHICHTSWERK

DAS DEUTERONOMIUM

Aufbau und Name

§ 737 Nachdem schon soviel von der Nordreichprophetie die Rede war (vgl. z.B. § 730), ist es Zeit kurz auf das Dtn und das DtrG einzugehen, die – von Hosea abgesehen (§ 730) – die Traditionen des Nordreichs in Juda bekannt gemacht und ihnen zu kanonischem Ansehen verholfen haben (zur Forschungsgeschichte: EdF 164, 1982, Preuss; ThR 67, 2002, 273–327, Veijola; FRLANT 206, 2004, Otto/Achenbach).
Das Buch Dtn setzt sich in seiner Endgestalt aus folgenden Teilen zusammen:

1–4	Anfang des DtrG: Rückblick auf die Wanderung vom Horeb (Sinai) nach Bet-Pegor (1,6–3,29)
5–28	Hist. Legitimierung der Gesetzgebung am Horeb und Paränese des Hauptgebots ausschließlicher JHWH-Verehrung (5–11)
	Dtn Rechtssammlung (Gesetz): Einzelgesetze, insbesondere der Kultzentralisation, eines gewaltenteiligen Staatskonzepts und einer Sozialutopie (12,1–26,16)
	Protokoll eines Bundes-/Vertragsabschlusses (26,17–19)
	Aufträge für die Zeit nach dem Jordanübergang (27)
	Segen und Fluch (28)
29–31	Agendarische Notizen über den Bundes-/Vertragsabschluss (29–30); Einsetzung Josuas (31)
32	Moselied
33	Mosesegen
34	Tod des Mose (in Anlehnung an SBAB 33, 2001, 11–37, bes. 12, Braulik; vgl. auch TRE VIII 530–543, McBride).

§ 738   Seinen Namen hat das Dtn aus der griech. Version von Dtn 17,18 (vgl. Jos 8, 32), wo die Abschrift des mosaischen Gesetzes, die für den König gemacht werden soll, δευτερονόμιον genannt wird. Inhaltlich meint die Bezeichnung eine zweite, neue Verkündigung dessen, was JHWH auf dem Gottesberg in der Wüste offenbart hat, unmittelbar vor dem Einzug ins verheißene Land. Durch diese Situierung bekommt das Dtn den Charakter eines Kommentars zur Sinaigesetzgebung (Otto, in OBO 214, 2005, 273–284, Böhler/Himbaza/Hugo) und einer Hausordnung, deren Respektierung den Verbleib in dem Lande garantiert, das zu betreten man sich anschickt (vgl. § 743).

Schon früh ist aufgefallen, dass sich das Dtn in seiner Diktion von den vorangehenden Büchern Gen bis Num klar unterscheidet wie das Johannesevangelium von den Synoptikern. Das hat W.L.M. de Wette 1805 veranlasst, dieses Buch mit dem zu identifizieren, das nach 2Kön 22,3–20 im Tempel von Jerusalem gefunden worden sein soll, was vor ihm schon viele von Hieronymus bis Lessing getan haben, und es, was neu war, in diese Zeit zu datieren (§ 718). Die Flüche von Dtn 28,15ff (vgl. dazu § 719) passen auch gut zu den Flüchen, die in 2Kön 22,11–20 als Hauptinhalt des aufgefundenen Buches genannt werden. In manchen anderen Punkten aber sind die Anordnungen und Anliegen, z. B. das soziale des Dtn von denen der joschijanischen Reform, wie sie in 2Kön 22–23 beschrieben wird, weit entfernt (vgl. etwa den Umgang mit dem Kultpersonal § 641–644; die konkreten Maßnahmen der Kultreinigung § 638–640; vgl. weiter 676.689), so dass man eine Abfassung des Dtn nach der Reform erwogen hat oder zw. einer frühen Form des Dtn (Urdeuteronomium) und einer oder mehreren späteren Fortschreibungen unterschied bzw. unterscheidet.

Das bekannteste Kriterium, im Dtn diachrone Schichten zu eruieren, haben die beiden Alttestamentler W. Staerk und C. Steuernagel im Jahre 1894 gleichzeitig aber unabhängig voneinander entdeckt. Sie stellten fest, dass bestimmte Teile des Dtn im Singular (du, dein), andere im Plural (ihr, euch) formuliert sind. Aufgrund dieses Numeruswechsels hat man versucht, eine ältere Singular-Version von einer jüngeren Pluralversion zu unterscheiden, aber verschiedene Gründe (z. B. Zitate, stilistische Anliegen) haben gezeigt, dass dieses Geschäft erheblich schwieriger ist, als es auf den ersten Blick schien.

Ein zweites Element, das Anlass geben kann, diachron Schichten im Dtn voneinander abzuheben, ist die Sprache. Im Dtn und anderen von der dtn./dtr. Sprache geprägten Texten findet sich eine lange Reihe von formelhaften Wendungen (§ 743; Listen bei AnBib 20, 1963, 51–104.293–311, Lohfink; M. Weinfeld, Deuteronomy 320–365; AThANT 66, 1980, 323–366, Hoffmann, bes. DtrG). Man hat etwa versucht, typische Wörter und Wendungen der in Einzahl oder der in Mehrzahl formulierten Schicht zuzuweisen. Aber auch dieses zweite Kriterium und seine Kombination mit dem ersten ergaben nur fragmentarische Einsichten in die Entstehung des Buches.

Vom Deuteronomium verarbeitete Traditionen

§ 739   Schon die knappe Übersicht in § 737 hat gezeigt, dass das Dtn ein komplexes, aus verschiedenen Elementen zusammengesetztes Gebilde ist. Nicht nur die dort aufgelisteten, gattungsmäßig sehr verschiedenen Teile, sondern auch diese selbst dürften ihrerseits wieder diachron vielfach geschichtet sein. Die vielen Arbeiten, in denen man ohne konsensfähige Kriterien (SBAB 20, 1995, 19, Lohfink; SBAB 33, 2001, 15–17, Braulik) häufig in Zirkelschlüssen vordtn., dtn. und verschiedene dtr. Schichten, Verse und Halbverse eruierte, sind zwar unumgänglich, können hier aus Zeit- und Platzgründen aber nicht weiter berücksichtigt werden. Die in § 738 angedeuteten Übereinstimmungen zw. dem Dtn und der Reform des Joschija einer- und die Unstimmigkeiten andererseits zwingen zur Annahme eines Ur-Dtn. Dieses hat wohl mit 6,4 begonnen, aber relativ wenige Verse aus der Paränese enthalten. Seine wichtigste Forderung war wohl aus dem Altargesetz Ex 20,24 weiter entwickelt und beschränkte den Opferkult für JHWH auf einen einzigen Ort. Verschiedene ältere und jüngere Formulierungen dieser Forderung finden sich in Dtn 12,4–28; 14,22–27; 15,9–23; 16,1–17; 17,8–13; 18,1–8; 26,1–11; 31,9–13. Ebenfalls alt dürfte die auf das Privilegrecht Ex 34,13 und 23,24 zurückzuführende Forderung sein, die Heiligtümer anderer Götter zu zerstören (Dtn 7,5; 12,2f). Ihre Schärfe dürfte die Forderung der exklusiven Bindung an JHWH vom Einfluss der neuassyr. Vasallitätseide erhalten haben, die bes. in Dtn 13 und 28 zu spüren ist (zu den Kriterien und dem Entwurf einer möglichen diachronen Schichtung des Dtn vgl. SBAB 33, 2001, 15–17 und 19–23, Braulik). Das Ur-Dtn war anscheinend als JHWH-Rede formuliert (vgl. Dtn 6,17; 28,45; 2Kön 22,19). Es dürfte erst nach 622a in eine Moserede umformuliert worden sein (vgl. dazu Biblical Interpretation Series 14, 1997, Sonnet).

Für unsere religionsgeschichtlich-theol. Fragestellung ist vor allem von Interesse, dass das dtn./dtr. Sprachspiel und seine Argumentationsfiguren in wichtigen Punkten von den neuassyr. Loyalitätseiden und Verpflichtungspraktiken geprägt sind (§ 613f.719) und die joschijanische Reform in schriftlichen und archäolog. Zeugnissen einen engen Zusammenhang mit der Auseinandersetzung und Abrechnung mit aram.-assyr. Einflüssen aufweist. Natürlich können auch alle denkbaren noch so späten Wiederaufnahmen und Nachahmungen dtn./dtr. Argumentierens mit Gewinn studiert werden. Für die Religionsgeschichte aber sind die Zeit, wann bestimmte Vorstellungen und eine bestimmte Denkweise zum ersten Mal aufkommen und sich durchsetzen, interessanter als spätere Nachahmungen, so wie für die Kunstgeschichte Romanik und Gotik entscheidender sind als Neuromanik und Neugotik.

§ 740   Weitgehend akzeptiert ist die Feststellung, das Dtn benütze und verarbeite ältere israelit. Traditionen. Bes. in 12,2–16,17 und 26,1–11 finden sich, wie bereits vermerkt, deutliche Bezüge auf das sogen. »Privilegrecht JHWHs« in Ex 34,10–26. Die älteren Teile der Zentralisationsgesetze in Dtn 12 knüpfen zudem an das »Altargesetz« in Ex 20,24–26 an. Dtn 15,1–11 nimmt mit der Ackerbrache Ex 23,10f, mit dem Sklavengesetz in V. 12–18 Ex 21,1–11 und mit den Vorschriften zum Erstlingswurf der Tiere in V. 19–23 Ex 22,28f auf. Weitere Bezüge auf das »Bundesbuch« Ex 21,1–23,33 finden sich vor allem in Dtn 19–25 (FS Lohfink 260–278, Otto). Bereits vordtn. dürfte auch der ethische Dekalog von Dtn 5,6–21 gewesen sein. Dtn 4,15–20; 6,10–15; 7,8–11; 8,7–20 und 13,2–19 paraphrasieren und kommentieren das erste Gebot. Auch auf die älteren Erzählungen von Exodus, Gottesberg und Wüstenwanderungen wird im Dtn angespielt (vgl. etwa die Kundschaftergeschichte in Dtn 1,19–46 mit Num 13f).

§ 741   Weitgehend überzeugend ist zudem die Auffassung, das Dtn sei in Aufbau, Vorstellungswelt und Sprache stark von der Gattung der ao Vasallenverträge bestimmt. In den 20er Jahren des 20. Jh. waren Vasallenverträge aus dem Hetiterreich bekannt geworden (§ 613). Seit Mitte der 50er Jahre haben eine Reihe von Alttestamentlern begonnen, aus diesen hetit. Verträgen des 14. und 13. Jh.a Schlüsse auf die Geschichte und Literatur Israels zu ziehen (G.E. Mendenhall, Law and Covenant in Israel and the Ancient Near East, Pittsburgh 1955; ThSt 64, 1960, Mendenhall; WMANT 4, 1960, ²1964 Baltzer; W. Beyerlin, Herkunft und Geschichte der ältesten Sinaitraditionen, Tübingen 1961; AnBib 21, 1963; 21A ²1978, McCarthy). Der Aufbau dieser Verträge mit a) hist. Rückblick, b) Grundsatzerklärung, c) Einzelbestimmungen und d) Segen bzw. Fluch fand man im Dtn gespiegelt. Bald hat man aber gesehen, dass die Verpflichtung zur Loyalität aram. und levantinischer Staaten durch die Assyrer dem Dtn zeitlich näher stehen als die viel älteren hetit. Verträge und einzelne Textpassagen wie z.B. Dtn 13,7–12 und 28,20–44 besser von dort her zu verstehen sind (§ 613f.707–714.719.739). Andererseits sind der hist. Rückblick und der Segen eher von der sbz Tradition als von den neoassyr. Vasallitätsverpflichtungen abhängig (IBSt 23, 2001, 146–166, Miller).

§ 742   Die Verf. des Dtn wollten den JHWH-Kult, wie er ihrer Vorstellung nach vor der Herrschaft Assurs bestanden hatte, wiederherstellen. Wie bei »Renaissancen« die Regel, entstand aber auf weite Strecken etwas Neues. Die entscheidende Neuerung war den assyr. Grosskönig durch JHWH zu ersetzen (§ 707–714) und daraus systematisch Konsequenzen zu ziehen (zum Folgenden vgl. SBAB 33, 2001, 24f, Braulik).
1. Diese Systematisierung fand bes. in drei Bereichen statt (wodurch in Israel zum ersten Mal »Theologie« im strengen Sinne entstand):
– Geschichtssystematisierung in »Kurzformeln des Glaubens« (»kleines geschichtliches Credo« 6,20–25), die die Wohltaten JHWHs an Israel als die hist. Voraussetzungen für das spezielle Verhältnis JHWHs zu Israel formulieren,
– theologische Systematisierung in der Grundsatzerklärung: JHWH ist der Gott des Volkes, dem allein es dienen soll (1. Gebot des Dekalogs in Dtn 5,1–10; vgl. Ex 20,1–6) und an den allein sich jedes einzelne Mitglied des Volkes mit ganzer Kraft binden soll (6,4–9 »Höre, Israel …«),
– Systematisierung jeder Art von Forderungen und Einzelbestimmungen ethischer, zivil- und öffentlich rechtlicher und kultischer Art als Forderungen JHWHs, die sich aus seinem exklusiven Verhältnis zu Israel ergeben (vgl. dazu: P.T. Vogt, Deuteronomic Theology and the Significance of Torah. A Reappraisal, Winona Lake 2006).
Mit der Systematisierung war die Schaffung einer Formelsprache verbunden, mit Hilfe derer alle entscheidenden Punkte griffig artikuliert werden konnten (dtn./dtr. Klischeesprache; § 738).
2. Das Dtn als Dokument der eigenen Identität und Unabhängigkeit wurde in Form einer »Verpflichtung« durch JHWH bzw. eines »Vertrags« zw. JHWH und Israel stilisiert und mit einem eigenen Ritual von Vertragsabschluss (vgl. 2Kön 23,1–3; Dtn 26,16–19) und Vertragsverlesung (vgl. Dtn 31,9–13) versehen. Doch dürften schon ältere, bes. Traditionen des Nordreichs, das Gottesverhältnis Israels als »Vertrag mit«, als »Selbstverpflichtung gegenüber« JHWH dargestellt haben (vgl. dazu OBO 172, 2000, 67–89, Schenker):

– der archaische Bundesschluss am Sinai in Ex 24,3–11 (§ 711)
– Bundesschlusstraditionen in der Gegend von Sichem (*'el b^{e}rit* »Bundesgott« in Ri 9,46; Segen und Fluch auf Garizim und Ebal in Dtn 11,29; 27,4.12f; Jos 24 (Stager, in: FS Campbell 228–249)
– die Tradition des Dekalogs (er wird im Dtn wie selbstverständlich als *b^{e}rit* bezeichnet; vgl. Hos 8,1; vgl. auch 6,7)
– das Jerusalemer Königszeremoniell (2Kön 11,17).

Zur Theologie des Deuteronomiums

§ 743   In den Traditionen, die das Dtn überliefert, spielt der friedliche, kompromissbereite Gott der Väter Abrahams, Isaaks und Jakobs eine ebenso geringe Rolle wie der solare zeitlose Gott der Jerusalemer Tradition. Konstitutiv für die Gottesvorstellung des Dtn ist JHWH. 550 mal erscheint der Eigenname des Gottes Israels in diesem Buch, im Vergleich zum Umfang häufiger als in irgendeinem anderen. Die zweite Stelle nimmt das Jeremiabuch ein, das stark dtr. geprägt ist. Regelmäßig steht im Dtn beim Eigennamen das Attribut »dein, euer, unser Gott«. Die exklusive und intensive Bindung Israels an »seinen« Gott ist das Hauptanliegen des Dtn. Dabei sind im Gesamt der Botschaft des Dtn »die Aussagen über JHWH (eigentlich) dienender Art. Sie dienen der Absicht, dem Volk Israel beizubringen, was Israel ist und wie Israel sein soll … Das Volk Israel ist der umfassende Gegenstand des Interesses« (SBAB 12, 1991, 28, Lohfink). Das Volk Israel aber wird ganz und gar durch seine exklusive, fast unerträglich intensive Zugehörigkeit zu JHWH definiert, zu einem kämpferischen, leidenschaftlich liebenden JHWH, dem das Volk seine Existenz verdankt, der es mit furchtbaren Flüchen heimsucht, wenn es von ihm lässt (Dtn 28,15–68) und sich ihm mit überschwänglicher Liebe zuwendet, sobald es wieder auf ihn hört (Dtn 30,1–10). Er hat dieses Volk geschaffen, indem er es aus Ägypten führte, das zum »Sklavenhaus« (Dtn 6,12; 7,8; 8,14; 13,6.11), ja zum »Eisenschmelzofen« (Dtn 4,20; 1Kön 8,51) dramatisiert wird. Er führte es mit kraftvoll und siegreich ausgestrecktem Arm aus Ägypten (Dtn 4,34; 7,19; 11,2; 26,8) und durch die große und furchtbare Wüste (Dtn 1,19; 2,7; 8,2–6.15f), in der es auf Gedeih und Verderben von JHWH abhing (Manna, Wasser aus dem Felsen). Am Horeb (Sinai) hatte er aus dem furchterregenden Feuer zum furcherfüllten Israel gesprochen und das Volk durch Vermittlung Moses sich selbst verpflichtet (Bund) und ihm die Zehn Gebote gegeben (Dtn 4,10–14; 5,2–5; 9,8–10; 18,16). Diese Verpflichtung wurde vor Eintritt ins versprochene Land erneuert, wie denn überhaupt auf der immerwährenden Gegenwart dieser Geschichte insistiert wird. Immer, wenn Israel mit schutzbedürftigen Personen zu tun hat, soll es sich daran erinnern, dass es selbst Sklave in Ägypten gewesen ist (Dtn 5,15; 15,15; 16,12; 24,18.22). Das Land hat JHWH den Vätern, wahrscheinlich der Wüstengeneration, jedenfalls kaum den klar konturierten Vätern Abraham, Isaak und Jakob (OBO 99, 1990, Römer; dagegen OBO 111, 1991, Lohfink) nicht nur versprochen, sondern zugeschworen (Dtn 11,9.21; 26,3; 30,20). Dieses gute und schöne Land, das von Milch und Honig fließt (Dtn 6,3; 11,9; 26,9.15; 27,3), will JHWH Israel geben, damit es dieses Land als Erbbesitz behalte (Dtn 11,31; 12,9). Die früheren Bewohner soll es wegen deren Gräueltaten vertreiben oder ausrotten, um nicht an deren Gräuel teilzuhaben (zur verheerenden Wirkungsgeschichte dieser Art von Theologie vgl. § 591.729). Denn nur, wenn Israel mit seinem ganzen Denken und Begehren (Dtn 4,29; 6,5; 10,12) JHWH anhängt (Dtn 10,20; 11,22; 13,5) und ihn liebt (6,5; 7,9; 11,1.13.22) und tut, was in seinen Augen Recht ist (Dtn 12,25; 13,19; 21,9), und verabscheut, was in JHWHs Augen böse ist (Dtn 4,25; 9,18; 17,12), und es erbarmungslos bekämpft (7,16; 13,9; 19,13.21) und weder nach rechts noch nach links abbiegt (Dtn 5,32; 17,11.20) und hinter keinen anderen Göttern herläuft und ihnen dient (Dtn 6,14; 7,4.16; 11,26.28), kann es in dem schönen Lande bleiben und wird von JHWH mit allen Gaben des Landes gesegnet. Das Dtn formuliert – ähnlich wie eine Tempeleinlassliturgie (Ps 15; 24) – die Bedingungen, unter denen Israel nachhaltig Segen finden (Dtn 14,29; 23,21; 28,1–14), den Fluch vermeiden (Dtn 28,15–68), ein gutes Leben führen (Dtn 5,16.29; 8,10; 10,13) und die Befreiung aus Ägypten genießen kann (zur Formelsprache der dtn./dtr. Überlieferung vgl. die in § 738 genannte Literatur).

§ 744 Auch wenn das Schema der neuassyr. Vasallitätsverpflichtungen (§ 613f) den Anliegen des Dtn ein äußerst wirksames Medium lieferte (§ 707–714), sind diese Anliegen doch älter. Man hat sie und damit auch das Dtn einmal in seiner Substanz aus dem Nordreich herleiten wollen, so etwa A. Alt in seinem berühmten Aufsatz: »Die Heimat des Deuteronomiums« (KS II 250–275). Auffällig ist etwa die Rolle, die die Berge Garizim und Ebal bei Sichem, im Herzen des Nordreichs, in diesem Buch spielen (Dtn 11,29; 27,4.12f; vgl. dazu AB V 13, Weinfeld). Der Garizim dürfte ursprünglich der Ort gewesen sein, »den JHWH erwählt hat«, nicht, wie die jüngere Textform will, »erwählen wird« (vgl. dazu § 81 letzter Abschnitt). R. Albertz zitiert zwar zustimmend einen Satz von H.D. Preuss: »Um diese Herleitung des Deuteronomiums aus dem Nordreich ist es wohl mit Recht stiller geworden« (EdF 164, 1982, 31, Preuss; zitiert in: GAT VIII/1, 312 Anm. 23, Albertz). Gleichzeitig aber sieht er sehr deutlich den Einfluss von Vorstellungen der Nordreichprophetie auf das Dtn, vor allem den Einfluss Hoseas (und Elijas), so in der Ablehnung »Baals« und alles dessen, was als kanaanäisch gilt (ebd. 316), die Rückbesinnung auf die Frühzeit der JHWH-Religion und auf die Gestalt des Mose (ebd. 320), der im Gegensatz zur Chronik, die sich am idealen David orientiert, der eigentliche Fluchtpunkt der dtn./dtr. Reform ist. Wenn auch die Hosea verwandten (§ 730f) Kerngedanken des Dtn aus der Nordreichprophetie stammen, so dürfte doch das Buch, wie der Einfluss der königlichen Beamten und Jerusalemer Priester zeigt (§ 721–725), in Jerusalem entstanden sein, und das im Wesentlichen im 7. Jh.a. In seiner ausgewachsenen Form dürfte es jünger sein als die Reform der Joschijazeit, da es deren Anliegen von einem *de facto* in einen reflektierten und grundsätzlicheren *de jure* Zustand überführt. Große Teile dürften überhaupt erst im Exil dazugekommen sein, so der Verfassungsentwurf Dtn 16,18–18,22, ein Großteil des eigentlich juristischen Blocks von 19–25, wahrscheinlich auch 15* und der Mosesegen Dtn 33. Aber auch in seiner noch unvollständigen Form dürfte es den Kern des portativen Vaterlandes (§ 545) dargestellt haben, der die jud. Deportierten von 597 und 587a im Gegensatz zu den israelit. von 722a und den jud. von 701a davor bewahrte, von ihrer neuen Umgebung assimiliert zu werden.

Eine Auslegung von Deuteronomium 6,4f

§ 745 Der Kern des Dtn ist die allseitig abgesicherte exklusive Bindung Israels an JHWH. Ihren klarsten, geschichtsmächtigsten und bekanntesten Ausdruck hat dieses Anliegen in der These und Forderung von Dtn 6,4f gefunden: »Höre Israel, JHWH, unser Gott, ist einer. Du wirst JHWH, deinen Gott, lieben mit deinem ganzen Herzen (Denken), mit deinem ganzen Begehren und mit deiner ganzen Kraft« (zur Forschungsgeschichte und möglichen Auslegungen vgl. Loretz, Des Gottes Einzigkeit 61–84). These und Forderung könnten die Anfangsverse der ältesten Form des Dtn gebildet haben (EdF 164, 1982, 100f, Preuss). Die These ist in der Folgezeit oft monotheistisch im strengen Sinn, im Sinne, dass JHWH allein Gott sei und es keine anderen Götter gebe, verstanden worden. Das aber ist nicht die ursprüngliche Bedeutung.

> jhwh ᵓᵉlohenu jhwh ᵓæḥad

ist ein Nominalsatz, der im Deutschen nicht wörtlich übersetzt werden kann. Folgende Varianten sind möglich:

> »JHWH ist unser Gott. JHWH ist einer«
> »JHWH ist unser Gott, (nämlich) JHWH als einer«
> »JHWH, unser Gott, JHWH ist einer«
> »JHWH, unser Gott, ist ein JHWH«
> LXX κύριος ὁ θεὸς ἡμῶν κύριος εἷς ἐστιν (vgl. Mk 12,29 parr).

Möglich ist in allen vier Fällen auch die Übersetzung von *ᵓæḥad* mit »einzig/er«, wie sie etwa von der kath. Einheitsübersetzung vertreten wird.
Fraglich ist, ob das *ᵓᵉlohenu*, das nicht so recht zum Sg. »Höre Israel … du wirst lieben …« passt, ursprünglich ist (RB 85, 1978, 163f, García Lopez). In Sach 14,9 wird es jedenfalls nicht aufgenommen, wenn es heißt: »Dann wird JHWH König sein über die ganze Erde. An jenem Tage wird JHWH einer (*ᵓæḥad*) sein und sein Name einer (*šᵉmo ᵓæḥad*).« Andere finden, dass die erste Übersetzung mit zwei parallelen Nominalsätzen zu bevorzugen sei (VT 42, 1992, 531f, Veijola).
Nicht möglich sind: »JHWH ist unser Gott, JHWH allein« u.ä. (vgl. dazu BWANT 106, 1975, 134f, Rose; VT.S 41, 1990, 211f, Moberly).

§ 746 Das Hebräische und das Griechische sagen eine ausschließliche Existenz mit anderen Begriffen aus, wie die folgenden Beispiele zeigen:

> *ᵓattah jhwh ᵓᵉlohim lᵉbaddæka*
> »Du JHWH bist Gott, du allein.«
> LXX σὺ κύριος ὁ θεὸς μόνος (2Kön 19,19 = Jes 37,20)
>
> *jhwh huᵓ ha-ᵓᵉlohim ᵓejn ᶜod millᵉbaddo*
> »JHWH ist der Gott, kein anderer ist außer ihm.«
> LXX κύριος ὁ θεὸς σου, οὗτος θεός ἐστιν, καὶ οὐκ ἔστιν ἔτι πλὴν αὐτοῦ
> (Dtn 4,35; vgl. 4,39; 7,9)
>
> *ᵓᵃni jhwh wᵉᵓejn ᶜod zulati ᵓejn ᵓᵉlohim*
> »Ich bin JHWH und keiner sonst, außer mir gibt es keinen Gott.«
> LXX ἐγὼ κύριος ὁ θεός, καὶ οὐκ ἔστιν ἔτι πλὴν ἐμοῦ θεός
> (Jes 45,5; vgl. 43,11; 44,8; 45,14.21f; 46,9).

§ 747 »Einer« (*'æḥad*) steht häufig im Gegensatz zu »zwei«, auch wenn das nicht immer explizit ausgesprochen wird. »*Ein* Recht gelte für euch und für den Beisassen«, gemeint ist: nicht zwei verschiedene (Lev 24,22; Num 15,16). »Auf die Aussage von zwei oder drei Zeugen hin werde einer zum Tode verurteilt. Auf die Aussage *eines* Zeugen (*'ed 'æḥad*) hin darf er nicht zum Tode verurteilt werden« (Dtn 17,6; vgl. 19,15). Etwas emphatischer könnte auch übersetzt werden »nur eines einzigen Zeugen«. Esau fragt Isaak, ob er denn nur einen (einzigen) Segen habe und keinen zweiten (Gen 27,38). Häufiger als im Gegensatz zu zwei steht *einer* im Gegensatz zu einer großen Menge, zu 50 (Num 31,30), zu 500 (Num 31,28). Dabei kann *'æḥad* im Kontrast zu den vielen stehen, die aus ihm, dem einen, etwa aus Abraham, geworden sind (Ez 33,24), oder im Kontrast zu den vielen, die einst waren und von denen nur einer oder gar keiner übriggeblieben ist. Etwa von den Heuschreckenschwärmen, die Ägypten bedeckten, blieb nicht eine (einzige) Heuschrecke übrig (Ex 9,6f).

§ 748 Im Kontrast zu zwei, drei oder vielen kann *'æḥad* in Verbindung mit JHWH bedeuten, dass nur *ein* JHWH ist und nicht viele JHWHs sind (ZAW 30, 1910, 81–90, Bade). Den bibl. Schriften scheinen lokale Formen JHWHs durchaus bekannt zu sein, die in Gefahr geraten konnten, ein Eigenleben zu entwickeln, so wenn im Hinblick auf die Kultorte Bet-El und Dan von JHWH als dem Gott Dans und der »Schuld Samarias« gesprochen wird (Am 8,14). Am 5,4f konstruiert einen Gegensatz zw. den Kultorten Bet-El, Gilgal und Beerscheba einer- und JHWH anderseits, als ob der Gott von Bet-El (Gen 31,13; 35,7) nicht längst JHWH wäre. Epigraphische Funde haben dem monojahwistischen Verständnis von Dtn 6,4 neuen Auftrieb gegeben (BZ 28, 1984, 88–93, Höffken; Leqach 2, 2002, 12–21, Donner). In Kuntillet Adschrud sind ein »JHWH von Samaria« und ein »JHWH von Teman« bezeugt (Renz/Röllig, Handbuch I 61.64), in Chirbet Bet Lej ein JHWH, der als »Gott von Jerusalem« angerufen wird (Renz/Röllig, Handbuch I 245f; vgl. 2Chr 32,19; Esr 7,19 und dazu § 444).

§ 749 Das Dtn und das DtrG haben solche Bezeichnungen JHWHs vermieden. Aber einen Zusammenhang zw. dem *einen* JHWH von Dtn 6,4 und dem *einen* Kultort, den JHWH erwählt hat, um dort seinen Namen wohnen zu lassen (§ 81), hat das dtn./dtr. Schrifttum doch nicht explizit hergestellt. Diesen Zusammenhang stellt hingegen ein Satz her, den Flavius Josephus wahrscheinlich übernommen hat, da er bei ihm ziemlich zusammenhangslos im Kontext steht. Der äußerst gedrängte Nominalsatz konstatiert als für das Judentum charakteristisch: »*Ein* Tempel des *einen* Gottes (denn jeder liebt, was ihm ähnlich ist), ein allen gemeinsamer (Tempel) des allen gemeinsamen Gottes (εἷς ναὸς ἑνὸς θεοῦ, φίλον γὰρ ἀεὶ παντὶ τὸ ὅμοιον, κοινός ἁπάντων κοινοῦ θεοῦ ἁπάντων)« (Ap II § 193). Wenn das Dtn die Verbindung zw. *einem* Gott, *einem* Kultort und *einem* Volk auch nicht explizit macht, so besteht doch schon im Dtn eine starke Konvergenz dieser drei Größen. Wenn der monojahwistische Aspekt von *'æḥad* auch kaum der entscheidende ist, so kann eine Wendung gegen den »Polyjahwismus« mindestens mitgehört werden (Albertz, in: OBO 139, 1994, 85 Anm. 45, Dietrich/Klopfenstein; zu diesem vgl. FAT 18, 1997, 1–24, Weippert). Die aus dem *einen*, allen gemeinsamen Gott abgeleitete Einheit und Egalität der Mitglieder der Gemeinschaft kommt in Mal 2,10 und Ijob 31,15 zum Ausdruck.

§ 750 »Einer« kann aber über die numerische Einheit hinaus auch »Einzigkeit« bedeuten. Einzigkeitsprädikationen sind schon in der SBZ vom Wetter- oder vom Sonnengott gemacht worden (§ 141), aber sie haben keinerlei Ausschließlichkeit nach sich gezogen. Sie haben die anderen Gottheiten zwar untergeordnet, aber nicht dem einen gegenüber als (für die Verehrergemeinde) irrelevant dargestellt. Das Dtn kennt keine für Israel relevanten Größen neben JHWH. Die »Boten JHWHs« der älteren Überlieferung werden vom Dtn ebenso ignoriert wie der himmlische Hofstaat (zum Sonderfall Dtn 32,8 vgl. Bib. 78, 1997, 438–441, Schenker). So dürfte nicht nur des räumlichen und zeitlichen Abstands wegen kaum ein Zusammenhang zw. den in § 141 diskutierten Einzigkeitsaussagen und Dtn 6,4 bestehen, wie O. Loretz das vorschlägt (Des Gottes Einzigkeit 61–84).

§ 751 Einzigkeit in Verbindung mit Ausschließlichkeit ist typisch für politische (Vasallitätsverpflichtungen; § 614f.707–714) und erotische Liebesbeziehungen. So singt Hld 6,8f:
»Sechzig Königinnen sind es und achtzig Konkubinen und junge Frauen ohne Zahl. Eine (ʾaḥat) ist meine Taube, meine Vollkommene (tammati), die einzige für ihre Mutter (ʾaḥat leʾimmah).«
Hier bekommt ʾaḥat ganz klar die Bedeutung von »einzige«. Diese dürfte das ʾæḥad auch in Dtn 6,4 haben, wo die Aussage mit der Aufforderung verbunden wird, JHWH mit allen verfügbaren Kräften zu lieben. E. Nielsen versucht das ʾæḥad ganz von daher zu verstehen. Nur *eine einzige* Person, nur *einen einzigen* Herrn kann man mit allen seinen Kräften lieben (FS Zimmerli 291–301). N. Lohfink macht darauf aufmerksam, dass das »JHWH, unser Gott, ist einer« »in der sonst gern widerholenden dtn./dtr. Sprache nicht zu einem wiederkehrenden Stichwort« wird. »Häufig repetiert wird dagegen das zugehörige Liebesgebot aus 6,5. Auf dieses scheint es der dtn./dtr. Theologie anzukommen (vgl. Dtn 5,10; 7,9; 11,2–7; 13,6; 30,20; Jos 23,3)« (ThWANT I 212–214). Die gleiche Deutung ist auch vom Schema der Vasallitätsverpflichtungen her plausibel. Dem entspricht zudem der Kontrast zw. JHWH und den »anderen Göttern« (Dtn 6,14; 7,4; 8,19; 11,16.28; 13,3.7.14 usw.), denen Israel sich nicht zuwenden darf, die aber existieren. Sie sind für die anderen Völker da (Dtn 4,19; 29,25; 32,8; zu Dtn 6,4f als Topos der Liebessprache s. schon NEB XV 56, Braulik).

§ 752 Auf die Aufforderung, den »Einzigen« mit ganzer Kraft und d.h. ausschließlich zu lieben, folgen in 6,6–9 die Vorschriften »diese Worte« regelmäßig zu rezitieren, sie den Nachkommen einzuschärfen, sie am Handgelenk und an der Stirn zu tragen und auf die Türpfosten des Hauses und auf die Stadttore zu schreiben. Es ist intensiv diskutiert worden, was mit »diese Worte« (ha-debarim ha-ʾellæh) gemeint sei. Am naheliegendsten sind sie auf »JHWH, unser Gott, JHWH ist einzig« o.ä. zu beziehen (VT 42, 1992, 539f, Veijola). In der Parallelstelle Dtn 11,18–20 steht dieser Satz als Bezugstext aber nicht zur Verfügung. In Dtn 5,22 werden die Zehn Gebote (der Dekalog) »diese Worte« genannt. Die Samaritaner der byz. Zeit und späterer Epochen haben den Dekalog auf Steinplatten geschrieben und diese am Türsturz oder Türpfosten ihrer Synagogen befestigt (Keel, in: OBO 38, 1981, 175–178, Casetti/Keel/Schenker). In der rabbinisch-orthodoxen Praxis erscheinen in kleinen Behältern auf den um den linken Arm geschlungenen Gebetsriemen, an der Stirn und an den Türpfosten hauptsächlich die Texte Ex 13,1–10.11–16; Dtn 6,4–9; 11,13–21 sowie Num 15,37–41 (Mezuzot; EJ XI 1474–1477, Rabinowitz; Schedl, in: FS Molin 291–305). Diese und noch andere Texte sind schon auf den in Qumran gefundenen

Leder- und Pergamentblättchen zu finden, die anscheinend bereits damals in kleinen Behältern an Arm und Stirn getragen wurden (Keel, in: OBO 38, 1981, 166–174, Casetti/Keel7Schenker). Wir haben wohl bei »diesen Worten« nicht an ganz bestimmte Worte zu denken, sondern eher an »Worte dieser Art«, die die Einzigkeit JHWHs und die ganze Hingabe an ihn zum Ausdruck bringen (ebd. 165f.195.216f) oder noch weiter gefasst, mit Worten aus dem ganzen Tora-Dokument – im vorliegenden Buch mit der Paränese, dem Gesetzeskodex und den Sanktionen in den Kapiteln 5–28 (Biblical Interpretation Series 14, 1997, 51–58, Sonnet).

§ 753   Die christliche Tradition hat in ihrer spiritualisierenden Tendenz die Vorschriften von Dtn 6,8f bis ins 20. Jh.p metaphorisch verstehen wollen, etwa in dem Sinn, man solle diese Worte stets vor Augen haben und das eigene Handeln von ihnen bestimmen lassen (Keel, in: OBO 38, 1981, 173f.179–183, Casetti/Keel/Schenker). Die Steininschriften an den samaritanischen Synagogen, die Bemerkung des Hieronymus (um 400p), die Pharisäer hätten den Dekalog auf dünne Häutchen geschrieben, zusammengefaltet und an die Stirn gebunden (ebd. 174), die Belege aus Qumran und Bemerkungen bei Philo von Alexandrien (De specialibus legibus IV 142) und im Aristeasbrief (§ 158f) zeigen, dass man um die Zeitenwende die Anweisungen von Dtn 6,8f wörtlich verstanden hat.
Weisungen einer Gottheit, Gebete und Bekenntnisse auf Türpfosten, bes. von Tempeln, zu schreiben, war eine bes. im ägypt. Kulturraum weit verbreitete Praxis (Keel, in: OBO 38, 1981, 173f.183–192, Casetti/Keel/Schenker; ScrHie 28, 1982, 224–250, Weinfeld). Dtn 6,9 verlangt jedes jud. Haus auf diese Weise zu heiligen.

§ 754   Ein Zeichen der Zugehörigkeit zur Gottheit an der Stirn zu tragen, ist nicht erst vom 2. Jh.a an real vorstellbar. Der Ausdruck »Diese Worte sollen zu *ṭoṭafot* zw. deinen Augen werden« (Dtn 6,8) muss in Analogie zu Steinhaufen und Steinpfeilern gesehen werden, die zu Zeugen werden (Gen 31,44f; Jes 19,20), nur dass hier der umgekehrte Weg gegangen wird. Die Einzigkeit JHWHs und die Hingabe an ihn sollen in Totafot zum Ausdruck kommen (Dtn 6,8; 11,18; Ex 13,16). Aber was ist ein Totafot bzw. Totæfæt? J. Tigay möchte darin ein »Stirnband« sehen (JBL 101, 1982, 321–331). Bei einer Ableitung von *ṭafaf* oder *naṭaf* könnte es einen tropfenförmigen oder runden Schmuck bedeuten (HAL II 357). Aus der SBZ sind Terrakottafiguren nackter Frauen bekannt, die ein Stirnband mit einem daran befestigten Schmuck tragen (**414–416**). Aus der EZ IIB zw. 900 und 700a gibt es Figuren mit einem ähnlichen Schmuck, nur dass sie jetzt bekleidet sind (**417–418**; vgl. Gen 38,14f.21). Elfenbeinschnitzereien zeigen die »Frau am Fenster« mit Stirnschmuck, einer Rosette oder einem quadratischen Plättchen, an dem tropfenförmige Schmuckperlen hängen (**419–420**) oder auf das der Buchstabe Tau (X) eingraviert ist (**421–422**). Das Tau konnte schon in der SBZ auch als Anhänger zw. den Brüsten getragen werden (Syria 13, 1932, Pl. 9,1; 16,2, Schaeffer = Keel, in: OBO 38, 1981, 204 Abb. 21, Casetti/Keel/Schenker). Vielleicht handelt es sich bei den Frauen, die es trugen, um »Geweihte, Heilige« (hebr. *qᵉdešot*; Gen 38,21f; Dtn 23,18; Hos 4,14). Das Tau konnte – als einfachstes Markierungszeichen – ihre Zugehörigkeit zur Gottheit, ihr Geweihtsein ausdrücken. Von Frauen, die Zeichen im Gesicht und zw. den Brüsten tragen, redet Hos 2,4. Aus der Sicht des Propheten sind es »Unzuchts- und Ehe-

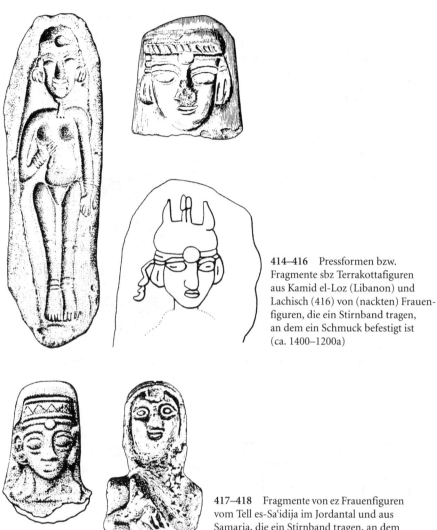

414–416 Pressformen bzw.
Fragmente sbz Terrakottafiguren
aus Kamid el-Loz (Libanon) und
Lachisch (416) von (nackten) Frauenfiguren, die ein Stirnband tragen,
an dem ein Schmuck befestigt ist
(ca. 1400–1200a)

417–418 Fragmente von ez Frauenfiguren
vom Tell es-Saʿidija im Jordantal und aus
Samaria, die ein Stirnband tragen, an dem
ein Schmuck befestigt ist (9. bzw. 8. Jh.a)

bruchszeichen«. Die »Orthopraxie« hat von den Liebesdienerinnen gelernt. Ezechiel
sieht in einer auf 593a datierten Vision, wie jene, die die Gräueltaten in Jerusalem beklagen, mit einem Tau auf der Stirn gezeichnet werden und vom Morden des Gerichts
unberührt bleiben (9,4.6). Der Hohepriester soll nach Ex 28,36f eine goldene Rosette
an seinem Turban tragen, auf die »Heilig für JHWH« eingraviert ist: (*qodæš lᵉJHWH*;
577; vgl. **263**; zur Rosette vgl. **376.419**). Falls die jud. Kopftracht, die wir aus der Zeit
um 700a von den Reliefs Sanheribs kennen (**327–329**), in der 2. Hälfte des 7. Jh.a
noch getragen wurde, war es kein Problem auf das Stirnband »JHWH unser Gott,
JHWH ist einzig« zu schreiben oder durch ein daran befestigtes Tau oder eine Rosette

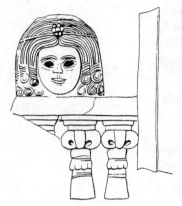

419   Reste einer Elfenbeinschnitzerei aus Nimrud, die eine Frau am Fenster zeigen, die als Stirnschmuck eine Rosette trägt (8. Jh.a)

420   Elfenbeinschnitzerei aus Chorsabad mit einer »Frau am Fenster«, die einen komplexen Stirnschmuck trägt (um 700a)

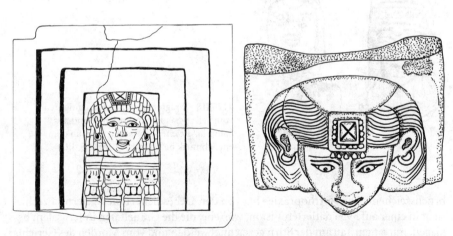

421–422   Elfenbeinschnitzerei aus Arslan Tasch (Syrien) mit »Frau am Fenster« und Fragment einer solchen aus Nimrud. Die Frau trägt auf ihrem Stirnschmuck den Buchstaben Taw, der oft als Markierungszeichen diente (8. Jh.a)

(**376**; vgl. dazu allerdings § 1251) die Zugehörigkeit zu JHWH zum Ausdruck zu bringen. Das Dtn wollte nicht nur ausgewählte Personen wie den Hohenpriester in besonderer Weise JHWH zueignen, sondern das ganze Volk, wie die stereotype Formel zeigt: »Ja, du bist ein für JHWH, deinen Gott, heiliges Volk. Dich hat JHWH, dein Gott, erwählt, um ihm als Volk des Eigentums anzugehören unter allen Völkern, die auf Erden wohnen« (Dtn 7,6; vgl. 14,2.21; 26,19; 28,9; zum Ganzen vgl. Keel, in: OBO 38, 1981, 193–212, Casetti/Keel/Schenker).

§ 755   Dtn 6,8a verlangt, die Worte als Zeichen (*le'ot*) an den Unterarm zu binden. Hier ist doch wohl wie bei den Toren an das reale Schreiben eines Textes gedacht, der aber zugleich ein Zeichen werden soll. Man kann, wenn man sich die Praxis vorzustellen versucht, an Armreife oder -bänder denken, auf denen etwas geschrieben stand. Solche sind aus Ägypten aus verschiedensten Zeiten bekannt (**423**). Überraschend ist, dass anscheinend schon im 2. und 1. Jh.a Texte auf hauchdünnen Leder- oder Pergamentsreifen in Kapseln gepackt an Hand und Stirn getragen worden sind (Qumran; vgl. § 753). Auf die Frage nach dem Ursprung dieser Praxis kann man auf den punischen Raum verweisen, wo im 7. Jh.a der Brauch fassbar wird, hauchdünne Goldbänder in kleinen Behältern aus Edelmetall auf sich zu tragen (**424–425**). Wahrscheinlich hat man auch Papyrusstreifen auf diese Weise mit sich getragen. Auf den Goldbändern sind eine Unmenge ägypt. Gottheiten zu sehen (Karthago. Revue d'archéologie africaine 16, 1970–1971, 1–32, bes. Pl. IVf, Quillard). Das erinnert an die Silberlamellen aus einem Grab im oberen Hinnom-Tal (GGG § 210), nur dass dort keine Bilder von Gottheiten eingraviert sind, sondern Texte, von denen der eine sich ähnlich in Dtn 7,9 findet, der andere mehr oder weniger wörtlich dem Aaronssegen in Num 6,24f entspricht (vgl. Küchler, Jer 783–785 mit **447**). Während die meisten Gelehrten die Röllchen ins ausgehende 7. oder an den Anfang des 6. Jh.a datieren, passt nach J. Renz die Form einzelner Buchstaben am ehesten in eines der beiden letzten vorchristl. Jahrhunderte (Renz/Röllig, Handbuch I 447–456).

423   Ägypt. Armreif aus Tanis mit dem Geburts- und dem Thronnamen (links) des Pharao Psusennes I. (1039–991a)

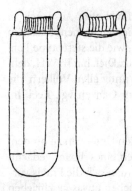

424–425   Kapseln aus Edelmetall aus dem punischen Raum, in denen hauchdünne Goldbänder getragen wurden, auf denen ägypt. Gottheiten eingraviert waren (7. Jh.a)

DAS DEUTERONOMISTISCHE GESCHICHTSWERK BZW. DIE DEUTERONOMISTISCHEN GESCHICHTSWERKE

Etwas Forschungsgeschichte

§ 756   Von ebenso großer Bedeutung wie das Dtn ist für eine Geschichte Jerusalems die Frage nach der Art, der politisch-theologischen Position und dem Alter des Geschichtswerks, das die wichtigste Quelle für die Geschichte der Stadt zw. David und ihrer Zerstörung im Jahre 587a darstellt. Das Deuteronomistische Geschichtswerk (DtrG) hat seinen Namen auf Grund der engen Verwandtschaft zw. einigen programmatischen Texten in diesem Werk und dem Dtn. Die Frage, wie sich das Dtn zu einer Reihe von Büchern mit einer verwandten Theologie, nämlich zum DtrG, bzw. wie sich die verschiedenen Fassungen des Dtn zu den verschiedenen DtrG (im Plural!) verhalten, ist in letzter Zeit wieder intensiver diskutiert worden (vgl. FRLANT 206, 2004, Otto/Achenbach). Die Frage ist zweihundert Jahre alt. Gleichzeitig mit der Entdeckung des Dtn als einer Schrift, die von den ersten vier Pentateuchbüchern in Ton und Theologie verschieden ist (§ 718), hat W.M.L. de Wette (1805) entdeckt, dass die Bücher Jos bis 2Kön manche Passagen enthalten, die von der Sprache und der Theologie des Dtn geprägt sind. Er sprach von einer im Geiste des Dtn erfolgten und deshalb als deuteronomistisch (dtr.) bezeichneten Bearbeitung und Ergänzung dieser Bücher. Seit A. Kuenen (1861) zieht man häufig zwei dtr. Bearbeitungen in Betracht, eine kurz vor dem Exil und eine während der Exilszeit entstandene. M. Noth veröffentlichte 1943 seine These eines erst in der Exilszeit verfassten dtr. Geschichtswerks, dessen Verfasser nicht schon bestehende Bücher bearbeitete, sondern mit Hilfe erzählerischen, annalistischen und anderen Materials erstmals ein solches Geschichtswerk schuf, das von Dtn bis 2Kön (ohne Rut) reichte (SKG.G 18, 1943,43–266 = Überlieferungsgeschichtliche Studien I, Tübingen 1957, 1–110). Hauptargumente waren der Nachweis einer kohärenten Chronologie und gezielt eingeführte programmatische Reden bzw. kommentierende Passagen, die das Ganze gliedern und in einer einheitlichen Sprache eine einfache und konsistente Geschichtstheologie vertreten. Diese Reden und kommentierenden Stücke sind Dtn 1–3; Jos 1 und 23; Ri 2,11–23; 1Sam 12; 1Kön 8,14–53; 9,1–9 und 2Kön 17,7–23. Nebst diesen großen thematischen Stücken wird das überlieferte Gut durch zahlreiche kurze Bemerkungen im dtr. Sinne gestaltet und interpretiert. Schon Noth hat umfangreiche nachdtr. Ergänzungen angenommen, so Jos 13–22; Ri 17–21; 2Sam 21–24. Spätere Autoren haben weitere Stücke ausgeschieden, so Jos 24 und Ri 2,1–5 (BEThL 133, 1997, 181–212, Blum) und den Großteil der Prophetenerzählungen von 1Kön 17–20; 22,1–8; 2Kön 2–8 (BWANT 152, 2001, S. Otto). »Durch ihre Ausgliederung erhöht sich die Stringenz des Geschichtswerks erheblich« (BiblEnz 7, 2001, 214, Albertz). Die Frage ist nur, ob »Stringenz« ein primäres Anliegen eines Werkes war, das auf weite Strecken formulierte Überlieferungen sammelte und durch kleine Veränderungen und interpretierende Texte einer bestimmten Position dienstbar zu machen versuchte.

§ 757 Das Unbehagen einer solchen Literatur gegenüber, die sich von ihrer Art her leicht ergänzen und erweitern lässt, hat über die Ausscheidung sekundärer Stücke hinaus zu verschiedenen Theorien der Entstehung des Werkes geführt, die schon aufgrund der Art des untersuchten Materials kaum zu stringenten Ergebnissen führen konnten. Fast jede Untersuchung analysiert nur einen Teil des Materials (Samuelbücher, annalistische Angaben in den Königsbüchern), zieht aber Schlüsse auf das ganze »Werk«, so z.B. wenn aus der sehr verschiedenen Auffassung vom Königtum in 1–2Kön und in Dtn 17,14–20 die Beziehung zw. DtrG und Dtn in Frage gestellt wird (CBQ 63, 2001, 393–415, Knoppers). Das Königsgesetz ist wahrscheinlich eine exil. Hinzufügung (§ 721). Zudem können aus übereinstimmenden Beobachtungen verschiedene Schlüsse gezogen werden (zur Forschungsgeschichte vgl. ThR 50, 1985, 213–249, Weippert; HSM 52, 1993, 1–54, Knoppers; ThR 58, 1993, 229–264.341–395, Preuss; BiOr 51, 1994, 394–401, Weippert; JSOT.S 182, 1994, 184–195, Römer; OBO 143, 1995, 47–54, Bieberstein; de Pury/Römer/Macchi, L'historiographie deutéronomiste 1996, bes. 9–120; Religious Studies Review 22, 1996, 22–27, Schniedewind; SBAB 33, 2001, 153–169, Braulik; BiblEnz 7, 2001, 210–231, Albertz; Lipschits, Fall and Rise 272–304).

Verschiedene Modelle

§ 758 Das Einheitsmodell von Noth ist in manchen Punkten modifiziert und verfeinert bis heute immer wieder vertreten worden, so z.B. von H.-D. Hoffmann (AThANT 66, 1980) und R. Albertz (BiblEnz 7, 2001, 210–231).
Meistens aber versuchte man, mehrere Blöcke oder Schichten aus verschiedenen Zeiten zu unterscheiden. Vor allem zwei Modelle fanden Verbreitung. F.M. Cross hat zuerst 1968 (Annual of the College of Jewish Studies 3, 9–24) und dann 1973 in seinem Werk »Canaanite Myth and Hebrew Epic« (274–289) die Theorie von zwei Ausgaben des DtrG (engl. Deuteronomistic History = DtrH) vertreten, denen er die Siglen Dtr¹ und Dtr² gab. Eine erste Ausgabe habe nur bis 2Kön 23,25 gereicht, dem Lob Joschijas als König von einmaliger JHWH-Treue. Es habe zwei wichtige Themen gehabt, die Sünde Jerobeams, die Israel kultisch gespalten habe, und die unverbrüchliche Treue JHWHs zur David-Dynastie. Dtr¹ könne beschrieben werden »as a propaganda work of the Josianic reformation and imperial program. In particular, the document speaks to the North, calling Israel to return to Judah and to Yahweh's sole legitimate shrine in Jerusalem, asserting the claims of the ancient Davidic monarchy upon all Israel« (ebd. 284). Eine zweite, exil. Ausgabe soll das Werk bis 2Kön 25,30, der Begnadigung Jojachins, weiter geführt haben. Sein Hauptanliegen sei es gewesen, die Zerstörung Jerusalems und des Tempels auf die Sünden Manasses zurückzuführen. Auf diese zweite Ausgabe seien auch zahlreiche Hinweise auf das drohende Exil zurückzuführen, wie z.B. Dtn 4,27–31; 28,36f.63–68; 30,1–10; Jos 23,11–13.15–16 usw. (ebd. 287). Das oft als »Blockmodell« bezeichnete Konzept von Cross ist von ver-

schiedenen Anhängern weiter entwickelt worden, wobei Dtr² gelegentlich so viele Passagen zugeordnet wurden, dass sich das Modell schon eher einem Zweischichten-Modell näherte (z.B. JSOT.S 18, 1981, Nelson).

§ 759   Ein »Schichtenmodell« hat R. Smend 1971 skizziert (FS von Rad 494–509; vgl. Ders., Entstehung 111–125). Smend bleibt grundsätzlich bei Noths einheitlichem exil. Werk (DtrH), rechnet aber mit einer wahrscheinlich noch exil. Bearbeitung, die prophetische Texte einträgt (DtrP), und mehreren weiteren, hauptsächlich nach-exil., deren Hauptinteresse dem Gesetz gilt (DtrN; ebd. 123). Seine Schüler W. Dietrich (Prophetie und Geschichte. Eine redaktionsgeschichtliche Untersuchung zum dtr. Geschichtswerk, Stuttgart 1972) und T. Veijola (AASF Ser.B 193, 1975) haben Varianten seiner Theorie erarbeitet. Beide »Schulen« haben sich inzwischen soweit entwickelt, dass die einzelnen Vorschläge nur noch mühsam der einen oder anderen zugewiesen werden können.

Großer Beliebtheit erfreut sich heute ein Modell, das hauptsächlich auf der verschiedenen Formulierung der Königsnotizen beruht (Bib. 53, 1972, 301–339, Weippert = AOAT 327, 2006, 291–324, Weippert). Es rechnet mit einer ersten Fassung des Werks aus der Zeit Hiskijas oder einer aus der Zeit Joschijas, die aber nur bis Hiskija reichte, mit einer, die die Zeit bis und mit Joschija einschloss, und mit einer exil. oder nach-exil., die mit der Begnadigung Jojachins endete (vgl. z.B. HUCA 62, 1991, 179–244, Halpern/Vanderhooft; OTS 33, 1996, Eynikel; Na'aman, in: M. Liverani, Hg., Recenti tendenze nella ricostruzione della storia antica. d'Israele, Roma 2005, 105–120). Diese Modelle beschränken sich im Großen und Ganzen auf die Königsbücher oder noch kleinere Teile. In der Regel gilt heute als gesichert, dass es verschiedene DtrG gab (Schmid, in: FRLANT 206, 2004, 209f, Otto/Achenbach).

Angesichts der verschiedenen Bearbeitungen der verschiedenen in DtrG zusammen-gefassten Bücher wurde auch schon wieder die Frage gestellt, ob die Annahme *eines* DtrG überhaupt vertretbar sei (Knauf, in: de Pury/Römer/Macchi, L'historiographie deutéronomiste 409–418).

§ 760   2Kön endet mit der Begnadigung Jojachins durch den babyl. König Ewil-Merodach, den Nachfolger Nebukadnezzars, der 562–560a regiert hat (25,27–30). Es ist auffallend, dass das Ereignis in dem sonst so kommentierfreudigen Werk nicht interpretiert wird. Es liegt nahe, die Vollendung einer entscheidenden Fassung des DtrG kurz nach diesem Ereignis anzusetzen. Angesichts der Komplexität des Werkes ist anzunehmen, dass es Vorformen gegeben hat, ob schon zur Zeit Hiskijas oder erst Joschijas und in welchem Umfang lässt sich kaum mehr im Detail eruieren. Ebenso ist wahrscheinlich, dass auch noch nach dem Abschluss kurz nach 560a Glossen und Erweiterungen eingefügt wurden. Doch ist auch da eine stringente Beweisführung schwierig.

Art und politisch-theologische Ausrichtung des Werks

§ 761   Eine mit dem Dtn gemeinsame theologische Grundüberzeugung lässt sich im ganzen Werk finden. Sie geht davon aus, dass JHWH sich um Israel verdient ge-macht, ja Israel eigentlich geschaffen hat, indem er es aus Ägypten, dem Eisenschmelzofen, heraus und in ein gutes Land geführt und ihm Ruhe vor allen Feinden verschafft hat. Das Ziel seiner Verheißungen und Bemühungen war unter Salomo erreicht (1Kön 8,56). Dieses Glück war allerdings an Bedingungen geknüpft. Sie bestanden nach DtrG in einer Bundesverpflichtung (b^{e}rit), die im wesentlichen im Dekalog bestand, der auf zwei Steintafeln in der zur »Bundeslade« gewordenen Lade aufbewahrt wurde und im dtn. Gesetz entfaltet war (SBS 145, 1991, Braulik). Die Kernforderung war das erste Gebot, JHWH allein und keine anderen Götter kultisch zu verehren. Solange die Führer Israels diese Forderung erfüllten und das Volk dazu brachten, sie zu erfüllen, erfreute Israel sich des Landes und des Schutzes JHWHs. Sobald seine Führer und das Volk anderen Gottheiten dienten, wie z.B. Salomo (1Kön 11,1–8), ärgerte man damit JHWH und provozierte seinen Zorn und in seinem Zorn überließ JHWH Israel seinen Feinden. Der große Abfall Manasses zu jeder Art von Götzendienst war nach dem DtrG der eigentliche Grund für die Zerstörung Jerusalems und des Tempels im Jahre 587a. Wie jedoch die Abkehr von JHWH der Grund für jegliches Unglück war, so wird JHWH, sobald das Volk und seine Führer sich ihm wieder zuwenden, nicht lange darauf warten lassen, sich seinerseits ihm zuzuwenden (1Kön 8,46–51) und es durch Retter jeder Art der Gewalt seiner Feinde zu entreißen. Im DtrG finden wir das, was Jesaja konkret im Hinblick auf Assur verkündete (§ 455.457.461), zu einer allgemeinen Lehre ausgestaltet und gelegentlich um den Preis jeder hist. Plausibilität durchgeführt (§ 385.559.564).

§ 762   Die Vorstellung, dass eine Gottheit ihrer Stadt oder ihrem Volk zürnen konnte, findet sich im AO häufig, so auch bei den Moabitern, einem Nachbarvolk Israels und Judas schon im 9. Jh.a (KAI Nr. 181 Z. 5). Neu im DtrG ist, dass man stets weiß, warum JHWH zürnte oder zürnen wird. Es gibt nur einen Grund: die Verehrung anderer Gottheiten. Eine intolerante JHWH-Monolatrie ist der Kern des DtrG. Vorstellung und Praxis sind, von anderen Wurzeln abgesehen, während und nach der Zerstörung des Nordreichs aus Kreisen der dortigen Prophetie nach Juda gebracht worden (§ 730f). Unter dem Eindruck neoassyr. Vasallitätsverpflichtungen und der nach dem Ende der Assyrerherrschaft erfolgten Kultreinigung sind die Forderungen einer intoleranten JHWH-Monolatrie im Dtn und wahrscheinlich auch schon in einer ersten Form des DtrG noch vor dem Exil formuliert worden. Dank dieser Entwicklung haben die jud. Exilierten von 597 und 587a im Gegensatz zu den israelit. von 722 (§ 464f) und den jud. von 701a (§ 545) – wie gesagt – ihre Identität bewahrt und sind nicht spurlos verschwunden. Dass die intolerante Monolatrie erst im Exil entstanden sei (Publications of the Finnish Exegetical Society 76, 1999, Pakkala) ist von literarischen (Abhängigkeit von Dtn 13* und 28* von neoassyr Vasallitätsverpflichtungen; § 719) und den eben genannten Überlegungen her unwahrscheinlich.

§ 763   Unter Aufnahme von Beobachtungen und Gedanken G. Brauliks ist vielmehr zu betonen, dass zum Dtn und dem DtrG von Anfang an ein konsequenter Monolatrismus gehörte, in dem ein wirklicher Monotheismus angelegt war, der früher oder später – von seinen eigenen Voraussetzungen her formuliert – zutage treten musste (Braulik, in: QD 104, 1985, 115–159, Haag). Die schon im »Privilegrecht« JHWHs (vgl. etwa Ex 34,10–26) ausgesagte Eifersucht JHWHs (Ex 34,14; *ki jhwh qanna' š^{e}mo 'el qanna'*) ist vom Dtn aufgenommen und zur Begründung des Fremdgötterverbots benützt worden (5,6–9; 6,12–15). Dtn 6,4f verbindet die totale Hinwendung, die Israel ihm entgegenbringen soll, mit seiner Einzigartigkeit. Im Gegensatz zum Konzept des monarchischen Königs- und Schöpfergottes, dem andere Gottheiten zwar untergeordnet, demgegenüber sie aber nicht abgewertet werden (§ 141.444f), bestreitet dieses Konzept zwar nicht die Existenz, aber den Wert anderer Götter. In den Augen von Verliebten sind andere Männer bzw. Frauen wertlos (Hld 2,2f; vgl. 6,8f). In diesem Kontext bekommen Aussagen wie die folgenden, die an und für sich nur den Götterkönig feiern, einen anderen Klang. »Siehe, JHWH, deinem Gott, gehören der Himmel und die Himmel der Himmel und die Erde und alles, was auf ihr ist. Nur an deine Väter hat JHWH sich gehängt um sie zu lieben und er hat ihre Nachkommen, euch, aus allen Völkern erwählt, wie es sich heute zeigt« (Dtn 10,14f; vgl. 3,24). Solche Aussagen können organisch zu eindeutig monotheistischen Aussagen gesteigert werden: »Hat je ein Gott versucht zu einem Volk zu kommen und es mitten aus einem anderen herauszunehmen unter Prüfungen, Zeichen und Wundern … Das hast du sehen dürfen, damit du erkennst: JHWH, er ist der Gott, kein anderer ist außer ihm« (4,34f; vgl. ebd. V. 39; § 746). Wann sich die dtn./ dtr. Konzentriertheit auf JHWH zu solchen Aussagen gesteigert hat, ist schwer zu sagen. Es gibt gute Gründe anzunehmen, dass dies noch vor dem Exil geschehen ist, nämlich dann, als in Jerusalem über Sinn und Unsinn eines Widerstands gegen Nebukadnezzar gestritten und die Verschonung Jerusalems 701a zum Beweis für die Unvergleichbarkeit JHWHs stilisiert wurde (§ 1003–1009).

§ 764   Auffällig ist, dass im ganzen DtrG im Gegensatz zum Dtn die sozialen Aspekte so gut wie keine Rolle spielen (§ 626). Sie haben wahrscheinlich erst nach der Vollendung wesentlicher Teile des DtrG ins Dtn Eingang gefunden (§ 720). Natürlich kann man die Sozialgesetze in der Verpflichtung auf die Weisung des Mose subsumiert sehen, aber explizit zählt im DtrG nur die exklusive Bindung an JHWH und die Abkehr von allen anderen Göttern. Neben dieser aus dem Nordreich stammenden und durch die Argumentationsfiguren der neoassyr. Vasallitätsverpflichtungen verschärften Thematik spielen nur noch das Israel zugesagte Land bzw. Jerusalem als Ort der Erwählung (§ 81) eine große Rolle. Jegliche Verfehlung und jede Katastrophe kann dadurch wieder gutgemacht werden, dass man zu JHWH zurückkehrt und zum Land, zur Stadt bzw. zum Haus hin gewendet betet, das JHWH erwählt hat (1Kön 8,46–51, bes. 48). Die durch Bedingungen abgeschwächte Natan-Prophetie (1Kön 2,4; 8,25; 9,4–5) kommt bereits mit dem Fremdgötterkult Salomos bzw. dem Bet-El-Kult Jerobeams I. zu einem Ende (SBAB 31, 2000, 11–34, Lohfink). Der Ort des Namens JHWHs aber behält seine Bedeutung.

Es ist nicht zu übersehen, dass im DtrG Könige, die sich wie Ahas und Manasse den Assyrern unterwarfen, extrem negativ beurteilt werden, während solche, die wie Hiskija und Joschija Widerstand leisteten, in alle Himmel erhoben werden (JSOT 65, 1995, 37–53, Na'aman = CE III 259–273), obwohl sie durch ihren Widerstand das Land in die Katastrophe führten (Hiskija) bzw. dabei selbst ums Leben kamen (Joschija).

Propheten wie Jeremia und Ezechiel, die Jerusalem in aller Schärfe Unheil ankündeten, und zwar nicht nur wegen Fremdgötterkulten, sondern auch wegen sozialer Vergehen, werden vom DtrG ignoriert (Literatur zum sogen. »Prophetenschweigen«

des DtrG bei Rüterswörden, in: ÄAT 30, 1995, 235 Anm. 4, Weippert/Timm). Das heißt nicht, dass das Dtn bzw. das DtrG in seiner Endredaktion nicht einzelne Theologumena mit diesen Propheten gemeinsam haben können (vgl. z. B. Dtn 24,16 mit Ez 18 und Jer 31,30; SBAB 33, 2001, 171–201, Braulik). Prophetische Positionen hat das DtrG – wie gesagt –, soweit sie sich gegen Fremdgötterkulte richteten, breit rezipiert. W. Dietrich meint, der Hauptgrund für das Fehlen von Gestalten wie Jeremia und Ezechiel sei die narrative Struktur des DtrG im Gegensatz zum Spruchsammlungscharakter dieser Prophetenüberlieferungen (in: J. Barton/J. Muddiman, Hg., The Oxford Bible Commentary, Oxford 2001, 234). Doch die Jeremiaüberlieferung enthielt reiches narratives Material (vgl. z. B. Jer 26). Es wurde aber im Gegensatz zu solchem über den Propheten Jesaia konsequent übergangen (Pohlmann, in: FS Würthwein 94–109, bes. 108f). Was war der Grund? Jesaja, der mindestens auch und bedingt Heil angesagt hat (§ 419), fand ins DtrG Eingang und zwar zum Heilspropheten umstilisiert. Hinter einer wichtigen Fassung des DtrG dürften so die nationalreligiösen Kreise stehen, die in der Nachfolge eines Hiskija und Joschija den Widerstand gegen die fremde Macht, in diesem Falle die Babylonier, vertreten und geschürt haben. Diese Kreise wurden als erste schon 597a und spätestens 587a ins Exil geschickt.

R. Albertz nimmt vielleicht mit Recht an, die Anhänger der Reform hätten sich nach dem Tode Joschijas gespalten. Auf der einen Seite hätten grob gesprochen die Nationalreligiösen gestanden, zu denen anscheinend die Hilkijaden gehörten, denen es in der Folge immer wieder gelang, die Könige auf ihre Seite zu ziehen. Ihr harter Kern dürfte an die 701a scheinbar manifest gewordene Unverletzlichkeit Jerusalems und des Tempels geglaubt (§ 985–1009) und sich für einen kompromisslosen Widerstand gegen die babylon. Herrschaft eingesetzt haben. Auf sie dürfte das DtrG im Wesentlichen zurückgehen. Eine stärker an Kooperation mit den Großmächten interessierte Gruppe, die nicht in dem Maß wie das DtrG auf das Erste Gebot fixiert war, sondern sich auch für andere Bereiche, z. B. den sozialen, interessierten, dürften im Jeremiabuch zur Sprache kommen (§ 803–895). Zu dieser Gruppe gehörten wahrscheinlich die Schafaniden. R. Albertz meint, dass das Jeremiabuch mit seinen dtr. Passagen in Palästina entstanden sei (BiblEnz 7, 2001, 214 Anm. 194; vgl. § 803–808).

Entstehungsort und -zeit

§ 765 M. Noth hat das von ihm entdeckte DtrG, wenn auch mit einigem Zögern, in Palästina/Israel entstanden sein lassen (Überlieferungsgeschichtliche Studien, Tübingen 1957, 97 Anm. 6 und 110 Anm. 1). Das dürfte mindestens für eine erste vorexil. Version, die Noth allerdings ablehnt (ebd. 91 Anm. 1), zutreffen. Der Entstehungsort des endgültigen DtrG, das mit der Begnadigung Jojachins endet, könnte trotz einiger Schwierigkeiten im Hinblick auf das Quellenmaterial Babylonien gewesen sein. Dass die Exilierten ganze Bibliotheken in ihren *Mantelsäcken* mitgetragen haben, ist zwar wenig wahrscheinlich. Doch wie die Exilierten von 701a nach Ausweis des Lachischreliefs (→I 22.66; →II 602C) von Rinderkarren und Lastkamelen begleitet ins Exil gegangen sind, dürften auch die des 6. Jh.a nicht ihren ganzen Besitz selbst getragen haben. Den einen und anderen Vorratskrug mit Schriftrollen mitzunehmen, war unter diesen Umständen keineswegs unmöglich. Wahrscheinlich gab es ja aber bereits eine in Jerusalem entstandene Fassung des DtrG, die die Zeit bis zur Reform Joschijas (Na'aman, in: M. Liverani, Hg., Recenti tendenze nella ricostruzione della storia antica. d'Israele, Roma 2005, 117) oder gar bis zu dessen Tod beschrieb, so dass sich die Mitführung eines königlichen Archivs erübrigte. »Stellt man den offiziellen Charakter des DtrG in Rechnung, dann wird man die Autoren des DtrG am ehesten im Umfeld der beiden führenden Familien der babylon. Gola, der königlichen Davididen (Jojachin-Serubbabel) und der priesterlichen Hilkijaden (Jehozadak-Josua) ansiedeln, die zugleich die Symbolfiguren bzw. Anführer der inzwischen gemäßigt national-religiösen Gruppierung stellten« (BiblEnz 7, 2001, 217, Albertz). Denn was für die prophetisch bestimmte Gruppe je klar war, dürften durch die Katastrophe von 587a auch die Nationalreligiösen gelernt haben, nämlich dass König und Tempel durch das mosaische Gesetz bedingt waren. Allerdings reduzierten sie – wie gesagt – das Gesetz weitestgehend auf das Fremdgötterverbot. Immerhin erlaubte die Akzeptanz dieser Bedingtheit eine Interpretation der Katastrophe, die sie nicht allzuweit von ihrem nationalreligiösen Kurs abzuweichen zwang (zum Ganzen vgl. BiblEnz 7, 2001, 210–231, Albertz).

§ 766   Der *terminus a quo* der uns vorliegenden Fassung des DtrG ist die Begnadigung Jojachins im Jahre 562a. »Umstritten ist allein der *terminus ad quem*. Doch ist angesichts der Tatsache, dass heute Exegeten das DtrG zu weiten Teilen (BZAW 227, 1994, 1–11, Würthwein) oder sogar vollständig (ZAW 109, 1997, 10f, Römer) in die pers. Zeit datieren, daran zu erinnern, dass die meisten seiner Texte in eine noch unbegrenzte Exilszeit hineinblicken (Dtn 4,25–28; 28,36.63–68; 29,23–27; 1Kön 14,15; 8,46–50; 2Kön 25,27–30) und nur wenige eine erneute Zuwendung Gottes andeuten (Dtn 4,29–31) oder gar eine Heimkehr ankündigen (Dtn 30,1–10) … Dieser Befund spricht dafür, dass das Konzept und ein Großteil des DtrG noch in der Zeit vor 547/46a verfasst worden sein müssen, als mit dem glänzenden Lydienfeldzug des Kyrus erstmals ein Wandel der politischen Großwetterlage absehbar wurde« (BiblEnz 7, 2001, 217, Albertz). Die Spätdatierung des ganzen Werks aufgrund der spätesten Glossen und Erweiterungen führt zu ähnlichen Fehlurteilen, wie wenn man das Werk Shakespears oder Molières in die Zeit der ersten kommentierten Gesamtausgaben datieren wollte.

Das älteste bekannte Geschichtswerk

§ 767   Das DtrG stellt wohl das älteste uns bekannte Geschichtswerk dar, insofern es nicht nur annalistisch Fakten auflistet, sondern ein über einen größeren Zeitraum sich erstreckendes Geschehen zu verstehen versucht. Das hat allerdings schon die wohl erheblich ältere »Thronfolgeerzählung« gemacht, die darzutun versuchte, warum und aufgrund welcher Vorgänge und Faktoren gerade Salomo und niemand anders am Schluss auf dem Throne Davids saß (§ 172–174). Das DtrG bringt allerdings bedeutend mehr harte Fakten wie Daten und israelit.-jud. und nicht-israelit.-jud. Personen und Faktoren ins Spiel und ist ohne einen funktionierenden Staat mit seinen Annalen und Archiven im Hintergrund nicht denkbar (vgl. dazu SBAB 33, 2001, 162f, Braulik; Na'aman, in: M. Liverani, Recenti tendenze nella ricostruzione della storia antica. d'Israele, Roma 2005, 117). So wird die Thronfolgeerzählung mit Recht als »Erzählung« und das DtrG als »Geschichte« bezeichnet, »the earliest work that fully deserves the designation ›history‹« (Ebd. 117). Die Geschichtsschreibung beginnt in Israel also mindestens hundert Jahre vor Herodot, der aufgrund seiner »Historien« gern als »Vater der Geschichtsschreibung« gepriesen wird. Ein Unterschied ist der, dass Herodot als Autor hervortritt, während das DtrG altorientalischer Traditionsliteratur gemäß anonym bleibt.

§ 768   Einen gewissen Abbruch als Geschichtswerk tut ihm eine oft gewalttätige Ideologie. Dass es die Folgen des Widerstands Sanheribs gegen die Assyrer ignoriert und so tut, als ob Manasse quasi freiwillig das assyr. Joch übernommen hätte, dass es auch, wie wir noch sehen werden, die Folgen der Rebellion Zidkijas dramatisiert und die ganze Aufmerksamkeit auf die Exilierten lenkt, liegt im Rahmen der normalerweise ein Geschichtswerk leitenden Interessen. Ideologisch schwer verdaulich aber wird es, wenn nicht die Rebellion Zidkijas, sondern die Sünden Manasses bzw. der Manassezeit – trotz der Reform des Joschija – an der Zerstörung Jerusalems und des Tempels schuld sein sollen. Das DtrG versuchte den Grund für den Zorn der Gottheit aufzuklären. Wie die nationale Katastrophe Moabs ohne den Zorn Kemoschs (KAI Nr. 181 Z. 5) und die Babylons unter Sanherib ohne den Marduks (vgl. § 779–785) undenkbar waren, so war auch die Zerstörung Jerusalems ohne den Zorn JHWHs undenkbar (FRLANT 190, 2000, 137–155, bes. 149f, Lohfink). Die Frage war nur, was den Zorn JHWHs ausgelöst hatte. Die Behauptung des DtrG, die Sünden der Manassezeit seien daran schuld gewesen, war schon für Jeremia und Ezechiel, wie wir sehen werden, inakzeptabel. Ebensowenig hat sie der Chronist übernommen.
Zu diesem ideologischen Gewaltsstreich des DtrG kommt eine Inkohärenz des ganzen Konzepts. König um König wird an der Einhaltung des mosaischen Gesetzes gemessen, so auch noch Manasse und seine Zeit (2Kön 21,8f). In 2Kön 22,3–20 wird dann aber die Auffindung eines uralten, seit langem verschollenen Gesetzbuches des Mose erzählt (BiblEnz 7, 2001, 218 Anm. 207, Albertz). Diese Inkohärenz spricht übrigens dafür, dass es sich beim Auftauchen des Urdeuteronomiums um ein hist. Ereignis gehandelt hat (§ 715f) und dass das stark von assyr. resp. gegen Assur gewendeten assyr. Denk- und Sprachmustern geprägte Dtn und das DtrG in engem Zusammenhang mit der joschianischen Reform stehen. Diese ist wohl in wesentlichen Punkten als hist. Ereignis zu werten (vgl. dazu Dietrich, in: OBO 139, 1994, 463–490, Dietrich/Klopfenstein, der die hist. Umstände auf der Grundlage von Zefanja, Nahum und Habakuk plausibel macht; vgl. § 626–628). Das genaue Verhältnis, in dem das Dtn und das DtrG zur joschianischen Reform bzw. zu Joschija standen, ist wohl nie mehr ganz aufzuhellen. Wahrscheinlich haben sie sich in einem komplexen Wechselspiel gegenseitig bedingt und beeinflusst.

8.6 EINWÄNDE GEGEN DIE HISTORIZITÄT DER REFORM
AUS DEM FORTGANG DER GESCHICHTE

§ 769   Gegen die Historizität der Reform ist immer wieder angeführt worden, dass in der Folgezeit, etwa bei Jer und Ez, nichts von ihren Folgen zu spüren sei.
Was Jeremia anbelangt, so weist das Fehlen der Synkretismusanklage in der Verkündigung Jeremias nach 609a (4,3ff) im Unterschied zur Frühzeitverkündigung

(2,4–4,2; zur Problematik vgl. § 813–815), wo sie sich allerdings gegen die Gebiete des ehemaligen Nordreichs richtet, auf eine weitgehende Realisierung der Kultreform hin (GAT VIII/1, 362 Anm. 2, Albertz; § 882).

Der gewaltsame Tod Joschijas (vgl. § 624) und die daran anschließenden Wirren, von denen am Anfang des nächsten Kapitels zu reden sein wird (§ 789–802), dürften die Gottgefälligkeit der Reform massiv zur Diskussion und in Frage gestellt haben. In einer Äußerung (Jes 36,7//2Kön 18,22), die sehr wahrscheinlich zw. 609 und 587a formuliert worden ist (§ 985–1009), wird die Kritik an der Abschaffung der Landheiligtümer dem assyr. Obermundschenken in den Mund gelegt und damit als Feindpropaganda abqualifiziert. Die Notwendigkeit so vorzugehen verrät Opposition.

Dass die Reform nicht bei allen auf Verständnis stieß, zeigt bes. deutlich Jer 44,15–19 (Kuchen für die Himmelskönigin; vgl. auch Jer 7,17f; § 584f), wo die Katastrophen seit 609a auf die fehlenden Opfer an die Himmelskönigin zurückgeführt werden. Der Text setzt aber die Reform voraus, weil ja von einem Unterbruch dieser Opfer und der Notwendigkeit ihrer Wiederaufnahme die Rede ist. Von einem generellen Widerstand gegen die Reform zeugt, wenn auch ohne Präzisierung, die hebr. Version von Sir 49,2a (RivBib 47, 1999, 257–276, Toloni).

§ 770   Großes Gewicht wird von jenen, die die Historizität der joschijanischen Reform ganz oder fast ganz bestreiten, auch Ez 8,3–17 zugemessen. Dieser Text redet nicht wie Jer 44,15–19 von der *Wiederaufnahme* eines bestimmten nicht-jahwistischen Kultes im *familiären Bereich*, sondern von einem *Fortdauern*, wie es scheint, nicht-jahwistischer Kulte *im JHWH-Tempel* selbst.

Bevor auf die Details dieses Textes eingetreten werden kann, muss aber festgehalten werden, dass einem Bericht, der sich explizit als Bericht über eine *Vision* ausgibt, und zwar eines Mannes, der seit vier Jahren rund 1000km entfernt von Jerusalem lebt, grundsätzlich nicht mehr Glaubwürdigkeit zugebilligt werden kann als dem Reformbericht in 2Kön 22–23. Dennoch müssen sowohl beim Reformbericht wie bei der Vision nicht-jahwistischer Kulte in Ez 8,3–17 letztlich Primärquellen und innere Kriterien über Glaubwürdigkeit oder Nichtglaubwürdigkeit des Berichteten entscheiden. Es sei aber vorweggenommen, dass die in Ez 8,3–17 apostrophierten Praktiken von denen, die die joschijanische Reform im Visier hatte (§ 568–613), radikal verschieden sind und neue Verhältnisse widerspiegeln (vgl. § 932–944).

Im übrigen hat noch keine Reform die anvisierten Mißstände ein für allemal abgeschafft. Rückfälle kamen immer wieder vor. So fanden sich z.B. nach 2Makk 12,40 im 2. Jh.a bei einigen gefallenen Mitstreitern der aggressiv orthodoxen Hasmonäer »Amulette der Götter von Jamnia, obwohl das den Juden vom Gesetz her verboten ist«.

8.7 DIE REORGANISATION JUDAS UND JERUSALEMS UNTER JOSCHIJA – ZUSAMMENFASSUNG

§ 771   Mit dem Zusammenbruch des Assyrerreiches trat in Juda kein Machtvakuum ein, wie oft gesagt wurde. Joschija bzw. seine Berater haben nur nicht realisiert, dass die 26. ägypt. Dynastie, vor allem Necho II., beanspruchte, vollumfänglich das Erbe Assurs in der Levante anzutreten. Dieser blinde Fleck hat höchst wahrscheinlich

Joschija, den Necho bei Megiddo umbringen ließ, das Leben gekostet. Vorerst aber hat dieses Ignorieren der politischen Großwetterlage Juda ermöglicht, sich nach dem Ende der assyr. Vorherrschaft neu zu organisieren. Es ist nahe liegend, dass bei dieser Neuorganisation eine Anzahl von Symbolen und Einrichtungen beseitigt wurden, die als typisch für die Herrschaft galten, von der man eben frei geworden war. Dieser Prozess der »Kultreinigung« soll durch das Auftauchen einer normativen Schrift im Tempel radikalisiert und systematisiert worden sein. Das Auffinden dieser Schrift wird nüchtern erzählt. Es ist von keinerlei mirakulösen Phänomenen begleitet. Die Schrift scheint primär aus Forderungen und schlimmen Drohungen im Falle ihrer Nichtbeachtung bestanden zu haben. Es könnte sich um ein nach dem Modell der assyr. Vasallitätsverpflichtungen gestaltetes »Urdeuteronomium« gehandelt haben, das Israel unter Androhung schlimmster Sanktionen auf eine ausschließliche Bindung an JHWH verpflichtete. Ob die Auffindung einer solchen Schrift im Tempel hist. ist oder nicht, jedenfalls kam in Israel zur Zeit Joschijas die Vorstellung auf, Israel sei an JHWH gebunden wie assyr. Vasallen an den Großkönig.

Die Konsequenzen dieses Vorgangs können auf einige wenige Punkte reduziert werden. Zwei haben sich in der Folge immer wieder negativ bemerkbar gemacht. Ein *erster* problematischer Punkt ist, dass die exklusive Bindung an JHWH unter furchtbaren Flüchen steht, die teilweise von der aus der Nordreichprophetie stammenden Eifersucht der Liebe (Hosea), teilweise aber auch vom Machtanspruch diktiert sind, der u. a. hinter den erschreckenden Texten Dtn 13,7–12 und 28,20–44 steht, die wörtlich von den assyr. Vasallitätsverpflichtungen abhängen. Der Machtanspruch ist von Haus aus der des assyr. Großkönigs. Er ist in den genannten Texten kritiklos auf JHWH übertragen worden, der so mit Zügen eines ao Despoten ausgestattet wurde. Israel hat Bild und Anspruch exklusiver Loyalität vom Gegner übernommen. Diese unheimliche Patenschaft muss gesehen werden, wenn man nicht in eine unfruchtbare Apologetik verfallen will. Das Gesetz ist Weisung und Orientierung. Der Fluch ist nicht der Fluch des Gesetzes, sondern der Fluch der Macht, die ihren Anspruch um jeden Preis durchsetzen will.

Ein *zweiter* ebenso problematischer Zug ist die mit der Absonderung von den Göttern der anderen Völker verknüpfte Absonderung von diesen Völkern. Die dtn. Gesetze unterscheiden im Gegensatz zu den älteren Gesetzescorpora konsequent zw. Israeliten und Fremden. Die jedem Volk eigenen Bräuche, die der Organisation der Ernährung, der Sexualität und der Arbeit dienen, erhalten in Israel als Äußerungen des despotischen Willens JHWHs religiöse Dignität. Die der Identität jedes Volkes zustehende Würde wird religiös überhöht und die schon von der griech.-röm. Antike so feindlich vermerkte Absonderung von den Völkern eingeleitet. Den nichtisraelit. Völkern wird eine rein negative Rolle zugedacht, wenn das auch nicht auf ganz alle Teile der dtn. Überlieferung zutrifft (vgl. SBAB 33, 2001, 136–144, Braulik, zu Dtn 29).

§ 772   Neben diesen problematischen Konsequenzen haben die joschijanische Reform und die dtn./dtr. Literatur für die Religions- und Theologiegeschichte ganz Judas, besonders aber für die Jerusalems, drei eher positive Folgen gehabt.

Die *erste* ist die zuerst aus der Nordreichprophetie und aus antiassyr. Affekten geborene Reinigung des Kults von allerhand Elementen, die die Numinosität des Sexuellen und der natürlichen Fruchtbarkeit, die Numinosität der Gestirne, besonders der nächtlichen (Himmelsheer, Himmelskönigin), und die Numinosität des Todes und der Unterwelt (Tofet) zum Ausdruck brachten. Die Elimination bzw. Reinigung dieser »kanaanäischen« und assyr.-aram. Kulte, die die Immanenz des Göttlichen betonten, bereitete einer Transzendenz JHWHs den Weg, die eine Vergegenwärtigung in irgendwelchen irdischen Phänomenen verbot (Dtn 4,15–20). Sie bedeutete eine Befreiung von den στοιχεῖα τοῦ κόσμου (Gal 4,3, vgl. V. 9; Kol 2,8.20).

Die Transzendenzerfahrung verband sich mit der von der Nordreichprophetie und dem Denken in Vasallitätsverpflichtungen geforderten ausschließlichen Bindung an JHWH, angesichts derer die anderen Götter nicht nur wie bei der Vorstellung von einem Götterkönig untergeordnet, sondern bedeutungslos und in letzter Konsequenz inexistent wurden.

§ 773   Die *zweite* Folge ist die zuerst mit der Straffung der nationalen Kräfte und später mit der Einheit und Einzigkeit JHWHs verbundene Zentralisation des Kults in Jerusalem, die den 597 und 587a und später noch Versprengten und Zerstreuten einen klaren Orientierungspunkt schuf, nach dem sie sich, wie später die Moslems nach Mekka, ausrichten konnten (vgl. 1Kön 8,38.48; Dan 6,11), und der bis heute die Gebetsrichtung der Synagogen bestimmt (vgl. § 1124). Der neue Tempel als Zentrum des neuen Israel ist ein großes Thema der Ezechielschule (Ez 40–48). Dieser Tempel war von Kultgegenständen verschiedenster Art soweit gereinigt, dass man sich beim Wiederaufbau am Ende des 6. Jh.a anscheinend nicht einmal mehr darauf einigen konnte, die in ihrer Orthodoxie nie bestrittene Lade und die Keruben, auch nicht in modifizierter Form (**562–568**), wieder herzustellen. Das Tempelgebäude als solches wurde zur einzigen noch tolerierten Vergegenwärtigung JHWHs (Lev 26,1f).

§ 774   Die *dritte* und vielleicht wichtigste Folge aber war, dass der im Gesetz formulierte Wille Gottes zum entscheidenden Medium des Gottesverhältnisses wurde, das die bis anhin dominierenden Medien, Königtum und Tempel, auf den zweiten Platz verwies und zur Not entbehrlich machte, wenn auch etwa das DtrG diese Konsequenz nicht zieht. Keimhaft wurde hier das auf der Treue zur Tora basierende Judentum initiiert (vgl. etwa Dtn 4,5–8; dazu SBAB 2, 1988, 53–93, Braulik). Der Bruch mit der ao Welt, in der König und Heiligtum wesentliche Mittler zw. Gott und Menschen waren, wurde hier, wenn auch erst als Riss, sichtbar. Es ist Tatsache, dass die einzigartige Stellung Jerusalems und seines Tempels von einem geschriebenen Gesetz urgiert und gesichert wurde, und dadurch von diesem Gesetz abhängig und ihm untergeordnet worden ist. Dieses dem Tempel übergeordnete, geschriebene Gesetz, auf das Juda durch den Mose des Dtns verpflichtet wird, hat schon bei der ersten Zerstörung des Tempels im Jahre 587a, ganz besonders aber nach der zweiten im Jahre 70p, verhindert, dass das Judentum sich als Kultgemeinde auflöste, wie z.B. die Kultgemeinde Assurs und die Kultgemeinden anderer Gottheiten, deren Tempel definitiv zerstört wurden, sich auflösten.

Die nach Babylon deportierte und nach Ägypten versprengte Gemeinde bestand um das Gesetz – und wahrscheinlich auch um eine erste, in der Joschiazeit entstandene Fassung des DtrG – geschart weiter und erlitt so nicht das Schicksal, das die JHWH-Gemeinde des Nordreichs 722a oder die Landjudäer, die 701a von Sanherib deportiert worden waren, erlitten hatten, die ohne ein solches »portatives Vaterland«

(§ 545) assimiliert worden waren und im Großen und Ganzen aus der Geschichte verschwanden. Einzelne Familien der 701a Deportierten sind vielleicht in die spätere Gola integriert worden. Aus Dur Katlimmu am Chabur, einem ö Nebenfluss des Eufrat, hat sich ein Dokument aus dem 2. Jahr Nebukadnezzars (603a) erhalten, das assyr. geschrieben ist und mehrere Personen mit typisch jud. Namen nennt, u. a. einen Hiskija. Vielleicht haben diese Leute ihre angestammte Religion bewahrt und sich später Deportierten von 597 oder 587a angeschlossen (VT.S 81, 2000, 96, Oded).

Die progressive Buchwerdung des Gesetzes ging im Rahmen einer generell intensivierten Schriftkultur vor sich. So wird das Aufschreiben der Worte Jeremias in ganz anderer Weise thematisiert und gefordert und gefördert (vgl. Jer 36), als das bei früheren Propheten der Fall war (vgl. Jes 8,1; 30,8). Aber während Jeremia bei seiner Berufung am Ende des 7. Jh.a immerhin noch das *Wort JHWHs* in den Mund gelegt wurde (Jer 1,9), wird Ezechiel am Anfang des 6. Jh.a aufgefordert, die Botschaft in Gestalt einer Buchrolle zu verschlingen (Ez 2,8). Damit aber sind wir, einmal mehr, schon beim nächsten Kapitel.

9. KOOPERATION ODER KONFRONTATION MIT BABYLON – *DAS* PROBLEM NACH DEM TOD JOSCHIJAS (ca. 609–587a)

9.1 DIE POLITISCHE GROSSWETTERLAGE AM ENDE DES 7. JH.a

§ 775 Die 22 Jahre vom gewaltsamen Tod Joschijas im Jahre 609a bis zur Eroberung der Stadt durch die Babylonier und die Zerstörung des Tempels im Jahre 587a (oder 586a; vgl.§ 1018) waren eine unruhige und vor allem am Anfang durch unerwartete Wendungen charakterisierte Zeit. Würden die Babylonier unter Führung Nabopolassars bzw. seines Sohnes Nebukadnezzar zusammen mit den Medern das Erbe Assurs auch in der Levante und vor allem in Palästina antreten? Oder würde es Ägypten, das unter Führung der 26. Dynastie neu erstarkt war, gelingen, alte Ansprüche auf Palästina wieder geltend zu machen und durchzusetzen? Durch die Hinrichtung Joschijas und die Regelung der Thronfolge in ihrem Sinn hatten die Ägypter ihre Oberherrschaft über Juda brutal in Erinnerung gerufen (§ 624f). Oder bestand real die Möglichkeit, eine von Großmächten unabhängige selbst bestimmte Politik zu realisieren? Das waren die Fragen, denen sich die Entscheidungsträger in Jerusalem zu stellen hatten.

§ 776 Um beim raschen Fluss der Ereignisse und den wechselnden Protagonisten die Orientierung etwas zu erleichtern, seien eingangs die assyr./babylon., die ägypt. und die jud. Könige dieser Epoche aufgelistet.

Assur		*Babylon*	
Asarhaddon	680–669		
Assurbanipal	669–631		
Assuretelilani	627		
Sincharischkun	627–612	Nabopolassar	626–605
Zerstörung von Assur und			
Plünderung von Kalach (Nimrud)	614		
Zerstörung von Kalach u. Ninive	612		
Assuruballit II.	611–606		
in Haran		Nebukadnezzar	605–562
		Ewil-Merodach	562–560
		(Awil/Amel Marduk)	
		Neriglissar	560–556
		Labaši-Marduk	556
		Nabonid	556–539

Zu den Regierungsjahren der letzten assyr. Könige s. ZA 81, 1991, 243–267, Naʾaman = CE I 305–329; Lipschits, Fall and Rise 13 note 39 mit neuerer Literatur. Die wichtigsten Quellen sind die neubabyl. Chroniken, die allerdings beträchtliche Lücken aufweisen, bes. für die letzten Dreiviertel der 43 jährigen Regierungszeit Nebukadnezzars (vgl. Sack, in: JJNBP 221–233). Die Standardausgabe ist die von A.K. Grayson, Assyrian and Baylonian Chronicles (Texts from Cuneiform Sources V), Locust Valley, New York 1975; vgl. auch TGI² 72–74; TUAT I/4 401–404, Borger.

Ägypten		*Juda*	
25. Dyn. (750–656a)			
(Taharqo/Taharka)	690–664	Manasse	693–639
Tanwetamani	664–656		
(Tanutamun)			
26. Dyn. (664–525a)			
Psammetich I.	664–610	Amon	639–638
Necho II.	610–595	Joschija	638–609
		Joahas	608
		(Sohn Joschijas und der Hamutal)	
		Jojakim	608–597
		(Sohn Joschijas und der Sebida)	
		Jojachin	597
		(Sohn Jojakims und Enkel Joschijas)	
Psammetich II.	595–589	Zidkija	597–587
Apries (Hofra)	589–570	(Sohn Joschijas und der Hamutal; Onkel Jojachins)	
Amasis	570–526		
Psammetich III	526–525		

BABYLON

§ 777   Der dynamischste Faktor im dramatischen Geschehen, wenn auch nur für ein paar Jahrzehnte, war Babylon. Babylon war seit den Zeiten des altbabylon. Reiches (ca. 1900–1600a) ein Kulturzentrum ersten Ranges. Aus dieser Blütezeit stammen, um nur die wichtigsten zu nennen, Texte wie der »Codex Hammurapi« und das Weltschöpfungsepos »Enuma elisch«, das den Stadtgott Marduk nach siegreichen Kämpfen über die Chaosmächte zum König der Götter aufsteigen lässt. Babylon hatte seit dieser glanzvollen Zeit lange Perioden politischer Schwäche erlebt. Grund dafür war nicht zuletzt die gleichzeitig zentrale und exponierte Lage der Stadt, die Handel und kulturellem Austausch zwar förderlich, dem Aufbau einer langfristigen politischen Macht aber ungünstig war. Gen 11,9 deutet den Namen Babel »Tor des Gottes (bzw. der Götter« vom hebr. *balal* her als »Durcheinander« und meint damit primär ein Durcheinander der Sprachen (vgl. OBO 101, 1990, 548–550, Uehlinger). Das ist zwar etymologisch nicht korrekt aber sachlich zutreffend. Nebst alteingesessenen Sumerern und schon im 3. Jt.a zugewanderten Akkadern haben sich von W her Amoriter, Chaldäer und Aramäer, von O her Kassiten und wohl auch Elamer in größeren Gruppen in der Stadt niedergelassen.

Die Zerstörung durch Sanherib

§ 778   Die Vielfalt der Bevölkerung Babylons und Babyloniens mit ihren ethnischen Rivalitäten erleichterten den Assyrern die Unterwerfung. Die assyr. Fremdherrschaft wirkte aber einigend auf das ethnische Gemisch. Beim Tode Salmanassars V. und den Schwierigkeiten Sargons II. (721–705a) Nachfolge betreffend war es dem Chaldäerfürsten Marduk-apla-iddina II. gelungen, von 721–710a und dann wieder nach dem Tode Sargons II. in den Anfangsjahren Sanheribs (705–681a) im Jahre 703a für neun Monate König von Babylon zu werden. Er holte elamitische Truppen in die Stadt. Damals soll es sogar zu Kontakten mit Jerusalem gekommen sein (§ 508). Sanherib gelang es zwar, Marduk-apla-iddina aus Babylon zu vertreiben, aber die

Stadt blieb ein Unruheherd und Zentrum des Widerstands. So hatte Sanherib sich entschlossen, sie zu zerstören. Am 9. Kislew (Nov./Dez.) 689a eroberte er Babylon nach 15monatiger Belagerung, verwüstete es samt seinen Tempeln, zerstörte sogar einige Götterstatuen, anscheinend aber nicht die des Hauptgottes Marduk (B. Neveling Porter, Images, Power, and Politics, Philadelphia 1993, 142–147). Er tötete, vertrieb bzw. deportierte die Bevölkerung und leitete den Eufrat über das Stadtgebiet. »Ein solcher rabiater Eingriff gegen das Zentrum der babylonischen Kultur, die die Assyrer bewunderten, ein derartiges Sakrileg gegenüber der Religion, der sich viele Assyrer selbst verpflichtet wussten (vgl. das Symbol Marduks auf 358.360), ist beispiellos für die Geschichte Mesopotamiens. Sie lässt sich nur verstehen aus der ganz persönlichen Kränkung Sanheribs, den der Aufstand seinen ältesten Sohn gekostet hatte« (BiblEnz 7, 48, Albertz).

Der Wiederaufbau durch Asarhaddon

§ 779   Sanheribs Nachfolger, Asarhaddon, machte die Konfrontationspolitik seines Vaters rückgängig. Er versuchte die klaffende Wunde zu heilen. Er ließ die verwüstete Stadt mit großem Aufwand restaurieren. Die katastrophale Zerstörung Babylons und des Marduk-Tempels, die Deportation der Bevölkerung, ihre Rückkehr samt der Statue Marduks und der Tempelgeräte aus dem Exil, der Wiederaufbau der Stadt und ihrer Tempel wurden Gegenstand einer ausführlichen Darstellung aus der Zeit Asarhaddons. Sie ist in mehreren Versionen erhalten. Wahrscheinlich war sie nicht nur auf Akkadisch, sondern im W auch auf Aramäisch im Umlauf. Da die Darstellung des Untergangs Babylons und seiner Wiederherstellung die Wahrnehmung und Darstellung des Untergangs Jerusalems im Jahre 587a und seine Restauration am Ende des 6. Jh. stark beeinflusst haben dürfte (BiKi 55, 2000, 136–139, Knauf), seien die wichtigsten Passagen hier im Original angeführt. Nebst Par zur Darstellung der Jerusalemer Katastrophe werden auch eklatante Unterschiede deutlich.

§ 780   In der Darstellung Asarhaddons spielt Sanherib, der Zerstörer Babylons, keine Rolle. Er wird namentlich nicht erwähnt. Die Sünden und Verbrechen Babylons haben zu seiner Zerstörung geführt. Die Hinwendung zu anderen Gottheiten, die im DtrG *der* Grund für die Zerstörung Jerusalems und des Tempels ist, spielt hier absolut keine Rolle. Die für den Fortgang des Geschehens relevanten Episoden lauten in den entscheidenden Passagen wie folgt (Texte aus AfO.B 9, 10–29, Borger).

2 »Vormals, unter der Regierung eines früheren Königs, gab es in Sumer und Akkad böse ›Kräfte‹« (ebd. 12).

3 »… Eine mörderische Schlinge war um ihren Leib gelegt. Man knebelte den Schwachen und schenkte ihn dem Mächtigen. In der Stadt (Babylon) gab es Bedrückung und Bestechung. Tag für Tag, nie endend, stahl einer des andern Eigentum. Der Sohn verfluchte auf der Strasse seinen Vater. Der Sklave [gehorchte nicht] seinem Herrn, [die Sklavin] hörte nicht auf [das Wort] ihrer Herrin« (ebd. 12).

4 »An das Besitztum Esagilas (Haupttempel Babylons), des Palastes der Götter, eines (für Laien) unbetretbaren Ortes, legten sie ihre Hand, und Silber, Gold und Edelsteine verschleuderten sie nach Elam als Kaufpreis (für Hilfe gegen Assyrien)« (ebd. 13).

5 »Vor meiner Zeit ergrimmte der große Herr Marduk, er bebte vor Zorn(?); wider Esagila und Babel zürnte sein Herz … in seinem zornigen Herzen entschloss er sich, das Land niederzuwerfen

und seine Bewohnerschaft zu verderben, und ein schlimmer Fluch wurde in seinem Munde gefunden« (ebd. 13f).

6 »Die Wege der Sterne von Enlil, Anu und Ea verschlechterten ihre Stellung und zeigten unheilverkündende Vorzeichen« (ebd. 14).

7 »Der Araḫtu, ein Fluss des Überflusses … ein Ebenbild der Sintflut, trat über; die Stadt, ihre Wohnstätte und ihre Kulträume überschwemmte er und machte sie zur Wüstenei … Esagila (Haupttempel Babylons) und Babel wurden zu einer Steppe, zum unbebauten Gefilde« (ebd. 14; vl. Jer 51,42f).

8 »Die Götter und Göttinnen, die darin wohnten, flogen fort wie die Vögel und stiegen zum Himmel empor. Die Schutzgötter … flohen und zogen seitdem anderswo herum« (ebd. 14).

9 »Die Leute, die dort wohnten, fielen den Banden und den Fesseln anheim und gerieten in Sklaverei« (ebd. 15).

§ 781   10 »Obgleich er (Marduk) 70 Jahre als die Frist seiner Entvölkerung (auf die Schicksalstafeln) geschrieben hatte, hat der barmherzige Marduk, nachdem sein Herz alsbald zur Ruhe gekommen war, die Ziffern vertauscht und seine Wiedererbauung im 11. Jahre (innerhalb von 11 Jahren) befohlen« (ebd. 16).

11 »Eben mich, Asarhaddon, hast du, um jenem Übelstand abzuhelfen, inmitten meiner älteren Brüder getreulich berufen und deinen wohltuenden Schirm über mich ausgebreitet« (ebd. 16).

12 »Am Anfang meiner Regierung … gab es gute ›Kräfte‹ im Himmel und auf Erden … Die erzürnten Götter … zeigten betreffs des Wiederaufbaus von Babel und der Erneuerung von Esagila beständig günstige ›Kräfte‹« (ebd. 16).

13 »… sein (des Jupiter) Aufleuchten war wie das Aufleuchten der Sonne vollkommen. Infolgedessen versöhnten die erzürnten Götter sich mit Akkad und gab es reichlich Regengüsse …« (ebd. 17).

14 »Monat für Monat antworteten Sin und Šamaš bei ihrem Erscheinen einander ein festes Ja betreffs der Erneuerung der Götter(statuen), Vollendung der Kulträume der Kultstädte …« (ebd. 18).

15 »Mit der tiefen Einsicht und dem umfassenden Verstand …, die der Weiseste der Götter (Ea/Enki) mir verliehen hatte, lagen die Bewohnbarmachung der Stadt, die Erneuerung der/ihrer Kulträume … mir im Sinn und beschäftigten mein Gemüt« (ebd. 18).

16 »Dennoch scheute und fürchtete ich mich, jene Arbeit zu unternehmen, und vor Šamaš, Adad und Marduk, den Oberrichtern der Götter, meinen Herren, kniete ich nieder« (ebd. 19).

17 »Da kamen bei der Opferspeisenschüssel der Opferschauer ermutigende Orakel …« (ebd. 19).

§ 782   18 »Ich entbot alle meine Arbeiter und das ganze Land Karduniaš (Babylonien) … Das Wasser des Eufrat, … entfernte ich daraus; nach seinem alten Bette führte ich es ab« (ebd. 18).

19–20 Weitere Maßnahmen zum Wiederaufbau.

21 »… um die Leute zu lehren, seine (Marduks) Herrschaft zu fürchten, trug ich einen Tragkorb(?) auf meinem Haupte (**426**)« (ebd. 20).

23–24 Weitere Maßnahmen.

25 »Ich öffnete die Fundamente von Esagila (Haupttempel Babylons) und erblickte seine Form(?)« (ebd. 21).

26 »In einem günstigen Monate … habe ich auf sein altes Fundament, ohne auch nur eine Elle zu vernachlässigen … ganz nach seinem alten Plane, das neue gelegt … Esagila … baute ich von seinem Fundament bis zu seiner Zinne neu auf … Zum Anstaunen für alle Leute füllte ich es mit verschwenderischer Pracht« (ebd. 21f).

27 »… seine kostbaren religiösen Ordnungen setzte ich wieder instand« (ebd. 22).

28 »Mit langen Balken aus Zedernholz, einem Erzeugnis des reinen Amanus-Gebirges, bedachte ich es« (ebd. 22).

29–30 Täferung des Tempels aus kostbaren Hölzern.

30 Der Wohnsitz der großen Götter wird »berggleich« aufgetürmt.

31 »Türen aus Zypressenholz … mit einem Überzug aus Gold« (ebd. 23).

32 »Die Götter und Göttinnen, die darin wohnten (gewohnt hatten), welche das Überschwemmungswasser fortgeführt hatte, deren Aussehen traurig geworden war, hob ich auf aus ihrem schlimmen Verfalle, ihre verdüsterten Züge ließ ich erglänzen, ihr schmutziges Gewand reinigte ich, und ich ließ sie in ihren Heiligtümern für ewig wohnen« (ebd. 23).

426 Skulptur, die Assurbanipal beim demütigen Geschäft des Korbtragens für seinen Herrn Marduk, den Hauptgott von Babylon, zeigt (668–626a)

33 »Alle Geräte, deren man in Esagila bedarf, Machwerke aus Gold und Silber ... ließ ich mit feiner Kunst kunstvoll (wieder)herstellen.« Wiederaufnahme der Opfer und Einsetzung der Priester.
34 Der Tempelturm Etemenanki wird gebaut.
35 Ein weiteres Heiligtum (Imgur-Enlil) wird wieder aufgebaut.

§ 783   36 »Die geraubten Landesgötter habe ich aus Assyrien und Elam an ihren Ort gebracht und in allen Kultstädten habe ich das notwendige Zubehör hergestellt« (ebd. 25).
37 »... Die Verkauften(?), welche in Sklaverei geraten und den Banden und den Fesseln anheimgefallen waren, sammelte ich und machte sie wieder zu Bayloniern; ihr geraubtes Eigentum gab ich ihnen zurück. Die Nackten bekleidete ich. Dann ließ ich sie den Weg nach Babel einschlagen. Ich ermunterte sie, sich in der Stadt niederzulassen, Häuser zu bauen, Baumpflanzungen anzulegen und Kanäle zu graben. Nach den vier Windrichtungen öffnete ich ihre Strassen, damit sie ihr Trachten darauf richten sollten, mit sämtlichen Ländern zu verkehren« (ebd. 25f).

Der Aufstieg unter Nabopolassar

§ 784   Die brutale Zerstörung Babylons durch Sanherib ist zum Gründungsmythos des neubabylonischen Reiches geworden (Yale Near Eastern Researches 10, 1989, 115, Beaulieu). Während Asarhaddons Bericht Babylon selbst die Schuld an seinem Untergang zuschreibt und Sanherib nicht erwähnt, sieht das die neubabylon. Geschichtsschreibung anders. Zwar weiß auch sie von einem Zorn Marduks gegen Babylon, sonst hätte er die Stadt nicht preisgegeben. Aber dieser Zorn entlastet Sanherib nicht. Noch über 100 Jahre später stellt der letzte neubabylon. König, Nabonid, dessen Ermordung durch einen oder mehrere seiner Söhne als Strafe Marduks für die Zerstörung Babylons dar.»Er (Marduk) erinnerte sich (wieder) Esagilas und Babylons, seiner fürstlichen Residenz. (Deshalb) ließ er den eigenen Sohn (seinen Vater), den König von Assur, ermorden, ihn, der einst auf den Zorn(-Befehl) Marduks hin den Untergang des Landes (Babylons) bewirkt hatte« (ANET 309a; TUAT I/4, 391f, Borger). Die hebr. Bibel stellt die Ermordung Sanheribs als Strafe für die Belagerung Jerusalems dar (2Kön 19,37 = Jes 37,38; vgl. 2Chr 32,21). Aber nicht nur die Ermordung des Täters, sondern die Zerstörung der assyr. Städte, bes. Ninives im Jahre 612a werden von Nabopolassar als Rache für die Zerstörung Babylons durch Sanherib und generell für die Unterdrückung Babylons durch Assur hingestellt (AfO 33, 1986, 34–37, Gerardi; vgl. BiblEnz 7, 50f, Albertz).

§ 785   Dabei hatte schon der Nachfolger Sanheribs, Asarhaddon, eine konsequente Versöhnungspolitik eingeleitet, wie der Text in den § 780–783 zeigt. Asarhaddon machte einen seiner Söhne, Schamasch-schum-ukin zum König von Babylon. 16 Jahre nach seinem Regierungsantritt kam es aber in den Jahren 652–648a schon wieder zum Aufstand. Es war nicht nur ein Aufstand Schamsch-schum-ukins gegen seinen jüngeren Bruder, den Asarhaddon ihm gegenüber bevorzugt hatte. Es war der alte Zwist zw. Babylon und Assur, der neu aufbrach. Eine breite Koalition von Akkadern, Chaldäern und Aramäern stand hinter Schamasch-schum-ukin. Zwar gelang es Assurbanipal nocheinmal, den Aufstand niederzuwerfen. 650a belagerte er Babylon. 648a eroberte er es. Aber der Bruderstreit schwächte Assur und schuf eine babylon. Identität. Als beim Tode Assurbanipals ein Machtvakuum entstand, begann der Chaldäerscheich Nabopolassar vom Meerland her die assyr. Besatzungsmacht zu bedrängen und aus den s Teilen Babyloniens zu vertreiben. Die im Kampf gegen Assur neu gewonnene Identität Babyloniens bewährte sich darin, dass die Stadt Babylon Nabopolassar 626a zum König machte. Im Zusammenwirken mit den Medern gelang es Babylon unter seiner Führung Assur endgültig niederzuringen. 612a fiel Ninive. 610a wurde auch Haran erobert, wo der letzte assyr. König, Assurubaliit II., versucht hatte mit ägypt. Hilfe einen assyr. Reststaat zu konsolidieren. Das definitive Ende des assyr. Reiches brachte der Sieg des babylon. Kronprinzen Nebukadnezzar II. über ein assyr.-ägypt. Koalitionsheer 605a bei Karkemisch (§ 787).

DIE POSITION ÄGYPTENS

§ 786   Wie oben (§ 617–625) gezeigt, hat Psammetich I. (664–610a) die Schwäche Assurs benützt, in Palästina eine ägypt. Präsenz aufzubauen. Das Vorbild lieferte die Oberherrschaft Ägyptens während der 18. und 19. Dyn. Psammetichs Sohn und Nachfolger, Necho II. (610–595a), hat den ägypt. Anspruch noch verstärkt, wie der von ihm veranlasste Tod Joschijas bei Megiddo und die Regelung seiner Nachfolge zeigen (§ 624–625).

2Kön 23,29 vermerkt in Zusammenhang mit der Megiddo Episode, Necho habe sich auf dem Weg zum König von Assur am Eufrat befunden. So wie der hebr. Text steht, könnte man ihn auch verstehen, er sei *gegen* (ʿal) den König von Assur gezogen.

Wahrscheinlich liegt eine Verwechslung oder Vermischung von 'al »gegen« und 'æl »zu, hin« vor. Schon Psammetich I. hatte ein ägypt. Expeditionscorps nach Haran geschickt. Die Neubabylonische Chronik (vgl. § 776) erwähnt ein solches für das Jahr 610a, als Haran zum ersten Mal fiel: »Furcht vor dem Feind übermannte Assuruballit und die äg[yptische] Armee, die [ihm zu Hilfe] gekommen war, und sie verlies[sen] die Stadt ...« (Grayson, Chronicles 95 3,61f).

§ 787 Für das folgende, das 17. Jahr Nabopolassars, das Jahr 609a, erwähnt die Neubabylonische Chronik ein großes ägypt. Heer, das Heer, das Necho persönlich an den Eufrat geführt hat. Mit seiner Hilfe eroberte Assuruballit Haran zurück (Grayson, Chronicles 96 3,66f). Im Jahre 606a wird ein Angriff Nabopolassars von den assyr.-ägypt. Kräften zurückgeschlagen. Im 21. und letzten Jahr Nabopolassars, im Jahr 605a, griff der Kronprinz Nebukadnezzar Karkemisch am Eufrat an, wo Necho sein Hauptquartier hatte. In einer der großen Schlachten des Altertums schlug er – wohl unter schweren eigenen Verlusten – das ägypt. Heer, verfolgte es auf seinem Rückzug nach S und stellte es bei Hamat in Syrien ein zweites Mal. Die Neubabylonische Chronik behauptet, er habe es bis zum letzten Mann aufgerieben (Grayson, Chronicles 99 5,1–8; TGI² 73f). Jer 46,2–12 feiert den Untergang der Ägypter (vgl. 2Chr. 35,20). Die ägypt. Vorherrschaft war zu Ende. Von Resten der assyr. Armee ist gar nicht mehr die Rede. Die Levante war in neubabylon. Hand. Der hartnäckige Versuch Psammetichs I. und Nechos II., Assur gegen Babylon am Leben zu erhalten und so in Mesopotamien ein Gleichgewicht des Schreckens herzustellen um selbst in der Levante den lachenden Dritten spielen zu können, hat die Politik Babylons gegen Ägypten von Anfang an geprägt (Lipschits, Fall and Rise 32–35). Babylon versuchte deshalb im Folgenden das Übel an der Wurzel zu packen und Ägypten als eigenständigen Akteur auszuschalten.

§ 788 Während Nebukadnezzar in Syrien das ägypt. Expeditionsheer schlug, starb in Babylon sein Vater Nabopolassar. Nebukadnezzar musste nun nach Babylon zurück, um den Anspruch auf Nachfolge durchzusetzen. Kurz nach seiner Thronbesteigung im Frühherbst 605a war er wieder in Syrien. Im folgenden Jahr (604a) drang er bis Aschkelon vor, belagerte, eroberte und zerstörte diesen Rückhalt ägypt. Einflusses in Palästina total (Grayson, Chronicles 100 5,18–20). Die Ausgrabungen förderten eine eindrückliche Zerstörungsschicht zutage (BArR 22/1, 1996, 56–69, Stager; ErIs 25, 1996, 61–74, Stager). Aus dieser Zeit stammt der Hilferuf eines palästinischen Fürsten (von Aschkelon, von Ekron?) namens Adon an Necho II. mit der Bitte um Unterstützung (KAI Nr. 266; vgl. GAT IV/2, 393 Anm. 10, Donner). Wie schon die Assyrer (§ 560f) versuchte auch Nebukadnezzar die Herrschaft über die Levante zu sichern, indem er 601a Ägypten selbst angriff. Die Neubabylonische Chronik berichtet nüchtern:

Der König von Akkad (Babylon) und der König von Ägypten »stritten einer gegen den andern auf dem Schlachtfeld. Beide Seiten erlitten schwere Verluste. Der König von Akkad und seine Armee kehrten nach Babylon zurück« (Grayson, Chronicles 101 5,6–7; TUAT I/4, 403, Borger).

Nach Herodot hat Necho II. Nebukadnezzar nach Palästina verfolgt und Gaza eingenommen (Historien II 159; vgl. auch Jer 47,1; VT 33, 1983, 249–251 Katzenstein). Das würde auch die Reise Psammetichs II. im Jahre 591a erklären (vgl. § 791). Die

Niederlage Nebukadnezzars war jedenfalls so schwer, dass er im folgenden Jahr (600a) keinen Feldzug unternahm, sondern das Jahr zur Wiederinstandstellung seiner Armee benützte. In Jerusalem musste der Eindruck wieder an Gewicht gewinnen, Ägypten sei eine Babylon mindestens gleichwertige, wenn nicht gar überlegene Macht (Lipschits, Fall and Rise 49–55). Im folgenden Jahr (599a) kehrte Nebukadnezzar mit seiner Armee nach Syrien zurück. »Sie wandten sich der Wüste zu. Sie plünderten ausgiebig die Besitztümer, Tiere und Götter der zahlreichen Araber« (Grayson, Chronicles 101 5,10). Das klingt wie eine Trainingskampagne für seine neu aufgebaute Wagentruppe.

9.2 DIE LETZTEN KÖNIGE VON JUDA

JOAHAS UND DER DESPOT JOJAKIM

§ 789   Beim Tode Joschijas 609a war sein ältester Sohn Jojakim vom ʿam ha-ʾaræṣ übergangen und dessen jüngerer Halbbruder, **Joahas** der Sohn Joschijas und der Landjudäerin Hamutal aus → II Libna in der Schefela, bevorzugt worden (608a). Necho II. setzte ihn von Syrien aus gleich wieder ab und ließ ihn nach Ägypten deportieren, wo er starb (2Kön 23,31–35; Jer 22,10–12, zu Schallum = Joahas vgl. 1Chr 3,15; Ez 19,3f). An seiner Stelle setzte er seinen älteren, vorerst übergangenen Halbbruder **Jojakim**, den Sohn Joschijas und der Galiläerin Sebida, zum König ein (608–597a). Er benannte ihn in Eljakim um (2Kön 23,35–24,7). Dieser rächte sich am ʿam ha-ʾaræṣ, der ihn übergangen hatte (2Kön 23,35). Er kümmerte sich nicht um die vom Dtn vertretenen sozialen Anliegen, pflegte ägypt. Luxus und baute sich mit Hilfe von Fronarbeit ein pompöses Erscheinungsfenster (vgl. Jer 22,13b mit Dtn 24,14f). Vielleicht stammt das jud. Siegel eines Fronvogts aus dieser Zeit (IEJ 30, 1980, 170–173, Avigad; 427). Nach dem Sieg der Babylonier am Eufrat im Jahre 605a unterwarf sich Jojakim

427   Beidseitig beschriftetes Siegel, bei dem auf der einen Seite steht: »Dem Pelaʾjahu (dem Sohn des) Mattatjahu (gehörig)« und auf der anderen »Dem Pelaʾjahu (gehörig), der über den Frondienst (gesetzt ist)« (7. Jh.a)

diesen, revoltierte aber nach der Niederlage Babylons an der Grenze zu Ägypten im Winter 601/600a. In der kurzen Phase der Autonomie hat Jojakim sein Einflussgebiet wahrscheinlich unter Zustimmung Nechos II. mit Hilfe griech. Söldner bis ans Mittelmeer ausgedehnt (Wenning, in: FS Zenger 1989: 169–196; Ders., in: OBO 201, 2004, 31f Anm. 13, Alkier/Witte; die späte Datierung Wennings beruht vor allem auf einer dekorierten Scherbe des Late Wild Goat Style aus nordionischen Werkstätten; vgl. weiter § 622). Ägyptische Unterstützung erhielt er in der Folge allerdings keine (2Kön 24,7). Nebukadnezzar konnte erst in seinem 7. Jahr, im Jahre 598a, reagieren. Dazu sagt die Neubabylon. Chronik:

»(11) Im 7. Jahre (598a), im Monat Kislew (der Beginn des Monats war am 12. Dez. 598a) musterte der König von Akkad (Nebukadnezzar) seine Truppen und marschierte nach Chatti (Syrien/Palästina). (12) Die Stadt Judas (§ 72) belagerte er und im Monat Adar (Febr./März) am 2. Tag (16. März 597a) nahm er die Stadt ein. Den König nahm er gefangen (13) Einen König nach seinem Herzen setzte er ein. Ihren schweren Tribut nahm er und brachte (ihn) nach Babylon« (Grayson, Chronicles 102 5,11–13; TGI² 74; TUAT I/4, 403f, Borger).

Es ist der einzige Feldzug im 7. Jahr Nebukadnezzars, von dem die Chronik berichtet. Nebukadnezzar muss dem Abfall Jerusalems große Bedeutung beigemessen haben. Juda lag an der »neuralgischen Südwestgrenze seines Reiches (zur Lage vgl. § 19). Wurde dieser Vasall untreu, bot er Ägypten die willkommene Gelegenheit, sich erneut in die Politik auf der palästinisch-syrischen Landbrücke einzumischen« (Albertz, in: WUNT 147, 2002, 26, Hahn).

Der König, den Nebukadnezzar gefangennahm, war dann allerdings nicht der, der den Aufstand angezettelt hatte. Jojakim bzw. Eljakim war während der Belagerung Jerusalems gegen Ende des Jahres 598a gestorben oder umgebracht worden (Jer 22,18f) und so der Bestrafung durch Nebukadnezzar entgangen.

Mit der Bestrafung des aufsässigen Jerusalem schien der Streit zw. Ägypten und Babylon um die s Levante entschieden. Jedenfalls vermerkt das DtrG im Anschluss an die Notiz zum Tode Jojakims:

»Der König von Ägypten unternahm keinen Kriegszug mehr aus seinem Land; denn der König von Babel hatte ihm alles genommen, was vom Grenzbach Ägyptens bis zum Eufrat den Königen von Ägypten gehört hatte« (2Kön 24,7).

DER UNGLÜCKLICHE JOJACHIN

§ 790 Nachfolger Jojakims war noch während der Belagerung **Jojachin**, der Sohn Jojakims und der Jerusalemerin Nechuschta, geworden (597a; 2Kön 24,8–17). Das Herrschaftsgebiet des 18-jährigen war die belagerte Stadt. Nach drei Monaten fiel die Stadt am 16. März 597a in die Hände der Babylonier. Der unglückliche Königs-Jüngling wurde nach Babylon geführt und gefangen gehalten. Nach 2Kön 24,10–12 ist die Stadt im Gegensatz zu dem, was die Neubabylonische Chronik sagt (§ 789), nicht erobert worden, sondern Jojachin hat kapituliert:

»In jener Zeit zogen die Truppen (Knechte) Nebukadnezzars, des Königs von Babel, gegen Jerusalem und die Stadt kam unter Belagerung. Als seine Knechte sie belagerten, kam Nebukadnezzar, der König von Babel, (selbst) vor die Stadt. Da ging Jojachin, der König von Juda, zum König von Babel hinaus … und dieser nahm ihn im achten Jahr seines Königtums fest.«

Mit dem 8. Jahr des Königtums ist natürlich das Nebukadnezzars gemeint. Nach seinen Regierungsjahren wird auch in 2Kön 25,8 (Zerstörung des Tempels und Jerusalems; vgl. § 1018f) und im Jeremiabuch datiert (25,1; 32,1; 52,29f). Die Kapitulation ist – wie wir gleich sehen werden – hist. wahrscheinlicher als eine Eroberung. Die Behauptung der Neubabylonischen Chronik sollte wohl den Glanz Nebukadnezzars erhöhen und die umfangreiche Deportation und die Gefangensetzung Jojachins rechtfertigen. Nach 2Kön 25,27f wurde er erst beim Tode Nebukadnezzars im Jahre 562a von dessen Nachfolger Merodach-Baladan bei seinem Amtsantritt begnadigt und nach 37jähriger Gefangenschaft 562a aus dem Gefängnis (*bet-kælæ'*) entlassen. Nach 2Kön 25,30 wurde ihm sein Unterhalt in einer bestimmten Menge täglich geliefert, solange er lebte. Das meint wohl »fortan«, nach seiner Begnadigung. In einer Archivnotiz, die E.F. Weidner in der FS Dussaud (II 923–935) publiziert hat, wird Jojachin bereits im Jahre 592a zweimal als Empfänger von Zuteilungen genannt. Einmal ist von 1 Sutu Öl die Rede (= 10 oder 6 Qu bzw. Qa d.h. ca. 10 oder 6 l Öl). Seine fünf Söhne erhalten zusammen nur 2 1/2 Qu, d.h. knapp 1/2 l pro Person. Auf eine bevorzugte Behandlung verweist nicht nur die zehn- bzw. sechsfach größere Ration, als die von Einzelpersonen, sondern auch die Tatsache, dass Jojachin in dieser Notiz als »König von Juda« (*šarri ša* [KUR] *Ja-a-ḫu-du* bzw. *Ja-ku-du*) bezeichnet wird (vgl. TGI² 78f; ANET 308). Da Jojachin als 18jähriger deportiert wurde, dürfte er die fünf im babylon. Dokument genannten Söhne nicht schon in Jerusalem gezeugt haben. Er lebte also in Babylon mit seiner Frau bzw. seinen Frauen zusammen. Die Behandlung scheint also eher weniger streng gewesen zu sein, als 2Kön 25,27–30 suggerieren. R. Albertz versucht die Spannung zw. dem babylon. Dokument, das dem König einen Geiselstatus zu geben scheint, und 2Kön 25,27–30, das ihn als Gefangenen im strengen Sinn schildert, dahingehend aufzulösen, dass er seinen Status in Zusammenhang mit der (zu spät angesetzten) Ermordung Gedaljas (§ 1038–1041) oder dem Aufstand Zidkijas verändert werden lässt (BiblEnz 7, 90f). Es kann darüber nur spekuliert werden. Die Befreiung Jojachins aus dem Gefängnis als letztes, im DtrG in exponierter Position erwähntes Ereignis muss vielleicht stärker symbolisch als hist. verstanden werden. Doch auch darüber kann nur spekuliert werden.

Ob so oder so, die Behandlung Jojachins fällt jedenfalls viel milder aus als die seines Nachfolgers Zidkija, der sich nicht ergeben hatte (2Kön 25,6f). So scheint auch sie indirekt die Kapitulationsthese von 2Kön 24,10–12 zu bestätigen.

Eine *Kapitulation* Jojachins macht zudem verständlich, warum Zidkija wenige Jahre nach dem gescheiterten Aufstand Jojakims einen weiteren Aufstand wagte. Wie noch zu zeigen sein wird, hat die Nicht-Eroberung Jerusalems durch Sanherib im Jahre 701a sich im Lauf von hundert Jahren zur Überzeugung verfestigt, JHWH könne und werde Jerusalem nie einem Feind ausliefern. Die aus dieser Sicht vorschnelle Kapitulation Jojachins hatte das rettende Eingreifen JHWHs verunmöglicht.

Mit der Kapitulation waren nach 2Kön 24,13 umfangreiche Abgaben verbunden.

»Wie JHWH angedroht hatte, nahm Nebukadnezzar auch alle Schätze des Hauses JHWHs und die Schätze des königlichen Palastes weg und zerbrach alle goldenen Geräte, die Salomo, der König von Israel, im Hause JHWHs hatte anfertigen lassen.«

Dieser V. unterbricht zwar wie V. 14 den Zusammenhang zw. 2Kön 24,12 und 15. Deswegen braucht er nicht völlig ahistorisch zu sein. Er widerspricht nicht Jer

27,18–22, wie J. Gray behauptet (Kings 760f). Im Gegenteil. Im hebr. Jeremia-Text ist dreimal von Geräten die Rede, die nach der Deportation Jojachins »noch im Haus JHWHs, im Hause des Königs von Juda und in Jerusalem übriggeblieben sind (*notarim*)«. Explizit werden die Säulen, das Eherne Meer und die Kesselwagen genannt (V. 18.19.21). Der ältere LXX-Text (Jer 34,19f.22) ist viel knapper (eine Synopse in OBO 136, 1994, 69f, Stipp). Er sagt nur einmal: »Und die übriggebliebenen Geräte, die der König von Babylon nicht genommen hat, als er Jojachin gefangen aus Jerusalem wegschleppte, sie werden nach Babel gehen.« Beide Text-Versionen rechnen damit, dass ein Teil bereits weggeschafft worden ist. Ob und wie sekundär 2Kön 24,13 auch sein mag, von schweren Abgaben bei der Kapitulation Jojachins redet auch die Neubabylon. Chronik (TUAT I/4, 404, Borger). Eine Kapitulation war mit Abgaben verbunden. Das war so, als Rehabeam vor Schischak (§ 396), das war so als Hiskija vor Sanherib 701a kapitulierte (§ 542.546f; vgl. auch § 401.430). Im Lichte der Kapitulation Hiskijas sind die Aussagen von 2Kön 24,13 wohl so zu verstehen, dass bei der Beschaffung des schweren Tributs, der nach dem Aufstand zu zahlen war, weder Tempel noch Palast geschont werden konnten (vgl. 2Kön 18,15f). An eine systematische Zerstörung und Plünderung ist nicht zu denken. Merkwürdig bleibt die Aussage, die Babylonier hätten die goldenen Geräte aus der Zeit Salomos zerbrochen (§ 860).

ZIDKIJA: VOM VASALL BABYLONS ZUM VERBÜNDETEN DER ÄGYPTER

Die Jahre von 597–589a

§ 791   An Stelle Jojachins setzte Nebukadnezzar Mattanja, den Sohn Joschijas und der Hamutal (§ 789), Bruder des Joahas und Onkel Jojachins, zum König ein und benannte ihn in **Zidkija** um (597–587a; 2Kön 24,17–20). Das Element *zædæq* »Gerechtigkeit« im Namen dieses letzten Königs von Juda erinnert an die Namen der vorisraelit. Könige (Adoni-Zedek, Malki-Zedek; vgl. § 225–228). Zidkija war der »König nach seinem Herzen«, wie er in der Neubabylon. Chronik genannt wird, d.h. der Wunschkandidat Nebukadnezzars.

Im Jahre 594/593a revoltierten Teile der babylon. Armee gegen Nebukadnezzar (Grayson, Chronicles 102 Z. 22).

Im gleichen Jahr kam in Ägypten Psammetich II. (595/594–589a) an die Macht, der Heer und Flotte energisch ausbaute. In seinem 3. Jahr, 592a, gelang ihm ein Vorstoß weit nach S bis zum 3. Nilkatarakt und darüber hinaus. In seiner Armee fanden sich auch semitische Söldner wie Graffiti in Abu Simbel zeigen. Ob auch Judäer darunter waren, ist fraglich (OBO 170, 1999, 242 Anm. 274, Schipper). Im Anschluss an den nubischen Sieg unternahm Psammetich eine Reise nach Palästina (*ḥr*; zu ägypt. Einfluss daselbst vgl. § 788), auf der er sich von Priestern mit sakralen Blumensträußen begleiten ließ, Zeichen der Gunst der Götter (F.Ll. Griffith, Catalogue of the Demotic Papyri in the John Rylands Library II, Manchester 1909, 95f Pap. IX 14.16–15.9; 237; pl. 31; G. Roeder, Altägyptische Erzählungen und Märchen, Jena 1927, 282; VT 1, 1951, 140–144, Yoyotte; VT.S 28, 1975, 140–142, Malamat; CAH² III/2 718f, James; OBO 170, 1999, 242–244, Schipper). Auf dem Tell eṣ-Ṣafi (Gat) ist ein Skarabäus mit dem Thronnamen Psammetichs II. (**428**) und auf dem Tell Keisan in der Ebene von

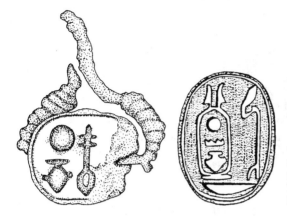

428–429 Skarabäus vom Tell eṣ-Ṣafi in der → II Schefela mit dem Thronnamen und einer vom Tell Keisan mit dem Horusnamen Psammetichs II. (595–589a)

Akko einer mit seinem Horusnamen (**429**) gefunden worden. Weitere Belege sind sehr unsicher (OBO.A 13, 1997, Aschdod Nr. 14, Keel; BP I Pl. 48,567).

Nebukadnezzar erkannte die Schwäche seiner Position in Palästina und zitierte in diesem Jahr Zidkija (M) bzw. seinen Beamten Seraja (28,59 LXX) nach Babylon (§ 811). Seraja, der Sohn des Nerija (**435**), war wohl wie sein Bruder Baruch Babylon gegenüber loyal und konnte so die Gesinnungstreue Zidkijas überzeugend vertreten (vgl. allerdings § 868.876). Der diplomatische Besuch in Babylon blieb anscheinend nicht ohne Wirkung. Die Schwierigkeiten, die Nebukadnezzar in Babylon hatte (§ 791), waren offensichtlich geringfügiger, als man in Palästina gehofft hatte. Psammetich II. erkrankte nach seinem Besuch in Palästina und starb nach nur sechsjähriger Regierungszeit 589a.

Die in Jer 27–28 beschriebenen Aktionen Jeremias und vor allem der plötzliche Tod des »Heilspropheten« Hananja (Jer 28,15–17; § 865) mögen zur Verunsicherung Zidkijas beigetragen haben. Vorerst lieferte er jedenfalls pflichtschuldig seinen Tribut nach Babylon.

Der Abfall von Babylon

§ 792   Erst 589a erlag Zidkija, wie vor ihm schon Jojakim, trotz der Warnungen Jeremias und Ezechiels der Versuchung, die Tributzahlungen einzustellen und von Nebukadnezzar abzufallen (2Kön 24,20; 25,1).

Dazu mag der Machtwechsel in Ägypten beigetragen haben. Nachfolger Psammetichs II. wurde sein Sohn, der den Thronnamen Apries (ḥ ʿ-jb-r ʿ) annahm (589–570a). Im AT erscheint Apries mit seinem Geburtsnamen als Hofra (ḥofraʿ), entstanden aus ägypt. Wꜣḥ-jb-r ʿ »Beständigen Herzens ist Re« (Jer 44,30). Ein ungewöhnliches Menschenkopf-Siegel mit dem Eigennamen des Apries wꜣḥ-jb-r ʿ ist im Jerusalemer Handel aufgetaucht (**430**). Es könnte sich auch um den Thronnamen Psammetichs I. handeln, aber die Form des Siegels, die besser ins 6. als ins 7. Jh.a passt (vgl. OBO.A 13, 1997, 782f, Keel), und die Tatsache, dass Apries in Palästina anscheinend unter seinem Eigennamen bekannt war, machen wahrscheinlich, dass Apries gemeint ist (zu Apries/Hofra vgl. weiter The Journal of the Society for the Study of

430 Menschenkopf-Siegel mit dem
Geburts- bzw. Eigennamen des Apries
(589–570a)

Egyptian Antiquities 11, 1981, 165–170, Hoffmeier; NBL II 179f, Görg; Schneider, Pharaonen 120–122).

Er scheint von Anfang an eine aggressivere Vorderasienpolitik betrieben zu haben als sein Vater. Das mag Zidkija zusätzlich zu seiner Rebellion ermutigt haben. Die Tatsache, dass Apries in Vorderasien unter seinem Eigennamen bekannt war, könnte ein Hinweis darauf sein, dass er schon vor seiner Thronbesteigung in Vorderasien aktiv war. R. Albertz vermutet, Zidkija habe schon vor oder unmittelbar nach dem Nubienfeldzug ein »vielleicht anfangs noch geheimes Militärhilfeabkommen mit Ägypten geschlossen« (in: WUNT 147, 2002, 27, Hahn). Dabei könnte Apries als Kronprinz eine Rolle gespielt haben. Jedenfalls suggeriert eine ganze Reihe von Texten eine fest zugesagte ägypt. militärische Unterstützung (Ez 17,7.15.17; 29,6; Klgl 4,17; vgl. Jes 36,6//2Kön 18,21). Das Lachisch-Ostrakon Nr. 3 weiß (→I 398f ⑮): »Der Oberkommandierende des Heeres Konjahu, der Sohn des Elnatan, ist hinabgegangen, um nach Ägypten hineinzugehen« (Renz/Röllig, Handbuch I 412–419; eine detaillierte Auswertung dieses und weiterer Ostraka in BZAW 187, 1990, 258–262, Hardmeier). Es fanden also Verhandlungen auf höchster Ebene statt. Ezechiel intensiviert gleich zu Beginn der Belagerung – zw. dem 17. Jan. (Ez 29,1) und dem 2. Juni 588a (Ez 31,1) – seine antiägypt. Propaganda. Aus Jer 37,5–11 erfahren wir, dass Apries nicht ganz ohne Erfolg den Versuch gemacht hat, Jerusalem zu entsetzen. Für Ezechiel ist der Abfall von Babylon und die Hinwendung zu Ägypten der eigentliche Grund für den Untergang Jerusalems im Jahre 587a (Ez 17,14f; 23,19–21; § 922.962). Zidkija hat auf die falsche Karte gesetzt. Das DtrG verschweigt das (vgl. 2Kön 25,1). Die Hilfe Ägyptens hat, wie Jeremia und Ezechiel gewarnt hatten einmal mehr nichts genützt. Das übertriebene Vertrauen auf Ägypten war einer der Gründe, die zum Untergang Jerusalems führten (vgl. weiter OBO 170, 1999, 242–246, Schipper; Lipschits, Fall and Rise 62–67.70–84).

Zahl und Kategorien der Deportierten

§ 793   Da mit verschiedenen Deportationen zu rechnen ist, die von der Tradition nicht immer klar auseinandergehalten werden, und da die umfangreichste wahrscheinlich vor der Zerstörung Jerusalems im Jahre 597a erfolgte, sollen sie bereits hier im Überblick und zusammenfassend vorgestellt und diskutiert werden. Wie 722a die Eroberung Samarias (§ 464f) und 701a die Zerstörung Judas durch Sanherib (§ 544) führten auch die neubabylon. Eroberungen Judas und Jerusalems zu Deportationen größeren Umfangs. Babylon hat von Assur nicht nur die syro-palästinischen Herrschaftsgebiete, sondern auf weite Strecken auch seine Methoden der Herrschaftserhaltung übernommen. Die hist. zuverlässigste Auflistung der verschiedenen Deportationen dürfte sich in Jer 52,28–30 finden. Sie rechnet mit drei Deportationswellen.

»Dies ist das Volk, das Nebukadnezzar deportierte:

Im Jahre 7	3023 Judäer,
Im Jahre 18 Nebukadnezzars	832 Seelen aus Jerusalem
Im Jahre 23 Nebukadnezzars deportierte Nebusaradan, der Oberste der Leibwache,	
Judäer	745 Seelen,
(insgesamt)	4600 Seelen.«

Die 1. Deportation fand im Jahre 7 Nebukadnezzars statt. Dieses dauerte nach dem babyl. Kalender, der im Frühjahr begann, ca. vom Frühjahr 598–April 597a. Da nach der Neubabyl. Chronik Jerusalem am 2. Adar (Mitte März 597a) fiel, wurde es am Ende des 7. Jahres Nebukadnezzars erobert und die Deportation fand unmittelbar danach statt. Sie hatte nach Ez 17,14 den Zweck, das Königreich niedrig zu halten (vgl. § 800.920–923).
Die 2. Deportation fand nach der zweiten Eroberung Jerusalems im Sommer 587a statt.
Die 3. Deportation fiel ins Jahr 582a. Ihr Anlass ist unbekannt.

Die Auflistung fehlt in der LXX von Jer 52. Die Priorität des alexandrinischen Textes ist in diesem Falle jedoch zweifelhaft. Die Lücke gehört zu einer Reihe von Sonderlesarten der LXX in Kap. 52, die den Eindruck erwecken, es habe überhaupt keine zweite Exilierung gegeben. Nur Zidkija sei nach Babylon verschleppt worden (Bogaert, in: OBO 109, 1991, 1–17, Norton/Pisano). Das deutet auf eine systematische Umarbeitung. Die Motive dafür sind unklar (OBO 136, 1999, 164, Stipp). Immerhin leugnet auch schon Jer 24 die zweite Deportation (JNWSL 25, 1999, 151–183, Stipp).

§ 794   Die in Jer 52,28–30 genannten Zahlen der Exilierten scheinen realistisch (vgl. § 795). Das DtrG hingegen propagiert eine Sicht, die alle wichtigen Leute nach Babel deportiert werden lässt. Das wahre Israel ist in Babel (2Kön 24,12.15f; Jer 29,2); nach Jer 25,12; 29,10 70 Jahre lang (§ 781.856). 2Kön 24,14 sagt im Hinblick auf die 1. Deportation:»Er (Nebukadnezzar) deportierte ganz Jerusalem, alle hohen Beamten etc., 10000 Leute. Nur geringe Leute ließ er zurück.« Zwei V. weiter, in V. 16, werden die fast gleichen Kategorien nochmals aufgezählt. Die Zahl der Männer mit Besitz wird mit 7000, die der Handwerker mit 1000 angegeben, die der Soldaten fehlt. Es ist nicht klar, ob diese Zahlen zu den 10000 hinzugezählt werden sollen oder spezifizieren wollen, wie sich die 10000 zusammensetzten. In diesem Falle fehlen allerdings 2000, es sei denn, 2000 Soldaten seien zu subsumieren (vgl. zum Problem BiblEnz 7, 75f, Albertz).

§ 795   Bei der 2. Deportation nennt das DtrG gar keine Zahlen mehr. Nach 2Kön 25,11f (= Jer 52,15f; vgl. 39,9f; BA 47, 1984, 55–58, Graham) ließ Nebukadnez-

zar durch den Obersten seiner Leibgarde den Rest der Bevölkerung deportieren. Nur geringe Leute, Winzer und Ackerbauern, ließ er zurück. In 2Kön 25,21 heißt es dann abschließend: »Er führte Juda von seinem Lande weg.«
Die 3. Deportation ersetzt das DtrG durch eine Massenflucht nach Ägypten, die es nach der Ermordung Gedaljas stattfinden lässt (2Kön 25,26; vgl. BiKi 55, 2000, 133 Anm. 7, Knauf).
Die Chronik unterscheidet gar nicht mehr zw. verschiedenen Deportationen, sondern lässt Nebukadnezzar alle, die nicht gefallen waren, nach Babel bringen. Selbst von Winzern und Ackerbauern, die zurückgelassen wurden, ist nicht mehr die Rede (2 Chr 36,20; vgl. § 1030).

§ 796   Wie sah es in Jerusalem wirklich aus? Wie viele und wer wurde 597a und 587a deportiert? Welches Gewicht hatten die beiden Gruppen, die in Jerusalem und die in Babylon? Und wie stand es um die jüd. Gemeinde in Ägypten? Nicht nur in den bibl. Texten finden sich widersprüchliche Antworten. Sie finden sich verschärft in der exegetischen Literatur. M. Noth etwa meinte, dass die meisten bibl. Texte die Bedeutung der Deportierten in Babylon, der babylon. Gola, stark übertrieben. Sie stelle doch nur einen Außenposten dar, »während der zentrale Schauplatz der Geschichte Israels in Palästina war und blieb und die im Lande verbliebenen Nachkommen der alten Stämme mit der heiligen Stätte von Jerusalem nicht nur zahlenmäßig die große Masse, sondern auch den eigentlichen Kern Israels bildeten« (Geschichte Israels, Göttingen 1950, 267). Andere Historiker folgen mehr der Linie des DtrG, das Noth bezeichnenderweise im Land entstanden sein lässt (§ 765), und rechnen mit einer hohen Zahl von Deportierten, die ungefähr die Hälfte der Bevölkerung ausmachte. Sie glaubten diese Auffassung auch archäolog. nachweisen zu können (§ 1263–1266) und maßen der babylon. Gola vor allem für die geistige Weiterentwicklung Israels bzw. Judas die entscheidende Bedeutung zu (vgl. z.B. D.L. Smith, The Religion of the Landless. The Social Context of the Babylonian Exile, Houston 1989, 32–35; zum Ganzen BiblEnz 7, 75, Albertz). Mit pointierten Positionen ist nicht viel gewonnen. Wir werden Punkt für Punkt sehen müssen, was die im Lande Zurückgebliebenen, was die babylon. Gola und was die ägypt. Diaspora zur weiteren Entwicklung des Judentums beigetragen haben. Entscheidende Positionen sind auf jeden Fall noch vorexilisch mit der joschijanischen Reform und der dtn./dtr. Theologie bezogen worden.

§ 797   Wie groß war die Zahl der nach Babylon Deportierten? Für die Historizität von insgesamt 4600 Deportierten, die in Jer 52,28–30 genannt werden, sprechen die Genauigkeit der Angaben und die realistische Größe. Im Gegensatz zu den summarischen Angaben im DtrG und in der Chronik scheint hinter denen von Jer 52,28–30 auch nicht eine bestimmte Ideologie wie die vom leeren Land zu stehen. Die Datierung nach den Regierungsjahren des babylon. Königs und die zweimalige Bezeichnung der Deportierten als »Judäer« wie auf einer neubabylon. Rationenliste aus dem Jahr 592a (TGI[2] 79) legen nahe, den Ursprung der Zahlen in offiziellen neubabylon. Verwaltungsakten zu suchen.
Gleichzeitig macht Albertz (BiblEnz 7, 77) mit Recht darauf aufmerksam, dass die Zahlen von Jer 52,28–30 sehr klein, wahrscheinlich zu klein sind. Geht man von der vertretbaren Zahl von rund 80000 Einwohnern und Einwohnerinnen Judas zu Be-

ginn des 6. Jh.a aus (Finkelstein, in: FS King 169–187), machen 4600 nur 5,7 % der Bevölkerung aus. Die Elite im engeren Sinne mag zwar nicht größer gewesen sein. Die Babylonier deportierten aber auch große Teile der Mittelschicht der Handwrker, die beim Ausbau Babylons von Nutzen sein konnten. 5,7 % ist ein viel geringerer Anteil als der, der von Assyrern und Babyloniern in der Regel deportiert wurde. Es ist auch schwer einzusehen, wie eine so kleine Gruppe großen Einfluss gehabt haben könnte. Angesichts der schwierigen Verhältnisse des Marsches und der Aufteilung auf mehrere Siedlungsorte in Babylonien wäre sie kaum überlebensfähig gewesen.

§ 798   E. Janssen (FRLANT 69, 1956, 35), E.A. Knauf (BiKi 55, 2000, 133) und andere gehen davon aus, dass mit den 4600 die Männer bzw. die Familienhäupter gemeint sind, zu denen man die Frauen und Kinder dazu zählen müsste. So kommt man auf rund 20 000 Personen, d.h. auf etwa 25 % der Bevölkerung, wenn Finkelsteins Annahme von 80 000 stimmt. R. Albertz macht darauf aufmerksam, dass assyr. und babylon. Deportationslisten immer Männer, Frauen und Kinder gezählt hätten und der in Jer 52,28–30 zweimal benutzte Ausdruck *næfæš* Personen ohne jede Geschlechtsspezifität bezeichne. Sein Vorschlag lautet: Bei den 832 Personen, die nach der Liste 587a deportiert wurden, kann es sich nur um einen Teil der Deportierten handeln, etwa die, die sich noch im gefallenen Jerusalem befanden. »Jer 38,19 und 2Kön 25,11 wissen von Überläufern zu berichten, die die Stadt längst verlassen hatten. Sie wurden nach Auskunft von Jer 39,9 und 2Kön 25,11 gleichfalls von den Deportationen mitbetroffen, sind aber in der Jeremialiste, die sich in V. 29 ausschließlich auf die *aus Jerusalem* Deportierten bezieht, offenbar gar nicht erfasst. Das bedeutet: Die Zahlenangaben der Liste sind wahrscheinlich exakt, aber sie betreffen längst nicht alle Deportationszüge, die die Babylonier zusammengestellt haben« (BiblEnz 7, 78f).

§ 799   R. Albertz lehnt Harmonisierungsversuche zw. der Liste in Jer 52,28–30 und den Angaben des DtrG ab (BiblEnz 7, 76), macht dann aber doch etwas Ähnliches (Ebd. 80). Wie das DtrG im Gegensatz zum Chronisten nicht ganz verschweigt, dass Leute im Land geblieben sind, so ist auch die von ihm gemachte Zahlenangabe von 10 000 bzw. 7000 + 1000 Deportierten zwar summarisch, aber vielleicht doch nicht schlicht falsch. Möglicherweise hat es sich bei diesen 10 000 um die der Deportierten von 587a und nicht die von 597a gehandelt. Je nachdem, ob man die 10 000 und die 7000 + 1000 addiert oder letztere in den 10 000 enthalten sieht, kommt man auf 10 000 oder 18 000 Deportierte der 2. Deportation, zu denen dann noch die 3023 der 1. und die 745 der 3. hinzugezählt werden können. Das ergibt eine Gesamtsumme von 13 768 bzw. 21 768. Geht man von einer Gesamtbevölkerung von 80 000 aus, handelt es sich um etwa 17,2 % bzw. 27,2 % der Bevölkerung. Das ist eine plausible Größe. Nimmt man noch den Aderlass hinzu, der dem Land durch Kriegsverluste hinzugefügt wurde, blieb eine stark geschwächte Bevölkerung zurück. Sie war zwar immer noch mindestens doppelt so groß wie die babylon. Gola, aber letztere umfasste große Teile der Elite.

§ 800   Die Notiz in Jer 52,28–30 spezifiziert nicht, welche Art von Leuten deportiert wurden. Das DtrG nennt für 597a in 2Kön 24,12.14 und 15 drei Reihen von verschiedenartigen Leuten.

Die Reihe von V. 12 umfasst den König, seine Mutter und drei Arten von Beamten (*'abadim, sarim, sarisim*).
V. 14 nennt »ganz Jerusalem«, alle Beamten (*sarim*), alle vermögenden Männer (*gibbore ha-ḥajil*), alle Handwerker und die Metallarbeiter (*hæ-ḥaraš wᵉha-masger*).
V. 15 nimmt V. 12 nochmals auf und nennt den König, seine Mutter, fügt die Frauen des Königs hinzu (*nᵉše ha-mælæk*), nennt aber von den drei Arten Beamten von V. 12 nur die *sarisim*.
V. 16 nennt nochmals alle vermögenden Männer (7000), die Handwerker und die Metallarbeiter (1000; *hæ-ḥaraš wᵉha-masger*), alle kriegstüchtigen Männer, (ohne Zahl; *gibborim 'ose milḥamah*), wobei nicht klar ist, ob es sich bei letzteren um eine zusammenfassende Bezeichnung für die vorgängig Genannten oder um eine dritte Kategorie handelt, die ohne Zahlenangabe genannt wird.
V. 14 und 16 scheinen Dubletten zu sein. Sie sind sprachlich (Verbformen) verschieden formuliert.

Man hat den Eindruck, dass hier nicht eine soziologische Bestandesaufnahme gemacht, sondern einfach der Eindruck erweckt werden soll, alle wichtigen, maßgebenden Leute seien deportiert worden. So steht es in Ez 17,13. »Die Mächtigen des Landes (*'ele ha-'aræṣ*) nahm er.« Man fragt sich dann, mit wem Zidkija 10 Jahre lang das Land verwaltete und zuletzt einen Aufstand machte, bei dem die Stadt immerhin rund 18 Monate lang Widerstand leistete.

§ 801   Für 587a wird erzählt, dass König Zidkija zu fliehen versuchte, von den Babyloniern aber bei Jericho eingeholt und samt seinen Söhnen nach Ribla bei Hama ins Hauptquartier Nebukadnezzars gebracht wurde. Dieser ließ seine Söhne vor seinen Augen hinrichten und ihn dann blenden und in Ketten nach Babel ins Gefängnis bringen, wo er bis zu seinem Tode blieb (2Kön 25,4–7; zu dieser Grausamkeit als Bestrafung für Vertragsbrecher vgl. JNWSL 1, 1971, 71f, Deist; zur Blendung vgl. KAI Nr. 222 A Z. 39; vgl. weiter § 1021–1023). Jer 39,6 fügt hinzu: »Auch alle Vornehmen Judas (*kol ḥore jᵉhuda*) schlachtete er«. Die Notiz gehört aber zu der späten Interpolation Jer 39,4–13 (OBO 136, 1994, 71–73, Stipp; ZABR 6, 2000, 166, Stipp). In 2Kön 25,18–21 (= Jer 52,24–27) wird die Anzahl der Exekutierten detailliert aufgelistet, insgesamt 72. Zwei werden namentlich genannt: der Oberpriester Seraja und der zweite Priester Zefanja. Seraja war anscheinend der Großvater des wichtigsten Hohenpriesters der frühnachexil. Zeit (vgl. 1Chr 5,40 mit Esr 3,2; Hag 1,1; Sach 3,1). Nach 2Kön 25,11 wurden der Rest der Bevölkerung, die Überläufer und der Rest der Handwerker (*hæ-'amon*; 25,11; vgl. Jer 52,15) deportiert. Nach 2Kön 24,14 waren *alle* Handwerker bereits 597a deportiert worden.
Für beide Deportationen wird vermerkt, dass niemand zurückgelassen wurde außer geringe Leute (*dallat 'am-ha-'aræṣ*, 2Kön 24,14; bzw. *mi-dallat ha'aræṣ*; 2Kön 25,12). Letztere Stelle spezifiziert, dass es sich um Wein- und Ackerbauern gehandelt habe (vgl. Jer 39,10, 40,10 und 52,16).
Zur Situation der Exilierten in Babylonien vgl. § 908f.

§ 802   Auch 587a blieben aber ebenso wenig wie 597a nur geringe Leute zurück. Auch 587a bildeten die Babylonier eine Verwaltung. An ihrer Spitze stand Gedalja, der Sohn des Ahikam und Enkel Schafans. Er entstammte also einer der bedeutends-

ten Familien Jerusalems. Er residierte in → III Mizpa n von Jerusalem. Zu ihm gesellte sich auch Jeremia (Jer 40,5f). Und sie waren da nicht allein.»Alle Truppenführer, die samt ihren Mannschaften noch über das freie Feld verstreut waren, erfuhren, dass der König von Babel Gedalja, den Sohn Ahikams, als Statthalter im Land eingesetzt habe … Sie kamen nun mit ihren Leuten zu Gedalja nach Mizpa … Gedalja schwor ihnen und ihren Mannschaften: Fürchtet euch nicht davor, den Chaldäern untertan zu sein. Bleibt im Lande und dient dem König von Babel; dann wird es euch gut gehen … Auch alle jene Judäer, die sich in Moab, bei den Ammonitern, in Edom oder in irgendeinem anderen Lande aufhielten, erfuhren, dass der König von Babel Juda eine Restbevölkerung gelassen und über sie Gedalja … eingesetzt habe. Daher kehrten alle Judäer aus sämtlichen Orten, wohin sie versprengt waren, zurück und kamen ins Land Juda zu Gedalja nach Mizpa« (Jer 40,7–12; vgl. 2Kön 25,22–24).
Es gab also weiterhin eine politische, religiös-kulturelle und sogar eine militärische Elite im Land. Zur Plünderung und Zerstörung Jerusalems, des Tempels und dem Verbleib der Tempelgeräte, zu den archäolog. Spuren dieser Vorgänge und zum Ende der Daviddynastie vgl. § 859–862.1015–1029. Zu der erbittert umstrittenen Frage, ob das Land nach 587a leer war oder das Leben fast unverändert weiterging (vgl. § 1032).
Bevor wir uns aber mit den Ereignissen beim Ende Jerusalems im Jahre 587a beschäftigen, soll den primär mentalitätsgeschichtlichen, religions- und theologiegeschichtlichen Interessen dieser Darstellung entsprechend ein ausführlicher Blick auf die Positionen geworfen werden, von denen aus die Ereignisse in den schicksalsschweren Jahren zw. dem Tode Joschijas im Jahre 609a und dem Fall Jerusalems im Jahre 587a wahrgenommen wurden.

9.3 DIE SICHT DES PROPHETEN JEREMIA: DAS BABYLONISCHE JOCH TRAGEN

DAS JEREMIABUCH

§ 803   Die wichtigste Quelle für die letzten Jahre Jerusalems unter der Herrschaft der Davididen ist nebst dem DtrG (§ 755–768) das Jeremiabuch (zur Forschungsgeschichte vgl. EdF 271, 1990, Herrmann; BEThL 128, 1997, Curtis/Römer; F.-J. Backhaus/I. Meyer, in: Zenger, Einleitung [5]2004, 452–477). Zusätzlich zu zahlreichen ergänzenden Informationen zum DtrG liefert es vielfältige und intensive Interpretationen des Zeitgeschehens. Wie das DtrG ist auch das Jeremiabuch stark von der Theologie des Dtn geprägt. DtrG und Jeremiabuch sind die beiden atl. Literaturwerke, die man mit Recht als dtr. bezeichnen kann, weil sie wie keine anderen dtn. Sprache und Theologumena enthalten (Lohfink, in: BBB 98, 1995, 318, Groß; BiblEnz 7, 231f, Albertz).
Schon B. Duhm hat in seinem epochemachenden Kommentar zum Buch Jeremia von 1901 drei Arten von Material unterschieden:»Es enthält erstens die echte Prophetie des alten Propheten Jeremia … zweitens die von Baruch geschriebene Lebensgeschichte Jeremias … (und als) dritten Bestandteil … ›Ergänzungen‹« (KHC X 11). Jeremias eigene Worte – nach Duhm durchwegs in dem klagenden Qina-Metrum verfasst – machen nach ihm etwa 280 Verse aus, das Buch Baruch 220 und die Ergänzungen, die nach Duhm sehr verschiedener Herkunft sind, 850.

§ 804   An dieser Dreiteilung des Materials hat die Forschung unter verschiedenen Bezeichnungen und mit wechselnden Abgrenzungen festgehalten (EdF 271, 1990, Herrmann; BEThL 128, 1997, Curtis/Römer; vgl. zum Folgenden FRLANT 196, 2002, 19–37, Maier).»An der Historizität Jeremias selbst zu zweifeln, besteht kein Anlass. Gerade hist. gesehen muss man mit einer konkreten Gestalt als *causa prima* hinter den ältesten Texten des Buches rechnen« (WMANT 72, 1996, 45 Anm. 218, Schmid). Gestalt und Umfang der Textpassagen, die auf diese *causa prima* zurückgehen, sind umstritten. Der einflussreiche Jeremia-Kommentar von W. Rudolph spricht dem Propheten erheblich mehr Material zu als Duhm, der wie gesagt Jeremia nur 280 Verse im Qina-Metrum beließ. Rudolph bezeichnet das Kriterium als willkürlich. Er schreibt Jeremia auch Prosareden zu und glaubt, dass selbst manche dtr. geprägte Passagen sich an jeremianische Worte ankristallisiert haben (HAT I/12, XIII–XXI). Heute besteht eine große Kluft zw. dekonstruktionistischen Positionen, wie sie z.B. R.P. Carroll einnimmt (zu seiner umfangreichen Bibliographie vgl. WMANT 72, 1996, 391.396f, Schmid; FRLANT 196, 2002, 378, Maier), und solchen, die doch einen beträchtlichen Teil des Buches auf Worte oder mindestens Anregungen des Propheten zurückführen, wie z.B. W.L. Holladay und H. Weippert (zu einschlägigen Veröffentlichungen vgl. FRLANT 196, 2002, 374.384.400f, Maier). H. Weippert liefert beachtenswerte Par aus außerbibl. Prophetentexten (BEThL 54,1981, 83–104). L.L. Grabbe hält fast das ganze Buch für vorperserzeitlich (Yehud 70).

§ 805   Für die hist. Rekonstruktion der Ereignisse beinahe wichtiger als Jeremias eigene Gedichte oder »Predigten« sind »historische Kurzgeschichten« (SBAB 12, 1991, 55–86, Lohfink) bzw. »historische Tendenzerzählungen« (Hardmeier, in: FS Welten 126f), die früher gern seinem Schreiber Baruch ben Nerija zugeschrieben wurden (vgl. z.B. B. Duhm, Rudolph). In einem Teil dieser Texte ist von Baruch aber in 3. Person die Rede (vgl. weiter BZAW 122, 1971, Wanke; JBL 113, 1994, 405–420, Brueggemann). Aufgrund der genauen Kenntnisse der Topographie, der politischen Ereignisse und Akteure (§ 812) wird ihnen meist mit Recht hist. Glaubwürdigkeit zugesprochen (vgl. Wilson, in: L. Cook/S.C. Winter, Hg., On the Way to Nineveh. Studies in Honor of G.M. Landes, ASOR Books 4, Atlanta 1999, 136–154; Backhaus/Meyer, in: Zenger, Einleitung ⁵2004, 471; Lipschits, Fall and Rise 304–347 bes. zu Jer 37–44; Grabbe, in: FS Na'aman 189–204).
S. Mowinckel (Zur Komposition des Buches Jeremia, Kristiania 1914, 35) und W. Rudolph (HAT I/12, XVI–XVIII) bescheinigen einem großen Teil von Duhms »Ergänzungen«, dass sie sich eng mit dem Deuteronomisten berühren. Am gründlichsten haben J.P. Hyatt (1951) und W. Thiel (1973 und 1981) die dtn./dtr. geprägten Texte im Jeremiabuch untersucht und sind zu erstaunlich ähnlichen Resultaten gekommen (vgl. die Synopse in EdF 271, 1990, 80f, Herrmann).
Mittlerweile sind aber sehr grundsätzliche Bedenken gegen die Methode von Hyatt und Thiel vorgebracht worden (BBB 82, 1992, Stipp; Stipp, in: BBB 98, 1995, 225–262, Groß; ZBK.AT XX/2, Wanke). »Nach der knappen Skizze Hyatts hat Thiel zwar sehr gründlich den geprägten Sprachgebrauch untersucht, doch bei den literarkritischen Schlussfolgerungen wurde weiterhin zu wenig beachtet, dass die ›deuterojeremianische‹ Sprache (ATSAT 63, 1998, Stipp) wegen ihres paränetischen Gepräges nicht universell einsetzbar ist, sondern auf geeignete Reden beschränkt bleibt, in Jer

meist Gottes- bzw. Prophetenreden. Wenn solche Terminologie in zugehörigen Erzählstücken und einschlägigen Redepassagen nichtparänetischen Charakters fehlt, ist dies durch ihre Eigenart bedingt; es entsteht folglich keine Spannung, die diachrone Annahmen verlangt. Die theoretischen Einwände gegen das Verfahren werden durch die Inplausibilität der Resultate bestätigt: Den Erzählungen werden bis auf allzu geringe Reste ihre Gottes- und Prophetenworte entzogen; bei den prophetischen Symbolhandlungen und Visionen gilt dasselbe für die Deuteworte. Die Schwierigkeiten werden auch nur verschoben, wenn Hyatt und Thiel im Detail empfindliche Kompromisse eingehen, um die gravierendsten Glaubwürdigkeitsprobleme zu vermeiden. Eine Methode empfiehlt sich kaum, wenn sie ständig zur Wahl zw. inkonsequentem Vorgehen und implausiblen Resultaten nötigt. Was die typischen formelhaften Redekompositionen angeht, so trifft zwar zu, dass sie heterogenes Material einschmelzen (Thiels Terminus ›Kristallisationskerne‹ scheint heute kaum mehr geeignet, das Phänomen ohne Gefahr unangemessener Assoziationen zu beschreiben), doch dessen konkrete Isolation steht meist auf schwankendem Grund.

Wie bei den anderen Gattungen ist auch hier vor der stillschweigenden Prämisse zu warnen, Deuteronomisten hätten nur formelhaft reden können, und erneut wird der theoretische Einwand durch die Empirie gestützt: Die Parallele Jer 21,11–14//22,1–5 hat einen poetischen jeremianischen Spruch neben seiner dtr. Prosafassung bewahrt. Dabei ist die dtr. Modifikation so durchgreifend und selbständig, dass sie jeden Versuch vereitelt, mit unseren methodischen Instrumenten das Original wiederherzustellen. Ohne weitere starke Indizien (wie etwa in Jer 44) bleiben uns mögliche Vorlagen verborgen.
Aus diesen Diagnosen ergibt sich der methodische Innovationsbedarf: Auf der Ebene der Vorstufenrekonstruktion ist das literarkritische Indizienraster von der Sprachstatistik auf das volle Spektrum auszuweiten und abzusichern durch eine effektive formkritische Gegenkontrolle. Die Horizontbestimmung hat ferner unter der oft täuschend konformen Oberfläche die konzeptionelle Differenzierung wahrzunehmen. So wenig wie die Deuteronomisten nur formelhaft reden konnten, so wenig blieb ihr leicht erlernbares Vokabular auf sie beschränkt. Besonders triftige Beispiele für formelhafte Stücke, die nach ihrem konzeptionellen Zuschnitt nicht dtr. sein können, bieten das masoretische Sondergut (SBL.DS 83, 1986, Stulman; OBO 136, 1994, 104f, Stipp), Jer 24 (JNWSL 25, 1999, 151–183, Stipp) und die patrizische Redaktion (KAANT 1, 2000, Stipp). Deshalb bevorzuge ich für das geprägte Sprachgut in Jer das Etikett ›deuterojeremianisch‹ um klarzustellen, dass es über die dtr. Sphäre hinausreicht (Näheres: ATSAT 63, 1998, 2, Stipp). Im Ergebnis wird man weiterhin dtr. Redaktionstätigkeit annehmen, aber im Einzelnen von Hyatt und Thiel mitunter deutlich abweichen.»Schon die dtr. Redaktion ist wahrscheinlich mehrstufig und ähnlich geartete Schichten traten hinzu.« (H.-J. Stipp; Mail vom 7. 3. 2006).

Erheblich weniger einheitlich sind die Meinungen, wenn es darum geht, den redaktionsgeschichtlichen Prozess zu beschreiben. Während Thiel sich mit einer dtr. Redaktion begnügt, nimmt R. Albertz drei dtr. Redaktionen in exil. Zeit an (BiblEnz 7, 2001, 231–260; vgl. die übersichtliche Tabelle auf S. 242). Auch H.-J. Stipp rechnet mit einer mehrstufigen Entstehung der deuterojeremianischen Texte (JNWSL 25/1, 1999, 168–170).

§ 806   Ein spezielles Problem, das Thiel nicht berücksichtigt hat, ist die Existenz zweier Fassungen des Jeremiabuchs. Die heute oft für älter gehaltene Version wird durch ein Fragment (4Q71) aus Qumran und die griech. Übersetzung des Jeremiabuchs, die LXX, repräsentiert, die andere durch andere Qumranfragmente (z.B. 4Q70) und den hebr. Jeremia der masoretischen Überlieferung. Die erstgenannte

Fassung scheint in der Regel die ältere zu sein (vgl. dazu OBO 136, 1994, bes. 66–91, Stipp; JNWSL 23/2, 1997, 181–202, Stipp). Wie die zweite, jüngere trotzdem auf die literarische Vorgeschichte hin transparenter sein kann (FRLANT 137, 1985, 71, Levin; WMANT 72, 1996, 22, Schmid), ist nicht recht einsichtig (JNWSL 23/1, 1997, 153–179, Stipp; ZThK 101, 2004, 257–280, Anm. 17–19, 31–34, 37–40 usw., Levin).

Neulich hat sich G. Fischer dezidiert für die Priorität des MT ausgesprochen (HThK.AT Jer I 39–46). Sein 1500 Seiten starker Kommentar basiert konsequent auf diesem. »Nach dem Durchübersetzen beider Textformen, dem abwägenden Vergleichen aller Differenzen und dem Studium der einschlägigen Literatur gibt es nach meiner Einschätzung in ganz Jer keine einzige Stelle, an der eine LXX-Lesart gegenüber MT wahrscheinlicher oder zu bevorzugen wäre« (Ebd. 46). Diese pauschale Behauptung ist von H. Engel an der Tagung der Arbeitsgemeinschaft katholischer Alttestamentler in Strassburg im September 2006 mit Recht scharf kritisiert worden. Die Stellungnahme wird in den Kongreßakten publiziert werden. Ein (publizierter!) konsequenter redaktionsgeschichtlicher Vergleich der beiden Buchversionen fehlt (BiblEnz 7, 236, Albertz).

Die griech. Version, die LXX, hat das Material wie folgt organisiert:

1–24 (MT)	Unheil über Israel und Juda
25,1–13; 46–51; 25,15–18 (MT)	Unheil über die Völker
26–35 (MT)	Heil für Israel
36–44 (45) (MT)	Erzählungen
52 (MT)	historischer Anhang.

Die ersten drei Teile entsprechen einem eschatologischen Schema, das sich auch im Jesaja- und Ezechielbuch findet.
Die masoretische Version hat folgenden Aufbau:

1–25 (25,1–13a)	Sprüche und Reden über Juda und Israel
26–45 (45,1–5)	Erzählungen und Trostworte
46–51	Sprüche über Fremdvölker
52	historischer Anhang.

»Bei genauerem Hinsehen … wird deutlich, dass vor allem die ersten beiden Hauptteile des Buchs ganz unterschiedliches Textmaterial in sich vereinen und dass nur schwer ersichtlich ist, nach welchen Grundsätzen es angeordnet ist« (ZBK XX/1, 11f, Wanke; zu einer Synopse der beiden Texttraditionen s. Backhaus/Meyer, in: Zenger, Einleitung ⁵2004, 454f).

§ 807 Neben der Annahme kohärenter Versionen und Redaktionen findet sich auch für beide Versionen (LXX und M) die Annahme eines sozusagen unkontrolliert textgenerierenden Fortschreibungsmodells. Schon B. Duhm hat im Hinblick auf die Prosareden die Meinung vertreten: »Das Buch ist also langsam gewachsen, fast wie ein unbeaufsichtigter Wald« (KHC XI, XX). Und C. Levin meinte, die Prosareden seien das Resultat der Tätigkeit von »hundert Händen in hundert Jahren« (FRLANT 137, 1985, 65). Als ein »rolling corpus« hat W. McKane das Jeremiabuch mindestens im 1. Teil seines Kommentars (1986) zu beschreiben versucht. Dieses Modell übersieht, dass bei aller Vielfalt das Jeremiabuch – etwa im Vergleich mit dem Ezechielbuch – ein ganz eigenes Gepräge, eine eigene Metaphorik und Thematik aufweist (§ 890–895). Den widersprüchlichen Eindrücken versuchen M.E. Biddle (AThANT 77, 1990, 209ff), K. Schmid (WMANT 72, 1996, 330–346) u.a. durch ein

Modell gerecht zu werden, das Redaktion und Fortschreibung verbindet. Nach ihnen hätte es etwa ein Dutzend von Buchgestalten gegeben, die durch bestimmte Programme charakterisiert waren. Eine 1. dürfte die Unheilsaussagen und Klagen in *4–6.8–10 und *46–49 umfasst haben, Texte, in denen sich keine Stilisierung als Gotteswort und keine Reflexion der Schuld finden. Kompositionsbildend dürfte eine Gegenaussage zur traditionellen Zionstheologie gewesen sein (vgl. bes. 6,22–26), wie sie z.B. in Ps 48 oder in 2Kön 18,13–19,37 Parr zum Ausdruck kommt (ebd. 332f; vgl. § 974–1014). Eine 2. Ausgabe soll sich dadurch ausgezeichnet haben, dass darin Jerusalem eine zentrale Stellung einnimmt, das in 2. Person als Frau angesprochen und als Ehebrecherin angeklagt wird, bes. in den rahmenden Texten Jer 2 und 22,20–23. Diese Redaktion wird als Schuldübernahme-Redaktion bezeichnet. Aber bereits diese 2. Redaktion und ihre Datierung in die Zeit nach 587a sind problematisch (vgl. HBS 37, 2003, 410 Stichwort Schuldübernahme-Redaktion, Häusl; Hermisson, in: FS Jeremias 233–251). So fehlt z.B. das »Jerusalem« von Jer 2,2 im (älteren) LXX-Text. Konkret besteht der ursprünglich Israel angelastete »Ehebruch« in politischen Bündnissen. Diesem Israel bzw. Jerusalem hat JHWH seinen Schutz entzogen. Die Wandlung JHWHs von einem Nationalgott zu einem Gott, der dem eigenen Volk ebenso kritisch, wenn nicht noch kritischer, gegenübertritt als den anderen Völkern, hat nicht erst nach 587a, sondern schon bei Jes stattgefunden (§ 460f.512–537; vgl. auch Am 9,7f) und liegt den Auseinandersetzungen zw. Jeremia und seinen politischen Gegnern zugrunde (vgl. § 823–865).

§ 808 Im Rahmen der Diskussion um die Buchgestalten, wie sie Schmid und seine Vorgänger vertreten (vgl. z.B. FRLANT 137, 1985, 183, Pohlmann), ist das Problem dtr. oder nicht etwas in den Hintergrund getreten. N. Lohfink hat vor einem Pandeuteronomismus gewarnt (BBB 98, 1995, 317.320). K. Schmid warnt vor einem Nulldeuteronomismus. »Bei aller notwendigen inneren Differenzierung der vor allem in Dtn–2Kön und in Jer gefundenen ›deuteronomistischen‹ Texte bildet deren schulsprachliche Verfasstheit und doch einigermaßen geschlossene Sprachwelt eine Auffälligkeit, die einer kollektiven Erklärung bedarf. Nur: Diese ist m.E. nicht auf der redaktionsgeschichtlichen, sondern der traditionsgeschichtlichen Ebene zu finden oder anders gesagt: Sprachliche ›Deuteronomismen‹ und sachliche ›Deuteronomismen‹ sind voneinander zu trennen. ›Deuteronomismus‹ in einem konzeptionell identifizierbaren Sinn ist eine im ganzen noch keineswegs vollständig erforschte Denktradition, die in Israel wahrscheinlich im Gegenüber zum assyrischen Kulturdruck entstand …« (WMANT 72, 1996, 348f). Schmid meint, dass dieses Phänomen bis in die »Spätzeit« gewirkt habe. Man fragt sich allerdings, wenn man dem Gedankengang Schmids folgt, warum ein so vages und weiträumiges Phänomen in deutlich fassbarer und prägender Form im Wesentlichen nun doch auf das DtrG und Jeremia beschränkt bleibt. Sprachliche und konzeptionelle »Deuteronomismen«, die man ohne Pandeuteronomismus auch in anderen Werken finden kann, sind dort bei weitem nicht so deutlich fassbar und prägend wie in den beiden genannten Werken. Am verständlichsten scheint das Jeremiabuch nach wie vor dann zu sein, wenn man bei seiner Entstehung dem Wirken und den Worten des Propheten eine initiierende Wirkung zugesteht und – von einzelnen Kapiteln abgesehen – einen personenmäßig und zeitlich relativ begrenzten Kreis an seiner Ausgestaltung beteiligt sein lässt (Hardmeier, in: FS Welten 124–126). Als Entstehungsland ist Palästina (Mizpa?) anzunehmen und als Milieu die anti-nationalreligiöse Gruppierung, deren politisch wichtigste Vertreter der Familie Schafan angehörten (Bibl Enz 7, 242–246, Albertz; BBB 82, 1992, Stipp).

DIE PERSON DES PROPHETEN

Zeit

§ 809 Der Name Jeremia ist im 7./6. Jh.a bibl. und epigraphisch mehrmals belegt (HAL II 420; **276**; **395**; Avigad/Sass, Corpus Nr. 205.530). Ein Problem bildet sein Geburtsdatum. Nach Jer 1,2 in Verbindung mit 1,6f ist Jeremia im 13. Jahr Joschijas, also etwa 627/626a, als junger Mann zum Propheten berufen worden. Versteht man unter »jung« etwa 20-jährig, wäre er um 647/646a geboren und demnach ungefähr gleich alt wie Joschija. Der erste vom Text klar datierte Auftritt fällt ins Jahr 609a, die sogenannte Tempelrede (Jer 26,1ff; vgl. Kap. 7; § 835). So nehmen W.L. Holladay, K. Seybold u.a. mit einer Reihe von Gründen an, 627/626a sei nicht das Jahr seiner Berufung, sondern seiner Geburt und Jeremia sei nicht ein Altersgenosse Joschijas, sondern seiner Söhne gewesen. Das würde auch die geringen Berührungspunkte zw. Jeremias Verkündigung und der joschijanischen Reform erklären (Seybold, Jeremia 46f). R. Albertz statuiert dagegen: »Die immer wieder kolportierte Behauptung, Jeremia wisse nichts von der joschijanischen Reform, beruht auf einer schlechten Jeremia-Exegese« (GAT VIII/1 311). Albertz denkt dabei vor allem an die Spätdatierung von Jer 2,4–4,2 (ohne 3,6–18) und 30*–31*, die er zusammen mit Jer 3,1–5 in die Zeit vor und während der Joschija-Reform datiert (vgl. 3,6), als Jeremia Worte der Hoffnung (Jer 30,2) an das frühere Nordreich richtete. Jeremia rühmt Joschija für seine Sorge um die Schwachen und Armen und für seine Verwirklichung sozialer Gerechtigkeit (Jer 22,15f), ein Zug, der im DtrG keine Rolle spielt, wo Joschija auf den Kult beschränkt wird. Allerdings wirkt Jer 22,15f wie ein Rückblick auf frühere Zeiten (Hardmeier, in: FS Welten 135. Anm. 41).

Ort

§ 810 Jeremia stammte aus einem kleinen Dorf nö von Jerusalem, aus →III Anatot (Jer 1,1; 11,18.21.23; 29,27; 32,1.7.8.9; vgl. Seybold, Jeremia 47–49.190f). Von einem Familiengrundstück in Anatot, um das sich der Prophet bemüht, weiß Jer 32,6–9 (vgl. Jer 37,11; Lev 25,25). Seine Sprache ist durch und durch von der dörflichen Lebenswelt geprägt (§ 890–894). Seine Metaphorik und die des ganzen Buches ist ländlich-landwirtschaftlich. In krassem Gegensatz zum Ezechielbuch (§ 902–905) sind im Jeremiabuch nur äußerst spärliche Anspielungen auf die ao Ikonographie zu finden (§ 895). Die Nähe zum Nordreich (Efraïm) spielt mindestens in seinen wahrscheinlich frühesten Texten eine Rolle (Jer 2–4*; 30–31*; § 813–819).
Nach Jer 1,1 stammte er aus einer Priesterfamilie. Welcher Art von Priestern seine Familie angehörte, ist nicht klar (T.J. Meek bestreitet, dass er Priester war; Exp. 25/3, 1923, 215–222). Am ehesten ist an Nachkommen Abjatars zu denken, der nach 1Kön 2,26 von Salomo nach Anatot verbannt wurde (§ 218f). Priesterliches Gedankengut und Bildungswissen spielen bei Jeremia im Gegensatz zu Ezechiel keine

Rolle. Es ist fraglich, ob er schreiben konnte. Ein Vorgang, der ihn prägte, war der Aufstieg Nebukadnezzars und des neubabylon. Reiches. Er sah in ihm ein Werkzeug JHWHs (vgl. allerdings WMANT 72, 1996, 233–235, Schmid). Die Notizen zu Nebukadnezzar im Jeremiabuch sind durchwegs hist. realistisch (JNWSL 10, 1982, 53–65, Fensham). Die Dorfbewohner von Anatot verwehrten Jeremia unter Todesdrohungen – vielleicht wegen seiner probabylon. Haltung – prophetisches Auftreten (11,18–23).

§ 811   Die entscheidenden Jahre seiner Tätigkeit scheint Jeremia nicht in Anatot, sondern in Jerusalem verbracht zu haben. Was ihn nach Jerusalem geführt hat, wissen wir nicht. Vielleicht war es die joschijanische Konzentration der »Höhenpriester« in Jerusalem (§ 641–644). Die Spannung, die zw. ihm und den Jerusalemer Tempelpriestern offensichtlich bestand (§ 832–840), ließe sich so erklären, auch die Distanz zu Ezechiel und seiner Gruppe (vgl. § 875; BEThL 74, 1986, 340–343, Begg). In die Regierungszeit Jojakims oder Zidkijas fallen die Gedichte mit dem Feind aus dem Norden als Hauptmotiv (4–6*). Als hist. hat wohl zu gelten, »dass er 605 seine bisherigen Vortragstexte Baruch zur Niederschrift diktiert und ihn mit der Verlesung im Tempel beauftragt (36,1–8; vgl. 45,1, vgl. aber § 842) und nach Vernichtung der Dokumente durch den König ein erweitertes Duplikat habe anfertigen lassen (36,17f.27f.32), dass er zur Zeit Zidkijas mit der bereits deportierten Oberschicht in Babel korrespondierte (Kap. 29) und vom Priester Zefanja einen Antwortbrief eines gewissen Schemaja vorgelesen bekommen habe, der Jeremias Maßregelung forderte (29,25.29), und dass er schließlich Baruchs Bruder Seraja, der 594 Zidkija bei seinem *ad limina*-Besuch bei Nebukadnezzar begleitete, eine Niederschrift von Orakeln gegen Babel zur Verlesung und anschließenden Versenkung im Eufrat mitgegeben habe (51,59–64; § 876). Das ganze Buch ist durchzogen von Hinweisen auf die neue Schriftkultur« (Backhaus/Meyer, in Zenger, Einleitung [5]2004, 467). Jeremias Engagement für die Unterwerfung unter Babylon und gegen alle Aufstandsgelüste sollen ihm zahlreiche Schwierigkeiten gemacht und ihn an den Rand der Verzweiflung, ja des Todes getrieben haben (6,10f; 19,1–20,10; 36). Zu seinen Hauptgegnern gehörten als Propheten (*nᵉbi'im*) bezeichnete Leute. Im hebr. Jeremiabuch wird Jeremia selbst 31mal *nabi'* genannt, im griech. Jeremiabuch nur viermal. Es scheint, dass sich die Bezeichnung *nabi'* für jene Männer, die im Auftrag Gottes die Gesellschaft kritisierten, erst im 6. Jh.a durchgesetzt hat. An dieser Ausweitung des Begriffs *nabi'* scheinen vor allem Ez und das DtrG beteiligt gewesen zu sein (JSOT.S 324, 2001, 144–185, Gonçalves). Die *nᵉbi'im* zur Zeit Jeremias standen weitgehend auf Seiten des Königs und der tonangebenden Kreise. Je entschlossener diese sich daran machten, gegen Babel zu revoltieren, umso mehr erschien Jeremia mit seiner Haltung als Hochverräter und wurde entsprechend behandelt (27–29*; 32–34*; 37–43*). Er überlebte aber den Fall Jerusalems 587a und wurde von den Babyloniern bevorzugt behandelt (Jer 40,1–6). Nach Jer 43,1–7 sollen ihn jud. Patrizier (KAANT 1, 2000, 16f, Stipp) nach der Ermordung Gedaljas nach Tachpanhes in Ägypten mitgenommen haben. Tachpanhes ist nicht sicher identifiziert, vielleicht ist es Tell Defenne am Nordrand des Ostdeltas (vgl. schon JBL 8, 1888, 150f, Gardner; NBL III 767, Görg). Nach Jer 44 soll er in Ägypten noch verschiedentlich aufgetreten sein. Der hist. Wert dieses Kapitels ist aber gering (vgl. z.B. den Mythos vom leeren Land in Jer 44,2.6f).

Epigraphisches zu seinem Umfeld

§ 812 Eine Reihe von Namen und Namenskombinationen, die im Umfeld Jeremias auftauchen, erscheinen auf anikonischen Siegeln und Bullen, wie sie für Juda am Ende des 7., Anfang des 6. Jh.a typisch waren (§ 692–696). T. Schneider hat sechs Objekte dieser Art aufgelistet (BArR 17/4, 1991, 26–33). Das berühmteste ist eine Bulle Baruchs, des Sohnes Nerijas, des Schreibers (**431**). Sie scheint aber eine Fälschung zu sein (Avigad/Sass, Corpus Nr. 417; vgl. ebd. S. 12 und Bib. 79, 1998, 108, Uehlinger). Nicht ganz unumstritten ist auch das Siegel des Azalja, des Sohnes Meschullams (**432**; Avigad/Sass, Corpus Nr. 90). So reduzieren sich Schneiders sechs Belege auf fünf, eventuell gar auf vier. Aus einer regulären Grabung stammt die Bulle Gemarjahus, des Sohnes Schafans (**433**; Avigad/Sass, Corpus Nr. 470). Die Bulle Jer-

431 Bulle (Siegelabdruck) mit der Inschrift »Dem Berechjahu, dem Sohn des Nerijahu, dem Schreiber, (gehörig)«. Es scheint sich um eine Fälschung zu handeln

432 Skaraboid mit der Inschrift »Dem Azaljahu, dem Sohn des Meschullam, (gehörig)« (7. Jh.a). Die Echtheit des Siegels ist nicht ganz unbestritten

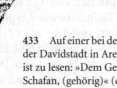

433 Auf einer bei den Shiloh Ausgrabungen in der Davidstadt in Areal G gefundenen Bulle ist zu lesen: »Dem Gemarjahu, (dem Sohn des) Schafan, (gehörig)« (ca. 650–587a)

achmeëls, des Sohnes des Königs (**434**; Avigad/Sass, Corpus Nr. 414), das Siegel Serajas, des Sohnes Nerijas, (**435**; Avigad/Sass, Corpus Nr. 390; ein weiteres Siegel eines Seraja ohne Filiation ist Avigad/Sass, Corpus Nr. 389) und das Siegel des Priesters Asarja, des Sohnes des Hilkija (§ 696; **404**; Avigad/Sass, Corpus Nr. 28), sind sehr wahrscheinlich echt. Die bis anhin unpublizierte Bulle eines Ahikam ben Schafan findet sich in Avigad/Sass als Nr. 431 (**436**). 2005 hat E. Mazar in der Davidstadt die Bulle eines Jehokal, Sohn des Schelemjahu, des Sohnes des Schabi, gefunden (**437**). Baruch, der Sohn Nerijas, der Schreiber, wird im Jeremia-Buch 20mal erwähnt (32,12f.16; 13mal in Jer 36; 43,3.6; 45,1f). Azalja und sein Vater Meschullam erscheinen in 2Kön 22,3 als Vater und Großvater Schafans (vgl. § 1032). Ein Gemarja ben Schafan wird in Jer 36,10–12.25 genannt. Jerachmeël, der Königssohn, erscheint in Jer 36,26 und Seraja, der Sohn Nerijas, in Jer 51,59. »Sohn des Königs« bezeichnet übrigens nach heutigem Erkenntnisstand einen wirklichen Sohn und ist kein bloßer Titel (RB 104, 1997, 504f Anm. 38, Stipp; gegen AION 29, 1969, 433–456, Brin). Ahikam, der Sohn Schafans, wird in Jer 26,24 als Beschützer Jeremias gefeiert (vgl. 2Kön 22,12.14; Jer 39,14; 40,5–43,6). Jehokal (Jokal), der Sohn des Schelemja, wird in Jer 37,1 und 38,1 als Beamter Zidkijas erwähnt.

434 Bulle aus dem von N. Avigad publizierten »Burnt Archive« mit der Inschrift: »Dem Jerachme'el, dem Sohn des Königs, (gehörig)« (ca. 650–587a)

435 Siegel mit der Inschrift: »Dem Serajahu, (dem Sohn des) Nerijahu, (gehörig)« (ca. 650–587a)

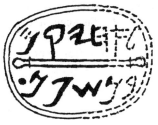

436 Rekonstruktion zweier Fragment einer Bulle mit der Inschrift: »<Dem A>hiqam(?), dem <So>hn des Schafan, (gehörig)« (ca. 650–587a)

437　Bulle aus Eilat Mazars Grabung in der Davidstadt mit der Inschrift: »Dem Jehochal, dem Sohn des Schelemjahu, dem Sohn des Schabi, (gehörig)« (ca. 650–587a)

Ob die Siegelbesitzer tatsächlich mit den im Jeremiabuch genannten Persönlichkeiten identisch sind, lässt sich nicht mit letzter Sicherheit beweisen, da Namen dieses Typs um 600a geläufig waren. Da aber in allen genannten Fällen die Kombination von zwei Elementen, zweier Namen oder eines Namens und eines Titels vorliegt, ist die Identität mindestens sehr wahrscheinlich (vgl. Qedem 41, 2000, 33. Nr. B2, Shoham). Die in den bibl. Texten genannten Personen gehörten zum Patriziat und Siegelbesitzer waren wohl vor allem Patrizier. Die Siegel und Bullen demonstrieren, wenn auch nicht strikt, die Historizität der entsprechenden Personen, so doch mindestens die Milieuechtheit der einschlägigen Passagen des Jeremiabuchs.

Zwei Siegel (**443–444**) und zwei Bullen zeigen mindestens, dass der ägypt. Name Paschhur zur Zeit Jeremias in Juda ziemlich geläufig war (§ 831; vgl. Jer 20,1–6). Auch der Name seines Vaters, ʾImmer, ist auf einer Bulle des 7. Jh.a, die G. Barkay im Schutt vom Tempelplatz gefunden hat, belegt (**444a**).

Von prophetischen Aktivitäten während der letzten Jahre des Königreiches Juda sprechen die Lachisch-Ostraka (vgl. bes. Ostraka 3,19–21; Renz/Röllig, Handbuch I 412–419; **438**; Syria 19, 1938, 256–271, Dussaud; Hardmeier, in: FS Welten 126. Anm. 18). U. Rüterswörden schließt: »Der Inhalt von Prophetensprüchen war den Angehörigen der Verwaltung bekannt – bis hinunter zur Ebene der Postenkommandanten … Aus Lachisch 3 lässt sich entnehmen, dass schriftgewordene Prophetenworte unter den Angehörigen der Verwaltung zirkulierten« (in: Hardmeier, Steine 188; vgl. dazu auch VT 53, 2003, 169–180, Naʾaman).

FRÜHVERKÜNDIGUNG?

Jeremia 2*–6*

§ 813　Die Frühverkündigung des Propheten, wenn man eine solche überhaupt akzeptiert, sucht man, wie gesagt, in Jer 2*–6* und 30*–31*. Sie scheint zuerst die Verkündigung Hoseas aufgegriffen und dann neu auf eine »Rückkehr« der Bewohner und Bewohnerinnen des ehemaligen Nordreichs zum Zion gehofft zu haben.

438 Ostrakon aus Lachisch, auf dessen Rückseite in den Zeilen 19–21 zu lesen ist: »Und den Brief des Tobjahu, des Ministers des Königs, der kam zu Schallum, dem Sohn des Jaddua, von Seiten des Propheten, (und) der anfängt: ›Hüte dich!‹, ihn sendet dein Diener hiermit an meinen Herrn« (Anfang des 6. Jh.a)

Jer 2*–6* kann wie folgt gegliedert werden:

> Prolog: Israels und JHWHs Brautzeit (2,1–3)
> Aufweis der Untreue und der Schuld der Angeklagten (2,4–27*)
> JHWHs Unschuld und Großmut in Bezug auf das Scheidungsrecht in Dtn 24,1–4 (3,1–5*)
> Erste Alarmrede, die auf nahendes Unheil aufmerksam macht (4,5–31*)
> Aktuelle Überprüfung einer möglichen Vergebung der Schuld (5*)
> Zweite Alarmrede, Anordnung der Urteilsvollstreckung und letzte ultimative Verwarnung (6,1–26*)
> Epilog zur Rolle des Propheten und endgültiges Urteil (6,27–30; vgl. EvTh 56, 1996, 24f Anm. 70, Hardmeier).

§ 814   R. Albertz hat vorgeschlagen, den Block 2–6 in zwei kleinere Einheiten 2,4–4,2 (ohne 3,6–18) und in 4,3–6,30 aufzuteilen (ZAW 84, 1982, 20–47; zu 2,4–4,2 vgl. AThANT 77, 1990, Biddle). Er hat überzeugend gezeigt, dass sich die erste Einheit deutlich an Israel richtet und nur in zwei V. (2,2.28) eine Umadressierung an Jerusalem und Juda erfolgt, wobei 2,2, wie gesagt, nur im MT und nicht in der LXX zu finden ist. Die zweite Einheit, 4,3–6,30, richtet sich an Juda und Jerusalem (Jerusalem: 4,5.14.16; 5,1; 6,1.6.8; Juda: 4,3–5; 4,16; 5,11.20).

Aber nicht nur die Adressaten, auch die Botschaften sind verschieden. In der ersten Einheit greift Jeremia Anliegen der Nordreichprophetie auf, besonders Hoseas (§ 485.834.886; ABR 20, 1972, 1–15, Biggs; FS Schreiner 61–75, Deissler; JSOT 12, 1979, 47–62, Lindars; CThM.A 16, 1996, Schulz-Rauch; FAT 13, 1996, 122–141, Jeremias).

Wie in Hos 2 geht es in Jer 2 um die auschließliche Bindung Israels an JHWH. Wie in Hos 2,16f wird Israel in Jer 2,1 (LXX) an die Zeit der Jugendtreue in der Wüste erinnert, an die Zeit, da Israel heiliger Besitz und Erstlingsfrucht JHWHs war, an die Zeit, da JHWH Israel aus Ägypten heraus und durch die Wüste geführt hat. Wie Hosea polemisiert Jeremia gegen sexuell geprägte Riten auf den Höhen unter jedem grünen Baum (vgl. Jer 2,20 mit Hos 4,13). Hosea und Jeremia brauchen das Bild vom »Joch« (Hos 10,11; Jer 2,20; 5,5), um das Verhältnis zw. Gott und Israel zu beschreiben, beide das extrem seltene Wort »Neubruch« (Hos 10,12; Jer 4,3; sonst nur noch 2Kön 17,24 und Spr 13,23). In Jer 26f wird »Joch« dann zu einem Schlüsselwort.

§ 815   Eine Umadressierung der hoseanisch geprägten, an das Nordreich gerichteten Verkündigung an Juda findet sich in Jer 2,28, wenn der MT sagt: »So zahlreich wie deine Städte, Juda, sind auch deine Götter.« Der griech. Text sagt zusätzlich: »Und soviel Gassen Jerusalem hat, soviel gibts Baalsaltäre« (vgl. Jer 11,13; Hos 8,11). Mit der Polemik gegen den Baalsdienst vermischt sich wie bei Hosea die Polemik gegen eine verfehlte Bündnispolitik (vgl. Jer 2,17f.36 mit Hos 5,13f; 7,11; 8,9; 12,2; 14,4), ja dieser Aspekt ist bei Jeremia von Anfang an stärker als das Buhlen mit den Baalen. Ebenfalls stärker als Hosea kombiniert Jeremia auch schon in der Frühzeit den Vorwurf, fremden Mächten zu dienen mit dem Vorwurf sozialer Verbrechen. C. Hardmeier lehnt die Zweiteilung von Jer 2*–6* ab (EvTh 56, 1996, 21. Anm. 25 und 32), versteht den Text als einheitliche Komposition und datiert diese in die Zeit Zidkijas, und zwar als letzter dramatischer Aufruf zur Einsicht während des Aufstands gegen Babel, evtl. während der temporären Unterbrechung der babylon. Belagerung (Jer 37,7–10; 38,17f). Die Unterschiede in Sprache und Thematik zw. 2–3 und 4–6 sind m.E. aber zu gravierend, um mindestens auf die Annahme der Verwendung einer andersartigen und älteren Tradition in 2,2–4,2 verzichten zu können (vgl. Böhler, in: BBB 98, 1995, 91–127, Groß; HBS 37, 2003, 167–234, Häusl).

Weibliche Metaphern: Jerusalem bzw. Zion als Frau und Tochter

§ 816   Zur Apperzeption des Zion bzw. Jerusalems als »Tochter« gibt es eine in den 70er Jahren einsetzende, reiche Literatur (BThZ 15, 1998, 176–189, Maier; NBL III 884f, Knauer; WMANT 89, 2001, Wischnowsky; K. Schmid, in: FS Leene 187. Anm. 48; HSB 37, 2003, 167–234, Häusl; Maier, in: atm. 11, 2003, 157–167, Fischer/Schmid/Williamson). In Jer 3,6–13 (vgl. § 963) und anderen Fortschreibungen wird in Anknüpfung an Jer 2,28 eine Beziehungstheologie, die von Haus aus nichts mit Jerusalem zu tun hatte, Schritt für Schritt auf Jerusalem bezogen, am deutlichsten dann in Jer 13,26f. Jeremia hat die Ehemetaphorik von Hosea übernommen (§ 814). Bei ihm war die Partnerin JHWHs ursprünglich das Land (im Hebr. weiblich), das Regen und ähnliche Wohltaten Baal zu verdanken glaubte, nach Hos 2,4–14 aber JHWH verdankt. Via weibliches »Land« ist das ursprünglich vom Erzvater her männlich verstandene Israel weiblich geworden (JSOT.S 261, 1998, 50–53, Keel).

Durch die Stellung der Ehemetaphorik in Jer 2 am Anfang des Buches wird das ganze Buch mit diesem Vorzeichen versehen (SBS 185, 2000, 111, Baumann). In Jer 3,1–5.8 wird das Verhältnis JHWHs zu Israel (bzw. Juda) sehr zu Ungunsten Israels in das Licht der Ehegesetzgebung von Dtn 24,1–4 gestellt (dagegen ZAW 76, 1974, 23–29, Hobbs; vgl. OBO 165, 1999, 87f.179f, Lafont). Nach C. Hardmeier dient dies dazu, JHWH seine eigenen Rechtsmaßstäbe (Rückkehrverbot für Geschiedene, Todesstrafe für Ehebrecherin) über Bord werfen zu lassen. JHWHs Zuwendungsbereitschaft bleibt »jenseits all dieser Maßstäbe im Gange, um die von den Folgen ihrer Schuld tödlich bedrohte Ehebrecherin dennoch zu retten« (EvTh 56, 1996, 21). Ich kann solche Zuwendungsbereitschaft weder in den von Hardmeier zur Begründung angeführten Stellen (Jer 2,22; 4,14) noch bei anderen ähnlichen Stellen (z. B. Jer 13,23) entdecken. Sie findet sich erst in der Fortschreibung 3,11–15. Hingegen wird bei Jeremia der weiblich akzentuierten unkontrollierten Sexualität (Jer 2,23f; 13,27) mit brutaler männlich geprägter Gewalt gedroht (Jer 13,25–27; SBS 111, 2000, 123–130, Baumann). Während Hosea seine Metapher von JHWH als betrogenem Ehemann anscheinend aus persönlichen Erfahrungen von Liebesenttäuschung und erhofftem Neuanfang genährt hat, ist bei dem auf göttliches Geheiß ehelos gebliebenen Jeremia (16,1; vgl. dagegen – allerdings mit schwachen Gründen – ABR 2, 1952, 42–47, Goldman) die Metapher von Israel-Juda-Jerusalem als Frau nur eine rhetorische Figur, den hoffnungslosen Zustand seines Volkes zu beschreiben (DAI 41/9, 1981, 4072f, Hall). Die feministische Exegese hat mit Recht auf die Problematik der bevorzugten Schuldzuweisung an die Rolle der Frau und die damit verbundene Rechtfertigung der Gewalttätigkeit der männlichen Rolle(n) in der Wirkungsgeschichte solcher Texte hingewiesen (Brenner, in: F. van Dijk/A. Brenner, On Gendering Texts. Female and Male Voices in the Hebrew Bible, Leiden 1993, 177–192; SBS 111, 2000, 140f, Baumann; vgl. weiter § 958.962).
Eine Hoffnung auf Wiederzuwendung JHWHs gibt es in Jer 3,19f. Sie stützt sich allerdings auf die Söhne-Metapher.

§ 817 Bei Jeremia setzt eine Umpolung der Ehemetaphorik von Israel auf Jerusalem bzw. Zion ein, und das nicht nur in Zusätzen wie Jer 2,2a (fehlt in LXX). Schon in den sicher frühesten Texten der Jeremia-Überlieferung wird die Tochter Zion als Ziel des Feindes aus dem Norden und als Klagende vorgestellt (vgl. Jer 4,31 und 4,19–21; 6,23; BThZ 15, 1998, 176–189, Maier). Der Stadtfrau Jerusalem (4,14–18) bzw. ihren Söhnen (5,7) wird allein die Schuld an dem ganzen Elend gegeben.
Die Prädikation Zions als »Tochter« ist – unabhängig von der Ehemetaphorik – älter als Jeremia. Sie findet sich schon bei Jesaja und Micha aus der Zeit um 701a (Jes 10,32), als das Umfeld der Verwöhnten (Mich 1,13) verwüstet wurde (Jes 1,8; vgl. zur Sache auch 1,21, die zur »Dirne« gewordene Stadt). A. Fitzgerald meint, die Titel »Tochter« und »Jungfrau« würden in die vorisraelit. Zeit Jerusalems zurückreichen (CBQ 37, 1975, 182f). Tatsächlich hat er keinen einzigen außerbibl. Beleg, der den Titel »Tochter« (*bat*) oder »Jungfrau« (*bᵉtulah*) auf eine Stadt anwendet. Hingegen trifft zu, dass »Tochter« fast ausschließlich im Zusammenhang mit Erfahrungen von Gewalt gebraucht wird und Gewalt, die einer »Tochter« angetan wird, eindrücklicher ist als Gewalt an einem Mann (Ebd. 182). Populär werden die Metaphern »Tochter Zion« und »Tochter Jerusalem« aber erst in der Zeit unmittelbar vor und nach der

Zerstörung Jerusalems im Jahre 587a, bes. in den Klgl und bei Dtjes. In den »Volks-klageliedern« (Ps 44; 74; 77; 79; 89) fehlen sie auffälligerweise ganz. Nicht der Ausdruck, aber die Vorstellung dominiert in Ez 16 und 23 (§ 950–963; vgl. weiter § 1048).

Die Bezeichnung einer Stadt als »Tochter«, dem häufigsten Titel für Zion/Jerusa-lem (vgl. Jer 4,31; 6,23), ist exklusiv bibl. (zu möglichen außerbibl. Vorbildern für die weiblich personifizierte Stadt s. § 1048). *bat* »Tochter« evoziert Verwandtschaft. Eine Tochter gehört jemandem. »Wessen Tochter bist du?« (Gen 24,23.47). Unter diesem Gesichtspunkt kann eine Hauptstadt als »Tochter« eines Landes oder eines Volkes gesehen werden (WMANT 89, 2001, 15–18, Wischnowsky). Im Hinblick auf Zion-Jerusalem liegt es, faßt man den Begriff verwandtschaftlich, nahe JHWH als Vater vorauszusetzen (vgl. z.B. Jer 6, 23 und 26). An keiner einzigen Stelle jedoch spricht JHWH von Zion-Jerusalem deutlich als »meiner« Tochter bzw. Zion-Jerusalem von JHWH als »meinem« Vater. Biologische Bande zw. Gott und Zion werden nicht expliziert. In Ez 16 und 23 wird Jerusalem ohne den Ausdruck »Tochter Zion« bzw. »Tochter Jerusalem« zu gebrauchen immerhin als eine Art Adoptivtochter JHWHs dargestellt, die dann seine Frau wird, ein problematisches Modell (vgl. § 950–963).

Die Singular-Konstruktusverbindung *bat-ṣijon* bzw. *bat-jerušalajim* bezeichnet keine verwandtschaftliche Beziehung, sondern ist als eine Art epexegetischer Genitiv zu verstehen. Analog zu Ausdrücken wie »das Phänomen der Liebe« meint »die Tochter Zion« den Zion als Größe, die einer Tochter zu vergleichen ist (JSOT.S 40, 1987, 173–184, Follis). »Tochter« konnotiert in diesem Fall »junge Frau« (Gen 30,13), Ver-traulichkeit und Schutzbedürftigkeit. In Rut 2,8 nennt Boas Rut »meine Tochter«, was sein besonderes Interesse für sie und seine Sorge um sie zum Ausdruck bringt (vgl. auch Ps 45,11). M. Kartveit meint, »Tochter Zion« hätte stets eine emotionale Bedeutung im Sinne von »beloved, dear, poor« (TTK 72, 2001, 97–112). In Jer 4,30f wird Zion in Anlehnung an Isebel (2Kön 9,30) und die Land Israel-Frau Metaphorik bei Hosea (2,4–17) als »Tochter« geschildert, die sich für ihre Liebhaber schön macht, die sie aber verraten und ermorden. Die Metapher »Tochter Zion« verleiht der Stadt und ihrer Akropolis Konnotationen begehrter, verletzlicher, bedrohter Weiblichkeit (Sir 7,24f; 42,9–14). Die Metaphorik des Soldatenlieds in Goethe's »Faust« »Burgen mit hohen/Mauern und Zinnen,/Mädchen mit stolzen,/höhnen-den Sinnen/möcht ich gewinnen!/Kühn ist das Mühen,/herrlich der Lohn!/Mädchen und Burgen/müssen sich geben …« findet sich sehr ähnlich schon in Hld 8,8–10. Von dieser Metaphorik her ist auch der Ausdruck *bᵉtulat bat ṣijon* »Jungfrau Tochter Zion« zu verstehen. In Jes 37,22 signalisiert der Titel das Nicht-Erobert-worden-Sein (vgl. Klgl 2,13).

Die Präsentation Zions bzw. Jerusalems als Frauengestalt umfasst nebst den Rollen der Zugehörigen, der Behüteten und Beschützten, der ihren Liebhabern Verfallenen bzw. konträr der Nicht-Eroberten auch die der Mutter. Jerusalem wird explizit nicht als »Mutter« betitelt (vgl. aber Ps 87,5 LXX). »Doch an der Vorstellung ihrer Mutter-schaft besteht kein Zweifel« (HThK.AT Klgl, 55, Berges; vgl. Jes 49,21; 50,1f; 54,1–3 etc.; RB 92, 1985, 557–569, Schmitt; VT.S 70, 1997, 95–119, Schmitt). Die Bewohner und Bewohnerinnen Jerusalems und Zions erscheinen dann als ihre Kinder (ZThK 86, 1989, 263, Steck), die sie gehegt und großgezogen hat und die von ihren Feinden getötet werden (Klgl 2,22). Wie sehr gerade dieser Aspekt das Emotionale betont, zeigt die Aufforderung an die »Tochter Zion«, sich angesichts des Verlusts ihrer Kinder eine Glatze zu scheren, wie sie der Geier hat (Mich 1,16). Der Plural *b^{e}not-jerušalajim* »Töchter Jerusalems« (Hld 1,5; 2,7 u. o.) bzw. *b^{e}not- ṣijon* »Töchter Zions« (Hld 3,11) meint die »Bewohnerinnen Jerusalems« bzw. »Zions«, hier wohl primär die des Königspalastes.

In der spätexil. und nachexil. Zeit wird die Metapher von Zion als Tochter, die vorexil. eher negativ konnotiert war, in positiven Zusammenhängen aufgenommen (vgl. weiter zum Ganzen HThK.AT Klgl, 52–64, Berges; § 1048f.1053–1055).

Jeremia 30–31

§ 818   Aus der gleichen Zeit wie Jer 2,4–4,2* (ohne 3,6–18) dürften nach R. Albertz u. a., die mit einer Frühverkündigung Jeremias rechnen, wesentliche Teile der Trostschrift von Jer 30–31 stammen. In Jer 30,5–31,22 wird als Adressat Jakob bzw. Israel bzw. Efraïm genannt.

Wenn diese Texte von Jeremia stammen, dürften sie sogar noch früher sein als Jer 2,4–4,2*, denn sie stehen mit ihrem hoffnungsvollen Ton der Aufbruchszeit unter Joschija näher als Jer 2,4–4,2*. Jer 31,6 rechnet mit Tagen, da die Wächter auf Efraïms Bergland rufen: »Auf, lasst uns hinaufpilgern zum Zion, zu JHWH, unserem Gott!«. Jer 31,18–20 redet in hoseanischer Sprache von der unaufgebbaren Liebe JHWHs für Efraïm. Wie in Hos 4,16 und 10,11f wird Efraïm in Jer 31,18 (vgl. 2,20) einem störrischen bzw. gezähmten Rind verglichen. Wie in Hos 11,1.8f ist in Jer 31,20 von der unauslöschbaren Liebe JHWHs für Efraïm die Rede.

In Jer 31,15–17 wird Rahel genannt, die in Rama um ihre Kinder weint (BZ 38, 1994, 229–242, Becking). Es handelt sich dabei um das in 1Sam 10,2–5 genannte Rahelgrab n von Jerusalem (nicht weit von Anatot) und nicht um das in der Gegend von Betlehem (→ II Rahelgrab). Der weinenden Rahel wird die Rückkehr ihrer Kinder aus dem Exil verheißen. Wenn man den Text dem frühen Jeremia zuschreibt, handelt es sich um die von den Assyrern Deportierten. Jeremia hätte sich dann aktiv um die »zehn verlorenen Stämme« (§ 465) gekümmert (BetM 18, 1973, 221–226.276, Ben-Shem; vgl. dagegen Fischer, in: BBB 98, 1995, 129–139, Groß).

§ 819   In Jer 31,2–6 wird der Jungfrau Israel wie in 31,20 JHWHs ewige Liebe zugesichert und eine festlich-frohe Zukunft verheißen für den Tag, da die Wächter auf Efraïms Bergland rufen: »Auf, lasst uns hinaufziehen zum Zion, zu JHWH, unserem Gott«. Eine Rückkehr aus weiträumiger Zerstreuung nimmt Jer 31,7–14 an. Die Hoffnung, der von Joschija in Jerusalem zentralisierte Kult könnte zu einem Anziehungspunkt für das ehemalige Nordreich werden, war keine realitätsfremde Utopie. Noch für die schwierige Zeit nach der Zerstörung des Tempels hören wir von einer größeren Gruppe von Wallfahrern aus Schilo, Sichem und Samaria (Jer 41,4–7). Ein Kernbestand von Jer 30–31 dürfte auf die Verheißung einer kultischen Wiedervereinigung des ehemaligen Nordreichs mit dem Zion zu beziehen sein (vgl. BEThL 54, 1981, 351–368, Lohfink; Sweeney, Josiah, 215–233). Vollmundigere Formulierungen wie Jer 31,7–14 lassen allerdings eher an die babylon. Diaspora denken (ZBK XX/1, 52–54, Wanke). Die diachrone Schichtung der Texte

Jer 30–33 und die Zuordnung zu verschiedenen Ausgaben des »Jeremiabuches« werden bei K. Schmid ausführlich diskutiert (WMANT 72, 1996). Er hält die These von der Frühverkündigung für ganz unhaltbar (189–191). Nach ihm sind Jer 30f im wesentlichen im Rahmen der 2. Fassung des Jeremiabuchs in spätexil. Zeit parallel zu Deuterojesaja entstanden (vgl. die Tabelle Ebd. 434). Das für Hosea typische Efraïm (32mal) in Jer 31,6.9.18.20 ist so allerdings schwer zu erklären. Wie so oft muss man auch hier die »kommentierte Gesamtausgabe« vom bearbeiteten und kommentierten Originalmaterial unterscheiden, was je nach Art der Bearbeitung leicht bis gar nicht möglich ist.

ANKÜNDIGUNG DER ZERSTÖRUNG JERUSALEMS UND DES TEMPELS ZUR ZEIT JOJAKIMS

Kassandrarufe

§ 820 Weniger umstritten als Jeremias Frühverkündigung aus der Zeit Joschijas sind seine Gedichte über den drohenden Untergang Jerusalems, die frühestens in der Zeit nach der Verschleppung Joahas', also im Herbst 609a einsetzen, vielleicht aber auch etwas später in der Zeit unmittelbar vor und nach der Schlacht bei Karkemisch von 605a (Jer 46,2; vgl. 2Chr. 35,20). Jeremia entwirft in diesen Gedichten für Juda, Jerusalem und den Zion eine äußerst düstere Zukunft.

Die einschlägigen Texte finden sich vor allem, aber nicht ausschließlich, in den Kapiteln 4*–6* des Jeremia-Buches, deren hohe poetische Qualität allgemein anerkannt ist. Schon 1922 hat P. Volz statuiert: »Unter den klassischen Propheten ist … Jeremia der größte Dichter« (KAT X, XXXVI). Ein erstes kleines Gedicht, das den Zion erwähnt, ist Jer 4,5–8. Es dürfte von späteren Glossen, Erweiterungen und Erklärungen befreit etwa so gelautet haben:

> »Stoßt ins Horn, ruft laut:
> Sammelt euch! Hinein in die festen Städte!
> Flüchtet zum Zion! Bleibt nicht stehn!
> Der Löwe aus dem Dickicht, der Würger, ist los!«
> (vgl. Seybold, Jeremia 112f).

Im Gegensatz zu Jer 31,2–6 ist der Zion hier nicht Ziel einer festlich-fröhlichen Wallfahrt, aber immerhin Zufluchtsort. Jeremia greift damit ein jesajanisches Thema auf (Jes 14,32; vgl. 8,18; 31,4.9). Die Frage, ob der Zufluchtsort sich bewähren wird, bleibt allerdings offen. In 6,1 werden die Leute aus Benjamin aufgerufen aus Jerusalem nach S zu flüchten. Der anonyme Würger von 4,7, der los ist, wird in V. 6b im Stil der Gottesrede wahrscheinlich korrekt als (kriegerisches) Unheil gedeutet, das Gott aus dem N herbeiführt. Wie bei einer ganzen Reihe anderer Gedichte aus dieser Zeit fällt auf, dass sich Jeremia damit begnügt, als eine Art Kassandra ein drohendes Unheil zu beschwören, ohne es genau zu identifizieren oder einen Grund dafür zu benennen.

§ 821 Das ist auch in Jer 6,22–26 der Fall. Allerdings wird das Unheil hier nicht nur in der Metapher vom Löwen vergegenwärtigt, sondern deutlich als Kriegsmacht gezeichnet:

»Siehe, ein Volk kommt aus dem Lande des Nordens.
Eine große Nation bricht auf von den fernsten Teilen der Erde.
Bogen und Krummschwert führt es, grausam und hart.
Sein Lärm tost wie das Meer. Sie reiten auf Rossen,
wie einer, der zur Schlacht gerüstet ist – gegen dich, Tochter Zion!
Wir haben das Gerücht gehört. Unsere Hände sind schlaff.
Verzweiflung packt uns, Weh wie eine Gebärende.
Geht nicht hinaus aufs Feld, nicht hinaus auf die Strasse!
Denn das Schwert des Feindes und Grauen sind ringsum.
Tochter meines Volkes lege den Sack um, wälz dich in der Asche.
Trauere wie um den einzigen Sohn in bitterer Klage,
denn plötzlich kommt er, der Verwüster über uns«
(vgl. Seybold, Jeremia 117).

Das mörderische Heer, das da anschaulich geschildert wird, hat es direkt auf den Zion abgesehen, der als Frau vorgestellt wird (vgl. § 816f.950–963.1048f.1053–1055).

§ 822   Im berühmten Gedicht vom Schnitter Tod in Jer 9,16–21 wird geschildert, wie erfolgreich das mörderische Heer bei seinem Angriff auf den Zion ist:

»Passt auf und ruft nach Klagefrauen!
Nach den weisen Frauen schickt, dass sie kommen.
Sie sollen eilen und über uns die Wehklage anheben …
Ja, Wehklage wird vom Zion gehört …
Der Tod ist durch unsere Fenster hereingestiegen, in unsere Paläste gedrungen,
um das Kind von der Gasse zu tilgen, die jungen Männer von den Plätzen.
Die Leichen der Menschen liegen über das Feld hin
wie Garben hinter dem Schnitter, die niemand aufliest«
(vgl. Seybold, Jeremia 129f).

Wir haben hier wahrscheinlich den Ursprung des Bilds vom Sensenmann, das im Mittelalter und im Barock so ungeheure Verbreitung gefunden hat.
Man ist bei diesen Gedichten fast geneigt von einer Katastrophen- und Todesobsession Jeremias zu reden.

Das ungerechtfertigte Vertrauen und die drohende Katastrophe

§ 823   In einigen Gedichten wird das drohende Unheil nicht wie eine Naturkatastrophe geschildert, die unaufhaltsam heraufzieht, sondern es finden sich Hinweise, dass das Verhalten des Volkes und der Verantwortlichen Anlass für die düstere Prognose gaben. Welcher Art sind sie?
Eines der Gedichte, die hier genannt werden müssen, findet sich in Jer 4,29–31:

»Vor dem Lärm der Reiter und Bogenschützen flieht das ganze Land.
Hinein ins Dickicht, hinauf auf die Felsen.
Jede Stadt ist verlassen. Kein Mensch ist in ihnen geblieben.
Und du (Jerusalem!), was willst du tun? Dich in Purpur kleiden, dich mit Goldschmuck
     schmücken?
Mit Schminke die Augen aufreißen? Umsonst machst du dich schön!
Die Liebhaber (*'ogebim*) haben dich verworfen. Sie wollen dein Leben.
Ich höre Laute wie von einer, die gebiert, Schmerzensschreie wie von einer Kreißenden.
Die Tochter Zion stöhnt und streckt die Arme aus:
Weh mir, mein Leben erlischt unter Mördern«
(vgl. Seybold, Jeremia 115).

439   Zeichnung von einem ägypt. erotischen Papyrus (Turin), die eine Frau zeigt, die sich mit Blick in den Spiegel schminkt (ca. 1150a)

§ 824   Das mit »Liebhaber« übersetzte Wort kommt nur hier und in Ez 23, dort allerdings gehäuft, vor. Ezechiel hat dann das von Jeremia geschaffene Bild bis zum Überdruss ausgeschlachtet (vgl. § 811.950–963).

Das Vorbild für das Verhalten, das Jerusalem bzw. seinen Bewohnern und Bewohnerinnen hier vorgeworfen wird, hat wahrscheinlich Isebel, die berühmt-berüchtigte Königin des Nordreichs, geliefert, die sich beim Herannahen Jehus, ihres Todfeinds, geschminkt (**439**) und geschmückt ins Fenster stellte (2Kön 9,30) wie die »Frau am Fenster« (**420–421**). Was sie damit bezweckte, ist nicht ganz klar. Was Jeremia Jerusalem mit diesem Bild vorwirft, ist wahrscheinlich eine Bagatellisierung der Situation. Sie glaubt, es würde genügen, dem herannahenden Heer im richtigen Moment »schöne Augen zu machen«. Überheblichkeit wirft Jeremia Jerusalem vor, wenn er die Stadt schildert, wie sie sich selbst einer Göttin gleich auf dem Libanon thronen sieht, im Zederndickicht (Jer 22,23; vgl. Hld 4,8), von den Wächtern des Zedernwaldes beschützt (**440**). In Jer 6,2 wird die Tochter Zion als »Schöne und Verwöhnte« apostrophiert.

§ 825   »Dieses Volk da« meint wohl, wie schon beim Propheten Jesaja (6,10; 8,6.11f; 28,11.14; 29,13f), in erster Linie die Bevölkerung Jerusalems. Sie will keine Drohungen hören. Das veranschaulichen fünf Zitate, die ihr in Jer 5,12–14 in den Mund gelegt werden:

440 Ein kleines Tonrelief aus Mari zeigt über sieben Reihen von Bergen die kämpferische Ischtar, die auf einem Löwen steht und von zwei Wächtern flankiert ist, die in der Rechten eine Axt halten (um 1750a)

»Sie verleugnen JHWH und sagen:
›Nichts ist mit ihm!‹ (Jer 2,20.25.27.31; Am 9,10; Mich 2,6),
und ›Kein Unheil kommt über uns!‹ (Jer 23,17),
und ›Schwert und Hunger bekommen wir nicht zu spüren!‹ (Jer 14,13),
und ›Die Propheten werden zu Wind (*ruaḥ*)!‹,
und ›Das Wort ist nicht in ihnen!‹
Darum, so spricht JHWH, der Gott der Heere:
›Weil das ihre Reden sind,
siehe, deshalb mache ich meine Worte in deinem Munde zu Feuer
und dieses Volk da wird das Holz sein
und es wird sie fressen‹«
(vgl. BiBe 9, 1973, 63f, Hossfeld/Meyer; OBO 13, 1977, 85–93, Meyer).

Hier steht Jeremia noch nicht, wie später so oft, Berufskollegen gegenüber, sondern das Volk wird einer Anzahl von Propheten gegenübergestellt, die es ablehnt. Es ist also offensichtlich durchaus nicht so, dass Jeremia mit seiner Botschaft von drohendem Unheil ganz allein stehen würde (vgl. auch Jer 26,20–24). Wenn Jeremia dem Volk vorwirft, es verleugne JHWH, ist das wohl in dem Sinne polemisch, als das Volk den drohenden JHWH ablehnt, den Jeremia und seine Kollegen verkünden.

Das legt jedenfalls Jer 4,9–10 nahe, in dem die Verantwortlichen, der König und seine Minister, die Priester und Propheten, sich beklagen:
»Ach, Herr JHWH, wie hast du uns doch getäuscht, indem du sprachst: ›Heil (*šalom*) wird euch sein! Und nun geht uns das Schwert an den Hals!‹« (vgl. BiBe 9, 1973, 62f, Hossfeld/Meyer; OBO 13, 1977, 81–85, Meyer; vgl. auch Jer 6,14; 14,13ß).

§ 826   Es gab offensichtlich Priester und Propheten, die die Zukunft nicht so düster sahen, wie Jeremia und seine Kollegen. Der Konflikt zw. Priestern und Propheten auf der einen und Prophet(en) auf der anderen Seite war schon Hosea nicht fremd (4,4–5,2; 6,9). Die hoseanische Thematik, dass die Priester (und Propheten) einen baalistisch geprägten Kult fördern, findet sich in Jer 2,8.26.30. Typisch für Jeremia selbst aber ist der Vorwurf, schönfärberisch im Hinblick auf Jerusalem »Heil« zu verkünden, wo keines ist. In Jer 4,9–10 werden die Verantwortlichen noch als Opfer göttlicher Täuschung dargestellt. In Jer 5,30–31 werden ihre optimistischen Prognosen als Trug und Wahnwitz (*šæqær*) disqualifiziert:

> »Entsetzliches (*šammah*) und Schauderhaftes (*ša'arurah*) geschieht im Lande,
> die Propheten weissagen beim Lügengott (*bašæqær*; vgl. Jer 2,8 »beim Baal«),
> die Priester, sie geben ihre Weisung im Verein mit ihnen,
> und mein Volk liebt es so!
> Aber, was wollt ihr machen, wenn damit Schluss ist?«
> (vgl. BiBe 9, 1973, 65, Hossfeld/Meyer; OBO 13, 1977, 93–99, Meyer; vgl. dazu § 719.833).

In Jer 6,13 = 8,10 wird als Grund dafür, dass sie Täuschung und Trug unter die Leute bringen, Gewinnsucht genannt. Es werden nicht nur ihre unbegründet optimistischen Zukunftsvisionen, ihr Wunschdenken, ihre Schalom-Verkündigung als Trug apostrophiert, sondern auch die Motivation, das zu tun, ist unmoralisch (OBO 13, 1977, 99–110, Meyer). In Jer 14,10–16 lässt Jeremia JHWH bestreiten, dass er zu den Heil verkündenden Propheten gesprochen und sie gesandt habe. Ursprung ihrer Verkündigung ist ihr Wunschdenken (OBO 13, 1977, 47–65, Meyer). In der großen Komposition Jer 23,9–32 wird den Propheten Jerusalems vorgeworfen werden, dass sie die Schlechtigkeit Samarias noch übertreffen. Sie bestärken durch Lügen (*šæqær*) die Skrupellosen in ihrem bösen Tun, so dass die Einwohner Jerusalems wie die von Sodom und Gomorra geworden sind (23,14; vgl. § 338; OBO 13, 1977, 111–140, Meyer). Diese Thematik findet sich schon beim frühen Jesaja (§ 422f). Auch *šæqær* als fehlgeleitetes Gefühl von Sicherheit kommt schon in Jes 28,15 vor (§ 517), wird aber erst in der jeremianischen Theologie ein Hauptthema (SBT 16, 1970, Overholt).

Die zerschmetterte Wasserkaraffe (Jer 19)

§ 827   Eine dramatische Steigerung der Ankündigung des Unheils bedeutet im Vergleich zu den eben zitierten Gedichten die Symbolhandlung des Zerschmetterns eines Tongefäßes und die Deutung dieses Vorgangs auf die drohende Zerstörung Jerusalems (Jer 19,1–20,6*; JSOT.S 283, 1999, 115–124, Friebel; vgl. Jer 13,14; zum Verhältnis prophetische Symbolhandlung und Magie vgl. § 876). Das drohende Unheil wird nicht mehr bloß durch das Wort vergegenwärtigt, sondern durch eine wirkmächtige Handlung, wenn diese nicht als eine Art zum Denkmal verdichtete Erinnerung zu verstehen ist. Darauf reagiert nicht nur das »Volk«, sondern die Priesterschaft und nicht nur mit Worten, sondern mit einer handgreiflichen Misshandlung. Zum Grundbestand von Jer 19,1–20,6 werden in der Regel etwa folgende Verse gerechnet:

1 »Damals sprach JHWH (zu Jeremia): ›Geh und kaufe dir eine Wasserkaraffe (*baqbuq*; 441) und nimm dir einige von den Ältesten … und gehe an den Eingang des Scherbentores 10 und zerbrich die Wasserkaraffe vor den Augen der Männer, die mit dir gegangen sind, 11 und sage zu ihnen: ›So spricht JHWH der Heere: So werde ich dieses Volk und diese Stadt zerbrechen, wie man ein Töpfergefäß zerbricht, so dass es nicht wieder geflickt werden kann.‹ 14 Dann kam Jeremia von dem Eingang zum Tor, wohin JHWH ihn geschickt hatte, um dort als Prophet aufzutreten, und stellte sich in den Vorhof des Hauses JHWHs und sagte zum ganzen Volk: 15 ›So spricht JHWH der Heere: Seht, ich bringe über diese Stadt das ganze Unheil, das ich ihr angedroht habe.‹ 20,1 Als Paschhur der Sohn des Immer, der Priester, der oberste Aufseher im Hause JHWHs, diese Worte hörte, die Jeremia prophezeite, ließ Paschhur Jeremia den Propheten schlagen und am oberen Benjamintor im Hause JHWHs in den Block legen …«. Wie er ihn anderntags wieder freilässt, droht Jeremia Paschhur den Tod seiner Freunde und ihm und ganz Juda die Deportation nach Babel oder den Tod an (Jer 20,3–6).

Die oben in § 805 von H.-J. Stipp formulierten Argumente sollten daran hindern, diesem Rekonstruktionsversuch kanonische Geltung zuzuerkennen.

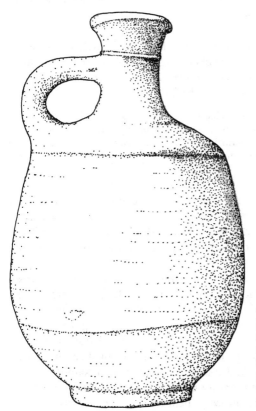

441 Die Wasserkaraffe, die Jeremia erwirbt und zerschmettert (Jer 19), ist eine der schöneren und komplexeren Formen der ez Keramik Judäas. Der hebr. Name *baqbuq* imitiert das Glucksen des Wassers, das durch den schmalen Flaschenhals entweicht (7. Jh.a)

§ 828   Die Erzählung von der zerschmetterten Wasserkaraffe stellt im Rahmen des heutigen Jer-Buches die erste der Kurzerzählungen dar, die von den Verfolgungen und Leiden Jeremias erzählen (zu diesen vgl. § 803f). Die Erzählung ist im Gegensatz zu manchen anderen nicht datiert. Über ihre ursprüngliche Stellung kann man nur spekulieren. Wahrscheinlich liegt Stichwortanordnung vor. In Jer 18 ist von Gott als Töpfer die Rede, in Jer 19 von einem Töpfergefäß, genauer dem Zerschmettern einer Wasserkaraffe. Die Verbindung reicht weit über Wortassoziationen hinaus. Der töpfernde Gott ist ein Motiv der Schöpfungsüberlieferungen (Gen 2,7f.19; Ps 74,17; 95,5), das die souveräne Verfügungsgewalt JHWHs prädiziert (Jes 64,7). In Jer 18 (und 19) ist dieses souveräne Handeln auf die Geschichte bezogen. Damit wird ein Thema der Prophetie Jesajas aufgegriffen (vgl. § 437.440.454.457) und weiter geführt. Enger als Jesaja (vgl. § 444–446) sieht Jeremia das Schöpfungs- und Geschichtshandeln JHWHs ineinander verschränkt (SBS 102, 1981, H. Weippert; AOAT 327, 2006, 447–459, Weippert; vgl. § 854). Die Souveränität des Gottes, der erschafft und zerstört, kommt im Zerschmettern der Wasserkaraffe ebenso eindrücklich wie bedrohlich zum Ausdruck. Gleichzeitig bringt die Zeichenhandlung (vgl. zu diesem Genus § 903) die ganze Verkündigung Jeremias auf den Punkt: Jerusalem samt dem Tempel kann und wird zerstört werden. Der provokative Charakter dieser Ankündigung wird erst deutlich, wenn man sie vor dem Hintergrund des Glaubens an die Unzerstörbarkeit Jerusalems und des Tempels sieht, der von zahlreichen Zeitgenossen Jeremias Besitz ergriffen hatte (vgl. § 832–840).

§ 829   Der verbindliche Charakter der Zeichenhandlung wird durch die Anwesenheit von Zeugen unterstrichen. Dass Jeremia über Zeugen aus dem Bereich der Ältesten verfügt, überrascht im Hinblick auf Jer 26 nicht, wo die höchsten Beamten und die Ältesten des Landes zu seinen Gunsten sprechen.

Überraschender ist die Anwesenheit von Priestern, die in Jer 26 seine Gegner sind. Der hier verwendete Ausdruck »Älteste der Priester« (Jer 19,1) wird sonst nur noch in einer Jesajalegende verwendet (Jes 37,2 = 2Kön 19,2). Er ist hier vielleicht in Analogie zu den »Ältesten des Volkes« gebildet und soll wohl, wie in Jes 8,1f, die Feierlichkeit der Handlung unterstreichen, deren Zeugen geistliche und weltliche Würdenträger sind.

§ 830   Ort der Handlung ist das »Scherbentor«. Es wird nur hier erwähnt und in der Regel mit dem in Neh 2,13; 3,13f; 12,31 genannten »Mist-« bzw. »Aschentor« identifiziert. Es dürfte in der Nähe der Einmündung des Stadttals (früher: Tyropoion) in das Gehinnom bzw. das Kidrontal gelegen und auf die Müllhalde Jerusalems hinausgeführt haben.

Dort zerschmettert Jeremia die eben erworbene Karaffe zu Scherben, und zwar so, dass sie nicht mehr zusammengeflickt werden kann. Die Karaffe repräsentiert, wie die Deutung in 19,11 sagt, dieses Volk da und diese Stadt. Das Volk meint so wohl die Bewohner Jerusalems. Die metaphorisch vorwegnehmende, magisch wirkende Zerschmetterung politischer Größen wie Fürsten, Städte und Länder durch das Zerschmettern meist beschrifteter Tongefäße und -figuren ist eine im alten Orient weit verbreitete Gepflogenheit (**442**; vgl. **10**, den ältesten Beleg für den Namen »Jerusalem« auf der Scherbe eines zerschmetterten Tongefäßes). Das für uns eher merkwürdige Vorgehen dürfte die Zuschauer keineswegs belustigt, sondern zutiefst beunru-

442   Relief im Tempel von Luxor, das Amenophis III. beim »Zerschlagen der Roten Töpfe« zeigt. Diese bedeuten das Ägypten feindliche Ausland

higt und verstört haben. Die Zerstörung des schönen Gefäßes war gleichsam der Anfang der Zerstörung der Stadt. Auf die Symbolhandlung folgt die Ankündigung der gleichen Botschaft im Tempelvorhof. Die Begründung des kommenden Unheils mit den Worten »weil sie ihren Nacken steif gemacht haben und nicht auf mein Wort hörten« ist dtr. (vgl. Dtn 10,16; 2Kön 17,14) oder noch später (Jer 17,23; Neh 9,16.17.29). Die Texte der hist. Kurzerzählungen sind vor allem daran interessiert herauszustellen, dass Jeremia den 587a erfolgten Untergang Jerusalems angekündigt hat und so als echter Prophet gelten muss (vgl. Dtn 18,22).

§ 831   Im Gegensatz zu ao Gepflogenheiten zerschmettert Jeremia nicht irgendeine feindliche Größe, sondern die eigene Stadt. Dieser Akt der Seinsminderung, des Fluchs gegen das Eigene muss nicht nur den Priester Paschhur, den Sohn des

443 Das mit dem ägypt. Motiv der Lotosblüte und zwei Punktrosetten geschmückte Siegel gehörte einem »Paschhur«; die sonst übliche Angabe des Vaternamens fehlt; der ägypt. Name bedeutet »Kind des Horus«; vielleicht gehörte das Siegel einem in Jerusalem tätigen Ägypter (7. Jh.a)

444 Siegel mit der Innschrift »Dem Paschhur, dem Sohn des Adajahu, (gehörig)«; der Vatername ist ein klassischer hebräischer Name mit dem theophoren Element *jahu* = JHWH; der Besitzer war also ein Judäer (7. Jh.a)

444a Fragmentarische Bulle, die im Schutt gefunden worden ist, die die moslemische Behörde vom Tempelplatz entfernen ließ; die Inschrift lautet »<Dem Ga>ljahu, (dem Sohn des) Immer, (gehörig)« (7. Jh.a)

Immer, der als solcher für den Segen der Stadt verantwortlich war, empört haben (Jer 20,1–3.6).

Paschhur ist wahrscheinlich ein ägyptischer Name (*pȝ šrj (n) Ḥr* »Kind des Horus«. Der Name Paschhur ist auf einem hebr. Siegel ohne Filiation aber in Kombination mit einer großen Lotosblüte (**443**), auf einem weiteren Siegel (**444**) und auf zwei Bullen in Kombination mit hebr. Namen belegt (Avigad/Sass, Corpus Nr. 335f und 618f; IEJ 20, 1970, 95f, Ahituv). Der Vatername Pschhurs, »Immer«, ist gut hebräisch und auf einer Bulle vom Tempelplatz belegt (**444a**). Ein Tempelaufseher aus einer ägyptenfreundlichen Familie ist unter Jojakim, der ja von Pharao Necho eingesetzt worden ist, denkbar (zu Horusfalken auf Siegeln aus Palästina/Israel bzw. Jerusalem vgl. **367.371.401–403**; OBO.A 25, 2006, Tall al-Mazar Nr. 6–7, Eggler/Keel). Seine Feindschaft gegenüber Jeremia, der als probabylon. wahrgenommen wurde, wäre dann verständlich. Der Gegensatz zw. Jeremia und dem Tempelaufseher kann aber, wie dann in Jer 26, auch einfach damit begründet sein, dass Jeremia Unheil ankündigt, die Tempelpriesterschaft aber Heil verheißt, das Jeremia in 20,6 wie schon in 5,31;

6,14; 23,17 und 26,4 als *šæqær*- als Haltloses-Prophezeien disqualifiziert. Beachtenswert ist, dass in Jer 20,6 das priesterliche Heil-Ansagen als Prophezeien apostrophiert wird (vgl. dazu aber die »Priester *und* Propheten« in Jer 26,7f).

Blindes Vertrauen auf die zum Dogma erhobene Gegenwart JHWHs im Tempel

Jeremia 7

§ 832   Deutlicher als die bisher genannten Worte lässt die sogenannte Tempelrede in Jer 7,1–15 den Hintergrund der Auseinandersetzung Jeremias mit jener Schicht erkennen, die sich politisch schlussendlich durchgesetzt hat. Jer 7,1–15 ist thematisch nicht von dem in Jer 26 erzählten Auftritt des Propheten zu trennen (JSOT 36, 1986, 73–87, Holt; CBQ 51, 1989, 617–630, O'Connor) und Jer 26 nicht von Jer 36 (SBAB 12, 1991, 81–86, Lohfink). Die Tempelrede wird in Jer 26,1 an den Anfang der Regierung Jojakims, also ins Jahr 609a datiert. Aber es ist fraglich, ob diese Datierung nicht eher ideologisch als positiv hist. zu werten ist. Sie suggeriert, Jeremia habe »von Anfang an« vor einem unrealistischen, bedingungslosen Vertrauen auf JHWHs Gegenwart und Schutz gewarnt. Die Frage dürfte erst im Zusammenhang mit Aufstandsgelüsten gegen Babel im Jahre 601a und nicht schon 609a akut geworden sein (vgl. § 842).
Die Rede in Jer 7, so wie sie uns vorliegt, ist zum größten Teil dtr. geprägt. Es ist wohl nicht möglich durch ein literarkritisches Subtraktionsverfahren eine jeremianische Rede zu gewinnen, die von dtr. Diktion frei ist (vgl. dazu § 805 und FRLANT 196, 2002, 65 und 68, Maier), wie M. Rose das versucht hat:

> 3 »So hat JHWH (Zebaot, der Gott Israels) gesprochen:
> ›Bessert euren Wandel und eure Taten,
> so will ich euch an dieser Stätte (*bamaqom ha-zæh*) wohnen lassen.
> 4 Vertraut nicht auf die Lügenworte (*dibre ha-šæqær*):
> ›Der Tempel JHWHs, der Tempel JHWHs, der Tempel JHWHs ist dies!‹
> 8 Nun vertraut ihr auf Lügenworte.
> 9 Nicht wahr: Stehlen, ehebrechen, falsch schwören (tut ihr)
> 10 und dann kommt ihr
> und tretet vor mich hin und sagt: ›Wir sind gerettet!‹
> 12 Geht doch zu meiner Stätte in Schilo
> und seht, was ich ihr getan habe
> (wegen der Bosheit meines Volkes Israel).
> 13 Und nun, weil ihr all diese Taten tut – Spruch JHWHs –,
> 14 so will ich auch dieser Stätte tun,
> wie ich Schilo getan habe‹«
> (vgl. BWANT 106, 1975, 224f, Rose).

Th. Seidl will in der ganzen Rede »eine nachjeremianische exilische Redekomposition« sehen, »die im Zeichen Jeremias theologische Fragen der Exilsgeneration abhandelt« (in: BBB 98, 1995, 141–179, Groß). Das mag zutreffen. Die Konvergenz zw. Jer 7 und 26 sieht aber auch Seidl ganz klar. Der *šæqær*-Vorwurf ist typisch jeremianisch (§ 826) und original-jeremianisch dürfte auch der Verweis auf den zerstörten Tempel von Schilo sein. Die Frage nach der Schutzmächtigkeit der Gegenwart JHWHs im Jerusalemer Tempel war eine existenzielle Frage der Zeit Jojakims und Zidkijas, wie die Diskussion der Jesajalegenden zeigen wird (§ 985–1009). Das schließt nicht aus, dass Jer 7 in der Exilszeit von Kreisen formuliert wurde, denen daran gelegen war zu zeigen, wie richtig die Position war, die Jeremia eingenommen hatte.

§ 833   In der Rede von Jer 7 wird nicht bestritten, dass JHWH in Jerusalem auf dem Zion wohnt (V. 3). Die Begrifflichkeit ist hier noch die gleiche wie im alten salomonischen Tempelweihspruch (1Kön 8,12) und bei Jesaja (8,18; vgl. 6,1–4; 31,9). Das DtrG spricht nur noch vom Wohnen seines Namens etc. (vgl. 1Kön 8,16.18.29; 9,3; vgl. Jer 7,10b; § 81.111.736).

Das Thema der »Wahnworte«, das in Jer 7,4 angeschlagen wird, hat schon in Jer 5,31 angeklungen (§ 826). Das Vertrauen (*baṭaḥ*), das viele Propheten predigen (vgl. 5,31) und das die Bevölkerung von Jerusalem pflegt, ist ein Vertrauen in Trug (*šæqær*). Der Trug besteht nicht darin, dass »man sich auf das Haus Jahwes statt auf den lebendigen Gott« verlässt (BiLe 7, 1966, 106, Schreiner). Der »Tempel JHWHs« ist hier Metonymie für die Anwesenheit JHWHs wie der »Heilige Stuhl« Metonymie für die Autorität des Papstes ist. Die Kritik geht vielmehr dahin, dass man vergisst, was die Tempeleinlass-Liturgien fordern (Ps 15 und 24): Die kultische Gegenwart JHWHs wird für seine Verehrer und Verehrerinnen nur zum Segen, wenn sie dieser Gegenwart durch ihr ethisches Verhalten entsprechen. Der Akzent liegt auf der Inkompatibilität zw. der Gegenwart JHWHs und dem Verhalten der Jerusalemer Bevölkerung, das nicht Segen, sondern nur Fluch bewirken kann. Die missachteten ethischen Forderungen werden anhand von vier Forderungen des Dekalogs illustriert (vgl. Dtn 5,17–19; vgl. Hos 4,2): »Wie? Stehlen, morden, ehebrechen und falsch schwören … und dabei kommt ihr und tretet vor mein Angesicht in diesem Haus … und sagt: ›Wir sind gerettet!‹ Ist denn in euren Augen dieses Haus … eine Räuberhöhle geworden? Gut, dann betrachte auch ich es als solche – Spruch JHWHs« (Jer 7,9–11). Die vier Vergehen thematisieren das Verhalten dem Mitmenschen gegenüber, nicht das soziale Recht wie bei den älteren Propheten des Südreichs (§ 418–421). Die genannten Vergehen waren zur Zeit Jeremias vielleicht schon im Dekalog als »Wort Gottes« formuliert, und es geht jedenfalls mehr um die Missachtung dieses Worts als um die genannten Vergehen, die nur Beispiele für ersteres sind. »Mit der einmaligen Bezeichnung ›Räuberhöhle‹ in 7,11 bringt Gott das Verhalten der Angeredeten auf den Punkt (vgl. Mk 11,17 mit Par). Wer mit derartigen Vergehen Schutz in seinem Tempel sucht, betrachtet ihn wie ein Versteck von Verbrechern, in dem diese sich und ihre unrechtmäßig, mit Gewalt genommene Beute in Sicherheit bringen wollen« (G. Fischer, in: OBO 214, 2005, 89, Böhler/Himbaza/Hugo; zur Räuberhöhle vgl. die Hyänenhöhle in Jer 12,8f; ZAW 81, 1969, 182–191, Emerton; nach ZAW 79, 1967, 225–228, Müller »Beute von Hyänen«). »Gerettet sein bzw. werden« (*niṣṣalnu*) ist ein Begriff, der wie »vertrauen« (*baṭaḥ*) in den Pss regelmäßig vorkommt. Beide treten aber nirgends so gehäuft auf wie in 2Kön 18,19–35//Jes 36,4–20 (vgl. § 987–998).

§ 834   Jeremia kennt, etwa in Jer 6,16–21, die im Südreich seit Amos traditionelle prophetische Kultkritik (vgl. bes. V. 20; § 420; zu Amos und Jeremia vgl. OBO 93, 1989, Beyerlin). Aber im Gegensatz zu Amos (5,21–24), Jesaja (1,10–17) und Micha (6,6–8), die alle drei den Opfern, vor allem den Brandopfern (*ʿolot*), das sozial verstandene Recht (*mišpaṭ*) gegenüberstellen, setzt Jeremia – in der Tradition Hoseas (5,15–6,6, bes. 6,6) – den Opfern die Kenntnis und Erkenntnis JHWHs entgegen, die durch die Propheten (Hos 6,5) bzw. durch die »Wächter (= Propheten)« (Jer 6,17) vermittelt werden, die das Volk auf seine Geschichte mit JHWH und auf JHWHs im Wort und in der Geschichte sich offenbarenden Willen verpflichten (Jer 6,16).

In diese Tradition passt der geschichtliche »Beweis«, der in Jer 7,12–14 dafür angeführt wird, dass der Tempel JHWHs keine Garantie für die Unverletztlichkeit eines Ortes ist. In Schilo stand in der Richterzeit ein »Tempel JHWHs« (1Sam 1,9). Die Stadt – und damit wohl auch der Tempel – ist, wie die Archäologie bestätigt, im 11. Jh.a zerstört worden (NEAEHL IV 1365, Kempinski; vgl. weiter JSOT.S 63, 1989, Schley; Journal for Semitics 5, 1993, 57–67, Deist), vielleicht durch die Philister (vgl. 1Sam 4). Woher man um 600a von dieser doch sehr weit zurückliegenden Zerstörung wusste, ist nicht klar. In Ps 78,60 und 68 werden Schilo und Zion zugunsten Zions miteinander verglichen. Jer 7,12–15 tritt der in Ps 78,60.68 vertretenen Theologie entgegen, nach der Schilo verworfen, der Zion aber (für immer) erwählt ist (zur Beziehung Zion-Schilo vgl. Haag, in: FS Reinelt 85–115, Haag).

Jeremia 26

§ 835   Der Inhalt der Rede von Jer 7,1–15 findet sich im Wesentlichen in der Erzählung von Jer 26 wieder. Die darin erzählten Ereignisse sind ins Jahr des Regierungsantritts Jojakims (609a) datiert. Diese Datierung dürfte wie der Entscheid, die Geschichte vom Zerschmettern der Karaffe als erste Kurzerzählung zu bringen (§ 828), mehr theologische als hist. Bedeutung haben: Gleich am Anfang der Regierungszeit jenes Königs, der den ersten Abfall von Babylon vollzog, soll Jeremia die theologische Grundlage dieses Abfalls kritisiert haben. Jer 26 wird von manchen als Anfang der sogenannten Baruchschrift gesehen, jenem Zyklus von Kurzerzählungen, der über die Leiden berichtet, die für Jeremia mit seiner prophetischen Mission verbunden waren und als deren Verfasser manche Baruch ben Nerija, den Schreiber, vermuten (zum Jeremiabuch vgl. § 803–806). Baruch war Vertrauter (Jer 32,12), Sekretär (Jer 36,4.32) und Sprachrohr (36,6.8.10) Jeremias (NBL I 246f, Sitarz; vgl. 431).

§ 836   Die Erzählung in Jer 26,1–16 legt nahe, dass nichts die für den Jerusalemer-Tempel Verantwortlichen mehr verärgert hat als die Parallelisierung des Jerusalemer Tempels mit dem von Schilo und die Androhung, dass dessen Schicksal auch Jerusalem treffen werde. F.-L-Hossfeld und I. Meyer haben seinerzeit eine ursprüngliche Version zu rekonstruieren versucht:

> 2 »(So sprach JHWH:) Stelle dich im Hofe des Hauses JHWHs auf
> und sprich zu allen Städten Judas, die zur Anbetung zum Hause JHWHs kommen
> 4 und sage zu ihnen:
> ›So sagt JHWH:
> 6 Ich werde dieses Haus wie Schilo
> und diese Stadt für alle Völker der Erde zum Fluch machen.‹
> 7 Die Priester, die Propheten und das ganze Volk hörten,
> wie Jeremia diese Worte im Hause JHWHs sprach.
> 8a Da ergriffen ihn die Priester und Propheten und sagten:
> ›Du wirst sterben!
> 9 Warum prophezeist du im Namen JHWHs ›Wie Schilo wird dieses Haus werden
> und diese Stadt wird wüst werden, dass keiner mehr darin wohnen kann.‹
> Da versammelte sich das ganze Volk um Jeremia im Hause JHWHs.
> 10 Als die Oberen (*sarim*) Judas von diesen Dingen hörten,
> da stiegen sie vom Palast des Königs in den Tempel hinauf
> und setzten sich am Eingang des neuen Tempeltors nieder.

> 11 Da sprachen die Priester und Propheten zu den Oberen und dem ganzen Volk:
> ›Des Todes schuldig ist dieser Mann, denn er hat gegen diese Stadt geweissagt ...‹
> 12 Da sprach Jeremia ... ›JHWH hat mich gesandt‹ ...
> 16 Da sprachen die Oberen und das ganze Volk zu den Priestern und Propheten: ›Dieser Mann ist nicht des Todes schuldig, denn im Namen JHWHs, unseres Gottes, hat er zu uns gesprochen‹.«
> (BiBe 9, 1973, 85–89, Hossfeld/Meyer; OBO 13, 1977, 15–45, Meyer).

Heute ist man solchen Rekonstruktionsversuchen gegenüber skeptisch (§ 805). H.-J. Stipp schreibt die Erzählung als ganze einem dtr. geprägten bzw. deuterojeremianischen Autor der Exilszeit zu. Er nimmt aber nicht an, dieser Autor habe seinen Stoff erfunden. Er postuliert nur, er habe den Prozess Jeremias und die Ermordung Urijas im Sinne des dtr.-deuterojeremianischen Prophetenverständnisses gestaltet (BBB 82, 1992, 17–72, Stipp; ähnlich FRLANT 196, 2002, 146, Maier; ZBK.AT XX/2, 237f, Wanke).

§ 837   Hist. zutreffend dürfte die Erzählung in der Frage sein, wer durch das Tempelwort Jeremias am meisten betroffen war. Es sind vor allem die Priester des Tempels. Die Propheten, die stets im zweiten Glied stehen, waren wahrscheinlich Tempelpropheten im Sinne von Tempelbeamten (zu ihrer Verkündigung vgl. auch Jer 14,13). Durch die Kultzentralisation hat der Jerusalemer Tempel einen Sonderstatus bekommen und ist etwas *sui generis* geworden (§ 555.563.632.636.645–656.703–705). Sein Personal hat an Macht und Einfluss ungeheuer gewonnen. Die Parallelisierung mit Schilo (und seiner korrupten Priesterschaft; vgl. 1Sam 2,11–25) stellt diesen Sonderstatus radikal in Frage.

Im Anschluss an die Geschichte in Jer 26,1–16 wird in Jer 26,20–24 die Geschichte des Propheten Urija aus → II Kirjat-Jearim erzählt, der ähnlich wie Jeremia gegen die Stadt und den Tempel sprach. König Jojakim will ihn töten lassen. Es gelingt ihm nach Ägypten zu fliehen. Jojakim schafft es aber (da er mit Nebukadnezzar gebrochen hat), ihn aus Ägypten zurückzuholen und hinrichten zu lassen. Vielleicht bestand zw. Jojakim und dem Pharao ein Auslieferungsvertrag (ZAW 39, 1921, 148, Jirku). Die Geschichte zeigt deutlich, dass es nicht so sehr das Volk, sondern die Jerusalemer Priester und der König als oberster Herr des Reichstempels waren, die sich von dieser prophetischen Kritik in Frage gestellt fühlten.

Ähnliche Aussagen über den Tempel scheinen bei der Verurteilung Jesu zum Tod eine Rolle gespielt zu haben (Mk 11,15–19 mit dem Zitat aus Jer 7,11; Mk 13,1f; 14,58 mit Par in den anderen Evangelien). Immer wieder überrascht die Einheitlichkeit und Kontinuität prophetischer Positionen, die seit Jesaja in der Transzendenz und Universalität der Vision Gottes gründen.

§ 838   Die dtr.-deuterojeremianische Erzählung hat versucht, das ganze Volk zu ebenso wichtigen Gegnern Jeremias zu machen. Sie hat in Jer 26,8 nebst den Priestern und Propheten das Volk an der Verhaftung Jeremias beteiligt. Sie lässt in Jer 26,24 Jeremia nicht in die Hände des Volkes fallen als ob ihm vom Volk Gefahr gedroht hätte. Die vorausgehenden V. 20–23, die die Ermordung des Propheten Urija erzählen, zeigen ganz deutlich, dass die Gefahr vom König und nicht vom Volk ausging. Im Rechtsstreit stehen die Oberen und das Volk auf Seiten Jeremias gegen die Priester und Propheten (bes. V. 12 und 16). Ein Teil der Oberen, allen voran die patrizischen

Schafaniden, schützen Jeremia auch sonst, so gut sie können, vor dem Zugriff Jojakims (Jer 26,24; BetM 27, 2982, 97–100, Luria).

§ 839   In einer Notiz, die jetzt dem Prozessbericht von Jer 26,1–16 angehängt ist (Jer 26,17–19), werden die Ältesten des Landes als Träger eines ganz speziellen Arguments zugunsten Jeremias erwähnt. Sie verweisen auf Micha von Moreschet, der wie sie ein Dorfältester gewesen sein dürfte (vgl. § 496–501). Seine in Mich 3,12 referierte Drohung habe ihm auch nicht die Verfolgung durch Hiskija eingetragen. Die Notiz zeigt, dass in den 100 Jahren seit der Nichteroberung Jerusalems durch Sanherib aus dem einmaligen Faktum ein zeitloses Dogma geworden ist (VT.S 43, 1991, 172–184, Hardmeier). Jerusalem ist von Sanherib nicht nur nicht erobert worden. Die Stadt kann nicht erobert werden. Sie ist in der Sicht der Priester und der Nationalreligiösen ganz allgemein zum ganz speziellen Eigentum JHWHs geworden, über dem sein Name ausgerufen ist, auf das er seinen Namen gelegt hat, wo er seinen Namen wohnen lässt und das deshalb niemand sich aneignen kann (§ 81.736). Was zur Zeit Michas von Moreschet zu sagen noch möglich war, ist jetzt zur Blasphemie geworden. Neben einer Entwicklung in der Zeit dürfte sich in der Auseinandersetzung auch ein Konflikt zw. Zentrum und Peripherie spiegeln (§ 8–15), der immer einseitiger zugunsten des Zentrums entschieden wurde.

§ 840   Vergleicht man die Ankündigung und Begründung der drohenden Katastrophe in Micha 3,9–11 mit dem, was man bei Jeremia findet, so ist bei Micha die Begründung des Gerichts wichtiger als die Sichtbarmachung der Katastrophe. Bei Jeremia ist es umgekehrt. In Mich 3,9–11 ist die Begründung der Katastrophe mit der Bestechlichkeit der Richter, Priester und Propheten sehr konkret. In Jer 6,6c–7 etwa ist eher allgemein von Schlechtigkeit und Unterdrückung die Rede. Allgemein gehalten ist auch die Metapher vom Silber, das zur Schlacke geworden ist, die Jer 6,27–30 aus Jes 1,22 übernommen hat (vgl. JThS 6, 1955, 82–87, Driver). Dafür wird die Vernichtung des Zion in Jer 6,1–6a viel konkreter geschildert als in Mich 3,12. Bezeichnenderweise beginnt Jeremia mit der Prognose und die Diagnose fällt eher summarisch aus, während es bei Micha genau umgekehrt ist.
Insgesamt spielt die ethische Begründung des Gerichts bei Jeremia keine sonderlich große Rolle und wenn doch, hat sie in der Regel eher religiösen als sozialkritischen Charakter. Eine Ausnahme stellt seine Kritik an Jojakims aufwendigem Lebensstil dar, der sich u. a. nach ägypt. Manier ein luxuriöses »Erscheinungsfenster« einrichten ließ (Jer 22,13–19). Auch dort, wo Jeremia ethisch-soziale Missstände thematisiert, steht immer wieder das – angesichts der drohenden Katastrophe – leichtsinnige »Heil-Rufen«, die Bagatellisierung der Gefahr im Vordergrund (Jer 6,13f). Wie sehr bei Jeremia die drohende Gefahr und die Aufforderung, sich mit ihr auseinanderzusetzen, die Botschaft beherrscht, zeigt die folgende Überlieferung.

Der Kampf um die Buchrolle (Jer 36)

§ 841   H. J. Stipp unterscheidet bei dieser Erzählung eine Grundschicht (V. 5–6b.8*.14–16.20–25a.26–30), die er als Megillah-Schicht, und eine schafanidisch-patrizische Redaktion (1–4.6c–13.27*.31–32), die er als Sefær-Schicht bezeichnet (zur Struktur des Kapitels mit der Schriftrolle im Zentrum vgl. auch RivBib 49, 2001, 129–153, Di Pede). G. Wanke hält die V. 3.7.24–25 und 29–31 für dtr.-redaktionell (ZBK.AT XX/2, 332). »Durch die Einfügung der V. 24–25.29–31 in die Erzählung formen die Bearbeiter die Erzählung in eine Kontrasterzählung zu 2Kön 22f um. Dort ist von der Auffindung eines Gesetzbuches im Tempel und von der angemessenen Reaktion des Königs Joschija auf die Verlesung des Gesetzes die Rede« (ZBK.AT XX/2, 338, Wanke; vgl. § 629–686).

Das Ringen um die Buchrolle wird von der Sefær-Schicht ins 5. (M) bzw. ins 8. Jahr (LXX) Jojakims datiert. Das 8. Jahr ist das Jahr 601/600a mit der Niederlage Nebukadnezzars beim ersten Versuch Ägypten zu erobern (vgl. § 848). Im 5. Jahr, im Jahr 605/604a, hatte Nebukadnezzar Pharao Necho II. am Eufrat bei Karkemisch besiegt (§ 787f). Da Nebukadnezzar anschließend nach Babylon zurückkehren musste, weil sein Vater, Nabopolassar, gestorben war und er die Nachfolge antreten sollte, gewichtete man in Juda diesen Sieg wohl nicht so richtig. Man hat in Bezug auf Ägypten wohl von einem taktischen Rückzug gesprochen und die Niederlage der Ägypter verharmlost. Zwei parallele Gedichte in Jer 46 reagieren wahrscheinlich auf diese Situation. Sie entsprechen der Überzeugung Jeremias, dass JHWH die »Welt« für eine, von ihm festgesetzte Zeit Nebukadnezzar übergeben hat. Jede Politik, die auf Ägypten setzt, ist deshalb verfehlt (ThZ 52, 1996, 193–205, Huwyler). Jer 46,3–12.13–26 evozieren einen schmählichen Rückzug Ägyptens. Das ägypt. Heer wird darin mit dem anschwellenden Nil (V. 7f), der Pharao mit tosenden Chaoswassern verglichen (V. 17). Das erinnert an Jes 30,7, wo Ägypten als zum Schweigen gebrachtes Chaosungetüm bezeichnet wird (§ 514; 311–313). Jer 46,22 vergleicht die Stimme des zurückweichenden Ägypten mit dem Zischen einer Schlange. Vielleicht ist an den typisch ägyptischen Uräus gedacht (§ 441.444). Jer 46,25 droht Amun von Theben und allen ägypt. Göttern die Heimsuchung an.

Ob man Ägypten tatsächlich als theopolitischen Zentralbegriff des Jeremiabuchs bezeichnen kann, wie M.P. Maier das macht, scheint mir allerdings mehr als fraglich (Österreichische Biblische Studien 21, 2002). Von den Kapiteln 42–44 und 46 abgesehen taucht der Begriff im Jeremiabuch gerade 20mal auf, verteilt auf 12 von 41 Kapitel. Das scheint mir für einen »Zentralbegriff« doch eine etwas zu schmale Basis, auch wenn Jeremia von Hosea den Auszug aus Ägypten als Grunddatum der Geschichte Israels übernommen hat und wie Ezechiel ein folgenreiches Vertrauen auf Ägypten als Bündnispartner bei der Rebellion gegen Babylon ablehnt. Ähnlich hatte Jesaja das mit Ägypten geschlossene Bündnis gegen die Assyrer als nutzlos bezeichnet.

§ 842   Nicht an Gedichte gegen Ägypten, sondern an eine Sammlung und deren öffentlichen Vortrag sämtlicher bisher vorgebrachter Worte des Propheten dürfte in Jer 36 gedacht sein. Am ehesten kommen dafür die Kap. 1–20* des Jeremiabuchs in Frage, die im Wesentlichen Worte über Jerusalem und Juda enthalten (ZBK.AT XX/2,

334, Wanke). Da es Jeremia verwehrt ist, den Tempel selbst zu betreten (Jer 36,5), lässt er von Baruch alle seine bisherigen Äußerungen aufzeichnen und im Tempelbezirk vorlesen, um den Ernst der Lage dramatisch zu dokumentieren. Wenn die Datierung dieses Vorgangs ins 5. Jahr Jojakims (M 36,9) hist. nicht unmöglich ist (§ 787f), so ist die Datierung ins 8. Jahr Jojakims (LXX 43,9) doch wahrscheinlicher (BBB 82, 1992, 110f, Stipp). Das 8. Jahr Jojakims ist das Jahr 601/600a, d.h. das Jahr der Niederlage Nebukadnezzars an der ägypt. Grenze (§ 848). Dieses Ereignis wurde in Juda offensichtlich von manchen als Anfang vom Ende der Macht Babylons interpretiert. Die Drohungen Jeremias konnten so als hinfällig gelten. Eine Reaktion König Jojakims ganz in diesem Sinne wird in Jer 36 geschildert, die wahrscheinlich von der Sefaer-Schicht aufgrund einer Vorlage der Megilla-Schicht gestaltet und mit der von ihr erweiterten Erzählung von Jer 26 zu einem dramatischen Ganzen vereinigt worden ist.

§ 843   Nach 36,1–3 bekam Jeremia von JHWH den Auftrag, alles, was er seit seiner Berufung in den Tagen Joschijas bis heute (605 bzw. 601a) gegen Jerusalem (LXX) und Juda gesprochen hat, auf eine Buchrolle (*megillat-sefær*) zu schreiben, in der Hoffnung, dass Juda von seinem schlechten Weg umkehre. Das Aufschreiben einzelner Worte oder Drohungen auf eine Tafel (*gillajon*, *luaḥ*) findet sich schon bei Jesaja (8,1; 30,8). Auch in der Grunderzählung von Jer 36 ging es nur darum, bestimmte Texte Jeremias vorzulesen. Aber wie zur Zeit Joschijas die Tora als »Schriftrolle« erscheint (2Kön 22), so soll nun nach der Schafaniden- bzw. der Patrizischen-Redaktion auch die prophetische Verkündigung in »Rollenform« herausgegeben werden. H.-J. Stipp hat die Terminologie geändert, weil die Redaktion, die er die schafanidische nannte, nicht nur die Schafaniden, sondern alle *sarim* »Patrizier« Judas im Blick hat (Jeremia, der Tempel und die Aristokratie, Waltrop 2000, 7–17). Die Erzählung in Jer 36 kennt, bes. in der Patrizischen Redaktion viele Akteure, nebst JHWH und Jeremia (12mal genannt) den Schreiber Baruch (16mal genannt), eine Reihe namentlich genannter Minister und den König. Im Zentrum des Geschehens aber steht sowohl in der Grundschicht, wie in der patrizischen Redaktion das Schicksal der Buchrolle (*sefær*, *megillah* oder *megillat-sefær*), die 20mal genannt wird. Das schriftlich und so eigenständige Wort JHWHs steht dem König gegenüber.
Die Schriftkundigkeit hatte am Ende des 8. Jh.a sprunghaft zugenommen (§ 471). In der Erzählung von der zur Zeit Joschijas aufgefundenen Schriftrolle steht zum ersten Mal ein geschriebener Text im Zentrum einer Überlieferung (§ 671–680.715f). Ist es in 2Kön 22 das »Gesetz«, so sind es in Jer 36 Prophetenworte, die in Form einer Buchrolle eine Art Eigenleben zu führen beginnen. Beide Überlieferungen vom Ende des 7. Jh.a sind realistisch. Im 6. Jh.a spielen Schriftrollen wiederholt in visionären Zusammenhängen eine zentrale Rolle. Ezechiel verschlingt das Wort Gottes in Form einer solchen (§ 901). In einer der Visionen Sacharjas steht eine fliegende Schriftrolle im Zentrum (§ 1361). Der literarische Befund wird durch die Ikonographie ergänzt. In Ägypten werden seit der 26. Dyn. (664–525a) Bronzestatuetten Imhoteps, des sagenhaften Weisen und Patrons der Schreiber, populär, die ihn sitzend mit einer Schriftrolle auf den Knien zeigen (**445**). Aus dem Zypern des 6. Jh.a stammt eine kleine Terrakottafigur, die einen Schreiber mit einer Schriftrolle zeigt. Die merkwürdige Kopfbedeckung gehörte vielleicht zur Tracht professioneller Schreiber (**446**).

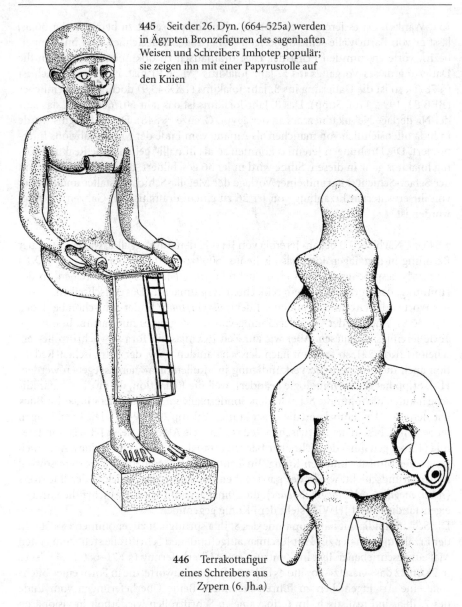

445   Seit der 26. Dyn. (664–525a) werden in Ägypten Bronzefiguren des sagenhaften Weisen und Schreibers Imhotep populär; sie zeigen ihn mit einer Papyrusrolle auf den Knien

446   Terrakottafigur eines Schreibers aus Zypern (6. Jh.a)

§ 844   Die Dienste eines professionellen Schreibers nimmt auch Jeremia in Anspruch. Er lässt seinen Vertrauten, den »Schreiber« Baruch, den Sohn des Nerija, kommen und ihn nach seinem Diktat sein ganzes Werk aufschreiben (V. 4–8; zu einer angeblichen Baruch-Bulle vgl. 431). Jeremia hatte seine Dichtungen anscheinend wie ein griech. Rhapsode im Kopf. Jeremia trägt Baruch auf, das Diktierte an einem Fasttag im Tempel vor dem ganzen dort versammelten Volk vorzutragen. Wie in V. 3 wird auch in V. 7 der Hoffnung Ausdruck gegeben, diese Übung führe zur Umkehr.

Jeremia selbst ist verhindert (ʿaṣur). Der Ausdruck bedeutet in Jer 33,1 und 39,5 »verhaftet«, »am Verkehr mit anderen gehindert«. Wahrscheinlich meint der Ausdruck, dass Jeremia aufgrund des in Jer 26 berichteten Ereignisses Tempelverbot hatte. Der Ausdruck bietet so kaum eine Handhabe, die Feigheit oder Nicht-Feigheit Jeremias zu diskutieren.

Im neunten Monat, d.h. ungefähr im Dezember, wurde das Fasten ausgerufen, das Baruch zur Verlesung der Rolle benützen sollte (V. 9). Fasttage fanden, mindestens in vorexil. Zeit, nicht regelmäßig statt, sondern wurden angesichts drohender Katastrophen von der zuständigen Autorität für den Bereich ausgerufen, für den sie verantwortlich waren (vgl. 1Kön 21,9.12). In diesem Falle war es wohl der König gewesen, denn die Leute strömten aus allen Städten Judas in den Tempel in Jerusalem, wo das Fasten durch gottesdienstliche Maßnahmen, wohl vor allem Opfer, unterstützt wurde. Anlass für ein solches Fasten konnten verschiedenste Ereignisse sein, z.B. eine drohende Heuschreckenplage (Joel 1,14) und am häufigsten wohl eine drohende Dürre und die damit verbundene Hungersnot. Nach der allerdings viel jüngeren »Fastenrolle« wurde in Juda ein Fasten ausgerufen, wenn anfangs Dezember noch kein Frühregen gefallen war (Taʿanit I 5; vgl. weiter § 1044.1105).

§ 845   Baruch liest nicht mitten im Tempelhof, sondern aus einem zum Tempelplatz hin offenen Zimmer (liškah) vor (V. 10). So war er vor Lynchjustiz besser geschützt und/oder, besonders wenn das Zimmer erhöht lag, hatte das auch akustische Vorteile. Der Raum gehörte Gemarja, dem Sohne Schafans (vgl. **433**). Schafan war Staatschreiber zur Zeit Joschijas und ein eifriger Anhänger der Reform gewesen (bes. 2Kön 22,3.10). Seine Söhne unterstützten und schützten Jeremia auf verschiedenste Weise (Jer 26,24 Ahikam; Jer 36,25 Gemarja; Jer 29,3 Elasa). Baruch scheint zu diesem Zimmer Zutritt gehabt zu haben, ohne Gemarja jedesmal um Erlaubnis fragen zu müssen, denn in diesem Falle erfährt Gemarja erst von seinem Sohn Micha, dem Enkel Schafans, vom Auftritt Baruchs (V. 11–12a). Vielleicht will die Erzählung Gemarja entlasten. Als Staatschreiber des dem Jeremia feindlich gesonnenen Königs Jojakim durften seine Sympathien für Jeremia nicht allzu deutlich werden.

Gemarja nimmt, während Baruch die Schriftrolle vorliest, gerade an einer Versammlung aller hohen Beamten teil, an einer Art Kabinettssitzung (V. 12b). Nicht alle der in V. 12b genannten Minister sind Jeremia wohl gesonnen. Elnatan, der Sohn Achbors, war z.B. an der Verhaftung Urijas beteiligt (Jer 26,22; vgl. aber 36,25), der eine ähnliche Position wie Jeremia einnahm.

§ 846   Auf die Mitteilung Michas hin lassen die Beamten Baruch kommen und ihnen die Schriftrolle vorlesen. Die Ministerrunde findet die Botschaft wichtig genug um sich veranlasst zu sehen, dem König Bericht zu erstatten (V. 13–16). Vorher vergewissert man sich aber, ob die verlesenen Texte wirklich von Jeremia diktiert worden sind, und die Minister – oder wenigstens einzelne von ihnen – geben Baruch den Rat, sich und Jeremia zu verstecken (V. 17–19). Die nächste Szene spielt vor dem König (V. 20–26). Dieser lässt die Rolle, sobald er davon hört, kommen und sich vorlesen. Ganz konkret schildert die Erzählung, wie der König jedesmal, wenn drei vier Spalten gelesen sind, diese mit dem Schreibermesser abschneidet und im Kohlenfeuer, das vor ihm steht (es ist Dezember), verbrennt. M. Haran hat daraus und aus anderen

Gründen geschlossen, dass es sich bei den im Jeremiabuch genannten Schriftrollen um solche aus Papyrus handelte (Tarb. 52, 1983, 643f). Das war in einer stark nach Ägypten orientierten Gesellschaft zu erwarten (§ 831.694f; 401–403). Später wurden die Schriftrollen aus Tierhäuten hergestellt (Leder, Pergament). Niemand wagt bei der Zerstörung der Rolle ein Zeichen des Schreckens von sich zu geben und niemand zerreißt – als Ausdruck des Entsetzens – sein Kleid, wie Joschija das dereinst getan hatte, als ihm Schafan das Buch des Gesetzes mit seinen Drohungen vorgelesen hatte (2Kön 22,10f). Gemarja und zwei seiner Kollegen versuchen den König wenigstens davon abzubringen, die Rolle zu verbrennen. Aber der König lässt sich nicht umstimmen. Das Verbrennen von Modellen und Zeichen verhasster Größen ist in der apotropäischen Magie ein ebenso beliebtes Prozedere wie das Zerbrechen von Tongefäßen und -figuren (442). Wie Jeremia nach Jer 19 die Stadt zeichenhaft zerschmettert hat, so verbrennt Jojakim die Drohungen gegen die Stadt. Die Urheber dieser Drohungen aber lässt er verhaften. Da sich Jeremia und Baruch versteckt halten, kann der Befehl nicht ausgeführt werden. Jojakim erscheint in dieser Erzählung generell als eine Art Gegenfigur zu Joschija bzw. Joschija ist in 2Kön 22,3–23.3 als Gegenfigur zum gottlosen Jojakim gezeichnet (ZAW 105, 1993, 352–376, Minette de Tillesse).

§ 847 Auf den Schlag Jojakims erfolgt der Gegenschlag JHWHs (V. 27–32). Er befiehlt Jeremia, die vernichteten Texte erneut aufzuschreiben. V. 29 formuliert, was Jojakim an der vernichteten Rolle besonders verwerflich fand. Es ist die Drohung, der König von Babel werde kommen und das Land verwüsten (wenn man sich ihm nicht unterwerfe). Der von den Ägyptern eingesetzte Jojakim zeigte keinerlei Neigung, Babel unterworfen zu bleiben. Wie Jojakim Jeremia und Baruch auszuschalten suchte, so wird JHWH Jojakim ausschalten. Er wird keinen Nachkommen auf dem Thron haben und seine Leiche kein Begräbnis finden. Die erste Drohung ist nicht wörtlich eingetroffen. Jojakims Sohn Jojachin saß, wenn auch nur kurz auf dem Thron. Ob die zweite Drohung, die sich auch in Jer 22,18f findet, eingetroffen ist, wissen wir nicht. Die vernichtete Schriftrolle wurde wieder hergestellt. Den wieder hergestellten Worten»wurden noch viele ähnliche hinzugefügt« (V. 32). Während Jojakim ruhmlos endete, erwies sich das Wort JHWHs als mächtig.

Die Erzählung ist in der vorliegenden Form durchstrukturiert und theologisch reflektiert (ZBK.AT XX/2, 331–334, Wanke). Das sagt nichts über die Historizität bzw. Fiktionalität des Erzählten aus. Am Antagonismus der Positionen Jeremias und Jojakims, der mit der Frage, ob man sich der gerade herrschenden Weltmacht unterwerfen oder Widerstand leisten soll, ein Kontinuum der Geschichte Jerusalems von der Zeit Jesajas bis zur Bar-Kochba-Revolte bildet, ist als hist. Faktum nicht sinnvoll zu zweifeln. Auch die neu auftauchende Rolle des geschriebenen Wortes entspricht den Zeitgegebenheiten (§ 843). Angesichts der namentlichen Nennung der zur Zeit der Entstehung wenigstens teilweise noch lebenden Akteure dürfte die Erzählung sich nicht allzu sehr von den Tatsachen entfernen.

Jeremia, das Ende Jojakims und die dreimonatige Herrschaft Jojachins

§ 848   Nach der Niederlage Babylons an der ägypt. Grenze im Winter 601/600a (vgl. § 788) kündigt Jojakim sein Vasallitätsverhältnis auf. Eindeutig in diese Zeit datierte Worte Jeremias sind nicht bekannt. Vielleicht hatte Jeremia Nebukadnezzars Vorstoß nach Ägypten mit dem Gedicht in Jer 46,13–24 begleitet (vgl. § 841). Da Nebukadnezzar Ägypten entgegen den Aussagen dieses Gedichts aber nicht einnahm, war seine Position als Prophet in dieser Zeit vielleicht eher schwach. Nebukadnezzar konnte auf den Abfall Jojakims nicht sogleich reagieren. Erst musste er seine Truppen reorganisieren. Dann musste er sich mit aufständischen Araberstämmen herumschlagen. Erst 598a setzte er ein Heer gegen Juda in Marsch und ließ Jerusalem belagern. Während der Belagerung starb Jojakim und sein Sohn Jojachin hatte die undankbare Aufgabe die Herrschaft über die belagerte Stadt zu übernehmen. Jeremia hatte ihm nichts zu weissagen, als dass er samt seiner Mutter deportiert und in dem fremden Land sterben werde (Jer 22,24–30).

§ 849   Nach drei Monaten übergab Jojachin die Stadt am 16. März 597a an Nebukadnezzar (§ 790). Der Königsspruch in Jer 22,24–30 beschreibt ihn als glück- und chancenlos. Er hatte einzig den Vorteil, den Aufstand nicht geplant und angezettelt und rechtzeitig kapituliert zu haben. So wurde er relativ milde behandelt. Sein ganzer Hofstaat durfte (musste?) ihn nach Babylon begleiten. 2Kön 24,12.15a und Jer 13,18f nennen speziell die Mutter des Königs, die *g^{e}birah* (vgl. § 402; zu Jojachin vgl. weiter § 879). Mit dem König wurde ein großer Teil der führenden Kreise deportiert (§ 793–802). Die Abtrennung des Negeb, der Gebiete südlich von Hebron, stützt sich einzig auf die nicht ganz eindeutige Stelle Jer 13,18f (vgl. GAT IV/2, 407, Donner). Juda blieb als Vasallenkönigtum mit Palast und Tempel bestehen und war stark genug, schon wenige Jahre später wieder Aufstandsgedanken zu hegen.

JEREMIA WÄHREND DER REGIERUNGSZEIT ZIDKIJAS – EIN ERBITTERTES RINGEN

Die Aufforderung, das Joch Nebukadnezzars zu tragen

§ 850   Vorerst war Zidkija ein König nach dem Wunsche Nebukadnezzars (§ 791), der gewissenhaft seinen Tribut zahlte. Die Versuchung, die Tributzahlungen zu sistieren, scheint sich erstmals 594/593a eingestellt zu haben.

In diesem seinem 10. Jahr hatte Nebukadnezzar mit einer Rebellion unter seinen eigenen Truppen fertig zu werden (§ 791). In dieses Jahr, d.h. ins 4. Jahr Zidkijas, datiert Jer 28,1b (LXX 35,1) die Reaktion des Propheten Hananja auf eine Zeichenhandlung Jeremias, die das Thema von Jer 27,2–11 bildet. Die Zeitangaben im hebr. Text 27,1, die das Ereignis in das Thronbesteigungsjahr Jojakims (608–597a) bzw. in 28,1a in das Zidkijas verlegt, sind sekundär (JNWSL 23, 1997, 198f, Stipp; Stipp, in: ATSAT 63, 1998, 120f, Irsigler) und offensichtlich falsch, da auch im Kap. 27 von Zidkija (V. 3 und 12) die Rede ist und die Reaktion Hananjas unmittelbar auf die Aktion Jeremias erfolgt sein dürfte (zu Datierung und Inhalt vgl. weiter JSOT.S 283, 1999, 136–154, Friebel).

§ 851   Die in Jer 27,2–22 reflektierte Performance Jeremias' dürfte 594/593a stattgefunden haben. Sie ist als Ich-Erzählung formuliert und gliedert sich in drei Aufträge JHWHs an den Propheten. Er soll je eine Botschaft ausrichten 1. an Gesandte verschiedener Nachbarstaaten, die in Jerusalem versammelt sind (V. 2–11), 2. an Zidkija (V. 12–15) und 3. an die Priester und das ganze Volk (V. 16–22). Während die Botschaft an Zidkija in den V. 12–15 nur eine Zusammenfassung der Botschaft an die Gesandten in V. 2–11 ist, beschäftigt sich die Botschaft an die Priester in den V. 16–22 mit dem Schicksal der Geräte des Tempels. Der Text V. 18–22 war in der hebr. Vorlage der LXX wesentlich knapper als im Text der M (vgl. § 849).

Der Kern lautet in allen drei Teilen gleich: JHWH verlangt von den Staaten Palästinas und damit auch von Juda, Nebukadnezzar »zu dienen« (*'abad*). Das Stichwort fällt nicht weniger als neunmal, und zwar in allen drei Teilen, in den V. 6–9.11–14 und 17. In den beiden ersten Teilen wird das eher abstrakte »dienen« durch die Metapher »seinen Hals unters Joch legen« veranschaulicht (V. 8.11.12; vgl. V. 2). Die Metapher ist in Vorderasien geläufig, bes. im neuassyr. Bereich (vgl. schon Jes 14,25; Nah 1,13). Sanherib sagt von Hiskija: »Er schleppte mein Joch« (§ 544; vgl. § 542.852; weiter Anbar, in: FS Na'aman 17–19). In Ägypten ist die Metapher unbekannt. Was ihr bedeutungsspendendes Element betrifft, ist es eine Realität des landwirtschaftlichen palästinischen Alltags (§ 853). Es ist kein Zufall, dass Jeremia für das geforderte Dienen gerade diese Metapher benützt (vgl. § 890–895).

§ 852   In Vorderasien hängt sie mit der Vorstellung zusammen, dass die Menschen geschaffen worden sind, das Joch der Götter zu tragen, d. h. Frondienst für die Götter und Abgaben an sie zu leisten (ANET 99). Diese Grundbedingung menschlicher Existenz wurde dann dahingehend konkretisiert, dass die Könige das Joch der Götter trugen (**426**; ANET 307), während die gewöhnlichen Sterblichen das der Könige auf sich zu nehmen hatten (ANET 287, 297, 314, 316, 383; vgl. § 851). Das Abwerfen des Jochs bedeutete für die Unteren deshalb stets eine Rebellion gegen menschliche *und* göttliche Autorität (THWAT VI 79f, Schmoldt). Übernimmt Jeremia ganz einfach diese mesopotamische Vorstellung von den menschlichen Lebensbedingungen?

§ 853   Die erste Adresse, an die die Botschaft vom »Dienen« ergeht, sind die Könige von Edom, Moab und Ammon im SO und O Judas und die der Phönizierstädte Tyrus und Sidon im NW. Ob diese Aufzählung einfach als Merismus zu verstehen ist und alle Nachbarn Judas meint und das Fehlen der syr. Städte im NO und das der Philisterstädte im SW so nur rhetorische oder auch politische Gründe hat (ägypt. Oberhoheit über Philistäa; vgl. die Reise Psammetichs II. nach Palästina im Jahre 591a; § 788), ist unklar. Interessant ist jedenfalls, dass Jerusalem einmal mehr als das natürliche Zentrum der Region erscheint, sobald dieses Zentrum durch die lokalen Mächte und nicht durch Fremdherrscher und Besatzungsmächte bestimmt wird (vgl. § 18–21).

Jeremia soll vor den Gesandten der Nachbarstaaten, die sich wahrscheinlich versammelt haben um zusammen mit Zidkija den Aufstand zu planen, mit Stricken und Jochhölzern erscheinen (*moserot umoṭot*), die zusammen das Joch (*'ol*) bilden. Um ein Joch sinnvoll einzusetzen, braucht es zwei Zugtiere, möglichst der gleichen Art (Dtn 22,10; **447**; vgl. Dalman, AuS II, 99–105 und Abb. 18.21b.29.36–38 und das Sanherib Relief von Lachisch →I 22). Wenn Jeremia in 28,10.12 allein ein Jochholz auf dem Nacken trägt, ist das nur sinnvoll weil es eh um eine symbolische Handlung geht (vgl. § 851).

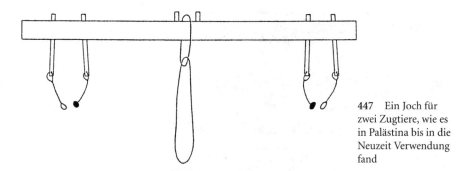

447 Ein Joch für zwei Zugtiere, wie es in Palästina bis in die Neuzeit Verwendung fand

§ 854 Die Diplomaten sollen ihren Auftraggebern als Botschaft JHWHs mitteilen, dass die Erde samt Menschen und Tieren JHWH gehört, weil er sie gemacht hat (vgl. Ps 24,1f; § 444). JHWH als Erschaffer der Erde ist ein Thema, das erst im 7. Jh.a größere Bedeutung gewinnt und sich in dieser prägnanten Form durchsetzt (vgl. Jer 32,27 und die Nachdichtung 32,17 und 33,1–3; SBS 102, 1981, 65–77, Weippert; BZ 27, 1983, 236f, Lang; vgl. § 828). Die Verbindung von Erschaffung und Verfügungsgewalt dürfte aus der prophetischen Geschichtsdeutung erwachsen sein. Jesaja hat bereits Assur als Stock JHWHs verstanden, der als sein Werkzeug kein Recht auf eigene Pläne hat (Jes 10,5 und 15f). In Jeremias Töpferbild und seiner Deutung (Jer 18,1–12) »melden sich Vorstellungen an, deren konsequente Verlängerung auf eine Kombination von Weltgeschichte und Weltschöpfung hinausläuft« (SBS 102, 1981, 77, Weippert), wie sie hier in 27,5 vorliegt. Aufgrund seines Schöpferrechts kann er die Erde samt allem, was sie bewohnt, geben, wem er will.

§ 855 Jer 27,6–8 zieht die Konsequenz aus diesen theologischen Prämissen bzw. deutet die Weltlage, wie Jeremia sie sieht, im Lichte dieses Theologumenons. Zum jetzigen Zeitpunkt hat JHWH die Erde (LXX) bzw. alle diese Länder (deren Gesandte hier versammelt sind?) in die Gewalt Nebukadnezzars gegeben. Sogar die Tiere der Wildnis sind ihm untertan. Mit dieser Präzisierung wird auf das Motiv des »Herrn der Tiere« bzw. »Herrn der Wildnis« angespielt, ein Motiv, das in der neuassyr. und später auch in der achämenidischen Glyptik sehr beliebt war (**448–449**; vgl. FRLANT 121. 1978, 86–125, Keel; B. Lang, Jahwe der biblische Gott. Ein Porträt, München 2002, 100–136) und dem Herrscher einen heroischen, wenn nicht gar gottähnlichen Status verlieh (vgl. auch Gen 1,27f; Ex 23,29). Der Ehrentitel »mein Knecht« für Nebukadnezzar, den er hier und in 25,9 und 43,10 trägt, fehlt in der älteren, der LXX-Fassung, an allen drei Stellen und bildet so einen Zusatz der jüngeren, uns vorliegenden hebr. Fassung des MT, falls die LXX den Hoheitstitel nicht aus dogmatischen Gründen gestrichen hat, was wenig wahrscheinlich ist (vgl. Jes 45,1 LXX; Unechtheit vertreten CBQ 28, 1966, 45–50, Lemke; RB 89, 1982, 498–527 = OBO 103, 1991, 136–165, Schenker; für den Knechttitel als jeremianisch plädiert CBQ 30, 1968, 39–48, Overholt; vgl. auch BZAW 185, 1989, 98–110, McKane).

448–449   Ein neuassyr. und ein pers. Siegel, die den »Herrn der Tiere«, einmal mit Straussen, einmal mit Hirschen, zeigen; die Strauße symbolisieren die Steppe, die Hirsche die Bergwälder, beides schwer zugängliche, dem Menschen feindliche Bereiche; der ideale König kontrolliert auch sie (7. bzw. 6./5. Jh.a)

§ 856   Theologisch stellt sich die Frage, ob Jeremia mit seiner Botschaft, es sei der Wille JHWHs sich Babylon zu unterwerfen, nicht einfach die real stärkste Macht und den real stärksten Willen zu Macht und Willen Gottes erklärt und so die faktische Autorität zur normativen verklärt (vgl. dasselbe Problem bei Jesaja und Assur; § 461). Nebukadnezzar hat seine Macht von Gott (27,6). Jeremia nimmt dieser Macht den Nimbus, den er ihr damit verleiht aber gleich wieder, indem er sie zeitlich befristet und sie damit energisch vom souveränen Willen JHWHs abhängig macht (vgl. das Töpfergleichnis Jer 18,4). Sie hat keine eigene theologische Dignität. Er spricht ihr kein tausenjähriges Reich zu. Sie ist auf drei Generationen (27,7) bzw. 70 Jahre beschränkt (29,10; vgl. 25,11f). Gegenüber der vagen »langen Dauer« des Exils in Jer 29,28 bedeuten die 70 Jahre eine klarere und wahrscheinlich sekundäre theologische Position. Während Jes 23,17 die 70 Jahre als Lebenszeit *eines* Königs deutet, sind es bei Jeremia realistischer drei Generationen. Vielleicht steht hinter den drei Generationen die Vorstellung von JHWH, der Schuld bis ins dritte und vierte Geschlecht heimsucht (Ex 20,5f; 34,7; Dtn 5,9f). Marduk hatte für Babylon 70 Jahre Verwüstung festgesetzt (§ 781). Die 70 Jahre könnten ein Menschenleben bedeuten. Nach 70 Jahren ist niemand mehr am Leben, der mit der zerstörten Stadt zu tun hatte (JNES 18, 1959, 74, Borger; Ps 90,10).

Nebukadnezzar wird von Jeremia implizit und in Jer 51,20–23 explizit als »Hammer, als Kriegswaffe JHWHs« gewertet (vgl. dazu Jesaja, der in 7,20; 10,5 Assur als Schermesser bzw. Stock JHWHs bezeichnet hat). Wie Jesaja Assurs Begrenztheit sieht, so Jeremia die Babylons. Er kann so wenig wie Jesaja als Agent Assurs als Agent Babylons verstanden werden (vgl. weiter § 876).

§ 857 Für einen authentisch jeremianischen Ursprung der »Drei-Generationen-« wie der »70 Jahre-Formel« spricht die Tatsache, dass sich weder die eine noch die andere wörtlich erfüllt hat. Der zweite Nachfolger Nebukadnezzars nach dem kurzlebigen Awil-Marduk, Nergal-schar-uzur, war nicht sein Enkel. Insgesamt herrschten nach Nebukadnezzar noch fünf babyl. Könige über Juda. Die Zeit von der ersten Deportation im Jahre 597a bis zum Edikt des Kyrus 538a betrug nicht 70, sondern nur 59 Jahre (vgl. § 781). In großen Zügen aber hat Jeremia die Lage erstaunlich richtig eingeschätzt.

Bereits im Danielbuch haben die 70 Jahre als 70 Jahrwochen interpretiert Anlass zu Spekulationen für die Zeit Antiochus' IV. gegeben (Dan 9,1.24–27).

Das stärkste Motiv, Nebukadnezzar zu dienen, kommt zuletzt und ergibt sich aus den genannten. Nicht-Dienen, Widerstand gegen Nebukadnezzar bedeutet Untergang. Das Volk, das Nebukadnezzar nicht dient, wird von JHWH selbst »mit Krieg, Hunger und Pest« heimgesucht werden.

§ 858 Jer 27,9–11 nimmt die nicht-judäische Herkunft der Adressaten ernst und warnt die angesprochenen Völker aus dem Umkreis Judas auf ihre Zukunftsspezialisten zu hören. Im Gegensatz zu den Worten, die sich an Juda richten, werden hier nebst den Propheten (Jer 5,31; 14,14; 27,16) noch weitere Gruppen genannt (vgl. aber auch Jer 29,23), Wahrsager, Traum- und Zeichendeuter, die bei den Nachbarvölkern Judas nach Dtn 18,10 in Ansehen gestanden haben (vgl. Ez 21,26). Ihr Aufruf zum Widerstand und ihre Ankündigung seines Erfolgs sind *šæqær* »Täuschung und Trug« (§ 719.826.833), die die getäuschten Völker ihr Land kosten werden. Wer sich unterwirft, wird es behalten. So warnt er die umliegenden Völker, wie er Juda und Jerusalem warnt. Jeremia war und blieb in erster Linie und vor allem ein Prophet für Juda und Jerusalem, wie H. Orlinsky betont (JQR 75, 1967, 409–428). Es stimmt jedoch nicht, dass er nicht gleichzeitig im Sinne von Jer 1,5 ein Prophet für die Völker war. Denn der JHWH Jeremias ist ein Gott der ganzen Welt. Jer 27,1–11 lässt den Propheten sogar zuerst eine Warnung an die Völker richten und die gleiche Warnung nachträglich in 27,12–15 in konzentrierter Form auch an Zidkija, den König von Juda, ergehen. Das Gut, das dabei auf dem Spiel steht, sind nicht nur der Besitz des Landes, sondern das Leben bzw. Überleben des Königs und des Volkes (vgl. auch Jer 21,9; 27,17; 38,2.17.20). Als Zukunftsspezialisten, die *šæqær* verkünden, sind hier nur die Propheten genannt. Auf sie zu hören bedeutet Zerstreuung und Untergang des Volkes.

Das Schicksal der Tempelgeräte

§ 859 Auch im dritten Teil von Jer 27, in den V. 16–22, lautet die Botschaft, dem König von Babel zu dienen (V. 17). Im Hinblick auf die primären Adressaten dieses Teils, auf die Priester, wurde die Hoffnung – wahrscheinlich erst sekundär – konkretisiert. Die kürzere Version der LXX (vgl. § 849) kündigt nur die Konfiskation der verbliebenen Tempelgeräte an. Von künftiger Rückerstattung redet nur der jüngere hebr. Text. Den Priestern geht es anders als den Herrschern, die das babylon. Joch loswerden wollen, nicht primär um dieses, sondern um die Tempelgeräte. Die Priester und das von ihnen beeinflusste Volk waren geneigt, jenen Propheten zu glauben, die die baldige Rückkehr der Tempelgeräte (*keˡle bet jhwh*) versprachen, die Nebukadnezzar 597a

hat nach Babel bringen lassen. 2Kön 24,13 redet allerdings nicht vom Abtransport, sondern von der Zerstörung solcher Geräte (vgl. § 849).
Jeremia bezeichnet diese Versprechen einmal mehr als Trug (*šæqær*). Wären die Propheten, die wahnwitzig die baldige Rückkehr der verschleppten Geräte verheißen, wirklich Propheten, würden sie JHWH bestürmen, Jerusalem den Rest der Tempelgeräte zu belassen: »die Säulen, das Meer und die Gestelle« (V. 19), die dann 587a zerstört oder verschleppt wurden (Jer 52,18–20; 2Kön 25,13–17). Mit den »Säulen« dürften die beiden Säulen Jachin und Boas gemeint sein, die am Eingang des Tempelhauses standen (1Kön 7,15–22), mit dem »Meer« das sogenannte Eherne Meer (1Kön 7,23–26) und mit den »Gestellen« die zehn Kesselwagen (1Kön 7,27–39; § 370–379; **210–231**). P.R. Ackroyd hat die Meinung vertreten, im Hinblick auf das Schicksal der Tempelgeräte böte das AT eine Vielzahl von Überlieferungen, die nicht harmonisiert werden könnten. Es sei primär ein theologisches Motiv, dessen Anliegen die Kontinuität des Kultes sei (VT.S 23, 1972, 166–181, bes. 175). Das ist z.T. richtig. Wenn R.P. Carroll aber glaubt, erst Esra und den Chronisten hätte das Schicksal der Tempelgeräte interessiert (Jeremiah 535), so ist diese Beschränkung nicht mehr als ein Vorurteil (vgl. weiter § 1329).

§ 860   Deportation und Rückgabe der Tempelgeräte spielen auch bei der Zerstörung und Restauration des Marduktempels in Babylon durch Sanherib bzw. Esarhaddon eine wichtige Rolle (§ 779.782 Z. 33). Jer 28,2–4 kündet das Zerbrechen des Jochs und die Rückkehr der Tempelgeräte und Jojachins an. Diese Zusammenstellung zeigt deutlich, dass innerhalb des Komplexes von Jer 27f die Rückkehr der Tempelgeräte hauptsächlich als Pars pro Toto, als Symbol für das Ende der babylon. Herrschaft, für die Wiederherstellung von Kult und König, ja als tangibles Symbol der Rückkehr JHWHs wichtig ist (Becking, in: FS Na'aman 53–62). Es geht um die Wiederherstellung der eigenen Identität, die ihren deutlichsten Ausdruck im Königtum, im Kult und in der Gegenwart JHWHs im Tempel findet (vgl. die Parallelisierung der Tempel- und Palastgeräte in Jer 27,18). Diese Thematik hat nicht erst Esra und den Chronisten interessiert. Schätze des Tempels und des Palastes musste Rehabeam an Scheschonq abtreten (1Kön 14,26; § 394–396). Vielleicht waren Tempelgeräte bereits vom Tribut betroffen, den Ahas Tiglat-Pileser III. abzuliefern hatte (§ 433f). Teile der Tempelausstattung werden in der nüchternen Notiz genannt, die über den Tribut berichtet, den Hiskija Sanherib nach Ninive senden musste (2Kön 18,15f). Nach 2Kön 24,13 hat Nebukadnezzar 597a den Palast- und den Tempelschatz beschlagnahmt. Das ist zu erwarten. Gemeint sind damit wohl – jedenfalls in erster Linie – alle Edelmetalle und alles, was aus Edelmetall gefertigt war.

Erstaunlicher und weniger zuverlässig als die Notizen über das Schicksal der Tempelgeräte ist die anschließende Detailbemerkung, Nebukadnezzar habe alle goldenen Geräte zerhackt (*waj^eqaṣṣeṣ*), die Salomo der König von Israel, hatte anfertigen lassen. Das ist unwahrscheinlich. Erstens sind die alten Tempelgeräte, »die Tempelgeräte Salomos«, spätestens zur Zeit Hiskijas als Teil des riesigen Tributs, den er Sanherib abliefern musste, aus dem Tempel verschwunden. Zweitens wussten ao Könige den Wert kunstvoll geformter Gefäße durchaus zu schätzen. So tragen z.B. auf dem Lachischrelief Sanheribs zwei Soldaten Gegenstände weg, die wohl als Kultgeräte gedeutet werden müssen (**197**; →II **602**C). Es handelt sich bei 2Kön 24,13 wahrscheinlich um eine Notiz, die ähnlich wie diejenige in Jer 3,16 zur Lade gegen die »ewige« Kontinuität des Kults polemisiert und gegen die Wichtigkeit und Unveränderlichkeit bestimmter Kultformen, die die Priesterschaft daraus abgeleitet hat. Oder sollten die Babylonier durch das Zerbrechen der kostbaren ehrwürdigen Kultgeräte als besonders barbarisch hingestellt werden?

§ 861   Etwas anderes als die leicht transportablen Geräte aus Edelmetall sind die großen Bronzeeinrichtungen behandelt worden, die schon eher Teil der Architektur des Tempels als Haushaltgeräte waren. Es ist plausibel, dass sie 597a verschont geblieben sind. Von ihnen ist in 2Kön 25,13 = Jer 52,17 die Rede. Sie sind nach dieser Stelle erst 587a bei der Zerstörung des Tempels zerbrochen (*šibbᵉru*) und nach Babel abtransportiert worden. Es ist nicht zwingend, in Jer 27,19 eine Voraussage dessen zu sehen, was sich bereits ereignet hat (*vaticinium ex eventu*). Bei einem erneuten Aufstand war mit einer härteren Repression zu rechnen, die die Zerstörung der Stadt und des Tempels zur Folge haben musste. Die Zerstörung der Großgeräte des Tempels würde unvermeidlich Bestandteil dieses Vorgangs werden.

Wenn dann allerdings im Anschluss an 2Kön 25,13 = Jer 52,17 der Abtransport aller einzeln aufgezählten Tempelgeräte aus Bronze, Gold und Silber berichtet und in 2Kön 25,17 bzw. Jer 52,21–23 im Anschluss an 1Kön 7,15–22 die beiden Säulen beschrieben werden, wird hier kaum die Erfahrung federführend gewesen sein, sondern der Wunsch anschaulich und möglichst vollständig das Ende des Tempelkults zu beschreiben. Noch stärker als in 2Kön 25,13–17 ist das im Paralleltext Jer 52,17–23 der Fall. Da werden sogar die 12 Rinder, die das Eherne Meer trugen, nochmals beseitigt, obwohl sie nach 2Kön 16,17 schon Ahas aus dem Verkehr gezogen hatte (§ 433–435).

Es ist wahrscheinlicher, dass die goldenen und silbernen Geräte, wie 2Kön 24,13 berichtet, schon 597a verschwunden sind und es ist unwahrscheinlich, dass sie in der notvollen Zwischenzeit ersetzt wurden. Esr 5,14–16 und 6,5 setzen voraus, dass die goldenen und silbernen Geräte, die Nebukadnezzar 597a nach Babylon verschleppt hatte, 59 Jahre später noch vorhanden und auffindbar waren und wenigstens teilweise wieder nach Jerusalem zurückgebracht wurden. Ob es wirklich dieselben waren oder solche, die bloß dazu erklärt wurden, etwa weil sie jud. Inschriften trugen, ist natürlich nicht mehr zu entscheiden. Nicht die Rückführung, aber die Wiederherstellung der Tempelgeräte ist Teil der Wiederherstellung des Mardukkults in Babylon durch Asarhaddon (§ 779.782).

Rein legendenhaft ist die Verwendung solcher Geräte bei einem Festgelage durch Belschazzar, den Statthalter Nabonids, in Dan 5,2f.

Prophet gegen Prophet

§ 862   Die Verkündigung des Propheten Hananja, die in Jer 28 referiert wird, bildet zusammen mit der des Jeremia in Jer 27f grob einen Chiasmus. Den Kern des Chiasmus (c–c') bilden die widersprüchlichen Positionen Jeremias und Hananjas im Hinblick auf das Schicksal der Tempelgeräte als Symbole jud. Identität und ihrer Wiederherstellung:

a	Jer 27,2 Auftrag (hölzerne) Joche zu machen
b	Jer 27,3–15 Notwendigkeit Nebukadnezzar zu dienen
c	Jer 27,16–22 Keine Rückkehr der Tempelgeräte vor Ablauf von drei Generationen
c'	Jer 28,3–6 Rückkehr der Tempelgeräte innerhalb von zwei Jahren
b'	Jer 28,10f Zerbrechen des Jochs innerhalb von zwei Jahren (die Zeitangabe fehlt in LXX 35,11)
a'	Jer 28,12–14 Ankündigung eines eisernen Jochs

Jer 28,14 nimmt zweimal das Stichwort vom Dienen (*'abad*) wieder auf, das Jer 27,6–17 beherrscht. Die in diesem Schema nicht berücksichtigte Passage 28,7–9 ist ein dtr. Versuch, das Verhältnis zw. echten und falschen Propheten grundsätzlich anzugehen (vgl. Dtn 18,21f).

§ 863   Jer 27 und 28 sind einerseits eng aufeinander bezogen. In 28,10 nimmt Hananja das Joch vom Nacken Jeremias, das sich dieser nach 27,2 auflegen musste. Andererseits haben die beiden Kapitel aber wieder eine je eigene Diktion und Thematik. Jer 27 ist als Ich-, Jer 28 als Er-Bericht formuliert. Jer 27 wird von der Thematik des »Dienens« beherrscht, Jer 28 von der Prophetenthematik.

Zwar wird schon in Jer 27 in jedem der drei Teile vor den Zukunftsspezialisten bzw. Propheten gewarnt, deren Heilsbotschaft »Trug« ist (Jer 27,9f.14.16). Diese Warnung war offensichtlich ein *Ceterum censeo* Jeremias. In Jer 27 erscheinen in vier von 22 Versen (18 %) Bildungen der Wurzel *nb'* »prophezeien«, in Jer 28,1–6 und 10–17 aber in sieben von 14 Versen (50 %). Sechsmal wird in Jer 28 Hananja, sechsmal Jeremia als Prophet bezeichnet. »Da sagte der Prophet Jeremia zum Propheten Hananja« (V. 5). Formulierungen wie diese rechtfertigen die Überschrift »Prophet gegen Prophet«. In keinem anderen atl. Text erscheinen zwei Propheten mit konträren Botschaften so streng symmetrisch. Wie Jeremia (27,16) wendet Hananja sich an die Priester und das ganze Volk, und zwar im Tempelbezirk. Wie Jeremia benützt er die Botenformel: »So spricht JHWH«. Der Dtr versucht die Orientierungsnot zu lindern, die der konträre Positionsbezug zweier Gottesboten schafft, indem er in 28,7–9 ein Kriterium anbietet, das eine Unterscheidung der Geister ermöglichen soll. Er benützt das für die Leute, die in der Entscheidungssituation stehen, wenig hilfreiche Kriterium von Dtn 18,21, ein echtes Wort sei ein Wort, das eintreffe. Er modifiziert es aber dahingehend, dass er statuiert, die echten Propheten hätten normalerweise Unheil angekündigt (vgl. dazu Jer 26,17ff). Der Drohbote habe die Präsumption für sich, der wahre Gottesbote zu sein. Ein Frohbote könne hingegen erst nach Erfüllung seiner Botschaft als echter Prophet gelten.

Die LXX beseitigt die dramatische Spannung der ursprünglichen Erzählung, indem sie Hananja gleich bei der ersten Erwähnung als ψευδοπροφήτης bezeichnet (LXX 35,1). Im Folgenden tragen in der griech. Version in krassem Gegensatz zur hebr. weder Jeremia noch Hananja den Titel »Prophet«.

§ 864   Der einzige Unterschied zw. Hananja und Jeremia, den die hebr. Version deutlich hervorhebt, ist die Zeitspanne, die sie der Herrschaft Babels zugesteht. Nach Hananja sind es noch zwei (MT 28,3.11; LXX 35,3), nach Jeremia sind es 70 Jahre bzw. drei Generationen (Jer 29,10; 27,7). Diese werden in Jer 28 allerdings nicht explizit angeführt aber vorausgesetzt. Der Unterschied hat zur Folge, dass Hananja ankündigt, die Deportation werde demnächst rückgängig gemacht. Die hervorragendsten Zeichen nationaler Identität, die Kultgeräte und der König, dessen Tod im Exil Jeremia verkündet hat (vgl. Jer 22,34–30), ja die ganze »Deportiertenschaft« (*galut*) werde bald zurückkommen.

Jeremia antwortet auf die Verkündigung Hananjas überraschend schlicht mit dem Wunsch, es möge, was Hananja verkündet, auch eintreffen (28,6). Damit soll unterstrichen werden, dass Jeremia auch lieber Heil als Unheil verkünden würde, aber nicht kann, weil kein Heil ins Haus steht (vgl. schon 1Kön 22,13–28).

Hananja konterkariert nicht nur die Wort- sondern auch die Zeichenverkündigung Jeremias, indem ihn die Erzählung das Joch, das er als Zeichen der andauernden

Herrschaft Babels auf dem Nacken trägt, wegnehmen und zerbrechen lässt (28,10). Er deutet die Handlung als Wegnahme des Jochs von allen Völkern. Auch diesmal wehrt sich Jeremia nicht für seine Botschaft und widerspricht ihm nicht, sondern geht seines Wegs (V. 11). Das soll wohl heißen, Jeremia hätte auch gegen diesen Punkt nichts einzuwenden. Das andauernde Joch Babels ist nicht sein Anliegen.

§ 865   Es bedarf einer neuen Intervention JHWHs, ehe »der Prophet Jeremia« in 28,12–17 zur Anti-Zeichenhandlung »des Propheten Hananja« Stellung bezieht. Durch das vermessene Zerbrechen des hölzernen Jochs hat Hananja (unwillentlich) ein eisernes heraufbeschworen, das außer JHWH (Jes 45,2) niemand zerbrechen kann (Dtn 28,48; Jer 1,18). JHWH wiederholt die Botschaft, dass alle Völker und selbst die Tiere der Wildnis Nebukadnezzar »dienen« müssen. Daraus zieht Jeremia den Schluss, dass JHWH Hananja nicht gesandt hat. Damit wird Hananja jede Legitimität abgesprochen. Die Zuversicht, die er verbreitet, basiert auf Trug (*šæqær*), ja noch schlimmer er predigt den Abfall (*sarah dibbarta*) vom deklarierten und eindeutigen Willen JHWHs. Diese Aussage, die ein Tun beschreibt, auf dem nach Dtn 13,6 die Todesstrafe steht, findet sich allerdings erst im erweiterten hebr. und nicht im älteren LXX-Text (JNWSL 23, 1997, 194. Nr. 21, Stipp; Stipp, in: ATSAT 63, 1998, 98, Irsigler). Den Tod Hananjas hat zwar schon die LXX überliefert (35,16f). Ein guter Monat nach diesem Zwischenfall ist Hananja tot (vgl. Jer 28,1 bzw. LXX 35,1, wo der Zwischenfall in den 5. Monat datiert wird, mit 28,17 bzw. LXX 35,17, der ihn im 7. Monat sterben lässt). Wie schon beim Versuch, den wahren Propheten zu definieren (Jer 28,7–9), verrät der hebr. Text von Jer 28 die Tendenz, die Propheten und ihre Widersacher den dtn. Vorstellungen anzugleichen (vgl. § 714.719).

Korrespondenz Jeremias mit den Exilierten

§ 866   Man wusste in Jerusalem, was in Babylon passierte, so wie man in Babylon Nachrichten aus Jerusalem hatte. Regelmäßig mussten jud. Gesandtschaften am babylon. Hof erscheinen (Jer 29,3; 51,59). Die Distanz von Jerusalem nach Babylon betrug je nach dem Weg, den man wählte, ca. 1200–1500km. Man konnte jedenfalls nicht direkt nach O durch die riesige syr.-arab. Wüste reisen, sondern musste zuerst nach N an den Eufrat gelangen und dann dem Eufrat entlang oder *auf* dem Eufrat nach SO weiterreisen. Man musste wohl, je nach Transportmittel, mit 50 bis 90 Tagen Reisezeit rechnen (vgl. Ez 33,21 und den Kommentar dazu BK XIII/2, 811–813, Zimmerli). Reste einer Korrespondenz zw. den zwei eben entstandenen judäisch-jüdischen Zentren sind in Jer 29 überliefert. Wie in Jer 27–28 spielt auch in dieser Korrespondenz die Dauer des Exils eine Hauptrolle. Wenn sich einerseits nicht mit großer Wahrscheinlichkeit einer oder mehrere ganz und wörtlich überlieferte Briefe aus diesem Kapitel herauslösen lassen (VT 33, 1983, 319–322, Dijkstra), so scheint andererseits noch unwahrscheinlicher, dass Jer 29 als Zeugnis für Streitigkeiten zw. Rückkehrern aus dem Exil und einer in Jerusalem verbliebenen Gruppe aus nachexil. Zeit zu lesen sei (Carroll, Jeremiah 563). Das Hauptthema des Kapitels sind nicht zwei »Gemeinden«, sondern – wie gesagt – die Dauer des Exils und damit verbunden die Haltung gegenüber Babylon. Das war eine Frage, die die Gemüter nach 597a und nicht in der Perserzeit beschäftigt hat.

§ 867   Jeremia 29 kann gegliedert werden in:

1–14   Botschaft an die Exilierten (V. 2 Einschub; V. 11–14 Predigt aus exil. Zeit)
15–23   Polemik gegen Ahab und Zidkija (V. 16–20 Einschub aus Jer 24; zum sekundären Charakter der V. 16–20 vgl. JNWSL 23, 1997, 194, Stipp; JNWSL 25, 1999, 174f, Stipp; vgl. aber EvJo 19, 2001, 68–73, Valentino)
24–32   Auseinandersetzung mit Schemaja

Der Abschnitt V. 1–14 lässt sich weiter gliedern in:

1.3   Einleitung mit Absender, Adressaten und den Namen der Überbringer
4–7   Aufforderung, sich auf Dauer im Exil einzurichten,
8–9   nicht auf Zukunftsspezialisten zu hören, die Trug verkünden
10   Rückkehr nach 70 Jahren

Jer 29,1 nennt als Absender Jeremia, den Propheten, und als Ort Jerusalem. Adressaten des Briefes sind die Ältesten, Priester und Propheten, jene, die für die Beziehungen der Gemeinschaft mit Gott Verantwortung tragen, sekundär die ganze Gemeinschaft der von Jerusalem nach Babel Verbannten (*golah*). Es dürfte sich um das älteste Dokument handeln, das einen Kontakt zw. den beiden zukunftsträchtigen Zentren judäisch-jüdischen Lebens bezeugt, der seine gewichtigste und reifste Form mehr als 1000 Jahre später in den beiden Versionen des Talmud, dem Talmud Babli und dem Talmud Jeruschalmi, gefunden hat.

§ 868   Interessant ist, dass im Gegensatz zu Ez 7,26 und Jer 18,18, wo allerdings anstelle der Ältesten die Weisen stehen, hier die Ältesten voranstehen. Die Aufzählung der Deportierten in V. 2 ist ein Einschub, der auf 2Kön 24,14–16 basiert (vgl. ähnlich Jer 24,1). Überbringer der Botschaft sind zwei Gesandte Zidkijas, die nach Babel reisen, vielleicht, um den Rebellionsverdacht zu zerstreuen. Elasa ist ein Sohn Schafans und damit ein Bruder Ahikams, der Jeremia nach der Tempelrede schützte (Jer 26,24), und Gemarjas, der im Zusammenhang mit der Verlesung der Jeremia-Rolle durch Baruch zu Gunsten Jeremias wirkte (Jer 36,10f und 25; vgl. **433**). Der als Vater des zweiten Gesandten genannte Hilkija war vielleicht der Oberpriester zur Zeit Joschijas (vgl. 2Kön 22,4; vgl. **404**). Beide dürften der Jerusalemer Aristokratie angehört haben. Jeremia besaß also weiterhin Unterstützung bei ihr. Zidkija dürfte für eine Mission nach Babylon auch Babylon freundliche Männer ausgewählt haben, die die Vasallentreue Judas glaubwürdig vertreten konnten (vgl. § 791 Seraja).

§ 869   In Jer 29,5–6 rät Jeremia den Verbannten, sich auf lange Zeit in Babylonien einzurichten (vgl. Jer 29,28 »es wird lange dauern«). Nicht zu vaterländischer Gesinnung, zu eherner Treue, zu eisernem Duchhaltewillen fordert er sie auf. Auch nicht dazu, Jerusalems nicht zu vergessen (vgl. Ps 137,5f). Das scheint noch kein Problem zu sein. Er fordert sie auf, so zu leben, als ob sie unter dem Segen Gottes stünden. Denn ein Haus zu bauen und darin zu wohnen, einen Weinberg bzw. einen Garten anzulegen und seine Früchte zu genießen und eine Frau zu heiraten und mit ihr zu schlafen und Kinder zu haben, ist das Glück, das ein Mensch erwarten kann (vgl. Gen 2; Ps 127). Wer eben eines dieser Werke begonnen und noch nicht bis zu einer gewissen Vollendung gebracht hat, ist nach Dtn 20,5–7 vom Militärdienst befreit. Wer eines davon anfängt und nicht vollenden kann, gilt als verflucht (Dtn 28,30;

HAR 8, 1984, 3–11, Berlin). Sie sollen »mehr und nicht weniger werden« (vgl. dazu AOAT 327, 2006, 461–471, Weippert). Eine ähnlich realistische Haltung propagiert Jeremia 32 auch unter den im Lande Verbliebenen.

§ 870 Was Jeremia in 29,5–6 den unter schwierigen Umständen lebenden Volksgenossen empfiehlt, wird später von der Priesterschrift zu nichts geringerem als einem Schöpfungsauftrag hochstilisiert (vgl. Gen 1,28; 9,1f; § 1218). Gleichzeitig erhebt die P die Herrschaft über die Tiere, die Jeremia Nebukadnezzar zugesprochen hat (Jer 27,6; 28,14), zum Schöpfungsauftrag des Menschen im Allgemeinen. Die Aufforderung von 29,7, für das Wohl (*šalom*) der Stadt (LXX des Landes), in dem sie jetzt leben, zu beten, weil deren Wohl ihr eigenes Wohl sei, diese Aufforderung ist zu einem Axiom geworden, an dem sich das Diasporajudentum immer wieder orientiert hat. Es ist in der Geschichte vom ägypt. Josef und im Wirken Mordechais in der Estergeschichte wirksam und setzt einen Gott voraus, der Israel nicht gegen die Völker und die Völker gegen Israel ausspielt, sondern in den Völkern und durch die Völker an ihm und durch es an den Völkern handelt.

§ 871 In 29,8f warnt Jeremia vor Propheten, Wahrsagern und Träumen (vgl. die verschiedenen Kategorien von Mantikern in Jer 27,9 und Dtn 18,10, wo es aber um fremde Völker bzw. in Israel unerlaubte Praktiken geht). Wenn Jeremia zu Juda redet, spricht er normalerweise nur von Propheten. Hier haben wir ein Mittelding zw. Judasprüchen und Jer 27,9. Kommt darin der Einfluss der Umwelt auf die Gola zum Ausdruck? V. 9 taucht das im Jeremiabuch stereotype Thema des Trugs (*šæqær*) wieder auf (vgl. Jer 28,15; vgl. 5,31; 20,6; 26,4; 27,10.14f.16) und der Vorwurf an die selbst ernannten Heilspropheten, dass JHWH sie nicht gesandt habe (Jer 28,9.15), der Vorwurf, dass sie ihre eigenen (Wunsch)Träume erzählen (Jer 23,9–40). Worin diese Täuschung und dieser Trug bestehen, wird nicht gesagt. Im Zusammenhang der Mahnung, sich auf Dauer einzurichten, kann hier wie sonst nur die rasche Rückkehr der Verbannten gemeint sein.

§ 872 Die Ankündigung in 29,10, nach 70 Jahren zurückzukehren, bildet inhaltlich ein Pendant zu den drei Generationen in Jer 27,7, während denen Juda Babel dienen muss. In Jer 29,28 dauert das Exil einfach »lange« (*'arukkah hi'*). Das ist vielleicht die ursprünglichste Formulierung, der gegenüber die andern beiden (70 Jahre, drei Generationen) feierlicher, dezidierter und theologischer wirken. Im Gegensatz zum strikt situationsbezogenen Abschnitt V. 4–7 und im Gegensatz zur stereotypen, aber für die Verkündigung des Jeremia offensichtlich charakteristischen Warnung vor Trug in V. 8–10, charakterisiert die V. 11–14 ein predigthafter, allgemein erbaulicher Zug. Die »Gedanken des Heils« in V. 11 kontrastieren mit den »Gedanken des Unheils« in Jer 18,11 (zu den Gedanken JHWHs vgl. auch Jes 55,8f). Der Aufruf in V. 12f, Gott anzurufen und zu suchen, und die Verheißung, er werde sich finden lassen, haben eine gute Parallele in Jes 55,6. »Mit eurem ganzen Herzen« findet sich in Dtn 11,13 und 13,4. Die Verheißung von V. 14, die unter alle Völker Zerstreuten zu erhören, wenn sie nach Jerusalem gerichtet beten, hat eine nahe Parallele im dtr. Tempelweihgebet Salomos (1Kön 8,46–51). Es ist in den V. 11–14 nichts typisch Jeremianisches zu finden. Zeitlich dürften diese V. in die exil. Zeit gehören.

§ 873   Jer 29,15–33 besteht deutlich aus zwei Abschnitten: V. 15–23 und 24–33. V. 15–23 wird durch die sekundär eingefügte Polemik der V. 16–20 gegen die zuhause Zurückgelassenen unterbrochen. Diese Polemik stammt weitgehend aus Jer 24 und fehlt in der LXX (vgl. aber EvJo 19, 2001, 68–73, Valentino).

Die verbleibenden Abschnitte 29,15.21–23 und 24–33 sind der Auseinandersetzung mit Propheten in Babylonien gewidmet, die wie Hananja in Jerusalem (Jer 28) ein baldiges Ende des Exils verkünden.

Der erste gegen die Propheten Ahab und Zidkija gerichtete Abschnitt macht diesen den stereotypen Vorwurf »Trug« zu weissagen. Im Kontext von Jer 29 kann das einmal mehr nur das baldige Ende des Exils sein. Dafür würden sie vor den Augen der Deportierten von Nebukadnezzar niedergehauen bzw. im Feuer geröstet werden, so dass ihre Namen in Fluchformeln Verwendung finden werden. Bei beiden Hinrichtungsarten handelt es sich wohl um Drohungen. Ob überhaupt und, wenn ja, auf welche Weise sie hingerichtet wurden, wissen wir nicht. Jedenfalls zeigt der Hinweis auf Nebukadnezzar, dass jene, die Widerstand leisteten und das baldige Ende seiner Herrschaft weissagten, nicht gefahrlos lebten. V. 23b führt das angedrohte grausame Ende nochmals auf ihre »Trug«-Verkündigung zurück. Wir haben so mindestens im hebr. Text einen klaren Chiasmus. Die Elemente »Trug weissagen« und »Trug« in den V. 21 und 23 fehlen in der LXX 36:

a	Weil Ahab und Zidkija Trug weissagen (V. 21a)
b	wird Nebukadnezzar sie niederschlagen
c	vor euren Augen (V. 21b).
c'	Sie werden für euch, die Deportierten zum Fluch,
b'	weil der König von Babel sie im Feuer rösten wird (V. 22)
a'	weil sie im Namen JHWHs Trug geredet haben (V. 23b).

Der in V. 23a gemachte Vorwurf, sie hätten Ehebruch getrieben, stört diesen klaren inhaltlichen Aufbau. Der Vorwurf ist wohl sekundär hinzugefügt worden, um den Gegner auch moralisch zu disqualifizieren. Wie in Jer 23,14 soll es der unumstößliche Beweis dafür sein, »dass es mit ihrem religiösen Anspruch windig bestellt war« (HAT I/12, 169, Rudolph).

§ 874   Auch Jer 29,24–32 besteht aus zwei Teilen: V. 24–29 und 30–32.

Der erste Teil referiert den Inhalt eines Briefes aus Babel, den ein gewisser Schemaja an den Leiter der Tempelpolizei namens Zefanja geschickt haben soll, indem er diesen zur Rede stellt, warum er Jeremia, diesen Verrückten, nicht dingfest mache. Zefanja ist der zweite Nachfolger Paschhurs, der nach Jer 20,2 den Propheten für eine Nacht hat in den Block legen lassen (§ 827.831). Der unmittelbare Vorgänger Zefanjas war ein Jojada. Schemaja bezeichnet Jeremia als $m^e\check{s}ugga^{\scriptsize\epsilon}$ »verrückt«, eine Disqualifikation ekstatischer Propheten, die Tradition hat (vgl. 2Kön 9,11; Hos 9,7). Schemaja scheint trotz der entsprechenden Vorwürfe in der Antwort Jeremias in V. 30–32 kein Prophet gewesen zu sein. Ohne sich seinerseits auf ein göttliches Wort zu berufen, ist er offensichtlich überzeugt, dass die Feststellung, das Exil werde noch lange dauern und die Forderungen, die Jeremia daraus zieht, Unsinn sind. Zefanja lässt sich durch den Brief nicht bewegen, Jeremia dingfest zu machen, sondern bringt Jeremia den Inhalt des Briefes zur Kenntnis.

§ 875 Als Antwort Jeremias auf diesen Brief wird in den V. 30–32 ein Gotteswort mitgeteilt, in dem der Positionsbezug Schemajas als Prophezeien qualifiziert und der übliche Vorwurf erhoben wird, JHWH habe ihn nicht gesandt, er würde das Volk auf »Trug« vertrauen lassen und Abfall von JHWH predigen, also die wörtlich gleichen Vorwürfe, die Jeremia gegen Hananja erhoben hatte (28,15f; § 714.719.865). Einzig die angedrohte Strafe ist etwas anders, er werde keine überlebenden Nachkommen haben, die das spätere Heil erleben könnten, das JHWH noch wirken werde. Im Vergleich mit der dem Hananja angedrohten Strafe ist sie sehr allgemein und einem gängigen Schema entsprechend (vgl. z. B. Jer 12,16f), auf lange Sicht konzipiert und damit unkontrollierbar. Falls der Brief des Schemaja, was wahrscheinlich scheint, hist. ist, hat Jeremia wie bei Hananja in 28,6 und 11 nicht reagiert oder seine Antwort ist verloren gegangen. Die vorliegende Antwort ist schematisch und wirkt konstruiert. Die vom hist. Jeremia eingenommene Position wird auf alle denkbaren Fälle appliziert, in alle Richtungen ausgezogen; aus einer Botschaft wird eine Doktrin, die von Jerusalem aus in alle Welt ergeht. Den Führungsanspruch Jerusalems unterstreicht auch die Tatsache, dass in der Korrespondenz nur die »falschen« Propheten, Ezechiel jedoch, der ähnliche Positionen wie Jeremia vertreten hat (vgl. § 964), mit keinem Wort erwähnt wird (EThL 65, 1989, 94f, Begg; vgl. § 764), obwohl Jeremia Ezechiel gekannt (CBQ 63, 2001, 31–34, Holladay) oder mindestens von ihm gehört haben muss.

Vorwegnahme des Untergangs von Babel

§ 876 Genau in die Zeit, da Jeremia in Jerusalem verkündete, man solle das Joch Babels tragen, und in Babel verkünden ließ, man solle sich für eine längere Zeit in Babylon einrichten, datiert überraschenderweise Jer 51,59–61. Die Notiz berichtet, Jeremia habe dem Seraja, der Zidkija zu einem Besuch in Babel begleiten (M) bzw. eine Gesandtschaft dorthin leiten musste (LXX; § 791.811; vgl. zu solchen Gesandtschaften Jer 29,3), eine Schriftrolle mitgegeben, auf der alles Unheil verzeichnet war, das über Babel kommen sollte. V. 60b identifiziert – wohl sekundär – diese Worte mit Jer 50f (TynB 35, 1984, 25–63, Aitken). Seraja habe den Auftrag gehabt, die Rolle mit den Unheilsworten in Babel laut zu lesen und sie dann mit einem Stein beschwert im Eufrat zu versenken als Vorwegnahme des Untergangs Babels. Es scheint mir in diesem Fall wenig sachgemäß den Vorgang als »Prophetenwort« von magischen Worten radikal abzugrenzen (HAT I/12, 294f, Rudolph; JSOT.S 283, 1999, 154–169, Friebel; vgl. dazu Uehlinger, in: NTOA 6, 1987, 123–127, Küchler/Uehlinger). Jeremia handelt hier ohne expliziten göttlichen Auftrag und »magische« Worte sind dem Menschen nach Auffassung bestimmter ägypt. Texte von den Göttern gegeben (Merikare Z. 329; LÄ V, 1320–1355, Gutekunst). Was merkwürdig anmutet, ist, dass Jeremia ein Unheilswort nach Babel schickt, während er die Exulanten aufgefordert hat (Jer 29,7), für das Wohl der Stadt zu beten. Vielleicht sind diese Unheilsankündigungen für Babel in Jer 50f durch diese Notiz sekundär Jeremia zugeschrieben worden. Vielleicht ist, was uns im Rahmen einer bestimmten Logik als Widerspruch erscheint, auch als eine für den alten Orient typische *multiplicity of approaches* (H. Frankfort) zu verstehen. Für Jeremia war Nebukadnezzar von JHWH zum Herrn der Geschichte bestellt. Gleichzeitig aber sah Jeremia seine Herrschaft als von JHWH abhängig und als begrenzt (§ 847). Realpolitisch hatte man sich Nebukadnezzar zu unterwerfen. Nur das konnte Segen bringen. Von der Warte JHWHs aus betrachtet war Babel dem Untergang geweiht. Das nahm, wenn der Auftrag an Seraja von Jer 51,59–61 hist. ist (vgl. dazu § 811f), die Symbolhandlung in Babel vorweg. Für die Historizität spricht die Tatsache, dass Babel im Sinne dieser Symbolhandlung innert nützlicher Frist nicht untergegangen ist. Die Vorwegnahme eines Ereignisses zu fingieren, das nie stattgefunden hat, ist wenig sinnvoll. Jeremias Inszenierung von 594a war, wenn sie tatsächlich stattfand, antizyklisch, aber das waren prophetische Reden und Performances oft (§ 878). Vielleicht hatte sie u. a. den Zweck zu demonstrieren, dass Jeremia nicht schlicht und bedingungslos probabylon., sozusagen ein babylon. Agent war. Jer 50f sind als Ganzes wohl eine spätexil. oder frühnachexil. Komposition, die die Diaspora in Babylon dazu bringen soll nach Jerusalem heimzukehren (vgl. SSN 42, 2003, Kessler)

Jeremias Schicksal während der letzten Monate Jerusalems

§ 877 Eine Reihe von Episoden im Jeremiabuch werden in die Zeit Zidkijas während der Belagerung durch die Babylonier datiert, so Jeremias Ackerkauf in Anatot (Jer 32,1–15), die Sklavenfreilassung und ihre Rückgängigmachung (Jer 34,8–22) und verschiedene Einkerkerungen und Befreiungen Jeremias (Jer 37–38).

Diese Episoden werden durch zwei Texte ergänzt (Jer 21,1–14; 34,1–7), die die in den genannten Kurzgeschichten enthaltenen Botschaften Jeremias zusammenfassen und verschärfen (zu Jer 21,1–10 vgl. OTEs 17/3, 2004, 470–483, Wessels).

Die von der erzählten Zeit her älteste Kurzgeschichte dürfte die von der Sklavenfreilassung sein (Jer 34,8–22; zum Begriff d^{e}ror vgl. Lev 25,10; Ez 46,17; Jes 61,1). Während der Belagerung soll Zidkija in einer feierlichen Zeremonie im Tempel die Sklavenbesitzer verpflichtet haben, unter schweren Selbstverfluchungen im Falle der Nichteinhaltung der Verpflichtung ihre Schuldsklaven freizulassen (zu b^{e}rit in diesem Sinne vgl. § 709f). Die Erzählung ist stark bearbeitet. Dem ursprünglichen Bestand »sind die V. 8b–9a*.10–13a.18*, vielleicht auch V. 21* zuzuordnen« (ZBK.AT XX/2, 321, Wanke). V. 14f stellt den Vorgang als Erfüllung der Vorschriften von Dtn 15,1–6.12–18, genau von 15,1a und 15,12 dar (vgl. Ex 21,1–6). In Wirklichkeit handelt es sich um einen situationsbedingten nicht um einen regelmäßigen Vorgang, wie das Dtn ihn vorsieht (VT 26, 1976, 38–59, Lemche; zu vergleichbaren Vorgang in Mari s. ZAW 111, 1999, 253–255, Anbar; vgl. weiter Diodor Siculus XXXVI 4.8). Die während der Belagerung freigelassenen Sklaven sollten die Herren von ihren Verpflegungsverpflichtungen befreien und das Abwehrpotential verstärken. Als die Belagerer aber abzogen, um einem ägypt. Entsatzheer entgegenzutreten (Jer 34,21; 37,5.7), machten die Herren die großzügige Freilassung rückgängig, was ihnen schwerste Vorwürfe und Drohungen Jeremias eintrug. Diejenigen, die die Verpflichtung übertreten haben, sollen wie das Kalb werden, das bei der Verpflichtungsübernahme entzweigeschnitten wurde (vgl. Gen 15,9–21).

§ 878 Im Zusammenhang mit dem (temporären) Abzug des babylon. Belagerungsheeres ließ Zidkija, der offensichtlich gewisse Sympathien für Jeremia hatte (vgl. § 880), wenn er die auch kaum zu zeigen wagte, diesen fragen, was das bedeute. Jeremia lässt ihm versichern, dass selbst wenn von den Babyloniern nur ein paar Verwundete übrigblieben, diese zurückkämen und Jerusalem in Brand stecken würden (37,10; vgl. die umgekehrte Hyperbel in 2Sam 5,6). In der Belagerungspause wollte Jeremia nach Jer 37,11f in seinen Heimatort Anatot gehen, um dort einen Landkauf zu tätigen, wahrscheinlich den in Jer 32,1–15 erwähnten, der als prophetisches Zeichen für eine Zeit friedlicher Transaktionen gewertet wird: »Man wird wieder Häuser, Äcker und Weinberge kaufen in diesem Land« (V. 15; Hardmeier/Oesch, in: BBB 98, 1995, 187–223, Groß; JSOT.S 283, 1999, 315–329, Friebel). Dieser Vorgang war, seine Historizität vorausgesetzt, genauso antizyklisch wie die in § 876 diskutierte Verfluchung Babylons. Es wird einer Landschaft Normalität in Aussicht gestellt, die sich in einer total anormalen Lage befindet. Jeremia wurde des versuchten Überläufertums beschuldigt, misshandelt, in eine Zisterne gesperrt, auf Intervention des Königs befreit und im Wachhof unter Arrest gehalten, wegen Wehrkraftzersetzung (Jer 38,4) in eine schlammige Zisterne geworfen und erneut befreit, in erträglicher Haft gehalten, bis ihn die Babylonier befreiten.

§ 879   Die Worte, die Jeremia in diesen Erzählungen in den Mund gelegt werden, haben immer den gleichen Inhalt. Jerusalem wird auf jeden Fall (Jer 37,10) dem König von Babel bzw. den Babyloniern in die Hände fallen und sie werden die Stadt einäschern (Jer 32,3.24.28f.36; 34,2; 37,8f; 38,3.18.33). Zidkija wird Nebukadnezzar Auge in Auge gegenübertreten müssen (Jer 32,4; 34,3.21; 37,17). Die Stadt könnte erhalten und ihre Bewohner und Bewohnerinnen und der König könnten am Leben bleiben, wenn sie sich Nebukadnezzar unterwerfen würden (Jer 34,4f, 38,2.17). Ungewöhnlich konkret stellt Jer 34,5f Zikija in Aussicht, er könne, falls er sich unterwerfe, in Frieden sterben »und wie deinen Vätern und Vorgängern … wird man auch dir zu Ehren Totenfeuer anzünden und dir die Totenklage halten«.
Diese Totenfeuer, die auch in 2Chr 16,14 und 21,19 erwähnt werden, sind mit guten Gründen mit den ca. 25 Tumuli aus verschiedenen Phasen der EZ in Beziehung gebracht worden, die auf Hügeln im W von Jerusalem gefunden worden sind. Sie waren jeweils nur sehr kurze Zeit in Gebrauch und weisen Spuren riesiger Feuer auf (Zevit, Religions 210–213; vgl. § 1021f).»Vergleicht man diese Ankündigung nun mit dem aus anderen Texten bekannten Geschick Zidkijas nach der Eroberung Jerusalems (vgl. 1021f), so ist der Widerspruch dazu sofort klar. Angesichts des schmählichen Geschicks des Königs … erweist sich die Ankündigung eines ehrenvollen Begräbnisses als eine echte Ankündigung, die ähnlich der Unheilsankündigung Jeremias gegen Jojakim (Jer 22,18f) von Jeremia stammen wird« (ZBK.AT XX/2, 319, Wanke). Nach Jer 38,14–28 hat Jeremia Zidkija noch einmal unmittelbar vor der Einnahme Jerusalems durch die Babylonier die Möglichkeit eröffnet, seinem grauenhaften Schicksal zu entrinnen.

Interessant ist, dass in diesen Äußerungen, die wie das Jochtragen (§ 850–858) eine Alternative zum Untergang offen lassen, der Tempel und sein Schicksal mit keinem Wort erwähnt werden. Er interessierte Jeremia und die Tradenten dieser Texte offensichtlich wenig (vgl. § 832–840). Ebenso wenig interessiert das Königtum als solches (Jer 10,21; 13,18; 22,5–7). Jojakim werden wegen seines asozialen Verhaltens schwere Vorwürfe gemacht (22,13–19). Vor allem aber wird der davidischen Dynastie jede Zukunft abgesprochen, wenn es von Jojachin (§ 848) heißt, dass er, selbst wenn er ein Siegelring (vgl. 404) an der Hand JHWHs wäre, weit fortgeschleudert werde (Jer 22,24–26; vgl. dagegen Hag 2,23). Jede Zukunft spricht der davidischen Dynastie im Allgemeinen und Jojachin im Speziellen auch die feierliche Weissagung von Jer 22,29f ab: »Land, Land, Land, höre das Wort JHWHs! So spricht JHWH: Schreibt diesen Mann als kinderlos ein … Denn keinem seiner Nachkommen wird es glücken, sich auf den Thron Davids zu setzen und wieder über Juda zu herrschen« (22,29f; zur dreifachen Wiederholung s. § 444; zu ihrem sekundären Charakter im Jer-Buch ATSAT 63, 1998, 162f, Stipp; zu Jojachin bei Jer s. FS Westermann 252–270, Hermisson).

§ 880 Die schon genannte Sympathie Zidkijas für Jeremia (§ 878) scheint gegenseitig gewesen zu sein (PEQ 83, 1951, 81–87, Malamat). Die »Heimsuchung« (*paqad*), die Jeremia nach 32,5 Zidkija angekündigt haben soll, kann wie die der Tempelgeräte in Jer 27,22 als Verheißung verstanden werden (EThL 63, 1987, 113–117, Begg). Ch. Begg meint sogar, Zidkija könnte eine der Figuren sein, die zur Entstehung der eindrücklichen Gestalt des leidenden Gottesknechtes beigetragen haben (EThL 62, 1986, 393–398). Zidkija wird jedenfalls auf weite Strecken eher als tragische Figur denn als Verblendeter geschildert. Er hätte die Möglichkeit gehabt, im letzten Moment das Richtige zu tun, sich Nebukadnezzar zu unterwerfen und so die Katastrophe vom Gemeinwesen abzuwenden. Er soll Jeremia in diesem Sinne aufgefordert haben, zu »JHWH, unserem Gott, für uns zu beten« (37,3). Aber er war zu schwach, das Richtige klar zu sehen und auch zu tun. Nachdem Jeremia eingekerkert worden war, soll er ihn heimlich aus dem Kerker geholt und in seinem Palast befragt haben. Auf die Bitte Jeremias habe er ihn nicht in den Kerker zurückbringen lassen, sondern in milderer Haft im Wachhof des Palastes behalten (Jer 37,17–21) und gegen den Willen der Mehrheit der Beamten die mildere Form der Haft aufrecht erhalten (38,7–13). Bei einem letzten, ausführlich geschilderten, nahezu konspirativen Treffen zw. König und Prophet schildert Jeremia eine Vision im Falle der Nicht-Kapitulation:

> »Ich sah, wie alle Frauen, die im Palast des Königs von Juda noch übrig waren, zu den Obersten des Königs von Babel hinausgeführt wurden. Sie klagten:
> ›Überlistet, hereingelegt haben dich deine guten Freunde;
> stecken deine Füße im Sumpf, so machen sich alle davon‹« (Jer 38,22).

Die einzige Reaktion des Königs ist, dass er Jeremia verpflichtet, ihre Zusammenkunft gegenüber den Beamten mittels einer Ausrede geheim zu halten. Jeremia geht darauf ein (38,24–28). Mit psychologischem Einfühlungsvermögen werden mit wenigen Strichen die Situation des Königs und sein Unvermögen geschildert, aus der Einsicht in die Situation die Konsequenz zu ziehen. Es ist dieses Unvermögen, die Realität konsequent zu respektieren, das den Untergang Jerusalems unabwendbar macht. Jeremia hat es in immer neuen Metaphern beklagt (2,22; 4,22; 13,23; 15,1; 17,1).

DIE BEDEUTUNG DER VERKÜNDIGUNG JEREMIAS

Jeremia und der Monotheismus

§ 881 Fassen wir zusammen, was wir bis anhin an Interpretationen des Zeitgeschehens durch den Propheten Jeremia eruieren zu können meinten. In seiner Frühverkündigung, wenn es denn eine solche gab, war er stark vom Nordreichpropheten

Hosea beeinflusst. Er hoffte, das ehemalige Nordreich würde sich noch zu Zeiten Joschijas wieder Jerusalem zuwenden. Von Hosea übernahm er die Ehemetaphorik für das Verhältnis zw. Gott und seinem Volk. Von Jeremia und vom Jeremiabuch wird die Metapher auf Jerusalem übertragen, das so an Stelle des Volkes zur Partnerin JHWHs wird (§ 816). Die Treue der Stadt wird allerdings weniger durch andere Gottheiten als durch unsinnige politische Bündnisse gefährdet (2,18.36; 4,30).

§ 882   Wenn es beim Propheten selbst eine Fremdgötterpolemik gibt, dann in diesem von Hosea beeinflussten Teil (Jer 2,11: »Göttertausch«; 2,27; und sonst in der frühesten Verkündigung des Propheten, so in 5,7: JHWH verlassen, bei Nicht-Göttern schwören). Das Schwören bei Nicht-Göttern könnte mit den Verträgen verbunden sein, die man mit anderen Völkern geschlossen hat (§ 614.708). Die Stellen hingegen, die von Baal reden (2,8.23.28G; 7,9; 9,14; 11,13.17 etc.), gegen den Molæk-Kult (7,30–34; 19,5–12; 32,34f; § 598–603) oder gegen fremde Gottheiten als Nichtse (*hæbæl*) polemisieren (10,15; 14,22; 16,19; 51,17), dürften samt und sonders dtr. sein (vgl. WMANT 41, 1973, 128–134.153–155 und Bibelstellenregister, Thiel). Auch die einzige Stelle im Jeremiabuch, die Aschera erwähnt (17,2), ist dtr. (Ebd. 82). Das Fehlen der dtr. Fremdkultpolemik in den ältesten, wahrscheinlich jeremianischen Texten und Traditionen ist ein starkes Indiz für die Historizität der joschijanischen Reform (vgl. § 691.769f). Allerdings ist zu beachten, dass schon bei Jesaja – im Gegensatz zu Hosea – eine Polemik gegen fremde Kulte kaum zu finden ist, vielleicht weil ihn diese Thematik nicht interessierte, ihn – z.B. der Ascherakult – nicht störte oder weil Fremdkulte mit einer gewissen Virulenz und eine entsprechend heftige Frontstellung dagegen tatsächlich für das 7. Jh.a und dann wieder die Zeit unmittelbar vor dem Exil typisch waren. Der jud. Monotheismus ist ohnehin weniger aus einer Frontstellung gegen andere Götter, sondern durch eine Ausweitung der Rollen JHWHs und durch eine immer intensivere Bindung an JHWH entstanden (vgl. § 454).

§ 883   In 4–6* kündet Jeremia in düsteren Visionen vom »Schnitter Tod«, der Juda und Jerusalem heimsuchen wird. Klagend wird der Untergang vorweggenommen. Die persönliche Betroffenheit des Propheten spielt eine große Rolle (Jer 4,19; vgl. § 888). In einigen Texten scheut der Prophet sich nicht, JHWH selbst als Zerstörer Jerusalems und damit seines Volkes darzustellen (Jer 15,5–9). In der Performance des feierlichen Zerschmetterns einer Wasserkaraffe, die Jerusalem darstellt, beteiligt er sich an der Zerstörung. Die Zuversicht, die große Teile des Volkes beseelt und von der Mehrzahl der Priester und Propheten geschürt wird, bezeichnet er als »Trug« (*šæqær*), ein Begriff, der für Jeremia zentral ist und mit dem er u.a. die Verkündigungstätigkeit seiner Gegner disqualifiziert (§ 823–826). Trug ist vor allem das blinde Vertrauen auf die Gegenwart JHWHs im Jerusalemer Tempel und darauf, dass er Jerusalem, seine Stadt, um jeden Preis schützen wird (§ 832–840).

§ 884   Die Überzeugung von der Uneinnehmbarkeit Jerusalems hat sich anscheinend im Anschluss an die Nicht-Eroberung durch Sanherib herausgebildet und ist unter dem Einfluss des Gros der Priester und Propheten zu einer Art Dogma geworden (§ 832–840). Die Auseinandersetzung mit diesem Aberglauben, dem König Jojakim offensichtlich zunehmend stärker anhing, führte zur Auseinandersetzung um die Buchrolle, in der Jeremia seine Botschaften zusammenfasste und die Jojakim vernichtete, die aber sogleich durch eine andere ersetzt wurde (§ 841–847). Interessant ist, dass bei Jeremia – im Gegensatz zu Jesaja und zum Ezechielbuch – kaum gegen Ägypten polemisiert wird. In 2,18.36 steht die Polemik gegen Ägypten parallel zu der gegen Assur und ist eigentlich eine solche gegen politische Bündnisse im Allgemeinen. Jojakims Abfall von Nebukadnezzar war wohl in dessen Niederlage im Jahre 601a an der Grenze zu Ägypten begründet (§ 788) und mit einem wachsenden Vertrauen auf die Macht Ägyptens in der s Levante. Im Jeremiabuch beschränkt sich die Polemik gegen Ägypten weitestgehend auf die beiden Gedichte in Jer 46,2–26.

§ 885   Jojakim hatte die dramatischen Warnungen Jeremias buchstäblich verbrannt und den Aufstand gewagt. Jerusalem blieb vorerst nur durch die Kapitulation seines Sohnes Jojachin vor der Zerstörung bewahrt (§ 790). Wenige Jahre nach Regierungsantritt begann auch Zidkija, der jud. König von Nebukadnezzars Gnaden, den Aufstand gegen seinen Herrn zu planen. Jeremia forderte, indem er mit einem Joch auf dem Nacken durch Jerusalem ging, emphatisch dazu auf, das von JHWH für längere Zeit verfügte Joch zu tragen und dem Babylonier zu »dienen«. Ein Prophet der anderen Richtung beseitigte – wie seinerzeit König Jojakim die Buchrolle – das Jochsymbol physisch und verkündete die baldige Wende der Verhältnisse. Jeremia denunzierte diese Zuversicht einmal mehr als Trug. Prophet stand gegen Prophet (§ 850–865).

Jeremia begnügte sich nicht damit, seine Sicht der Dinge in Jerusalem zu verkünden. Er forderte auf dem Korrespondenzweg auch die Diaspora (Gola) in Babylon auf, sich der in Jerusalem geforderten Loyalität gegenüber Nebukadnezzar anzuschließen, sich auf einen längeren Aufenthalt in Babylon einzustellen und zum Segen des Gastlandes zu wirken. Nicht nur in Jerusalem, auch in Babylon erwuchs ihm prophetischer Widerspruch (§ 866–875). Aber durch seine Botschaften nach Babylon wurde Jerusalem zum ersten Mal ein Zentrum der Weisung für die Diaspora. Jeremia initiierte die Stellung, die Jerusalem später auch ohne Tempel im Judentum behalten hat (vgl. § 468).

§ 886   Jeremia sieht im Gegensatz zu Joschija, dem DtrG und wahrscheinlich auch dem Dtn keinen Bedarf an politischer Unabhängigkeit, um JHWH ungeteilt dienen zu können. Auch den Glauben, JHWH müsse auf jeden Fall Partei für Jerusalem ergreifen und im Notfall zu seiner Rettung Wunder wirken (Jer 21,2), ist für ihn Trug. Jeremia ist praktisch Monotheist. Die Weltgeschichte ist in der Hand JHWHs und für ihn bedeutet die Unterwerfung unter das Joch Nebukadnezzars, sich dem Willen JHWHs zu unterwerfen. JHWH ist nicht nur der Herr Israels, sondern der Herr der Weltgeschichte. Wie schon Jesaja (Jes 6,3; § 518–537) genügt Jeremia die Einsicht, dass JHWH Schöpfer und Herr der ganzen Erde ist (Jer 27,5) und dass er die Herrschaft im Moment offensichtlich dem Babylonier Nebukadnezzar gegeben hat. Jesus wird im Gegensatz zu den Zeloten akzeptieren, dem römischen Kaiser untertan zu sein und Steuern zu zahlen (Mk 12,14 Par). Flavius Josephus wird sich bei seiner Aufforderung an die Zeloten, sich dem röm. Kaiser zu unterwerfen und Jerusalem und den Tempel zu retten, auf Jeremia berufen (Bell V 391–393).

Wahrscheinlich meint Jeremia, wenn er in 5,1–5 von Eidbrüchigkeit redet – wie Ez 17,15 – die Verletzung der Vasallitätsverpflichtungen, die Jojakim und Zidkija begangen haben, indem sie die Eide nicht hielten, die sie Nebukadnezzar geschworen hatten. Jeremia ist nicht bereit einen Unterschied zw. »Brüdern« und »Fremden« zu Ungunsten der Fremden zu machen, wie ihn das Dtn in manchen Punkten vorsieht (§ 727–729). JHWH richtet sein Augenmerk auf Zuverlässiges (*'æmunah*; Jer 5,3). Trug in jeder Form ist ihm verhasst. C. Hardmeier vermutet, dass der Vorwurf, »das Joch zu zerbrechen und die Stricke zu zerreißen« in Jer 5,5, wo er im Kontext von Eidbruch und Treulosigkeit steht, im Hinblick auf Jeremias Zeichenhandlung des Jochtragens und die Gegenhandlung Hananjas in Jer 27f zu sehen ist (EvTh 56, 1996, 27f Anm. 77; der gleiche Vorwurf in Jer 2,20 ist angesichts des Kontexts hingegen eher von Hos 4,16 her zu sehen; vgl. aber Hos 10,11–13).

§ 887 In einem gewissen Sinne haben sich auch die von Jeremia bekämpften Trugpropheten (§ 862–865) antizyklisch verhalten. Sie haben, als Babylon auf der Höhe seiner Macht war, seinen baldigen Untergang verkündet. Ihre Stellungnahmen waren – genau besehen – weniger anti- als azyklisch. Sie haben die realen Verhältnisse ignoriert und sind aus provinzieller Beschränktheit der Lebenslüge von der Uneinnehmbarkeit des Zion erlegen. Im Gegensatz dazu nimmt Jeremia die tatsächlichen Verhältnisse ernst, ohne ihnen »normative Kraft« zuzugestehen. Er redet nicht einer dummen, unbegründeten Trughoffnung das Wort, verfällt aber auch nicht dem Glauben, nichts werde sich ändern. Jeremia hat die Schwäche Ägyptens, wie vor ihm Jesaja, und die Dynamik der neubabylon. Herrschaft richtig eingeschätzt, ohne die zeitliche Beschränkung jeder irdischen Weltmacht, also auch der Babylons, zu vergessen (§ 872). Das informierte Ernstnehmen der Verhältnisse wie die antizyklischen Drohungen und Hoffnungen waren bei Jeremia letztendlich Ausdruck des Glaubens an JHWH als souveränen und einzigen Herrn der Geschichte.

Schonungsloses Reden mit Gott

§ 888 Für das künftige Judentum ist Jeremia nebst dem Dialog mit der Diaspora vor allem für einen Aspekt wichtig geworden, von dem bisher nicht die Rede war. Jeremia sieht und spricht JHWH als souveränen Herrn des Alls und der Geschichte – und seines eigenen Schicksals an. Als solcher war er aber kein ferner und unzugänglicher Gott. Der Jeremia des Jeremiabuches scheut sich nicht, mit diesem Gott angesichts der Widrigkeiten, in die ihn JHWHs Wort und Fügungen bringen, bitter zu hadern, ihm unangenehme Fragen zu stellen und ihn mit Vorwürfen zu überhäufen.

> »Fürwahr JHWH, ich habe dir mit gutem Willen gedient …
> Du (aber) bist mir wie ein versiegender Bach geworden,
> wie ein unzuverlässiges Wasser …
> Du hast mich betört, JHWH, und ich ließ mich betören;
> du hast mich gepackt und überwältigt …
> Zum Gespött bin ich geworden den ganzen Tag,
> ein jeder verhöhnt mich.
> Ich selbst war wie ein zutrauliches Lamm,
> das (nun) zum Schlachten geführt wird.
> Ich ahnte nicht, dass sie gegen mich Böses planten« (Jer 15,11.18; 20,7; 11,19).

§ 889   Solche Reden, Konfessionen, Klagen und Gebete, manchmal als Botenklage bezeichnet, wie wir sie in Jer 11,18–12,6; 15,10–21; 18,18–23; 20,7–18 und sonst finden, zeugen davon, dass das ganze Leben des Propheten und seine Funktion – der Ijobgestalt vergleichbar – eins geworden sind (OTWSA 24, 1982, 55–66, Donner; BZ 41/42, 1997/1998, 212–228.19–38, Fuchs; Wagner, in: FS Schmidt 399–412 mit Lit.). Öffentlich vorgetragen hatten sie u.a. die Funktion, die Verantwortung für die ungeliebte Botschaft vom Propheten wegzunehmen, auf JHWH zu übertragen und den Propheten zu entlasten (FzB 30, 1978, Hubmann; VT 39, 1989, 129–139, Berquist; VT 40, 1990, 33–50, Diamond). Schon frühere Propheten wurden in ihrem Leben und dem ihrer Familien vom »Wort Gottes« betroffen (vgl. etwa die Symbolnamen der Kinder Hoseas, 1,4–8, und Jesajas, 7,3; 8,3). Jeremia lebt seine Botschaft mit seiner ganzen eigenen Existenz. Weil das Land keine Zukunft mehr hat und JHWH sich aus dem Leben seines Volkes zurückzieht, darf der Träger seiner Botschaft nicht heiraten, keine Kinder haben, an keiner Trauerfeier und an keinem fröhlichen Fest mehr teilnehmen (16,1–9; vgl. § 816). Bei Jeremia ist die Betroffenheit nicht nur radikaler als bei seinen Vorgängern, sie ist im Jeremiabuch durch die »Konfessionen«, die mindestens im Kern auf den Propheten zurückgehen dürften (JBTh 16, 2001, 3–23, Schmidt), und durch hist. Kurzgeschichten viel ausführlicher thematisiert als das je der Fall war. Die totale Verwiesenheit auf den einen, alles bestimmenden Gott, wie sie das Dtn forderte, hat bei Jeremia zu einer Intimität der Zwiesprache mit Gott geführt, die vorher unbekannt war. Es ist die Frucht eines praktizierten Monotheismus, der den Gläubigen zwingt, jedes Problem, das ihn bedrängt, an Gott zurückzukoppeln. Für diesen freien Umgang mit Gott, der aus dem Herzen keine Mördergrube macht, finden sich später in der rabbinischen Literatur und seit dem Mittelalter im Chassidismus immer wieder eindrückliche Beispiele (zu Jeremia als Ursprung der jüd. Tradition der Chuzpe beim Reden mit Gott vgl. JES 23, 1986, 567–586, Lane).

Zur Vorstellungswelt des Jeremiabuchs

§ 890   Bevor wir uns dem Ezechielbuch zuwenden, sei noch kurz – gleichsam in einem Rückblick – die Vorstellungswelt des Jeremiabuches skizziert. Wenn man in reich illustrierten Bänden zum AT bei den Propheten Jeremia und Ezechiel aufschlägt, findet man in der Regel zu beiden das übliche Sammelsurium ägypt. und assyr. Reliefs, ao Tonfiguren, hebr. Namenssiegel und Naturaufnahmen (vgl. z.B. B. Mazar u.a., Hg., Views of the Biblical World III. Later Prophets, Jerusalem/Ramat-Gan 1960, 93–203; A. Chouraqui u.a., L'univers de la Bible IV. Isaïe, Jérémie, Ezéchiel, Paris 1983, 203–539). Kein Mensch käme auf die Idee, die beiden Propheten hätten eine ganz verschiedene Bilder- und Vorstellungswelt benützt. In Wirklichkeit können sie jedoch verschiedener kaum sein. Das zeigen bereits die Berufungsvisionen im je ersten Kapitel der beiden Bücher mit aller Deutlichkeit. Jeremia sieht ganz alltägliche Dinge (1,13f), zuerst einen Mandelzweig (*maqqel šaqed*; **450**). Daran knüpft die Wortoffenbarung in einem Wortspiel an: »Ich wache (*šaqadti*) über mein Wort, es zu erfüllen«. Der Mandelbaum ist der Baum, der als erster, bereits Ende Januar blüht, und das ist wohl der Grund, warum er der »Wachsame« heißt (vgl. auch Num 17,23, der wachsame Stab Aarons). Warum sieht Jeremia nicht einfach einen Mandelbaum,

450 Ein blühender Mandelzweig; hebr. heisst Mandelbaum
šaqed »Wachsamer«, weil er im
Frühjahr als erster blüht

sondern einen Mandelzweig, *maqqel*? Die Kommentare gehen nicht darauf ein.
Maqqel heißt nicht nur Zweig, sondern auch Stab. So heißt z.B. der Stab, mit dem
David auf Goliat zugeht *maqqel* (1Sam 17,40.42). Der wachsame Stab signalisiert
den Anspruch zu lenken und zu dirigieren. Das Thema »souveräne Lenkung der
Geschichte durch JHWH« wird in Jer 18 (Besuch in der Töpferwerkstatt) wieder aufgenommen. Dann sieht Jeremia einen dampfenden Kochtopf (**451**; ZAW 68, 1956,
223f, Lindblom), der sich von N her neigt, und er hört das Deutewort: »Von Norden
her ergießt sich Unheil über alle Bewohner des Landes«. Mandelstab und Kochtopf
sind Alltagsdinge.
In der Eröffnungsvision des Ezechielbuches hingegen werden wir mit einem bekannten Schema der ao Ikonographie konfrontiert (§ 928–930). Im Ezechielbuch ist Iko-
nographisches auch sonst allgegenwärtig (vgl. bes. § 901–904; **452–496**).

§ 891   Die Vorstellungswelt des Jeremiabuches (vgl. dazu EtB NS 9, 1987, Bour-
guet), ob es sich um real gemeinte Bilder oder um Metaphern, um Originaltexte oder
Fortschreibungen handelt, bewegt sich im Bereich des alltäglichen palästinischen Le-

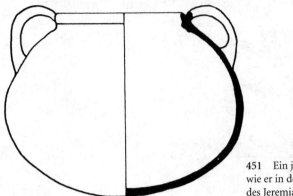

451 Ein judäischer Kochtopf,
wie er in der Berufungsvision
des Jeremia erscheint (7. Jh.a)

bens, mit seinen abwechslungsreichen Landschaften, seiner Pflanzen- und Tierwelt, seiner Landwirtschaft und seinem Handwerk.

Der Gegensatz zw. Wüste und Kulturland ist omnipräsent. Die Wüste ist dürr, steinig, wasserlos, von dunklen Schluchten durchzogen, finster und lebensfeindlich wie die Nacht. Jeder meidet sie, niemand wohnt da, ja niemand durchzieht sie (2,6.31; 17,6; BetM 16, 1971, 267–276, Luria). Sie ist unbesät (2,2), bestenfalls findet sich da und dort ein kärglicher Strauch (17,6). Von ihren sengenden Bergen fallen Glutwinde ins Kulturland ein (4,11f; 13,24). Dieses bringt mit seinen fruchtbaren Äckern und Gärten alles Köstliche hervor (2,3.7; 4,3; 5,24; 7,20; 31,12). Felder werden zusammen mit Frauen genannt (6,12; 8,10). Da gibt es Quellen mit frischem Wasser (2,13; 17,13), Bäche mit üppiger Vegetation (17,8) und Bäche, die in der Trockenzeit versiegen (15,18), Früh- und Spätregen (5,24) und regenlose Dürre (14,4). Über den Äckern erheben sich Hügel mit einzelnen großen Bäumen (2,20; 3,2.13), kahle Höhenzüge (3,21; 12,12) und Felsen mit Höhlen, in denen man sich verstecken kann (4,29), was auch im Dickicht am Jordan möglich ist (12,5). Wie eine Obsession durchzieht das Buch die Drohung, JHWH werde das fruchtbare Land in eine öde Wüste, ein steiniges Trümmerfeld verwandeln (4,23–28; 7,34; 10,22; 12,11; 22,6; →I 25–53).

§ 892   Die Vegetation und Tierwelt Palästinas begegnet im Jeremiabuch auf Schritt und Tritt. Da ist die Rede von Trauben, Weinstöcken und deren Ranken (2,21; 5,10.17; 6,9; 8,13; 12,10; 31,5), von Feigen, Feigen- (5,17; 8,13; 24,1–4; 29,17), Öl- (11,16) und Mandelbäumen (1,11), von Getreidehalmen (9,21), Weizen und Spreu (12,13; 23,28), von Gurkenfeldern (10,5), vom Harz des Mastixbaums (8,22), von Wermut (9,14; 23,15) und Dornsträuchern (4,3; 12,13; →I 54–99).

Da tauchen Bilder von Herden auf (9,9; 10,21; 12,8; 13,20), von Schafen und Ziegen (3,24; 5,17; 13,20; 23,3f; 31,12), von Rindern (3,24; 31,12.18), Eseln (22,19), Pferden (4,13; 5,8; 6,23; 12,5), Kamelstuten (2,23), Hunden (15,3), von den Tieren der Wildnis (7,33; 15,3; 27,7; 28,14), von Löwen (2,15.30: 4,7; 5,6; 12,8; 25,38), Leoparden (5,6; 13,23), Wölfen (5,6), Hyänen (12,9; ZAW 79, 1967, 225–228, Müller), Schakalen (9,10: 10,22; 14,6), Wildeseln bzw. Onagern (2,24; 14,6), Hirschkühen (14,5), von Zugvögeln wie Storch, Turteltaube, Schwalbe und Drossel (8,7; Bible Review 11/3,

1986, 42–45, Weiss). Da werden eine spezielle Steinhuhnart genannt (17,11, *Alectoris graeca chukar* Gray; vgl. BetM 20, 1975, 567–570.582, Dor/Levinger), Gänsegeier (4,13; 48,40; 49,16.22), Raubvögel (12,9), Vögel generell (4,25; 5,27; 7,33; 9,9; 15,3), Vipern (8,17) und Fische (16,16; →I 100–180; Studium 16/2, 1976, 217–244, Lopez de las Heras).

§ 893   Landwirtschaftliche Einrichtungen und Arbeitsgänge spielen im Jeremiabuch eine hervorragende Rolle. Da gibt es Zisternen voll Wasser (6,7) und leere (14,3f) und solche die rissig geworden sind und das Wasser nicht halten (2,13). Äcker und Weinberge werden verpfändet und zurückgekauft (Jer 32,1–15), Joche und Jochstricke angefertigt (27,2). Da pflügt und sät man (4,3; 12,13). Vogelscheuchen müssen aufgestellt (10,5) und Felder bewacht werden (4,17). Da rauscht die Sichel des Schnitters (9,21), Ernten werden eingebracht (5,17; 8,13; 12,13). Im mühsamen Prozess des Worfelns wird die Spreu vom Weizen getrennt (4,11; 13,24; 15,7; 23,28). Handmühlen knirschen (25,10). In den Weinbergen wird Nachlese gehalten (6,9). Neben Acker- und Weinbau werden Aspekte der Kleinviehzucht mit ihren nomadischen Elementen erwähnt: Zelte, Zeltdecken und -stricke (10,20), Schlachtschafe (11,19; 12,3) und schlechte Hirten (23,2). Aber auch Jagd (2,33; 16,16), Fischfang (16,16) und der Vogelfänger mit seinen Fallen und Käfigen (5,26f; vgl. AOAT 212, 1981, 125–133, Emerton) sind präsent. Der wichtigste Handwerker ist der Töpfer (18,1). Tongefäße aller Art werden genannt: Kochtöpfe (1,14), Wasserkaraffen (19,1.10), Lampen (25,10), Weinkrüge (13,12) und -becher (25,15). Sie zerbrechen leicht und so geht dem Töpfer die Arbeit nie aus.

§ 894   Will man die Vorstellungswelt des Jeremiabuches genauer verstehen, greift man am besten zu dem siebenbändigen Werk von Gustaf Dalman »Arbeit und Sitte in Palästina« (Gütersloh 1928–1942), der mit größter Akribie diese Welt und ihr Leben beschrieben hat, die sich im Lauf der Jahrhunderte bis zur Industrialisierung, die massiv erst in der 2. Hälfte des 20. Jh.p einsetzte, nur wenig verändert hat (vgl. auch Ph.J. King, Jeremiah: An Archaeological Companion, Louisville 1993).
Die Ländlichkeit der jeremianischen Vorstellungswelt entspricht der Angabe, Jeremia sei aus einem kleinen Dorf, aus Anatot, nach Jerusalem gekommen (§ 810). Die metaphorische Welt der Gleichnisse des synoptischen Jesus spiegelt auf weite Strecken dieselbe Ländlichkeit. Beide unterstreichen die bleibende Bedeutung der Peripherie in der bibl. Tradition des Alten wie des Neuen Testaments (vgl. § 8–14).

§ 895   Sieht man von der stereotypen dtr. Götzenpolemik ab (vgl. § 882), die in ihrem Schematismus kaum Erinnerungen an altorientalische Ikonographie weckt, hat letztere im Jeremiabuch kaum Spuren hinterlassen. Vielleicht ist in Jer 4,30 eine Reminiszenz der »Frau am Fenster« (§ 824; **419–422**), in 22,23 eine an die Ischtar auf dem Libanon (§ 824; **440**) und in 27,6; 28,14 eine an das Motiv vom »Herrn der Tiere« (§ 855; **448–449**) zu sehen. Das dürfte dann etwa alles sein. Bei der »Frau am Fenster« und beim »Herrn der Tiere« handelt es sich um außerordentlich weit verbreitete Motive, die Göttin auf dem Libanon ist auch ein literarischer Topos (Hld 4,8).
Der einzige Bereich, in dem im Jeremiabuch die große Welt mit ihrer fortgeschrittenen Technologie begegnet, ist der Krieg. Rauchzeichen und Signalhörner künden den

Anmarsch an (6,1), Kriegsgeschrei wird laut (4,16), Streitwagen nahen in Sturmeseile (4,13), Reiter wälzen sich wie eine Meeresbrandung heran (6,23), die Köcher sind geöffnet (5,16), Bogen schussbereit (9,2), Bogenschützen greifen aus Distanz an, der Nahkampf wird mit Krummschwertern geführt (6,23), Krieger werden überrascht (14,9), Soldaten dringen plötzlich in Häuser ein (18,22), Leichen liegen auf den Feldern, Seuchen breiten sich aus (16,4), die Verteidiger müssen sich in die Stadt zurückziehen (21,4), feindliche Könige stellen ihre Throne vor den Mauern der belagerten Stadt auf (1,15; → II 602 D), Bäume werden gefällt und Angriffsrampen gebaut (6,6), Hungersnot in der belagerten Stadt führt zu Kannibalismus (19,9), die eindringenden Feinde zerstören mit Äxten den Stolz der Stadt (22,7), Männer und Frauen, Alte und Hochbetagte werden deportiert, Häuser und Äcker nehmen andere in Besitz, Frauen werden eine Beute von Fremden (6,11f). Vielleicht liegt hier einer der Gründe, warum der Titel »JHWH der Heere« im Jeremiabuch bes. beliebt ist (vgl. § 444).

Die Vorstellungswelt des Jeremiabuchs steht – wie gesagt (§ 810) – in einem denkbar krassen Gegensatz zu der des Ezechielbuches. Umso überraschender ist, wie ähnlich die Position der beiden Zeugen in wesentlichen Punkten ist, z. B. in der Überzeugung, dass ein Aufstand gegen die babylon. Besatzung verfehlt ist.

9.4 EZECHIEL – DIE ZERSTÖRUNG JERUSALEMS UND JHWH ALS GOTT DER DIASPORA

DAS EZECHIELBUCH

§ 896   Das Ezechielbuch setzt sich wie das Jeremiabuch in wesentlichen Teilen mit den letzten Jahren Jerusalems vor 587a auseinander. Es nimmt, wie eben gesagt, bei aller auffälligen und faszinierenden Verschiedenheit des Metaphernsystems häufig inhaltlich ähnliche Positionen ein wie das Jeremiabuch. Viele Akzentsetzungen sind aber markant verschieden. So interessiert sich z. B. das Ezechielbuch positiv für die gegenwärtige und künftige Rolle des Tempels, mit der sich das Jeremiabuch kaum und wenn, dann kritisch beschäftigt.

Formelhafte Präzision

§ 897   Das Ezechielbuch wirkt bes. auf den ersten Blick erheblich weniger heterogen als das Jeremiabuch (zur Forschungsgeschichte vgl. EdF 153, 1981, Lang; BWANT 138, 1995, Feist; ATD XXII/1, 23–27, Pohlmann; SBL.SS 9, 2000, Odell/ Strong; BiblEnz 7, 260–266, Albertz). Der große Unterschied zw. der hebr. und der griech. Version, wie er sich beim Jeremiabuch findet, existiert beim Ezechielbuch nicht. Dtn./dtr. geprägte Texte sind im Ezechielbuch selten (vgl. 11,18–20; 20,27–29.41f; 28,25f etc.). Im Jeremiabuch finden sich sehr verschiedene Textsorten, Texte in erster und in dritter Person. Das ganze Ezechielbuch ist »ein lückenloser *Ich-Bericht* des Propheten mit zwei kleinen Ausnahmen (1,3 und 24,24). Obwohl das ganze Buch Selbstbericht ist, bleibt der Prophet hinter der alles beherrschenden JHWH-Rede verborgen. JHWH spricht und handelt ununterbrochen. Sogar Ereignisse, in die der Prophet unmittelbar verwickelt ist wie Diskussionen und an ihn gerichtete Rückfragen werden ihm selbst auf dem Umweg über JHWH mitgeteilt (vgl. 11,15; 12,9 u. a.). Diese kompromisslose Ich-Rede mit Schwerpunkt auf JHWH als dem redenden Ich ist in der prophetischen Literatur typisch für Berufungs- und Visionsberichte – beides Textsorten, die im Ezechielbuch eine tragende Rolle spielen (Ez 1–3; 8–11; 37,1–14; 40–48 und 33,7–9)« (Hossfeld, in: Zenger, Einleitung ⁵2004, 490).

§ 898   Neu und typisch für das Ezechielbuch sind 14 auf den Tag genaue Datierungen (vgl. OBO 62, 1985, 71, Kutsch), die man in zwei Gruppen einteilen kann: Eine primäre, streng an chronologischer Abfolge orientierte Gruppe (1,1; 1,2; 8,1; 20,1; 24,1; 33,21; 40,1) und eine sekundäre, mit den Fremdvölkersprüchen verbundene (26,1; 29,1.17; 30,20; 31,1; 32,1.17).
Im Buch Jesaja finden sich nur zwei Daten: Jes 6,1 und 14,28, beides Todesjahre von Königen. Jes 7,1 ist sekundär aus 2Kön 16,5 übernommen. Im Jeremiabuch haben wir acht Jahresdaten (25,1; 26,1; 27,1; 32,1; 36,1; 45,1; 46,2 und 49,34) und drei Jahres- und Monatsdaten (28,1; 36,9; 41,1). Diese Daten dürften allerdings alle redaktionell sein. Die neue Praxis der genauen Datierung bei Ezechiel scheint damit zusammenzuhängen, dass Ezechiel in Babylonien tätig war, wo das genaue Datum für die juristische Gültigkeit einer Urkunde unerlässlich war (Meissner, BuA I 154). Das früheste Datum ist der 13. Juli 594a (Ez 1,2), das späteste der 8. April 572a (29,17), evtl. der 5. Juni 569a (Ez 1,1). Das 30. Jahr in 1,1 ist jedoch sehr wahrscheinlich das 30. Lebensjahr des Propheten, in dem er – unter normalen Umständen – seinen Dienst als Priester hätte beginnen sollen (Num 4,3.23.30). Es ist wohl mit dem 5. Jahr der Verschleppung in 1,2 identisch (Hossfeld, in: Zenger, Einleitung ⁵2004, 500f). Das letzte Datum ist also der 8. April 572a; vgl. weiter § 908.910.

§ 899   Die Einheitlichkeit des Buches wird ferner durch Redeformeln suggeriert, die nicht nur formal, sondern auch inhaltlich von Gewicht sind. »An erster Stelle steht die Wortereignisformel (›das Wort JHWHs erging an mich‹). Sie hebt auf die Initiative und Wirkmächtigkeit des redenden Gottes ab; textpragmatisch ist sie das beherrschende (52mal) Anfangssyntagma des gesamten Buches. Die Botenformel (›so spricht der Herr JHWH‹) drückt die aktuelle Vermittlung durch den Propheten aus und kann Unterabschnitte der Rede anzeigen. Die Gottesspruchformel (›Spruch des Herrn JHWH‹) … markiert im Ezechielbuch überwiegend das Ende von Redeeinheiten. Die Wortbekräftigunsformel (›denn ich habe gesprochen, [denn] ich, JHWH, habe gesprochen‹) sind ein Spezifikum des Ezechielbuches und heben am Ende einer JHWH-Rede das redende Ich hervor. Die charakteristische Erkenntnisformel (›erkenne, dass ich JHWH bin‹) zielt auf die Durchsetzungskraft der Begegnung mit JHWH und ist deswegen auch zu Recht Erfahrungsformel genannt worden … Im Falle der Botenformel, der Gottesspruchformel und des gelegentlich klagenden Anrufs an JHWH (›Ach, Herr JHWH‹) tritt regelmäßig der Titel ›Herr [ᵃdonaj]‹ auf, um die Mächtigkeit und Transzendenz JHWHs zu unterstreichen. In Korrespondenz dazu wird der Prophet mit der Niedrigkeitsaussage ›Mensch‹ angeredet (93mal), die die Hinfälligkeit und Sterblichkeit im Gegenüber zum mächtigen JHWH betont« (Hossfeld, in: Zenger, Einleitung ⁵2004, 491). Der Titel »Adonaj« in Verbindung mit JHWH ersetzt im Ezechielbuch das im Jesaja- und Jeremiabuch übliche JHWH Zebaot, das im Ezechielbuch vollständig fehlt (vgl. § 444). Zebaot drückt die Mächtigkeit generell und in sich selbst aus, ohne Beziehung zu einem bestimmten Verehrerkreis. Das »JHWH, dein, unser, euer Gott« in der dtn./dtr. Literatur bindet die Angesprochenen an JHWH (und keinen anderen Gott). Der Titel »Herr« ist ein Titel, der Beziehungen einschließt, im Gegensatz zur dtn./dtr. Formel aber andere Gottheiten völlig ignoriert. Der Titel »Adonaj« im Ezechielbuch leitet die Lesung und Ersetzung des Eigennamens JHWH durch Adonaj bzw. ὁ κύριος ein, die sich in der späten Perserzeit durchzusetzen beginnt und in der LXX üblich ist.

§ 900   Neben der durchgehenden Stilisierung als Ich-Bericht, den genauen Daten und den Redeformeln charakterisieren das Ezechielbuch eine kasuistische Umständlichkeit (vgl. z. B. Ez 18), die z. T. wohl auf sekundäre Präzisierungen der Nachlassverwalter zurückgeht, und eine Vorliebe für Kunstformen wie das »Leichenlied« (*qinah*; 19,1.14), das richtig zu singen es weiser Frauen bedurfte (vgl. Jer 9,16), das »Rätsel« (*ḥidah*; 17,2), das in der Überlieferung vom weisen Salomo eine Rolle spielt (1Kön 10,1; § 282), vor allem aber für den *mašal* (12,22f; 21,5; 24,3), den metrisch gegliederten »Spruch«, die klassische Ausdrucksform hebr. Poesie. Das Problem der Ästhetisierung der Botschaft beleuchtet eine Anekdote in Ez 33,30–33:

»Du aber Mensch, – die Angehörigen deines Volkes, die sich an den Wänden und in den Haustüren über dich unterhalten, und die einer zum andern sagen …: ›Kommt doch und hört, wie das Wort lautet, das von JHWH ausgeht!‹ – die kommen zu dir, wie das Volk so zu kommen pflegt, und sitzen vor dir … und siehe, du bist ihnen wie ein Liebesliedersänger mit schönem Klang und gutem Spiel und sie hören deine Worte, aber tun sie nicht. Wenn es aber kommt – siehe, es kommt! –, dann werden sie erkennen, dass ein Prophet in ihrer Mitte gewesen ist.«

Surrealistische Visualität

§ 901   Wenn auf ein Prophetencorpus das Horaz'sche »Ut pictura poiesis« zutrifft, dann auf das Ezechielbuch. Detaillierte und realistische Schilderungen ganz ungewöhnlicher, unnatürlicher Vorgänge verleihen seinen Texten oft einen surrealistischen Zug. Schlichte Vergleiche und Metaphern werden im Ezechielbuch zu penibel durchgeführten Zeichenhandlungen oder gewaltig ausgeführten Visionen. Die Metapher vom Wort JHWHs im Mund des Propheten bzw. vom Essen des Wortes JHWHs im Jeremiabuch (1,9; 15,16) wird im Ezechielbuch zum detailliert beschriebenen Verschlingen einer beschrifteten Buchrolle (Ez 2,8–3,3). Das jesajanische Bildwort von Assur als Schermesser (§ 454) wird im Ezechielbuch eine Zeichenhandlung, die in penibler Detailliertheit geschildert und gedeutet wird (Ez 5,1–17). Der Hoffnungslosigkeit der Verbannten, die in der Rede zum Ausdruck kommt: »Unsere Gebeine sind dürr, unsere Hoffnung ist untergegangen!« (Ez 37,11b) setzt der Prophet eine gewaltige Vision von einer genau beschriebenen weiten Ebene voller Skelette entgegen, die durch die *ruaḥ jhwh* Schritt für Schritt wieder zum Leben erweckt werden.

§ 902   Man kann beim Ezechielbuch von einer Dominanz des Visuellen sprechen (vgl. SBL.DS 130, 1992, 13, Galambush). Während Jer 18,18 vom Wort als Medium des Propheten spricht, spricht Ez in der Parallelstelle 7,26 von der Vision (*ḥazon*). Große Komplexe des Buches sind mit »Göttliche Schauungen« (*mar'ot ʾᵉlohim*) überschrieben (Ez 1,1; 8,3; 40,2; vgl. 43,3). Im Gegensatz zum Jeremiabuch (§ 891–894) spielt die Ikonographie im Ezechielbuch eine hervorragende Rolle. Schon die Berufungsvision in Ez 1 präsentiert und interpretiert eine bekannte neoassyr. Bildkomposition (vgl. § 927–931). In Ez 4,1 wird der Prophet selbst aufgefordert, einen Lehmziegel zu nehmen und darauf das Bild einer Stadt zu zeichnen (*weḥaqqota ʿalæha ʿir*; vgl. Uehlinger, in: NTOA 6, 1987, 111–200, Küchler/Uehlinger). In Ez 8,10 sieht der Prophet in einer Vision alle Gräuelgötzen Israels auf einer Wand abgebildet (*kol-tabnit ræmæs ubeḥemah šæqæṣ wekol-gillule bet jisraʾel meḥuqqæh ʿal ha-qir*). In 16,17f wird Jerusalem als Frau vorgeworfen, den Gold- und Silberschmuck, den JHWH ihr gegeben hat, zu Bildern von Männern (*ṣalme zakar*) gemacht und mit ihren kostbaren Kleidern bekleidet und sie abgöttisch verehrt zu haben (vgl. 2Kön 23,7; vgl. § 575). Nach Ez 23,14 hat sich Jerusalem aufgegeilt an »Wandbildern von Männern, Bildern von Babyloniern, die mit Mennig gezeichnet waren (*ʾanše meḥuqqæh ʿal-haqir ṣalme kasdim ḥaquqim bašašar*)«. In Ez 43,11 ist vom Grundriss des Tempels (*ṣurat ha-bajt*) die Rede (zu allen diesen Stellen vgl. OBO 74, 1987, Stellenregister, Schroer). M. Luther sagt in seiner Vorrede zu Ezechiel von 1541, die Vision des künftigen Tempels in Ez 40–45 sei ohne die Zeichnungen des Nikolaus von Lyra nicht zu verstehen. Nikolaus von Lyra hat nur realisiert, was schon in Ez 43,11 vorgesehen ist.

§ 903   Die Dominanz des Visuellen bezeugen auch drei der vier im Ezechielbuch vorherrschenden Textsorten. Neben den schon genannten Visionsberichten, die z. T. zu ganzen Sequenzen ausgestaltet werden (§ 897), sind es Zeichenhandlungen und Bildreden. Bei den Zeichenhandlungen kann man strukturell »zweiteilige Berichte (Befehl mit Deutung: 4f; 12,17–20; 21,11f; 21,23–28) von dreiteiligen unterscheiden (Befehl, Rückfrage des Volkes, Deutung: 12,1–16; 24,15–24; 37,15–19). Die Zeichenhandlungen knüpfen an das für Ezechiel typische starke körperliche Erleben an« (Hossfeld, in: Zenger, Einleitung ⁵2004, 493). Dazu gehören nebst der Hand JHWHs, die mit den Visionen über ihn kommt, die zeitweilige Stummheit (3,26; 24,27; 33,22) und heftige körperliche Äußerungen, wie sie z.B. in Ez 6,11 und 21,17–19 genannt werden. Dreimal folgen Zeichenhandlungen auf Visionsberichte (4f nach 1–3; 12,1–20 nach 8–11; 37,15–28 nach 37,1–14). Sie setzen die in der Vision geschauten Bilder in Gang (vgl. § 876). Jesaja nahm durch seine Nacktheit die der Deportierten vorweg (§ 504f), Jeremia durch das Zerbrechen der Wasserkaraffe die Zerstörung Jerusalems (§ 827–829; vgl. auch § 853). Die Vorwegnahme ist aber nicht definitiv. Das zeichenhaft schon Gegenwärtige kann noch rückgängig gemacht werden. Sie haben also ähnlich wie moderne Strassentheater oder Performances zu Umweltproblemen die Aufgabe, Publikum zu mobilisieren, zum Denken anzuregen und durch einen Mentalitätswandel das drohende Unheil abzuwehren (vgl. § 419).

§ 904   Die dritte stark visuell bestimmte Textsorte sind die Bildreden. Dazu zählt man etwa Ez 15–17; 19; 21,1–10; 22,17–22; 23; 24,1–14; 26,15–21; 27; 28,11–19; 31–32. Bei Ezechiel werden einzelne Vergleiche und Metaphern so ausgebaut, dass das Ergebnis oft als Allegorie bezeichnet wird. Im Gegensatz zur Allegorie, bei der jedem Detail ein ganz bestimmter Zug in der Realität entspricht, ist das z.B. in Ez 16 und 23 nicht der Fall. Wir haben es eher mit »narrative metaphors« zu tun, in denen die einfache Metapher zu einem gewaltigen Bild ausgebaut wird (SBL.DS 130, 1992, 10f, Galambush). »Dabei können sich verschiedene Bilder ineinanderschieben, und die Bildrede kann fließend in die Deutung übergehen. Sowohl stilistisch als auch inhaltlich fallen darunter die Totenklagen auf (19; 26,15–21; 27; 28,11–19; 32,1–15.17–32)« (Hossfeld, in: Zenger, Einleitung ⁵2004, 493). Wiederholt skizzieren Bildreden Abschnitte der Geschichte Jerusalems (z. B. Ez 19) oder gar die ganze Geschichte Israels bzw. Jerusalems von den Anfängen bis in die Gegenwart (Ez 16; 23). Dabei ist diese Geschichte im Ezechielbuch von Anfang an durch die Untreue Jerusalems verderbt, im Gegensatz zur Sicht Jesajas, Hoseas und Jeremias, die von ungetrübten Anfängen wissen (Jes 1,21; Hos 2,17; Jer 2,2f).

§ 905   Trotz der stark visuell-visionären Elemente verliert das Ezechielbuch die Bodenhaftung nicht. Das ist vor allem das Verdienst einer vierten Textsorte, der sogenannten Disputationsworte. In diesen werden gängige Meinungen aufgegriffen.

Solche sind z. B. »JHWH sieht uns nicht, JHWH hat das Land verlassen« (8,12; vgl. 9,9). »Die Zeit zieht sich hin, die Visionen (*kol-ḥazon*) erfüllen sich nie« (12,22). »Die Vision (*ḥazon*), die er hat, handelt von späteren Tagen, er weissagt für ferne Zeiten« (12,27). »In nächster Zeit braucht man keine Häuser zu bauen. Die Stadt ist der Topf und wir sind das Fleisch« (11,3). »Die Väter aßen saure Trauben, den Söhnen werden die Zähne stumpf« (18,2). »Sie (die Deportierten) sind fern von JHWH; das Land ist uns zum Besitz gegeben« (11,15). »Abraham war nur ein einzelner Mann und bekam doch das ganze Land; wir aber sind viele. Um so mehr ist das (ganze) Land uns zum Besitz gegeben« (33,24). »Ausgetrocknet sind unsere Gebeine, unsere Hoffnung ist untergegangen, wir sind verloren« (37,11). »Du (das Land Israel) bist eine Menschenfresserin und hast deinem eigenen Volk die Kinder weggenommen« (36,14). Endlich ist da das im künftigen jüd. Dasein immer wieder auftauchende Projekt: »Wir wollen wie die anderen Völker sein …« (20,32; vgl. 1Makk 1,11).

Das Ezechielbuch bzw. der Prophet bewegt sich nicht in einem luftleeren Raum. Er »schaut«, wie die Zitate zeigen, »den Leuten aufs Maul« und bekämpft falsche Hoffnungen ebenso gezielt wie resignative Hoffnungslosigkeit. Einmal mehr zeigt sich, dass die großen Propheten Judas nicht Verkünder dogmatischer Positionen, sondern Deuter und Gestalter der Realität sind, in der sie die Hand Gottes am Werk sehen (vgl. § 419).

Wie bei den Zeichenhandlungen gibt es auch bei den Disputationsworten zwei- und dreiteilige. Die zweiteiligen bestehen aus Volkssprichwort und göttlicher Antwort (12,26–28; 18,1–4; 20,32–38; 33,10f; 37,11–14), die dreiteiligen aus Volkssprichwort, göttlicher Zurückweisung und neuer Ansage (11,2–12.14–21; 12,21–25; 33,23–29). Auch hier besteht wie bei den Visionen und Bildreden die Tendenz zur Ausweitung und Systematisierung (z. B. 18; 3,1–20).

Aufbau des Buches und Authentizität

§ 906   Das Ezechielbuch unterscheidet deutlich zwei Phasen der Verkündigung des Propheten. Die erste ist die der Ankündigung und Begründung des Gerichts über Jerusalem, die mit dem Eintreffen des Boten endet, der den Fall der Stadt meldet (33,21f). Die zweite Phase ist im Wesentlichen die der Heilszusage. Viele Entsprechungen unterstreichen diese Zweiteilung. »Das Wort gegen die Berge Israels aus 6 wird in 35 umgeleitet auf die Berge Seirs/Edoms, damit im anschließenden Heilswort an die Berge Israels (36,1–15) deren Erneuerung angesagt werden kann. Dem Gerichtswort vom ›Tag JHWHs‹ in 7 entspricht die Prophetie vom Gerichtstag über Gog aus Magog 38f« (Hossfeld, in: Zenger, Einleitung ⁵2004, 494). Die wichtigste Entsprechung aber ist die zw. 8–11 und 40–48. 8–11 schildert umständlich, wie die Herrlichkeit JHWHs den Tempel und Jerusalem gegen O verlässt und 40–48 wie sie dorthin zurückkehrt.

»Das Gliederungsschema ›Unheilszeit – Heilszeit‹ ist (allerdings) mehrfach durchbrochen (5,3–4a; 6,8–10; 11,14–21; 16,59–63; 17,22–24; 20,32–44)« (NEB VII 9, Fuhs). Umgekehrt finden sich im Abschnitt »Heilszeit« auch Gerichtsworte (33,23–29; 34,1–10). Das kann als Hinweis darauf verstanden werden, dass das Buch nicht aus einem Guss ist. Darauf deutet auch, dass das Zweiphasenmodell durch einen Abschnitt »Gericht über die Fremdvölker« zu einem dreiteiligen Gebilde erweitert worden ist:

1–24   Schelt- und Drohreden gegen Israel,
25–32   Unheilsworte gegen die Völker, besonders gegen Ägypten (29–32),
33–48   Heilsworte für Israel

Im Jeremiabuch wird Juda 183mal genannt, Israel 125mal. Oft ist bei Jeremia die Doppelbezeichnung »Juda, bzw. Städte Judas« und »Jerusalem« zu finden. »Bei Ezechiel ist von solchen Beschreibungen nirgends eine Spur zu finden. Wo Jerusalem auftritt, da ist es Repräsentant und Mitte Israels« (BK XIII/2, 1260, Zimmerli). Im Ezechielbuch erscheint Juda gerade 15mal, oft in speziellen und sekundären Zusammenhängen, Israel hingegen 186mal. »Israel, Haus Israel, Söhne Israels« sind für Ezechiel Bezeichnungen, die Gesamtisrael im Blick haben. Dabei ist wie in 19,1, wo von den »Fürsten Israels« die Rede ist und die »Könige von Juda« gemeint sind, mit »Israel« konkret häufig »Juda« anvisiert. Juda verkörpert nach dem Untergang des Nordreiches das »Israel« der Zwölf Stämme (BK XIII/2, 1258–1261, Zimmerli). Wenn heute der Staat, der den Namen Israel trägt, ganz selbstverständlich Jerusalem als Hauptstadt beansprucht, geht diese Sicht letztlich auf das Ezechielbuch zurück.

§ 907   Wie bei allen Prophetenbüchern ist auch an das Ezechielbuch die Frage gestellt worden, ob und welche Texte auf den Propheten selbst zurückzuführen und welche sekundär seien. Die in § 897–899 erwähnten Eigentümlichkeiten haben beim Ezechielbuch Exegeten auf den Plan gerufen, die auf das im Jesaja- und Jeremiabuch fast allgemein akzeptierte diachrone Verständnis bei der Interpretation des Ezechielbuches verzichten und Ezechiel als Autor des ganzen Buches sehen, der sekundär seine eigenen Texte redigiert und herausgegeben hat. Der wichtigste Vertreter dieser Position ist M. Greenberg (AB XXII [Kap. 1–20] = HThKAT 2001; AB XXIIA [Kap. 21–37] = HThKAT 2005). Andere Autoren betonen ebenfalls die Einheitlichkeit des Buches, betrachten es aber als Pseudepigraph, d.h. als Buch, das von einem späteren Autor unter dem Namen Ezechiel verfasst worden ist, so z.B. J. Becker (FS Schreiner 137–149) und U. Feist (BWANT 138, 1995). Manche Exegeten rechnen mit Ezechiel als Urheber des ganzen Buches, gestehen aber doch kleinere oder größere sekundäre Stücke ein, so z.B. Lang (SBB 7, ²1981). Als repräsentativ, mindestens für den dt. Sprachraum, kann das erstmals von J. Herrmann vertretene Fortschreibungsmodell gelten (BWAT 2, 1908), das dann von W. Zimmerli in seinem Kommentar magistral praktiziert wurde. Er rechnet mit einem beträchtlichen Anteil an authentischen Texten, aber auch mit bedeutenden Fortschreibungen und Erweiterungen (BK XIII/1–2, 1969; Nachdruck 1979). Einige Verse können als Hinweise auf eine Art Schule verstanden werden (3,24; 8,1; 14,1; 20,1; 33,30–33). Diese Auffassung ist von zahlreichen Arbeiten, wenn auch in zahlreichen Details modifiziert, übernommen worden (vgl. z.B. fzb 20, 1977, Hossfeld; vgl. weiter EdF 153, 1981, Lang; BBB 129, 2001, 3–7, Konkel; ThZ 57/2, 2001, 140–147, Uehlinger/Müller Trufaut; zu den beiden Basismodellen: einheitliches Werk bzw. diachrone Entstehung vgl. Hossfeld, in: Zenger, Einleitung ⁵2004, 500–502).

Das Ezechiel*buch* dürfte als Ganzes in Babylonien entstanden sein (vgl. aber § 908). Man muss sich bewusst sein, dass aber ein dauernder Kontakt zw. der babylon. Diaspora und Jerusalem bestand (§ 866). So erklären sich die meist sekundären Annäherungen des Jeremia- und des Ezechielbuchs in manchen Aussagen (vgl. BEAT 26, 1993, Vieweger).

EZECHIEL, DIE LEBENSUMSTÄNDE IM EXIL UND DIE PERSON

§ 908   Wenn es stimmt, dass das 30. Jahr in Ez 1,1 das 30. Lebensjahr Ezechiels meint (§ 898), dann ist Ezechiel 623a geboren und hat die joschijanischen Reformbemühungen bestenfalls als Kind erlebt. Ezechiel war wie Jeremia Priester, gehörte allerdings nicht zu den Landpriestern, sondern zur Aristokratie der Jerusalemer Priesterschaft (vgl. BEThL 74, 1986, 340–343, Begg), höchst wahrscheinlich zu denen, die sich auf Zadok, den Jerusalemer Oberpriester Davids, zurückführten (Ez 40,46; 43,19; 44,15; 48,11; § 219.1206–1207.1432). Ein Vergleich der prophetischen Beauftragung, wie sie in Ez 1–5 formuliert wird, mit der Amtseinsetzung zum Priester in Lev 8f lässt gewisse Par erkennen. Erstere kann als Ausweitung der priesterlichen Aufsichts- und Wächterpflicht (vgl. 1Sam 1,12–14; Jer 29,26f) verstanden werden (SBL.SP 2000 728–751, Sweeney). Das 30. Jahr in Ez 1,1 ist vielleicht im Hinblick auf das Alter zu sehen, in dem Priestersöhne amtsfähig wurden (Num 4,30).

Ezechiel wurde anscheinend bereits 597a zusammen mit König Jojachin, dessen Hofstaat und einem wichtigen Teil der Jerusalemer Oberschicht nach Babylonien deportiert (§ 792–797; für eine Deportation erst 587a plädiert z.B. NEB VII 13f, Fuhs). Denkbar ist, dass ein paar wenige Symbolhandlungen und Bildreden in die Zeit vor der Deportation von 597a datieren und in Jerusalem entstanden sind (z.B. Ez 4f; 12; 17; 19; vgl. § 910), die große Mehrheit der Texte, vor allem die datierten, aber in Babylonien.

Die assyr. Deportationen waren gigantische Bevölkerungsverschiebungen, die der Zerschlagung starker politischer Entitäten dienten, eine einheitliche Reichsbevölkerung schaffen sollten und nur nebenbei der Stärkung handwerklicher Ressourcen im assyr. Kernland und der Stärkung der assyr. Armee dienten. Die babylon. Deportationen (§ 793–802) waren anderer Art. Die starken politischen Entitäten der Zeit vor der assyr. Expansion existierten kaum mehr. Wo Kleinstaaten wie Juda zähen Widerstand leisteten, dienten Deportationen immer noch ihrer Schwächung (Ez 17,14). Diese wurde durch eine Reduktion der Bevölkerung erreicht. Im Gegensatz zu den Assyrern ersetzten die Babylonier die Deportierten nicht durch Kolonisten.

Die babylon. Deportierten waren trotz der früher gängigen Bezeichnung »Babylonische Gefangenschaft« keine Kriegsgefangenen, die in Lagern festgehalten wurden, noch Sklaven und Sklavinnen, die man wie Besitz erwerben und veräußern konnte, und schon gar keine Gefangenen im gängigen Sinn des dt. Wortes, die in Zellen inhaftiert waren (dazu und zum Folgenden vgl. BiblEnz 7, 86–97, Albertz). Sie dienten der Stärkung des babylon. Kernlandes. Die unter den Depotierten speziell erwähnten

Fachhandwerker (2Kön 24,14.16; 25,11) wurden wohl mehrheitlich bei dem von Nebukadnezzar in die Wege geleiteten gewaltigen Auf- und Ausbau der Hauptstadt eingesetzt. Der Mehrzahl von ihnen aber wurde Königsland zugewiesen, das sie auf Dauer nicht verlassen durften und wie Pächter bebauten. Im Gegensatz zu den Deportierten von 701a (§ 544) wurden sie anscheinend in geschlossenen Gruppen angesiedelt, was zusätzlich zum »portativen Vaterland« (§ 545.744) die Bewahrung der Identität erleichterte. Der Vorschlag von W. Chrostowski, sie seien unter Gruppen angesiedelt worden, die schon 701a deportiert worden waren (vgl. OTA 22, 1999, 279f No. 1001), hat keine Basis in den Quellen und ist unwahrscheinlich. Eine Siedlung der Deportierten hieß »Stadt Juda« (Trandeuphratène 17, 1999, 17–27, Joannès/ Lemaire). Dieses »Neu-Juda« wurde wahrscheinlich ausschließlich von Judäern bewohnt, wie ein »Dorf der Tyrer« wohl Tyrern vorbehalten war (RA 81, 1987, 147–149, Joannès). Familien oder Berufsgruppen scheinen weitgehend beisammen geblieben zu sein (Esr 2,36–38.59; 8,17). Man kann diese Gruppierungen am besten als Landsmannschaften (akk. *ḫaṭaru* oder *ḫaṭiru*) bezeichnen, die eine gewisse Autonomie, bes. in zivilrechtlichen und religiösen Belangen besaßen und so ihre angestammten Bräuche bewahren konnten (Or. 47, 1978, 74–90, Eph'al; Willi, in: WUNT 118, 1999, 75–81, Ego/Lange/Pilhofer; zur soziologischen Charakterisierung dieser Gruppen als Charter Group vgl. Kessler, in: JJPP 91–121). Eine Art Ältestenrat kümmerte sich, wie zuhause, um die Angelegenheiten der Gemeinschaft (Ez 8,1; 14,1; 20,1). Jer 29,1 redet sogar von den »Ältesten der Gola« und legt so ein Gremium nahe, das die Deportierten als Gesamtheit vertrat. Ähnlich wird in einer Rechtsurkunde aus dem Jahre 529a eine »Versammlung der Ältesten der Ägypter« erwähnt (ZDMG.S 5, 1983, 106–112, bes. 110, Eph'al).

Ezechiel lebte in Tel-Abib (Ez 3,15). Der Name geht wohl auf akkadisch *til abubi(m)* »Sintfluthügel« zurück und bezeichnete generell einen längst verlassenen Siedlungshügel, einen uralten Tell. Von den Exulanten wurde der Name wahrscheinlich als »Ährenhügel« verstanden. Da auch zwei andere Exulantenorte das Element »Tel« enthalten (Esr 2,59), scheinen die Deportierten mit Vorliebe zur Wiederbesiedlung verlassener Ortslagen eingesetzt worden zu sein. Die Lage von Tel-Abib ist unbekannt, außer dass er sich in der Nähe des [naru] *Kabaru*, des »Großen (Kanals)« befand, der bei Babylon den Eufrat verließ und bei Uruk wieder einmündete (BK XIII/1, 39f.83, Zimmerli; HAL I 438; NBL III 798f, Zwickel). Der »Große Kanal« wird ausschließlich in Zusammenhang mit der großen, ins Jahr 593a datierten Vision erwähnt (Ez 1,1.3; 3,15.23; 10,15.20.22; 43,3). Vielleicht lag der Hügel in der Nähe der alten Kulturstadt Nippur, auf halbem Weg zw. Babylon und Uruk (vgl. dazu IOS 8, 1976, 266–332, Zadok; OLA 65, 1995, 205–212, Oded). Das suggeriert der Fund von Dokumenten aus dem Handels- und Bankhaus Muraschu und Söhne aus dem 5. Jh.a. Eine Reihe der Geschäftspartner haben jud. Namen (RLA VIII 427–429, Stolper). Allerdings reichten die Beziehungen des Handelshauses ziemlich weit (zu nordwestsemitischen Personennamen in neu- und spätbabylon. Dokumenten vgl. weiter Zadok, in: JJNBP 471–589; Pearce, in: JJPP 399–411).

§ 909   Ezechiel dürfte schon in Jerusalem als Mitglied der obersten Klasse der Priesterhierarchie eine sorgfältige Bildung erhalten haben. Diese Kreise scheinen weniger bilderkritisch oder gar -feindlich gewesen zu sein (§ 357.901–905.1227–1233) als gewisse prophetisch-dtn./dtr. Gruppen. Vielleicht hatte der gelehrte Priester Kontakt mit babylon. Gelehrtenkreisen, was bei aller Bedeutung, die er »Israel« beimaß, seine Weltläufigkeit verstärkt hätte (ThZ 57/2, 2001, 143–171, Uehlinger/Müller Trufaut). Manche bibl. Bücher, die in der Exilszeit entstanden sein dürften, zeugen von der Bekanntheit mit und der Aufnahme von babylon. Traditionen (vgl. im Einzelnen C. et F. Jullien, La Bible en exil, Neuchâtel-Paris 1995). Nach der jetzigen Quellenlage sind Angehörige der babylon. Gola allerdings »anders als die der assyr., nicht in höhere Verwaltungs- und Militärränge aufgestiegen« (BiblEnz 7, 89, Albertz). Das neubabylon. war ein viel stärker auf Babylon zentriertes Reich als das neuassyr., das deutlich kosmopolitischere Züge trug.

Seine zeitweiligen Lähmungen und Sprachlosigkeiten (3,15.22–27; 24,25–27; 29,18) haben die Frage veranlasst, ob der Prophet an psychischen Störungen gelitten habe (EdF 153, 1981, 57–76, Lang). Wenn dem so gewesen sein sollte, hat er diese Tatsache voll in den Dienst seiner Verkündigung gestellt (4,5f; BN 64, 1992, 18f, Thomasson; JSOT.S 283, 1999, 169–195, Friebel). Auch wenn er gelegentlich wie ein Schreibtischprophet wirkt, hat er sich mit seiner ganzen Existenz, mit seinen Schwächen und Gebrechen in seinen Beruf eingebracht. Die Rolle, die er unter den Ältesten der Gola spielte (8,1; 14,1; 20,1), ist ein Hinweis auf seinen großen Einfluss. Der Charakter des Buches, das seinen Namen trägt, legt – wie gesagt – nahe, dass er einen Schülerkreis besaß (vgl. § 907).

EZECHIELS VERKÜNDIGUNG VOR 597a

Zeichenhandlungen zum Untergang Jerusalems

§ 910   Im Folgenden sollen kurz einige Texte aus dem Ezechielbuch vorgestellt werden, die sich mit der Zukunft Jerusalems beschäftigen. *Terminus post quem* ihrer Entstehung ist die Niederlage Nebukadnezzars in Ägypten 601a und die darauf basierenden Aufstandsgedanken in Jerusalem, *terminus ante quem* der Fall Jerusalems 587a. Die Texte sind nicht datiert, höchstens indirekt in ihrer Stellung zu datierten Texten, so Ez 4 durch seine Stellung nach Ez 1–3. Hist. hat diese Stellung allerdings wenig zu bedeuten. Vom Inhalt her können diese Zeichenhandlungen ebenso gut auf die Zeit vor der ersten Deportation von 597a wie auf die vor der zweiten von 587a zurückgehen, auf die sie in der Regel bezogen werden. Eine Symbolhandlung wie die von Ez 12, in der Ezechiel ähnlich wie Jesaja in Jes 20,1–5 (vgl. § 504–506) die Kriegsgefangenschaft bzw. die Deportation zeichenhaft vorwegnimmt, ist in Jerusalem sinnvoller als in Babylonien. Die Lokalisierung dieser und ähnlicher Zeichenhandlungen und Symbolreden in Babylonien hat ihre einseitig spirituell-theologische Deutung favorisiert (vgl. die Belege dafür bei Uehlinger, in: NTOA 6, 1987, 136, Küchler/Uehlinger). Die praktisch-politische Deutung, die B. Lang energisch vertreten hat (SBB 7, ²1981; vgl. § 907), nimmt sich in Babylonien, fern vom Geschehen, etwas merkwürdig aus. Bei der Annahme, die in diesem Abschnitt vorgestellten Zeichenhandlungen hätten vor 597a in Jerusalem stattgefunden, werden sie viel plausibler. Die Vision von Ez 1 wäre dann nicht der absolute Beginn der prophetischen Tätigkeit Ezechiels, sondern der Beginn derselben in der Diaspora, wo das Hauptproblem nicht die bevorstehende Zerstörung Jerusalems und das Exil, sondern die Gegenwart Gottes im Exil, fern von Jerusalem war.

Modell der Belagerung Jerusalems

§ 911   In Ez 4,1–3a.9a.10–15 befiehlt JHWH dem Propheten eine Sequenz von Zeichenhandlungen. 4,3b und 16f deuten diese. Die V. 4–8 befehlen eine andere, schwer verständliche Zeichenhandlung, die nur durch V. 7 – und das etwas künstlich – mit dem Kontext verbunden ist (zum Ganzen vgl. JSOT.S 283, 1999, 20–34.202–232.247–254, Friebel).

In Ez 4,1–3a wird dem Propheten befohlen, auf einen Lehmziegel eine Stadt zu ritzen (*weḥaqqota ʿalæha ʿir*; vgl. § 902) und dieses Modell der Stadt Jerusalem nach allen Regeln der Kunst zu belagern. Bei der auf den Lehmziegel geritzten Stadt denken die meisten Exegeten an einen Stadtgrundriss. Standard-Illustration ist ein Stadtplan von Nippur aus der Zeit um 1500a (ANEP Nr. 260; AOBPs 15 Abb. 4). Ch. Uehlinger hat gezeigt, dass die Beschreibung der Belagerung in V. 2 an eine modellartige und nicht eine zeichnerische Darstellung des Vorgangs zu denken zwingt. Auf den Lehmziegel ritzte der Prophet deshalb wohl eine Stadt in Seitenansicht. Stadtmodelle sind z. B. auf den Reliefs aus dem Palast Sargons II. zu sehen. Sie werden von Tributträgern verschiedenster Herkunft als Symbole ihrer eigenen Herrschaft herbeigetragen, die sie nun dem Großkönig als Zeichen ihrer Unterwerfung überreichen (**452**; zu Stadtmodellen aus Gold in ao Texten vgl. IEJ 17, 1967, 259–263, Paul). »Ein weiteres Stadtmodell findet sich unter dem von assyr. Soldaten angehäuften und von Schreibern sorgsam registrierten Beutegut eines Feldzugs in Südbabylonien auf einem Palastrelief der ›späteren Gruppe‹ (Assurbanipal oder Sinscharischkun, 2. Hälfte 7. Jh.a) im Südwestpalast von Ninive dargestellt« (Uehlinger, in: NTOA 6, 1987, 169f Abb. 14,

452   Tributbringer mit Stadtmodellen auf einem Palastrelief Sargons II. (721/720–705a)

Küchler/Uehlinger). Das Modell der Stadt soll nach V. 2 von Elementen der Belagerung umgeben werden. Die eiserne Backplatte von V. 3 soll eine undurchdringliche Mauer (vgl. Jer 1,18; 15,20) zw. dem belagernden Propheten und der belagerten Stadt symbolisieren, die so unentrinnbar eingeschlossen ist. Das ganze generalstabsmäßige »Sandkastenspiel« wird in 4,3b als Zeichen (ʾot) im Sinne einer Warnung interpretiert.

Folgen der Hungersnot

§ 912   Eine weitere Zeichenhandlung, zu der der Prophet aufgefordert wird (Ez 4,9–15*), demonstriert drastisch die Folgen der drohenden Deportation (V. 13) bzw. der aufgrund der Belagerung (?) entstandenen Hungersnot (V. 16). Der Prophet erhält den Auftrag, aus einem unglaublichen Mix von Getreidesorten und Hülsenfrüchten Brot zu backen. Schon die Vermischung so unterschiedlicher Zutaten insinuiert Unreinheit (vgl. Dtn 22,9–11). Krass wird sie durch den Befehl, dieses Notbrot auf menschlichen Exkrementen zu backen (Dtn 23,13–15). Die Brote wurden ja bei dieser einfachen Notbackweise einfach in die glühende Asche gelegt (453–454). Für

453–454   Brot wurde bei Nomaden und bei Leuten auf der Reise wie bei Deportierten häufig einfach in der Asche gebacken. Als Brennmaterial Menschenkot zu nehmen, bedeutete dann höchste Verunreinigung (Rollsiegelabdruck, 13. Jh.a; Palastrelief Assurbanipals, 668–626a)

den Propheten ist das gleichbedeutend wie verdorbenes unreines Fleisch zu essen (Ex 22,30; Lev 7,15 etc.). Er weigert sich. Und JHWH konzediert ihm, statt Menschen- Rinderkot zu verwenden. Zusätzlich zur Unreinheit kommt die Knappheit des Brotes. Die tägliche Ration wird auf 20 Scheqel (ca. 230 gr) beschränkt und auch das Wasser wird rationiert, ein knapper halber Liter pro Tag. V. 16 bezieht die Deutung explizit auf Jerusalem (Uehlinger, in: NTOA 6, 1987, 181–184, Küchler/Uehlinger).

Der kahlgeschorene Kopf

§ 913   Ähnlich intensiv wie durch die Notbrotprozedur wird der Prophet durch eine dritte Symbolhandlung physisch involviert (Ez 5,1–4; vgl. JSOT.S 283, 1999, 233–254, Friebel). Er erhält den Befehl, ein scharfes Schwert als Schermesser zu benützen – ein gefährliches Unternehmen, das durch das unangemessene kriegerische Element bereits ein Stück Deutung enthält. Mit dem unhandlichen Schermesser soll er an sich weitgehend wahr machen, was in Jes 7,20 als Drohung ausgesprochen worden ist (vgl. § 454), nämlich Bart- und Kopfhaar abschneiden. Der Verlust des Kopfhaars bedeutet Verlust der Vitalität, Hoffnungslosigkeit, Schande und Trauer. Die abgeschnittenen Haare soll er in drei Teile teilen und ein Drittel in der Stadt verbrennen, ein Drittel in der Umgebung der Stadt zerhauen und ein letztes Drittel in den Wind zerstreuen. V. 3 lässt ein paar wenige Personen vom letzten Drittel im Gewandsaum des Propheten geborgen werden (vgl. 1Sam 15,27; 24,12). Er ist wohl eine Ergänzung, die einige der in alle Winde verstreuten Deportierten von der Vernichtung ausnehmen will und sie so zu einem heiligen Rest macht, der einen Neuanfang erlaubt. In 5,5–17 wird die Symbolhandlung in einem vielfach ergänzten Text gedeutet. Er identifiziert im ersten Satz das kahlgeschorene Haupt des Propheten mit Jerusalem: »Das ist Jerusalem. Ich habe es mitten unter die Völker und Länder gesetzt. Aber es war böse und widersetzte sich meinen Rechtsvorschriften mehr als die (anderen) Völker ...«. V. 11 erklärt im Vorblick auf Ez 8: »Weil du mein Heiligtum mit all deinen Götzen und Gräueltaten unrein gemacht hast (vgl. Ez 8,6.10), will ich dich kahlscheren«. Die Dreiteilung der abgeschnittenen Haare und ihre Behandlung deutet V. 12f: »Ein Drittel deiner Einwohner wird an der Pest sterben und durch den Hunger in der Stadt zugrunde gehen. Ein anderes Drittel wird vor deinen Mauern durch das Schwert umkommen. Das letzte Drittel werde ich in alle Winde zerstreuen und ich werde hinter ihnen das Schwert zücken ... Wenn ich meinen Zorn an ihnen auslasse, dann erkennen sie, dass ich, JHWH, mit leidenschaftlichem Eifer gesprochen habe.«

Ins Exil

§ 914   In Ez 12,1–16 werden eine Zeichenhandlung und ihre Deutung berichtet, die die drohende Deportation vorwegnehmen (vgl. JSOT.S 283, 1999, 261–280, Friebel). Der Prophet wird eingangs darauf aufmerksam gemacht, dass er in einem »Haus der Widerspenstigkeit« (*bet ha-mœri*) wohnt. Der Ausdruck kommt nur bei Ezechiel vor, da aber ein dutzendmal. In 12,3–6a wird dem Propheten befohlen, am hellichten Tag sein Gepäck hinauszutragen und von seinem Haus wegzugehen, wie einer, der verschleppt wird. Ja, er soll das möglichst dramatisch machen: »Brich dir vor ihren Augen ein Loch in die Wand, und kriech hindurch. Vor ihren Augen nimm das Gepäck auf die Schulter! Bring es in der Dunkelheit weg! Verhülle dein Gesicht, damit du das Land nicht mehr siehst. Denn ich habe dich zum Mahnzeichen (*mofet*) für das Haus Israel gemacht« (Ez 12,5f). In 12,7 wird die Ausführung des Auftrags berichtet. Damit könnte der Text schließen, die Zeichenhandlung soll vor einer drohenden Deportation warnen. Siebenmal wird in den V. 3–7 gesagt, dass alles »vor den Augen« des Hauses der Widerspenstigkeit geschieht in der Hoffnung, dass »sie es vielleicht sehen« (V. 3) und die in V. 2 angemahnte Widerspenstigkeit und Verblendung vielleicht doch überwunden werden kann (Uehlinger, in: NTOA 6, 1987, 137–140, Küchler/Uehlinger; zur Verblendung vgl. auch OBO 103, 1991, 217–234, Schenker). Ezechiel kämpft gegen das, was sein Zeitgenosse Jeremia *šæqær* nennt (§ 826.831–833.858.865.871), »Täuschung, Trug«, die Täuschung, Jerusalem könne gegen Nebukadnezzar rebellieren und heil davonkommen.

§ 915 In 12,10.12–14 wird nun aber eine Deutung des Vorgangs gegeben, die sich nicht einfach auf die Bewohner und Bewohnerinnen von Jerusalem, sondern auf den »Fürsten« – das Ezechielbuch vermeidet die Bezeichnung »König« nach Möglichkeit – in Jerusalem bezieht. Mit dem »Fürsten« kann nur Zidkija gemeint sein. Das Ende Zidkijas wird in 2Kön 25,3–7 geschildert (vgl. Jer 39,1–10; 52,6–11). Zidkija brach kurz vor dem Fall der Stadt aus, floh Richtung Jericho, wurde von den Babyloniern eingeholt, zu Nebukadnezzar nach Ribla gebracht dort musste er die Hinrichtung seiner Söhne mitansehen, wurde geblendet und in Ketten nach Babel gebracht, wo er als Gefangener starb (vgl. im einzelnen § 1022). Auf dieses grausame Schicksal wird nun die Zeichenhandlung bezogen. Dabei haben einzelne Züge der Deutung keinerlei Anhaltspunkte in der Zeichenhandlung, so wenn die uralte Metapher vom Netz verwendet wird (**455**; vgl. AOBPs 78f; VT.S 17, 1969, 129–137, Heintz; BN 36, 1987, 10, Begg;

455 Der Gott Enlil/Ningirsu fängt als Kriegsherr die Feinde in einem Netz (Stele des Eannatum von Lagasch, um 2500a)

IPIAO I Nr. 342), in dem die Gottheit ihre Feinde fängt: »Ich werfe mein Netz über ihn, und er wird in meinem Jagdgarn gefangen. Dann bringe ich ihn nach Babel … doch er wird nichts davon sehen. Dort wird er sterben« (V. 13; vgl. Ez 17,20). Die »Deutung« wird zu einem eigenständigen *vaticinium ex eventu*, das nicht ursprünglich zur Zeichenhandlung gehört hat und so nichts über ihren ursprünglichen Sitz im Leben aussagt. Die ursprüngliche Zeichenhandlung passt besser nach Jerusalem als nach Babylon, wo sie – etwas umständlich – dazu gedient haben soll, die Exulanten »zum wenigen Möglichen zu bewegen, das in deren Macht stand … nämlich zur Aufgabe ihrer Unterstützung der Jerusalemer Aufstandspläne« (Uehlinger, in: NTOA 6, 1987, 139f, Küchler/Uehlinger; so auch SBB 7, ²1981, 23–27, Lang).

Nebukadnezzar auf dem Weg nach Jerusalem

§ 916　Eine weitere Zeichenhandlung nimmt auf eine Entscheidung und ein Ereignis Bezug, das vor der Belagerung Jerusalems, der Hungersnot, den Folgen des Krieges und der Deportation liegt, die die eben genannten Zeichenhandlungen (§ 911–914) vorwegnehmen. Im Gegensatz zu diesen bezieht sich Ez 21,23–29 nicht auf Ereignisse in Jerusalem, sondern im Hauptquartier Nebukadnezzars und darauf, welchen Weg er einschlagen und das Angriffsziel, das er sich aussuchen soll (JSOT.S 283, 1999, 307–314, Friebel). Der Prophet wird aufgefordert, eine Strasse anzulegen, die das Schwert des Königs von Babel nehmen kann. Sie soll von *einem* Ort (Land) ausgehen und sich gabeln. Er muss deutlich machen, dass die eine Strasse nach der Hauptstadt der Ammoniter (Rabbat-Ammon), die andere nach Juda, mit dem befestigten Jerusalem, führt. Wie diese Szene real aussehen soll, ob auf einen Ziegel oder in die Erde, den Sand, gezeichnet oder als reale Weggabelung mit Wegweisern (zu *jad* vgl. 1Sam 15,12), das bleibt unklar und darüber ist viel spekuliert worden.

§ 917　Nach Ez 21,26–28 bezeichnet die Zeichenhandlung gar keinen Vorgang, sondern vergegenwärtigt nur die Szenerie für eine Handlung, die wie folgt geschildert wird: »Der König von Babel ist an die Wegscheide, den Ausgangspunkt der zwei Wege, getreten. Um Orakel einzuholen, schüttelt er die Pfeile, befragt die Terafim, beschaut die Leber. In seine Rechte ist die Orakelantwort ›Jerusalem‹ geraten. … dass er die Stimme erhebe in Kriegsgeschrei, Sturmböcke setze wider die Tore, den Belagerungswall aufschütte, Belagerungswerke baue. In ihren Augen erscheint es ihnen als nichtiges Orakel (*qᵉsam šawᵉ*) … wo es doch die Schuld anzeigt, damit sie dabei behaftet werden«.
Nach 2Kön 25,6.20f scheint der Feldzug gegen Jerusalem von 587a von Ribla aus dirigiert worden zu sein, 75km s von Hama. Zweimal wurde an diesem Ort das Schicksal Jerusalems negativ entschieden (vgl. zu 2Kön 25,6.20f auch 2Kön 23,33 Absetzung Joahas'; vgl. auch Ez 6,14; BK XIII/1, 157, Zimmerli). Schon dort konnte sich ein Heer entscheiden, über die Küstenstrasse nach Süden Richtung Jerusalem oder über den Königsweg ö des Jordangrabens nach Amman zu marschieren. Der Text legt aber keinen Wert darauf, den Ort dieser Entscheidung zu bezeichnen. Ausschlaggebend ist, dass das Orakel Jerusalem zum Ziel macht. Nun war es zwar im ganzen alten Orient und auch in Juda und Israel üblich, in Kriegsangelegenheiten

456–456a Modell-Leber aus Hazor, die zur Erlernung der Kunst der Leberbeschauung diente (15. Jh.a), und etruskisch-römischer Haruspex, der aus der Beschaffenheit der Leber die Zukunft liest (1./2. Jh.p)

die Gottheit zu befragen. So hielt es auch der exemplarische David (1Sam 22,5; 23,2.4.9–12; 30,7f; 2Sam 5,19.23). Dem Dtn (18,10) sind Orakelpraktiken aber verdächtig. Überraschend ist von daher, dass Ez 21,28 *die Kritik* an dem Orakel, das dem babylon. König zuteil wird, kritisiert. Bei den verschiedenen Orakelpraktiken, die der babylon. König nach V. 26 anwendet, handelt es sich keineswegs um typisch babylonische. Einzig die Leberschau ist für Mesopotamien charakteristisch. Belege dafür sind auch in Israel aufgetaucht (456; Horowitz/Oshima, Cuneiform in Canaan 66f). Die etruskisch-römischen Leberschaupraktiken (456a) sind den mesopotamischen so ähnlich, dass sie ohne Anregung von daher nicht denkbar sind (RLA VI 518–527, Biggs/Meyer). Die Orakeltechnik, bei der Pfeile geschüttelt werden, scheint in Babylonien nicht bekannt gewesen zu sein. Belege stammen aus dem beduinisch-arabischen Bereich (Koran Sure V 4; J. Wellhausen, Reste arabischen Heidentums, Berlin ³1961, 46f). Das Befragen der Terafim, das als dritte Praxis genannt wird, erscheint in Sach 10,2 als jud. Praxis. Es soll wohl gesagt werden, dass der Entscheid durch alle denkbaren Praktiken eingeholt und eindeutig ist. Ja, die Sache wird so dargestellt, dass es sich um einen Entscheid JHWHs handelt, der das schuldig gewordene Jerusalem bestrafen will. Ein Nachtrag in V. 28 scheint die Schuld als Brechen der Eide zu interpretieren, die man dem König von Babel geschworen hat.

Überraschend ist die Alternative Jerusalem-Rabbat Ammon. »Wir wissen nicht, ob die Ammoniter an der antibabylon. Revolte von 591/590a beteiligt waren; sicher ist allerdings, dass sie an der antibabylon. Konspiration 594a partizipiert hatten und ihr König Baalis auch noch nach der Eroberung Jerusalems nationalreligiös gesinnten Judäern Zuflucht gewährte und gegen den babylon. Statthalter von Juda aufhetzte (Jer 40,13–41,10)« (Albertz, in: WUNT 147, 2002, 28f Anm. 15, Hahn).

Zeichenhandlungen und Zauberei

§ 918   Stärker als bei den sehr einfachen prophetischen Zeichenhandlungen Jesajas (§ 504–506 »Nackt-Gehen«) oder Jeremias (§ 851–854 »Joch-Tragen«) hat sich bei den komplexeren Zeichenhandlungen Ezechiels die Frage nach der Analogie zu magischen Riten oder wenigstens der Beeinflussung von daher gestellt (zum Problem vgl. schon § 876). Bisher beigebrachte Par beziehen sich aber nur auf Details, in unserem Falle etwa auf genau bemessenes Holzkohlenbrot oder die Rolle des Haupthaars (IBSt 4, 1982, 193–197, Watson; Uehlinger, in: NTOA 6, 1987, 186f, Küchler/Uehlinger). Magische Riten wollen, was sie andeuten, bewirken. Die Symbolhandlungen Ezechiels werden als »Zeichen« (*mofet* in Ez 12,6.11; 24,24.27; '*ot* in Ez 4,3) verstanden. Sie deuten etwas Künftiges an, drohen damit, warnen davor und versuchen, wie gesagt, die, die es sehen, zu beeinflussen: »Vielleicht sehen sie es …« (Ez 12,3). Sie appellieren an die Fähigkeit zu sehen, zu hören, zu antworten, kurz an die Verantwortung. Für den Gegner Jeremias aber, den Propheten Hananja, beschwört das Joch, das Jeremia trägt, das Unheil herauf. Er reißt es Jeremia vom Nacken und zerbricht es (Jer 26,10). König Jojakim verbrennt die Schriftrolle mit den Worten Jeremias im Feuer (Jer 36,23). Jedes Zeichen, jedes Wort setzt eine Sache in einem gewissen Sinne gegenwärtig. Insofern besteht Ähnlichkeit zw. Magie und Verkündigung. Gleichzeitig aber besteht ein Unterschied. Das Zeichen setzt eine Sache als Möglichkeit virtuell gegenwärtig, Magie will sie real bewirken (vgl. aber § 876).

Bildreden zur Frage nach der Schuld am Untergang Jerusalems

§ 919   Die Zeichenhandlungen Ezechiels vergegenwärtigen ein drohendes Ereignis (§ 910–918). Sie versuchen dadurch, das Publikum zur Umkehr zu bewegen. Die Bildreden sind stärker argumentativ. Sie thematisieren die Frage nach den Gründen für die Katastrophe.

Das ist bei der einfachen Bildrede von Ez 15 noch nicht sehr ausgeprägt. Die Bewohner Jerusalems werden da mit dem Holz des Weinstocks verglichen, das im Vergleich zum Holz der anderen Bäume wertlos ist (vgl. die ähnliche Pflanzenmetaphorik in Hld 2,3). Es ist als Holz zu nichts zu gebrauchen und wird verbrannt. Es gibt keinen Grund, das Gleichnis nicht mit V. 6 auf die Bewohner Jerusalems zu beziehen und stattdessen einen König angesprochen zu sehen (so ATD XXII/1, 212–216, Pohlmann). Die Bildrede schreibt den Untergang Jerusalems der Schlechtigkeit und Wertlosigkeit seiner Bewohner und Bewohnerinnen zu (vgl. weiter § 1114–1116).

Die Bildrede vom Greifvogel als Gärtner

§ 920   Viel expliziter und komplexer als die von Ez 15 ist die Bildrede von Ez 17,1–10 mit ihrer Deutung in 17,11–21. Der Protagonist dieser Bildrede ist der große Nescher (*ha-næšær ha-gadol*). Nescher wird regelmäßig mit »Adler« übersetzt. W. Zimmerli, B. Lang und viele andere diskutieren nicht einmal die Möglichkeit, dass es sich bei Nescher um eine Geierart handeln könnte (BK XIII/1, 62.378f; SBB 7, ²1981, 33–38, Lang). Das Wort meint aber – mindestens primär – eindeutig den im AO sehr häufigen und hoch verehrten Gänsegeier (→ I 154–157; so schon Tristram ⁷1883, 172–179). Dieser Geier betätigt sich als Baumgärtner. Er bricht den Wipfel der Zeder auf dem Libanon ab und setzt ihn in die Händlerstadt ein. Aus dem Samen des Landes zieht er einen Weinstock (vgl. dazu OTEs 12, 1999, 346–351.353–355, Prins-

457   Relief aus dem Palast Assurnasirpals II., das zwei geierköpfige Genien zeigt, die abwechslungsweise den König und den sakralen Baum mit »Weihwasser« besprengen (884–859a)

loo), bewässert ihn üppig, damit er seine Ranken dem Geier zukehre. Der aber kehrt
seine Ranken einem anderen großen Geier zu, »dass er ihn tränke, weg vom Beet, in
das er gepflanzt war ... So hat JHWH gesprochen: Wird das glücken? Wird man nicht
seine Wurzeln ausreißen ...?« (Ez 17,7.9; zu Israel als Weinstock vgl. schon Hos 10,1;
Jer 2,21; ausführlich Ez 19,10–14; Ps 80,9–17; in Herodot, Historien I 108 wird Kyrus
durch einen Weinstock symbolisiert, der ganz Asien überschattet; in Joh 15,1–17 ist
Jesus als wahrer Weinstock das wahre Israel).

§ 921   Zwar können Geier und Adler für den Nestbau gelegentlich Zweige abrei-
ßen, aber dass sie Zedern oder Reben pflanzen hat nichts mit der Realität zu tun.
Nebst der Natur haben die Ikonographie und noch stärker die anvisierte Aussage den
Gang der Bildrede bestimmt. Kein real existierender Geier (und schon gar nicht
der Adler) hat ein buntes Gefieder, das ihm 17,3 zugeschrieben wird (zu *riqmah*;
vgl. HAL IV 1204). Hingegen kennt das ägypt. Kunsthandwerk über Jahrhunderte
prachtvolle Geierdarstellungen mit völlig unrealistischen blauen, roten und grünen
Einlagen (C. Aldred, Jewels of the Pharaohs, London 1971, fig. 41f.54.101f; W. Seipel,
Gold der Pharaonen, Wien 2001, Nr. 48.99.135; → I 82). B. Lang hat auf assyr. Palastreliefs aus der Zeit Assurnasirpals II. (884–858a) aus Nimrud aufmerksam gemacht
(SBB 7, ²1981, 41–46, Lang). Sie zeigen zwei geier- oder adlerköpfige Genien, die abwechslungsweise einen stilisierten Baum bzw. den König segnen und reinigen (457;
vgl. OBO 230, 2007, Giovino). Der vogelköpfige Genius, der sich an einem Baum zu
schaffen macht, kommt schon auf mittelassyr. Siegeln des 12.–10. Jh.a vor (458). Ein
Orthostat aus dem 10./9. Jh.a im Tempel des Wettergottes von Aleppo zeigt ihn mit
Pinienzapfen und Kessel (459). In neuassyr. Zeit findet sich dieser nicht nur auf monumentalen Reliefs, sondern auch auf leicht transportablen Rollsiegeln (217) und das
auch nach dem 9. Jh.a (460; vgl. auch Moortgat, Vorderasiatische Rollsiegel Nr. 607).
Wie auf den Palastreliefs und auf 217 sind auch hier Baum und König austauschbar
(461). Vereinzelt kommt der Vogelgreif bis in die seleukidische Zeit vor. Ein Geier mit
einem Zweig findet sich schon auf einem mbz Skarabäus aus Lachisch (462), ein mit
einer menschlichen Hand ausgestatteter Greifvogel auf einem solchen von der jorda-

458 Mittelassyr. Rollsiegel mit einem mit einem geier- oder adlerköpfigen Genius, der sich an einer Palme zu schaffen macht (12. Jh.a)

459 Relief mit raubvogelköpfigem Genius aus der Zitadelle von Aleppo (10./9. Jh.a)

nisch-syr. Grenze (**463**). Vielleicht sind die beiden Stücke Hinweise auf alte lokale Traditionen von mythischen Greifvögeln (vgl. auch das zyprische Rollsiegel bei Macalister, Gezer II 346. No. 36; Pl. 214,3; Iraq 11, 1949, 42. Nr. 191; Pl. 27,191, Parker).

§ 922 Die Bildrede von Ez 17,1–10 wird in 17,11–21 Punkt für Punkt gedeutet und teilweise eigenständig weitergeführt (vgl. dazu SBB 7, ²1981, 50–60, Lang). Vielleicht war sie wie das Leichenlied von der Löwenfamilie in Ez 19,1–9 ursprünglich nicht gedeutet, da eh allen klar war, was die Bildrede meinte. Die Deutung ist jetzt mindestens in einzelnen Teilen ein *vaticinium ex eventu*.

Der erste große Geier ist der König von Babel, genauer Nebukadnezzar. Der Libanon ist Jerusalem. Ähnlich wird Jerusalem in Ps 48,3 mit dem Götterberg Zafon identifiziert. Der in die Krämerstadt Babylon (vgl. Offb 18,11–17) deportierte Wipfel ist der 597a verschleppte Jojachin. Der neu eingepflanzte Rebstock wird auf Zidkija gedeu-

460–461   Neuassyr. Rollsiegel mit raubvogelköpfigen Genien, die sich am sakralen Baum bzw. am König zu schaffen machen (8./7. Jh.a)

462–463   Geier mit einem Zweig bzw. mit einer menschlichen Hand auf mbz Skarabäen aus →II Lachisch bzw. aus dem n Jordanien (1650–1550a)

tet. »Mit ihm schloss er (Nebukadnezzar) einen Vertrag (*b^erit*) und brachte ihn unter Fluch (*'alah*). Die Mächtigen des Landes nahm er (mit), damit das Königreich bescheiden bleibe und sich nicht überhebe und den Vertrag halte und zu ihm stehe« (V. 13f; vgl. § 683). Präzise wird so der Sinn der Deportationen bezeichnet (vgl. § 464.544.793–802.908). Die Terminologie der Bindung erinnert an die der neuassyr. Vasallitätsverpflichtungen. *B^erit* entspricht dem akkad. *riksu/rikiltu* »Bindung«, *'alah* dem akkad. *mamītu* »Verfluchung« (vgl. § 614). »Doch jener (Zidkija) rebellierte (*waj-jimrod-bo*) gegen den König von Babel und schickte seine Gesandten nach Ägypten, damit man ihm Pferde und viele Krieger schicke. Aber wird es gelingen? Kommt er davon, wenn er das unternimmt. Wenn er den Vertrag bricht, kommt er dann noch davon?« (V. 15).

§ 923   Das DtrG hat die These aufgestellt, dass die Sünden der Manassezeit zum Untergang Jerusalems geführt hätten (§ 564). Der Visionenkomplex von Ez 8–11 stellt es so dar, dass die kultischen Gräuel am Tempel kurz vor der Zerstörung Jerusalems JHWH veranlasst hätten, Jerusalem zu verlassen und es dem Untergang zu weihen (§ 932–949). Demgegenüber macht die Deutung der Bildrede von Ez 17,1–10 in 17,11–15 keine kultischen Missstände für die Katastrophe von 587a verantwortlich. Korrekt und hist. verifizierbar (vgl. § 792) werden das Nichteinhalten der Vasallitätsverpflichtung gegenüber Nebukadnezzar, Vertragsbruch, Rebellion und die Zuwendung zu Ägypten als Gründe genannt. Sie haben Nebukadnezzar veranlasst einzugreifen und Jerusalem zu zerstören (VT.S 87, 2001, 57–66, Wong). Verzichtet Ez 17 so auf eine theologische Deutung des Geschehens? Keineswegs! Ez 17,16–21 macht das deutlich. Zidkija hat »den Vertrag gebrochen und die Flüche, denen er sich unterstellt hat, missachtet, obwohl er sich mit Handschlag verpflichtet hatte« (Ez 17,18; zum Handschlag vgl. § 708 und **405**). Das ist JHWH nicht gleichgültig. JHWH billigt die Strafe, dass der Vertragsbrecher in Babel sterben wird. Denn die Selbstverfluchung, die Zidkija geringgeschätzt, und der Vertrag, den er gebrochen hat, sind Fluch und Verpflichtung JHWHs (V. 19). Es ist JHWH, der sein Netz über den Schuldigen ausbreitet und ihn ins Verderben bringt (V. 20; vgl. **455**). Diese Interpretation liegt auf der Linie, die auch Jeremia vertreten hat. Nebukadnezzar hat Juda sein Joch nicht ohne Wissen und Willen JHWHs auferlegt (§ 850–856). Wer dagegen rebelliert, rebelliert gegen JHWH.
Auch die Polemik gegen das Vertrauen auf Ägypten und dessen Nutzlosigkeit (Ez 17,15.17; 29–32) sind alte prophetische Themen (vgl. § 512–517). Die Zuwendung zu Ägypten ist nicht nur ein Verrat an Nebukadnezzar, sondern auch an JHWH.
Das an Ez 17 anschließende Kapitel, Ez 18, legt mit kasuistischer Eindringlichkeit dar, dass niemand für die Sünden der Großeltern oder Eltern zugrunde geht, sondern für seine eigenen. Damit wird die Auffassung von Ez 17 über die Gründe für den Untergang Jerusalems im Jahre 587a grundsätzlich theoretisch-theologisch abgesichert (vgl. OBO 103, 1991, 97–118, Schenker).

Die Bildrede von der Löwenfamilie

§ 924   Ez 19,1 fordert den Propheten auf, ein Leichenlied, eine *qinah*, anzustimmen, eine Totenklage zu halten auf die »Fürsten Israels« (*n^esie jisra'el*). Die berühmteste Qina der hebr. Bibel ist die Davids auf Saul und Jonatan (2Sam 1,18–27). Im Lei-

464   Syr. Elfenbeinschnitzerei aus Nimrud, die eine Löwin mit ihren Jungen zeigt; Löwinnen haben zwar keine Mähnen aber der Künstler wollte auf dieses Attribut der Kraft nicht verzichten (9./8. Jh.a)

chenlied wird beklagt, wie die einstige Kraft und Vitalität zu Ende gekommen sind und nichts mehr davon vorhanden ist (NBL III 908f, Hentschel). Das Leichenlied ist schon vor Ezechiel wiederholt von Propheten dazu benutzt worden, eine politische Größe für »tot« zu erklären (Amos 5,2; Jer 6,26; 8,23; 9,9.16–21). Gegenstand der Klage sind in Ez 19,1 die »Fürsten Israels«. Der Titel »König« (*mælæk*) wird vermieden. Das Ezechielbuch hat keine hohe Meinung von ihnen und will keine Restauration. Die anvisierten Könige von Juda werden als »Fürsten«, und zwar als »Fürsten Israels« bezeichnet (zum Titel »Fürst« bei Ez vgl. BK XIII/2, 915–917.1227–1230, Zimmerli; zu »Israel« vgl. oben § 906). In den Elementen »Leichenlied« und »Fürsten« drückt sich schon in der Überschrift Polemik aus.

§ 925   In Ez 19,2–9 wird die jud. Königsfamilie als Löwenfamilie geschildert. Wir brauchen Tierbezeichnungen häufig zu Beschimpfungen. »Löwe« hat als einer der wenigen Tiernamen und als Bezeichnung des »Königs der Tiere« noch etwas von seiner heraldischen Dignität bewahrt. Das ist in der hebr. Bibel aber nicht der Fall. Sie kennt den Begriff »König der Tiere« nicht. B. Lang hat mit Recht darauf hingewiesen, dass der Vergleich von Königen mit Löwen fast durchwegs zu Ungunsten der Könige gemacht wird (SBB 7, 1978, 106–108). So polemisierte z.B. Nahum (§ 628) mit Löwenmetaphern und Anspielungen auf »Löwenhaftes« gegen das neuassyr. Reich (2,12–14; BS 158, 2001, 287–307, Johnston). Ez 22,25 etwa sagt vom Land Israel: »Deine Fürsten sind wie brüllende Löwen, die auf Beute aus sind. Sie fressen Menschen, nehmen Schätze und Kostbarkeiten an sich und machen viele Frauen im Land zu Witwen.« In Nah 2,12–14 wird Ninive als Löwenhöhle voller Raub geschildert, die JHWH ausräumt. Auch in der Proverbienliteratur ist der knurrende, brüllende Löwe Metapher für einen verbrecherischen Herrscher (Spr 28,15f; vgl. 19,12; 20,2). In Ez 19 wird gesungen, dass der erste Löwe, den die Löwin aufgezogen hat, ins Land Ägypten verschleppt wurde (V. 4). Als sie dann einen zweiten Löwen aufzog, wirkte auch dieser verheerend. Eine Löwin mit zwei Jungen findet sich auf syr. Elfenbeinen des 9./8. Jh.a (**464**) und auf

465 Auch die archaisch-griech. Gemme des 6. Jh.a zeigt wie die Elfenbeinschnitzerei von **464** die Löwin mit dem männlichen Attribut der Mähne

archaischen griech. Gemmen des 6. Jh.a (**465**). Um eindrücklicher zu erscheinen, ist die Löwin wie ein Löwe mit Mähne dargestellt. Vom zweiten Löwenjungen sagt Ez 19,8f: »Da warfen sie ihr Netz über ihn; in ihrer Grube fingen sie ihn. Sie zerrten ihn mit Haken in einen Käfig und brachten ihn zum König von Babel.« Löwen wurden in Käfigen nach Ninive gebracht, um dort in Löwenkämpfen, wie Stiere in Stierkämpfen, abgeschlachtet zu werden (**466**; zu Ez 19 und der ao Ikonographie vgl. weiter OTEs 12, 1999, 340–346.351–353, Prinsloo).

§ 926   Die Bildrede dieses Leichenlieds wird nicht gedeutet. Die exegetische Tradition kennt vor allem zwei Auflösungen des »Rätsels« (SBB 7, ²1981, 101–108, Lang; OBO 212, 2005, 248–251, Strawn). Nach der einen Deutung repräsentiert die Löwenmutter etwas vag Juda bzw. die davidische Dynastie. Das eine Löwenjunge, das nach Ägypten verschleppt wurde, kann in jedem Fall nur Joahas sein, das zweite ist nach dieser Deutung Jojachin. Die zweite Deutung fasst die Löwenmutter präzise als die Königinmutter Hamutal. Die Königinmutter hat in Juda oft eine bedeutende Rolle gespielt und Batscheba, die Mutter Salomos, war kaum die einzige, die bei der Thronbesteigung ihres Sohnes aktiv mitgewirkt hat (vgl. zur Königinmutter § 402.849.879). Hamutal war eine der Frauen Joschijas und Mutter der beiden Brüder Joahas und Zidkija (§ 789.791). Das nach Babel verschleppte Löwenjunge wäre in diesem Fall nicht Jojachin, sondern Zidkija. Diese zweite Lösung hat B. Lang überzeugend als die

466   Der assyr. König Assurbanipal schlachtet Löwen ab, die in einem Käfig herbeigebracht worden sind (668–626a)

bessere verteidigt. Bei der ersten Deutung gehören die Protagonisten verschiedenen Kategorien an, bei der zweiten sind es durchwegs konkrete Menschen. Die Gefährlichkeit des zweiten Löwenjungen ist schwer verständlich, wenn man es auf Jojachin deutet, der nur drei Monate im belagerten Jerusalem regiert hat.

Die Schuld am Ende des davidischen Königtums und an der Zerstörung Jerusalems tragen nach dieser Bildrede die letzten Könige der Dynastie. Durch ihr raubtierhaftes Treiben haben sie die umliegenden Völker (!) provoziert und diese wurden (von wem? von JHWH?) aufgeboten, dem Gebrüll der Löwenherrscher ein Ende zu machen.

464–465 zeigen, dass die aggressive Löwin mit ihren aggressiven Jungen durchaus positiv wahrgenommen werden konnte. Das bestätigen auch die verhältnismäßig zahlreichen Figuren der ägypt. Löwengöttin Sachmet, die in Juda gefunden worden sind (305–307). Eine aggressive Großkatze ist noch das Emblem der frühesten Stempel der Provinz Jehud in pers. Zeit (vgl. § 1305; 599–601).

EZECHIEL UND DER GOTT DER DEPORTIERTEN

Die große Vision von JHWH als Himmelsgott

§ 927   Die Zeichenhandlungen und Bildreden, die in den § 910–926 diskutiert wurden, beschäftigen sich mit dem Schicksal Jerusalems und seiner Herrscher. Sie sind alle undatiert. Das Ezechielbuch kennt aber eine Reihe datierter Wortereignisse und Visionen. Die meisten sind dem 16.–18. Jahr Nebukadnezzars zugewiesen (Ez 24,1; 26,1; 29,1; 30,20; 31,1; 32,1.17; 33,21), d.h. den Jahren 588–586a. Zwei große Visionen und ein Wortereignis (Ez 1,2; 8,1; 20,1) sind deutlich früher, ins 11.–13. Jahr Nebukadnezzars (594–592a) angesetzt. Sie beschäftigen sich mit der Präsenz JHWHs bei den Exilierten und den theologischen Voraussetzungen für diese Präsenz, also mit einer Thematik, die von der der Zeichenhandlungen und Bildreden, die in den § 910–926 diskutiert wurden, deutlich verschieden ist.

§ 928   Die große Schau des im Himmel thronenden JHWH in Ez 1,5–28 eröffnet jetzt die Berufung des Propheten (zu dieser Vision vgl. BK XIII/1, 1–85, Zimmerli; SBS 84/85, 1977, 125–273, Keel; ThZ 57/2, 2001, 140–171, Uehlinger/Müller Trufaut). Die komplizierte Datierung in Ez 1,1–2 ist wohl am ehesten so zu deuten, dass sie die Vision ins 30. Lebensjahr Ezechiels, ins 5. Jahr der Deportation Jojachins datiert, also ins Jahr 593a (§ 898.908). Bei dieser Vision ist ziemlich deutlich, dass ein Grundbestand sekundär ausgebaut und angereichert worden ist, wenn auch umstritten bleibt, welche Teile genau und in welchem Umfang dazuzurechnen sind. So gut wie sicher gehört die Beschreibung der Räder in 1,15–21 zu diesen Ergänzungen. Sie haben in der jüd. Überlieferung zur Benennung der Vision als der vom »(göttlichen Thron-) Wagen« (*mærkabah*) geführt (vgl. 1Chr 28,18; Sir 49,8; mChagiga 2,1). Dieser wurde zum Ausgangspunkt gelehrter mystischer Spekulationen (EJ XI 1386–1389, Scholem). In Ez 10 ist die Vision von 1,1–3,15 wieder aufgenommen. Die vier namenlosen Lebewesen (*ḥajjot*) aus Ez 1 werden da den traditionellen Kerubim (111.175–187.199–203) gleichgesetzt. Ez 10 dürfte aber – entgegen älteren Auffassungen – nicht nur von Ez 1 abhängig sein, sondern seinerseits wieder auf Ez 1 zurückgewirkt haben, so wenn die Augen, die in Ez 10,12 wie beim Bes Pan-

467 Bes-Figur aus schwarzem Ebenholz, die mit vergoldeten Nägeln übersät ist; Theben (Ende des 15. Jh.a)

468 Bes-Figur aus Bronze, die den Gott als Allgott zeigt; sein Körper ist mit Augen übersät; Memphis (644–525a)

theos über den Leib der Mischwesen verteilt sind (**467–468**), in Ez 1,18 befremd-licherweise auf den Rädern erscheinen (vgl. dazu ThZ 57/2, 147–150, Uehlinger/ Müller Trufaut).

§ 929   Der Grundbestand der Vision von 1,4–28 weist sich durch zahlreiche Indi-katoren wie »rechts« und »links« und »unten« und »oben« als Bildbeschreibung aus. Sie beschreibt vier menschengestaltige Wesen mit vier Flügeln und Stierfüßen, über deren Köpfen eine Platte (*raqiaʿ*) sichtbar ist, die ein Lapislazuligebilde trägt, das wie ein Thron aussieht, auf dem ein menschenähnliches Wesen sitzt. Die Komposition, die diese Vision voraussetzt, ist von zahlreichen neuassyr. und achämenidischen Siegeln her bekannt (**469–470**; SBS 84/85, 1977, 207–216, Keel; ThZ 57/2, 2001, 153f, Uehlinger/Müller Trufaut). Sie zeigt im Wesentlichen zwei Himmelsträger, die die ge-flügelte Scheibe, d.h. den Himmel mit dem Sonnengott oder eine solarisierte Haupt-gottheit (§ 482), hochheben (UF 16, 1984, 190–236, Mayer-Opificius). Es handelt sich ursprünglich also um eine Sonnengott-Komposition. Die Gestalt im Zentrum von **469** ist überdeutlich als Sonnengott charakterisiert, so durch die Flügel und den Schwanz, die sie von der geflügelten Sonnenscheibe übernommen hat, und durch die beiden Köpfe, die sie flankieren (vgl. **158–159**). Typisch für eine Sonnengottheit ist zudem das Pferd, auf dem sie steht (vgl. **388–389**). Auch die beiden stierfüßigen Ge-nien, die die Flügel bzw. die Himmelsfeste stützen, gehören seit alters zu Sonnengott-heiten (vgl. **153.188–189**). Die vier Köpfe (Geier bzw. Adler, Löwe, Stier und Mensch) finden sich als Köpfe von Himmelsträgern schon auf den Tempelreliefs von Ain Dara aus der Zeit um 1300–1000a (**471–473**; A. Abu Assaf, Der Tempel von ʿAin Dara, Mainz 1990, 28.39. Taf. 43–46) und auf einem Sockel (für ein Wasserbecken?) aus der

469   Der großen Vision in Ez 1 liegt ein Schema zugrunde, das den Himmel zeigt, der von zwei (dreidimensional: vier) Stiermenschen gestützt wird; beim vorliegenden Beleg wird der Himmel durch eine Feste (hebr. *raqiaʿ*) und den Sonnengott repräsentiert, der von »Recht und Gerechtigkeit« (vgl. **157–159**; eine Figur ist hier weggebrochen) begleitet ist; der Sonnengott wird zusätzlich zu den Flügeln durch sein Attributtier, das Pferd, identifiziert (vgl. **388–390**); ein Priester des Ea im Fischkostüm und ein Verehrer flankieren die Szene (7. Jh.a)

470   Die persische Variante der Komposition von **469** stellt die Stiermenschen wie in Ez 1,6 mit vier Flügel dar (um 500a)

Unterstadt des gleichen Orts aus der Zeit zw. 900–740a (Ebd. Taf. 49–50; Muscarella, Archäologie Nr. 225; vgl. zu beiden M. Weippert, in: FS Fritz 227–254; vgl. auch J. Gonnella/W. Khayyata/K. Kohlmeyer, Die Zitadelle von Aleppo und der Tempel des Wettergottes, Münster 2005, 10. Abb. 4; 91. Abb. 121f; 105. Abb. 146). Es ist denkbar, dass schon im 10. Jh.a solche Vorstellungen in Jerusalem heimisch geworden sind und dem gelehrten Ezechiel bekannt waren (vgl. **142**; **188–189**). Vielleicht verkörpern die verschiedengesichtigen Himmelsträger die vier Himmelsrichtungen bzw. die vier Winde, der große Vogel den Osten, der die Sonne emporträgt, der Löwe den Süden bzw. den glühenden Südwind, der Stier den fruchtbaren Nordwind und

471–473   Die drei Reliefs aus dem Tempel von ʿAin Dara in Nordsyrien zeigen als Himmelsträger einen Berg, der von jeweils zwei Gestalten flankiert ist; diese tragen Löwen-, Stier- bzw. Geierköpfe, also die gleichen, die wir bei den Himmelsträgern in Ez 1 finden (ca. 1200–900a)

das Menschengesicht den Westen (vgl. Ez 1,10). Dass jetzt jedes Wesen alle diese vier Gesichter hat, ist wohl auf die visionäre Steigerung zurückzuführen, die in der Vision von Jes 6 die ikonographisch belegten vier Flügel auf sechs erhöht (§ 441). Die von Uehlinger und Müller Trufaut angeführten Par für Mehrgesichtigkeit aus dem 4./3. Jh.a haben den Nachteil, dass es sich nicht um Himmelsträger, sondern um isolierte Köpfe handelt, die nur z.T. die in Ez 1 genannten (Löwe, Greifvogel) und daneben andere (Ente, Capride, Widder) tragen, die in Ez 1 nicht erwähnt werden (vgl. ThZ 57/2, 2001, 167. Fig. 4a-e).

§ 930   Wie die Vision in Jes 6 geläufige Motive nicht einfach 1 : 1 übernimmt, so auch Ez 1 nicht. Die Hauptgestalt, die in Ez 1 geschaut wird, ist nicht Teil des Himmels wie die Sonnengottheit von **469–470**. *Über* der Himmelsfeste ist in Ez 1 etwas wie ein Thron aus Lapislazuli (*ᵓæbæn sappir*) zu sehen. Er erinnert an das Podium von

Lapislazuli, auf dem Marduk nach einem akkadischen Text im mittleren Himmel thront (VAT 8917 = KAR 307 Z.31; SAA 3, 1989, 100, Livingstone; vgl. Ex 24,10). Die Gestalt ähnelt der eines Menschen. Es wird sehr betont, dass es nicht schlicht eine menschliche Gestalt ist, die Ezechiel schaut. Es ist eine Gestalt, die sich nicht in die sichtbare Welt integriert, sondern sich über dieser manifestiert und der so, wenn auch vorerst nur räumlich, Transzendenz eignet (zu dieser Tendenz der ganzen Vision vgl. CBQ 66, 2004, 361–377, Launderville).

Im übrigen weist der Grundbestand der großen Gottesschau von Ez 1 im Vergleich zur Vision von Jes 6 (§ 440–449) zwei gewichtige Unterschiede auf. Zum einen ist die Ikonographie von Ez 1 eindeutig vorderasiatisch und nicht ägyptisch (Serafim) inspiriert wie die von Jes 6. Zum anderen thront Gott nicht wie in Jes 6 – wenn auch überdimensioniert – im Tempel von Jerusalem, sondern über der Himmelsfeste. Bereits in dieser Vision ist Gott viel eindeutiger vom Jerusalemer Tempel dissoziiert als in Jes 6, obgleich der Auszug aus dem Tempel erst in der großen Vision von Ez 8,1–11,25 eindeutig geschildert wird.

§ 931   Die große Vision von Ez 1 und die daran anschließende Beauftragung des Propheten und seine Ernennung zum Mahner und Wächter Israels in Ez 2f ist ganz auf die Exilierten ausgerichtet. Zu ihnen ist er gesandt (3,11), bei ihnen hält er sich auf (3,15). Ihnen soll er – fern von Jerusalem – ein Stück Gottesgegenwart vermitteln. Die himmlische Erscheinung am »Großen Kanal« in Babylonien (§ 908), bei der der Prophet JHWH sieht und durch den Visionsbericht seine Mitdeportierten daran teilhaben lässt, ist wohl die Grundlage für eine merkwürdige und singuläre Aussage in Ez 11,15f. Da wird ein Wort derer zitiert, die bei der Deportation in Jerusalem zurückgelassen worden sind. Sie sagen von Ezechiel und seinen Mitdeportierten: »Sie sind fern von JHWH. Uns ist das Land zum Besitz gegeben worden.« JHWH wird in dieser Aussage noch strikt lokal gedacht. Auf dieses selbstgerechte Statement antwortet JHWH selbst zuerst bestätigend, dann aber mit Widerspruch: »Gewiss, ich habe sie in die Ferne unter die Völker gebracht und sie in die Länder zerstreut, aber ich bin ihnen ein wenig zum Heiligtum geworden (*wa'æhi lahæm l^emiqdaš m^e'aṭ*).« Diese Zusage ist wohl – wie W. Zimmerli meint – so zu verstehen, dass die alte Bundeszusage »Sie werden mein Volk und ich werde als ihr Gott (da)sein« (vgl. § 684) entgegen dem, was die in Jerusalem Gebliebenen meinen, auch oder gar hauptsächlich für die Exilierten gilt. Nach priesterlichen Vorstellungen vergegenwärtigt das Heiligtum (*miqdaš*) Gott (Lev 19,30; 26,2). Der Ausdruck zeigt, dass Ezechiel und sein Kreis in priesterlichen Kategorien denken, nach denen die rituelle Vermittlung Gottes von großer Bedeutung ist. Die prophetische Schau und ihre Vermittlung in archaisch stilisierten Texten hat den Exilierten eine gewisse Gottesgegenwart vermittelt. Der Prophet selbst ist zu einem »Zeichen« (*mofet*) der Gottesgegenwart geworden (Ez 24,24; Tuell, in: SBL.SS 9, 2000, 107f, Odell/Strong). Die Übersetzung der Hebräischen Bibel ins Aramäische (Targum) denkt bei »ein wenig Heiligtum« etwas anachronistisch und doch nicht ganz falsch an die erheblich spätere Einrichtung von Synagogen (BK XIII/1, 247–250). Synagogen gab es zur Zeit Ezechiels noch nicht, aber »die Ältesten Judas« bzw. »Israels«, die sich regelmäßig beim Propheten einfinden (Ez 8,1; 14,1; 20,1–3), um das Wort Gottes zu hören, haben schon eher etwas mit einem Minjan zu tun als mit den Ältesten als politisches Gremium. Wie in der Synagoge ist schon bei den ezechielischen Ältesten eine Gottesgegenwart ganz ohne Bezug zu Jerusalem mit seinem Heiligtum nicht vorstellbar (zur Gottesgegenwart, die die Visionen Ezechiels und die diesbezüglichen Texte vermitteln, vgl. Tuell, in: SBL.SS 9, 2000, Odell/Strong, Hg., 97–116), wenn der himmlische Prototyp der Gegenwart JHWHs in Jerusalem jetzt auch im Vordergrund steht.

DER VISIONENKOMPLEX VON VERFEHLTEN KULTEN IN JERUSALEM ...

§ 932   Ez 8,1–11,25 stellt eine komplexe Vision dar. Ihre einzelnen Teile können hier weder syn- noch diachron detailliert diskutiert werden (zu einer kurzen Charakterisierung vgl. Hossfeld, in: Zenger, Einleitung ⁵2004, 496). Nur einige für die Geschichte und Theologie wichtige Motive und Themen sollen kurz aufgegriffen werden. Stichworte, die in der komplexen Komposition eine Rolle spielen, sind »fern«, »weggehen«, »verlassen«. Sind die Zurückgebliebenen JHWH vielleicht ferner (8,6) als die Exilierten (11,15f)? Hat JHWH das Land schon verlassen oder geht er weg (10,4), weil die Zurückgebliebenen so handeln, als ob er es schon verlassen hätte (8,12; 9,9; vgl. zu solchen Zitaten SBM 7, 1969, 176–185, Keel)? Wesentliche Inhalte der Komposition sind der Aufweis der Schuld Jerusalems, das Gericht über die Stadt und ihre führenden Männer und der etappenweise Wegzug JHWHs von Jerusalem. Diese drei Themen sind für das Ezechielbuch eng miteinander verbunden. Sie bleiben es, ob man Ez 8–11 stärker als Einheit sieht (AB XXII 164–206, Greenberg; NEB VII 47–64, Fuhs) oder als allmählich gewachsene Größe (BK XIII/1, 187–253, Zimmerli).

Die Verunreinigungen des Tempels und Gewalttaten in der Stadt begründen Weggang JHWHs und Zerstörung der Stadt. Weitere, hist. plausiblere Gründe nennt das Buch in anderen Zusammenhängen (vgl. Ez 17,12–21 und dazu § 922f). Nach 2Kön 21,12–16; 23,26f sind die Sünden Manasses und seiner Zeit die Ursache für die Katastrophe. Im Ezechielbuch sind es nicht Jahrzehnte zurückliegende Vorkommnisse, die die Katastrophe herbeigeführt haben. Es polemisiert nachdrücklich gegen jene, die als eine Art Naturgesetz akzeptieren, dass die Väter saure Trauben gegessen haben und nun den Söhnen die Zähne stumpf werden (vgl. Ez 18; OBO 103, 1991, 97–118, Schenker).

§ 933   Bezüglich der Zeit wird die komplexe Vision als Ganzes auf den 28. September 593a datiert (8,1; vgl. BK XIII/1, 15*.209, Zimmerli). M. Dijkstra hat großen Wert darauf gelegt, dass dieses Datum nicht lange vor dem großen Herbstfest (Laubhüttenfest) liege (FS van Dijk-Hemmes 83–113 passim). Es will aber nicht recht gelingen, etwa die Klage über Tammuz in Ez 8,14 in einen sinnvollen Zusammenhang mit dem Herbstfest zu bringen. Am ehesten passt die Sonnenverehrung von Ez 8,16f in die Zeit der herbstlichen Tag- und Nachtgleiche. Wichtiger ist, dass der Zeitpunkt ca. 30 Jahre nach der joschijanischen Reform liegt. Trotz dieses Abstands ist der Text immer wieder als Beweis gegen die Historizität der joschijanischen Reform angeführt worden (§ 691.769f). Die in 2Kön 21,2–9.16 (Sünden Manasses) apostrophierten kultischen Missstände sind aber von den in Ez 8,5–18 genannten total verschieden. Beiden gemeinsam ist nur, dass sie die Katastrophe erklären und rechtfertigen wollen und deshalb zur Übertreibung neigen. Das muss im Auge behalten werden.

§ 934   Ez 8,5–18 liefert den Nachweis der Schuld, die die Katastrophe erklärt. Die Verunreinigung des Tempels wird an vier Beispielen illustriert, die alle nach dem gleichen Schema stilisiert sind. Der Prophet wird in seiner Entrückung an einen bestimmten Punkt Jerusalems bzw. des Tempels gebracht. Dort wird er vom Wesen, das ihn entrückt hat bzw. von JHWH selbst aufgefordert, einen bestimmten Gräuel zu sehen oder sieht ihn von selbst, wird dann gefragt, ob er ihn gesehen habe, und es wird ihm in Aussicht gestellt noch mehr und Schlimmeres zu sehen. Trotz dieses gemeinsamen Schemas sind die Szenen von sehr verschiedener Länge: 3, 7, 2 und 2 Verse.

Was die Topographie betrifft, so führt der Weg von außen nach innen, Schritt um Schritt in Bereiche, von denen jeder noch heiliger und reiner sein sollte als der vorhergehende (vgl. dazu BiTr 50, 1999, 207–214, Groß). Da die Vision auf dem Weg der Exilierten nach Jerusalem zurückgeht, kommt der entrückte Prophet zuerst zum Nordtor Jerusalems, wahrscheinlich zum Benjamintor (Jer 37,13), zum Nordtor der Stadt, nicht des Tempels (Ez 8,3), dann zum Tor des großen Hofs, der den Tempel und evtl. auch den Palast umgab (V. 7), dann zum Nordtor des JHWH-Tempels (*bet-jhwh*), zu dem auch der Vorhof gehört (V. 14) und schließlich zum Eingang des Tempelhauses (*hekal jhwh*), zum Platz zw. dessen Vorhalle (*'ulam*) und dem (Haupt-)Altar des Tempels (*ha-mizbeaḥ*; V. 16; vgl. AOBPs 115f und 241).

»Standbild der Eifersucht«

§ 935   Der erste Gräuel, den der Prophet vorgeführt bekommt (V. 3–6), ist der Platz des Standbilds der Eifersucht (*mošab semæl ha-qin'ah*) bzw. der Altar des Standbilds der Eifersucht (*mizbeaḥ semæl ha-qin'ah*) n des Stadttors. Eine etwas schadhafte Textstelle in V. 3b scheint das Standbild der Eifersucht als Standbild zu deuten, das die Eifersucht JHWHs erregt bzw. erregt hat. W. Zimmerli denkt bei diesem Standbild an Toreingangsfiguren (BK XIII/1, 214; ANEP Nr 646f). Aber diese sind in der Regel ihrer Natur entsprechend paarweise angeordnet. So hat S. Schroer vorgeschlagen, an das Bild eines säugenden Muttertieres zu denken, ein Motiv, das in Israel und Juda auf Siegeln vielfach belegt ist (vgl. **356–357**) und auch aus →II Kuntillet Aschrud bekannt ist (OBO 74, 1987, 25–31, Abb. 2–3, Schroer; vgl. jetzt aber Keel/Schroer, Eva 23). Auf einem Relief aus Chorsabad ist außerhalb des Haldi-Tempels das anscheinend lebensgroße Bild einer säugenden Kuh zu sehen (OBO 74, 1987, 23 und Abb. 1, Schroer). Die Deutung kommt der präzisen Bedeutung von *semel* »beigeselltes oder beigestelltes Bild« entgegen. Es könnte ursprünglich als Ausdruck des von JHWH gespendeten bzw. zu spendenden Segens verstanden worden sein (vgl. die Astarten des Kleinviehs in Dtn 7,13; 28,4.18.51). Die Bezeichnung »Bild des Eifers« könnte den Inhalt des Bildes, den Eifer des Muttertieres für sein Junges, und gleichzeitig die Eifersucht bezeichnen, die es bei JHWH auslöst. M. Dijkstra entwickelt die Hypothese Schroers weiter und schlägt vor, *semæl ha-qinn'ah ha-maqnæh* »das Bild der Eifersucht, das Eifersucht erregt« freihändig – und daher inakzeptabel – in *semæl qnjt hmqnh* »Bild derer, die das Vieh hervorbringt« zu ändern und als Hinweis auf Aschera als »Herrin der Tiere« zu verstehen (FS van Dijk-Hemmes 92; zum »Eifersuchtsbild« und der Frau im Efa vgl. BN 84, 1996, 59–63, Schnocks). Der Anstoß scheint aber weniger das Bild als der Altar, und d.h. der Kult zu sein. Generell scheinen im Lauf der jüd.-christl. Geschichte weniger die Bilder als ihr Kult Anstoß erregt zu haben (vgl. Keel, in: HZ.B 33, 2002, 65–96, Blickle/Holenstein/Schmidt/Sladeczek). Vielleicht war das Bild zur Zeit Ezechiels gar nicht mehr vorhanden (vgl. das *mošab* in V. 3) und Ezechiel sieht in seiner Vision eine längst vergangene »Sünde«. Vielleicht spielt der Text auf eine der in 2Kön 23,8c erwähnten Torhöhen an oder auf Reste einer solchen. Das Bild, das dort verehrt wurde, könnte man sich dann auch in Analogie zu dem des Torheiligtums von Betsaida denken (vgl. **382**). Die Verwerflichkeit der Einrichtung bestand darin, dass sie die Leute von JHWHs Heiligtum (*miqdaši*) fernhielt (V. 6). Wong hält nicht die Einrichtung, sondern die Judäer für das Subjekt des Infinitivs, die durch dieses Heiligtum ihren Anspruch auf den Tempel aufgegeben hätten (VT 51, 2001, 396–400). So oder so zeigt sich die priesterliche Denkweise des Propheten, die die Präsenz JHWHs an das Heiligtum bindet. Das Fernbleiben der Leute vom Heiligtum begründet das Sich-Entfernen JHWHs von seinem Tempel, auf das der Visionenkomplex hinzielt.

Ägyptisierender Tierkult

§ 936   Die zweite und längste Szene (V. 7a.9–13) spielt in einem Raum im äußeren Vorhof des Tempels (zu solchen Räumen vgl. § 845). Die wohl sekundären V. 7b–8 lassen den Propheten durch eine gewaltsam geschaffene Öffnung eindringen. Sie soll wohl den geheimen Charakter der Vorgänge in der Kammer unterstreichen. Geheime Kammern sind typisch für ägypt. Tempel der Spätzeit (G. Roeder, Altägyptische Erzählungen und Märchen, Jena 1927, 274. Anm. 1). V. 12 variiert die Heimlichkeit durch die Bezeichnung »in der Kammer seines Bildes« und die wahrscheinlich sekundäre (fehlt in LXX) Hinzufügung »im Dunkeln«. Woher konnte Ezechiel um solch geheime Kulte wissen? Die ringsum in die Wand des geheimnisvollen Gemaches (oder der Gemächer) geritzten Bilder (*meḥuqqæh ʿal ha-qir*) meinen wohl versenkte Reliefs, die ebenfalls für Ägypten typisch sind, während man in Vorderasien erhabene Reliefs bevorzugte. Die eingeritzten Bilder erinnern allerdings auch an die Ausstattung der Wände des Salomonischen Tempels mit Kerubim und Palmetten in Form geschnitzter Bilder (vgl. das *meḥuqqæh* in 1Kön 6,35; BWANT 106, 1975, 203f, Rose). Der ursprüngliche Text scheint generell von Gräueln und Mistdingern (*gillulim*) des Hauses Israel geredet zu haben (zur Bedeutung »Mistdinger« vgl. ThWAT II 2–5, Preuss). Die älteste Stelle, in der die *gillulim* erwähnt werden, ist nach A. Berlejung Ez 22,3, die Anklage gegen Jerusalem, die Stadt, die voll Blutschuld ist und sich »Mistdinger« macht und dadurch unrein wird (OBO 162, 1998, 350f). Ezechiel verband Götterbilder »mit Unreinheitsvorstellungen, indem er sie als personifizierte Unreinheit (*gillulim*) charakterisierte und unterstellte, dass sich die Stadt durch die Bilder, die sie herstellte, verunreinigen (*ṭameʾ*) und damit Unheil anziehen würde.« In Mesopotamien waren Gottesbild und Reinheit hingegen nahezu synonym. »Indem Ezechiel die Bilder zum Synonym für Unreinheit machte, verkehrte er die altorientalischen, priesterlichen Vorstellungen, die mit Bildern verbunden waren, in ihr Gegenteil« (OBO 162, 1998, 405, Berlejung). C. Herrmann hat, was die konkrete Erscheinung der *gillulim* betrifft, diese mit guten Gründen als ägypt. Götterfiguren-Amulette identifiziert (OBO 138, 1994, 83–87), wie sie in Palästina zu Hunderten gefunden worden sind (vgl. z.B. **305–307.373–375**).

474–477 Auf Skarabäen der 26. Dyn. (664–525a) findet sich die Verehrung tiergestaltiger Gottheiten durch Privatpersonen dargestellt; auf 474 aus Aschkelon ist es die eines Pavians, auf 475 aus Schech Zuweijd im s Palästina die eines Falken; auf dem Skarabäus 476 aus Naukratis die eines Mischwesens aus Falkenkopf und Krokodilleib; auf 476 mit dem Thronnamen Psammetichs I. (664–610a) aus Cerveteri in Italien die der nilpferdgestaltigen Thoeris

Erst ein Zusatz, der in der LXX fehlt, hat die eingeritzten Reliefs in Ez 8,10 – wohl zu Recht – als »Bilder von Gewürm und Vieh« interpretiert (vgl. Dtn 4,17f). Bilder von Reptilien aller Art, von Schlangen, Eidechsen, Krokodilen, Bilder von Fröschen und von großen Säugetieren wie Pavianen, Widdern oder Stieren sind typisch für ägypt. Kulte. Auf Skarabäen der 26. Dyn. (664–525a) wird verschiedentlich die Verehrung heiliger Tiere dargestellt, so auf einem in → II Aschkelon gefundenen Skarabäus die Verehrung eines Pavians, auf einem vom Tell Schech Zuweijd die eines Falken (474–475), auf einem aus Naukratis die eines falkenköpfigen Krokodils und auf einem aus Cerveteri mit dem Thronnamen Psammetichs I. die der Nilpferdgöttin Thoëris (476–477; zu früheren Darstellungen von Tierverehrung vgl. M. Tosi/A. Roccati, Stele e altre epigrafi di Deir el Medina, Torino 1972, Nr. 50054–57.50060–61; B.Bruyère, Mert-Seger à Deir el Médineh, Le Caire 1930, Fig. 44–51.54.60.62.65–66.74.124.140). Typisch ägypt. ist auch das Räuchern mit Hilfe von Räucherarmen und anderen tragbaren Räuchergeräten (478–479). Solche waren bes. im 7.–3. Jh.a beliebt (vgl. dazu Page Gasser, Götter Nr. 37 mit Lit.). In Vorderasien hat man während dieser Zeit mit Hilfe von Räucheraltären und -altärchen geräuchert (383–384). In Moab, in Chirbet el-Mudejine 20km sö von Madeba, ist z.B. in einem kleinen Heiligtum ein 96cm hoher Kalksteinaltar gefunden worden mit der Inschrift *mqtr* »Räuchergerät« (ZDPV 116, 2000, 1–13, Dion/Daviau). Räuchergeräte dieser Art hat man nicht in der Hand gehalten.

Ez 8,7–13 hat wohl ägyptisierende Kulte im Auge, wie sie spätestens nach 609a in Mode gekommen sein mögen, als Ägypten seine alte Vorherrschaft in Palästina auch über Judäa wieder aufzurichten suchte (§ 619–625). Nicht zufällig erinnert der Vorgang an das in 2Kön 18,4 beschriebene Räuchern vor der »Ehernen Schlange«, das auch Ausdruck einer starken Hoffnung auf Ägypten gewesen sein dürfte (vgl. § 487–494).

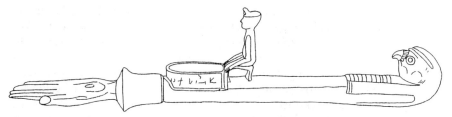

478 In Ägypten und im ägyptisch beeinflußten Kulturraum war es üblich nicht mit festen Räucheraltärchen (**383–384**), sondern mit tragbaren Räuchergeräten, die vorne die Form einer Hand
und hinten die eines Falkenkopfes hatten (Horus als Sohn, der seinem Vater dient) zu räuchern
(7./6. Jh.a)

479 Der Verstorbene verehrt mit erhobener Hand und einem Räucherarm in der Linken Osiris
in Gestalt des Abydos-Symbols, das in einem Schrein aufgestellt ist (zw. 600 und 550a)

§ 937   Die Deutung dieser Szene auf ägypt. Kulte wird von Ez 20,1–9 begünstigt, ein Wortereignis, das auf den 24. Aug. 592a datiert ist. In dieser Szene weist JHWH die Ältesten, die ihn durch Ezechiel befragen wollen, zurück. Er hält ihnen die Gräueltaten (to‘abot) ihrer Väter vor. Die ganze Geschichte Israels bzw. Jerusalems wird als Geschichte von Verfehlungen gezeichnet (vgl. Ps 106 und dazu Hossfeld, in: AOAT 294, 2003, 255–266, Kiesow/Meurer). JHWH hat sein Volk aus Ägypten geführt in ein Land, das ein Schmuckstück (ṣebi) unter allen Ländern ist, unter der Bedingung, dass sie sich von den Gräuelgötzen (šiqquṣim und gillulim) Ägyptens lossagen. Das haben sie aber nicht getan. Der Vorwurf in der Bildrede von den beiden Geiern, sich politisch von Nebukadnezzar ab und Ägypten zuzuwenden (Ez 17,15) und der Vorwurf, die Väter hätten sich beim Auszug aus Ägypten von den Gräuelgötzen Ägyptens nicht losgesagt (Ez 20,1–9), sind wahrscheinlich nicht ohne Zusammenhang. Den in Ez 8,7–13 beschriebenen ägyptisierenden Kult mögen Leute favorisiert haben, die den Aufstand gegen Babylon planten und mit ägypt. Hilfe rechneten. Das Ezechielbuch polemisiert auch sonst massiv gegen Ägypten (Ez 29–32; BibOr 37, 1980, Boadt), hingegen nie gegen Babylon.

S. Ackerman findet in Ez 8,7–13 ein kultisches Mahl beschrieben, ein *marzeaḥ* (Under Every Green Tree. Popular Religion in Sixth-Century Judah, Atlanta 1992, 37–100, bes. 71f). Der Text redet jedoch weder von Klagen (Jer 16,5), noch von Essen und Trinken (vgl. Jes 66,17), den wesentlichen Elementen einer solchen Kultfeier (zu Marzeach vgl. § 467; VT.S 86, 2001, McLaughlin).

Was Ez 8,7–13 unterstreicht, ist die Repräsentativität derer, die den Tierkult ausüben. Es sind 70 Männer von den Ältesten des Hauses Israel (V.11f). Sie erinnern an die altehrwürdigen Repräsentanten Gesamtisraels in Ex 24,9; Num 11,16.24f. Sie üben nach Meinung von Ez 8,12 ihren Fremdkult unter der Voraussetzung aus: »JHWH sieht es nicht. JHWH hat das Land verlassen« (V. 12; vgl. 9,9). Die Strafe wird sein, dass JHWH das Land tatsächlich verlassen und sein Auge sich nicht erbarmen wird (Ez 8,18; 9,10).

Tammus?

§ 938   Die dritte Szene ist sehr kurz (V. 14f). Am Nordtor des eigentlichen Tempels sitzen Frauen, die den Tammus beweinen. Kultisches Weinen und Lachen dürfte auch in Israel bekannt gewesen sein. Es galt ursprünglich dem Vegetationsgott, den man bei der Aussaat gleichsam beerdigte (Ps 126,6; Sach 12,11). Die Klage um den toten Gott, sei es nun der babylon. Tammus, der syr. Adonis (hebr. ’Adoni, vgl. Jes 17,10f; zur Identifikation beider s. Hieronymus, Ep. 58,3; →II 622–624; CB.OT 50, 2001, 129f.199f, Mettinger) oder der ägypt. Osiris, vermischt sich bes. in Ägypten und in Südpalästina mit der Klage um den toten Herrscher und jeden bedeutenden Toten (→II 891.599). Dan 11,37 evoziert wahrscheinlich diese Gestalt mit dem Begriff »Liebling der Frauen« (ḥæmdat našim; vgl. Dijkstra, in: FS van Dijk-Hemmes 100). Ein Herrscher, um den viel getrauert wurde, war Joschija (vgl. Jer 22,10 und 18; 2 Chr 35,24f »alle Sänger sangen in ihren Klageliedern von Joschija«; Sir 49,1). Vielleicht galt die Klage der Frauen ihm und sie wurde erst durch die *interpretatio babyloniaca* des Propheten zu einem Fremdkult, denn Tammuskult im engen Sinn ist in Palästina sonst weder literarisch noch archäolog. belegt. Ez 43,5–9 dokumentiert die

Empfindlichkeit Ezechiels und seiner Schule gegenüber allen Ansprüchen des Königtums. Besonders sollen die Begräbnisstätten (mit ihren Klageriten) vom Tempel ferngehalten werden (vgl. § 1206).

Sonnenkult ohne Gerechtigkeit zu üben

§ 939   Die vierte Szene (V. 16f) spielt unmittelbar vor dem Eingang des Tempelhauses (vgl. Joel 2,17), dem heiligsten Ort, den ein gewöhnlicher Priester normalerweise betreten durfte. Die 25 Männer, die mit dem Rücken zum Tempel stehen, dürften Priester sein, vielleicht je ein Vertreter der 24 Priesterklassen und der Hohepriester (vgl. 1Chr 24,7–19). Das Verschweigen des Priestertitels ist vielleicht polemisch (vgl. Ez 44,6–8). Die Hinterseite der Männer ist dem Tempel zugewandt, ihr Gesicht blickt nach O zum Altar und zum Volk im Vorhof. Soll damit schon der Vorwurf Jeremias: »Sie kehren mir den Rücken zu und nicht das Gesicht« (2,27; 32,33) inszeniert werden? Sie werfen sich nach O zu vor der Sonne nieder. Ezechiel scheint das als Sonnenkult zu deuten. Da der Jerusalemer Tempel von Haus aus wahrscheinlich ein Sonnentempel und geostet war, mochte dieser Gebetsgestus traditionell sein. Sich vor der aufgehenden Sonne niederzuwerfen ist ein uralter ägypt. Ritus. Wie zahlreiche ägypt. Dokumente zeigen, wird er als selbstverständlich auch für fremde Völker empfunden. So heißt es in einem ramessidischen Hymnus an den Sonnengott:

> »Wenn du im Himmel bist, erschienen als Sonnenscheibe …
> dann springen die Götter auf vor dir in Lobpreis,
> die Menschheit erwacht, deine Schönheit anzubeten;
> das Wild tanzt vor dir auf seinem Wüstenrand,
> die Asiaten werfen sich nieder auf den Bergländern«
> (Assmann, ÄHG 235; vgl. weiter AOBPs 52 Abb. 63; § 341).

JHWH hat in Jerusalem, wie wiederholt gezeigt wurde, die Rolle des Sonnengotts übernommen (§ 148–153.323–343) und wurde im 8. Jh.a in stark solarisierter Form verehrt (§ 480–482.487–495). Durch die Kultzentralisation hatte das Tempelhaus nun aber eine ganz spezielle Bedeutung bekommen und jedes Gebet musste in Richtung zu ihm hin gesprochen werden (1Kön 8,38.48; Dan 6,11). Jede Abweichung davon wurde zu einem Verstoß (vgl. § 1123).

§ 940   Darüber hinaus wird den 25 Männern etwas unvermittelt und pauschal vorgeworfen, das Land mit Gewalttat anzufüllen (vgl. Gen 6,11P; Ez 7,23; 9,9) und dann sich bzw. JHWH den Zweig an die Nase zu halten. Die alten griech. Übersetzungen und die Vulgata unterstützen die Lesart von M »sie halten den Zweig an *ihre* Nase« und das dürfte die ursprüngliche Lesart sein (OBO 36, 1981, 92f, McCarthy). *z^emorah* heißt »Ranke der Rebe, Zweig« (vgl. Num 13,23, Nah 2,3; Ez 15,2). Zweige und Blumen haben im kanaanäischen (vgl. 57–59; 61), im israelitisch-judäischen (Ps 118,27; Lev 23,40 »Lulav«; →I 29), bes. aber im ägypt. Kult eine große Rolle gespielt (MÄS 43, 1986, Dittmar). Dabei konnten Zweig (57) oder Blüte (480–483; vgl. 188; JThS 11, 1960, 321f, Saggs; ZBK.AT XVIII 80–83 Abb. 35b, Keel) an die eigene Nase oder die der Gottheit, bes. des Sonnengottes gehalten werden (484). So oder so brachte der Gestus Partizipation an den regenerativen Kräften des Kults zum Aus-

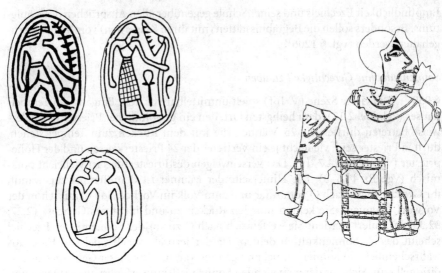

480–483 Wie die mbz Skarabäen 480–481 (vgl. 57–59), der sbz Skarabäus 482 und die ez Wandmalerei aus →II Kuntillet Adschrud zeigen, haben sich Menschen mit einer Blüte oder einem Zweig in der Hand als Kultteilnehmer darstellen lassen und so die eigene Frömmigkeit zu einem Amulett gemacht (vgl. Ijob 4,6)

druck. Aktualität erhielt der inkriminierte Ritus noch speziell dadurch, dass Pharao Psammetich II. (595–589a) im 4. Jahr seiner Regierung, also im Jahre 592/591a, bei einer Reise durch Palästina/Syrien eine Anzahl von zeremoniellen Blumensträußen mittrug (§ 791). Der Vorwurf ist dann der alte prophetische: Die Leute glauben Unrecht tun und dennoch von den positiven Kräften des Kultus profitieren zu können (vgl. § 418).

§ 941   Eine rabbinische Tradition behauptet aber nun, es sei ursprünglich von »meiner«, d.h. von JHWHs Nase die Rede gewesen und »ihre« Nase sei eine Korrektur der Schriftgelehrten. Diese »Korrektur« hätten die Schriftgelehrten gemacht, weil sie schon das »Rückenzukehren« von Ez 8,16 als »den Hintern-zukehren« und z\ᵉmorah als Ausdruck für »Phallus« oder »Furz« verstanden haben (vgl. zu den Belegen OBO 36, 1981, 93–95, McCarthy). W. Zimmerli hat die rabbinische Tradition übernommen und noch zusätzlich damit begründet, dass wir bei der Deutung auf Zweig oder Blume zwei Gräuel hätten. Das Schema von Ez 8 verlange aber für jeden Gräuel einen neuen Standplatz, der nicht zur Verfügung stünde (BK XIII/1, 222f). Zwei Gräuel haben wir auf jeden Fall. Die Verehrung der Sonne, das Verüben von Gewalttaten und das Was-auch-immer an die eigene oder die Nase JHWHs Halten sind schwer als *ein* Missstand zu begreifen. In 8,15 werden ja auch Gräuel im Plural angekündigt. Ein Doppelgräuel passt denn auch gut als Höhepunkt und Abschluss. Gegen die rabbinische (und Zimmerlis) Deutung sprechen die alten Übersetzungen und die Tatsache, dass das bibl. Hebräisch die Bedeutung »Phallus« oder »Furz« für z\ᵉmorah nicht kennt (HAL I 261f).

§ 942   Mit den in Ez 8,17 kurz apostrophierten »Gewalttaten« der 25 Ältesten wird wahrscheinlich auf die 25 Männer in Ez 11,1 angespielt, denen in 11,6 vorgeworfen wird, viele in dieser Stadt (Jerusalem) erschlagen zu haben. Expliziter und deutlicher

484 Blume oder Zweig im kultischen Kontext an die Nase geführt brachte nicht nur den Kultteilnehmern, sonder auch der Gottheit Erfrischung und Regeneration. Regelmässig liegt auf ägypt. Opfertischen zuoberst eine Lotosblüte; Stele in Florenz (580–540a)

wird ihre Schuld durch ein Zitat charakterisiert, das ihnen der Prophet in den Mund legt: »Die Stadt ist der Topf, und wir sind das Fleisch« (Ez 11,3.11). Die Deportation eines Teils der Bewohner Jerusalems im Jahre 597a hat in der Stadt Raum geschaffen. Das wollen die Angeklagten nun nutzen, um sich in der Stadt breit zu machen und es sich wohl sein zu lassen. Der schwierige V. 3a ist wohl mit der LXX am ehesten so zu verstehen, dass diese Leute nach der Fast-Katastrophe von 597a die Zeit gekommen sehen, neue Häuser zu bauen. Die Ermordeten waren wohl Angehörige oder Freunde von Deportierten, die sich für die Besitzansprüche derselben stark gemacht hatten. Ausführlich ist von Gewalttaten in Jerusalem in Ez 22,6–16 die Rede (zum Landbesitz-Problem nach 597a vgl. W. Dietrich, in: FS Gerstenberger 350–376).

Die Fremdkulte von Ez 8,3–16 und – nochmals –
das Problem der Historizität der joschijanischen Reform

§ 943   Die Historizität der joschijanischen Reform wurde schon in § 691 und 769f kurz thematisiert. Die eben diskutierten, in Ez 8,3–16 apostrophierten Missstände sind oft als Beweise dafür angeführt worden, die joschijanische Reform habe nie stattgefunden. Die in Ez 8,3–17 genannten Kulte werden von Ez 8,1 ins Jahr 593a, d.h. rund 30 Jahre nach der Reform von 2Kön 23 datiert. Das politische Umfeld hat sich total gewandelt. Überblickt man die vier bzw. fünf Gräuel, die in 8,3–16 beschrieben werden und nimmt an, dass diese Missstände – obwohl es sich um eine Vision handelt – real existiert haben, findet sich außer dem Altar vor dem Nordtor nichts von den zahlreichen Missständen, mit denen sich die joschijanische Reform nach 2Kön 23 beschäftigt hat.

§ 944   Die in Ez 8,3–18 vorausgesetzte Situation ist eine wesentlich andere als die in 2Kön 23. Die joschijanische Kultreinigung und -zentralisation wird von Ezechiel vorausgesetzt. Die Kultusreinheit wird nicht mehr durch assyr.-aram., sondern den politischen Entwicklungen nach dem Tod Joschijas entsprechend primär durch ägypt. und eventuell babylon. (Tammus) Einflüsse beeinträchtigt. Diese Einflüsse können nur noch im Geheimen wirksam sein oder äußern sich in der *interpretatio babyloniaca* (Klageriten) oder *aegyptiaca* (Gebetsrichtung) eher harmloser, einheimischer Traditionen. Ez 8,3–16 kann deshalb nicht als Beweis dafür verstanden werden, dass die joschijanische Reform nie stattgefunden hat. Die Beschreibungen in 2Kön 23 und Ez 8,3–16 passen sehr genau in das jeweilige politische Umfeld. Es ist, um das einmal mehr zu sagen, ganz unwahrscheinlich anzunehmen, eine jeweils spätere Zeit habe ohne schriftliche Quellen (in diesem Falle zur joschijanischen Reform) die jeweiligen, relativ kurzlebigen Zustände milieuecht zu rekonstruieren vermocht. Die visionäre Übertreibung der am Tempel verübten Gräuel ist darauf zurückzuführen, dass Ezechiel und seine Schule als Priester eine erhöhte Empfindlichkeit für die Reinheit des Tempels besaßen.

… dem Gericht über die Stadt

§ 945   Die literarische Geschichte von 8–11 ist zweifellos sehr komplex (vgl. das in § 910 zu Ez 10 Gesagte). Der Nachweis der Missstände war jedenfalls nie Selbstzweck, sondern sollte schon im ältesten Zusammenhang das Gericht über Jerusalem begründen.
Sehr eng und ursprünglich ist der Zusammenhang zw. Schuldaufweis und Gericht in Ez 11. »Das Schwert fürchtet ihr; und das Schwert bringe ich über euch, Spruch JHWHs … Sie (die Stadt Jerusalem) soll für euch nicht zum Topf werden, und ihr sollt in ihrer Mitte nicht zum Fleisch werden; an der Grenze Israels werde ich euch richten« (Ez 11,8.11; vgl. dazu 2Kön 25,18–21; § 801.915). Der mit dem Sprichwort vom Topf und dem Fleisch in 11,3 dokumentierten, behäbigen Zuversicht der Übriggebliebenen (vgl. § 922) wird so direkt widersprochen. Dramatisch wird der Ernst des drohenden Gerichts durch den plötzlichen Tod eines der Hauptangeklagten unterstrichen, eines sonst unbekannten Pelatja, Sohn des Benaja (11,1.13). Wie man sich dieses tot Umfallen während des Prophezeiens vorstellen soll, ist nicht ganz klar.

Sollte Ezechiel damals noch in Jerusalem gewesen und erst 587a deportiert worden sein (vgl. § 908) oder hat der Prophet später erfahren, dass ungefähr zu der Zeit, als er den Ältesten in Babylonien verkündete, dass aus der Hoffnung einiger Profiteure nichts werden würde, einer von ihnen starb (vgl. Jer 28,16f)?

§ 946   Weniger eng als in Ez 11 sind Schuldaufweis und Gericht in Ez 8 bzw. 9 miteinander verknüpft. Im ersten Teil von Ez 9, in Ez 9,1–7 wird eindringlich geschildert, wie ein Schreiber und sechs Männer mit Vernichtungswerkzeugen die Stadt von N her betreten. Sechs Jahre vor dem Untergang der Stadt sieht der Prophet, wie JHWH solche Gestalten schickt. Das immunisiert gegen den Gedanken, der Gott der Babylonier, Marduk, sei stärker gewesen als JHWH und habe dessen Stadt zerstört. Der Schreiber, der die sechs Zerstörer begleitet, bekommt von JHWH den Auftrag, all jene, die über die Gräueltaten stöhnen, die in der Stadt begangen werden, auf der Stirn mit einem althebr. Tau zu zeichnen, das die Form eines X hatte (vgl. § 754; **421–422**). Sie sollen im Gericht als Besitz JHWHs verschont bleiben. Damit wird dem Vorwurf entgegengewirkt, JHWH würde keinen Unterschied zw. Gerechten und Ungerechten machen (vgl. Ez 14; Gen 6,6–8; 18). Die übrigen hingegen sollen alle niedergemacht werden.

Die Gräueltaten (*to'ebot*) in 9,4 erinnern zwar an die »großen Gräueltaten (*to'ebot g^e-dolot*)« in 8,6.13.15. Aber während die Gräueltaten in Ez 8 im Tempelbereich zentriert sind, ist in Ez 9,4 von solchen die Rede, die inmitten der Stadt begangen worden sind. Auf die Fürbitte des Propheten für den Rest Israels in 9,8 ist zudem nicht mehr von Gräueltaten, sondern von der »Schuld des Hauses Israel« die Rede, von Blutvergießen und Rechtsbeugung (9,9). Der Schuldaufweis liegt also näher bei Ez 11 als bei Ez 8. Zusätzlich zur Ermordung aller Bewohner und Bewohnerinnen der Stadt, soweit sie nicht das Tau auf der Stirn tragen, wird in Ez 10,2.6f noch ihre Einäscherung in Aussicht gestellt. Die glühenden Kohlen, die die Stadt in Brand setzen sollen, stammen aus dem innersten Kreis der Herrlichkeit JHWHs. Das erinnert an das Feuer, das JHWH nach Jes 31,9 auf dem Zion unterhält, und von dem das Gericht ausgehen kann (vgl. § 532–535), diesmal allerdings nicht gegen Assur, sondern gegen Jerusalem. Das Feuer erinnert auch an die Zerstörung Sodoms (Gen 19,24; vgl. § 338.618).

… und dem Wegzug JHWHs

§ 947   »Und die Herrlichkeit des Gottes Israels erhob sich hinweg vom Kerub (LXX den Keruben), auf dem (LXX auf denen) sie war, auf die Schwelle des Hauses« (9,3; vgl. 10,4.7). Der Kerub im Singular überrascht, denn in der ganzen Tempeltradition ist stets von zwei Keruben bzw. Keruben im Plural die Rede (§ 353–355; **111**; **174–176**; **184–187**; HAL II 473). JHWH heißt »der auf den Keruben sitzt/thront« (vgl. die Belege in § 353). Außer im MT von Ezechiel 9,3 und 10,4.7 erscheint JHWH nur im MT von Ps 18,11 (= 2Sam 22,11) auf einem einzelnen Kerub. Aber da geschieht es nicht im Rahmen des Jerusalemer Tempels, sondern in einer Theophanie, die den Einbruch des Heiligen in die alltägliche Welt durch Erdbeben-, Vulkan-, Sturm- und Gewitter-Phänomene evoziert (OBO 169, 1999, 57–74.282–285, Klingbeil). Ein Kerub im Singular ist der Wächter- und Schützerkerub am Eingang des Gottesgartens in Gen 3,24 und auf dem heiligen Berg Gottes in Ez 28,14–16. Vielleicht soll die Einzahl in Ez 9,3 und 10,4.7, wenn sie und nicht der Plural in LXX ursprünglich ist, an diese Wächterkerub-Tradition erinnern. Das Sich-Hinwegheben JHWHs von diesem Symbol des Schutzes und der Unantastbarkeit des Tempels und Jerusalems würde dann die Aufhebung derselben bedeuten.

§ 948   Ez 10,18–22 nimmt wieder die traditionelle Ikonographie mit den (zwei) Keruben auf. Die Herrlichkeit JHWHs kehrt von der Schwelle des Tempels, wohin sie sich nach 9,3 bzw. 10,4 begeben hatte, auf die Keruben zurück. Diese verlassen samt der darüber schwebenden Herrlichkeit des Gottes Israels fliegend das Tempelinnere und lassen sich vorerst ö vom Osttor des Tempels nieder. Der Kabod (Herrlichkeit) über den Keruben erinnert an die geflügelte Sonnenscheibe über dem Kerubenthron (?) von 191. Im übrigen legen Ez 10,20–22 wie andere V. von Ez 10 großen Wert darauf, die Keruben mit den vier Wesen (*hajjot*) der Vision von Ez 1, der Vision am Kebar-Kanal, zu identifizieren. Es ist ein Plädoyer für die Kontinuität der Erscheinungsweise JHWHs.
In Ez 11,22f geht der Exodus JHWHs ein Stück weiter: »Dann hoben die Keruben ihre Flügel. Die Räder bewegten sich zugleich mit den Keruben und die Herrlichkeit des Gottes Israels war über ihnen. Die Herrlichkeit JHWHs stieg aus der Mitte der Stadt empor; auf dem Berg im O der Stadt blieb sie stehen«. Der schrittweise Weggang vom Allerheiligsten zum Osttor und vom Osttor zum Ölberg kann Zögern und Schmerz zum Ausdruck bringen. In der Vision in Ez 43,1–4 wird JHWH dann auf dem gleichen Weg von O her ins Heiligtum zurückkehren.
Mit dem »Berg im O der Stadt« kann nur die Ölbergkette gemeint sein, die den ö Horizont Jerusalems bildet (§ 36; Küchler, Jer 790–805). JHWH nimmt den Weg, auf dem David auf der Flucht vor Abschalom Jerusalem verlassen hat (vgl. 2Sam 15,30.32). Die Deportierten befinden sich ö von Jerusalem. Es wird aber nicht gesagt, dass JHWH sich gleichsam zu ihnen begibt. Eher kehrt JHWH als Sonnengott zu seinem Ursprungsort am ö Horizont in den Himmel zurück. Das Wort *qædæm*, das hier für O steht, ist ein Wort, das geographisch und vor allem chronologisch das Uranfängliche bezeichnet (§ 1100–1103). *mi-qædæm* kann die rein geographische Bedeutung von »östlich von« haben (Jos 7,2; Jes 9,11). In Ez 11,23 ist das wohl auch die primäre Bedeutung.

Darüber hinaus könnte aber wie bei »östlich von Eden« in Gen 3,24 (ähnlich 4,16) die Bedeutung von »weg vom Uranfänglichen«, »weg vom mythischen Paradies«, »weg von der mythisch-uranfänglichen Stadt der Gegenwart Gottes auf Erden« mitschwingen. Es bedeutet die Trennung, den Bruch zw. JHWH und Jerusalem, zw. den ersten Menschen und dem Paradies. G. von Rad und C. Westermann verlieren in ihren Genesis-Kommentaren übrigens kein Wort zum Ausdruck »östlich von Eden« (ATD II–IV 70, von Rad; BK I/1, 373, Westermann). H. Gunkel schloss daraus, dass das Paradies im W lag (Genesis, Göttingen 1964[6], 24).

§ 949   Das Ezechielbuch schildert den Wegzug JHWHs aus seiner Stadt mit dem für das Buch typischen surrealistischen Realismus (vgl. § 901). Weniger realistisch geschildert ist der Wegzug einer Gottheit aus der Stadt, der sie zürnt, in einer Reihe von akkadischen Texten. D.I. Block listet ein Dutzend Fälle auf (SBL.SS 9, 2000, 15–42, Odell/Strong; vgl. weiter: Mitteilungen für Anthropologie und Religionsgeschichte 14, 1999, erschienen 2001, 21–39, Dietrich). Einer der zeitlich und geographisch nächsten dieser Belege ist ein Text aus der Zeit Asarhaddons (681–669a), der beschreibt, warum und wie die Gottheiten Babylon verlassen um es der Zerstörung zu überantworten (zum Text s. § 780). In diesem Fall rechtfertigt das Theologumenon vom Abzug Marduks und der anderen Gottheiten die brutale Zerstörung Babylons durch Sanherib, der im Text gar nicht erwähnt wird. Politisch weniger eindeutig zu verorten ist der ausführlich geschilderte Wegzug Marduks aus Babylon auf der 2. Tafel des Erra-Epos (TUAT III/4, 781–801, Müller; vgl. OBO 104, 1991, 183–218, Bodi). Im Ezechielbuch statuiert der Wegzug JHWHs, dass der Untergang der Stadt nicht bedeutet, JHWH sei Marduk unterlegen. Es war JHWH, der die Stadt dem Untergang preisgab. Er hat die Gerechten verschont, die übrigen den Gestalten mit den Vernichtungswerkzeugen übergeben und die Stadt verlassen.

Von den in Ez 17 angeführten politisch-vertragsrechtlichen Gründen für die Zerstörung Jerusalems (vgl. § 922f) ist in Ez 8–11 nicht die Rede, höchstens insofern, als in Ez 8,7–12 ägyptisierende Kulte angesprochen sind.

JERUSALEM ALS FRAU IM EZECHIELBUCH

Der Tod der Frau Ezechiels als Zeichen

§ 950   Über Jerusalem als Tochter bzw. als Frau war schon in Zusammenhang mit der Frühverkündigung Jeremias die Rede (§ 816–819). Bei Ezechiel findet sich eine Evokation Jerusalems bzw. des Tempels, die von einer ganz persönlich-menschlichen Beziehungserfahrung ausgeht.

Dem Propheten wird kurz vor der Eroberung Jerusalems durch Nebukadnezzar im Jahre 587a (vgl. Ez 24,1) in Zusammenhang mit dem plötzlichen Tod seiner geliebten Frau eine Zeichenhandlung befohlen (Ez 24,15–27; zu Zeichenhandlungen vgl. § 903.910–918). Sie bestand darin, dass Ezechiel die üblichen Trauerriten unterlassen soll: das laute Klagen und Weinen, das Bartverhüllen, Barfußgehen und das Essen spezieller Speisen. Diesen und ähnlichen Gesten lag kaum, auch nicht ursprünglich, der Wunsch zugrunde, für die wiederkehrenden Toten unkenntlich zu werden (vgl. BK XIII/1 573f, Zimmerli), sondern das Bedürfnis, die innere Verwüstung äußerlich sichtbar zu machen. Das Zerreissen der Kleider und ähnliches findet sich ja nicht nur in Todesfällen, sondern auch bei anderen Gelegenheiten, die Anlass für Schmerz und Verzweiflung waren. Während Ezechiel solche Gesten unterlassen soll, wird ihm befohlen, den Kopfbund (p^e'er), die typische Kopfbedeckung des Judäers, auf- (327–329; 497) und die Sandalen anzubehalten und nur leise zu stöhnen. Mit dieser Zeichenhandlung wird angedeutet, die drohende Katastrophe werde die Deportierten mit solcher Wucht treffen, dass sie wie Ezechiel zu Trauerriten unfähig sein werden (zu einer ähnlichen prophetischen Trauerenthaltung vgl. Jer 16,5).

Worin wird die angedrohte Katastrophe genau bestehen? Die Frau Ezechiels, deren plötzlicher Tod Anlass für die Zeichenhandlung ist, wird in 24,15 als »das, was deine Augen begehren«, als »Augenweide« bezeichnet. Dieser und ähnliche Ausdrücke stehen für ausgesuchte Kostbarkeiten (1Kön 20,6; Klgl 2,4), aber mit der Ausnahme von Hos 9,16 nicht für nahestehende Angehörige im Allgemeinen. Die Frau wird im Hinblick auf den Tempel so bezeichnet. Sie symbolisiert das Heiligtum, das in Ez 24,21 als »Stolz eurer Kraft (eures Selbstbewusstseins)«, als »eure Augenweide und Sehnsucht eures Begehrens« bezeichnet wird (vgl. Ebd. V. 25), kurzum als Kostbarstes, was Israel kennt, wie eine geliebte Frau das Kostbarste ist, was ein Mann finden kann (Spr 18,22; 19,14; Sir 26,1–4). Zu dieser Art von Tempelfrömmigkeit vgl. schon § 697f. Zu Jerusalem/Zion als Frau vgl. weiter § 951–963.1171–1180, bes. 1179f.

§ 951   Jerusalem als Frau kommt bei Ezechiel – von der eben genannten sehr persönlichen Zeichenhandlung, in der der Tempel in Analogie zur Frau Ezechiels gesetzt wird, abgesehen – vor allem in den beiden großen Bildreden (§ 904) Ez 16 und 23 in den Blick (für weitere Texte vgl. SBL.DS 130, 1992, 130–141, Galambush). Während die Bildreden von Kap. 17 und 19 und die Zeichenhandlung von Kap. 24 relativ kurze Zeitabschnitte der Geschichte Judas vor der Katastrophe von 587a ins Auge fassen (§ 920–926), beanspruchen Ez 16 und 23, die ganze skandalöse Biographie der Königin und Prostituierten Jerusalem zu skizzieren. Ez 16 dürfte über einen längeren Zeitraum, Ez 23 mit seiner starken Kritik an den Beziehungen zu Ägypten noch vor 587a entstanden sein (BK XIII/1 363 und 540, Zimmerli). Die Vorstellung von Israel als Frau wurde, soweit wir wissen, von Hosea erfunden, von Jeremia in Juda eingeführt und vom Jeremiabuch auf Jerusalem übertragen (§ 814.816.881). Der von Jerusalem ausgesagte Gegensatz treu – hurerisch führt in Jes 1,21 nicht zu einer Personifikation, die eine Eigendynamik entwickelt. Im Ezechielbuch ist die von Jeremia eingeleitete Übertragung der Metapher vom Land bzw. Volk Israel auf die Stadt Jerusalem bzw. auf den Zion als bevorzugte Partnerin JHWHs vollendet (vgl. § 881). Gleichzeitig ist die Metapher extrem ins Negative gewendet. Sie dient in Ez 16 und 23 dazu, das ganze Ausmaß der Schuld Jerusalems zu vergegenwärtigen.

Die Bildrede in Ez 16 weist wahrscheinlich wie viele Texte im Ezechielbuch zahlreiche Fortschreibungen auf. Dabei dürfte ein wechselseitiger Einfluss von Ez 16 und 23 eine Rolle gespielt haben. Einen ursprünglichen Text versuchen z.B. W. Zimmerli und K.-F. Pohlmann zu isolieren (BK XIII/1, 362f; ATD XXII/1, 216–220; vgl. zum Inhalt SBS 185, 2000, 142–174, Baumann, mit Lit.). Auch in dieser ursprünglichen Textform kombiniert die Bildrede zwei Metaphern: die Metapher vom ausgesetzten todgeweihten Kind, das JHWH ins Leben zurückruft, und die Metapher von der Ehefrau, die untreu wird. Die beiden Metaphern thematisieren theologisch gesprochen die Erschaffung und Erwählung Jerusalems.

Werdegang und Wege der Frau Jerusalem nach Ez 16

Der schlechte Stammbaum

§ 952   Der erste Teil der Bildrede von Ez 16 reicht von V. 3b–7. In den V. 1–3a, die jetzt diesem Teil vorangestellt sind, wird die im Folgenden angesprochene Frau zweimal explizit mit Jerusalem identifiziert. Als Erstes wird von dieser »Tochter Jerusalem« (vgl. zu diesem Titel § 816) gesagt, dass sie nichtisraelit., nichtjud., sondern kanaanäischer Abstammung sei. Kanaan hat von Gen 9,25 (Abstammung vom verruchten und verfluchten Noachsohn Ham) und den dtn./dtr. Listen der Völker her eine negative Bedeutung. In diesen Listen der Völker, die vor Israel im Lande waren, fehlen die Kanaaniter nie (vgl. § 729). Sie stehen häufig an der Spitze. Kanaaniter und Kanaan, wo dieses kein territorialer Terminus ist, bezeichnen in der Hebr. Bibel Lebensformen, hauptsächlich städtischer Art, in späteren Texten vorwiegend vom Handel geprägte, die als Gegensatz zu traditionell israelit. empfunden werden (BN 52,

1990, 47–63, Engelken). Auch der Amoriter bzw. die Hetiterin, die nach Ez 16,3 der Vater bzw. die Mutter Jerusalems gewesen sein sollen, tauchen da regelmäßig auf. In P avancieren die Hetiter zur Vorbevölkerung schlechthin (Gen 23,3–5; 27,46). Die negative Bedeutung der Filiation in 16,3 bestätigt Ez 16,44–46. Da wird nochmals an den Amoriter und die Hetiterin als Eltern Jerusalems erinnert. Mit Verweis auf das Sprichwort »Wie die Mutter, so die Tochter« wird aus der selbstverständlich angenommenen Schlechtigkeit der Mutter auf die der Tochter Jerusalem geschlossen. Die Schlechtigkeit der Mutter wird durch die Aussage illustriert, dass sie ihres Mannes und ihrer Söhne überdrüssig geworden sei und sie verabscheut habe (ga'al).

Diese negative Darstellung der Herkunft Jerusalems überrascht. In Jes 1,21–27 wird gesagt, Jerusalem sei am Anfang (bari'šonah) eine gerechte Stadt gewesen und soll dereinst wieder eine werden. Die Betonung der negativen Herkunft überrascht auch insofern, als in Ez 18 Eltern- und Kindergeneration energisch dissoziiert werden. In Ez 16 ist aber jedes Mittel recht, Jerusalem als durch und durch verdorben hinzustellen, das drohende oder geschehene Gericht zu rechtfertigen und das alleinige Gutsein Gottes zu demonstrieren. Vielleicht wusste Ezechiel als gelehrter Priester auch von der tatsächlich nichtjud. Vergangenheit Jerusalems (vgl. § 262). Ezechiels theologisch bestimmtes Vorurteil bezüglich des vorisraelit. Jerusalem wurde später in historisierender Form von A. Alt und seinen Gefolgsleuten wieder aufgenommen (vgl. § 18–19.179–181).

Jerusalem lebt aufgrund des Schöpfungswortes JHWHs

§ 953   Die Schlechtigkeit der Mutter, des kanaanäischen bzw. hetitischen Jerusalem, bestand nach Ez 16,45 darin, dass sie ihre Kinder verabscheute. Diese Aussage resümiert wahrscheinlich den älteren Text Ez 16,3b–6a. Dieser schildert mit Stilelementen, die sich auch in der Schöpfungserzählung der P finden, wie Jerusalem am Tage seiner Geburt gar nichts von der Behandlung geboten wurde, die damals eine Hebamme und eine Mutter einem erwünschten Neugeborenen zuteil werden ließen. Jerusalem wurde als Neugeborenes ohne jede Pflege und ohne jedes Mitleid aufs freie Feld hinausgeworfen, dem Chaos überantwortet, dem Tod geweiht, weil man seinen Lebenswillen verabscheute (b^ego'al nafšek; zu ga'al vgl. Lev 26,11.15.30.43f).»Da kam ich (JHWH) an dir vorüber und sah dich in deinem Blute zappeln; und ich sagte zu dir: Lebe und wachse heran wie das Gewächs des Feldes!« Das »Sehen« erinnert an das »Sehen Gottes«, das dem todgeweihten Ismael in der Wüste das Leben rettete (Gen 16,13f). Nichts als dieses Sehen und der schöpferische Befehl »Lebe!« hielten das Mädchen am Leben bzw. brachten es ins Leben. Nicht dem amoritischen Vater und der hetit. Mutter, einzig dem Schöpferwort JHWHs verdankt das israelit. Jerusalem seine Existenz (vgl. Ps 33,6.9). Die dtn./dtr. Tradition lässt Jerusalem von JHWH erwählt sein (§ 81). Ezechiel radikalisiert die Vorstellung, insofern er Jerusalem von JHWH erschaffen sein lässt. Wie in Gen 1 (vgl. dazu FRLANT 115, 1975, Steck) wird in Ez 16,7 anschließend an den Befehl seine Realisierung berichtet. »Und du wuchsest heran und wurdest groß und kamst in die Zeit der monatlichen Regel. Deine Brüste wurden fest und dein (Scham-)Haar sprosste, du aber warst nackt und bloß«. Mit der für Ezechiel typischen surrealistischen Genauigkeit im Detail wird nicht generell das Erwachsenwerden geschildert, sondern das als Frau. Interessant ist die Analogie zur

Vegetation. Sie soll emporsproßen wie das Gewächs (*ṣæmaḥ*) des Feldes und ihre Schamhaare sproßen (*ṣimmeaḥ*) wie Pflanzen. Das erinnert noch schwach an das Mutter Erde-Israel in Hos 2,4–14 (vgl. § 816; **44; 75; 330–331**). Die Nacktheit ist nicht erotisch, sondern – wie in der hebr. Bibel die Regel – als Ausdruck der Schutzlosigkeit zu verstehen (vgl. § 504–506; **111**).

Die Erwählung Jerusalems und die daraus resultierende Schönheit

§ 954   Die in Analogie zur Erschaffung aus dem Chaos geschilderten Anfänge Jerusalems finden ihre Fortsetzung in den V. 8–14. Ein zweites Mal geht JHWH vorüber und schaut (vgl. V. 6 mit V. 8). Das vom Tod bedrohte Neugeborene ist jetzt eine zum Liebesgenuss fähige Frau geworden. Das *dodim* »Liebesgenuss« überrascht in diesem Kontext. Es hat seinen Platz dort, wo von erotischer zwischenmenschlicher Liebe die Rede ist (Spr 7,18; Hld 1,2 u. o.; vgl. auch Ez 23,17). Im Rahmen der prophetischen Liebes- und Ehemetaphorik kommt der Begriff einzig hier vor. Diese beschränkt sich sonst auf die Aspekte der Loyalität. Erotische Begriffe werden von JHWH anderweitig fern gehalten. JHWH bedeckt die nackte, liebesfähige junge Frau mit dem Gewandzipfel, eine symbolische Geste der Verheiratung, um die Rut Boas bei ihrem nächtlichen Besuch auf dem Felde bittet (Rut 3,9; vgl. dazu Dtn 23,1; 27,20). Es ist das Gegenstück zur Entblößung der Ehebrecherin bei der Scheidung (Hos 2,5.12; ZAW 52, 1934, 102–109, Kuhl; ZAW 54, 1936, 277–280, Gordon; FuF 18, 1942, 246–248, Koschaker). Von einem Schwur, mit dem JHWH diese Ehe besiegelt, hören wir bei Ehen sonst nichts (in Gen 31,50 geht es um bestimmte Bedingungen). JHWH schwört zwar öfter, etwa den Vätern bzw. Israel das Land zu geben (BBB 56, 1981, 228–371, Giesen). Von einem Erwählungs- und Eheeid in Bezug auf Israel oder Jerusalem ist einzig hier, in Ez 16,8, und evtl. in Ez 20,5 die Rede (vgl. ebd. 332–334). Der parallel genannte Vorgang, in eine Bundesverpflichtung (*bᵉrit*) mit der jungen Frau einzutreten, findet sich im Hinblick auf die zwischenmenschliche Ebene selten. In Spr 2,17 wird die Ehe aber als »Gottesbund«, d.h. als ein Bund superlativischer Art bezeichnet (vgl. auch Mal 2,14; § 1492). Die Vorstellung von der Ehe als Bund scheint in Palästina bis in die Anfänge Jerusalems um 1700a zurückzureichen. Auf mbz Skarabäen sind gelegentlich statt zweier Männer, die einander die Hand reichen (vgl. **30**; vgl. auch **405**), solche zu sehen, die gemeinsam eine Blüte oder einen Baum anfassen, ein Gestus, der als Bundesschluss interpretiert werden kann (OBO.A 10, 1995, § 606, Keel). Gelegentlich flankieren statt zwei Männer ein Mann und eine Frau eine Pflanze (**485–486**). In Analogie zu den beiden Männern am Baum wäre auch diese Komposition als Darstellung eines Bundes anzusehen.

Auf theologischer Ebene bzw. der des Bedeutungsempfangs kennen wir einen »Bund« zw. JHWH und Israel, der schon am Sinai geschlossen worden sein soll, jedenfalls aber zur Zeit Joschijas zu einem zentralen Theologumenon des Verhältnisses zw. JHWH und Israel geworden ist (§ 681–684.707–714). Das Verständnis dieses »Bundes« als Ehebund und seine Übertragung von Israel auf Jerusalem ist neu bei und typisch für Ezechiel (vgl. dazu weiter VT.S 87, 2001, 32–57, Wong).

Ob die Bildrede einfach die Prärogativen Israels auf Jerusalem überträgt oder darüber hinaus einen bestimmten Moment der Geschichte der Stadt im Auge hat, ist nicht klar. Die ganzen Veranstaltungen laufen, wie das letzte Element von V. 8 deutlich sagt, darauf hinaus, dass Jerusalem JHWH gehört.

485–486 Das gemeinsame Anfassen einer Blüte oder eines Baumes scheint als Symbolhandlung einen Bundesschluss darzustellen, bei den beiden vorliegenden Skarabäen einen solchen zw. Mann und Frau (ca. 1700–1600a)

Ez 16,9–14 schildern eindringlich, wie Jerusalem als Folge der Auserwählung und Verehelichung mit JHWH an Status gewann. JHWH wusch der zur Gattin erworbenen Frau mit Wasser das Blut weg und salbte sie mit Öl. Das kann man sich eher im Hinblick auf das ausgesetzte Kind von V. 6 als auf eine erwachsene Frau vorstellen. Diese waschen und salben sich selbst (Ez 23,40; Rut 3,3; Jdt 10,3), bestenfalls lassen sie sich dabei von Frauen helfen (Dan 13,17). Dass JHWH das macht, entspricht dem ezechielischen Surrealismus, der etwas ganz Unrealistisches mit nahezu photographischer Genauigkeit schildert. Sichtbar werden soll die ungewöhnliche Liebe JHWHs zu Jerusalem. Die Gewänder, mit denen er sie bekleidete, waren aus den edelsten Materialien, die die hebr. Bibel kennt. Sie waren einer Königin würdig (vgl. Ps 45,15). *mæši*, traditionell mit »Seide« wiedergegeben, kommt nur in Ez 16,10.13 vor. Dann schmückte JHWH sie mit jedem erdenklichen Schmuck, Armreifen, Halsketten, Nasen- und Ohrringen und setzte ihr eine prachtvolle Krone aufs Haupt. Schmuck ist – bes. im AO – immer auch Status. Die Gaben JHWHs an die Frau Jerusalem sind in Ez 16 hauptsächlich Kulturprodukte. Sie stehen in Kontrast zu den Gaben, die JHWH nach Hos 2,4–17 dem Lande Israel als seiner Frau schenkte. Das waren Naturprodukte: Getreide, Wasser, Reben und Feigenbäume, Traubensaft, Wolle und Flachs (vgl. noch Jer 3,3, wo der Regen die Gabe JHWHs ist). Es ging um Subsistenz.

§ 955 Im Rahmen der städtischen Kultur, die Ez 16 vor Augen hat, geht es um Schönheit und Status, nicht bloß um Subsistenz: »Du wurdest sehr, sehr schön und brachtest es zum Königtum« (V. 13b; die letzte Aussage fehlt in LXX). »Schönheit« ist in der hebr. Bibel vor allem eine Eigenschaft von Frauen, seltener von Männern. Es liegt nahe, das als Frau personifizierte Jerusalem als schön zu bezeichnen. Das ist aber gar nicht oft der Fall. Zum ersten Mal ist von der Schönheit Jerusalems in Jer 4,30 die Rede, wo Jerusalem sich selbst schön macht (§ 816.895). In Ez 16 ist Jerusalems von Gott geschenkte Schönheit ein zentraler Begriff (BN 46, 1989, 13–16, Gosse). Von der perfekten Schönheit des Zion ist in Ps 48,3 und 50,2 die Rede. Die beiden Psalmen werden in Klgl 2,15 zitiert, wenn es dort heißt: »Ist das die Stadt, die man nannte: Vollkommene Schönheit, Freude der ganzen Welt?«

Der Ruf der perfekten, von JHWH geschenkten Schönheit der Frau Jerusalem ging nach Ez 16,14 in die ganze Völkerwelt hinaus. Der V. erinnert an Ez 5,5: »Dies ist Jerusalem, in die Mitte der Völker habe ich sie (die Stadt) gestellt«. Ihren Aufstieg verdankt sie ausschließlich JHWH.

Die Illoyalität Jerusalems

§ 956   In Ez 16,15–34 wird in überscharfem Kontrast zum Schöpfungs- und Erwählungshandeln JHWHs die Illoyalität Jerusalems geschildert, die zum Untergang führen muss. Als Wurzel der Illoyalität wird in Ez 16,15 sehr knapp aber in zentraler prophetischer Tradition ein falsches Vertrauen (*baṭaḥ*) bzw. Vertrauen auf eine falsche Größe genannt (vgl. § 451f.512–525.832–840), in diesem Fall auf die eigene Schönheit (*jofj*) und ihren Ruf (*šem*). Das Vertrauen auf eine falsche Größe, die nicht JHWH ist, hatte die Beliebigkeit der Beziehungen zur Folge, die »Hurerei« (*zanah, taznut*). Der Abschnitt 16,15–34 ist viel weniger kohärent als die beiden vorausgehenden. Das hängt u.a. mit der Vieldeutigkeit des Begriffs *zanah* »sich prostituieren, huren« zusammen, wie ihn die prophetische Metaphorik verwendet. Das Verb *zanah* bezeichnet zuerst einmal »Angebot und Ausübung sexueller Handlungen gegen materielle (meist finanzielle) Vorteilnahme, wobei die Bindung zw. den Beteiligten in der Regel zeitlich auf die vereinbarte Handlung befristet ist. Die anbietende Person wird Prostituiere/r genannt« (OBO 221, 2006, 57, Stark; vgl. Jos 2,1; Gen 38,15; vgl. auch RLA XI/1–2, 12–21, Cooper). *Zanah* bezeichnet aber auch »huren«, d.h. »nicht-eheliche sexuelle Beziehungen mit geringem gesellschaftlichem Ansehen bzw. unter gesellschaftlicher Ächtung. Die beteiligten Personen können Hure bzw. Hurer genannt werden. Überdies wird der Begriff Hurerei diffamierend verwendet und kann in metaphorischer Übertragung allgemein untreues Verhalten bezeichnen« (OBO 221, 2006, 60, Stark). Im ersteren Sinne bezeichnet *zanah* unerlaubten Sexualverkehr einer verlobten (Dtn 22,23f) oder verheirateten Frau (Num 5,13), eines abhängigen Mädchens (Dtn 22,21) oder einer Witwe ohne Kinder (Gen 38,24). Subjekt solcher Aussagen sind immer Frauen.

Metaphorisch wird *zanah* für Illoyalität und Untreue in einem ganz anderen Bereich verwendet, nämlich in dem des Kultus »hinter fremden Göttern herhuren« (Dtn 31,16; vgl. Ex 34,15f; Lev 20,5) und der Politik. Subjekte der Metapher auf dieser zweiten Ebene sind immer Männer. Das hängt im religiösen Bereich wohl damit zusammen, dass die öffentliche Ausübung von Religion und die Adressaten der Propheten primär Männer waren. Im politischen (aber auch im religiösen) Bereich hat es damit zu tun, dass der Vorwurf vor dem Hintergrund der neoassyr. Vasallitätsverpflichtungen (§ 614) zu sehen ist, die verlangen, dass der männliche Vasall keinen anderen Herrn als den assyr. Großkönig »lieben« und sich keinem anderen, bes. nicht dem König von Ägypten, zuwenden darf. Im Rahmen der Übertragung dieses Schemas der Vasallitätsverpflichtung auf JHWH kann mit »huren« wie auf der polit. Ebene einerseits das Vertrauen auf politische Größen wie Ägypten oder auf der religiösen Ebene das Vertrauen auf andere Gottheiten gemeint sein, wobei im Rahmen dieser Fremdkulte, etwa des Baalkults, sexuell-erotisch bestimmte Riten eine Rolle spielen konnten (**58–61.385–386.414–422**).

487–488   Amulettfigur des Nefertem
aus Silber und eine des ithyphallischen
Amun-Min aus Bronze und Gold
(664–525a); solche Figuren wurden
von Ezechiel als »Mistdinger Ägyptens«
denunziert (Ez 16,26; 20,7f)

§ 957   In Ez 16,16–26.28–34 werden alle diese verschiedenen Formen von »Hurerei« thematisiert. Dabei gibt es Vermischungen der verschiedenen Ebenen. Es ist
durchaus nicht immer klar, auf welcher Ebene gerade geredet wird. Das mit kostbaren Textilien ausgestattete Liebeslager in V. 16 erinnert schlicht an das Bett der
Ehebrecherin in Spr 7,16. Wenn Jerusalem in V. 17 vorgeworfen wird, aus dem Gold-
und Silberschmuck, den JHWH ihr geschenkt hatte, »männliche Bilder« gemacht zu
haben, ist wohl an Gold- und Silberamulette, wahrscheinlich in Gestalt ägypt. Gottheiten gedacht, wie sie aus der 26. Dyn. auf uns gekommen sind (**487–488**; vgl.
Ex 32,2–4). Neben der religiösen kann da durchaus an politische »Hurerei« gedacht
sein. V. 20f erinnert an die Riten im Tofet (§ 586–613), wobei sie in polemischer
Verzerrung als das Schlachten von Kindern präsentiert werden (§ 586–612). V. 25f
evoziert Prostitution, wobei der »Sockel« (*gab*; vgl. auch V. 31), auf dem Jerusalem
seine Beine spreizte, an assyr. Praktiken erinnert (vgl. **386**). Die in V. 26 angemahnte
Hurerei mit den Ägyptern lässt primär an politische Machenschaften denken, wie sie
Jerusalem in Ez 17,15 vorgeworfen werden. Aber bei der Charakterisierung der Ägyp-
ter als »Nachbarn mit dem großen Glied« (vgl. Ez 23,20) hat man wohl an ägypt.
Potenzamulette zu denken (**489–491**). Das Fragment eines solchen aus dem 7./6. Jh.a

489–491   Wenn Ezechiel die Ägypter als »Nachbarn mit großem Glied« charakterisiert (16,26; 23,20), denkt er wohl an typisch ägypt. Potenzamulette, die Männer mit grotesk großem Phallus darstellen; das Fragment eines solchen (490) wurde in Geser gefunden (7./6. Jh.a)

ist in Geser gefunden worden (**490**; vgl. weiter OBO 138, 1994, 90f, Herrmann; O. Keel/ Ch. Uehlinger, Altorientalische Miniaturkunst, Freiburg/Schweiz ²1996, 104. Abb. 136). Bei den Assyrern und Babyloniern in V. 28f ist eindeutig an politische Verbindungen gedacht. Der Vorwurf der V. 31b–34, Jerusalem nehme im Gegensatz zu einer Hure (vgl. Gen 38,16f) keinen Lohn und keine Geschenke an, sondern verteile solche an ihre Liebhaber, ist nur politisch zu verstehen. Schon Jesaja hat Hiskija vorgeworfen, sinnlos Geschenke und Tribut nach Ägypten zu schicken (§ 514).

Die Folgen der Illoyalität und die Problematik der Bildrede

§ 958   Vorausgreifend werden bereits in Ez 16,27, zusammenhängend dann aber in 16,35–43 die Folgen der Illoyalität geschildert. Wie schon der vorhergehende Abschnitt ist auch dieser alles andere als kohärent und aus einem Guss. Die Wut der Liebhaber, die sich nun gegen Jerusalem richten soll (V. 37), hat im Kontext von Ez 16 wenig Sinn. Das Motiv ist wahrscheinlich aus Ez 23 übernommen und sekundär hier eingefügt worden. Ursprünglich war wohl nur davon die Rede, dass JHWH das illoyale Jerusalem in den Ausgangszustand zurückversetzen, d.h. nackt ausziehen und so ehr- und schutzlos machen, nach dem Recht für Ehebrecherinnen strafen und seiner Hurerei ein Ende bereiten wird (V. 35f.38.41*). Die in V. 39f angedrohte Wegnahme der Schmuckstücke, Entblößung und Steinigung sind Teil der traditionellen

Bestrafung von Ehebrecherinnen. In Ez 23,25 kommt noch das Abschneiden von Nase und Ohren dazu. In Ez 16 und 23 sind traditionelle Rechtsvorschriften zur Bestrafung von Ehebrecherinnen (16,38) verschiedenster Herkunft zu einer Orgie der Gewalt kombiniert. Sie bleiben im Rahmen der Bildrede. Die Drohung mit dem Schwert und dem Verbrennen der Häuser (V. 40f) ist Teil der Ausdeutung der Bildrede auf die Zerstörung Jerusalems hin.

Die Problematik der Bildrede liegt darin, dass die ganzen Vergehen der Hurerei, des Ehebruchs und des Götzendiensts, ja selbst der wechselnden politischen Bündnisse in der Bildrede einer weiblichen Figur zugewiesen werden. Die gerechtfertigte Gewalttätigkeit, mit der JHWH gegen die so strafbar gewordene Frau vorgeht, ist hingegen männlich konnotiert. Natürlich kann man die Bildrede richtig verstehen. Die gender-Rollen, die sie etabliert und die im Lichte einer patriarchalischen, für Frauen ungünstigen Gesetzgebung beurteilt werden, suggerieren aber, dass Unzucht, Ehebruch, Götzendienst typisch weibliche Vergehen sind, auf die die Männer mit Recht gewalttätig reagieren. Problematisch ist auch, dass JHWH gleichzeitig die Rolle des (Adoptiv-) Vaters, des Gatten und des Richters spielt, eine Rollenkumulation, die für patriarchale Gesellschaften typisch ist und dem Inhaber der Rollen einen fast unbegrenzten Zugriff auf ihm unterstellte Frauen gibt (vgl. Gen 38). Der Hinweis, es handle sich bloß um Bildrede, die politische Geschehnisse kommentiere und interpretiere, übersieht die Wechselwirkungen zw. begründend-wertender mythischer Rede und alltäglicher Wirklichkeit (vgl. dazu van Dijk, in: F. van Dijk/A. Brenner, On Gendering Texts. Female and Male Voices in the Bible, Leiden 1993, 167–176; JSOT.S. 262, 1998, 57–78, Dempsey; SBS 185, 2000, 142–174, Baumann). Schon mancher Vater hat die Übergriffe auf seine Töchter damit gerechtfertigt, dass er so viel für die Undankbare getan habe (vgl. weiter § 962).

Jerusalem und Samaria als Schwestern in Ezechiel 23

Eine schlimmer als die andere

§ 959   Ez 23 stellt ähnlich wie Ez 16,1–43 Jerusalem als Frau ins Zentrum. Von dieser grundlegenden Gemeinsamkeit abgesehen unterscheiden sich die beiden Kapitel aber sehr stark. Während Ez 16 die Geschichte der Frau Jerusalem bis zu ihren Ursprüngen zurückverfolgt, begnügt sich Ez 23 damit, bis auf die Zeit in Ägypten zurückzublicken (V. 2.4) und nimmt damit stärker Israel als Jerusalem in den Blick. In Ez 23 stehen die Beziehungen Israels und Judas zu anderen Völkern und nicht die zu anderen Gottheiten im Vordergrund. Das Kapitel ist stärker politisch und weniger religiös-theologisch als Ez 16. Ganz anders ist die Konstellation auch darin, dass JHWH nicht nur eine, sondern zwei Frauen hat, und zwar sind die beiden Frauen nach der deutenden Glosse V. 4b Samaria und Jerusalem (zu ihren Namen Ohola und Oholiba vgl. § 79). Dabei wird Samaria überraschend als »die ältere« bezeichnet; so übersetzen wenigstens die neueren deutschen Kommentare *hag^edolah*, wörtlich »die Große«. Sie kommentieren diese Übersetzung aber nicht (BK XIII/1, 528.541f, Zimmerli; NEB VII 121f, Fuhs; ATD XXII/2, 336.346, Pohlmann). M. Greenberg meint, dass *hag^edolah* wohl »die größere« meine, da Samaria nicht älter sei als Jerusalem, Israel hingegen wesentlich größer war als Juda (AB 22, 288f). Wahrscheinlich sind in Ez 23 ursprünglich tatsächlich die Staaten Israel und Juda mit ihrer Außenpolitik und

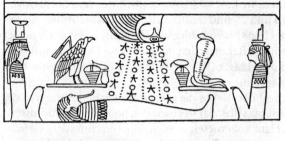

492–493 Osiris wird von
Isis und Nephthys flankiert
zu neuem Leben erweckt
(1070–945a)

weniger die Städte Samaria und Jerusalem anvisiert, und in diesem Falle war Israel
nicht nur größer, sondern auch älter (vgl. allerdings die Bezeichnung von Sodom
in Ez 16,46 als *haqᵉṭannah* »die jüngere« oder besser »die kleinere«, da es nach Gen 19
ja lange vor Jerusalem und Samaria zerstört worden ist). Israel ist nicht nur älter als
Juda, sondern repräsentiert bei Ez in der Regel das Ganze, d.h. Israel inklusive Juda
(vgl. § 906). Der Aufenthalt in Ägypten, mit dem bereits in V. 3 die Geschichte einsetzt, ist der Aufenthalt *Israels* in Ägypten (vgl. Hos 2,17; 11,1; Jer 2,6). Die »zwei
Frauen, Töchter der gleichen Mutter« sind notwendig, weil das Hauptinteresse der
Bildrede der Außenpolitik der beiden Staaten Israel und Juda gilt.

Mythische Vorbilder in Gestalt von Gottheiten mit zwei Frauen scheinen keine Rolle gespielt zu
haben, zumal Gottheiten mit zwei Frauen nicht gut belegt sind. Ob man sich bei der Zeugung von
Schachar und Schalim zwei Frauen vorzustellen hat oder zwei Aspekte Aschirats (»Aschirat und ihre
Magd«) gemeint sind, ist nicht ganz klar (vgl. die in § 126 genannte Literatur). Osiris wird zwar häufig zw. Isis und Nephthys dargestellt, aber nur Isis ist seine Frau. Nephthys unterstützt ihre Schwester, etwa bei der Totenklage um Osiris (**492–493**; → II 599). Evtl. sind Anat und Astarte als Gattinnen
oder wenigstens Geliebte Baals zu verstehen. Ob Anatbetel und Aschambetel in den Papyri von Ele-
phantine als Gattinnen JHWHs aufzufassen sind (NEB VII 121, Fuhs), ist zweifelhaft (vgl. DDD² 41,
Day und 105f, Cogan).

§ 960 Die Geschichte der beiden Schwestern beginnt, wie gesagt, in Ägypten. »Sie
trieben Unzucht in Ägypten … Dort wurden ihre Brüste betastet, dort drückte man
ihre jungfräulichen Brüste« (V. 3). F. van Dijk-Hemmes sieht darin eine Metapher für
die Ausbeutung und Unterdrückung Israels in Ägypten, wie sie in Ex 1–5 beschrieben
werden. Sie kritisiert bei diesem Verständnis mit Recht, dass da – einmal mehr –
Opfer sexueller Belästigung zu Täterinnen gemacht würden (VT 43, 1993, 162–170).

494   Assyr. Reiter auf einem Relief
aus Chorsabad (721/720–705a)

Ezechiel denkt aber kaum an die bekannte Darstellung des Aufenthalts in Ägypten, sondern an die dortige Partizipation an der Politik, wie sie in der Josefsgeschichte zum Ausdruck kommt, oder an die Götzen und Gräueltaten Ägyptens, von denen er in Ez 20,7–9 redet und von denen die hebr. Bibel sonst nichts weiß. Diese frühen Bindungen an Ägypten habe Israel-Samaria nie aufgegeben (V. 8). Nach der Evokation der Frühzeit in Ägypten springt der Text in V. 5 gleich zu den Kontakten mit den Assyrern im 8. Jh.a über.

Die Bildrede der V. 5–10 skizziert das Schicksal des Nordreiches. Dabei knüpft die Rede vorerst weniger an konkrete hist. Vorkommnisse als an die Vorwürfe an, die sich schon bei Hosea finden: »Als Efraïm (Israel) seine Krankheit sah … da ging Efraïm nach Assur« (5,13). »Israel ist nach Assur gelaufen … Efraïm machte Liebesgeschenke« (8,9; vgl. 11,5; 14,3). In den V. 5–7 werden die politischen Beziehungen mit Assur als Liebschaften geschildert, die Samaria mit dessen prächtig gekleideten Beamten und dessen männlichen Kriegern hoch zu Ross gepflogen hat. Einmal mehr (vgl. § 459–461) erscheinen die Assyrer in einem bibl. Text wie in ihrer eigenen schriftlichen und ikonographischen Propaganda (**494**). Parallel zum politischen Techtelmechtel ging nach V. 7b ein religiöses mit assyr. Gottheiten. Bei allen Beziehungen zu Assur versuchte man dann aber nach V. 8 wieder die ägypt. Karte zu spielen (§ 474.519). Das führte dazu, dass Assur Samaria einnahm und zerstörte. V. 9f schildert das Schicksal Samarias als das einer Ehebrecherin (zur Problematik vgl. § 958).

§ 961   In Analogie zum Vorgehen und den Vergehen Samarias werden in den V. 11–30 diejenigen Jerusalems dargestellt. Die Schilderung der Assyrer in V. 12 folgt der von V. 5f. Dem hist. Ablauf der Geschehnisse entsprechend folgen bei Jerusalem auf die Assyrer noch die Babylonier (V. 14–17). V. 15 weiß, dass die aktuelle babylon. Dynastie aus Chaldäa im SW von Babylon stammt. Die Besonderheit der »Hurerei« mit Babylon besteht darin, dass Jerusalem sich zuerst nicht in wirkliche Babylonier, sondern in deren Bilder verliebt, ehe es sich live mit ihnen einlässt. A. Parrot macht da-

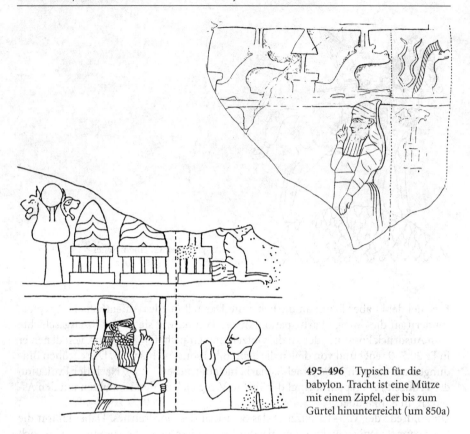

495–496   Typisch für die babylon. Tracht ist eine Mütze mit einem Zipfel, der bis zum Gürtel hinunterreicht (um 850a)

rauf aufmerksam, dass auf dem Till Barsip in Syrien Wandbilder gefunden worden sind, deren Umrisse in roter Farbe vorgezeichnet waren (CAB 8, 1956, 113. Anm. 3; A. Parrot, Assur, München 1961, 263). Das sind Bilder aus assyr. Zeit. Babylon. Wandmalereien sind bis heute nicht bekannt. Vielleicht haben die Babylonier die gleiche Technik angewandt. Wer und zu welchem Zweck man solche Bilder in Jerusalem angefertigt haben soll, ist unklar. Vermutlich ist der Wille des Autors, die Vergehen Jerusalems gegenüber denen Samarias zu steigern der Grund, solche Bilder zu postulieren. Jerusalem hat sich nicht erst durch wirkliche, sondern schon durch virtuelle Krieger verführen lassen und die wirklichen Babylonier aktiv herbeigerufen. Das Getue um die Bilder an der Wand ist an und für sich schon ein Gräuel (vgl. Ez 8,10–13). Die rote Farbe (*šašar*), vielleicht Mennig, evoziert Luxus (vgl. Jer 22,14). Sie ist wohl weniger von einer bestimmten Technik als von der symbolischen Bedeutung von Rot her zu verstehen, die Männlichkeit, Intensität und Aggressivität zum Ausdruck bringt (OBO 74, 1987, 180–184, Schroer; vgl. Hld 5,10 »mein Geliebter ist strahlend rot«; dazu ZBK.AT 18, 186, Keel). Die in V. 15 geschilderte Tracht der Babylonier besteht aus einem Gürtel und einer Kopfbedeckung, die mit einem Hapaxlegomenon beschrieben wird (*s^eruḥe ṭ^ebulim*) und wahrscheinlich die von babylon. Darstellungen her bekannte Zipfelmütze mit lang herabhängendem Band oder Zipfel meint (**495–496**), wie sie noch auf pers. Darstellungen zu sehen ist (zu babylon. und pers. Belegen s. OBO 74, 1987, 186, Anm. 113f, Schroer). Was das aktive Bemühen um die Babylonier auf der polit. Ebene genau meint, ist schwer zu sagen.

§ 962   Jerusalem wendet sich zuletzt, wie schon Samaria, wieder seinen ägypt. Liebhabern zu. Wie in Ez 16,26 (vgl. **489–491**) werden die Ägypter auch hier durch ihr großes Glied charakterisiert. Dieser Abfall von Babylon und die Hinwendung zu Ägypten sind nach Ez 17 (§ 922) und nach Ez 23 – hist. zutreffend – der Grund für die Zerstörung Jerusalems durch die Babylonier (vgl. § 792). Wie in Ez 17 verzichtet Ezechiel bei aller realpolitischen Einsicht in die Zusammenhänge auch bei dieser Darstellung nicht auf eine theologische Deutung. JHWH hat sich von der »Unzucht« Jerusalems abgestoßen von ihm abgewandt (V. 18). JHWH ist es, der die enttäuschten Liebhaber, die Babylonier, auf Jerusalem hetzt (V. 22). Es ist die Eifersucht JHWHs, die Jerusalem zu spüren bekommen wird (V. 25).
In Ez 23,22–49 finden sich manche Wiederholungen. In immer neuen Anläufen werden die Misshandlungen und brutalen Strafen, die der »Ehebrecherin« zuteil werden, gerechtfertigt und geschildert.
Wie sehr die feministischen Bedenken gegenüber diesen Bildreden (vgl. § 816.958) berechtigt sind, zeigt Ez 23,48. Da wird das grauenhaft ausgemalte Schicksal des »ehebrecherischen«, »götzendienerischen« Jerusalem als Warnung an alle Frauen verstanden, ebenso schamlos zu handeln. Hier sind keine metaphorischen Frauen gemeint, sondern ganz reale alltägliche Frauen, denen unterstellt wird, im Gegensatz zu den Männern, besonders leicht von ehebrecherischen und götzendienerischen Lüsten heimgesucht zu werden, was dann das brutale Eingreifen der Männer rechtfertigt. Diese Unterstellung hat im jüdisch-christlich-islamischen Raum immer wieder grauenhafte Konsequenzen gehabt, wie z.B. Hexenverfolgungen und Klitorisbeschneidung.

Sodom als dritte Schwester Jerusalems und Samarias

§ 963   Das Motiv von den zwei »ehebrecherischen« Schwestern benützt nebst Ez 23 auch Jer 3,6–13, ein dtr. geprägter Text aus der Exilszeit, der ergänzend die Rede an das treulose Israel in Jer 3,1–5 aufnimmt (WMANT 41, 1973, 83–91, Thiel; vgl. § 809.816).
In einer auf den ersten Blick überraschenden Weise erweiterten Form findet sich das Motiv der zwei Schwestern in Ez 16,44–52 bzw. 58. In V. 44f wird noch einmal die Abstammungsthese von 16,3 aufgenommen und auf den Punkt gebracht (vgl. § 951f), um dann das Geflecht der Verwandtschaftsbeziehungen zu erweitern. Wurde in Ez 23 Jerusalem *eine* Schwester an die Seite gestellt, so sind es jetzt *zwei*: »Deine größere Schwester ist Samaria mit ihren Töchtern, die links (n) von dir wohnt, deine kleinere Schwester ist Sodom mit ihren Töchtern, die rechts (s) von dir wohnt« (Ez 16,46). Während Samaria als Schwester sich in Ez 23 und Jer 3,6–13 findet, ist →II Sodom in dieser Rolle neu und ohne Parallele. Allerdings ist Jerusalem schon in Jes 1,9f und 3,9 mit Sodom verglichen, ja diesem gleich gestellt worden. Die Sonnengottheit, die in der Erzählung, die Gen 19 zugrunde liegt, das Gericht über Sodom herbeiführte, dürfte die Sonnengottheit des vordavidischen Jerusalem gewesen sein (vgl. § 338).

Die Schuld Sodoms wird in V. 49f anders als in Gen 19 darin gesehen, dass Hochmut (*ga'on*), Überfluss an Nahrung und Sorglosigkeit sie gegenüber den Armen und Bedürftigen gefühl- und herzlos machten. Jerusalem habe es aber noch schlimmer getrieben als Sodom und Samaria. K.-F. Pohlmann erwägt, ob diese Aussagen eine Situation rechtfertigen sollen, in der die pers. Verwaltungseinheit Samaria stärker war als Jehud und auch als Edom, das durch Sodom repräsentiert sein soll (ATD XXII/1, 232–234). Aber Sodom repräsentiert sonst nirgends Edom. Es geht wohl nur darum, wie Pohlmann am Schluss selbst vermutet, »die Jerusalemer Situation der Unterlegenheit und Demütigung als von Jahwe verordnet zu erklären« (ebd. 234). Oder noch genauer, wir haben es hier mit einer Variante des ezechielischen Themas von der *corruptio optimi pessima*, von der »Verderbnis des besten, die die schlimmste ist« zu tun. »So spricht der Herr: Das ist Jerusalem. Ich habe es mitten unter die Völker und die Länder ringsum gesetzt. Aber es war böse und widersetzte sich meinen Rechtsvorschriften mehr als die Völker und meinen Gesetzen mehr als die Länder ringsum« (Ez 5,5f; vgl. 3,5–7). Die Erhöhung Jerusalems war nach Ez 16,8–14 absolut einzigartig. Entsprechend tief ist der Fall.

Von einer unglaublichen Wende, die zur Begnadigung Samarias, sogar Sodoms und selbst Jerusalems führt, dem Samaria und Sodom (sic!) zu Töchtern werden sollen, redet dann der Abschnitt Ez 16,53–63. Dieser Abschnitt stammt wahrscheinlich von einer anderen Hand und aus einer deutlich späteren Zeit, wie W. Zimmerli mit Recht vermutet (BK XIII/1, 368), auch wenn er diese Vermutung für 16,53–58 leider wieder verwirft. Eine Wiederherstellung Jerusalems und vor allem des Tempels konzipieren zusätzlich die Kap. 40–48 des Ezechielbuches (vgl. § 1197–1209).

»Jerusalem als Frau« hat bei Ezechiel das hoseanische »Israel als Frau« definitiv abgelöst. Jerusalem hat dabei die ganze Geschichte Israels samt dem Aufenthalt in Ägypten übernommen. Es ist eine Geschichte erhabenster Erwählung und Berufung und eines abgrundtiefen Falls. Die in vielen Details als weiblich geschilderte Schlechtigkeit Jerusalems, auf die ihr Eheherr bzw. ihre enttäuschten Liebhaber mit brutaler Gewalt antworten, hat ein in seinen Konsequenzen äußerst problematisches Modell des Verhältnisses zw. Mann und Frau formuliert und tradiert.

9.5 DIE BEDEUTUNG JEREMIAS UND EZECHIELS

JEREMIA UND EZECHIEL, ZWEI ZEUGEN DES MONOTHEISMUS

§ 964   Es ist ein beeindruckendes Phänomen, dass gleichzeitig wie Jeremia 1000 km ö von Jerusalem ein anderer Prophet in einer völlig anderen Sprache und mit völlig anderen Metaphern ähnliche politische und theologische Positionen vertreten hat: Ezechiel.

Beide stehen in einer dramatischen Auseinandersetzung mit ihren Zeitgenossen (§ 893). Beide polemisieren gegen die Propheten, »die über Jerusalem prophezeien und der Stadt mit ihren Visionen Heil versprechen, obwohl es kein Heil gibt« (Ez 13,16; § 823–826; 862–865). Wie Jeremia wirft ihnen Ezechiel vor, sie würden nur aus ihren eigenen Überlegungen (»aus ihrem eigenen Herzen«) heraus prophetisch reden (Jer 23,16; Ez 13,2). JHWH habe sie nicht gesandt (Jer 28,9.15; 29,9; Ez 13,6).

Sie führten das Volk mit ihrer Heilsverkündigung in die Irre (Jer 4,10; 6,14; 8,11; 14,13; Ez 13,10). Über Jeremia hinaus wirft Ezechiel ihnen in zwei Metaphern vor (die B. Brecht in seinem Gedicht »Das Lied vom Anstreicher Hitler« von 1933 wieder verwendet), keine Mauer errichtet zu haben, die am Tag JHWHs standhalten könne (Ez 13,5) bzw. eine schadhafte und brüchige Mauer nur übertüncht statt ernsthaft repariert zu haben (Ez 13,10–14). Beide Metaphern finden sich nocheinmal in Ezechiels Gedicht, in dem er die Fürsten (Könige), Priester und Beamten Judas schwerster sozialer Verbrechen anklagt: »Seine Propheten aber übertünchen ihnen alles« (Ez 22,28). Keiner ist unter den Bürgern des Landes »der eine Mauer baut oder für das Land in die Bresche springt und mir entgegentritt, damit ich es nicht vernichten muss« (Ez 22,30). Ezechiel scheint nichts von Jeremia zu wissen (§ 875), der Fürbitte geleistet hat (Jer 18,20b), wenn JHWH seine Fürbitte auch nicht angenommen hat (Jer 7,16; 11,14; 14,11 und 15,1 »Selbst wenn Mose und Samuel vor mich träten …«).

Jeremia und Ezechiel haben dazu aufgefordert, sich Babylon zu unterwerfen, weil das der Wille JHWHs und die einzige Möglichkeit sei, Jerusalem zu retten. Die Stadt habe nichts Besseres verdient. Angesichts des Defizits ethischer Leistungen könne die Stadt nicht auf Wunder hoffen. Ein Aufstand werde in einer Katastrophe enden (§ 850–861.886.894f.922f).

Für beide hat JHWH seine Stadt, die nicht hören will, verlassen und dem Feind zur Zerstörung freigegeben. Für beide war das Exil nicht nur eine Panne, die bald und folgenlos vorübergehen sollte. Obwohl sie die militärische, politische und kulturelle Überlegenheit anderer Völker und Kulturen wahrnahmen, war für beide JHWH der einzige Gott und andere Götter kamen gar nicht oder nur als Mistdinger in den Blick (vgl. § 936). Für beide war JHWH der Gott aller Menschen (Jer 32,7; Ez 21,4.9f), der Herr der Weltgeschichte, der sich von Jerusalem lösen und dennoch weiterhin, z.B. vom Himmel her, in die Geschicke der Schöpfung, der Menschheit, Israels und jedes einzelnen eingriff, und das nach Regeln, die artikulierbar waren. Dennoch besteht, wie gesagt, ein merkwürdiges Schweigen des einen im Hinblick auf den anderen (vgl. § 875).

JEREMIA UND EZECHIEL, DER BEITRAG JERUSALEMS ZUR »ACHSENZEIT«

§ 965   Karl Jaspers hat in seiner Geschichtsphilosophie darauf hingewiesen, dass die Christenheit, wie ihre Zeitrechnung zeige, die Mitte und Achse der Weltgeschichte in der Geburt Jesu Christi sah und sieht. Das gelte aber nur für die Christen und sei nur für diese plausibel. Für die Menschheit im weiteren Sinne und für eine interkulturelle Sicht liege die Achsenzeit ein paar Jahrhunderte früher. Jaspers weist darauf hin, dass im ionischen Kleinasien um 600a die Vorsokratiker aktiv waren (Thales ca. 650–560a; Anaximander ca. 610–550a; Heraklit ca. 550–480a), im Iran Zarathustra (um 600a), in Indien Buddha (ca. 560–480a oder wahrscheinlich etwas später) und in China Konfuzius (ca. 550–480a). In dieser »Achsenzeit« zw. ca. 600–500a oder etwas weiter gefasst 700 und 400a waren in Jerusalem bzw. Babylon Jeremia und Ezechiel bzw. ihre Schüler und Tradenten tätig.

Jaspers charakterisiert diese Zeit resp. ihre hervorragenden Gestalten mit Sätzen wie: »Das Neue dieses Zeitalters ist überall, dass der Mensch sich des Seins im Ganzen, seiner selbst und seiner Grenzen bewusst wird … Indem er mit Bewusstsein seine Grenzen erfasst, steckt er sich höchste Ziele ... Es begann der Kampf mit dem Mythos aus Rationalität und realer Erfahrung, der Kampf um die Transzendenz des einen Gottes gegen die Dämonen, der Kampf gegen die unwahren Götter aus ethischer Empörung ... Der Mensch vermochte es, sich der ganzen Welt innerlich gegenüber zu stellen« (Einführung in die Philosophie, Zürich 1950, 96f; zur neueren Diskussion vgl. Sh. N. Eisenstadt, Die Achsenzeit der Weltgeschichte, in: H. Joas/K. Wiegandt, Die kulturellen Werte Europas, Frankfurt 2005, 40–68 mit Lit.).

§ 966   Zw. den genannten Gestalten und Kulturen bestehen beträchtliche Unterschiede. Es gab z.B. in Ägypten mit Echnaton und den Folgen (vgl. dazu § 4) schon Ouvertüren und Vorspiele zur Achsenzeit lange vor dem 6. Jh.a Dennoch ist das Zusammentreffen so wichtiger Bewegungen in einem relativ begrenzten Zeitraum auffällig und frappierend. Wie Jaspers wohl richtig gesehen hat, hatten die den verschiedenen Kulturen zugehörigen Gestalten keine expliziten Kenntnisse voneinander. Diese Gestalten dürfen dennoch nicht zu individualistisch gesehen werden. Sie sind Gipfel innerhalb von Gebirgen, die am Entstehen waren. Bei solch weitreichenden Prozessen gibt es eine Art osmotischer Vorgänge selbst bei geographisch weit auseinander liegenden Räumen. So ist es eigenartig, dass die Erfindung und Einführung von Schriftsystemen und allem, was damit zusammenhängt, ungefähr gleichzeitig (etwas vor 3000a) im südlichen Iraq und im Niltal erfolgten. Ein verwandter Impuls scheint am Werk gewesen zu sein, wenn die konkreten Schriftsysteme aufgrund verschiedener natürlicher und kultureller Voraussetzungen dann auch äußerst verschieden ausfielen.

§ 967   Gehen wir davon aus, dass zw. 600 und 500a eine mentale Verwerfung durch Eurasien ging, die von Griechenland bis China Veränderungen in der geistigen Landschaft hervorrief, stellt sich die Frage, wie Jeremia und Ezechiel sich zu den von Jaspers skizzierten Charakteristika dieser Veränderung verhalten. Die Antwort auf diese Frage kann ein Blick auf die Vorgänger der beiden Propheten erleichtern. Als Erstes fällt ein Unterschied in der Überlieferung auf. Die Informationen, von deren hist. Präzision wir einmal absehen wollen, die wir über Jeremia und Ezechiel haben, sind viel umfangreicher als die über ihre Vorgänger wie z.B. Amos, Hosea, Micha. Selbst über Jesaja wissen wir im Vergleich zu Jeremia und Ezechiel sehr wenig. Das mag z.T. mit einem Alphabetisierungsschub zusammenhängen, über dessen Ursachen auch wieder reflektiert werden müsste. Jedenfalls können wir bei Jeremia und Ezechiel viel deutlicher als bei ihren Vorgängern, die nach der Auffassung von Jaspers ebenfalls zur »Achsenzeit« gehören, Konturen erkennen, denen entlang sie sich von ihrer Umwelt abgrenzten.

§ 968   Jeremia steht mit seiner Umwelt in einer tödlichen Auseinandersetzung, wie die »Konfessionen« und die hist. Kurzerzählungen übereinstimmend bezeugen. Was Jeremia ängstigte und was er bekämpfte, war die geistige Selbstbezogenheit und Selbstgenügsamkeit Jerusalems und dessen ignorante Abschottung gegenüber allem, was seine Selbstsicherheit in Frage stellte. Unablässig denunzierte der Prophet die grundlose Identifizierung einer engherzigen Eigenliebe mit den Anliegen Gottes als Trug (*šæqær*).

Bei Ezechiel konkretisiert sich die Abgrenzung dadurch, dass man ihn als Dichter abtat, ihn auf Ästhetik reduzierte, statt ihn als Propheten zu rezipieren (Ez 21,5; 33,30–33). Jeremia und Ezechiel vermochten es, sich der Mehrheit ihrer eigenen Volksgemeinschaft und deren Traditionen innerlich gegenüberzustellen. Gleichzeitig behaupteten sie auch der damals führenden Macht, nämlich Babylon gegenüber, eine eigene Position. Jeremia schränkte die Blüte Babylons auf eine lange, aber begrenzte Zeit ein (§ 856). Ezechiel übergoss die Faszination seiner Landsleute von der babylon. Kultur mit ätzendem Sarkasmus (Ez 23,14–16), und die Götter und Götzen der Ägypter und Babylonier verunglimpfte er in der Heftigkeit einer neu gewonnenen Selbständigkeit mit einem wahrscheinlich von ihm geprägten Begriff als »Mistdinger« (*gillulim*; vgl. § 936). Jeremia und Ezechiel wurden dem Jasper'schen Kriterium der Fähigkeit »sich der ganzen Welt gegenüber zu stellen« gerecht.

§ 969   Nun kann sich jemand auch aus der Fixierung auf eine Lebenslüge der ganzen Welt gegenüberstellen. Es braucht deshalb weitere Kriterien. Jaspers nennt u. a. den »Kampf mit dem Mythos aus Rationalität und realer Erfahrung«. Wir haben schon bei Jesaja gesehen, dass seine Ablehnung des Vertrauens auf Ägypten auf Erfahrung und einem rationalen Ernstnehmen der Realität gründete (§ 519–521). Jeremias und Ezechiels Forderungen, sich Babylon zu unterwerfen, gründeten auf ähnlichen Einsichten. Jeremia lehnte es im Gegensatz zu seinen Gegnern ab auf »Wunder« zu hoffen (21,2). Zudem entsprachen Jeremia und Ezechiel einem weiteren von Jaspers genannten Kriterium: dem »Kampf gegen die unwahren Götter aus ethischer Empörung«. Ein unwahrer Gott, Trug und Lug, war nach der Überzeugung Jeremias der Gott, der Jerusalem ohne Rücksicht auf die Erfüllung minimaler ethischer Forderungen schützen werde (§ 832–840). Ezechiel seinerseits gibt Zidkija und seinen Leuten zu bedenken: *pacta sunt servanda* »Verträge sind einzuhalten« (17,15; vgl. § 886.922f).

§ 970   Ein Nationalreligiöser hätte einwenden können, dieser Vertrag sei unter Zwang und mit einem »Heiden« geschlossen worden. Für Ezechiel galten diese Einwände anscheinend nicht. Bei aller Treue zu Jerusalem und seiner Erwählung reduzierten weder Ezechiel noch Jeremia JHWH darauf, der »Gott Jerusalems« zu sein (§ 444). Er war für sie der *eine* Gott, der die Geschichte aller Völker souverän steuert und alle Völker gleichermaßen zur Rechenschaft zieht. Jeremia kann die »Rechtsordnungen JHWHs« mit den »Naturgesetzen« vergleichen, denen die Zugvögel gehorchen (Jer 8,7). Jeremia und Ezechiel beziehen, was immer geschieht, auf JHWH, der damit alle partikulären Interessen transzendiert, ohne die relative Berechtigung partikularer Eigenheiten zu bestreiten. Schon Jesaja steht mit einer Art Universalismus dem nationalreligiösen Ahas bzw. Hiskija gegenüber (§ 454) wie Jeremia und Ezechiel dem von Nationalreligiösen stark beeinflussten Zidkija. Der Antagonismus ist nicht konservativ oder progressiv, sondern partikulär-autonom-konfrontationsorientiert einer- und universal-kooperativ andererseits (Semeia 21, 1981, 31–53, Long).

§ 971   Jeremia und Ezechiel sind im Sinne des »Sch{}^e{}ma Israel« (§ 745–755) mit jeder Faser ihres Leibes mit dem einen Gott JHWH verbunden und andere Gottheiten gibt es für sie nicht. Der Monotheismus Israels ist nicht primär eine Frage von Zahlen im Sinne von »Mono-« und »Poly-«, auf der Deuterojesaja dann fast peinlich insistiert. Wichtiger als sein Bekenntnis zur Einzigkeit des Einen, das ihm immer wieder – zu Unrecht – den Titel des ersten Monotheisten eingebracht hat und bringt, ist die Kohärenz und Konsequenz mit der alles vom Einen her und zum Einen hin bedacht und gelebt wird, wie das anscheinend schon bei Jesaja, ganz eindeutig aber bei Jeremia und Ezechiel der Fall ist. Die meisten Monotheisten versündigen sich schwer gegen den Monotheismus, insofern sie nicht die ganze Welt vom einen Schöpfer und Herrn her, der liebt, was er geschaffen hat, zu denken und zu verstehen versuchen, sondern ihre beschränkten Gefühle und partikulären Anliegen mit denen des Einzigen identifizieren. Zahlreiche Anhänger des Monotheismus, die lauthals die Einzigkeit des Einen bekennen, bringen ihn gleichzeitig aufs schlimmste in Verruf durch ihren Hass und ihre Feindschaft gegen andere Geschöpfe. In Wirklichkeit verkünden sie in einer schändlichen Perversion nicht Gott, sondern ihre eigene beschränkte Vorstellung von ihm als einzig.

§ 972   F.L. Hossfeld statuiert mit Recht: »Ezechiel vertritt indirekt einen reflexen Monotheismus. JHWH ist allein der Herr, die Götter sind nur Götzen und Scheusale. Alles geht vom Wort JHWHs aus (vgl. die Bedeutung der Wortereignisformel), und alles zukünftige Geschehen mündet in die Begegnung mit JHWH (vgl. die Rolle der Erkenntnisformel). JHWH ist der Schöpfer (vgl. 37,1ff) und Lenker einer universalen Geschichte (16.20.23). Der Sache nach spielen das 1. und 2. Gebot in den Gerichtsbegründungen eine tragende Rolle (6; 8; 14,1ff; 16; 20,5ff.32ff; 23)« (in: Zenger, Einleitung [5]2004, 505; vgl. 491). Ähnliche Positionen hat eine Übersicht über Worte und Symbolhandlungen Jeremias ergeben, wenn die Konzentration auf JHWH und die Verbindung fast jeder Faser seines Leibes mit Ihm bei diesem Propheten auch einen noch größeren Platz einnehmen und die Polemik gegen die Nicht-Götter einen geringeren als bei Ezechiel (§ 881–887).

§ 973   Die ao und bibl. Traditionen sind geprägt vom Prinzip der Wiederholung. Josef erklärt dem Pharao anlässlich seiner Träume von den sieben fetten und sieben mageren Kühen bzw. Ähren: »Der Traum des Pharao ist ein und derselbe. Gott sagt dem Pharao an, was er vorhat. … Dass aber der Pharao gleich zweimal träumte, bedeutet: Die Sache steht bei Gott fest, und Gott wird sie bald ausführen« (Gen 41,25.32). Auf menschlicher Ebene braucht es, wenn es um Leben und Tod geht, *zwei* Zeugen, damit eine Aussage rechtskräftig ist (Dtn 17,6; vgl. 1Kön 21,10). Jesus sendet seine Jünger zu *zweit* aus (Mk 6,7 Par). Aufgrund dieses Prinzips sind die prophetischen Überlieferungen des Jeremia- und Ezechielbuches in gewissen Aussagen vielleicht einander angeglichen worden (vgl. GTB 28, 1955, Miller; zum Einfluss des Ezechiel- auf das Jeremiabuch: BZ 35, 1991, 242–247, Mendecki; D. Vieweger, Die literarischen Beziehungen zw. den Büchern Jeremia und Ezechiel, Frankfurt 1993). Aufs Ganze gesehen sind die beiden Zeugen, was ihre Sprache, bes. ihre Metaphorik, z.T. aber auch ihre Theologie anbelangt, äußerst verschieden und gerade so auch als *zwei* Zeugen hist. glaubwürdig.

9.6 DIE THEOLOGIE DER BEFÜRWORTER DES AUFSTANDS GEGEN BABYLON

§ 974   Die gewichtigen Stimmen der Propheten Jeremia und Ezechiel warnten mit eindrücklichen Texten und Zeichenhandlungen vor den beiden Erhebungen, die 597 bzw. 587a für Juda fatal ausgingen. Dennoch hat sich ihre Position nicht durchgesetzt. Die Anhänger der Erhebung waren offensichtlich politisch einflussreicher. Sie hatten den bei einem besetzten Volk jederzeit vorhandenen Reflex das verhasste Joch abzuschütteln auf ihrer Seite. Sie unterschätzten nach temporären Rückschlägen Babels dessen Schlagkraft. Sie überschätzten die militärische Potenz Ägyptens. Sie hatten eine eigene, von der Jeremias und Ezechiels sehr verschiedene theologische Sicht der Dinge. Deren Erfahrungswurzel war die triumphalistisch interpretierte Tatsache, dass die Assyrer 701a abgezogen waren ohne Jerusalem erobert zu haben. Das wichtigste von dieser speziellen Erfahrung genährte Theologumenon war die Unüberwindlichkeit Jerusalems, die in der Erwählung durch den Gott Israels begründet war, der unter allen Gottheiten nicht Seinesgleichen hatte, ja, der der einzige wirkliche Gott überhaupt war. Diese Position der Befürworter des Aufstands kommt in einer ganzen Reihe atl. Texte zum Ausdruck. Zuerst sollen solche diskutiert werden, die eher allgemein die Auffassung von der Uneinnehmbarkeit des Zion feiern, dann solche, die gezielt zum Widerstand gegen eine scheinbar überlegene Macht auffordern.

ZIONSLIEDER

Ihre Bekanntheit

§ 975   Nach Ps 137,3 hat man die deportierten Judäer in Babylon aufgefordert, das eine und andere von den »Zionsliedern« zu singen. Der V. setzt voraus, dass solche Lieder in Babylonien bekannt waren. Schon um 700a scheint die jud. Musikkultur eine gewisse Berühmtheit erlangt zu haben. Drei jud. Leierspieler sind in einer für assyr. Reliefs einmaligen Szene im Südwestpalast Sanheribs in Ninive dargestellt (**497**). Der gleiche König nennt »Sänger und Sängerinnen« als Teil des Jerusalemer Tributs (§ 542). In Klgl 2,15 wird ungläubig gefragt: »Ist das die Stadt, von der man sagte: ›Vollkommene Schönheit, Freude der ganzen Welt‹«. Das erste Epithet ist ein Zitat aus Ps 50,2, das zweite eines aus Ps 48,3. Man darf annehmen, dass wir in Ps 48 ein Beispiel der in Ps 137 genannten vorexil. Zionslieder vor uns haben, die die unvergleichliche Vollkommenheit der Stadt besangen.

Wie jeder atl. Text ist auch dieser schon ins 5., 4. oder gar 2. Jh.a datiert worden (Belege bei Scharbert, in: FS Füglister 293–300). Eine Abwägung der Argumente hat aber immer wieder gezeigt, dass mindestens der Grundbestand von Ps 48 und vielleicht auch der der ihm eng verwandten Pss 46 und 76 nur zw. dem syr.-efraïmitischen Krieg von 734/733a (§ 424–430) und der Katastrophe von 587a mit einer gewissen Plausibilität formuliert werden konnte (so z.B. NEB XXIX 294f, Zenger; BZAW 345/I, 2004, 166–171, van Oorschot). Später hat man diese Texte nur deshalb weiter tradiert, weil sie als »Zionslieder« bereits eine gewisse Kanonizität erlangt hatten. Man musste sie dann spirituell oder eschatologisch umdeuten.

Nach der Katastrophe von 587a wirkten sie vorerst einmal, ob zuhause oder im fremden Land gesungen, leicht etwas lächerlich. Der Beter von Ps 137 ist sich dessen bewusst. Vor 587a aber stärkten Texte wie Ps 48 jenen Leuten den Rücken, die – entgegen den Warnungen Jeremias und Ezechiels – Babylon Widerstand leisten wollten.

497 Deportierte Judäer (vgl. 327–329) begleiten ihren Gesang auf der Leier. Die jud. Musikkultur musste schon um 700a einen gewissen Bekanntheitsgrad haben, denn es ist völlig außergewöhnlich, dass sich Deportierte musikalisch betätigen; Relief aus dem Palast Sanheribs in Ninive (705/704–681a)

Der Untergang der großen assyr. Reichsstädte Assur 614a, Kalach und Nimrud 612a beeindruckte die damalige Welt tief (vgl. § 628 Nahum). In Jerusalem erinnerte man sich daran, dass die Herren dieser Städte, die einmal unbesiegbar schienen, 701a Jerusalem *nicht* erobert hatten. Diese Erinnerung feiern Ps 48 und vielleicht auch Ps 46 und 76. Sie lieferten den Hintergrund für die rhetorische selbstgerechte Frage: »Ist nicht JHWH in unserer Mitte?« (Mi 3,11; vgl. Jer 14,9; vgl. BBB 90, 1993, 123, Schwienhorst-Schönberger). Sie trugen dazu bei, die Warnungen Jeremias und Ezechiels in den Wind zu schlagen und Jerusalem in die Katastrophe von 587a zu führen (vgl. weiter JSOT.S 41, 1987, Ollenburger; dazu ThLZ 113, 1988, 734–736, Otto; zu »Zion« in den Zionsliedern und den Pss generell vgl. die Monographie FAT 48, 2006, Körting).

Die Psalmen 48 und 46

Gemeinsamkeiten

§ 976 Ps 46 ist ähnlich gebaut wie Ps 48. Beide bestehen im Wesentlichen aus Bekenntnissen in der 1. Person Pl. und Aussagen in der 3. Person Sg. In beiden Pss bilden Imperative im Pl. einen gewissen Höhepunkt (Ps 48,13f; 46,9.11). Die formale Struktur legt nahe, dass die beiden Pss im Wechselgesang von einem Chor bzw. von der Festgemeinde und einem »Vorbeter« gesungen wurden. Dies entspricht dem von der joschijanischen Zentralisation des Kults (§ 645–656.703–705) geförderten neuen Gemeinschaftsgefühl (§ 697f.725f.736.773).

Nebst den formalen weisen die beiden Pss zahlreiche sprachliche und inhaltliche Gemeinsamkeiten auf (NEB XXIX 284, Zenger). Horizont des Geschehens ist das (ganze) »Land« bzw. die (ganze) »Erde« (*'æræṣ*; 46,3.7.9–11; 48,3.11). Das entspricht der auch von Ezechiel evozierten Erhöhung Jerusalems vor dem Fall (Ez 5,5). Jerusalem ist »Gottesstadt« (46,5; 48,2.9), »heilige Wohnung, heiliger Berg« (46,5; 48,3); Gott ist »Burg« (*misgab*; 46,8.12; 48,4), Bogen bzw. Schiffe werden zerbrochen (46,10; 48,8). Zu den sprachlich-inhaltlichen Entsprechungen kommen gemeinsame Motive: Völkersturm (46,7; 48,5), Gottesschrecken (46,7; 48,6f), Entwaffnung (46,10; 48,8), Anerkennung Gottes (46,11; 48,14f).

Bei allen Gemeinsamkeiten besitzt jeder der beiden Pss jedoch ein recht eigenständiges Profil (§ 980f). Die Unterschiede werden verwischt, wenn man beiden Pss eine korachitische Verfasserschaft zuweist und beide ins 4. oder 3. Jh.a datiert (neulich Uehlinger/Grandy, in: OBO 214, 2005, 372–393, bes. 393, Böhler/Himbaza/Hugo).

Psalm 48: Die Stadt Jerusalem als Sakrament göttlichen Schutzes

§ 977   Der erste Teil von Ps 48, die V. 2–3, feiern Jerusalem als kosmisches und politisches Zentrum der Welt:

> »2 Groß ist JHWH und hoch gepriesen in unserer Gottesstadt.
> Sein heiliger Berg 3 (ist) eine schöne Höhe, die Freude der ganzen Erde.
> Der Berg Zion ist der äußerste Nordberg (*ṣafon*), die Stadt des Großkönigs.«

Die vier Zeilen strotzen von höchsten und teils einmaligen Aussagen. Jerusalem ist »Gottesstadt« (vgl. § 83). Die Verbindung einer Größe mit Gott hat oft superlativische Bedeutung. »Gotteslaut« ist der krachende Donner (Ps 29), »Gottesfeuer« der Blitz (Ijob 1,16), »Gottes-« bzw. »JHWH-Bäume« sind die größten bekannten Bäume, die Koniferen des Libanon (Ps 104,16; vgl. Ps 80,11; VT 3, 1953, 210, Thomas). »Unsere Gottestadt« prädiziert Jerusalem gleichzeitig als *die*, als *unsere* und als *Gottes* Stadt. Eine Stadt mit superlativischem Status ist sie u.a., weil sie der Berg seines Heiligtums bzw. sein heiliger Berg ist (§ 82). Als schöne Höhe (*jefe nof*; HAL III 645) ist sie die Freude des ganzen Landes (*mesos kol-ha-'æræṣ*). Als Stadt auf dem Berge (Mt 5,14) ist sie ein weithin sichtbarer Orientierungspunkt (§ 697f.773).

§ 977   *Kol-ha-'æræṣ* kann nicht nur mit »des ganzen Landes«, sondern auch mit »der ganzen Erde«, ja »der ganzen Welt« übersetzt werden. Bestehen hier noch verschiedene Möglichkeiten, so räumt die nächste und einmalige Aussage, Jerusalem sei der äußerste Norden (*jarkete ṣafon*), diese aus. Der Zafon, geographisch der 1770m hohe Djebel el-Aqraʿ n von Ugarit auf der syr.-türkischen Grenze, griech. Κάσιον sc. ὄρος, lat. *mons Casius*, ist in den Texten von Ugarit vor allem der Sitz des Wettergottes Baal und Versammlungsberg der Götter (TUAT III/6, 1369 s. v. Zaphon, Dietrich/Loretz; UF 16, 1984, 273–278, de Savignac). Einem von Hybris befallenen mesopotamischen König (Uehlinger identifiziert ihn mit Sargon II.; vgl. OBO 101, 1990, 537–546) werden folgende Gedanken unterstellt:

> »Ich will zum Himmel hinaufsteigen,
> über den Gottessternen will ich meinen Thron aufrichten,
> auf dem Berg der Versammlung (der Götter) werde ich thronen,
> im äußersten Norden (b°jark°te ṣafon)« (Jes 14,13).

Er maßt sich die Prärogativen Els und Baals an (UF 29, 1997, 146, Dietrich/Loretz).
Ps 48,3 statuiert: Jerusalem ist der wirkliche Zafon, der Götterberg im äußersten
Norden.

Weniger kosmisch aber ebenso einmalig ist der Titel »Stadt des Großkönigs« (qirjat
mælæk rab). Das akkadische Äquivalent des hebr. mælæk rab ist šarru rabu. Der Titel
erscheint in der neuassyr. Königstitulatur nach dem Eigennamen des jeweiligen Königs und wird gefolgt von den Epitheta: »Starker König (šarru dannu), König der Gesamtheit bzw. Welt (šarru kiššati), König von Assyrien« (Artzi/Malamat, in: FS Hallo
36). Die Übertragung dieses Titels auf JHWH entspricht der Übertragung der Vasallitätsverpflichtung, die man dem assyr. König gegenüber eingegangen ist, auf JHWH,
wie das wahrscheinlich in der joschijanischen Reform und sicher im Dtn geschehen
ist (vgl. § 614.681–685.707–714). Eine etwas weniger wörtliche Wiedergabe des akk.
Titels ist das hebr. »der große König« (ha-mælæk ha-gadol, Jes 36,4.13 Par).

Durch die Übertragung der Prärogativen des Wettergottes und des assyr. Großkönigs
auf JHWH ist Jerusalem zum kosmischen und politischen Zentrum der Welt geworden.

§ 978   Die Gründe für diese einmaligen Prädikate in Ps 48,2–3 liefern die V. 4–8:

> »4 Gott ist in ihren Wohnburgen ('arm°not) als Zuflucht erfahren worden.
> 5 Denn siehe, Könige vereinten sich und zogen miteinander heran.
> 6 So wie sie sahen, erstarrten sie, verwirrt flohen sie überstürzt.
> 7 Zittern packte sie dort, wie Wehen eine gebärende Frau,
> 8 wie der Sturm vom Osten, der die Tarschischschiffe zerschmettert (einen packt).«

Die befestigten Paläste Jerusalems sind der Ort und das Mittel, durch das Gott seinen
Schutz hat zuteil werden lassen. Die militärisch-technischen Mittel und der Schutz
JHWHs sind in Ps 48 eins. Bei den Königen, die dereinst gegen Jerusalem zogen,
ist vielleicht an die Könige von Damaskus und Israel gedacht, die im syr.-efraïmiti-
schen Krieg gegen Jerusalem rüsteten (§ 424–430), vor allem aber an Sanherib und
seine Vasallenkönige, die 701a Jerusalem bedrängten und erfolglos abziehen mussten
(§ 508–557). Besiegte Könige im Pl. kennen alte Texte zum JHWH-Krieg (Ri 5,19;
Ps 68,15.30) und Jerusalemer Königspss (2,10; 110,5). Die Reaktion der Könige wird
mit Begriffen beschrieben, die die Unfähigkeit von Führungspersonen schildern ihre
Verantwortung wahrzunehmen (Jes 29,9; Jer 4,9; Ex 15,15), und mit einem Begriff
überstürzter Flucht (2Kön 7,15; Ps 104,7; vgl. Jes 37,37). Geburtswehen und Ostwind
sind traditionelle Ursachen für starke Erschütterungen. Tarschischschiffe sind Symbole hochfliegender, menschlicher Pläne (Jes 2,16; Ez 27,25f).

In Ps 22,5–7 stellt der Beter einen scharfen Kontrast zw. dem fest, was man von den
Vätern erzählt, dem was er hört und dem, was er selbst erlebt, was er sieht. Ps 48 statuiert das Gegenteil.

> »9 Das, was wir gehört haben, haben wir auch gesehen
> in der Stadt JHWHs der Heere, in der Stadt unseres Gottes.
> Gott hat sie für ewig fest gemacht.«

Die schützende Präsenz JHWHs in Jerusalem ist nicht nur eine Sache des Hörens, sondern der Erfahrung, des Erlebens. Was Ijob erst nach der Theophanie sagen kann: »Vom Hörensagen nur hatte ich von dir vernommen, jetzt aber hat mein Auge dich geschaut« (42,5; vgl. Ijob 28,21f), das können die Besucher Jerusalems jederzeit sagen. Das, was sie bezüglich des Wirkens JHWHs für diese Stadt gehört haben, das kann man definitiv auch sehen. Die Stadt ist solide gegründet und befestigt (Ps 122,3). Selbst die privaten Häuser sind Wohnburgen. Der für »Festmachen« verwendete Ausdruck wird nicht nur für die Gründung von Städten (Ps 107,36; Jes 62,7), sondern auch in Schöpfungszusammenhängen für die Gründung der Erde (Ps 24,2) und das Festmachen des Himmels (Spr 3,19), des Mondes und der Sterne (Ps 8,4) verwendet. Jerusalem ist so nicht nur fest gegründet, sondern nimmt gleichsam als Teil der Schöpfung seinen von Gott ihm zugewiesenen Platz im Zentrum der Welt ein (vgl. Ez 5,5). Was eigentlich für den Tempel gilt, dass er eine Art Paradies darstellt (vgl. § 367f), wird in Ps 48 weitgehend auf Jerusalem übertragen.

§ 979   E. Zenger hält die V. 10–12 für sekundär. Sie reden Gott im Gegensatz zum Rest des Psalms in der 2. Person an. Zu diesem formalen kommen inhaltliche Gründe (Tempel statt Stadt, Freundlichkeit JHWHs statt Macht; vgl. NEB XXIX 294). Im Folgenden aber ist nicht vom Tempel und seinen Segnungen, sondern wie im Rest des Psalms von Jerusalem als Festung die Rede. Unklar ist, an wen sich die Imperative der V. 13–14 richten. In der Regel versteht man sie als Aufforderung des Vorbeters an die Kultgemeinschaft, zu einer Art Prozession aufzubrechen. E. Zenger aber vertritt die Ansicht, sie seien an die in V. 5 genannten Könige gerichtet und auch das abschließende Bekenntnis sei das der Könige (NEB XXIX 294f). Letzteres scheint mir eher unwahrscheinlich. Auch wenn die Kultgemeinde angesprochen ist, muss ja nicht an eine Prozession gedacht sein, zu der die Terminologie nicht so recht passt. Es kann schlicht ein Aufruf vorliegen, sich dem Eindruck von der geschichtlich getränkten und beglaubigten Uneinnehmbarkeit der Befestigungsarchitektur Jerusalems hinzugeben. Die konkrete Stadt soll als »Sakrament« der Schutzmacht JHWHs wahrgenommen und gefeiert werden. Diese Schutzmacht ist durch das »Sakrament« real präsent.

> »13 Umkreist die Zionsfestung, umschreitet sie, zählt ihre Türme.
> 14 Achtet auf ihr Vorwerk, geht in ihren Wohnburgen umher,
> damit ihr dem kommenden Geschlecht erzählen könnt:
> 15 ›Ja, das ist Gott, unser Gott für immer und ewig.
> Er wird uns führen in Ewigkeit‹.«

Wenn die V. 4–8 tatsächlich auf den Abzug der Truppen Sanheribs im Jahre 701a anspielen, bewertet Ps 48 diesen Abzug total anders als seinerzeit Jesaja (§ 549–552). Für ihn standen das Versagen Jerusalems und die Verwüstung, die diese Truppen hinterließen, im Vordergrund. Der Verf. von Ps 48 sah den Abzug durch den zeitlichen Abstand verklärt als triumphales Ereignis, die Stadt Jerusalem als Monument und Sakrament sichtbares Zeugnis für die Unbesiegbarkeit JHWHs bzw. Jerusalems.

Psalm 46 spiritualisiert Psalm 48

§ 980   Ps 46 weist, wie oben (§ 976) gezeigt, manche formale und inhaltliche Ähnlichkeiten mit Ps 48 auf. Schaut man genauer hin, setzt er aber doch deutlich andere Akzente. Die konkrete Stadt mit ihren Befestigungen spielt in Ps 46 keine Rolle. Von »Wohnburgen, Türmen, Vorwerken« ist da nicht die Rede. In Ps 48,4 sind die Wohnburgen Jerusalems der Ort, wo Gott als Zuflucht (*misgab*) erfahren wurde. Es klingt fast wie eine Berichtigung, wenn Ps 46 mit dem Bekenntnis einsetzt: »Gott ist für uns Zuflucht und Kraft (*maḥªzæh waʿoz*)«. »Eine feste Burg ist unser Gott«, nicht Jerusalem. Im chiastisch stilisierten Kehrvers Ps 46,8 und 12 wird der Begriff *misgab* von 48,4 aufgenommen und unter Ausschluss der konkreten Stadt auf Gott bezogen:

> »JHWH der Heere ist mit uns, Zuflucht (*misgab*) ist für uns der Gott Jakobs.«

Aufgrund dieser vorerst an keinen bestimmten Ort gebundenen Erfahrung fürchtet die Gemeinde sich selbst dann nicht, wenn Berge mitten im Meer ob dem Ansturm der Chaosfluten wanken. Das erinnert an die Souveränität des in der Höhe über den Chaosfluten thronenden JHWH in Ps 93 (vgl. auch Ps 29). Den Chaoswassern und ihrem unheimlichen Lärm setzt Ps 46,5 den gebändigten Strom (*nahar*) entgegen, dessen Kanäle die Gottesstadt erfreuen, die Heiligste der Wohnungen des Höchsten. Manche Zukunftsvisionen sehen einen oder mehrere Bäche heilenden Wassers vom Tempel ausgehen (Ez 47,1; Joel 4,18; Sach 14,8; Offb 22,1f). Wie zum Paradies (Gen 2,10–14) gehört zum Tempel aber schon jetzt der gebändigte Urozean (*nahar*). Er ist im sogenannten »Ehernen Meer« gegenwärtig (vgl. § 373–376). Seine Abzweigungen (Kanäle) könnten durch die Kesselwagen konkretisiert sein (§ 377–379; AOBPs 122–124).

§ 981   Vielleicht will Ps 46,5 aber auch an die sanft fließenden Wasser des Schiloach erinnern, die in Jes 8,6f den tosenden Wassermassen des assyr. Heeres gegenübergestellt werden (§ 455). V. 6 betont, dass der helfende und rettende Gott in Jerusalem gegenwärtig ist und dieses deshalb nicht wankt. Er hat immer wieder und wird immer wieder beim Anbruch des Morgens (*lifenot boqær*) helfen. Die Wendung findet sich in dieser Bedeutung wörtlich nur noch in Ex 14,27 bei der Rettung Israels am Schilfmeer. Aber auch die Errettung Jerusalems von den Assyrern wird früh am Morgen sichtbar (Jes 37,36; 2Kön 19,35). Einmal mehr zeigt sich der solare Aspekt JHWHs, der bei seinem Kommen am Morgen richtet und rettet (§ 335–343). Trotz möglicher Anklänge an die Geschichte Jerusalems und trotz der Aussage in V. 6, dass Gott der Stadt Festigkeit gibt, ist die Verbindung JHWHs mit Jerusalem in Ps 46 viel lockerer als in Ps 48. Gott ist eine feste Burg. Jerusalem als solches ist es nicht. Wenn Gott in Jerusalems Mitte ist, wankt dieses nicht. Aber die Festungswerke Jerusalems vergegenwärtigen nach Ps 46 die Zuflucht- und Schutzmacht Jerusalems nicht, wie sie das nach Ps 48 tun. Mit seiner Trennung von Gott und Jerusalem scheint mir Ps 46 weniger sicher vorexil. zu sein als Ps 48. B.M. Zapf hält ihn gegen Zenger für sicher nachexil. (BN 95, 1998, 79–93; so auch Uehlinger/Grandy, in: OBO 204, 2005, 393, Böhler/Himbaza/Hugo).

Psalm 76 und die assyrische Krise

§ 982   Formal unterscheidet sich Ps 76 von den Pss 46 und 48. Statt des Wechsels zw. Wir und Er haben wir einen Wechsel zw. Er und Du (Gott). Gegen Schluss aber finden wir wie bei den Pss 46 und 48 einen Imperativ Pl. (V. 12). Inhaltlich verbindet Ps 76 mit den Pss 46 und 48 das Lob auf die Macht JHWHs, die Feinde und Krieg überwindet. Dafür berühmt geworden ist er zuerst in Juda und Israel (V. 2). V. 3 scheint – in einer archaisierenden Terminologie – daran zu erinnern, dass Jerusalem bzw. Schalem (vgl. § 59f) erst relativ spät sein Wohnsitz geworden ist. Dann aber wurde Jerusalem der Ort (*šammah*), wo JHWH Kriegsgerät verschiedenster Art zerbrochen, Ross und Reiter durch sein Erscheinen betäubt hat.

Die Überlieferung hat den Abzug Sanheribs von Jerusalem als spektakulärstes Ereignis dieser Art tradiert (vgl. Jes 37,36f; 2Kön 19,35f). Die LXX vermerkt denn in der Überschrift des Ps zusätzlich zu den musiktechnischen Angaben der Hebraica auch, dass das Lied »Gegen den Assyrer« gerichtet sei: πρὸς τὸν Ἀσσύριον. Der Ps ist wahrscheinlich vorexilisch. Er kann wie Ps 48 als Ausdruck jener Stimmungen, Vorstellungen und Argumente verstanden werden, die Jerusalem ermutigt haben, zweimal gegen Babylon zu rebellieren. B. Weber möchte ihn gar kurz in die Zeit nach 701a datieren und Flüchtlingen aus dem Nordreich zuschreiben, die realisiert haben, dass der Zion als einzige Zufluchtstätte übriggeblieben ist (BN 97, 1999, 85–103).

Bei aller konkreten Situierung soll aber nicht übersehen werden, dass sich die Zionslieder, wie kultische Dichtungen im Allgemeinen, nicht in erster Linie von aktuellen Geschehnissen, sondern von Jahrhunderte alten Traditionen nähren (vgl. § 133.340.422). Das erklärt die trotz einiger zeittypischer Wendungen weithin zeitlose Sprache dieser Lieder.

VOM SCHILFMEER ZUM ZION

§ 983   Ein weiterer Text, der in die Zeit einer gefährlichen und verhängnisvollen Glorifizierung des Zion passt, ist das dem Mose zugeschriebene »Lied am Schilfmeer« (Ex 15,1–18). Mit einer Glorifizierung des Zion scheint das Lied nichts zu tun zu haben liest man nur die V. 1–2. V. 1 setzt mit einem Miniaturhymnus ein, der aus Ex 15,21 stammt. Die Prophetin Mirjam besingt in diesem Vers JHWH, der Ross und Reiter ins Meer warf. Der Hymnus nimmt im Folgenden den Untergang der Ägypter im Meer auf, der im vorhergehenden Kapitel Ex 14 erzählt wird. Dabei ist JHWH im Hymnus – wie in der vorpriesterlichen Schicht von Ex 14 (V. 5b–6.9aα.10bα.13–14.19b–20.21aβ.24.25b.2 7aβb.30f) – der einzige Handelnde. Mose, der in der jüngeren Schicht von Ex 14 eine wichtige Rolle spielt (Ausstrecken der Hand, des Stabs), wird im Hymnus nicht erwähnt. Noch auffälliger ist, dass in Ex 14 »Ägypter« und »Ägypten« 25-mal erwähnt werden, d.h. fast in jeder Zeile, im Hymnus kein einziges Mal. Die je verschiedene Gattung, einmal Erzählung, einmal Hymnus, genügt als Erklärungsgrund für das Fehlen der Ägypter wohl nicht. Wahrscheinlich entstand der Hymnus zu einer Zeit, als man mit Ägypten freundliche Beziehungen unterhielt, z.B. als man am Anfang des 6. Jh.a plante, mit ägypt. Hilfe gegen Babylon zu rebellieren (§ 788.791f).

Der hebr. Ausdruck *sus w^{e}rok^{e}bo*, der außer in Ex 15,1 und 21 nur noch in Jer 51,21 und Ijob 39,18 vorkommt, ist mit »Ross und Reiter« zu übersetzen. Häufig wird er mit »Ross und Streitwagenfahrer« wiedergegeben, da die Kavallerie in Vorderasien eine relativ späte Erscheinung sei (THAT II 779f, Ficker). Aber das Argument verfängt nicht. Reiter gab es in Ägypten seit dem Neuen Reich (ca. 1530–1070a; Belege bei C. Rommelaere, Les chevaux du Nouvel Empire Égyptien, Bruxelles 1991, 123–134) und in Assur wurde die Kavallerie spätestens um 860a eingeführt (vgl. **494**). Keiner der genannten Texte, in denen *sus w rok^{e}bo* vorkommt, dürfte älter sein. Das kurze Schilfmeerlied Ex 15,21, das JHWH Ross und Reiter ins Meer werfen lässt, kann wie andere Motive der Exodustradition salomokritisch verstanden werden (vgl. § 399), da Salomo doch auffällig oft mit Pferden in Beziehung gesetzt wird (§ 300f; Dtn 17,16; SBS 197, 2002, 100, Kessler).

Mirjam und die Frauen, die in Ex 15,20 den »Sieg« feiern, erinnern an die Frauen, die in 1Sam 18,6 Sauls und Davids Sieg über Goliat hochleben lassen. Die Geschichte von David und Goliat endet damit, dass Goliats Kopf nach Jerusalem überführt wird. Die alte Geschichte dient in der vorliegenden Form der größeren Ehre des Zion (vgl. § 1010–1013).

§ 984   Der größeren Ehre des Zion dient in Ex 15,1–18 auch der Sieg am Schilfmeer. Der Hymnus dokumentiert einen Höhepunkt der traditionellen Zionstheologie. Nach dem »Sieg« am Meer wird in Ex 15,13 gleich das Ziel bekannt gegeben, auf das die Wanderung nun hinsteuert. Es ist nicht wie in den anderen Exodustexten das verheißene Land im Allgemeinen, sondern die *n^{e}weh qodšæka*, »deine heilige Aue«. Damit ist der Zion gemeint (vgl. 2Sam 15,25). Wenn das hier noch nicht völlig klar ist, so enthebt V. 17 die Annahme jedes Zweifels. In den V. 14–16 werden die Völker bzw. Länder genannt, die Israel auf seiner Wanderung berührt bzw. erobert. Das eigentliche Ziel der Wanderung aber, wohin Israel nach V. 17 gebracht und eingepflanzt wird, liegt auf dem Berg, der JHWHs Erbbesitz darstellt, der Stätte seines Wohnens (*makon l^{e}šibt^{e}ka*). Der Ausdruck findet sich in der ganzen Hebräischen Bibel nur noch einmal, im alten Tempelweihspruch in 1Kön 8,13 (§ 323–330; vgl. noch Ps 68,17: »der Berg, den Gott für sein Wohnen erwählt hat«). Das letzte Element von V. 17 macht vollends deutlich, dass das gemeinte Ziel nur der Tempelberg sein kann, wenn es als »Heiligtum JHWHs, das deine Hände gefestigt haben«, bezeichnet wird. M. Noth versucht auch in diesem Hymnus als Ziel der Wüstenwanderung das übliche »Gelobte Land« zu finden (ATD V 100). Seine Beweisführung überzeugt nicht. Die gewählten Ausdrücke sind zu spezifisch und zielen eindeutig auf den Zion als Wohnort Gottes. Der letzte Satz des Hymnus »JHWH wird da als König herrschen für immer und ewig!« (V. 18) erinnert an die Stadt des Großkönigs in Ps 48,3. Er gibt der Überzeugung Ausdruck, dass die Gegenwart JHWHs auf dem Zion inmitten seines Volkes das Ziel der ganzen Israel begründenden Heilstaten war und dass JHWH diese seine Residenzstadt nie aufgeben werde. Der Gott, der am Schilfmeer den Pharao und die ägypt. Streitmacht besiegt hat, residiert auf dem Zion.
Bei der Klage über die Zerstörung des Jerusalemer Tempels wird in Ps 74,2 auf Ex 15,17 angespielt (vgl. § 1065).

EINE TENDENZERZÄHLUNG DENUNZIERT DIE POSITIONEN JEREMIAS UND EZECHIELS ALS FEINDPROPAGANDA

Zwei Versionen einer Überlieferung und ihr je verschiedener Kontext

§ 985   Deutlicher als Ps 48, 76 und das Lied von Ex 15,1–18 führt uns die Erzählung vom assyr. Angriff auf Jerusalem in 2Kön 18,17–19,37 die Vorstellungswelt vor Augen, die die Gegner Jeremias und Ezechiels bestimmt haben muss und ihnen den Mut gegeben hat, zweimal gegen die babylon. Oberherrschaft zu rebellieren. Die Erzählung wird nicht nur in 2Kön, sondern auch im Jesajabuch überliefert (Jes 36,1–37,38). Sie ist zudem in die Chronik aufgenommen worden (2Chr 32,1–23). Es wird ihr in der bibl. Überlieferung also ein ähnliches Gewicht gegeben wie den Zehn Geboten oder Jes 2,2–5 = Mich 4,1–5 (vgl. § 1182).
Seit W. Gesenius (Der Prophet Jesaja II.2, Leipzig 1821, 932–936) galt die Version in 2Kön als die ursprüngliche. Textkritisch betrachtet verdient aber keine der beiden Versionen den Vorzug vor der andern (OTS 24, 1986, 71f, Smelik).
In 2Kön überrascht die Geschichte insofern, als das DtrG die Schriftpropheten des 8. und 7. Jh.a sonst völlig ignoriert. Hingegen hat sie einige Ähnlichkeiten mit Jes 7. Ein Vergleich der beiden Überlieferungen lässt Hiskija als eine Art Gegen-Ahas erscheinen. Im Jesajabuch bilden die Jesajageschichten in Jes 36–39 ein Bindeglied zw. Proto- und Deuterojes und stehen so im Zentrum des ganzen Jesajabuches (EstB 58. 2000, 167–198, Berges). Sir 48,17–25 scheint die Erzählung eher als Teil des Jesajabuches als von 2Kön zu betrachten. Ihre Einfügung *nach* 2Kön 18,16 bringt Probleme (OTS 28, 1992, 93. Anm. 2 und 97–101, Smelik). Als Teil des Jesajabuches bindet sie den stark durch Schuldaufweis charakterisierten Protojesaja und den von Heilsankündigungen bestimmten Deuterojesaja zusammen und präsentiert im zentralen Gebet Hiskijas (Jes 37,16–20) ein – von Jeremia und Ezechiel allerdings problematisiertes – unbedingtes Vertrauen als Bindeglied zw. der menschlichen Hinfälligkeit und der Einzigkeit JHWHs (Biblical Viewpoint 35/2, 2001, 77–86, Izu).

Zwei Erzählungen oder nur eine?

§ 986   Ebenfalls ins 19. Jh. reicht die Auffassung zurück, Jes 36,1–37,38 bzw. 2Kön 18,17–19,37 sei in mindestens zwei Erzählungen aufzuteilen (vgl. ZAW 6, 1886, 172–179, Stade). Folgende Siglen haben sich eingebürgert:
Erzählung A = Hist. Notiz 2Kön 18,13–16 (vgl. § 546f).
Erzählung B₁ = Näher an der Historie liegende Erzählung Jes 36,2–37,9a und 37 und evtl. 38//2Kön 18,17–19,9a und Jes 36 und evtl. 37.
Erzählung B₂ = Stärker legendenhafte Erzählung Jes 37,9b–36//2Kön 19,9b–35. Innerhalb dieser zweiten Erzählung sind Jes 37,22–32 und 35//2Kön 19,21–32a und 34 ihrerseits wieder sekundär (vgl. Vogt, Aufstand 33–53).
K.A.D. Smelik hat gezeigt, dass entgegen dieser gut 100 Jahre alten Auffassung die beiden Erzählungen B₁ und B₂ als *eine* verstanden werden können und müssen, wenn man nur die Wiederholung (Parallelismus) als wichtiges Stilmittel der hebr. Literatur ernst nimmt. Die Wiederholung bringt nebst der Verstärkung des Gesagten (vgl. § 973; im vorliegenden Fall die »Verhöhnung des lebendigen Gottes« in Jes 37,4 und 17) auch deutliche Fortschritte (OTS 24, 1986, 76–85, Smelik; OTS 28, 1992,

101–123). Während im ersten Teil ein Bote (Rabschake) die assyr. Forderungen mündlich vorträgt, meldet sich im zweiten der assyr. König selbst und zwar schriftlich mit einem Brief. Auf die erste Botschaft reagieren die Minister, auf die zweite der König und zwar in einem direkt an JHWH gerichteten Gebet. Eine dramatische Steigerung erfährt auch der Inhalt. Während die Rabschake-Rede das Vertrauen auf die eigene Macht, auf Ägypten und das Vertrauen in den Optimismus des Königs untergraben soll, greift die zweite Botschaft das Vertrauen des Königs selbst an. Beide verarbeiten hist. Material (vgl. die Liste von Städten in Jes 36,19 bzw. 37,12b.13). Der angeblich stärker hist. bzw. legendenhafte Zug hängt weniger mit diesen Kategorien als mit der grundsätzlicheren Position der zweiten Rede zusammen. Die Auffassung von Smelik, was die Einheitlichkeit der Erzählung anbelangt, hat C.R. Seitz übernommen (Zion's Final Destiny, Minneapolis 1991).

Weniger optimistisch als Smelik bin ich beim Spottlied Jes 37,22–29 und dem Zeichen Jes 37,30–32 als ursprünglichen Bestandteilen der Komposition.

Manche frühere Ausleger versuchten in beiden Erzählungen mehr hist. von mehr legendenhaften Elementen zu unterscheiden. Als erzählte Zeit fassten sie aber ausschließlich die Geschehnisse von 701a ins Auge (vgl. § 557). Ch. Hardmeier hat dagegen überzeugend gezeigt, dass die Erzählung – allerdings nur die bei der traditionellen Zweiteilung erste (B₁) – konsequent auf die Situation kurz vor oder während des babylon. Angriffs von 587a zu beziehen ist. Als ein antibabylon. Propagandatext, der die rebellionskritischen Äußerungen der Propheten Jeremia und Ezechiel dem Feind, dem Assyrer bzw. Babylonier, in den Mund legt, gewinnt der Text ungemein an Schärfe und Plausibilität (BZAW 187, 1989, erschienen 1990; vgl. VT.S 43, 1991, 172–189; vgl. auch JBL 109, 1990, 79–92, Ben Zvi). Unabhängig davon und offensichtlich ohne Kenntnis der Arbeit von Hardmeier hat P. Machinist zehn Jahre später den Text ganz ähnlich interpretiert (HebStud 41, 2000, 151–168). Zur Datierung der Erzählung vgl. § 1006–1009.

§ 987   Ch. Hardmeier bezeichnet die (erste) Erzählung als »historische Tendenzerzählung«, die inhaltlich eine »unlösbare Einheit von hist. zutreffender Erinnerung und geschichtlicher Fiktion« darstellt (VT.S 43, 1991, 180 und 185; vgl. OTS 28, 1992, 95, Smelik). Wichtig ist, dass die ganze Komposition, nicht nur die erste Erzählung, hauptsächlich aus Reden besteht, wie ein Überblick über ihren Aufbau zeigt:

Jes 36,1–4a	Assyrische Gesandtschaft erscheint vor Jerusalem.
36,4b–10	Erster Teil der Rede des Rabschake, eigentlich an Hiskija gerichtet.
36,11–13a	Intervention der judäischen Gesandtschaft.
36,13b–20	Zweiter Teil der Rede des Rabschake, an das Volk gerichtet.
36,21–37,4	Reaktion des Hiskija.
37,5–7	Erstes Orakel Jesajas.
37,8–9a	Reaktion Sanheribs.
37,9b–13	Brief Sanheribs an Hiskija.
37,14–20	Reaktion Hiskijas.
37,21–35	Zweites Orakel Jesajas (Spottlied und Zeichen V. 22–32 und 35 sind sekundär).
37,36–37	Erfüllung der Orakel.

Reden sind in allen antiken Literaturen weniger ein Mittel der Information als der Interpretation (Thukydides, Der peloponnesische Krieg 1,22; vgl. Vogt, Aufstand 40f;

vgl. Synoptiker und Joh.Ev.). Wichtig ist auch darauf zu achten, wer was sagt. Man kann bestimmte Meinungen disqualifizieren, indem man sie Negativfiguren in den Mund legt. So disqualifiziert die P das zur Zeit Ezechiels gängige Schlagwort, das Land Israel fresse seine Bewohner (Ez 36,3 und 13f), indem sie dieses den schlechten Kundschaftern in den Mund legt, die das Land verleumden (Num 13,32). Themen der Erzählung sind die Errettung Jerusalems durch JHWH und welche Haltung JHWH veranlasste, Jerusalem zu retten. Sehr wahrscheinlich soll damit, wie Ch. Hardmeier und P. Machinist gezeigt haben (§ 985), eine Antwort auf die Frage gegeben werden, wie Jerusalem sich der neuen Großmacht Babylon gegenüber verhalten soll.

§ 988   Wie die Erzählung einsetzt, ist nicht klar. Ihr Anfang ist in Jes und in 2Kön verschieden. Jes 36,1 setzt mit dem ersten V. der hist. Notiz von 2Kön 18,13–16 ein (§ 546f): »Im 14. Jahr des Königs Hiskija zog Sanherib …«. Aber dieser Vers gehört wohl ursprünglich zur hist. Notiz 2Kön 18,13–16. Der Original-Anfang der Erzählung scheint verloren zu sein. Der Einsatz mit der aus 2Kön 18,13 übernommenen Notiz erweckt den falschen Eindruck, die assyr. Unterhändler seien erst gekommen, nachdem Hiskija sich schon unterworfen hatte. Die Textzusammenstellung in 2Kön 18,13–19,37 verstärkt die Boshaftigkeit Sanheribs, insofern sie ihn nicht nur grundlos, sondern vertragsbrüchig Jerusalem einschließen lässt. Schon Josephus (Ant X 1–4) hat die Geschichte so verstanden (vgl. auch ZDPV 102, 1986, 107f, van der Kooij). Die Parallelversion in Jes 36,1ff kennt die Unterwerfung Hiskijas nicht. Eine solche läuft auch der Intention der Erzählung zuwider, in der es, wie zu zeigen sein wird, keine Unterwerfung gibt und geben darf. Wahrscheinlich kannte sie auch keinen Abfall Hiskijas, sondern ließ Sanherib willkürlich gegen Jerusalem ziehen. Ch. Hardmeier betrachtet 2Kön 18,9–10 (Salmanassar gegen Samaria) als Teil der ursprünglichen Einleitung (VT.S 43, 1991, 184f; vgl. 2Chr 32,1), doch ist dieser weiträumige hist. Rückgriff für eine auf ein Gegenwartsproblem konzentrierte Tendenzerzählung eher unwahrscheinlich.

Erster Teil der Erzählung

§ 989   In der uns vorliegenden Form setzt die Erzählung in Jes 36,2–4a mit dem Erscheinen Rabschakes, des assyr. Unterhändlers, vor Jerusalem ein. Assyr. Rabschake bedeutet »Obermundschenk« (zum Amt vgl. Gen 40,1–23; 41,9; Neh 1,11). Er leitet als Vertrauensmann Sanheribs die Verhandlungen. 2Kön 18,17 nennt zusätzlich den Tartan (Feldherr) und den Rabsaris (Oberkämmerer). Sie fehlen in Jes 36,2 und sind wie die »große Streitmacht« dazu da, zu unterstreichen, dass es Sanherib mit seinem Verhandlungswillen nicht allzu ernst ist und er darauf hin tendiert, Jerusalem militärisch anzugreifen (ZDPV 102, 1986, 103f, van der Kooij). Die Gesandtschaft kommt von Lachisch am Fuß des Gebirges Juda, wo nach dem Ausweis der Lachischreliefs (→ II 602) und dem von 2Kön 18,14 Sanherib auch tatsächlich kampiert hat. Übergabe- und ähnliche Verhandlungen sind hist. möglich (vgl. § 557 und dazu die Nimrud Briefe zu Verhandlungen zw. Assur und chaldäischen Rebellen in Babylon; Iraq 18, 1956, 40–56, Saggs). Der Ort des Auftretens, »an der Wasserleitung des oberen Teiches …« (Jes 36,2b), ist aber nicht nur der Sache, sondern auch dem Wortlaut nach der, wo nach Jes 7,3 Jesaja zur Zeit des syr.-efraïmitischen Krieges Ahas' Vertrauen (auf JHWH) zu stärken suchte. Der Rabschake versucht am gleichen Ort das Gegenteil, das Vertrauen Hiskijas auf JHWH zu erschüttern, ebenfalls ohne Erfolg. Damit aber sind wir schon im Bereich der Interpretation und nicht mehr der Information: Hiskija ist ein Gegenbild seines Vaters Ahas.

§ 990   Allerdings ist es nach Jes 36,3 nicht Hiskija selbst, sondern eine Gesandtschaft von drei »Ministern«: »der Palastvorsteher Eljakim, der Sohn Hilkijas, der Staatsschreiber Schebna und der Sprecher des Königs Joach, der Sohn Asafs« (zu den Ämtern vgl. § 211–221.287–293), die die Botschaft des Großkönigs entgegennimmt. Die Zusammenstellung der Gesandtschaft überrascht angesichts von Jes 22,15–25, wo die Ersetzung Schebnas als Palastvorsteher durch Eljakim, den Sohn Hilkijas, angedroht wird. Stammen die Namen vielleicht aus dieser Überlieferung? Das dritte Mitglied der Gesandtschaft, der Sprecher des Königs, heißt Joach. Ein Mann dieses Namens hat das Amt nach 2Chr 34,8 zur Zeit Joschijas inne. Sein Vater heißt allerdings nicht Asaf sondern Joahas. Josephus hat es als »Feigheit« gedeutet, dass Hiskija nicht selbst kommt (Ant X 5). Die Erzählung verstand es wohl als Wahrung der eigenen Würde, dass man Ministern nur Minister gegenüberstellt, vielleicht auch als Immunität Hiskijas gegenüber den assyr. Verlockungen.

Erster Teil der Rabschake-Rede: Gegen das Vertrauen des Königs

§ 991   Nach der Einleitung in Jes 36,4a (Botschafts- und Brieferöffnungsformel) würde man eine sachliche Mitteilung erwarten. Stattdessen folgt in Jes 36,4b–10 eine Streitrede mit rhetorischen Fragen u.ä., die sich in der 2. Person an Hiskija richtet (außer V. 7b). Sie versucht in zwei Anläufen das Vertrauen (*biṭṭaḥon*) Hiskijas in seine eigene militärische Kraft (Jes 36,5a und 8–9a), das Vertrauen auf Ägypten (V. 5b–6 und 9b) und das Vertrauen auf JHWH (V. 7 und 10) zu erschüttern. Für den Verfasser der Streitrede stehen diese drei Größen offensichtlich auf einer Linie. Es ist im Sinne des Feindes, das Vertrauen in diese drei Größen oder in eine davon zu zersetzen. Sie sind die Basis eines wirkungsvollen Aufstands (V. 5b, *marad*). Für den hist. Jesaja bildeten das Vertrauen auf die eigene Kraft und Klugheit (Plan; Jes 29,15; 30,1; vgl. schon Jes 8,10) und auf die Rosse Ägyptens (Jes 30,16; 31,1–3) eine Alternative zum Vertrauen auf JHWH (§ 512–537). Die Polemik gegen das Bündnis mit Ägypten hat eine noch deutlichere Parallele als bei Protojesaja im Buch Ezechiel. Dort findet sich in einer ägyptenkritischen Passage die Metapher vom Schilfrohr, das statt zu stützen sich in die Hand bohrt (vgl. Jes 36,6 mit Ez 29,6b–7). In der Jesaja-Erzählung wird das Wort Ezechiels dem Rabschake in den Mund gelegt und der Prophet so dem Erzfeind Jerusalems gleich gestellt. Ägypten hat Juda gut 100 Jahre nach dem Angriff Sanheribs zu Beginn des 6. Jh.a noch einmal dazu verleitet, einen Aufstand zu wagen (§ 786–788), diesmal nicht gegen Sanherib und Assur, sondern gegen Nebukadnezzar und die Babylonier (vgl. BZAW 187, 1990, 339–346, Hardmeier).

§ 992   Selbst die Argumentation, mit der Rabschake das Vertrauen auf JHWH untergräbt, kann sich auf Jesaja stützen. Auch Jesaja hat in Assur ein Werkzeug JHWHs sehen können (Jes 10,6; 29,3f; vgl. schon Jes 7,17–20). Dadurch, dass der Text diese Worte dem Jerusalem gegenüber feindseligen Assyrer in den Mund legt, qualifiziert er diese Position aber als Jerusalem und JHWH feindlich.

Als »assyrisch« wird in Jes 36,7//2Kön 18,22 auch jede Polemik gegen die Kultzentralisation hingestellt, die hier wie in 2Kön 18,4a als Werk des Hiskija gilt, in Wirklichkeit aber erst unter Joschija stattgefunden hat (§ 487–495). Die Stelle zeigt, dass die

Nationalreligiösen, die für die Rebellion gegen Babylon eintraten, an der Kultzentralisation festhielten.
Mit Hilfe der Rabschake-Rede werden also eine ganze Reihe theologischer Positionen als »assyr.« bzw. anti-jerusalemisch disqualifiziert, die z.T. vom hist. Jesaja und zu Beginn des 6. Jh.a von Leuten wie Ezechiel und Jeremia vertreten wurden.

§ 993 Nachdem der Rabschake in einer ersten Rede versucht hat, das Vertrauen Hiskijas in seine eigene Kraft, die Unterstützung Ägyptens und die Hilfe JHWHs zu destruieren, ersuchen ihn die drei Minister (36,11–13a), aram. und nicht jud. (hebr.) zu sprechen.

Die Bitte wirft ein interessantes Licht auf die Sprachgeschichte Jerusalems. Das Aramäische beginnt wegen der seit dem 9./8. Jh.a zahlreichen aram. Soldaten und Beamten in assyr. Diensten im W zu einer Art *lingua franca* zu werden. Der Text setzt voraus, dass es im 8./7. Jh.a in Jerusalem nur von Gebildeten verstanden worden ist. Die gewöhnlichen Leute sprechen Hebräisch (*jᵉhudit*; eigentlich »Judäisch«). Unter den Persern hat das Aramäische gewaltig an Bedeutung gewonnen. Um 400a gibt es nach Neh 13,23f in Jerusalem schon Leute, die kein Hebräisch (*jᵉhudit*) mehr konnten. Ob der Erzähler etwas naiv annahm, der assyr. Rabschake habe Hebräisch gesprochen oder ob er selbstverständlich meinte, er habe sich eines Dolmetschers (aus Lachisch) bedient, bleibe dahingestellt.

Die Bitte der Minister, aram. und nicht jud. zu sprechen, soll verhindern, dass »das Volk auf der Mauer« den Verhandlungen folgen kann. Damit bereitet die Erzählung genau das vor, was der Rabschake im nächsten Redeabschnitt anstrebt. Er will im zweiten Teil seiner Rede (36,13b–20) einen Keil zw. Hiskija und seine Leute treiben. Diese müssen, so argumentiert er, schließlich den ganzen Dreck (der verfehlten Politik Hiskijas) ausfressen, sie müssen angesichts der voraussehbaren Hungersnot bei der drohenden Belagerung »ihren eigenen Kot essen und ihren Harn trinken«. Das erinnert an die Zeichenhandlung mit dem Notbrot, mit der Ezechiel vor dem Aufstand gegen Babylon gewarnt hat (Ez 4,9–15*; § 912). Das erinnert an Jeremia, der zur Zeit der babylon. Belagerung mit seinen »Reden die Hände der Krieger lähmte, die in der Stadt noch übriggeblieben waren« (Jer 38,4) und sich so den Zorn der Beamten zuzog, die vom König verlangten, ihn mundtot zu machen, und das auch erreichten. Ezechiel und Jeremia erscheinen im Licht des zweiten Teils der Rede noch deutlicher als Wehrkraftzersetzer, als Instrumente der Politik des Feindes, als im ersten.

Zweiter Teil der Rabschake-Rede: Gegen das Vertrauen des Volkes

§ 994 Jes 36,13b–20 gliedert sich nach dem Aufruf von V. 13b, auf den Großkönig zu hören, deutlich in drei Teile: V. 14–16a, 16b–17 und 18–21. Das Mittelstück bildet die Kapitulationsaufforderung. Gerahmt wird es durch die beiden Aufforderungen, sich von Hiskija nicht täuschen zu lassen.
Die erste Aufforderung in den V. 14–16a, sich nicht von Hiskija täuschen (*'al-jaššiʾ lakæm ḥizqijahu*) und zum Vertrauen auf JHWH verleiten zu lassen (*'al-jabṭaḥ 'ætkæm*), JHWH werde sie sicher retten (*haṣṣel jaṣṣilenu jhwh*; vgl. V. 18a) und die Stadt nicht in die Hand des Assyrerkönigs geben, erinnert in allen wichtigen Begriffen an Äußerungen Jeremias, in denen er das Volk warnte, die (falschen) Propheten bzw. ihre eigenen Wünsche würden sie durch ihre unbegründeten und falschen

Heilsverheißungen und -hoffnungen täuschen (Jer 4,10; 29,8; 37,9; Hif. Bildungen der Wurzel *naša'*), auf Nichtiges zu vertrauen (Jer 7,8.14; *baṭaḥ*), nämlich darauf, gerettet zu werden (Jer 7,10; Nif. von *naṣal*), weil die Stadt nicht in die Hand des Feindes gegeben werde (Jer 32,3.24f.28; 38,3). Rabschake redet wie Jeremia, und damit wird die Verkündigung des Jeremia, der die Unterwerfung unter die Babylonier fordert, als Feindpropaganda entlarvt. Oder anders gesagt: So wie Jeremia redet, hat zur Zeit Hiskijas und Jesajas der assyr. Feind gesprochen. Noch J. Scharbert hat – zur Zeit des Kalten Krieges von der Notwendigkeit dezidierten Widerstandes und militärischer Bündnisse wie der NATO überzeugt – Jeremia im Sinne der Erzählung von Jes 36–37 als Hochverräter disqualifiziert (Die Propheten II 462). Wir haben also innerhalb der einen kanonischen Heiligen Schrift Positionen, die sich gegenseitig als theologisch verwerflich denunzieren.

§ 995   In Jes 36,16b–17 fordert der Rabschake (Mundschenk) die Bewohner der Stadt auf, mit ihm Frieden zu schließen und unter idealen Bedingungen im Land zu bleiben (1Kön 5,5). V. 17 eröffnet sogar, dass sie später deportiert bzw. nett gesagt in ein Land geführt werden, das die gleichen Produkte hervorbringt wie das ihre (vgl. Dtn 7,13; 12,17). H. Wildberger, der damit rechnet, dass die Rabschake-Reden doch in etwa die Worte des assyr. Diplomaten wiedergeben könnten, findet in V. 17 die unglückliche Idee eines Ergänzers (BK X/3, 17). Da es sich bei den Rabschake-Reden aber um Produkte der Hiskija- und Jesaja-Rezeption zur Zeit der babylon. Krise handelt, ist V. 17 als Element zu sehen, das die Kapitulationsempfehlung des Jeremia *ad absurdum* führen soll (vgl. Jer 38,2.17f; vgl. BZAW 187, 1990, 369–379, Hardmeier), ungefähr in dem Sinne: Am Schluss werden sie uns doch deportieren.

Die zweite Aufforderung in den V. 18–21, sich nicht verführen zu lassen, greift das Hochmutsmotiv aus Jes 10,9–11 auf, wo der Assyrerkönig sich rühmt zahlreiche Städte erobert zu haben, deren Götter ihnen nicht helfen konnten. Die Eroberung der Städte, derer der Assyrerkönig sich rühmt, ist dort wahrscheinlich sekundär als Sieg über deren Götzen (*'ælilim, pesilim, 'aṣabim*) interpretiert. Hier (V. 18–21) geht es von Anfang an um die Gottheiten dieser Städte (*'ælohæm*) und es geht darum, dass JHWH einer von ihnen ist und sich nicht von ihnen unterscheidet. Der Vorwurf an Jeremia, Ezechiel und ihre Anhänger, die angesichts der babylon. Gefahr die Kapitulation Jerusalems fordern, geht dahin, die Sonderstellung JHWHs unter den Göttern nicht ernst zu nehmen. Weil die andern Götter es nicht konnten, kann JHWH es auch nicht. Jeremia und Ezechiel wird eine ungläubige Außenansicht unterstellt. Jeremia und Ezechiel haben aber nicht so argumentiert. Dieser Schluss wird ihnen jedoch hier von den »Patrioten« unterstellt. In Wirklichkeit verkündeten Jeremia und Ezechiel, dass JHWH nicht will, nicht, dass er nicht kann.

§ 996   Der Abschnitt Jes 36,21–37,5 schildert die Reaktion der Besatzung, die in befohlenem Schweigen besteht, die der Minister – sie zerreißen ihre Kleider – und die des Königs. Auch er zerreißt seine Kleider. Dieser Akt ist Ausdruck der inneren Verwüstung und Trauer, wie sie z.B. durch Blasphemien ausgelöst werden (Mk 14,63; Mt 26,65; vgl. § 676.950). Als Blasphemie (37, 4; *leharef 'ælohim ḥaj*) werden die Äußerungen des Rabschake (bzw. Jeremias und Ezechiels) von der Gesandtschaft bezeichnet, die man zum Propheten Jesaja schickt. Die Gesandtschaft besteht neben den schon genannten Ministern Eljakim und Schebna aus den Ältesten der Priester, die Joach ersetzen. Sie bittet Jesaja für den Rest, der sich noch findet (*ha-š^e'erit ha-nim-ṣa'ah*), zu beten und die Bestrafung des Gotteslästerers zu erwirken. Während Jesaja und jedenfalls das Protojesajabuch das maskuline *š^e'ar* bevorzugen (Jes 7,3;10,20–22), braucht das Jeremiabuch das feminine *š^e'erit* (25 mal). Allerdings erhält Jeremia den Befehl, nicht für dieses Volk zu beten (Jer 7,16; 11,14; 14,11), und droht dem Rest den Untergang an (Jer 8,3).

§ 997 In Jes 37,6–7 liefert Jesaja hingegen das gewünschte Orakel. Der König soll sich durch die Lästerungen der Knechte des Königs von »Assur«, d. h. durch Jeremia, Ezechiel und ähnliche Leute, nicht beeindrucken lassen. Etwas enigmatisch wird gesagt, JHWH werde einen »Geist« (*ruaḥ*) in ihn, den Assyrerkönig, geben und ihn eine »Nachricht, eine Kunde, ein Gerücht (*š^emu'ah*)« hören lassen. Die Vagheit dieser Ankündigung hat ganz verschiedene Deutungen provoziert (OTS 28, 1992, 120, Smelik). Beachtet man den Fortgang der Erzählung, muss mit dem »Geist« der Geist der Blasphemie (Jes 37,10b–13; zu einem »Lügengeist«, den Gott schickt, vgl. 1Kön 22,21) und mit der »Nachricht« die Nachricht vom Tod von 185000 Soldaten (Jes 37,36) gemeint sein. Sie werden veranlassen, dass der König von Assur in sein Land zurückkehren und dort durch das Schwert zu Fall kommen wird. Dieses erfreuliche Orakel, das die Legende hier Jesaja in den Mund legt, orientiert sich z. T. an Jes 7. Das »Fürchte dich nicht vor …!« von Jes 7,4 wird in Jes 37,6 wörtlich wiederholt. Die Größen, die nicht gefürchtet werden sollen, sind allerdings signifikant verschieden. In Jes 7,4 sind es zwei politische Mächte, die offensichtlich abgewirtschaftet haben; in Jes 37,6 geht es um eine (realistische) Deutung der Fakten, die in den Wind geschlagen werden soll. Der Abzug und die Ermordung Sanheribs, die in V. 7 »vorausgesagt« werden, werden aufgrund der viel später eintretenden Ereignisse vorausgesagt (*vaticinia ex eventu*), die dem Erzähler bekannt waren (vgl. 37,37–38; vgl. § 531.983).

§ 998 Im Verbindungsstück Jes 37,8–9a bzw. 2Kön 19,8–9a zw. der Rede Rabschakes und dem Brief Sanheribs findet sich die Aussage, dass der nubisch-ägypt. Pharao Tirhaka ein Expeditionsheer gegen Sanherib nach Palästina geführt habe. Ob Tirhaka/Taharqa damals neun oder schon 20jährig war, wurde oben in § 541 diskutiert. Jedenfalls war er, der von 690–664a regierte, 701a noch nicht König, wie er in Jes 37,9a bzw. 2Kön 19,9a genannt wird. Ob der Zusammenstoß zw. dem ägypt. Expeditionsheer und den Assyrern bei Elteke am Anfang des Feldzugs stattgefunden hat, wie es die assyr. Annalen schildern, oder nachdem Sanherib bereits vor Lachisch kampiert und mit Jerusalem verhandelt hatte, wie es hier dargestellt wird, bleibt unklar.

Zweiter Teil der Erzählung:
Der Brief Sanheribs und das dadurch veranlasste Gebet Hiskijas

§ 999 Die zweite assyr. Stellungnahme in Jes 37,9b–13 bedeutet insofern eine Steigerung gegenüber der Rede des Rabschake, als es sich, wie aus V. 14 hervorgeht, nicht mehr um mündliche, sondern um eine schriftliche Botschaft des Großkönigs handelt. *Verba volant, scripta manent.* Wie die Rabschake-Rede (vgl. 36,2.4) richtet sich auch dieser Brief direkt an Hiskija. Wurde im zweiten Teil der Rabschake-Rede der Versuch unternommen, die Besatzung und den König auseinander zu dividieren, so wird hier endgültig erstrebt, Hiskija und JHWH auseinander zu bringen, nun aber nicht mehr dadurch, dass behauptet wird, JHWH stünde eigentlich auf Seiten der Assyrer (36,7 und 10), sondern indem das, was der zweite Teil der Rabschake-Rede der Besatzung suggerierte, dem König selbst suggeriert wird: JHWH unterscheidet sich in nichts von den ohnmächtigen Gottheiten anderer Völker. V. 10 nimmt Wort für Wort die Thematik von 36,13b–15 wieder auf. Nur heißt es nun nicht: »Hiskija soll euch nicht täuschen …«, sondern »JHWH soll dich (Hiskija) nicht täuschen …«. Die V. 37,11–13 wiederholen im Wesentlichen 36,18–20, wobei das zweite Mal doppelt so viele Reiche aufgezählt werden wie das erste Mal. Und wurde das erste Mal nur gesagt, diese Völker seien nicht gerettet worden (*naṣal* Hif.), so wird jetzt zusätzlich erwähnt, dass sie schon von den Ahnen (»Vätern«) Sanheribs gebannt und vernichtet wurden, dass es sich also nicht nur um einen temporären Schlag gehandelt hat.

§ 1000   In Jes 37,14–20 schickt Hiskija nicht wie in 37,2 zu Jesaja, sondern unterbreitet die schriftliche Lästerung JHWH persönlich. In einem feierlichen Gebet (V. 16–20) wendet sich Hiskija an JHWH:

»16 JHWH der Heere, Gott Israels, der auf den Keruben thront, du bist es, der allein Gott ist für alle Königreiche der Erde (*'attah hu' ha-'ælohim lᵉbaddᵉka lᵉkol mamlᵉkot ha-'aræṣ*). Du bist es, der Himmel und Erde gemacht hat. 17 Neige dein Ohr und höre, öffne deine Augen und sieh und höre auf alle Worte Sanheribs, die er geschickt hat, um den lebendigen Gott zu verhöhnen (*lᵉḥaref 'ælohim ḥaj*). 18 Tatsächlich haben die Könige von Assur alle Völker und ihre Länder (vgl. 2Kön 19,17) verwüstet. 19 Sie haben ihre Götter (*'elohæm*) dem Feuer übergeben, denn sie waren ja keine Götter, sondern das Werk von Menschenhänden, Holz und Stein, und sie haben sie vernichtet. 20 Jetzt aber, JHWH, unser Gott, rette uns aus seiner Gewalt, damit alle Königreiche der Erde erfahren (erkennen), dass du JHWH allein Gott (vgl. 2Kön 19,19) bist (*ki-'attah jhwj 'elohim lᵉbaddᵉka*).«

JHWH muss Jerusalem als einzige Stadt retten, damit allen klar wird, dass das Bekenntnis Hiskijas zu JHWH als einzigem Gott zu Recht abgelegt wurde. Mit dem Fall oder der Errettung Jerusalems steht also nichts weniger auf dem Spiel als das Offenbarwerden JHWHs als des einen und einzigen Gottes und damit das Offenbarwerden der Richtigkeit des explizit monotheistischen Glaubens.

§ 1001   Wunderbarerweise weiß Jesaja vom Gebet des Hiskija und übermittelt ihm in Jes 37,21–35 die Antwort bzw. mehrere Antworten JHWHs. Die Einleitung zu einer solchen in V. 21b, die in V. 22a wiederholt wird, lässt allerdings vermuten, dass es ursprünglich nur die war, die in 37,33–35 steht.

Sie kommt in ihrer Art der ersten in 37,6–7 am nächsten. Zwischen die Einleitung in V. 21b und dem Orakel in 37,33–35 wurden ein langes Spottgedicht (37,22–29) und ein »Zeichen« (37,30–32) eingefügt (vgl. Childs, Isaiah 96f). Nach deren Einfügung musste dann die Einleitungsformel von 37,21b in 33a wiederholt werden. Das ursprüngliche zweite Orakel in der Erzählung konzentriert sich im Gegensatz zum ersten in Jes 37,6–7, das Anfang und Ende des rettenden Geschehens ins Auge fasste, auf das unmittelbar anstehende Problem: Ob Sanherib die Stadt belagern und erobern wird oder nicht.

Das Orakel in den V. 33–35 sagt wohl nicht, wie oft verstanden, Sanherib werde nicht *in die Stadt* eindringen, sondern er werde gar nicht *bis zur Stadt* (*'æl ha-ʿir*) vordringen und eine richtige Belagerung anfangen. »Und ich werde schützend über dieser Stadt sein um sie zu erretten (*wᵉgannoti ʿal ha-ʿir ha-zo't lᵉhošijaʿ*; vgl. Jes 38,6 Par)«. Das »Schützen« (Basis *ganan*) ist wohl aus Jes 31,5 übernommen (vgl. § 528–530; vgl.

zur Nachgeschichte Sach 12,8). Der Rest ist wiederum ein *vaticinium ex eventu*. Sanherib hat die Stadt zwar einschließen lassen, ist aber nie selbst vor Jerusalem erschienen, um eine eigentliche Belagerung der Stadt zu beginnen (vgl. ZDPV 102, 1986, 93–109, van der Kooij).

Die Rettung

§ 1002 Die letzten drei Verse der Erzählung, Jes 37,36–38, bringen die Erfüllung der Orakel Jesajas (vgl. dazu auch § 531.983.997). So schön geht es nur in Legenden auf. Ein Bote JHWHs erschlägt im Lager der Assyrer in einer Nacht 185 000 Mann. Das erinnert an die Nacht des Auszugs (Ex 11,4–6; 14,19; zu den Leichen, die am Morgen entdeckt werden, vgl. Ex 14,30). Das Geschehen ist, wie die phantastisch hohe Zahl zeigt, als Wunder gemeint und kann nur als solches adäquat verstanden werden. Einen ähnlich wunderbaren Sieg über Sanherib berichtet Herodot. In der Nacht bevor er (ganz unhist.) ins Ägypten des frommen Priesters Sethos einfallen wollte, fraßen Mäuse die Sehnen der Bogen und das ganze Lederzeug seines Heeres und machten es wehrlos (Historien II 141). Sanherib, der in Jes 37,36 (wohl nur der bekannten geschichtlichen Tatsache zulieb) überlebt, bricht auf und kehrt nach Ninive zurück. Dort wird Sanherib 681a, also 20 Jahre später, ermordet. V. 38 aber stellt es nun so dar, als wäre er gleich nach der Rückkehr in den Tempel seines Gottes gegangen und dort erschlagen worden. Wer den einzigen, lebendigen Gott lästert, ist auch im Tempel seines Gottes bzw. Götzen nicht mehr sicher.

Das erste explizit formulierte Bekenntnis zu JHWH als einzigem Gott

§ 1003 Die Erzählung Jesaja 36–37 interpretiert die Ereignisse von 701a in einer unglaublich triumphalistischen Weise. Statt mit einer Katastrophe (vgl. § 548–553) endet der Aufstand Hiskijas nach Jes 36f mit dem Erweis der Einzigkeit des Gottes Israels. Das Überleben Jerusalems wird in diesem Text zur Geburtsstunde des Monotheismus. Es scheint mir nicht möglich, der von R. Albertz gewagten Behauptung zuzustimmen: »Ohne die Exilserfahrung hätte es in Israel nie die Entdeckung des Monotheismus im strengen Sinne des Wortes gegeben«, wobei er Monotheismus als Glaube an einen einzigen Gott definiert, der den Glauben an die Existenz anderer Götter grundsätzlich ausschließt (BiblEnz 7, 324). Der gegenwärtige Trend, den Exilanten und der Exilzeit große Innovationen zuzutrauen, läuft häufigen geschichtlichen Erfahrungen zuwider. B. Wasserstein sagt z.B. von den Russen und Russinnen, die nach der Oktoberrevolution von 1917 in Palästina strandeten: »Wie so viele andere Exilanten – beginnend mit der Französischen Revolution – blieben sie in den nächsten fünfundsiebzig Jahren dem Lebensstil und Denken ihres *ancien régime* verhaftet« (Jerusalem. Der Kampf um die Heilige Stadt, München 2002, 293; vgl. weiter § 1043).

Das Verdienst der Theologen der Exilszeit scheint zu sein, an dem kurz vor dem Exil entstandenen Bekenntnis trotz widriger Umstände festgehalten und es kräftig entwickelt zu haben. Das Hauptverdienst kommt dabei »Deuterojesaja« zu, der nach der gegenwärtigen Mehrheitsmeinung das monotheistische Bekenntnis als erster formuliert hat (vgl. z.B. H. Vorländer, in: B. Lang, Hg., Der einzige Gott, München 1981, 103–106). Mit »Deuterojesaja« bezeichnet man den (oder die) Autor(en), die

Jes 40–55 geschaffen haben (§ 1141–1187), jenen Teil des Jesajabuches (§ 417f), wo nicht wie im Gros von Jes 1–39 die assyr. Weltmacht den Hintergrund bildet, sondern die babylon., die bereits von der kommenden pers. bedroht ist. Die Texte werden in ihrem Grundbestand in die Zeit um 540a datiert, da in Jes 44,28 und 45,1 der Perserkönig Kyrus II. (559–529a) genannt wird, der damals bereits seinen Siegeszug begonnen hatte, 539a kampflos in Babylon einmarschierte und 538a durch ein Edikt den exilierten Judäern und Judäerinnen eine Rückkehr in ihre Heimat erlaubt haben soll. Nach Deuterojesaja steht diese Wende kurz bevor (vgl. weiter § 1141–1160).

Schaut man die Kapitel Jes 40–55 etwas genauer an, fällt auf, dass JHWH zwar wieder und wieder erklärt, dass außer ihm (*mibbal'adai*) kein Gott, kein Retter, ja überhaupt nichts sei (Jes 43,11; 44,6.8), keiner außer ihm (*zulati*; 45,5.21), beziehungsweise keiner sonst (*'en 'od*; 44,7; 45,21). Israel ist verpflichtet, das zu bezeugen (Jes 43,10; 44,8). Aber so klar, gewaltig und brillant vorgetragen wird, dass JHWH der einzige Gott ist, so vag und unklar ist die Begründung, die dafür etwa in Jes 46,9–10a gegeben wird:

> »9 Denkt an die ersten (Dinge; *ri'šonot*), die aus der Urzeit (*me'olam*),
> denn ich bin Gott und sonst keiner (*ki 'anoki 'el w'e'en 'od*),
> ich bin Gott und niemand ist wie ich (*'ælohim w'e'æfæs kamoni*).
> 10 Ich habe von Anfang an (*mere'š it*) die Zukunft (Endzeit; *'ah'arit*) verkündet,
> von Urzeit an (*mi-qædæm*), was noch nicht eingetreten war.
> Ich habe es gesagt und ich lasse es kommen« (Jes 46,9–10a).

Man gewinnt den Eindruck, es werde hier rhetorisch einprägsam etwas neu verkündet, was dem anvisierten Publikum eigentlich längst bekannt und von ihm akzeptiert ist, nämlich dass JHWH bzw. seine Propheten (Jesaja, Jeremia, Ezechiel?) Ereignisse angekündigt haben bzw. ankündigen (Deuterojesaja), die dann eingetroffen sind bzw. eintreffen werden. JHWH ist so als Herr der Geschichte erwiesen, insofern seine Propheten wahre Propheten sind (Dtn 18,22). Welche Ereignisse das genau waren, wird nicht gesagt. Das ist auch nicht nötig. Die Formen der rhetorischen Frage und des rhetorischen Imperativs, die Dtjes so gerne benützt, stellen die Sache einfach als evident dar. Dabei bleibt Dtjes recht abstrakt und abgehoben. Die Rhetorik blendet und lässt einen den Mangel an argumentativer Substanz übersehen.

§ 1004 Ebenfalls in die Exilszeit, die Zeit Deuterojesajas, wird eine Aussage der Einzigkeit datiert, die sich in Dtn 4,35 findet. G. Braulik hat darzustellen versucht, wie die dtn./dtr. Theologie über nicht weniger als fünf Stufen vom »JHWH ist einzig …« (Dtn 6,4; vgl. § 745–755) des 7. Jh.a zum »JHWH ist der Gott, keiner sonst außer ihm (*jhwh hu'ha-'ælohim 'en 'od mill'ebaddo*)« (Dtn 4,35) emporgestiegen ist. Die letzte im strengen Sinne monotheistische Formel soll im 6. Jh.a im Exil in Babylon unabhängig vom sog. Deuterojesaja entstanden sein (in: QD 104, 1985, 115–159, Haag). In Dtn 4 wird konkreter als bei Dtjes argumentiert. Da werden die Zuhörerinnen und Zuhörer aufgefordert nachzuforschen, ob zwei Manifestationen JHWHs seit Erschaffung der Menschen nicht völlig einzigartig seien: Erstens »ob je ein Volk die Stimme Gottes aus dem Feuer heraus hat reden hören, wie du es gehört hast«, und zweitens »ob je ein Gott versucht hat zu kommen, um sich ein Volk aus den andern herauszunehmen, unter Prüfungen, Zeichen und Wundern und unter Kriegen und mit starker Hand und gerecktem Arm und unter großen Schrecknissen, wie das alles JHWH, euer Gott, in Ägypten an euch vor euren Augen getan hat. Du hast es zu sehen bekommen, damit du erkennest, dass JHWH der Gott ist, außer dem es keinen gibt« (Dtn 4,33–35; zum zweiten »Beweis« vgl. Jes 64,3; § 1093). Auch hier ist der rhetorische Aufwand nicht gering, wie die Form der rhetorischen Frage, die das Geschilderte als unbestreitbar hinstellt, und die Häufung der wunderbaren Erscheinungen zeigen, die den Exodus begleitet haben sollen. Problematisch ist, dass hier zwei »Ereignisse« aus der mythischen Vorgeschichte bemüht werden, wobei die Singularität mindestens des zweiten in Juda selbst nicht unbestritten war (vgl. Amos 9,7).

§ 1005   In weniger ferne und schwer erforschbare Zeiten als Dtn 4 situiert das Gebet, das dem jud. König Hiskija in Jes 37,16–20 Par in den Mund gelegt ist (§ 1000), den Beweis für die Einzigkeit JHWHs. Die Annahme, die vorerst doch deprimierende Situation des Exils habe den Glauben hervorgebracht JHWH sei der einzige wirkliche und geschichtsmächtige Gott, ist bei näherem Zusehen doch eher unwahrscheinlich. Die von vielen als Versagen JHWHs empfundene Situation (vgl. § 1047–1104) war kaum geeignet, einen bisher unbekannten Status JHWHs über dem aller anderen Götter zu propagieren. Die Annahme eines wie immer gearteten Einflusses eines angeblichen pers. Eingottglaubens ist vor dem Einzug Kyrus' in Babylon doch wohl kaum denkbar. Das würde eine Entstehung des in Jes 40–55 und Dtn 4 proklamierten Eingottglaubens nach dem Exil bedeuten.

Viel plausibler ist eine markante Statuserhöhung JHWHs in der Zeit unmittelbar vor 587a. Damals haben nationalreligiöse Kreise, wie die Erzählung in Jes 36f Par, Ps 48, 76 und ähnliche Texte zeigen, die Verschonung Jerusalems im Jahre 701a zu einem triumphalen Sieg JHWHs hochstilisiert. Die Nationalreligiösen hatten, um ihre tollkühne Rebellion gegen Babylon zu rechtfertigen, allen Grund JHWH als einen Gott zu verkünden, der allen anderen Göttern hoch überlegen, ja überhaupt ganz allein wirklich Gott war. Er allein hatte – und das im Gegensatz zu allen anderen Gottheiten der mächtigen Stadtstaaten Syriens – seine Stadt gegen die Assyrer verteidigt. Die assyr. Macht samt ihren Städten war am Ende des 7. Jh.a ihrerseits die Beute der Feinde geworden. Jerusalem und sein Gott waren die einzigen Unbesiegten. Dieser Glaube konnte sich auf ein handfestes, wenn auch sehr übertrieben interpretiertes hist. Ereignis stützen und war notwendig, um die Tollkühnheit aufzubringen nach dem Debakel von 597a noch einmal zu den Waffen zu greifen. Nach der Katastrophe von 587a aber war die Argumentation von Jes 37,16–20 Par hinfällig geworden. Die Behauptung, das Gebet Hiskijas, das die Einzigkeit JHWHs aufs engste mit dem Nicht-Erobertwordensein Jerusalems verknüpft, sei nach der Katastrophe von 587a formuliert worden, ist ein historiographischer und mentalitätsgeschichtlicher Anachronismus. Dtjes und Dtn 4 haben zwar an der vor 587a erstmals proklamierten Einzigkeit JHWHs trotz allem festgehalten, aber sie mussten neue Begründungen finden. Diese sind eher vag, wie wir gesehen haben (§ 1003f). Sie sind eigentlich nur verständlich, wenn das Resultat schon feststand.

§ 1006   Die Erzählung von Jes 36,1–37,9a Par (vgl. § 985f) wird von O. Kaiser (ATD XVIII 305), Ch. Hardmeier u. a. problemlos in die Zeit vor der Katastrophe von 587a datiert. N. Na'aman möchte sie sogar kurz nach 650a, möglichst nahe an den Ereignissen um Sanherib und Tirhaka entstanden sein lassen. Die Geschichte wäre dann zur Zeit Joschijas in die erste Version des DtrG aufgenommen worden (Bib. 81, 2000, 400f = CE I 188f). Eine solche frühe Entstehung verbietet aber die von Ch. Hardmeier und P. Machinist festgestellte Nähe zur Auseinandersetzung der Erzählung mit den Positionen von Jeremia und Ezechiel kurz vor 587a.

Ebenso selbstverständlich wie der erste Teil der Erzählung (traditionell B$_1$) in vorexil. Zeit datiert wird, wird der zweite (traditionell B$_2$) mit dem Brief Sanheribs und dem Gebet Hiskijas als Nachinterpretation verstanden und als »sicher exilisch« beurteilt (BZAW 187, 1990, 418, Hardmeier; Bib. 81, 2000, 399f, Na'aman = CE I 187f). Einer der Gründe für diese Spätdatierung ist das Bekenntnis zur Einzigkeit JHWHs im Gebet Hiskijas (ATD XVIII 305, Kaiser). Dieses müsse ungefähr zeitgleich mit dem Bekenntnis zum einzigen Gott bei Dtjes und in Dtn 4,35 sein. Gerade das aber scheint mir aus dem in § 1003–1005 genannten Gründen ganz unwahrscheinlich. Woher rührt die Abneigung, die Einzigkeitsformel im Gebet Hiskijas in Jes 37,16–20 als älteste anzuerkennen? Der tiefste und uneingestandene Grund dürfte mehr theol. als hist. Art sein. Wie kann man das in Jes 36f Par hochstilisierte Geschehen von 701a als Wiege der Entstehung des ersten jud. Bekenntnisses zu einem expliziten Monotheismus sehen? Die Konkretheit und Profanität der Erfahrung von 701a und der übertriebene und offensichtlich irrtümliche Charakter ihrer Interpretation können doch nicht Anlass und Wiege eines so zentralen Bekenntnisses sein. Es ist im Lauf der Geschichte Jerusalems und des Monotheismus aber immer wieder festzustellen, dass die Theologie auch auf krummen Wegen gerade voranschreiten kann und fragwürdige Quellen (z.B. das Schema der assyr. Vasallitätsverpflichtungen) wichtige Beiträge zu theologischen Einsichten und Formulierungen geliefert haben. Es ist in der Geistes- und Mentalitätsgeschichte generell nicht selten, dass banale Anlässe und Fehlinterpretationen zu fundamentalen Einsichten führten. Sie haben wie eine Weltraumkapsel ein von der abgestoßenen Trägerrakete unabhängiges Dasein gewonnen; im vorliegenden Falle bei Dtjes und in Dtn 4.

§ 1007   Nebst dieser m.E. entscheidenden Hemmung findet man eine Reihe von Argumenten sprachlicher Art, die angeführt werden, um eine exil. oder gar nachexil. Datierung zu rechtfertigen. Sie fallen m.E. gegenüber dem in § 1003–1005 genannten Gründen nicht ins Gewicht. Erstens ist die Annahme von zwei Erzählungen, wie oben gezeigt wurde (§ 986), problematisch. Will man die zweite in die exil. Zeit datieren, muss man auch die erste. Zweitens sind die sprachlichen Argumente, die für eine exil. Entstehung der zweiten Erzählung angeführt wurden, nicht gewichtig genug, um die vorexil. Datierung aus dem Feld zu schlagen. Entweder gab es diese sprachlichen Wendungen schon am Anfang des 6. Jh.a oder sie sind später aufgrund punktueller Änderungen in den gesamthaft älteren Text geraten. Zu den sprachlichen Problemfällen gehört der Plural »Könige von Assur« (Jes 37,11.18). Er findet sich sonst nur, wenn auch nicht sonderlich häufig, in späten Texten (Neh 9,32; 2Chr 28,16; 30,6; 32,4). Der Singular »König von Assur« kommt in der hebr. Bibel auch in vorexil. Texten Dutzende Male vor. 587a, rund 25 Jahre nach dem Untergang Ninives, war der Abstand schon groß genug, um in einer Art Überblick von den »Königen von Assur« zu reden. Der Plural entspricht aber auch der Steigerung ins Grundsätzliche, die der zweiten Auseinandersetzung mit der assyr. Bedrohung eignet. Ein ähnlicher Plural der Steigerung findet sich schon in einer Elischa-Legende. Da werden »die Könige der Hetiter und der Ägypter« genannt (2Kön 7,6). Die Rabschake-Rede spricht zwar immer vom »König von Assur« in der Einzahl, auch dort, wo man evtl. einen Plural erwarten könnte (Jes 36,18 Par), aber sie hat noch sehr stark die konkrete Bedrohung durch Sanherib und seine Erfolge im Auge. Die zweite Gesandtschaft stellt in allem eine Steigerung und Erhebung ins Grundsätzliche dar. Da ist der Plural angemessen.

§ 1008   Als weiteres sprachliches Argument wird die Identität der Einzigkeitsformel in Jes 37,16.20 Par und in Neh 9,6 angeführt. Aber der Kontext (JHWH der Heere, Gott Israels, Kerubenthroner) ist in Jes 37 viel archaischer als in Neh 9,6, wo die Schöpfungsaussagen in ähnlicher Sprache wie in Ps 103,21 und 148,2 mächtig ausgebaut sind. Neh 9,6 scheint so eindeutig von Jes 37,16.20 abhängig. Das Bekenntnis zu JHWH als Herr der Geschichte und als Schöpfer (Jes 37,16.20 Par) findet sich nicht erst in nachexil. Pss und Gebeten (Ps 135; 136; Neh 9,6–37), sondern schon bei Jeremia (Jes 37,16.20 Par mit Jer 27,4f; vgl. weiter § 828.854). Auch die Götter aus Holz und Stein in Jes 37,19 Par haben ihre nächsten Par im Hosea- und Jeremiabuch (Hos 8,6; Jer 2,11; 10,3; 16,20; vgl. Dtn 27,15). Diese Stellen werden zwar häufig als späte Glossen qualifiziert, aber das ist bes. bei Jeremia durchaus nicht eindeutig. Die sprachlichen Einzelheiten sind diskutabel, aber fallen angesichts des mentalitätsgeschichtlichen Problems kaum ins Gewicht.

§ 1009   Die Praxis, einer Gottheit ein Schriftstück vorzulegen, wie Hiskija das in Jes 37,14 Par macht, ist typisch neuassyr. und in pers. Zeit nicht mehr üblich (ATD XVIII 312, Kaiser; RLA III 575f, Borger; JNES 19, 1960, 144f, Oppenheim). N. Na'aman hat die etwas einseitig auf ein Kriterium gestützte Meinung vertreten, der Schlüssel, die beiden Erzählungen zu datieren, seien die Städtelisten in Jes 36,19 und bes. die in Jes 37,12b.13. (Bib. 81, 2000, 394 = CE I 180). Die Liste in Jes 36,19 zählt mit den Städten Hama, Arpad und Samaria drei Städte auf, die nach dem Tode Salmanassars V. 722a rebelliert haben und von Sargon II. bestraft worden sind. Auch Sefarwajim lässt sich aus diesem Kontext verstehen (Ebd. 394f = CE I 180f). Die Liste in Jes 37,12b.13 wiederholt die in Jes 36,19 genannten Städte außer Samaria. Zusätzlich werden vier nordmesopotam. Städte, nämlich Gozan, Haran (vgl. § 786f), Rezef und Eden aufgezählt, die die Babylonier zw. 612 und 609a erobert haben (Ebd. 396f = CE I 182–184). Weniger eindeutig sind die Städte Telassar, Hena und Awa zu situieren und hist. zu verorten (Ebd. 397f = CE I 184f). Jedenfalls rechtfertigen sie den Schluss nicht, den Na'aman zieht, Jes 37,9b–20 sei nach dem Ende der Regierungszeit Nebukadnezzars II. (605–562a) in Babylonien geschrieben worden (Ebd. 399f = CE I 189). Es gab genug Beziehungen zw. Jerusalem und der Gola in Babylonien (§ 866–875), dass man in Jerusalem die Namen einiger Orte im nö Babylonien kennen konnte, die Nabopolassar oder Nebukadnezzar erobert hatten. Die Erwähnung neulich eroberter großer Städte wie Gozan, Haran, Rezef steigert die Eindrücklichkeit des Arguments, andere Götter seien im Gegensatz zu JHWH nicht in der Lage, ihre Städte zu schützen.

Die Datierung des zweiten Teils der Erzählung von Jes 36–37 Par ist wie die des ersten in der Zeit kurz vor 597 oder 587a plausibler als zu irgendeiner anderen, späteren Zeit. Damit reicht aber auch die Formulierung der »quantitativ-numerischen« Einzigkeit JHWHs wie die der qualitativen Einzigkeit JHWHs, die bei Jeremia und Ezechiel zu finden war (§ 964–973), in die Zeit unmittelbar vor dem Exil zurück und ist dann während des Exils bei Deuterojesaja und in Dtn 4 aufrechterhalten, aber nach dem Fall Jerusalems notgedrungen neu begründet worden (§ 1003–1005).

JUDA UND ASSUR BZW. BABYLON ALS DAVID UND GOLIAT

§ 1010   Die Erzählung von »David und Goliat« in 1Sam 17 hat eine komplizierte Traditionsgeschichte. Schon in der ägypt. Sinuhe-Erzählung (um 1800a) wird ein Zweikampf geschildert, der in Palästina (→I Retschenu) spielt und in manchem an die viel jüngere David und Goliat-Erzählung erinnert (TUAT III/5, 896–898

B109–146, Blumenthal). Die Notiz in 2Sam 21,19 über Elhanan, den Sohn Jaïrs aus Betlehem, der den Goliat aus Gat erschlug, dessen Speer einem Weberbaum glich, und die Notiz über das Schwert Goliats, das – in einen Mantel gehüllt – hinter dem Efod im Tempel von Nob aufbewahrt wurde (1Sam 21,10), dürften die ältesten Hinweise auf eine Goliat-Tradition sein. Sie ist, wie die Elhanan-Notiz zeigt, erst sekundär auf David übertragen worden (vgl. § 161; ein Versuch, das Wachsen der Tradition zu skizzieren, findet sich in ZAW 108, 1996, 172–191, Dietrich). Der große Unterschied zw. der hebr. und der griech. Version und die Schwierigkeit, um nicht zu sagen Unmöglichkeit, festzustellen, welche von welcher abhängt, zeigen, dass am Text noch lange gearbeitet worden ist (vgl. OBO 73, 1986, Barthélemy/Gooding/Lust/Tov).

Welche Version man auch immer als die ältere betrachtet, beide haben Gemeinsamkeiten mit der Hiskija-Sanherib-Erzählung von Jes 36–37 Par. In beiden Erzählungen, der Hiskija-Sanherib und der David-Goliat, wird Israel bzw. Jerusalem von einem militärisch weit überlegenen Feind angegriffen. Die militärische Überlegenheit wird allerdings sehr verschieden dargestellt. In der Hiskija-Sanherib-Erzählung sind es die gewaltige Zahl der Pferde und Offiziere der assyr. Armee (Jes 36,8f Par) und deren unvergleichliche militärische Leistungen (Jes 36,19; 37,12b.13 Par), die Hiskijas Chancenlosigkeit demonstrieren sollen. In der David und Goliat-Erzählung stehen zwei einzelne Vorkämpfer einander gegenüber. Aber auch hier lassen die gigantische Rüstung und Bewaffnung Goliats (1Sam 17,4–7) seinen Gegenspieler David chancenlos erscheinen. Schon oft ist versucht worden, die detailliert beschriebene Ausstattung Goliats archäologisch-ikonographisch zu verorten. Helm, Schuppenpanzer, Beinschienen, Krummschwert, Lanze, Schild (V. 5–7) und ein Schwert (V. 51) erinnern am ehesten an die Ausstattung der schwer bewaffneten griech. Infanteristen, der Hopliten (vgl. →II **531**). Besonders Beinschienen sind im alten Orient unbekannt. Die für Hopliten typische Ausrüstung ist seit dem späten 8. Jh.a bezeugt, die für sie typische Kampfart in Schlachtreihen seit dem 7. Jh.a (Der Neue Pauly V 714f, Gehrke). Vielleicht befanden sich Krieger dieser Art unter den Söldnern, die mit Psammetich I. (664–610a) nach Palästina kamen (vgl. § 622). »Schuppenpanzer« waren bei den Hopliten aber nicht üblich, sondern eher assyr. (→II **604**). Das Krummschwert (*kidon*) ist sogar typisch für das 2. Jt.a (OBO 5, 1974, 13–88, Keel). Das von K. Galling zusammengestellte Material, hauptsächlich aus sbz-mykenischer Zeit (VT.S 15, 1965, 150–169), ist von der Annahme mykenischer Herkunft der Philister bestimmt und selbst für die in 1Sam 17 erzählte Zeit zu früh, von der Erzählzeit ganz zu schweigen. Die vom Text intendierte Aussage ist aber, wie Galling klar gesehen hat, weniger ein genaues Bild als die von Goliat angestrebte Unverwundbarkeit darzustellen ein typischer Fall von »Überrüstung« (ZAW 108, 1996, 185, Dietrich; zur Bewaffnung vgl. weiter atm. 4, 1997, 71f, Nitsche; JSOT 27/2, 2002, 142–148, Finkelstein, der die Nähe zur Bewaffnung der Hopliten unterstreicht). Ihm steht ein David gegenüber, der einzig durch sein Vertrauen auf JHWH stark und siegreich ist. Er hat damit Züge des von JHWH gesandten Heilsbringers, wie sie in dieser Zeit auch Hiskija und Joschija gewinnen (zu Hiskija und Joschija als messianischen Gestalten vgl. Schmid, in: FS Leene 191–195).

§ 1011   Nebst der etwas abstrakten Gemeinsamkeit des militärisch überlegenen Gegners, der einen Schwächeren angreift, der sein ganzes Vertrauen auf Gott setzt und von Gott gesandt ist Heil zu schaffen, haben die Hiskija und Sanherib- und die

David und Goliat-Erzählungen manche konkrete Motive gemeinsam. So hat etwa St.A. Nitsche beide Texte als Geschichten der antibabylonischen Partei zu Beginn des 6. Jh.a gesehen (atm. 4, 1998, 70–81). Einem sprachlich fast identischen Ausdruck in beiden Erzählungen, der sich ausschließlich in ihnen findet, hat Nitsche m.E. zu wenig Bedeutung beigemessen. In seiner Reaktion auf die Rede des Rabschake lässt Hiskija Jesaja ausrichten:»Vielleicht hört JHWH … die Worte des Rabschake, den sein Herr, der König von Assur, geschickt hat, um den lebendigen Gott zu verhöhnen (*l^eḥaref ʾᵃlohim ḥaj*)« (Jes 37,4). Den gleichen Ausdruck benützt Hiskija, wenn er im zweiten Teil der Erzählung selbst vor JHWH tritt, den Brief Sanheribs vor JHWH ausbreitet und ihn auffordert zu sehen und zu hören, was Sanherib da geschickt hat »um den lebendigen Gott zu verhöhnen (*l^eḥaref ʾᵃlohim ḥaj*)« (37,17). Der Ausdruck verbindet die zwei Teile der *einen* Erzählung, die häufig als zwei Erzählungen verstanden wird (§ 986). In dem nach Smelik (vgl. § 986) original zur Erzählung gehörigen Spottgedicht Jesajas wird nochmals auf dieses Thema angespielt, wenn dem Assyrerkönig gesagt wird:»Wen hast du verhöhnt und beschimpft (*ḥerafta w^egiddafta*) … Den Heiligen Israels! Durch deine Gesandten hast du den Herrn verhöhnt (*ḥerafta ʾᵃdonaj*; Jes 37,23f)«. Die »Ehre-versus-Schande«-Thematik prägt die ganze Hiskija-Sanherib Überlieferung (OTEs 13/3, 2000, 269–282, Botha; 348–363, Prinsloo).

§ 1012 Noch häufiger erscheint das Stichwort »Verhöhnen« in der David und Goliat-Erzählung. Goliat stellt eingangs fest:»Heute verhöhne ich die Schlachtreihen Israels (*ḥerafti ʾæt-maʿᵃrᵉkot jisraʾel*)« (1Sam 17,10). Wie der Philister am Tag, da David ins Lager kommt, wieder vortritt, sagen die Israeliten:»Habt ihr den Mann gesehen, der da heraufkommt … um Israel zu verhöhnen (*l^eḥaref ʾæt-jisraʾel*)« (17,25). David erkundigt sich, was dem Mann zuteil wird, der »diesen Philister erschlägt und den Hohn (*ḥærpah*) von Israel wegnimmt. Wer ist dieser unbeschnittene Philister, dass er die Schlachtreihen des lebendigen Gottes verhöhnt (*ki ḥeref maʿᵃrᵉkot ʾᵃlohim ḥajjim*)« (17,26). In seinem Gespräch mit Saul rühmt sich David, als Hirte Löwen und Bären getötet zu haben. »Diesem unbeschnittenen Philister soll es genauso ergehen, weil er die Schlachtreihen des lebendigen Gottes verhöhnt hat« (17,36). Und David geht zum entscheidenden Kampf auf Goliat zu mit den Worten:»Du kommst auf mich zu mit Schwert, Lanze und Krummschwert, ich aber komme auf dich zu im Namen JHWHs der Heere, des Gottes der Schlachtreihen Israels, den du verhöhnt hast (*ḥerafta*)« (17,45).

9.7 UNIVERSALER UND PARTIKULÄRER MONOTHEISMUS

§ 1013 Die Ausdrücke »den lebendigen Gott verhöhnen« (Jes 37,4.17 Par) und »die Schlachtreihen des lebendigen Gottes verhöhnen« (1Sam 17,26.36) sind zwar nicht identisch, stehen sich aber doch sehr nahe. Der Hiskija und der David der Erzählung betrachten sich als Verbündete und Parteigänger des einen wahren »lebendigen Gottes«, während Sanherib in seiner Überheblichkeit und der unbeschnittene Goliat als Gottesfeinde gezeichnet werden. Der Ausdruck »lebendiger Gott« charakterisiert JHWH als einzigen »wahren Gott (*ʾᵃlohim ʾᵉmæt*)« (Jer 10,10). Im Vergleich zu ihm sind die Götter der Völker nichts (Jer 10,1–16). Jeremia und Ezechiel nehmen JHWH als einzigen Gott ernst, indem sie auch die anderen Völker als Ausdruck seiner Geschichtsmächtigkeit ernst nehmen und beispielsweise dazu auffordern, sich Nebukadnezzar zu unterwerfen und die Verträge mit ihm zu halten, weil JHWH zur Zeit die Macht ihm übertragen habe. Wird da das Faktische einfach zur Norm erhoben? Das ist bei Jeremia (§ 876) ebenso wenig der Fall wie bei Jesaja (§ 461), aber sie sehen in einem konsequenten qualitativen Monotheismus die ganze Menschheit in der Hand JHWHs und die jeweilige Großmacht ebenso als sein Werkzeug wie sich selbst.

Die Hiskija-Sanherib- und die David-Goliat-Erzählung vertreten hingegen einen Monotheismus, der sich selbst auf Seiten des einzigen wahren Gottes wähnt und den Rest der Menschheit als *massa damnata* sieht. Dieser auch lokal eingegrenzte *eine* Gott wohnt weniger im Himmel (vgl. Ez 1) als in Jerusalem, vor dessen Mauern 185000 Assyrer erschlagen werden (Jes 37,36) und wohin der abgehauene Kopf Goliats gebracht wird (1Sam 17,54; vgl. § 161).

Beide Formen des Monotheismus, der universale und der partikuläre, sind seither immer wieder virulent geworden. Der universale Monotheismus sieht die ganze Menschheit und die ganze Schöpfung als Werk des einen Gottes und versucht ein gedeihliches geschwisterliches Zusammenleben. Der partikuläre Monotheismus identifiziert die Gläubigen mit ihrem einen Gott und sieht den Rest als Feinde dieser heilig-unheiligen Allianz.

§ 1014   Die Erzählung von David und Goliat wird meist ganz und gar positiv rezipiert. W. Dietrich sagt von ihr im Anschluss an eine Formulierung von W. Brueggemann: »Immer wieder hat sie Schwachen Mut gemacht, Drohungen von Starken standzuhalten« (ZAW 108, 1996, 172). Das mag richtig sein. Wenn die Zeit unmittelbar vor 587a als Kontext mindestens einer relativ ausgereiften Version der Erzählung zutrifft, hat sie in diesem Falle – und wahrscheinlich noch oft – zu katastrophalen militärischen Abenteuern ermutigt. Im Neuen Testament wird argumentiert: »Wenn ein König gegen einen anderen in den Krieg zieht, setzt er sich dann nicht zuerst hin und überlegt, ob er sich mit seinen zehntausend Mann dem entgegenstellen kann, der mit zwanzigtausend gegen ihn anrückt? Kann er es nicht, dann schickt er eine Gesandtschaft, solange der andere noch weit weg ist, und bittet um Frieden« (Lk 14,31f). Die David und Goliat Erzählung suggeriert ein ganz anderes Verhalten. Sie rechnet damit, dass Gott ganz eindeutig auf Seiten derer ist, die die Geschichte erzählen, weil ihr Gott ja der einzig wahre Gott ist. Zahlen spielen da keine Rolle. Hier wirken Vorstellungen vom alten JHWH-Krieg nach (vgl. 2Sam 24 und § 261).

Die Positionen des JHWH-Kriegs lassen sich von einer konsequent monotheistischen Sicht beschränkt rechtfertigen. JHWH-Kriege waren in der Regel Defensiv-Kriege. In einem konsequent monotheistischen System muss der eine Gott auf Seiten der Schwächeren, zu Unrecht Angegriffenen stehen. Das aber rechtfertigt noch nicht jede kriegerische Aktion eines Schwächeren gegen den Stärkeren. Sie kann, wie das 587a der Fall war, katastrophale Folgen für ihn selbst haben. Wie so oft jedoch waren die Folgen der Katastrophe nicht nur negativ. Jeremia und Ezechiel wurden dadurch in ihrer Sicht bestätigt. Die Diaspora in Babylon und Ägypten brachte dem israelit.-jud. Monotheismus neue Impulse und Jerusalem wurde zu einem Zentrum innerhalb der damaligen Ökumene.

9.8 DIE ZERSTÖRUNG JERUSALEMS UND DES TEMPELS

§ 1015   Die politische Großwetterlage in der Zeit vom Tode Joschijas 609a bis zur Zerstörung Jerusalems 587a (§ 777–788), der babylon. Angriff auf Jerusalem von 597a und die verschiedenen Deportationen (auch die nach der Zerstörung Jerusalems 587a), wurden schon skizziert (§ 789–802). Es bleibt nur der eigentliche Vorgang der Zerstörung der Stadt und des Tempels zu beschreiben und die Gründe, die die Babylonier zu diesen Zerstörungen veranlasst haben, denn die Zerstörung eines Tempels war im AO alles andere als eine Selbstverständlichkeit. Dass sich Nebukadnezzar dieses Vorgehen wohl überlegte, zeigt die Tatsache, dass zw. der Eroberung der Stadt und der Zerstörung des Heiligtums ungefähr ein Monat verging.

ARCHÄOLOGIE DES KAMPFES UND DER ZERSTÖRUNG

§ 1016   Die archäolog. nachweisbaren Veränderungen, die Jerusalem am Ende des 8. Jh.a erfahren hat, wurden oben skizziert (§ 466–470 Wohngebiete und Mauern; § 475–478 Wasserversorgung). Einzelne Gelehrte wollen, wie wir gesehen haben, diese Veränderungen in die Zeit Manasses oder gar ans Ende des 7. Jh.a, in die Zeit Joschijas datieren. Archäolog. Reste sind in der Regel zeitlich nicht auf wenige Jahrzehnte genau festzulegen. Feststellen lässt sich, dass die am Ende des 7. bzw. am Anfang des 6. Jh.a lebhafte, dicht besiedelte Stadt eine heftige und gewalttätige Zerstörung erfuhr (zum Ganzen vgl. Bieberstein/Bloedhorn I 73–79).
Ein eindrückliches Beispiel sind die Reste des Turms im Jüdischen Viertel, der ca. 120m n der »breiten Mauer« (§ 468) im Areal W, Stratum VI, gefunden wurde (**498**). Die Mauern des Turms waren bes. an den Ecken aus großen, sorgfältig behauenen Quadern erbaut und waren z. T. bis zu einer Höhe von 8m erhalten (Avigad, Jerusalem 49–54; Avigad/Geva, Jewish Quarter 2000, 131–159). Der Turm war Teil einer Stadtmauer, von der auch weiter w noch ein Stück gefunden wurde. Beide sind die am besten erhaltenen Teile einer solide konstruierten Stadtbefestigung aus der Zeit des 1. Tempels. Am äußeren Fuss des Turms lagen Schichten von Ruß, Asche, Reste von verkohltem Zypressen- und Sykomorenholz. Die Steine des Turms waren an dieser Stelle stark verbrannt. Ca 1m w der Ecke des Turms lagen vier Pfeilspitzen, drei flache für Judäa typische Eisenpfeilspitzen (**499**) und eine dreikantige, sogen. skythische Pfeilspitze aus Bronze, wie sie die Babylonier benützten (**500**). Zahlreiche Pfeilspitzen wurden auch im Areal G gefunden (Qedem 19, 1984, Pl. 33,2, Shiloh), das im folgenden Paragraphen beschrieben wird.

§ 1017   In Shilohs Areal G (Küchler, Jer 33–36) sind im unteren Teil der Stützmauern und der getreppten Rampe aus der ausgehenden SB oder frühen EZ (§ 134f) am Ende des 9. oder evtl. erst im 8. Jh.a auf Terrassen Reihen von Häusern, z. T. unter Benützung von früheren (vgl. § 134), aneinander gebaut worden (Stratum 10). In einem Areal von ca. 12m Breite und 27m Länge wurden Teile von drei Hausreihen freigelegt (**501**). Am besten erhalten war die mittlere Reihe mit dem »Haus des Achiel«, so genannt, weil dort zwei Ostraka gefunden worden sind, auf denen nebst anderen der Name »Achiel« erschien (Qedem 41, 2000, 2f, Ariel). Ein n davon liegen-

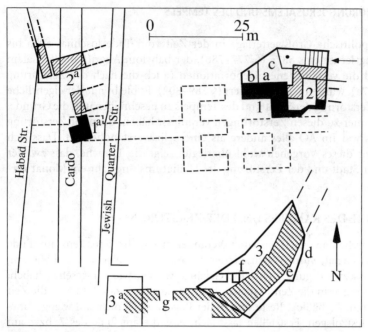

498 Jud. und hasmon. N-Mauern: 1 (schwarz) = jud. Mauerecke des 7. Jh.a als Doppelzangentor rekonstruiert (gestrichelt), mit w Fortsetzung bei 1a; am Fuße der Mauerecke sind beachtliche Reste der Zerstörung von 587a gefunden worden; 2 (grau) = hasmon. »erste Mauer«, mit w Fortsetzung bei 2a; 3 (schraffiert) = jud. »breite Mauer« des 8. Jh. mit w Fortsetzung bei 3a; a = jud. Begehungsebene; b = hasmon. Begehungsebene; c = Fundort der Pfeilspitzen (vgl. **499–500**); d = ez. Häuser; e = N. Avigad's Tor; eher durch Steinraub entstandene Lücke

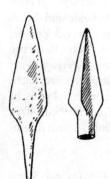

499–500 Eine flache jud. Pfeilspitze und eine dreikantige, sog. skythische wie sie die Babylonier benutzten

der Raum erhielt den Namen »Burnt Room«, weil er bes. starke Brandspuren aufwies. Dass diese Häuser einer Katastrophe zum Opfer gefallen waren, zeigen die zahlreichen Funde. Die Häuser waren nicht verlassen und sorgfältig ausgeräumt worden. Sie wurden samt ihrem Inhalt gewaltsam zerstört. Im »Haus des Achiel« fand man u. a. 37 große Vorratskrüge. Im Haus I am s Anfang der Reihe Dutzende von Gewich-

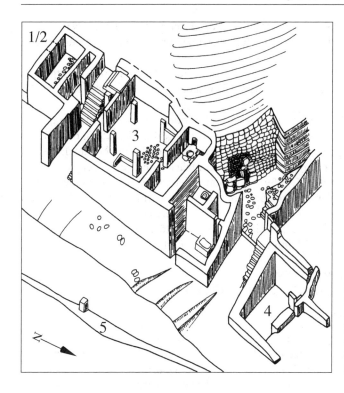

501 »Achiel-Quartier«, isometrische Rekonstruktion: 1/2 = s Häuser; 3 = Achiel-Haus; 4 = verbrannter Raum des n Haus; 5 = Haus der Bullen

ten aller Größen, Steinmesser und Schmuck. Im »Burnt Room« stapelten sich verkohlte Holzreste, die z.T. von Dachbalken, z.T. von geschnitzten Möbeln (**502**) oder Wandverkleidungen (**503**; Qedem 19, 1984, 17–20, Pl. 25–36, Shiloh) stammten. Von der nächst unteren Häuserreihe sind bes. die Reste eines Hauses berühmt geworden, in dem die größte bisher in einer regulären Grabung aufgetauchte Sammlung

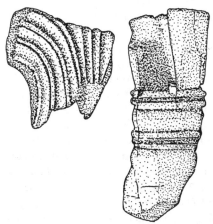

502–503 Reste von einem holzgeschnitzten Möbel und einer Wandverkleidung aus dem sog. »burnt house«

von Bullen gefunden worden ist (§ 692–696), darunter auch solche mit Namen von Persönlichkeiten, die in bibl. Texten in Zusammenhang mit Jeremia genannt werden (vgl. § 812).

Ähnliche Spuren der Zerstörung wie in Areal G sind in Shilohs Areal E festgestellt worden, bes. im sorgfältig gebauten »Ashlar House« (Qedem 19, 1984, 14, Pl. 22–24, Shiloh).

B. Mazar sprach im Hinblick auf die archäolog. Spuren der Zerstörung von 587a von »scanty evidence« (The Mountain of the Lord, Garden City 1975, 60). In den Grabungen s des Tempelbergs auf dem bibl. Ofel, die er und seine Nichte, E. Mazar, veröffentlicht haben, werden aber wiederholt eindrückliche Spuren der Zerstörung erwähnt (Qedem 29, 1989, 21.43.59). Y. Shiloh redet von Zeugnissen einer höchst dramatischen und totalen Zerstörung und verweist abschließend auf Neh 2,13f (NEAEHL II 709). Spuren der Kämpfe sind auch im Bereich der Zitadelle gefunden worden (Küchler, Jer 494). Eine Übersicht über die Zerstörungen nicht nur in Jerusalem, sondern auch in seinem Hinterland bietet O. Lipschits (Fall and Rise 210–218).

DIE ZERSTÖRUNG JERUSALEMS UND DAS SCHICKSAL DER VERANTWORTLICHEN

Das Jahr der Zerstörung

§ 1018   Die Forschung ist sich immer noch uneins, ob die Zerstörung Jerusalems in das Jahr 587 oder 586a zu setzen sei. Man findet in der Literatur beide Daten. Wie kommt es zu dieser Divergenz? Nach der Neubabylon. Chronik wurde Nebukadnezzar im 21. Jahr seines Vaters Nabopolassar, im Jahr der Schlacht von Karkemisch 605a (§ 787), König von Babylon (Grayson, Chronicles 99 5,9–11; TGI² 73f). Ein bibl. Text datiert den Beginn der zweiten (nach der von 597a) Belagerung Jerusalems ins 18. Jahr Nebukadnezzars (Jer 32,1) und zwei Texte datieren die Eroberung und Zerstörung der Stadt in sein 19. Jahr (2Kön 25,8; Jer 52,12), d. h. ins Jahr 586a. Dieses Datum schafft aber ein Problem für die Regierungsjahre der letzten jud. Könige. Das Jahr der Schlacht von Karkemisch (605a) war nach Jer 46,2 das vierte Regierungsjahr Jojakims. Das Todesjahr Joschijas (609a) galt als das Jahr seiner Thronbesteigung, seine elf Regierungsjahre reichten also von 608–598a. Fiele die zweite Deportation ins Jahr 586a, würde die elfjährige Regierungszeit Zidkijas erst im Jahr 596a beginnen. Damit wäre aber die Zeit zw. der ersten Eroberung und dem Regierungsantritt Zidkijas ohne König. Als einfachste Lösung des Problems kann angenommen werden, dass die Datierung der zweiten Exilierung ins 19. Jahr Nebukadnezzars dadurch zustande gekommen ist, dass das berühmte Jahr der Schlacht von Karkemisch, das Jahr seiner Thronbesteigung, in Juda von einigen als erstes Regierungsjahr Nebukadnezzars gezählt wurde. Jer 25,1 identifiziert explizit das vierte Jahr Jojakims (605a) mit dem ersten Jahr Nebukadnezzars. Die Neubabylon. Chronik bezeichnet hingegen erst das folgende, das Jahr 604a, als sein erstes Regierungsjahr (Grayson, Chronicles 100 5,15; TGI² 74). Dieser Unterschied erklärt auch, warum 2Kön 24,12 die erste Deportation ins achte Jahr Nebukadnezzars datiert, statt ins siebte, wie die Neubabylon. Chronik das tut (Grayson, Chronicles 102 5,11–13; TGI² 74). Nach der Zählweise der Neubabylon. Chronik fiel die Eroberung und Zerstörung Jerusalems ins 18. Regierungsjahr des Königs. Diese Angabe findet sich auch in einer Reihe von bibl. und außerbibl. Texten, so in Jer 52,29; Ant X 146 und Ap I 154 (vgl. auch Dan 4,1 LXX; Jdt 2,1). Die Einnahme Jerusalems und die Zerstörung des Tempels sind also mit ziemlicher Sicherheit ins Jahr 587a zu setzen (vgl. dazu die sorgfältigen Erwägungen von R. Albertz in BiblEnz 7, 69–73; Albertz, in: WUNT 147, 2002, 27–29, Hahn; zur Datierung ins Jahr 586a s. Lipschits, Fall and Rise 74 mit note 131).

Der Anfang der Belagerung und die Wirkungslosigkeit Ägyptens

§ 1019   Nach 2Kön 25,1 war »Nebukadnezzar« bzw. eine babylon. Streitmacht im 9. Regierungsjahr Zidkijas, am 10. Tag des 10. Monats vor Jerusalem aufmarschiert und hatte die Belagerung begonnen. Das war im Dez. 589 oder im Jan. 588a. Nebukadnezzar selbst scheint in Ribla, ca. 300km n von Jerusalem, geblieben zu sein. Vielleicht hatte er noch mit einer Rebellion im Libanon zu tun (vgl. die Wadi Brisa Inschrift, ANET 307). Vielleicht fürchtete er, dass ihm die Ägypter unter Apries mit einer Flotte in den Rücken fallen könnten. Die Hoffnung, das babylon. Heer würde sich von Ribla aus nach Amman in Bewegung setzen (Ez 21,23–28; vgl. § 916f), hatte sich nicht erfüllt. Die Babylonier schlossen Jerusalem mit einer *circumvallatio* ein (zur Terminologie s. Gray, Kings 764, Lipschits, Fall and Rise 73 note 125). Sie rechneten offensichtlich mit einer längeren Belagerung.

Für Juda und Jerusalem war die Situation insofern extrem schwierig, als im S der Druck der Edomiter anscheinend groß war (vgl. Ez 35,1.12; 2Kön 24,2, wo statt Aram wahrscheinlich Edom zu lesen ist; zum lang anhaltenden Prozess der W-Expansion Edoms vgl. Ancient Near Eastern Studies 36, 1999, 48–89, Lindsay). Das zeigen die Ostraka 24 und 40 aus Arad (Na'aman, in: FS Fritz 199–204). Der edomitische Druck erlaubte nicht, Mannschaften zur Verstärkung der jud. Truppen in der Schefela oder in Jerusalem abzuziehen. Die Edomiter waren in der Folgezeit entsprechend verhasst (vgl. § 1054 und 1133).

Die erste Phase der Belagerung war wohl die Zeit intensivster Bemühungen Judas um ägypt. Unterstützung. Damals dürfte der jud. General Konjahu persönlich nach Ägypten gegangen sein (vgl. § 792; vgl. auch **372–375.401–403.474–479**). Die Babylonier bemühten sich intensiv, die Schefela-Städte wie →II Lachisch und →II Aseka unter Kontrolle zu bringen (Jer 37,4; Lachisch-Brief 4; Renz/Röllig, Handbuch I 419–422). Das sollte eine ägypt. Unterstützung mindestens erschweren. Nach Jer 37,5 hat Pharao Apries (Hofra) tatsächlich ein ägypt. Entsatzheer in Marsch gesetzt und die Babylonier waren gezwungen, die Belagerung vorübergehend abzubrechen. »Dies wird, wie wir aus den zw. dem 17. Januar (Ez 29,1) und 2. Juni 588a (Ez 31,1) datierten Ägypten-Orakeln im Ezechiel-Buch rekonstruieren können, am ehesten im Frühsommer des Jahres 588a gewesen sein« (Albertz, in: WUNT 147, 2002, 29, Hahn; vgl. im einzelnen BZAW 187, 1990, 257–286, Hardmeier). Die Nationalreligiösen glaubten an ein Wunder und wähnten sich gerettet (Jer 21,2). Die Botschaft der in den § 974–1014 diskutierten Texte, die der Pss 48 und 76, der Hiskija-und-Sanherib- und der David und Goliat-Erzählung muss ihnen als bestätigt erschienen sein. JHWH, der einzige wahre und lebendige Gott, hatte seine Stadt einmal mehr gerettet und seine Einzigkeit bewiesen. Jeremia denunzierte aber sofort, wie Ezechiel, die Hilfe der Ägypter als nutzlos und den dadurch veranlassten Abzug der Babylonier als nur temporäre Erleichterung. »Fürwahr, das Heer des Pharao, das aufgebrochen ist, um euch

Hilfe zu bringen, wird in sein Land Ägypten zurückkehren. Dann werden die Chaldäer wieder umkehren, gegen diese Stadt kämpfen, sie erobern und in Brand stecken« (Jer 37,7f). Jeremia wurde als Wehrkraftzersetzer von den Nationalreligiösen hart bedrängt. Zidkija zögerte (§ 877–889). Über den Verlauf der ägypt.-babylon. Auseinandersetzung wissen wir nichts. Anscheinend wurden die Ägypter geschlagen. Sie tauchen jedenfalls im Folgenden nicht mehr auf der Landbrücke auf, sondern versuchen ihre Interessen in der Levante durch einen verstärkten Ausbau der Flotte wahrzunehmen (CAH² III/2 718f, James; zu einem neu publizierten Statuenfragment eines Flottenadmirals des Amasis vgl. M. Page Gasser, in: Th. Staubli, Werbung für die Götter, Freiburg 2003, 54f).

§ 1020   Von der Wiederaufnahme der Belagerung durch die Babylonier im Sommer 588a bis zum Fall der Stadt dauerte es noch fast ein Jahr. Einmal mehr war es der Hunger, der eine belagerte Stadt bezwang. »Am neunten Tag des vierten Monats (Tammus) war in der Stadt die Hungersnot groß geworden. Die geringen Leute hatten nichts mehr zu essen« (2Kön 25,3). *'am ha-'areṣ* ist hier wohl im Sinne von »geringen Leuten« zu verstehen, vielleicht auch von Leuten, die vom offenen Land in die Stadt gekommen waren. Die genaue Datumsangabe gehört ursprünglich wohl nicht zur Hungersnot, die ja nicht an einem Tag eintritt, sondern zu der im folgenden V. genannten Bresche, die die Babylonier in die Stadtmauer legten. Der Tag der Bresche muss der 29. Juli 587a gewesen sein (identisch Jer 52,6; Jer 39,2 ergänzt »im elften Jahr Zidkijas«).

Nach Jer 39,3 hätten sich die Heerführer des Königs von Babel vorerst im »Mittleren Tor« niedergelassen. Es könnte sich dabei um das Tor gehandelt haben, das N. Avigad in der »Breiten Mauer« vermutete (§ 468; 498). Namen und Titel von vier der hohen babylon. Offiziere finden sich in Jer 39,3 und 13. Sie stimmen nur teilweise überein (zu diesen Listen vgl. HSM 59, 1999, 149–152, Vanderhooft). Eindeutig sind die bekannten babylon. Namen Nergal-Sarezer, akkad. *Nergal-šarri-uṣur* »Nergal-schütze-den-König«, und Nebuschasban, akkad. *Nabušezibani* »Nabu-errette-mich«, bezeugt. Nebusaradan, akkad. *Nabu-zera-iddinam* »Nabu-gab-Samen«, kommt nur in V. 13 vor. Er trägt den Titel *rab-ṭabbaḥim* »Oberster der Schlächter« bzw. »Oberkoch«. Dieser Nebusaradan wird auch in einer Liste aus dem siebten Jahr Nebukadnezzars (598a) genannt (ANET 307f), wo er den gleichen Titel trägt (^{lu}*rab nuḫimmu*). Er scheint der eigentliche Repräsentant Nebukadnezzars in Juda gewesen zu sein (2Kön 25,8.11f.20//Jer 52,12.15f.26; Jer 39,9–11.13; 40,1; 41,10, 43,6; 52,30).

Die judäischen Protagonisten und ihre Schicksale

§ 1021   Das Ende Zidkijas wird in 2Kön 25,4–7 beschrieben (Par Jer 39,4–7; 52,7–11; vgl. Ez 12,12–14). Angesichts der aussichtslosen Lage versuchte Zidkija mit seiner Leibwache zu fliehen (vgl. den König von Moab in 2Kön 3,26). Es gelang ihm samt einem beachtlichen Trupp (V. 4 spricht gar von *allen Kriegern*) »bei Nacht auf dem Weg durch das Tor zw. den beiden Mauern, das zum königlichen Garten hinausführt«, die Stadt Richtung Araba zu verlassen. Das Tor muss sich in der Nähe des Schiloach-Teiches befunden haben (zum eingeschlagenen Fluchtweg vgl. § 29). Die Babylonier konnten die Flucht anscheinend nicht verhindern, haben sie aber offen-

504 Sargon II. sticht einem gefangenen aufständischen Fürsten die Augen aus (721/720–705a)

sichtlich bemerkt und einen Verfolgungstrupp hinter hergeschickt. Dieser griff den König in der Steppe von Jericho auf (*bᵉʿarᵉbot jᵉreḥo*), nachdem ihn die meisten seiner Soldaten im Stich gelassen hatten. Wohin wollte er fliehen? Vielleicht in das Dickicht am Jordan (vgl. Jer 12,5), vielleicht wie David in die unübersichtlichen Wälder Gileads (2Sam 16,14; 17,24; 18,6–8). Wahrscheinlich aber war sein Ziel die Hauptstadt der Ammoniter (vgl. § 916f). Nun aber wurde er gefangen nach Ribla ins Hauptquartier Nebukadnezzars gebracht.

§ 1022 Jeremias Drohung an Zidkija »Auge in Auge wirst du den König von Babel sehen, und von Mund zu Mund wird er mit dir reden« (34,3) erfüllte sich. Nebukadnezzar sprach Zidkija, dem Sohne Joschijas, dem letzten König auf dem Throne Davids, ein grausames Urteil. Er ließ seine Söhne, die noch Kinder oder mindestens minderjährig gewesen sein müssen – er selbst war erst 32 Jahre alt – vor seinen Augen abschlachten. Mit diesem grauenvollen Bild im Kopf ließ er ihn blenden und dann in Ketten nach Babel bringen (2Kön 25,6f). Blenden war eine im AO weit verbreitete Strafe (**504**). Jer 52,11 ergänzt, dass Nebukadnezzar Zidkija bis zu seinem Tod im »Haus des Gewahrsams« gefangen hielt (vgl. Ez 12,12–14; § 915; vgl. oben § 801).
Die LXX gibt das allgemeine »Haus des Gewahrsams« in Jer 52,11 mit οἰκία μυλῶνος »Mühlenhaus« wieder. Eines mit 16 Handmühlen ist in Ebla gefunden worden (BA 47, 1984, 9, Viganò). Das Mühlenhaus evoziert eine im AO über Jahrhunderte

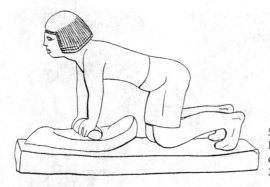

505   Ägypt. Skulptur, die eine Frau bei der mühsamen Arbeit an der Handmühle zeigt (4.–5. Dyn.; 2670–2350a)

bekannte Strafe. Kriegsgefangene oder Verbrecher wurden geblendet und dazu verurteilt, mit der Handmühle Mehl zu mahlen. K. van der Toorn hat dazu zahlreiche Beispiele aus altbabylon. und Mari-Texten bis zu solchen von Asarhaddon gesammelt (VT 36, 1986, 248–253; vgl. auch Hermeneia, Jeremiah II 440, Holladay). Dieses Schicksal wollten die Philister dem gefangenen Simson zuteil werden lassen (Ri 16,21). Die mühsame und eintönige Arbeit an der Handmühle war den untersten Gliedern im sozialen Gefüge vorbehalten. Bei der letzten ägypt. Plage »wird jeder Erstgeborene in Ägypten sterben, vom Erstgeborenen des Pharao, der auf dem Throne sitzt, bis zum Erstgeborenen der Sklavin an der Handmühle (505) und bis zu den Erstlingen unter dem Vieh« (Ex 11,5). Wenn über Zidkija tatsächlich diese Strafe verhängt wurde, kam zusätzlich zur physischen und psychischen Qual die Demütigung, ans unterste Ende der sozialen Leiter versetzt zu sein: er, der König und Mann, unter die Sklavinnen. Vielleicht spiegelt die in Jes 47,1f dem personifizierten Babylon zugedachte Demütigung, vom Thron steigen zu müssen, sich in den Staub zu setzen und mit der Handmühle Mehl zu mahlen, das Schicksal Zidkijas wider.

Die Behandlung Zidkijas war nicht einfach ein Racheakt. Es ging ihr ein Urteil voraus. Blendung und Verurteilung zur Handmühle war – wie gezeigt – für den AO nichts Außerordentliches. Auch für die besondere Grausamkeit, die vorgängige Abschlachtung der Söhne, gab es einen Grund: Juda stellte angesichts der fundamentalen Bedrohung der levantinischen Besitzungen Babylons durch Ägypten eine äußerst sensible Zone dar. Nach dem Tode des rebellischen Jojakim und der Absetzung des unglücklichen Jojachin hatte Nebukadnezzar in Zidkija, wie die Neubaylon. Chronik sagt, »einen Mann seines Herzens« (§ 789) an diesen neuralgischen Punkt gesetzt. Dieser enttäuschte Nebukadnezzar persönlich und hielt sich nicht an seine Verpflichtungen. Das konnte, wie Ezechiel gesagt hatte (§ 920–923), nicht gut gehen.

§ 1023   In 2Kön 25,18–21 (Jer 52,24–27) werden zusätzlich zum König und seinen Söhnen 73 (2Kön) bzw. 75 (Jer) Leute genannt, die Nebusaradan (§ 1020) verhaften und nach Ribla bringen ließ, wo ihnen Nebukadnezzar das Todesurteil sprach. An erster Stelle werden überraschenderweise und namentlich zwei Priester genannt, der Hohepriester (*kohen ha-ro'š*) Seraja und der Zweitpriester Zefanjahu. Dazu kommen vom Tempelpersonal drei »Schwellenhüter«. Die drei Chargen, Oberpriester, Zweitpriester und Schwellenhüter, fanden sich schon bei der großen Reinigung des Tempels anlässlich der joschijanischen Reform (2Kön 23,4). Es sind hohe Chargen, die an beiden Stellen primär unter dem Aspekt der Ordnung gesehen werden, die im Tempel aufrecht zu erhalten ist. Von Seraja hören wir sonst nichts. Zefanjahu wird in Jer 21,1; 37,3 und bes. 29,25.29 erwähnt. Hier erscheint er als Chef der Tempelpolizei. Er folgte in diesem Amt einem gewissen Jojada (Jer 29,26), vor dem Paschhur das Amt innehatte (Jer 20,1f). Im Gegensatz zu Paschhur (§ 831) scheint Zefanja Jeremia – mindestens ursprünglich – nicht sonderlich feindlich gegenübergestanden zu haben (§ 874). Vielleicht hat die Verweigerung der Heilsbotschaft, die er zusammen mit dem König von Jeremia erwartete (vgl. Jer 21,1f), ihn umgestimmt.

Im Gegensatz zu den beiden Priestern werden die übrigen von Nebukadnezzar hingerichteten Männer nicht mit Namen genannt. An Chargen erscheinen ein Heeresinspektor (*paqid ʿal-ʾanše ha-milḥamah*), fünf bzw. sieben Männer aus der nächsten Umgebung des Königs, der Aushebungsoffizier und 60 Männer aus dem *ʿam-ha-ʾaræṣ*, was hier im Gegensatz zu 2Kön 25,3 wieder den Aspekt der Notabilität, den Landadel bezeichnen könnte (§ 616.721). Aus den Notizen geht nicht hervor, wann diese Männer hingerichtet wurden, wahrscheinlich vor dem endgültigen Entscheid über das künftige Schicksal Jerusalems. Vielleicht hat der Prozess gegen Zidkija ihre Namen ins Spiel gebracht und zu ihrer Verhaftung und Aburteilung geführt. Zur Zahl und der Art der nach Babylon Deportierten vgl. § 793–802.

Warum ließ Nebukadnezzar den Tempel zerstören?

§ 1024 Der Zustand Jerusalems mag nach der Eroberung durch die Babylonier nicht sehr schlimm gewesen sein. Die eigentliche Katastrophe stand noch bevor. Erst nach der Aburteilung Zidkijas, der Priester und der anderen Verantwortlichen scheint Nebukadnezzar den Entschluss gefasst zu haben, den Tempel zu zerstören. Die Zerstörung eines Tempels war im Alten Orient – wie gesagt – keine Selbstverständlichkeit (vgl. zum Folgenden Mayer, in: WUNT 147, 2002, 1–22, Hahn, wo auch die Belegstellen zu finden sind). Manche ao Stadt wurde zerstört und ihr Haupttempel oder ihre Tempel blieben unbehelligt. Ein gutes Beispiel ist der Tempel des Wettergottes von Aleppo, der unbeschadet aller Eroberungen und Zerstörungen der Stadt seinen Status behielt. Das gleiche galt für lange Zeit vom Dagon-Tempel in Tuttul (Tell Biʾa). Im 7. Jh.a aber fanden eine ganze Reihe von Tempelzerstörungen statt. 689a zerstörte Sanherib den Marduk-Tempel in Babylon. Asarhaddon ließ es allerdings so darstellen, Marduk selbst habe die Stadt und den Tempel zerstört (§ 780f). 646a ließ Assurbanipal Suasa samt seinen Tempeln verwüsten. 614–612a erlagen dann die assyr. Metropolen ihrerseits diesem Schicksal, 610a Haran, das letzte Zentrum assyr. Widerstands. Eine Tempelzerstörung fiel umso leichter, je fremder und feindlicher die Kultur der eigenen gegenüberstand. Nebst der Lust zu plündern und der Absicht, einen Widerstand definitiv und bis zu seinen Wurzeln auszurotten, hat man die Zerstörungen fast immer damit gerechtfertigt, dass die Bestraften eidliche Verpflichtungen nicht eingehalten hatten und also der eigene Gott der Bestraften seinerseits hinter der Bestrafung stand. Das konnte Nebukadnezzar auch im Falle von Jerusalem geltend machen (vgl. Jer 40,2f).

R. Albertz schließt jedenfalls zu Recht aus, dass der Tempel bei der Eroberung sozusagen unabsichtlich zerstört wurde. Eine solche Annahme verbietet das einmonatige

Moratorium, das man zw. der Einnahme der Stadt und der Zerstörung des Tempels einhielt (in: WUNT 147, 2002, 32, Hahn).

Auszuschließen ist auch, dass Nebukadnezzar aus Feindschaft gegen JHWH bzw. seine Verehrung gehandelt hat, wie das Jer 50,29 und 51,11 darstellen. Das hat er nur in den Augen der Nationalreligiösen getan, die ihre Sache kurzerhand mit der JHWHs gleichsetzten (§ 1005.1013). Die Befreiung Jeremias, der sich selbst als Bote JHWHs sah, durch Nebusaradan, den Sachwalter Nebukadnezzars in Jerusalem (Jer 39,11–14; 40,1–6), macht erstens deutlich, dass das Handeln Nebukadnezzars nicht gegen JHWH gerichtet war und zweitens, dass die Babylonier recht gut über die internen Auseinandersetzungen in Jerusalem Bescheid wussten.

§ 1025   Wie betont (§ 1022–1024) wurden Zidkija und die anderen für die Rebellion gegen Babylon Verantwortlichen, die in der Steppe von Jericho aufgegriffen worden waren, in Ribla nicht einfach umgebracht, sondern es wurde ihnen zuerst der Prozess gemacht. Beim Prozess gegen den König und den damit verbundenen Verhören dürfte deutlich geworden sein, dass die Tempel-Priesterschaft beim Entschluss, gegen Babylon zu revoltieren, eine entscheidende Rolle gespielt hatte. Unter denen, die nicht mit dem König aus der bedrängten Stadt geflohen waren, und die Nebusaradan anscheinend erst nachträglich in Jerusalem verhaftet hat, stehen an erster Stelle und als einzige, die namentlich genannt werden, zwei Priester (§ 1023). Die Verhöre in Ribla haben anscheinend ergeben, dass die Priesterschaft und der Tempel bei der Rebellion eine wesentliche Rolle gespielt hatten.

Ein erster Hinweis ist der Streit um die Kritik Jeremias an einem blinden Vertrauen auf die Schutzkraft des Tempels (Jer 7; 26). Er hat deutlich gemacht, dass es vor allem die Priester und Tempel-Propheten waren, die den zum Dogma erhobenen Aberglauben förderten, der Tempel sei uneinnehmbar. Die Behauptung, er könne eines Tages wie der Tempel von Schilo zerstört werden, galt ihnen als Blasphemie (§ 837–840).

§ 1026   Ein zweiter Hinweis auf die zentrale Bedeutung des Tempels beim Widerstand gegen Babylon ist die Bedeutung der Tempelgeräte in der Auseinandersetzung zw. Jeremia und dem Tempel(?)-Propheten Hananja. In dem an die Priester gerichteten Teil der Rede vom Jochtragen (Jer 27,16–22) bestreitet Jeremia im Gegensatz zu seinem Kontrahenten Hananja, dass die 597a verschleppten Tempelgeräte demnächst wieder nach Jerusalem zurückkehren würden. Sie verkörpern in dieser Auseinandersetzung nicht weniger als die Würde, Kontinuität und Integrität des Gottesvolkes. Ihr Raub und ihr Aufenthalt in Babylon sind ein Sakrileg, das JHWH nach Meinung der Priester nicht lange tolerieren kann.

Im Bericht über das Ende des 1. Tempels in 2Kön 25 bzw. Jer 52 nehmen die Zerstörung einzelner Teile des Tempels und der Abtransport des metallenen Tempelmobiliars einen ähnlich großen Raum ein wie das Schicksal des Königs und seines Hofes (2Kön 25,13–17 bzw. Jer 52,17–23 und dazu § 849 und 859–862).

Ein dritter Hinweis ist der Schluss der Hiskija-Sanherib-Erzählung. In einem Orakel Jesajas verkündet JHWH, dass der Angreifer nicht nach Jerusalem hinein gelangen werde, denn JHWH umhegt und schützt die Stadt wie einen Garten. Die Parallelstellen zeigen, dass es sich dabei um ein Theologumenon der Zionstheologie handelt (vgl. § 1001).

§ 1027 Mit solchen und ähnlichen Gedankengängen müssen Nebukadnezzar und seine Berater spätestens bei den Verhören in Ribla vertraut geworden sein. Angesichts der Einsicht, »dass ebendieser Tempel und seine Theologie Basis und Stimulans für den Aufstand gegen ihn gebildet hatten, musste er allein schon aus Sicherheitserwägungen dieses gefährliche religiös-politische Widerstandsnest ausräuchern« (§ 1001; Albertz, in: WUNT 147, 2002, 37f, Hahn). Das hat er denn auch getan. Knapp einen Monat nach der Eroberung der Stadt, am 7. (2Kön 25,8) bzw. 9. (LXX^L, Syr.) bzw. 10. Tag (Jer 52,12) des 5. Monats (Ab), d.h. um den 25. Aug. 587a, »rückte Nebusaradan, der Oberste der Schlächter und Knecht des Königs von Babel, in Jerusalem ein. Er steckte das Haus JHWHs und das Haus des Königs (und alle Häuser Jerusalems) in Brand. Jedes große Haus ließ er in Flammen aufgehen. Auch die Mauer rings um Jerusalem rissen die babylon. Truppen … nieder« (2Kön 25,9f; Jer 52,13f).
Bis heute begeht das Judentum jährlich am 9. Ab, d.h. im Juli/August (Tischa^ b^e-Av), einen Trauertag, der an die Zerstörung des 1. Tempels erinnert (vgl. dazu EJ III 936–940, Ydit).

Ph. Guillaume behauptet in einer kurzen Notiz, die Zerstörung des Tempels und der Stadt im Jahre 587a sei keine so große Katastrophe gewesen, wie oft gesagt werde. Die Zerstörung Ninives habe in den bibl. Texten ein breiteres Echo gefunden als die von Jerusalem. Diese letztere Behauptung beruht auf einer willkürlichen, selektiven und fragwürdigen Zuordnung der Texte zu den beiden Ereignissen. Große Teile des Ezechiel- und des Danielbuches beschäftigen sich mit dieser Katastrophe, ihren Voraussetzungen und ihren Folgen. Guillaume erwähnt kein einziges Kapitel aus diesen beiden umfangreichen Büchern, nicht einmal Ez 33,21f, während er die vier Kapitel des Jonabuches als Reaktion auf die Zerstörung von Ninive verstehen will.

In Jer 38,28b–39,10, einer Parallelerzählung zu 2Kön 25 = Jer 52, wird die Zerstörung des Tempels nicht erwähnt (vgl. V. 8). »Offenbar wollten die Tradenten des Jeremiabuches, die durchwegs probabylonisch eingestellt waren, die Babylonier vor dem Vorwurf, das Sakrileg einer Tempelzerstörung begangen zu haben, in Schutz nehmen. Meinten sogar sie, Nebukadnezzar sei zu weit gegangen?« (Albertz, in: WUNT 147, 2002, 32, Hahn). Albertz vermutet (Ebd. Anm. 23), das merkwürdige in Jer 39,8 genannte »Haus des Volkes« könnte evtl. den Tempel meinen, der von Jeremia und seinen Tradenten nicht mehr als »Haus JHWHs« angesehen worden sei. Doch bleibt das unsicher.

§ 1028 Einen wie tiefen Einschnitt das Ende des davidischen Königtums und die Zerstörung des Ersten Tempels und der Stadt darstellten, wird das folgende Kapitel zeigen. Tempel und Palast bildeten eine Einheit, die für die nationalreligiöse Gesinnung die kostbarsten Güter der Volksgemeinschaft barg und auf weite Strecken ihre Identität verkörperte. Von den beiden Teilen lebte das Königtum nur in einem für die Endzeit erwarteten David redivivus weiter, dem für die Christen so zentral gewordenen Messias. Nur der zweite Teil, der Tempel, wurde am Ende des 6. Jh.a ungefähr in seiner alten Form wiederhergestellt. Nach nicht geringen Anfangsschwierigkeiten wurde er zum Zentrum einer weit über Judäa hinausreichenden, in Mesopotamien ebenso wie in Ägypten und nach und nach im ganzen Mittelmeerraum vertretenen Diaspora. Vom schweren Anfang und von seinem Aufstieg wird im Kap. XI die Rede sein. Die Besonderheiten des in Jerusalem gepflegten Kults, wie z.B. dessen Kultbildlosigkeit, die Einzigkeit seines Gottes, der Sabbat und die Beschneidung wurden von den anderen Völkern zunehmend stärker als tiefreichende Andersartigkeit empfunden. Wie die Nicht-Juden und wie das Judentum mit diesem Anderssein umgingen, davon wird das letzte Kapitel, das Kapitel XII handeln.

9.9 DIE ZEIT ZWISCHEN DEM TODE JOSCHIJAS UND DER ZERSTÖRUNG DES TEMPELS – ZUSAMMENFASSUNG

§ 1029   Nachdem Assyrien unter Asarhaddon und Assurbanipal ganz Ägypten unterworfen und seine größten Triumphe gefeiert hatte, setzte nach dem Tod Assurbanipals 631a unerwartet schnell der Zusammenbruch des gigantischen Reiches ein. Sanherib hatte Babylon zerstört. Asarhaddon hatte die alte Kulturstadt wieder aufgebaut. Das rasch erstarkende Babylon führte unter dem Chaldäer Nabopolassar zusammen mit den aufstrebenden Medern und Persern den Fall jener Macht herbei, die über gut hundert Jahre den Fruchtbaren Halbmond beherrscht hatte. In Ägypten war ab 664a von Psammetich I. die 26. Dynastie begründet worden, zuerst von Assurs Gnaden. Bei dessen ersten Schwächezeichen begann sie unabhängig zu agieren und begnügte sich nicht mit der Herrschaft über Ägypten, sondern beanspruchte auch das assyr. Erbe in der Levante. Psammetisch I., besonders aber sein Sohn und Nachfolger Necho II., versuchten in Nordsyrien Assur als Pufferstaat zw. ihren und den Ansprüchen Babylons und der Perser zu erhalten, ohne Erfolg.

In Jerusalem hat man den neuen Anspruch Ägyptens nicht nur durch die Beseitigung Joschijas erfahren. Der von den judäischen Patriziern eingesetzte Joahas wurde nach Ägypten verschleppt und an seiner Stelle setzte Necho II. dessen älteren Bruder, den unbeliebten Jojakim ein. Als Nebukadnezzar 605a seinem Vater auf den Thron folgte und 604 Ägypten aus der Levante vertrieb, ließ er Jojakim, wenn wir Ezechiel glauben können, eidesstattlich die Vasallitätsverpflichtung auf sich nehmen und in Jerusalem als babylon. Vasall weiter regieren. Nachdem Nebukadnezzar 601a vergeblich versucht hatte, Ägypten zu erobern, kündigte Jojakim seine Vasallität und fiel von Babylon ab. Erst 597a erschien ein babylon. Heer vor Jerusalem. Jojakim starb während der Belagerung. Sein Sohn und Nachfolger Jojachin kapitulierte, wurde von den Babyloniern am Leben gelassen und mit einer bedeutenden Zahl von Judäern und Judäerinnen, u.a. Ezechiel mit seiner Frau, nach Babylonien gebracht.

Dem Aufstand und der Kapitulation gingen leidenschaftliche Diskussionen voraus. Jeremia und wahrscheinlich auch Ezechiel fanden den Aufstand verfehlt und drängten, nachdem er begonnen hatte, auf eine rasche Kapitulation. Eine antibabylon. Partei, die politisch auf Ägypten vertraute, hatte den Aufstand durchgesetzt und fand die Kapitulation verfrüht. Sie rechnete damit, JHWH würde wie bei der Belagerung durch Sanherib im Jahre 701a helfend eingreifen, wenn zäher Widerstanden bis zum äußersten geleistet werde. Nach der Kapitulation beließ Nebukadnezzar Juda als Vasallenkönigtum und setzte einen Onkel Jojachins zum (letzten) König von Juda ein. Er gab ihm den Namen Zidkija. Die Diskussionen, die schon vor der Rebellion geführt worden waren, flammten bald wieder auf. Die beiden gewichtigsten Stimmen waren wiederum die des Propheten Jeremia, der weiterhin in Jerusalem aktiv war, und die des Propheten Ezechiel, der zur Stimme der Deportierten wurde. Das Jere-

miabuch erlebte zwar mehrere Ausgaben, ein beträchtlicher Teil seiner Texte dürfte wörtlich oder mindestens gedanklich auf den Propheten selbst zurückgehen. Das ganze Buch kennzeichnet eine konsequent ländliche Metaphorik, wie sie zu einem Mann dörflicher Herkunft (Anatot) passt. Es ist tempelkritisch, wie man es von einem Propheten erwartet, der zwar auch Priester war, aber offensichtlich nie zur Tempelaristokratie von Jerusalem gehörte. Das Buch, in dem der Schreiber Baruch und Schriftrollen einen großen Platz einnehmen, wirft ein Licht auf die neu gewonnene Bedeutung von Geschriebenem. Viele der hist. Erzählungen im Jeremiabuch zeugen von einer genauen Orts- und Personenkenntnis. Eine ganze Reihe der genannten Personen tauchen auf zeitgenössischen Siegeln und Siegelabdrücken auf. Die Frühverkündigung Jeremias, wenn es eine solche gegeben hat, wirbt – teilweise von Hosea beeinflusst – um die Menschen des ehemaligen Nordreichs. Die von Hosea verwendete Metapher Israels als Frau wird auf Jerusalem übertragen. Aus der Zeit Jojakims und seiner Rebellionsgelüste gegen Babylon stammen eine Reihe eindrücklicher Gedichte, die von drohendem Unheil reden (Schnitter Tod). Jeremia denunziert ein Vertrauen auf JHWH, das sich von einer ethischen Haltung dispensiert. Er warnt vor dem Aberglauben, die Gegenwart JHWHs im Tempel werde Jerusalem wie früher! wunderbar beschützen (Jer 7; 21,2; 26). Durch das Zerschmettern einer Wasserkaraffe nimmt er die Zerstörung Jerusalems symbolisch-magisch vorweg. König Jojakim kontert, indem er die Schriftrolle mit den Unheilsdrohungen Jeremias verbrennt. Wahrscheinlich gehören auch ein Teil der undatierten Zeichenhandlungen Ezechiels in die Zeit vor der Belagerung von 597a. Der Sandkasten-Angriff auf ein Modell von Jerusalem, das Zubereiten von Hungersnot-Kost, das Kahlscheren des Kopfes, der symbolische Aufbruch ins Exil, die Orakel, die Nebukadnezzar bestimmen, den Weg nach Jerusalem und nicht nach Amman einzuschlagen, sind vor 597a in Jerusalem ausgeführt sinnvoller als nachher, als Ezechiel bereits sehr fern von Jerusalem in Babylonien weilte. Es stellt sich dann aber die Frage, warum Ezechiel deportiert wurde, wenn er sich öffentlich gegen den Aufstand ausgesprochen hat; weil er ein Mitglied der Aristokratie war? Wie beim Jeremia- ist auch beim Ezechielbuch intensiv die Frage nach der Authentizität gestellt worden. Das Buch ist zwar einheitlicher als das Jeremiabuch. Es wird durch formelhafte Präzision und surrealistische Visualität charakterisiert. Dennoch sind die Texte Ezechiels nicht einfach ab-, sondern auch fortgeschrieben worden. Die Grenzen zw. Original und sekundärer Erweiterung sind nicht immer scharf zu ziehen. Die »Schüler« haben Ezechiels visuellen Stil beibehalten (vgl. Ez 40–48). Ezechiel besaß eine höhere Bildung. Er kannte und benutzte – im Gegensatz zu Jeremia – zahlreiche Motive der ao Ikonographie. Die große Vision von Ez 1 ist eine äußerst komplizierte und gelehrte Konstruktion. Sie ist zum Ausgangs- und Haftpunkt der gelehrten jüd. Mystik, der Kabbalah, geworden. In Babylonien dürfte Ezechiel mit dortigen Gelehrten Kontakt aufgenommen haben.
Innere Schwierigkeiten Babylons und die Machenschaften des 589a auf den Thron gekommenen Pharao Apries/Hofra verführten Zidkija allen Warnungen der Propheten Jeremia und Ezechiel zum Trotz gegen Babylon zu revoltieren. Jeremia wehrte sich entschieden dagegen, u.a. mit der Symbolhandlung vom Jochtragen. Die Botschaft seiner Gegner, der Propheten, die ein rasches Ende der Herrschaft Babylons verkündeten, qualifizierte er als »Trug« (šæqær) und sprach ihnen ab, von Gott gesandt zu sein. Den Deportierten riet er, sich auf ein langes Exil einzustellen. Er vertrat

aber nicht einfach babylon. Interessen, sondern wusste und verkündete, dass auch die Zeit der Herrschaft Babylons begrenzt sei. Jeremias Widerstand gegen die Rebellion wurde von den Befürwortern als Wehrkraftzersetzung gewertet. Jeremia wurde in Haft genommen und nur Protektion von Seiten der Schafaniden, die zur Aristokratie gehörten, und eine gewisse Sympathie Zidkijas verhinderten seine Ermordung. Angefeindet und bedrängt beklagt er sich sehr persönlich bei Gott. Seine »Konfessionen« sind der Prototyp eines schonungslos ehrlichen Redens mit Gott, das für gewisse chassidische Bewegungen des Judentums charakteristisch werden wird. Ezechiel im fernen Babylon erklärte in der Bildrede vom Greifvogel als Gärtner den Aufstand Zidkijas als Eidbruch gegenüber Babylon, der nicht folgenlos bleiben werde. Im Leichenlied auf die aggressive Löwenfamilie, die davidische Dynastie, beklagt er deren (drohenden) Untergang als bereits eingetreten. In der großen Vision von Ez 1 sieht der Prophet im Gegensatz zur Vision von Jes 6, JHWH nicht in Jerusalem, sondern im Himmel thronen, wo er den Deportierten fern von Jerusalem ein bisschen zum Heiligtum werden kann. Im Visionenkomplex Ez 8–11 wird der Grund für den visionär geschauten Wegzug JHWHs aus Jerusalem in allerhand Fremdgötterkulten gesehen, die zum Teil stark ägyptisch geprägt sind. Mit den assyro-aram. Praktiken, die von der joschijanischen Reform denunziert und eliminiert worden sind, haben sie nichts zu tun. Sie können nicht als Beweis gegen deren Historizität ins Feld geführt werden. Der letzte der vier Gräuel, die Ezechiel in Jerusalem schaut, besteht einmal mehr darin zu glauben, rituelle Praktiken könnten ohne entsprechendes ethisches Handeln Segen bewirken. Zwei Texte, Ez 16 und 23, die Jerusalem als Tochter und Frau und JHWH als deren Adoptivvater und Ehemann darstellen, schildern die Geschichte Jerusalems von ihren Anfängen an als Schuld- und Unheilsgeschichte. Die Texte sind von feministischer Seite mit Grund kritisiert worden, weil der Mann (JHWH) a priori unschuldig ist und die metaphorische »Frau« (= Jerusalem), die stets zu Fremdgängereien aller Art neigt, hart züchtigt. Das metaphorische Verhältnis ist schon in der Fortschreibung der beiden Texte von JHWH und Jerusalem auf reale Männer und Frauen übertragen worden. Jeremia und Ezechiel haben bei aller Verschiedenheit der Metaphorik ähnliche politische und theologische Positionen vertreten. Für beide war JHWH nicht nur der Gott Israels, sondern der aller Völker. Sie nahmen die erstmals von Jesaja vertretene Vorstellung konsequent auf, auch andere Völker als von JHWH geführt und ermächtigt, allerdings auch als ihm unterstellt zu sehen. Ezechiel teilt mit Jesaja die Einschätzung, Ägypten sei nicht mehr die Weltmacht, die es einmal war. Israel bzw. Juda-Jerusalem könne von Gott kein Heil erwarten, ohne sich seinen Forderungen nach Recht und Gerechtigkeit zu bequemen. Jeremia und Ezechiel haben die israelit.-jüd. zu einer »Weltreligion« gemacht. Sie haben damit einen Beitrag an die »Achsenzeit«, d.h. an jene mentale Verwerfung geleistet, die zw. 650 – ca. 400a von Griechenland mit der Entstehung der vorsokratischen Philosophie über Indien mit Buddha bis China mit dem Auftreten des Konfuzius die eurasische Welt geistig neu orientierte.

Die Gegner Jeremias und Ezechiels waren jene Propheten und Politiker, die den Aufstand gegen Babylon betrieben. Theologisch vertrauten sie darauf, dass JHWH Jerusalem nicht im Stich lasse und ihm, wenn nötig, mit Wundern zu Hilfe komme. Das Modell bildete die Nicht-Einnahme Jerusalems durch Sanherib, die während der seither verflossenen hundert Jahre zu einem triumphalen Sieg JHWHs über den Assyrerkönig ausgestaltet worden war. Das Zionslied Ps 48 schildert die Befestigungen Jerusalems als eine Art Sakrament des göttlichen Schutzes für die Stadt. In Ex 15 wird das Wohnen JHWHs auf dem Zion als Ziel der »Heilsgeschichte« geschildert. In der legendenhaften Erzählung Jes 36–39 bzw. 2Kön 18,13–19,37 werden die Positionen Jeremias bzw. Ezechiels dem assyr. Feldherrn bzw. Sanherib selbst in den Mund gelegt und damit als Feindpropaganda abgetan. Im Glauben an die Uneinnehmbarkeit Jerusalems konkretisiert sich der Glaube an die Einzigkeit JHWHs. In der Erzählung von der Bewahrung Jerusalems zur Zeit Sanheribs wird JHWH zum ersten Mal als einziger Gott bekannt, neben dem es keine wirklichen Götter gibt, die wie er seine Stadt beschützen können und beschützt haben. Wer Jerusalem bzw. Israel verhöhnt, verhöhnt den einzigen lebendigen Gott. Dieses Credo ist auch Thema der David- und Goliatgeschichte, die Israel immer wieder, z.B. in römischer Zeit die Zeloten, ermutigt hat, gegen einen übermächtigen Gegner anzutreten; meist mit verheerenden Folgen. So war es auch diesmal. 588a erschienen die Babylonier vor Jerusalem. Ein ägypt. Expeditionskorps vermochte die Belagerung zwar zeitweilig zu unterbrechen, jedoch nicht zu beenden. Im Juli 587a wurde Jerusalem eingenommen, ein Monat später wurden die Stadt und der Tempel systematisch zerstört. Beim Gericht über die Aufständischen in Ribla hatte sich herausgestellt, dass ein Hauptgrund für den Aufstand der Glaube gewesen war, JHWH werde seine Stadt und seinen Tempel nie preisgeben. Zidkija wurde grausam bestraft. Seine minderjährigen Kinder wurden vor seinen Augen hingerichtet, er selbst geblendet und zur Sklavinnenarbeit an der Handmühle gezwungen. Große Teile der Bevölkerung, besonders qualifizierte Arbeitskräfte, wurden nach Babylonien deportiert, wo sie in Lebensgemeinschaften zusammen bleiben konnten. Dieser Umstand und die Tatsache, dass es bereits ein portatives Vaterland in Form kanonischer Schriften gab, hat ihnen im Gegensatz zu früheren Deportiertengemeinschaften die Erhaltung ihrer Identität ermöglicht. Bis 1948p gab es in Zentralmesopotamien wichtige jüdische Gemeinden.